UTB **8196**

Eine Arbeitsgemeinschaft der Verlage

Wilhelm Fink Verlag München
A. Francke Verlag Tübingen und Basel
Paul Haupt Verlag Bern · Stuttgart · Wien
Hüthig Fachverlage Heidelberg
Verlag Leske + Budrich GmbH Opladen
Lucius & Lucius Verlagsgesellschaft Stuttgart
Mohr Siebeck Tübingen
Quelle & Meyer Verlag Wiebelsheim
Ernst Reinhardt Verlag München und Basel
Schäffer-Poeschel Verlag Stuttgart
Ferdinand Schöningh Verlag Paderborn · München · Wien · Zürich
Eugen Ulmer Verlag Stuttgart
Vandenhoeck & Ruprecht in Göttingen und Zürich
WUV Wien

Verbände und Verbandssysteme in Westeuropa

Werner Reutter/Peter Rütters (Hrsg.)

Verbände und Verbandssysteme in Westeuropa

Springer Fachmedien Wiesbaden GmbH 2001

ISBN 978-3-322-86688-2   ISBN 978-3-322-86687-5 (eBook)
DOI 10.1007/978-3-322-86687-5

Softcover reprint of the hardcover 1st edition 2001

UTB

© 2001 Springer Fachmedien Wiesbaden
Ursprünglich erschienen bei Leske + Budrich, Opladen 2001

Satz: Leske + Budrich
Umschlaggestaltung: Atelier Reichert, Stuttgart
Druck: Bercker Graph. Betrieb GmbH & Co. KG

Inhaltsverzeichnis

Vorwort der Herausgeber

Assoziationen und Vereine sind konstitutive Elemente für die Herausbildung der bürgerlichen Gesellschaft. Ebenso besitzen Verbände und Interessenorganisationen – zumindest in westlichen Demokratien – unverzichtbare Funktionen für die Aggregation und Repräsentation von Interessen gegenüber dem politisch-administrativen Entscheidungssystem, und sie spielen eine wichtige Rolle bei der Umsetzung und Legitimation politischer Programme. Trotz dieser allgemein anerkannten Bedeutung von Interessenorganisationen liegt bisher keine Publikation vor, in der Verbände und Verbändesysteme der Länder Westeuropas vorgestellt und analysiert werden. Der vorliegende Band will diese Lücke schließen. Er versammelt Beiträge über die Entstehung, die Entwicklung und den gegenwärtigen Stand von Verbänden und Verbändesystemen in 18 Ländern Westeuropas. Ergänzt werden diese Länderberichte durch eine Betrachtung des Verbändesystems auf der Ebene der Europäischen Union und durch eine – einleitende – Darstellung, in der die wichtigsten theoretischen Diskussionslinien der Verbandsforschung rekapituliert und auf ihren empirischen Erklärungsgehalt überprüft werden.

Daß Assoziationen, Vereine und Verbände – mit Anfängen, die in einigen Ländern bereits im 18. Jahrhundert liegen – zu den bevorzugten Formen gesellschaftlicher Selbstorganisation zählen, daß Verbände in allen westlichen Demokratien inzwischen unverzichtbar geworden sind, indem sie wichtige Vermittlungs-, Integrations- und Legitimationsleistungen für die Gesellschaft und das politische System erbringen, stellen wichtige Gemeinsamkeiten der Systeme funktionaler Interessenvermittlung dar, die bei aller Unterschiedlichkeit und nationaler Eigentümlichkeit, die die Länderbeiträge deutlich machen, nicht übersehen werden sollten. Gleichzeitig bilden diese Gemeinsamkeiten den konzeptionellen Rahmen für die Analyse der Verbändesysteme. Wieweit Entwicklungs-, Struktur- und Funktionsparallelitäten durch eine spezifische nationalstaatliche Ausformung gestaltet und somit unterschieden sind, sind weitere Leitfragen, die der Konzeption des Bandes unterliegen und für deren Beantwortung die einzelnen Beiträge reichhaltige Informationen und Anhaltspunkte bieten. Dabei kommt man nicht umhin, immer auch die Frage mitzubedenken, ob die nationalen Voraussetzungen bestehen oder sich herausbilden, die für die Entwicklung eines europäischen Verbändesystems unerläßlich scheinen.

Für die Länderbeiträge war den Autorinnen und Autoren eine einheitliche Struktur an die Hand gegeben worden, nach denen die Artikel aufgebaut werden sollten. Ausgehend von einer Skizze über die Entstehung und Entwicklung des Verbändesystems sollten die rechtlichen Grundlagen für die Vereinigungs- und Koalitionsfreiheit geklärt sowie die Grundstrukturen des Verbändesystems und der Interessenorganisationen erläutert werden. In zwei weiteren Abschnitten sollte eine nach Handlungsfeldern differenzierte Verbandstypologie dargestellt und schließlich die Beziehung (Repräsentation, Einflußnahmen usf.) der Verbände zum politischen System geklärt werden. Bestehende Forschungsdesiderate, die nationale Spezifik der Verbändesysteme und die Notwendigkeit, Schwerpunkte bei der Darstellung zu setzen, schlossen allerdings von vornherein aus, dieses Analyseraster schematisch auf die einzelnen Verbändesysteme anzuwenden. Es stand den Autorinnen und Autoren daher frei, inwieweit sie den Vorgaben entsprechen wollten oder einen eigenen Zugang für die Untersuchung des jeweiligen nationalen Systems funktionaler Interessenvermittlung wählten.

Neben vielen wichtigen Informationen über die jeweils kennzeichnenden Bedingungen, Ausprägungen und Probleme der nationalen Verbändesysteme verweist die Summe der Einzelbeiträge nicht zuletzt auf den Facettenreichtum der (west-)europäischen Verbändelandschaften. Die Vielgestaltigkeit und Heterogenität dürften zwar auch als Hürde für den europäischen Integrationsprozeß anzusehen sein, indem sie einer gesellschaftlichen Interessenrepräsentation auf der Ebene der Europäischen Union zunächst enge Grenzen setzen; sie können aber auch als eine wichtige Ressource für die Wahrnehmung und Vertretung lokaler, regionaler und nationaler gesellschaftlicher Interessen betrachtet werden, deren Berücksichtigung eine eminent wichtige Voraussetzung für eine langfristig konfliktarme und legitimationsstarke europäische Integration sein wird.

Nicht versäumt werden soll an dieser Stelle den Autorinnen und Autoren zu danken, die mit ihren Beiträgen und ihrer Kooperationsbereitschaft diesen Band erst möglich gemacht haben.

Berlin und Bonn, im November 2000   *Werner Reutter*
                                                              Peter Rütters

Einleitung

Korporatismus, Pluralismus und Demokratie*

Werner Reutter

Anfang der 80er Jahre hatte Gabriel Almond noch drei Wellen sozialwissenschaftlicher Verbändeforschung identifiziert (Almond 1983). Es ist wohl kaum übertrieben davon auszugehen, daß gegenwärtig eine vierte Welle stattfindet. Während gruppentheoretische Ansätze (Bentley 1967; Truman 1953; Latham 1952) in ihrer ursprünglichen Form nicht mehr vertreten werden, besitzen die pluralismustheoretische Herangehensweise und eine daran anschließende Interessengruppenforschung das bleibende Verdienst, die Austragung von Interessenkonflikten sowie die Existenz von Gruppen und Verbänden als notwendige Bestandteile liberal-demokratischer Herrschaftssysteme konzeptionalisiert zu haben (Dahl 1970; Fraenkel 1991; Almond 1956; Ehrmann (Hrsg.) 1958). Ihr zentrales Anliegen war, eine normativ befriedigende Antwort auf die Frage zu finden, wie demokratische Herrschaft legitimiert werden kann, wenn Gesellschaft nicht aus autonomen Individuen besteht, wie die klassische liberale Theorie unterstellt, sondern aus sozialen Gruppen oder gesellschaftlichen Klassen. Ihre einflußtheoretischen und „etatozentrischen Fehlorientierungen" (Zeuner 1976) und ihre organisationssoziologischen Defizite wurden insbesondere durch korporatismustheoretische Ansätze und darauf aufbauende Untersuchungen zu Recht kritisiert und teilweise korrigiert (Streeck 1987; Schmitter 1974; Streeck/Schmitter 1985, Lehmbruch 1977 und 1984; Czada 1992 und 1994; Reutter 1991). Und schließlich zeigen neuere Arbeiten über „soziales Kapital" und die Möglichkeiten einer „assoziativen Demokratie", daß Verbände und Vereine über ein erhebliches ökonomisches und zivilgesellschaftliches Potential verfügen (Putnam et al. 1992; Putnam 1995; Zimmer 1996; Anheier et al. (Hrsg.) 1997; Cohen/Rogers 1995). Es besteht also ein reicher Forschungsbestand, den historische, rechts- und wirtschaftswissenschaftliche Studien ergänzen und der dazu beigetragen hat, das politikwissenschaftliche Verständnis über Voraussetzungen, Verfahren und Wirkungsweisen von liberal-demokratischen Systemen zu vertiefen und zu erweitern.

Gleichwohl ist die Kritik von Ulrich von Alemann, daß die Interessengruppenforschung einen Hang zu „theoriegesättigte[n] Dachkonstruktionen" besitze, nicht ganz unberechtigt (Alemann 1993: 161; vgl. auch Petracca (Hrsg.) 1992: 363ff.). Sie verweist darauf, daß die Verbände- und Interessengruppenforschung einen äußerst heterogenen Untersuchungsgegenstand zu bearbeiten hat, der Generalisierungen ebenso erfordert wie erschwert. Verbändesysteme sind jedoch *moving targets* mit verschwommenen Konturen geblieben. Das hat dazu beigetragen, daß sich die Interessengruppenforschung einerseits in Teildisziplinen (z.B. für neue soziale Bewegungen, für industri-

---

* Ich danke Peter Rütters und Ferdinand Karlhofer für Hinweise und Kritik.

elle Beziehungen, für *Nongovernmental Organizations* etc.) differenziert und sich andererseits auf gesellschaftliche Großorganisationen konzentriert hat.

Mit der folgenden Rekapitulation der theoretischen Diskussionen über funktionale Interessenvermittlung und der Darstellung wichtiger empirischer Befunde wird dennoch deutlich zu machen versucht, daß gerade die Debatte um Korporatismus, Pluralismus und Demokratie zu fruchtbaren Ergebnissen geführt hat. Dabei geht es weniger darum, die in diesem Band versammelten Einzelanalysen nationaler Systeme funktionaler Interessenvermittlung zu vergleichen oder deren Unterschiede und Gemeinsamkeiten herauszuarbeiten. Vielmehr sollen wesentliche Dimensionen der Interessengruppenforschung kritisch untersucht und ihr empirischer Erklärungsgehalt in komparativer Perspektive herausgearbeitet werden. Nach Überlegungen zur generellen Diskussionsentwicklung (1.) werden dafür die Beziehungen zwischen Gesellschaft, Verbänden und Verbändesystemen (2.), das Verhältnis von Verbänden und politischem System (3.) sowie der Beitrag der Verbände für staatliche Steuerungsfähigkeit und Regierbarkeit (4.) diskutiert.

1. Korporatismus, Pluralismus und Demokratie: Rekapitulation einer Theoriedebatte

Trotz der erwähnten differenzierten Theorielandschaft wird die Interessengruppenforschung von zwei konkurrierenden Paradigmen dominiert: von den Korporatismus- und den Pluralismustheorien, in die andere Konzepte teilweise integriert wurden und die gegenwärtig vor allem mit der Diskussion um assoziative Demokratie und soziales Kapital eine gesellschaftstheoretische Öffnung erfahren. Lange Zeit wurden Korporatismus und Pluralismus als sich gegenseitig ausschließende Ansätze verstanden. Das ist keineswegs selbstverständlich und erforderte einigen argumentativen Aufwand. So konstatiert Grant Jordan, daß das Bild, das Kritiker von den Pluralismustheorien zeichneten, weit klarer und schärfer war, als es die Ansätze von Dahl, Lindblom (oder auch Fraenkel) tatsächlich waren (Jordan 1993: 59). Dasselbe gilt für Korporatismustheorien. Nicht selten wird die Korporatismusdefinition Philippe C. Schmitters aus seinem einflußreichen Aufsatz von 1974 herangezogen, ohne den konzeptionellen Kontext, davon abweichende Ansätze oder spätere Änderungen ausreichend zu berücksichtigen. Doch sind solche Merkmale sozialwissenschaftlicher Theorieentwicklung keineswegs auf die Debatte um Korporatismus und Pluralismus beschränkt. Die Auseinandersetzung zwischen „Korporatisten" und „Pluralisten" läßt sich daher auch als „Lehrstück" sozialwissenschaftlicher Diskussionskultur begreifen, die in diesem Fall durch zwei Merkmale geprägt war: erstens von einer dichotomen und polaren Begriffsbildung, die allerdings im Verlaufe der Debatte in den Hintergrund getreten ist, und zweitens durch Inkonsistenzen und Weiterentwicklungen in den jeweiligen theoretischen Ansätzen, die insbesondere aufgrund empirischer Untersuchungen erheblich verändert wurden.

Zweifellos besitzt die Methode der theoretischen Dichotomisierung und der polaren Begriffsbildung, die die Debatte über Korporatismus und Pluralismus vor allem zu Beginn prägten, heuristisch beträchtliche Vorteile (vgl. auch Übersicht 1). Sie führt zu klar konstruierten Idealtypen und sie stimuliert die Diskussion. Gleichzeitig wirft eine solche argumentative Methodik und eine solche Basis der Theoriebildung gravierende Probleme auf (Williamson 1989: 49ff.; Reutter 1991: 177ff.).

Übersicht 1: Korporatismus und Pluralismus nach P.C. Schmitter

Definitionsmerkmal	Pluralismus	Korporatismus
Anzahl der Verbände	unbestimmt	begrenzte Anzahl
	verschiedene	funktionale Abgrenzung
		singuläre
verbandliche Strukturmerkmale	freiwillige, überlappende Mitgliedschaft	Zwangsmitgliedschaft
	nicht hierarchische Koordination	hierarchische Koordination
	Konkurrenz um Mitglieder	Repräsentationsmonopol
Ausmaß der staatlichen Kontrolle und des staatlichen Einflusses	weder staatliche Kontrolle noch staatlicher Einfluß	staatlich initiierte bzw. unterstützte Gründung
	autonome Willensbildung	staatlicher Einfluß bei Auswahl des Führungspersonals und bei der Interessenartikulation

Quellen: Reutter 1991: 73, nach: Schmitter 1983: 900; vgl. auch Czada 1994: 45.

Die Korporatismustheorien lösten in den 70er Jahren ein pluralismustheoretisches Konzept ab, das aus unterschiedlicher Perspektive stark kritisiert worden ist (Offe 1969 und 1980; Bachrach/Baratz 1963; Garson 1978: 120ff.; Kremendahl 1977: 237ff.; Reutter 1991: 25ff.). Die Vernachlässigung gesellschaftlicher Macht- und Einfluß-strukturen, der Ausschluß nicht organisations- und konfliktfähiger Interessen, die „Se-lektivität" öffentlicher Institutionen, die Konzentration auf die „input-"Seite des politi-schen Willensbildungsprozesses oder das im wesentlichen auf Interessenartikulation eingeschränkte Verständnis verbandlicher Funktionen – all dies waren empirisch zum Teil gut belegte und theoretisch ausformulierte Kritikpunkte, auf die die Pluralis-mustheoretiker allenfalls normative Antworten wußten (Dahl 1982; Lindblom 1982; Kremendahl 1977). Dieses beträchtliche Erklärungsvakuum konnten die Korporatis-mustheorien Mitte der 70er Jahre ausfüllen. Sie boten das analytische Instrumentarium, um Strukturen und Funktionsmechanismen von Verbänden und Verbändesystemen einzuordnen, deren reale Ausprägungen in westlichen Demokratien sich in den 70er und 80er Jahren immer mehr vom pluralistischen Ideal zu entfernen schienen. Gleich-zeitig vermieden die Korporatismustheorien den ökonomischen Reduktionismus insbe-sondere marxistischer Ansätze. Es ist daher kein Zufall, daß der zu Beginn einflußrei-che Ansatz von Leo Panitch (1977), der Korporatismus als eine sozialdemokratische Strategie zur Integration der Arbeiterklasse versteht, was im Grunde einer marxistisch-leninistischen Interpretation der Einkommenspolitik der 70er Jahre entspricht, heute kaum noch von Bedeutung ist (Reutter 1991: 136ff.).

Indem die pluralismustheoretischen Probleme und „Schwächen" in ein anderes Konzept eingeordnet wurden, transformierten sie sich in „Stärken". Die ungleiche Or-ganisations- und Konfliktfähigkeit wurde so von einem demokratietheoretischen Pro-blem zu einer Notwendigkeit funktionaler Interessenvermittlung; der normativ begrün-dete Begriff des Gemeinwohls verwandelte sich in die krisentheoretisch beeinflußte Diskussion um Steuerungsfähigkeit und Regierbarkeit; innerverbandliche Partizipati-onsdefizite – für Pluralismustheoretiker zweifellos ein Problem – tragen im Korpora-tismus dazu bei, die Verpflichtungs-, Handlungs- und Kompromißfähigkeit von ver-bandlichen Eliten zu stärken. Generell wurde damit der Beitrag von Verbänden für die Stabilität und Leistungsfähigkeit von Demokratien analytisch zu Recht aufgewertet. In der Konsequenz bedeutete das jedoch, daß Korporatismus- und Pluralismustheorien auf zwei unterschiedlichen Argumentationsebenen angesiedelt waren, was den Eindruck verstärkte, daß manches „Scheingefecht" ausgetragen wurde (Schubert 1995; Reutter 1991: 182ff.).

Von Beginn an waren etwa die Korporatismustheoretiker der Kritik ausgesetzt, daß „... the corporatist assault on pluralism nowhere made a realistic effort to engage in debate with the antecedent [pluralist: WR] arguments" (Jordan 1993: 62). Dieses Verdikt von Grant Jordan, das er im Anschluß an Gabriel Almonds einflußreichen Aufsatz von 1983 formulierte, verkennt nicht die positiven Impulse und den Beitrag der Korporatismustheorien für die Interessengruppenforschung. Doch läuft diese Position darauf hinaus, Interessenvermittlungssysteme analytisch zu differenzieren, ohne das demokratietheoretische Konzept der Pluralisten grundsätzlich in Frage zu stellen. Korporatismus und Pluralismus sind dann unterschiedliche Modi der Interessenvermittlung. Doch: „Thus, corporatism is a variety of pluralism – to be distinguished from a more disaggregated competitive variety of pluralism at one extreme, and state-controlled variety at the other" (Almond 1983: 251). Damit wird einer dichotomischen und polarisierenden Begriffsbildung allerdings der Boden entzogen. Robert Dahl, Charles Lindblom und Ernst Fraenkel sind damit zuerst Demokratietheoretiker. Sie formulieren eine Theorie repräsentativer, parlamentarischer Demokratie unter der Voraussetzung, daß nicht mehr Individuen, sondern gesellschaftliche Gruppen die politisch relevanten Akteure sind, deren Interessengegensätze durch einen institutionalisierten Prozeß der Konfliktaustragung so zu allgemeinverbindlichen Entscheidungen führen, daß eine Tyrannei der Mehrheit ausgeschlossen wird. Im Gegensatz zu den frühen Gruppentheorien wird dabei keineswegs ein harmonisches Gleichgewicht als Resultat politischer Entscheidungsfindung unterstellt. Das wird in Dahls Studie von 1961 ebenso deutlich wie in Fraenkels neopluralistischem Konzept. So symbolisiert das in diesem Zusammenhang immer wieder zitierte Bild, nach dem „politische Entscheidungen zumeist die Resultante im Parallelogramm von Kräften (darstellen), an deren Zustandekommen die Interessenorganisationen maßgeblich teilhaben", eben genau keine Gleichgewichtsvorstellung (Fraenkel 1991: 65). Vielmehr werden politische Entscheidungen als Resultat politischer Machtfaktoren begriffen, die als Vektoren eine divergierende Stärke besitzen. Das wiederum heißt noch lange nicht, daß die Pluralisten eine „Demokratietheorie par excellence" vorgelegt hätten, wie Roland Czada (1994: 51) polemisch zuspitzt. Die angeführten Kritikpunkte an den Pluralismustheorien waren stichhaltig, stellten wichtige Prämissen in Frage und verwiesen auf Erklärungslücken.

Damit zusammen hängt der zweite erwähnte Aspekt: Sowohl Korporatismus- als auch Pluralismustheorien weisen erhebliche theoretische Unschärfen und Inkonsistenzen auf. Es läßt sich daher weder von *der* Korporatismus- noch von *der* Pluralismustheorie sprechen. So wurden und werden den Korporatismustheorien eine „Heterogenität der Problembezüge" und theoretische Inkonsistenzen vorgeworfen (Kastendiek 1980; Alemann/Heinze 1981; Reutter 1991). Göran Therborn (1992) meint sogar, daß Korporatismus ein Gott sei, von dessen Existenz man zwar überzeugt sein könne, aber niemand wisse, wie er aussähe. Darüber hinaus haben sowohl Korporatismus- als auch Pluralismustheoretiker ihre Konzepte im Zeitablauf verändert und weiterentwickelt. Insbesondere wurde der gesamtgesellschaftliche Erklärungsanspruch der Korporatismustheorien reduziert und durch mesokorporatistische und sektoral begrenzte Ansätze ersetzt (Cawson (Hrsg.) 1985; Williamson 1989; Kleinfeld 1990). Parallel dazu trugen empirische Untersuchungen dazu bei, die polare Begriffsbildung abzuschwächen und Pluralismus und Korporatismus als Endpunkte auf einem Kontinuum zu begreifen, auf dem sich die real existierenden Systeme funktionaler Interessenvermittlung einordnen lassen (Lehmbruch 1984, 1982; Schmitter 1981a; Lijphart 1999: 171ff.; Lijphart/ Crepaz 1991; Alvarez et al. 1991). Die daraus resultierenden Klassifikations- und Einordnungsversuche hatten jedoch zur Folge, daß sich die nationalen Systeme funktionaler Interessenvermittlung nur noch graduell unterscheiden ließen. Hinzu kam, daß die zum Teil divergierende Einordnung einzelner Länder als schwach, mittel oder stark korporatistisch dazu beitrug, den Erklärungsgehalt des Korporatismusbegriffes prinzipiell in Frage zu stellen (Lane/Ersson 2000: 225ff.; Siaroff 1999).

Gemeinsames Merkmal solcher Einordnungsversuche ist, daß Korporatismus in aller Regel mit Merkmalen von Gewerkschaften und Strukturen der Arbeitsbeziehungen operationalisiert wird. Das hängt zum einen mit der Datenlage zusammen, die im Bereich der Arbeitsbeziehungen und Gewerkschaften noch am ehesten internationale Vergleiche erlaubt. Zum anderen spiegelt sich darin ein prinzipielles Erkenntnisinteresse wider: Denn der theoretische Anspruch, Funktionen und Strukturen von Verbändesystemen in politischen Systemen zu erklären, reduzierte sich in den empirischen Studien auf tripartistische Strukturen und die Beziehungen zwischen Kapital, Arbeit und Staat. Nicht zufällig standen und stehen Einkommens-, Arbeitsmarkt- und generell Wirtschaftspolitik im Zentrum einschlägiger Untersuchungen (Armingeon 1983; Schmidt 1982; Pekkarinen et al. (Hrsg.) 1992; Williamson 1989: 168ff.; Beyme 1984; Schmitter/Grote 1997). Daraus abgeleitete Befunde über Regierbarkeit oder Stabilität von Demokratien beruhen folglich auf Verallgemeinerungen, die nur dann plausibel sind, wenn unterstellt wird, daß die Regulierung des Klassenkonflikts typisch ist für Systeme funktionaler Interessenvermittlung insgesamt. Das ist eine wenig überzeugende Annahme, auch wenn der Regulierung des Klassenkonfliktes weiterhin eine zentrale Bedeutung zugeschrieben wird.

Wie erwähnt, erfährt die Diskussion durch die Europäisierung und Globalisierung von Politik und Ökonomie sowie durch gesellschaftliche Veränderungen gegenwärtig eine erneute Dynamik: Globalisierung und Europäisierung gelten als wichtige Faktoren, die korporatistischen Steuerungsversuchen den Boden zu entziehen drohen (Grande 2000; anders: Katzenstein 1984). Standortwettbewerb, die Macht multinationaler Konzerne, die Verlagerung politischer Entscheidungskompetenzen an inter- bzw. supranationale Institutionen u.ä.m. beeinträchtigen, so die grundlegende These, die für korporatistische Interessenvermittlung wichtigen nationalen Rahmenbedingungen. Auch die Beiträge in diesem Sammelband verdeutlichen, daß insbesondere die europäische Integration nicht ohne Rückwirkungen auf die nationalen Systeme funktionaler Interessenvermittlung geblieben sind, ohne daß sich daraus jedoch grundlegende Funktionskrisen ableiten ließen. Auch die gesellschaftsstrukturellen Veränderungen vor allem durch Individualisierungsprozesse und einen häufig konstatierten kulturellen Wandel haben bisher weniger dramatische Folgen für die Systeme funktionaler Interessenvermittlung gezeigt, als vielfach angenommen. Doch rücken im Anschluß an Überlegungen Alexis de Tocquevilles (1986: 287ff.) und an Ergebnisse der politischen Kulturforschung gegenwärtig die gesellschaftlichen und kulturellen Voraussetzungen funktionaler Interessenvermittlung und eines freien Assoziationswesens erneut in den Vordergrund der Verbändeforschung (Putnam et al. 1992; Putnam 1995; van Deth 1997; Zimmer 1996).

Mit dem Konzept der „assoziativen Demokratie" wird darüber hinaus versucht, den Beitrag von Verbänden und Vereinen zur politischen Selbstbestimmung von Gesellschaft normativ zu begründen. Damit wird das von James Madison formulierte und die gesamte Interessengruppenforschung beeinflussende Problem der „faction" transformiert (Dahl 1970). In der Perspektive der „assoziativen Demokratie" geht es keineswegs mehr darum, die negativen Effekte gesellschaftlicher Konflikte und Gruppenbildungen bloß „unter Kontrolle zu bringen", wie Madison in seinem berühmten Federalist-Artikel Nr. 10 schlußfolgerte, weil deren Ursachen in liberalen Demokratien nur auf Kosten der Freiheit zu beseitigen sind (Hamilton et al. 1994: 54). Vielmehr ermöglichen „secondary associations" (Cohen/Rogers 1995) politische Teilhabe der Bürger und öffentliche Deliberation außerhalb von Parteien und Parlamenten, und dadurch tragen sie zur Steigerung der öffentlichen Wohlfahrt bei. Sie sind also konstitutiv für das Konzept einer egalitären deliberativen Demokratie, die dem Modus des Entscheidungsverfahrens einen zentralen Stellenwert einräumt. Dafür können zivilgesellschaftliche Organisationen einen wichtigen Beitrag leisten: Sie können Raum schaffen für öffentliches Räsonieren außerhalb der staatlichen und parlamentarischen Entscheidungsgremien, sie sozialisieren Gesellschaftsmitglieder für demokratische Verfahren und Werte, und sie tragen durch ihre Sachkompetenz und ihre Informationsvorsprünge dazu bei, die Qualität allgemeinverbindlicher Entscheidungen zu verbessern. Damit wird eine Leerstelle insbesondere korporatismustheoretischer Ansätze gefüllt, die sich nur am Rande mit den normativen, demokratietheoretischen Grundlagen funktionaler Interessenvermittlung beschäftigt haben (Cawson 1986).

2. Gesellschaft, Verbände und Verbändesysteme

„Wer Organisation sagt, sagt *Tendenz zur Oligarchie.* " (Michels 1989: 25, Hervorhebung im Original) Das von Robert Michels formulierte „eherne Gesetz der Oligarchie", nach dem formale Organisation individuelle Partizipation und demokratische Selbstbestimmung ausschließt, ist eine „sozialwissenschaftliche Folklore" (Lehmbruch 1983: 411), die lange Zeit jeder theoretischen und erfahrungswissenschaftlichen Widerlegung standzuhalten vermochte. Pluralismustheoretisch wurde dieses „eherne Gesetz" primär als Problem, als Auseinandertreten von normativem Ideal und gesellschaftlicher Wirklichkeit thematisiert und mündete vielfach in der Forderung, Verbände und Interessengruppen zu demokratisieren. In Deutschland hat sich dies Ende der 70er/Anfang der 80er Jahre bekanntlich in der – sozialwissenschaftlich weit überschätzten und politisch folgenlosen – Diskussion um ein Verbändegesetz niedergeschlagen (Alemann/Heinze (Hrsg.) 1979; Ronge 1992). Auch Korporatismustheorien unterstellen zumeist, daß Mitglieder von wichtigen Willensbildungs- und Entscheidungsprozessen ausgeschlossen bleiben und eine passive Folgebereitschaft besitzen, die den Eliten die Aushandlung von Kompromissen ermöglicht. Das ist zumindest in den frühen konzeptionellen Entwürfen eine der grundlegenden Voraussetzungen effizienter korporatistischer Interessenmediatisierung (Schmitter 1974; Lehmbruch 1977: 110ff.; Williamson 1989: 80ff.).

Erst die systemtheoretische Reformulierung dieses innerverbandlichen Spannungsverhältnisses zwischen Führung und Basis, das dann als Konflikt zwischen Einfluß- und Mitgliedschaftslogik begriffen wird, erlaubte, die konkurrierenden Handlungsimperative konstruktiv aufeinander zu beziehen und die daraus resultierenden Vermittlungsleistungen von Verbänden adäquat zu thematisieren (Streeck 1987; Streeck 1982; Schmitter/Streeck 1981; vgl. auch Offe/Wiesenthal 1980). Einfluß- und Mitgliedschaftslogik bleiben in dieser Perspektive zwar „letztendlich nicht kompatibel" (Streeck

1994: 14). Doch wird dann die Beziehung zwischen Organisationsführung und Mitgliedsbasis auch als Bedingungsverhältnis begriffen, wodurch sich die ordnungspolitischen Leistungen von Verbänden organisationstheoretisch erschließen lassen. Integration „nach unten" ist in dieser Perspektive auf Dauer nur denkbar, wenn Verbände Handlungsfähigkeit „nach oben" besitzen, und politische Einflußmacht setzt immer ein Mindestmaß an sozialer Integration voraus. „Sozial- und Systemintegration" (Lockwood 1979) beruhen folglich immer noch auf unterschiedlichen Handlungsimperativen, die jedoch qua Organisationsleistung in Einklang gebracht werden. Organisation und Partizipation sind mithin nicht mehr nur sich gegenseitig ausschließende, sondern sich gleichzeitig bedingende Aspekte „privater Interessenregierung". Das schlägt sich keineswegs nur organisationsintern und organisationsstrukturierend nieder. Vielmehr zeigt gerade die Diskussion um „assoziative Demokratie", daß Interessenverbände und Vereinigungen als „Schulen der Demokratie" wirken und gesamtgesellschaftliche Effekte haben können. Der Satz: „„Participation is organization'," (van Deth 1997: 1) meint also nicht nur, daß politische Beteiligung einer strukturierten und kanalisierten Form bedarf, sondern auch, daß organisiertes kollektives Handeln unter liberalen Bedingungen demokratische Systeme unterfüttert und stabilisiert. Oder: „Wer freiwillige Organisation sagt, sagt Tendenz zur Demokratie."

Dieser Zusammenhang zwischen einem freien Assoziations- und Verbandswesen einerseits, politischer Partizipation, gesellschaftlicher Selbstregulierung und politischer Selbstbestimmung andererseits rückt in den Diskussionen über deliberative (oder assoziative) Demokratie und soziales Kapital erneut in den Vordergrund. Auch wenn dies Vereine und zivilgesellschaftliche Assoziationen einschließt, die bisher nicht im Fokus der Interessengruppenforschung standen, verweisen diese Debatten darauf, daß auch Verbände auf Mechanismen der „Vergemeinschaftung" (Max Weber) angewiesen sind, Defizite territorialer Interessenvermittlung kompensieren und zu einer deliberativen Demokratie beitragen können. Insoweit sind Thesen, daß die Auflösung sozialmoralischer Milieus und die Individualisierung zu einer Erosion der gesellschaftlichen Voraussetzungen strukturierter funktionaler Interessenvermittlung beitragen könnten, von grundsätzlicher Bedeutung für liberal-demokratische Herrschaftssysteme insgesamt. In seinem fast schon klassischen Aufsatz „Bowling Alone" hat Robert Putnam (1995) darauf aufmerksam gemacht und erneut die Frage aufgeworfen, inwieweit die politisch-kulturellen Voraussetzungen für Demokratie gefährdet sind. Abnehmende bürgerliche Tugenden einschließlich der politischen Beteiligung an öffentlichen Angelegenheiten stellen in dieser Perspektive grundlegende Krisenerscheinungen dar, die durch den kulturellen Wandel hervorgerufen werden. Allerdings wird immer wieder darauf verwiesen, daß es sich weniger um Krisentendenzen denn um Modernisierungsprozesse handelt. Die Voraussetzungen für ein funktionierendes Interessenvermittlungssystem sind damit nicht im Schwinden begriffen, sondern unterliegen einem tiefgreifenden Anpassungs- und Wandlungsprozeß (Weßels 1997; Aarts 1995; Barnes et al. 1979; Inglehart 1998: 425ff.).

Im Rahmen der Verbands- und Interessengruppenforschung stehen dabei drei Themenkomplexe im Vordergrund. Erstens die Frage der sozialstrukturellen Veränderungen, die zu einem „Aussterben der Stammkunden" (Streeck 1987) und zur Auflösung traditioneller Milieus führen und damit die Organisationsbereitschaft der Gesellschaft grundsätzlich in Frage stellen. Korporatismustheoretisch lassen sich Befunde, die eine solche Tendenz bestätigen, nur als Erosions- und Krisenerscheinung deuten. Denn die Funktionsfähigkeit privater Interessenregierungen setzt eine stabile, folgebereite und zumindest in den wichtigen Verbandssegmenten hoch organisierte Mitgliedschaft voraus. Zweitens verweist die Entstehung neuer sozialer Bewegungen darauf, daß sich postmaterialistische Werte und Konfliktlinien bereits in Organisationsformen niedergeschlagen und die etablierten Strukturen und Handlungsmuster kollektiven Handelns verändert haben können (Roth 1999; Weßels 1997; Rucht (Hrsg.) 1991; Kriesi et al. 1995). Schließlich und damit zusammenhängend stellt sich die Frage, inwieweit Vereins- und Verbandsmitglieder sich an Politik beteiligen. Seit der „participatory revolution" (Kaase 1984) Ende der 60er Jahre haben sich neue Formen und Akteure politischen Handelns durchgesetzt. Damit taucht das Problem auf, inwieweit Verbändesysteme in der Lage waren, diese Formen kollektiven Handelns und neu entstandene Organisationen in die etablierten Strukturen zu integrieren.

Tabelle 1: Mitgliedschaft in Vereinen, Verbänden und Gewerkschaften in westeuropäischen Ländern (in Prozent)

Land[a)]	Anteil der Befragten, die angaben, keinem Verein oder Verband anzugehören					Gewerkschaftlicher Organisationsgrad[b)]	
	1977	1983	1987	1990	1998	Stand 1994/5	Veränderung 1985-95
Norwegen	–	–	–	–	–	57,7	2,0
Schweden	–	–	–	–	10	91,1	7,3
Österreich	–	–	–	–	34	41,2	-9,8
Dänemark	25	35	20	14	14	80,1	1,8
Schweiz	–	–	–	–	–	22,5	-6,2
Niederlande	20	22	38	25	17	25,6	-3,2
Belgien	29	56	61	43	37	51,9	-0,1
Finnland	–	–	–	–	21	79,3	11,0
Deutschland	47	43	65	43	37	28,9	[c)]-6,1
Luxemburg	–	–	–	23	26	43,4	-9,6
Frankreich	38	56	67	58	47	9,1	-5,4
Irland	–	–	–	39	36	48,9	-7,1
Portugal	–	–	–	75	66	25,6	-25,8
Italien	54	64	70	61	50	44,1	-3,5
Spanien	–	–	–	73	52	18,6	7,1
Malta	–	–	–	–	–	65,1	17,2
UK/GB	46	42	47	39	39	32,9	-12,6
Griechenland	–	68	83	75	76	24,3	-12,4

a) Geordnet nach der Stärke des Korporatismus (Lijphart 1999: 177).
b) Bezogen auf Lohn- und Gehaltsempfänger.
c) Gesamtes Bundesgebiet, Veränderung zwischen 1991 und 1995.

Quellen: Aarts 1995: 232; Immerfall 1997; Eurobaromenter 49; ILO 1997: 238 und 240.

Die gesellschaftliche Organisationsbereitschaft variiert international und im Zeitablauf (Tabelle 1). Da nur teilweise und für einzelne Jahre entsprechende Umfragedaten vorliegen, lassen sich über die langfristigen Entwicklungen der Mitgliedschaft der westeuropäischen Bevölkerung in Vereinen und Verbänden allerdings nur bedingt verallgemeinerungsfähige Aussagen treffen. Die vorliegenden Daten, die im Rahmen des Eurobarometers[1] erhoben wurden, deuten jedoch nicht darauf hin, daß der gesellschaftliche Organisationsgrad im Zeitablauf flächendeckend gesunken wäre. Im Gegenteil: In den meisten Ländern ist der Anteil der Befragten, die mindestens einem Verband oder Verein angehörten, 1998 höher als noch 1990 oder zu früheren Zeitpunkten. Das gilt im übrigen für stark korporatistische Länder ebenso wie für eher pluralistische. Aarts (1995) geht daher davon aus, daß feststellbare Schwankungen eher auf kurzfristige Ereignisse zurückzuführen sind und keinen generellen Trend repräsentieren.

Allerdings deuten die Daten auf einen sektoralen Wandel hin: In den meisten europäischen Ländern ist ein Rückgang des gewerkschaftlichen Organisationsgrades seit Mitte der 80er festzustellen, wobei sich korporatistische Strukturen tendenziell stabilisierend auf die Mitgliedschaft auswirkten. So verzeichneten die stark korporatistischen Länder Norwegen, Schweden und Dänemark noch Zuwächse, während die Gewerkschaften in den pluralistischen Ländern Griechenland und Großbritannien hohe Verluste erlitten.[2] Hinzu kommt, daß die Länder, die bereits 1990 zur EG gehörten, zwischen 1990 und 1998 bei religiös-kirchlichen Vereinigungen, politischen Parteien und Bewegungen ebenfalls Rückgänge aufweisen, während vor allem im Bereich Wohlfahrt/Soziales, Kunst/Kultur, Menschenrechtsorganisationen, Natur/Umwelt und bei Sport/Freizeit-Vereinigungen Zuwächse stattfanden (Immerfall 1997; Eurobarometer 49). Zweifellos müssen solche Umfragedaten vorsichtig interpretiert werden, doch deuten sie eher auf einen Wandel der Verbändesysteme denn auf Erosionserscheinungen hin.

Im internationalen Vergleich lassen sich ebenfalls markante Unterschiede in der Neigung der Bevölkerung feststellen, sich einem Verband oder Verein anzuschließen. Differenzieren lassen sich drei Gruppen: südeuropäische Länder (Portugal, Italien, Frankreich, Spanien, Griechenland) mit einem geringen Organisationsgrad, skandinavische Länder (Schweden, Dänemark, Finnland) sowie die Niederlande und Luxemburg mit einem hohen Organisationsgrad und schließlich eine mittlere Gruppe von Ländern mit Österreich, Belgien, Deutschland, Irland und dem Vereinigten Königreich (Immerfall 1997: 151f.). Das macht deutlich, daß Länder mit einem hohen gesellschaftlichen Organisationsgrad häufig stärker korporatistisch strukturiert sind als Länder mit einem geringeren Organisationsgrad, ohne daß sich jedoch ein eindeutiger Zusammenhang konstatieren ließe. So gaben etwa die Befragten in Österreich und Großbritannien zu ähnlich großen Anteilen an (66 bzw. 61 Prozent), in mindestens einem Verband oder Verein Mitglied zu sein, doch gilt das eine Land als stark korporatistisch und das andere als pluralistisch. Auch für den gewerkschaftlichen Organisationsgrad, der häufig ein wichtiger Indikator für die Bestimmung des Korporatismusgrades darstellt, gilt: „Mitgliederstarke Gewerkschaften sind weder notwendige Voraussetzung noch zwangsläufige Folge korporatistischer Integration" (Armingeon 1993: 290; vgl. auch Karlhofer/Sickinger 1999). Insgesamt macht dies deutlich, daß ein hoher gesellschaftlicher Organisationsgrad allenfalls ein Faktor unter mehreren sein kann, um Bestand und Stabilität korporatistischer Strukturen zu erklären.

Darauf verweisen auch Untersuchungen über den Zusammenhang zwischen verbandlicher Organisation und politischer Partizipation in der Form des politischen Pro-

---

1 Die Daten des Eurobarometers 49 wurden mir dankenswerterweise von Meinhard Moschner, Zentralarchiv für Empirische Sozialforschung, Köln, zur Verfügung gestellt.

2 Spanien mit Zuwächsen und Portugal mit einem außergewöhnlichen Rückgang sind aufgrund ihrer späten Demokratisierung kaum mit den anderen Ländern zu vergleichen. Die Ausnahme Österreich wiederum ist durch das Kammersystem mit Zwangsmitgliedschaft begründet.

tests. Max Kaase und Samuel H. Barnes hatten schon 1979 ein verändertes Partizipationsverhalten festgestellt und ein Anwachsen unkonventioneller Beteiligungsformen vorhergesagt. Im Anschluß an diese These und auf Grundlage der Daten des World Value Surveys kommen Roller/Weßels zu dem Ergebnis, daß Mitglieder von Organisationen eher dazu neigen, sich politisch in Form von Protesten zu beteiligen. Oder „The stronger the embeddedness of individuals in terms of the number of memberships, the more often they protest" (Roller/Weßels 1996: 21). Das bestätigt den genannten Zusammenhang zwischen Organisation und politischer Beteiligung und schließt nach Roller/Weßels ein, daß unkonventionelle Formen des politischen Protests keineswegs mehr ein Privileg der Mitglieder von neuen Organisationen sind (nach Roller/Weßels gehören dazu die Umwelt-, Friedens- und Tierschutzbewegung). Das deutet auf einen Anpassungsprozeß der etablierten Verbände hin, doch auch neue soziale Bewegungen haben sich zunehmend institutionalisiert, in die bestehenden Strukturen integriert und tragen dazu bei, daß das Ausmaß unkonventioneller politischer Beteiligung zurückgeht (Koopmans 1996; Roth 1999).

3.   Verbände und politisches System

Die Beziehungen zwischen Verbände-, Parteien- und Regierungssystem werden in der Interessengruppenforschung kontrovers diskutiert. Dahinter stehen prinzipielle demokratietheoretische Fragestellungen, da verbandliche Einflußnahme den zentralen Legitimationsmechanismus liberal-demokratischer Systeme, die auf Gleichheit aller Bürger und Bürgerinnen basierende Wahl, in Frage stellen kann. Aus der Perspektive der „assoziativen Demokratie" und der Pluralismustheorie lassen sich gegen ein solch rigides Demokratiemodell theoretische und empirische Argumente vorbringen: Danach ist, wie erwähnt, eine Beteiligung von Verbänden am politischen Willensbildungsprozeß notwendig, um gesellschaftliche Interessen zu integrieren und Entscheidungen zu legitimieren, da allgemeine Wahlen keine ausreichende Basis für konkrete Politikprozesse darstellen. Hinzu kommt, daß Verbände einen öffentlichen Diskurs ermöglichen können und über Information und Sachverstand verfügen. Ihre Beteiligung an politischer Willensbildung kann somit die Qualität allgemeinverbindlicher Entscheidungen verbessern. Grundsätzlich wird hier also ein Komplementaritätsverhältnis und gegenseitige Abhängigkeiten zwischen Parteien, Verbänden und Regierungssystem unterstellt. Doch bleiben bei den Pluralismustheorien Verbände dem staatlichen Willensbildungs- und Entscheidungsprozeß „vorgeschaltet". Interessengruppen besitzen in dieser Perspektive lediglich Integrations- und Artikulationsfunktionen, während Parteien die Aggregation von Interessen übernehmen und sie im Regierungssystem in entscheidungsfähige politische Alternativen transformieren. Eine institutionalisierte Beteiligung der Verbände am politischen Entscheidungsprozeß wird in diesen Konzepten weitgehend vernachlässigt, auch wenn sie wohl kaum deren Prämissen widerspricht. Auch die Frage, ob Funktions- und Strukturparallelitäten zwischen spezifischen Typen von Verbände-, Parteien- und demokratischen Regierungssystemen existieren, blieb pluralismustheoretisch unterbelichtet.

Anders sieht dies bei Korporatismustheorien aus. Hier lassen sich grundsätzlich zwei Varianten unterscheiden: Philippe C. Schmitter wollte lange Zeit den Korporatismusbegriff auf die organisationsbezogenen Aspekte funktionaler Interessenvermittlung beschränkt wissen. Die Form der Entscheidungsfindung sollte in dieser Perspektive überraschenderweise keine Rolle spielen, auch wenn Schmitter zwischen Konzertierung und Korporatismus „Wahlverwandtschaften" ausmachte (Schmitter 1981b: 41). Die damit verbundenen konzeptionellen Abgrenzungsprobleme zum Pluralismus – so besteht bei Schmitter durchaus die Möglichkeit korporatistischer Interessenvermittlung, die auf der Ausübung von pressure beruht und verbandliche Beteiligung in nicht-institutionalisierter Form vorsieht – sind hier ohne Belang, doch erlaubt diese Begrenzung, den ordnungspolitischen Beitrag von Verbänden ins Zentrum der Überlegungen zu rücken. Gleichzeitig ging damit eine Vernachlässigung des Parteiensystems und der parlamentarischen Interessenvermittlung einher. Für Schmitter spielten Parteien und Parlamente keine entscheidende Rolle, vielmehr unterstellte er zu Beginn seiner Überlegungen eine Konkurrenz- und Konfliktbeziehung, nach der funktionale Interessenvermittlung das territoriale Repräsentativsystem ablöst.

Grundsätzlich anders sah dies Gerhard Lehmbruch. Mit Lehmbruch ging eine große Zahl von Autoren von einem engen Zusammenhang zwischen korporatistischer Interessenvermittlung einerseits und konsens- und verhandlungsdemokratischen Systemen andererseits aus und schloß die Form der Entscheidungsfindung in das korporatistische Konzept ein. Das hängt zum ersten mit der Vermutung zusammen, daß sich sozialstrukturelle Konfliktlinien nicht nur im Parteien-, sondern auch im Verbändesystem niedergeschlagen haben. Systematische Untersuchungen über den Zusammenhang von sozialen Konfliktlinien und Verbändesystemen sind bisher jedoch Ausnahmen geblieben (Weßels 1991; Ebbinghaus 1996; Rokkan 2000: 316ff.; Schmid 1996), die sich zudem vor allem auf die Frage konzentrierten, ob und inwieweit postmaterialistische Wertvorstellungen zu neuen Konfliktlinien führten und die Verbändesysteme veränderten. Wie erwähnt, sind in dieser Hinsicht in allen Ländern weitreichende Wandlungsprozesse zu beobachten. Die Entstehung neuer sozialer Bewegungen deutet ebenso darauf hin wie die Verbreitung von spezifischen politischen Beteiligungsformen. Zum zweiten steht dahinter die von Schmitter geteilte Vermutung einer „Ko-Evolution" des verbandlichen und des politisch-administrativen Systems. Die Strukturen dieser beiden Systeme entwickeln sich danach in einem historisch-genetischen Prozeß wechselseitiger Anpassung. Das ist eine interessante These, die mindestens zwei Dimensionen beinhaltet: Zum einen ist der Staat damit nicht mehr bloßer Adressat von Interessen, sondern unterstützt Verbände finanziell, erkennt sie öffentlich an, gibt ihnen die Möglichkeit zur institutionalisierten Beteiligung oder tritt gar als Initiator bei Verbands- oder Vereinsgründungen auf. Zum anderen entstehen durch Prozesse der Ko-Evolution Strukturparallelitäten zwischen Verbände- und politisch-administrativem System. Das heißt beispielsweise, daß föderalistische und dezentralisierte politische Systeme mit entsprechenden Strukturen im Verbändesystem korrespondieren müßten (Mayntz 1990).

Allerdings sind einschlägige vergleichende Studien bisher weitgehend ausgeblieben, und die vorliegenden Untersuchungen liefern keine Anhaltspunkte, die diese Thesen bestätigen könnten. So gibt es keine Belege für die von Schmitter vorgebrachte Vermutung, Korporatismus schließe ein, daß der Staat Einfluß auf die Auswahl der verbandlichen Führungselite habe. Im Gegenteil: Eine solche Einflußnahme des Staates auf innerverbandliche Entscheidungsprozesse müßte zwangsläufig die Grundlagen korporatistischer Arrangements zerstören. In ähnlicher Weise stellen etwa Salomon und Anheier fest, daß die öffentliche Förderung des Dritten Sektors in Schweden mit 26,6 Prozent aller Einnahmen weit hinter Deutschland (68,2 Prozent), Frankreich (59,5

Prozent), Italien (40,7 Prozent) oder auch den USA (29,6 Prozent) zurückbleibt (Salomon/Anheier 1997: 165ff.). Auch für die Vermutung von Strukturparallelitäten zwischen verbandlichem und politisch-administrativem System lassen sich im internationalen Vergleich kaum systematische Zusammenhänge ausmachen. So weisen die nach Lijphart fünf stärksten korporatistischen Länder Norwegen, Schweden, Österreich, Dänemark und die Schweiz sehr unterschiedliche föderative Strukturen auf. Während die politisch-administrativen Systeme Norwegens, Schwedens und Dänemarks eher zentralistischen Charakter besitzen, fallen Österreich und vor allem die Schweiz unter die föderativen Systeme. Und schließlich zeigt sich auch kein zwingender Zusammenhang zwischen spezifischen „Lobby-Regimes" (Liebert 1995)[3] und den Strukturen des Verbändesystems. Beispielsweise findet Ulrike Liebert (1995: 429ff.) in Österreich, Deutschland, Italien, den Niederlanden und der Schweiz dichte Lobby-Netzwerke, während sie Belgien, Dänemark, Griechenland, Norwegen, Schweden und das Vereinigte Königreich durch weniger umfassende Lobby-Regimes gekennzeichnet sieht.

Das kann nun nicht bedeuten, daß die Strukturen des politisch-administrativen Systems für Verbände keine Rolle spielen würden. Gerade die in diesem Band versammelten Aufsätze zeigen, in welchem Ausmaß Verbände an staatlichen Willensbildungs- und Entscheidungsprozessen beteiligt sind und in welcher Weise der Staat auf das Verbandswesen zurückwirkt. Doch liegen bisher nur wenige Studien vor, die Formen institutionalisierter Beteiligung, die Bindungswirkung von Beschlüssen in korporativen Gremien oder den Einfluß des Staates auf innerverbandliche Entscheidungen systematisch aufarbeiten und vor allem vergleichend untersuchen (vgl. aber Grant (Hrsg.) 1987; Hartmann 1985). Beachtenswert ist außerdem, daß in nicht wenigen Ländern Verbände der Arbeiter- oder der Frauenbewegung zuerst gegen staatliche Repression durchgesetzt werden mußten. Staatliche Anerkennung und Förderung sind daher vielfach Resultat eines historisch-genetischen Prozesses und erst für später entstandene Organisationen Teil einer politischen Opportunitätsstruktur (Kriesi et al. 1995). Vor diesem Hintergrund ist ein deutlicher „Theorieüberschuß" zu konstatieren, für den eine empirisch befriedigende Unterfütterung fehlt.

Schließlich hängen Strukturen der Verbändesysteme und typische Handlungsmuster der Verbände mit spezifischen Prozessen der Kompromißbildung und Entscheidungsfindung zusammen. Insbesondere Gerhard Lehmbruch hat frühzeitig darauf hingewiesen, daß Korporatismus eine „Wahlverwandtschaft" mit Konkordanzdemokratien besitzt (Lehmbruch 1979; Scholten 1987). In beiden dominieren nicht Parteienkonkurrenz und majoritäre Entscheidung den politischen Entscheidungsfindungsprozeß, sondern Elitenkonsens, Verfahren der Kompromißbildung und eine möglichst breite Beteiligung der politischen Parteien.

Die in diesem Band versammelten Aufsätze zeigen ein breites Spektrum von Beziehungen zwischen Verbände- und Parteiensystem, die sich zudem seit Mitte der 80er Jahre abzuschwächen beginnen und unterschiedliche Formen angenommen haben. Während Verbände beispielsweise in stark korporatistischen Ländern wie Norwegen, Schweden oder Österreich zum Teil als „Vorfeldorganisationen" von Parteien fungieren oder wie in Belgien und den Niederlanden sogar konstitutiver Bestandteil „ver-

---

3   Der von Ulrike Liebert (1995) entwickelte Index für Lobby-Regimes setzt sich aus ökonomischen Inkompatibilitätsregeln, Registrierungspflichten für Abgeordnete, Diversifikation des Ausschußwesens, Anzahl der Anhörungen, „cross-party lobbyism" und dem Ausmaß der Lobby-Netzwerke zusammen.

säulter" Strukturen darstellen, sind sie in Frankreich formell vom Parteiensystem getrennt, allerdings ebenso wie in Spanien, Italien, Portugal oder Griechenland stark ideologisiert und politisiert. Das bestätigt, daß Parteien- und Verbändesysteme strukturelle Beziehungsmuster ausgebildet haben. Während pluralistische Systeme eine Tendenz zum Parteienwettbewerb, zum Zweiparteiensystem und zur Konzentration der Exekutivmacht durch kleinstmögliche Regierungskoalitionen aufweisen, sind korporatistische Länder stärker durch Mehrparteiensysteme und „oversized cabinetts" geprägt (Lijphart 1999: 277ff.). Daraus darf allerdings nicht geschlossen werden, daß Korporatismus nur in Konsensdemokratien und Pluralismus nur in Mehrheitsdemokratien zu finden sind. Denn während Strukturen der Interessenvermittlungssysteme stark mit der politics-orientierten „executive-parties-dimension" kovariieren, lassen sich keine Zusammenhänge zwischen Pluralismus bzw. Korporatismus und der „federal-unitary-dimension" ausmachen, die die institutionelle Struktur des Regierungssystems bestimmt (Lijphart 1999: 171ff., 243ff.).

Zu einem ähnlichen Befund kommen Lane/Ersson. Auch sie stellen fest, daß Korporatismus weder eine hinreichende noch eine notwendige Bedingung für Konkordanzdemokratien sind. So werden die skandinavischen Länder zumeist als stark korporatistisch klassifiziert, sie gelten jedoch gleichzeitig als Wettbewerbsdemokratien. Ähnliche Fälle sind die Schweiz und die Niederlande, zwei klassische konkordanzdemokratische Systeme, die aber häufig als schwach oder als mittel korporatistisch qualifiziert werden (Lane/Ersson 2000: 235f.). Lane/Ersson schließen aus diesen Befunden, daß zwischen Konkordanzdemokratien und Korporatismus allenfalls eine schwache Beziehung existiert. „The only thing that corporatism and Konkordanzdemokratie have in common is that these institutions cannot thrive where there are strong conservative parties such as neo-liberal parties" (Lane/Ersson 2000: 238).

Insgesamt bestätigt dies die eingangs erwähnte Beobachtung von Ulrich von Alemann (1983: 161), daß Interessengruppenforschung einen Hang zu „theoriegesättigten Dachkonstruktionen" besitzt.[4] Insbesondere der für Korporatismustheorien konstituierende Zusammenhang zwischen Regierungs- und Verbändesystem ist empirisch überraschenderweise in vergleichender Perspektive wenig erforscht, und die vorliegenden Befunde lassen den Schluß zu, daß hier kein systematischer und eindeutiger Zusammenhang existiert, abgesehen natürlich von der für die gesamte Interessengruppenforschung gültigen Selbstverständlichkeit, daß Verbände und gesellschaftliche Assoziationen in einer strukturierten Umwelt agieren. Anders sieht dies jedoch mit den Beziehungen zwischen Verbände- und Parteiensystemen aus. Die vorliegenden Untersuchungen bestätigen, daß die Systeme funktionaler Interessenvermittlung und die Parteiensysteme sich gegenseitig beeinflussen und strukturell voneinander abhängig sind. Doch verknüpft das die spezifische Struktur der Verbändesysteme mit den jeweiligen nationalen gesellschaftlichen Konfliktlinien. Die Rolle des Staates für die Entwicklung nationaler Verbändesysteme muß vor diesem Hintergrund erst noch bestimmt werden.

---

4 Das scheint allerdings keineswegs ein auf die deutsche Forschung beschränktes Phänomen zu sein. So charakterisierte R. Douglas Arnold die amerikanische Interessengruppenforschung mit „theory rich and data poor" (Arnold 1982: 97).

4. Verbände und Regierbarkeit

Funktionale Interessenvermittlung besitzt immer integrations- und steuerungstheoretische Wirkungen. Das hat schon Tocqueville über das freie Assoziationswesen in den USA bemerkt und wurde, wie erwähnt, von Robert Putnam und anderen in jüngster Zeit erneut thematisiert. Während Pluralismustheorien sich jedoch darauf beschränkten, die Rolle der Verbände im Prozeß der politischen Willensbildung zu thematisieren, ist es eines der großen Verdienste der Korporatismustheoretiker auf den Beitrag der Verbände für Politikausführung und staatliche Handlungsfähigkeit hingewiesen zu haben. Diese in den 70er und 80er Jahren krisentheoretisch beeinflußte Diskussion über die Regierbarkeit von Demokratien hat zu einer Reihe von anspruchsvollen und einflußreichen Untersuchungen geführt. Grundsätzlich beruht die These, daß Pluralismus bzw. Korporatismus die staatliche Handlungsfähigkeit beeinflussen, auf der Vermutung, daß die Struktur des Systems funktionaler Interessenvermittlung Inhalte, Ergebnisse und Wirkungen von Politik maßgeblich prägt. Das ist eine institutionentheoretisch voraussetzungsvolle These, und zu Recht gilt die korporatismustheoretische Diskussion als Baustein für die Renaissance neoinstitutionalistischer Ansätze in den 80er Jahren (March/Olsen 1984).

Verbände verfügen danach über ein eigenständiges Ordnungspotential, das dem Staat nicht zugänglich ist und dessen Steuerungsfähigkeit positiv oder negativ beeinflussen kann. Private Interessenregierungen erfüllen also öffentliche Aufgaben, die ansonsten durch den Staat ausgeführt werden müßten, sichern die Akzeptanz für allgemeinverbindliche Entscheidungen bei ihren Mitgliedern und erhöhen so insgesamt die staatliche Handlungsfähigkeit und Legitimation (Kirberger 1977; Schmitter 1981a; Traxler 1985; Lehmbruch 1996; Offe 1984; Grande 2000). Das sind weitreichende Vermutungen und gängige Topoi korporatistischer Theorien. Sie gehen weit über die auch pluralismustheoretisch unterstellten Integrations- und Legitimationsleistungen von Verbänden hinaus. Im Kern laufen sie darauf hinaus, dem Verbändesystem umfassende Ordnungsleistungen und Verbänden einen „öffentlichen" Status zuzuschreiben.

Allerdings lassen sich gegen diese Thesen sowohl theoretische als auch empirische Einwände vorbringen. Empirisch zeigt sich im internationalen und im hier nicht weiter interessierenden intrastaatlichen Vergleich zwischen Politikfeldern, daß dort, wo einflußmächtige Verbände oder eine hohe gesellschaftliche Organisationsdichte besteht, der Staat keineswegs als besonders steuerungsschwach gekennzeichnet werden kann – zumindest gemessen an der Staatsquote oder anderen policy outcomes. Im Gegenteil: Nicht nur Lane/Ersson (2000: 239f.) konstatieren, daß korporatistische Länder durch hohe staatliche Allokations- und Redistributionsfunktionen gekennzeichnet sind. Dies wird auch durch die in diesem Band versammelten Analysen bestätigt. Insoweit läßt sich kaum von einer „Entlastung" sprechen. Auch historisch zeigt sich, daß Verbände häufig die Akteure waren, die gesellschaftliche Probleme definierten, auf die politische Tagesordnung setzten und den Staat zu dessen Lösung veranlaßten (nicht selten unter verbandlicher Mitwirkung).

Gegen die Vermutung der „Staatsentlastung durch Verbände" sprechen auch theoretische Argumente. Göran Therborn hat darauf hingewiesen, daß eine These, die Korporatismus mit hoher staatlicher Steuerungs- und Problemlösungsfähigkeit gleichsetzt, auf der Unterstellung beruht, „that all governments and major economic actors have the same socio-economic preferences" (Therborn 1992: 39). Der nicht nur Korporatismustheorien immanente institutionelle Reduktionismus führt danach dann zu Erklärungsproblemen, wenn stark korporatistische Länder in der Bekämpfung der Arbeitslosigkeit zu unterschiedlichen Ergebnissen kommen.[5] In solchen Fällen sind andere Faktoren wie spezifische Ziele der beteiligten Akteure heranzuziehen, um trotz ähnlicher institutioneller Strukturen divergierende Politikergebnisse zu erklären. Darüber hinaus beruht die These der Staatsentlastung auf einem mechanistischen Politikverständnis. Öffentliche Aufgaben sind danach eine Art Nullsummenspiel, bei dem ein gegebenes Quantum zwischen den Akteuren verteilt wird. Das ist eine wenig plausible Annahme, die zudem der erwähnten empirischen Beobachtung widerspricht, daß stark korporatistische Länder keineswegs über einen interventionsschwachen Staat verfügen.

Zudem ist dabei unterstellt, daß öffentliche Aufgaben immer Staatsaufgaben sind (oder sein sollten). Das ist mitnichten der Fall. Ob und in welchem Ausmaß öffentliche Aufgaben zu Staatsaufgaben werden, ist Resultat politischer Prozesse und auch verbandlicher Einflußnahme. Grundsätzlich ist eine Entlastung des Staates durch Verbände recht eigentlich nur denkbar, wenn angenommen wird, daß der Staat bestimmte, „objektive" Funktionen besitzt. Nur unter dieser Voraussetzung kann der Staat durch andere, gesellschaftliche Akteure „entlastet" werden. Nun zielte eine Staatsrechtslehre, die Staatsfunktionen objektiv zu bestimmen suchte, darauf, Staat und Bürokratie gesellschaftlichen Einflüssen zu entziehen. Eine solche rechtspositivistische Position ist jedoch ebenso unhaltbar wie die damit verknüpfte Souveränitätsvorstellung, nach der der Staat nach innen und außen handlungsfähig sein müsse und auf die unbedingte Folgebereitschaft der Herrschaftsunterworfenen zählen könne. Diese auch noch in der Systemtheorie zu findende und reformulierte Argumentationsfigur vernachlässigt schon, daß Staatsaufgaben allenfalls verfassungsrechtlich festgelegt sind, ohne daß daraus jedoch folgt, daß der Staat der einzige Akteur ist, der öffentliche Aufgaben zu erfüllen hat.

Doch ist die Frage, ob Leistungen von Verbändesystemen als Staatsentlastung qualifiziert werden, von eher theoretischem Interesse. Denn unabhängig von der Antwort kann sich die Struktur funktionaler Interessenvermittlungssysteme positiv oder negativ auf staatliche Steuerungsfähigkeit und auf Politikergebnisse auswirken. Neben qualitativen, zumeist auf ein Land beschränkten Studien etwa im Bereich der Agrarpolitik (Keeler 1987) oder der Gesundheits- und Sozialpolitik (Wiesenthal 1981; Schmid 1996) stehen dabei meist wirtschaftspolitische Effekte verbandlicher Beteiligung im Vordergrund, wobei z.B. untersucht wurde, ob sich funktionale Interessenvermittlung auf das Streik- oder Protestniveau (Schmitter 1981a), auf Arbeitslosigkeit (Schmidt 1982), auf die Einkommensverteilung (Armingeon 1983) oder auf den Außenhandel (Katzenstein 1984) auswirken kann. Dahinter steht häufig die These, daß Korporatismus mit „encompassing organizations" (Olson 1982) eher in der Lage ist, gesamtwirtschaftliche Folgen kollektiven Handelns zu berücksichtigen (Armingeon 1993: 295; Williamson 1989: 152ff. und passim).

Solche Untersuchungen blieben aber nicht unbestritten. So wies etwa Österreich als stark korporatistisches Land zwischen 1991 und 1998 eine Arbeitslosenrate von lediglich durchschnittlich 4 Prozent, ein niedriges Streikniveau und 1995 ein moderates Wachstum auf, doch rangiert etwa Schweden, ebenfalls ein stark korporatistisches Land, in all diesen Dimensionen hinter dem Vereinigten Königreich, das generell als pluralistisch qualifiziert wird. Auch Lane/Ersson schlußfolgern aus ihren Untersuchun-

---

5   So hatte etwa Schweden zwischen 1991 und 1998 eine durchschnittliche Arbeitslosenquote von acht und Österreich von vier Prozent (Europäische Wirtschaft, Nr. 96, 1999, Tabelle 3, S. 274).

gen, „... that the claims made concerning the superiority of either corporatism or Konkordanz in promoting socio-economic development are not corroborated by data concerning the variation in the outcomes of the OECD set of countries. Corporatism me-
ans big government, especially huge allocative expenditures, and equality, but does not
mean an increase in affluence nor economic stability, relatively speaking, when com-
pared with other regimes within the set of rich countries." (Lane/Ersson 2000: 242f.;
vgl. auch Pekkarinen et al. (Hrsg.) 1992)

Dieser Disput läßt sich hier nicht entscheiden. Insgesamt bedeutet das jedoch, daß
der Zusammenhang zwischen Korporatismus, Pluralismus und Regierbarkeit noch un-
geklärt ist. Weder läßt sich die These einer Staatsentlastung theoretisch konsistent begründen, noch zeigen die empirischen Untersuchungen einen eindeutigen Zusammenhang zwischen der Struktur von Interessenvermittlungssystemen und staatlicher Handlungsfähigkeit. Wohlgemerkt: Dies tangiert keineswegs das in diesem Kontext relevante Grundtheorem, nach dem Verbände als private Interessenregierungen über ein
eigenständiges Ordnungspotential verfügen und zur Legitimation staatlicher Entscheidungen beitragen können. In Frage steht nur, ob und inwieweit spezifische Strukturen
von Verbändesystemen (wie Zentralisations- und Konzentrationsgrad etc.) sich positiv
oder negativ auf staatliche Handlungsfähigkeit auswirken.

5. Schlußfolgerungen

Die Interessengruppenforschung hat durch die Debatte um Pluralismus, Korporatismus
und Demokratie zweifellos viele Anregungen und Anstöße erhalten. Aus ihr resultier-
ten für die Interessengruppenforschung weiterführende Fragen, die alle Aspekte funktionaler Interessenvermittlung betreffen. Neben den hier nur am Rande diskutierten or-
ganisationstheoretischen Aspekten wurden insbesondere das Verhältnis von Verbänden
und Gesellschaft, die Beziehungen zwischen Staat und Verbänden und der Beitrag von
Verbänden zur Regierbarkeit thematisiert. Weit uneindeutiger fällt allerdings eine Bilanz der Antworten aus. So resümiert etwa Göran Therborn: „Corporatism, in any of its
usual variants of definition, is not an adequate variable capable of accounting for industrial order or macro-economic performance. On the other hand, corporatist theoretical
endeavours do contribute to a social scientific understanding of reformulated issues of
associative action, industrial order, and socioeconomic steering. However, ‚corporatism‘ does not deserve to survive as an explanatory variable. The major lessons of corporatist theorizations are their side effects" (Therborn 1992: 40). Zwar konstatiert auch
Streeck, daß aufgrund der Vieldeutigkeit des Korporatismusbegriffs „... jeder Versuch
einer empirisch fundierten Kodifizierung von Typenbildungen oder Wenn-Dann-Aus-
sagen ... unangemessen (wäre)" (Streeck 1994: 7). Zu Recht schreibt Streeck der Kor-
poratismusdebatte allerdings einen „bleibenden Ertrag" zu, der nicht in einer „Theorie
im strengen Sinne" liegt, sondern in der „festen Etablierung neuer Perspektiven", in
der „Entwicklung und Verbreitung neuer, komplexer, heuristischer Orientierungen"
und in der „Durchsetzung einer Reihe von ansatzprägenden substantiellen Grundan-
nahmen" (Streeck 1994: 8, Hervorhebungen im Original nicht berücksichtigt). Das
sind wichtige Verdienste für die gesamte Interessengruppenforschung, denen noch ein
weiteres hinzuzufügen ist: Denn erst mit den Korporatismustheorien wurden Systeme
funktionaler Interessenvermittlung vergleichend untersucht.

Vor diesem Hintergrund ist die Frage, inwieweit sich in westeuropäischen Ländern die Systeme funktionaler Interessenvermittlung angleichen oder sich auf supranationaler Ebene ein integriertes europäisches Interessenvermittlungssystem herausbildet, schwer zu beantworten (Eising/Kohler-Koch 1994; Kohler-Koch 1996; Weßels 1999: 114ff.; Karlhofer/Sickinger 1999; Hartmann 1992; Platzer 1999). Insgesamt überwiegen die nationalen Unterschiede zwischen den Verbändesystemen, die über konvergenzresistente historische Ursprünge und Entwicklungspfade verfügen und die sich keineswegs ohne weiteres auf europäischer Ebene integrieren lassen. Darüber sollen keineswegs die Gemeinsamkeiten vergessen werden, die zwischen den westeuropäischen Verbändesystemen bestehen. Doch zeigen entsprechende Untersuchungen über internationale nicht-gouvernementale Organisationen, daß supranationales Handeln hohe Voraussetzungen besitzt und daß weiterhin die nationalen Interessen und Rahmenbedingungen verbandliches Handeln prägen. Gleichwohl bildeten viele Verbände spätestens seit dem Maastrichter Vertrag Ansätze aus, sich auch auf europäischer Ebene zu organisieren. Viele Verbände sind schon lange Mitglied in entsprechenden europäischen Vereinigungen. Außerdem unterstellt die Frage nach den Möglichkeiten eines auf europäischer Ebene angesiedelten Interessenvermittlungssystems zumeist ein hohes Maß an Interessenhomogenität. Aus dem Scheitern europäischer Interessenorganisationen wird dann auf Interessendivergenzen zwischen den Mitgliedsorganisationen geschlossen. Doch übersehen solche Schlußfolgerungen die konstruktive Kraft von Heterogenität und Konflikt. Es wird daher auch bei der weiteren Entwicklung der Interessenvermittlung auf europäischer Ebene weniger darauf ankommen, daß sich homogene Interessenspektren länderübergreifend organisieren, sondern daß eine institutionalisierte Konfliktaustragung unter demokratischen Bedingungen möglich ist.

Literaturverzeichnis

Aarts, Kees, 1995: Intermediate Organizations and Interest Representation, in: Hans-Dieter Klingemann/Dieter Fuchs (Hrsg.): Citizens and the State, Oxford: University Press, S. 227-257

Alemann, Ulrich von, 1993: Organisierte Interessen in der Bundesrepublik. Reflexionen zu ihrer politikwissenschaftlichen Rezeption und politischen Perzeption, in: Ralf Kleinfeld/Wolfgang Luthardt (Hrsg.): Westliche Demokratien und Interessenvermittlung. Zur aktuellen Entwicklung nationaler Parteien- und Verbändesysteme, Marburg: Schüren, S. 160-179

Alemann, Ulrich von/Rolf G. Heinze (Hrsg.), 1979: Verbände und Staat – Vom Pluralismus zum Korporatismus: Analysen, Positionen, Dokumente, Opladen: Westdeutscher Verlag

Alemann, Ulrich von/Rolf G. Heinze, 1981: Kooperativer Staat und Korporatismus. Dimensionen der Neo-Korporatismusdiskussion, in: Ulrich von Alemann (Hrsg.): Neokorporatismus, Frankfurt a.M.: Campus, S. 43-61

Alemann, Ulrich von/Bernhard Weßels, 1997: Verbände in vergleichender Perspektive – Königs- oder Dornenweg?, in: Ulrich von Alemann/Bernhard Weßels (Hrsg.): Verbände in vergleichender Perspektive. Beiträge zu einem vernachlässigten Feld, Berlin: edition sigma, S. 7-28

Almond, Gabriel A., 1956: A Comparative Study of Interest Groups and the Political Process, in: American Political Science Review, Vol. 52, No.1, S.270-282

Almond, Gabriel A., 1983: Corporatism, Pluralism and Professional Memory, in: World Politics, Vol. XXXV, No. 2, S. 245-260

Alvarez, R. Michael/Geoffrey Garrett/Peter Lange, 1991: Government Partisanship, Labor Organization, and Macroeconomic Performance, in: American Political Science Review, Vol. 85, No. 2, S. 539-556

Anheier, Helmut K./Eckhard Priller/Wolfgang Seibel/Annette Zimmer (Hrsg.), 1997: Der Dritte Sektor in Deutschland. Organisation zwischen Staat und Markt im gesellschaftlichen Wandel, Berlin: edition sigma

Armingeon, Klaus, 1983: Neo-korporatistische Einkommenspolitik. Eine vergleichende Untersuchung von Einkommenspolitiken in westeuropäischen Ländern in den 70er Jahren, Frankfurt a.m.: Haag und Herchen

Armingeon, Klaus, 1993: Korporatismus im Wandel, in: Emmerich Tálos (Hrsg.): Sozialpartnerschaft. Kontinuität und Wandel eines Modells, Wien: Verlag für Gesellschaftskritik, S. 285-309

Arnold, R. Douglas, 1982: Overtilled and Undertilled Fields in American Politics, in: Political Science Quarterly, Vol. 97, No. 1, S. 91-103

Bachrach, Peter/Morton S. Baratz, 1963: Decisions and Nondecisions: An Analytical Framework, in: American Political Science Review, Vol. 57, No. 3, S. 632-642

Barnes, Samuel H./Max Kaase et al., 1979: Political Action. Mass Participation in Five Western Democracies, Beverly Hills: Sage

Bentley, Arthur F., 1967: The Process of Government. A Study of Social Pressures [zuerst 1908], hrsg. von Peter H. Odegard, Oxford: Belknapp Press of Harvard University Press

Beyme, Klaus von, 1977: Gewerkschaften und Arbeitsbeziehungen in kapitalistischen Ländern, München: Piper

Beyme, Klaus von, 1984: Der Neokorporatismus – Neuer Wein in alte Schläuche?, in: Geschichte und Gesellschaft, 10. Jg., Nr. 2, S. 211-233

Cawson, Alan (Hrsg.), 1985: Organized Interests and the State: Studies in Meso-Corporatism, London: Sage

Cawson, Alan, 1986: Corporatism and Political Theory, Oxford: Basil Blackwell

Cohen, Joshua/Joel Rogers, 1995: Secondary Associations and Democratic Governance, in: dies. (Hrsg.): Associations and Democracy. The Real Utopias Project, Volume 1, London: Verso, S. 7-98

Czada, Roland, 1992: Korporatismus, in: Manfred G. Schmidt (Hrsg.): Die westlichen Länder, Lexikon der Politik, Band 3, München: C.H. Beck, S. 218-224

Czada, Roland, 1994: Konjunkturen des Korporatismus: Zur Geschichte eines Paradigmenwechsels in der Verbändeforschung, in: Wolfgang Streeck (Hrsg.): Staat und Verbände, PVS-Sonderheft 25, Opladen: Westdeutscher Verlag, S. 37-64

Dahl, Robert A., 1961: Who Governs? Democracy and Power in an American City, New York: Yale University Press

Dahl, Robert A., 1970: A Preface to Democratic Theory, 11. Aufl., Chicago: University of Chicago Press

Dahl, Robert A., 1982: Dilemmas of Pluralist Democracy. Autonomy vs. Control; New Haven: Yale University Press

van Deth, Jan W., 1997: Introduction. Social Involvement and Democratic Politics, in: ders. (Hrsg.): Private Groups and Public Life. Social Participation, Voluntary Associations and Political Involvement in Representative Democracies, London: Routledge, S. 1-23

Ebbinghaus, Bernhard, 1996: From Ideology to Organization: the Transformation of Political Unionism in Western Europe, in: Patrick Pasture/Johan Verberckmoes/Hans de Witte (Hrsg.): The Lost Perspective? Trade Unions Between Ideology and Social Action, Vol. 2: Significance of Ideology in European Trade Unionism, Aldershot: Aveburg, S. 28-59

Ehrmann, Henry W. (Hrsg.), 1958: Interest Groups on Four Continents, Pittsburgh: University of Pittsburgh Press

Eising, Rainer/Beate Kohler-Koch, 1994: Inflation und Zerfaserung: Trends der Interessenvermittlung in der Europäischen Gemeinschaft, in: Wolfgang Streeck (Hrsg.): Staat und Verbände, PVS-Sonderheft 25, Opladen, Westdeutscher Verlag, S. 175-206

Eurobarometer 49, Spring 1998

Europäische Wirtschaft, Nr. 96, 1999

Fraenkel, Ernst, 1991: Deutschland und die westlichen Demokratien, hrsg. von Alexander v. Brünneck, 2. Aufl., Frankfurt a.M.: Suhrkamp

Garson, David G., 1978: Group Theories of Politics, Beverly Hills: Sage

Grande, Edgar, 2000: Verbände und Verbändeforschung in Deutschland, in: Werner Bührer/Edgar Grande (Hrsg.): Unternehmerverbände und Staat in Deutschland, Baden-Baden: Nomos, S. 15-22

Grant, Wyn (Hrsg.), 1987: Business Interests, Organizational Development and Private Interest Government. An International Comparative Study of the Food Processing Industry, Berlin: Walter de Gruyter

Hamilton, Alexander/James Madison/John Jay, 1994: Die Federalist-Artikel [zuerst 1788]. Politische Theorie und Verfassungskommentar der amerikanischen Gründerväter, hrsg. von Angela Adams und Willi Paul Adams, Paderborn: Ferdinand Schöningh

Hartmann, Jürgen, 1985: Verbände in der westlichen Industriegesellschaft. Ein international vergleichendes Handbuch, Frankfurt a.M.: Campus

Hartmann, Jürgen, 1992: Interessenverbände, in: Oscar W. Gabriel (Hrsg.): Die EG-Staaten im Vergleich. Strukturen, Prozesse, Politikinhalte, Bonn: Bundeszentrale für politische Bildung, S. 256-276

ILO – International Labour Office, 1997: World Labour Report. Industrial Relations, Democracy and Social Stability 1997-98; Genf: ILO

Immerfall, Stefan, 1997: Soziale Integration in den westeuropäischen Gesellschaften: Werte, Mitgliedschaften und Netzwerke, in: Stefan Hradil/Stefan Immerfall (Hrsg.): Die westeuropäischen Gesellschaften im Vergleich, Opladen: Leske + Budrich, S. 139-173

Inglehart, Ronald, 1998: Modernisierung und Postmodernisierung. Kultureller, wirtschaftlicher und politischer Wandel in 43 Gesellschaften, Frankfurt a.M.: Campus

Jordan, Grant, 1993: The Pluralism of Pluralism: An Anti-Theory, in: Jeremy J. Richardson (Hrsg.): Pressure Groups, Oxford: Oxford University Press, S. 49-68

Kaase, Max, 1984: The Challenge of the „Participatory Revolution" in Pluralist Democracies, in: International Political Science Review, Vol. 5, No. 3, S. 299-318

Kaase, Max/Samuel H. Barnes, 1979: In Conclusion: The Future of Political Protest in Western Democracies, in: Samuel H. Barnes/Max Kaase et al.: Political Action. Mass Participation in Five Western Democracies, Beverly Hills: Sage, S. 523-536

Karlhofer, Ferdinand/Hubert Sickinger, 1999: Korporatismus und Sozialpakte im europäischen Vergleich, in: Karlhofer, Ferdinand/Emmerich Tálos (Hrsg.): Zukunft der Sozialpartnerschaft. Veränderungsdynamik und Reformbedarf, Wien: Signum Verlag, S. 241-275

Karlhofer, Ferdinand/Emmerich Tálos (Hrsg.) 1999: Zukunft der Sozialpartnerschaft. Veränderungsdynamik und Reformbedarf, Wien: Signum Verlag

Kastendiek, Hans, 1980: Neokorporativismus? Thesen und Analyse-Konzepte in der westdeutschen Diskussion und in der internationalen „corporatism"-Debatte, in: Prokla, 10. Jg., Nr. 1, S. 81-105

Katzenstein, Peter J., 1984: Corporatism and Change. Austria, Switzerland, and the Politics of Industry, Ithaca: Cornell University Press

Keeler, John, 1987: The Politics of Neocorporatism in France. Farmers, the State, and Agricultural Policy-Making in the Fifth Republic, New York: Oxford University Press

Kirberger, Wolfgang, 1978: Staatsentlastung durch private Verbände. Die finanzpolitische Bedeutung der Mitwirkung privater Verbände bei der Erfüllung öffentlicher Aufgaben, Baden-Baden: Nomos

Kleinfeld, Ralf, 1990: Mesokorporatismus in den Niederlanden. Entwicklung eines politikbereichs- und politikebenenspezifischen Modells zur Analyse institutionalisierter Staat-Verbände-Beziehungen und seine Anwendung auf regionale wirtschaftspolitische Beratungs- und Verhandlungsgremien in den niederländischen Provinzen, Frankfurt a.M.: Peter Lang

Kleinfeld, Ralf/Wolfgang Luthardt (Hrsg.), 1993: Westliche Demokratien und Interessenvermittlung. Zur aktuellen Entwicklung nationaler Parteien- und Verbändesysteme, Marburg: Schüren Presseverlag

Kohler-Koch, Beate, 1996: Die Gesaltungsmacht organisierter Interessen, in: Markus Jachtenfuchs/Beate Kohler-Koch (Hrsg.): Europäische Integration, Opladen: Leske + Budrich, S. 193-222

Koopmans, Ruud, 1996: New Social Movements and Changes in Political Participation in Western Europe, in: West European Politics, Vol. 19, No. 1, S. 28-50

Kremendahl, Hans, 1977: Pluralismustheorie in Deutschland. Entstehung, Kritik, Perspektiven, Leverkusen: Heggen

Kriesi, Hanspeter/Ruud Koopmans/Jan Willem Duyvendak/Marco G. Giugni, 1995: New Social Movements in Western Europe. A Comparative Analysis, Minneapolis: University of Minnesota Press

Latham, Earl, 1952: The Group Basis of Politics: Notes for a Theory, in: American Political Science Review, Vol. 46, No. 2, S.376-397

Lane, Jan-Erik/Svante Ersson, 2000: The New Institutional Politics. Performance and Outcomes, London: Routledge

Lehmbruch, Gerhard, 1977: Liberal Corporatism and Party Government, in: Comparative Political Studies, Vol. 10, No. 1, S.91-126

Lehmbruch, Gerhard, 1979: Consociational Democracy, Class Conflict, and the New Corporatism, in: Philippe C. Schmitter/Gerhard Lehmbruch (Hrsg.): Trends Toward Corporatist Intermediation, London: Sage, S. 53-61

Lehmbruch, Gerhard, 1982: Introduction: Neo-Corporatism in Comparative Perspective, in: ders./Philippe C. Schmitter (Hrsg.): Patterns of Corporatist Policy-Making, London: Sage, S. 1-28

Lehmbruch, Gerhard, 1983: Neokorporatismus in Westeuropa: Hauptprobleme im internationalen Vergleich, in: Journal für Sozialforschung, 23. Jg., Heft 4, S. 407-420

Lehmbruch, Gerhard, 1984: Concertation and the Structure of Corporatist Networks, in: John H. Goldthorpe (Hrsg.): Order and Conflict in Contemporary Capitalism, Oxford: Clarendon Press, S. 60-80

Lehmbruch, Gerhard, 1996: Der Beitrag der Korporatismusforschung zur Entwicklung der Steuerungstheorie, in: Politische Vierteljahrsschrift, 37. Jg., Nr. 4, S. 735-751

Liebert, Ulrike, 1995: Parliamentary Lobby Regimes, in: Herbert Döring (Hrsg.): Parliaments and Majority Rule in Western Europe, Frankfurt a.M.: Campus, S. 407-447

Lijphart, Arend, 1999: Patterns of Democracy. Government Forms and Performance in Thirty-Six Countries, New Haven: Yale University Press

Lijphart, Arend/Markus M.L. Crepaz, 1991: Corporatism and Consensus Democracy in Eighteen Countries: Conceptual and Empirical Linkages, in: British Journal of Political Science, Vol. 21, No. 2, S. 235-46

Lindblom, Charles E., 1982: Another State of Mind. Presidential Address, in: American Political Science Review, Vol. 76, No. 1, S. 9-20

Lockwood, David, 1979: Soziale Integration und Systemintegration, in: Wolfgang Zapf (Hrsg.): Theorien des sozialen Wandels, 4. Aufl., Königstein/Ts.: Kiepenheuer & Witsch, S. 124-137

March James/Johan P. Olsen, 1984: The New Institutionalism: Organizational Factors in Political Life, in: American Political Science Review, Vol. 78, No. 3, S. 734-749

Mayntz, Renate, 1990: Organisierte Interessenvertretung und Föderalismus, in: Jahrbuch zur Staats- und Verwaltungswissenschaft, Bd. 4, S. 145-156

Michels, Robert, 1989: Zur Soziologie des Parteiwesens in der modernen Demokratie. Untersuchungen über die oligarchischen Tendenzen des Gruppenlebens [zuerst 1911], 4. Aufl. mit einer Einführung von Frank R. Pfetsch, Stuttgart: Kröner

Offe, Claus, 1969: Politische Herrschaft und Klassenstrukturen. Zur Analyse spätkapitalistischer Gesellschaften, in: Gisela Kress/Dieter Senghaas (Hrsg.): Politikwissenschaft – Eine Einführung in ihre Probleme, Frankfurt a.M.: Fischer, S. 135-164

Offe, Claus, 1980: Strukturprobleme des kapitalistischen Staates. Aufsätze zur Politischen Soziologie, 5. Aufl., Frankfurt a.M.: Suhrkamp

Offe, Claus, 1984: Korporatismus als System nichtstaatlicher Makrosteuerung? Notizen über seine Voraussetzungen und demokratischen Gehalte, in: Geschichte und Gesellschaft, Vol. 10, No. 2, S. 234-256

Offe, Claus/Helmut Wiesenthal, 1980: Two Logics of Collective Action: Theoretical Notes on Social Class and Organizational Form, in: Political Power and Social Theory, Vol. 1 No. 1, S. 67-116

Olson, Mancur, 1982: The Rise and Decline of Nations. Economic Growth, Stagflation and Social Rigidities, New Haven: Yale University Press

Panitch, Leo, 1977: The Development of Corporatism in Liberal Democracies, in: Comparative Political Studies, Vol. 10, No. 1, S. 61-90

Pekkarinen, Jukka/Matti Pohjola/Bob Rowthorn (Hrsg.), 1992: Social Corporatism: A Superior Economic System? Oxford: Clarendon Press

Petracca, Mark P. (Hrsg), 1992: The Politics of Interests. Interest Groups Transformed, Boulder: Westview Press

Petracca, Mark P., 1992: The Rediscovery of Interest Group Politics, in: ders. (Hrsg.): The Politics of Interests. Interest Groups Transformed, Boulder: Westview Press, S. 3-31

Platzer, Hans-Wolfgang, 1999: Interessenverbände und europäischer Lobbyismus, in: Werner Weidenfeld (Hrsg.): Europa-Handbuch, Bonn: Bundeszentrale für politische Bildung, S. 410-423

Putnam, Robert, 1995: Bowling Alone: America's Declining Social Capital, in: Journal of Democracy, Vol. 6, No.1, S. 65-78

Putnam, Robert/Robert Leonardi/Raffaella Y Nanetti, 1992: Making Democracy Work. Civic Traditions in Modern Italy, Princeton: Princeton University Press

Reutter, Werner, 1991: Korporatismustheorien. Kritik, Vergleich, Perspektiven, Frankfurt a.M.: Peter Lang

Rokkan, Stein, 2000: Staat, Nation und Demokratie in Europa. Die Theorie Stein Rokkans aus seinen gesammelten Werken rekonstruiert und eingeleitet von Peter Flora, Frankfurt a.M.: Suhrkamp

Roller, Edeltraud/Bernhard Weßels, 1996: Contexts of Political Protest in Western Democracies: Political Organization and Modernity, discussion paper FS III 96-202, Wissenschaftszentrum Berlin für Sozialforschung

Ronge, Volker, 1992: Vom Verbändegesetz zur Sozialverträglichkeit – Die öffentliche und verbandliche Diskussion über den Gemeinwohlbezug von Verbänden in den 80er Jahren, in: Renate Mayntz (Hrsg.): Verbände zwischen Mitgliederinteressen und Gemeinwohl, Gütersloh: Verlag Bertelsmann Stiftung, S. 36-79

Roth, Roland, 1999: Neue soziale Bewegungen und liberale Demokratie, in: Ansgar Klein/Hans-Josef Legrand/Thomas Leif (Hrsg.): Neue soziale Bewegungen. Impulse, Bilanzen und Perspektiven, Opladen: Westdeutscher Verlag, S. 47-63

Rucht, Dieter (Hrsg.), 1991: Research on Social Movements. The State of the Art in Western Europe and the USA, Frankfurt a.M.: Campus Verlag/Westview Press

Salomon, Lester M./Helmut K. Anheier, 1997: Der Dritte Sektor in internationaler Perspektive, in: Helmut K. Anheier/Eckhard Priller/Wolfgang Seibel/Annette Zimmer (Hrsg.): Der Dritte Sektor in Deutschland. Organisationen zwischen Staat und Markt im gesellschaftlichen Wandel, Berlin: edition sigma, S. 153-174

Schmid, Josef, 1996: Wohlfahrtsverbände in modernen Wohlfahrtsstaaten. Soziale Dienste in historisch-vergleichender Perspektive, Opladen: Leske + Budrich

Schmidt, Manfred G., 1982: Does Corporatism Matter? Economic Crisis, Politics, and Rates of Unemployment in Capitalist Democracies in the 1970s, in: Gerhard Lehmbruch/ Philippe C. Schmitter (Hrsg.): Patterns of Corporatist Policy-Making, Beverly Hills: Sage, S. 237-290

Schmitter, Philippe C., 1974: Still the Century of Corporatism?, in: Fredrich B. Pike/ Thomas Stitch (Hrsg.): The New Corporatism. Social-Political Structure in the Iberian World, Paris: Notre Dame, S. 85-131

Schmitter, Philippe C., 1981a: Interest Intermediation and Regime Governability in Contemporary Western Europe and North America, in: Suzanne Berger (Hrsg.): Organizing Interests in Western Europe. Pluralism, Corporatism and the Transformation of Politics, Cambridge: University Press, S. 285-327

Schmitter, Philippe C., 1981b: Neokorporatismus: Überlegungen zur bisherigen Theorie und zur weiteren Praxis, in: Ulrich von Alemann (Hrsg.): Neokorporatismus, Frankfurt a.M.: Campus, S. 62-79

Schmitter, Philippe C./Jürgen R. Grote, 1997: Der korporatistische Sisyphus: Vergangenheit, Gegenwart und Zukunft, in: Politische Vierteljahresschrift, 38. Jg., Heft 3, S. 530-554

Schmitter, Philippe C./Wolfgang Streeck, 1981: The Organization of Business Interests. A Research Design to Study the Associative Action of Business in the Advanced Industrial Societies of Western Europe. Discussion paper IIM/LMP dp 81-13, Wissenschaftszentrum Berlin

Scholten, Ilja, 1987: Introduction: Corporatist and Consociational Arrangements, in: ders. (Hrsg.): Political Stability and Neo-Corporatism. Corporatist Integration and Societal Cleavages in Western Europe, London: Sage, S. 1-38

Schubert, Klaus, 1995: Pluralismus versus Korporatismus, in: Dieter Nohlen/Rainer-Olaf Schultze (Hrsg.): Politische Theorien. Lexikon der Politik, Bd. 1, München: C.H. Beck'sche Verlagsbuchhandlung, S. 407-423

Siaroff, Alan, 1999: Corporatism in 24 Industrial Democracies: Meaning and Measurement, in: European Journal of Political Research, 36. Jg., Nr. 2, S. 175-205

Streeck, Wolfgang, 1982: Organizational Consequences of Neo-Corporatist Co-operation in West-German Labour Unions, in: Gerhard Lehmbruch/Philippe C. Schmitter (Hrsg.): Patterns of Corporatist Policy-Making, London: Sage, S. 29-81

Streeck, Wolfgang, 1987: Vielfalt und Interdependenz. Überlegungen zur Rolle von intermediären Organisationen in sich ändernden Umwelten, in: Kölner Zeitschrift für Soziologie und Sozialpsychologie, 39. Jg., Heft 3, S. 471-495

Streeck, Wolfgang, 1994: Einleitung des Herausgebers. Staat und Verbände: Neue Fragen. Neue Antworten?, in: ders. (Hrsg.): Staat und Verbände, PVS-Sonderheft 25, Opladen: Westdeutscher Verlag, S. 7-34

Streeck, Wolfgang/Philippe C. Schmitter, 1985: Gemeinschaft, Markt und Staat – und die Verbände? Der mögliche Beitrag von Interessenregierungen zur sozialen Ordnung, in: Journal für Sozialforschung, 25. Jg., Heft 2, S. 133-157

Therborn, Göran, 1992: Lessons from ,Corporatist' Theorizations, in: Jukka Pekkarinen/Matti Pohjola/Bob Rowthorn (Hrsg.): Social Corporatism: A Superior Economic System? Oxford: Clarendon Press, S. 24-43

de Tocqueville, Alexis, 1986: De la démocratie en Amérique I [zuerst 1835], Paris: folio

Traxler, Franz, 1985: Prerequisites, Problem-Solving Capacity and Limits of Corporatist Regulation: A Case Study of Private Interest Governance and Economic Performance in Austria, in: Wolfgang Streeck/Philippe C. Schmitter (Hrsg.): Private Interest Government. Beyond Market and State, London: Sage: S. 150-167

Truman, David B., 1953: The Governmental Process. Political Interests and Public Opinion, 2. Aufl., New York: Alfred A. Knopf

Weßels, Bernhard, 1991: Vielfalt oder strukturierte Komplexität? Zur Institutionalisierung politischer Spannungslinien im Verbände- und Parteiensystem der Bundesrepublik, in: Kölner Zeitschrift für Soziologie und Sozialpsychologie, 43. Jg., Heft 4, S. 454-475

Weßels, Bernhard, 1997: Organizing Capacity of Societies and Modernity, in: Jan W. van Deth (Hrsg.): Private Groups and Public Life. Social Participation, Voluntary Associations and Political Involvement in Representative Democracies, London: Routledge, S. 198-219

Weßels, Bernhard, 1999: European Parliament and Interest Groups, in: Richard S. Katz/ Bernhard Weßels (Hrsg.): The European Parliament, the National Parliaments, and European Integration, Oxford: University Press, S. 105-128

Wiesenthal, Helmut, 1981: Die Konzertierte Aktion im Gesundheitswesen. Ein Beispiel für Theorie und Politik des modernen Korporatismus, Frankfurt a.M.: Campus

Wiesenthal, Helmut, 1993: Akteurkompetenz im Organisationsdilemma. Grundprobleme strategisch ambitionierter Mitgliedsverbände und zwei Techniken ihrer Überwindung, in: Berliner Journal für Soziologie, Heft 1, S. 3-18

Williamson, Peter J., 1989: Corporatism in Perspective. An Introductory Guide to Corporatist Theory, London: Sage

Zeuner, Bodo, 1976: Verbandsforschung und Pluralismustheorie. Etatozentrische Fehlorientierungen politologischer Empirie und Theorie; in: Leviathan, 4. Jg., Heft 2, S. 137-177

Zimmer, Annette, 1996: Vereine – Basiselement der Demokratie, Opladen: Leske + Budrich

Belgien

Stabilität und Wandel neokorporatistischer Interessenvermittlung*

Marc Hooghe

1. Einleitung

Belgien gilt als ein Land mit einer ausgeprägt neokorporatistischen Tradition (Schmitter 1981: 294ff.; van den Brande 1987; Huyse 1987; Lijphart/Crepaz 1991; Dewachter 1992; Lijphart 1999). Alle Charakteristika eines solchen Systems sind vorhanden: tripartistische Konzertierung, eine begrenzte Anzahl großer Interessenverbände und die Dominanz von Spitzenorganisationen. Dieses Muster der Interessenvermittlung wurde durch Versäulungsprozesse verstärkt, die die Verflechtung von Interessengruppen und politischen Parteien begünstigten. Doch zeigt diese mit einem beträchtlichen Beharrungsvermögen ausgestattete Form intensiver Konzertierung zwischen Regierung und einer begrenzten Anzahl von Interessengruppen zunehmend Erosionstendenzen, die auf politische und kulturelle Veränderungen zurückzuführen sind (Hooghe 1997).

Im letzten Jahrhundert dominierte die Katholische und später die Christdemokratische Volkspartei bzw. die CVP/PSC,[1] die zwischen 1884 und 1999 nur sechs Jahre in der Opposition war, die belgische Politik. Die Christdemokratische Partei prägte entscheidend die moderne Massendemokratie in Belgien und entwickelte enge Bindungen zu einem breiten Spektrum von Interessengruppen. Die wichtigsten Verbände (Gewerkschaften, Bauernverbände, kulturelle Vereinigungen) unterhalten noch immer privilegierte Beziehungen zu den Christdemokraten und sind konstituierender Teil der christlichen „Säule". Diesen Basiszusammenhang änderten die Wahlen vom 13. Juni 1999 grundlegend. Bei diesen Wahlen erzielten die Christdemokraten ihr schlechtestes Ergebnis seit der Einführung des allgemeinen (Männer-)Wahlrechts 1893, und sie ermöglichten die Bildung einer neuen, alternativen Koalitionsregierung ohne die Christdemokraten. Die vom Liberalen Guy Verhofstadt geführte Regierung war von Beginn an mit dem Anspruch aufgetreten, das traditionelle System intensiver Konsultation und

---

*   Übersetzung: Werner Reutter
1   Die Bilingualität des Landes führt zu spezifischen Problemen bei der Benennung von Organisationen. Zwar gibt es nur einen belgischen Unternehmerverband, der allerdings in den beiden Landesteilen unterschiedliche Namen besitzt: er heißt „*Verbond van Belgische Ondernemingen*" (VBO) im flämischen und „*Fédération d'Entreprises Belges*" (FEB) im wallonischen Teil des Landes. Jedoch wird das Doppelakronym VBO/FEB selten gebraucht. Alle wichtigen Interessengruppen besitzen einen französischen und einen flämischen Namen, z.B. ABVV/FGTB *(Algemeen Belgisch Vakverbond/Fédération Générale du Travail de Belgique)* für den sozialistischen Allgemeinen Belgischen Arbeiterverband, ACV/CSC *(Algemeen Christelijk Vakverbond/Confédération des Syndicats Chrétiens)* für den Bund Christlicher Gewerkschaften und ACLVB/ CGSLB *(Algemene Centrale der Liberale Vakverbonden van Belgie/Centrale Générale des Syndicats Liberaux de Belgique)* für den liberalen Allgemeinen Zentralverband der Freien Gewerkschaften in Belgien.

Kooperation zwischen Regierung und Interessengruppen abzuschaffen. Die neue Koalitionsregierung, die aus Liberalen, Sozialisten und Grünen besteht, versucht, einen politischen Stil zu etablieren, der auf transparenten Willensbildungs- und Entscheidungsprozessen beruht, was den Einfluß traditioneller, geschlossener Netzwerke und der darin beteiligten Interessengruppen notwendigerweise beschränkt. Guy Verhofstadt hatte das belgische neokorporatistische System der Interessenvermittlung schon lange kritisiert, das er für die Fehler der Regierung ebenso verantwortlich machte wie für das enorme Haushaltsdefizit (Verhofstadt 1997). Gewerkschaftsführer beklagten sich daher darüber, daß die neue Regierung dem traditionellen System der sozialen und ökonomischen Konzertierung nicht mehr den ihm gebührenden Vorrang einräumte. Die Regierung betont jedoch, daß sie nicht beabsichtigt, diese Art von Verhandlungen abzuwerten.

Der Regierungswechsel ist kein historischer Unfall. Vielmehr markiert er – voraussichtlich – einen Wendepunkt, in dem langfristige gesellschaftliche Strukturveränderungen ihren politischen Ausdruck fanden. Seit dem Zweiten Weltkrieg sanken die Stimmenanteile der Christdemokraten von 48 Prozent (1950) auf weniger als 20 Prozent (1999). Bei der sich fortsetzenden Säkularisierung ist es zudem unwahrscheinlich, daß die Christdemokraten ihren beherrschenden Einfluß zurückerlangen könnten. Das belgische Parteiensystem hat sich also grundlegend gewandelt: Die Dominanz einer Partei wurde abgelöst von einer Konfiguration mit fünf wichtigen Parteien (Liberale, Sozialisten, Christdemokraten, Grüne und extreme Rechte), alle mit einem Wähleranteil zwischen 15 und 25 Prozent. Das wird nicht ohne Folgen bleiben für das System funktionaler Interessenvermittlung, das nicht nur in Belgien eng mit der Struktur des Parteiensystems zusammenhängt (Lijphart 1999: 181ff.). Im folgenden soll daher zunächst das traditionelle und bis vor kurzem relativ stabile Muster korporatistischer Interessenvermittlung dargestellt werden. Danach werden mögliche neue Strukturen diskutiert, die zukünftig mehr Bedeutung erlangen könnten.

2. Historische Entwicklung: Die Herausbildung korporatistischer Interessenvermittlung in der Wirtschafts- und Sozialpolitik

Als Belgien 1830 unabhängig wurde, besaß das Land eine der liberalsten Verfassungen der Welt, die auch die Vereinigungsfreiheit garantierte. Für den Großteil der Bevölkerung blieb diese verfassungsrechtlich garantierte Freiheit jedoch abstraktes Recht, weil das französische Loi Le Chapelier (1791), das auch im unabhängigen Belgien in Kraft blieb, Vereinsgründungen von Arbeitern verhinderte. Das Gesetz wurde erst 1866 abgeschafft, doch blieb das Streikrecht bis 1921 restriktiv. Im selben Jahr ermöglichte ein neues Gesetz, gemeinnützigen Vereinigungen die Rechtsfähigkeit zu erlangen und damit Grundbesitz zu erwerben. Es ist gleichwohl bemerkenswert, daß einige der bedeutendsten Verbände noch immer keine Rechtsfähigkeit besitzen, was ihnen erlaubt, sich einer öffentlichen Regulierung zu entziehen und ihre Angelegenheiten selbständig zu verwalten. Darin ist ein charakteristisches Merkmal des belgischen Systems der Interessenvermittlung zu sehen: Nur sehr wenige Aspekte sind gesetzlich geregelt, während die meisten Strukturen Resultat von konflikthaften Aushandlungsprozessen zwischen Interessengruppen und der Regierung sind. Korporatistische Interessenvermittlung ist in Belgien nicht gesetzlich geregelt, sondern hat sich über ein Jahrhundert kontinuierlich ausgebreitet.

Der Ursprung korporatistischer Interessenvermittlung liegt in einer Ära (1870-1910), als sich Belgien von einem elitären politischen System, in dem das Wahlrecht auf einen kleinen Teil der Bevölkerung – bis 1890 nahmen höchstens 1,8 Prozent der Bevölkerung an Wahlen teil – beschränkt war, hin zu einer modernen Massendemokratie wandelte. Insbesondere nach der Einführung des allgemeinen Wahlrechtes für Männer 1893 entwickelten die sozialistische und die christliche Arbeiterbewegung nicht nur Massenparteien, sondern sie bildeten auch zahlreiche soziale, kulturelle, politische und ökonomische Vereinigungen, die in einer Vielzahl von Bereichen auch heute noch die führenden Verbände sind und den Politikprozeß dominieren. Christdemokraten wie Sozialisten wollten die wahlberechtigte Bevölkerung durch eine Myriade von Organisationen an sich binden und, falls notwendig, mobilisieren können (Hellemans 1990). In der europäischen sozialistischen Bewegung erlangte das Modell „Gent" sogar Berühmtheit und wurde zu einem Symbol für reformistische Parteien. Edward Anseele gelang es in Gent, ein umfassendes sozialistisches Milieu zu schaffen, das eine Partei, eine Gewerkschaft, kulturelle Vereinigungen, einen Frauenverband, Nachbarschaftsvereinigungen umfaßte – ganz zu schweigen von genossenschaftlichen Läden, Bäckereien, der sozialistischen Zeitung, den sozialistischen Fußballklubs und – natürlich auch – den sozialistischen Cafés. In dieser Ära entwickelten sich die sozialistische und die christliche Bewegung zu „Säulen": einem dichten Geflecht von Vereinen und Parteien, die zusammen ihre Mitglieder „von der Wiege bis zur Bahre" betreuten und versorgten und die ideologischen Konfliktlinien in der Gesellschaft institutionalisierten. Mitte der zwanziger Jahre hatten sich die sozialistischen und christlichen Säulen vollständig ausgebildet und blieben bis in die 80er Jahre mehr oder weniger unverändert. Die dritte große Partei, die Liberalen, nahm nicht oder nur am Rande an diesem Prozeß teil. Zwar gründete auch sie Vereine und Gruppen, aber im allgemeinen behielt die Liberale Partei den Charakter einer Kader- oder Honoratiorenpartei ohne organisatorische Massenbasis.

Das System korporatistischer Interessenvermittlung wurde nach dem Ende der deutschen Besatzung (1940-44) weiter institutionalisiert. Schon während der Besatzungszeit entwarfen Repräsentanten der Arbeitgeber und der Gewerkschaften in geheimen Treffen die Grundzüge eines umfassenden sozialen Sicherungssystems. Trotz des andauernden Kriegsgeschehens im Norden und Osten des Landes wurde im Oktober 1944 in Brüssel eine nationale Arbeitskonferenz abgehalten, auf der die Basis für ein allgemeines System sozialer Konzertierung geschaffen wurde, die Arbeiterkomitees in allen großen Unternehmen ebenso beinhalten sollte wie einen Nationalen Arbeitsrat, in dem Arbeitnehmer und Arbeitgeber gleichberechtigt vertreten sein sollten (Dambre 1985). Der Rat hat 24 Mitglieder, die formell alle von der Regierung ernannt werden; die Hälfte von ihnen repräsentiert die Gewerkschaften, während die andere Hälfte die Arbeitgeber vertritt. Dieses System der Konzertierung sollte friedliche soziale Beziehungen garantieren, indem beide Seiten unter anderem akzeptierten, keine Initiative ohne vorherige Beratung in einem der Komitees zu ergreifen. Auch die Regierung unterwarf sich der Regel, ohne vorherige Konsultation der Sozialpartner (Unternehmerverbände und Gewerkschaften) keine wichtige Entscheidung im Bereich der Sozialpolitik zu treffen. Seitdem beruht die gesamte Sozialpolitik auf diesen tripartistischen Strukturen und Verfahren. Unterstützt wurde diese Politik der sozialen und ökonomischen Abstimmung durch den sozialistischen Premierminister Achilles van Acker. Er ergriff nicht nur die Gelegenheit, ein soziales Sicherungssystem einzuführen, sondern er gab auch dem Wiederaufbau der Infrastruktur, die durch das Kriegsgeschehen schwer beschädigt war, höchste Priorität. Stabile soziale Beziehungen ohne Arbeitskämpfe schienen ihm eine wesentliche Voraussetzung, um diese Ziele zu realisieren.

Tripartistische Entscheidungsfindung ist in Belgien umfassend und vom Grundsatz
her zentralistisch organisiert. Obwohl die Regierung ihre Vorstellungen für den jeweiligen Politikbereich vorbringen kann, hat sie keine Sanktionsmittel, um ihre Position
gegenüber den Sozialpartnern durchzusetzen. Der Bund belgischer Unternehmen,
VBO/FEB, repräsentiert die Arbeitgeber. Er dient vorwiegend als Dachorganisation für
die sektoralen Verbände (wie bspw. der Metall- und Chemieindustrie). Auch wenn die
allgemeine politische Ausrichtung des Bundes konservativ ist, verfolgt er zumeist eine
pragmatische Linie und zieht in der Regel eine Vereinbarung mit den Gewerkschaften
einer offenen Konfrontation vor. Die anderen Partner sind die beiden wichtigsten Gewerkschaftsbünde, der sozialistische ABVV/FGTB und der christliche ACV/CSC.
Obwohl nach dem Zweiten Weltkrieg der ABVV/FGTB die größte Gewerkschaft war,
wurde er seitdem von den christlichen Gewerkschaften überholt. Das ist vor allem darauf zurückzuführen, daß nach 1950 das nördliche Flandern (wo die christliche Gewerkschaft einflußreicher ist) ökonomisch an Bedeutung gewann, während die industriellen Sektoren im Süden des Landes (wo die sozialistische Gewerkschaft traditionell besonders stark war) rückläufig waren (Hooghe/Jooris 1999). In den letzten
Gewerkschaftswahlen im Frühjahr 2000 stabilisierten sich diese Trends weitgehend:
52 Prozent der Stimmen erhielten die christliche, 37 Prozent die sozialistische und 9
Prozent die liberale Gewerkschaft (Tabelle 1). In Verhandlungen pflegt die sozialistische Gewerkschaft einen konfrontativeren Stil als der Christliche Gewerkschaftsbund.
Formal beteiligt ist auch die kleine liberale Gewerkschaft ACLVB/CGSLB, doch werden Verhandlungen vom Bund Belgischer Unternehmen und den beiden großen Gewerkschaften dominiert.

Tabelle 1: Ergebnisse der Gewerkschaftswahlen vom Mai 2000 (in Prozent)

	Christliche Gewerkschaften	Sozialistische Gewerkschaften	Liberale Gewerkschaften
Stimmenanteile gesamt	52	37	9
Regionen (Sitze)			
Flandern	62	30	6
Wallonien	51	44	3
Brüssel	47	40	9
in Unternehmen (Sitze)			
privatwirtschaftliche Unternehmen	51	39	7
nicht privatwirtschaftliche Unternehmen/Institutionen	76	20	4
Zum Vergleich			
Stimmenanteile 1975	43	44	6
Stimmenanteile 1954	35	54	3

Quelle: Arbeitsministerium, amtliches Ergebnis der Gewerkschaftswahlen 2000; in nicht privatwirtschaftlichen Unternehmen/Institutionen (Schulen, Krankenhäuser, sozialen Einrichtungen etc.) finden erst seit kurzem Gewerkschaftswahlen statt.

Dabei hat sich die Regel herausgebildet, daß die Regierung gesetzliche Initiativen
erst einleitet, wenn die Sozialpartner keinen Kompromiß erreichen. Seit 1945 ist

dies nur wenige Male geschehen, und es beruhte immer auf einer speziellen parlamentarischen Ermächtigung, die der Regierung erlaubte, die soziale Konzertierung zu übergehen. Aber sogar wenn Arbeitgeber und Gewerkschaften die Regierungspolitik akzeptierten, versuchten sie, ihren Einfluß bei der Implementation der Politik zu wahren.

Ein Merkmal des belgischen Systems der Konzertierung ist, daß Kollektivverträge durch den Arbeitsminister auf Antrag der Sozialpartner ohne Zustimmung des Parlaments für allgemeinverbindlich erklärt werden können. Die Vereinbarung wird dadurch rechtlich bindend für alle Unternehmen des Landes oder eines Sektors und auch für diejenigen, die ursprünglich nicht unter die Vereinbarung fielen. Das kommt durchaus häufig vor, und ein großer Teil der sozialpolitischen Regelungen geht auf Verhandlungen und Kompromisse der Gewerkschaften und Arbeitgeber zurück. Diese Kollektivverträge können einen breiten inhaltlichen Geltungsbereich besitzen, angefangen von Regelungen über Gesundheits- und Arbeitsschutz, über Elternurlaub, Sonderzulagen und Arbeitszeit bis hin zur Fort- und Weiterbildung von Arbeitnehmern. Tatsächlich hat der Staat damit im Bereich der Sozialpolitik Teile seiner gesetzlichen Regelungskompetenz an die Sozialpartner übertragen, ohne daß das Parlament daran beteiligt wäre (Deleeck 1995).

Zwischen 1960 und 1975 schlossen Arbeitgeber und Gewerkschaften sieben nationale Vereinbarungen. Seitdem verlor das Instrument jedoch stark an Bedeutung. Nach 1975 wurden in den meisten nationalen Verhandlungsrunden keine Vereinbarung erzielt und damit der Regierung, sektoralen oder Unternehmensgremien die Gestaltungs- und Entscheidungsmacht überlassen. Sogar in den Fällen, in denen in den letzten beiden Dekaden eine nationale Vereinbarung getroffen wurde, blieben die Regelungen vage und ließen einen großen Interpretations- und Gestaltungsspielraum für weitere Verhandlungen auf sektoraler Ebene. Für die nachlassende Attraktivität nationaler Vereinbarungen gibt es zwei Ursachen: Erstens verringerten die wirtschaftlichen Probleme nach 1973 die Spielräume der Verhandlungspartner auf nationaler Ebene. Zweitens nehmen ökonomische Differenzierung und Zersplitterung kontinuierlich zu, denen mit nationalen, sektorübergreifenden Lohnabschlüssen nicht ausreichend differenziert entsprochen werden können. Sowohl Arbeitgeber als auch Gewerkschaften scheinen daher sektoral begrenzte Vereinbarungen zu präferieren, die auf Unternehmensebene weiter konkretisiert und ergänzt werden können.

Zwischen 1944 und 1973 erwies sich die soziale Konzertierung als bemerkenswert erfolgreich, und Belgien konnte sich eines schnellen ökonomischen Wachstums erfreuen. Das Erfolgsrezept der umfassenden Konzertierung wurde daher bald auf andere Politikbereiche und vor allem auf die Gesundheitspolitik und das soziale Sicherungssystem übertragen. Die Krankenversicherung wurde 1963 umfassend reformiert und garantiert seitdem auch älteren Rentnern und anderen Risikogruppen nahezu freie Gesundheitsleistungen. Diese Reform stieß auf großen Widerstand der Ärzte, die im April 1964 sogar für zwei Wochen streikten, um staatliche Eingriffe in ihren Berufsstand zu verhindern. Nach langwierigen Verhandlungen wurde schließlich ein Kompromiß erzielt, der die meisten Entscheidungsbefugnisse den bilateralen Verhandlungen der Interessengruppen zugestand. Die Regierung gibt zwar das jährliche Gesamtbudget für den Gesundheitssektor vor, sie entscheidet aber nicht darüber, wie die Mittel verteilt und ausgegeben werden. Dies wird in Verhandlungen zwischen Ärzteverbänden und Krankenversicherungsträgern geregelt, die auch die Interessen der Patienten vertreten sollen. Solange diese Regelungen zu keiner Budgetüberschreitung führen, greift die

Regierung in aller Regel nicht ein. Dadurch kontrollieren die „medizinischen Partner" enorme Geldströme, die 10 Mrd. Euro pro Jahr übersteigen. Ihr Einfluß geht aber noch weiter. Die Patienten erhalten ihre medizinischen Ausgaben nicht mehr direkt vom Staat, sondern von den Krankenversicherungsträgern erstattet. Die zwei wichtigsten Krankenversicherungsträger sind mit der Christdemokratischen bzw. der Sozialistischen Partei verknüpft. Mehr als 80 Prozent der Bevölkerung sind daher Mitglied bei einem dieser beiden Krankenversicherungsträger, wobei erneut die christliche Organisation dominiert. Liberale und freie Krankenversicherungsträger sind weit kleiner und weniger einflußreich. Das bedeutet, daß die Krankenversicherungsträger zwei unterschiedliche Rollen kombinieren: Einerseits agieren sie als Interessengruppen und versuchen, die Interessen der Patienten in Verhandlungen mit der Regierung und den Ärzteverbänden durchzusetzen. Andererseits sind sie Teil der Verwaltung dieses Systems, indem sie sicherstellen, daß ihre Mitglieder ihre Ausgaben erstattet bekommen.

Auch wenn die Ärzteverbände über kein eindeutiges politisches Profil verfügen, tendieren sie zum politischen Konservatismus. Vor wenigen Jahren hatten die Ärzte zum ersten Mal die Gelegenheit, ihre Vertreter für die zentralen Verhandlungsgremien zu wählen. Gewonnen wurden diese Wahlen durch die konservativste Ärztevereinigung, die die Selbständigkeit und die Autonomie des medizinischen Berufsstandes betont. Eine andere Vereinigung, die Regierungseingriffe in das Gesundheitssystem toleriert, ging „nur" als zweite, aber immer noch starke Siegerin aus diesen Wahlen hervor.

Ergebnis dieser historischen Entwicklung ist, daß Belgien sowohl im sozialen als auch im Gesundheitssektor über ein starkes korporatistisches System der Interessenvermittlung verfügt (Mabille 1986). Das allgemeine Modell der gegenseitigen Abstimmung wird auch in anderen Politikfeldern angewandt (wie bspw. in der Bildungs-, der Kultur- und der Umweltpolitik), entspricht in diesen Fällen allerdings weniger eindeutig dem korporatistischen Idealtypus. Belgien wird daher zu Recht als ein Modellfall korporatistischer Interessenvermittlung betrachtet zusammen mit anderen kleinen europäischen Demokratien wie die Niederlande, die Schweiz, Österreich oder einige skandinavische Länder (Lijphart/Crepaz 1991).

Die Sozialpartner sind auch an der Umsetzung von Regierungspolitik beteiligt. Alle wichtigen sozialen Sicherungsprogramme (wie für Alter, gegen Krankheit und bei Invalidität sowie die Familien- und Arbeitslosenunterstützung) führen öffentliche Anstalten aus, die von Verwaltungsräten geleitet werden, in denen Arbeitgeber und Gewerkschaften paritätisch vertreten sind. Das räumt den Sozialpartnern in der Ausführung von Regierungspolitik einen beachtlichen Einfluß ein. So kann die Regierung – natürlich nur nach tripartistischer Konzertierung – zwar festlegen, wann und für wen Arbeitslosenunterstützung geleistet wird. Doch besitzt der Verwaltungsrat der „Öffentlichen Anstalt für Beschäftigung" die Kompetenz, die Regeln für den Vollzug dieser Vorgaben festzulegen.

Darüber hinaus führen die Sozialpartner administrative Aufgaben des sozialen Sicherungssystems teilweise selbständig aus. Beispielsweise erhalten die meisten Arbeitslosen ihre Unterstützung nicht direkt von der „Öffentlichen Anstalt für Beschäftigung", sondern von der Gewerkschaft, der sie angehören. Das Gesundheitssystem funktioniert in gleicher Weise: Die Patienten (mit Ausnahme einiger Gruppen wie Rentner u.ä.) bekommen ihre Auslagen durch die Krankenversicherungsträger erstattet, die wiederum ihre Aufwendungen vom staatlichen Institut für Gesundheit und Invalidität erhält. Gehört jemand keiner Gewerkschaft oder keinem Krankenversicherungsträger an, besteht die Möglichkeit, die Auslagen direkt vom Staat zurückzuerlangen.

Aber das wird als mühseliges Verfahren betrachtet, und nur ein geringer Teil der Bevölkerung greift darauf zurück. Für die beteiligten Verbände resultieren daraus nicht nur Einnahmen (für Verwaltungskosten, für die die Regierung eine Entschädigung leistet), sondern damit sind auch wirkungsvolle Anreize verknüpft, um die Mitgliedsbindung zu erhöhen. Umfragen zufolge haben denn auch Arbeitslose den höchsten gewerkschaftlichen Organisationsgrad von allen Gruppen in Belgien.

Insgesamt läßt sich daher zusammenfassen, daß Belgien ein Musterbeispiel korporatistischer Arrangements zumindest im Hinblick auf die Sozial- und Gesundheitspolitik sowie die Arbeitsbeziehungen bietet. Sozialpartner und Krankenversicherungsträger sind Teil mehrerer Politiknetzwerke (Marsh/Rhodes 1992), und Gewerkschaften sind in diversen Beratungsgremien präsent, auch wenn die Verbindung zu Fragen der Arbeitswelt nur indirekt ist. So sind die Gewerkschaften in den Beratungsgremien für Bildung oder für Umweltfragen vertreten und Mitglied des Vorstandes der belgischen Nationalbank, der öffentlichen Rundfunkanstalt und der staatlichen Universitäten.

3. Andere Politikfelder

Auch in anderen Politiknetzwerken finden sich Beispiele enger Konzertierung. Doch beschränken sich die beteiligten Organisationen auf einen spezifischen Bereich und versuchen nicht, über mehrere Politikbereiche hinweg die Regierungspolitik zu beeinflussen. Ein wichtiges Beispiel ist die Landwirtschaftspolitik, in der der Bauernverband eine dominierende Rolle spielt. Obwohl der landwirtschaftliche Sektor in Belgien nur von geringer ökonomischer Bedeutung ist, gelang es dem Bauernverband, seine führende Rolle in den Entscheidungsprozessen zu behalten. Dafür sind zwei Gründe maßgeblich: Erstens besitzt der Verband enge Beziehungen zur Christdemokratischen Partei, die sich als Verteidigerin nicht nur der Bauern, sondern des „ländlichen Lebens" allgemein versteht. Dazu trägt bei, daß mehrere Kandidaten der Christdemokraten in Parlamentswahlen faktisch durch den Bauernverband bestimmt werden, in dessen leitendem Ausschuß sie in Personalunion vertreten sind. Seit 1947 war der Landwirtschaftsminister praktisch immer Mitglied der Christdemokratischen Partei, was zu einer engen Bindung zwischen dem Ministerium und dem Bauernverband führte. Zweitens, der Bauernverband konnte auch deswegen seine Stellung konservieren, weil er über beträchtliche ökonomische Macht verfügt. Er kontrolliert eine Reihe von Unternehmen, die beispielsweise Viehfutter herstellen oder alle Arten von Landwirtschaftsprodukten verkaufen. Bis vor kurzem kontrollierte der Verband sogar eine bedeutende Bank und eine Versicherungsgesellschaft. Beide fusionierten jedoch mit größeren Unternehmen, die keine formalen Verbindungen mit dem Bauernverband mehr besitzen. Daneben existieren einige kleinere landwirtschaftliche Interessenorganisationen, aber sie besitzen weniger Mitglieder, keine ökonomische Macht und keine privilegierten Beziehungen mit einer politischen Partei. Ihr politischer Einfluß ist folglich beschränkt.

Auch im Hinblick auf die Religionen existiert in Belgien eine Art Konzertierung. Offiziell sind fünf Kirchen anerkannt: die katholische, die protestantische, die orthodoxe, die jüdische und die islamische Kirche. Sie werden vom Staat finanziell unterstützt, der Personal- und Sachkosten trägt. Allerdings gehen über 90 Prozent der Mittel an die katholische Kirche. Eine belgische Eigentümlichkeit ist darüber hinaus, daß auch eine „Vereinigung der humanistischen Freidenker" anerkannt wurde und gleichberechtigt mit den Kirchen behandelt wird. Beispielsweise können die Schüler in Belgien zwischen dem Religionsunterricht (in einer der fünf anerkannten Glaubensrichtungen) und einem nichtreligiösen moralischen Unterricht wählen. Ebenso wie die Kirchen bei der Ernennung der Religionslehrer mitbestimmen dürfen, kann der Freidenker-Verband bei der Ernennung der Lehrer für den nicht-religiösen Unterricht mitreden. Und wie die Kirchen erhält auch die *Freidenkervereinigung* Sendezeit im öffentlichen Fernsehen und in den Radioanstalten.

Belgien hat einen reichen Bestand an kulturellen und sozialen Organisationen, von denen die meisten finanziell stark vom Staat unterstützt werden und von denen die größten einer der drei Säulen angehören. Insbesondere seit den 70er Jahren entstand eine Vielzahl unabhängiger Vereinigungen, die sich nicht mehr einer der Säulen zuordnen. Dadurch hatten sie große Schwierigkeiten, staatliche Unterstützung zu erhalten. Verteilt wird diese auf Grundlage des „Kulturpaktes" von 1971, der zwar als pluralistisch bezeichnet wird, tatsächlich jedoch die korporatistische Struktur des Verbändewesens verstärkt. Da in den meisten Fällen die entsprechenden christlichen Verbände mehr Mitglieder besaßen als ihre sozialistischen oder liberalen Pendants, befürchteten die Sozialisten und Liberalen in den 50er und 60er Jahren, daß sie durch die stärkere, fast hegemoniale christliche Säule majorisiert werden könnten. Das war der Hintergrund für den „Kulturpakt" von 1971, mit dem der Pluralismus innerhalb der Verbände- und Vereinigungslandschaft garantiert werden sollte und die nichtkonfessionellen Verbände die Zusicherung erhielten, daß es kein christliches Monopol in der organisierten Interessenlandschaft oder im kulturellen Leben Belgiens geben würde. Auf Grundlage eines vereinbarten Verteilungsschlüssels sollen die staatlichen Unterstützungsleistungen zwischen den christlichen, sozialistischen und liberalen Vereinigungen aufgeteilt werden. Mit dem Versuch, den Pluralismus auf die drei traditionellen Säulen zu beschränken, wurde jedoch gleichzeitig der Eintritt von neuen Organisationen in dieses System blockiert.

Ein weiteres spezifisch belgisches Merkmal ist die Präsenz von regionalistischen Vereinigungen und Verbänden, was in der Etablierung einer „Flämischen Bewegung" und einer gut strukturierten „Wallonischen Bewegung" kulminierte. Meistens spielen diese Bewegungen keine offene politische Rolle, aber sie sind in alle Arten von kulturellen und sozialen Initiativen einbezogen. In gewisser Weise liegen diese Bewegungen sogar quer zu den traditionellen Konfliktlinien der belgischen Säulen, wenn regionalen Interessen Vorrang vor weltanschaulichen Differenzen eingeräumt wird. Regionalistische Bewegungen werden dann wichtig, wenn Verhandlungen über den Staatsaufbau in Belgien stattfinden. Seit 1970 wurde die belgische Verfassung kontinuierlich verändert, und Belgien transformierte sich von einem zentralistischen Land in einen föderativen Staat. Jedesmal wenn eine neue Verhandlungsrunde begann, wurden die regionalistischen Bewegungen aktiv und traten in den Vordergrund. So vereinbarten die politischen Parteien 1977/78 eine weitere Föderalisierung, aber diese Vereinbarung stieß auf den erbitterten Widerstand der *Flämischen Bewegung* und mußte schließlich zurückgenommen werden. Seit der letzten Verfassungsreform 1993 verfügen die flämische, die wallonische und die Brüsseler Region über beträchtliche Kompetenzen, und es scheint, daß seitdem die Anziehungskraft der föderativen Vereinigungen zurückgegangen ist.

4. Versäulung: Beziehungen zwischen Verbänden, Parteien und Parlamenten

Belgien vereint korporatistische Interessenvermittlung mit einer versäulten politischen Struktur. „Versäulung" meint dabei die Aufteilung sozialer und politischer Rollen entsprechend ideologischer und politischer Konfliktlinien, die die Lebenssphären der einzelnen Bevölkerungsgruppen trennen. Idealtypisch sind die Mitglieder in die versäulten Strukturen umfassend integriert und bewegen sich damit nur innerhalb ihres jeweiligen Milieus. In Belgien führte das zu milieuspezifischen Schulen, Kirchen, Zeitungen, Gewerkschaften, Kulturvereinen, Verlagen, Banken, Radioanstalten, Universitäten, Wohlfahrtseinrichtungen und Altenheimen. Der katholischen und der sozialistischen Säule gelang es auch, zwischen 1920 und 1960 ihre Milieus umfassend zu organisieren (Billiet 1988; Hellemans 1990). Doch sind danach Grad und Ausmaß der Versäulung gesunken, die gleichwohl ein strukturierendes Merkmal des gesellschaftlichen und politischen Lebens geblieben ist.

Hellemans (1990: 25) entwickelte eine umfassende Definition von Versäulung, die zutreffend die belgischen Verhältnisse beschreibt. Grundlegend dafür ist, daß eine Säule ein Netzwerk von Organisationen erfordert, die eine politische Partei einschließen. Das bedeutet, daß alle Arten von Vereinigungen formalisierte, exklusive und dauerhafte Beziehungen zu einer spezifischen politischen Partei unterhalten (Walgrave 1995). Das markanteste Beispiel dafür ist die sozialistische Säule, die Gewerkschaften, die Krankenversicherung, kulturelle Vereinigungen und Versicherungsgesellschaften umfaßt, die alle über formalisierte Beziehungen zur sozialistischen Partei verfügen. Die christliche Säule ist weniger eindeutig strukturiert. Natürlich gehören die christlichen Gewerkschaften zu dieser Säule, und sie besitzen eine besondere Beziehung zur Christdemokratischen Partei. Aber es ist durchaus umstritten, ob die katholische Kirche, katholische Schulen (mit über 75 Prozent aller Schüler) und katholische Krankenhäuser Teile dieser Säule sind. Keine von ihnen verfügt über formalisierte Beziehungen zur Christdemokratischen Partei, was bedeuten würde, daß nach der Definition von Hellemans Kirche, Schulen und Krankenhäuser nicht zu dieser Säule gehören würden. Es existieren jedoch vielfältige Verbindungen zwischen diesen Institutionen und der Christdemokratischen Partei, und in den meisten Fällen wird die Partei die Interessen der katholischen Schulen und Krankenhäuser vertreten. Daher läßt sich sogar sagen, daß die christliche Säule zwei Dimensionen besitzt: Einerseits ist sie – wie die sozialistische – eine politische Säule; andererseits verbindet sie kirchliche Institutionen und Aktivitäten zu einer religiösen Säule.

Darüber hinaus erfordert die Definition von Hellemans, daß diese Organisationen bereichsspezifisch begrenzt sind und jede über ein Repräsentationsmonopol innerhalb der Säule verfügt. Die christliche und die sozialistische Säule, die eine bemerkenswerte strukturelle Symmetrie aufweisen, erfüllen beide Anforderungen. Schon in den frühen 20er Jahren versuchten die Christdemokratische und die Sozialistische Partei, die Strukturen der Organisationen, die ihrer jeweiligen Säule angehörten, aufeinander abzustimmen und anzupassen. Die lokalen Initiativen, die noch im 19. Jahrhundert entstanden, wurden in nationalen Organisationen zentralisiert und konzentriert. Es sollte nicht mehr als eine sozialistische Gewerkschaft oder eine christliche Krankenversicherung usw. geben. Diese Reorganisierung war Mitte der 20er Jahre abgeschlossen, und seitdem wurden nur noch wenige Änderungen vorgenommen.

Ein drittes Kriterium der Definition von Hellemans besteht darin, daß die beteiligten Organisationen ideologisch und subkulturell integriert sein müssen. Programmatisch ist diese ideologische Integration weiterhin relevant, und die sozialistische und christliche Säule bleiben einer spezifischen Weltanschauung verbunden. Gleichwohl stellte der Soziologe Luc Huyse (1984, 1987), einer der wichtigsten Autoren in dieser Debatte, in Frage, ob die Säulen ideologisch tatsächlich spezifisch und exklusiv sind. Er bestreitet, daß weiterhin grundlegende ideologische Differenzen zwischen den Säulen bestehen, und geht davon aus, daß sich die Organisationen hinter ihren früheren Weltanschauungen verstecken, um ihre Machtstellungen zu legitimieren. Es trifft natürlich zu, daß eine Reihe versäulter Organisationen gezwungen war, ihre ideologische Ausrichtung abzuschwächen, nicht nur weil allgemein eine Entideologisierung stattgefunden hat, sondern auch weil sie mehr nach ökonomischen Prinzipien funktionieren mußte. Die versäulten Banken und Versicherungsgesellschaften betonen ihre weltanschaulichen Präferenzen nicht mehr, sondern präsentieren sich als moderne, dienstleistende Unternehmen. Auch die christlichen Schulen heben heutzutage weniger ihren christlichen Charakter als ihre pädagogischen Qualitäten hervor. Die ideologische Komponente hat folglich an Bedeutung verloren. Ideologische Unterschiede werden auch verwischt wegen der intensiven Elitenkooperation in den unterschiedlichen Bereichen (Dewachter 1992). Obwohl die christlichen und sozialistischen Gewerkschaften sich auf betrieblicher Ebene als Konkurrenten verhalten, gibt es auf Elitenebene enge Kontakte und Kooperationsbeziehungen insbesondere in Verhandlungen mit Arbeitgebern oder der Regierung, was insgesamt in der Bildung einer „gemeinsamen Gewerkschaftsfront" mündet. Daher sind die ideologischen Unterschiede zwischen den beiden wichtigsten Gewerkschaften sogar für die Mitglieder nicht immer klar.

Hellemans geht darüber hinaus davon aus, daß die Säulen unterschiedliche Subkulturen repräsentieren. In dieser Hinsicht hat die Versäulung seit 1960 in ihrer Wirkung sicherlich nachgelassen. Eine Reihe von Lebensbereichen, die bis in die 60er Jahre auf einer ideologischen Basis beruhten, haben sich von der „Versäulungslogik" gelöst. Zeitungen sind das beste Beispiel für diese Tendenz. Nahezu alle Zeitungen waren bis in die 60er Jahre noch mit einer der Säulen verknüpft; es gab christliche, sozialistische und liberale Zeitungen. Bisweilen waren die Verbindungen zwischen Partei und Zeitung sehr eng, und in einer Anzahl von Fällen waren Parlamentsabgeordnete gleichzeitig Chefredakteure, die in Kommentaren die Parteilinie vertraten. Die Sozialisten verloren zuerst ihre Zeitungen im flämischen Teil des Landes. Aufgrund eines Modernisierungsrückstandes und eines daraus resultierenden Auflagenrückganges gingen schließlich beide sozialistischen Zeitungen bankrott. Sie wurden von einer neuen, „fortschrittlichen" Zeitung ersetzt, die alle Verbindungen mit der Sozialistischen Partei lösen wollte. Als diese Zeitung in der Folgezeit erneut in finanzielle Schwierigkeiten geriet, wurde sie an einen Verleger liberaler Zeitungen verkauft, eine Entwicklung, die zwanzig Jahre früher undenkbar gewesen wäre. Auch katholische Zeitungen haben begonnen, ihre Eigenständigkeit gegenüber der Partei zu betonen und politisch neutrale und unabhängige Standpunkte zu vertreten (de Bens 1997). Ebenso wurden andere kommerzielle Aktivitäten wie Läden, Kinos, Banken und Versicherungsgesellschaften nach und nach aufgegeben und aus der Säule ausgegliedert.

Insgesamt heißt das, daß die christliche und sozialistische Säule immer noch mehr oder weniger den von Hellemans entwickelten Definitionskriterien entsprechen. Einige Randaktivitäten wurden aufgegeben, aber die zentralen Bereiche der Säulen blieben bestehen. In beiden Fällen ist das Ergebnis ein beeindruckendes Konglomerat von Parteien, Vereinigungen und Interessenverbänden.

Tabelle 2: Struktur der christlichen und sozialistischen Säule in Belgien

	Christliche Säule	Sozialistische Säule
Politische Partei	CVP/PSC	SP/PS
Koordination der Säule durch	„Christliche Arbeiterbewegung" (ACW/MOC)	–
Gewerkschaft	ACV/CSC	ABVV/FGTB
Krankenversicherung	Christliche Gewerkschaft	Sozialistische Gewerkschaft
Bauern	Bauernverband	-
Versicherungsgesellschaft	Volksversicherung	P&V
Bank	Bacob	Nagelmackers
Rentnerverband	Christlicher Rentnerverband	Sozialistischer Rentnerbund
Kulturverein	„Davidsfonds"	„Vermeylen Fonds"
Soziale Vereinigung	Christliche Vereinigung für Arbeiter	–
Frauenverband	Christliche Arbeiterinnen	Sozialistische Frauenorganisation

In jedem Fall gibt es enge Beziehungen zwischen der Partei und dem weiten Feld von Organisationen, die der jeweiligen Säule angehören. Die Verbindung zwischen Partei und Organisationen ist entscheidend und reziprok. Die Partei verteidigt die Interessen der Säule und kann die grundlegenden Ziele dauerhaft in der politischen Arena vertreten. Sie wird auch enger definierte Interessen, wie finanzielle Zuwendungen u.ä.m., verteidigen. Gleichzeitig dienen die Verbände als Rekrutierungsreservoir für die Partei. Ein großer Teil der Kandidaten für Wahlen und des politischen Personals wird von den jeweiligen Organisationen rekrutiert. Diese Kandidaten bringen nicht nur Expertenwissen für die Partei mit sich, sondern binden auch Wähler aus dem Bereich ihrer ehemaligen Verbände.

Obwohl die Struktur der Christdemokratischen und Sozialistischen Partei zum großen Teil symmetrisch ist, ist die christliche Säule weit besser organisiert. Zuerst ist sie zwei- bis dreimal größer als die sozialistische Säule. Während mehr als vier der insgesamt 10 Mio. Einwohner Belgiens der christlichen Krankenversicherungsvereinigung angehören, sind ungefähr zwei Millionen dem sozialistischen Pendant zuzuordnen. Zu einem großen Teil ist dies das Ergebnis des traditionellen christlichen und konservativen Charakters des Landes. Zweitens, die christliche Säule verfügt über eine stärkere interne Struktur und zwar hauptsächlich wegen der Existenz des *Algemeen Christelijk Werknemersverbond (ACW)/ Mouvement Ouvrier Chrétien (MOC)*. Der ACW/MOC beruht weniger auf individueller Mitgliedschaft, sondern koordiniert die Aktivitäten der Massenorganisationen wie Gewerkschaften, Krankenversicherung und diverser kultureller Vereinigungen. Er kontrolliert auch eine große Banken- und Versicherungskooperative, was ihm finanzielle Vorteile verschafft. Die ACW/MOC-Struktur ermöglicht, die unterschiedlichen arbeitnehmerorientierten Organisationen zu koordinieren, die der christlichen Säule angehören (die christlichen Verbände der Bauern, der kleinen Selbständigen und der Arbeitnehmer gehören natürlich nicht dem ACW/MOC an, obgleich sie zur christlichen Säule zählen). Das bedeutet, daß dieser Teil der Säule seine eigene Strategie entwickeln kann unabhängig von der Partei, was seine strategische Handlungsposition wesentlich stärkt. Die sozialistische Säule verfügt über keine entsprechende Koordinationsinstanz. Hier erfolgt Koordination entweder freiwillig oder durch die Partei, was zu weit schwächeren Interaktionsbeziehungen führt. So gibt es keine offizielle Zusammenarbeit zwischen der sozialistischen Gewerkschaft und der sozialistischen Gesundheitsvereinigung, und bisweilen zeigen beide eine Tendenz, eifersüchtig ihre Autonomie zu bewahren.

5. Die Zukunft der Versäulung

Die Versäulung ist ein bleibendes Charakteristikum des politischen Lebens in Belgien, aber sie hat zweifellos eine Menge Federn lassen müssen. Ihre Legitimität wurde ohnehin permanent in Frage gestellt. Schon 1966 hatte der berühmte Philosoph Leo Apostel herausgehoben, daß das versäulte System eine subkulturelle Teilung bedinge, die einen ethischen Dialog zwischen den unterschiedlichen Teilen der Bevölkerung verhindere. Er plädierte daher für die Abschaffung der traditionellen ideologischen Grenzen (Apostel/Bots 1966). Eine andere Kritik betonte, daß die Versäulung Regierungshandeln verteuern und Ineffizienzen hervorrufen würde. Beispielsweise gibt es in den meisten belgischen Städten neben der öffentlichen eine katholische Schule, und beide werden durch das Bildungsministerium finanziert. Darüber hinaus wird argumentiert, daß die versäulten Interessengruppen zu viel Einfluß auf Regierungspolitik besäßen und ihre Macht benützten, um ihre spezifischen Belange durchzusetzen, und folglich das Gemeinwohl vernachlässigten (Naert 1992). In den letzten Jahren erhielt das versäulte System einen weiteren Schlag. Die etablierten politischen Parteien wurden hart kritisiert, weil sie für eine ganze Reihe von Skandalen verantwortlich gemacht wurden, die seit 1994 das Land heimsuchten (Korruption, Ministerrücktritte, die 1996 entdeckte Ermordung von Kindern, die Verseuchung von Viehfutter usw.). Wegen der engen Verbindungen zwischen politischen Parteien und Interessengruppen sahen letztere ihre öffentliche Unterstützung ebenfalls gefährdet. Die Unzufriedenheit ist so flächendeckend, daß die Bevölkerung nicht länger zwischen den politischen Akteuren unterscheidet, sondern das Vertrauen in alle Politiker verliert (Hooghe 1998b). Falls Interessengruppen einen weiteren Legitimitätsverlust, ausgelöst durch politische Parteien, vermeiden wollen, müßten sie ihre Beziehungen zu diesen Parteien lösen oder zumindest zu lockern.

Die Versäulung verlor nicht nur an öffentlicher Unterstützung, sondern auch ihre Struktur ist seit den 60er Jahren geschwächt worden (Huyse 1987; Billiet 1988; Hellemans 1990). Auf der Mikroebene sind die Mitglieder weniger eindeutig in die versäulten sozial-moralischen Milieus eingebettet, und die Kommunikation zwischen den unterschiedlichen weltanschaulichen Segmenten der Bevölkerung hat sich intensiviert. Auch die Integration auf der Mesoebene hat nachgelassen. Die versäulten Organisationen streben immer unmißverständlicher nach größerer Autonomie hauptsächlich aufgrund zunehmender Spezialisierung und Differenzierung. Das System der Personalunion, in dem wenige Personen wichtige Funktionen in mehreren Verbänden derselben Säule gleichzeitig ausübten, ist erodiert (van Aelst/Walgrave 1998). Auch versäulte Verbände sind gezwungen, entsprechend ökonomischer Gesetzmäßigkeiten zu funktionieren, und die daraus resultierenden Handlungszwänge werden sukzessive mächtiger als politische oder ideologische Imperative (Huyse 1987).

Eine Anzahl von Autoren hat aus diesen Entwicklungen die Schlußfolgerung gezogen, daß die Versäulung an ihr Ende gekommen ist. Sie gehen davon aus, daß zukünftig ökonomische Zwänge die Beziehungen zwischen Mitgliedern, Interessengruppen und politischem System dominieren. Der Eintritt in eine Gewerkschaft oder eine Krankenversicherung erfolgt danach aufgrund der angebotenen Dienstleistungen und nicht mehr aufgrund weltanschaulicher Präferenzen (Huyse 1987). Gleichwohl zeigen Umfragen, daß es immer noch einen engen Zusammenhang zwischen Wahlverhalten und der Zugehörigkeit zu einem Verband einer Säule gibt (Billiet 1977; Hooghe 1999). Dieser Zusammenhang ist in der jüngeren Generation und bei Gebildeten jedoch deutlich weniger ausgeprägt. Illustrieren läßt sich dies anhand von Umfragen aus dem Jahre 1998. Obgleich die Ergebnisse auch für das sozialistische Milieu in ähnlicher Weise gelten, werden hier, um ein klares Bild zu bekommen, nur die Daten für die christliche Säule präsentiert (Tabelle 3).

Tabelle 3: Mitgliedschaft in christlichen Vereinigungen und Wahlverhalten (1998, in Prozent)

	Christliche Gewerkschaft (n = 336)	Christliche Kranken- versicherung (n = 841)	Christliche Gewerk- schaft und Kranken- versicherung (n = 290)	Alle Befragten (n = 1.341)
	(1)	(2)	(3)	(4)
Alter				
18-35 Jahre	29	25	30	20
36-55 Jahre	50	41	54	29
56-75 Jahre	75	67	79	44
Bildung				
Gering	54	52	57	36
Mittel	48	35	49	28
Hoch	36	32	40	23
Insgesamt	47	41	50	30

Angegeben sind die Stimmanteile für die Christdemokratische Partei von: 1) Mitgliedern der christlichen Gewerkschaft (ACV/CSC), 2) Mitgliedern der christlichen Krankenversicherung (CM/MC), 3) Befragten, die in beiden christlichen Organisationen Mitglied sind, sowie 4) für alle Befragte der Erhebung.

Quelle: Hooghe 1999.

Was deutlich wird, ist, daß Mitglieder christlicher Organisationen häufiger für die Christdemokraten votierten als die Wahlbevölkerung allgemein. Dieser Zusammenhang ist am stärksten in der Gruppe der über 55-Jährigen, die zu über drei Viertel die Christdemokratische Partei gewählt haben. Jüngere scheinen eine Mitgliedschaft in einer christlichen Organisation und die Stimmabgabe für eine andere Partei einfacher verknüpfen zu können. Dasselbe gilt für den Bildungsgrad: Mitglieder mit geringeren Bildungsabschlüssen stimmen mit großer Mehrheit für die Christdemokraten, während die höher Gebildeten eine geringere Bindung aufweisen (Hooghe 1999). Diese Zahlen scheinen zu implizieren, daß die politische Wirkung der Versäulung noch immer anhält; für die beiden traditionellen Massenparteien (die Christdemokraten und die Sozialisten) sind die versäulten Organisationen weiterhin ein wichtiger Kanal, um Wähler für sich zu rekrutieren. Jüngere Generationen scheinen auf diese Form der Mobilisierung jedoch nicht länger anzusprechen. Das könnte schließlich dazu führen, daß die

Versäulung ihre politische Prägekraft zumindest zur Erklärung individuellen Verhaltens verliert.

Auf der Makroebene hängt die Zukunft der Versäulung vom Schicksal der Christdemokratischen Partei ab. Obwohl sich die belgische Gesellschaft säkularisiert und die Christdemokratische Partei an Boden verloren hat, konnten die christdemokratischen Interessengruppen ihre Position ausbauen. Sowohl die christliche Krankenversicherung als auch die Gewerkschaft besitzen jetzt über 50 Prozent der jeweiligen „Marktanteile". Diese Anteile sind im flämischen Landesteil höher, während im französischsprachigen Teil Belgiens die sozialistischen Organisationen in der Lage waren, einige ihrer Hochburgen zu verteidigen. Aufgrund der allgemeinen Säkularisierungsprozesse ist dies wohl weniger darauf zurückzuführen, daß christliche Organisationen ihre Attraktivität für potentielle Mitglieder steigern konnten. Vielmehr paßte sich der wichtigste Konkurrent, die sozialistischen Organisationen, vielfach zu langsam an die sich wandelnden ökonomischen und kulturellen Bedingungen an. Aus strategischer Perspektive haben die durchaus erfolgreichen christlichen Organisationen wenig Anreiz, sich weiterhin an eine Christdemokratische Partei zu binden, die als kleine Oppositionspartei mit weniger als 25 Prozent der Stimmen ihren politischen Einfluß weitgehend verloren hat. Einige führende Repräsentanten innerhalb der christlichen Säule haben daher gefordert, die Beziehungen zu den Grünen, den Flämischen Nationalisten und den Sozialisten zu verbessern, um ihre Interessen in der Regierungskoalition besser vertreten zu können.

6. Versäulung und neue soziale Bewegungen

Seit den 60er Jahren sieht sich das belgische politische System mit einer neuen Generation von Protestorganisationen konfrontiert, den neuen sozialen Bewegungen. Diese Bewegungen versuchten nicht nur, neue „issues", neue politische Inhalte auf die politische Agenda zu setzen, sondern sie kritisierten auch vehement das vorherrschende System politischer Entscheidungsfindung in Belgien (Hellemans/Hooghe 1995). Wie in anderen Ländern gehen die neuen Protestbewegungen in Belgien auf die Studentenbewegung zurück, die nach 1966 an Bedeutung gewann. Eines der bleibenden Ergebnisse der studentischen Mobilisierung war, daß viele der Aktivisten, die zur damaligen Zeit politisch sozialisiert wurden, schließlich in anderen Bewegungen – wie der Umwelt-, der Frauen- oder der Dritte-Welt-Bewegung – aktiv wurden. Alle diese Bewegungen gewannen schnell eine große Zahl von Anhängern insbesondere unter den Jüngeren und besser Gebildeten.

Die Kampagnen der neuen sozialen Bewegungen bezogen sich zumeist auf konkrete Forderungen wie auf das Recht zur Abtreibung bei der Frauenbewegung, die Verhinderung von Atomkraftwerken bei der Umweltbewegung oder die Beziehungen Belgiens zur früheren Kolonie Zaire/Kongo bei der Dritte-Welt-Bewegung. Insgesamt blieb die politische Wirkung dieser Kampagnen jedoch beschränkt. Die großen politischen Parteien ignorierten die neuen sozialen Bewegungen (Hooghe 1997), was dazu führte, daß vor allem Anhänger der Umweltbewegung ihre eigene Partei gründeten, die im flämisch sprechenden Teil des Landes „Anders Leben" (*Anders Gaan Leven, Agalev*) und im französisch sprechenden „Ecolo" heißt. Diese neue Partei rekrutierte sich vorwiegend aus den neuen sozialen Bewegungen, und im wesentlichen besitzen *Aga-*

lev/Ecolo und die neuen sozialen Bewegungen dieselbe oder ähnliche ideologische Grundlagen. Gleichwohl behielten die Bewegungen und *Agalev/Ecolo* eine strategische Distanz. Zurückzuführen ist dies darauf, daß bis 1999 *Agalev/Ecolo* eine relativ kleine Partei ohne politischen Einfluß blieb (Hooghe/Rihoux 2000) und die neuen sozialen Bewegungen daher keinen Grund sahen, ihr Schicksal mit dem der Partei zu verbinden. Die sozialen Bewegungen zogen es vor, Kontakte zu allen großen Parteien zu unterhalten (Walgrave 1995; Rihoux 1999). Nur die Friedensbewegung stellt eine Ausnahme in diesem generellen Muster dar. In den 80er Jahren gelang es ihr, Großdemonstrationen mit bis zu 300.000 Teilnehmern gegen die Stationierung von Nuklearwaffen in Europa zu organisieren. Dieser gewaltige Mobilisierungserfolg war nur möglich, weil die Friedensbewegung und die traditionellen christlichen und sozialistischen Interessengruppen eine Allianz eingegangen waren. Gleichwohl blieb auch der Einfluß dieser Bewegung insgesamt beschränkt. Zur damaligen Zeit war die Sozialistische Partei nicht an der Regierung, und sie instrumentalisierte die Friedensbewegung für ihre Oppositionsstrategie. Die regierende christlich-konservative Koalition konnte zur damaligen Zeit die Forderungen der Friedensbewegung und ihrer sozialistischen Bündnispartner leicht ignorieren.

Dieser in den 70er und 80er Jahren insgesamt schwache Einfluß der neuen sozialen Bewegungen auf politische Entscheidungen läßt sich im Anschluß an theoretische Überlegungen von Gamson (1968) auf drei Ursachen zurückführen (Hooghe 1997, 1998a). Der erste Grund für den geringen politischen Erfolg liegt auf der Verfahrensebene. Die herrschende Elite blockierte schlicht den Zutritt zu den Entscheidungsgremien für die *newcomers*, die eine Herausforderung für die auf Kompromiß und Konsens orientierten Eliten darstellten. Weil die neuen sozialen Bewegungen nicht nur für einen besseren Umweltschutz oder für die Chancengleichheit für Frauen eintraten, sondern auch einen neuen, offeneren Politikstil forderten, wurden sie von der herrschenden Elite als Bedrohung betrachtet. Der nach außen abgeschlossene korporatistische Entscheidungs- und Willensbildungsprozeß verhinderte, die neuen sozialen Bewegungen als offizielle und gleichwertige Partner anzuerkennen. Letztere blieben daher außerhalb der relevanten Entscheidungsnetzwerke. Die Elite in Belgien praktizierte also eine Politik der selektiven Exklusion (Duyvendak 1995): Opponenten, die dem Konsens der Eliten grundsätzlich zustimmten, wurden akzeptiert, während diejenigen, die Kompromisse ablehnten, ausgeschlossen blieben. Erst in den 90er Jahren wurden Vertreter der neuen sozialen Bewegungen und insbesondere der Umweltbewegung in Beratungsgremien berufen. Dennoch ist unklar, welcher politische Einfluß mit dieser Institutionalisierung verknüpft ist.

Der zweite Grund für den geringen Einfluß der neuen sozialen Bewegungen ist eher materieller, inhaltlicher Natur. Die traditionellen Massenorganisationen waren flexibel genug, auf die Herausforderung der neuen sozialen Bewegungen zu reagieren. Eine Reihe der Forderungen, die die neuen sozialen Bewegungen auf die politische Tagesordnung setzten, wurden, wenn auch in abgeschwächter und verwässerter Form, sukzessive von den traditionellen versäulten Organisationen aufgenommen und vertreten. Während die Frauen- und Umweltverbände nicht zum Verhandlungstisch zugelassen wurden, nahmen die etablierten Massenorganisationen ökologische und feministische Anliegen in ihre Programme auf. So hatten einige Jahre nach dem Aufkommen autonomer feministischer Organisationen alle politischen Parteien ihre eigenen Substrukturen für diese Gruppe gegründet, ihre Programme überarbeitet und „Frauenkapitel" eingefügt (Hooghe 1994). Dadurch modernisierten sich die etablierten Organisationen nicht nur, sondern sie reduzierten gleichzeitig das Mobilisierungspotential der neuen sozialen Bewegungen.

Das verweist auf den dritten und vielleicht wichtigsten Grund für die mangelnde politische Einbindung von neuen sozialen Bewegungen: Sie müssen sich Zugang zu einem Sektor verschaffen und dort behaupten, in dem sich bereits mächtige und einflußreiche Akteure befinden, die über wesentlich größere Ressourcen verfügen und die kein Interesse daran haben können, neue soziale Bewegungen in diesen Sektor zu integrieren. Darin liegt ein großer Unterschied zwischen neuen und „alten" sozialen Bewegungen, die zwischen 1880 und 1910 entstanden. Zur damaligen Zeit war die Massendemokratie noch in ihren Anfängen, und der Bereich der Interessenvermittlung war noch nicht besetzt. Es ist jedoch wesentlich einfacher, ein politisches Vakuum zu füllen als Akteure von ihren erworbenen politischen Machtpositionen zu verdrängen. Die erste Generation von Interessengruppen, die zur gleichen Zeit wie die Massendemokratie in Belgien entstand, genießt einen „Wettbewerbsvorteil" über spätere Generationen, die sich zuerst Zutritt zum politischen System verschaffen und die tradierten Muster der Interessenvermittlung überwinden müssen.

Aber auch in dieser Hinsicht könnte der Regierungswechsel 1999 zu völlig neuen Konstellationen führen und den Institutionalisierungsprozeß der neuen sozialen Bewegungen insbesondere aufgrund der Regierungsbeteiligung der grünen Parteien beschleunigen (Hooghe/Rihoux 2000). Die Anliegen der neuen sozialen Bewegungen fanden nicht nur Eingang in offizielle Regierungstexte, sondern das rekrutierte politische Personal stammt zu einem relevanten Teil aus den neuen sozialen Bewegungen. Das gilt besonders für die grüne Partei *Ecolo/Agalev*. So war etwa der neue Staatssekretär für Energiefragen, Olivier Deleuze (*Ecolo*), früher Präsident von *Greenpeace* in Belgien. Auch mehrere Parlamentsmitglieder der grünen Partei, sammelten Erfahrungen in den neuen sozialen Bewegungen. Das klarste Indiz für die zunehmende Institutionalisierung ist jedoch in der Personalrekrutierung der Minister zu finden. In Belgien verfügt jede/r Minister/in über bis zu 50 persönliche Mitarbeiter, die direkt ihr oder ihm verantwortlich sind. Dieses Personal und nicht die Spitzenbeamten der Ministerien führt die eigentliche politische Arbeit aus. Um politisch Einfluß geltend machen zu können, ist es daher unerläßlich, zu diesen persönlichen Mitarbeitern des Ministers Zugang zu besitzen, und die neuen sozialen Bewegungen konnten dies im Falle der grünen Minister auch erfolgreich realisieren. Eine große Zahl der persönlichen Mitarbeiter der grünen Minister, die für Entwicklungszusammenarbeit, Umwelt und Transport zuständig sind, stammen aus den neuen sozialen Bewegungen.

7. Perspektiven

Wie erwähnt, gegenwärtig ist es schwierig, die Entwicklung des Interessenvermittlungssystems in Belgien zu prognostizieren. Es ist unklar, welche Folgen der Niedergang der Christdemokratischen Partei und die Bildung einer neuen, alternativen Regierung zeitigen werden. Es ist zu früh, um sicher sagen zu können, ob und wie Interessengruppen sich an diese fundamental veränderte Situation in Belgien anpassen können.

Eine weitere Herausforderung für die Interessengruppen besteht in der zunehmenden Durchsetzung einer Mehrebenenpolitik. In den 70er Jahren waren die Verhältnisse vergleichsweise klar und übersichtlich: Die wichtigste Entscheidungsinstanz war die nationale belgische Regierung, und folglich waren auch die meisten belgischen Verbände auf dieser nationalen Ebene organisiert (und das bedeutet in Belgien bilingual). Allerdings veränderten sich seitdem zwei Dinge: Erstens, Belgien wandelte sich von einem Einheits- in einen Bundesstaat mit einer hohen Autonomie für die Regionen. Bildung, Kultur, Umwelt, Infrastruktur, Medien und Sozialpolitik sind jetzt Bereiche, über die auf regionaler Ebene entschieden wird. Die Interessengruppen mußten sich diesen Veränderungen anpassen und entsprechende Strukturen bilden. So verhandelt der Bauernverband nicht mehr nur mit dem Landwirtschaftsministerium auf zentralstaatlicher Ebene, sondern auch mit den Ministern für Umwelt in Flanden und Wallonien. Die Regionalisierung der belgischen Politik zwingt Interessengruppen zu einer Regionalisierung und Dezentralisierung ihrer internen Strukturen. Die meisten der regionalen Parteien und Organisationen sind inzwischen vollständig autonom und kooperieren mit ihren Parallelorganisationen jenseits der linguistischen Grenze nur, wenn es für Verhandlungen mit der Zentralregierung notwendig ist. In einigen Fällen könnte dies sogar das Überleben der nationalen Organisation in Frage stellen. Beispielsweise tritt die flämische Sektion der sozialistischen Gewerkschaft für eine „modernere" Gewerkschaftspolitik ein, während ihr wallonisches Pendant einer sozialistischen Tradition verhaftet ist. Es ist offen, ob diese beiden Sektionen ihre früher enge Zusammenarbeit fortsetzen oder eine größere Selbständigkeit anstreben werden.

Neben dieser Föderalisierung ist, zweitens, der Souveränitätsverlust durch die europäische Integration von Bedeutung. Zwar werden wirtschafts-, agrar- und finanzpolitische Entscheidungen immer noch in Brüssel getroffen, aber nicht mehr durch die belgische Regierung, sondern durch die europäischen Institutionen. Allgemein sind belgische Interessengruppen aktiv an der Bildung europäischer Interessenorganisationen beteiligt (Bursens 1999). Aufgrund der geringen Größe des Landes haben belgische Interessengruppen nur die Möglichkeit, den Prozeß der europäischen Integration zu akzeptieren. Da darüber hinaus die meisten europäischen Institutionen in Brüssel angesiedelt sind, können belgische Interessengruppen eine wichtige Rolle in der Entwicklung europäischer Verbände spielen. Tatsächlich scheinen jedoch die meisten Mitglieder die Bedeutung und das Ausmaß der europäischen Entscheidungsmacht noch nicht voll erkannt zu haben. Sie widmen europäischen Entscheidungsprozessen wenig Aufmerksamkeit und konzentrieren sich weiterhin auf die nationale Ebene. Die Ausbreitung der Mehrebenenverflechtung ist eine enorme Herausforderung für die Interessengruppen. Sie müssen nicht nur ihre Aktivitäten und ihre Politik auf der regionalen, nationalen und europäischen Ebene koordinieren, sondern sie müssen auch ihre „einfachen" Mitglieder davon überzeugen, daß zukünftig nicht mehr der belgische Nationalstaat die Ebene sein wird, auf der die wichtigen Entscheidungen getroffen werden.

Abkürzungsverzeichnis

ABVV   Algemeen Belgisch Vakverbond (sozialistisch)
ACLVB Algemene Centrale der Liberale Vakbonden van België (liberal)
ACV   Algemeen Christelijk Vakverbond (christlich)
ACW   Algemeen Christelijk Werknemersverbonden (christlich)
CGSLB Centrale Générale des Syndicats Liberaux de Belgique (liberal)
CSC   Confédération des Syndicats Chrétiens (christlich)
CVP   Christelijke Volkspartij (Christliche Volkspartei)

FWE   Fédération Wallone des Entreprises
FEB   Fédération d'Entreprises belges
FGTB   Fédération Générale du Travail de Belgique (sozialistisch)
LCM   Landsbond der Christelijke Mutualiteiten (christlich)
MOC   Mouvement Ouvrier Chrétien (christlich)
NVSM   Nationaal Verbond der Socialistische Mutualiteiten (sozialistisch)
PRL   Parti Réformateur Libéral
PS   Parti Socialiste
PSC   Parti Social Chrétien
SP   Socialistische Partij
VBO   Verbond van Belgische Ondernemingen
VEV   Vlaams Economisch Verband
VLD   Vlaamse Liberalen en Democraten

Literaturverzeichnis

van Aelst, Peter/Stefaan Walgrave, 1998: Voorbij de verzuiling?, in: Tijdschrift voor Sociologie, Vol. 19, No.1, S. 55-87

Apostel, Leo/Marcel Bots, 1966: Pluralisme en verdraagzaamheid, Antwerpen: Nederlandsche Boekhandel

de Bens, Els, 1997: De pers in België, Tielt: Lannoo

van den Brande, August, 1987: Neo-Corporatism and Functional-Integral Power in Belgium, in: Ilja Scholten (Hrsg.): Political Stability and Neo-Corporatism, London: Sage, S. 95-119

Billiet, Jaak (Hrsg.), 1988: Tussen bescherming en verovering, Leuven: Kadoc

Billiet, Jaak, 1997: Political Parties and Social Organizations in Flanders, in: Jan W. van Deth (Hrsg.): Private Groups and Public Life, London: Routledge, S. 64-81

Bursens, Peter, 1999: Impact van instituties op beleidsvorming. Ph.D. Thesis, University of Antwerp

Cawson, Alan, 1985: Varieties of Corporatism, in: Alan Cawson (Hrsg.): Organized Interests and the State, London: Sage, S. 1-21

Dambre, Wouter, 1985: De ondernemingsraden in België, Antwerpen: Kluwer Rechtswetenschappen

Deleeck, Herman, 1995: Het sociaal-economisch overleg als besluitvorming, in: Res Publica, Vol. 37, No. 1, S. 115-127

Dewachter, Wilfied, 1992: Besluitvorming in politiek België, Leuven: Acco

Duyvendak, Jan Willem, 1995: The Power of Politics, Boulder (Col.): Westview

Gamson, William, 1968: The Strategy of Social Protest, Dorsey (Ill.): Homewood

Hellemans, Staf, 1990: Strijd om de moderniteit, Leuven: Universitaire Pers

Hellemans, Staf/Marc Hooghe (Hrsg), 1995: Van mei '68 tot Hand in Hand. Nieuwe sociale bewegingen in België, Leuven: Garant

Hooghe, Marc, 1994: De organisatiestructuur van de Vlaamse vrouwenbeweging. Autonomie en integratie in een gesloten politieke cultuur, in: Sociologische Gids, Vol. 41, No. 2, S. 144-161

Hooghe, Marc, 1996: Met vlag en spandoek. Hedendaagse actiegroepen, Groot-Bijgaarden: Globe

Hooghe, Marc, 1997: Nieuwkomers op het middenveld. Nieuwe sociale bewegingen als actoren in het Belgisch politiek systeem. Ph.D. Thesis, Vrije Universiteit Brussel

Hooghe, Marc, 1998a: Selectieve uitsluiting in het Belgisch politiek systeem. Innovatie en protest door nieuwe sociale bewegingen, in: Res Publica, Vol. 40, No. 1, S. 3-21

Hooghe, Marc, 1998b: De ‚witte mobilisatie' in België als moral crusade, in: Sociologische Gids, Vol. 45, No. 5, S. 289-309

Hooghe, Marc, 1999: De persistentie van verzuiling op micro niveau, in: Res Publica, Vol. 41, No. 4, S. 391-420

Hooghe, Marc (Hrsg.), 2000: Verenigingsleven en sociaal kapitaal, Leuven: Acco

Hooghe, Marc/Ann Jooris, 1999: Les années soixante en Belgique, Gent, Ludion & Paris: Flammarion

Hooghe, Marc/Benoît Rihoux, 2000: The Green Breakthrough in the Belgian General Elections of June 1999, in: Environmental Politics, Vol. 9, No. 3. S. 129-136

Huyse, Luc, 1984: Pillarization reconsidered, in: Acta Politica, Vol. 19, No. 1, S. 145-158

Huyse, Luc, 1987: De verzuiling voorbij, Leuven: Kritak

Lijphart, Arend, 1999: Patterns of Democracy, New Haven: Yale University Press

Lijphart, Arend/Markus M.L. Crepaz, 1991: Corporatism and Consensus Democracy in Eighteen Countries, in: British Journal of Political Science, Vol. 21, No. 2, S.235-256

Mabille, Xavier, 1986: Histoire politique de la Belgique, Bruxelles: Crisp

Marsh, David/R. Rhodes (Hrsg.) 1992: Policy Networks in British Government, Oxford: Clarendon Press

Naert, Frank, 1992: De uitgeperste democratie, Leuven: Davidsfonds

Rihoux, Benoît, 1999: La transformation de l'organisation des partis ecologistes en Europe occidentale. Ph.D. Thesis, Catholic University of Louvain-la-Neuve

Schmitter, Philippe C., 1974: Still the Century of Corporatism?, in: Review of Politics, Vol. 38, S. 85-96

Schmitter, Philippe C., 1981: Interest Intermediation and Regime Governability in Contemporary Western Europe and North America, in: Suzanne Berger (Hrsg.): Organizing Interests in Western Europe, Cambridge: Cambridge University Press, S. 287-327

Stouthuysen, Patrick, 1991: The Belgian Peace Movement, in: Bert Klandermans (Hrsg.): Peace Movements in Western Europe and the United State, Greenwich (USA): JAI Press, S.175-199

Verhofstadt, Guy, 1997: De Belgische ziekte. Diagnose en remedies, Antwerpen: Hadewijch

Walgrave, Stefaan, 1995: Tussen loyauteit en selectiviteit. Ph.D. Thesis, Catholic University of Leuven

Dänemark

Verbände und Korporatismus auf Dänisch

Peter Munk Christiansen, Asbjørn Sonne Nørgaard und Niels Chr. Sidenius

Die Bedeutung von Verbänden und Vereinen für die politische Stabilität und den Wohlstand Dänemarks ist kaum zu überschätzen. In einigen wirtschaftlichen Bereichen waren Verbände und Vereine sogar zeitweise zentrale Institutionen der Modernisierung. Beispielsweise war die Genossenschaftsbewegung die Antriebskraft für die Umstrukturierung der dänischen Landwirtschaft nach 1870 und transformierte diese zu einem Lebensnerv der dänischen Wirtschaft. Landwirtschaftliche Verbände spielten darüber hinaus eine bedeutende Rolle für die fachliche Ausbildung der Bauern und deren gesellschaftliche Integration. Ebenso stellten Verbände in anderen wirtschaftlichen Bereichen die institutionelle Basis (wie die Gewerkschaftsunternehmen, die Bauvereine oder bei lokalen Dienstleistungen). Auch in anderer Weise haben Verbände und Vereine die Entwicklung der dänischen Gesellschaft geprägt: Die Gewerkschaften wuchsen mit der Entwicklung der gewerblichen Wirtschaft heran. Heute verfügt Dänemark im internationalen Vergleich über einen der höchsten gewerkschaftlichen Organisationsgrade. Ebenso spielen Sportvereine, Freizeitclubs, kulturelle Vereinigungen eine bedeutende Rolle für das Alltagsleben der Dänen. Aber auch das Aufkommen neuer sozialer Bewegungen (wie die Frauenbewegung, die Umweltbewegung, die Anti-Atomkraftbewegung, die Anti-EU-Bewegung) seit den 60er Jahren hat seine Spuren in der dänischen Gesellschaft und dem dänischen politischen System hinterlassen. Der „typische Däne" ist heutzutage Mitglied in einer Reihe von Verbänden, was als Ausdruck einer soliden Verankerung der Demokratie in der zivilen Gesellschaft angesehen werden könnte. In der sozialwissenschaftlichen Literatur wird jedoch davon ausgegangen, daß die Verbände in der Nachkriegszeit professioneller, spezialisierter und zentralisierter und demzufolge weniger demokratisch geworden sind (Torpe 1998; B. Ibsen 1997).

Das Verhältnis zwischen Verbänden und politisch-administrativem System wurde erst nach und nach im Laufe des 20. Jahrhunderts etabliert. Zwar wurden korporative Strukturen auf dem Arbeitsmarkt Ende des 19. Jahrhunderts geschaffen, und eine Zusammenarbeit zwischen Handels- und Landwirtschaftsministerium einerseits und Wirtschafts- und Landwirtschaftsverbänden andererseits bestand bereits vor dem Ersten Weltkrieg. Doch insbesondere staatliche Eingriffe während des Ersten Weltkrieges und der Weltwirtschaftskrise der Zwischenkriegszeit führten zu festen Normen und Regeln für die Kooperation zwischen Verbänden, Politikern und Beamten. Die ersten Jahrzehnte nach dem Zweiten Weltkrieg konsolidierten diese Tradition, die indes seit den 80er Jahren Veränderungen unterworfen ist.

1. Rechtliche Grundlagen für das Verbands- und Vereinswesen

Wie in den meisten anderen westlichen Demokratien ist in Dänemark die Vereinigungsfreiheit in der Verfassung gesichert. Gemäß § 78 der dänischen Verfassung haben alle Bürger das Recht, „ohne vorherige Erlaubnis Vereine zu jedem gesetzlich zulässigen Zweck zu bilden". Einschränkungen gelten lediglich für Vereinigungen, die ihre Ziele durch Gewaltanwendung, Anstiftung zu Gewaltanwendung oder ähnlich strafbare Beeinflussung Andersdenkender zu erreichen suchen. Vereinigungen können nicht durch Gesetz, sondern nur durch Urteil eines Gerichts aufgelöst werden. Den Bürgern wird darüber hinaus die Versammlungsfreiheit garantiert (§ 79). Die Bestimmungen der dänischen Verfassung – einschließlich des § 74, der Einschränkungen der Berufsfreiheit verbietet – werden so ausgelegt, daß es (im Prinzip) keinen Koalitionszwang gibt. Die Vereinigungsfreiheit schließt eine Freiheit der Vereinigungen ein. Formell betrachtet ist deshalb der Zugang zum dänischen Entscheidungsprozeß für alle Verbände offen, und Lobbyisten werden nicht registriert. In der Praxis nehmen jedoch aufgrund von Gesetzen und tradierten Übungen vorwiegend bestimmte, etablierte Verbände am politischen und administrativen Entscheidungsprozeß teil.

Die Vereinigungsfreiheit ist in Dänemark weitgehend respektiert worden. In der Geschichte der Arbeiterbewegung finden sich zwar Beispiele für Versuche des Staates, den Zusammenschluß der Arbeiter z.B. durch Auflösung rechtmäßiger Demonstrationen und die Einführung einer Zensur zu verhindern (Bryld 1992). Und während des Zweiten Weltkrieges, als Dänemark besetzt war, aber dennoch eine rechtmäßige Regierung hatte, wurde die Kommunistische Partei verboten und viele ihrer Mitglieder interniert. Dennoch: Insgesamt blieb das Verbandswesen von formellen staatlichen Eingriffen weitgehend verschont.

Hinsichtlich des individuellen Vereinigungszwangs ist das Bild ein wenig bunter. Für Großhändler in Kopenhagen bestand beispielsweise bis 1972 die Zwangsmitgliedschaft in der Gesellschaft der Großhändler *(Grosserer Societetet)* (Schou 1980). Die erhebliche Abgabe von Kompetenzen an private, korporative Exportausschüsse im Bereich der Landwirtschaft im Jahr 1932 kann ebenfalls mit einem faktischen Vereinigungszwang verglichen werden. Schließlich bedeuten die tarifvertraglichen Absprachen mit ihren weitgehenden Exklusivvereinbarungen zwischen Arbeitgebern und einer bestimmten Gewerkschaft, daß die Arbeitnehmer eines Betriebes „gezwungen" sind, Mitglied der vertragschließenden Gewerkschaft zu sein. Dieser Kern des dänischen Konsensmodells wird vom obersten dänischen Gerichtshof *(Højesteret)* als eine freiwillige private Vereinbarung angesehen, die keine Verletzung der negativen Vereinigungsfreiheit darstellt.

Darüber hinaus trägt die dänische Politik dazu bei, daß einzelne Verbände auf Kosten anderer gestärkt werden. Zuschüsse zu Ausbildung, Forschung, Entwicklung und Export besonders im Bereich der landwirtschaftlichen Verbände haben beispielsweise zu einer Zementierung der etablierten Verbändestrukturen und zu einer Verringerung der Konkurrenz durch neue Verbände beigetragen (Just 1992; Buksti 1974). Ein vergleichbarer Effekt entsteht, wenn Verbände Verwaltungsaufgaben und Regelungsbefugnisse erhalten. Das Quasi-Monopol der Gewerkschaften, die Arbeitslosenversicherung zu verwalten, ist ein Beispiel dafür (Nørgaard 1997). Da Nicht-Gewerkschaftsmitglieder bis in die 60er Jahre einen erheblich höheren Beitrag zur Arbeitslosenversicherung zahlen mußten, führte dies ebenfalls zu einem de facto-Vereinigungszwang. Die dänische Regelung des Arbeitsmarkts, nach der eine Reihe von Arbeitnehmerrechten ausschließlich in Tarifverträgen festgelegt sind und nach der nur Gewerkschaften den arbeitsrechtlichen Entscheidungsinstanzen (in denen Gewerkschaftsvertreter an den Entscheidungen mitwirken) Rechtsstreitigkeiten vorlegen können, ist ein weiteres markantes Beispiel dafür, daß die Gesetzgebung bestimmte Verbände bevorzugt (Jensen 1998: 370-371). Formell bedeuten diese staatlichen Privilegien keine Verletzung der Vereinigungsfreiheit. Gleichwohl beschränkt die ungleiche Organisations- und Konfliktfähigkeit der Verbände die Vereinigungsfreiheit stärker, als sich dies aus der Verfassung zu ergeben scheint.

Nicht nur im wirtschaftlichen Bereich hat der Staat die Entwicklung der Verbände beeinflußt und deren Rolle für die Politik geprägt. So kann ein an die Dachverbände des Sports oder an freiwillige soziale Organisationen gewährter Zuschuß zu einer Konzentration sowie zu einer Professionalisierung und Zentralisierung der Verbände führen (B. Ibsen 1997; M. Ibsen 1997). Im Bereich des Sports beispielsweise existieren nur zwei landesweite Dachverbände, die aufgrund öffentlicher Unterstützung unterschiedliche Dienstleistungen (Ausbildung, Ausrichtung von Turnieren etc.) für die örtlichen Vereine anbieten können. Ebenso können Hilfsorganisationen nur überleben, wenn sie für die Durchführung von Projekten im Ausland öffentliche Anerkennung und Unterstützung erhalten. Die öffentliche Politik hat damit eine Reihe von indirekten Auswirkungen auf die Vereinigungsfreiheit. Insbesondere indem Anreize verringert werden, neue und konkurrierende Verbände zu schaffen, wird das Spektrum des Pluralismus vermindert und die Vereinigungsfreiheit vorstrukturiert. Dennoch: Selbst wenn es einige Beispiele von faktischem Vereinigungszwang gibt, ist die Vereinigungsfreiheit weitgehend ohne rechtliche Einschränkung gewährleistet.

2. Historische Entwicklung der Verbände und des Verbändesystems

Wie in anderen Ländern ist in Dänemark die Entstehung moderner Verbände und des Verbändesystems mit der Herausbildung und Entwicklung sozialer Klassen, marktwirtschaftlicher Verhältnisse und des modernen Staatsapparats verknüpft. Bis in die 60er Jahre hinein strukturierte die dänische Klassenstruktur das Verbändesystem, und in einigen Fällen privilegierte der Staat die Entwicklung einzelner Verbände, was in fast allen Bereichen zu einem engen, nahezu symbiotischen Verhältnis zwischen Verbänden und politisch-administrativem System führte. Die Folge davon war, daß das dänische Verbändesystem trotz seiner breiten Verankerung in der Gesellschaft und seiner darauf beruhenden hohen Integrationsfähigkeit vergleichsweise exklusiv blieb: Neue Verbände haben es zwischenzeitlich schwer emporzukommen und noch schwerer, die Macht und Privilegien etablierter Verbände zu brechen, die diese im Verhältnis zu Regierung und Verwaltung erworben haben.

Trotz der Barrieren, die neue Verbände in einer Reihe von traditionell gut organisierten Bereichen überwinden müssen, ist der Grad der Verbandsmitgliedschaft der Dänen immer noch sehr hoch, und es bestehen keine Anzeichen dafür, daß er in naher Zukunft fallen wird. Durchschnittlich war 1998 ein Däne Mitglied in 3,6 Vereinen; dies bedeutet eine Steigerung um 0,7 seit 1979 (Torpe 2000). Dänemark besitzt damit einen der höchsten Organisationsgrade in Europa überhaupt, zumal nur wenige Dänen nicht in irgendeine Vereinigung eingebunden sind (Tabelle 1). 1976 existierten 1.953 landesweite Interessenverbände (Buksti/Johansen 1979). Spätere Untersuchungen zeigen, daß trotz Fusionen und Auflösungen ein so großer Zugang neuer Verbände besteht, daß die Zahl der landesweiten Verbände einigermaßen gleich geblieben ist (Christiansen/Sidenius 1999). Angemerkt sei, daß es keine offizielle Aufstellung über die genaue Zahl der Verbände gibt; auch über die Vereinsmitgliedschaft der Dänen vor 1970 liegen keine zuverlässigen Daten vor. Werden lokale und regionale Verbände sowie ad hoc organisierte Vereinigungen hinzugenommen, ergibt sich das Bild eines starken und facettenreichen Verbändesystems.

Tabelle 1: Anteil der Bevölkerung ohne verbandliches Engagement
             (1977, 1983, 1987 und 1990, in Prozent)

	1977	**1983**	**1987**	**1990**
Dänemark	25	35	20	14
Belgien	29	56	61	44
Deutschland	47	43	65	43
Irland	46	45	46	44
Holland	20	22	38	26
Großbritannien	46	42	47	39
Frankreich	38	56	67	58
Italien	54	64	70	62
Griechenland	–	68	83	75

Quelle: Aarts 1995: 232.

2.1. Landwirtschaft

Die verbandsmäßige Organisation im Bereich der Landwirtschaft begann – damals noch religiös motiviert – im Zeitalter des Absolutismus. Die eigentlich politische Organisation in Verbänden folgte erst, als der König 1834 beratende Ständeversammlungen einrichtete und 1841 vom Volk gewählte Repräsentanten in der örtlichen Selbstverwaltung zuließ. In beiden Fällen erhielten die selbständigen Bauern das Wahlrecht (Skovmand 1964; Gundelach 1988). Die staatlichen Zugeständnisse waren der Katalysator für die Organisation der Bauern und trugen dazu bei, daß 1870 die Partei *Venstre* gegründet wurde.

Nach Inkrafttreten der dänischen Verfassung 1849 weitete sich die Organisation der Bauern auf Kreditanstalten und Sparkassen aus (Skovmand 1964). Hinzu kamen örtliche Sportvereine (Dybdahl 1965) sowie Molkereien, Schlachtereien und Futtermittelgeschäfte, die als Genossenschaften organisiert waren, in denen alle teilnehmenden Bauern über den gleichen Einfluß verfügten (Nørgaard 1997: 117-118). Die örtlichen Genossenschaften schlossen sich in verschiedenen Branchen erst auf regionaler und ab 1890 auf nationaler Ebene zusammen, 1899 wurde ein Dachverband für die nationalen Branchenverbände, der Genossenschaftsausschuß *(Andelsudvalget)*, gegründet (Pedersen 1979; Landbrugets organisationshåndbog 1989).

Die Organisation der Bauern in Landwirtschaftsvereinen verlief parallel zur verbandlichen Diversifikation (Buksti 1974; Pedersen 1979). Die Initiative, Bauernverbände zu gründen, ging in der ersten Hälfte des 19. Jahrhunderts von lokaler Ebene aus; in den 70er und 80er Jahren des 19. Jahrhunderts schlossen sie sich auf regionaler Ebene zusammen, und 1893 wurde eine nationale Organisation gegründet, die von

Großbauern dominiert war. Die Kleinbauern schlossen sich erst 1906 national zusammen. Die größten Landwirte, die Gutsbesitzer, hatten sich bereits 1890 in sogenannten Zwölfmannvereinen *(Tolvmandsforeninger)* organisiert. Die landwirtschaftlichen Verbände waren somit in ihren Grundstrukturen bereits um die Jahrhundertwende entwickelt.

Mit dem Landwirtschaftsrat *(Landbrugsrådet)* wurde 1919 eine gemeinsame Vertretung der nationalen Dachverbände im Bereich der Agrarwirtschaft einschließlich der Genossenschafts- und Branchenvereine geschaffen. Der Rat koordinierte Hersteller-, Verarbeitungs- und Absatzinteressen der Landwirtschaft, nicht jedoch die Kleinbauern (Buksti 1974; Landbrugets organisationshåndbog 1989). Der Landwirtschaftsrat verstand sich als Gegengewicht zu den Verbänden der Industrie; seine Gründung resultierte jedoch vor allem aus der kriegswirtschaftlichen Kooperation während des Ersten Weltkriegs (Pedersen 1979: 26-30; Just 1992). Die verschiedenen Organisationen waren an der Verwaltung und Umsetzung von staatlichen Lenkungs- und Regulierungsmaßnahmen beteiligt gewesen. Sie hatten jedoch keinen entscheidenden Einfluß auf die Gestaltung der Politik, was unter anderem daran lag, daß Differenzen zwischen den Verbänden bestanden.

Dem Landwirtschaftsrat fehlte es an politischer Durchsetzungskraft, da ihm die Kleinbauern fernblieben. Lediglich unter dem Druck der wirtschaftlichen Krise zwischen 1932 und 1939 beteiligten sie sich am Landwirtschaftsrat und erneuerten ihre Mitgliedschaft erst wieder 1976. Die wirtschaftliche Krisenpolitik der 30er Jahre hatte durch die neu geschaffenen staatlichen Exportausschüsse erhebliche Auswirkungen auf die landwirtschaftlichen Verbände. Da diese die Exportausschüsse dominierten, erlangten sie 1939 faktisch ein Monopol zur Regulierung des Exports sämtlicher landwirtschaftlicher Produkte. Daraus resultierte zwangsläufig die Stärkung der bestehenden Verbände. Die Exportausschüsse wurden so bedeutend für die landwirtschaftlichen Verbände, daß diese 1950, nachdem die staatlichen Ausschüsse nach Kriegsende aufgelöst worden waren, Ausschüsse selbständig einrichteten, zumal die Spitzenverbände einen Teil ihrer Einnahmen aus den Exportausschüssen erzielten (Just 1992). Zwar konnten die Landwirtschaftsverbände in den 60er Jahren noch einmal eine Reihe von Subventionen durchsetzen, deren Verwaltung sie übernahmen. Doch führte die Aufgabe von 70.000 landwirtschaftlichen Betrieben in den 60er Jahren zu einem Konzentrationsprozeß, der die Stellung des landwirtschaftlichen Spitzenverbandes langfristig schwächen mußte (Roed 1999: 31).

Die dänische Mitgliedschaft in der Europäischen Wirtschaftsgemeinschaft (EWG) seit 1973 stärkte das dänische Landwirtschaftsministerium gegenüber den landwirtschaftlichen Verbänden. Gleichzeitig gewannen die Branchenorganisationen im Verhältnis zu den Spitzenverbänden sukzessive an Einfluß, vor allem weil in den 80er und 90er Jahren mit der Schaffung monopolartiger Unternehmen im Bereich der Molkereien und Schlachtereien die Herstellerverbände immer stärker hervortraten. Dies wiederum setzte die Branchenorganisationen, die ihren Einfluß im Landwirtschaftsrat auf Kosten des Spitzenverbandes auszubauen versuchten, unter Druck. Diese Restrukturierung der inner- und zwischenverbandlichen Arbeitsteilung geschah vor dem Hintergrund erheblicher Überinvestitionen in den landwirtschaftlichen Produktionsapparat in den 70er Jahren, was aufgrund von steigenden Zinsen und fallenden Preisen erhebliche soziale Konsequenzen zeigte. Unter anderem aus diesem Grund fiel die Mitgliederzahl in den Kleinbauernverbänden von 40.000 im Jahre 1980 auf 11.000 Mitte der 90er Jahre. Im gleichen Zeitraum sank die Mitgliederzahl in den Bauernverbänden von 100.000 auf 47.000 (Roed 1999: 41).

Der wirtschaftliche und soziale Rückgang sowie der Verlust politischen Einflusses veranlaßte die Führung des Landwirtschaftsrates, eine Umstrukturierung der landwirtschaftlichen Verbände zu erwägen. In einem Diskussionspapier aus dem Frühjahr 1995 wurde auf die Notwendigkeit einer organisatorischen Veränderung zur Sicherung der politischen Durchsetzungskraft hingewiesen. Der Vorschlag zielte darauf ab, den Landwirtschaftsrat von einem Dachverband in einen Einheitsverband umzubauen, so daß die Mitgliedsverbände nicht mehr in der Lage gewesen wären, eine eigenständige Politik zu betreiben. Dafür sollten die politischen Sekretariate dem Landwirtschaftsrat ebenso unterstellt werden wie deren Fachausschüsse. Im Sommer 1996 mußte der Landwirtschaftsrat erkennen, daß der Vorschlag nicht mehrheitsfähig war. Die Bauernverbände, die auch den Präsidenten des Landwirtschaftsrates stellten, wollten ihre politischen Sekretariate und damit ihre Handlungsautonomie nicht abgeben, auch wenn sie formell gestärkt würden. Die Molkerei- und Schlachtereiverbände, die einen direkten Platz in der Führung und den Ausschüssen erhalten sollten, lehnten es ab, ihre Selbständigkeit, die sie auf der Basis der Landwirtschaftspolitik der EU errungen hatten, abzugeben. Nur der Kleinbauernverband, der kleinste allgemeine Verband, unterstützte den Vorschlag. Die einzige organisatorische Veränderung im Bereich der Landwirtschaft in den 90er Jahren war daher, daß die Zwölfmannvereine 1996 von den Bauernverbänden aufgesogen wurden (Roed 1999: 66ff.). Die übergeordnete Verbandsstruktur der Landwirtschaft ist seit dem Ersten Weltkrieg also außergewöhnlich stabil, obwohl neue Verbände dazugekommen sind. Die Stabilität hat jedoch beträchtliche Spannungen zwischen den Bauernverbänden und den Kleinbauernverbänden hervorgerufen sowie zur Stärkung der Branchenvereine und Herstellerverbände auf Kosten der Spitzenverbände geführt. Der fehlgeschlagene Versuch, einen zentralistisch geprägteren Verband zu schaffen, spiegelt diese Entwicklung wider.

2.2. Verbände der Arbeitnehmer

Mit einigen Jahren Verzögerung folgten die Organisationen der Arbeiter derjenigen der Landwirtschaft. Wie im Bereich der Landwirtschaft entwickelte sich ein weit verzweigtes Netz von Verbänden für die Arbeitnehmer der gewerblichen Wirtschaft (Gundelach 1988; Bryld 1992; Nørgaard 1997). Ursprünglich waren die Facharbeiter zusammen mit ihren Meistern in Zünften organisiert. Diese vorindustrielle Verbandsform befand sich jedoch seit Anfang des 18. Jahrhunderts unter rascher Auflösung. In den 50er und 60er Jahren des 19. Jahrhunderts gab es kurzfristig eine Reihe „bürgerlicher" Gewerkschaften für Handwerker, und erst ab 1871 entstanden sozialistisch inspirierte Gewerkschaften, die von den Arbeitern selbst organisiert waren (Galenson 1952; Christiansen 1986). Auch wenn zu Beginn der dänischen Arbeiterbewegung Partei und Gewerkschaft organisatorisch noch nicht getrennt waren, wurden sie 1878 in zwei Säulen aufgespalten, die gleichwohl personell verflochten blieben und politisch eng kooperierten (Bryld 1992: 42-50).

Anfangs organisierten sich in den Gewerkschaften ausschließlich männliche Facharbeiter; doch bereits in den 80er und 90er Jahren des 19. Jahrhunderts entstanden Gewerkschaften für ungelernte Arbeiter und für Frauen (Ibsen/Jørgensen 1979; im übrigen eine organisatorische Differenzierung, die sich mehr oder weniger bis heute erhalten hat). Wie in der Landwirtschaft setzte in den 90er Jahren des 19. Jahrhunderts auch bei den Gewerkschaften ein Zentralisierungsprozeß ein, indem sich die lokalen Gewerkschaftsvereine zu berufsverbandlichen nationalen Föderationen zusammenschlossen. Die inzwischen 39 nationalen Fachverbände gründeten 1898 – nicht zuletzt als Reaktion auf den Erfolg der Arbeitgeber, sämtliche großen Arbeitgeberorganisationen in einem Dänischen Arbeitgeberverband (*Dansk Arbejdsgiverforening*, DA) zu vereinigen – als nationalen Dachverband Die Zusammenarbeitenden Fachverbände (*De Samvirkende Fagbund*), später *Landsorganisationen* (LO) (Nørgaard 1997: 122-123).

Mit dem Grundsatzvertrag von 1899 (September-Abkommen), in dem sich Arbeitgeberverband und Gewerkschaften gegenseitig als kollektive Interessenvertretung anerkannten, wurde die Grundlage für das dänische Konsensmodell geschaffen. Dieses Konsensmodell beinhaltet in seinen Grundzügen: daß Löhne und Gehälter sowie andere Arbeitsbedingungen zwischen Gewerkschaften und Arbeitgebern tarifvertraglich auf den verschiedenen Ebenen festgelegt werden (eventuell unter Einschaltung der öffentlichen Schlichtungsstelle), daß während der Tarifvertragsverhandlungen eine Friedenspflicht besteht und daß Streitigkeiten in diesem Zeitraum durch das Arbeitsgericht entschieden werden (Due et al. 1993).

Die dritte Säule der Organisation der Arbeiter neben Gewerkschaften und Partei waren die Genossenschaften oder Kooperativen. Wie bei den Bauern breitete sich der Genossenschaftsgedanke auch in der Arbeiterbewegung aus, die Bäckereien, Molkereien, Baufirmen, Brauereien, Versicherungsgesellschaften, Bestattungsunternehmen und Immobiliengesellschaften u.ä.m. schufen (Gundelach 1988; Bryld 1992). Sie schlossen sich 1992 in dem Kooperativen Gemeinschaftsverband in Dänemark (*Det kooperative Fællesforbund i Danmark*) zusammen (Landbrugets organisationshåndbog 1989). Eine vierte Säule waren Arbeitervereine, die im Bereich des Freizeit- und Kulturlebens geschaffen wurden. Fußballvereine, Gesangvereine, Schrebergartenvereine, Vortrags- und Volkshochschulvereine sind nur eine Auswahl der Aktivitäten, die unter den Fahnen der Arbeiterbewegung organisiert wurden (Gundelach 1988).

Die LO wurde spätestens 1932 mit dem Beitritt der Gewerkschaft für Einzelhandel und Büroangestellte, die heute ungefähr ein Viertel aller LO-Mitglieder stellt, zum dominierenden Dachverband (Due et al. 1993: 278, 289). In der Nachkriegszeit war die Entwicklung der Gewerkschaftsbewegung durch das Wachstum des öffentlichen Sektors geprägt, in dem die LO eine starke Position insbesondere bei den gering qualifizierten Arbeitskräften einnimmt. Vor allem ihre Lohnpolitik zugunsten der Arbeiter führte dazu, daß 1952 der Gemeinsame Rat Dänischer Staatsbediensteter und Gehaltsempfänger (*Fællesrådet for Danske Tjenestemands – og Funktionærorganisationer*, FTF) als eigenständige Interessenvertretung von Staatsbediensteten und Gehaltsempfängern und zwei Jahrzehnte später die Zentrale Akademikerorganisation (*Akademikernes Centralorganisation*, AC) als Zusammenschluß von Akademikerorganisationen entstanden, in denen hauptsächlich Angestellte des öffentlichen Dienstes organisiert sind. Den Mitgliedsgewerkschaften dieser beiden Dachverbände sind inzwischen ca. 25 Prozent aller gewerkschaftlich organisierten Beschäftigten angeschlossen (Due et al. 1993: 303).

Der dominierende Dachverband ist jedoch nach wie vor die LO. Zwar wurde versucht, die Branchenverbände der Arbeiter in sogenannten Kartellen zu stärken. Die alten Verbände, insbesondere die Fachverbände für Metallarbeiter und ungelernte Arbeiter, sind jedoch nach wie vor die einflußreichsten Akteure der LO-Familie. Die Organisationsstruktur der LO wurde dabei in den letzten Jahrzehnten erheblich konzentriert. Während 1960 noch 68 nationale Gewerkschaften der LO angeschlossen waren, ist die Zahl bis 1992 auf 26 gefallen. Die durchschnittliche Größe der örtlichen Gewerkschaftsgruppe hat sich im gleichen Zeitraum verfünffacht (Due et al. 1993: 289).

Die ursprüngliche und in der Praxis alles umfassende Integration der Arbeiter in Gewerkschaften, Partei, Kooperativen und Freizeitvereinen ist in der Nachkriegszeit schwächer geworden. Die enge Anbindung an Freizeitvereine gibt es nicht mehr, Stärke und Umfang der Kooperativen gingen deutlich zurück, und selbst die enge Verflechtung zwischen Gewerkschaften und Partei zeigt Auflösungserscheinungen (Bille 1998). Die Verankerung der Sozialdemokratischen Partei in der Arbeiterklasse – sowohl mitglieder- als auch wählermäßig – ist deutlich schwächer geworden (Borre/Goul Andersen 1997). Durch das gesamte Jahrhundert hindurch wurden die etablierten Verbände und deren privilegierter Status gegenüber den Behörden und in den Arbeitslosenkassen von den christlichen Gewerkschaften kritisiert. Obwohl die „alten" Gewerkschaften nicht länger die ungeteilte Unterstützung der heterogener gewordenen Arbeiterklasse genießen, sind konkurrierende Verbände bislang nicht in der Lage, deren Rolle gegenüber dem Staat und den Arbeitgebern zu übernehmen. Auch wenn sich die Gewerkschaften kontinuierlich den ökonomischen und politischen Veränderungen anpaßten, hinkten sie meist den Reorganisationsbemühungen der Arbeitgeber hinterher. Es deutet somit auch zu dieser Jahrhundertwende einiges darauf hin, daß die Arbeitgeber als erste die organisatorischen Anpassungen, die für ein stabiles und gut funktionierendes Verbändesystem in der Gesellschaft der Zukunft notwendig sind, durchführen werden.

2.3. Die gewerbliche Wirtschaft

Die dominierenden Verbandsformen der gewerblichen Wirtschaft sind die Branchen-, Wirtschafts- und Arbeitgeberverbände. Viele individuelle Arbeitgeber und Verbände sind jedoch gleichzeitig Mitglied technisch-fachlicher Zusammenschlüsse, gesellschaftlicher Vereine und Logen (Buksti/Johansen 1979). Kennzeichnend für das Verbändesystem der Wirtschaft ist eine Differenzierung in Arbeitgeber- und Wirtschaftsverbände.

Wie bei den Arbeitern entsprang auch die verbandsmäßige Organisation der gewerblichen Wirtschaft den Zünften, sie erhielt jedoch die wesentlichen Impulse durch Industrialisierung und Liberalisierung, aber auch durch die politische Regulierung der Gewerbefreiheit. Die mit der Gewerbeordnung von 1857 eröffnete Gewerbefreiheit war eine wichtige Voraussetzung dafür, daß auf lokaler Ebene fachübergreifende Handwerkervereine, größtenteils als privatrechtliche Vereine, entstanden (Dybdahl 1965). 1879 wurde eine landesweite Organisation gegründet, die Gemeinsame Vertretung der dänischen Industrie und des Handwerks (*Fællesrepræsentationen for Dansk Industri og Håndværk*), die bis 1910 der Dachverband für das produzierende Gewerbe in den Städten war (Hastrup 1982). Paradoxerweise entstanden landesweite Branchenorganisationen erst nach der Einrichtung der Gemeinsamen Vertretung, die damit seit dem letzten Jahrzehnt des 19. Jahrhunderts als Dachverband mit branchenübergreifenden wirtschaftspolitischen Funktionen gegenüber den angeschlossenen Branchen- und Handwerkerverbänden fungierte.

Die Industrie begann sich ab 1880 zu organisieren, doch hatte sich eine Differenzierung zwischen sozialpolitischen Arbeitgeber- und wirtschaftspolitischen Unternehmerverbänden zu diesem Zeitpunkt noch nicht durchgesetzt (Due et al. 1993; Galenson 1952). Der Dänische Arbeitgeberverband wurde 1896 nach heftigen Auseinandersetzungen in der Gemeinsamen Vertretung darüber, wer die koordinierenden nationalen

Funktionen wahrnehmen sollte, als Reaktion auf die wachsende Organisation der Arbeiter ins Leben gerufen. Die Initiative hierzu ging von der Baubranche aus; 1898 schloß sich die Industrie an (Agerholm/Vigen 1921). Mit der Entwicklung der Industrie wurde die Gemeinsame Vertretung heterogener, weshalb sie an politischer Durchsetzungsfähigkeit verlor. Konflikte führten dazu, daß die Industrie, angeführt von der Eisen- und Metallindustrie, 1910 ihren eigenen Verband, den Industrieverband *(Industrirådet)*, gründete. Der Industrieverband und die Gemeinsame Vertretung (ab 1940 der Handwerkerverband) waren die Dachverbände der gewerblichen Wirtschaft in wirtschaftspolitischen Fragen. Der Dänische Arbeitgeberverband organisierte bald den größten Teil des privaten Sektors einschließlich Transport-, Handels- und Dienstleistungsunternehmen, und ab 1947, als der Zusammenschluß der Arbeitgeber in der Landwirtschaft *(Sammenslutningen af Arbejdsgivere i Landbruget)* erfolgte, deckte er auch den gesamten Agrarsektor ab (Landbrugets organisationshåndbog 1989).

Die verbandsmäßige Organisation des Dienstleistungsgewerbes begann bereits 1742 mit der Gründung der Gesellschaft der Großhändler *(Grosserer-Societetet)*, die den Großhandel in Kopenhagen organisierte und 1818 eine Zwangsmitgliedschaft einführte, die erst 1972 aufgehoben wurde. Die politische Regelung des Verbandes zeigte sich auch darin, daß er sich erst ab 1842 intern selbst verwalten konnte (Schou 1980). Außerhalb Kopenhagens entstand ein gemeinsamer Handelsverband erst 1901 (Ronit 1988). Diese beiden Dachverbände, die ihre Zusammenarbeit 1969 aufnahmen und 1986 zur Dänischen Handelskammer fusionierten, waren jedoch nicht in der Lage, alle Handelsbranchen zu organisieren. Es finden sich daher selbständige Dachverbände für die vielen Branchenvereinigungen des kleinen und mittleren Einzelhandels (Ronit 1988; Buksti/Johansen 1979).

Neben den Verbänden für Industrie und Handwerk sowie für den Groß- und Einzelhandel gibt es landesweite Branchen- und Arbeitgeberverbände im Transport-, Finanz- und Versicherungsbereich, im Bereich der Medien und der freien Berufen. In gewissem Ausmaß findet sich diese Organisationsstruktur auch auf örtlicher oder regionaler Ebene wieder. Einige Branchenverbände sind sowohl dem Dänischen Arbeitgeberverband als auch dem Wirtschaftsverband der jeweiligen Region angeschlossen. Häufig gibt es auch in einzelnen Branchen selbständige Arbeitgeberverbände. Darüber hinaus finden sich in bestimmten Bereichen Arbeitgeberzusammenschlüsse, die für mehrere Branchen- oder Arbeitgeberverbände Tarifverträge mit Gewerkschaften eingehen. Der erste und wichtigste dieser Arbeitgeberzusammenschlüsse, die Arbeitgeber der Eisenindustrie *(Jernets Arbejdsgivere)*, entstand 1902 und schloß Tarifverträge mit dem Zentralverband der Metallarbeiter *(Centralorganisationen af Metalarbejdere)* (Due et al. 1993: 101, 386, 265-269).

Die organisatorische Aufspaltung der gewerblichen Wirtschaft in Arbeitgeber- und Wirtschaftsverbände hat immer wieder Konflikte provoziert (so etwa bei Ausbildungs- und Umweltfragen). Anfang der 70er Jahre versuchte man daher, eine Kompetenz- und Arbeitsteilung formell festzulegen. Die Unzufriedenheit insbesondere bei den Verbänden der Eisen- und Metallindustrie mit der Politik und den Dienstleistungen, die beide Verbände ihren Mitgliedern lieferten, wuchs jedoch stetig an. Der Arbeitgeberverband der Industrie, der sowohl dem Industrieverband als auch dem Dänischen Arbeitgeberverband angeschlossen war, initiierte 1992 auch den Zusammenschluß der beiden Dachverbände zum Dänischen Industrieverband *(Dansk Industri)*, in dem die industriellen Arbeitgeberverbände ein Übergewicht besitzen und der sowohl tarif- als auch wirtschaftspolitische Funktionen erfüllt. Eine ähnliche Verschmelzung von Arbeitgeber- und Wirtschaftsverbänden gab es in der übrigen gewerblichen Wirtschaft nicht. Obwohl auch hier neue Verbände gegründet wurden, ist die entscheidende Entwicklung die Zentralisierung gewesen: Unter anderem durch die Fusion bestehender Verbände entstanden weniger und größere Verbände.

Eine weitere wichtige Veränderung ist die erhöhte internationale Aktivität der Verbände. Dies ist hauptsächlich auf den Beitritt Dänemarks zu den Europäischen Gemeinschaften im Jahre 1973 zurückzuführen. Die Aktivitäten sind auf den politischen Entscheidungsprozeß und dessen Auswirkungen auf Dänemark gerichtet und haben sich seit Mitte der 80er Jahre intensiviert. Dänische Wirtschaftsverbände sind daher in der Regel europäischen Konföderationen beigetreten. Eine entsprechende Entwicklung hat auch im Bereich der Gewerkschaften und der Landwirtschaft stattgefunden (Sidenius 1998a, 1998b).

2.4. Sonstige Verbände

Schon immer gab es Vereinigungen, die keine besondere Verbindung zu den beschriebenen sozialen oder verbandlichen Bereichen besitzen. Obwohl beispielsweise Sport- und Freizeitvereine Anfang des 20. Jahrhunderts noch über eine sozial- oder klassenspezifische Basis verfügten, waren sie den größten Teil des Jahrhunderts über nicht an bestimmte Klassen oder Schichten gebunden. Daher haben die Dachverbände die Vereine nach Sportarten und nicht nach der Klassenzugehörigkeit organisiert.

Schon zu Beginn des 20. Jahrhunderts entstanden viele berufliche und wissenschaftliche Vereine, deren Anzahl und Grad der Spezialisierung sich seitdem erheblich erhöht haben. Mit der Ausweitung des Wohlfahrtsstaates nach dem Zweiten Weltkrieg stieg die Zahl jedoch gewaltig an (Buksti/Johansen 1979; Hansen/Henriksen 1984). Heutzutage gibt es kaum eine Krankheit, eine Gruppe von Patienten oder ein soziales Problem, das nicht vereinsmäßig organisiert ist. Verbraucherverbände wurden besonders in der Zeit zwischen den beiden Weltkriegen und in der Regel aufgrund staatlicher Initiative und mit staatlicher Unterstützung gegründet. Auch die moderne Umwelt- und Naturschutzbewegung oder die Frauenbewegung haben Verbände als Vorläufer, die bereits um die Jahrhundertwende existierten (Gundelach 1988).

Seit den 60er Jahren sind in Dänemark neue Verbände entstanden und haben sich neue Formen kollektiven Handelns durchgesetzt, die beide auf post-materialistische Wertvorstellungen zurückgeführt werden (Gundelach 1988). Erst kam die Friedensbewegung, später folgten die Studenten-, die Umweltschutz-, die Frauen- und – ein dänisches Spezifikum – die Volksbewegung gegen die EG, die eigene Vertreter in das Europaparlament entsendet. In vielen Fällen ist es bei ad hoc-Verbänden, Demonstrationen und anderen Formen flüchtiger Zusammenschlüsse geblieben. In einigen Fällen, beispielsweise im Bereich des Umweltschutzes, der Energiepolitik und der Volksbewegung gegen die EG, haben sich jedoch dauerhafte Organisationsformen durchgesetzt.

Zwei einflußreiche und bedeutende Verbände für lokale und regionale öffentliche Behörden entstanden im Anschluß an die Expansion und Umstrukturierung des Sozialstaates Anfang der 70er Jahre: der Landesverband der Kommunen *(Kommunernes Landsforening)* und der Verband der Kreise in Dänemark *(Amtsrådsforeningen i Danmark)*. Auch früher hat es Verbände örtlicher Behörden gegeben. Die neuen Verbände wurden jedoch als Interessenvertreter für den lokal verankerten, stark dezentralisierten öffentlichen Sektor, der Dänemarks größter Arbeitgeber ist, wesentlich stärker.

3. Beziehungen zum politischen System

Wie in anderen liberalen Demokratien besitzen Interessenverbände in Dänemark einen großen Einfluß darauf, wie öffentliche und politische Probleme definiert werden, welche Lösungen Gegenstand öffentlicher Debatten sind und welche Entscheidungen getroffen werden. Der zentrale institutionelle Mechanismus der Integration der Verbände in den politischen Entscheidungsprozeß ist der administrative Korporatismus. Darüber hinaus besitzen einige Verbände enge Verbindungen zu bestimmten politischen Parteien, und einige Verbände sind besonders aktiv gegenüber der politischen Öffentlichkeit. Im folgenden wird zuerst der administrative Korporatismus im allgemeinen und anschließend das Zusammenspiel zwischen den Verbänden der Landwirtschaft, der gewerblichen Wirtschaft und den Gewerkschaften einerseits und dem politischen System andererseits beschrieben. Allgemein anerkannte Normen und Regeln für das Zusammenspiel zwischen Verbänden und Behörden setzten sich in der Nachkriegszeit auch in vielen anderen Bereichen durch. Daher soll darüber hinaus die Zusammenarbeit der kommunalen Verbände und der Umweltorganisationen mit der Zentralverwaltung Kopenhagens skizziert werden. Diese beiden Verbandstypen repräsentieren sowohl die Entwicklung des dezentralen öffentlichen Sektors als auch die Strukturen in einem politischen Bereich, der durch das Aufkommen neuer Verbände, Vereine und Bewegungen geprägt ist.

3.1. Administrativer Korporatismus: Grundzüge der Entwicklung

Der dänische administrative Korporatismus wird durch die allgemeine Regel charakterisiert, nach der Verbände in politische und administrative Entscheidungsprozesse einbezogen werden, sofern ihre besonderen Interessen berührt sind (Christensen 1980; Christensen et al. 1999). Die Verbände haben dabei in sämtlichen Phasen des Prozesses Zugang zu politischen und administrativen Entscheidungsträgern. Sie können sektorpolitische Fragen mit Ministern und Beamten sachkundig erörtern, sich an der Ausarbeitung von Gesetzesvorschlägen oder Verwaltungsrichtlinien ebenso beteiligen wie an deren Ausführung, beispielsweise durch die Mitgliedschaft in Ausschüssen, die die Kompetenz haben, bindende Entscheidungen gegenüber Bürgern oder Unternehmen zu treffen. Es finden sich sogar Beispiele dafür, daß die rechtliche Entscheidungskompetenz vollständig auf einen Verband übertragen wurde.

Die Formen der Beteiligung reichen von informellen ad hoc-Kontakten über kontinuierliche informelle Kontakte, formelle Anhörungen, formelle Verhandlungen, der Mitgliedschaft in Ausschüssen oder anderen kollegialen Verwaltungsorganen bis hin zur Selbstverwaltung der Verbände. Die Beteiligung der Verbände an Entscheidungsprozessen erfolgt nur teilweise auf formalisierter Grundlage. Neben Normen spielen Traditionen eine große und vielleicht die wichtigste Rolle. Daraus resultiert eine erhebliche Flexibilität hinsichtlich der Art und Weise, wie Verbandsinteressen jeweils einbezogen werden, zumal die Beteiligungsformen austauschbar sind und sich gegenseitig ergänzen können.

Auch in diesem Gebiet gilt: keine Regel ohne Ausnahmen. Zum einen müssen die Interessenverbände als relevante Partner auf dem Gebiet anerkannt sein. Wer als verhandlungsberechtigter Partner gilt, ist generell im Bereich des öffentlichen und privaten Arbeitsmarktes formell geregelt, auch die Mitgliedschaft in korporativen Gremien oft durch Gesetz festgelegt ist. Ansonsten entscheidet der betreffende Minister bzw. das Ministerium, welche Verbände an laufenden Vorhaben, gegenseitigen Konsultationen und Entscheidungen zu beteiligen sind. In einer konsensorientierten politischen Kultur wie der dänischen gibt es jedoch relativ wenige Beispiele von Verbänden, die von der Möglichkeit, ihre Gesichtspunkte geltend zu machen, gänzlich ausgeschlossen sind. Dagegen gibt es in den meisten Bereichen Verbände, die eine enge Zusammenarbeit mit den Beamten pflegen, während andere Verbände eine vergleichsweise große Distanz zur Administration wahren. Zum anderen gibt es situationsbedingte Ausnahmen vom Regelfall der verbandlichen Beteiligung. Dies gilt zum Beispiel für wirtschaftliche Krisensituationen, bei abschließenden Verhandlungen des Haushalts oder für Entscheidungen, die Teil eines größeren politischen Tauschpaketes sind. In diesen Fällen spielen die (Partei-)Politiker eine andere und eine im Vergleich zu den traditionellen politischen Angelegenheiten des administrativen Korporatismus herausragende Rolle.

Wie bereits erwähnt, ist der administrative Korporatismus ein Kind des 20. Jahrhunderts, auch wenn er seine Anfänge Ende des 19. Jahrhunderts mit der Etablierung der kollegialen Verwaltungsorgane im Bereich der Arbeitsmarktpolitik hatte (Nørgaard 1997; Christiansen/Sidenius 2000). Die Grundlage der Zusammenarbeit waren umfassende wirtschaftspolitische Interventionen während der beiden Weltkriege und infolge der Wirtschaftskrise Ende der 20er/Anfang der 30er Jahre. Die betreffenden Ministerien, die sehr klein waren und nur über juristische Expertise verfügten, waren nicht in der Lage, solche Interventionen durchzuführen. Auch wenn nach den beiden Weltkriegen die kriegswirtschaftlichen Regelungen jeweils wieder aufgehoben wurden, wurde die Zusammenarbeit zwischen Staat und Verbänden weitergeführt.

Die Kriegsverwaltungen entwickelten für die Zusammenarbeit der Beamten, Minister, Parteien und Verbände Modellcharakter, als nach dem Zweiten Weltkrieg die Zusammenarbeit mit den Verbänden konsolidiert und auf verschiedene Bereiche ausgeweitet wurde. Dies galt beispielsweise für den öffentlichen Sektor nach 1960, als Gewerkschaften des öffentlichen Dienstes einen Platz am Verhandlungstisch der Ministerien erhielten; dies galt auch für die beiden großen kommunalen Verbände, die nach 1970 eine zentrale Rolle spielten, als die Staatsverwaltung umfassend dezentralisiert wurde. Die Einbeziehung von Interessenverbänden sowohl in die Formulierung als auch in die Umsetzung öffentlicher Politik wurde also zu einem generellen Merkmal des dänischen politischen Systems in den Bereichen, in denen gut organisierte Interessenverbände existierten.

Die kollegialen Verwaltungsorgane – Räte, Ausschüsse, Kommissionen etc. – sind dabei die Grundpfeiler der Zusammenarbeit zwischen Staatsapparat und Verbänden. Durch die Institutionalisierung der Zusammenarbeit in Ausschüssen oder anderen administrativen Kollegialorganen erhielten Kooperation und gegenseitige Abstimmung einen verpflichtenden und berechenbaren Charakter. Wie aus Tabelle 2 ersichtlich, wuchs die Zahl der Ausschüsse etc. von 1946 bis 1980, den „goldenen Jahren" des administrativen Korporatismus, deutlich an. Bis 1980 waren Interessenverbände Mitglieder von etwas mehr als der Hälfte aller Ausschüsse.

In der Zeit nach 1980 deutet dagegen vieles darauf hin, daß sich Strukturbedingungen, die sich im Laufe des 20. Jahrhundert entwickelt hatten, in Auflösung befinden (Christiansen 1998; Christiansen/Rommetvedt 1999; Christiansen/Sidenius 1999). Dies gilt insbesondere für die Teilnahme der Verbände in Ausschüssen und Räten. Wie sich aus Tabelle 2 ergibt, ging die Zahl der kollegialen Verwaltungsorgane von 732 im Jahre 1980 auf 369 im Jahre 1995 zurück. Noch markanter war die Entwicklung, wenn man diejenigen Ausschüsse betrachtet, deren Hauptzweck die Entscheidungsvorbereitung ist, dies waren 1980 266 und im Jahre 1999 nur noch 93 Ausschüsse. Die Interessenverbände waren 1995 in nur 56 dieser Ausschüsse repräsentiert, im Jahre 1987 waren es noch 197. Die Tradition, die Verbände durch die Ausschußarbeit in die Vorbereitung von Gesetzen und anderen Entscheidungen einzubeziehen, ist im Zeitraum nach 1980 also unter starken Druck geraten. Dagegen scheinen die Ministerien auch weiterhin geneigt zu sein, Verbände an Ausschüssen mit administrativen Aufgaben zu beteiligen; zumindest ist die Zahl dieser Ausschüsse nicht in gleicher Weise zurückgegangen wie die mit entscheidungsvorbereitenden Funktionen.

Tabelle 2: Zahl und Zusammensetzung der Ausschüsse, Kommissionen, Räte etc. (1946-1995)

	1946	1955	1965	1975	1980	1985	1990	1995
Zahl der Ausschüsse etc. (absolut)	413	547	673	667	732	515	387	369
Anteil mit Vertretern aus/von:								
– der Zentralverwaltung (%)	73	86	89	88	82	75	72	71
– Interessenverbänden (%)	49	55	51	55	73	75	82	77
– Kommunen und Kreisen (%)	15	21	25	27	30	33	29	29
– Interne Interessen (%)	16	22	20	31	42	39	22	26
– Parteien und Parlament (%)	21	18	15	8	7	8	8	7
– Experten (%)	50	52	59	52	27	31	37	51

Quellen: für 1946-1975: Kristensen 1979; für 1980-1995: Ausschußarchiv 1991, 1997.

Im Gegensatz dazu stieg die Zahl der direkten und informellen Kontakte zwischen Verbänden und staatlichen Behörden zwischen 1970 und den 90er Jahren stark an, und die Verbände sind – wie aus Umfragen hervorgeht – der Auffassung, daß die informellen Kontakte in den 90er Jahren eine größere Bedeutung haben als früher (Christiansen/Sidenius 1999: 26ff.). Besonders Gewerkschaften und Unternehmerverbände haben mehr informelle Kontakte zu den Behörden. Die Reduzierung der in Ausschüssen institutionalisierten Kooperation bedeutet also nicht notwendigerweise, daß es weniger Kontakte gibt oder daß der Verbandseinfluß insgesamt abgenommen hat.

Daß die Verbände nach 1980 mehr Kontakte zu (Partei-)Politikern haben als früher und sie diese Kontakte auch als sehr viel bedeutender ansehen, ist ebenfalls ein Indiz dafür, daß sich Einflußkanäle ändern. Zwar ist dieser Aspekt nur ansatzweise untersucht, gleichwohl scheinen in der Zeit nach dem Zweiten Weltkrieg Beamte, Minister und Verbände die parlamentarischen Akteure in den Hintergrund gedrängt zu haben. Darin mag auch einer der Gründe dafür liegen, daß man in den 60er Jahren über eine *decline of legislature* zu sprechen begann (Damgaard 1990). Auch wenn die beschriebenen Änderungen nach 1980 nicht dramatisch sind – nach wie vor haben die Verbände die meisten Kontakte zur Verwaltung, und sie sehen diese Kontakte als wichtiger an als Kontakte zu Parlamentariern –, deuten sie dennoch einen verbandlichen Orientierungswandel an, der zu einer Abwertung des administrativen Korporatismus und zu einer Aufwertung der politischen Repräsentation führen könnte.

3.2. Die Landwirtschaft und das politische System

Das Landwirtschaftsministerium wurde 1896 aufgrund des Einflusses der Landwirtschaft gegründet. Es war jedoch besonders die Kooperation zwischen der Wirtschaft und den Behörden während des Ersten Weltkrieges, die auch im Agrarsektor eine dauerhafte Zusammenarbeit nahelegte. Das Verhältnis zwischen landwirtschaftlichen Verbänden, Regierung und Ministerium war in den Kriegsjahren angespannter als dies bei der Industrie der Fall war (Kaarsted 1985). Auch in den 20er Jahren war die Zusammenarbeit nicht besonders eng, aber die Landwirtschaft war durch die Partei *Venstre* zwischen 1920 und 1924 sowie zwischen 1926 und 1929 an der Macht beteiligt. Darüber hinaus wurden die Verbände zu Rate gezogen, wenn die Landwirtschaft öffentlich reguliert werden sollte (Pedersen 1979: 514).

Während der Krisenperiode der 30er Jahre kehrte man zu einer korporatistischen Steuerung zurück, die man aus dem Ersten Weltkrieg kannte (Just 1992). Aufgrund der Weltwirtschaftskrise geriet die Landwirtschaft durch den wachsenden Protektionismus auf den wichtigsten dänischen Exportmärkten unter starken Druck. Wie erwähnt, bat die Wirtschaft das dänische Parlament, sogenannte Exportausschüsse einzurichten. Die staatlichen Exportausschüsse verliehen den landwirtschaftlichen Verbänden aufgrund von finanziellen Zuwendungen eine hohe Autonomie und verschafften ihnen einen großen Einfluß auf die Ausgestaltung und Umsetzung der Landwirtschaftspolitik (Just 1992: 484-502).

Die Liberalisierungen der Nachkriegszeit führten nicht zu einer Demontage der öffentlichen Regelungen oder einer Verkleinerung der Verbände oder des Landwirtschaftsministeriums. Zwar wurden die ministeriellen Exportausschüsse 1950 aufgelöst, sie wurden jedoch als staatsunabhängige Exportausschüsse der Landwirtschaft weitergeführt. Von 1957 an und in steigendem Maße durch die 60er Jahre hindurch forderten die landwirtschaftlichen Verbände erneut die Einrichtung halböffentlicher Organe, um den Verkauf und den Export zu regeln sowie Herstellern und Exporteuren Abgaben auferlegen zu können (Buksti 1974; Daugbjerg 1999). Die zentrale Rolle der Verbände in der Landwirtschaftspolitik ist vor allem darauf zurückzuführen, daß die landwirtschaftlichen Verbände in erheblichem Maße unabhängig vom Ministerium Subventionen verwalten konnten. Ein Beispiel dafür ist der Kompensationsausschuß aus dem Jahre 1960, in dem über Subventionsordnungen verhandelt wurde, nach denen der Landwirtschaft von der Regierung ein Ausgleich gezahlt werden sollte, sofern in den freiwilligen (sic!) Tarifverträgen zu hohe Lohnsteigerungen vereinbart würden (Buksti 1974: 195-199, 255-263).

Diese Position wurde durch den Beitritt Dänemarks zur EG im Jahre 1973 bedroht, da die nationalen Subventionen größtenteils durch solche der EG ersetzt wurden. Die politische Verantwortung gegenüber Brüssel konnte durch die Regierung nicht übernommen werden, sofern das Ministerium die landwirtschaftlichen Subventionen nicht selbst verwaltete. Daher wurde ein neues Direktorat zur Administration der Subventionen geschaffen, und die Verbände erhielten einen Sitz in einem beratenden Ausschuß. Lediglich ein Teil der Milchordnungen der Gemeinschaft wurde durch die Verbände verwaltet (Buksti 1982). Auch wenn die administrativen Strukturen in großem Umfang geändert wurden und die landwirtschaftlichen Verbände viele ihrer formellen Kompetenzen verloren, konnten sie gleichwohl auch nach dem Beitritt Dänemarks zur EG ihre starke politische Position weitgehend bewahren. Zwar wurden die Dachverbände zugunsten der Branchenverbände geschwächt, doch ist dies eher auf die größere Spezialisierung der Landwirtschaft und der Landwirtschaftspolitik der EU als auf das Verhältnis des Agrarsektors zum dänischen Staat und der EU zurückzuführen.

Die Entwicklung der Beziehungen zwischen den landwirtschaftlichen Verbänden einerseits und den administrativen und politischen Behörden andererseits ist ein Beispiel dafür, daß bedeutende institutionelle Veränderungen im System funktionaler Interessenvermittlung stattfinden können, ohne daß dies notwendigerweise die politischen Einflußstrukturen wesentlich tangiert. Die ersten Risse wurden der Beziehung zwischen landwirtschaftlichen Verbänden und Staatsapparat auch von ganz anderer Seite zugefügt. Während vieler Jahre war es der Landwirtschaft gelungen, die kostenintensivsten Teile der Umweltschutzregelungen abzuwehren. Dies führte zu diversen politischen Angriffen auf die Landwirtschaft, während sich jedoch das Landwirtschaftsministerium regelmäßig mit den Verbänden solidarisierte und sämtliche Angriffe abwehrte. Erst Anfang der 90er Jahre konnten Abgaben auf Pestizide eingeführt und ein neuer Plan zur Verbesserung der Wasserqualität verabschiedet werden, ohne daß das Landwirtschaftsministerium alles getan hätte, um diese Maßnahmen zu verhindern (Daugbjerg 1999). Gleichwohl ist der politische Einfluß der landwirtschaftlichen Verbände nach wie vor groß, auch wenn deren Sonderstellung, die aus der wirtschaftlichen Bedeutung der Landwirtschaft sowie der bisherigen politischen und verbandlichen Arbeit resultiert, inzwischen unter Druck gerät.

3.3. Die Gewerkschaften und das politische System

Die Kooperation zwischen Verbänden, Politik und Administration im Bereich des Arbeitsmarktes muß im Zusammenhang mit dem dargestellten Konsensmodell gesehen werden. Nach diesem Modell werden Materien, die in anderen Ländern durch die Gesetzgebung reguliert werden, durch Absprachen zwischen den Verbänden geregelt (Jensen 1998). Dies hinderte weder die Parteien des Arbeitsmarktes daran, enge Verbindungen zu Behörden aufzubauen, noch schloß es eine öffentliche Regulierung des Arbeitsmarktes aus (Nørgaard 1999). So wurde das erste korporative Organ im Rahmen der Betriebsunfallversicherung von 1898 eingerichtet, bevor sich die Arbeitsmarktverbände gegenseitig formell anerkannt hatten, wobei nicht die noch schwache Sozialdemokratische Partei die treibende Kraft war, sondern die bürgerlichen Parteien das Vorhaben unterstützten (Nørgaard 2000).

Bereits zwei Jahre nach der Grundsatzvereinbarung von 1899, die oft als Grundgesetz des Arbeitsmarktes bezeichnet wird, erhielten die Dachverbände der Arbeitgeber und Arbeitnehmer eine herausragende Position und einen erheblichen Einfluß auf die Durchführung der Fabrikgesetzgebung (Nørgaard 1997, 1999). Die Arbeitslosenversicherung aus dem Jahre 1907 verschaffte den Gewerkschaften die Kontrolle über die Arbeitslosenkassen; die Gewerkschaften organisierten mit erheblichen staatlichen Subventionen die Versicherungen und nahmen an deren Kontrolle und Aufsicht teil. Diese Verwaltung der Arbeitslosenversicherung, die auch heute noch besteht, ist einer der wesentlichen Gründe für den hohen gewerkschaftlichen Organisationsgrad, der ungefähr bei 80 Prozent liegt (Nørgaard 1997: 226). Auch im Rahmen des Tarifvertragssystems, das 1910 geschaffen wurde, erhielten die Verbände einen entscheidenden Einfluß.

Im Bereich des Arbeitsmarktes zeigte sich schon früh, daß der Übergang zwischen Gesetzesvorbereitung und -umsetzung fließend ist. So wurden die Bedingungen am Arbeitsplatz im Reichstag 1913 aufgrund eines bis ins kleinste Detail von einem korporativen Rat vorbereiteten Gesetzentwurf festgelegt (Nørgaard 1997: 173-176). Ab den 30er Jahren wurden die Arbeiterverbände mehr und mehr in die Vorbereitung und Umsetzung der Gesetzgebung einbezogen. Dies galt hauptsächlich für die Arbeitsmarktpolitik, kam jedoch auch in der Ausbildungs-, Wohnungs- und Sozialpolitik vor (Damgaard/Eliassen 1979; Jensen 1999; Nørgaard 1999). Die Regel war, daß Reformen grundsätzlich in Übereinstimmung mit dem Dänischen Arbeitgeberverband und dem Dachverband der Gewerkschaften, LO, erarbeitet werden sollten. Konnten die beiden Verbände keine Mehrheit in einer Kommission erzielen, nahmen sie häufig direkten Kontakt zu einem Minister auf (Nørgaard 1997). Obwohl neue Dachverbände dazukamen, blieben der Dänische Arbeitgeberverband und die LO die dominierenden Akteure in diesem Bereich.

Der Zeitraum von der Etablierung des administrativen Korporatismus bis zum Ende des 20. Jahrhunderts ist im wesentlichen eine Geschichte der Entwicklung und Konsolidierung der Verflechtung und Kooperation zwischen Staat und Verbänden. Die Gewerkschaften – und auch das dänische Konsensmodell – sind jedoch durch den politischen und wirtschaftlichen Wandel unter Druck geraten. So besteht die Tendenz, das Tarifvertragssystem als Folge der erhöhten internationalen Konkurrenz zu dezentralisieren. Daneben haben auch Kompetenzabtretungen an die EU in mehreren Fällen den Einfluß der Verbände auf den Inhalt der öffentlichen Politik untergraben (Due et al. 1993; Nørgaard 1997: 285-288; Jensen 1998). Weiterhin haben sozialdemokratische Regierungen in den 90er Jahren ohne Beteiligung der Arbeitsmarktparteien Reformen durchgeführt, die besonders von den Gewerkschaften als einschneidend angesehen wurden (Nørgaard 1999: 51). Schließlich ist die Zahl der Verbände, auf die politisch Rücksicht genommen werden muß, gewachsen. Während die korporative Struktur, soweit es die Umsetzung der Arbeitsmarktpolitik betrifft, relativ stabil ist, müssen die Verbände bei der Formulierung von Politik und bei der Gesetzesvorbereitung um ihre Privilegien kämpfen.

3.4. Die gewerbliche Wirtschaft und das politische System

Auch Handel, Handwerker und Industrie und deren Verbände haben von Beginn an eng mit dem Staat kooperiert (Hastrup 1982; Sidenius 1982; Ronit 1988; Rasmussen 1965: 69-79, 422-428). Erste Anzeichen dafür, daß die Wirtschaft in steigendem Maße anfing, sich auf den Staatsapparat hin zu orientieren, finden sich im Verlauf der Gesetzgebung über das Gewerberecht und über die Zölle in den letzten Jahrzehnten des 19. Jahrhunderts (Dybdahl 1969: Bd. 2: 152ff.). Angestrebt wurde damit Schutz vor ausländischer Konkurrenz, staatliche Hilfen für den Ausbau der Infrastruktur sowie Unterstützung für die Lösung sozial-, gesundheits- und ausbildungspolitischer Aufgaben. Allerdings fanden die Verbände zu Beginn kein Gehör, und erst mit der Schaffung des Handelsministeriums 1908 kam man ihren Wünschen entgegen (Christiansen/Sidenius 2000). Bereits vor dem Ersten Weltkrieg hatten sich enge Verflechtungen zwischen Ministerium und Verbänden etabliert. Der Krieg bedeutete eine Dynamisierung und Intensivierung dieser Beziehungen, da die Verbände an vielen Ausschüssen, die die Restriktionen der Kriegsjahre verwalten sollten, beteiligt waren. Da sich zudem eingebürgert hatte, daß die Verbände diplomatische Aufgaben gegenüber ausländischen Mächten wahrnehmen konnten (Fink 1992), wuchsen die Verbände auch in ihrer politischen Bedeutung.

Obwohl die Regelungen der Kriegsjahre nach 1919 aufgehoben und die Verwaltungsapparate erheblich reduziert wurden, bedeutete dies nicht die Rückkehr zum Zustand vor dem Krieg. Vielmehr entwickelte sich die Kooperation zwischen Verbänden und Staatsapparat durch die Einführung von formellen Verfahren für die Anhörung der Verbände bei Gesetzgebungsprozessen weiter. Die wirtschaftliche Krise in den 30er Jahren und die Entwicklung während des Zweiten Weltkriegs erweiterten und vertieften diese Zusammenarbeit. Im gleichen Zeitraum veränderte sich auch die Macht-struktur zwischen Verbänden, Verwaltung und Parlament. Während die Verwaltung bis in die 30er Jahre nur eine begrenzte selbständige Rolle spielte, führte die anschlie-ßende Entwicklung zu einer zunehmenden Bürokratisierung (Fink 1992). So waren ge-gen Ende des Zweiten Weltkrieges ca. 1.900 Menschen in den staatlichen Organisatio-nen angestellt, die für die Regelung der Warenversorgung und der Preisentwicklung zuständig waren. Auch wenn die personellen und organisatorischen Kapazitäten mit dem Abbau kriegswirtschaftlicher Regelungen in den 50er Jahren reduziert wurden (Just 1992: 522), hatte die Entwicklung der Krisen- und Kriegszeit dazu beigetragen, daß Parlament und Parteien im Vergleich zu Verbänden und Staatsapparat sukzessive an Bedeutung verloren hatten.

Die korporativen Strukturen waren in den 50er Jahren bereits so gut etabliert, daß bis zum Ende der 70er Jahre nahezu alle wirtschaftspolitischen Maßnahmen erst nach Ver-handlungen zwischen Regierung, Ministerium und Wirtschaftsverbänden durchgeführt wurden, auch wenn dies einzelne Konflikte nicht ausschloß wie beispielsweise bei der staatlich gewollten Unterstützung wirtschaftlich schwächerer Gebiete 1958 (Sidenius 1985). Sofern Unternehmen Hilfe beim Export, der Gründung, der technologischen Ent-wicklung u.ä.m. geleistet wurde, waren Verbände direkt in den administrativen Organen und Kommissionen beteiligt, die diese Hilfen bewilligten (Sidenius 1985: 220).

In den 90er Jahren wurde eine wirtschaftspolitische Reorientierung eingeleitet. Die traditionelle Industriepolitik mit dem Gewicht auf Subventionen wurde ersetzt durch eine Wirtschaftspolitik, die die allgemeinen (Angebots-)Bedingungen der Unterneh-men ins Zentrum rückte (Sidenius 1999: 62-67). Gleichzeitig entstanden Risse im ad-ministrativen Korporatismus der Nachkriegszeit, was den allgemeinen Änderungen im Verhältnis zwischen Staat und Verbänden entsprach. Das Ministerium – nun das Wirt-schaftsministerium – lehnt es zunehmend ab, politische Maßnahmen in Räten, Aus-schüssen und Kommissionen vorformulieren zu lassen. Es bezieht darüber hinaus in stärkerem Maße als früher Unternehmensvertreter in die Konsultationen ein (Sidenius 1999: 71ff.). Auch wenn die Wirtschaftsverbände damit weiterhin über einen großen Einfluß verfügen, stehen sie heute, verglichen mit den „goldenen Jahren" des industri-ellen Korporatismus vom Ende des Krieges bis in die 80er Jahre, einer komplizierteren administrativen Entscheidungsstruktur gegenüber.

3.5. Kommunale Verbände und politisches System

Die beiden kommunalen Spitzenverbände, der Landesverband der Kommunen (*Kom-munernes Landsforening*) und der Verband der Kreise (*Amtsrådsforeningen*) spielen eine überragende Rolle im System funktionaler Interessenvermittlung. Dies ist im we-sentlichen darauf zurückzuführen, daß der dänische öffentliche Sektor nicht nur groß, sondern auch dezentral organisiert ist. Die kommunalen Ausgaben machen in Däne-mark mehr als die Hälfte aller öffentlichen Ausgaben aus. Dies ist weit mehr als in al-len übrigen EU-Ländern und auch mehr als in den anderen nordischen Ländern (Betænkning 1966: 79ff.). Eine Voraussetzung für die verbreitete Wahrnehmung öf-fentlicher Aufgaben auf kommunaler und regionaler Ebene war die Anfang der 70er Jahre durchgeführte Kommunalreform, die die Zahl der Kommunen von mehr als 1.300 auf 275 und die der Kreise auf 16 reduzierte. Zudem wurde in den 70er und 80er Jahren eine Reihe von Aufgaben vom Staat auf die Kommunen übertragen.

Der Landesverband der Kommunen und der Verband der Kreise wurden 1970 durch die Zusammenlegung der alten kommunalen Verbände gegründet. Die Verbände sind privatrechtlich organisiert, und ihre Vorstände werden in Übereinstimmung mit der Stimmenverteilung der Parteien bei den Kreistagswahlen zusammengesetzt. Die beiden Verbände spielten schnell eine erhebliche politische und administrative Rolle. Das große und breite kommunale und regionale Aufgabenspektrum bildete die Grundlage für die Einbeziehung der Verbände in die Arbeit vieler Ministerien. Wie aus Tabelle 2 hervorgeht, waren die kommunalen Verbände seit den 70er Jahren in bis zu einem Drittel aller kollegialen Verwaltungsorgane der Zentralverwaltung vertreten. Tabelle 2 belegt auch, daß zwischen den kommunalen Verbänden und Ministerien in den 70er Jahren eine enge und institutionalisierte Verflechtung bestand. Darüber hinaus existieren viele Kontakte zur Verwaltung, zu Ministern und zu Politikern des dänischen Parlaments. Aufgrund des kommunalen Wahlgesetzes, das die großen Parteien begünstigt, ist der Vorsitzende jeder der beiden Verbände immer entweder Sozialdemokrat oder Mitglied der Partei *Venstre*. Da eine dieser beiden Parteien grundsätzlich an der Regierung beteiligt ist, bestehen kontinuierlich gute Beziehungen zur Regierung, während es den kommunalen Verbänden gleichzeitig garantiert, aus parteipolitischen Konflikten herausgehalten zu werden.

Die kommunalen Verbände haben einen sehr großen Einfluß auf beinahe alle Entscheidungen, die die kommunale Aufgabenwahrnehmung betreffen. Der Landesverband der Kommunen wird sogar mit einer parlamentarischen ersten Kammer verglichen, d.h. einer Institution, die verhindern kann, daß Entscheidungen der zweiten Kammer ausgeführt werden (Christensen 1998). Auch wenn dieser Vergleich formell gesehen zweifellos eine Übertreibung darstellt, spiegelt er durchaus die realen Verhältnisse wider. Obwohl auch die Kommunen davon betroffen sind, wenn die Ministerien davon absehen, kollegiale Organe in die Gesetzesvorbereitung einzubeziehen, deutet nicht viel darauf hin, daß die beiden kommunalen Verbände seit 1980 an Einfluß verloren hätten.

3.6. Die Umweltverbände

Wie bereits erwähnt, war die dänische Nachkriegspolitik durch soziale Bewegungen und Vereine geprägt, die zum Teil einen anderen Charakter hatten als die traditionellen Vereinigungen und Verbände. Intern sind sie durch eine „flache" Hierarchie gekennzeichnet. Eine Anzahl von Organisationen besitzt nicht einmal Mitglieder, sondern nur Aktivisten und Anhänger. Ihre Strategie ist daher häufig mehr auf die Mobilisierung ihrer Anhänger denn auf Vorteile für ihre Mitglieder gerichtet (Gundelach 1988). Zu Beginn waren viele Bewegungen gegenüber dem etablierten politischen System skeptisch eingestellt, und in einer Reihe von Fällen lehnten sie eine Integration in den politischen und administrativen Entscheidungsapparat ab. Die Bewegungen präferieren hingegen vielfach Strategien, die sich an die Presse und die Öffentlichkeit und weniger an die politischen Entscheidungsträger wenden.

Die älteste und größte Umweltschutzorganisation in Dänemark, der Naturschutzbund *(Naturfredningsforeningen)*, hat während des größten Teils des 20. Jahrhunderts enge Verbindungen zum Staat unterhalten. Der Verband war stark in den Naturschutz involviert und über eine lange Zeit hatte er sogar das alleinige Recht, Naturschutzanträge zu stellen. Andere Umwelt- und Naturschutzvereinigungen, die vor 1960 existierten, arbeiteten mit staatlichen Behörden nur beschränkt und selten in institutionalisierter Form zusammen. Eine moderne Umweltschutzpolitik entstand erst ab Ende der 60er Jahre. Das Umweltministerium wurde 1971 eingerichtet, und die ersten großen Gesetzesvorhaben wurden vom dänischen Parlament 1973 verabschiedet. Die Umweltverbände spielten bei der Schaffung der modernen Umweltpolitik allerdings nur eine begrenzte Rolle. Zwar trugen sie dazu bei, daß die Umweltpolitik auf die politische Tagesordnung gesetzt wurde, doch spielten die Wirtschaftsverbände und die kommunalen Verbände die Hauptrollen, als Politiker und Beamte die neuen umweltpolitischen Regelungen und Institutionen festlegten. Sie waren aber in den Räten und Ausschüssen, die die moderne Umweltpolitik ausarbeiteten, vertreten (Christiansen 1996; 1999b).

Seit den 70er Jahren änderte sich das Bild allmählich. Eine Reihe von Umweltverbänden baute institutionalisierte Kontakte zum Umweltministerium auf: sie erhielten das Klagerecht in verschiedenen Umweltangelegenheiten, es wurden gesetzliche Regelungen über die Verhandlung mit ausgewählten Umweltverbänden beim Erlaß von Verwaltungsvorschriften getroffen, Umweltverbände wurden Mitglieder verschiedener kollegialer Verwaltungsorgane, und sie unterhielten ein breites Spektrum informeller Kontakte zum Ministerium, zu Parlamentsmitgliedern und Ausschüssen (Christiansen 1999: 156ff.). In einer Untersuchung aus dem Jahre 1998 werden den Umweltverbänden auf allen Ebenen der politisch-administrativen Hierarchie mehr Kontakte zu den Behörden zugewiesen als allen anderen Verbänden (Christiansen 1999: 157). Die „anarchistischen" und „basisdemokratischen" Umweltorganisationen der 60er und 70er Jahre sind in den 90er Jahren zu „ordentlichen" Verbänden geworden, die die blank gewienerten Böden der Macht betreten haben. Allerdings bedeutet das nicht, daß die Umweltverbände notwendig an dem strategischen Konflikt zwischen der Integration in das öffentliche Entscheidungssystem und der Mobilisierung ihrer Anhänger bzw. der politischen Öffentlichkeit scheitern müssen. Vielmehr scheint es den Verbänden durchaus zu gelingen, gleichzeitig beide Strategien zu verfolgen (Christiansen 1999: 153ff.).

3.7. Verbände und politische Parteien

Zu Beginn des 20. Jahrhunderts hatten alle im Parlament vertretenen Parteien enge und in einzelnen Fällen formalisierte Verbindungen zu bestimmten Interessenverbänden. Heute, 100 Jahre später, sind die Beziehungen zwischen Parteien und Verbänden erheblich lockerer. Das beste Beispiel ist die Arbeiterbewegung (Bille 1998: 102ff.; Elklit 1988: 27ff.). Auch nach ihrer Aufspaltung in Partei und Gewerkschaft im Jahre 1878 bewahrten die beiden Zweige der Arbeiterbewegung bis 1995 die gegenseitige Vertretung in dem jeweils anderen Leitungsorgan. Obwohl die Kooperation während vieler Jahre nur eine geringe Rolle spielte, spricht man immer noch vom „sozialdemokratischen Konzern". Die formelle Beendigung der Verbindung zu den Gewerkschaften im Jahre 1995 belegt, daß sich das Verhältnis zwischen Arbeitnehmern und Partei sowie den übrigen Organisationen der Arbeiterbewegung auflöst: Die Arbeiter geben ihre Stimme bei weitem nicht alle der Sozialdemokratischen Partei, und die Sozialdemokratische Partei rekrutiert ihre Wähler auch aus anderen sozialen Milieus und Schichten. Gleichwohl sind nicht alle Verbindungen zwischen Partei und Gewerkschaften verschwunden. Die finanziellen Zuschüsse der Gewerkschaften an die Sozialdemokratische Partei nehmen jedoch ab, was durch staatliche Zuschüsse, die genau dann erhöht wurden, als die sozialdemokratische Regierungspartei das Band zur Gewerkschaft durchtrennte, ausgeglichen wird (Bille 1998: 107ff.).

Die anderen Parteien verfügten über keine ebenso engen, formalisierten Beziehungen zu Verbänden, wie das bei der Sozialdemokratischen Partei und den Gewerkschaften der Fall war. Nichtsdestoweniger hat sich ihr Verhältnis zu den Verbänden im 20. Jahrhundert in ähnlicher Weise entwickelt. Die landwirtschaftlichen Verbände besitzen traditionell enge Beziehungen zur Partei *Venstre* (wenn man einmal von dem engen Verhältnis der Kleinbauern zu der Partei *Det Radikale Venstre* absieht). Die Rolle, die die Sozialdemokratische Partei, die Gewerkschaften und die Kooperativen in den Städten spielten, nahmen die Partei *Venstre*, die Landwirtschaftsverbände und die Genossenschaftsbewegung auf dem Land ein, auch wenn die Beziehungen auf einem Netzwerk und sich überlappenden Mitgliedschaften statt auf einer formellen Vertretung in den gegenseitigen Leitungsorganen basierten. Die Konservative Volkspartei ist die Partei der gewerblichen Wirtschaft, d.h. sie vertrat die Interessen der Arbeitgeber, der Industrie und des übrigen städtischen Gewerbes. Die Zusammenarbeit hatte jedoch nie den Charakter einer Bewegung mit dem Potential zur sozialen Mobilisierung, was für die Verbände der dänischen Bauern und der Arbeiter kennzeichnend war.

Zwar finden sich keine neueren Untersuchungen über das Verhältnis zwischen den Verbänden der Landwirtschaft und der gewerblichen Wirtschaft einerseits und den beiden alten bürgerlichen Parteien andererseits. Es spricht jedoch viel dafür, daß die Verbindungen sich in mindestens genauso großem Maße gelöst haben, wie dies bei der Sozialdemokratischen Partei und den Gewerkschaften der Fall ist. Die Bauern machen heutzutage einen sehr kleinen Teil der Bevölkerung aus, und die Partei *Venstre* ist wählermäßig zu einer Stadtpartei geworden. Für beide Parteien gilt, daß sie im Laufe der 90er Jahre einen Großteil der finanziellen Unterstützung der Landwirtschaftsverbände und der Verbände der gewerblichen Wirtschaft eingebüßt haben, was auch darauf zurückzuführen ist, daß seit 1990 Spenden von mehr als Dkr 20.000 pro Jahr namentlich auszuweisen sind (Bille 1998: 107ff.).

Aus einer längeren zeitlichen Perspektive betrachtet, ist die Entwicklung allerdings das Produkt struktureller Veränderungen. Der allgemeine gesellschaftliche Wandel und das Wachstum des öffentlichen Sektors haben die traditionelle Klassenstruktur, die von diffuseren und sich überlappenden Zugehörigkeitsverhältnissen abgelöst wurde, untergraben. Dies führte dazu, daß die Wählerbindung nachgelassen hat. Auch die Verdoppelung der Zahl der Parteien hat sicherlich eine Ursache in der Auflösung stabiler sozialer Milieus, auf denen früher die Verbindung zwischen Verbänden und politischen Parteien basierte. Dennoch besteht kein Zweifel daran, daß nach wie vor Präferenzen hinsichtlich der Kontakte und Verbindungen zwischen Verbänden und Parteien bestehen. Traditionen sowie ideologische Übereinstimmung in zentralen politischen Fragen tragen dazu bei, daß die Beziehungen, wenn auch weniger ausgeprägt als früher, bewahrt bleiben.

4. Perspektiven

Das dänische Verbändesystem ist wesentlicher Bestandteil einer starken zivilen Gesellschaft, und die Verbände spielen eine markante Rolle in einem konsensorientierten politischen System. Betrachtet man die Anzahl der Verbände und den Grad der Verbandsmitgliedschaft der Bevölkerung, deutet nichts darauf hin, daß der wachsende öffentliche Sektor das freiwillige Verbändesystem untergräbt. Die Verbändestruktur wird zwar durch die Verlagerung der Verantwortung weg von der Familie und der zivilen

Gesellschaft hin zum öffentlichen Bereich, wie dies z.B. für den sozialen Bereich der Fall war, beeinträchtigt. Doch entstehen gleichzeitig neue Verbände als Antwort auf die wachsende öffentliche Aufgabenvielfalt.

Hinsichtlich der Partizipation der Mitglieder ist bei einigen Verbänden eine Art „demokratische Versteinerung" zu beobachten. Verbandsleitungen werden professioneller und zentralisierter, es wird mehr Gewicht auf den wirtschaftlichen Beitrag der Mitglieder als auf deren aktive Teilnahme gelegt, und die Bestrebungen, Zuschüsse aus öffentlichen Kassen zu erlangen, nehmen zu. Obwohl die Menschen Mitglieder mehrerer Vereinigungen sind, hat sich deren Aktivitätsniveau in den Vereinigungen vermindert (Gundelach/ Torpe 1999: 82ff.). Gleichwohl scheint sich „an der Basis" nach wie vor ein facettenreiches Verbandsleben abzuspielen. Vieles deutet darauf hin, daß die Rolle der Verbände als „Schule der Demokratie" aufgrund der erhöhten Akzeptanz demokratischer Normen und dem wachsenden Einfluß anderer gesellschaftlicher Institutionen (Schule, Arbeitsplatz, neue Partizipationsformen) an Bedeutung verloren hat (Gundelach/Torpe 1999: 88).

Die dänische Gesellschaft und das politische System werden normalerweise als offen und pluralistisch charakterisiert. Auf individueller Ebene besteht kein Zweifel daran, daß die Teilnahme am Verbandsleben in den vergangenen 20 bis 30 Jahren pluralistischer geworden ist. Die Dänen sind heutzutage Mitglied verschiedener Verbände, die keine klare Verankerung in einer bestimmten Klasse haben. Selbständige Geschäftsleute, leitende Angestellte und Arbeiter treffen in Freizeitvereinen, Umweltorganisationen, Verbraucherverbänden oder Patientenvereinigungen aufeinander, vereint durch gemeinsame Interessen und Werte, die im großen und ganzen keine Verbindung zu ihrem sozialen und wirtschaftlichen Status haben.

Auch für das Verbändesystem ist der Pluralismus ein generelles Kennzeichen. Allerdings: Durch das 20. Jahrhundert hindurch haben sich in zentralen Politikbereichen zwischen Behörden und etablierten Verbänden enge und strukturierte Formen der Kooperation entwickelt, die den demokratischen Anforderungen von Transparenz und Offenheit widersprechen, auch wenn in dieser Hinsicht einige Veränderungen stattfanden: so etwa die verminderte Institutionalisierung der Einbeziehung von Verbänden in politisch-administrative Entscheidungsprozesse und die wachsende Bedeutung informeller Kontakte zu Politikern. Hinzu kommt, daß, wo früher überwiegend korporatistische Strukturen das Verhältnis der Arbeiter- und Wirtschaftsverbände zum Staatsapparat prägten, neue Verbände eine wachsende Rolle zu spielen beginnen. Die Umweltpolitik kann als Beispiel dafür dienen, daß früher ausgeschlossene Umweltverbände langsam in den politischen Entscheidungsprozeß integriert wurden und heute den gleichen formellen Status wie die Wirtschaftsverbände genießen. Patientenvereinigungen sind ein anderes Beispiel dafür, daß schwach organisierte Verbraucher ihre Position gegenüber dem sonst schwer zu durchdringenden Gesundheitssystem gestärkt haben.

Bisher deutet nichts darauf hin, daß der gestiegene Pluralismus und die veränderten Einflußformen und -kanäle die staatliche Handlungs- und Integrationsfähigkeit gefährden könnten. Vielmehr belegen die Veränderungen die durchaus bemerkenswerte Flexibilität und Anpassungsfähigkeit des politischen und administrativen Entscheidungssystems an veränderte Bedingungen. Die europäische Integration ist dabei vielleicht die größte Herausforderung. Trotz bisweilen auftretender Konflikte und Spannungen war es bisher möglich, Kooperationsformen zu finden, die eine breite Unterstützung von Verbänden und Ministerien genießen. Wie das Beispiel der Umweltverbände zeigt, hat diese Form der Kooperation auch die Fähigkeit bewiesen, sich neuen Konflikt- und Wertedimensionen, die nicht auf der funktionalen Arbeitsteilung der Gesellschaft beruhen, anzupassen.

Abkürzungsverzeichnis

AC   Akademikernes Centralorganisation
DA   Dansk Arbejdsgiverforening
FTF   Fællesrådet for Danske Tjenestemands – og Funktionœrorganisationer
LO   Landsorganisationen

Literaturverzeichnis

Aarts, Kees, 1995: Intermediate Organizations and Interest Representation, in: Hans-Dieter Klinge-
mann/Dieter Fuchs (Hrsg.): Citizens and the State, Oxford: Oxford University Press, S. 227-257
Agerholm, Sophus/Anders Vigen, 1921: Arbejdsgiverforeningen gennem 25 år, 1896-1921, Kopenhagen
Betænkning, 1966: Fordelingen af opgaver i den offentlige sektor. Betænkning I. Kopenhagen: Innen-
ministerium
Bille, Lars, 1998: Partier og interesseorganisationer, in: Karsten Ronit (Hrsg.): Interesseorganisationer i
dansk politik, Kopenhagen: Jurist- og Økonomforbundets Forlag, S. 85-118
Borre, Ole/Jørgen Goul Andersen, 1997: Voting and Political Attitudes in Denmark: A Study of the
1994 Election, Aarhus: Aarhus University Press
Bryld, Claus, 1992: Den demokratiske socialismes gennembrudsår, Kopenhagen: Selskabet til
forskning i arbejderbevægelsens historie, SFAH, No. 29
Buksti, Jacob A., 1974: Et enigt landbrug? Konflikt og samarbejde mellem landbrugets organisationer,
Aarhus: Erhvervsarkivet/Aarhus University Press
Buksti, Jacob A., 1982: Interesseorganisationer og organisationsforskning, in: Politica, 14. Jg., Nr. 4, S. 9-26
Buksti, Jacob A., 1984: Organisationernes folk, Aarhus: Forlaget Politica
Buksti, Jacob A./Lars Nørby Johansen, 1979: Organisationssystemet i Danmark, in: Mogens N.
Pedersen (Hrsg.): Dansk politik i 1970'erne, Kopenhagen: Samfundsvidenskabeligt Forlag, S.
223-263
Christensen, Jørgen Grønnegård, 1980: Centraladministrationen: Organisation og politisk placering,
Kopenhagen: Samfundsvidenskabeligt Forlag
Christensen, Jørgen Grønnegård, 1983: Mandariner og ministre, in: Politica, 15. Jg., Nr. 3, S. 284-304
Christensen, Jørgen Grønnegård, 1998: Det kommunale førstekammer, Fordelingen af opgaver i den
offentlige sektor. Debatindlæg. Kopenhagen: Opgavekommissionen
Christensen, Jørgen Grønnegård/Peter Munk Christiansen/Marius Ibsen, 1999: Politik og forvaltning,
Aarhus: Systime
Christiansen, Niels Finn, 1986: Arbejderbevægelsens forhistorie: Træk af den tidlige danske arbejder-
bevægelses politiske og sociale udvikling 1848 til 1880, Kopenhagen: Selskabet til forskning i
arbejderbevægelsens historie, SFAH.
Christiansen, Peter Munk, 1996: Denmark, in: Peter Munk Christiansen (Hrsg.): Governing the Envi-
ronment. Policy, Politics, and Organization in the Nordic Countries, Kopenhagen: Nordic Council of
Ministers, S. 29-102
Christiansen, Peter Munk, 1998: Interesseorganisationer, centraladministration og udviklingen af nye
indflydelsesstrategier, in: Karsten Ronit (Hrsg.): Interesseorganisationer i dansk politik, Kopenhagen: Jurist- og Økonomforbundets Forlag, S. 119-154
Christiansen, Peter Munk, 1999a: Det fælles bedste? Interesseorganisationer, folkestyre og korporatisme,
in: Jørgen Goul Andersen/Peter Munk Christiansen/Torben Beck Jørgensen/Lise Togeby/Signild
Vallgårda (Hrsg.): Den demokratiske udfordring, Kopenhagen: Reitzels Forlag, S. 247-265
Christiansen, Peter Munk, 1999b: Miljøpolitik og interesseorganisationer: Mellem anarki og integration,
in: Jens Blom-Hansen/Carsten Daugbjerg (Hrsg.): Magtens organisering: Stat og interesseorganisationer i Danmark, Aarhus: Systime, S. 146-162
Christiansen, Peter Munk/Niels Chr. Sidenius, 1999: Venner for altid? Samspillet mellem centraladministration og interesseorganisationer, in: Jens Blom-Hansen/Carsten Daugbjerg (Hrsg.): Magtens
organisering: Stat og interesseorganisationer i Danmark, Aarhus: Systime, S. 21-35

Christiansen, Peter Munk/Hilmar Rommetvedt, 1999: From Corporatism to Lobbyism? Parliaments, Executives, and Organized Interests in Denmark and Norway, in: Scandinavian Political Studies, Vol. 22. No. 3, S. 195-220

Christiansen, Peter Munk/Niels Chr. Sidenius, 2000: Interesseorganisationerne, in: Tim Knudsen (Hrsg.): Regering og centraladministration, Aarhus: Systime, S. 305-330

Damgaard, Erik, 1977: Folketinget under forandring, Kopenhagen: Samfundsvidenskabeligt Forlag

Damgaard, Erik, 1990: Problemstillinger og disposition, in: Erik Damgaard (Hrsg.): Parlamentarisk forandring i Norden, Oslo: Universitetsforlaget, S. 9-14

Damgaard, Erik/Kjell Eliassen, 1979: Lovgivning, interesseområder og politisk segmentering, in: Mogens N. Pedersen (Hrsg.): Dansk politik i 1970'erne, Kopenhagen: Samfundsvidenskabeligt Forlag, S. 289-319

Daugbjerg, Carsten, 1999: Landbrugspolitik: Stabilitet eller forandring?, in: Jens Blom-Hansen/Carsten Daugbjerg (Hrsg.): Magtens organisering. Stat og interesseorganisationer i Danmark, Aarhus: Systime, S. 107-126

Due, Jesper/Jørgen Steen Madsen/Carsten Strøby Jensen, 1993: Den danske model: En historisk sociologisk undersøgelse af det kollektive aftalesystem, Kopenhagen: Jurist- og Økonomforbundets Forlag

Dybdahl, Vagn, 1965: Danmarkshistorie: De nye Klasser 1870-1913, Bind 12, Kopenhagen: Politikens Forlag

Dybdahl, Vagn, 1969: Partier og erhverv. Studier i partiorganisation og byerhvervenes politiske aktivitet 1880-1913, 1+2, Aarhus: Aarhus University Press

Elklit, Jørgen, 1988: Fra åben til hemmelig afstemning, Aarhus: Forlaget Politica

Fink, Jørgen, 1992: Industrirådet, in: Erhvervshistorisk Årbog 1992. Meddelelser fra Erhvervsarkivet, 42, Aarhus: Erhvervsarkivet, S. 183-207

Galenson, Walter, 1952: The Danish System of Industrial Relations: A Study in Industrial Peace, Cambridge: Harvard University Press

Gundelach, Peter, 1988: Sociale bevægelser og samfundsændringer, Aarhus: Forlaget Politica

Gundelach, Peter/Lars Torpe, 1999: Befolkningens fornemmelse for demokrati: Foreninger, politisk engagement og demokratisk kultur, in: Jørgen Goul Andersen/Peter Munk Christiansen/Torben Beck Jørgensen/Lise Togeby/Signild Vallgårda (Hrsg.): Den demokratiske udfordring. Kopenhagen: Reitzels Forlag, S. 70-91

Hansen, Svend Aage/Inge Henriksen, 1984: Dansk socialhistorie 1914-1939: Sociale brydninger, Kopenhagen: Gyldendal

Hastrup, Bjarne, 1982: Erhvervslivet og statsmagten, in: Politica, 14. Jg., Nr. 4, S. 90-101

Heisler, Martin O., 1979: Corporate Pluralism Revisited: Where is the Theory?, in: Scandinavian Political Studies, Vol. 2, No. 3, S. 277-297

Hertz, Michael, 1987: Handelsministeriet, organisationerne og næringslovgivningen 1908-1931. Et samspil fæstner sig, in: Birgit Nüchel Thomsen et al.: Samspillet mellem organisationer og stat, Kopenhagen: Rigsarkivet/G. E. C. Gad, S. 157-236

Ibsen, Bjarne, 1997: Fordærver pengene foreningerne?, in: Politica, 29. Jg., Nr. 1, S. 49-61

Ibsen, Flemming/Henning Jørgensen, 1979: Fagbevægelse og stat: Den faglige organisering, arbejdskampe og staten 1870-1930, Kopenhagen: Gyldendal

Ibsen, Marius, 1997: Foreningerne og kommunerne, in: Politica, 29. Jg., Nr. 1, S. 62-69

Jarlov, Carsten/Lars Nørby Johansen/Ole P. Kristensen, 1979: Offentlige udvalg 1946-1975, in: Mogens N. Pedersen (Hrsg.): Dansk politik i 1970'erne, Kopenhagen: Samfundsvidenskabeliget Forlag, S. 264-288

Jensen, Carsten Strøby, 1998: Arbejdsmarked og europæiske integration II, Kopenhagen: Sociologisk Institut, Kopenhagen Universität

Jensen, Lotte, 1999: Boligpolitik: Den organiserede boligbevægelse og institutionaliseringen af den boligpolitiske forestilling, in: Jens Blom-Hansen/Carsten Daugbjerg (Hrsg.): Magtens organisering. Stat og interesseorganisationer i Danmark, Aarhus: Systime, S. 84-106

Johansen, Lars Nørby/Ole P. Kristensen, 1982: Corporatist Traits in Denmark, 1946-1976, in: Gerhard Lehmbruch/Philippe C. Schmitter (Hrsg.): Patterns of Corporatist Policy-Making, Beverly Hills: Sage, S. 189-218

Just, Flemming, 1992: Landbruget, staten og eksporten 1930-1950, Esbjerg: Sydjysk Universitetsforlag

Kaarsted, Tage, 1985: Ove Rode som indenrigsminister, Odense: Odense Universitetsforlag

Kristensen, Ole P., 1979: Centraladministrationen og de særlige forvaltningsorganer i Danmark efter 1945, in: Nordisk Administrativt Tidsskrift, Nr. 1, S.69-98

Kristensen, Ole P., 1991: Denmark: Occupation without an Occupation Regime, in: Wyn Grant/Jan Nekkers/Frans van Waarden (Hrsg.): Organising Business for War. Corporatist Economic Organisation during the Second World War, New York: BERG, S. 185-194

Landbrugets Organisationshåndbog, 1979: Kopenhagen: Landbrugets Oplysnings- og Kursusvirksomhed, 7. udgave

Nørgaard, Asbjørn Sonne, 1997: The Politics of Institutional Control: Corporatism in Danish Occupational Safety and Health Regulation & Unemployment Insurance, 1870-1995, Aarhus: Forlaget Politica

Nørgaard, Asbjørn Sonne, 1999: Arbejdsmarkedspolitik: Korporatisme til alle tider og alle sider, in: Jens Blom-Hansen/Carsten Daugbjerg (Hrsg.): Magtens organisering. Stat og interesseorganisationer i Danmark, Aarhus: Systime, S. 36-60

Nørgaard, Asbjørn Sonne, 2000: Party Politics and the Organization of the Danish Welfare State, 1890-1920: The Bourgeois Roots of the Modern Welfare State, in: Scandinavian Political Studies, Vol. 23, Nr. 3, S. 183-215

Pedersen,Erik Helmer, 1979: Landbrugsrådet som erhvervspolitisk toporgan 1919-1933, Kopenhagen: Landbohistorisk Selskab

Rasmussen, Erik, 1965: Danmarkshistorie: Velfærdsstaten på vej 1913-1939, Bind 13, Kopenhagen: Politikens Forlag

Roed, Hanne, 1999: „Fra jord til bord?" – en historisk-institutionel analyse af Landbrugsrådets reorganiseringsforsøg i 1996, Aarhus: Department of Political Science, Aarhus Universitet, MA-thesis

Ronit, Karsten, 1988: Oprettelsen af Det danske Handelskammer: et skridt på korporatismens vej, in: Politica, 20. Jg., Nr. 4, S. 448-461

Schou, Hans Henrik, 1980: Grosserer-Societetet – et uudforsket område, in: Erhvervshistorisk Årbog 1980. Meddelelser fra Erhvervsarkivet 30, Aarhus: Aarhus University Press, S. 7-49

Sidenius, Niels Chr., 1982: Danmark: liberalistisk industripolitik – også under krisen, in: Politica, 14. Jg., Nr. 2, S. 6-30

Sidenius, Niels Chr., 1985: Industripolitikkens administration, in: Nordisk Administrativt Tidsskrift, Nr. 3, S. 210-245

Sidenius, Niels Chr., 1998a: A Collective Action Problem? Danish Interest Associations and Euro Groups, in: Justin Greenwood/Mark Aspinwall (Hrsg.): Collective Action in the European Union. Interests and the New Politics of Associability, London: Routledge, S. 81-107

Sidenius, Niels Chr., 1998b: Interesseorganisationer og Europa. En status, in: Karsten Ronit (Hrsg.): Interesseorganisationer i dansk politik, Kopenhagen: Jurist- og Økonomforbundets Forlag, S. 155-196

Sidenius, Niels Chr., 1999: Industripolitik: ‚Business as usual'?, in: Jens Blom-Hansen/ Carsten Daugbjerg (Hrsg.): Magtens organisering: Stat og interesseorganisationer i Danmark, Aarhus: Systime, S. 61-83

Skovmand, Roar, 1964: Danmarkshistorie: Folkestyrets fødsel 1830-1870, Bind 11, Kopenhagen: Politikens Forlag

Thomsen, Birgit Nüchel, 1987: Studier i samspillet mellem interesseorganisationer, centraladministration og rigsdag. En oversigt, in: Birgit Nüchel Thomsen et al.: Samspillet mellem organisationer og stat, Kopenhagen: Rigsarkivet/G. E. C. Gad, S. 13-34

Torpe, Lars, 1998: Lokal organisationsdeltagelse og demokrati. Mellem individ og fællesskab, borger og styre, in: Karsten Ronit (Hrsg.): Interesseorganisationer i dansk politik, Kopenhagen: Jurist- og Økonomforbundets Forlag, S. 49-83

Torpe, Lars, 2000: Foreningerne og demokratiet, Working paper, Aalborg: Aalborg University

Udvalgsarkiv, 1991, 1997: Databaser over kollegiale forvaltningsorganer, Aalborg Universitet og Aarhus Universitet

Deutschland

Verbände zwischen Pluralismus, Korporatismus und Lobbyismus

Werner Reutter

Das im Dezember 1998 eingerichtete „Bündnis für Arbeit, Ausbildung und Wettbewerbsfähigkeit", das durchaus unterschiedlich interpretiert wird (Weßels 2000; Czada 2000: 22f.; Lehmbruch 2000a), fügt sich in ein verhandlungsdemokratisches Muster politischer Entscheidungsfindung ein, das für Deutschland als charakteristisch gilt: Verbände sind danach in institutionalisierter Form an staatlicher Politik beteiligt, die durch Konsens und Kompromiß einen „mittleren Weg" produziert (Schmidt 1990, 2000). So richtig dieser Befund für zentrale Politiksektoren auch ist, er verdeckt doch, daß das Verbändesystem in Deutschland hoch differenziert ist, Verbände unterschiedliche Funktionen wahrnehmen und die Formen kollektiven Handelns erheblich variieren können. Neben korporatistischen Politikmustern bestehen pluralistisch strukturierte Politikfelder und Entscheidungsprozesse, an denen Verbände und Interessengruppen als Lobbyisten in nicht institutionalisierter Form beteiligt sind. Eine Überblicksdarstellung hat diese Vielfalt der Verbändelandschaft ebenso zu berücksichtigen wie deren Tendenzen zur fachlichen Differenzierung, Arbeitsteilung und Vermachtung.

1. Historische Entwicklung: Expansion, Organisierung und Funktionserweiterung

Expansion, Organisierung und Funktionserweiterung[1] charakterisieren cum grano salis die langfristige Entwicklung des deutschen Verbändewesens (Ullmann 1988: 274). Gemeint ist damit, daß sich die Verbändelandschaft kontinuierlich neue Bereiche erschlossen und intern differenziert hat. Gleichzeitig hat sich formale Organisation als Strukturprinzip für kollektives Handeln durchgesetzt, das damit Kontinuität, Bürokratisierung und Zentralisierung erfuhr. Das fand allerdings nicht in allen Bereichen des Verbändesystems in gleicher Weise und Intensität statt. Schließlich übernahmen Verbände öffentliche Aufgaben und wurden teilweise in den staatlichen Willensbildungsund Entscheidungsprozeß inkorporiert.

Herausbildung und Entwicklung des Verbändesystems in Deutschland waren dabei im wesentlichen Resultat der Industrialisierung, des damit einhergehenden sozialen

---

[1] Die weitere Darstellung folgt im wesentlichen Ullmann 1988; Überblicke über die historische Entwicklung finden sich in: Varain (Hrsg.) 1973; Weber 1976: 57ff.; Raschke 1988. Literaturangaben werden auf das Nötigste beschränkt, für ältere Literatur vgl. Ullmann 1978 und Tudyka/ Tudyka 1973, ein umfangreiches Literaturverzeichnis findet sich auch in Sebaldt 1997.

Wandels und der Etablierung einer liberal-demokratischen Herrschaftsordnung. Um die politischen Kontinuitätsbrüche der wechselvollen deutschen Geschichte zu betonen, wird die langfristige Entwicklung des Verbändewesens im weiteren in vier Phasen unterteilt: in (1) die Periode bis 1914, in (2) die Zeit des Ersten Weltkrieges und der Weimarer Republik, in (3) das Dritte Reich und schließlich in (4) die Nachkriegsperiode (Ullmann 1988; anders: Raschke 1988). Die Geschichte der Verbände und des Verbändesystems weist dabei Elemente von Kontinuität auf, die auch historische Umbrüche und Phasen tiefgreifender Restrukturierung überdauerten. Das gilt bis zu einem gewissen Grad sogar für das Dritte Reich, in dem von einem eigenständigen Interessenvermittlungssystem nicht gesprochen werden kann.

Die Organisierung von Interessen setzt keineswegs erst mit der Reichsgründung 1870/1 ein, die auf Aufbau und Ausbreitung von Interessenverbänden in Deutschland strukturierend wirkte. Die frühen Verbandsgründungen ebenso wie das während der Revolution 1848/9 aufblühende Vereinswesen prägten das sich im Kaiserreich entfaltende Verbändesystem vor. Doch erst im Kaiserreich entstanden die Rahmenbedingungen, die zur Herausbildung eines funktionierenden Verbändesystems notwendig waren, und im Kaiserreich stiegen die Verbände zu einem „innenpolitischen Machtfaktor" auf (Ullmann 1988: 114). Bereits früher bestehende regionale oder fachliche Organisationen bildeten im Kaiserreich (Spitzen-)Verbände aus. Nach 1870/71 entstanden erste reichsweite Zusammenschlüsse der Unternehmer, des Mittelstandes, der Arbeitnehmer, der Freien Wohlfahrtspflege, der Städte, der Jugend-, Friedens-, Frauen- und Naturschutzbewegung.

Diese keineswegs vollständige Auflistung verdeutlicht, daß sich das 19. Jahrhundert als „vereinsseliges Säkulum" bezeichnen läßt (Langewiesche 1988: 111). Grundlegend dafür waren rechtliche Rahmenbedingungen (Vereinigungs- und Koalitionsfreiheit), Veränderungen im politisch-administrativen System (Zentralisierung der Politik), die ökonomische Entwicklung, die gesellschaftliche Differenzierung und eine Professionalisierung und Bürokratisierung der Verbände selbst. Diese Faktoren trugen dazu bei, daß sich im Kaiserreich Strukturelemente und Funktionsmechanismen ausbildeten, die heute noch das System funktionaler Interessenvermittlung prägen. Gleichzeitig wuchsen dem Staat für die Daseinsvorsorge und in der Wirtschaftspolitik Aufgaben zu, die ihn zu einem wichtigen Adressaten verbandlicher Einflußnahme machten. Zu Recht gilt etwa die Schutzzollpolitik als Geburtshelferin für wirtschaftspolitische Verbände, während Arbeitgeberverbände als Reaktion auf entstehende Gewerkschaften anzusehen sind. Im Kaiserreich entwickelten sich auch schon die wichtigsten Methoden der Einflußnahme. Information und Sachverstand zählten hier um so mehr, als weder Parlamentarier noch Parteien in der Lage waren, die zum Teil komplizierten Gesetzesvorhaben bewerten zu können. Hinzu kamen enge personelle, finanzielle und organisatorische Verflechtungen zwischen Verbänden und Parteien, was sich keineswegs nur auf das katholische und das sozialdemokratische Milieu beschränkte, sondern auch konservative und liberale Parteien einschloß (Langewiesche 1988: 146ff.).

Entfaltung, Ausbau und Funktionszuwachs erfuhren Verbände und Verbändesystem in den Kriegs- und Nachkriegsjahren sowie in der Weimarer Republik. In dieser Periode konnte sich das Verbändesystem quantitativ ausdehnen, organisatorisch konzentrieren und zum ersten Mal „öffentliche Aufgaben" übernehmen (Ullmann 1988: 124ff. und 173ff.). Das galt beispielsweise für Unternehmer-, Jugend- und kommunale Spitzenverbände.[2] Eine

---

2   So berichtet Ullmann, daß allein die Zahl der reichsweiten Unternehmerverbände zwischen 1919
    und 1930 von 492 auf 767 gestiegen war (Ullmann 1988: 174).

durchaus repräsentative Entwicklung nahm beispielsweise das Verbandswesen der Freien Wohlfahrtspflege, das im Ersten Weltkrieg und in der Anfangsphase der Weimarer Republik einen „Entwicklungsschub" erhielt (Tennstedt 1992: 346), der sich in der Einbindung der Verbände in die Kriegsverwaltung ebenso niederschlug wie in der Gründung von vier neuen Spitzenorganisationen: 1917 entstand die *Zentralwohlfahrtsstelle der Deutschen Juden*, 1919 die *Arbeiterwohlfahrt*, 1921 das *Deutsche Rote Kreuz* und 1924 die *Vereinigung der freien gemeinnützigen Wohlfahrtseinrichtungen*, einem Vorläufer des *Deutschen Paritätischen Wohlfahrtsverbandes*. Damit hatten sich Mitte der 20er Jahre die verbandlichen Strukturen herausgebildet, die auch für die Freie Wohlfahrtspflege der Bundesrepublik prägend sein sollten.

Damit einher ging teilweise ein Konzentrationsprozeß, der beispielsweise bei Unternehmerverbänden im April 1919 zum *Reichsverband der Deutschen Industrie* führte, zu dem sich der *Centralverband Deutscher Industrieller* und der *Bund der Industriellen* zusammenschlossen. Anders sah die Entwicklung in der Weimarer Republik bei agrarpolitischen Verbänden und den Verbänden des Mittelstandes aus. Beide Interessengruppen zersplitterten sich organisatorisch und waren nicht in der Lage, einen einheitlichen und durchsetzungsfähigen Verband auf Reichsebene zu bilden. Auch die Gewerkschaften blieben stark fragmentiert: Zwar gingen mit der 1919 erfolgten Gründung des *Allgemeinen Deutschen Gewerkschaftsbundes* (ADGB) Bemühungen einher, die gewerkschaftliche Organisationsstruktur zu straffen und die Berufsgewerkschaften zu Industrieorganisationen zusammenzufassen. Doch bestanden 1932 immer noch 28 Fachverbände im ADGB. Hinzu kam die weltanschauliche Trennung zwischen freien, christlichen, kommunistischen Gewerkschaften und Hirsch-Dunckerschen Gewerkvereinen einerseits sowie die Organisierung von Angestellten und Beamten in autonomen Verbänden andererseits.

Zwischen 1933 und 1945 existierte kein autonomes Interessenvermittlungssystem. Die Verbände „wurden im Zuge der Machteroberung ‚gleichgeschaltet', in das entstehende NS-Herrschaftssystem integriert und zum Zweck staatlicher Wirtschaftslenkung organisatorisch umstrukturiert" (Ullmann 1988: 192). Allerdings stellte das Jahr 1933 keineswegs für alle Verbände in gleicher Weise einen Kontinuitätsbruch dar. Zwar sollten alle Verbände nach den Prinzipien „Ausschließlichkeit, Zwangsmitgliedschaft und Führerprinzip" umgestaltet und gleichgeschaltet werden (Ullmann 1988: 193). Doch zeigten sich die Verbände in unterschiedlichem Maße integrationsbereit. Nicht wenige begrüßten oder unterstützten das NS-Herrschaftsregime (wie etwa der *Reichslandbund*, die Interessenverbände von Handwerk und Einzelhandel, der *Deutsche Handlungsgehilfenverband*, einige Frauen- und Jugendverbände), viele ließen sich umstandslos integrieren (wie der *Reichsverband der Deutschen Industrie)* oder lösten sich auf, um der Gleichschaltung zu entgehen (z.B. der *Bund deutscher Frauenvereine*, die *Vereinigung der Deutschen Arbeitgeberverbände)*. Andere Organisationen wurden verboten, und ein Teil ihrer Funktionäre wurde verhaftet und ermordet. Ziel der Umstrukturierung war, staatlich – d.h. von der „Staatspartei" – anerkannte Organisationsmonopole zu schaffen, in denen den Mitgliedern keine oder nur geringe autonome Gestaltungsmöglichkeiten verblieben. An Stelle der Interessenverbände der Weimarer Republik traten Körperschaften, die die Gesellschaft auf berufsständischer Grundlage in den Staat einbinden sollten: So ersetzte die *Deutsche Arbeitsfront* (DAF) Gewerkschaften und Arbeitgeberverbände; die agrarpolitischen Verbände gingen im *Reichsnährstand* auf; in der *Reichsgruppe Industrie* fanden sich sogar personelle und organisatorische Kontinuitätslinien zum ehemaligen *Reichsverband der Deutschen Industrie*;

die Frauen- und Jugendbewegung wurden abgelöst von entsprechenden NS-Organisationen *(Deutsches Frauenwerk, NS-Frauenschaft* sowie *Hitlerjugend)*, und die kommunalen Spitzenverbände wurden im *Deutschen Gemeindetag* zusammengeschlossen.

In einer Reihe von nach 1945 wieder gegründeten Verbänden blieben die Organisationsprinzipien der NS-Zeit (wie Einheitsverbandsprinzip, Zwangsmitgliedschaft) durchaus virulent wie etwa in agrarpolitischen und in Handwerksverbänden oder auch in Gewerkschaftskreisen. Doch waren solche Vorstellungen weder mehrheitsfähig noch gegen die Alliierten durchzusetzen. Die Alliierten lösten die NS-Verbände auf und setzten einen Aufbau von „unten nach oben" durch, der allerdings bis 1949 uneinheitlich verlief. Er verhinderte zwar in der Regel eine direkte organisatorische Kontinuität, doch sorgten Führungspersonal und Verbandsfunktionäre, sofern sie sich im Dritten Reich nicht exponiert hatten, nicht selten für eine Form indirekter Kontinuität (Ullmann 1988: 265; Berghahn 1985: 56ff.).

2. Rechtliche Grundlagen: Vereinigungsfreiheit, Vereinsrecht und Mitwirkungsrechte für Verbände

Die Rechtsordnung der Bundesrepublik Deutschland bildet für Binnenstrukturen und für Einflußchancen von Verbänden eine wichtige Rahmenbedingung. Sie definiert deren Status, gibt ihnen organisatorische Minimalstrukturen vor, weist ihnen Verpflichtungen zu und gewährt ihnen Rechte (Weber 1976: 167; Wittkämper 1963; Schröder 1976). In der Bundesrepublik besteht eine für Verbandstypen und Politikfelder differenzierte Legalstruktur, die in Art. 9 GG für freiwillige Verbände eine verfassungsrechtliche und in den Regelungen des BGB eine gemeinsame vereinsrechtliche Basis besitzt. Hinzu kommen Geschäftsordnungen des Parlaments, der Bundesregierung und der Bundesministerien sowie einfachgesetzliche Normierungen, in denen der Status und die Kompetenzen von Verbänden ebenso festgelegt werden wie deren Anhörungs- und Beteiligungsrechte in Beiräten, Kommissionen oder anderen öffentlichen Gremien.

Der Begriff des Verbands ist ebenso wie der des Vereins verfassungsrechtlich unbestimmt. Nach § 2 des Vereinsgesetzes ist ein Verein jeder freiwillige Zusammenschluß von natürlichen oder juristischen Personen zur Verfolgung eines gemeinsamen Zweckes. Der Begriff umfaßt sowohl rechtsfähige als auch nicht rechtsfähige Vereine. Rechtsfähig ist ein Verein, wenn er ins Vereinsregister eingetragen ist, womit bestimmte Mindestbedingungen verknüpft sind (mind. 7 Mitglieder, Gründungsversammlung, Satzung, Beschluß, sich in das Vereinsregister eintragen zu lassen). Das ist der Regelfall, allerdings gibt es bedeutende Ausnahmen wie die Gewerkschaften, die aus historischen Gründen eine Eintragung ins Vereinsregister ablehnen. Mit der Rechtsfähigkeit kann der Verein als juristische Person Rechte und Pflichten eingehen; bei nicht eingetragenen Vereinen haften die Handelnden persönlich. Einen formal öffentlich-rechtlichen Status erlangen Körperschaften, wenn ihnen der Staat hoheitliche Aufgaben überträgt, sie in seinem Auftrag handeln und seiner Rechtsaufsicht unterstehen, gleichwohl entscheiden sie über interne Strukturen und/oder die Form der Aufgabenerfüllung teilweise autonom (wie die Kammern, die Innungen, die Kassenärztlichen Vereinigungen).

Verbände sind im Grundgesetz nicht erwähnt. Sie sind Sonderfälle des Art. 9 Abs. 1 GG, der als individuelles Freiheitsrecht für alle Vereinigungen von natürlichen oder juristischen Personen gilt. Dahinter steht die – frühkonstitutionelle – Vorstellung einer Trennung von Staat und Gesellschaft (Schröder 1976: 45ff.; Wittkämper 1963: 72ff.). Unbeschadet von landesrechtlichen Regelungen[3] werden Verbände verfassungsrechtlich als „vom Staat distanzierte, rein gesellschaftliche Gebilde" behandelt (Grimm 1995: 657). Die Vereinigungsfreiheit ist mithin als Individualgrundrecht konzipiert und der gesellschaftlichen Sphäre zugeordnet. Verfassungsrechtlich geschützt ist damit das Recht deutscher Staatsbürger, Vereine zu bilden, zu erhalten, ihnen beizutreten und Satzungen zu erlassen; darin eingeschlossen ist auch die negative Vereinigungsfreiheit. Darüber hinaus genießen Vereinigungen einen korporativen Schutz, der ihr gesellschaftliches und politisches Wirken einschließt, aber keine Teilhabe- oder Mitwirkungsansprüche begründet.[4] Von der Vereinigungsfreiheit zu unterscheiden ist die Koalitionsfreiheit, also das „Recht, zur Wahrung und Förderung der Arbeits- und Wirtschaftsbedingungen Vereinigungen zu bilden" (Art. 9, Abs. 3 GG). Es steht als Menschenrecht auch Ausländern zu, und der Staat ist prinzipiell verpflichtet, Maßnahmen zum Schutze des Grundrechtes zu ergreifen, falls es durch private Dritte bedroht ist. Verfassungsrechtlich geschützt sind damit Gewerkschaften, Arbeitgeberverbände und die Tarifautonomie.

Vorgaben für Aufbau und Struktur von Vereinen ergeben sich aus dem BGB (§§ 21-79), in dem festgelegt ist, daß eingetragene Vereine über eine Satzung verfügen müssen, in der Zweck, Name und Sitz des Vereins festzulegen sind. Als Organe sind vorgesehen die Mitgliederversammlung (§ 32 BGB) und der Vorstand (§ 26 BGB), der zumeist aus dem ersten und zweiten Vorsitzenden, dem Schriftführer und dem Kassenwart besteht und den Verein nach außen vertritt und nach innen führt. Die für viele Vereine wichtige Gemeinnützigkeit stellt das Finanzamt fest und ergibt sich aus der Abgabenordnung (§§ 51-68). Danach muß ein Verein gemeinnützige, mildtätige oder kirchliche Zwecke in selbstloser, ausschließlicher und unmittelbarer Form verfolgen, um von Steuern freigestellt und als gemeinnützig anerkannt zu werden (Zimmer 1996: 24ff.).

Aus Geschäftsordnungen und aus einfachgesetzlichen Regelungen ergeben sich darüber hinaus zum Teil exklusive Rechte und Pflichten für einzelne Verbände. Nach § 70 der GO des Bundestages können Sachverständige und Interessenvertreter an öffentlichen Anhörungen teilnehmen, wenn die entsprechenden Verbände in der Lobbyliste des Deutschen Bundestages registriert sind. Wichtiger noch als dieses parlamentarische Anhörungsrecht sind die Möglichkeiten aufgrund der Geschäftsordnungen der Bundesregierung und der Bundesministerien am Verwaltungs- und Regierungshandeln beteiligt zu sein. Die „Magna Charta des Verbandseinflusses" (Weber 1976: 177) – gemeint

---

3 In fast allen Ländern gibt es ein eigenständiges Grundrecht auf Vereinigungsfreiheit, darüber hinaus existieren teilweise noch besondere Beteiligungs- und Schutznormen (wie für kommunale Spitzenverbände in Brandenburg, Art. 97 Abs. 4 der Verfassung von Brandenburg, vgl. auch Wittkämper 1963: 47ff.).

4 Sonderregelungen gelten für Parteien, Kirchen, für das Kammerwesen und für Vereine, denen hoheitliche Aufgaben übertragen wurden. Ausländer können sich nicht auf Art. 9 Abs. 1 GG berufen, aber gleichwohl Vereine und Verbände bilden. Komplettiert wird die Vereinigungsfreiheit durch andere Grundrechte wie die Versammlungs-, Presse- und Meinungsfreiheit. Verboten werden dürfen nur Vereinigungen, deren „Zweck oder deren Tätigkeit den Strafgesetzen zuwiderlaufen oder die sich gegen die verfassungsmäßige Ordnung oder gegen den Gedanken der Völkerverständigung richten" (Art. 9, Abs.2 GG), und verwirken kann das Grundrecht nur, wer es „zum Kampf gegen die freiheitliche demokratische Grundordnung" mißbraucht (Art. 18 GG).

ist § 24 der Gemeinsamen Geschäftsordnung der Bundesministerien, Teil II (GGO II)
– ermöglicht den Spitzenverbänden, bei der Gesetzesvorbereitung mitzuwirken, woraus sich jedoch kein Anspruch auf Gehör ableitet. Im Gegenteil: Vorgeschichte und
Entstehungskontext dieser Vorschrift weisen vielmehr darauf hin, daß damit der Einfluß von Verbänden beschränkt und kanalisiert werden sollte (Schröder 1976: 74ff.).

Konkretisiert werden solche Anhörungs- und Mitwirkungsrechte durch eine Vielzahl spezieller Regelungen, die eine verbandliche Mitwirkung am politischen Willensbildungs- und Entscheidungsprozeß in unterschiedlicher Form und Intensität festlegen
(Schröder 1976: 88f.; Süllow/Forchheim 1981: 48ff.; Kirberger 1978: 117ff.).[5] Das
„Legalgewicht" (Wittkämper 1963: 47) der Verbände, die in vielfältiger Weise in den
„Funktionszusammenhang von politischer Entscheidung und Verwaltungshandeln"
eingebunden sein können, ist also beachtlich (Weber 1976: 184). Die rechtlich mögliche
Beteiligung von Verbänden am politischen Willensbildungs- und Entscheidungsprozeß
kann dabei Folgen haben für das interne Verbandsgeschehen, für die Beziehungen
zwischen Verbänden und für das Verhältnis zwischen Staat und Verbänden. Verbandsintern kann eine so begründete „selektive Kooperation" (Weber 1976: 278) binnendemokratische Defizite hervorrufen und verstärken; gleichzeitig privilegieren solche
rechtlichen Normierungen besonders einfluß- und konfliktfähige Interessen; und
schließlich kann dies dazu führen, daß die politische Willensbildung und die Ausführung von Programmen von wenigen Großverbänden dominiert werden.

3. Struktur der Verbände und des Verbändesytems

In der demokratiefördernd nur kollektiv zu erfüllenden Funktion, Interessen zwischen
Staat und Gesellschaft organisiert zu vermitteln und damit zur staatlichen Steuerungs-
und Integrationsfähigkeit beizutragen, liegt der wichtigste gemeinsame Bezugspunkt
der hier interessierenden Verbände. Die Funktionsfähigkeit des Verbändesystems ist
dabei von Faktoren geprägt, die sowohl dessen Struktur insgesamt, die binnenorganisatorischen Entwicklungen einzelner Verbände und die Beziehungen des Verbändesystems zu seiner Umwelt betreffen. Neben den noch zu behandelnden Beziehungen
der Verbände zum politischen System umfaßt dies vor allem: (1) die Organisationsdichte und den Pluralismus der Verbändelandschaft, (2) die Beziehungen zwischen
Mitgliedern und Organisationsapparat, (3) Professionalisierungs- und Rationalisierungstendenzen und (4) neue Formen der Mobilisierung von Mitgliedern (vgl. auch Reutter
2000).[6]

---

5   Darunter fallen bspw. die Vertretung in Beiräten (§ 62 GGO I,), die Beteiligung an der Verwaltung der Sozialversicherungsträger (§§ 43ff. SGB IV), Vorschlagsrechte von Verbänden für ehrenamtliche Richter (§ 20 Arbeitsgerichtsgesetz, § 14 Sozialgerichtsgesetz), die Mitarbeit bei der
     Umsetzung des Naturschutzes (§ 29 Bundesnaturschutzgesetz), Mitbestimmungsrechte bei der
     Allgemeinverbindlichkeit von Tarifverträgen (§ 5 Tarifvertragsgesetz), die rechtliche Privilegierung von Wohlfahrts- und Jugendverbänden (§§ 4 und 78 SGB VIII (Kinder- und Jugendhilfe), §
     72 Abs. 3 SGB XI (Pflegeversicherung) oder §§ 10 IV und 93 I Bundessozialhilfegesetz etc.
6   Auf die Europäisierung und Globalisierung der Politik von Verbänden kann hier nur am Rande
     eingegangen werden. Die deutschen Verbände sind dabei vielfach in europäische oder globale
     Organisationen eingebunden; für Gewerkschaften vgl. z.B.: Reutter 1998; für Wohlfahrtsverbände: Schmid 1996; für Unternehmerverbände: Platzer 1984; für Agrarverbände: Ackermann 1970,
     Rieger 1994.

(1) Die Verbandsforschung ist lange Zeit von einem relativ starren, vermachteten und mit hohen Zutrittsbarrieren ausgestatteten System funktionaler Interessenvermittlung ausgegangen, das vor allem allgemeine, für das Erwerbssystem irrelevante Interessen systematisch ausschließt oder benachteiligt. Allerdings hat gerade in den letzten 20 Jahren eine für viele unerwartete Pluralisierung und Differenzierung der Verbändelandschaft vor allem in Bereichen stattgefunden, die gemeinhin als organisations- und konfliktunfähig galten. Die Pluralisierung der Verbändelandschaft beschränkte sich aber keineswegs darauf, daß bisher unorganisierte Bereiche verbandsmäßig erschlossen wurden. Vielmehr hat auch in traditionellen Sektoren eine organisatorische Differenzierung stattgefunden – ganz abgesehen von Sonderentwicklungen in den neuen Bundesländern (Eichener et al. 1992; Wiesenthal (Hrsg.) 1995; Lehmbruch 2000b). Gleichwohl bedeutet das keineswegs, daß alle Interessen in gleicher Weise organisations- und konfliktfähig sind. Vielmehr weisen weiterhin spezifische Interessen systematische Benachteiligungen auf oder werden von der Beteiligung am politischen Willensbildungsprozeß ausgeschlossen (Offe 1969; Offe/Fuchs 1998: 20ff. und passim; Winter/Willems 2000).

(2) Die Binnenstrukturen von und die Beziehungen zwischen Verbänden sind von einer hohen Vielfältigkeit und orientieren sich an unterschiedlichen Anforderungen. Neben der Struktur des politisch-administrativen Systems (Mayntz 1990; Kleinfeld/Löbler 1994: 24f.) und den erwähnten rechtlichen Rahmenbedingungen beeinflussen organisatorische Tradition, weltanschauliche Grundlagen, die spezifische Mitgliedsbasis und die Art des Interesses die inner- und zwischenverbandlichen Beziehungsmuster.

Die überwiegende Mehrzahl von Verbänden auf zentralstaatlicher Ebene sind Bünde, was sich nicht selten in einer Kombination von fachlichem und territorialem Organisationsprinzip niedergeschlagen hat. Ein reiner Zusammenschluß von Fachverbänden, die selbst über territoriale Untergliederungen verfügen bzw. Dachverbände oder Arbeitsgemeinschaften darstellen können, sind etwa der *Bundesverband der Deutschen Industrie* (BDI), der *Deutsche Kulturrat*, der *Deutsche Frauenrat* oder der *Deutsche Naturschutzring* (DNR). Sie sind Verbände von Verbänden ohne eigenständigen territorialen Unterbau. Bestehende Landesorganisationen (wie etwa die Landesfrauenräte oder die Landesnaturschutzringe) sind unabhängig vom Bundesverband und nur über lose Koordinationstreffen mit ihm verbunden. Ihre Strukturen und ihre Delegations- und Partizipationsrechte sind bestimmt von rechtlich selbständigen Fachverbänden. Der territorialen Gliederung des politisch-administrativen Systems folgen – mehr oder weniger – viele Fachverbände, der *Deutsche Fußballbund*, die AWO, die Einzelgewerkschaften des DGB oder auch kommunale Spitzenverbände. Hier nehmen Orts-, Regional- oder Landesverbände, denen die individuellen Mitglieder angeschlossen sind, eigenständig an der binnenorganisatorischen Willensbildung teil. Aber auch hier bestehen häufig noch fachliche Substrukturen, die teilweise über Partizipations- und Vertretungsrechte in den zentralen Organen des Verbandes verfügen. Eine Kombination von fachlicher und territorialer Gliederung findet sich beispielsweise beim *Deutschen Gewerkschaftsbund* (DGB), der *Bundesvereinigung Deutscher Arbeitgeberverbände* (BDA), dem *Deutschen Bauernverband* (DBV) und dem *Deutschen Bundesjugendring*. Hier sind sowohl fachliche Einzelverbände als auch überfachliche Landesorganisationen in den zentralen Gremien vertreten. Eine Ausnahme stellen häufig konfessionell, parteipolitisch oder organisatorisch gebundene Verbände (der *Caritasverband*, *Diakonisches Werk*,

Frauen- oder Jugendvereinigungen von Parteien, Gewerkschaften oder Kirchen) dar.
Sie orientieren sich in ihrer weltanschaulichen Basis, in ihren Entscheidungsstrukturen und in ihren Aufgaben an ihren „Mutterverbänden".

Die Kombination von Organisationstyp und Gliederungsprinzip ist folgenreich
für das Verhältnis von Verbandsführung und Mitgliedschaft. Den Mitgliederversammlungen, den statutarisch obersten Organen, kommt dabei in aller Regel nur sekundäre Bedeutung zu, und die Partizipation individueller Mitglieder beschränkt
sich häufig auf die unterste Ebene und die Wahl von Vorständen. Von weit größerer
Bedeutung sind die Leitungsgremien, in denen bei Dachverbänden in aller Regel
auch die wichtigsten Mitgliedsverbände vertreten sind. Gleichzeitig bedeutet dies,
daß einer Oligarchisierung der Spitzenverbände Grenzen gesetzt sind. Nicht selten
liegt die eigentliche Machtbasis bei wichtigen Fach- oder Landesverbänden, die häufig über einen beträchtlichen Verbandsapparat verfügen, eine eigenständige Legitimationsgrundlage besitzen und finanziell autonom sind. Gleichwohl sind eine hohe
fachliche Differenzierung und abgegrenzte Verbandsdomänen Merkmale des deutschen Verbändesystems, was allerdings Konflikte innerhalb und zwischen Verbänden keineswegs ausschließt.

(3) Verbände versuchen, ihre Handlungs- und Bestandsvoraussetzungen positiv zu
beeinflussen. Organisatorische Umstrukturierungen, Professionalisierung und Rationalisierung gehören in der Zwischenzeit denn auch zum Alltag vieler Verbände, um sich
an eine turbulente Umwelt anzupassen. Gleichzeitig wird mit dem Auf- und Ausbau
dauerhafter Kooperationsbeziehungen zwischen Verbänden oder durch Fusionen versucht, administrativer Doppelaufwand zu vermieden, die politische Handlungsfähigkeit
zu stärken und die Dienstleistungen für Mitglieder zu verbessern. Solche Rationalisierungsmaßnahmen sind häufig von Professionalisierungstendenzen begleitet, die sich
auf die Verrechtlichung vieler Bereiche, auf die staatliche Alimentierung von verbandlichen Funktionen oder auf den Aufbau von mitgliedsbezogenen Dienstleistungen zurückführen lassen.

Schließlich zeigt das Verbändesystem ein hohes Maß an inter- und intraorganisatorischer Verflechtung. Neben der Etablierung von Koordinationsgremien auf Bundesebene wie den *Deutschen Naturschutzring*, den *Gemeinschaftsausschuß der Deutschen
Gewerblichen Wirtschaft*, der *Bundesarbeitsgemeinschaft der Freien Wohlfahrtsverbände* und fachübergreifenden Spitzenverbänden wie BDI und DGB bestehen vielfältige Formen zwischenverbandlicher Koordination, die bis in das Parteiensystem hineinreichen. So sind etwa im *Deutschen Frauenrat* die entsprechenden Ausschüsse der
Gewerkschaften und der Parteien vertreten; ebenso sind dem *Deutschen Bundesjugenddring* die Jugendorganisationen anderer Verbände angeschlossen. Doch dürfen solche
Netzwerkstrukturen nicht überbewertet werden. Die Segmentierung der Verbändelandschaft und die Handlungszwänge der unterschiedlichen Politikfelder lassen eine sektorübergreifende Koordination verbandlichen Handelns oder umfassende Tauschgeschäfte nur unter bestimmten Bedingungen und eingeschränkt zu (Lehmbruch 2000a;
Czada 2000: 22ff.).

(4) Zunehmend wird in den letzten Jahren eine Organisationsmüdigkeit in
Deutschland festgestellt. Empirisch wird dies zumeist mit Mitgliederverlusten vor allem von Großorganisationen wie Gewerkschaften, Unternehmer- oder Wohlfahrtsverbänden sowie mit einem allgemein konstatierten nachlassenden ehrenamtlichen Engagement belegt. Allerdings zeigen Umfragen, daß weder die Organisationsneigung grundsätzlich abgenommen hat noch daß das ehrenamtliche Engagement flächendeckend im

Schwinden begriffen ist oder das in Vereinen und Verbänden akkumulierte „soziale Kapital" im Zeitablauf abgenommen hätte (Offe/ Fuchs 1998). Gleichwohl scheint sich unterhalb dieser makrosozialen Beobachtungen ein Form- und Funktionswandel bei der Mobilisierungsfähigkeit von Mitgliedern anzudeuten. Die Neigung, sich aktiv und ehrenamtlich am Vereinsleben zu beteiligen, ist dabei abhängig vom Verbandstyp, der Handlungsebene und der Form des Engagements. Großorganisationen verfügen danach nur über ein vergleichsweise geringes Mitgliederpotential für ehrenamtliche Aufgaben; ebenso schwierig scheint es, Mitglieder für überregionale Aufgaben und Ämter zu mobilisieren, und schließlich läßt sich nicht mehr davon ausgehen, daß das Engagement dauerhaft und langfristig sein wird. Eine Reaktion auf diese Entwicklungen sind Versuche, durch Beteiligungsangebote und durch dezentrale, lokal und zeitlich befristete Kampagnen die Mitgliedsbindung zu erhöhen und die Mobilisierungsfähigkeit zu stärken (Agricola 1997: 61ff. und passim).

4. Verbandstypen: Fachliche Differenzierung, funktionale Arbeitsteilung und Vermachtung

Die Verbändelandschaft in der Bundesrepublik Deutschland ist unübersichtlich und eine umfassende Darstellung aller Verbandstypen oder gar Verbände nicht möglich. Das wäre bei einem Bestand von geschätzten mindestens 4.000 Verbänden ein von vornherein zum Scheitern verurteiltes Unterfangen. Die weitere Darstellung beschränkt sich daher auf vier Bereiche und jeweils ausgewählte Verbände: (1) Verbände des Wirtschafts- und Arbeitssystems, (2) Verbände im sozialen Bereich, (3) neue soziale Bewegungen sowie (4) Vereinigungen von Gebietskörperschaften oder anderen Körperschaften des öffentlichen Rechts.

4.1. Verbände des Wirtschafts- und Arbeitssystems

Martin Sebaldt hat 1.014 Verbände identifiziert, die bis 1994 in der Lobbyliste des Deutschen Bundestages registriert waren und die er dem „Systemsektor Ökonomie" zugeschlagen hat (Sebaldt 1997: 79), davon waren 639 Unternehmer-, 85 Arbeitnehmer- und 238 Berufsverbände (hinzu kamen 7 Kammern und 45 sonstige Verbände). Im weiteren können davon nur DBI, BDA und DIHT sowie der DGB und der *Deutsche Bauernverband* dargestellt werden. Diese Verbände stehen häufig im Zentrum der öffentlichen Aufmerksamkeit und des sozialwissenschaftlichen Interesses, und in ihnen ist ein Teil der von Sebaldt gezählten Verbände zumindest mittelbar organisiert. Allerdings prägen die hier nicht aufgeführten Verbände diesen Bereich durchaus mit. Sie schließen in der Regel sektorale Interessenvertretungsmonopole aus, repräsentieren ihren jeweiligen Bereich autonom und tragen so wesentlich zur Funktionsfähigkeit und zur Struktur dieses Teils funktionaler Interessenvermittlung bei, auch wenn sie – wie etwa Verbraucherverbände – über wenig Einflußmacht verfügen.

Wirtschaftsverbände

Die wirtschafts-, sozial- und tarifpolitische Interessenvertretung von Unternehmen in BDI, BDA, DIHT, ZDH etc. ist hochgradig differenziert, arbeitsteilig organisiert und besitzt im *Gemeinschaftsausschuß der Deutschen Gewerblichen Wirtschaft* ein Koordinationsgremium, dem insgesamt 17 Spitzenverbände angehören.

- Der *Bundesverband der Deutschen Industrie* (BDI) vertritt die wirtschaftspolitischen Interessen von 35 industriellen Fachspitzenverbänden; die mittlerweile 15 überfachlichen Landesvertretungen besitzen auf Bundesebene keine Partizipationsrechte. In der Mitgliederversammlung sind alle angeschlossenen Verbände vertreten, verfügen jedoch über ein nach der Beschäftigtenzahl der Mitgliedsunternehmen gestaffeltes Stimmrecht; die Mitgliederversammlung tagt jährlich, wählt Präsident und Vizepräsidenten, beschließt über den Haushalt und über Angelegenheiten von grundsätzlicher Bedeutung, was sich jedoch „vor dem Hintergrund der Verbandspraxis als Leerformel" erweist (Mann 1994: 47). Der Vorstand, der sich aus Präsidium und Vertretern aller Mitgliedsverbände zusammensetzt, ist ebenfalls von eher untergeordneter Bedeutung. Das eigentliche Machtzentrum liegt vielmehr bei Präsidenten, Vizepräsidenten, hauptamtlicher Geschäftsführung und Präsidium, dem u.a. auch ein Vertreter der BDA angehört (Mann 1994: 45ff.). Allerdings ist die Politik des BDI häufig geprägt von Großunternehmen, was immer wieder zu internen Konflikten geführt hat (Bührer 2000).
- Der *Bundesvereinigung der Deutschen Arbeitgeberverbände* (BDA) sind 51 Fachspitzenverbände und 14 Landesvereinigungen angeschlossen, in denen insgesamt über 1.000 rechtlich und wirtschaftlich selbständige Arbeitgeberverbände organisiert sind (Stand 2000; www.bda-online.de). Wolfgang Schroeder (1997: 227) geht dabei davon aus, daß der Organisationsgrad seit den 60er Jahren erheblich gesunken ist: Während er 1964 noch bei 66 Prozent lag, 1984 immer noch 56 Prozent betrug, war er 1994 auf 43 Prozent gefallen.[7] Wie in anderen Verbänden wählt die Mitgliederversammlung den Vorstand, in dem alle Mitgliedsverbände durch ihre Vorsitzenden unabhängig von der Größe vertreten sind, sowie den Präsidenten und das Präsidium, das aus bis zu 51 Personen bestehen kann (www.bda-online.de). Die BDA versteht sich als sozialpolitische Interessenvertretung der Unternehmen gegenüber Staat und Gewerkschaften, ist selbst jedoch nicht tariffähig. Gleichwohl versucht die BDA, die Tarifpolitik der ihr angeschlossenen Verbände zu koordinieren – wie etwa durch den sogenannten Tabu-Katalog, das sind Empfehlungen der BDA zur Lohn- und Tarifpolitik. Wie im BDI ist die Handlungsfähigkeit der BDA im wesentlichen abhängig von der Verbandsbürokratie, den leitenden Organen und vor allem einflußmächtigen Fachverbänden wie bspw. Gesamtmetall, was auch hier immer wieder zu internen Konflikten geführt hat.
- Der *Deutsche Industrie- und Handelstag* (DIHT) vereinigt die 82 regionalen Industrie- und Handelskammern, in denen, abgesehen von Handwerksbetrieben, freien Berufen und landwirtschaftlichen Betrieben, alle Unternehmen Pflichtmitglied sind. Er ist also die umfassendste Vertretung der Unternehmer in Deutschland, versteht sich jedoch vor allem als Repräsentant von klein- und mittelständischen Unternehmen. Die regionalen Industrie- und Handelskammern und deren Landeszusammenschlüsse, die nicht dem DIHT angeschlossen sind, besitzen vielfältige

---

7   Die BDA gibt für 2000 an: „Der Organisationsgrad ist in den auf der freiwilligen Mitgliedschaft beruhenden Arbeitgeberverbänden unverändert sehr hoch. Etwa 75 Prozent der Unternehmen mit 80 Prozent der Belegschaft werden in Westdeutschland über die Arbeitgeberverbände betreut" (www.bda-online.de).

Aufgaben bspw. im Bereich der Ausbildung, der Vertretung auf kommunaler und auf Landesebene.

Tabelle 1: Spitzenverbände der Wirtschaft (Stand 1995/2000; Auswahl)

	Anzahl der Untergliederungen	
	regional	fachlich
Deutscher Industrie- und Handelstag (DIHT)	82	–
Bundesverband der Deutschen Industrie (BDI)	16	35
Bundesvereinigung der Deutschen Arbeitgeberverbände (BDA)	14	51
Zentralverband des Deutschen Handwerks (ZDH)	56	52
Hauptverband des Deutschen Einzelhandels (HDE)	18	35
Bundesverband des Deutschen Groß- und Außenhandels (BGA)	16	50
Deutscher Bauernverband (DBV)	18	43
Bundesverband der Freien Berufe (BfB)	16	82
Bundesverband deutscher Banken	13	–
Deutscher Sparkassen- und Giroverband	13	–
Bundesverband der Dt. Volks- und Raiffeisenbanken	12	2
Bundesverband Deutscher Zeitungsverleger (BDZV)	12	–
Gesamtverband der Deutschen Versicherungswirtschaft (GDV)	–	5
Deutscher Hotel- und Gaststättenverband (DEHOGA)	18	–
Centralvereinigung Deutscher Handelsvertreter und Handelsmaklerverbände (CDH)	15	22

Quelle: Wiesenthal 1998: 336, teilweise aktualisiert und ergänzt.

Insbesondere in den letzten Jahren hatten die Wirtschaftsverbände eine Reihe von Integrationsproblemen zu bewältigen, die außer auf den ökonomischen Strukturwandel auch auf interne Spannungen zurückzuführen sind. Daraus hat sich insgesamt die Frage ergeben, ob Wirtschaftsverbände langfristig in der Lage sein werden, ihre grundsätzlichen ordnungspolitischen Funktionen zu erfüllen. Insbesondere drei Problembereiche stehen dabei im Vordergrund: Erstens wird eine – regional und sektoral allerdings variierende und bisweilen dramatisierte – Verbands- und Tarifflucht von Unternehmen beobachtet, zweitens entstanden einige unabhängige Verbände oder alternative Organisationsformen, die auf eine Erosion der Wirtschaftsverbände hindeuten könnten (bspw. Mitgliedschaft in Arbeitgeberverbänden ohne Tarifbindung), und drittens verschärften sich inner- und zwischenverbandliche Konflikte, die sogar zu Austritten führten.[8] Insgesamt bedeutet dies, daß die Wirtschaftsverbände über ein differenziertes, arbeitsteiliges und kooperatives Verbandswesen verfügen, dessen zwischen- und innerverbandliche Strukturen jedoch einem erhöhten Anpassungs- und Wandlungsprozeß ausgesetzt sind (Bührer/Grande (Hrsg.) 2000).

---

8   So ist die Spaltung des *Bundesverbandes der pharmazeutischen Industrie* 1993 auf innerverbandliche Auseinandersetzungen zurückzuführen; ebenso trugen Konflikte über die Allgemeinverbindlichkeit des Tarifvertrages in der Bauindustrie zum Austritt von zwei Verbänden aus der BDA bei; schließlich vertreten BDI, DIHT und BDA unterschiedliche Auffassungen über Tarifpolitik und Tarifautonomie.

Gewerkschaften

Dominiert wird die Gewerkschaftslandschaft vom *DGB* und den ihm angeschlossenen elf Fachverbänden, die auch auf Kreis-, Landes- und Bundesebene jeweils die Vorstände wählen und auf dem alle vier Jahre stattfindenden Bundeskongreß, dem „Parlament der Arbeit", nach der Zahl ihrer individuellen Mitglieder vertreten sind. Zusammen mit dem Geschäftsführenden Bundesvorstand bilden die Vorsitzenden der Einzelgewerkschaften den Bundesvorstand, die auch im Bundesausschuß, dem höchsten Gremium zwischen den Kongressen, vertreten sind. Den Einzelgewerkschaften kommt damit eine zentrale Bedeutung im DGB zu, der Kostgänger seiner Mitgliedsverbände ist und der seit seiner Gründung 1949 einen Funktions- und Einflußverlust erfahren hat, der sich durch die Strukturreform nach 1990 und die in den letzten Jahren zu beobachtenden Fusionen[9] noch verstärkt hat.

Prägend für Politik, Funktionen und Strukturen des DGB sind vor allem die großen Gewerkschaften (IGM, ÖTV, IG BCE), die nicht oder nur teilweise von Dienstleistungen des DGB (wie vor allem Rechtsberatung, Schulungsangebote) abhängig sind. Das läßt sich an vielen Beispielen verdeutlichen: So macht die IG Metall ihre eigenständige Rentenpolitik; Jurisdiktionskonflikte, für deren Schlichtung der DGB eine Schiedsstelle besitzt, wurden entweder über Zusammenschlüsse oder durch gesonderte Vereinbarungen zwischen den betroffenen Gewerkschaften beigelegt; die Gewerkschaften verfolgten teilweise unterschiedliche tarifpolitische Strategien etc. Also auch hier sind die Abgrenzung der Verbandsdomänen, die Arbeitsteilung und die Kooperationsformen in Bewegung, zumal die durch die Fusionen entstandenen Multigewerkschaften, die über keine industriespezifische Grundlage verfügen, die Funktionskonkurrenz zwischen Einzel- und Dachverband und das ohnehin bestehende Macht- und Einflußgefälle innerhalb des DGB dynamisieren.

Hinzu kommen beträchtliche Mitgliederverluste, eine teilweise überalterte Mitgliedschaft sowie eine Mitgliederstruktur, die nur zögernd dem ökonomischen Wandel folgt. Allein zwischen 1990 und 1997 hat der DGB im Westen über 13 Prozent und im Osten über 52 Prozent seiner Mitglieder verloren. Das sind zwar noch keine bestandsgefährdenden Ausmaße, doch hat der nach 1991 kontinuierliche Mitgliederrückgang vielfältige interne Probleme verursacht. Die Mitgliederstruktur ist noch immer dominiert vom Typus des „männlichen deutschen Facharbeiters"; Frauen, Angestellte und Beschäftigte des tertiären Sektor sind, gemessen an der Beschäftigtenstruktur, weiterhin stark unterrepräsentiert. Zurückzuführen sind diese Probleme, abgesehen von den Verlusten in Ostdeutschland, auf das Verschwinden traditioneller Arbeitermilieus, auf einen säkularen Wandel zur Dienstleistungsgesellschaft und auf den Rückgang der verarbeitenden Industrie. Gewerkschaften haben allerdings versucht, sich durch Struktur- und Programmreformen, den Ausbau individueller Dienstleistungen und durch Fusionen auf die sich wandelnden Rekrutierungsvoraussetzungen einzustellen.

---

9   Dem DGB waren 1990 noch 16 Gewerkschaften angeschlossen; im Jahre 2000 sind es elf, und die vorgesehene *Vereinigte Dienstleistungsgewerkschaft* (ver.di) wird die Anzahl 2001 voraussichtlich auf acht sinken lassen.

Tabelle 2: Mitgliederentwicklung des DGB (1950-1998)

| | Mitglieder (in 1.000) | Organis.-grad (brutto, %) | Frauen (in %) | Anteile der ... an allen Mitgliedern | | | |
				[b]Jugend (in %)	Arbeiter (in %)	Angestellte (in %)	Beamte (in %)
1950	5.278.585	37,80	15,93	–	83,15	10,36	6,49
1960	6.378.820	31,49	17,14	–	80,65	11,31	8,04
1970	6.712.547	30,17	15,30	14,34	75,81	14,69	9,50
1980	7.882.527	32,99	20,25	14,63	68,21	21,04	10,76
1990	7.937.923	31,18	24,43	13,19	66,63	23,32	10,05
1995	9.354.670	28,74	30,59	7,00	61,22	28,34	8,00
1998	8.310.783	26,02	30,49	6,87	59,69	29,26	7,48

a) Bis 1959: Stichtag der 30.9, danach jeweils der 31.12.; bis 1990: Bundesgebiet einschließlich West-Berlin, ab 1957 mit Saarland, ab 1995 mit neuen Bundesländern.

b) In der Regel Mitglieder unter 25 Jahren, allerdings gibt es in einzelnen Gewerkschaften davon abweichende Bestimmungen. Die Angabe für 1998 ist nicht mit den Vorjahren vergleichbar.

Quellen: Mielke/Vilmar 1983: 355; www.dgb.de; www.bma.de; Zahn 1993: 297; eigene Berechnungen.

Agrarpolitische Verbände

Die „agrarische Dreieinigkeit" (Theodor Eschenburg) von *Deutschem Bauernverband* (DBV), *Deutschem Raiffeisenverband* und *Verband der Landwirtschaftskammern* sicherte den Landwirten bisher einen erheblichen politischen Einfluß. Dominiert wird diese Dreieinigkeit vom DBV, der vor allem über personelle Verflechtungen faktisch ein Repräsentationsmonopol in diesem Bereich besitzt (Heinze 1992: 55f.; Ackermann 1970: 29ff.) Die *Landwirtschaftskammern*, denen die Landwirte als Zwangsmitglied angeschlossen sind,[10] sind vor allem für Beratung, Förderung und Ausbildung zuständig, die Mitglieder des über 10.000 Genossenschaften repräsentierenden *Deutschen Raiffeisenverbandes* fördern genossenschaftliche Einrichtungen, und der DBV macht als wirtschaftspolitische Interessenvertretung immer wieder von sich reden (Ullmann 1988: 247ff.; Ackermann 1970: 29ff.; Heinze 1992: 54ff.). Koordiniert wird die Politik der agrarpolitischen Verbände im *Zentralausschuß der deutschen Landwirtschaft,* dem darüber hinaus noch die *Deutsche Landwirtschaftsgesellschaft* angehört.

Dem DBV angeschlossen sind als ordentliche Mitglieder die Landesbauernverbände, der *Bund der deutschen Landjugend,* der *Deutsche Raiffeisenverband* und der *Bundesverband landwirtschaftlicher Fachschulabsolventen*; darüber hinaus besitzen mehr als 40 Fachverbände den Status von assoziierten Mitgliedern. Der DBV, der ebenso wie die meisten anderen Spitzenverbände in Deutschland einer Reihe von europäischen und internationalen Organisationen angehört, besitzt einen vergleichsweise einfachen Aufbau, der trotz eines Bedeutungsgewinnes fachlicher Strukturen einem regionalen Organisationsprinzip folgt und in dem die Landesverbände über einen entscheidenden Einfluß verfügen. Sie beschicken die Mitgliederversammlung, sind im Präsidium mit nach Beiträgen gewichtetem Stimmrecht vertreten, verfügen nicht selten über einen weit größeren Apparat als der Bundesverband, und die Präsidenten benötigten bisher

---

10 In Bayern und Baden-Württemberg existieren keine Landwirtschaftskammern, deren Funktionen werden vom jeweiligen Landesbauernverband übernommen, der in Bayern als öffentlich-rechtliche Körperschaft konstituiert ist.

immer einen starken Landesverband als Hausmacht. Die Mitgliederversammlung ist im DBV bloßes „Akklamationsorgan" (Ackermann 1970: 32), dem keine oder nur geringe Bedeutung zukommt (Heinze 1992: 57ff.).

Der DBV besitzt dabei einen hohen Organisationsgrad, der in manchen Landes-verbänden die 90 Prozent übersteigt, und er verfügt über einen beträchtlichen politi-schen Einfluß, wobei er insbesondere enge Beziehungen zur CDU und zur CSU sowie zur FDP unterhält. Allerdings haben sich innerhalb des DBV erhebliche Integrations- und Kohäsionsprobleme ergeben. Insbesondere zwei Konfliktbereiche stechen dabei hervor: zum einen Interessenkonflikte zwischen den landwirtschaftlichen Großbetrie-ben vor allem in Norddeutschland und den eher kleinen oder als Nebenerwerb unter-haltenen Betrieben in Süddeutschland; zum anderen haben Auseinandersetzungen über ökologische Fragen zu Neugründungen geführt, die bisher jedoch die Vormachtstel-lung des DBV in diesem Politikfeld nicht in Frage stellen konnten (Heinze 1992: 68ff.).

4.2. Verbände im Bereich des Sozial- und Wohlfahrtsstaates

Obwohl Martin Sebaldt (1997: 146) diesen Bereich als „von hoher Konfliktintensität" geprägt sieht, ist er dominiert von wenigen einflußreichen Verbänden. Die wichtigsten sind der *Deutsche Caritasverband (DCV)*, das *Diakonische Werk (DW)*, der *Deutsche Paritätische Wohlfahrtsverband (DPWV)*, das *Deutsche Rote Kreuz (DRK)* und die *Ar-beiterwohlfahrt (AWO)*,[11] die sich zusammen mit der ZWJD in der *Bundesarbeitsge-meinschaft der Freien Wohlfahrtsverbände* (BAGFW) ein Koordinationsgremium ge-schaffen haben. Interne Strukturen, weltanschauliche Basis und Arbeitsschwerpunkte der Wohlfahrtsverbände variieren dabei teilweise erheblich (vgl. zum folgenden v.a. Boeßenecker 1998).

* Die beiden größten Verbände, DCV und DW, sind Organisationen, deren Selbst-verständnis religiös geprägt ist und in denen die beiden Kirchen einen entschei-denden Einfluß auf Willensbildung und Entscheidungsfindung besitzen, auch wenn das DW und seine fachlichen und räumlichen Untergliederungen – die im übrigen dem Aufbau der EKD und nicht des politisch-administrativen Systems folgen – über eine relativ große Eigenständigkeit verfügen.
* Im Gegensatz zu diesen heteronom geprägten Organisationen ist die AWO als „Mitgliedsorganisation" (Boeßenecker 1998: 121) zu bezeichnen, die über interne Strukturen und ihre Politik eigenständig bestimmt. Ihr Selbstverständnis ist geprägt von einer sozialdemokratischen Tradition. Danach sind soziale Fürsorge und Wohlfahrtspflege grundsätzlich staatliche Aufgaben. Die AWO setzt ihre Schwer-punkte auf eine präventive Sozialpolitik, die in der Hilfe zur Selbsthilfe ihr zentra-les Motiv sieht und die den Betroffenen Möglichkeiten zur Selbstorganisation bie-ten will.
* Auch der DPWV geht auf Vorläufer der Weimarer Republik zurück, obwohl er formal erst 1950 gegründet wurde. Er gilt als „Lumpensammler der Sozialarbeit" (Boeßenecker 1998: 134), der über 8.500 Mitgliedsorganisationen besitzt, die dem DPWV mittelbar über 153 überregionale und 15 Landesverbände angeschlossen

---

11 Auf die *Zentralwohlfahrtsstelle der Juden in Deutschland (ZWJD)* wird im weiteren aufgrund der relativ geringen Bedeutung des Verbandes nicht eingegangen.

sind. Er verfügt nur über geringe Kompetenzen, hat keine eigenständige Programmatik von Sozialarbeit entwickelt und ist nicht in der Lage, Mitgliedsorganisationen entscheidungsrelevant zu beeinflussen. Er stellt ihnen im wesentlichen Dienstleistungen zur Verfügung und vertritt deren Interessen gegenüber anderen Verbänden und der Politik. Gleichwohl ist er vor allem deswegen von Bedeutung, weil
sich ihm viele der in 70er und 80er Jahren gegründeten Selbsthilfeorganisationen
anschlossen und so sukzessive in das etablierte System Freier Wohlfahrtspflege
integriert werden konnten.

- Schließlich ist als weiterer Dachverband das DRK zu erwähnen, das 1921 entstand,
  das weitgehend parallel zum Aufbau des politisch-administrativen Systems strukturiert und in die Arbeit des *Internationalen Roten Kreuzes* eingebunden ist.

Im internationalen Vergleich schreibt Josef Schmid den deutschen Wohlfahrtsverbänden zu Recht einen Sonderstatus zu (Schmid 1996: 195ff.). Sie zeichnen sich dabei dadurch aus, daß sie sowohl Interessenvertretung als auch Leistungserbringer sind, d.h.
sie erfüllen gleichzeitig politische und ökonomische Aufgaben: Als Interessenvertretungsorgane sind sie Lobby ihrer Verbände oder Mitglieder und repräsentieren advo-
katorisch eine durchaus heterogene Sozialstaatsklientel gegenüber dem politischen System. Darüber hinaus erbringen sie Dienstleistungen in erheblichem Umfang, und ihre
ökonomische Bedeutung ist beachtlich.[12] Dieser ökonomische Beitrag der Wohlfahrtsverbände hat in den letzten Jahren an Bedeutung gewonnen und konfligiert teilweise
mit der Interessenvertretungsfunktion und dem Selbstverständnis der Verbände (Heinze et al. 1997; Seibel 1992; Rauschenbach et al. (Hrsg.) 1995).

Neben Wohlfahrtsverbänden existiert eine große Anzahl weiterer sozialpolitischer
Verbände und Organisationen, wie etwa Arbeitslosen-, Jugend-, Senioren- oder Behindertenverbände. Die lange Zeit in der sozialwissenschaftlichen Verbandsforschung ge-
pflegte Auffassung eines „Kartells" von wenigen Wohlfahrtsverbänden, die über eine
festgelegte Arbeitsteilung verfügen, neuen Organisationen den Zutritt zu diesem Bereich verwehren und die „Betroffenen" von einer eigenständigen Interessenvertretung
ausschließen, ist also zumindest zu relativieren. Auch in diesem Bereich ist von einem
komplexen Prozeß sozialpolitischer Interessenvermittlung auszugehen, die gleichwohl
geprägt ist von fünf großen Wohlfahrtsverbänden (Winter 1997).

4.3. Neue soziale Bewegungen

Gemeinhin zählen zu neuen sozialen Bewegungen neben anderen die Frauen-, die
Friedens- und die Umweltbewegung. Von den alten sozialen Bewegungen unterscheiden sie sich, weil: sie auf einem „postmaterialistischen" Werteverständnis beruhen, sie
dezentral und wenig formal organisiert sind, sie direkte und unkonventionelle Formen
der Partizipation einsetzen und sie sich sozial vor allem auf die neuen Mittelklassen
stützen (Lemke 1999: 441ff.; Roth/Rucht (Hrsg.) 1991; Rucht 1991; Klein et al.
(Hrsg.) 1999). Allerdings haben sich die neuen sozialen Bewegungen, die meist verbandliche Vorläufer aufweisen, die bis in das 19. Jahrhundert zurückreichen, zwischenzeitlich

---

12 Die sechs Wohlfahrtsverbände beschäftigten 1995/6 in ihren Einrichtungen ca. 1,1 Mio. Menschen in über 93.000 Einrichtungen. In der Jugendhilfe wurden 1996 47 Prozent der Einrichtungen von einem Wohlfahrtsverband unterhalten, bei Alten- und Behindertenheimen waren es 62
   Prozent und bei Krankenhäusern immerhin noch 40 Prozent (Backhaus-Maul 2000: 24f.).

bereits zu einem Großteil institutionalisiert und in die zu Beginn kritisierten tradierten Strukturen integriert. Gleichzeitig weiteten die „etablierten" Verbände ihre Forderungsprofile aus und veränderten ihre Handlungs- und Partizipationsformen. Neue und alte soziale Bewegungen zeigen also komplementäre und sich gegenseitig ergänzende Entwicklungsmuster. Das gilt zumindest für die Umwelt- und die Frauenbewegung.

Für den Bereich Natur- und Umweltschutz zählt Sebaldt (1997: 129ff.; vgl. auch Leonhard 1986) insgesamt 33 Organisationen, die sich zwischen 1974 und 1994 in der Lobbyliste des Bundestages registrieren ließen (fünf davon sind allerdings wieder verschwunden). Das Spektrum reicht dabei von der *Ameisenschutzwarte NRW*, über *Greenpeace* und den BUND bis bin zum *Deutschen Naturschutzring* (DNR), in dem 108 Mitgliedsverbände (Stand 2000) vertreten sind, die selbständig in der Lobbyliste registriert sein können. Die Eigenständigkeit der Mitglieder weist den DNR als Instanz aus, die ihre heterogene Mitgliedschaft nur bedingt integrieren und nur soweit koordinieren kann, soweit es die Einzelverbände zulassen.

Das Mitgliederspektrum des DNR reicht von traditionellen, dem Naturschutzgedanken verbundenen Verbänden bis hin zu Vertretern der neuen, „politischen" Umweltschutzbewegung. Ein eher klassischer Verband stellt beispielsweise der *Naturschutzbund Deutschland e.V.* (NABU) dar. Er geht auf den 1899 von Lina Hähnle gegründeten *Bund für Vogelschutz* zurück, besaß im April 2000 ca. 268.000 Mitglieder in ca. 1.500 Orts-, Kreis- und Fachgruppen. Wie der DNR und andere Naturschutzverbände weitete der NABU seit den 80er Jahren seine Aktivitäten und sein Programm aus. Der früher auf Vogelschutz (bspw. durch die jährliche Kür eines „Vogels des Jahres") und die Einrichtung von Naturschutzgebieten (teilweise durch den Kauf entsprechender Gebiete) konzentrierte Verband versucht zunehmend, auf politische Entscheidungsprozesse einzuwirken und sich programmatisch neu zu positionieren (für Tempo 100, gegen Atomkraft, für die Aufnahme eines Staatsziels Umweltschutz etc.). Der BUND wiederum, der *Bund für Umwelt und Naturschutz e.V.*, entstand 1975, versteht sich als „Bürgerbewegung", ist gleichwohl Mitglied im DNR. Er besitzt ca. 230.000 Mitglieder in 2.100 Orts- und Kreisgruppen, er ist föderativ aufgebaut, wobei die 16 Landesverbände eigenständig über ihre auf der Landesebene zu verfolgende Politik entscheiden. Programmatisch schloß der BUND bei seiner Gründung 1975 eher an die etablierten Naturschutzverbände an, doch weisen ihn sein Entstehungshintergrund und seine dezentral, auf Mitgliederbeteiligung basierenden Organisationsprinzipien als Vertreter der neuen sozialen Bewegungen aus. Eindeutig dem letzten Typ kollektiven Handelns zugeordnet wird der BBU, der *Bundesverband Bürgerinitiativen Umweltschutz*, dem neben lokalen Bürgerinitiativen auch der BUND und *Greenpeace* angehören. Der BBU ist jedoch nicht mehr als ein Forum für die angeschlossenen Verbände und Bürgerinitiativen, die ihre eigene Politik verfolgen.

Die Frauenbewegung, eine der ältesten Bewegungen in Deutschland, wird ebenfalls zu den neuen sozialen Bewegungen gezählt. Sie differenziert sich organisatorisch in gewerkschaftliche Verbände, berufsständische Interessenvertretungen, politische und staatsbürgerliche Vereinigungen, kirchliche und wohltätige Organisationen sowie Frauenabteilungen von Sportverbänden. Überwiegend handelt es sich um eingetragene Vereine mit Gemeinnützigkeit, die jedoch nach Größe, finanzieller Ausstattung und Zielsetzung stark variieren. In der funktionalen, weltanschaulichen und organisatorischen Zersplitterung spiegeln sich grundsätzliche Strukturprobleme der Frauenbewegung wider: Sie ist sozial heterogen, vertritt ein kaum zu vereinheitlichendes Interessenspektrum und besitzt divergierende und zum Teil konfligierende weltanschauliche

Grundlagen. Daraus wird in der Regel eine mangelnde Organisations- und Konflikt-fähigkeit oder kurz eine „Schwächehypothese" abgeleitet (Biegler 2000). Doch haben diese Grundlagen dazu geführt, daß frauenpolitische Forderungen in allen Sektoren des Verbändesystems präsent sind und vertreten werden.

Der im Oktober 1949 gegründete *Deutsche Frauenring*, der sich 1969 in *Deutscher Frauenrat – Bundesvereinigung deutscher Frauenverbände e.V.*, umbenannte, versteht sich als Nachfolgeorganisation des 1894 gegründeten *Bundes Deutscher Frauenvereine*. Gegenwärtig sind im *Deutschen Frauenrat* 52 Frauenverbände mit ca. 11 Mio. Mitglie-dern organisiert. Oberstes Ziel des *Deutschen Frauenrates* ist die Gleichstellung von Frauen und Männern (www.deutscher-frauenrat.de). Er ist allerdings kaum in der Lage, seine Mitglieder auf eine Politik zu verpflichten (Schreiber et al. 1996: 30ff.). Die gegen und außerhalb dieser Strukturen entstandene „autonome Frauenbewegung" besitzt ihre Ursprünge in der Studentenbewegung. Obwohl ihr Beginn mit dem sogenannten „1.Weiberrat" 1968 in Frankfurt a.M. verknüpft wird, beginnt ihr Aufschwung erst mit der Debatte um den § 218 StGB Anfang der 70er Jahre. Die autonome Frauenbewegung ist vorwiegend dezentral, in lokalen Initiativen organisiert, die nur über lose und infor-melle Kontakte untereinander verbunden sind. Wie die Umweltbewegung hat sich auch die neue Frauenbewegung allerdings zunehmend institutionalisiert und sich in Landes-frauenräten und im *Deutschen Frauenrat* mit der alten Frauenbewegung verflochten (Biegler 2000: 232f.; Nave-Herz 1993: 65ff.; Schreiber et al. 1996).

4.4. Vereinigungen von Körperschaften des öffentlichen Rechts

Auch bei diesem Verbandstyp besteht eine durchaus große Bandbreite, wobei grundsätz-lich die Frage mitschwingt, inwieweit es sich bei solchen Verbänden um Interessenorga-nisationen handelt, da sie keine gesellschaftlichen Interessen, sondern Körperschaften des öffentlichen Rechts organisieren und vertreten. Darunter fallen auch die kommunalen Spitzenverbände, auf die im weiteren eingegangen wird. Die kommunalen Spitzenver-bände, also der *Deutsche Landkreistag* (DLT), der *Deutsche Städtetag* (DST) und der *Deutsche Städte- und Gemeindebund* (DStGB), vertreten die Interessen der Gemeinden und Landkreise.[13] Ihre Entstehung, Geschichte und Organisationsstrukturen sind geprägt durch: die spezifische Mitgliederbasis und durch Veränderungen und Strukturen des po-litisch-administrativen Systems. Kommunale Spitzenverbände besitzen einen hohen Or-ganisationsgrad, der beim DLT 100 Prozent erreicht, sie sind in einer großen Anzahl von Beiräten, Kommissionen und Ausschüssen vertreten, verfügen über enge personelle Be-ziehungen zum Staatsapparat und zu den Parteien, gelten als mit hohem Sachverstand ausgestattet, und ihre Mitglieder sind für die Umsetzung der meisten politischen Pro-gramme zuständig (Jaedicke/Wollmann 1999; Reutter 2001).

Der DST, der wichtigste kommunale Spitzenverband, vertritt vor allem die kreis-freien Städte, aber grundsätzlich können alle deutschen Städte dem Verband unmittel-bar beitreten, zudem ist eine Reihe kreisangehöriger Gemeinden dem *Städtetag* ange-schlossen. Darüber hinaus gehören dem *Städtetag* die Landesverbände (was Doppel-mitgliedschaften ermöglicht) sowie einige Zweckverbände und andere Vereinigungen an. Als Mitglieder hatte der DST im Jahre 2000 neben den gegenwärtig neun Landes-

---

13 Darüber hinaus existiert eine Reihe weiterer Kommunalverbände oder von Gemeinden und Land-kreisen dominierte Verbände wie etwa die *Vereinigung der kommunalen Arbeitgeberverbände* oder der *Deutsche Verein für öffentliche und private Fürsorge*.

verbänden 256 Städte direkt sowie mehr als 5.700 Gemeinden als mittelbare Mitglieder über die Landesverbände registriert (www.staedtetag.de). Die kreisangehörigen Städte waren bis 1973 dem *Deutschen Städtebund* angeschlossen, der sich 1973 mit dem *Deutschen Gemeindetag* zum DStGB zusammenschloß, in dem vor allem kreisangehörige Städte und Gemeinden repräsentiert sind und dem 16 Landesverbände angehören. Der Zusammenschluß geht im wesentlichen auf die kommunale Gebietsreform von 1973 zurück. Seit 1990, d.h. mit der Aufnahme ostdeutscher Landesverbände, die als Einheitsverbände sowohl kreisangehörige als auch kreisfreie Gemeinden organisieren, besitzt der DStGB auch kreisfreie Städte als mittelbare Mitglieder. Auch der DLT ist föderal aufgebaut. Er beruht in der Zwischenzeit auf 13 Landesverbänden, die alle 323 Landkreise in der Bundesrepublik Deutschland organisieren. Die spezifische Mitgliederbasis und der Aufbau des politisch-administrativen Systems der Bundesrepublik wirken dabei in allen drei Verbänden strukturbildend, wobei parteipolitische Überlegungen bei der Besetzung von Ämtern eine eminent wichtige Rolle spielen.

Grundlegendes Ziel der kommunalen Spitzenverbände ist, das Selbstverwaltungsrecht der Gemeinden und Landkreise zu bewahren und zu stärken. Die kommunalen Spitzenverbände sind in nahezu allen Politikfeldern präsent. Dieses Spektrum reicht von der Gesundheitspolitik über die Medienpolitik und die Infrastrukturpolitik bis hin zur Asylpolitik. Institutionell sind sie dabei über § 25 GGO II privilegiert, da ihnen alle Gesetzentwürfe, „durch die Belange der Gemeinden berührt werden, ... möglichst frühzeitig zugeleitet werden" sollen. Diese Privilegierung begründet sich daraus, daß die Mitglieder der kommunalen Spitzenverbände für die Umsetzung der meisten Gesetze zuständig sind und daß grundsätzlich unterstellt wird, daß Gebietskörperschaften allgemeine Interessen repräsentieren.

5. Verbände und Staat: Machtasymmetrien, selektive Kooperation und Inkorporierung

Die Beziehungen zwischen Verbänden und Staat ausschließlich als säkulare „Tendenz zur Inkorporierung" (Ullmann 1988: 278) zu verstehen, greift zu kurz. Eine solche Interpretation ist zwar zutreffend für gesellschaftliche Großorganisationen, aber die Beteiligungsformen variieren zwischen Politikfeldern und Verbandstypen. Verbände nehmen in divergierenden Formen, mit unterschiedlichen Mitteln und unterschiedlicher Intensität Einfluß auf Parlament, Regierung, Verwaltung, Parteien und Öffentlichkeit (Beyme 1980: 134ff.; Weber 1976: 187ff.). Kennzeichnendes Merkmal ist darüber hinaus ein deutliches Macht- und Einflußgefälle zwischen Verbänden, das im Zeitablauf gleichzeitig einen Wandel erfahren hat.

Primäre Adressaten verbandlicher Einflußnahme sind die staatliche Verwaltung und die politische Exekutive, und noch immer sind Sachverstand und Information die wichtigsten Ressourcen von Verbänden (Sebaldt 1997: 254ff.; Schmölders 1965). Erst danach folgen Parlament und Parteien als Einflußadressaten, die vor allem für die Verbände von Bedeutung sind, die zur Ministerialbürokratie keinen Zugang besitzen. Medienpräsenz und Strategien, die auf eine breite Öffentlichkeit zielen, sind daher keineswegs zwingend Ausweis für organisatorische Handlungsfähigkeit. Im Gegenteil, vielmehr zeigt sich ein inverser Zusammenhang. Danach rekurrieren diejenigen Organisationen verhältnismäßig wenig auf das Druckmittel „Öffentlichkeit", die über institutionalisierte und formalisierte

Einflußkanäle zur Politik und zur staatlichen Verwaltung verfügen. Je „... besser die Zugangschancen zum Regierungssystem, desto eher ist ein Verband bestrebt, die stillen, direkten Wege zur Aushandlung seiner Interessen zu nutzen und diese Wege nicht über das Herstellen von Öffentlichkeit zu gefährden" (Hackenbroch 1998: 151).

5.1. Regierung und Verwaltung

Bundesministerien und Regierung gehören zu den wichtigsten Einflußadressaten von Verbänden. Dieser vielfach bestätigte Befund spiegelt wider, daß Verbände möglichst frühzeitig auf politische Willensbildungsprozesse einwirken müssen, wollen sie ihre Forderungen wirkungsvoll vertreten. Haben Gesetzentwürfe einmal das Stadium des Referentenentwurfs hinter sich gelassen, sind sie häufig nur noch schwer zu ändern. Verbände müssen also daran interessiert sein, auf Dauer angelegte, formalisierte Beziehungen zur Exekutive zu unterhalten. Besonders bedeutend haben sich dabei personelle Verflechtungen und institutionalisierte Beteiligungsformen in Beiräten und Kommissionen herausgestellt.

Tabelle 3: „Korporative Gremien" nach Süllow/Forchheim (Stand 1981)

	Anzahl aller Gremien		Zahl der Gremien mit Gewerkschaftsbeteiligung	
	(abs.)	(%)	(abs.)	(%)
bei Bundesministerien	154	54,0	55	41,4
bei nachgeordneten Bundesbehörden	56	19,7	26	19,5
bei parastaatlichen Institutionen	75	26,3	52	39,1
insgesamt	**285**	**100,0**	**133**	**100,0**

Quelle: Süllow/Forcheim 1981: 108 und 111.

Ministerialbürokratie und Verbändesystem sind in hohem Maße personell verflochten. So stellte Bodo Benzner (1989: 156f.), der personelle Verflechtungen der bundesstaatlichen Ministerialbürokratie und gesellschaftlichen Interessengruppen für den Zeitraum zwischen 1949 und 1984 untersucht hat, einen Verflechtungsgrad von fast 70 Prozent fest. Allerdings variierten die Verflechtungen sektoral und nach der Hierarchieebene. Im Vergleich zu den ökonomischen Interessengruppen wiesen die meisten anderen Verbände einen relativ geringen Verflechtungsgrad auf (Benzner 1989: 180). Im Detail bisweilen davon abweichend, in den Grundtendenzen jedoch ganz ähnliche Muster zeigt die Beteiligung von Verbänden in Beiräten und im Parlament.

In Bundesministerien können Beiräte, Kommissionen etc. eingerichtet werden, die allerdings nicht als Einflußkanäle für Interessengruppen gedacht sind. Gleichwohl gelten Beiräte als die „fortgeschrittenste Form einer institutionalisierten Einflußnahme auf die Ministerialverwaltung" (Weber 1976: 277) und als Belege für die Herausbildung korporatistischer Strukturen. Die aktuelle Zahl der Beiräte und Kommissionen bei Ministerien ist nicht bekannt. Süllow/Forchheim (1981: 65), die die Beteiligung von Gewerkschaften in „korporativen Gremien" untersuchten, zählten Anfang der 80er Jahre 285 solcher Institutionen. Darüber hinaus stellten sie eine „vertikale Durchdringung der staatlichen Administration mit korporativen Gremien" fest, die auf allen Ebenen des politisch-administrativen Systems angesiedelt sind (Süllow/Forchheim 1981: 109). Hinzu kommt eine „Selektivität korporatistischer Beteiligungsstrukturen", da den „großen und mächtigen

Interessenorganisationen ein privilegierter Zugang zugestanden (wird). Während in der
Regel nur ausgesprochenen Fachvertretern ein Mitgliedsrecht eingeräumt wird, werden
die Vertreter der organisierten Arbeitnehmer- und Unternehmerschaft auch zu Gremien
beigezogen, die nicht unmittelbar im Interessenbereich dieser Gruppen liegende Themen
und Probleme behandeln." (Süllow/Forchheim 1981: 115) Gleichwohl ist hervorzuheben,
daß die meisten dieser Gremien nur beratende Funktion besitzen, sie dienen also dazu,
den politischen Willensbildungsprozeß zu beeinflussen, können ihn jedoch weder ersetzen noch Entscheidungskompetenz beanspruchen (Süllow/Forchheim 1981: 55). Insoweit
ist der korporatistische Gehalt solcher Beteiligungsformen zu relativieren.

5.2. Parlament und Parteien

Der Bundestag spielt als Einflußadressat für Verbände lediglich eine nachgeordnete
Rolle, allerdings rangiert er in der Einschätzung der Verbandsvertreter noch deutlich
vor den Parteizentralen (Sebaldt 1997: 254ff.).[14] Im Bundestag sind, gemäß ihrer Bedeutung in „Arbeitsparlamenten" vor allem Ausschüsse und Fraktionen die wichtigsten
Foren für verbandlichen Lobbyismus. In Ausschüssen kann Kontaktpflege betrieben,
die Verbandsposition dargestellt und unter Umständen noch eine Änderung der Geset-
zesvorlage erreicht werden. Mit Rudolf Steinberg (1989: 224) läßt sich festhalten, daß
„... der Bundestag je nach konkreter Entscheidungsstruktur ein mehr oder weniger
wichtiger Adressat des Verbandseinflusses ist, daß darüber hinaus der Bundestag als
Inhaber der formalen Gesetzgebungskompetenz niemals ganz von den Verbänden außer acht gelassen werden darf."
   Die „Verbandsfärbung" des Deutschen Bundestages zeigt dabei im Zeitablauf
deutliche Veränderungen. Sie ist in der 12. Legislaturperiode auf unter 40 Prozent gesunken, wobei der Anteil von Vertretern von Vereinigungen des Wirtschafts- und Ar-
beitsbereichs und hier vor allem von Arbeitnehmerorganisationen und mittelständischer Verbände zurückgegangen ist. Absolut und relativ gestiegen ist dagegen die Zahl
der Vertreter von Vereinigungen aus den Bereichen Kultur, Wissenschaft, Religion
und Politik sowie aus dem Sozialbereich (das sind u.a. Wohlfahrts-, Jugend-, Geschä-
digten- und Frauenverbände).
   Fraktionen und Ausschüsse weisen typische Profile und Schwerpunkte auf, wobei
sich die personellen und organisatorischen Verflechtungen zwischen Verbänden und
Parteien niederschlagen. So besitzt die CDU/CSU-Fraktion überdurchschnittlich viele
Vertreter von Vertriebenenverbänden, Unternehmerverbänden, Mittelstandsorganisa-
tionen, Sportvereinen, katholischen Organisationen und vom Bauernverband, während
die SPD bei DGB-Gewerkschaften, sozialpolitischen Interessenvertretern und evangelischen Organisationen ihre Schwerpunkte hat. Die FDP konzentriert sich dagegen auf
wirtschafts-, agrar- und umweltpolitische Vereinigungen, während die Fraktion von
B'90/Die GRÜNEN vor allem mit Umweltorganisationen und ideell-politischen Vereinigungen verflochten ist; von letzteren und von DGB-Gewerkschaften hatte auch die
PDS-Fraktion überdurchschnittlich viele Vertreter (Ismayr 2000: 73f.).

---

14 Auf den Bundesrat wird nicht eingegangen. Als direkter Einflußadressat ist er aufgrund seiner
    Zusammensetzung und Arbeitsweise nicht zugänglich; Verbände können allerdings versuchen,
    über Länderbürokratien und -regierungen die Bundespolitik via Bundesrat zu beeinflussen.

Tabelle 4: Verbandsfärbung[a] des Deutschen Bundestages

| Wahlperiode[b] | Vereinigungen im/von | | | | | | | | | | | Vertreter aller Interessenverbände | |
| | Wirtschafts- und Arbeitsbereich | | Sozialbereich | | Freizeitbereich | | Bereich Kultur, Wissenschaft, Religion, Politik | | Körperschaften des öffentlichen Rechts | | | |
	abs.	%	abs.	%	abs.	%	abs.	%	abs.	%	abs.	%
7. WP ('72-76)	159	30,7	47	9,1	6	1,2	26	5,0	13	2,5	251	48,5
8. WP ('76-80)	144	27,8	48	9,3	8	1,5	61	11,8	16	3,1	277	53,5
9. WP ('80-83)	168	32,4	76	14,6	10	1,9	99	19,1	5	1,0	358	69,0
10. WP ('83-87)	135	26,0	60	11,5	17	3,3	87	16,7	3	0,6	302	58,1
11. WP[c] ('87-90)	68	13,1	78	15,0	18	3,5	117	22,6	14	2,7	226	43,6
12. WP[c] ('90-94)	69	10,4	92	13,9	15	2,3	137	20,7	14	2,1	261	39,4
Btag gesamt (72-94)	**743**	**22,8**	**401**	**12,3**	**74**	**2,3**	**527**	**16,2**	**65**	**2,0**	**1.675**	**51,4**
CDU/CSU (72-94)	435	28,4	228	14,9	38	2,5	297	19,4	39	2,5	959	62,6
SPD (72-94)	252	19,0	139	10,5	29	2,2	164	12,3	22	1,7	560	42,2
FDP (72-94)	52	17,4	25	8,4	7	2,3	49	16,4	4	1,3	125	41,9
B'90/GRÜNE (83-94)	4	5,0	8	10,0	0	–	15	18,8	0	–	26	32,5
PDS (90-94)	1	5,9	2	11,8	0	–	3	17,6	0	–	6	35,3

a) Mehrfachnennungen möglich; bis 1990: einschließlich der Abgeordneten aus (West-)Berlin; 1987: Änderung der Anzeigepflichten.
b) Bei der 8. WP, Stand Juli 1979, im übrigen Beginn der Wahlperiode.
c) Zeilensummen stimmen nicht mit den Werten im Datenhandbuch überein, die gleichwohl in die Tabelle übernommen wurden.

Methodische Anmerkung: Nur ehren- und hauptamtliche Verbandsfunktionen, eine bloße Mitgliedschaft ist nicht gezählt.

Quelle: Schindler 1999: 719f., eigene Berechnungen.

Weder im Parlament noch in den Fraktionen verfügen einzelne Interessengruppen jedoch über eine mehrheitsfähige „innere Lobby". Anders sieht dies in Ausschüssen aus,
von denen manche zu Recht als „Verbandsinseln" bezeichnet werden (Weber 1980:
163ff.; Hirner 1993: 138ff.; Weßels 1987; Beyme 1997: 234ff.). Zwar bestehen keine
aktuellen Untersuchungen, so daß Veränderungen im Zeitablauf nicht identifiziert
werden können, doch lassen die Befunde aus früheren Legislaturperioden drei Schlußfolgerungen zu: (1) spezifische Ausschüsse (vor allem in den Bereichen Agrar-, Wirt-
schafts- und Sozialpolitik) sind für Verbände von besonderem Interesse und weisen eine weit überdurchschnittliche Verbandsdichte auf; (2) eine Reihe von Verbänden ist in
mehreren Ausschüssen vertreten; (3) es besteht eine höchst ungleichgewichtige Ver-
tretungsstruktur. Verbände sind dabei durchaus in der Lage, in einzelnen Ausschüssen
eine „innere Lobby" zu bilden. Doch bedeutet das keineswegs, daß „zu viele" gesellschaftliche Interessen im Parlament vertreten sind. Vielmehr läßt sich daraus auch die
Forderung ableiten, mehr gesellschaftliche Interessengruppen zu beteiligen (Mayntz
1992).

Schließlich ermöglicht die Mitwirkung an Anhörungen den beteiligten Verbänden,
ihre Vorstellungen in das parlamentarische Gesetzgebungsverfahren einzubringen, sich
als Interessenvertretung zu profilieren und Kontakte mit Politikern und anderen Organisationen zu pflegen (Sebaldt 1997: 272 und passim; Schröder 1976: 106ff.). Auch
wenn die Beteiligung von Verbänden an Anhörungen in den einzelnen Ausschüssen
durchaus variiert, zeigt sich insgesamt, daß ein breites Spektrum von Interessenorganisationen im Parlament vertreten ist, sich jedoch auch hier Machtasymmetrien und
rechtliche Privilegierungen niedergeschlagen haben.

6.   Perspektiven

Zwar ist die Bundesrepublik Deutschland zu Recht nie zu den stark korporatistischen
Ländern gezählt worden, dennoch ist die Bedeutung von Verbänden für die Steue-
rungs- und Integrationsfähigkeit des politisch-administrativen Systems kaum zu überschätzen. Verbände nehmen maßgeblich an der politischen Willensbildung teil, erfüllen eigenständig öffentliche Aufgaben oder sind an der Umsetzung staatlicher Programme beteiligt. Dieser vielfach bestätigte Befund darf allerdings nicht darüber
hinwegtäuschen, daß die einzelnen Sektoren des Verbändesystems durchaus divergie-
ren und das System funktionaler Interessenvermittlung einem großen Wandlungs- und
Anpassungsdruck ausgesetzt ist, der auch in anderen Ländern beobachtet wird. Neben
vereinigungsbedingten Veränderungen stellen vor allem die europäische Integration
und der gesellschaftliche Wertewandel das Verbändesystem vor neue Herausforderungen.

Festzuhalten ist dabei, daß das Verbändesystem in Deutschland in toto nur bedingt
einzuordnen ist. Die sektoralen Strukturen funktionaler Interessenvermittlung variieren
und sind durch sehr unterschiedliche Formen der zwischenverbandlichen Koordination
und Aufgabenteilung charakterisiert. So nimmt beispielsweise der DBV über informelle
Regelungen und personelle Verflechtungen eine Monopolstellung im Bereich der Agrarpolitik ein, während die Wirtschaftsverbände einen begrenzten Pluralismus aufweisen
und der DGB trotz seiner formalen Dominanz als Einheitsorganisation nur beschränkt in
der Lage ist, seine mächtigen Mitgliedsverbände auf eine spezifische Politik zu ver-

pflichten. Allein der DBV kann für sich daher in Anspruch nehmen, die agrarpolitische Interessenvermittlung zu beherrschen. Ganz anders strukturiert ist dagegen das System funktionaler Interessenvermittlung im Bereich des Umweltschutzes und der Frauenbewegung. Die zumeist den neuen sozialen Bewegungen zugerechneten Sektoren sind organisatorisch stark zersplittert und verfügen auf Bundesebene allenfalls über Koordinationsinstanzen. Gleichwohl lassen sich in diesen Bereichen deutliche Tendenzen zur Institutionalisierung und Integration in etablierte Strukturen ausmachen. Der gesellschaftliche Wertewandel und die „partizipatorische Revolution" haben also keineswegs eine Erosion des Verbändesystems eingeleitet und etwa eine Substitution formalisierten und organisierten kollektiven Handelns durch informelle und direkte Beteiligungsformen mit sich gebracht. Vielmehr lassen sich die Veränderungen als Modernisierungs- und Anpassungsprozesse begreifen. Einen nicht unbeträchtlichen Beitrag zu dieser Modernisierung leisteten dabei vielfach Verbände aus den neuen Bundesländern, in denen neue Organisationsstrukturen etabliert und Konzepte experimentell eingeführt werden konnten, die dann unter Umständen auf die alten Bundesländer übertragen wurden.

Zwischenzeitlich verfügen alle Verbandssektoren auch über internationale oder europäische Vertretungsorgane. Obgleich dies keineswegs neue Phänomene darstellen und manche Diskussion über die Möglichkeiten europäischer oder gar globaler Interessenvertretung von einem normativen Überschuß geprägt scheint, stellen Europäisierung und Globalisierung die wohl größten Herausforderungen in naher Zukunft für das bundesdeutsche Verbändesystem dar (Grande 2000). Der Aufbau europäischer Büros, die Mitgliedschaft in europäischen Verbänden und der Ausbau fachlicher Kompetenzen in diesem Bereich zeigen dabei, daß die europäische Integration erhebliche Rückwirkungen auf das nationale Verbandsgeschehen hat. Es ist also keineswegs davon auszugehen, daß eine bloße Kompetenzwanderung von der nationalen auf die europäische Ebene stattfindet. Zudem gilt auch hier, daß die europäischen Verbände von ihren Mitgliedsorganisationen abhängen. Europäische Verbände sind bisher weder autonom handlungs- noch konfliktfähig. Es ist daher keineswegs ausgemacht, ob und inwieweit die europäische Integration die nationalen Grundlagen des Systems funktionaler Interessenvermittlung grundsätzlich in Frage stellen wird. Die Verbände jedenfalls scheinen in Deutschland keineswegs schlecht für diese Herausforderung gerüstet.

Abkürzungsverzeichnis

ADGB   Allgemeiner Deutscher Gewerkschaftsbund
AWO   Arbeiterwohlfahrt
BAGFW Bundesarbeitsgemeinschaft der Freien Wohlfahrtsverbände
BBU   Bundesverband Bürgerinitiativen Umweltschutz
BDA   Bundesvereinigung der Deutschen Arbeitgeberverbände
BDI   Bundesverband der Deutschen Industrie
BGB   Bürgerliches Gesetzbuch
BUND   Bund für Umwelt und Naturschutz
DBV   Deutscher Bauernverband
DCV   Deutscher Caritasverband
DGB   Deutscher Gewerkschaftsbund
DIHT   Deutscher Industrie- und Handelstag
DLT   Deutscher Landkreistag
DNR   Deutscher Naturschutzring

DPWV   Deutscher Paritätischer Wohlfahrtsverband
DRK   Deutsches Rotes Kreuz
DST   Deutscher Städtetag
DStGB Deutscher Städte- und Gemeindebund
DW   Diakonisches Werk
EKD   Evangelische Kirche Deutschlands
GG   Grundgesetz
GO   Geschäftsordnung
GGO   Gemeinsame Geschäftsordnung
IG BCE Industriegewerkschaft Bergbau, Chemie, Energie
IGM   Industriegewerkschaft Metall
NABU   Naturschutzbund Deutschland
ÖTV   Gewerkschaft Öffentliche Dienste, Transport und Verkehr
SGB   Sozialgesetzbuch
ZDH   Zentralverband des Deutschen Handwerks
ZWJD   Zentralwohlfahrtsstelle der Juden in Deutschland

Literaturverzeichnis

Ackermann, Paul, 1970: Der Deutsche Bauernverband im politischen Kräftespiel der Bundesrepublik. Die Einflußnahme des DBV auf die Entscheidung über den europäischen Getreidepreis, Tübingen: J.C.B. Mohr

Agricola, Sigurd 1997: Vereinswesen in Deutschland. Eine Expertise im Auftrag des Bundesministeriums für Familie, Senioren, Frauen und Jugend, Band 149, Schriftenreihe des Bundesministeriums für Familie, Senioren, Frauen und Jugend, Stuttgart: Kohlhammer

Alemann, Ulrich von, 1989: Organisierte Interessen in der Bundesrepublik, 2. Aufl., Opladen: Leske + Budrich

Backhaus-Maul, Holger, 2000: Wohlfahrtsverbände als korporative Akteure. Über eine traditionsreiche sozialpolitische Institution und ihre Zukunftschancen, in: Aus Politik und Zeitgeschichte, B26-27, S. 22-30

Benzner, Bodo, 1989: Ministerialbürokratie und Interessengruppen. Eine empirische Analyse der personellen Verflechtung zwischen bundesstaatlicher Ministerialorganisation und gesellschaftlichen Gruppeninteressen in der Bundesrepublik Deutschland im Zeitraum 1949-1984, Baden-Baden: Nomos

Berghahn, Volker, 1985: Unternehmer und Politik in der Bundesrepublik, Frankfurt a.M.: Suhrkamp

Beyme, Klaus von, 1980: Interessengruppen in der Demokratie, 5. Aufl., München: Piper

Beyme, Klaus von, 1997: Der Gesetzgeber. Der Bundestag als Entscheidungszentrum, Opladen: Westdeutscher Verlag

Biegler, Dagmar, 2000: Kontinuität und Wandel in der Landschaft der Frauenverbände und Faktoren ihrer politischen Schwäche, in: Thomas von Winter/Ulrich Willems (Hrsg.): Politische Repräsentation schwacher Interessen, Opladen: Leske + Budrich 2000, S. 207-239

Boeßenecker, Karl-Heinz, 1998: Spitzenverbände der Freien Wohlfahrtspflege in der BRD. Eine Einführung in Organisationsstrukturen und Handlungsfelder, 2. Aufl., Münster: Votum Verlag

Bührer, Werner, 2000: Auf dem Weg zum Korporatismus? – Der Bundesverband der Deutschen Industrie in zeitgeschichtlicher Perspektive, in: Werner Bührer/Edgar Grande (Hrsg.): Unternehmerverbände und Staat in Deutschland, Baden-Baden: Nomos, S. 53-52

Bührer, Werner/Edgar Grande (Hrsg.), 2000: Unternehmerverbände und Staat in Deutschland, Baden-Baden: Nomos

Czada, Roland, 2000: Nach 1989. Reflexionen zur Rede von der „Berliner Republik", in: Roland Czada/Hellmut Wollmann (Hrsg.): Von der Bonner zur Berliner Republik: 10 Jahre deutsche Einheit, Leviathan-Sonderheft 19, Opladen: Westdeutscher Verlag, S. 13-45

Eichener, Volker/Ralf Kleinfeld/Detlef Pollack/Josef Schmid/Klaus Schubert/Helmut Voelzkow, 1992: Organisierte Interessen in Ostdeutschland: Dimensionen und Forschungsfragen, in: dies. (Hrsg.): Organisierte Interessen in Ostdeutschland, Marburg: Metropolis, S. 15-51

Eichener, Volker/Helmut Voelzkow (Hrsg.), 1994: Europäische Integration und verbandliche Interessenvermittlung, Marburg: Metropolis

Grande, Edgar, 2000: Verbände und Verbändeforschung in Deutschland, in: Werner Bührer/Edgar Grande (Hrsg.): Unternehmerverbände und Staat in Deutschland, Baden-Baden: Nomos, S. 15-22

Grimm, Dieter, 1995: Verbände, in: Ernst Benda/Werner Maihofer/Hans-Jochen Vogel (Hrsg.): Handbuch des Verfassungsrechts der Bundesrepublik Deutschland, Teil 1, 2. Aufl., Berlin: de Gruyter, S. 657-673

Hackenbroch, Ralf, 1998: Verbände und Massenmedien. Öffentlichkeitsarbeit und ihre Resonanz in den Medien, Wiesbaden: Deutscher Universitätsverlag

Heinze, Rolf G., 1992: Verbandspolitik zwischen Partikularinteressen und Gemeinwohl – Der Deutsche Bauernverband, Gütersloh: Verlag Bertelsmann Stiftung

Heinze, Rolf G./Josef Schmid/Christoph Strünck, 1997: Zur politischen Ökonomie der sozialen Dienstleistungsproduktion. Der Wandel der Wohlfahrtsverbände und die Konjunkturen der Theoriebildung, in: Kölner Zeitschrift für Soziologie und Sozialpsychologie, 49. Jg., Heft 2, S. 242-271

Hirner, Manfred, 1993: Der Deutsche Bundestag im Netzwerk organisierter Interessen, in: Dietrich Herzog/Hilke Rebenstorf/Bernhard Weßels (Hrsg.): Parlament und Gesellschaft. Eine Funktionsanalyse der repräsentativen Demokratie, Opladen1993, S. 138-183

Ismayr, Wolfgang, 2000: Der Deutsche Bundestag im politischen System der Bundesrepublik Deutschland, Opladen: Leske + Budrich

Jaedicke, Wolfgang/Hellmut Wollmann, 1999: Kommunale Spitzenverbände, in: Helmut Wollmann/ Roland Roth (Hrsg.): Kommunalpolitik. Politisches Handeln in den Gemeinden, 2. Aufl., Bonn: Bundeszentrale für politische Bildung, S. 306-322

Kirberger, Wolfgang, 1977: Staatsentlastung durch private Verbände. Die finanzpolitische Bedeutung der Mitwirkung privater Verbände bei der Erfüllung öffentlicher Aufgaben, Baden-Baden: Nomos

Klein, Ansgar/Hans-Josef Legrand/Thomas Leif (Hrsg.), 1999: Neue soziale Bewegungen. Impulse, Bilanzen und Perspektiven, Opladen: Westdeutscher Verlag

Kleinfeld, Ralf/Frank Löbler, 1994: Verbände in Nordrhein-Westfalen: Vorstudie zu Theorie und Empirie von Verbänden in der Landespolitik (Zusammenfassung), in: Ulrich von Alemann/Dagmar Biegler/Ralf Kleinfeld/Frank Löbler: Verbände und Landespolitik: Beiträge der Forschungsinitiative Verbände an der FernUniversität Hagen, polis Arbeitspapier Nr. 29, S. 1-31

Langewiesche, Dieter, 1988: Liberalismus in Deutschland, Frankfurt a.M.: Suhrkamp

Lehmbruch, Gerhard, 2000a: Institutionelle Schranken einer ausgehandelten Reform des Wohlfahrtsstaates. Das Bündnis für Arbeit und seine Erfolgsbedingungen, in: Roland Czada/Hellmut Wollmann (Hrsg.): Von der Bonner zur Berliner Republik: 10 Jahre deutsche Einheit, Leviathan-Sonderheft 19, Wiesbaden: Westdeutscher Verlag, S. 89-112

Lehmbruch, Gerhard, 2000b: Verbände im ostdeutschen Transformationsprozeß, in: Werner Bührer/ Edgar Grande (Hrsg.): Unternehmerverbände und Staat in Deutschland, Baden-Baden: Nomos, S. 88-109

Leonhard, Martin, 1986: Umweltverbände. Zur Organisation von Umweltschutzinteressen in der Bundesrepublik Deutschland, Opladen: Westdeutscher Verlag

Lemke, Christiane, 1999: Neue soziale Bewegungen, in: Thomas Ellwein/Everhard Holtmann (Hrsg.): 50 Jahre Bundesrepublik Deutschland. Rahmenbedingungen, Entwicklungen, Perspektiven, Opladen: Westdeutscher Verlag, S. 440-453

Mann, Siegfried, 1994: Macht und Ohnmacht der Verbände: Das Beispiel des Bundesverbandes der Deutschen Industrie e.V. (BDI) aus empirisch-analytischer Sicht, Baden-Baden: Nomos

Mayntz, Renate, 1990: Organisierte Interessenvertretung und Föderalismus, in: Jahrbuch zur Staats- und Verwaltungswissenschaft, Bd. 4, S. 145-156

Mayntz, Renate, 1992: Interessenverbände und Gemeinwohl – Die Verbändestudie der Bertelsmann Stiftung, in: Renate Mayntz (Hrsg.): Verbände zwischen Mitgliederinteressen und Gemeinwohl, Gütersloh: Verlag Bertelsmann Stiftung, S. 11-35

Mielke, Siegfried/Fritz Vilmar, 1983: Deutschland (Bundesrepublik Deutschland), in: Siegfried Mielke (Hrsg.): Internationales Gewerkschaftshandbuch, Opladen: Leske + Budrich, S. 337-381

Nave-Herz, Rosemarie, 1993: Die Geschichte der Frauenbewegung in Deutschland, 4. Aufl., Bonn: Bundeszentrale für politische Bildung

Offe, Claus, 1969: Politische Herrschaft und Klassenstrukturen. Zur Analyse spätkapitalistischer Ge-
    sellschaften, in: Gisela Kress/Dieter Senghaas (Hrsg.): Politikwissenschaft – Eine Einführung in
    ihre Probleme, Frankfurt a.M.: Europäische Verlagsanstalt 1969, S. 155-189
Offe, Claus/Susanne Fuchs, 1998: A Decline of Social Capital? The German Case, unveröffentlichtes
    Manuskript, Humboldt-Universität zu Berlin
Platzer, Hans-Wolfgang, 1984: Unternehmerverbände in der EG – ihre nationale und transnationale
    Organisation und Politik, Kehl/Rhein: N.P. Engel
Raschke, Joachim, 1988: Soziale Bewegungen. Ein historisch-systematischer Grundriß, 2. Aufl.,
    Frankfurt a.M.: Campus
Rauschenbach, Thomas/Christoph Sachße/Thomas Olk (Hrsg.), 1995: Von der Wertgemeinschaft zum
    Dienstleistungsunternehmen. Jugend- und Wohlfahrtsverbände im Umbruch, Frankfurt a.M.:
    Suhrkamp
Reutter, Werner, 1998: Möglichkeiten und Grenzen internationaler Gewerkschaftspolitik, Frankfurt
    a.M.: Bund-Verlag
Reutter, Werner, 1999: Evolution récente du rôle des syndicats en Allemagne, in: La Revue Tocque-
    ville, Vol. XX, No. 2, S. 145-161
Reutter, Werner, 2000: Organisierte Interessen in Deutschland. Entwicklungstendenzen. Strukturver-
    änderungen und Zukunftsperspektiven, in: Aus Politik und Zeitgeschichte, B26-27/2000, S. 7-15
Reutter, Werner, 2001: Kommunale Spitzenverbände und Demokratie, in: Annette Zimmer/Bernhard
    Weßels (Hrsg.): Verbände und Demokratie in Deutschland, Opladen: Leske + Budrich (i.E.)
Rieger, Elmar, 1994: Herrschaft kraft Interessenkonstellation: Agrarverbände in der Europäischen
    Gemeinschaft und in der Bundesrepublik Deutschland, in: Volker Eichener/ Helmut Voelzkow
    (Hrsg.): Europäische Integration und verbandliche Interessenvermittlung, Marburg: Metropolis-
    Verlag, S. 303-319
Roth, Roland/Dieter Rucht (Hrsg): 1991: Neue soziale Bewegungen in der Bundesrepublik Deutsch-
    land, 2. Aufl., Bonn: Bundeszentrale für politische Bildung
Rucht, Dieter, 1991: Parteien, Verbände und Bewegungen als Systeme politischer Interessenvermitt-
    lung, Discussion Paper FS III 91-107, Wissenschaftszentrum Berlin für Sozialforschung
Schindler, Peter, 1999: Datenhandbuch zur Geschichte des Deutschen Bundestages 1949 bis 1999, 3
    Bände, Baden-Baden: Nomos
Schmid, Josef, 1996: Wohlfahrtsverbände in modernen Wohlfahrtsstaaten. Soziale Dienste in histo-
    risch-vergleichender Perspektive, Opladen: Leske + Budrich
Schmidt, Manfred G., 1990: Die Politik des mittleren Weges. Besonderheiten der Staatstätigkeit in der
    Bundesrepublik Deutschland, in: Aus Politik und Zeitgeschichte, B 9-10/90, S. 23-31
Schmidt, Manfred G., 2000: Immer noch auf dem „mittleren Weg“? Deutschlands Politische Ökono-
    mie am Ende des 20. Jahrhunderts, in: Roland Czada/Hellmut Wollmann (Hrsg.): Von der Bon-
    ner zur Berliner Republik: 10 Jahre deutsche Einheit, Leviathan-Sonderheft 19, Wiesbaden:
    Westdeutscher Verlag, S. 491-513
Schmölders, Günter, 1965: Das Selbstbild der Verbände. Empirische Erhebung über die Verhaltens-
    weisen der Verbände in ihrer Bedeutung für die wirtschaftspolitische Willensbildung in der Bun-
    desrepublik Deutschland, Berlin: Duncker & Humblot
Schreiber, Robert/Marianne Grunwald/Carol Hagemann-White, 1996: Frauenverbände und Frauen-
    vereinigungen in der Bundesrepublik Deutschland, hrsg. vom Bundesministerium für Familie,
    Senioren, Frauen und Jugend, Stuttgart: Kohlhammer
Schröder, Heinrich Josef, 1976: Gesetzgebung und Verbände, Berlin: Duncker & Humblot
Schroeder, Wolfgang, 1997: Loyalty und Exit – Austritte aus regionalen Arbeitgeberverbänden, in:
    Ulrich von Alemann/Bernhard Weßels (Hrsg.): Verbände in vergleichender Perspektive. Beiträge
    zu einem vernachlässigten Feld, Berlin: edition sigma, S. 225-251
Sebaldt, Martin 1997: Organisierter Pluralismus. Kräftefeld, Selbstverständnis und politische Arbeit
    deutscher Interessengruppen, Opladen: Westdeutscher Verlag
Seibel, Wolfgang, 1992: Funktionaler Dilettantismus. Erfolgreich scheiternde Organisationen im
    Dritten Sektor zwischen Markt und Staat, Baden-Baden: Nomos
Steinberg, Rudolf, 1989: Parlament und organisierte Interessen, in: Hans-Peter Schneider/ Wolfgang
    Zeh (Hrsg.): Parlamentsrecht und Parlamentspraxis in der Bundesrepublik Deutschland. Ein
    Handbuch. Berlin: Walter de Gruyter, S. 217-260

Streeck, Wolfgang, 1999: Korporatismus in Deutschland. Zwischen Nationalstaat und europäischer Union, Frankfurt a.M.: Campus

Süllow, Bernd/Rita Forchheim, 1981: Parzellierter Korporatismus. Die Repräsentation von Gewerkschaften in öffentlichen Gremien, unveröffentl. Forschungsbericht, Münster

Tennstedt, Florian, 1992: Die Spitzenverbände der Freien Wohlfahrtspflege im dualen Wohlfahrtsstaat. Ein historischer Rückblick auf die Entwicklung in Deutschland, in: Soziale Arbeit, Nr. 10-11, S. 342-356

Tudyka, Kurt P./Juliane Tudyka, 1973: Verbände. Geschichte, Theorie, Funktion. Ein bibliographisch-systematischer Versuch, Frankfurt a.M.: Bernard & Graefe

Ullmann, Hans-Peter, 1978: Bibliographie zur Geschichte der deutschen Parteien- und Interessenverbände, Göttingen: Vandenhoeck & Ruprecht

Ullmann, Hans-Peter, 1988: Interessenverbände in Deutschland, Frankfurt a.M.: Suhrkamp

Varain, Heinz J. (Hrsg.), 1973: Interessenverbände in Deutschland, Köln: Kiepenheuer & Witsch

Weber, Jürgen, 1976: Interessengruppen im politischen System der Bundesrepublik Deutschland, München: Landeszentrale für politische Bildung

Weber, Jürgen 1980: Gefährdung parlamentarischer Demokratie durch Verbände?, in: Heinrich Oberreuter (Hrsg.): Pluralismus. Grundlegung und Diskussion, Opladen: Leske + Budrich, S. 163-201

Weßels, Bernhard, 1987: Kommunikationspotentiale zwischen Bundestag und Gesellschaft. Öffentliche Anhörungen, informelle Kontakte und innere Lobby in wirtschafts- und sozialpolitischen Parlamentsausschüssen, in: Zeitschrift für Parlamentsfragen, 18. Jg., Heft 2, S. 285-311

Weßels, Bernhard, 2000: Die Entwicklung des deutschen Korporatismus, in: Aus Politik und Zeitgeschichte, B26-27, S. 16-21

Wiesenthal, Helmut (Hrsg.), 1995: Einheit als Interessenpolitik. Studien zur sektoralen Transformation Ostdeutschlands, Frankfurt a.M.: Campus

Wiesenthal, Helmut, 1998: Interessenorganisation, in: Bernhard Schäfers/Wolfgang Zapf (Hrsg.): Handwörterbuch zur Gesellschaft Deutschlands, Bonn: Bundeszentrale für politische Bildung, S. 325-339

Winter, Thomas von, 1997: Sozialpolitische Interessen. Konstituierung, politische Repräsentation und Beteiligung an Entscheidungsprozessen, Baden-Baden: Nomos

Winter, Thomas von/Ulrich Willems, 2000: Die politische Repräsentation schwacher Interessen: Anmerkungen zum Stand und zu den Perspektiven der Forschung, in: Thomas von Winter/Ulrich Willems (Hrsg.): Politische Repräsentation schwacher Interessen, Opladen: Leske + Budrich, S. 9-36

Wittkämper, Gerhard W., 1963: Grundgesetz und Interessenverbände. Die verfassungsrechtliche Stellung der Interessenverbände nach dem Grundgesetz, Köln: Westdeutscher Verlag

Zahn, Horst-Dieter, 1993: DGB-Jugend im Umbruch, in: Thomas Leif/Ansgar Klein/Hans-Josef Legrand (Hrsg.): Reform des DGB. Herausforderungen, Aufbruchspläne und Modernisierungskonzepte, Köln: Bund-Verlag, S. 293-331

Zimmer, Annette, 1996: Vereine – Basiselement der Demokratie, Opladen: Leske + Budrich

Finnland

Freiwillige Vereinigungen in der Gesellschaft und Gewerkschaften im politischen System

Pertti Lappalainen, Martti Siisiäinen

1. Historische Entwicklung des finnischen Verbändesystems

Charakteristisch für das finnische Verbändesystem ist, daß fast alle relevanten sozialen Bewegungen formal organisiert sind und sich nach dem Inkrafttreten des Vereinigungsrechts im Jahr 1919 registriert haben. Obwohl Verbände unterschiedlich in das Vereinsregister aufgenommen werden – Zentral-, Bezirks- und wichtige regionale Organisationen sind in der Regel eingetragen, während verbandliche Substrukturen und lokale Vereine und Klubs häufig nicht registriert sind –, bieten die Daten des Vereinsregisters eine einzigartige Möglichkeit, die Entwicklung des Vereins- und Verbändewesens des Landes über einen langen Zeitraum zu betrachten. Die Daten im Register sagen natürlich nicht die ganze Wahrheit. Nicht alle 112.507 (Stand: 31.10.1999) eingetragenen Vereine sind wirklich noch aktiv – grob geschätzt, mag knapp die Hälfte der Vereine aufgelöst sein –, und 40.000 Eintragungen sind seit Bestehen des Registers gelöscht worden.

Die Entwicklung des Vereinswesen soll hier in fünf Perioden skizziert werden, in denen jeweils unterschiedliche Verbandstypen dominierten: Zwischen 1919 und 1944 spielten Landesverteidigungs- und Erziehungsverbände eine bedeutende Rolle, danach bildete sich ein linksorientiertes Verbändesystem heraus, das von einer „unpolitischen Politisierung" begleitet war (1945-64); diese Phase wurde abgelöst von der Etablierung eines modernen Vereinswesens (1965-1979), dem die Entstehung und Entwicklung neuer sozialer Bewegungen (1980-1989) und in den 90er Jahren eine Pluralisierung der Interessengruppen folgten.

Die Auswirkungen und die politische Verarbeitung des Bürgerkrieges einerseits und das Verhältnis Finnlands zur Sowjetunion andererseits prägten die Entwicklung des Verbändesystems zwischen 1919 und 1944. In dieser Periode entstanden militärische Verbände, die sich für die Landesverteidigung engagierten, sowie solche, die sich auf Volkserziehung und -bildung spezialisierten. Gemeinsam war beiden Verbandstypen das Ziel, das durch den Bürgerkrieg in zwei Lager geteilte Volk für die Werte der Siegerpartei zu gewinnen sowie die Werte der Agrargesellschaft zu fördern. Zu Beginn der 30er Jahre fand die rechtsradikale Bewegung wachsenden Zuspruch; sie forderte die Auflösung kommunistischer oder als kommunistisch angesehener Verbände – durchaus mit Erfolg, denn in den 30er Jahren wurden rund 1.500 Verbände aufgelöst, überwiegend Gewerkschaften und politische Vereinigungen. Bezeichnenderweise besaßen 45 Prozent der zwischen 1940 und 1944 gegründeten 3.385 Verbände einen paramilitärischen und auf die Landesverteidigung orientierten Charakter, während die wenigen pazifistischen Verbände, die in den Zwischenkriegsjahren existierten, verboten oder in ihrer Tätigkeit stark beschränkt wurden.

Schaubild 1: Registrierung von Vereinigungen in Finnland (1920-1998)

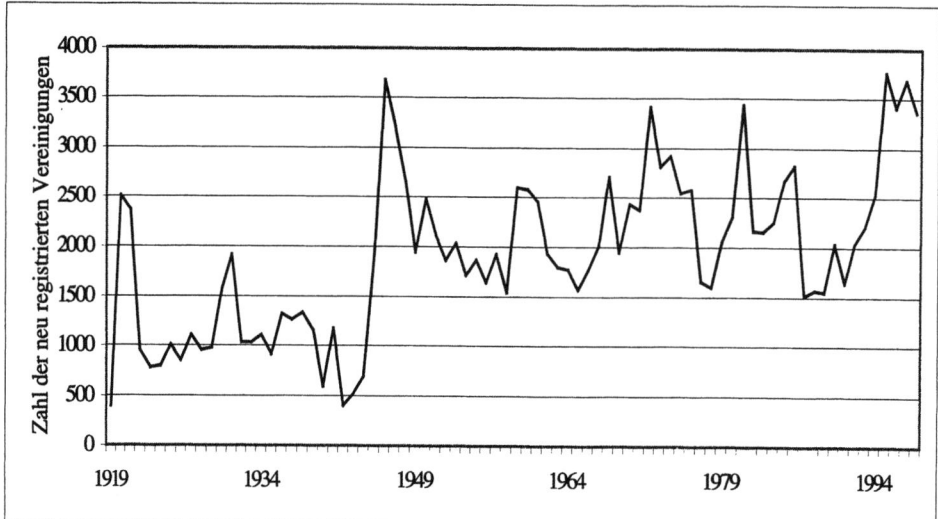

Die Periode 1945-1964 läßt sich in zwei Phasen unterteilen. Die 40er Jahre waren von
der Entwicklung eines „linken" Verbändesystems geprägt, und eine „unpolitische Politisierung" färbte die zweite Phase bis zur Mitte der 60er Jahre. In den Jahren 1945-
1946 wurden beinahe 1.500 Gruppierungen der aus dem Untergrund auftauchenden
kommunistischen und volksdemokratischen Bewegung registriert. Eine große Anzahl
anderer Verbände, die zur Schaffung einer demokratischen Front beitragen wollten,
gab der Bewegung ihre Unterstützung. Außenpolitische Faktoren flankierten den Aufschwung linksorientierter Vereinigungen, zumal aufgrund des Friedensvertrags insgesamt 2.900 als rechtsradikal eingestufte Verbände aufgelöst wurden. Zur gleichen Zeit
entwickelten sich Verbände mit politisch-ideologischen Affinitäten. So besaßen die
Sozialdemokraten zu Sportvereinen, einem Teil der Gewerkschaftsbewegung, zum
Genossenschaftswesen und zu Arbeiterbildungsvereinen enge Beziehungen, während
die landwirtschaftlichen Verbände mit der Partei *Bauernbund* ideologisch verbunden
waren.

Ein modernes Verbändewesen entstand in Finnland erst in den Jahren 1964 bis
1979. Der sektorale Wandel der Erwerbsstruktur verminderte die Zahl der in der
Landwirtschaft Beschäftigten zugunsten derjenigen in der Industrie und im Dienstleistungssektor erheblich. Der Anstieg des Bildungsniveaus und die Zunahme internationaler Verbindungen ermöglichten darüber hinaus eine immer schnellere Verbreitung
neuer Ideen und Ideologien in Finnland (z.B. Jugendkultur und Studentenradikalis-
mus). Dies schlug sich nicht zuletzt in einer Gründungswelle von Vereinigungen nieder. Zwischen 1965 und 1979 wurden über 9.100 Vereinigungen ins Leben gerufen,
und zwar von den Nachkriegsjahrgängen, die als letzte „klassische Verbandsgenerati-
on" Finnlands gelten, deren Vereinigungen noch teilweise an die traditionellen politisch-ideologischen Bewegungen und an das daraus entstandene Verbändesystem anschließen.

Die sogenannten Ein-Punkt-Bewegungen, die Anfang der 60er Jahre entstanden,
bereiteten den Weg für die Studenten- und Protestbewegung, die schnell auch andere

Verbände beeinflußte und ideologisch prägte. Der Einfluß dieser Bewegungen auf die Verbändeentwicklung wurde erst gegen Mitte der 70er Jahre deutlich. In den 70er Jahren ließen sich 3.270 Jugendverbände registrieren, von denen allein 2.100 (57 Prozent) von den verschiedenen Parteien ins Leben gerufen wurden. Indes entstanden in den 60er Jahren vor allem parteipolitisch ungebundene Studentenorganisationen.

Die politische Kultur Finnlands besaß (wie die Entwicklung des Vereinswesens) eine stabile, von den politischen Tendenzschwankungen recht unabhängige Basis. Seit den 20er Jahren dominierten angloamerikanische Strömungen den Kulturimport, und in den 70er und 80er Jahren verstärkte sich diese Tendenz. Seit Mitte der 60er Jahre ist auch das Verbandswesen von solchen internationalen Einflüssen geprägt. Ausfluß davon und Zeichen der geistigen Öffnung in dieser Periode sind die relativ rasche Gründung von auf ethischer oder moralischer Überzeugung beruhenden Vereinen sowie die Verbreitung nichtchristlicher religiöser Bewegungen in Finnland. Schließlich erweiterten die internationalen Tendenzen das Verbandsfeld auch im Kunst-, Kultur- und Freizeitbereich.

In den 80er Jahren wandelte sich das Verbandswesen zwar nicht grundlegend, doch sollten sich einige Änderungen nachträglich als Beginn großer Umbrüche herausstellen. Die politischen Parteien verloren junge Mitglieder, gleichzeitig entstanden viele neue Naturschutzvereine und andere ideelle Vereine, und schließlich nahm die Bedeutung neuer sozialer Bewegungen stark zu. Daher lassen sich die 80er Jahre als „grüner Zyklus" bezeichnen. Auch wenn danach der traditionelle Verbandssektor gesättigt zu sein schien, darf das nicht mit einer Stagnation verwechselt werden. Vielmehr brachte die gesellschaftliche Entwicklung und die Internationalisierung von Politik und Ökonomie einen Bedarf an Vereinen neuen Typs hervor, der neue Formen des kollektiven Handelns einschloss und sich in zunehmendem Maße von den traditionellen rechtlichen Formen löste (Maffesoli 1996).

2. Vereinigungsfreiheit als Recht

Das Vereinsrecht wurde erst Anfang 1919 erlassen, nachdem Finnland selbständig geworden war. Auf der Basis der von der Verfassung garantierten Vereinigungsfreiheit wurden im Vereinsrecht detaillierte Vorschriften über die Organisationsform und die Tätigkeiten von Vereinen sowie deren Registrierung festgelegt. Mit dem Inkrafttreten des Gesetzes wurde ein Vereinsregister eingerichtet. Nach 1919 sind verschiedene Änderungen im Vereinsrecht vorgenommen worden, von denen das am 1.1.1990 in Kraft getretene neue Vereinsrecht am tiefgreifendsten war (Halila/Tarasti 1989: 4-6; Komiteanmietintö 1984: 1, 5-6).

Im internationalen Vergleich ist die finnische Lösung ungewöhnlich (Komiteamietintö 1984: 1, 82-83). In Finnland gilt das Vereinsrecht nur für die sogenannten ideellen Verbände und nicht für Vereinigungen oder Gesellschaften, die nach Gewinn streben oder einen wirtschaftlichen Zweck verfolgen; es gilt auch nicht für Körperschaften des öffentlichen Rechts. Wenn sich Vereine registrieren lassen, werden sie rechtsfähig. Die Mitglieder eines eingetragenen Vereins haften nicht persönlich für die Verbindlichkeiten des Vereins, sondern der Verein als Rechtsperson übernimmt die Haftung. Nicht eingetragene Vereine sind nicht rechtsfähig, weshalb sie kein Eigentum erwerben können, in einem Gerichtsverfahren nicht als Partei auftreten können und keine

Anträge bei Behörden einreichen dürfen. Die Mitglieder des Vorstands eines nicht eingetragenen Vereins tragen persönlich die Verantwortung für das Handeln des Vereins (Sadeluoto 1991).

Verbände, die auf Grundlage eines Gesetzes gegründet werden, stellen Körperschaften des öffentlichen Rechts dar. Sie werden von den Behörden kontrolliert und besitzen normalerweise nicht die Möglichkeit, ihren Zweck frei und selbständig zu bestimmen oder ihre Mitglieder auszuwählen. Die Körperschaften des öffentlichen Rechts haben einen sozialen oder gemeinnützigen Zweck. Solche Vereinigungen sind z.B. Anwaltskammern, Verbände für die Verwaltung des Fischfangs, Handelskammern, der Zentralverband der Jäger, Wildpflege-Vereine und Studentenvereinigungen (Sadeluoto 1991; Loimu 1989: 16).

Die Vereinigungsfreiheit gehört zu den von der Verfassung garantierten politischen Grundrechten, § 10a der Verfassung garantiert die positive und negative Vereinigungsfreiheit. Das Recht zur Gründung eines Vereins gilt nur für Vereine, die nicht gegen das Recht oder die guten Sitten handeln. Ein wichtiges Element der Vereinigungsfreiheit ist die Möglichkeit, in einen Verein eintreten zu können, ohne daß dies von seiten der Behörden verhindert werden kann. Die Verfassung garantiert Vereinigungsfreiheit nur finnischen Staatsbürgern, während die Vereinigungsmöglichkeiten für Ausländer ausschließlich durch das Vereinsrecht geregelt wird (Halila/Tarasti 1989: 38-41). Nach dem Vereinsrecht haben auch Ausländer und juristische Personen einen Anspruch darauf, Vereine zu gründen.

Das Vereinsrecht legt drei Einschränkungen für die Vereinigungsfreiheit fest. Vereinigungen, die auf militärische Weise organisiert sind, sind verboten; die Gründung von Schützenvereinen erfordert eine behördliche Genehmigung; und Ausländer dürfen in der Regel nicht in staatliche Vereinigungen eintreten, jedoch können sie Mitglied anderer Vereinigungen werden. Die Novellierung des Vereinsrechts von 1990 verbesserte die Beteiligungsrechte der Mitglieder und deren Mitwirkung bei der Beschlußfassung. Mitglieder können ihre Meinung entweder in Wahlveranstaltungen oder per Post äußern. Die eingeführte Möglichkeit zur Urabstimmung ist ebenfalls eine Neuheit. Sie wird bei der Wahl von Kandidaten und bei der Anerkennung der vom Verband abgeschlossenen Verträge (z.B. Tarifvertrag) angewandt (Loimu 1989: 19, 21).

Zur Vereinigungsfreiheit gehört auch die Vereinigungsautonomie. Vereinigungen können im gesetzlich erlaubten Rahmen selbst über ihre Regeln bestimmen; sie sind berechtigt, ihre Mitglieder auszuwählen, und ihre Entscheidungen unterliegen keiner externen Kontrolle. Vereinigungen sind auch nicht verpflichtet, Informationen über ihre Betätigung an nicht beteiligte Stellen zu übergeben. Das Recht der Behörden, Information über den Verein zu erhalten, muß statutarisch gesondert geregelt werden. Die Auflösung einer Vereinigung setzt ein Urteil eines Gerichts voraus (Halila/Tarasti 1989: 44-48).

3.   Mitgliedschaft in Verbänden

Finnland ist aus gutem Grund für das „gelobte Land" der Vereinsbetätigung gehalten worden. Jedoch in einem Vergleich skandinavischer Länder Mitte der 70er Jahre erwiesen sich die gesellschaftlichen Aktivitäten und das politische Partizipationsniveau der Finnen geringer als in anderen Ländern (Allardt 1976). Für die 80er Jahre stehen umfangreichere Vergleichsdaten über die gesellschaftlichen Aktivitäten der Skandinavier zur Verfügung. Die Finnen nahmen durchschnittlich in geringerem Umfang als andere Skandinavier an gesellschaftspolitischen Betätigungen teil, die individuelle Kosten verursachten. Außer in Dänemark war die Zahl der Mitglieder in politischen Verbänden niedriger als in den anderen nordischen Ländern (Vogel 1990). In Schweden gehörten 1984 90 Prozent der Bevölkerung wenigstens einem Verband an, in Finnland einige Jahre später 77 Prozent (Blomdahl 1990). Von den 15-16jährigen Jugendlichen waren Mitte der 80er Jahre in Norwegen 80 Prozent, in Schweden 71 Prozent und in Finnland 55 Prozent Mitglied eines Verbandes (Blomdahl 1990). Die Zunahme der Vereinsaktivität der Finnen wird in Tabelle 1 deutlich.

Vereinsmitgliedschaften sagen nicht die ganze Wahrheit über die Aktivität in Verbänden. An Vereinsversammlungen nehmen Personen teil, die nicht Mitglieder sind, und keineswegs alle Mitglieder besuchen Versammlungen. Laut einem Bericht des Statistischen Büros Finnlands hatte sich im Jahre 1986 fast die Hälfte der Finnen gar nicht an Vereinsaktivitäten beteiligt und ein Drittel nur an Aktivitäten eines Vereines. Männer sind öfter als Frauen Mitglieder in Vereinen und engagieren sich auch häufiger an deren Aktivitäten. Hingegen nehmen Jugendliche und Alte am wenigsten am Vereinsleben teil. Darüber hinaus sind über die Hälfte der 15-24jährigen und der über 64jährigen ganz außerhalb der Vereine geblieben, während die 45-64jährigen am aktivsten am Vereinsleben teilnehmen.

Tabelle 1: Anzahl der Mitgliedschaften in Vereinen in Finnland (Anteile der Erwachsenen) in den Jahren 1972, 1975, 1981, 1986 und 1998

Anzahl der Mitgliedschaften	1972[1]	1975[2]	1981[3]	1986[4]	1988[5]
keine	38	27	28	25	21
eine	37	34	39	36	35
zwei	25	22	16	24	20
drei	–	9	8	10	11
vier	–	8	4	3	6
fünf	–	–	2	1	3
sechs	–	–	2	(0,2)	2
mehr	–	–	1	(0,1)	2
insgesamt	100	100	100	100	100
N	994	1.124	1.436	2.291	2.008

1) In der Studie Allardts (1976: 177) waren die Antwortalternativen: keine/kann nicht sagen, 1, 2 oder mehrere Mitgliedschaften. Stichprobe: 15-64jährige (N = 994).
2) Pesonen/Sänkiaho 1979: 186. Stichprobe: 16-74jährige (N = 1.224); größte Antwortalternative: mindestens vier Mitgliedschaften.
3) Suomalainen luokkaprojekti 1984. Stichprobe: 18-65jährige (N = 1.436). In der Zahl sind die „keine Antwort"-Fälle enthalten; bleiben sie unberücksichtigt, sinkt der Anteil der nicht einem Verein Angehörenden auf 21,5 Prozent.
4) Tilastokeskus 1986. Stichprobe: über 15jährige der Bevölkerung.
5) Luokkaprojekti 1988. Mitglieder der Genossenschaftsorganisationen (SOK und E–Bewegung) sind wegen der Unterschiedlichkeit ihrer Mitgliedschaft nicht berücksichtigt.

Quelle: Siisiäinen 1999.

Über 70 Prozent der finnischen Erwachsenen gehören einer Gewerkschaft an, aber im Jahre 1986 nahmen nur 40 Prozent von ihnen auf irgendeine Weise aktiv am Organisationsleben teil. Mitglieder politischer Verbände rangieren auf dem zweiten Platz im Hinblick auf Passivität; nur die Hälfte der Mitglieder betätigte sich innerhalb einer Partei. Am aktivsten waren Mitglieder von Freizeitverbänden und religiösen Vereinigungen. Während eines Jahres hatten sich in Freizeitverbänden 84 Prozent und in religiösen Vereinigungen 83 Prozent der Mitglieder am Vereinsleben beteiligt. Traditionelle Verbände wie Interessenorganisationen, Gewerkschaften und politische Parteien haben trotz ihrer hohen Mitgliederzahl erhebliche Probleme, ihre Mitglieder zu mobilisieren und zu einer Teilnahme am Verbandsleben zu bewegen.

4.   Verbandstypen

In den 90er Jahren hat sich das finnische Verbändesystem deutlich verändert. Es ist aber nicht in eine Krise geraten, sondern hat sich spezialisiert und differenziert und ist in zwei Teile gespalten worden. Während ein Teil reformfähig geblieben ist, hat der andere an Boden verloren. Um diese Veränderung zu erläutern, soll die in den 90er Jahren begonnene Entwicklung mit derjenigen der Jahre 1919-1989 verglichen werden (Siisiäinen 1991, 1999). In den Jahren 1919-1989 wurden in Finnland etwa 130.000 Vereine gegründet und eingetragen. In den Jahren 1990-1994 ließen sich jährlich durchschnittlich knapp über 2.000 neue Vereinigungen registrieren, was weniger als in den Spitzenjahren, aber mehr als der Durchschnitt der betrachteten Periode ist. Gegen Ende der 90er Jahre hat das finnische Verbandswesen wieder einen Aufschwung genommen. In den Jahren 1995-1998 sind etwa 3.500 Verbände pro Jahr, insgesamt 14.000, gegründet worden.

Tabelle 2: Gründung politischer Verbände in Finnland (1919-1980)

	Gründung politischer Verbände
1919	84
1920-24	1.505
1925-29	526
1930-34	649
1935-39	323
1940-44	122
1945-49	3.513
1950-54	1.953
1955-59	2.113
1960-64	2.324
1965-69	3.999
1970-74	3.865
1975-79	2.537
1980	625

Quelle: Veteläsuo 1982: 21.

In den Jahren 1919-1989 wurden meist *Wirtschafts- und Arbeitnehmerverbände* gegründet, fast 37.000. Das war knapp ein Drittel aller Vereinigungen in dieser Periode. Die größte Gruppe bildeten 11.698 Verbände im Bereich der Land- und Forstwirtschaft; ferner wurden registriert: 11.330 Gewerkschaften der Arbeiter, 9.032 Angestelltengewerkschaften, 400 Arbeitgeberverbände und 3.483 Verbände von Gewerbetreibenden. Von den Land- und Forstwirtschaftsverbänden wurden 90 Prozent vor 1965 gegründet; und Arbeiterorganisationen entstanden schwerpunktmäßig nach dem Zweiten Weltkrieg, während sich Angestelltenverbände vor allem in den 70er und 80er Jahren etablierten. Seit Anfang der 90er Jahre ist der Anteil der Wirtschafts- und Arbeitnehmerverbände von 31 auf 14 Prozent (in den Vergleichsperioden 1919-1989 und 1990-1994) gesunken.

Den zweiten Rang nahmen in den Jahren 1919-1989 die politischen Verbände mit 30.000 Eintragungen (23 Prozent aller Verbände) ein. Als politische Verbände gelten hier Parteiabteilungen, Frauen-, Jugend- und Rentnerorganisationen der Parteien. Politische Verbände wurden am häufigsten in den Jahren nach dem Zweiten Weltkrieg und zwischen 1965 und 1979 gegründet. Nach 1970 ist der Anteil politischer Verbände an allen neu gegründeten Vereinigungen deutlich gesunken.

Tabelle 3: Anteil politischer Verbände an neu gegründeten Vereinigungen
        (1970-1994, in Prozent)

	1970-74	1975-79	1980-84	1985-89	1990-94
Anteil der politischen Verbände	39	27	16	9	5

Quelle: Siisiäinen/Sundberg 1991; Siisiäinen 1999.

In der Periode bis 1944 wurden die meisten parteipolitischen Verbände Anfang der 20er Jahre etabliert. Ein Drittel der in den ersten fünf Jahren nach dem Bürgerkrieg von 1918 gegründeten Vereinigungen waren politische Verbände. Damals entstanden fast 1.000 kommunistische oder linkssozialistische und über 1.500 sozialdemokratische Verbände.

Nach 1945 nahm die Zahl parteipolitischer Vereine rapide zu, hauptsächlich wegen der raschen Registrierung der Kommunistischen Partei Finnlands *(Suomen Kommunistinen Puolue,* SKP) und des Demokratischen Bundes des Finnischen Volkes *(Suomen Kansan Demokraattinen Liitto*, SKDL), die in fünf Jahren über 2.500 Verbände ins Leben riefen. Für den *Bauernbund*/die *Zentrumspartei* waren die Jahre 1955-1959 die Spitzenperiode. Die Partei zielte darauf, in jedem Wahlkreis eine Lokalorganisation zu etablieren. In den 50er und 60er Jahren wurden viele Lokalorganisationen der *Partei der Kleinbauern Finnlands,* später *Agrarpartei Finnlands*, ins Leben gerufen, die in zehn Jahren über 1.000 Verbände errichtete. In den 70er Jahren begannen sich auch die Substrukturen der Kleinparteien (z.B. *die Schwedische Volkspartei, die Konstitutionelle Volkspartei* und *die Christliche Union Finnlands)* registrieren zu lassen.

Das Verbändenetz der Konservativen wurde seit Mitte der 60er Jahre ausgebaut. In den Jahren 1965-1979 entstanden fast 1.000 und in den 80er Jahren über 800 Verbände der Konservativen. Ansonsten konnte in den 80er Jahren keine andere große Partei ihr Verbandsfeld erweitern. Die sozialistischen Parteien verloren in den 80er Jahren an politischem Einfluß, und besonders ihre junge Anhängergruppe ist beinahe verschwunden. Im bürgerlichen Lager ist die Lage vergleichbar. Das verweist insgesamt darauf, daß die Unterschiede zwischen den politischen Lagern kleiner geworden sind;

sie haben sich in den Organisationsstrukturen sowie in ihren Aktivitäten angeglichen. Von den neuen alternativen Bewegungen der 80er Jahre hat der *Grüne Bund* die größte Anhängerschaft (Siisiäinen/Sundberg 1991; Veteläsuo 1982: 26, 31).

In den Jahren 1990-1994 verloren die politischen Verbände im Vergleich zu den Jahren 1919-1989 relativ am stärksten (etwa 18 Prozentpunkte). Die Abnahme der Attraktivität politischer Verbände wird auch in der Mitgliederstatistik der vier größten Parteien sichtbar. Zwischen den Jahren 1980 und 1995 ist die Mitgliederzahl der Sozialdemokratischen Partei Finnlands um 30 Prozent, der Zentrumspartei um 15 Prozent, der Konservativen um 39 Prozent und der SKDL/Linksverband sogar um 60 Prozent gesunken (Sundberg 1996).

In den Jahren 1919-1989 wurden knapp über 7.000 *Verbände des sozialen Bereiches* gegründet. Über die Hälfte aller Temperenz- und Anti-Drogenvereine wurden in den Jahren 1919-1944 registriert, als man das Volk von oben her zu erziehen versuchte. Das relativ rasche Gründungstempo der Kriegsinvaliden- und Kinderfürsorgeverbände hängt mit der Wiedergutmachung von Kriegsschäden zusammen. Behinderten- und Kinderfürsorgeorganisationen wurden insbesondere zwischen 1965 und 1979 gegründet. Dies zeigt, daß erst damals in der finnischen Gesellschaft die speziellen Bedürfnisse dieser Gruppen erkannt wurden und diese Gruppen eine kollektive Identität bildeten. In dieser Periode entstanden auch Rentnerverbände sowie eine Flut von Verbänden des Gesundheitswesens.

Zu der umfangreichen Gruppe der *Kulturverbände* (fast 13.500 in den Jahren 1919-1989) gehören die verschiedenen Studien- und Bildungsvereine (knapp 2.700), Kunstverbände (knapp 4.500), Wissenschaftsvereine (620), Milieuvereine (3.200), Natur- und Naturschutzvereine (über 520), Traditions- und Museumsvereine (über 500), Familienvereine (knapp 450) und Vereine für die Pflege der Kultur (etwa 1.000). Der Anteil der Kulturverbände nahm in den 80er Jahren zu. Gleichzeitig entwickelten sich Verbände, die sich auf immer ungewöhnlichere und exotischere Formen der Kultur spezialisierten. Studien- und Bildungsvereine und allgemein Kultur fördernde Vereine wurden am häufigsten zwischen den Weltkriegen gegründet, da zu dieser Zeit das Schulwesen noch unterentwickelt und kaum spezialisiert war. Nach Ende des Zweiten Weltkrieges entstanden viele Milieu- oder Heimatvereine. In den 60er und 70er Jahren war die Expansion im Wissenschaftsbereich am dynamischsten, in dieser Zeit expandierte das Hochschulwesen. Natur- und Naturschutzorganisationen, Kunstvereine und Familienvereine wurden in den 80er Jahren mehr als je zuvor gegründet.

Der Anteil der *Sportvereine* an allen eingetragenen Vereinen lag bis Ende der 70er Jahre bei ca. acht Prozent, stieg jedoch in den 80er Jahren auf 16,4 Prozent. Die 80er Jahre bedeuteten einen Wendepunkt für die traditionelle Sportvereinsbewegung: Mannschaftsspielvereine, Schwerathletik- und Kampfsportvereine (Karate, Judo, Tae Kwon Do usw.) und neuartige, von den Zentralverbänden unabhängige Vereine verdrängten Leichtathletik- und Skivereine von ihrem Platz. Die Tendenz zur Spezialisierung und Differenzierung kann teilweise mit der Aufgliederung allgemeiner Vereine in viele Fachvereine erklärt werden. In den 90er Jahren nahm der Anteil der Sportvereine wieder mit 11 Prozent zu, schon damals stellten sie mehr als ein Fünftel aller neuen Vereine.

Bis Ende der 80er Jahre wurden insgesamt etwa 5.500 *Jugendorganisationen* gegründet. Studentenorganisationen entstanden vermehrt gegen Ende der 60er Jahre und in den 70er Jahren, was mit der Verbesserung der Bildungschancen und den geburtenstarken Nachkriegsjahrgängen erklärt wird. Das Netz der Pfadfinderbewegung entwikkelte sich gleichmäßig. Andere Jugendorganisationen wurden in den 80er Jahren in geringerem Maß gegründet. Dies spiegelt die allgemeine Krise der Jugendorganisationen wider, die deutlicher hervortreten würde, würden die politischen Jugendorganisationen mitgezählt. In den 80er Jahren waren in Vereinen mit vielen jugendlichen Mitgliedern (z.B. Sportvereine) zwar die Schulkinder aktiv, jedoch blieben Teenager dem Vereinsleben zunehmend fern.

Der Anteil der *Freizeitverbände* lag bis Mitte der 60er Jahre bei ungefähr 10 Prozent, stieg danach aber auf 12 und erreichte in den 80er Jahren 14 Prozent. Die größte Gruppe bilden die Jagd- und Fischfangvereine, die verstärkt Ende der 50er und Anfang der 60er Jahre gegründet wurden. In den 80er Jahren begann der relative Anteil der Freizeitverbände zuzunehmen, was sich in den 90er Jahren fortsetzte. Die neuen Freizeitverbände sind von ihrem Charakter her vor allem mit dem Lebensstil und dem Lebensniveau verknüpfte Formen der Freizeitbeschäftigung.

Der Anteil religiöser Vereine, internationaler Freundschaftsvereine sowie mit dem Krieg, der Landesverteidigung oder mit militärischen Aktivitäten verbundene Vereine ist gering gewesen. Keine dieser Gruppen konnte die 3-Prozentmarke der in den Jahren 1919-1994 registrierten Vereine überschreiten.

Das Tempo der Veränderung des Verbandswesens in Finnland läßt sich noch einmal verdeutlichen, wenn die Entwicklungen der 80er und 90er Jahren entlang der verbandstypologischen Differenzierung verglichen werden. So ist der Anteil aller politischen Vereine von 13 Prozent in den 80er Jahren auf 5 Prozent Anfang der 90er Jahre gesunken; der Anteil der Wirtschafts- und Arbeitnehmerverbände ging von 22 auf 14 Prozent zurück. Jedoch wuchs der Anteil der Sportvereine von 16 auf 21 Prozent und der Anteil anderer Freizeitverbände von 14 auf 19 Prozent; schließlich stieg der Anteil der Vereine im Kultur- und Erziehungsbereich von 18 auf 22 Prozent. Damit verzeichneten die Verbandstypen ein Wachstum, die Ingleharts These von der „stillen Revolution" bestätigen. Die Zahl der Sportvereine (+12 Prozent) und der Vereine im Gesundheitsbereich (+3 Prozent) ist deutlich gestiegen; die Haustiervereine (+2 Prozent), die Milieuorganisationen (+1) und die Naturvereine nahmen zahlenmäßig ebenfalls zu, ebenso die mit der kulturellen Identität verknüpften Vereine. Am relativ stärksten stiegen die auf Kulturförderung konzentrierten (+2,9), auf Ausbildung und Lernen (+ 2), auf Kunst (+ 2), auf Rentner (+ 2), auf Bewahren und Förderung der Traditionen (+1,4) und auf Fördern der Familienbande und auf Familienforschung spezialisierten Vereine.

5. Beziehung der Verbände zum politischen System

Die Beziehungen der Verbände zum politischen System variieren nach dem Politikfeld, dem Verbandstyp und nach den sich im Zeitablauf verändernden politischen Rahmenbedingungen. Über einen längeren Zeitraum betrachtet bietet dabei insbesondere das Verhältnis zwischen Gewerkschaften, Wirtschaftsverbänden und Staat das aussagekräftigste Beispiel, um dem Zusammenhang zwischen Verbänden und politischem System nachzugehen. Unterscheiden lassen sich dabei vier Perioden, die sich einerseits an den Entwicklungsphasen des Verbändesystems orientieren und andererseits das sich wandelnde Verhältnis zwischen Staat und Verbänden erfassen. Aufgrund der Spezifik der Kriegswirtschaft ist zuerst die kurze, aber nichtsdestoweniger prägende Periode zwischen 1940 und 1944 zu untersuchen (1). Die beiden ersten Nachkriegsjahrzehnte zwischen 1945 und Mitte der 60er Jahre waren in Finnland gekennzeichnet durch den Wechsel zwischen Kooperation und Konflikt und die Suche nach stabilen Beziehungen zwischen Verbänden und Staat (2). Die entstandenen korporatistischen Strukturen bildeten die Grundlage für die nächste Periode bis Anfang der 90er Jahre (3), die in eine zunehmende Zersplitterung des Verbändesystems überging (4).

5.1. Gewerkschaften als Teil der nationalen Heimatfront (1940-44)

Während der Kriegszeit änderte sich die Stellung der Gewerkschaftsbewegung im Verhältnis zum Staat grundlegend. Die Kriegsbemühungen verlangten eine möglichst große nationale Übereinstimmung in Wirtschaft und Politik, was ohne Integration der Gewerkschaftsbewegung nicht erreicht werden konnte. Die Gewerkschaftsbewegung bekam diese Anerkennung jedoch nicht geschenkt, vielmehr war sie Folge einer gestärkten Konfliktfähigkeit und einer gewachsenen Mitgliedschaft. Zwischen 1940 und 1944 war die Mitgliederzahl der SAK von 66.000 auf knapp über 106.000 gewachsen. Folgenreich an diesem Prozeß war, daß der Staat seither die Mitwirkung der Verbände und ihre Beteiligung an Regulierungsmaßnahmen suchte (Pekkarinen/Vartiainen 1993: 298; Haataja et al. 1977: 230). Der beachtliche Einfluß des Staates auf die Wirtschaft fußte auf der Unterstützung der Interessenverbände, deren Stellung deutlich gestärkt wurde, die aber zugleich die Verantwortung für eine zurückhaltende Einkommenspolitik übernehmen mußten. Diese Konstellation wurde zwar nicht unmittelbar und ohne Konflikte zu einem festen Bestandteil des politischen Systems in Finnland, doch stabilisierte sich dieses einkommenspolitische Verhandlungssystem in den 60er Jahren.

Während des Zweiten Weltkrieges festigte der Staat seinen Einfluß bei der Regulierung des Arbeitsmarktes und konnte diese Position auch nach Ende des Krieges bewahren. Ein weiterer Charakterzug dieser Periode war die Verknüpfung von Lohnregelungen mit Fragen der Einkommensverteilung in anderen Sektoren. Allmählich wurden daher direkte Subventionen der Landwirtschaft, die Agrarpolitik im allgemeinen und die Sozialpolitik in die Agenda der Tarifverhandlungen aufgenommen. Die regulierende Rolle des Staates etablierte sich aufgrund der Steuerungsleistungen in der Phase der Kriegswirtschaft (Kauppinen 1992: 51-53; Pekkarinen/Vartiainen 1993: 298-299). Nach dem Krieg erweiterten sich die Anforderungen an den Staat, der ein kontinuierliches wirtschaftliches Wachstum gewährleisten sollte und die Kriegsfolgen zu bewältigen hatte. Der in dieser Entwicklung liegende Übergang zum Staatskorporatismus setzte die gegenseitige Anerkennung von Arbeitgeberverbänden und Gewerkschaften voraus.

Die sogenannte „Januarverlobung" von 1940 war ein erstes Zeichen für die Überwindung der Diskriminierung der Arbeiterbewegung und ein erster Schritt zu tarifvertraglicher Konfliktregulierung. Mit der Erklärung von 1940 erkannte der *Finnische Arbeitgeberbund (STK)* den *Finnischen Gewerkschaftsbund (SAK)* als gleichwertigen Verhandlungspartner an (Prunnila/Salomaa 1977: 117) und baute seinen Widerstand gegen die Regelung der Arbeitsbedingungen durch tarifvertragliche Vereinbarungen ab. Ein wichtiger Umbruch der Kriegszeit war somit die Etablierung eines Kollektivvertragssystems und die Verstärkung der Position der Gewerkschaftsbewegung (Pekkarinen/Vartiainen 1993: 297-298). Im Jahre 1943 begannen die Verhandlungen zwischen STK und SAK über eine Normalisierung ihrer Beziehungen, als deren Ergebnis im April 1944 der erste Generalvertrag abgeschlossen wurde, der die Einzelheiten eines Kollektivvertragssystems festlegte. Dies stellte für den SAK zweifellos ein Durchbruch dar.

5.2. Staat und Gewerkschaften zwischen Kooperation und Konflikt (1945 bis 1965)

Die beiden ersten Nachkriegsjahrzehnte waren in Finnland gekennzeichnet durch die Suche nach stabilen Beziehungen zwischen Verbänden und Staat, wobei sowohl partei- als auch verbandspolitische Konflikte und Krisen immer wieder das labile Gleichgewicht und die Kooperationsbereitschaft der beteiligten Akteure untergruben. Dennoch setzte sich aufgrund politischer Veränderungen Mitte der 60er Jahre ein korporatistisches System durch. Dieser Basiszusammenhang zwischen einer entsprechenden parteipolitischen Regierungszusammensetzung und der Unterstützung und Einbindung der Gewerkschaften zeichnete sich schon in den ersten Nachkriegsjahren ab, die gleichzeitig darauf verweisen, daß die Kooperation in hohem Maße voraussetzungsvoll war und damit nur zu instabilen Beziehungen führen konnte.

Nach dem im September 1944 abgeschlossenen Waffenstillstandsabkommen wurde den Kommunisten Vereinigungsfreiheit zugestanden. Für die Teilnahme an Wahlen initiierte die finnische SKP die Gründung einer von ihr beherrschten, auf die Integration der volksdemokratischen Bewegung gerichteten Bündnisorganisation, den SKDL. Auch für die Gewerkschaftsbewegung brachte die neue politische Lage Änderungen mit sich. Die Wahl- und andere Freiheiten beschränkenden Vorschriften wurden sukzessive aufgehoben, und die Arbeiterschaft erhielt umfassende demokratische Rechte. Darüber hinaus forderten die Gewerkschaften eine Demokratisierung von Staat, Wirtschaft und Gesellschaft. Als Folge eines im Jahr 1945 zwischen SAK und der Kommunistischen Partei geschlossenen Kooperationsvertrages (Salomaa 1964, 69-70) verdreifachte sich die Mitgliederzahl des SAK in diesem Jahr auf 300.000 (Ende 1945).

Auf der Basis einer von den Arbeiterparteien beherrschten Regierungskoalition von SKDL, SDP und Bauernbund wurden in der unmittelbaren Nachkriegszeit – ausgerichtet auf die Wiederaufbauanforderungen – zunächst planwirtschaftliche Programme aufgelegt, die neben begrenzten Verstaatlichungselementen, vor allem die Staatsintervention der Kriegszeit weiterführten und korporatistische Angebote (Preis- und Lohnrat) für Gewerkschaften und Arbeitgeberverbände bereithielten. Das heißt, die korporatistischen Züge des Systems verstärkten sich (Pekkarinen/Vartiainen 1993, 299; SAK: n vuosikirja 1945, 67). Die Einflußchancen der Gewerkschaften in der unmittelbaren Nachkriegszeit hingen indes in nicht geringem Maße von der Stabilität der parlamentarischen Kooperation von Kommunisten (SKDL) und Sozialdemokraten (SDP) ab. Die Gewerkschaften konnten zwischen 1945 und 1948 bemerkenswerte legislative Reformen und Verbesserungen erreichen. Der 1948/49 erfolgte Bruch in der Arbeiterbewegung stellte diese Erfolge in Frage und machte deutlich, daß die Verflechtung der Gewerkschaftsbewegung mit den Arbeiterparteien nicht nur Einflußchancen bot, sondern auch konfliktverstärkend wirken konnte.

Die Parlamentswahlen im Sommer 1948 waren antikommunistisch geprägt, führten zu einer schweren Niederlage der SKDL und beendeten die Regierungszusammenarbeit der drei großen Parteien. Die bürgerlichen Parteien gewannen im Parlament an Stimmen hinzu, und in der Innenpolitik begann eine Art Zwischenphase, die fast zwei

Jahre dauern sollte. Da eine parlamentarische Mehrheitsregierung nicht mehr so zwingend erforderlich war wie unmittelbar nach Kriegsende, bildeten die Sozialdemokraten, in der schon während der Regierungszeit eine große Skepsis gegen die Zusammenarbeit mit der SKDL bestand, eine Minderheitsregierung sogar unter Ausschluß des Bauernbundes (Oittinen 1954: 258-259; Knoellinger 1959: 169-170). Allerdings wurde ein Vertreter der Gewerkschaften in die Regierung berufen und mußte Verantwortung für die beschlossene Politik übernehmen (Hyvämäki 1977: 325; SAK: n vuosikirja 1948: 7).

Wahlkampf, Wahlergebnis und die Alleinregierung der Sozialdemokraten intensivierten die parteipolitisch geprägten Konflikte auch innerhalb der Gewerkschaften. Der Versuch der SDP und der SKDP, die Gewerkschaften für ihre Zwecke zu instrumentalisieren, führte zu innerverbandlichen Konflikten und sogar dazu, daß zwei Gewerkschaften aus dem SAK ausgeschlossen wurden (Hyvämäki 1977: 341; SAK: n vuosikirja 1949: 65).

Die Situation spitzte sich nach den Präsidentschaftswahlen im März 1950 und der erneuten Bildung einer Minderheitsregierung unter Leitung von Premierminister Urho Kekkonen stark zu. Im Herbst 1950 dehnte sich die Streikbewegung deutlich aus, und Vereinbarungen konnten erst getroffen werden, als die Regierung intervenierte, um einen drohenden Generalstreik abzuwenden. Ein unter der Leitung des Sozialministers gebildetes staatliches Vermittlungsorgan legte schließlich den Konflikt bei (Hyvämäki 1977: 355-361; SAK: n vuosikirja 1950: 44-62). Doch änderte dies nichts daran, daß die Gewerkschaftsbewegung und die Regierung sich auseinanderentwickelt hatten (SAK:n vuosikirja 1950: 5). Die Gewerkschaftsbewegung versagte der Regierung ihre Unterstützung. Man wollte jedoch die unsichere innenpolitische Zwischenphase mit ihren großen Streikbewegungen beenden und neue Beteiligungsformen und Entscheidungsverfahren entwickeln.

Der enge Kontakt der Gewerkschaftsbewegung mit den Arbeiterparteien verschaffte ihr zwar Einflußmöglichkeiten in politischen Institutionen, machte sie aber gleichzeitig abhängig von parteipolitischen Mehrheitsverhältnissen und Konflikten. Daraus erklärt sich die diskontinuierliche Integration der Gewerkschaftsbewegung in die politischen Institutionen in der Nachkriegszeit (SAK: n vuosikirja 1946: 5). Die 50er und frühen 60er Jahre waren daher vor allem von der Suche nach berechenbaren Interaktionsmustern zwischen Staat und Gewerkschaften sowie nach verläßlichen Entscheidungsverfahren geprägt. Bezugspunkt dieser Politik, die Anfang der 50er Jahre von der SDP wie vom Ministerpräsidenten Urho Kekkonen, dem bekanntesten Politiker des Bauernbundes, gleichermaßen geteilt wurde und bis in die 80er Jahre als Richtschnur dienen sollte, war eine auf der Theorie von John Maynard Keynes beruhende Politik der Globalsteuerung (Borg 1964: 72-74). Urho Kekkonen strebte einen starken Zentralstaat an, der, falls erforderlich, in der Lage sein sollte, wirkungsmächtig in das ökonomische System zu intervenieren, um vor allem ein kontinuierliches Wirtschaftswachstum zu garantieren. Dafür wurden die wichtigsten Interessenverbände in das politische System integriert, während die Regierungsbildung den parlamentarischen Spielregeln überlassen blieb. Die SDP lehnte in ihrem im Jahre 1952 reformierten Programm die Idee des Klassenkampfs ab und akzeptierte institutionelle Formen der Konfliktaustragung. Daraus resultierte aber nicht nur, daß sowohl SDP als auch die Bauernpartei von Urho Kekkonen einen starken Staat mit weitreichenden Gestaltungsaufgaben forderten, sondern gleichzeitig wurden damit die ideologischen und institutionellen Voraussetzungen für eine korporatistische Politikgestaltung in Finnland geschaffen.

Als Instrument dieser korporatistischen Einbeziehung der Verbände in die Wirtschaftspolitik fungierte der *Wirtschaftspolitische Planungsrat* (heute *Wirtschaftsrat)*, dem relevante Interessenorganisationen der Arbeitnehmer (SAK), der Arbeitgeber (STK) und der Bauern (MTK) angehörten. In der ersten Hälfte der 50er Jahre richtete sich dessen Politik auf ein wirtschaftspolitisches Stabilitätsprogramm, das auf einer an den Lebenshaltungskostenindex gebundenen Lohn- und Gehaltsentwicklung basierte und zugleich eine staatliche Subventionierung der Landwirtschaft einschloß. Dadurch konnte zunächst eine offene Konfliktaustragung der Arbeitsmarktparteien vermieden werden. Durch die Beteiligung der Verbände am Wirtschaftspolitischen Planungsrat wurde eine institutionelle Absicherung der Stabilitätspolitik erreicht (Kauppinen 1992: 53; Pekkarinen/Vartiainen 1993: 302, 304), so daß die Verbände in den 50er Jahren in die politische Willensbildung und Entscheidungsfindung integriert wurden und dadurch einflußreiche Positionen erlangen konnten.

Der zwischen Staat, Arbeitgeber- und Arbeitnehmerverbänden abgeschlossene Stabilitätspakt beruhigte die Lage am Arbeitsmarkt und konsolidierte das schon früher entworfene Vertragssystem, das als erste Phase einer konzertierten Einkommenspolitik gesehen wird. Die Rolle der Interessenverbände, zunächst des SAK und des MTK, war dabei größer als in der Periode der Rationierung während des Krieges und unmittelbar danach. Die erste Phase der Einkommenspolitik dauerte bis zum Herbst 1955, als eine Kette von Ereignissen zum Generalstreik im März 1956 führte. Die Regulierung der Einkommensverteilung wurde eines der wesentlichsten Probleme der finnischen Wirtschaftspolitik, wobei die Einkommensentwicklung in der Landwirtschaft an die Lohnentwicklung gekoppelt wurde. Der Staat übernahm dabei von Beginn an eine Vermittlungsfunktion zwischen den Interessenverbänden bei Konflikten, die Fragen der Einkommensverteilung, der Löhne, der Agrareinkommen, Transferleistungen und der Sozialpolitik im allgemeinen betrafen. Damit begannen das Regierungssystem im engeren Sinne (Regierung und Parlament) und das einkommenspolitische System, an dem die Regierung ebenfalls beteiligt war, parallel zu agieren und zu funktionieren (Pekkarinen/Vartiainen 1993: 302). Die Zahl der Streiks nahm im Verhältnis zu früheren Jahren deutlich ab. Die Beziehung des SAK zu den staatlichen Institutionen blieb allerdings zwiespältig. Während die sozialdemokratische Mehrheit des SAK die Regierungspolitik unterstützte (Huuska 1973: 177), behaupteten die Kommunisten, daß die Stabilitätspolitik den Lebensstandard der Arbeitnehmer senken und einseitige Opfer zugunsten der Kapitalisten bedeuten würde (Salomaa 1959: 401).

Als 1955/56 die Politik des Stabilitätspaktes aufgegeben wurde, nicht zuletzt weil dieses korporatistische Arrangement von den beteiligten politischen Parteien nicht mehr getragen wurde und auch innerhalb der Gewerkschaften auf zunehmende Kritik vor allem des kommunistischen Flügels gestoßen war, folgte eine Phase wachsender politischer Spannungen (u.a. Spaltung der SDP 1957/59) und parlamentarischer Instabilität. Eine Folge davon war, daß die Voraussetzungen für eine stabile, konfliktvermeidende Konzertierung für etwa ein Jahrzehnt entfielen. Deutlich kam diese Wende mit dem Generalstreik im März 1956 zum Ausdruck, an dem sich fast 500.000 Arbeiter beteiligten und der die am Anfang des Jahrzehnts begonnene Stabilitätspolitik beendete. Ebenfalls nicht ohne negative Folgen für die organisatorischen Voraussetzung eines korporatistischen Arrangements waren die Spaltung der SDP und die wachsenden Spannungen zwischen Sozialdemokraten und Kommunisten innerhalb der Gewerkschaften, was 1960 die SDP-Mehrheit zur Gründung eines konkurrierenden Gewerkschaftsverbandes, des *Finnischen Gewerkschaftsverbands (SAJ)*, veranlaßte, der

erst 1969 wieder mit dem SAK zu einem umbenannten Einheitsverband zusammengeschlossen werden konnte. Die vor allem parteipolitisch bedingte Spaltung der Gewerkschaftsbewegung vertiefte sich in dieser Phase, indem viele Einzelgewerkschaften außerhalb der Zentralverbände blieben, was die Chance für zentralisierte (korporatistische) Vereinbarungen verminderte.

Da sich die Gewerkschaften während dieser Periode kaum auf ihren parteipolitischen Arm, die SDP, stützen konnte, versuchte der SAK, direkt auf die Regierung einzuwirken. Im August 1957 sprach der SAK – eher ungewöhnlich in der Geschichte der
Gewerkschaftsbewegung – der Regierung wegen Handlungsunfähigkeit faktisch das
Mißtrauen aus und forderte ihren Rücktritt. An der umgebildeten Regierung waren jeweils zwei Vertreter des SAK und des STK beteiligt (Huuska 1973: 182). Auch im
Jahre 1958 wurden zwei Funktionäre des SAK in die geschäftsführende Regierung
aufgenommen; zum letzten Mal kam es 1962 zu einer direkten Beteiligung der Gewerkschaften an der Regierung (Hyvämäki 1977: 497).

Bestenfalls kann die Entwicklung seit Mitte der 50er Jahre als Phase eines einzelverbandlichen Korporatismus bezeichnet werden, da es einzelnen Verbänden gelang,
die Agenda der Wirtschaftspolitik zu bestimmen. Hingegen waren die Möglichkeiten
der Regierung, Verhandlungen zu koordinieren oder zu beeinflussen, gering. In solchen Verhandlungen wurden hauptsächlich fachspezifische Fragen ohne große Sozial-
pakete, Reformen des Arbeitsrechts oder wirtschaftspolitisches Einwirken behandelt
(Kauppinen 1992: 54). Indes konnten zwischen SAK und STK in den 60er Jahren zentralisierte Tarifverträge abgeschlossen werden, die Vorstufen zu einkommenspolitischen Gesamtlösungen waren. Den Sozialpartnern gelang es, sich über wichtige sozialpolitische Reformen wie die Renten- und Krankenversicherung zu verständigen. Und
auch die Arbeitslosenkassen wurden in dieser Zeit den Gewerkschaften überlassen.
Diese Reformen konnten durchgeführt werden, obwohl die Zersplitterung der Gewerkschaftsbewegung die Stabilisierung des einkommenspolitischen Verhandlungssystems
erheblich erschwerte (Pekkarinen/Vartiainen 1993: 308).

Die Voraussetzungen für eine Fortsetzung der Stabilitätspolitik der 50er Jahre verbesserten sich, als die SDP ihre innen- und außenpolitische Linie änderte und nach
Möglichkeiten einer Zusammenarbeit mit den Linken zu suchen begann. Parallel dazu
fanden gewerkschaftliche Einigungsversuche im Jahre 1964 statt; sie führten fünf Jahre
später zur Neugründung eines gewerkschaftlichen Dachverbandes, des *SAK* (die ehemalige *Suomen Ammattiyhdistysten Keskusliitto* wurde – ohne nennenswerten Bedeu-
tungsunterschied – in *Suomen Ammattiliitojen Keskusjärjestö* umbenannt). Sukzessive
setzte sich damit in Finnland eine Form von „institutionalisierter Konfliktaustragung"
(Ralf Dahrendorf) durch. Voraussetzung für die folgende, über zwanzig Jahre dauern-
de Periode korporatistischer Politik war allerdings die Regierungsfähigkeit der SKDL.

5.3. *Korporatismus in Finnland (1966 bis 1990)*

Die Bedingungen für die Stabilitätspolitik verbesserten sich, als die linken Parteien bei
den Wahlen 1966 eine Mehrheit erzielten und zusammen mit der Zentrumspartei die
sogenannte Volksfrontregierung bildeten. Die SDP kehrte damit nach sieben und der
SKDL nach fast 20 Oppositionsjahren in die Regierung zurück. Das war die politische
Voraussetzung für den ersten neuartigen Stabilitätspakt (Liinamaa I), der im Frühjahr
1968 geschlossen wurde. „Im Jahr 1968 kam es zu einer „Konzertierten Aktion" von

Gewerkschaften, Bauernverband, Arbeitgeberverbänden und Regierung, in deren Folge ein Vertrag über die Anbindung der Lohn- und Gehaltserhöhungen sowie der staatlichen Subventionen für die Landwirtschaft an die staatliche Steuer-, Preis-, Beschäftigungs-, Wohnungs- und Sozialpolitik abgeschlossen wurde" (Auffermann 1999: 206). Der Stabilitätspakt bedeutete eine Wende in der Politik Finnlands, weil er eine Periode der Einkommenspolitik einläutete. Das einkommenspolitische System stabilisierte sich und bürgerte sich als spezifisches finnisches Modell der Arbeitsbeziehungen ein (Kauppinen 1992: 57). Die Einkommenspolitik hat das politische System in einem solchen Maß geprägt, daß die finnische Politik sogar als „einkommenspolitisches Regieren" bezeichnet worden ist (TANDEM 1977: IV. Kapitel; Kyntäjä 1993: 194).

In den 60er Jahren wurde die Einkommenspolitik als gesamtwirtschaftliche Planung betrachtet, mit der gleichzeitig versucht wurde, die wirtschaftspolitische Regulierung auszudehnen. Sie setzte spezifische soziale und politische Bedingungen voraus wie zentralisierte Einheitsgewerkschaften und die Anerkennung des Einflusses der Arbeiterbewegung auf die politische Willensbildung und Entscheidungsfindung. Die Einkommenspolitik gilt als Beispiel für eine „rationalistische" Politik (Lappalainen 1992), die Konflikte durch Information und Planung zu verhindern suchte. Sie war auf Konsensbildung auf gesamtstaatlicher Ebene gerichtet, um die Stabilität der Gesellschaft zu wahren. Die Verbesserung des Lebensstandards als wirtschaftspolitisches Ziel setzte eine Erhöhung der Konkurrenzfähigkeit und eine vernünftige Verbindung der Wirtschaftspolitik mit der Geld-, Finanz- und Tarifpolitik voraus. Das Ziel der Wirtschaftspolitik sollten also eine umfassende Sicherung der Zukunft und eine stabile Entwicklung sein anstatt der früheren, sich häufig rapide verändernden und konfliktintensivierenden Politik.

Mit Hilfe der Kooperationsformen der Einkommenspolitik sollten nicht zuletzt die parteipolitische und organisatorische Fragmentierung sowie eine „Planlosigkeit" des politischen Lebens überwunden werden. Der Einkommenspolitik ist als Verdienst anzurechnen, daß insbesondere zwischen 1968 und 1979 die Innenpolitik außergewöhnlich stabil blieb. Vor allem in den Anfängen der Einkommenspolitik (1968-1970) wurde auf nationaler Ebene ein breiter, wenngleich einmaliger Konsens erreicht (Myllymäki 1979: 88; Kyntäjä 1993: 159). Während mit den Pakten zwischen den Interessenverbänden und der Regierung vor allem die gesellschaftliche Ruhe gesichert werden konnte, blieben die wirtschaftspolitischen Impulse gering (Kauppinen 1992: 59).

Als Handikap für den Stabilitätspakt und die Durchsetzung einer konsensualen Einkommenspolitik erwies sich in der ersten Hälfte der 70er Jahre jedoch die relative Instabilität des parlamentarischen Systems Finnlands. Erst seit Mitte der 70er Jahre konnte daher eine kontinuierliche Arbeitsteilung zwischen Interessenverbänden und der Regierung etabliert werden, die zu einer Stabilisierung der Einkommenspolitik führte. Eine Voraussetzung dafür war die Bildung von relativ beständigen Mehrheitsregierungen (Kyntäjä 1993: 196, 199).

Das einkommenspolitische System konsolidierte sich mit der zweiten starken und entscheidungsfähigen Regierung von Kalevi Sorsa im Jahre 1977, der eine aktive Konjunkturpolitik einleitete. Dabei wurden auch die institutionellen Voraussetzungen für eine koordinierte Einkommenspolitik geschaffen. Seit dieser Zeit besteht ein Einvernehmen zwischen Regierungen und Interessenverbänden über die Grenzen der Machtausübung. Der früheren „Herrschaft der Interessenverbände" und den daraus resultierenden politischen und ökonomischen Krisen folgte also wieder eine Phase der Kooperation und des Gleichgewichts. Gegen Ende der 70er Jahre und in den 80er Jahren behinderten einkommenspolitische Schwierigkeiten nicht mehr das Handeln der Regierungen (Kyntäjä 1993: 212-216).

Die im Jahre 1968 gestartete Einkommenspolitik bedeutete auch den Übergang vom Mesokorporatismus auf der einzelverbandlichen Ebene zum Makrokorporatismus, an dem nicht nur Arbeitgeberverbände und Gewerkschaften partizipierten, sondern auch ein Interessenverband der landwirtschaftlichen Erzeuger (MTK) beteiligt war. Das strategische Beteiligungsdreieck bestand aus der jeweiligen Regierung und den Zentralverbänden, die aufeinander einwirkten und die über die Bereitschaft und Fähigkeit verfügen mußten, ausgehandelte Kompromisse intern durchzusetzen (Pekkarinen/Vartiainen 1993: 310).

In Tarifverhandlungen wurden neben Löhnen und Arbeitsbedingungen auch sozial-, arbeits- und wirtschaftspolitische Programme vereinbart. Der finnische Wohlfahrtsstaat hat sich also durch das umfangreiche einkommenspolitische Verhandlungssystem entscheidend entwickelt (Myllymäki 1979: 190-197; Tuori 1983: 394). Vor allem haben die Gewerkschaften die einkommenspolitischen Paketlösungen unterstützt, die in den 90er Jahren bei Arbeitgebern und Staat auf wachsenden Widerstand gestoßen sind (Pekkarinen/Vartiainen 1993, 315).

Auch wenn in den 80er Jahren das einkommenspolitische System Finnlands recht gut funktionierte, obwohl sich zentralisierte und sektorale Verträge immer wieder abwechselten, begann man, an der Notwendigkeit einer zentralisierten Einkommenspolitik zu zweifeln und einen Übergang zu einem dezentralisierteren System zu erwägen (Kyntäjä 1993: 173). Gleichzeitig machten sich innerhalb des einkommenspolitischen Systems Änderungstendenzen bemerkbar, die auch die Rolle des Staates betrafen. Früher hatte der Staat, indem er die Verhandlungen aktiv begleitete und als Vermittler fungierte, eine prominente Rolle in den Tarifverhandlungen eingenommen.

Er konnte diese Rolle nicht zuletzt deshalb behaupten, weil ab Mitte der 80er Jahre auch die Einkommensbesteuerung eng mit den einkommenspolitischen Verträgen verknüpft wurde. Daneben war seine Vermittlerrolle notwendig geworden, da sich interne Streitigkeiten in den Arbeitnehmerorganisationen im Laufe der 80er Jahre zuspitzten, deren Position darüber hinaus heterogener wurde, weil sich in diesem Jahrzehnt die Angestelltenverbände im Rahmen der Verhandlungen über die zentralisierten einkommenspolitischen Verträge stärker profilieren konnten (Pekkarinen/Vartiainen 1993: 399-402).

Das zentralisierte Vertragssystem konnte nicht ohne Rückwirkungen auf die Einheitlichkeit der Gewerkschaften und die Beziehungen zwischen Führung und Basis bleiben. Die Funktionsanforderungen eines zentralisierten Vertragssystems führten zwangsläufig zu einer wachsenden Bürokratisierung des Verbandes, einer größeren Distanz der Gewerkschaftsleitung zu den Mitgliedern und Akzeptanzeinbußen bei diesen. Gefährdet wurde die Einheitlichkeit der Gewerkschaften seit den 80er Jahren durch die Rezession und die Entwicklung auf dem Arbeitsmarkt, so daß es zunehmend schwieriger wurde, die Interessen von Arbeitnehmern in den Export- und Inlandsmarktsektoren und im öffentlichen Dienst zu vereinheitlichen und gemeinsam nach außen zu vertreten. Diese Tendenz wird sich verstärken, falls Tarifverhandlungen auch auf die Betriebsebene verlagert werden, während sich gleichzeitig für die Gewerkschaften die Möglichkeit, die politischen Institutionen zu beeinflussen, auf ein Minimum reduziert (Ilmonen 1995: 7-8; Kyntäjä 1993: 192).

5.4. Die 90er Jahre: Interessenverbände und Zersplitterung des integrierenden politischen Systems

Während sich die Regierungskoalitionen seit dem Ende des Zweiten Weltkrieges, abgesehen von wenigen Jahren, in erster Linie auf die sozialdemokratische Partei (SDP) und die Zentrumspartei (KESK) stützten, wurde 1987 eine Regierung gebildet, deren größte Parteien die SDP und die konservative Sammlungspartei (KOK) waren. Während die Zentrumspartei in die Opposition ging, versuchten die Konservativen sich deutlicher als bisher als Arbeitnehmerpartei zu profilieren. Dennoch geriet die 1991 ohne Beteiligung der Arbeiterparteien gebildete Mitte-rechts-Regierung wiederholt in Konflikt mit den Gewerkschaften. Erst die 1995 und 1999 auf einer breiten parlamentarischen Basis gebildeten Regierungen von Premierminister Paavo Lipponen – in ihnen waren alle Parteien des linken Flügels, die Konservativen, die Grünen und die Schwedische Volkspartei vertreten, nur die von der Landbevölkerung unterstützte Zentrumspartei war in der Opposition – gelang es, die Beziehungen zwischen Regierung und Gewerkschaftsbewegung ins Gleichgewicht zu bringen. Die hierin angesprochenen Konflikte über die Einkommenspolitik weisen auf eine Schlüsselstellung der Sozialdemokratie – in den Gewerkschaften und in der Regierung – für eine konfliktarme Durchführung der Einkommenspolitik hin (Kyntäjä1993).

Seit Ende der 80er Jahre waren die zentralisierten einkommenspolitischen Verhandlungen einer zunehmenden Kritik ausgesetzt. Im Herbst 1988 begann die Mitte-rechts-Regierung damit, ihre Stabilitätspolitik umzusetzen, die eine einkommenspolitische Gesamtlösung beinhalten sollte. In dieser Situation verbesserte sich die Position der Arbeitgeber und ihrer Verbände (Kyntäjä 1993: 133), die zu den Gewerkschaften eine wachsende Distanz einnahmen. Die Arbeitgeber behaupteten, daß der Korporatismus auf der Ebene der Zentralorganisationen am einzelbetrieblichen Bedarf vorbeiginge und seine Legitimation verloren hätte. Gleichzeitig wurde es für die Gewerkschaften schwieriger, einheitliche Forderungen zu entwickeln. Die Internationalisierung der Wirtschaft und die europäische Integration können langfristig die Handlungsfähigkeit der Gewerkschaften in Frage stellen (Ilmonen/Jokivuori 1998: 138).

Im Frühjahr 1991 veränderte sich die Konstellation vollständig. Zum ersten Mal in der Geschichte der Lohnverhandlungen stellten die Arbeitgeber die Tagesordnung auf und trugen ihre Forderungen vor (Kauppinen 1992: 61). Die Arbeitgeber konnten dabei auf die Unterstützung der dezidiert bürgerlichen Regierung hoffen. Unter Einfluß der weltweiten konservativen Wende wurde auch in Finnland das traditionelle Verhandlungssystem in Frage gestellt und versucht, die Einkommenspolitik auf die Betriebs- oder Arbeitsplatzebene zu verlagern. In der Praxis ist dies jedoch bislang am Widerstand der Gewerkschaften gescheitert (Ilmonen/Jokivuori 1998: 140).

Gleichwohl ist auch in Finnland in den 90er Jahren die Rolle der Arbeitgeber- und Arbeitnehmerverbände in einer sich internationalisierenden Wirtschaft breit diskutiert worden. Diese Diskussion steht in engem Zusammenhang mit der Schwächung des finnischen Nationalstaats und der Fragmentierung der Gesellschaft, die noch in den 70er Jahren als vergleichsweise homogen angesehen wurde. Die für Finnland typische, historisch gewachsene Handlungsweise der zivilgesellschaftlichen Verbände und Vereine, ihre Interessen durch den Staat zu vertreten, erfährt gegenwärtig aufgrund der Schwächung des finnischen Nationalstaates tiefgreifende Veränderungen. Die Fragmentierung der finnischen Gesellschaft ist in erster Linie (noch) ein wirtschaftlich-soziales und noch kein kulturell-moralisches Phänomen,

weshalb sie sich hauptsächlich in der Segmentierung des Arbeitsmarktes zeigt (Il-
monen/Kevätsalo 1995: 45-51).

Die zunehmende Differenzierung der finnischen Gesellschaft wirkt sich auch auf
die Umgestaltung der industriellen Beziehungen aus, die auf fordistischer Arbeitsorganisation basiert. Die fordistischen Produktions- und Machtverhältnisse zeigen auch in
Finnland Auflösungserscheinungen, die, falls sie sich durchsetzen, autoritäre und hier-
archische Strukturen in Wirtschaft und Verwaltung aufbrechen sowie Arbeitnehmer
hervorbringen, die flexibel und spezialisiert sind und die sich aktiv beteiligen. Es ist
behauptet worden, daß der Wandel des Arbeitslebens auch zu einer Fragmentierung
der Arbeitnehmerschaft führt (Ilmonen/Kevätsalo 1995), was die Möglichkeiten der
Arbeitnehmer, ihre Interessen zentralisiert zu vertreten, schwächen würde. In dieser
Situation versuchen Arbeitgeber, das Vertragssystem auf die Betriebsebene zu verlagern, d.h. sie haben den Übergang zu einem „Mikrokorporatismus" verlangt. Dagegen
beharren Arbeitnehmer und Gewerkschaften darauf, daß die Arbeitsbedingungen mit
zentralisierten einkommenspolitischen Lösungen reguliert werden können, an denen
auch der Staat teilnimmt und die mit einem dreistufigen Verhandlungssystem ergänzt
werden. Das finnische Modell der Arbeitsbeziehungen steht also vor großen Herausforderungen (Kauppinen 1992: 184-207; Pekkarinen/Vartiainen 1993: 413-439). Und
nicht wenige gehen davon aus, daß sich die finnische Gewerkschaftsbewegung auf einen schmerzhaften Wandel in Richtung eines dezentralen und flexiblen Arbeitsmarkt-
systems einstellen muß (Ilmonen 1995: 31-32).

6.   Schlußfolgerungen

Das traditionelle finnische Vereinswesen hatte sich bis zu den 60er Jahren bzw. bis
Anfang der 70er Jahre voll entwickelt. Danach differenzierte sich die Vereinsland-
schaft zunehmend aus. Seit den 80er Jahren hat der Anteil von parteipolitisch orientierten Vereinen deutlich abgenommen, auch wenn die wichtigsten Parteien handlungsfähig geblieben sind und sich sogar erneuern konnten. Die wichtigste Änderung im
Parteiensystem in den 90er Jahren war die Stabilisierung der Position der Grünen im
Parlament. Vor den größten Problemen stehen Vereinigungen, deren Programmatik
sich auf soziale Konfliktlinien von Anfang des 20. Jahrhunderts bezieht (wie zum Beispiel alte Temperenzvereine) oder die weltanschaulich basiert sind. Dagegen ist die
Zahl der Vereinigungen, die sich auf Kultur und Kunst, Sport oder andere Freizeitaktivitäten konzentrieren, rasch gewachsen (Siisiäinen 1999). Die Anzahl marktorientierter
Verbände hat dabei in den 90er Jahren zugenommen. Einige von ihnen – zum Beispiel
aus dem Bereich des Spitzensports – können ohnehin eher als Unternehmen betrachtet
werden. Gleichzeitig ist die Anzahl wirtschaftlich orientierter Vereinigungen, die Sozi-
alaufgaben ausführen, die weder Staat noch kommerzielle Betriebe übernehmen können oder wollen, ebenfalls gestiegen.

Besonders die Vereinigungen im Sozialbereich erfahren einen raschen Wandel,
wenn sie entscheiden müssen, welche Stellung sie in bezug auf den Wohlfahrtsstaat
einnehmen wollen. Der skandinavische Wohlfahrtsstaat entstand vor allem als Ergebnis des Drucks und des innovativen Handelns von Verbänden, die den Staat veranlaßten, Funktionen (zum Beispiel die Alters- und Behindertenfürsorge und Sonderein-
richtungen für Kultur und Ausbildung) zu übernehmen, die sie selbst früher innehatten.

Gegenwärtig versucht der Staat, den Vereinigungen Aufgaben zu übertragen, um seine Wohlfahrtsleistungen abzubauen. Der darauf beruhende sogenannte Dritte Sektor erfährt daher einen Bedeutungszuwachs, ohne daß er sich allerdings auf große formale Organisationen stützen kann.

Generalisierend kann festgestellt werden, daß das moderne Vereinswesen sich nicht in einer Krise befindet. Vielmehr lassen sich die Veränderungen als Erneuerungen und Modernisierungsprozesse interpretieren, die sich sowohl innerhalb als auch außerhalb der traditionellen Formen des Vereinswesens vollziehen.

Die Beziehungen zwischen Interessenverbänden und politischen Institutionen waren nach dem Zweiten Weltkrieg vom Bestreben nach enger Zusammenarbeit geprägt. Allerdings scheiterten die Versuche unmittelbar nach Ende des Zweiten Weltkrieges, ein zentralisiertes Verhandlungssystem unter Beteiligung des Staates zu etablieren, weil die Arbeitnehmerverbände schwach und zersplittert waren, obwohl der Staat sie zu stärken versuchte. Die typische Staatszentriertheit stellt dabei ein Beispiel für die finnische Wirtschaftspolitik insgesamt dar (Pekkarinen/Vartiainen 1993: 410). Erst im Jahre 1968 trat eine deutliche Wende ein, als das erste einkommenspolitische Gesamtpaket geschnürt werden konnte. Damit wurden die Voraussetzungen für eine dauerhafte Kooperation und den Konsens zwischen verschiedenen Interessengruppen und dem Staat geschaffen. Mit Hilfe der Einkommenspolitik wurden die starken Interessenverbände in die politischen Institutionen integriert. Durch diese institutionalisierte Zusammenarbeit konnten die Interessenverbände zwar viele ihrer Ziele und Forderungen durchsetzen, aber gleichzeitig wurde ihr gesellschaftlicher Einfluß neutralisiert. Das Funktionieren der finnischen Arbeitnehmer- und Arbeitgeberverbände ist ein Teil des finnischen Systems kollektiver Interessenvertretung gewesen, das wiederum konstitutiv war für das politisch-administrative System insgesamt.

In den 90er Jahren veränderte sich das politische System Finnlands jedoch entscheidend. Die Rolle des Nationalstaates ist deutlich kleiner geworden, und der Staat hat an Integrationsfähigkeit verloren. Gleichzeitig hat sich die finnische Wirtschaft globalisiert, was nicht ohne Folgen bleiben konnte für die Gewerkschaftsbewegung. Sie konnte keine klare Handlungsstrategie entwickeln, sondern blieb weitgehend orientierungslos. Ihre Machtstellung als nationale Institution in der finnischen Gesellschaft ist daher nicht mehr selbstverständlich. Vielmehr hat sie ihre gesellschaftliche Identität als soziale Bewegung verloren zugunsten ihrer Rolle als Sozialpartner (Ilmonen 1993: 199).

Der Wandel in der kollektiven Handlungslogik wirkt sich auch bei neuen Bewegungen und Verbänden aus (Lappalainen 1999). Das neueste und vielleicht das wesentlichste Merkmal z. B. der Tierschutzbewegung und anderer neuen Bewegungen ist, daß Protest- und Handlungsformen nicht mehr berechenbar sind. Ihre Protestformen wandeln sich situationsbedingt und umfassen auch unkonventionelle Aktionen. Anstatt der traditionellen Beeinflussung von Institutionen sind die Aktivisten bereit, auf immer ungewöhnlichere Weisen zu handeln. Hier lassen sich am deutlichsten die neuen Bewegungen von den traditionellen unterscheiden.

Abkürzungsverzeichnis

IKL   Patriotische Volksbewegung (Isänmaallinen Kansanliike)
MTK   Zentralbund Landwirtschaftlicher Erzeuger (Maataloustuottajain Keskusliitto)
SAJ   Finnischer Gewerbeverband (Suomen Ammattijärjestö)
SAK   Finnischer Gewerkschaftsbund (Suomen Ammattiyhdistysten Keskusliitto 1930-1969; Suomen Ammattiliittojen Keskusjärjestö seit 1969)
SDP   Sozialdemokratische Partei Finnlands (Suomen Sosialidemokraattinen puolue)
SKDL   Demokratischer Bund des Finnischen Volkes (Suomen Kansan Demokraattinen Liitto)
SKP   Kommunistische Partei Finnlands (Suomen Kommunistinen Puolue)
STK   Finnischer Arbeitgeberbund (Suomen Työnantajain Keskusliitto)
TPSL   Sozialdemokratischer Bund der Arbeiter und Kleinbauern (Työväen ja Pienviljelijäin Sosialidemokraattinen Liitto)
TUL   Sportbund Finnischer Arbeiter

Literaturverzeichnis

Allardt, Erik, 1976: Hyvinvoinnin ulottuvuuksia, Helsinki: WSOY
Auffermann, Burkhard, 1999: Das politische System Finnlands, in: Wolfgang Ismayr (Hrsg.): Die politischen Systeme Westeuropas, 2. Aufl., Opladen: Leske + Budrich, S. 183-216
Blomdahl, Ulla, 1990: Folkrörelserna och folket, Helsingborg: Carlssons och Institutet för framstudier
Borg, Olavi, 1964: Suomen puolueideologiat, Helsinki: WSOY
Haataja, Lauri et al., 1977: Suomen työväenliikkeen historia, Helsinki: Tammi
Halila, Heikki/ Lauri Tarasti, 1989: Yhdistysoikeus, Helsinki: Lakimiesliiton kustannus
Huuska, Väinö, 1973: Etujärjestöt ja hallituspolitiikka, in: Hakovirta, Harto/Tapio Koskiaho (Hrsg.): Suomen hallitukset ja hallitusohjelmat, Helsinki: Gaudeamus, S. 123-159
Hyvämäki, Lauri, 1977: Valtioneuvosto 2. maailmasodan jälkeen vuoteen 1957; in: Valtioneuvoston historia 1917-1966, Vol. II. Helsinki: Valtion Painatuskeskus, S. 243-470
Ilmonen, Kaj, 1993: Ay-liikkeen vaihtoehdot 1990-luvun Suomessa, in: Kaj Ilmonen (Hrsg.): Kestävyyskoe, Tampere: Vastapaino, S. 174-204
Ilmonen, Kaj, 1995: Työmarkkinajärjestelmä, talouden kansainvälistyminen ja ay-liike. Palkansaajien tutkimuslaitos, Tutkimusselosteita 123, Helsinki: Hakapaino
Ilmonen, Kaj/Pertti Jokivuori, 1998: „Kypsän" vaiheen liike jälkiteollisessa yhteiskunnassa. Suomalaisen ay-liikkeen sisäinen jakautuminen 1990-luvulla; in: Kaj Ilmonen/Martti Siisiäinen (Hrsg.): Uudet ja vanhat liikkeet, Tampere: Vastapaino, S. 137-164
Ilmonen, Kaj/Kimmo Kevätsalo, 1995: Ay-liikkeen vaikeat valinnat. Sosiologinen näkökulma ammatilliseen järjestäytymiseen Suomessa. Palkansaajien tutkimuslaitos, Tutkimuksia 59, Helsinki: Hakapaino
Kauppinen, Timo, 1992: Suomen työmarkkinamallin muutos. Työpoliittinen tutkimus, 30, Helsinki: Työministeriö
Knoellinger, Carl-Erik, 1959: Järjestösuhteet Suomen työmarkkinoilla, Helsinki: WSOY
Komiteamietintö 1984: Yhdistyslakikomitean mietintö, Helsinki: Valtion painatuskeskus
Kyntäjä, Timo, 1993: Tulopolitiikka Suomessa. Tulopoliittinen diskurssi ja instituutiot 1960-luvulta 1990-luvun kynnykselle, Helsinki: Gaudeamus
Lappalainen, Pertti, 1992: Politiikan mahdollistuminen. Osallistuminen, suvereniteetti ja pluralistinen valtiokäsitys. Acta Universitasis Tamperensis, ser A, vol. 348, Tampere
Lappalainen, Pertti, 1999: Eläinliikkeen tyyli – oire murroksesta vai poikkeus säännöstä?; in Pertti Lappalainen (Hrsg.): Tyylikästä kansalaisaktiivisuutta. Tampereen yliopisto, Politiikan tutkimuksen laitos, Julkaisuja 11, Tampere, S. 123-144
Loimu, Kari, 1989: Yhdistystieto. Yhdistystiedon perusteet, Helsinki: Weilin + Göös
Maffesoli, Michael, 1996: The Time of New Tribes. The Decline of Individualism in Mass Society, London: Sage

Myllymäki, Arvo, 1979: Etujärjestöt, tulopolitiikka ja ylimmät valtioelimet, Tampere: Finnpublishers

Oittinen, Reino, 1954: Työväenkysymys ja työväenliike Suomessa, Helsinki: Tammi

Pekkarinen, Jukka/Juhana Vartiainen, 1993: Suomen talouspolitiikan pitkä linja, Helsinki: WSOY

Pesonen, Pertti/Risto Sänkiaho 1979: Kansalaiset ja kansanvalta: suomalaisten käsityksiä poliittisesta toiminnasta, Helsinki: WSOY

Prunnila, Juhani/Erkki Salomaa, 1977: Ammattiyhdistystieto, Helsinki: Kansankulttuuri

Richter, Rudolf, 1985: Soziokulturelle Dimensionen freiwilliger Vereinigungen, München

Sadeluoto, Kalevi, 1991: Järjestötoiminnan yleiset periaatteet. Suomen Kartasto, 321, Helsinki: Maanmittaushallitus

Suomen Ammattiyhdistysten Keskusliiton vuosikirja 1945, 1946, 1948-1951, 1956 und 1962; Helsinki: Työväen Kirjapaino

Salomaa, Erkki, 1959: Rakentajat eilen ja tänään, Helsinki: Kansankulttuuri

Salomaa, Erkki, 1964: Tavoitteena kansanvalta, Helsinki: Kansankulttuuri

Siisiäinen, Martti, 1991: Järjestötoiminta. Suomen Kartasto, 321, Helsinki: Maanmittaushallitus

Siisiäinen, Martti, 1999: Voluntary Associations and Social Capital in Finland; in: Jan van Dept/Marco Maraffi/Ken Newton/Paul Whitley (Hrsg.): Social Capital and European Democracy, London and New York: Routledge, S. 120-143

Siisiäinen, Martti/Jan Sundberg, 1991: Poliittinen toiminta. Suomen Kartasto, 321, Helsinki: Maanmittaushallitus

Soikkanen, Hannu, 1977: Sota-ajan valtioneuvosto, in: Valtioneuvoston historia 1917-1966, Vol. II, Helsinki: Valtion Painatuskeskus

Sundberg, Jan, 1996: Partier och partisystem I Finland, Helsinki: Schilds

Suomalainen luokkaprojekti, 1984: Suomalaiset luokkakuvassa, Tampere: Vastapaino

Luokkaprojekti 1988: Luokkaprojektin aineisto vuodelta 1988

TANDEM 1977: Demokratian rajat ja rakenteet. Tutkimus suomalaisesta hallitsemistavasta ja sen taloudellisesta perustasta, Helsinki: WSOY

Teollisuuslehti, 12/1966

Tilastokeskus, 1986: Eliolotutkimuksen aineisto, Helsinki: Tilastokeskus

Tuori, Kaarlo, 1983: Valtionhallinnon sivuelinorganisaatiosta, 2. Positiivisoikeudelliset tarkastelut, Helsinki: Suomalainen lakimiesyhdistys

Varjonen, Unto, 1949: Toisen maailmansodan jälkikausi; in: Suomen sosialidemokraattinen työväenliike 1899-1945, Helsinki: Paasipaino, S. 60-82

Vogel, Joachim, 1990: Leva I Norden. Levnadsnivå och ojämlikhet vid slutet av 1980-talet, Nordisk statisk skiftserie 54: Nordiska statiska sekretariatet

Veteläsuo, Maija, 1982: Yhdistystoiminnan levinneisyys Suomessa vuosina 1919-1980, Helsinki: Oikeusministeriön lainvalmisteluosaston julkaisuja 12

Frankreich

Verbände – eine Rechnung mit vielen Unbekannten

Peter Jansen

1. Einleitung

Die Entwicklung der organisierten Interessenvertretung ist in Frankreich durch die Revolution von 1789 geprägt worden. Die nahezu 100 Jahre während Auseinandersetzung um die Rolle von Interessenvertretungsorganisationen mündete 1884 in die Anerkennung der Koalitionsfreiheit, die 1901 durch die allgemeine Vereinigungsfreiheit ergänzt wurde. Im Jahrhundert des Organisationsverbots, das genauer gesagt ein Wechselbad von Verboten, Tolerierungen und erneuten Verboten war, erfolgten die Weichenstellungen, die zum Organisationspluralismus und einem stark dezentralisierten Organisationsaufbau führten. Seit Ende des Ersten Weltkriegs hat sich ein nahezu unüberschaubares Geflecht institutionalisierter und informeller Interessenvertretung herausgebildet, das sich mit dem Begriff „Verbändesystem" nur schwer fassen läßt.

Die allgemeine Vereinigungsfreiheit eröffnet in Frankreich die Möglichkeit, Vereine und Verbände *(associations)* zu gründen, die entweder der individuellen Selbstverwirklichung (Kultur, Sport) oder der Verfolgung spezifischer Interessen (Familie, Alter, Verbraucherschutz) dienen. Das Spektrum reicht von Nonsens-Vereinen (Verteidigung der Freiheit von Gartenzwergen) über Stadtteilorganisationen bis hin zu nationalen Verbraucherverbänden und politischen Parteien. Spätestens seit Ende des Zweiten Weltkriegs stellt die Rechtsform der *association sans but lucratif* die Grundlage für die Bildung von Vereinen und nationalen Verbänden dar, auf die sich Parteien *(Les Verts)* und Unternehmerverbände gleichermaßen beziehen. Die allgemeine Vereinigungsfreiheit geht in ihrer Bedeutung weit über das Vereinsrecht hinaus, weshalb im folgenden der Terminus der *Association* als Oberbegriff für Vereine und Verbände verstanden wird. Demzufolge ist bei der Analyse des französischen „Verbändesystems" ein extrem breites und dicht besetztes Feld von intermediären Organisationen zu berücksichtigen.

Das nationale Amt für Statistik erfaßt in seiner Erhebung des *milieu associatif* sowohl Vereine, die der Selbstverwirklichung ihrer Mitglieder dienen, als auch Vereinigungen, die die Verteidigung gemeinsamer Interessen als Ziel haben. Nach offiziellen Angaben waren im Jahre 1996 ca. 20 Millionen Franzosen in über 700.000 Vereinen oder Verbänden organisiert, wobei Doppel- und Dreifachmitgliedschaften nicht selten sind.

Tabelle 1: Organisationsgrad in verschiedenen Handlungsfeldern

Handlungsfeld der Organisationen	Organisationsgrad (in %)	
	1983	1996
Sportvereine und -verbände	15	18
Seniorenklubs (troisième age)	21	16
Elternverbände (parents d'élèves)	12	8
Gewerkschaften/Berufliche Interessenvertretung	14	8
Kultur-, Musikvereine	5	7
Betriebliche Rentnervereine	5	7
Mieterverbände, Verbände der Wohnungseigentümer	5	5
Humanitäre Organisationen	2	4
Religiöse und kirchliche Organisationen	4	4
Verbände ehemaliger Schüler	2	3
Verbände von Kriegsveteranen	5	3

Lesehinweis: Die Bezugsgrößen variieren. Die Prozentangaben beziehen sich nicht auf die Gesamtbevölkerung, sondern auf ein theoretisch erreichbares Mitgliederpotential. Beispiel: 12 Prozent der Personen, die Kinder im Schulalter haben, waren 1983 Mitglied in einem Elternverein. 1996 lag der Organisationsgrad bei 8 Prozent; erfaßt sind Personen, die 15 Jahre und älter sind.

Quelle: INSEE PREMIERE No. 542, Septembre 1997: 2.

In den Zahlenangaben spiegeln sich zwei gegenläufige Trends wider, die seit Ende der 70er Jahre die Organisationslandschaft verändern. Vereine und Verbände, die der Interessenvertretung dienen, verlieren an Mitgliedern, während „Freizeitvereine" einen verstärkten Zulauf erhalten. Besonders drastische Einbußen haben traditionelle Organisationen *(syndicats)* zu verzeichnen. Der Organisationsgrad von Gewerkschaften und Unternehmerverbänden ist mit 8 Prozent auf einem historischen Tiefpunkt angelangt, wobei sich insbesondere die Verluste der Gewerkschaftsbewegung auswirken. Anfang der 90er Jahre waren nur noch 6,5 Prozent der Arbeitnehmer gewerkschaftlich organisiert (1979: 22 Prozent). Dennoch ist die Kluft, die sich zwischen den traditionellen Interessenvertretungsorganisationen und dem aktiven Vereins- und Verbandsleben öffnet, nicht zu übersehen: Nahezu jeder zweite Franzose, der das Alter von 14 Jahren überschritten hat, ist aktiv oder passiv Mitglied einer *Association*. Diese treten – abgesehen von Freizeitvereinen – im politischen Leben als Konkurrenten der Koalitionen *(syndicats)* auf, versuchen, ihren Einfluß als pressure groups und durch Lobbyismus geltend zu machen.

Die Vielfalt der Organisationen, das breite Spektrum ihrer Handlungsfelder und der unterschiedliche Grad der Einbindung in staatliche Konsultationsverfahren bilden einen Dschungel, der sich kaum lichten läßt.[1] Nahezu jedes Thema, jedes Problem kann zum Kristallisationspunkt von Vereinsgründungen geraten. Die analytische Durchdringung des Vereins- und Verbändesystems wird dadurch erschwert, daß die Organisationen nach wie vor nur ein Minimum an Informationen über Mitgliedschaften, Organisationsaufbau und Aktivitäten preisgeben. Vereine und Verbände schreiben hier die Tradition von Geheimbünden fort, für die im Jahrhundert des Vereinigungsverbots die Intransparenz interner Strukturen häufig genug eine Voraussetzung zum

---

1   Als Überblicke vgl. Meynaud 1958 und 1962, Bode 1997, Wilson 1987, Basso 1983 und Defrasne 1995.

physischen Überleben war. Heute führt die Auseinandersetzung um die Repräsentativität dazu, daß nahezu kein Verein, kein Verband und keine Gewerkschaft zuverlässige Angaben über die Mitgliedschaft veröffentlicht.

2. Historische Entwicklung und rechtliche Rahmenbedingungen: Der späte Sieg von Tocqueville über Rousseau

Die französische Revolution (1789) erscheint zahlreichen Betrachtern als Sieg der Demokratie über den Despotismus. Für Historiker, die sich mit der Geschichte der Arbeiterbewegung befassen, verblaßt der revolutionäre Charme sehr schnell; denn mit dieser Umwälzung war ein allgemeines Organisationsverbot verbunden, das mit leichten Variationen über ein Jahrhundert in Kraft blieb (Jansen 1987). Nach einer kurzen Übergangsphase setzte sich eine Staatsdoktrin durch, in der der Staat als Träger des Gemeinwohls *(volonté générale)* angesehen wurde. Rousseau brachte die Grundgedanken der freien Vertragsgesellschaft auf den Punkt, in der es neben dem Staat keinen Platz für intermediäre Organisationen gab. Korporationen, die sich in Frankreich seit dem 11. Jahrhundert entwickelt hatten, erschienen als unzulässige Einschränkung der zwischen den Individuen herzustellenden Vertragsfreiheit. Die Gesetzgebung griff diese Gedanken auf. 1791 erfolgte die Auflösung von Korporationen *(Loi d'Allarde)* und die Beseitigung der Koalitions- und Versammlungsfreiheit *(Loi le Chapelier)*. Arbeitern, Handwerkern, Unternehmern und Geschäftsbesitzern wurde die Bildung von Organisationen untersagt, die der Vertretung beruflicher Interessen dienten (Debbasch/Bourdon 1985: 16ff.). Die Kirche und ihre Einrichtungen (soziale Hilfswerke) gerieten in ein Abseits, das später durch die strikte Trennung von Staat und Kirche verfestigt wurde. Politische Klubs wurden – zumindest eine Zeit lang – toleriert, was zu einer Politisierung und Ideologisierung von Organisationen führte, die auch heute noch in einer sehr ambivalenten Form zu beobachten ist. Organisationen grenzen sich ideologisch voneinander ab, lehnen aber gleichzeitig die Anbindung an eine politische Partei ab. In den Statuten wird in der Regel eine parteipolitische Neutralität fixiert, die einen Eckpfeiler des Konzepts der Einheitsorganisation darstellt.

Die liberale Botschaft von Tocqueville, der für demokratische Länder die Wissenschaft von der freien Vereinigung als Mutter aller Gesellschaftswissenschaften bezeichnete, verhallte damals ungehört. Statt dessen beflügelte das Verbot intermediärer Organisationen jakobinische Traditionen des Staatsinterventionismus. Bei der Regelung gesellschaftlicher Konflikte, die mit dem Prozeß der Industrialisierung verbunden waren, wurde der Staat seit Beginn des 19. Jahrhunderts mit dem Erlaß von Schutzvorschriften (Verbot von Kinderarbeit, Begrenzung der maximalen Arbeitsdauer etc.) und der Bildung staatlicher Agenturen des Sozialschutzes (Arbeitsschiedsgerichte, Arbeitsinspektion, Arbeiterrentenversicherung etc.) auf Handlungsfeldern aktiv, die einen Nährboden für die organisierte Interessenvertretung und die Kirche hätten bilden können. Der staatliche Sozialprotektionismus grub den außerhalb der Legalität entstehenden Geheimbünden und den Hilfs- und Unterstützungskassen (Vorläufer der Krankenversicherung) das Wasser ab. Die erste zaghafte Liberalisierung des allgemeinen Organisationsverbots (1858) ließ zwar die Bildung von Vereinen zu, aber die Zahl der Mitglieder wurde auf maximal 20 begrenzt. Indirekt förderte dies die Bildung lokaler

Vereine. Hier liegt ein nicht zu unterschätzender Impuls[2] für die Entstehung dezentraler Organisationsformen, in denen die Handlungsfähigkeit lokaler Untergliederungen von Verbänden nach wie vor einen herausragenden Stellenwert hat. Staatlicher Zentralismus und organisatorischer Dezentralismus bilden seit dieser Zeit zwei Handlungsmuster, die sich wechselseitig ergänzen.

Weitere entscheidende Etappen der Auseinandersetzung um das Koalitions- und Vereinigungsrecht erfolgten in der zweiten Hälfte des 19. Jahrhunderts. Die Zulassung von „Streik-Koalitionen" (1864) erlaubte die Bildung zeitlich befristeter Zusammenschlüsse von Arbeitnehmern eines Gewerbes, wenn sie zur Verteidigung beruflicher Interessen dienten. Es handelte sich um einen Vorläufer des heute in der Verfassung abgesicherten individuellen Streikrechts, auf dessen Grundlage sich parallel zu den etablierten Gewerkschaften in den 80er und 90er Jahren des 20. Jahrhunderts Ad-hoc-Gewerkschaften (die sogenannten *mouvements de coordination*) bildeten (Kißler et al. 1997: 45ff.).

Das 1884 ausformulierte Koalitionsrecht ist ein Kompromiß aus den Zielen der Arbeiterbewegung und übergeordneten Staatsinteressen. Dauerhafte Koalitionen, die der Vertretung beruflicher und wirtschaftlicher Interessen der Mitglieder dienen, werden seit dieser Zeit unter dem Begriff *„syndicat"* zusammengefaßt, wodurch eine rechtliche Gleichbehandlung von Gewerkschaften, Berufsverbänden (Vertretung der Interessen freier Berufe) und Unternehmerverbänden erfolgt. Erst 1919 wurde das Koalitionsrecht durch das Tarifvertragsrecht ergänzt. Bis dahin waren Gewerkschaften und Unternehmerverbände nicht „rechtsfähig", sie wurden als Gesprächs-, aber nicht als Verhandlungspartner anerkannt. Abgesehen von der kurzen Ära der Volksfront erhielt das Tarifvertragsrecht erst nach dem Zweiten Weltkrieg eine reale Bedeutung.

Die paradoxe Allianz von Arbeiterbewegung und französischen Unternehmern stellt sich als Vorkämpferin der allgemeinen Vereinigungsfreiheit dar, die 1901 ausgesprochen wurde. Seitdem ist die *Association sans but lucratif* als eine „Konvention" definiert, auf deren Basis zwei oder mehr Personen auf dauerhafte Weise ihre Kenntnisse oder Aktivitäten vereinen, um nicht profitorientierte Interessen zu vertreten (Debbasch/Bourdon 1985: 33). Mit dem Begriff der Dauerhaftigkeit setzte sich die Abgrenzung von der Versammlung (*réunion*) durch. Die Mitglieder einer *Association* können (im Rahmen der Verfassung) durch eine Satzung frei festlegen, welche Ziele sie verfolgen. Ausgeschlossen ist dabei nur das Ziel einer Erwirtschaftung von Gewinnen (Abgrenzung von Handelsgesellschaften, Kooperativen und anderen Wirtschaftsunternehmen). Rechtlich nicht zwingende „Musterstatuten" legen den Organisationsaufbau und Prinzipien der innerorganisatorischen Demokratie fest (Debbasch/Bourdon 1999: 115ff.).

Die Koalitionsfreiheit (*liberté syndicale*) stellt seit 1901 eine Sonderrechtsform der allgemeinen Vereinigungsfreiheit (*liberté d'association*) dar. „Berufsverbände" (*syndicats*) dürfen nur Personen organisieren, die einen gemeinsamen bzw. verwandte Berufe ausüben oder die gemeinsam ein Produkt erstellen. Die Rekrutierungsbasis ist eingeengt, aber die Vertretungsrechte sind relativ breit.

---

2   Gestützt wurde diese Entwicklung von einer Vielfalt miteinander konkurrierender politischer Klubs, die unter dem Einfluß von Anarchosyndikalisten und Frühsozialisten den externen Zwang des Organisationsverbots rationalisierten und der Theorie handelnder Minderheiten das Primat zuordneten. Politisch-ideologische Differenzen mündeten nach dem Zweiten Weltkrieg in die Herausbildung des französischen Gewerkschaftspluralismus (Jansen et al. 1986).

Die revolutionäre Ablehnung intermediärer Organisationen ist eine wesentliche Ursache für den heute bestehenden Organisationspluralismus und den innerorganisatorischen Dezentralismus. Der Pluralismus erweist sich heute bei allen Bestrebungen, einfach strukturierte Kooperationsbeziehungen zwischen Staat und Verbänden herzustellen, als Hindernis. Versuche, den Organisationspluralismus durch Repräsentativitätskriterien einzudämmen, kennzeichnen seit 1920 (Anlaß: Gründung der Internationalen Arbeitsorganisation) die französische Regierungspolitik. Nur Organisationen, die per Gesetz, Verordnung oder Erlaß als „repräsentativ" anerkannt werden, können als Gesprächspartner des Staates (bzw. als Tarifpartei) auftreten. Die im Arbeitsgesetzbuch (seit 1946) festgelegten Repräsentativitätskriterien sind: Mitgliederzahl, Unabhängigkeit, Beitragsaufkommen, Erfahrung und Alter, patriotische Haltung während der Besatzungszeit (Zweiter Weltkrieg). Die ursprünglich für Gewerkschaften entwickkelten Repräsentativitätskriterien werden seit den 50er Jahren auch auf andere Berufsverbände angewandt, wobei Wahlergebnisse zur Beurteilung des Vertretungsanspruchs immer wichtiger werden. Aber auch der durch Repräsentativitätskriterien abgestufte Organisationspluralismus bleibt weiterhin breit. Die Herausbildung eines auf Selektivität beruhenden Korporatismus ist nicht möglich.

3. Organisationsstrukturen: Starker Staat und schwache Verbände?

Der Grundgedanke der *volonté générale* bestimmt nach wie vor das Verhältnis von Staat und Verbänden. Über die Anwendung der Repräsentativitätsklausel entscheidet der Staat, welche Organisationen er als legitimierte Interessenvertretungsorgane in Konsultativgremien zu Wort kommen läßt. Dies erfolgt von Fall zu Fall in kleinteiligen Entscheidungen. Die theoretisch denkbare Konstruktion, einem repräsentativen nationalen Dachverband die Zuständigkeit für die Wahrnehmung bestimmter Aufgaben zu übertragen, wird kaum genutzt. So wird beispielsweise nicht dem *Ordre des médecins* (Ärztekammer) die Zuständigkeit für die berufliche Weiterbildung von Medizinern übertragen. Vielmehr wurde über einen Erlaß (Arrêté du 12 décembre 1996) in einer abschließenden Liste (13 Organisationen sind aufgeführt) festgelegt, welche Vereinigungen für Weiterbildungsaktivitäten als repräsentativ anerkannt sind. Weil andere Ministerien ähnlich verfahren, ist die Liste repräsentativer Organisationen unendlich lang – und niemand hat sich bisher bemüht, ein entsprechendes Verzeichnis zu erstellen.

Bei der freien Bildung von Vereinen und Verbänden ist das Muster eines bottom-up-Prozesses (Verbandsbildung von unten) dominant, für den die nach der französischen Revolution geschaffenen territorialen Untergliederungen (Kommune, Departement, Nationalstaat) die Vorlage für den Organisationsaufbau liefern. Die mit der Dezentralisierung etablierten Regionen werden bei alten Organisationen nachträglich als neue Ebene in die Organisationsstruktur eingebaut. Vereinsgründungen erfolgen in aller Regel zunächst auf kommunaler Ebene. Anschließend werden auf departementaler Ebene ortsübergreifende Zusammenschlüsse/Verbände gebildet, deren Handlungsfeld sich in weiterführenden Organisationsprozessen durch regionale oder nationale Zusammenschlüsse erweitert. Jede lokale, departementale und regionale Untergliederung eines nationalen Verbandes achtet sorgfältig auf ihre verbandsinterne Eigenständigkeit. Neben der territorialen Ausdifferenzierung (horizontale Organisationsstruktur) stellt die hochgradige Spezialisierung von Vereins- und Verbandsaktivitäten (vertikale Organisationsstruktur) ein zweites Merkmal der französischen Organisationslandschaft dar. Das dritte Merkmal wird durch eine ideologisch-politische Fragmentierung einerseits und die Konkurrenz zwischen laizistischen und religiösen Organisationen andererseits gebildet.

Die starke Zergliederung stellt gleichzeitig eine Stärke und eine Schwäche der organisierten Interessenvertretung dar. Die Stärke besteht darin, daß eine Vielzahl von kleinen, spezialisierten und dezentral aufgebauten Organisationen unabhängig von den Aktivitäten nationaler Organisationen ein lebendiges und handlungsfähiges Netz zur Interessenvertretung bildet. Diese Stärke kommt insbesondere in politischen Krisenzeiten zum Tragen. Wenn der Staat – wie zuletzt unter dem Vichy-Regime – nationale Verbände (hier: Gewerkschaften, linke Parteien) verbietet, bleiben dezentrale Organisationseinheiten aktionsfähig, was beispielhaft durch die *Resistance* dokumentiert wurde. Darüber hinaus eröffnet das Vereins- und Verbandsrecht eine dynamische Entwicklung neuer Organisationen, was sich am Beispiel der Neugründungen von Vereinigungen eindrucksvoll belegen läßt. Zwischen 1937 und 1960 wurden im Jahresdurchschnitt 9.000 bis 12.000 neue Vereinigungen gebildet. Eine verstärkte Gründungswelle war zwischen 1975 und 1981 zu verzeichnen (Anstieg von 20.000 auf 30.000 Neugründungen per anno), und absolute Spitzenwerte wurden 1989 und 1990 erzielt: Pro Jahr wurden mehr als 60.000 Vereine und Verbände gegründet. Wie viel Vereine ihre Aktivität eingestellt haben, wird nicht erfaßt.

Während in den 70er Jahren Protest- und Umweltbewegungen das dynamische Element bildeten, rückten in der letzten Gründungswelle Vereine mit wirtschaftlichen Aktivitäten *(associations à fonction économique)* in den Vordergrund. Sie weiten das Netzwerk des Dritten Sektors aus (Archambault 1997). Aber auch Privatunternehmen und Kommunen treten verstärkt als Vereinsgründer auf (Kaltenbach 1995: 66). Die Dynamik der Vereins- und Verbandsbildungen kann auch als Schwäche interpretiert werden. In einem Zeitraum, da in Deutschland über die Fusion von Einzelgewerkschaften des DGB nachgedacht wird, erfolgen jenseits des Rheins Gewerkschaftsspaltungen und -neugründungen, die den ohnehin bestehenden Gewerkschaftspluralismus noch weiter auffächern (Landier/Labbé 1998: 143ff.). Die Kehrseite der Dynamik des Verbandslebens ist eine vergleichsweise gering ausgeprägte Organisationsstabilität. Dies gilt für politische Parteien, Gewerkschaften, Unternehmer- und Berufsverbände.

Unbeschadet von quantifizierenden Indikatoren, die den Einfluß von Verbänden an Mitgliederzahlen, finanziellen Ressourcen oder anderen Indikatoren festmachen, beruht die Stärke französischer Verbände im wesentlichen auf ihrer Mobilisierungsfähigkeit. Die soziale Realität ist durch zahlreiche Aktionen und Protestbewegungen geprägt, die entweder von vermeintlich schwachen Organisationen ausgelöst oder durch spontane Bewegungen getragen werden, die als „temporäre Organisationen" nach Austragung eines Konfliktes wieder von der Bildfläche verschwinden *(mouvements de coordination* = quasi gewerkschaftliche Interessenvertretungen zur Durchsetzung punktueller Forderungen).

4. Verbandstypen: Das Netzwerk intermediärer französischer Organisationen

Sieht man von politischen Parteien ab, so ist das Spektrum der Einflußmöglichkeiten von Wirtschafts- und Berufsverbänden am breitesten. Unbeschadet von organisationspolitischen Krisen (vor allem Mitgliederverlust der Gewerkschaften) stellen sie bei der Besetzung staatlicher Konsultativorgane die Mehrheit der Vertreter.

4.1. Verbände im Wirtschaftssystem

4.1.1. Gewerkschaften

Die Arbeitnehmer werden durch eine Vielzahl von Gewerkschaften vertreten, von denen auf nationaler Ebene fünf Dachverbände als repräsentativ anerkannt sind. Nur repräsentative Gewerkschaften können an Berufswahlen (Betriebsausschüsse, Belegschaftsdelegierte, Arbeitsschiedsgerichte, Sozialwahlen) und an der Tarifpolitik ohne Einschränkungen teilnehmen. Die Anerkennung der Repräsentativität erfolgt durch den Arbeitsminister. Gewerkschaften leiten – wie die Unternehmerverbände – ihren Vertretungsanspruch nicht aus dem Organisationsgrad, sondern aus Wahlergebnissen (Berufs- und Sozialwahlen) ab (Jansen 1987; Landier/Labbé 1998). Obwohl die geschätzten Mitgliederzahlen der Gewerkschaftsverbände insgesamt extrem niedrig liegen, können die repräsentativen Dachverbände für sich beanspruchen, etwa 60 Prozent der abhängig Beschäftigten zu vertreten.

Tabelle 2: Repräsentative nationale Dachverbände der Gewerkschaften

Gewerkschaft	Mitglieder (Stand 1995/6)	Wahl- ergebnisse[1]	Ausrichtung
Confédération Générale du Travail (CGT)	624.985	ca. 20 %	kommunistisch
Confédération Française Démocratique du Travail (CFDT)	701.180	ca. 20 %	sozialistisch / sozialdemokratisch
Confédération Française de l'Encadrement – Confédération Générale des Cadres (CFE-CGC)	183.280	ca. 5 %	Standesorganisation, Führungskräfte (Meister und höher)
Force Ouvrière (CGT-FO)	250.000	ca. 10 %	sozialdemokratisch/ anarcho-syndikalistisch
Confédération Française des Travailleurs Chretiens (CFTC)		ca. 5 %	katholisch
andere		ca. 10 %	–
nicht Organisierte		ca. 25 %	–

1) Betriebsausschußwahlen.

Quelle: nach Labbé/Landier 1998: 36ff.

Die Satzungen der Dachverbände untersagen in aller Regel die Kumulierung von politischen und gewerkschaftlichen Mandaten. Lediglich die CGT erlaubt es ihren Mitgliedern, sowohl in der Gewerkschaft als auch in der Partei (KPF) gleichzeitig ein Mandat auszuüben. Die großen Dachverbände definieren sich selbst als Einheitsgewerkschaften, weshalb eine formale Anbindung an politische Parteien ausgeschlossen ist. Informelle „Wahlverwandtschaften" kennzeichnen den politischen Gewerkschaftspluralismus.

Inhaltlich haben sich die einzelnen Gewerkschaftsbünde auf bestimmte Schwerpunkte konzentriert. Die CGT agiert vor allem auf dem Feld der Lohnpolitik (Kaufkraftsicherung, Kaufkraftsteigerung). Die CFDT setzt Akzente auf die Bekämpfung der Arbeitslosigkeit und die Gestaltung der Arbeitszeit und der Arbeitsorganisation. Die FO hatte ihre besondere Stärke bis Anfang der 90er Jahre im Bereich der Sozialpolitik (Präsenz in staatlichen Kranken- und Rentenversicherungskassen). Die CGT wird nach wie vor von den Unternehmerverbänden nur ungern als Vertragspartner akzeptiert. Deren bevorzugter Ansprechpartner war lange Zeit die FO. Seit der „Entideologisierung" der CFDT (Abschied vom Konzept der Arbeiterselbstverwaltung in den 80er Jahren) ist dieser Gewerkschaftsbund zum privilegierten Vertragspartner des Unternehmerverbandes MEDEF (s.u.) geworden.

Das Spektrum der repräsentativen nationalen Gewerkschaftsbünde wird durch ein unüberschaubares Geflecht von autonomen Dachverbänden und Einzelgewerkschaften ergänzt, die für einzelne Sektoren, Berufszweige oder Unternehmen als repräsentativ anerkannt sind (Mouriaux 1992: 60). Spaltungstendenzen bei den „großen" Gewerkschaftsbünden und Fusionsbestrebungen bei den autonomen Gewerkschaften sorgen dafür, daß die französische Gewerkschaftsbewegung auch organisatorisch in Bewegung bleibt. 1981 bildete sich die Gruppe der 10 *(Groupe de Dix)*, in der autonome Gewerkschaften (Verteidigung, Transport, Lokführer, Landarbeiter, Banken, Handelskammern, Fluglotsen, Journalisten, Steuerbeamte und Sparkassen) eine Diskussions- und Reflexionsplattform schufen, um die Ziele einer Gewerkschaftspolitik gemeinsam zu reformulieren. Aus der Bewegung entstand die Nationale Union unabhängiger Gewerkschaften *(Union Nationale des Syndicats Autonomes*, UNSA), der auch (lokale bzw. departementale) Gewerkschaften beitraten, die vorher aus der CFDT ausgeschlossen worden waren (Post, Bahn, Erziehung, neuer Name SUD; Gewerkschaft des Gesundheitssektors, neuer Name CRC *Coordonner, Rassembler, Construire*; Mouriaux 1992: 43, 63 und Landier/Labbé: 143ff.).

Französische Gewerkschaften haben eine Doppelstruktur, in der sich das Industrieverbandsprinzip (z.T. auch Berufsverbandsprinzip) und das Territorialprinzip ergänzen (Jansen 1987). Das Industrieverbandsprinzip ist extrem stark ausdifferenziert. 1991 waren in der CGT 34 *Fédérations* und zwei autonome Gewerkschaften (Journalisten, Atomenergie) organisiert. Die FO bestand aus 33 Industrieverbänden. Im Vergleich dazu hat bei der CFDT ein Konzentrationsprozeß stattgefunden (20 Industrieverbände). Das andere Extrem wird durch die CGC-CFE gebildet, die aus über 80 *fédérations* und *syndicats nationaux* (eigenständigen nationalen Berufsgewerkschaften) besteht (Mouriaux 1992: 75). Im Vergleich zu Deutschland ist eine Besonderheit hervorzuheben: Die französischen Gewerkschaftszentralen (die Dachverbände) treten bei der Aushandlung von nationalen, interprofessionellen Tarifverträgen (Charakter von Manteltarifverträgen) als Vertragspartei auf. Die Konföderationen sind auch privilegierte Ansprechpartner der Regierung, wenn auf nationaler Ebene Konsultationsprozesse in Gang gesetzt werden.

Das zentrale Handlungsfeld der Gewerkschaften bleibt die Tarifpolitik, aber sie sind auch in staatlichen Konsultativgremien aktiv, entsenden Vertreter in Kranken-, Renten- und Sozialversicherungskassen. Politisch nutzen sie direkte Kontakte zu Staatsvertretern, um ihre Positionen geltend zu machen. Gelegenheit dazu bieten nicht zuletzt Präsidentschaftswechsel und jede Regierungsbildung, die in Frankreich von einem Konsultationsreigen begleitet sind, in dem die neuen politischen Führungskräfte Vertreter der repräsentativen Verbände zu abklärenden Gesprächen einladen.

4.1.2. Unternehmerverbände

Die Interessen der Großunternehmen werden durch die MEDEF *(Mouvement des Entreprises de France)* vertreten. Klein- und mittelständische Unternehmen sind überwiegend in der CGPME *(Confédération Générale des Petites et Moyennes Entreprises et du Patronat Réel)* organisiert, und die Interessen der freien Berufe werden durch die *Union Nationale des Professions Libérales* (UNAPL) repräsentiert. Interessenverbände der Landwirte ergänzen dieses Spektrum. Diese frei gebildeten Verbände werden durch Kammern flankiert, die wie in Deutschland auf Zwangsmitgliedschaft beruhen.

Die MEDEF – das Organ der Großunternehmen

Der 1946 gegründete Unternehmerverband CNPF *(Conseil National du Patronat Français)* hat sich 1998 reformiert und die Reform durch den neuen Namen MEDEF plakativ verdeutlicht (zu Geschichte, Aufbau und Aktionen des CNPF vgl. insbesondere Weber 1986; Meynaud 1958: 45ff.). Die MEDEF (Rechtsstatus: *Association*) übernimmt unter einem gemeinsamen Dach Aufgaben, die in Deutschland vom BDI und von der BDA wahrgenommen werden. Seit 1958 ist der Unternehmerband Mitglied des europäischen Unternehmerverbandes (UNICE).

Die vertikale Strukturierung erfolgt nach dem Industrieverbandsprinzip. 600 Wirtschaftsverbände *(syndicats professionelles)* sind in 85 Industrieverbänden *(fédérations professionelles)* vereint. Auf horizontaler (geographischer) Ebene bestehen 165 Vereinigungen, die auf lokaler, departementaler und regionaler Ebene wie ein Abbild des nationalen Verbandes funktionieren. In der MEDEF arbeiten 7.000 Unternehmer in verschiedenen Kommissionen und Arbeitsgruppen, 10.000 Unternehmensleiter und 35.000 Mandatsträger sind hier vertreten. Das oberste Gremium wird durch die jährliche Vollversammlung (591 Mitglieder) gebildet. 380 Sitze entfallen auf Vertreter der vertikalen Berufsorganisationen *(organisations professionelles)*, 170 auf Vertreter der horizontalen Territorialorganisationen. Zusätzlich können auf Antrag des Präsidenten der MEDEF 10 Persönlichkeiten des öffentlichen Lebens in der Vollversammlung vertreten sein.

Die Interessenvertretung des MEDEF ist hochgradig politisch. Treffen mit dem Staatspräsidenten, dem Premierminister, dem Senatspräsidenten und zuständigen Fachministern sind Ausdruck eines offiziell anerkannten Verfahrens zur Vorbereitung von Entscheidungen. Politische Affinitäten zu konservativen Parteien erweisen sich unter der Linksregierung von Lionel Jospin als Nachteil. Der Unternehmerverband konnte sich gegenüber der Regierung mit seiner Ablehnung einer gesetzlichen Einführung der 35-Stunden-Woche nicht durchsetzen. Diese Niederlage führte zum Rücktritt des amtierenden Präsidenten des CNPF und leitete die Reform des CNPF ein. Politische Forderungen nach einer Deregulierung des Arbeits-, des Kündigungs- und des Arbeitsvertragsrechts markieren den generellen Kurs: Der Unternehmerverband fordert auch jenseits des Rheins die Abschaffung von rechtlichen Regelungen, die die Freiheit der Unternehmen einschränken, wobei die Verbetrieblichung der Tarifverhandlungen einen zentralen Stellenwert einnimmt.

Die CGME: Sprachrohr klein- und mittelständischer Unternehmen

In Frankreich bestehen – ohne Berücksichtigung des Agrarbereichs – knapp 2,4 Mio. klein- und mittelständische Unternehmen (bis 500 Beschäftigte). Diese Unternehmen beschäftigen in Industrie, Handel und Dienstleistung 89 Prozent der Arbeitnehmer und erwirtschaften 61 Prozent des Umsatzes und 49 Prozent des Exports. Ihre Interessen vertritt der 1944 gegründete CGPME (eingetragen als *Association régie par la Loi de 1901*; vgl. Meynaud 1958: 51ff.). Die CGPME repräsentiert 1,6 Mio. Unternehmen aus Handel, Industrie und Dienstleistung. Dem Dachverband sind 400 Industrieverbände *(Fédérations, Structures Professionelles ou Interprofessionelles)* mit insgesamt 3.500 Einzelorganisationen (vertikale und horizontale Untergliederungen) angeschlossen.

Übersicht 1:   Konsultationsgremien, an denen die CGPME beteiligt ist (Auswahl)

Konsultationen im Sozial- und Ausbildungsbereich	
Commission Nationale de la Negociation Collective	Tarifpolitik
Conseil National de la Formation Professionelle	Berufsausbildung
Conseil Supérieur de la Prévention des Risques Professionnels	Berufskrankheiten
Comité Supérieur de l'Emploi	Beschäftigungspolitik
Commission des Comptes de la Sécurité Sociale	Sozialversicherung
Comité de Coordination des Programmes Regionaux d'Apprentissage	Regionale Programme der beruflichen Erstausbildung
Conseil Supérieur de l'Education	Bildung
Konsultationen im Wirtschaftsbereich	
Commission Nationale d'Equipment Commercial	Investitionspolitik im Handel
Conseil National de la Consommation	Konsum/Verbraucher
Conseil des Comptes Commerciaux de la Nation	Handelsbilanz
Observatoire Nationale des Délais de Paiement	Überwachung Zahlungsfristen
Conseil National des Assurances	Versicherungen
Conseil Supérieur de la Recherche et de la Technologie	Forschung + Technologie
Interessenvertretung gegenüber Sozialpartnern	
Conseil Économique et Social	Wirtschafts- und Sozialrat
Commissariat Général du Plan	indikative Planwirtschaft
Négociation nationale interprofessionelle	nationale, branchenübergreifende Tarifverhandlungen
Sitz im Aufsichtsrat von Sozialversicherungen (UNEDIC)	
Verwaltung von Rentenzusatzversicherungen für Arbeiter und cadres (mittleres und gehobenes Führungspersonal)	
Sitz und Stimme in der Verwaltung des sozialen Sicherungssystems (Krankenversicherung, Rentenversicherung, Familienversicherung, Arbeitsunfallversicherung)	
Mitgliedschaft in internationalen Verbänden der Klein- und mittelständischen Unternehmen; Vertretung im französischen Außenhandelsausschuß; Vertretung in Brüssel	

Quelle: nach homepage CGPME, Stand Frühjahr 2000.

Ein starker Akzent der Verbandsaktivitäten liegt – neben der durch die MEDEF dominierten Tarifpolitik – auf der Mitwirkung in staatlichen Konsultationsgremien (Übersicht 1). Die von der CGPME aufgelisteten Handlungsfelder veranschaulichen die Breite des Spektrums von Konsultationsverfahren, in denen Verbände als anerkannte pressure groups die Interessen ihrer Klientel gegenüber lokalen, departementalen, regionalen und zentralen Institutionen von Regierung und Verwaltung vertreten. Die Mitwirkung in den Gremien ist eine Konstante der französischen Interessenvertretungspolitik, die lange Zeit durch den Vorhang der klassenkämpferischen Auseinandersetzung verdeckt war. Die Konsultationspraxis ist seit 1946 ausgebaut worden und hat in den 70er Jahren durch die politische Dezentralisierung einen zusätzlichen Schub erhalten.

Der Organisationsaufbau der CGPME ist für französische Verhältnisse relativ einfach. In der CGPME bestimmen drei nationale Verbände das Bild:

- *Union Nationale des PME du Commerce* (UNPMC): Verband klein- und mittelständischer Handelsunternehmen;
- *Union Nationale de la Petite et Moyenne Industrie* (UNPMI): Verband klein- und mittelständischer Industrieunternehmen;
- Union Nationale des Prestataires de Services (UNPS): Verband der Dienstleister.

Parallel zur sektorspezifischen, vertikalen Verbandsstruktur bestehen geographische, horizontale Untergliederungen in der CGPME, die auf regionaler Ebene die sektorale Differenzierung aufgreifen. Die jeweiligen Territorialverbände stellen den Kontakt zu den einzelnen Unternehmen und dem lokalen Wirtschaftsbereich her.

Die CGPME bietet ihren Mitgliedern Serviceleistungen an (Finanzierung, Kredite, berufliche Weiterbildung, Zusatzversicherung für Mitarbeiter der Firmen, Wohnungsbeihilfen usw.). Für Dienstleistungen steht eine breite Palette von Zusatzeinrichtungen zur Verfügung, die z.T. ebenfalls als *Association* eingetragen sind. Gleichzeitig schrecken Unternehmerverbände ebensowenig wie Gewerkschaften vor spektakulären Aktionen zurück.[3] Deren Verlaufsmuster zeigen eine weitere Konstante in den Grundmustern der französischen Interessenvertretung: Konflikt und Dialog ergänzen einander, wobei die Mobilisierung „der Straße" von nahezu allen Verbänden genutzt wird, um die eigene Verhandlungsposition zu stärken.

Die UNAPL: Interessenvertretung der freien Berufe

1,5 Millionen Personen üben in Frankreich einen freien Beruf aus (= 6 Prozent aller Beschäftigten). Sie erwirtschaften 7 Prozent des Bruttoinlandsproduktes. Für die Organisationen, die die Interessen der freien Berufe vertreten, gibt es nur einen einzigen Dachverband – die „Nationale Union der Freien Berufe". Sie vertritt auf nationaler Ebene in allen Konsultativorganen, in der Nationalen Kommission für Tarifverhandlung, bei den Arbeitsschiedsgerichten und in Sozialversicherungskassen die Interessen der freien Berufe. Der UNAPL sind 55 nationale *syndicats* angeschlossen (Verteilung nach Sektoren: Gesundheit 59 Prozent, Technik und Umwelt 32 Prozent, Recht 9 Prozent).

Die UNAPL hat die Bildung von departementalen und regionalen Unionen angeregt. Sie ist der *Union Mondiale des Professions Libérales* (Weltverband der freien Berufe) angeschlossen. Die Hauptziele des Dachverbandes bestehen in der Förderung der Ausbildung und der Beschäftigung Jugendlicher. Ein besonderes Verbandsinteresse

---

3 Ein typisches Beispiel liefert dafür die Auseinandersetzung um die 35-Stunden-Woche. Erst gingen die Fuhrunternehmer auf die Straße, blockierten Autobahnen und Grenzübergänge, um Sonderregelungen für ihr Gewerbe zu erreichen. Zwei Wochen darauf griffen die abhängig beschäftigten Fernfahrer genau zu denselben Aktionsformen, um die Regierung zur Zurücknahme der Konzessionen zu bewegen, die sie den Unternehmern zugestanden hatte.

besteht in der Forderung, die freien Berufe als spezifischen Wirtschaftssektor offiziell anzuerkennen. Weiterhin geht es um die Absicherung der Existenz freier Berufe und die Verbesserung der Alterssicherung für die eigene Klientel.

Die FNSEA: Interessenvertretung der Landwirte

Landwirte stellen unter den Berufstätigen Frankreichs heute eine kleine Minderheit dar (ca. 3 Prozent, innerhalb der letzten 15 Jahre mußten ca. 40 Prozent der landwirtschaftlichen Betriebe aufgeben). Landwirtschaftliche Orientierungsgesetze erwähnen deshalb die arbeitsmarktpolitische Bedeutung der Landwirtschaft nicht. Sie betonen vielmehr die wirtschaftliche, die umweltpolitische und die soziale Funktion des Agrarsektors. Wirtschaftlich soll der nationale und der europäische Markt sowie der Weltmarkt bedient werden. Umweltpolitisch ist die Landwirtschaft (sie kultiviert 85 Prozent des französischen Territoriums) für eine nachhaltige, umweltverträgliche Entwicklung zuständig. Sozial geht es um den Schutz der Arbeits- und Lebensbedingungen auf dem Lande.

Orientierungsgesetze *(lois d'orientation,* vgl. Senatsdebatte vom 9.4.2000) legen nach einer Konsultation landwirtschaftlicher Verbände und Vereinigungen der Nahrungsmittelindustrie die Leitlinien der Landwirtschaftspolitik für einen Zeitraum von 20 Jahren fest. Weil hier Weichenstellungen erfolgen, ist es den Verbänden wichtig, als repräsentative Gesprächspartner anerkannt zu werden. Per Dekret legt der Landwirtschaftsminister fest, wer zu diesem erlauchten Kreis gehört. Die Repräsentativität landwirtschaftlicher Verbände wird auf der Basis von Wahlergebnissen beurteilt. Nur die Verbände, die in Wahlen zur Besetzung der Landwirtschaftskammern mehr als 15 Prozent der Stimmen auf einer eigenen Liste erhalten oder einer Wahlallianz angehören, die mehr als 30 Prozent der Stimmen erzielt, erlangen den begehrten Status. Verbände, die in mindestens 50 Prozent der Departements einer Region entsprechende Wahlerfolge aufweisen, besitzen eine regionale Repräsentativität. Und auf nationaler Ebene erlangen Verbände, die in mindestens 25 Departements repräsentativ sind, den entsprechenden Gütestempel.

Derzeit sind für Beratungen der Orientierungsgesetze drei nationale Organisationen als repräsentativ anerkannt: die FNSEA, die *Confédération Nationale des Jeunes Agriculteurs* (CNJA; Dachverband der jungen Landwirte) und die *Confédération Paysanne.* Diese junge Organisation (1987 gegründet) setzt sich für eine ökologisch ausgerichtete Landwirtschaft ein. Bereits 1989 wurde sie als repräsentativ anerkannt. 1995 war diese Organisation in 85 Prozent der Departements vertreten und erhielt bei den Wahlen zur Besetzung der Landwirtschaftskammern 20,6 Prozent der Stimmen. Dieses Beispiel zeigt, daß Neugründungen von Verbänden in Frankreich nicht von vornherein zum Scheitern verurteilt sind.

Schaubild 1: Organisationsstruktur der FNSEA

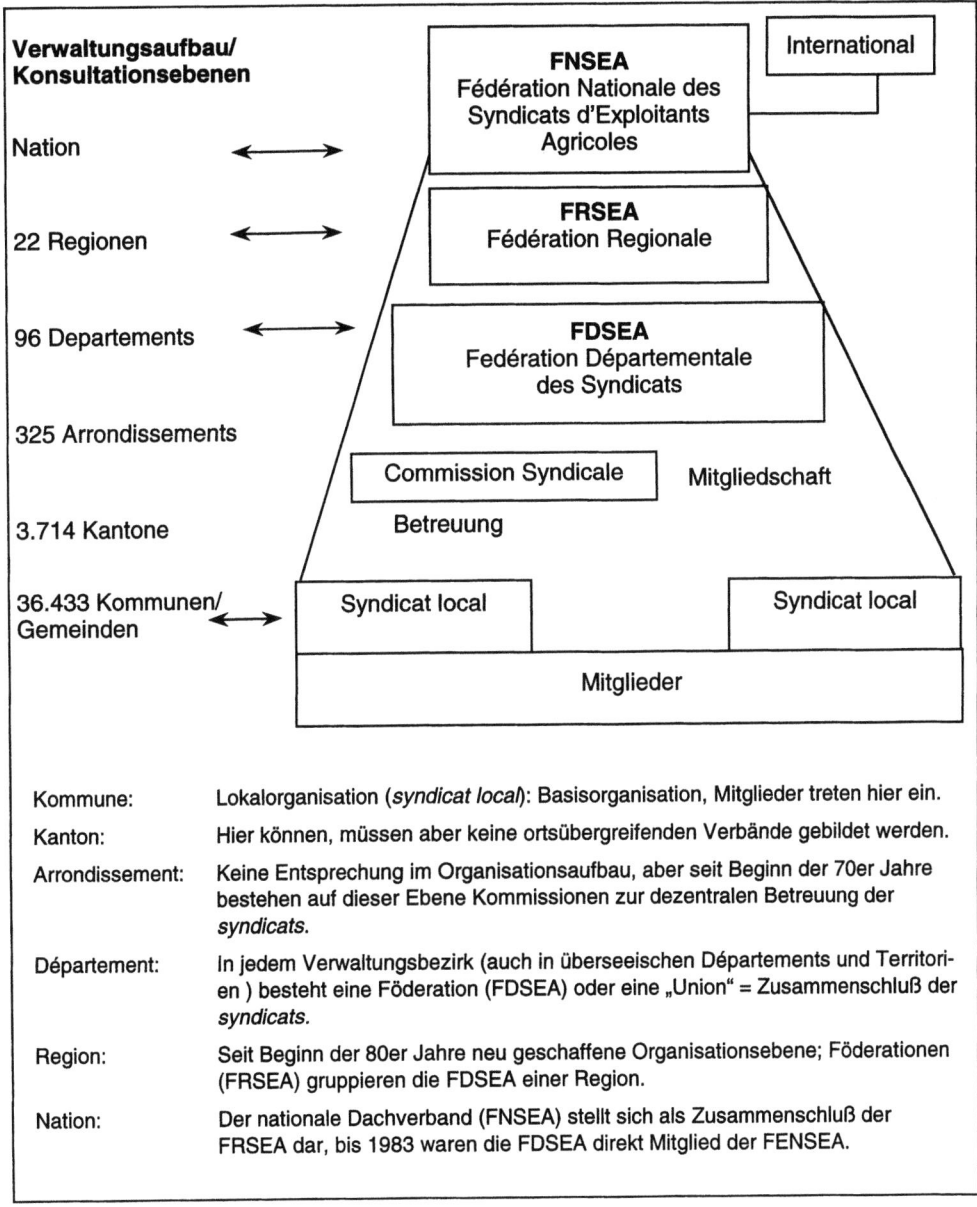

Kommune:	Lokalorganisation (*syndicat local*): Basisorganisation, Mitglieder treten hier ein.
Kanton:	Hier können, müssen aber keine ortsübergreifenden Verbände gebildet werden.
Arrondissement:	Keine Entsprechung im Organisationsaufbau, aber seit Beginn der 70er Jahre bestehen auf dieser Ebene Kommissionen zur dezentralen Betreuung der *syndicats*.
Département:	In jedem Verwaltungsbezirk (auch in überseeischen Départements und Territorien) besteht eine Föderation (FDSEA) oder eine „Union" = Zusammenschluß der *syndicats*.
Region:	Seit Beginn der 80er Jahre neu geschaffene Organisationsebene; Föderationen (FRSEA) gruppieren die FDSEA einer Region.
Nation:	Der nationale Dachverband (FNSEA) stellt sich als Zusammenschluß der FRSEA dar, bis 1983 waren die FDSEA direkt Mitglied der FENSEA.

Die FNSEA bleibt der stärkste Verband. Sie beruft sich sowohl auf das Koalitionsrecht von 1884 als auch auf die allgemeine Vereinigungsfreiheit, versteht sich als *association sans but lucratif*. Seine Wertvorstellungen umreißt der Verband durch Humanismus, individuelle und kollektive Verantwortung (Hilfsvereine, *organisations mutualistes*) sowie das Bekenntnis zum freien Unternehmertum und der Marktwirtschaft. Als „Einheitsorganisation" der Landwirte erhebt die FNSEA einen Führungsanspruch (wie übrigens ihre Konkurrenzorganisationen auch). In der Organisation sind unterschiedliche „Denkansätze" zugelassen. Die FNSEA ist politisch unabhängig (Unvereinbarkeit von Verbandsmandat und politischem Mandat seit dem Gründungskongreß im Jahre 1946). Sie positioniert sich zwischen einem staatlichen Zentralismus und einem Liberalismus der freien Konkurrenz, weshalb sie seit drei Jahrzehnten eine Politik der Mitbestimmung verfolgt. Im Unterschied zu den Arbeitergewerkschaften spricht sie sich für eine Kooperation mit dem Staat aus, die auch von der Regierung gesucht wird (lois d'orientation 1960 und 1962). Im Dialog mit der Regierung versucht die FNSEA, die Orientierungslinien für die Landwirtschaft in ihrem Sinne zu beeinflussen. Gegebenenfalls greift sie auch auf Massenaktionen zurück. Auf professioneller Ebene spricht sich der Verband gegen eine Subsistenzwirtschaft und für „Berufsagrarier" aus, die Gewinne erwirtschaften.

Der Organisationsaufbau spiegelt das Grundmuster französischer Verbände wider (Schaubild 1). Die Lokalorganisation stellt die Basis einer pyramidenförmigen Organisation dar, die sich wie eine zweite Haut den staatlichen Verwaltungsstrukturen anpaßt. Lokale Organisationen schließen sich in departementalen Föderationen zusammen. Der FDSEA-Marne beispielsweise sind 545 *syndicats* (davon 487 Kommunalverbände und 58 interkommunale Verbände) angeschlossen. Jedes Departement ist seit Anfang der 80er Jahre in einer *Fédération Regionale* (Regionalverband) organisiert, die die Politik der departementalen Organisationen koordiniert. An der Spitze steht der nationale Dachverband. Die FNSEA ist Mitglied internationaler Organisationen *(Fédération Internationale des Producteurs Agricoles)*.

Die lokalen Organisationen werden als Basiseinheit betrachtet: Hier werden Forderungen formuliert und dezentrale Lösungen gesucht. Die Vertretung eines *syndicat local* erfolgt durch einen Präsidenten, einen Vizepräsidenten und einen Schatzmeister/Sekretär (Wahl durch jährliche Vollversammlung, zu der alle regelmäßig zahlenden Mitglieder eingeladen werden). Die wichtigste Handlungsebene bleibt das Departement. Das oberste Gremium der FDSEA ist die jährlich einberufene Generalversammlung *(assemblée générale)*. Sie stimmt über den Rechenschaftsbericht ab und legt das Aktionsprogramm fest. In der Generalversammlung sitzen Vertreter der Mitgliedsorganisationen und spezieller Sozialsektionen (Landarbeiter, Tagelöhner, Frauen, ehemalige Landwirte). Der Verwaltungsrat *(Conseil d'Administration)*, der alle zwei Monate tagt, hat den Auftrag, Grundsatzentscheidungen der Generalversammlung umzusetzen und das Jahresbudget zu planen. Der Verwaltungsrat delegiert einen Teil der laufenden Aufgaben an das monatlich tagende Organisationsbüro, das auch die Mitglieder eines geschäftsführenden Büros *(bureau restreint)* benennt. Der Präsident einer *Fédération Départementale* ist nicht nur für Organisationsinterna zuständig. Er übernimmt auch die juristische Vertretung gegenüber Dritten.

Chambres Syndicales: Ein organisationspolitischer Zwitter

Kammern *(chambres syndicales)* bilden mit ihren Zwangsmitgliedschaften ein zusätzliches Standbein unternehmerischer Interessenvertretung. Die Ursprünge des Kammersystems gehen auf das Mittelalter zurück. Die erste Handelskammer wurde 1599 in Marseille gegründet (diese und folgende Angaben nach Puaux 1998). Seit dieser Zeit besteht eine enge Verflechtung zwischen den Kammern und den Handelsgerichten *(Tribunaux de Commerce)*: Kammern wählen die Richter (frühere Bezeichnung: *Consul*, deshalb werden Kammern auch als *institutions consulaires* bezeichnet). Wie andere intermediäre Organisationen wurden die Kammern nach der französischen Revolution aufgelöst, aber sie konnten das Verbot relativ schnell durchbrechen. Seit Beginn des 19. Jahrhunderts wurden sie wieder aktiv und erhielten eine Reihe von Rechten (z.B. Beitragserhebung 1806). Zum Zeitpunkt ihrer formalen Anerkennung (Gesetz vom 9. April 1898, auch als Charta der Industrie- und Handelskammern bezeichnet) existierten in Frankreich bereits 116 Kammern *(Chambres consultatives des arts et manufactures).*

Heute bestehen auf lokaler, departementaler und regionaler Ebene 183 *Chambres de Commerce et d'Industrie* (CCI).[4] 4.500 gewählte Vertreter (aus Industrie, Handel und Dienstleistungen) vertreten mehr als 1,5 Millionen Wähler (Puaux 1998: 3). Kammern haben eine gewählte Führung, die – wie bei der FNSEA – als Pyramide die Struktur der Territorialverwaltung übernimmt (Kommune, Departement, Region, Zentralstaat). Gleichzeitig sind sie ein Spiegelbild der territorialen Wirtschaftsstruktur. Die CCI sehen sich als Protagonisten der politischen Regionalisierung und Dezentralisierung Frankreichs. Sobald Interessen von mindestens zwei CCI tangiert waren, hatten sie schon vor der politischen Etablierung der Region regionale Organisationen gebildet *(Chambres Regionales du Commerce et d'Industrie,* CRCI). Nichtsdestoweniger ist das Departement für die Interessenvertretungspolitik der Kammern wichtiger als die Region.[5] Auf nationaler Ebene sind die Präsidenten der CCI in der *Assemblée des Chambres Françaises de commerce et d'industrie* (AFCI) vertreten, die die Aktivitäten der CCI koordiniert.

Drei Wahlkollegien (Industrie, Handel, Dienstleistungen) sichern die Präsenz der unterschiedlichen Sektoren in den Führungsorganen der Kammern ab. Die Wahlergebnisse (Puaux 1998: 44) spiegeln den wirtschaftlichen Strukturwandel der letzten 15 Jahre wider, wobei die Verschiebung in der Bedeutung von Industrie (–3 Prozent), Handel (–2 Prozent) und Dienstleistungen (+6 Prozent) einen Trend zur Dienstleistungsgesellschaft erkennen läßt. In den CCI stellt die Industrie 43,6 Prozent, der Handel 34,3 Prozent und der Dienstleistungsbereich 22,1 Prozent der gewählten Vertreter (Stand: 1994).

Die CCI betreiben 300 Einrichtungen, die der beruflichen Erstausbildung dienen und 400 Zentren der beruflichen Weiterbildung. Allein in den Einrichtungen der Aus- und Weiterbildung sind 31.000 Lehrkräfte beschäftigt, die Kurse und Praktika für 500.000 „Schüler" durchführen. Dazu gehören 22.000 Studenten, die an 17 Ingenieurschulen und 30 höheren Handelsschulen als Hörer eingetragen sind (Studiengebühr: zwischen 25.000 und 40.000 FF); 50.000 Auszubildende *(apprentis)* runden das Bild ab. Die Bedeutung der von Kammern geführten Bildungseinrichtungen wird nur noch vom nationalen Bildungswesen übertroffen.

Den Kammern unterstehen 120 Flughäfen, 160 Handelshäfen der Schiffahrt, Kongreßzentren, Ausstellungsgelände usw. Die nationale Organisation AFCI bildet aus wirtschaftlicher Sicht „einen Dachverband unabhängiger öffentlicher Unternehmen" (Puaux 1998: 62). Die CCI stellen Experten und Unternehmensberater, betreiben wichtige Datenbanken und vertreten die Interessen ihrer Mitglieder auch auf internationaler Ebene.

---

4   Weitere Kammern bestehen für das Handwerk (*Chambrés de Metier*, 1924 gegründet) und in der Landwirtschaft (*Chambres Agricoles*, 1925 gegründet).

5   Weil Kammern schon vor der Einrichtung der Departements gebildet waren, gibt es auch heute noch mehr Kammern (153) als Departements (96).

Eine CCI ist „ein Schaf mit fünf Beinen" (Puaux 1998: 3): Ihre Aufgaben lassen sich rechtlich nur schwer definieren. Politisch erfüllen sie eine Brückenfunktion – sie verbinden Staat und Wirtschaft. Seit 1898 sind sie der „Wohlfahrt" des Landes verpflichtet. Sie finanzieren sich aus Steuern oder steuerähnlichen Abgaben. Die finanzielle Unabhängigkeit gewährt ihnen eine gewisse Autonomie, auch wenn sie der Vormundschaft von Ministerien unterstehen.

CCI haben von Anbeginn hauptsächlich eine konsultative Rolle wahrgenommen. Ihre 1898 verabschiedete Charta stellt darauf ab, daß die Kammern gegenüber der Regierung Stellungnahmen abgeben und diese in Fragen der Entwicklung von Industrie und Handel beraten. „Heute gibt es kein Wirtschaftsthema, zu dem die CCI nicht ihre Meinung abgegeben haben" (Puaux 1998: 99). Es ist unmöglich, eine komplette Liste der Themen zu benennen. Genauso unmöglich ist es, die Organisationen zu benennen, in denen die CCI vertreten sind. Signifikant sind hier die Vertretung im Wirtschafts- und Sozialrat (Region, Frankreich, EU, CES), die Vertretung in Institutionen, die sich mit Fragen der Raumordnung befassen, und die Vertretung in der ANPE *(Agence Nationale Pour l'Emploi)*. Die CCI machen ihren Einfluß entweder direkt geltend (offizielle Stellungnahmen, Berichte, parlamentarische Anträge, offizielle Briefwechsel mit Ministerien, auf die die CCI ein Anrecht haben, u.a.m.), oder sie üben durch Kammervertreter einen informellen Druck aus. Die CCI können die Massenmedien nutzen, weil ihre Stellungnahmen immer ein öffentliches Interesse finden. In dem ständig ausufernden Geflecht von Konzertierungsverfahren konkurrieren die CCI als pressure group mit politischen Parteien, Gewerkschaften, Unternehmerverbänden und verschiedenen *associations*. Vor diesem Hintergrund stellt sich die Frage, ob das Übermaß an Konsultationen nicht den Gedanken der Konsultation in einer übermäßigen Fülle von Informationen erstickt (Puaux 1998: 100).

4.2. *Neue soziale Bewegungen und Dritter Sektor: Vereine und Verbände als Gegenmacht*

Protagonisten des Vereins- und Vereinigungsrechtes setzen in ihrer Betrachtung andere Akzente. Sie beklagen, daß in dem gewachsenen System der Institutionen die Interessen der Zivilgesellschaft zu kurz kommen. Assoziationen, die sich die Vertretung gesellschaftlicher Interessen auf die Fahnen schreiben, bleiben für sie weiterhin erforderlich. Aber das Profil der aktiven Vereine und Verbände verändert sich. Erfahrungen der Anti-AKW-Bewegung sind durch wenige Erfolge und viele Mißerfolge geprägt (Fach/Simonis 1987). Deshalb hat nach Dabitsch (1997) bei neuen sozialen Bewegungen ein Trend zur Professionalisierung stattgefunden. Der Abschied vom „Utopismus" und das Bestreben, sich in der Realität zu verankern, mündet in die Bildung von Vereinen, die konkrete, meist punktuelle Forderungen vertreten.

Im gesamten Geflecht von Vereinen und Verbänden stellen Bürgerbewegungen, die auf dem Feld der Verteidigung von Bürgerrechten, Verbraucherinteressen, Mieterinteressen und des Umweltschutzes aktiv sind, nur einen vergleichsweise geringen Anteil (9 bis 13 Prozent). Wichtige Impulse für neue soziale Bewegungen gingen von der Anti-Atomkraft- und von der Ökologiebewegung aus. Auch hier ist der für Frankreich typische Trend zur Institutionalisierung wirksam. Eine zunächst als *association* gebildete Gruppe der Grünen *(Les Verts)* hat sich aus einer Alternativbewegung zu einer politischen Partei weiterentwickelt, die nunmehr im Parlament vertreten ist. Die

Trendwende bahnte sich 1981 mit der Regierungsübernahme durch die Sozialisten an und wurde Ende der 90er Jahre *(Les Verts* stellen seit 1997 Minister in der Regierung) vollzogen. Seitdem bilden *Les Verts* das wohl wichtigste Sammelbecken von pragmatisch orientierten Umweltbewegungen. Der Aufschwung dieser Partei ist von einem Bedeutungsverlust der reinen „Protestbewegungen" flankiert, was Dabitsch darauf zurückführt, daß nahezu alle politischen Parteien nunmehr Umweltthemen aufgegriffen haben. Umweltpolitik ist innerhalb eines vergleichsweise kurzen Zeitraums zu einem Gegenstand etablierter Politikmuster geworden, und Vereine, die sich auf diesem Feld neu gründen, zeichnen sich durch eine „Politik der Anwesenheit" aus, die Keuffer für die Arbeiterbewegung bereits in den 20er Jahren propagiert hatte (Jansen 1987). „Wir gehen in alle Instanzen, in denen unsere Präsenz möglich ist, in verschiedene Kommissionen und Ausschüsse, und wir bilden nationale und föderative Strukturen, um bei konkreten Themen als Gesprächspartner anerkannt zu werden" (Geoffre, Union Midi-Pyrénées Nature Environnement, zit. nach Dabitsch 1997: 3).

Die Mehrheit dieser Vereine versteht sich nicht mehr als Gegenmacht, sondern als Partner des Staates. Mitte der 80er Jahre führten zahlreiche politische Skandale bei der Entwicklung von Aktionsformen zu neuen Akzentsetzungen. Sie konzentrierten sich auf die Analyse von Dossiers, deckten selbst politische Skandale auf. Vereinsaktivitäten verlagerten sich damit zunehmend auf das juristische Feld: Nicht mehr spektakuläre Aktionen, sondern die Verrechtlichung der Vereinspolitik erscheint seit Mitte der 90er Jahre als ein neues Merkmal. Juristische Drohgebärden geraten für einzelne Bürgerbewegungen zum Mittel, um als pressure group aufzutreten (Dabitsch 1997: 2).

Als gemeinsamer Nenner der großen nationalen Umweltverbände und der kleinen, lokal agierenden Vereine, die eine konkrete Forderung vertreten, zeichnet sich eine Entideologisierung und eine zunehmende Bereitschaft zur politischen Partizipation ab. Das Problem besteht darin, lokale Politikansätze – die den Anlaß für die Gründung von Vereinen bilden – in allgemeinen, politikfähigen Problemstellungen zu synthetisieren, ohne die Unterstützung der lokalen Basis zu verlieren.

Vereine und Verbände, die im weitesten Sinne dem Feld der Bürger- und Bürgerrechtsbewegungen zuzuordnen sind, verstehen sich als Ergänzung etablierter Interessenvertretungsorgane. Überall dort, wo traditionelle intermediäre Organisationen die Interessen einzelner Gruppen bzw. spezifische lokale Interessen nicht aufgreifen, bildet sich ein Potential an Unzufriedenheit, das sich in spontanen Aktionen oder in der Bildung alternativer Organisationen ein Ventil sucht. Wie in anderen Ländern auch fühlen sich Arbeitslose in Frankreich schlecht vertreten. Spontane Aktionen – wie der Marsch auf Brüssel – sind nur ein unzureichender Ersatz für Organisationen, die sich dauerhaft der Vertretung der Interessen dieser Bevölkerungsgruppe widmen.

Das Thema Arbeitslosigkeit ist gleichzeitig die Plattform, auf der sich heute der Dritte Sektor entwickelt (Archambault 1997: 181ff.). Der Nonprofit-Sektor erwirtschaftet 3,5 Prozent des Bruttoinlandsproduktes (halb soviel wie die freien Berufe) und beschäftigt 4,2 Prozent der Erwerbstätigen (mehr als die Landwirtschaft, weniger als die freien Berufe). Der Dritte Sektor konzentriert sich auf vier Bereiche: soziale Dienste, Bildung und Forschung, Gesundheit und Kultur, Sport und Freizeit. Hier sind 90 Prozent der Arbeitnehmer beschäftigt. Unterm Strich hat der Nonprofit-Sektor eine arbeitsmarktpolitische Pufferfunktion. Die Vielzahl der hier als Arbeitgeber auftretenden Vereine und Verbände läßt es kaum zu, den Dritten Sektor als einheitliches, handlungsfähiges System zu betrachten. In der Struktur der organisierten Interessenvertretung nehmen bei der Vertretung gesellschaftlicher Interessen nach wie vor Familien-

und Verbraucherverbände eine wichtige Position ein, zumal sie auf nationaler Ebene einen eindeutigen Repräsentativitätsanspruch besitzen.

Familienverbände

Die ersten Familienverbände (*associations familiales*) wurden um 1875 gegründet. Sie bildeten die Keimzelle einer Bewegung, die ihre heutige Absicherung der Exilregierung des Generals de Gaulle verdankt (Meynaud 1958: 79ff.). Die Verfügung vom 3. März 1945 und das Gesetz vom 11. Juli 1975 *(Code de la Famille)* räumen der Nationalen Union der Familienverbände *(Union Nationale des Associations Familiales,* UNAF) folgende Rechte ein:

- Abgabe von Stellungnahmen gegenüber Regierungsvertretern in Fragen der Familienpolitik;
- offizielle Vertretung der Interessen von Familienverbänden durch Delegierte in verschiedenen Räten und Konsultativorganen (Staat, Departement, Gemeinde);
- Übernahme der Verwaltung von Familieneinrichtungen, deren Führung vom Staat an Familienverbände übertragen wird;
- zivilrechtliche Vertretung der Mitglieder.

Die UNAF ist durch 350 Familienvertreter in einer Vielzahl sozialer, wirtschaftlicher und kultureller Gremien präsent (Familienversicherung, Krankenversicherung, sozialer Wohnungsbau, Gesundheit, „Konsum" etc.). Sie handelt im Namen von 94 *associations*, die insgesamt 11.326 lokale *associations familiales* vertreten. Nur 5,5 Prozent aller *associations familiales* sind nicht der UNAF angeschlossen. Die Grenzen zwischen der „Familienbewegung" und den Gewerkschaften sind fließend. Nahezu jede repräsentative Gewerkschaft hat eigene Familien- und Verbrauchverbände gegründet. Insbesondere auf dem Feld der Familienpolitik konkurrieren sie mit katholischen Familienverbänden.

Verbraucherverbände

Die Ursprünge der Verbraucherbewegung gehen auf den Beginn des 20. Jahrhunderts zurück. Doch erfolgte deren Aufschwung erst nach dem Zweiten Weltkrieg, als die Konsumnachfrage im Rahmen der ökonomischen Rekonstruktionspolitik als wichtiger Faktor angesehen wurde und das neu gegründete „Bureau de la Consommation" die Zuständigkeit für die nationale Produktivitätskampagne erhielt. Auf nationaler Ebene bestehen gegenwärtig 17 offiziell anerkannte Verbraucherverbände. Aktivitäten auf nationaler Ebene (Verbrauchertest, Vertretung in offiziellen und privaten Institutionen) werden durch eine dezentrale Präsenz flankiert. Die Verbraucherverbände unterhalten auf kommunaler Ebene Verbraucherbüros und unterstützen die Konsumenten bei Rechtsproblemen. Ein Teil der Verbraucherverbände ist von Familienverbänden gegründet worden, die gleichzeitig als Familien- und als Verbraucherorganisation auftreten können.

Die *Union Française des Consommateurs (UFC)* ist nach eigenen Angaben der älteste europäische Verbraucherverband. Sie wurde 1951 als „Büro zur Durchführung spezieller Untersuchungen" gegründet und trat 1961 mit einer Verbraucherzeitschrift *Que Choisir* auf. 1965 schlossen sich der nationalen Vereinigung UFC-Que Choisir erste lokale Unionen (*Union locale,* UL) an, deren Zahl bis Ende der 70er Jahre explosionsartig zunahm (Stand 1979: 170 UL UFC). Heute sind dem Verband 190 UL angeschlossen, die insgesamt 80.000 Mitglieder organisieren. Die Monatszeitschrift *Que Choisir* erreicht 3 Mio. Leser. Aber das goldene Zeitalter der Verbraucherverbände ist vorbei. Nach der Konsolidierung in den 80er Jahren (wichtige Gesetze zum Verbraucherschutz wurden verabschiedet) fehlen neue Impulse. Die Aktivität der Mitglieder geht stärker als in anderen europäischen Staaten zurück, und die Auflagen der beiden Verbraucherzeitschriften sind rückläufig. Der geringer werdende Zuschuß von staatlicher Seite beeinträchtigt die Effizienz der Verbraucherorganisationen. Außerdem haben sie durch öffentliche Schlichtungsausschüsse, die Verbraucherfragen aufgreifen, Konkurrenz erhalten.

5. Verbände und Staat

Die Geschichte der Beziehungen zwischen Staat und Verbänden ist eine Geschichte der zunehmenden Integration. Während, wie erwähnt, im Gefolge der französischen Revolution das 19. Jahrhundert noch durch Repression und Versuche gekennzeichnet ist, eine autonome Vertretung gesellschaftlicher Interessen zu verhindern, zeichnet sich das 20. Jahrhundert dadurch aus, daß Verbände zunehmend alimentiert und in formalisierten Konsultationsverfahren in die politische Willensbildung und Entscheidungsfindung einbezogen werden.

5.1. Vereine und Verbände: Eine kanalisierte und subventionierte Gegenmacht?

Die allgemeine Vereinigungsfreiheit (Gesetz von 1901) stellt im Prinzip darauf ab, daß Vereine frei gebildet werden und in Satzungen ihre Ziele eigenständig festlegen können. Die Bildung von Vereinen ist nicht genehmigungspflichtig, aber wie bei den Koalitionen kann zwischen Vereinen erster und zweiter Klasse unterschieden werden. In der ersten Klasse sitzen gemeinnützige Vereine *(associations d'utilité publique)*, die sowohl im Kampf um knappe Ressourcen als auch beim Zugang zu staatlichen Konsultationsverfahren die Nase vorn haben. Nationale Dachverbände können als repräsentativ anerkannt werden, wenn sie mehr als 10.000 zahlende Mitglieder nachweisen. In der zweiten Klasse sitzen diejenigen, die lediglich registriert worden sind, aber als *association sans but lucratif* keine eigene Rechtspersönlichkeit haben, weshalb ihnen der Zugang zu Spenden ebenso verwehrt ist wie der Besitz eigener Immobilien.[6] Vereine und Verbände bewegen sich damit in einer Arena, in der die Handlungsspielräume durch die Logik der kontrollierten Autonomie festgelegt werden (Debbasch/Bourdon 1985: 27ff.).

- Freie Vereine sind Gegenstand von administrativen Entscheidungen, die den Status eines Vereins präzisieren (Anerkennung der Gemeinnützigkeit) und gewisse personelle Handlungsmöglichkeiten gestalten (Freistellung von Vereinsmitgliedern von der Arbeit, um an Sitzungen von gemischten staatlichen Konsultativorganen

---

6 Einen Sonderstatus haben die nicht eingetragenen Vereine *(associations non déclarées)*, zu denen auch die Kommunistische Partei Frankreichs gehört (Debbasch/Bourdon 1985: 74).

teilnehmen zu können). Zielsetzungen der freien Vereine werden durch den Staat nicht beeinflußt.

- Unterstützende Vereine sind Hilfsorgane der Verwaltung. Ihnen werden nach dem Opportunitätsprinzip öffentliche Aufgaben übertragen. Diese Praxis besteht in den Bereichen Bildung, Kultur, Sport, Freizeit, Gesundheit, Urbanismus, Wohnungsbau usw. Die Kooperation der Vereine reicht bis zur Verwaltung von Budgets, die vom Staat bereitgestellt werden.

- Quasi-öffentliche Vereine treten an die Stelle der Administration (para-administrative Vereine). Sie nehmen Aufgaben des Staates, der Kommunen oder öffentlicher Einrichtungen wahr. Weil es sich de jure um privatrechtliche Institutionen handelt, können Behörden dadurch, daß sie eigene Vereine ins Leben rufen, Vorschriften des öffentlichen Haushaltsrechts umgehen. Die Gefahr der politischen Korruption ist hier unvermeidbar. Faktisch greifen derartige Vereine auf Personal, Räume und Ressourcen der Verwaltung zurück. Diese Ausweichstrategie wird bei Sozial- und Sporteinrichtungen, der beruflichen Weiterbildung, der Verwaltung von Forschungsverträgen mit Universitäten u.ä.m. genutzt. Eine inhaltliche Eigenständigkeit ist nicht gegeben. Die Satzungen werden in der Praxis von Verwaltungen diktiert, Ministerien entscheiden über die Anerkennung der Gemeinnützigkeit und treffen damit Vorentscheidungen für die Subventionsfähigkeit. Die Praxis von paraadministrativen Vereinen ist dermaßen weit verbreitet, daß der Staatsrat (*Conseil d'Etat*) 1988 auf die Notbremse trat. In einem Rundschreiben forderte er die Minister auf, in ihrem Zuständigkeitsbereich von derartigen Praktiken Abstand zu nehmen.

Tabelle 3: Vereine und Verbände als Arbeitgeber

Größenordnung	Zahl der Associations	%	Zahl der Arbeitnehmer	%
> 200	413	0,2	199.239	15,4
50-199	4.041	1,7	376.575	29,1
10-49	21.585	9,5	475.456	36,7
3-9	33.381	14,7	171.992	13,3
1 oder 2	59.291	26,0	71.589	5,5
nicht deklariert	108.903	47,8	–	–
Gesamt	**227.614**	**100**	**1.294.851**	**100**

Quelle: Zahlenangaben nach Kaltenbach 1995: 67f.

Der Staat regiert in das Vereins- und Verbandsleben hinein, wobei administrative Vereinsgründungen und Finanzierungsmodi Abhängigkeitsverhältnisse schaffen. Die formal-juristische Unabhängigkeit von Vereinen, Verbänden und Koalitionen ist kaum noch mit ihrer finanziellen Abhängigkeit von öffentlichen Mitteln vereinbar. Gewerkschaften sind von Unternehmen, Kommunen, Regionen und der Zentralregierung abhängig, wobei die Finanzierung alles andere als transparent ist. Das Budget der CGT-Industriegewerkschaften (*fédérations*) speist sich beispielsweise zu ca. 40 Prozent aus externen Finanzquellen. Dachverbände (*confédérations*) sind noch stärker von staatlichen Zuwendungen abhängig. Bei CGT, CFDT und FO wird geschätzt, daß etwa 75 Prozent des Budgets des Dachverbandes aus Subventionen und Entschädigungen bestritten werden. Hierbei geht es nicht nur um Gelder, sondern auch um geldwerte Leistungen (Landier/Labbé 1998: 78ff.). Bei den *associations* sieht das Bild kaum besser aus. Autoren, die den Gaullisten nahe stehen (Kaltenbach 1995), kritisieren sowohl das Fehlen einer öffentlichen Kontrolle der Verwendung von Geldern als auch den Wildwuchs von Organisationen, die sich auf das Gesetz von 1901 berufen. Nach Kaltenbach handelt es sich nicht mehr um Vereine ohne wirtschaftliche Zielsetzungen, sondern um wirtschaftliche Vereine ohne (gesellschaftliche) Ziele. Was die einen (Archambault 1997) euphorisch als Aufschwung des Dritten Sektors feiern, wird von den anderen (Kaltenbach 1995) als Skandal empfunden, weil sich unter dem Deckmantel der Vereinigungsfreiheit subventionierte Arbeitgeber entwickeln, die gegenüber der Privatwirtschaft Konkurrenzvorteile genießen.

Tabelle 4: Finanzierung von Vereinen und Verbänden

Staat	59 Milliarden FF	
Staatliche Sozialversicherung	38 Milliarden FF	
Kommunen, Departements, Regionen	32 Milliarden FF	
Öffentliche Gelder		**129 Milliarden FF**
Private Spenden	15 Milliarden FF	
Aktivitäten/Eigeneinnahmen	[1)]75 Milliarden FF	
Private Gelder		**90 Milliarden FF**
Gesamteinnahmen		**219 Milliarden FF**

1) Einnahmen vor Steuern.

Quelle: nach Kaltenbach 1995: 58f.

Es gibt in Frankreich schätzungsweise 730.000 aktive Vereine und Verbände (diese und folgende Zahlenangaben nach Kaltenbach 1995: 62ff.). 550.000 Vereine werden subventioniert, aber den Großteil der Gelder streichen die 118.700 *associations* ein, die als Arbeitgeber auftreten. Sie tätigen 85 Prozent des Umsatzes dieses Sektors und erhalten 93 Prozent der staatlichen Mittel. Diese Vereine und Verbände sind hochgradig von öffentlichen Geldern abhängig. Im Durchschnitt werden nur 39 Prozent der Mittel durch eigene Aktivitäten erwirtschaftet, und Mitgliedsbeiträge tragen zu 10 Prozent zum Budget bei. Der Anteil der Subventionen liegt bei 32 Prozent (23 Prozent lokal, 9 Prozent national), die Freistellung von Sozialversicherungspflichten erbringt 16 Prozent. Privatspenden (1 Prozent) spielen kaum eine Rolle. Der geschätzte „Umsatz" aller Vereine und Verbände beläuft sich auf rund 220 Milliarden FF (Tabelle 4).

Präferenzen der Subventionspolitik lassen sich andeutungsweise aus den Budgets ablesen, die einzelne Ministerien für Vereine und Verbände zur Verfügung stellen. Der aktuelle Schwerpunkt der Bekämpfung der Arbeitslosigkeit ist dabei unübersehbar. Details der Finanzierung bleiben allerdings weitgehend im Dunkeln: „... niemand aus der Regierung, dem Parlament, dem Rechnungshof, der Presse und der Universitäten kann sagen, woher die Gelder genau stammen, wie hoch die Mittel sind, an wen sie verteilt werden ..." (Kaltenbach 1995: 39).

Tabelle 5: Förderung von Vereinsaktivitäten durch Ministerien (Stand: 1992)

Ministerium für	Fördersumme	Zielsetzung
Arbeit	ca. 8 Mrd. FF	davon die Hälfte an das Arbeitsamt (ANPE) zur Bekämpfung der Arbeitslosigkeit
Kultur	ca. 8,5 Mrd. FF	Kulturelle Aktivitäten
Soziales	ca. 7 Mrd. FF	Soziale Wohlfahrt (Heime, karitative Einrichtungen, Immigration)
Erziehung	ca. 3 Mrd. FF	Vereine, die von Universitäten, Hochschulen und Forschungseinrichtungen gegründet werden, einschließlich Sportvereine
Jugend und Sport	ca. 2 Mrd. FF	Ausbildung, Jugendherbergen, Wohnheime für junge Arbeitnehmer

Quelle: Zahlenangaben nach Kaltenbach 1995: 47f.

5.2. Vom Verbot zur Konsultation

Im Gefolge der beiden Weltkriege vollzog sich ein Kurswechsel, der stark an die deutsche „Burgfriedenspolitik" erinnert. Nicht mehr das Verbot, sondern die Einbindung von Verbänden stand nunmehr im Vordergrund der staatlichen Politik. Diese Weichenstellungen – in denen Linksregierungen eine wichtige Rolle spielten – lassen sich unschwer anhand der Auseinandersetzung um den Wirtschafts- und Sozialrat nachvollziehen, der heute für zahlreiche andere Konsultationsgremien als Vorlage dient.

Tabelle 6: Zusammensetzung des Wirtschafts- und Sozialrates (CES)

Arbeitnehmervertreter	69
Unternehmervertreter	72
Vertreter der freien Berufe	3
Vertreter des Agrarsektors	10
Nicht-agrarische Kooperationen	5
Nicht agrarische Hilfsvereine (mutualités)	4
Sozialverbände	17
Überseeische Departements und Territorien	9
Auslandsfranzosen	2
Experten, vom Ministerrat benannt	40
Gesamt	**231**

Quelle: nach Gicquel 1997: 636.

Die Debatte um den Einbezug der „lebendigen Kräfte der Nation" (pressure groups) mündete 1924 in die Gründung eines nationalen Wirtschaftsrates (in Anlehnung an die Weimarer Verfassung), dessen Aufgaben unter der Volksfront (1936-1939) ausgebaut wurden. Nach der Interimsphase des Vichy-Regimes und der Besetzung Frankreichs durch deutsche Truppen wurde die Konstruktion des Wirtschaftsrates 1946 in der Verfassung verankert und später zum Wirtschafts- und Sozialrat *(Conseil Economique et Social,* CES) ausgebaut. Das beratende Gremium dient der Regierung als Forum zur Abklärung wirtschaftlicher und gesellschaftlicher Interessen. Berufsverbände *(syndi-*

cats) stellen die Mehrheit der CES-Mitglieder. Gesellschaftspolitisch orientierte Organisationen (Sozialverbände) bilden eine kleine Minorität. Trotz der Erosion der Mitgliederzahlen traditioneller Verbände und des gleichzeitigen Aufschwungs anderer Vereine und Interessenvertretungsorganisationen hat sich die Zusammensetzung des CES kaum verändert.

Der CES wird bei Fragen konsultiert, die die Orientierung der staatlichen Wirtschafts- und Sozialpolitik betreffen. In der Regel entscheidet die Regierung darüber, ob sie das Gremium einschaltet. Nur in einzelnen Bereichen (Wirtschaftsplanung) ist die Einholung von Stellungnahmen des Wirtschafts- und Sozialrates – aber nicht deren Berücksichtigung – zwingend vorgeschrieben.

Der Wirtschafts- und Sozialrat ist die sichtbare Spitze eines Eisberges von Konsultationsverfahren, die seit Ende des Zweiten Weltkrieges etabliert worden sind. Sie bilden einen formal abgesicherten Kanal der organisierten Interessenvertretung. Mit der politischen Dezentralisierung (Aufwertung von Regionen und Kommunen) hat seit 1980 die Zahl der Konsultationsverfahren zugenommen. Eine vollständige Auflistung besteht nicht. Eine Vorstellung über das Ausmaß der Gremien, die Verbände in die Vorbereitung von Regierungs- oder Verwaltungsentscheidungen einschalten, gibt die homepage eines departementalen Verbandes der Landwirte *(Fédération Départementale des Syndicats d'Exploitants Agricoles*, FDSEA). Allein dieser kleine Verband wirkt nach eigenen Angaben in über 50 Konsultationsgremien mit.

Vereine und Verbände, die nicht zum System der industriellen Beziehungen gehören, haben seit 1983 im *Conseil National de la Vie Associative* (CNVA) eine gemeinsame Plattform, in der 66 Vertreter nationaler Verbände repräsentiert sind. Zusammen mit Staatsvertretern untersucht der CNVA alle Fragen, die das Vereins- und Verbandsleben betreffen. Er gibt Stellungnahmen zu einschlägigen Gesetzesentwürfen ab, unterbreitet Vorschläge zur Förderung des Vereinslebens und bilanziert die Aktivitäten von Vereinen und Verbänden. Der CNVA entsendet Vertreter in den Wirtschafts- und Sozialrat. Für eigene Aktivitäten steht ihm der staatlich finanzierte Fonds zur Entwicklung des Vereinslebens *(Fonds National pour le Développement de la Vie Associative*, FNDVA) zur Verfügung. Angesichts relativ bescheidener Mittel (Jahresbudget ca. 40 Mio. FF) bleibt der Handlungsspielraum eng.

Der konsultative Einbezug von Verbänden stellt keine Einbahnstraße dar. Der Gegenverkehr wird durch einen nach wie vor präsenten staatlichen Interventionismus gebildet, der Verbandsaktivitäten unter eine staatliche Vormundschaft stellt. Das deutlichste Beispiel liefert das System der industriellen Beziehungen, in dem der Begriff der „Tarifautonomie" weiterhin ein Fremdwort bleibt. In dem dreipoligen Interaktionssystem (Staat – Kapital – Arbeit) nimmt der Staat eine aktive Rolle ein. Staatsvertreter (Ministerien für Arbeit, Wirtschaft und Soziales) haben in der Hohen Kommission für Tarifverträge *(Commission Supérieure des Conventions Collectives; CSCC)* Sitz und Stimme. Sie sind aktiv an der Tarif- und Lohnpolitik beteiligt, wenn über Fragen der Allgemeinverbindlichkeit von Tarifverträgen und die Entwicklung des staatlich garantierten Mindestlohns diskutiert und entschieden wird. Aber nicht nur Staats-, Gewerkschafts- und Unternehmensvertreter sind in der CSCC Mitglied. Auch Familienverbände haben hier Sitz und Stimme (festgelegt im Arbeitsgesetzbuch Art. L. 136-1) und bringen damit Verbraucherinteressen in die Tarifpolitik ein.

Der Versuch, in „tripartistischen Gremien" einen umfassenden gesellschaftlichen Konsens herzustellen, mag in der sozialen Realität zwar nur selten von Erfolg gekrönt sein, aber seine symbolische Bedeutung ist nicht zu unterschätzen. Hier wird doku-

mentiert, daß der Staat die Kehrtwende vom Verbot der Organisationen zu ihrer Ver-
einnahmung vollzogen hat. Vor diesem Hintergrund kann, pointiert formuliert, die
These aufgestellt werden, daß in Frankreich nicht der Einfluß von Verbänden auf den
Staat, sondern der Einfluß des Staates auf Verbände das zentrale Thema darstellt.

6. Schlußfolgerungen und europäischer Ausblick

Entgegen ihrem Ruf sind unsere Nachbarn jenseits des Rheins keine „Vereinsmuffel".
Von der Bereitschaft, sich in Vereinen und Verbänden zu organisieren und zu engagieren, profitieren in letzten Jahren zunehmend „Freizeitorganisationen" und wirtschaftliche Selbsthilfevereine des Dritten Sektors. Traditionelle Interessenvertretungsverbände
(Gewerkschaften, Unternehmerverbände, Familienverbände, Verbraucherverbände)
verlieren an Mitgliedern. Der Mitgliederverlust korrespondiert nicht mit einem entsprechenden Abbau der Organisationsmacht, weil repräsentative Organisationen rechtlich abgesicherte Mitsprachemöglichkeiten in zahlreichen Konsultativorganen haben.
Ihre Meinung wird im Vorfeld von wichtigen Entscheidungen von Vertretern der zentralen Regierung, der Departements und der Kommunen eingeholt. Das Geflecht der
Konsultativorgane und die Zahl der ihnen angehörenden Organisationen hat sich so
weit verdichtet, daß französische Beobachter hier ein Übermaß verzeichnen. Dadurch
wird die Effizienz von Konsultationsverfahren in Frage gestellt.

Seit Beginn der 90er Jahr wird darüber hinaus zunehmend über eine „Staatskrise"
diskutiert. Einerseits verlieren staatliche Steuerungsinstrumente (z.B. indikative Plan-
wirtschaft) an Bedeutung, während andererseits die an den Staat gerichtete Anforde-
rung, in einem komplexen, sich schnell verändernden Umfeld strategische Entscheidungen zu treffen, gestiegen ist. Angesichts einer staatsinternen Dezentralisierung der
Macht (Aufwertung von Region, Departement und Kommune) und der gleichzeitigen
Internationalisierung von Ökonomie und Politik (einschließlich des Bedeutungszu-
wachses der Europäischen Union) werden Forderungen nach schnelleren und flexibleren Konsultationsmechanismen laut. In Abhängigkeit von den jeweiligen Handlungs-
arenen werden Schwerpunkte unterschiedlich gesetzt. Vereine und Verbände, die sich
als Vertreter der Zivilgesellschaft verstehen, fordern verstärkte Anhörungs- und Mitwirkungsmöglichkeiten auf dezentralen Politikebenen, während nationale repräsentative
Interessenvertretungsorgane die Notwendigkeit sehen, sich auf europäischer und auf
internationaler Ebene zu engagieren.

Auf dezentraler Ebene zeichnet sich damit das Profil von „Mitgliederbewegungen"
ab, die zur Regelung spezifischer Probleme gegründet werden und danach wieder „ein-
schlafen". Auf zentraler Ebene droht das Gespenst repräsentativer, aber mitglieder-
schwacher Organisationen, die ihren Vertretungsanspruch – wie politische Parteien –
nur noch auf Wahlergebnisse stützen können. Dieses Szenario ist weitaus wahrschein-
licher als die Hypothese einer Vereinheitlichung der bestehenden Verbände. Die Entstehung einer großen Einheitsgewerkschaft, die Bündelung der Kräfte in einem Famili-
enverband, in einem Verbraucherband etc. ist kaum zu erwarten.

Abkürzungsverzeichnis

AFCI	Assemblée des Chambres Françaises du Commerce et d'Industrie
ANPE	Agence Nationale pour l'Emploi
CCI	Chambres de Commerce et d'Industrie
CES	Conseil Économique et Social
CFDT	Confédération Française Démocratique du Travail
CFE-CGC	Confédération Française de l'Encadrement – Confédération Générale des Cadres
CFTC	Confédération Française de Travailleurs Chretiens
CGPME	Confédération Générale des Petites et Moyennes Entreprises et du Patronat Réel
CGT	Confédération Générale du Travail
CGT-FO	Confédération Générale du Travail – Force Ouvrière
CNVA	Conseil National de la Vie Associative
CNJA	Confédération Nationale des Jeunes Agriculteurs
CNPF	Conseil National du Patronat Français
CRC	Coordonner, Rassembler, Construire
CRCI	Chambres Régionales de Commerce et d'Industrie
CSCC	Commission Supérieure des Conventions Collectives
CSF	Confédération des Syndicats de Familles
FDSEA	Fédération Départementale des Syndicats d'Exploitants Agricoles
FEN	Fédération de l'Education Nationale
FNDVA	Fonds National pour le Développement de la Vie Associative
FNSEA	Fédération Nationale des Syndicats d'Exploitants Agricoles
FRSEA	Fédération Régionale des Syndicats d'Exploitants Agricoles
MEDEF	Mouvement des Entreprises de France
PS	Parti Socialiste
RDS	Rénovation Sociale et Démocratique
RPR	Rassemblement pour la République
UFC	Union Française des Consommateurs
UL	Union Locale
UNAF	Union Nationale des Associations Familiales
UNAPL	Union Nationale des Proféssions Libérales
UNPME	Union Nationale des Petites et Moyennes Entreprises du Commerce
UNPMI	Union Nationale de la Petite et Moyenne Industrie
UNPS	Union Nationale des Prestataires de Services
UNSA	Union Nationale des Syndicats Autonomes

Literaturverzeichnis

Archambault, Edith, 1997: Der Dritte Sektor in Frankreich: vom jakobinischen Staat zur Dezentralisierung, in: Helmut K. Anheier/Eckhard Priller/Wolfgang Seibel/Annette Zimmer (Hrsg.): Der Dritte Sektor in Deutschland. Organisationen zwischen Staat und Markt im gesellschaftlichen Wandel, Berlin: edition sigma, S. 175-196

Basso, Jacques-A., 1983: Les groupes de pression en France, Paris: PUF (Que sais-je?)

Bernsdorf, Wilhelm (Hrsg.), 1969: Wörterbuch der Soziologie, Stuttgart: Ferdinand Enke Verlag

Bode, Ingo, 1997: Die Organisation der Solidarität. Normative Interessenorganisationen der französischen Linken als Auslaufmodell mit Zukunft, Opladen: Westdeutscher Verlag

Dabitsch, Christophe, 1997: Une autre manière de faire de la politique, in: Le Monde Diplomatique, juin 1997, S. 20ff. (internet)

Debbasch, Charles/Jacques Bourdon, 1985: Les associations, Paris: PUF

Defrasne, Jean, 1995: La vie associative en France, Paris: PUF (Que sais-je?)

Fach, Wolfgang/Georg Simonis, 1987: Die Stärke des Staates im Atomkonflikt. Frankreich und die Bundesrepublik Deutschland im Vergleich, Frankfurt a.M.: Campus

Gicquel, Jean, 1997: Droit constitutionnel et institutions politiques, 15. Aufl., Paris: Montchrestin

Heidenreich, Martin/Gert Schmidt (Hrsg.), 1991: International vergleichende Organisationsforschung. Fragestellungen, Methoden und Ergebnisse, Opladen: Westdeutscher Verlag

Landier, Hubert/Daniel Labbé, 1998: Les organisations syndicales en France. Des origines aux difficultés actuelles, Paris: Edition Liaison

Jansen, Peter/Leo Kißler/Peter Kühne/Claus Leggewie/Otmar Seul, 1986: Gewerkschaften in Frankreich. Geschichte, Organisation, Programmatik, Frankfurt a.M.: Campus

Jansen, Peter, 1987: Die gescheiterte Sozialpartnerschaft. Die französische Gewerkschaftsbewegung zwischen Tarifautonomie und Staatsinterventionismus, Frankfurt a.M.: Campus

Kaltenbach, Pierre P., 1995: Associations lucratives sans but, Paris: Denoel

Kißler, Leo/Meinhard Zumfelde/Peter Jansen/Patrick Hunout, 1997: Arbeitskampfkulturen. Recht und Strategien von Streik und Aussperrung im deutsch-französischen Vergleich, Frankfurt a.M.: Campus

Maurice, Marc. 1991: Methodologische Aspekte internationaler Vergleiche: Zum Ansatz des gesellschaftlichen Effekts, in: Martin Heidenreich/Gert Schmidt (Hrsg.): International vergleichende Organisationsforschung. Fragestellungen, Methoden und Ergebnisse, Opladen: Westdeutscher Verlag, S. 82-90

Meynaud, Jean, 1958: Les groupes de pression en France, Paris: Librairie Armand Colin

Meynaud, Jean, 1962: Nouvelles études sur les groupes de pression en France, Paris: Librairie Armand Colin

Mouriaux, René, 1992: Le syndicalisme en France, Paris: PUF

Puaux, Pierre, 1998: Les chambres de commerce et d'industrie, Paris: PUF

Weber, Henri, 1986: Le parti des patrons. Le CNPF (1946-1986), Paris: Seuil

Wilson, Frank L., 1987: Interest-Group Politics in France, Cambridge: University Press

Wilsford, David, 1991: Doctors and the State. The Politics of Health Care in France and the United States, Durham: Duke University Press

Griechenland

Verbände und Politik

Kostas A. Lavdas

1. Einleitung

Interessengruppen bilden einen wichtigen, wissenschaftlich jedoch eher vernachlässigten Aspekt der politischen, sozialen und ökonomischen Entwicklungen in Griechenland. Besonders nach der Wiederherstellung der Demokratie nach 1974 und in wachsendem Maße seit dem EU-Beitritt Griechenlands 1981 nehmen die Interessengruppen unter den Faktoren, die den politischen Prozeß formen, allerdings einen zentralen Stellenwert ein. Für das bislang relativ geringe wissenschaftliche Interesse an Verbänden und Interessengruppen war das Zusammenwirken bestimmter politischer und intellektueller Entwicklungstendenzen verantwortlich. Kurz gesagt, die verschiedenen soziologischen und historischen Darstellungen, die sich mit organisierten Interessen in Griechenland beschäftigten, begriffen diese als Strukturen, die pluralismustheoretisch nicht zu erklären sind, gelangten dabei jedoch auch nicht zu einer systematischen Analyse des Untersuchungsgegenstandes aus Sicht der Korporatismustheorien. Die Interessengruppen in Griechenland wurden auf eine oft schematische, vereinfachende Weise mit der Rolle von Interessengruppen in westlichen Demokratien verglichen und so eher als irrelevant denn als korporatistisch beurteilt. Diese Sichtweise hat sich in den 80er und 90er Jahren gewandelt einerseits aufgrund gesellschaftlicher und politischer Veränderungen (besonders den Auswirkungen der Europäisierung) und andererseits, weil neue sozialwissenschaftliche Erklärungsmodelle entstanden. Neuere Arbeiten im Rahmen der Politikwissenschaft, der Policy-Analyse und der Theorie der Arbeitsbeziehungen ermöglichten eine differenziertere Sichtweise auf die Rolle der Interessenorganisationen in Griechenland.

2. Historische Entwicklung

In Griechenland entstanden seit Mitte des 19. Jahrhunderts verschiedene Typen von Interessengruppen. Obgleich die wichtigsten und einflußreichsten im wirtschaftlichen Bereich angesiedelt waren, haben Formationen anderer Interessen und kollektiver Identitäten einen nicht zu unterschätzenden organisatorischen, politischen und ideologischen Einfluß in bestimmten Phasen der politischen und sozialen Geschichte Griechenlands ausgeübt (Carabott 1997). Wie im folgenden noch ausgeführt wird, wurde das politische System Griechenlands im 20. Jahrhundert durch eine wechselvolle Geschichte unterschiedlicher Regime geprägt, was die Entwicklung und die Rolle der Verbände stark beeinflußte.

Im Vergleich zu anderen europäischen Ländern setzte der Industrialisierungsprozeß in Griechenland relativ spät ein, weshalb sich gewerkschaftliche Organisationen erst gegen Ende des 19. Jahrhunderts herausbildeten. Zu Beginn stellten die gewerkschaftlichen Zusammenschlüsse Streik- und Unterstützungsvereine dar. Die ersten entstanden im Jahre 1879 in der Schiffbauindustrie auf der Ägäisinsel Syros. Zwischen 1879 und der ersten Dekade des 20. Jahrhunderts fanden in ganz Griechenland in verschiedenen Regionen weitere Gewerkschaftsgründungen statt, so in Lavrion, Athen, Piräus, Patras, Volos und Larissa. Bis zur ersten Dekade des 20. Jahrhunderts bestanden starke syndikalistische Einflüsse, wenngleich in den Verbänden Arbeiter wie Unternehmer organisiert waren. Im Jahre 1914 wurde diese syndikalistische Tradition von der liberalen Regierung gesetzlich verboten und unterdrückt. Das war gleichzeitig ihr Ende in Griechenland im Gegensatz zu Spanien und Portugal, wo die iberische Tradition des *sindicalismo vertical* noch längere Zeit andauerte.

Für die Entwicklung von Gewerkschaften und Arbeitgeberverbänden und deren Beziehungen zueinander zu Beginn des 20. Jahrhunderts spielten Einflußnahmen der liberalen Regierung unter Führung von E. Venizelos eine entscheidende Rolle. Von den Liberalen wurden um 1910 die Grundlagen des griechischen Arbeitsrechts geschaffen. Die Regierung griff auf verschiedene Weise in die organisatorische Entwicklung der Arbeiterbewegung ein und unterstützte die Bildung einer einzigen konföderativen Struktur. Die Gründung des *Griechischen Gewerkschaftsbundes* (GSEE) im Jahre 1918 läßt sich auf die Initiative der Regierung zurückführen, die sofort versuchte, diese Organisation unter ihre Kontrolle zu bringen (Übersicht 1). Dies stellte jedoch ein äußerst schwieriges Unterfangen dar, insbesondere da der Einfluß der Sozialistischen Arbeiterpartei (der späteren Kommunistischen Partei) innerhalb der Arbeiterschaft zunehmend wuchs. Während des Ersten Weltkrieges begünstigte das Zusammenwirken innen- und außenpolitischer Entwicklungen die Kooperation zwischen den Liberalen und Teilen der Arbeiterbewegung. Im Zuge der innenpolitischen, nationalen Krise, bei der es um den Kriegseintritt des Landes ging, entstanden zwei feindliche Lager: die Liberalen unter Führung von E. Venizelos und die Royalisten, die die neutralistische, im Grunde genommen jedoch pro-deutsche Politik von König Konstantin unterstützten. Die Interaktion zwischen außen- und innenpolitischen Entwicklungen ermöglichte es der Arbeiterbewegung, ihre Position im Lande auszubauen und zu festigen (Leon 1976). Der überwiegende Teil der Arbeiterbewegung und andere sozialistische Gruppierungen standen ungeachtet aller internen Differenzen auf der Seite der Liberalen. Ein Pamphlet der Sozialisten aus jener Zeit drückt diese Haltung treffend aus: „Wir sind keine Anhänger von Venizelos; doch wir sind der festen Überzeugung, daß, wer auch immer in der heutigen Zeit Venizelos angreift, ein Anhänger von König Konstantin ist, und die Sozialisten haben sich für das kleinere Übel entschieden" (zit. nach Leon 1976: 33).

Der wachsende politische Einfluß der Kommunisten und die zunehmende Bedeutung der „sozialen Frage" nach Kriegsende lassen sich auf das Versagen der Regierung zurückführen, die Arbeiterbewegung zu kontrollieren. Deshalb spielten nach 1920 repressive Maßnahmen neben Initiativen, die Arbeiterbewegung ihrer Radikalität zu berauben und sie zu integrieren, eine immer entscheidendere Rolle. Das 1931 gegründete *Arbeiterheim* entwickelte sich zu einer zentralen Institution, die die Abhängigkeit der Gewerkschaften vom Staat aufrechterhalten und sicherstellen sollte. Durch das *Arbeiterheim* finanzierte der Staat die offiziell anerkannten Verbände. Auch wurden schrittweise erste soziale Wohlfahrtsmaßnahmen eingeleitet (Gesetz 2868/1922, 5733/1932), die jedoch in Ansätzen steckenblieben. Wohlfahrtsmaßnahmen in größerem Umfang wurden erst durch das autoritäre Regime von 1936 durchgesetzt. Das diktatorische Regime versuchte durch solche Strategien, die Zwang mit Integrationsbestrebungen verbanden, mit der Arbeiterbewegung fertig zu werden.

Auf der Seite des Kapitals waren die ersten Zusammenschlüsse der 1902 in Athen gegründete *Handelsverband* (ESA) und der *Bundesverband der Griechischen Industrie* (SEV) von 1907. Beide Verbände waren von Anfang an so organisiert, daß sie ihre Mitglieder als Unternehmer wie auch als Arbeitgeber repräsentierten (Vaxevanoglou 1994). Im 19. Jahrhundert hatten sich zwar bereits mehrere informelle Unternehmerorganisationen gebildet, besonders nach 1869 in Patras sowie einige Zeit später in Athen und Piräus, doch ESA und SEV stellten die ersten offiziellen Verbände auf der Seite des Kapitals dar (Übersicht 1). Der SEV entwickelte sich schrittweise zum Spitzenverband der griechischen Industrie, obwohl in ihm nicht alle wichtigen regionalen Verbände vertreten waren. Seine zentrale Position und seine Rolle als Spitzenverband festigte der SEV in den Jahren nach dem Zweiten Weltkrieg. Der Selbstorganisation der Unternehmer ging die relativ frühe, vom Staat initiierte Gründung von Industrie- und Handelskammern voraus: Die ersten entstanden im Jahre 1836 per königlichen Dekret in Nauplia, Patras und Syros. Aber es war von Anfang an klar, daß diese Industrie- und Handelskammern in erster Linie staatliche Institutionen sein würden und keine autonomen Vereinigungen für die Interessenartikulation und -repräsentation der Unternehmer.

Nach dem Zweiten Weltkrieg hatte die griechische Arbeiterbewegung keine Chance, sich eigenständig zu entwickeln. Der griechische Bürgerkrieg und die totale Niederlage der Linken brachten ein politisches Regime hervor, das ausgeprägt autoritäre Züge aufwies und Teile der Bevölkerung vom politischen Entscheidungsprozeß ausschloß. Das griechische politische System der Nachkriegszeit stellte einen quasi-autoritären Staat dar, in dem eine ihrem Ursprung nach liberale Verfassung mit verschiedenen Formen der Repression koexistierte. Die Regierungen der 50er und frühen 60er Jahre, besonders die Konservativen unter Führung von Konstantinos Karamanlis, versuchten, eine Strategie der selektiven Modernisierung umzusetzen (Charalambis 1985).

In den 50er Jahren entwickelten sich der GSEE und der SEV zu ernstzunehmenden Partnern in korporatistischen Entscheidungsprozessen, obwohl das Ausmaß, in dem diese Organisationen tatsächlich in der Lage waren, ihre Interessen durchzusetzen, erheblich variierte. Der Staat griff auf gesetzgebender und politischer Ebene stark in die Organisationsstrukturen des GSEE ein, während es dem SEV gelang, einen höheren Grad an institutioneller Unabhängigkeit zu wahren (Lavdas 1997: 66-86). Auch andere Unternehmerverbände auf der sektoralen Ebene, wie z.B. der *Verband der Reeder* (EEE, 1916 in Piräus gegründet), der eine der größten Handelsflotten der Welt repräsentierte und eng mit verschiedenen staatlichen Organisationen zusammenarbeitete (Harlaftis 1996), bewahrten sich ein bestimmtes Maß an institutioneller Autonomie, das den Gewerkschaften völlig fehlte.

Das staatliche Eingreifen in die gewerkschaftlichen Organisationsformen war alles andere als ein „sanfter" Prozeß. Im Gegenteil, es war von Widersprüchen und starken Konflikten gekennzeichnet. Da die Struktur der offiziellen Gewerkschaften dem Modell des staatlichen Korporatismus entsprach, war der interne Dissens in diesen Gewerkschaften in den Jahren vor dem Putsch von 1967 von entscheidender Bedeutung. Die sich formierende innergewerkschaftliche Opposition im GSEE spielte besonders in den Jahren 1963 bis 1966 eine wichtige Rolle. In dieser kurzen liberalen Phase der Nachkriegszeit, eröffnete sich der Regierung der „Zentrumsunion" unter Georg Papandreou (1963-65) die Chance für die Mobilisierung weiter Teile der Bevölkerung (Seferiades 1988: 14-32).

Übersicht 1: Die Entwicklung des griechischen Verbändesystems

	Arbeitnehmer	Unternehmen	Kammern	Bauern	Beamte	freie Berufe	"Neue"
1830-1878		erste informelle Gruppen (Patras, Athen, Piräus)	erste Kammern (Nauplia, Patras, Syros) →				
1879-1901	erste gewerkschaftl. Organisationen			erste Bauern-Gruppen		Rechtsanwälte (DSA, 1894)	erste Frauen-Gruppen
1902-1922	GSEE (1918)	ESA (1902) SEV (1907) EEE (1916) GSEVE (1919)	Konsolidierung der Kammern				erste Umwelt-Gruppen
1923-1939	Arbeiterheim (1931)	EET (1928)		PASEGES (1935)		Ärzte (ISA, 1924)	
1944-1967		SSESE (1961)		GESASE (1958)	ADEDY (1945)		
1967-1973				Agrarverbände verboten			
1974-1980				GESASE (erneut)			neue Frauen-Gruppen (z.B. EGE); ideelle Gruppen
ab 1981		EESE (1987) GSEVEE (1988)		SYDASE (1985)			Freie Wohlfahrts- verbände

Das Militärregime von 1967-1974 unterhielt enge Verbindungen zu den organisierten Interessen der Unternehmer, insbesondere zum EEE. Doch der Sturz der Diktatur im Jahre 1974 hatte nicht nur für den EEE negative Folgen. Alle Interessengruppen auf der Seite des Kapitals wurden nach 1974 von der breiten Öffentlichkeit hartnäckig für Kollaborateure gehalten. Hinzu kommt, daß die erste demokratische Regierung nach 1974 ein Verstaatlichungsprogramm verfolgte, das, obwohl es im Vergleich zu den Erfahrungen in Portugal zur selben Zeit äußerst moderat war, zu erheblichen Spannungen in den Beziehungen zwischen Staat und Kapital führte. Diese Spannungen verstärkten sich, als die Sozialistische Partei (PASOK) 1981 die Regierung übernahm.[1] Versuche der PASOK-Regierung, Oppositionsbestrebungen auf der Seite des Kapitals zu übergehen und/oder zu unterdrücken (Mavrogordatos 1988), blieben größtenteils schwach und unkoordiniert. Gleichzeitig wurden vom SEV die Anstrengungen der Regierung begrüßt, ein wirtschaftliches Stabilisierungspaket, das verschiedene Sparmaßnahmen beinhaltete, politisch durchzusetzen. Innerhalb des GSEE führte dies jedoch in den Jahren 1985 und 1986 zu einer internen Krise (Koukoules/Tzannetakos 1986). Wie im folgenden noch ausgeführt wird, stabilisierten sich in den 90er Jahren jedoch sowohl die Rolle des GSEE als auch die des SEV, die beide davon profitierten, daß staatliche Interventionen abnahmen und damit freie Verhandlungen mehr Spielraum erhielten.

Die landwirtschaftlichen Verbände waren zu Beginn des 20. Jahrhunderts nichts anderes als autonome Protestgruppen. Mit der Landreform, die die wichtigsten Fragenkomplexe der landwirtschaftlichen Verbände aufgriff und eine überwiegend kleinbäuerliche Agrarstruktur zum Ergebnis hatte, begann sich diese Form der Interessenartikulation aufzulösen. Die Struktur der Interessenvermittlung im Agrarsektor spiegelt die relative Homogenität der Landwirte und das Fehlen stark ausgeprägter Besitzunterschiede wider, da eine breite Schicht von Kleinbauern existiert. Aus diesem Grund gibt es im Agrarsektor keine konkurrierenden Organisationen, die gegensätzliche soziale Interessen vertreten (Mavrogordatos 1988: 58-61). In diesem Kontext hat auch eine andere Form von Interessenorganisation im Agrarsektor, die Kooperative, eine wichtige Rolle gespielt (siehe unten). Das Militärregime verbot im Jahre 1967 alle noch verbliebenen Agrarverbände, während sich zur gleichen Zeit die Kooperativen verdoppelten und an Einfluß gewannen. Nach 1974 führte der schrittweise Wiederaufbau der Agrarverbände zur Wiedergründung ihres Bundesverbandes (GESASE, erst 1958 gegründet).

Von ca. 1880 bis 1920 bildete sich in Griechenland sukzessive eine bürgerliche Gesellschaft heraus, die besonders nach der politischen Liberalisierung, die durch den Putsch von 1909 in Gang gesetzt worden war, einen Aufschwung erlebte. Diese gesellschaftspolitischen Veränderungen waren Grundlage für diverse dauerhafte Verbandsgründungen – wie etwa für den *Bundesverband der griechischen Industrie* (SEV) – sowie für Vereinigungen und Organisationen, die häufig jedoch eine prekäre Grundlage besaßen und sich nicht konsolidieren konnten. Diese Organisationen umfaßten u.a. Vereine zur Förderung der Kunst, Debattiergesellschaften und –clubs als auch – von weit größerer Bedeutung – die ersten feministischen und ökologischen Interessengruppen. Die erste Gruppe, die sich mit Umweltproblemen auseinandersetzte und den Schutz von Naturgebieten forderte, war die 1904 gegründete *Athener Vereinigung zum Schutz des Waldes*; ähnliche Gruppierungen folgten Anfang der 20er Jahre (Spanou 1995), doch konnten sich ökologische Gruppen erst in den 70er Jahren organisatorisch stabilisieren. Verschiedene feministische Gruppen waren Ende des 19. Jahrhunderts

---

1   Über die PASOK als Partei und Regierungsmacht vgl. Spourdalakis (1988) und Clogg (1993).

entstanden. Zwar entwickelten einige einen ausgeprägten Aktionismus, doch gelang es ihnen nicht, formalisierte, dauerhafte und stabile Organisationsstrukturen aufzubauen. Erst nach einem langen und oft harten Kampf um Gleichberechtigung bekamen die Griechinnen im Jahre 1952 das Wahlrecht (Varikas 1985). Spätere Entwicklungen, besonders nach dem Ende der Militärdiktatur im Jahre 1974, stärkten die gesellschaftspolitische Rolle der feministischen Gruppen, die jedoch parteipolitisch orientiert waren und nicht selten durch Parteien instrumentalisiert und beeinflußt wurden.

3.   Rechtliche Grundlagen des Verbändesystems

Wie in der traditionellen Staatslehre in Deutschland, wo „die Verbände eher als Störfaktoren und weniger als unverzichtbare und funktionale Bestandteile eines demokratischen Gemeinwesens analysiert wurden" (Weber 1985: 1059), wurden auch in Griechenland die Verbände als partikularistische und weitgehend negative Faktoren angesehen. Erst in einem sehr schleppenden Prozeß entwickelte sich eine veränderte, positivere Sichtweise. Im Bereich der Legislative markiert das Gesetz 281 von 1914, das alle syndikalistischen Organisationen für ungesetzlich erklärte und die Basis für das moderne griechische Arbeitsrecht formulierte, einen entscheidenden Wendepunkt, dem sukzessive eine detaillierte Ausformulierung des individuellen Arbeitsrechts folgte. Vor der Diktatur (1967-74) bestand ein gemischtes System von Arbeitsbeziehungen, das auch korporatistische Elemente beinhaltete. Im Gesetz 3239 von 1955 wurde ein System für Lohnverhandlungen auf nationaler Ebene festgeschrieben. Übereinkünfte auf nationaler Ebene zwischen dem GSEE und anderen Verbänden (in der Regel mit dem SEV) wurden vom Staat sanktioniert. Bei Uneinigkeiten waren die Sozialpartner dazu verpflichtet, eine Schiedskommission einzuschalten.

Wichtige Veränderungen bezüglich der Rolle der Verbände sowohl im sozio-politischen (Alexandropoulos 1990; Lavdas 1997) als auch im legislativ-institutionellen Bereich fanden ab 1974 statt. Die Verfassung der Dritten Republik (Verfassung von 1975) markiert in vielerlei Hinsicht einen Wendepunkt; sie garantiert das Recht zur Bildung von Vereinigungen und das Recht auf Streik; sie schützt die positive und die negative Koalitionsfreiheit. In diesem Zusammenhang muß betont werden, daß Griechenland die relevanten ILO Konventionen ratifiziert hat. Die Gewerkschaften müssen nach griechischem Recht verschiedene gesetzlich festgelegte Kriterien erfüllen; sie müssen „gemäß den gesetzlichen Richtlinien konstituiert" und „repräsentativ" sein. Das Wort „Repräsentation" stellt einen wichtigen Begriff innerhalb des griechischen Arbeitsrechts dar und läßt sich auf das Jahr 1937 zurückführen (Kravaritou 1994: 7). Veränderungen im kollektiven Arbeitsrecht kulminierten im Gesetz 1876/ 1990, das eine freie kollektive Verhandlungsbasis verbunden mit einem formalisierten Schlichtungsverfahren für die Beilegung von Streitfällen festschreibt. Der neue gesetzliche Rahmen begünstigt eine Konfliktlösung auf freiwilliger Basis und bietet – falls gewünscht – bei der Aussicht auf schrittweisen Erfolg im Versöhnungsprozeß, Formen der Vermittlung und der Schlichtung an (Kravaritou 1994: 16). Im allgemeinen haben die gesetzlichen Rahmenbedingungen in den Arbeitsbeziehungen und in allen Beziehungen zwischen Arbeitnehmer- und Arbeitgeberorganisationen seit 1990 eine Annäherung an die Standards in der EU eingeleitet.

Die Einführung von Arbeitnehmervertretungen in Betrieben fand erst in den Jahren nach 1974 statt. Obgleich Berufsgewerkschaften vor 1974 die dominante Organisationsform darstellten, gab es Fälle, wo mehr oder weniger militante Arbeiter versuchten, Vertretungen innerhalb des Betriebes zu etablieren. Solche Versuche wurden in der Regel als „kommunistisch" abgetan. Die Machtübernahme des Militärs 1967 beendete sie abrupt. Mit der Wiederherstellung des parlamentarischen Systems und der schrittweisen Konsolidierung der Demokratie nach 1974 gab es auf der Arbeitnehmerseite erneut innerbetriebliche Organisationsversuche, die in verschiedenen Großbetrieben erfolgreich verliefen. Die Ausübung gewerkschaftlicher Aktivitäten in den Betrieben wurde im Gesetz 1264/1982 anerkannt. Diese Regelung zielte nicht zuletzt darauf, die nach 1974 weitgehend spontan agierenden betrieblichen Initiativen und Gruppen in die existierenden Strukturen zu integrieren (Kravaritou 1994: 11).

Die Institution des Betriebsrates wurde formal im Gesetz 1767/1988 anerkannt. Damit können die griechischen Arbeitnehmer ihre Interessen sowohl in den Gewerkschaften als auch mit Hilfe des Betriebsrates artikulieren, der in Unternehmen mit mehr als 50 Angestellten ins Leben gerufen werden kann. Untersuchungen in den ersten Jahren nach der Einführung der Möglichkeit, Interessenvertretungen auf Betriebsebene zu bilden, belegen allerdings, daß Betriebsratsgründungen nur äußerst langsam und vereinzelt vonstatten gingen. Die praktische Konsequenz dieser Entwicklung ist, daß die Gewerkschaften, unbeschadet ihrer parteipolitischen Bindungen, nach wie vor die wichtigsten Institutionen zur Vermittlung von Arbeitnehmerinteressen darstellen.

4. Struktur der Verbände und Organisationen

Weniger als 50 Prozent der griechischen Erwerbstätigen sind Arbeitnehmer; ein relativ hoher Prozentsatz, rund 40 Prozent, ist auf selbständiger Basis tätig. Dies sind die Rahmenbedingungen, die man bei der Beurteilung von Stärke und Schwäche der Gewerkschaften im sozialen und politischen Prozeß berücksichtigen muß. Die griechischen Gewerkschaften sind Einzelgewerkschaften, die überwiegend zum Typus der Berufsgewerkschaften gehören; Industriegewerkschaften bilden eher eine Ausnahme.

Die Gewerkschaften verfügen in der Regel über drei Organisationsstufen. Auf der ersten Stufe existieren ca. 7.000 Einzelverbände; rund die Hälfte davon vertritt Arbeitnehmer einzelner Unternehmen, der Rest besteht aus lokalen Vertretungen der Gewerkschaften. Die meisten Gewerkschaften agieren unabhängig, d.h. ohne jede Verbindung mit höheren Organisationsstufen; systematische und formalisierte Beziehungen bestehen nur zwischen der zweiten und dritten Stufe. Diese extreme organisatorische Fragmentierung verweist darauf, daß die grundlegende Struktur der gewerkschaftlichen Organisation seit Anfang des 20. Jahrhunderts mehr oder weniger unverändert geblieben ist. Die Fragmentierung erschwert die Organisation kollektiven Handelns und begünstigt die Entwicklung partikularistischer Beziehungen zwischen einzelnen Gewerkschaften und politischen oder regierungsnahen Kräften. D.h. die Gewerkschaften können gleichzeitig mit den Übereinkünften und Bindungen auf der Stufe der Spitzenverbände operieren und sich so partikularistische Vorteile verschaffen (Koukoules 1983, 1984; Mavrogordatos 1988; Moschonas 1990; Alexandropoulos 1990; Kioukias 1994). Auf der zweiten Organisationsstufe existieren mehr als 100 Föderationen und Arbeiterzentren. Die dritte Stufe umfaßt die Konföderationen: Spitzenverbände wie den GSEE. Die heutige Gesetzgebung hat versucht, die Bildung von Industriegewerkschaften zu fördern; entscheidende Erfolge in Richtung einer solchen Entwicklung sind bis jetzt jedoch nicht erzielt worden (Kravaritou 1994).

Beamte sind im Bundesverband der Beamtenorganisationen (ADEDY) organisiert, der 1945 gegründet wurde und heute ca. 300.000 Beamte und Lehrer als Mitglieder hat. Durch mehrere Gesetze wurde eine strikte Abgrenzung der Beamtenverbände von anderen Gewerkschaftsorganisationen festgelegt. Diese Unterscheidung, die bestimmte Rechte und Privilegien genauso wie gewisse Sonderpflichten, die der Beamtenstatus mit sich bringt, umfaßt, manifestiert sich in unterschiedlichen Bereichen. Darüber hinaus verfügt der ADEDY über eigene, den verschiedenen Parteien gleichermaßen nahestehende Organisationen: also PASKDY anstelle der PASKE (Panhellenische Gewerkschaftliche Kampfbewegung), DAKDY anstelle der DAKE etc.

Die Landwirte sind sowohl in Verbänden (Bauernvereinigungen) wie auch in Kooperativen organisiert. Letztere entwickelten sich in enger Zusammenarbeit mit bestimmten Regierungsinstitutionen. Die Struktur der Interessenvermittlung auf dem Agrarsektor spiegelt, wie erwähnt, die relative Homogenität der Landwirte und das Fehlen stark ausgeprägter Besitzunterschiede wider. Die Verbände sowie die zahlreichen Kooperativen sind ausschließlich wegen ihrer unterschiedlichen parteipolitischen Bindungstendenzen fragmentiert. Die Spitzenorganisation der Kooperativen (PASEGES) wurde 1935 gegründet und war lange Zeit Teil eines geschlossenen korporatistischen Netzes. Mehr als 70 Prozent der Landwirte sind Mitglieder von Kooperativen. Der Kooperativenvorstand bildet den höchsten Entscheidungsträger der PASEGES und setzt sich aus Mitgliedern zusammen, deren parteipolitische Zugehörigkeit oder explizite Bindung an eine Partei offiziell bekannt ist (Tsinisizelis 1996: 246).

Nach 1974 führte der schrittweise Wiederaufbau von Agrarverbänden zur Wiedergründung eines Bundesverbandes (GESASE). Im Jahre 1983 wurde damit das Vertretungsmonopol des PASEGES formal beendet, während der GESASE an Bedeutung gewann und enge Beziehungen zur PASOK-Regierung knüpfte, mit der die dominante (sozialistische) Fraktion innerhalb des GESASE ohnehin enge Beziehungen unterhielt. Die einseitige parteipolitische Ausrichtung des GESASE führte 1985 zur Gründung eines „rivalisierenden" Bundesverbandes (SYDASE), der in enger Beziehung zur größten konservativen Partei des Landes (ND) steht (Mavrogordatos 1988: 75-87; Collins/Louloudis 1995: 101). Diese Entwicklung führte auf der Stufe der Spitzenverbände zu einem wachsenden Interessenpluralismus, wobei der GESASE zwar sein Interessenvertretungsmonopol verlor, weiterhin jedoch eine dominante Rolle spielt.

Die organisierten Interessen auf der Seite des Kapitals sind vorwiegend nach Sektoren strukturiert: Industrie, Bankwesen, Schiffahrt etc. Deshalb verfügten die Arbeitgeber zu keiner Zeit über vergleichbare integrierte Spitzenverbände. Die Funktion eines Spitzenverbandes auf Arbeitgeberseite übt seit 1955 (teilweise auch schon zu Beginn des 20. Jahrhunderts) der SEV aus. Der SEV ist (wie der CBI in Großbritannien) eine gemischte Institution, der sowohl Verbände als auch einzelne Unternehmen angehören. Das führt dazu, daß der SEV vor allem die Standpunkte größerer Unternehmen vertritt, woraus gelegentlich Spannungen mit den kleineren Betrieben erwachsen.

Auf dem Schiffahrtssektor hat sich der EEE in enger Zusammenarbeit mit bestimmten Regierungsinstitutionen geformt. Der EEE vertritt nicht nur eine der größten Handelsflotten der Welt, sondern er setzt sich auch aus Mitgliedern zusammen, die ihre Schiffe, wenn sie wollen, jederzeit ausflaggen können. Deswegen darf die Macht der Reeder gegenüber dem Staat nicht unterschätzt werden. Darüber hinaus besitzt die Handelsmarine alle Eigenschaften, die für einen sektoralen staatlichen Korporatismus charakteristisch sind (eine monopolistische Repräsentation, ein traditionell repressives Vorgehen gegenüber ihren Arbeitnehmern sowie enge Beziehungen zu den zuständigen Ministerien) (Mavrogordatos 1988; Moschonas 1990; Harlaftis 1996). Mit anderen Worten: Die *staatliche* Variante des Korporatismus ist vorwiegend in Sektoren wie der Schiffahrt anzutreffen, wo die Politikfähigkeit des Staates gegenüber den Interessen der Unternehmen besonders *schwach* ausgeprägt ist (Lavdas 1997: 77-80, 245-247). Im Bankwesen wird der entsprechende Verband (EET, 1928 in Athen gegründet) traditionell von den Großbanken dominiert, an denen der Staat bestimmte Anteile besitzt. Diese Situation hat sich allerdings seit den 80er Jahren im Zuge der Privatisierung zahlreicher Banken und der wachsenden Partizipation ausländischer Banken verändert.

5. Verbandstypen und kollektives Handeln

Im Durchschnitt sind weniger als 30 Prozent der griechischen Arbeitnehmer gewerkschaftlich organisiert; ein relativ geringer Prozentsatz, der jedoch grob mit den Zahlen anderer EU-Mitgliedstaaten wie z.B. den Niederlanden, Portugal und Großbritannien verglichen werden kann und sogar höher als z.B. in Frankreich oder Spanien ist (Lecher 1994). Der gewerkschaftliche Organisationsgrad im privaten Sektor ist wesentlich niedriger als die durchschnittlichen Zahlen vermuten lassen könnten. Der SEV liegt bezüglich seiner verbandsmäßigen Mitgliederdichte – aus vergleichender südosteuropäischer Sicht – zahlenmäßig relativ weit vorn, während er im Hinblick auf die direkte Mitgliedschaft von Firmen eindeutig schlechter abschneidet (Schmitter 1995).

Obwohl weder der gewerkschaftliche Organisationsgrad noch die allgemeine Verbandsneigung der Bevölkerung Besonderheiten aufweisen, sind zwei Faktoren besonders prägend und hemmend für kollektives Handeln in Griechenland: der Einfluß parteipolitischer Zugehörigkeiten und die Existenz weitverzweigter Klientelverhältnisse. Stark ausgeprägte Klientelverhältnisse behindern kollektives Handeln, weil die Akteure ihre Anliegen bzw. Interessen effektiver mit Hilfe der Klientelbeziehungen durchsetzen können als durch die Teilnahme an Gruppenhandeln. Darüber hinaus besitzt der griechische Staat im wirtschaftlichen Sektor eine historisch starke Präsenz, die die Beziehungen zwischen Regierungsinstitutionen, politischen Parteien und gruppenspezifischer Klientel strukturieren und die autonome Organisierung und Repräsentation von Interessen behindern.

Obwohl diese Beobachtungen durchaus plausibel erscheinen, muß vor vorschnellen Verallgemeinerungen gewarnt werden. Auch theoretische Ansätze, die sich exklusiv auf die Struktur des Staates beziehen und dessen dominierende Rolle betonen, tendieren oft zu solchen Verallgemeinerungen. Die meisten Arbeiten, die einer historisch-soziologischen Sichtweise folgen (siehe dazu die richtungsweisende Analyse von Mouzelis 1978), tendieren dazu, den konkreten, empirisch nachgewiesenen Einfluß sowohl der Arbeiterbewegung (Koukoules 1983: 115, 183) als auch der organisierten Unternehmerinteressen (Lavdas 1997: 53-56) zu ignorieren. Obgleich der Einfluß staatlicher Strukturen und klientelistischer Beziehungen nicht übersehen werden darf, legen empirische Untersuchungen nahe, daß bestimmte Entwicklungen in der Regel durch interaktive Entscheidungsprozesse in Gang gesetzt worden sind. Besonders die Unternehmerinteressen sind oft einflußreicher, effektiver organisiert und unabhängiger von staatlichen Institutionen als ihre Darstellung in der herrschenden Literatur impliziert. Schließlich gilt auch, daß die Arbeitnehmerseite schwächer repräsentiert ist, als dies in der „staatskorporatistisch" orientierten Literatur vertreten wird.

Solche Ansätze unterschätzen zudem die Unterschiede zwischen der Logik des Gruppenhandelns in den Gewerkschaften einerseits und in den Unternehmerorganisationen andererseits. Griechenland rangiert seit 1974 auf der Liste der streikfreudigen Länder relativ weit oben. Dies zeigt, daß die Verbände oft nach ihren eigenen Richtlinien handeln und eine eigenständige Handlungsrationalität entwickeln. Einige Streikwellen richteten sich gegen Maßnahmen, die den öffentlichen Sektor verändern bzw. reformieren sollten; andere können mit parteipolitischen Strategien und deren Auswirkungen auf die größten Verbände des Landes in Zusammenhang gebracht werden. Alle legen jedoch die Existenz eines relativ hohen gesellschaftlichen Konfliktpotentials nahe, das besonders in den 70er und 80er Jahren die industriellen Beziehungen prägte, das aber seit Mitte der 90er Jahre an Bedeutung verloren hat.

Schließlich ist anzumerken, daß die wissenschaftliche Literatur über Griechenland ein Defizit aufweist, wenn es zu der Frage kommt, welche Rolle Politiknetzwerke spielen, die Verbindungen zwischen diversen Akteuren, Anliegen und politischen Zielen ermöglichen.[2] Solche Netze unterscheiden sich zunehmend von traditionellen Klientelverhältnissen, weil in ihnen Interessengruppen eine immer bedeutendere Rolle spielen können. Hinzu kommt, daß einige Problemfelder, die mit dem besonderen Charakter der griechischen Arbeiterbewegung erklärt werden, eher auf die Unterschiede in der Logik des kollektiven Handelns, die zwischen Arbeitnehmern und Unternehmern bestehen, zurückzuführen sind (Offe/ Wiesenthal 1980). Unternehmen sehen ihre Interessen im allgemeinen klarer vor sich und haben weniger Probleme, kollektiv zu handeln. Arbeitnehmer sind stärker von den Verbänden abhängig, weil sie im Gegensatz zu den Firmen keine Möglichkeit zu individueller Macht- und/oder Einflußausübung besitzen. Auch werden sie beim kollektiven Handeln mit größeren Problemen konfrontiert, da sie eine wesentlich größere Gruppe darstellen und es für sie deshalb ungleich schwieriger ist, „free riding" zu vermeiden.

Die mächtigen Wirtschaftsverbände verfügen daher über eine hohe Mobilisierungsfähigkeit und suchten von Anfang an die Kooperation mit dem Staat, der (wie im Fall des SEV vor dem Ersten Weltkrieg) den Schutz vor ausländischer Konkurrenz durch Zölle und nicht-tarifäre Handelsbarrieren garantieren oder (im Fall der Verbände im Agrarsektor) die generelle Kontinuität protektionistischer Handels- und Wirtschaftspolitik gewährleisten sollte.

Gleichzeitig haben diese Vorteile mächtiger und vom Staat privilegierter Interessenorganisationen jedoch auch ihre Grenzen. Empirisch verfügen Unternehmen und ihre Verbände keineswegs immer über eine klare Vorstellung von ihren Interessen. Oft hängt der Prozeß, in dem Mitglieder von Unternehmerverbänden die Ansichten über ihre Interessen herausbilden, von bestimmten politischen Zugehörigkeiten und anderen Verbindlichkeiten ab (Vogel 1978). Da in Griechenland die Verflechtungen zwischen Akteuren, die auf dem ökonomischen Sektor agieren, und Regierungsinstitutionen besonders stark ausgeprägt sind, müssen sich die Unternehmen gleichzeitig an staatlichen Vorgaben wie partikularistischen Bestrebungen orientieren, was ein ernstes Hindernis für die Entwicklung freier Bindungen und für die Möglichkeit zu eigenständigem kollektiven Handeln darstellt. Zudem zeigen sich in letzter Zeit in Griechenland immer

---

2   Für eine interessante Ausnahme, die Policy-Netze im griechischen Agrarsektor analysiert, siehe Collins/Louloudis (1995: 95-114).

deutlicher die Auswirkungen der EU-Mitgliedschaft, die die Inhalte von Politik ebenso beeinflußt, wie sie dazu beiträgt, die Strukturen der Interessenvermittlung von Unternehmen auf organisatorischer Ebene zu professionalisieren und zu differenzieren (Lavdas 1996; 1997).

Wendet man sich anderen Bereichen der Interessenpolitik zu, kann festgestellt werden, daß kollektives Handeln bei Schülern höherer Bildungseinrichtungen und Studenten besonders ausgeprägt ist. Aber der alles durchdringende parteipolitische Einfluß spielt auch hier eine entscheidende Rolle. Die Nationale Studentenunion (EFEE) ist intern in parteipolitische Lager aufgespalten, und die größten Studentenvereinigungen (zeitweise existierten mehr als zehn) besitzen eindeutige parteipolitische Zugehörigkeiten: PASP ist der PASOK angeschlossen, DAP der ND und die Panspoudastiki der KKE etc.

Auch die freien Berufe verfügen in Griechenland seit langer Zeit über eine Interessenvertretung (siehe Übersicht 1). Viele Berufssparten entwickelten sich in enger Interaktion mit Regierungsinstitutionen, was die Inhalte ihrer Forderungen und die Form ihres Gruppenhandelns stark beeinflußt (Chiotakis 1994). Im allgemeinen ist seit Mitte der 70er Jahre ein neuer Pluralismus mit einer Vielzahl von formellen und informellen Gruppen in Erscheinung getreten: Frauengruppen, Elterngruppen, Gruppen, die postmaterialistische Inhalte ansprechen etc.; nicht zu vergessen die Grünen und andere Bewegungen wie freiwillige Wohlfahrts- und Hilfsgruppen (Konsumentenvereinigungen, Drogenhilfegruppen etc.).

Seit den 70er Jahren lehnt sich die Frauenbewegung eng an die größten Parteien und deren Strategien an. In der Tat war die PASOK „die erste Partei, die die wachsende Bedeutung der neuen Interessengruppen (Umweltschutz, Frauenrechte, Friedensgruppen) erkannte und versuchte, sie in den eigenen Parteiapparat einzubauen" (Zervakis 1999: 661). Die nationalen Organisationen (EGE, OGE und KDG) sind der PASOK und den zwei kommunistischen Parteien angeschlossen. Auf der anderen Seite existieren jedoch in Athen, Thessaloniki und anderen Städten auch kleinere lokale Gruppen, die versuchen, ohne bestimmte Parteibindungen zu überleben. Seit den 70er Jahren gewinnen auch die Öko-Gruppen an Bedeutung. Heute repräsentieren sie eine relativ aktive, jedoch äußerst fragmentierte Kraft. Das Augenmerk ökologischer Aktivitäten ist zumeist auf lokale Themen und Probleme gerichtet. Deshalb hat es die Ökologiebewegung bisher nicht geschafft, eine repräsentative Partei auf nationaler Ebene zu gründen. Im Jahre 1989 gelangte zwar erstmalig ein Abgeordneter einer Grünen Partei ins Parlament, doch nur, um 1993 seinen Sitz wieder zu verlieren (vgl. Spanou 1995; Lyrintzis u.a. 1996).

Bestimmte politische Entscheidungen der ersten beiden sozialistischen (PASOK) Regierungen brachten eine weitere Dimension der Interessengruppenpolitik zutage, die lange Zeit nur latent vorhanden bzw. unbedeutend gewesen war: die Rolle der religiösen Gruppen. Die griechisch-orthodoxe Kirche ist im wesentlichen eine Staatskirche,[3] der ca. 97 Prozent der Bevölkerung angehören. Verfassungsrechtlich ist die griechischorthodoxe Kirche die „vorherrschende Religion in Griechenland". Die lange Abwesenheit eines Konfliktpotentials, z.B. hinsichtlich der Schulcurricula, hat den Eindruck entstehen lassen, daß die Beziehungen zwischen Kirche und politischer Macht statisch und unproblematisch sind. In den 80er Jahren führten die PASOK-Regierungen jedoch

---

3   Die sich aber noch in dogmatischer Einheit mit dem orthodoxen „Patriarchat von Konstantinopel" in Istanbul befindet.

bestimmte (verspätete) administrative Innovationen ein (z.B. die standesamtliche Trauung), die die Rolle der Religion bzw. der Kirche schwächten. Gleichzeitig legten die
Regierungen ihre ehrgeizigen Pläne offen, die das Ziel verfolgten, die Kirche intern zu
reorganisieren sowie einen größeren Abstand in den Beziehungen zwischen Kirche
und Staat zu schaffen. Dadurch verhärteten sich die Beziehungen zwischen den
PASOK-Regierungen und der Kirche. Nachdem die PASOK-Regierung ihre Reform-
pläne neu definiert und teilweise zurückgenommen hatte, begannen 1987 die Beziehungen zwischen Kirche und Staat in einen Entspannungsprozeß einzutreten. Aber andere Faktoren (wie z.B. die Spannungen zwischen der Kirche und der ND-dominierten
Regierung 1989) weisen darauf hin, daß bestimmte Aspekte in den Beziehungen zwischen Staat, Kirche und Parteien konfliktbeladen bleiben. Parteipolitische Strategien
versuchten oft, die Kirche zu instrumentalisieren, während in Perioden umfassender
Neuorientierung und Veränderung eher die symbolischen und imaginären Aspekte der
Religion betont wurden (Georgiadou 1996).

6.   Beziehungen der Verbände zum politischen System

Nach der dominierenden pluralistischen Ansicht verstehen sich Verbände nicht ausschließlich als politisch aktive Akteure, die versuchen, politischen Einfluß zu gewinnen, wenn sie ihre Interessen bedroht sehen. Das Ausmaß, in dem diese Ansicht der
Realität entspricht, hängt vor allem von den institutionellen und kulturellen Rahmenbedingungen ab. In einem Kontext (wie dem griechischen), in dem korporatistische
Traditionen bedeutend sind, ist zwar die pluralistische Auffassung, daß zwischen Verbänden, staatlichen Institutionen und politischem Handeln eher lockere, nicht institutionalisierte Verbindungen bestehen, nicht unzutreffend, sie besitzt jedoch nur einen
beschränkten Erklärungswert. Wie in anderen südeuropäischen Ländern existiert auch
in Griechenland eine enge Wechselbeziehung zwischen Verbandsfragmentierung und
parteipolitischem Einfluß.
    Diese Art der Fragmentierung charakterisierte das griechische Verbändesystem
über einen langen Zeitraum hinweg. Fragmentierung besitzt zwei Formen. Erstens, wie
bereits erwähnt, gibt es auf der ersten Organisationsstufe eine große Anzahl von Verbänden (ca. 7000), wobei die Beziehungen zwischen dieser Stufe und den höheren Stu-
fen schwach entwickelt sind. Zweitens existiert eine Fragmentierung aufgrund parteipolitischer Zugehörigkeiten. Obgleich sich diese zumeist nicht auf der Stufe der Spitzenverbände ausdrückt, sind dennoch innerhalb einzelner Organisationsstrukturen (wie
dem GSEE) einflußreiche politische Fraktionen (PASKE, DASKE, ESAK-S, AEM) zu
finden, die ihre Ansichten und Strategien im Sinne ihrer parteipolitischen Zugehörigkeiten in die Verbände hineintragen. In Griechenland und allgemein in Südeuropa geht
die Fragmentierung der Interessen mit einer starken parteilichen Anbindung einher
(Schmitter 1995). In Griechenland ist jedoch die Organisationsform der Interessenvermittlung im Hinblick auf die Stufe der Spitzenverbände einheitlich geblieben.
    Andererseits wäre es – wie schon erwähnt – genauso irreleitend, Interessengruppen
als bloße Ableger staatlicher Institutionen und politischer Parteien zu begreifen, auch
wenn die politischen, institutionellen und kulturellen Rahmenbedingungen des politischen Systems das Verhältnis zwischen Staat und Verbänden definieren (zum politischen System und den verschiedenen Rahmenbedingungen vgl. Charalambis 1985,

1989; Clogg 1993; Contogeorgis 1977; Demertzis 1994, 1997; Diamandouros 1993; Kazakos 1991; Kitromilides 1995; Lyrintzis u.a. 1996; Tsoucalas 1981).[4] Zum Beispiel beeinflußten der Umstand und die spezifische Art des Regimewechsels 1974 die Inhalte politischer Debatten. Gleichzeitig ist festzustellen, daß der Einfluß der Arbeitgeberorganisationen vor 1974 größer war und sich danach verringerte (Fakiolas 1987: 188). Neben diesen durch den Regimewechsel veränderten Macht- und Einflußchancen der Verbände wurde nach 1974 darüber hinaus die Interessenpolitik „eng am bipolaren Parteiwesen ausgerichtet" (Zervakis 1999: 659). Dauerhafte Klientelverhältnisse transformieren sich aus sich selbst heraus. Besonders nach 1974 entwickelten sie sich schrittweise hin zu einer Form, bei der die Rolle der politischen Parteien und die Beziehungen zwischen Parteien und Staat unbedeutender wurden (Charalambis 1989). Bevorzugte Beziehungsmuster, die auf solche Weise innerhalb des politischen Systems entstehen, tendieren dazu, wechselseitige öffentlich-private Transformationen in Richtung eines geschlossenen, segmentierten und oligopolen Pluralismus zu begünstigen.

Die Regierungsübernahme einer neuen Partei (PASOK) im Jahre 1981 und der Regierungswechsel waren nicht nur wichtige Schritte bei der Konsolidierung der Demokratie, sondern sie trugen auch dazu bei, daß Interessengruppen und insbesondere Unternehmerverbände sich im politischen System eine eigenständigere Position zu schaffen versuchten (Lanza/Lavdas 2000).

Natürlich basierten solche „positiven" Effekte der PASOK-Regierungen eher auf objektiven Gegebenheiten als auf bewußten Absichten: Wie alle anderen Regierungsparteien setzte auch die PASOK die staatliche Einmischung in die internen Angelegenheiten des GSEE fort (Spourdalakis 1988: 246-249). Auch müssen in diesem Kontext andere Aspekte der Funktionsweise des politischen Systems berücksichtigt werden: die Rolle des informellen Sektors und der Schattenwirtschaft sowie ein relativ hoher Grad an Korruption in den Beziehungen zwischen öffentlichem und privatem Sektor (Koutsoukis 1995).

Die ersten Jahre der beiden PASOK-Regierungen (1981-1989) unterstrichen die Macht der herrschenden Partei gegenüber der staatlichen Bürokratie (Sotiropoulos 1996). Strukturelle Zwänge, bestimmte Entwicklungen im Rahmen der EU (besonders seit der Einheitlichen Europäischen Akte von 1986), eine zunehmend unabhängigere wirtschaftliche Position und daraus resultierende Belastungen führten schließlich zu politischen Richtungswechseln (Lavdas 1997: 178-185, 281-282).

Das Jahr 1981 markiert einen weiteren Wendepunkt, der, längerfristig gesehen, für die griechischen Verhältnisse noch signifikanter ist: Griechenlands Beitritt zur Europäischen Union. Die europäische Politik stellt zweifellos für Interessengruppen eine große Herausforderung dar. Aus der Perspektive der Verbände können die Anpassungserfordernisse, die mit der europäischen Integration für das Verbändesystem verbunden sind, in drei Kategorien unterteilt werden: erstens die Entwicklung europäischer Strategien und die Herausbildung geeigneter Formen der Beeinflussung von EU-Institutionen in Brüssel und Straßburg. Einige Gruppen, wie der SEV, haben dies bereits zu einem sehr frühen Zeitpunkt vor dem EU-Beitritt Griechenlands eingeleitet.

Zweitens, die europäische Integration verändert die Beziehungen zwischen dem öffentlichen und dem privaten Sektor in den Mitgliedsstaaten der EU. Ein wichtiger Aspekt in diesem Zusammenhang betrifft die regionale und lokale Organisation von

---

4 Für einen Überblick auf Deutsch siehe Zervakis (1999: 637-672).

staatlicher Macht und der Interessenvermittlung. Die politische Dimension lokaler Belange gewann seit den 80er Jahren zunehmend an Bedeutung (Psychopedis/Getimis 1989) und stellt angesichts der Entstehung einer neuen europäischen Strukturpolitik (Marks 1996) eine wichtige Herausforderung für Interessengruppen dar, die an lokalen und regionalen Einbindungsprozessen in die europäische Politik teilhaben wollen (Lavdas 1997). Besonders in den 80er Jahren war der Einfluß bestimmter Entwicklungen auf europäischer Ebene mit Dezentralisierungsversuchen und regionalen Reformmaßnahmen, die von den PASOK-Regierungen eingeleitet wurden, verbunden. Den größten Nutzen aus diesen Reformen, abgesehen von den bereits erwähnten Interessengruppen, zog der lokale Sektor im Hinblick auf seine politische, administrative und technische Ausstattung (Kioukias 1994: 202-203). In diesem Prozeß gewannen die regionalen und lokalen Institutionen ein noch größeres Maß an Autonomie sowie die Möglichkeit, als Interessengruppen auf dem weiten Spielfeld europäischer Politik zu agieren.

Drittens, die Verbände müssen sich mit einer Vielfalt von neuen Themen auseinandersetzen, die fast automatisch auch dann national an Bedeutung gewinnen, wenn sie auf EU-Ebene debattiert werden. Das Ergebnis ist eine wachsende Fusion zwischen EU-Programmen und politischen Programmen auf nationaler Ebene (Wessels 1997).

Alle drei Dimensionen stehen in enger Wechselbeziehung mit Entwicklungen im griechischen politischen System. Bei Verbänden, die sich an kollektivem Handeln beteiligen, kann dies als Widerstand gegen Modernisierungs- und Europäisierungsversuche interpretiert werden. Elemente der politischen Kultur einer „defensiven Gesellschaft" machen sich in diesem Kontext aus sich selbst heraus bemerkbar (Katsoulis 1995: 396). Doch sie tendieren zur Hervorbringung von Koalitionen, die eher für eine Verlangsamung des Anpassungsprozesses einzutreten scheinen als für seine komplette Zurücknahme. Für die verschiedenen inländischen Akteure bedeutet dabei die Europäisierung sowohl neue Chancen als auch neue Zwänge. Obgleich Interessenvielfalt impliziert, daß alle Arten diverser Verbindungen solcher Chancen und Zwänge möglich sind, ist zu bedenken, daß die wichtigsten Integrationsbereiche, wie z.B. der Binnenmarkt, dazu tendieren, den meisten Akteuren in Staaten, deren industrielle und ökonomische Strukturen sich langsamer anpassen, mehr Zwänge als Chancen zu bieten. Mit anderen Worten, es ist wahrscheinlich, daß im Gegensatz zu Deutschland oder Großbritannien in Griechenland sowohl Gewerkschaften als auch Unternehmen in vielen Sektoren die Europäisierung eher als Bedrohung denn als Chance wahrnehmen, was nicht ohne Auswirkungen auf die Interessengruppen und deren Aktivitäten bleiben kann.[5] Doch das ist eine offene Frage und hängt mit der zukünftigen Ausrichtung des EU-Systems zusammen. Gegenwärtig führen die Europäisierung und der Druck auf die inländischen Akteure zu einer „Ko-Evolution" (Kohler-Koch 1996: 209-219) von politischen und verbandlichen Systemen, was sich sowohl an den Reaktionen auf die Europäisierung auf nationaler Ebene als auch an der Restrukturierung der Interaktionsmuster zwischen Politik und Verbänden ablesen läßt (Lanza/Lavdas 2000).

---

5   Kritische Widersprüche markieren das Verhältnis zwischen Harmonisierung auf dem EU-Niveau und der Situation in Mitgliedsstaaten wie Griechenland oder Portugal (Scharpf 1999: 79-80). In diesem Kontext müssen natürlich die neuen Strukturpolitiken der EU berücksichtigt werden: entweder als „side-payments" oder als Instanz solidarischer Politik im Rahmen eines europäischen politischen Systems (vgl. Marks 1996).

7. Zusammenfassung und Ausblick

Zweifellos haben in Griechenland seit 1974 die unabhängige Organisation der unterschiedlichen sozialen Interessen und die Bedeutung der bürgerlichen Gesellschaft zugenommen. Gleichzeitig kann man beim griechischen Verbändesystem eine bemerkenswerte Verbindung von Elementen der Kontinuität und des Wandels feststellen. So lassen sich durchaus Kontinuitätslinien in den Strukturen und Prozessen nachweisen, die *vor 1967* ebenso wie *nach 1974* dominant gewesen waren. Im Gegensatz zu den Erfahrungen in Spanien (nach 1976) wurden in Griechenland in den Jahren unmittelbar nach 1974 weder neue Verbände gegründet noch eine umfassend neue Gesetzgebung eingeführt. Dennoch gab es substantielle Veränderungen. Drei entscheidende Wendepunkte lassen sich identifizieren: erstens der Regimewechsel als solcher und die Restauration der Demokratie 1974. Da jedoch das autoritäre System (im Gegensatz zu Spanien und Portugal) kurzlebig war, blieb sein Einfluß dementsprechend begrenzt. Das Verbändesystem konnte den Regimeübergang relativ unverändert überstehen, weil die Restauration der Demokratie mehr oder weniger nahtlos an die Periode *vor* der Machtübernahme der Militärs 1967 anschließen konnte.

Aufgrund der bemerkenswerten institutionellen Kontinuitäten im Hinblick auf die Situation *vor 1967* steht die politikwissenschaftliche Analyse vor so manchem Dilemma. Im Fall Griechenland erschwert die schleppende Reform der legalen und institutionellen Formen die vergleichende analytische Einordnung. Die weitreichenden, jedoch schwachen staatlichen Strukturen, die umfassenden, aber intern fragmentierten Interessenstrukturen und die parteipolitischen Einflüsse charakterisieren den griechischen Fall als einen sich im Übergangsstadium befindlichen „disjointed corporatism" (Lavdas 1997) oder als einen hervortretenden „segmented pluralism" (Atkinson/Coleman 1989; Lanza/Lavdas 2000).

Der zweite wichtige Wendepunkt in diesem Prozeß war die Regierungsübernahme einer neuen Partei (PASOK) 1981, die zu der Redefinition der Verbandsrollen beitrug. Den dritten und letzten Wendepunkt bilden der EU-Beitritt und die Zwänge der Europäisierung verbunden mit den Auswirkungen einer zunehmenden Internationalisierung der Wirtschaft; diese Faktoren haben wichtige Richtungsänderungen der inländischen Interessenpolitik hervorgerufen (Lavdas 1997). Wie in anderen EU-Mitgliedsstaaten verbinden sich im Prozeß politischer Annäherung und Anpassung nationale Besonderheiten mit Übereinkünften auf EU-Ebene wechselseitig. Da aber in Griechenland auf institutioneller Ebene in den 70er Jahren nur begrenzt Veränderungen stattfanden, waren die Veränderungen nach dem EU-Eintritt 1981 und besonders nach entscheidenden EU-Entwicklungen in den Jahren 1986 und 1992 (Einheitliche Europäische Akte, Maastricht) von um so weitreichenderer Bedeutung.

Der schrittweise Bedeutungsverlust staatlicher Interventionen im Verbändesystem wird von Entwicklungen begleitet, die letztlich in freien kollektiven Verhandlungen und Schlichtungsformen auf freiwilliger Basis münden werden. Auch andere Aspekte der Interessenpolitik, wie die größere Autonomie regionaler und lokaler Organisationen, weisen auf eine wachsende Bedeutung von Verbänden in Griechenland hin. In der Tat haben das Verbändesystem und die Rolle von Interessengruppen im griechischen politischen System in den 80er und 90er Jahren eine graduelle und eher unauffällige, jedoch zweifellos entscheidende Transformation erfahren.

Abkürzungsverzeichnis

ADEDY   Anotati Dioikisi Enoseon Dimosion Ipallilon (Bundesverband der Beamtenorganisationen)
DAP   Dimokratiki Agonistiki Parataxi (Demokratische Kampfbewegung)
DSA   Dikhgorikos Syllogos Athinon (Rechtsanwälteverband von Athen)
EEE   Enosi Ellinon Efopliston (Verband der Reeder)
EESE   Enosi Emporikwn Syllogon (Bund der Handelsorganisationen)
EET   Enosi Ellinikon Trapezon (Verband der Banken)
EFEE   Ethniki Foititiki Enosi Ellados (Nationale Studentenunion)
EGE   Enosi Gynaikon Ellados (Verband der Frauen Griechenlands)
ESA   Emporikos Syllogos Athinon (Handelsverband von Athen)
GESASE   Geniki Synomospondia Agrotikon Synetairismon (Bundesverband der Agrarverbände)
GSEE   Geniki Synomospondia Ergaton Ellados (Griechischer Gewerkschaftsbund)
GSEVE   Bundesverband der Kleinunternehmer und Selbständigen
GSEVEE   Bundesverband der Selbständigen (vormals: GSEVE)
ISA   Iatrikos Syllogos Athinon (Ärzteverband von Athen)
KDG   Kinhma Dhmokratikon Gynikon (Bewegung der Demokratischen Frauen)
KKE   Kommounistiko Komma Ellados (Kommunistische Partei Griechenlands)
ND   Nea Dimokratia (Neue Demokratie Partei)
OGE   Organosi Gynaikon Ellados (Organisation der Frauen Griechenlands)
PASEGES Panellinia Synomospondia Georgikon Synetairismon (Panhellenische Konföderation der Kooperativen)
PASKE   Panellinia Agonistiki Syndikalistiki Kinisi Ergazomenon (Panhellenische Gewerkschaftliche Kampfbewegung)
PASOK   Panellhnio Sosialistiko Kinhma (Panhellenische Sozialistische Bewegung)
PASP   Panellinia Spoudastiki Parataxi (Panhellenische Studenten Union)
SEV   Syndesmos Ellinikon Viomihanion (Bundesverband der Griechischen Industrie)
SSESE   Synomospondia Emporikon Syllogon (Bundesverband der Handelsverbände)

Literaturverzeichnis

Alexandropoulos, Stelios, 1990: Taseis korporatistikis antiptosopefsis kai Elliniki pragmatikotita [Tendenzen korporatistischer Repräsentation und griechische Realität], in: Koinovouleftikh Epitheorhsh, Vol. 4, S. 64-79

Atkinson, Michael M./William D. Coleman, 1989: Strong States and Weak States: Sectoral Policy Networks in Advanced Capitalist Economies, in: British Journal of Political Science, Vol. 19, No. 1, S. 47-67

Carabott, Philip (Hrsg.), 1997: Greek Society in the Making 1863-1913. Aldershot: Variorum

Charalambis, Dimitris, 1985: Stratos kai Politike Exousia [Das Militär und die politische Macht], Athen: Exantas

Charalambis, Dimitris, 1989: Pelateiakes Skheseis kai Laikismos [Klientelverhältnisse und Populismus], Athen: Exantas

Chiotakis, Stelios, 1994: Gia mia Koinoniologia ton Eleftherion Epaggelmaton [Zur Soziologie der freien Berufe], Athen: Odysseas

Clogg, Richard (Hrsg.), 1993: Greece 1981-89: The Populist Decade, London: Macmillan

Collins, Neil/Leonidas Louloudis, 1995: Protecting the Protected: The Greek Agricultural Policy Network, in: Journal of European Public Policy, Vol. 2, S. 95-114

Contogeorgis, Georgios (Hrsg.), 1977: Koinonikes kai Politikes Dynameis stin Ellada [Soziale und politische Akteure in Griechenland], Athen: Exantas

Demertzis, Nicolas (Hrsg.), 1994: I Elliniki Politike Koultoura Simera [Griechische politische Kultur der Gegenwart], Athen: Odysseas

Demertzis, Nicolas, 1997: Greece, in: Roger Eatwell (Hrsg.): European Political Cultures, London: Routledge, S. 107-121

Diamandouros, P. N., 1993: Politics and Culture in Greece, 1974-91: An Interpretation, in: Richard Clogg (Hrsg.): Greece 1981-89: The Populist Decade, London: Macmillan, S. 83-103

Fakiolas, R., 1987: Interest Groups: An Overview, in: K. Featherstone/D. K. Katsoudas (Hrsg.): Political Change in Greece. Before and After the Colonels, London: Croom Helm, S.174-188

Georgiadou, Vassiliki, 1996: Kosmiko Kratos kai Orthodoxi Ekklesia [Säkularer Staat und orthodoxe Kirche], in: C. Lyrintzis et al. (Hrsg.): Koinonia kai Politike [Gesellschaft und Politik], Athen: Themelio, S. 76-99

Harlaftis, G., 1996: A History of Greek-Owned Shipping, London: Routledge

Katsoulis, Ilias, 1995: Griechenlands Angst vor Europa, in: Die Neue Gesellschaft/Frankfurter Hefte, Nr. 5, S. 394-399

Kazakos, Panos, 1991: I Ellada Anamesa se Prosarmogi kai Perithoriopoihsi [Griechenland zwischen Anpassung und Marginalisierung], Athen: Diatton

Kioukias, Dimitris, 1994: Organosi Simferonton stin Ellada [Die Organisation der Interessen in Griechenland], Athen: Exantas

Kitromilides, Paschalis M., 1995: Europe and the Dilemmas of Greek Conscience, in: Philipp Carabott (Hrsg.): Greece and Europe in the Modern Period: Aspects of a Troubled Relationship, London: Centre for Hellenic Studies, King's College, S. 1-15

Kohler-Koch, Beate, 1996: Die Gestaltungsmacht organisierter Interessen, in: Markus Jachtenfuchs/ Beate Kohler-Koch (Hrsg.): Europäische Integration, Opladen: Leske + Budrich, S. 193-222

Koukoules, G., 1983: Gia mia Istoria tou Ellinikou Syndikalistikou Kinhmatos [Zur Geschichte der griechischen Gewerkschaftsbewegung], Athen: Odysseas

Koukoules, G., 1984: Ellinika Syndikata 1938-1984 [Griechische Gewerkschaften 1938-1984], Athen: Odysseas

Koukoules, G./V. Tzannetakos, 1986: Syndikalistiko Kinhma 1981-1986 [Gewerkschaftsbewegung 1981-1986], Athen: Odysseas

Koutsoukis, Kl. S., 1995: Sleaze in Contemporary Greek Politics, in: Parliamentary Affairs, Vol. 48, S. 688-696

Kravaritou, Yota, 1994: European Employment and Industrial Relations Glossary: Greece, London: Sweet & Maxwell

Lanza, Orazio/Kostas A. Lavdas, 2000: The Disentanglement of Interest Politics, in: European Journal of Political Research, Vol. 37, S. 203-235

Lanzalaco, Luca, 1993: Interest Groups in Italy: From Pressure Activity to Policy Networks, in: Jeremy J. Richardson (Hrsg.): Pressure Groups, Oxford: Oxford University Press, S. 113-130

Lavdas, Kostas A., 1996: The Political Economy of Privatization in Southern Europe, in: D. Braddon/D. Foster (Hrsg.): Privatization, Aldershot: Dartmouth, S. 233-260

Lavdas, Kostas A., 1997: The Europeanization of Greece: Interest Politics and the Crises of Integration, London: Macmillan

Lecher, Wolfgang, 1994: Trade Unions in the European Union: A Handbook, London: Lawrence & Wishart

Leon, G. B., 1976: The Greek Socialist Movement and the First World War: The Road to Unity, Boulder: East European Quarterly/Distributed by Columbia University Press

Lyrintzis, C. et al. (Hrsg.), 1996: Koinonia kai Politike [Gesellschaft und Politik], Athen: Themelio

Marks, Gary, 1996: Politikmuster und Einflußlogik in der Strukturpolitik, in: Markus Jachtenfuchs/ Beate Kohler-Koch (Hrsg.): Europäische Integration, Opladen: Leske + Budrich, S. 313-343

Mavrogordatos, G. Th., 1988: Metaxi Pityokampti kai Prokrousti [Zwischen Pityokamptes und Prokroustes], Athen: Odysseas

Moschonas, Andreas, 1990: Taxiki Pali stin Ellada kai EOK [Klassenkampf in Griechenland und EG-Beitritt], Athen: IMM

Mouzelis, Nicos P., 1978: Modern Greece: Facets of Underdevelopment, London: Macmillan

Offe, Claus/Helmut Wiesenthal, 1980: Two Logics of Collective Action: Theoretical Notes on Social Class and Organizational Form, in: Political Power and Social Theory, Vol 1, No. 1, S. 67-115

Psychopedis, Kosmas/P. Getimis, 1989: Rythmisi Topikon Provlimaton [Regulierung lokaler Probleme], Athen: IMM

Scharpf, Fritz W., 1999: Governing in Europe: Effective and democratic? Oxford: Oxford University Press

Schmitter, Philippe C., 1995: Organized Interests and Democratic Consolidation in Southern Europe, in: Richard Gunther et al. (Hrsg.): The Politics of Democratic Consolidation, Baltimore: The Johns Hopkins University Press, S. 284-314

Seferiades, Serafim, 1998: Diekthikitiko Kinhma kai Politike 1962-1967 [Gewerkschaftsbewegung und Politik 1962-1967], in: Elliniki Epitheorisi Politikes Epistemes, Vol. 12, S. 5-34

Sotiropoulos, Dimitris, 1996: Populism and Bureaucracy: The Case of Greece under PASOK 1981-1989, London: University of Notre Dame Press

Spanou, Calliope (Hrsg.), 1995: Koinonikes Diekthikiseis kai Kratikes Politikes [Soziale Inputs und Staatspolitik], Athen: Sakkoulas

Spourdalakis, Michalis, 1988: The Rise of the Greek Socialist Party, London: Routledge

Tsinisizelis, Michalis, 1996: Greece, in: D. Rometsch/W. Wessels (Hrsg.): The European Union and Member States, Manchester: Manchester University Press

Tsoucalas, Konstantinos, 1981: Koinoniki Anaptyxi kai Kratos [Gesellschaftliche Entwicklung und Staat], Athen: Themelio

Varikas, Eleni, 1985: Les femmes grecques face à la modernisation institutionnelle: une feminisme difficile, in: Les Temps Modernes, no. 473, S. 918-934

Vaxevanoglou, Aliki, 1994: Oi Ellines Kefalaiouhoi 1900-1940 [Griechenlands Kapitalisten 1900-1940], Athen: Themelio

Vogel, David, 1978: Why Businessmen Distrust their State: The Political Consciousness of American Corporate Executives, in: British Journal of Political Science, Vol. 8, S. 96-125

Weber, Jürgen, 1985: Verbändeforschung, in: Dieter Nohlen/Rainer-Olaf Schultze (Hrsg.): Politikwissenschaft. Theorien, Methoden, Begriffe, München: Piper, S. 1058-1062

Wessels, Wolfgang, 1997: An Ever Closer Fusion? A Dynamic Macropolitical View on Integration Processes, in: Journal of Common Market Studies, Vol. 35, S. 267-299

Zervakis, Peter A., 1999: Das politische System Griechenlands, in: Wolfgang Ismayr (Hrsg.): Die politischen Systeme Westeuropas, 2. Aufl., Opladen: Leske + Budrich, S. 637-672

Großbritannien

Interessengruppen im Zeichen von Traditionen, sozialem Wandel und politischen Reformen

Jürgen Plöhn

1. Historische Entwicklung

Markantes Merkmal des britischen Gemeinwesens und prägender Faktor für sein System organisierter Interessen ist eine hochgradig kontinuierlich verlaufene Verfassungsgeschichte. Da insbesondere das Parlament aus mittelalterlichen Anfängen fortgebildet worden ist, hat sich für soziale Interessen über multifunktional angelegte traditionale Personenverbände *(townships, boroughs, gilds* u.a.) bereits in der frühen Neuzeit ein legitimer Zugang zum politischen Entscheidungssystem ergeben (Beer 1965: 15-20; Conniff 1977; Fraenkel 1991: 56f., 159-163). Zugleich haben neuzeitlich-voluntative Vereinigungen an überkommene Institutionen anknüpfen und diese relativ stetig fortentwickeln können.

Sozioökonomisch wurde die Interessenstruktur auf den britischen Inseln von der Vorreiterrolle Englands bei der Industrialisierung Europas geprägt. Gegen Ende des 18. Jahrhunderts veränderten technische Innovationen die Arbeitsbedingungen im produzierenden Gewerbe grundlegend im industriellen Sinne (Landes 1965; Deane 1976: 161-188). In Verbindung mit tiefgreifenden Veränderungen im Agrarbereich sowie dem Ausbau der Verkehrswege dynamisierten sich Wirtschaft und Gesellschaft, wofür die klassische Nationalökonomie neue theoretische Interpretationsansätze lieferte. *Soziokulturell* ist der religiöse Faktor zu beachten: Neben die englische Nationalkirche ist seit dem 17. Jahrhundert der protestantische Dissent mit staatsunabhängigen Organisationen getreten. Durch die Kombination der Einflüsse haben sich erweiterte Betätigungsfelder für soziale Aktivitäten humanitärer Organisationen ergeben (Händel 1994: 199-201, 249, 263). Die sukzessive Entstehung des britischen Verbändepluralismus ist danach auf der Basis vorangegangener Industrialisierung, religiöser Erweckung und Säkularisierung im 20. Jahrhundert maßgeblich durch kriegswirtschaftliche Strukturen, ökonomische Steuerungsansätze, Demokratisierungs-, Emanzipations- und Regionalisierungsbestrebungen gestaltet worden (Rush 1990a: 4).

2. Rechtliche Grundlagen für Vereinigungen und Koalitionen

Seit Aufhebung der gegen die Koalitionsfreiheit gerichteten *Combination Acts* (1799/1800) im Jahre 1824 (Birke 1978: 45-49; Pelling 1992: 14-23; Kluxen 1991: 493f.) sind die Gründung einer Organisation und der Beitritt zu ihr im allgemeinen weder rechtlich eingeschränkt noch national gerichtlich nachprüfbar gewesen (Fenwick 1993: 139-145). In Ermangelung eines britischen Grundrechtskatalogs hat sich seit 1951 eine justitiable Grundlage für Vereinigungs- und Koalitionsrecht lediglich aus

Art. 11 der europäischen Menschenrechtskonvention ergeben, wobei die darin zugelassenen Einschränkungen der Koalitionsfreiheit für Streitkräfte, Polizei und einige Inhaber öffentlicher Ämter auch nach Aufhebung des unter *Margaret Thatcher* eingeführten Koalitionsverbots für die *Government Communications Headquaters* (GCHQ) fortbestehen (Kastendiek 1998: 353f.). Ohne materielle Änderung dieser Rechtslage ist durch den *Human Rights Act* (1998) seit Oktober 2000 die Menschenrechtskonvention zugleich als innerstaatliches Recht in allen Landesteilen vor britischen Gerichten einklagbar (Grote 1998; www.homeoffice.gov.uk/hract).

Als Organisationsform für Unternehmungen, in denen private Interessen mit öffentlichen Anliegen verbunden waren oder die den Schutz des Staates gegenüber Dritten suchten *(Bank of England, East India Company* u.a.), wurde seit der frühen Neuzeit die *corporation* genutzt. Wegen deren Abhängigkeit von einem Akt der Anerkennung bzw. der formellen Gründung durch Krone, Kirche oder Parlament ist sie indes für freie gesellschaftliche Assoziationen nicht in Betracht gekommen (Birke 1978: 22-25, 28-30). Vereinigungen von Privatpersonen *(voluntary associations)* sind demgegenüber *praeter legem* als *unincorporate bodies* entstanden, die ihre Ziele ohne eigene Rechtspersönlichkeit verfolgen müssen, so daß sie finanziell in Abhängigkeit von Dritten stehen, die nicht als Organ der Vereinigung handeln können. Dieses Problem ist mit dem Rechtsinstitut des *trust* bewältigt worden (Maitland 1905; Parker/Mellows 1983). Dabei handelt es sich um eine Beziehung, in der Vermögen von einem Treugeber auf eine Mehrzahl von Treuhändern übertragen wird, welche nach dem *Common Law* als Eigentümer des Treuguts in Erscheinung treten, hinsichtlich der Wahrnehmung ihrer Verfügungsgewalt jedoch einseitig eine Bindung an den bestimmungsgemäßen Zweck des Vermögens eingegangen sind, so daß der Begünstigte als Eigentümer *in equity* (nach Normen der Billigkeit) anzusehen ist, selbst aber über das betreffende Gut nicht verfügen kann (Helmholz/Zimmermann 1998; Jones 1998). Als Konsequenz ergibt sich eine Doppelung sozialer Vereinigungen durch ihre Finanzierungseinrichtungen. Besondere rechtliche Regeln existieren weiterhin für Gewerkschaften und gemeinnützige Organisationen.

3.   Struktur des Verbändesystems

3.1. *Systemrelevanz britischer Verbände und Klassifikationsansätze*

Ungeachtet der Autonomieregelungen wird das britische Regierungssystem durch die Kombination von unitarischer Staatsstruktur, Parlamentssouveränität und parlamentarischer Vertrauensabhängigkeit des Kabinetts mit relativer Mehrheitswahl in Einerwahlkreisen gekennzeichnet. Als Konsequenz können auf der Basis territorialer Repräsentation im Regelfall alternierende Einparteiregierungen gebildet werden, so daß der funktionalen Repräsentation durch Interessenverbände spezifische Bedeutung für die Sicherung politisch-materieller Kontinuität zukommt. Regional ergibt sich eine hochgradige Konzentration nationaler Verbände auf London (Murphy 1980: 122; Wilson 1990: 78; Grant 1995: 1f.; Richardson 1993: 86, 89).

Tabelle 1: Klassifizierung von Interessengruppen nach ihrer Relation zum Regierungssystem

Insider groups	Outsider groups
1. Systemisch eingebundene Gruppen in unmittelbarer Abhängigkeit von staatlichen Entscheidungen	1. Potentielle Insider-Gruppen: aktuell Außenstehende mit Potential zur Integration
2. Gering profilierte Gruppen mit nichtöffentlichen Strategien	2. Nicht registrierungsfähige Gruppen: nach externer Beurteilung ohne systemadäquat differenzierte Präsentation ihrer Anliegen
3. Scharf profilierte Gruppen mit öffentlichen und nichtöffentlichen Strategien	3. Ideologische Outsider-Gruppen: nach eigener Ideologie systemoppositionell eingestellt

Quelle: Grant 1995: 20.

Besondere Wirksamkeit erlangen permanente Einflüsse auf das staatliche Entscheidungssystem in fachspezifischen *policy communities*, die sowohl konsensual als auch durch Antagonismen geprägt sein können (Richardson 1993: 95-99; Grant 1995: 34-37). Gruppen mit Insiderstatus werden vom Regierungsapparat als legitime Interessenvertreter regelmäßig kontaktiert, Outsidern fehlt die Akzeptanz staatlicher Stellen. Da sich auch Insidergruppen unter der Regierung *Thatcher* zunehmend zu öffentlichen Auftritten genötigt sahen (Mitchell 1987), sind die Differenzen zwischen den Kategorien geringer geworden (Tabelle 1). Trotz vorhandener Probleme angesichts der Überschneidungen zwischen einer sozialstrukturell angelegten und einer inhaltsbezogenen Kategorie hat weiterhin die Differenzierung von *sectional groups* einerseits, *promotional* oder *cause groups* andererseits allgemeine Verbreitung zur Klassifikation von Interessengruppen gefunden. Hiermit verknüpfen sich die in Tabelle 2 zusammengestellten – hypothetischen – Eigenschaften.

Tabelle 2: Typisierung und Eigenschaften von Interessengruppen

Typ	Sektorale Verbände	Anliegenbezogene Vereinigungen
Mitglieder	Mitgliedschaft beschränkt auf Angehörige einer Statusgruppe	Mitgliedschaft offen für Unterstützer eines Anliegens
Motivation und Stabilität der Mitgliedschaft	Tendenziell stabile Verbindung von Mitgliedschaft und Status	Tendenziell fluide Mitgliedschaft in struktureller Abhängigkeit von zyklisch erneuerungsbedürftiger Motivierung
Subjekt der Interessen	Primäre Orientierung an Eigeninteressen der Mitglieder	Primäre Orientierung an subjektiv interpretierten Interessen Dritter
Art der vertretenen Interessen	Typischerweise technische Detailregelungen	Typischerweise öffentlich appellierende Anliegen
Art der Thematisierung	Relativ häufig defensive Ausrichtung, typischerweise bevorzugt nichtöffentliche Präsentation der Positionen	Typischerweise offensive Ausrichtung, angesichts aktiver Thematisierung auf öffentliche Identifizierung ausgerichtet und von medialer Präsenz abhängig

Quellen: Zusammenstellung nach Grant 1995: 13f., 85f., 89; Baggott 1995a: 13f.

Als Ergebnis der Entwicklung des politischen Systems zeichnet sich der britische Verbändepluralismus durch eine Mischung traditionaler und moderner, kontinuierlicher und kurzfristiger Elemente sowie einen stark pragmatisch, ohne stringente Organisationslogik entwickelten Aufbau aus (Kaiser 1998: 224). Sektoral bestehen scharfe Gegensätze zwischen einerseits monopolartigen, andererseits in Konkurrenz zu Dritten stehenden Organisationen (Wilson 1990: 77; Grant 1995: 37). Dabei kann ein monopolistischer Dachverband auch einer kompetitiv strukturierten Basis übergeordnet sein.

3.2. Regionale Aspekte des britischen Verbändesystems

Mit der Übertragung staatlicher Kompetenzen für Schottland, Wales und Nordirland auf regionale Institutionen hat sich für die dortigen Interessengruppen der Zugang zum Regierungssystem verändert. Dabei bietet Schottland (Bevölkerungsanteil im Vereinigten Königreich ca. 8,8 Prozent) bei tradierter Identität, unterdurchschnittlichem Bruttoinlandsprodukt pro Kopf und einem zu autonomer Gesetzgebung ermächtigten Parlament die günstigsten Ansätze für ein eigenständiges politisches Entscheidungssystem. Zuständigkeiten bestehen in Edinburgh für Innen-, Rechts-, Bildungs- und Umweltpolitik, Wohnungswesen, Landwirtschaft sowie für Teile der Sozial- und Gesundheitsversorgung, Energie- und Verkehrspolitik (www.scotland.gov.uk).

In Nordirland, dessen Devolutionsregelung nach dem *Government of Ireland Act* (1920) seit 1972 suspendiert war, konnte die neue Friedensordnung erst im Dezember 1999 wirksam werden (NZZ vom 18.12.1999; www.nics.gov.uk; www.ni-assembly.gov.uk). Angesichts von Kompetenzen in den Bereichen Finanzen, Personal, Landwirtschaft, Bildung, Gesundheit, Soziales, Wirtschaft und Umwelt bestehen relevante Bezugspunkte für Interessengruppen. Angesichts der „präsidentiellen" Struktur des Regierungssystems mit einer parlamentarisch gewählten, jedoch nicht abberufbaren Doppelspitze einer Proporzregierung dürfte der nordirischen *Assembly* analog zur schweizerischen Bundesversammlung eine eigenständige Relevanz als Adressat lobbyistischer Aktivitäten zuwachsen. Sozioökonomisch stellt Nordirland indes mit einem Bevölkerungsanteil von lediglich 2,8 Prozent und unterdurchschnittlicher Wirtschaftsleistung einen marginalen Landesteil dar, dessen regionale Interessen mit Ausnahme des Agrarsektors (Collins 1995: 664-682) national unbedeutend und dessen Vereinigungen von der sozio-kulturellen Spaltung des Landes gezeichnet sind.

Im Unterschied zu Schottland und Nordirland ist die politische Union zwischen England und Wales (Bevölkerungsanteil ca. 5 Prozent) im wesentlichen erhalten geblieben. Der neuen *National Assembly* für Wales sind lediglich vormalige Exekutivbefugnisse, insbesondere solche des weiterhin dem *House of Commons* angehörenden *Secretary of State for Wales*, übertragen worden (www.wales.gov.uk). Daher beschränken sich die Objekte für ein Lobbying in Cardiff auf abgeleitete Rechtssetzung und Implementationsentscheidungen (Bogdanor 1999; McAllister (Hrsg.) 2000).

Seit dem Beitritt Großbritanniens zu den Europäischen Gemeinschaften (1. Januar 1973) bietet die heutige EU eine zusätzliche politische Entscheidungsebene, die von Unternehmen und Verbänden sowohl durch nationale Lobbyaktivitäten als auch über europäische Dachverbände und eigene Brüsseler Vertretungen zu beeinflussen gesucht wird (Bennett 1997: 61-90). Während sich dabei für Großbritannien der ideologische Gegensatz zwischen der integrationsaffirmativen Haltung der *Confederation of British Industry* (CBI) und der vor dem Auftritt *Jacques Santers* auf dem TUC-Kongreß von 1988 integrationsfeindlichen Einstellung des *Trades Union Congress* nachteilig auf die Vertretung von Arbeitnehmerinteressen in Brüssel ausgewirkt hat (Wilson 1990: 91; Rosamond 1993: 420-422), ist in der Ära *Thatcher* angesichts der differenzierten Zugänglichkeit nationaler Stellen das europäische Lobbying von britischen Verbänden generell ausgeweitet worden (Wilson 1990: 91; Baggott 1995b; Farnham 1996: 593, 597; Kingdom 1999: 527).

4. Differenzierung der Verbände nach Handlungsfeldern

4.1. Wirtschaft und Arbeit

Gewerkschaften

Die Ursprünge britischer Gewerkschaften liegen im 18. Jahrhundert, als die Regelungen des *Statute of Artificers* (1563) zur Lohnfestsetzung durch die Veränderung der Produktionsbedingungen obsolet geworden waren, so daß sich handwerkliche Gesellenvereine bildeten. Deren Versuche, das Parlament zu Entscheidungen über Löhne zu veranlassen, hatten seit Mitte des 18. Jahrhunderts kaum noch Erfolg (letztmalig 1773), doch blieben Parlament und Gerichte relevante Einflußadressaten (Webb 1920: 28-63; Martin 1980: 21f.; Pelling 1992: 7-14). Trotz späterer Relativierungen haben sich aus den Anfängen die Anknüpfung an die Berufsstruktur, die Kleinteiligkeit der Vereinigungen, deren lokal organisierte Basis sowie die Frontstellung qualifizierter gegenüber ungelernten Arbeitskräften zum Teil erhalten.

Zunächst einzelnen Verboten ausgesetzt, waren Gewerkschaften von 1799 bis 1824 illegal. Arbeiterassoziationen existierten jedoch im Umfeld der Freikirchen sowie unter dem Schutz des *Friendly Societies Act* (1793) als soziale Unterstützungsvereinigungen fort. Nach Aufhebung der Organisationsverbote entwickelten die Gewerkschaften städtische Koordinierungsgremien *(London Trades Council* u.a.), überregionale Organisationen *(amalgamated societies)* sowie aus gewerkschaftlichen Jahreskonferenzen (seit 1868) den *Trades Union Congress* (TUC) als nationalen – jedoch nicht alle *Unions* umfassenden – Dachverband (Martin 1980: 184-200). Auch unter dem *Trade Union Act* von 1871 blieben die Gewerkschaften indes institutionell als *unincorporate bodies* rein soziale – nicht rechtliche – Vereinigungen.

Tabelle 3: Gewerkschaften und Mitglieder

	Gewerkschaften (abs.)	Mitglieder (in Mio.)
1900	1.323	2,025
1925	1.176	5,506
1950	732	9,289
1975	501	12,193
1979	453	13,289
1986	335	10,539
1991	275	9,585
1997	233	7,107

Quellen: Pelling 1992: 323-327; Dingeldey 1997: 295; Bland 1999: 343f.

Diese von ihnen in Verbindung mit der Aufhebung von Strafrechtsnormen gegen Streikende und gewaltlose Streikposten (1871, 1875) für vorteilhaft gehaltene Rechtslage wurde 1901 erodiert, als die *Law Lords* im *Taff Vale Case* eine Gewerkschaft allgemeinen zivilrechtlichen Haftungsregeln unterwarfen. Der TUC interpretierte die Einstandspflicht von Gewerkschaften für rechtswidrige Aktionen ihrer Funktionäre als Angriff auf das Streikrecht, kämpfte für eine parlamentarische Revision der Rechtsprechung und erreichte 1906, daß Ansprüche aus deliktischer Haftung gegen Gewerkschaften für nicht justiziabel erklärt wurden (Birke 1978: 88-115; Pelling 1992: 121-126). Diese Privilegierung prägte den rechtlichen Status der Gewerkschaften bis in die 70er Jahre.

Organisationsstrukturell hat die Entstehungsgeschichte drei Grundtypen von Einzelgewerkschaften hervorgebracht:

- *craft unions*: traditionelle Facharbeitergewerkschaften mit beruflich qualifizierten Mitgliedern ursprünglich einzelner, heute auch verschiedener Berufe;
- *industrial unions*: als sektoral angelegte Gewerkschaften nach ihrem Organisationsansatz ein Pendant zu deutschen Industriegewerkschaften, aber ohne spartenbezogenes Organisationsmonopol;
- *general unions*: branchenübergreifende Organisationen ohne Qualifikationskriterien für Mitglieder, damit prinzipiell einheitsgewerkschaftlich ausgerichtet, im Konkurrenzsystem indes primär ungelernten Arbeitern dienend (Sykes 1983: 34f.).

Wie für die Einzelgewerkschaften handeln für den TUC eine jährliche Delegiertenversammlung (der *Trades Union Congress*), ein monatlich tagender Vorstand *(General Council)* sowie hauptamtliche Funktionäre unter Leitung eines *General Secretary*. Ein Ausschußsystem dient der Bearbeitung von Sparteninteressen. Die Abhängigkeit des Dachverbandes von der Kooperationsbereitschaft und den Finanzmitteln seiner Mitgliedsverbände wirkt dabei einer Dominanz professioneller Mitarbeiter entgegen.

Die Funktionen der TUC-Führung liegen in der Koordination der Mitgliedsgewerkschaften und der Außenvertretung von Arbeitnehmerinteressen. Zur Wahrnehmung der Lobbyfunktion war bereits vom dritten *Trades Union Congress* 1871 ein *Parliamentary Committee* gegründet worden (Pelling 1992: 67-70). Daneben ist im Jahre 1900 das *Labour Representation Committee* (LRC) etabliert worden, dessen Abgeordnete seit 1906 die Bezeichnung *Labour Party* führen.

Angesichts einer – bei abnehmender Relevanz der Mindeststandards setzenden Branchentarifverträge – seit den 60er Jahren zunehmend firmenspezifisch erfolgenden Reallohnfestlegung (Windolf 1983: 28; Marsh 1992: 29) hat die fragmentierte Struktur der Gewerkschaften mit jeweils eigenen, von den Arbeitgebern bezahlten Vertrauensleuten *(shop stewards)* (Sykes 1983: 15-19; Dingeldey 1997: 295) als *multi-unionism* in den Betrieben das Dauerproblem sukzessiver Tarifverhandlungen mit den vertretenen Einzelgewerkschaften hervorgerufen, da die gruppenspezifischen Lohnerhöhungen regelmäßig das gesamte betriebliche Einkommensgefüge in Frage gestellt und Forderungen anderer Gruppen nach sich gezogen haben *(leapfrogging)*. Ohne effektive Koordinierung der weitgehend autonom handelnden *shop stewards* waren derartige Konflikte Anlaß zu zahllosen lokalen Streiks, so daß die Gewerkschaften in den 70er Jahren in Kombination mit dem Institut des *closed shop*, das eine Organisierung der jeweiligen Beschäftigten verbindlich macht, ihre Vetomacht haben ausspielen, jedoch kaum zur Erreichung übergeordneter Ziele haben einsetzen können. Den resultierenden ökonomischen Immobilismus vermochten weder konfrontative *(Heath)* noch konsensuale Regelungsversuche *(Wilson, Callaghan)* zu überwinden (Hartmann 1977: 30-34; Murphy 1980: 131; Hartmann 1985: 113; Marsh 1992: 1-53; Dingeldey 1997: 71, 85-87, 100).

Tabelle 4: Einzelgewerkschaften mit mehr als 100.000 Mitgliedern (März 2000)

Gewerkschaft		Organisationsbereich	Mitglieder
UNISON	–	Öffentlicher Sektor	1.272.330
TGWU	Transport and General Workers' Union	Allgemeine Gewerkschaft	881.625
AEEU	Amalgamated Engeneering and Electrical Union	Metall und Elektrik/ Elektronik	717.874
GMB	General Municipal and Boilermakers	Allgemeine Gewerkschaft	712.010
MSF	Manufacturing Science Finance	Techniker und Professionelle	423.842
USDAW	Union of Shop, Distributive and Allied Workers	Handel, Nahrungsmittel- und Dienstleistungssektor	303.060
CWU	Communication Workers' Union	Post- und Fernmeldesektor	287.732
PCS	Public and Commercial Services Union	Öffentlicher Dienst, Dienstleistungen und Informationstechnik	254.350
GPMU	Graphical, Paper and Media Union	Druck, Papier, Medien	203.229
NUT	National Union of Teachers	Bildungssektor	194.259
UNIFI	–	Banken und Versicherungen	179.544
NASUWT	National Association of Schoolmasters/ Union of Women Teachers	Bildungssektor	178.518
ATL	Association of Teachers and Lecturers	Bildungssektor	113.760
UCATT	Union of Construction, Allied Trades and Technicians	Bauindustrie	111.804

Quelle: www.tuc.org.uk/about/affiliates.

Die grundlegende Neuordnung des Gewerkschafts- und Arbeitskampfrechts ist anschließend in einer Serie wenig provokanter Veränderungen erfolgt: Erstens wurde das Streikrecht schrittweise auf eine instrumentelle Funktion zur Austragung konkreter gravierender Konflikte zwischen Belegschaft und Arbeitgeber beschränkt, indem die Gewerkschaften zunächst für Schäden bei Sympathiestreiks, später auch für sonstige Schäden Außenstehender haftbar gemacht wurden. Weiterhin wurden Streikposten bei unbeteiligten Dritten, Arbeitskämpfe aufgrund inner- und zwischengewerkschaftlicher Konflikte sowie Solidaritätsstreiks für ungesetzlich erklärt, gewerkschaftliche Sanktionen gegen streikunwillige Mitglieder verboten, unternehmensseitige Kollektiventlassungen Streikender hingegen gestattet und vorherige Urabstimmungen sowie eine Notifizierung geplanter Streikaktionen gegenüber dem Arbeitgeber obligatorisch gemacht. Zweitens wurde der auf Arbeitnehmer in *closed shops* ausgeübte Organisationszwang durch Umgehungs- und Klagemöglichkeiten sowie eine Abstimmungspflicht zu Einführung und Beibehaltung mit korrespondierendem Erzwingungsverbot aufgehoben. Drittens sind mit Vorschriften über periodische geheime Vorstandswahlen sowie Abstimmungen über die politischen Unterstützungsfonds zugunsten der *Labour Party* die Strukturen der Gewerkschaften demokratisiert und durch die Offenlegung der Finanzen sowie die Schaffung eines Ombudsmanns transparent gemacht, weiterhin die Ansprüche der *shop stewards* auf Unterstützung durch den Arbeitgeber eingeschränkt und der automatische Abzug der Mitgliedsbeiträge vom Gehalt periodischer Zustimmung unterworfen worden. Darüber hinaus wurden durch die Abschaffung der zur Festsetzung von Mindestlöhnen dienenden *wage councils* sowie tripartistischer Institutionen wie der *Manpower Service Commission* öffentliche Einflußmöglichkeiten der Gewerkschaften beschnitten (Marsh 1992: 14f., 74-81; Fulton 1995: 240f.; Dingeldey 1997: 132-140; Dingeldey 1998: 34f.).

Die von *Arthur Scargill* geführte militante Bergarbeitergewerkschaft *National Union of Mineworkers* (NUM) forderte 1984 die Regierung hinsichtlich der Erzwingbarkeit der neuen Regelungen heraus, erlitt indes in ihrem einjährigen Streik eine vernichtende Niederlage (Pelling 1992: 306-310; Weinmann 1998). Während die NUM durch Spaltung marginalisiert wurde, sah sich der TUC zu einer Neubestimmung seines Kurses genötigt. Zugleich verstärkten sich in Reaktion auf rückläufige Mitgliederzahlen die Gewerkschaftsfusionen, wobei die Zusammenschlüsse primär an politisch-ideologischen Faktoren ausgerichtet waren, so daß prononciert linken Positionen (UNISON, TGWU) eine als *business unionism* gebrandmarkte sozialpartnerschaftliche Richtung (AEEU) gegenübertrat und sich die intergewerkschaftliche Konkurrenz- und Konfliktsituation tendenziell verfestigte (McIlroy 1998: 554-558). Die Führung des TUC bot sich seit 1993 den Unternehmern als Dialogpartner an, eine starke Minderheit blieb hingegen einem konfliktorischen Gewerkschaftsverständnis verhaftet (Kastendiek 1998: 352). Die Regierungspolitik *New Labours* hat zwar antigewerkschaftliche Akzente beseitigt, nicht aber die entstandene Rechtslage grundsätzlich revidiert (Taylor 1990: 140-142; Dingeldey 1998: 37f.; McIlroy 1998: 540-543; Kastendiek 1998: 353f.; Wood/Godard 1999).

Im Ergebnis hat die Organisationsfähigkeit des TUC zur Zeit der Regierungen *Thatcher* und *Major* drastisch abgenommen: Die Zahl der Mitglieder sank von ihrem historischen Höchststand bei 12,2 Millionen (1979) auf 6,6 Millionen (1997). Der Organisationsgrad, in den 70er Jahren auf 51,1 Prozent (1979) der abhängig Beschäftigten angestiegen, lag Ende 1997 bei 30 Prozent (Kastendiek 1998: 332, 677; Kingdom 1999: 526), der Wirkungsbereich von Einkommenstarifverträgen mit 35,5 Prozent (1998: 34 Prozent) der Arbeitnehmerschaft nur wenig höher (Fulton 1998: 648f.; Bland 1999: 343, 350). Damit sind Gegenmachtstrategien zur Konterkarierung parlamentarischer Entscheidungen qua politischer Streiks irreal geworden. Für konkrete Tarifverhandlungen haben die Gewerkschaften hingegen mit Urabstimmungen und Vorankündigungen neue Instrumente erhalten, die sie mittlerweile effektvoll als subtiles Drohpotential zu nutzen verstehen (www.eiro.eurofound.ie/1999/01/inbrief/uk9901177n.html).

Unternehmerverbände

Trotz der britischen Vorreiterrolle im Industrialisierungsprozeß wurden unternehmerische Interessenorganisationen relativ spät gegründet. Als ursächlich kann hierfür der Umstand angesehen werden, daß die zeitweise mehrheitsfähige *Laisser-faire*-Ideologie den Belangen industrieller Produzenten entgegenkam. Diese konnten 1846 im Bündnis mit der Industriearbeiterschaft in der issue-orientierten *Anti-Corn-Law-League* (1838) die Auseinandersetzung mit dem landbesitzenden Adel zugunsten des Freihandels entscheiden (Murphy 1980: 99; Hartmann 1985: 109; Bairoch 1989: 10-13; Kluxen 1991: 572-575). Nach gleichfalls projektbezogenen Vereinigungen im Zusammenhang mit Bau und Betrieb von Eisenbahnen entstanden Organisationen zur Vertretung von Unternehmensinteressen auf nationaler Ebene erst im letzten Viertel des 19. Jahrhunderts, wofür einerseits die Verschlechterung der internationalen Wettbewerbsposition der britischen Wirtschaft, andererseits der wachsende Druck seitens der Gewerkschaften ausschlaggebend waren (Pollard 1978: 164, 169; Payne 1978: 201; van Dijk 1985: 315). Örtlichen Handelskammern (z. B. *London Chamber of Commerce,* 1881) und

Branchenverbänden *(Mining Association of Great Britain, British Iron Trades Association* u.a.) sowie streikbrecherischen und antigewerkschaftlichen Organisationen *(Shipping Federation, Federation of Engineering Employers)* folgte indes erst mit der Kriegswirtschaft des Ersten Weltkriegs die landesweite Organisierung der Großindustrie in der *Federation of British Industry* (FBI, 1915) sowie kleinerer und mittlerer Unternehmen in der *National Union of Manufacturers* (NUM, 1916) (Beer 1965: 67f.; Birke 1978: 75f.; Hartmann 1985: 109f.). Der Koordinierung der beiden Vereinigungen diente seit 1919 die *British Employers' Confederation* (BEC). Nach Einführung des *National Economic Development Council* (NEDC, 1962) unter *Macmillan (Conservatives)* als ein Instrument indikativischer Wirtschaftsplanung folgte 1965 mit Förderung der ersten Regierung *Wilson (Labour)* der Zusammenschluß von FBI, NUM und BEC zur CBI als Gesamtverband der Wirtschaft mit einer gemischten Mitgliedschaft, bestehend aus Branchenorganisationen, deren Mitglieder über sechs Millionen Beschäftigte zählen (1999), und Einzelfirmen mit über vier Millionen Arbeitnehmern (Murphy 1980: 125f.; Hartmann 1985: 109f., 112; Childs 1997: 100f., 123f.; www.cbi.org.uk).

Die CBI dient sowohl dem Lobbying zugunsten unternehmerischer Interessen als auch der Unterstützung der Mitglieder bei der Wahrnehmung ihrer Arbeitgeberfunktion, führt selbst hingegen keine Tarifverhandlungen. Dabei lassen sich für die CBI Unternehmensinteressen gegenüber Gewerkschaftsforderungen leichter koordinieren als im Verhältnis zu staatlichen Stellen (Hartmann 1985: 113f.; Grant 1995: 42). Auch ihr Ausschußsystem verhilft der CBI nicht zu einer kohärenten Politik (Baggott 1995a: 65).

Von den dreizehn Regionalorganisationen sind die für Schottland, Wales und Nordirland zuständigen anläßlich der Devolution reorganisiert bzw. für ihre Lobbytätigkeit verstärkt worden (www.cbi.org.uk). Als klassische sektorale Insidergruppe verfolgt die CBI ihre Interessen primär durch Kontakte zu Ministerien und Kabinettsmitgliedern, daneben bereits seit 1971 – vor dem EG-Beitritt Großbritanniens – mit einer Vertretung in Brüssel auch gegenüber der heutigen EU (www.cbi.org.uk). Hingegen ist die CBI erst im Zusammenhang mit dem Europareferendum (1975) gezielt an die Öffentlichkeit herangetreten und hat erst 1977 – zur Zeit der Minderheitsregierungen der *Labour Party* – eine parlamentarische Lobbyeinheit gebildet (Murphy 1980: 126; Grant 1995: 67, 85). Von einer institutionellen Verbindung mit den Konservativen hat sich die CBI in Arbeitsteilung mit den *British United Industrialists Ltd.* ferngehalten, so daß die Kooperation des Verbandes mit der Ministerialbürokratie von Mehrheitswechseln nicht gefährdet worden ist (Murphy 1980: 126-128; Pinto-Duschinsky 1983: 97; Hartmann 1985: 110; Kingdom 1999: 323).

Politisch-inhaltlich korrespondieren die primären Kontaktadressen der CBI mit ihrer Ausrichtung auf interessenrelevante Detailregelungen. Bei prinzipiell marktwirtschaftlicher Orientierung, verbunden mit dem jahrzehntelang verfolgten Anliegen verstärkter rechtlicher Einbindung der Gewerkschaften, ist die *Confederation* zugleich geprägt durch ihre Entstehung in Verbindung mit Ansätzen zu ökonomischer Rahmenplanung und dreiseitiger Zusammenarbeit von Unternehmen, Gewerkschaften und Staat zur Überwindung struktureller Wachstumsschwächen der britischen Wirtschaft. Nachdem bereits die FBI 1960 eine aktive Einkommens- und Strukturpolitik akzeptiert hatte, zeigte die CBI nachfolgend eine ausgeprägte Kooperationsneigung, die sie der Regierung *Margaret Thatchers* als zweifelhaft erscheinen ließ (May et al. 1998: 260; Baggott 1995a: 122; Baggott 1995b: 493). Deren Reduzierung der Konsultationen (Baggott 1995a: 114f.) wie auch die Härte ihrer Wirtschaftspolitik haben wiederholt

Konflikte produziert. Während die routinemäßige Zusammenarbeit zwischen CBI und Ministerialbürokratie sich anschließend wieder stabilisierte, reduzierte sich sukzessiv die Einbindung der CBI in Policyabsprachen aufgrund der unter *Major* fortgesetzten Abschaffung von Kooperationsgremien (NEDC, 1993) weiter. Bei Betonung des politischen Führungsanspruchs staatlicher Entscheidungträger hat unter *Blair* erneut ein gegenläufiger Trend eingesetzt, deutlich intensiviert für Nordirland durch die Partizipation der CBI am dortigen Friedensprozeß (Baggott 1995b: 500; Kingdom 1999: 524-528; www.cbi.org.uk).

Dem auf Unternehmen gestützten funktionalen Repräsentationsanspruch der CBI setzt das bereits 1903 gegründete *Institute of Directors* (IoD) die individuelle Mitgliedschaft von – Mitte der 80er Jahre etwa 30.000, 1999 angeblich 48.000 – Managern entgegen (Hartmann 1985: 119; www.iod.co.uk). Nachdem es sich in den späten 70er Jahren mit pointierten Statements zugunsten eines Kurswechsels in der Wirtschaftspolitik von staatsinterventionistisch-konsensualen zu marktwirtschaftlich-liberalistischen Regelungen profiliert hatte, erlangte das IoD in der Amtszeit *Thatchers* Relevanz als ein mit der CBI konkurrierender Befürworter der Regierungspolitik. Durch 33 Zweigniederlassungen landesweit präsent, stellt das Institut mit seinen Service- und Fortbildungsangeboten für Manager und seiner Programmatik freien Unternehmertums einen fortgesetzt wirksamen Faktor in der Willensbildung der Wirtschaftsfunktionäre dar und hat schon vor dem Regierungswechsel Kontakte zu *New Labour* aufgebaut (Hartmann 1985: 119; Grant 1995: 157; Kingdom 1999: 528).

Für die Vertretung regionalwirtschaftlicher Anliegen und die Bereitstellung von Dienstleistungen insbesondere für kleinere Unternehmen bestehen bei freiwilliger Mitgliedschaft die *Chambers of Commerce*. Deren Dachverband, die *Association of British Chambers of Commerce* (BCC), bemüht sich gezielt, die mit öffentlichen Fördermitteln bereitgestellten Informations-, Fortbildungs- und sonstigen Serviceangebote zumindest bei den 60 ihm angeschlossenen Kammern auf feste Minimalstandards zu heben. Unter den Einflußadressaten finden sich primär kommunale, gegebenenfalls regionale Entscheidungsträger, wobei die Londoner Kammer auch nationale Ansprüche geltend macht (Hartmann 1985: 120f.; May et al. 1998: 273f.; www.britishchambers.org.uk).

Erhebliche fachspezifische Bedeutung kommt auf nationaler wie auf supranationaler Ebene einem Teil der trotz erfolgter Fusionen weiterhin extrem zahlreichen Branchenverbände zu (*trade associations*, Anfang der 70er Jahre ca. 2.500, Mitte der 90er Jahre ca. 1.300). Die über Insiderbeziehungen erfolgende Kooperation von Organisationen wie der *Chemical Industries Association*, dem *Retail Consortium*, der *Association of British Insurers*, der *Electricity Association* oder der *Building Societies Association* mit dem *Department of Trade and Industry* (DTI) ist nach der Ära *Thatcher* durch Wiederherstellung branchenbezogener Abteilungen zur Förderung fachspezifischer Koordinierung gestärkt worden. Zugleich hat sich die Bedeutung der *trade associations* durch die europäische Integration vergrößert. Auch die Interessen des Londoner Finanzsektors, bis in die 70er Jahre hinein durch informelle Kontakte sowie durch die *Bank of England* verfolgt, werden angesichts zunehmender Regulierung und relativer Verselbständigung der Zentralbank primär von der *British Bankers Association* (seit 1919, 1972 reorganisiert) wahrgenommen (Marsh/Locksley 1983: 28-31; May et al. 1998).

Für einzelne Policybereiche bestehen darüber hinaus feste Interessenkoalitionen, unter ihnen die Straßenbaulobby. Seit 1932 als *British Road Federation* (BRF) organisiert, faßt sie die Vereinigungen der Automobil- und Mineralölindustrie, der Straßengütertransport-, Omnibus- und Tiefbauunternehmen sowie der Automobilclubs themenbezogen zusammen. Die Insidergruppierung mit institutionalisierten überparteilichen Kontakten zu interessierten Abgeordneten ist indes in den 70er und 90er Jahren durch Umweltschutzgruppen herausgefordert und in ihrer Durchsetzungsfähigkeit beschnitten worden (Dudley 1983; Dudley/Richardson 1996; Dudley/Richardson 1998; Doherty 1998: 370-374).

Landwirtschaft und Konsumenten

Gleichfalls als Branchenorganisation und korporatives CBI-Mitglied dem Unternehmenssektor zuzurechnen ist die 1908 gegründete *National Farmers' Union* (NFU) (Cox et al. 1990: 172f.). Als Reaktion auf die Marginalisierung der Landwirtschaft entstanden (1900: 9 Prozent der Beschäftigten, Aart de Jonge 1985: 324f.), hat sich der Verband als eine der effektivsten der britischen *pressure groups* profilieren können. Im *Agriculture Act* (1947) war der NFU neben der *Dairy Trade Federation* der milchverarbeitenden Industrie eine formelle Beteiligung an der Milchpreisfestsetzung des *Ministry of Agriculture, Fisheries and Food* (MAFF) eingeräumt worden. Bei unverändert privilegiertem Zugang zum Branchenressort operationalisiert die NFU das MAFF seit dem britischen EG-Beitritt für ihr Lobbying auf europäischer Ebene. Parallel zu den gouvernemental-administrativen Beziehungen verfolgt die NFU ihre Interessen auch parlamentarisch über ein Netz von Kontakten zu Abgeordneten. In Brüssel unterhält sie ein eigenes Büro und arbeitet im *Comité des Organisations Professionnelles Agricoles* (COPA) mit (Grant 1983: 129-132, 135f.).

Obwohl sie trotz Mitgliederverlusten mit einer Quote von „über 70 Prozent" der englischen und walisischen Landwirte einen hohen Organisationsgrad geltend machen kann (www.nfu.org.uk), der das Fehlen individueller Marktmacht landwirtschaftlicher Betriebe reflektiert, verfügt die von kostengünstig produzierenden Betrieben bestimmte NFU nur in England über eine monopolistische Stellung. Neben den Schwesterorganisationen *NFU Scotland* und der protestantisch dominierten *Ulster Farmers' Union* (UFU, 1917) bestehen mit der *Northern Ireland Agricultural Producers' Association* (NIAPA, 1975) für kleinere Betriebe von Katholiken sowie der *Farmers' Union of Wales* (FUW, 1955) regional konkurrierende Verbände, die sich jeweils durch die Koinzidenz von spezifischen Interessen, kulturellen Differenzen und autonomen politisch-administrativen Strukturen gebildet haben (Cox et al. 1990: 184-187; Collins 1995: 668f.).

Demgegenüber handelt es sich bei Vereinigungen zur Verfolgung von Konsumenteninteressen – abgesehen von den lobbyistisch unprofilierten Verbrauchergenossenschaften – um Fördervereinigungen, die gegenüber Anbietern und geschlossenen *policy communities* unter Nutzung medienwirksamer Ereignisse (Salmonellenaffäre, BSE) oder folkoristischer Elemente *(Campaign for Real Ale,* CAMRA) öffentliche Strategien verfolgen (Winter 1996). Ihr Verhältnis zu Regierungsstellen variiert in Abhängigkeit vom Berücksichtigungswillen der jeweiligen politischen Führung. In den 70er Jahren stand die Förderung von Konsumentenorganisationen in Spannung zur angestrebten Koordinierung dominierender Interessen. Für die Regierung *New Labours* verzeichnen hingegen das professionelle *National Consumer Council* (NCC), das außer auf den Markt auch auf die Rechtsprechung und die Qualität des öffentlichen Dienstes Einfluß zu nehmen sucht, sowie der Dachverband lokaler Freiwilligenorganisationen, die *National Federation of Consumer Groups* (NFCG), eine erhöhte Zugänglichkeit zentraler Stellen. Beide Organisationen sind finanziell vom DTI abhängig (Hartmann 1985: 294; Grant 1995: 46; Baggott 1995a: 85; Kaiser 1998: 230; www.ncc.org.uk; www.nfcg.org.uk).

4.2. Sozialer Bereich und Wohlfahrtsverbände

Im britischen Gesundheitswesen hat der Staat unter dem *National Health Service* (NHS, 1948) Anbieterfunktionen übernommen. Wohltätigkeitsorganisationen finden sich im Bereich medizinischer Forschung, für die mit der *Association of Medical Research Charities* (AMRC) eine reine Lobbyorganisation besteht (Grant 1995: 13). Dem unmittelbaren Servicebereich verblieben sind Berufsorganisationen, darunter die *British Medical Association* (BMA). Bereits 1832 gegründet, erreicht die BMA als sektorale Vereinigung mit Insiderstatus bei 119.000 Mitgliedern nach zeitweiligen Mitgliederverlusten und Aufbau eines Ausschußsystems zur Berücksichtigung divergierender Interessen wie in den 50er Jahren einen Organisationsgrad von über 80 Prozent (Jones 1983: 90; Baggott 1995a: 59-61, 65; www.bma.org.uk). Der Organisationsgrad der Ärzteschaft korrespondiert dabei mit intensiven staatlichen Interventionen in den Gesundheitssektor (Jones 1983: 99f.). Hierzu nimmt die BMA als Berufsverband im Organ zur Überwachung professioneller Standards, dem *General Medical Council* (GMC), im NHS sowie gegenüber dem Gesundheitsministerium die Repräsentation der Ärzteschaft wahr, wodurch dem Generalsekretär als Leiter des etwa 600 Mitarbeiter umfassenden Stabes eine zentrale Akteursposition zukommt. Da die BMA weiterhin Tarifverhandlungen führt, ist sie zugleich eine – vom TUC unabhängige – Gewerkschaft, die in Verteilungskonflikten eine einflußreiche Größe darstellt, grundlegende Gestaltungsfragen indes nicht in ihrem Sinne hat prägen können (Day/Klein 1992; Grant 1995: 2; www.bma.org.uk).

Im Unterschied zum NHS werden soziale Dienste stark von privaten Organisationen angeboten, die dadurch auch in die politische Sphäre gezogen werden (Grant 1995: 95). So ist die ehemalige Monopolstellung der *National Federation of Retirement Pensions Associations* (NFRPA) bei der Rentenpolitik durch intensivierte Lobbyaktivitäten von *Age Concern* erodiert worden. Diese Organisation tritt dualistisch auf: einerseits mit 250.000 freiwilligen Helfern in 1.400 lokalen Servicegruppen, andererseits in der Funktion des *National Council on Ageing* als politischer Dachverband für über hundert landesweite Vereinigungen (Baggott 1995a: 65f.; Grant 1995: 16; www.ageconcern.org.uk). Zur Bekämpfung von Armutsproblemen sind in den 60er Jahren verschiedene neue, sowohl karitativ als auch politisch tätige Vereinigungen entstanden, darunter *Shelter* (1966) und die *Child Poverty Action Group* (CPAG, 1965). Thematisch breit angelegt ist schließlich das *National Council for Voluntary Organisations* (NCVO) lobbyistisch tätig (McCarthy 1983; Jordan 1998: 321; www.shelter.org.uk; www.ncvo-vol.org.uk; www.caresearcher.com).

4.3. Soziale Bewegungen, Naturschutz und Menschenrechtsorganisationen

Als Konsequenz der Erweckungsbewegung im englischen Protestantismus, die mit ihrer Evangelisation die Aktionsformen politischer Interessengruppen geprägt hat (Kluxen 1991: 526-528), entstand um die Wende zum 19. Jahrhundert eine philanthropische Bewegung, aus der die *Anti-Slavery-Association* hervorgegangen ist. Diese hat als erste säkulare *pressure group* mit planmäßigen Kampagnen erfolgreich um Parlamentsentscheidungen gekämpft (Verbot des Sklavenhandels 1807, der Sklaverei 1833). Parallel dazu trat die *Political National Union* für die erste Wahlrechtsreform ein (1832). Arbeiterbewegung und Suffragetten *(Women's Social and Political Union*, 1903, *Women's Freedom League*, 1908) haben die Tradition emanzipatorischer Bewegungen mit Vorbildcharakter für ihre Nachfolger fortgeführt (Setzer 1973; Murphy 1985: 181; Kluxen 1991: 528f., 547-555, 688-690).

Die sogenannte Friedensbewegung hat sich in Großbritannien auf pazifistische Teile des protestantischen Dissent *(British Peace Society*, 1816) sowie auf liberale, sozialistische und kommunistische Strömungen stützen können. 1958 formierte sich hieraus die *Campaign for Nuclear Disarmament* (CND) als organisatorischer Kern der britischen Friedensbewegung. Nach erfolglosen Aktionen wandelte sich die CND 1966 zu einer Mitgliederorganisation, erlebte zwischen 1979 und 1984 einen Wiederaufstieg von 4.287 Organisierten zur dominierenden Protestorganisation mit rund 100.000 Mitgliedern und nachfolgend einen erneuten Niedergang (Byrne 1997: 88-94; Byrne 1998: 424-426). Da die CND nicht einer pazifistischen, sondern einer auf Massenvernichtungswaffen bezogenen, politisch-unilateralistischen, später zum Erstschlagsverzicht modifizierten Ideologie folgt, ist sie durch die Kriege Großbritanniens (Falkland 1982, Golfkrieg 1991) nicht zu Protesten provoziert worden. Von der außen- und sicherheitspolitischen *policy community* als ideologische *outsider group* angesehen, hat die CND eine starke Ausrichtung auf die *Labour Party* gezeigt, deren Haltung jedoch nicht dauerhaft in unilateralistischem Sinne prägen können (Murphy 1985: 151, 155-157, 169-173, 188f.; Byrne 1998: 427-429).

Der seit 1970 neu formierte Feminismus in Großbritannien hat eine liberalistische, eine sozialistische und eine radikale Variante ausgebildet. Im Gegensatz zur Friedensbewegung weder über einen organisatorischen Kern noch eine klare politische Orientierung verfügend, erscheint die Frauenbewegung dabei relativ unübersichtlich: Vorkämpferinnen für die rechtliche Gleichstellung der Frau stehen neben Aktivistinnen für die Berücksichtigung ihrer Interessen in der Arbeitswelt sowie radikalen Feministinnen, die alternative Lebensformen und Selbsthilfe propagieren (Murphy 1985: 181-184; Childs 1997: 155f.; Byrne 1997: 109-127).

Wesentlich älter sind einige Vereinigungen im Problemfeld von Natur- und Umweltschutz. So sind acht Tierschutzorganisationen schon im 19. Jahrhundert gegründet worden, darunter die vermögende, aber mitgliederschwache *Royal Society for the Prevention of Cruelty to Animals* (RSPCA, 1824), die *Royal Society for the Protection of Birds* (RSPB, 1889) und *Animal Concern* (1876) als Vereinigung von Tierversuchsgegnern. Unter den jüngeren Organisationen zeigen einige ein breiteres und komplexeres Problembewußtsein *(World Wide Fund for Nature*, WWFN, 1961), eine ausgeprägte Militanz und kriminelle Aktionsformen *(Animal Liberation Front*, ALF, 1976) (Garner 1993: 333f.; Grant 1995: 10f., 18f., 91, 120; Byrne 1997: 147-150).

Wie die RSPCA, die RSPB und der WWFN gehören auch die etablierten Verbände zum Schutze von Natur, städtebaulichem Kulturgut sowie Landschaft und deren Planung *(National Trust*, 1895, *Royal Society for Nature Conservation*, RSNC, 1912, *Council for the Protection of Rural England*, CPRE, 1926, *Society for the Preservation of Ancient Buildings*, SPAB, 1877, *Town and Country Planning Association*, TCPA, 1899, *Civic Trust*, 1957) zu den Insidergruppen des Policybereichs (Ward 1983: 183f., 188; Murphy 1985: 145, 154, 161; Doherty 1998: 375; Grant 1995: 85, 91; Byrne 1997: 129-131). Demgegenüber handelt es sich bei den ökologistischen Teilen der neueren Umweltbewegung wie *Friends of the Earth* (FOE, 1970) und *Greenpeace*

(1977) um Protestorganisationen, von denen FOE durch lokale Aktivistengruppen und die partizipatorische Motivation ihrer Basis getragen, *Greenpeace* durch eine monetäre Orientierung unter Differenzierung zwischen Geldgebern und Führung geprägt wird. Mittels medienwirksamer Pseudoereignisse privatwirtschaftliche Interessen attackierend, erzielte *Greenpeace* bis Mitte der 90er Jahre hohe öffentliche Aufmerksamkeit, erlitt jedoch nach der Verhinderung einer Versenkung der Ölbohrinsel *Brent Spar* einen Imageverlust, als bekannt wurde, daß die Organisation Fehlinformationen verbreitet hatte, und daraufhin Massenmedien *Greenpeace* selbst porträtierten (Bennie 1998; Jordan 1998). Angesichts partizipatorischer Defizite von *Greenpeace* und kontinuierlicher Bemühungen der FOE-Führung, durch qualifizierte Argumentationen, regelgerechtes Verhalten und Nutzung des Rechtswegs ihre öffentliche Reputation zu erhöhen und Insiderstatus zu erlangen, sind von jüngeren Umweltaktivisten seit 1991 spontaneistisch-aktionistische Protestgruppen ohne formale Mitgliedschaft *(Earth first!, Alarm UK)* gegründet worden (Ward 1983: 190, 193; Doherty 1998). Im Ergebnis ist eine funktionale Differenzierung entstanden, bei der den neueren Gruppierungen die Gewinnung medialer Aufmerksamkeit, den etablierten die inhaltliche Argumentation zugefallen ist.

Tabelle 5: Mitglieder ausgewählter Umweltverbände (in 1000)

	1971	1981	1991	1995	1997
National Trust [ohne Schottland]	278	1.046	2.152	2.293	2.489
The National Trust for Scotland	37	105	234	230	228
Royal Society for the Protection of Birds	98	441	852	890	1.007
Civic Trust	214	.	222	301	330
Wildlife Trusts [einschl. RSNC]	64	142	233	260	310
World Wide Fund for Nature	12	60	227	219	241
Greenpeace	–	30	312	279	215
Woodland Trust	–	20	150	150	195
Ramblers' Association	22	37	87	109	123
Friends of the Earth [ohne Schottland]	1	18	111	110	114
Council for the Protection of Rural England	21	29	45	45	45

Quelle: Office for National Statistics 1999: 185.

Der Protest gegen die Nutzung der Kernenergie hat in Großbritannien keine symbolhafte Bedeutung für die neuen sozialen Bewegungen erhalten. Bei geographisch günstigen Bedingungen für Kraftwerksbetreiber blieb die subjektive Ablehnung (NIMBY: „Not in my back yard!") relativ schwach, so daß erst die Wiederaufarbeitungsanlage *Sellafield* andauernden Widerspruch hervorgerufen hat. Zunächst hatten Umweltgruppen die Energieproblematik oppositionell thematisiert, wobei FOE versuchte, Partizipationsmöglichkeiten im Planungsprozeß für seine langfristigen Ziele zu nutzen. Dagegen hat die *Anti-Nuclear Campaign* (ANC, 1979) die Zusammenfassung von Protestgruppen und den Aufbau von Interessenkoalitionen mit Gewerkschaften (insbesondere NUM) betrieben. Thematisch wurde die Problematik damit auf den Reaktortyp reduziert, politisch hierdurch eine Integration des Protestes in oppositionelle Parteien *(Labour, Liberals* und Regionalparteien) ermöglicht (Ward 1983: 182f., 186f., 190; Murphy 1985: 165-169).

Rechtspolitisch ist als weltweit bedeutendster Verband *amnesty international* (ai, 1961) wirksam geworden. Die mehr als 147.000 Mitglieder in 330 örtlichen Gruppen umfassende nationale Sektion (AIBS) der Hilfsorganisation verfügt über Insiderbeziehungen zum *Foreign and Commonwealth Office* (FCO), unter konservativen Regierungen hingegen nicht zum *Home Office* (Christiansen/Dowding 1994; www.amnesty.org.uk). Innenpolitisch orientiert ist sowohl die kleine, mit Insiderstatus legislatorische Ziele zum Strafrecht verfolgende *Howard Society for Penal Reform* (1866) als auch das heute als „*Liberty*" auftretende *National Council for Civil Liberties* (1934), das internes Lobbying mit öffentlichen Kampagnen und Musterprozessen verbindet, wobei insbesondere sein legislativer Erfolg hinsichtlich des *Human Rights Act* (1998) die Chancen für künftige judikative Aktionen erweitert hat (Ryan 1983; Lilly 1984; www.liberty-human-rights.org.uk). Mit wertkonservativem Profil ist seit 1967 die *Single-issue*-Bewegung der Abtreibungsgegner öffentlich hervorgetreten *(Society for the Protection of the Unborn Child*, SPUC, und LIFE). Doch ist sie nicht in der Lage gewesen, für ihr Anliegen, die advokatorische Vertretung eines artikulationsunfähigen Interesses, über den Kreis praktizierender Katholiken hinaus Unterstützung zu finden (Isaac 1994: 174-180; Read 1998).

4.4. Kirchen

In den Gebieten der englischen und der schottischen Krone sind im 16. Jahrhundert Staatskirchen entstanden, wobei die *Presbyterian Church of Scotland* calvinistisch geprägt ist, die *Church of England* durch die Etablierung einer Nationalkirche unter Heinrich VIII. unmittelbar aus der römisch-katholischen Kirche hervorgegangen und nur sekundär reformiert, anglo-katholische *(high church)*, protestantisch-evangelikale *(low church)* und ökumenisch-liberale *(broad church)* Strömungen zeigt (Medhurst/Moyser 1988; Medhurst/Moyser 1989: 230f.; Händel 1994: 246; Medhurst 1999: 275). Im Unterschied zu den Anglikanern hat die schottische *Kirk* keinen Anteil an der weltlichen Macht. Methodisten haben ihre regionale Bedeutung durch die frühe Organisierung der Arbeiterschaft gewonnen und mit dem Kontrast zwischen „*Church and Chapel*" englische Kirchengeschichte geschrieben (Semmler 1974; Kluxen 1991: 526-528).

Mit insgesamt 44 Diözesen erreicht die „*established church*" in England flächendeckende Präsenz. Die ausdifferenzierte Organisation steht freilich in Spannung zur sinkenden gemeindlichen Partizipation der Anglikaner, die Mitte der 90er Jahre unter diejenige der Katholiken und protestantischen Freikirchler gefallen ist. Gleichwohl sind anglikanische Kirche und Christentum als Traditionsgut und politische Hintergrundfaktoren von fortdauernder Relevanz (Murphy 1980: 91; Händel 1994: 263; Sturm 1997: 122; Medhurst 1999: 289).

Bei symbiotischer Koexistenz mit dem Staat hat den Anglikanern prekärerweise bis 1970 ein eigenes oberstes Beschlußorgan gefehlt, so daß das Parlament Staatskirchen- und Kirchenrecht gesetzt hat. Die Wahrnehmung der Kompetenzen des Monarchen als *supreme governor* der Kirche steht weiterhin in Abhängigkeit von der Regierungsmehrheit. Kompensatorisch gehören 26 anglikanische Bischöfe und Erzbischöfe kraft Amtes und Seniorität dem Oberhaus an. Parallel zur fortschreitenden Säkularisierung des Gemeinwesens ist jedoch eine graduelle Distanzierung der Institutionen eingeleitet worden: In Irland (1869) und Wales (1920) haben die Anglikaner die Stellung einer *established church* verloren, 1919 haben sie eine *Church Assembly* erhalten, die

1970 durch eine dreikammrige Synode ersetzt worden ist (The Church of England 1999: 3). Seit 1976 obliegt die Kandidatenselektion für Bischofsernennungen kirchlichen Findungskommissionen, die dem Premierminister Zweiervorschläge präsentieren (De-la-Noy 1993: 54-82). Während *Margaret Thatcher* die Regelung zweimal dazu genutzt haben soll, den auf dem ersten Listenplatz geführten Kandidaten zugunsten des zweiten zu übergehen, hat *Tony Blair* bereits in zwei Fällen die vorgelegte Alternative zurückgewiesen und einen neuen Selektionsprozeß verlangt (Medhurst 1999: 277, 285).

Tabelle 6: Bekenntnismäßige Zugehörigkeit zu Religionsgemeinschaften
             (in 1000)

	1970	1980	1990	1995
Katholiken	2.714	2.457	2.201	1.915
Anglikaner	2.994	2.179	1.728	1.785
Presbyterianer	1.666	1.438	1.214	1.100
Methodisten	642	521	452	401
Orthodoxe	191	203	266	289
Baptisten und sonstige Freikirchen	915	756	832	871
Christliche Kirchen insgesamt	**9.122**	**7.554**	**6.693**	**6.361**
Sekten im christlichen Umfeld	**285**	**353**	**459**	**522**
Juden	120	111	101	94
Muslime	130	306	495	580
Hindus und Sikhs	180	270	390	505
Sonstige Religionsgemeinschaften	21	53	87	116
Andere Religionen insgesamt	**451**	**740**	**1.073**	**1.295**

Quelle: Office for National Statistics 1999: 220.

Mit zunehmender Eigenständigkeit der *Church of England* gegenüber der Regierungsmehrheit sind zugleich differenzierte politische Positionen der anglikanischen Kirche erkennbar geworden: Während sich zu Werten und Verfassung konservative Tendenzen zeigen, ist zur monetaristischen Wirtschaftspolitik Widerspruch geäußert worden (Schmid 1991: 50; Bown 1994; Durham 1997) und nach dem Falklandkrieg Distanz zur Führung der Konservativen entstanden, wohingegen zu Ehe, Familie und Bildungswesen Übereinstimmungen mit der *New Labour Party* bestehen, die indes zu Arbeitslosigkeit, sozialer Ausgrenzung und Schulden der Dritten Welt „von links" attackiert wird (Medhurst 1999: 281-287).

4.5. Kommunal- und Freizeitverbände

Als Spitzenverband lokaler Interessen dient die *Local Government Association* (LGA), die neben lobbyistischen Funktionen auch dem Erfahrungsaustausch in bezug auf lokale Dienstleistungsangebote dient. Wegen ihrer organisatorischen Schwerfälligkeit 1999 reorganisiert, hat die LGA angesichts ausgeprägter politischer Gegensätze Parteigruppen ausgebildet (www.lga.gov.uk). Separate Zusammenschlüsse bestehen für funktionale Organisationen, ländliche Verwaltungsdistrikte *(Association of County Councils)* und städtische Agglomerationen *(Association of Metropolitan Authorities)*. Im britischen Regierungssystem wird die Vertretung kommunaler Interessen indes dadurch begrenzt, daß die Gemeinden dem Zugriff der jeweiligen Regierungsmehrheit unterliegen. Bei stark variierenden Chancen, im Ministerialapparat politisches Gehör zu finden, haben sich Vertreter kommunaler Interessen in der Ära *Thatcher* verstärkt an die beiden Häuser des Parlaments wenden müssen, nachfolgend wieder primär ministerielle Strategien verfolgen können (Baggott 1995a: 118, 129f., 163-165).

Im Bereich des Straßenverkehrs bildet die *Automobile Association* (AA) eine serviceorientierte Massenorganisation, der *Royal Automobile Club* (RAC) eine exklusive Vereinigung. Politischen Zwecken dient ein von diesen Verbänden gemeinsam mit dem *Royal Scottish Automobile Club* (RSAC) unterhaltenes *Standing Joint Committee* (SJC) (Dudley 1983: 110f.). Mit landschaftsschützerischen Interessen und egalitären Tendenzen organisiert die *Ramblers' Association* britische Wanderfreunde. Im übrigen werden Freizeitvereinigungen in Großbritannien primär als – nur sporadisch politisch aktive – Elemente der kommunalen Ebene behandelt (Baggott 1995a: 194f.).

5. Beziehungen zum politischen System

Das im 18. Jahrhundert entwickelte und im 19. und 20. Jahrhundert schrittweise demokratisierte parlamentarische Regierungssystem Großbritanniens stellt mit seinen Organen repräsentativer Entscheidungsfindung und der Doktrin verantwortlicher Regierung den verbindlichen Rahmen für die Partizipation organisierter Interessen an der staatlichen Willensbildung dar. Dabei geht von der Legitimierung des gesamten Institutionengefüges durch periodische Wahlen zum *House of Commons* ein strukturell restringierender Einfluß auf die politische Wirksamkeit von Gruppeneinflüssen aus, da das Kabinett als Führungsgruppe der Parlamentsmehrheit angesichts seines Eigeninteresses an der Verfolgung einer kohärenten Politik einer dauerhaften Verselbständigung einzelner Policybereiche entgegenzuwirken bestrebt ist (Judge 1993: 106, 125).

5.1. Regierung und Verwaltung

Sowohl aus politologisch-analytischer Sicht als auch nach der empirischen Perzeption der Interessenverbände stellen Regierung und Verwaltung die wichtigsten Einflußadressaten im britischen Regierungssystem dar. Die politische Zentralposition als Initiator und Koordinator grundlegender Entscheidungen hat dabei das Kabinett inne. In abgestufter Reihung folgen die einzelnen Ministerien, verselbständigte Verwaltungseinheiten sowie sonstige in öffentlichem Auftrag tätige, zum Teil als Unternehmen geführte Institutionen.

Während sich im Umfeld der Fachressorts zumindest zeitweise feste *policy communities* bilden können und bedeutende Verbände wie die CBI Verbindungen zu diversen Ministerien unterhalten, steht für nicht-etablierte Gruppen die Zugänglichkeit administrativer Institutionen typischerweise in umgekehrtem Verhältnis zu deren politischer Entscheidungsrelevanz (Baggott 1995: 84-87). Die von etablierten Insidergruppierungen neben ihren formellen Lobbyaktivitäten weiterhin verfolgten traditionellen Einflußwege auf der Basis informeller sozialer Kontakte – etwa im Rahmen Londoner Clubs – reichen hingegen heute ungeachtet der Mehrheitspartei im *House of Commons* auch für die als Teil des Establishments akzeptierten Organisationen nicht mehr aus (Doig 1986: 525; Hennessy 1990: 578f.; Kingdom 1999: 519f.).

Priorität für die Verfolgung verbandlicher Ziele genießen die Fachministerien. In diesen laufen die routinemäßigen Kontakte zu den jeweiligen Interessengruppen über hierarchisch relativ niedrig eingestufte Sachexperten. Angehörige der administrativen Leitungsebene nehmen demgegenüber stärker koordinierende Funktionen wahr. In den politischen Ressortführungen kommt den *junior ministers* wegen ihres Interesses an politischer Profilierung Bedeutung für problembezogene Koalitionsbildungen der Verbände zu. Die Etablierung dauerhafter Beziehungen zwischen Verbänden und einzelnen Regierungsmitgliedern wird hingegen durch die relativ häufigen Ressortwechsel der Abgeordneten mit Exekutivfunktionen weitgehend unterbunden, so daß die Regierungsmehrheit als *constraint*-Faktor gegenüber Versuchen einer Kolonialisierung der Ministerien wirkt (Hartmann 1985: 46; Judge 1993: 125; Grant 1995: 58-62). Kontakte zu Kabinettsmitgliedern haben tendenziell eher einen rituellen als einen entscheidungsbezogenen Charakter, doch sind, abgesehen von der Ära *Thatcher,* auch Premierminister zu gelegentlichen Begegnungen mit Vertretern bedeutender Interessen bereit gewesen. Insgesamt empfiehlt sich für Interessengruppen indes im exekutiven Bereich eher eine *bottom up* als eine *top down* gerichtete Strategie (Grant 1995: 57f., 61f.).

Als formelle Verfahren zur Einflußausübung kommen neben routinisierten Kontakten von Verbandsmitarbeitern zu Ressortbediensteten einerseits beratende Ausschüsse, andererseits die projektbezogene Abgabe formalisierter Stellungnahmen im Zusammenhang mit legislatorischen Projekten in Betracht. Unter den Beratungsgremien haben die *Royal Commissions* politisch das höchste Gewicht, gefolgt von *departmental committees of inquiry*, *advisory committees* und Arbeitsgruppen. Dabei steht vor allem die Einsetzung von *Royal Commissions* angesichts ihrer Konsensorientierung und des benötigten Zeitbudgets in Abhängigkeit vom jeweiligen Politikstil des Premierministers (Hennessy 1990: 574-578; Baggott 1995a: 88-90).

Konkret projektorientierte Beratungen werden durch politische Amtsträger initiiert, woraufhin Fristen für die Abgabe von Statements der Verbände – üblicherweise etwa zwei Monate – festgelegt und die übermittelten Ansichten anschließend in Dokumentationen niedergelegt werden. Als Beleg für Konvergenz oder Divergenz der vorgetragenen Auffassungen erfolgt seit 1967 in einzelnen Fällen deren Veröffentlichung in sogenannten *Green Papers*. Der Publizierung eigener Grundsatzpositionen der Regierung dienen *White Papers*; erst nachfolgend wird ein Gesetzentwurf vorgelegt. Dabei verengt sich sukzessive die Bandbreite der von Verbänden durchsetzbaren Modifikationen (Hartmann 1985: 51f.; Mitchell 1987: 513; Grant 1995: 42, 57-62, 156; Baggott 1995a: 90-92).

Für die Implementationsphase kommen neben der Ministerialverwaltung auch kommunale Behörden und die unzutreffend als *quangos (quasi-autonomous nongovernmental organisations)* bekannt gewordenen, besser als *non-elected public service organisations* (NESPOs) zu bezeichnenden Institutionen als Ansprechpartner in Betracht. Insbesondere regulatorisch tätige Behörden – wie das *Office of Telecommunication* (OFTEL) oder das *Office for Water Services* (OFWAT) – und Publikumsdienste anbietende Stellen – wie die NHS *trusts* – sind dabei bevorzugte Adressaten der Organisationen von Betroffenen. Outsider monieren dabei gelegentlich eine Einbindung öffentlicher Institutionen *(agency capture)* in die Interessen der Regulierungsunterworfenen (Wilson 1995: 181-183; Kingdom 1999: 543-566).

5.2. Parlament

In dem strikt konfrontativen Westminster Modell parlamentarischer Regierungsweise wird die Bedeutung des *House of Commons* und des *House of Lords* für Interessengruppen traditionell gering eingeschätzt (Hartmann 1985: 66). Dem widersprechen jedoch die intensiven Kontakte, die von Firmen und Verbänden zu Abgeordneten und Peers unterhalten werden und seit Mitte der 70er Jahre des 20. Jahrhunderts weiter ausgebaut worden sind (Jordan/Richardson 1987: 251f.). Hierfür sind drei unterschiedliche Interpretationsansätze entwickelt worden: (1) Neupolitisierten Außenseitergruppierungen kommt die relativ leichte Zugänglichkeit des Parlaments entgegen, jedoch verbunden mit dem Risiko tendenzieller Fehlperzeption seines Einflusses. (2) Gegenüber der Ministerialbürokratie erfolglos gebliebene Interessen erhalten im Parlament eine zweite Chance, wodurch sie dessen Reservefunktion thematisieren. (3) Das Überwiegen der Kontakte von Abgeordneten zu Insiderorganisationen gilt als Indiz für die Policyrelevanz des Parlaments (Shaw 1990; Judge 1993: 130; Grant 1995: 66; Baggott 1995a: 135f.).

Während das *House of Commons* nur zu randständigen Politikbereichen, in denen keine Fraktionsdisziplin verlangt wird (Embryonenforschung, Homosexualität u.a.), Gelegenheit zu individueller Entscheidungsträgerschaft von Abgeordneten bietet (Jordan/Richardson 1987: 257; Grant 1995: 66-73; Baggott 1995a: 139-142), verfügt es als exemplarisches Redeparlament über eine Arena, in der durch Debattenbeiträge, Anträge sowie Fragen an Regierungsmitglieder das Agenda-Setting sowie das Meinungsklima für politische Projekte beeinflußt werden können. Entsprechende Effekte gehen auch von Untersuchungen der *Select Committees* aus (Rush 1990b; Judge 1993: 129-130; Grant 1995: 67). In Gesetzgebungsausschüssen unterliegt das Abstimmungsverhalten der Abgeordneten zwar wie im Plenum der Fraktionsdisziplin, doch haben dort wie auch im *House of Lords* gegebenenfalls parteipolitisch insignifikante Änderungsanträge zu interessenrelevanten Detailregelungen eine Realisierungschance. Policybezogene fraktionsübergreifende Arbeitsgruppen dienen parlamentarischen Thematisierungen sektoraler Probleme. Den Arbeitsgruppen der Hinterbänkler der Mehrheitsfraktion kommt schließlich Bedeutung für die Formulierung von Richtungsvorgaben zu. Als Teil der daraus insgesamt erwachsenden, problembezogen operationalisierbaren Netzwerke politischer Akteure verfügen die Parlamentarier der jeweiligen Regierungsmehrheit über privilegierte Zugangsmöglichkeiten zu Regierungsmitgliedern, welche sich überdies exklusiv aus dem Personalreservoir der alternierenden Mehrheitsfraktionen rekrutieren (Shaw 1990; Jones 1990; Baggott 1995a: 137-139).

Danach gehen vom Parlament Wirkungen auf die künftige Politikformulierung aus, die sich durch skandalinduzierte Störungen einer *policy community* situativ noch steigern können, so daß sich Westminster als Adresse für Doppel- und langfristige Einflußstrategien etablierter Interessen ebenso anbietet wie für Kontaktversuche nicht etablierter Gruppierungen (Judge 1993: 127-129). In die insgesamt positive Evaluierung parlamentarischer Kontakte beziehen Verbandsvertreter auch das *House of Lords* ein, dessen Reservefunktion seit der Ära Thatcher zunehmend hervorgetreten ist (Baldwin 1990; Baggott 1995a: 144, 163-165; Grant 1995: 69f.; 78f.). Als Konsequenz der positiven Perzeption haben sich seit den Minderheitsregierungen *Labours* zwischen 1974 und 1979 wachsende parlamentsgerichtete Aktivitäten gezeigt, für die mittlerweile insbesondere zu ökonomischen Projekten (Kanaltunnel, Airbus etc.) auch die Dienste professioneller Lobbyfirmen in Anspruch genommen werden können (Doig 1986; Jordan/Richardson 1987: 259-264).

Neben der Übermittlung der von Abgeordneten wie von der Ministerialbürokratie benötigten Informationen führt ein Weg zur Gewinnung von Parlamentariern für Verbandsanliegen angesichts der unzureichenden materiellen Ausstattung der Abgeordneten über die Bereitstellung von Büroräumen und Sekretariatskapazität für *all party groups* (Doig 1986: 525). Darüber hinaus kann mittels eines *grassroots lobbying* die Wahlkreisbindung der Abgeordneten aktualisiert werden. Demgegenüber ist die seit Mitte der 70er Jahre verstärkt beobachtete Anwerbung von Parlamentsmitgliedern als *consultants* zur Förderung privater Interessen auf erhebliche Kritik gestoßen. Einen Skandal hat indes die in der *cash for questions*-Affäre bekanntgewordene Vermarktung parlamentarischer Privilegien durch einzelne Abgeordnete der Konservativen ausgelöst (Doig 1994; Doig/Wilson 1995; Norris 1996; Childs 1997: 291f.; Jordan 1998; Kingdom 1999: 328, 365f.). Nach den in Anknüpfung an ältere Vorschläge (Doig 1986: 519-522; Jordan/Richardson 1987: 265-273) formulierten Publizitätsforderungen des sogenannten *Nolan committee* ist hierzu mittlerweile eine Änderung der Praxis erfolgt. Weiterhin abzuwarten bleiben hingegen die Auswirkungen der unabgeschlossenen Reform des *House of Lords* sowie die Entwicklung der neuen Regionalparlamente.

5.3. Parteien

Im britischen Parteiensystem, geprägt durch das Merkmal zweier mehrheitsfähiger Parteien, besteht auf parlamentarischer Ebene bei *Conservatives* und *Labour Party* ein struktureller Vorrang für die Aggregation vor einer prononcierten Artikulation von Interessen (Kingdom 1999: 310). Dieser Orientierung der Parteien an ihrem elektoralen Erfolg und der resultierend alternierenden Regierungsbildung entspricht auf verbandlicher Ebene angesichts eines konträren Interesses der Organisationen an einer kontinuierlichen Verfolgung ihres Anliegens typischerweise die Konsequenz der Nichtidentifikation mit einer der möglichen Regierungsparteien. Gegenteilige Präferenzen zeigen jedoch ideologisch geprägte Gruppierungen, welche strukturelle Änderungen des politischen Systems intendieren und hierzu alternative parlamentarische Mehrheiten benötigen (Grant 1995: 83). Verbindungen zwischen Parteien und organisierten Interessen sind daher insbesondere bei sozialen Bewegungen zu erkennen, im 20. Jahrhundert am markantesten zwischen Arbeiterbewegung und *Labour Party*, weiterhin zwischen walisischer Regionalbewegung und *Plaid Cymru* (Sturm 1997: 334-341). Ohne institutionelle Verbindung finden sich darüber hinaus überlappende Mitgliedschaften aufgrund ähnlicher ideologischer Profile auch zwischen *New Labour* und *Liberals* auf der einen, sozialen Fördervereinigungen und Menschenrechtsorganisationen (AI, FOE, CND und Greenpeace) sowie neuen sozialen Bewegungen auf der anderen Seite, ebenso zwischen Wirtschafts- und Berufsverbänden einerseits und den Konservativen andererseits (Hartmann 1985: 119; Grant 1995: 81; Sturm 1997: 333).

Als mögliche Inhalte einer Einflußnahme auf Parteien kommen neben programmatischen Aspekten auch personelle Entscheidungen in Betracht. Hierfür verfügbare Instrumente sind sowohl die personellen, als auch die finanziellen Ressourcen einer Organisation, wobei die alternativen Regierungsparteien historisch und strukturell unterschiedliche Voraussetzungen für die Einwirkung von Interessenverbänden auf ihre Politik bieten.

Die *Labour Party* ist entstehungsgeschichtlich durch die kollektive Mitgliedschaft zahlreicher (1994: 27) Gewerkschaften geprägt. Während sich dieser organisatorische

Nexus in den Wahlkreisen als *Sponsoring* auf Nominierung und Finanzierung von Kandidaten ausgewirkt hat, sind auf nationaler Ebene traditionell die Parteitage mittels sogenannter *block votes*, bei denen der jeweilige Vorsitzende über sämtliche Stimmen seiner Mitglieder disponieren kann, von den Führungen der sechs größten Gewerkschaften dominiert worden. Nach Auftreten der konkurrierenden *Social Democratic Party* ist diese Verflechtung von der *Labour*-Führung in den 80er Jahren als eigenes Strukturproblem erkannt und angesichts des Wachstums politisch neutraler Dienstleistungsgewerkschaften auch in den *Unions* hinsichtlich möglicher Negativeffekte diskutiert worden. Eine Reduzierung des gewerkschaftlichen Stimmenanteils auf eine Parität mit den Delegierten der Wahlkreisorganisationen für Parteitage und auf ein Drittel am Wahlkollegium für den Parteiführer sowie die Aufhebung des Blockstimmrechts zugunsten individueller Delegiertenstimmen (1993/95) und schließlich die Überleitung des *Sponsoring* von Abgeordneten in ein solches von Wahlbezirken (1996) haben die Qualität der Relation von Partei und Gewerkschaftsbewegung deutlich verändert (Webb 1992; Lovenduski/Norris 1994; Alderman/Carter 1994; Farnham 1996; Dingeldey 1997: 179-182; McIlroy 1998: 544-546; Kingdom 1999: 312f.; 317, 320). Bei den *Conservatives* sind demgegenüber personelle und programmatische Interessen der ihnen nahestehenden Gesellschaftsschichten traditionell lediglich auf informellem Wege berücksichtigt worden (Pinto-Duschinsky 1983: 95-97).

Hinsichtlich der Parteienfinanzierung hat die *Labour*-Führung die einseitige Abhängigkeit ihrer Organisation von Beiträgen der Gewerkschaftsmitglieder zu überwinden gesucht und unter Propagierung des Slogans „fairness but no favours" (Kastendiek 1998: 349-351) bereits vor dem Wahlerfolg Blairs Spenden von Unternehmen einwerben können. Schon seit 1979 wird die Partei darüber hinaus finanziell von Tierschutzvereinigungen unterstützt. Gleichwohl besteht bei einem Einnahmeanteil von mehr als 50 Prozent die existentielle Angewiesenheit der Partei auf ihre Mitgliedsgewerkschaften fort (Fisher 1997: 240f.). Nach Übernahme der Regierung hat sich die Partei aufgrund ihrer schmalen Finanzierungsbasis sowohl seitens unbefriedigter Einzelgewerkschaften als auch seitens neuer Geldgeber – zur Tabakwerbung im Autorennsport – politisch peinlichen, jedoch erfolglos gebliebenen Pressionsversuchen ausgesetzt gesehen (Kingdom 1999: 327f., 514).

In scharfem Kontrast zu *Labour* stehen die Konservativen finanziell in Abhängigkeit von Unternehmensspenden sowie Zuwendungen wohlhabender Privatpersonen. Dabei stammt die Hälfte der korporativen Zuwendungen aus Banken und Versicherungen, Nahrungsmittel-, Tabak-, Getränke- und Bauindustrie. Trotz verfügbarer Patronagemacht und gezielter Werbung mit exklusiven Zugangsmöglichkeiten zu Kabinettsmitgliedern über zwei politische Clubs *(Millennium Club* und *Premier Club)* setzte schon in der Regierungszeit John Majors ein Rückgang des Spendenaufkommens ein, der mit Pressionsversuchen einzelner Financiers der Partei – unter anderem zur europäischen Währungspolitik – einherging (Fisher 1997: 238f., 244; Kingdom 1999: 322-326). Angesichts der demgegenüber von Thatcher und Blair erfolgreich demonstrierten Unabhängigkeit ihrer Politik von den Wünschen der jeweiligen Großspender und der erkennbaren Abhängigkeit der Spendenbereitschaft von der politischen Potenz einer Partei ist indes festzustellen, daß auch ein substantieller Beitrag zum Finanzaufkommen einer Partei organisierten Interessen noch keinen determinierend oder zwingend restringierend wirkenden Einfluß auf deren Politik vermittelt.

5.4. Allgemeine Öffentlichkeit und Gerichte

Sektorale Verbände mit Insiderstatus haben zur Vermeidung möglicher Irritationen traditionell kein Interesse an Publizität gezeigt und erst im letzten Viertel des 20. Jahrhunderts gelegentlich Strategien mit institutionellen und zugleich öffentlichen Komponenten verfolgt. Unter politischen Fördervereinigungen hat demgegenüber stets eine größere Bereitschaft zu medienwirksamer Präsentation ihrer Anliegen bestanden. Dies gilt verstärkt für Organisationen, die als Elemente sozialer Bewegungen in Erscheinung treten. Scharf artikulierter öffentlicher Protest ist indes generell als Ausdruck eines Mangels an effektiveren politischen Ressourcen zu interpretieren (Jordan 1998: 323). Realistischer Zweck des Appells an die öffentliche Meinung ist vielmehr die Einflußnahme auf die politische Agenda und die Abstützung eines Anliegens durch ein günstiges Meinungsklima, nur in Ausnahmefällen (z.B. *Brent Spar*) zugleich die Herbeiführung einer bestimmten Entscheidung. In der jüngeren Vergangenheit haben etablierte Interessen darüber hinaus mit reaktiven Zielsetzungen aufgrund gegnerischer Kampagnen zu Öffentlichkeitsappellen gegriffen.

Als unmittelbar öffentlichkeitsgerichtete Instrumente werden neben einer unspezifischen Imagepflege durch die Bereitstellung von Serviceangeboten die Publizierung von Dokumentationen und Erklärungen, die Durchführung von Pressekampagnen, Demonstrations- und Protestaktionen bis hin zu provokativen, auf mediale Wirkung berechneten rein symbolischen Handlungen genutzt. Verbandseigene Öffentlichkeitsarbeit läßt sich dabei mit Lobbyaktivitäten, darunter indirekt öffentlichkeitswirksamen parlamentarischen Einflußnahmeversuchen, effektvoll kombinieren. Insoweit ist eine Zunahme an Komplexität der verfolgten Strategien erkennbar, die ihrerseits im Zusammenhang mit dem Wachstum des Mediensektors zu sehen ist (Grant 1995: 84-89; Baggott 1995a: 222f.; Jordan 1998: 327).

Gerichtliche Aktionen sind in Großbritannien für die Verfolgung organisierter Interessen von deutlich geringerer Bedeutung geblieben als etwa in den USA. Auch diese Arena ist jedoch im letzten Viertel des 20. Jahrhunderts verstärkt in verbandliche Durchsetzungsstrategien integriert worden. Restriktiv haben sich sowohl die justizielle Interpretation der Doktrin der Suprematie des Parlaments und die relativ engen Regelungen zur individuellen Klagebefugnis als auch überkommene soziale Vorbehalte – etwa von Gewerkschaften – gegenüber Richtern ausgewirkt (Kingdom 1999: 607-634). Die europäische Integration des Landes hat indes in Straßburg und Luxemburg Klagemöglichkeiten gegen politische und administrative Entscheidungen eröffnet und unter der Regierung *Blair* zu einer Erweiterung des innerstaatlichen Rechtsschutzes geführt.

Als Sekundäreffekt ist auch im Zusammenhang mit forensischen Aktionen eine Beeinflussung öffentlicher Diskussionen zu verzeichnen. Dadurch stellen Gerichte für Verbände nicht nur nach administrativen und parlamentarischen Niederlagen die letzten Adressaten zur Eingrenzung der Rechtsanwendung dar, sondern dienen zugleich durch Problematisierung der Konsequenzen parlamentarischer Entscheidungen einer Politisierung des Streitgegenstandes (Grant 1995: 89-91).

6. Zusammenfassung und Ausblick

Im Rahmen der eingangs festgestellten Kontinuität des britischen Regierungssystems hat das Parlament sein Interessenberücksichtigungspotential im letzten Viertel des 20. Jahrhunderts steigern und seine Relevanz für Interessengruppen entsprechend erhöhen können. Das Parteiensystem, zu Beginn des letzten Jahrhunderts mit der *Labour Party* in konkretem Verbandsinteresse massiv modifiziert, hat in Verbindung mit dem Wahlsystem nachfolgend nur marginale Verbandseinflüsse in sich aufgenommen und durch seine relative Rigidität existierende Verbände zum Verzicht auf eigene parteipolitische Optionen veranlaßt. Regierungsseitig sind hingegen unterschiedliche Strategien im Umgang mit sozialen Interessen verfolgt worden. Die längerfristige Analyse läßt dabei erkennen, daß eine Charakterisierung des britischen Verbändepluralismus als „korporatistisch" auf einer Verwechselung zeitweiliger Konfliktregelungsstrategien mit Systemmerkmalen beruht. Die analytische Einbeziehung von Regierungssystem und situativen Faktoren läßt auch die fachspezifischen *policy communities* als lediglich zeitweilige, durch Routinen der Ablauforganisationen verfestigte, jedoch nicht verbindlich fixierte und damit störungsanfällige Elemente des pluralistischen Gemeinwesens erkennbar werden. Die Differenzierung der Interessenverbände nach ihrer sektoralen oder politisch-appellativen Entstehung hat darüber hinaus als markanten Aspekt des britischen Pluralismus die advokatorische Interessenvertretung durch Fördervereinigungen gezeigt. Diese haben auch die erneut aufgetretenen sozialen Bewegungen systemisch moderiert.

Weiter zu beobachten bleibt die Ausdifferenzierung des politischen Systems durch regionale Strukturen in den nichtenglischen Landesteilen wie auch die Veränderung nationaler parlamentarischer Strukturen. Mit hoher Wahrscheinlichkeit werden indes die national tradierten wie auch die neu hinzugekommenen strukturellen Faktoren der europäischen Integration und der nationalen Devolution sowie eine vergrößerte Relevanz der Medien und erweiterte statutarische Entscheidungskompetenzen der Gerichte Bedeutung für die Fortentwicklung des Verbändesystems behalten.

Abkürzungsverzeichnis

AA	Automobile Association
AEEU	Amalgamated Engeneering and Electrical Union
ai	amnesty international
AIBS	Amnesty International, British Section
ALF	Animal Liberation Front
AMRC	Association of Medical Research Charities
ANC	Anti-Nuclear Campaign
ATL	Association of Teachers and Lecturers
BCC	Association of British Chambers of Commerce
BEC	British Employers' Confederation
BMA	British Medical Association
BRF	British Road Federation
BSE	Bovine Spongioforme Encephalopathie
CAMRA	Campaign for Real Ale
CBI	Confederation of British Industry
CND	Campaign for Nuclear Disarmament

COPA	Comité des Organisations Professionnelles Agricoles de la CEE
CPAG	Child Poverty Action Group
CPRE	Council for the Protection of Rural England
CWU	Communication Workers' Union
DTI	Department of Trade and Industry
EG	Europäische Gemeinschaften/Europäische Gemeinschaft
EU	Europäische Union
FBI	Federation of British Industry
FCO	Foreign and Commonwealth Office
FOE	Friends of the Earth
FUW	Farmers' Union of Wales
GCHQ	Government Communications Headquaters
GMB	General Municipal and Boilermakers
GMC	General Medical Council
GPMU	Graphical, Paper and Media Union
IoD	Institute of Directors
LGA	Local Government Association
LRC	Labour Representation Committee
MAFF	Ministry of Agriculture, Fisheries and Food
MSF	Manufacturing Science Finance
NASUWT	National Association of Schoolmasters/Union of Women Teachers
NCC	National Consumer Council
NCVO	National Council for Voluntary Organisations
NEDC	National Economic Development Council
NESPOs	non-elected public service organisations
NFCG	National Federation of Consumer Groups
NFRPA	National Federation of Retirement Pensions Associations
NFU	National Farmers' Union
NHS	National Health Service
NIAPA	Northern Ireland Agricultural Producers' Association
NUM [1]	National Union of Mineworkers
NUM [2]	National Union of Manufacturers
NUT	National Union of Teachers
NZZ	Neue Zürcher Zeitung
OFTEL	Office of Telecommunication
OFWAT	Office for Water Services
PCS	Public and Commercial Services Union
quangos	quasi-autonomous non-governmental organizations
RAC	Royal Automobile Club
RSAC	Royal Scottish Automobile Club
RSNC	Royal Society for Nature Conservation
RSPB	Royal Society for the Protection of Birds
RSPCA	Royal Society for the Prevention of Cruelty to Animals
SJC	Standing Joint Committee
SPAB	Society for the Preservation of Ancient Buildings
SPUC	Society for the Protection of the Unborn Child
TCPA	Town and Country Planning Association
TGWU	Transport and General Workers' Union
TUC	Trades Union Congress
UCATT	Union of Construction, Allied Trades and Technicians
UFU	Ulster Farmers' Union
UK	United Kingdom
USDAW	Union of Shop, Distributive and Allied Workers
WWFN	World Wide Fund for Nature

Literaturverzeichnis

Alderman, Keith/Neil Carter, 1994: The Labour Party and the Trade Unions: Loosening the Ties, in: Parliamentary Affairs, Vol. 47, S. 321-337

Aart de Jonge, Jan, 1985: Westeuropa: Großbritannien und Irland, Frankreich, Belgien und die Niederlande 1850-1914 – Die Wirtschaft, in: Wolfram Fischer (Hrsg.): Handbuch der europäischen Wirtschafts- und Sozialgeschichte, Bd. 5, Stuttgart: Klett-Cotta, S. 319-356

Baggott, Rob, 1995a: Pressure Groups Today, Manchester/New York: Manchester UPr

Baggott, Rob, 1995b: From Confrontation to Consultation? Pressure Group Relations from Thatcher to Major, in: Parliamentary Affairs, Vol. 48, S. 484-502

Bairoch, Paul, 1989: European Trade Policy, 1815-1914, in: Peter Mathias/Sidney Pollard (Hrsg.): The Cambridge Economic History of Europe, Vol. VI/1, Cambridge: Cambridge UPr, S. 1-160

Baldwin, Nicholas, 1990: The House of Lords, in: Michael Rush (Hrsg.): Parliament and Pressure Politics, Oxford: Clarendon Pr., S. 152-177

Beer, Samuel H., 1965: Modern British Politics. A Study of Parties and Pressure Groups, London: Faber & Faber

Bennett, Robert, 1997: The Impact of European Economic Integration on Business Associations, in: West European Politics, Vol. 20, S. 61-90

Bennie, Lynn, 1998: Brent Spar, Atlantic Oil and Greenpeace, in: Parliamentary Affairs, Vol. 51, S. 397-410

Birke, Adolf, 1978: Pluralismus und Gewerkschaftsautonomie in England, Stuttgart: Klett-Cotta

Bland, Paul, 1999: Trade Union Membership and Recognition 1997-98: An Analysis of Data from the Certification Officer and the Labour Force Survey, Labour Market Trends, Vol. 107, S. 343-353

Bogdanor, Vernon, 1999: Devolution in the United Kingdom, Oxford/New York: Oxford UPr

Bown, Francis, 1994: Influencing the House of Lords: The Role of the Lords Spiritual 1979-1987, in: Political Studies, Vol. 42, S. 105-119

Byrne, Paul, 1997: Social Movements in Britain, London/New York: Routledge

Byrne, Paul, 1998: Nuclear Weapons and CND, in: Parliamentary Affairs, Vol. 51, S. 424-434

Childs, David, 1997: Britain Since 1945. A Political history, 4th ed., London/New York: Routledge

Christiansen, Lars/Keith Dowding, 1994: Pluralism or State Autonomy? The Case of Amnesty International (British Section): The Insider/Outsider Group, in: Political Studies, Vol. 42, S. 15-24

The Church of England, 1999: Year Book 1999, 115th ed., The Official Year Book of the General Synod of the Church of England, hrsg. von Jo Linzey, London: Church House Publ.

Collins, Neil, 1995: Agricultural Policy Networks of the Republic of Ireland and Northern Ireland, in: Political Studies, Vol. 43, S. 664-682

Conniff, James, 1977: Burke, Bristol, and the Concept of Representation, in: The Western Political Quarterly, Vol. 30, S. 329-341

Cox, Graham/Philip Lowe/Michael Winter, 1990: Agricultural Regulation and the Politics of Milk Production, in: Colin Crouch/Ronald Dore (Hrsg.): Corporatism and Accountability. Organized Interests in British Public Life, Oxford: Clarendon Pr., S. 169-198

Day, Patricia/Rudolf Klein, 1992: Constitutional and Distributional Conflict in British Medical Politics: The Case of General Practice, 1911-1991, in: Political Studies, Vol. 40, S. 462-478

Deane, Phyllis, 1976: Great Britain, in: Carlo Cipolla (Hrsg.): The Emergence of Industrial Societies, The Fontana Economic History of Europe, Vol. 4/1, Hassocks/New York: Harvester/Barnes & Noble, S. 161-227

De-la-Noy, Michael, 1993: The Church of England, London u.a.: Simon & Schuster

Dijk, Henk van, 1985: Westeuropa: Großbritannien und Irland, Frankreich, Belgien und die Niederlande 1850-1914 – Die Gesellschaft, in: Wolfram Fischer (Hrsg.): Handbuch der europäischen Wirtschafts- und Sozialgeschichte, Bd. 5, Stuttgart: Klett-Cotta, S. 319-356

Dingeldey, Irene, 1997: Britische Arbeitsbeziehungen. Gewerkschaften zwischen Konflikt, Kooperation und Marginalisierung, Wiesbaden: DUV

Dingeldey, Irene, 1998: Arbeitsmarktpolitische Reformen unter New Labour, in: Aus Politik und Zeitgeschichte, B 11/98, S. 32-38

Doherty, Brian, 1998: Opposition to Road-building, in: Parliamentary Affairs, Vol. 51, S. 370-383

Doig, Alan, 1986: Influencing Westminster: Registering the Lobbyists, in: Parliamentary Affairs, Vol. 39, S. 517-535

Doig, Alan, 1994: Full Circle or Dead End? What Next for the Select Committee on Members' Interests?, in: Parliamentary Affairs, Vol. 47, S. 355-373

Doig, Alan/John Wilson, 1995: Untangling the Threads of Sleaze: The Slide into Nolan, in: Parliamentary Affairs, Vol. 48, S. 562-578

Dudley, Geoffrey, 1983: The Road Lobby: A Declining Force?, in: David Marsh (Hrsg.): Pressure Politics, London: Junction Books, S. 104-128

Dudley, Geoffrey/Jeremy Richardson, 1996: Promiscuous and Celibate Ministerial Styles: Policy Change, Policy Networks and British Roads Policy, in: Parliamentary Affairs, Vol. 49, S. 566-583

Dudley, Geoffrey/Jeremy Richardson, 1998: Arenas without Rules and the Policy Change Process: Outsider Groups and British Roads Policy, in: Political Studies, Vol. 46, S. 727-747

Durham, Martin, 1997: „God Wants Us to Be in Different Parties": Religion and Politics in Britain today, in: Parliamentary Affairs, Vol. 50, S. 212-222

Farnham, David, 1996: New Labour, the New Unions and the New Labour Market, in: Parliamentary Affairs, Vol. 49, S. 584-598

Fenwick, Helen, 1993: Civil Liberties, London: Cavendish

Fisher, Justin, 1997: Donations to Political Parties, in: Parliamentary Affairs, Vol. 50, S. 235-245

Fraenkel, Ernst, 1991: Deutschland und die westlichen Demokratien, erw. Ausg., hrsg. von Alexander von Brünneck, Frankfurt a. M.: Suhrkamp

Fulton, Lionel, 1995: Neue Kraft nach zwei Jahrzehnten des Rückschlags, in: Gewerkschaftliche Monatshefte, 46. Jg., S. 238-244

Fulton, Lionel, 1998: Ein britisches Bündnis für Arbeit?, in: Gewerkschaftliche Monatshefte, 49. Jg., S. 644-650

Garner, Robert, 1993: Political Animals: A Survey of the Animal Protection Movement in Britain, in: Parliamentary Affairs, Vol. 46, S. 333-352

Grant, Wyn, 1983: The National Farmer Union: The Classic Case of Incorporation?, in: David Marsh (Hrsg.): Pressure Politics. Interest Groups in Britain, London: Junction Books, S. 129-143

Grant, Wyn, 1995: Pressure Groups, Politics and Democracy in Britain, 2nd ed., New York: Harvester Wheatsheaf

Grote, Rainer, 1998: Die Inkorporierung der Europäischen Menschenrechtskonvention in das britische Recht durch den Human Rights Act 1998, in: Zeitschrift für ausländisches öffentliches Recht und Völkerrecht, Bd. 58, S. 309-352

Händel, Heinrich, 1994: Wichtige Teilbereiche des gesellschaftlichen Lebens in Großbritannien, in: Heinrich Händel/Daniel Gossel: Großbritannien, 3. Aufl., München: C.H. Beck, S. 195-289

Hartmann, Jürgen, 1977: Aspekte der „britischen Krise", in: Aus Politik und Zeitgeschichte, B 45/77, S. 21-37

Hartmann, Jürgen, 1985: Verbände in der westlichen Industriegesellschaft. Ein international vergleichendes Handbuch, Frankfurt a.M.: Campus

Helmholz, Richard/Reinhard Zimmermann, 1998: Views of Trust and Treuhand: An Introduction, in: dies. (Hrsg.): Itinera Fiduciae. Trust and Treuhand in Historical Perspective, Berlin: Duncker & Humblot, S. 27-44

Hennessy, Peter, 1990: Whitehall, London: Fontana Pr.

Isaac, Joan, 1994: The Politics of Morality in the UK, in: Parliamentary Affairs, Vol. 47, S. 175-189

Jones, J. Barry, 1990: Party Committees and All-Party Groups, in: Michael Rush (Hrsg.): Parliament and Pressure Politics, Oxford: Clarendon Pr., S. 117-136

Jones, Neil, 1998: Trusts in England after the Statute of Uses: A view from the 16th Centuries, in: Richard Helmholz/Reinhard Zimmermann (Hrsg.): Itinera Fiduciae. Trust and Treuhand in Historical Perspective, Berlin: Duncker & Humblot, S. 173-205

Jones, Philip, 1983: The British Medical Association: Public Good or Private Interest? in: David Marsh (Hrsg.): Pressure Politics. Interest Groups in Britain, London: Junction Books, S. 83-103

Jordan, Grant/Jeremy Richardson, 1987: Government and Pressure Groups in Britain, Oxford: Clarendon Pr.

Jordan, Grant, 1998: Politics without Parties: A Growing Trend?, in: Parliamentary Affairs, Vol. 51, S. 314-328

Judge, David, 1993: The Parliamentary State, London/Newbury Park/New Delhi: Sage

Kaiser, André, 1998: Verbände und Politik, in: Hans Kastendiek/Karl Rohe/Angelika Volle (Hrsg.): Länderbericht Großbritannien, 2. Aufl., Frankfurt a. M.: Campus, S. 224-238

Kastendiek, Hans, 1998: Arbeitsbeziehungen und gewerkschaftliche Interessenvertretung, in: Hans Kastendiek/Karl Rohe/Angelika Volle (Hrsg.): Länderbericht Großbritannien, 2. Aufl., Frankfurt a. M./New York: Campus, S. 331-357

Kingdom, John, 1999: Government and Politics in Britain, 2nd ed., Cambridge: Polity Pr.

Kluxen, Kurt, 1991: Geschichte Englands, 4. Aufl., Stuttgart: Alfred Kröner

Landes, David, 1965: Technological Change and Development in Western Europe, 1750-1914, in: H. John Habakkuk/Michael Moissey Postan (Hrsg.): The Cambridge Economic History of Europe, Vol. VI/1, Cambridge: Cambridge UPr, S. 274-601

Lilly, Mark, 1984: The National Council for Civil Liberties, Basingstoke: Macmillan

Lovenduski, Joni/Pippa Norris, 1994: Labour and the Unions: After the Brighton Conference, in: Government and Opposition, Vol. 29, S. 201-217

Maitland, Frederic William, 1905: Trust und Korporation, in: Zeitschrift für das Privat- und Öffentliche Recht, hrsg. v. C. S. Grünhut, 32. Bd., S. 1-76

Marsh, David/Gareth Locksley, 1983: Capital: The Neglected Face of Power?, in: David Marsh (Hrsg.): Pressure Politics. Interest Groups in Britain, London: Junction Books Ltd., S. 21-52

Marsh, David, 1992: The New Politics of British Trade Unionism, Basingstoke: Macmillan

Martin, Ross, 1980: TUC: The Growth of a Pressure Group 1868-1976, Oxford: Clarendon Pr

May, Timothy/John McHugh/Tom Taylor, 1998: Business Representation in the UK Since 1979: the Case of Trade Associations, in: Political Studies, Vol. 46, S. 260-275

McAllister, Laura (Hrsg.), 2000: Designing a New Democracy. Devolution in the UK (= Parliamentary Affairs, Vol. 53, No. 3), London: Frank Cass

McCarthy, M., 1983: Child Poverty Action Group: Poor and Powerless?, in: David Marsh (Hrsg.): Pressure Politics, London: Junction Books Ltd., S. 212-233

McIlroy, John, 1998: The Enduring Alliance? Trade Unions and the Making of New Labour, 1994-1997, in: British Journal of Industrial Relations, Vol. 36, S. 537-564

Medhurst, Kenneth/George Moyser, 1988: The Church and Politics in a Secular Age, Oxford: Clarendon Pr.

Medhurst, Kenneth/George Moyser, 1989: The Church of England and Politics: The Politics of Establishment, in: Parliamentary Affairs, Vol. 42, S. 230-249

Medhurst, Kenneth, 1999: The Church of England: A Progress Report, in: Parliamentary Affairs, Vol. 52, S. 275-290

Mitchell, Neil, 1987: Changing Pressure-Group Politics: The Case of the Trades Union Congress, 1976-84, in: British Journal of Political Science, Vol. 17, S. 509-517

Murphy, Detlef, 1980: Großbritannien und Italien: eine vergleichende Studie, in: Jürgen Hartmann (Hrsg.): Vergleichende politische Systemforschung, Köln: Böhlau, S. 83-161

Murphy, Detlef, 1985: Von Aldermaston nach Greenham Common, in: Karl-Werner Brand (Hrsg.): Neue soziale Bewegungen in Westeuropa und den USA, Frankfurt a. M.: Campus, S. 140-199

Norris, Pippa, 1996: The Nolan Committee: Financial Interests and Constituency Service, in: Government and Opposition, Vol. 31, S. 441-448

Office for National Statistics, 1999: Social Trends 29, Jil Matheson/John Pullinger (Hrsg.), London: Stationery Office

Parker, David/Anthony Mellows, 1983: The Modern Law of Trust, 5th ed., London: Sweet&Maxwell

Payne, Peter, 1978: Industrial Entrepreneurship and the Management in Great Britain, in: Peter Mathias/M.M. Posten (Hrsg.): The Cambridge Economic History of Europe, Vol. VII/1, Cambridge: Cambridge UPr., S. 180-230

Pelling, Henry, 1992: A History of British Trade Unionism, 5th ed., Basingstoke: Macmillan

Pinto-Duschinsky, Michael, 1983: Großbritannien, in: Hans-Joachim Veen (Hrsg.): Christlich-demokratische und konservative Parteien in Westeuropa, Bd. 2, Paderborn u.a.: Ferdinand Schöningh, S. 11-124

Pollard, Sidney, 1978: Labour in Great Britain, in: Peter Mathias/M.M. Posten (Hrsg.): The Cambridge Economic History of Europe, Vol. VII/1, Cambridge: Cambridge UPr, S. 97-179

Read, Melvyn, 1998: The Pro-Life Movement, in: Parliamentary Affairs, Vol. 51, S. 445-457

Richardson, Jeremy, 1993: Interest Group Behaviour in Britain: Continuity and Change, in: Jeremy Richardson (Hrsg.): Pressure Groups, Oxford: Oxford UPr, S. 86-99

Rosamond, Ben, 1993: National Labour Organizations and European Integration: British Trade Unions and „1992", in: Political Studies, Vol. 41, S. 420-434

Rush, Michael, 1990a: Pressure Politics, in: Michael Rush (Hrsg.): Parliament and Pressure Politics, Oxford: Clarendon Pr., S. 3-17

Rush, Michael, 1990b: Select Committees, in: Michael Rush (Hrsg.): Parliament and Pressure Politics, Oxford: Clarendon Pr., S. 137-151

Ryan, M., 1983: The Penal Lobby: An Unequal Strategy?, in: David Marsh (Hrsg.): Pressure Politics, London: Junction, S. 166-181

Schmid, Josef, 1991: Thatcherismus und die Conservative Party, in: Roland Sturm (Hrsg.): Thatcherismus – eine Bilanz nach zehn Jahren, 2. Aufl., Bochum: Brockmeyer, S. 49-65

Semmler, Bernard, 1974: The Methodist Revolution, London: Heinemann

Setzer, Hans, 1973: Wahlsystem und Parteienentwicklung in England. Wege zur Demokratisierung der Institutionen 1832 bis 1948, Frankfurt a. M.: Suhrkamp

Shaw, Malcolm, 1990: Members of Parliament, in: Michael Rush (Hrsg.): Parliament and Pressure Politics, Oxford: Clarendon Pr., S. 85-116

Sturm, Roland, 1997: Großbritannien. Wirtschaft – Gesellschaft – Politik, 2. Aufl. Opladen: Leske + Budrich

Sykes, Andrew, 1983: Die Gewerkschaftsbewegung in Großbritannien, in: Hans Rühle/ Hans-Joachim Veen (Hrsg.): Gewerkschaften in den Demokratien Westeuropas Bd. 2, Paderborn u.a.: Ferdinand Schöningh, S. 9-147

Taylor, Andrew, 1990: Nonpartisan Trade Union Political Action: An Anglo-American Comparison, in: Political Studies, Vol. 38, S. 137-143

Ward, H., 1983: The Anti-Nuclear Lobby: An Unequal Struggle?, in: David Marsh (Hrsg.): Pressure Politics. Interest Groups in Britain, London: Junction, S. 182-211

Webb, Paul D., 1992: The United Kingdom, in: Richard Katz/Peter Mair (Hrsg.): Party Organizations. A Data Handbook on Party Organizations in Western Democracies, 1960-90, London u.a.: Sage, S. 837-870

Webb, Sidney und Beatrice, 1920: The History of Trade Unionism, 2nd ed., London: Longmans Green & Co

Weinmann, Georg, 1998: Von der Vorhut zum Relikt. Zur Entwicklung der britischen Bergarbeitergewerkschaft NUM, in: Zeitschrift für Politik N.F., 45. Jg., S. 69-88

Wilson, Graham K., 1990: Interest Groups, Oxford/Cambridge: Basil Blackwell

Wilson, David, 1995: Quangos in the Skeletal State, in: Parliamentary Affairs, Vol. 48, S. 181-191

Windolf, Paul, 1983: Gewerkschaften und industrielle Beziehungen in Großbritannien, in: Paul Windolf (Hrsg.): Gewerkschaften in Großbritannien, Frankfurt a. M.: Campus, S. 11-42

Winter, Michael, 1996: Intersecting Departmental Responsibilities, Administrative Confusion and the Role of Science in Government: The Case of BSE, in: Parliamentary Affairs, Vol. 49, S. 550-565

Wood, Stephen/John Godard, 1999: The Statutory Union Recognition Procedure in the Employment Relations Bill: A Comparative Analysis, in: British Journal of Industrial Relations, Vol. 37, S. 203-245

Irland
Korporativismus aus Tradition

Jürgen Elvert

1. Rahmenbedingungen

Im Dezember 1921 wurden 26 der 32 irischen Grafschaften des 1801 geschaffenen Vereinigten Königreichs von Großbritannien und Irland als „Freistaat Irland" in die zunächst noch eingeschränkte Unabhängigkeit eines selbstverwalteten Dominion im British Commonwealth of Nations entlassen. Die übrigen sechs Grafschaften verblieben als selbstverwaltete Provinz Nordirland in der Union mit Großbritannien. Das Verhältnis des Vereinigten Königreiches zum irischen Freistaat regelte ein bilaterales Abkommen. Es ließ den irischen politischen Entscheidungsträgern genügend Spielraum, um die konstitutionellen Bindungen an die Krone systematisch zu lockern, so daß 1949 die endgültige Trennung der Republik Irland vom Commonwealth erfolgen konnte. Der fast dreißigjährige Sezessionsprozeß läßt sich in drei Abschnitte teilen: 1. den Zeitraum zwischen 1922 und 1932, der vom strikten Bemühen um das Einhalten des anglo-irischen Vertrages von 1921 gekennzeichnet war, 2. den Zeitraum 1932-1938, in dem sich eine neue Regierung unter teils bewußter Verletzung bestehenden Vertragsrechts eine neue, quasi-republikanische Verfassung gab und damit den Vertrag von 1921 weitgehend außer Kraft setzte, sowie 3. den Zeitraum 1938-1948/49, in dem eine neue Verfassung verabschiedet wurde, die eine Weichenstellung zur endgültigen Sezession Irlands vom Commonwealth gemäß dem „Republic of Ireland Act" von 1948 bedeutete.

Großbritannien blieb jedoch auch darüber hinaus lange Zeit der dominierende Faktor im irischen politischen, gesellschaftlichen und ökonomischen Leben. Eine neue Bezugsgröße und einen neuen politischen Handlungsrahmen boten erst die Europäischen Gemeinschaften nach dem irischen EG-Beitritt im Jahre 1972. In den Folgejahren entdeckten die Iren die vielfältigen Vorteile der EG- bzw. EU-Mitgliedschaft. Finanzielle Hilfeleistungen, neue Absatzmärkte und die Teilhabe an politischen Willensbildungs- und Entscheidungsprozessen auf europäischer Ebene bildeten die Grundlagen jenes kleinen „Wirtschaftswunders", das Irland seit Mitte der 1990er Jahre erlebt.

Das irische Verbändesystem spiegelt in mehrfacher Hinsicht den historischen Rahmen, in dem sich Irland als Teil des Vereinigten Königreichs, als Dominion des British Commonwealth of Nations, als Republik im ökonomischen, gesellschaftlichen und politischen Schatten Großbritanniens sowie schließlich als Mitglied der EG bzw. EU bewegte. Unter dem Dach der anglo-irischen Union konnten sich moderne demokratische Parteien und andere Institutionen innerhalb und außerhalb des Parlaments entwickeln. Beispielsweise wirkte die Entstehung der ersten britischen Gewerkschaften als Zusammenschluß verschiedener lokaler berufsständischer Vereinigungen in den 1850er Jahren auch in Irland: 1863 wurde in Dublin die *United Trades Association* nach dem selben Muster gegründet. Ende des 19. Jahrhunderts existierten in Irland 96

Gewerkschaften mit insgesamt 13.000 Mitgliedern. Dabei handelte es sich überwiegend um irische Zweige britischer Muttergewerkschaften, die primär um das jeweilige institutionelle Gesamtwohl besorgt waren und den spezifisch irischen Interessen nur wenig Aufmerksamkeit schenkten. Da zudem irische Mitglieder im britischen Gewerkschaftsdachverband, dem *Trades Unions Congress* (TUC), unterrepräsentiert waren, wurde 1894 mit dem ITUC ein eigener Gewerkschaftsdachverband als irische Ergänzung zum britischen TUC gegründet (Weinz 1984: 31).

Unter den irischen Gewerkschaften dominierten anfangs Facharbeiter-Interessenvertretungen, die sich in politischen Fragen äußerste Zurückhaltung auferlegt hatten, um den institutionellen Bestand nicht durch politische Grundsatzdiskussionen unter den Mitgliedern zu gefährden. Erst mit der Gründung der *Irish Transport and General Worker's Union* (ITGWU) im Jahre 1908, einer auch für ungelernte Arbeiter offenen Gewerkschaft, radikalisierte sich die irische Gewerkschaftsbewegung (Larkin 1989: 62f.). Zudem stand die ITGWU in der Tradition der in den 1870er Jahren von Michael Davitt ins Leben gerufenen *Land and Labour Association*, die in ihrer Blütephase über 140.000 irische Landarbeiter vertrat, ohne freilich zunächst die Vormachtstellung der Handwerksverbände brechen zu können (Weinz 1984: 31). Die Gründung der *Land and Labour Association* wiederum war erfolgt mit dem Ziel einer grundlegenden Reform der irischen Landbesitzverhältnisse zugunsten der vornehmlich katholischen und für die Aufhebung der anglo-irischen Union eintretenden irischen Kleinpächter.

Seit den 1880er Jahren hatten irische Nationalisten die Frage der Auflösung der Union stets in Verbindung mit der Forderung nach einer Reform der Landbesitzverhältnisse diskutiert. Der irische Nationalismus, der sich vor dem Hintergrund des Vollzuges der Union zu Beginn des 19. Jahrhunderts mit einer zeitlichen Verzögerung von etwa 15 Jahren zu organisieren begann, hatte zu diesem Zeitpunkt bereits einen mehrstufigen Entwicklungsprozeß durchlaufen. Seine Keimzelle war die Institutionalisierung der Forderung nach katholischer Gleichberechtigung in der anglo-irischen Union. Zur Sicherstellung der Zustimmung der irischen Katholiken zu seinem Unionsprojekt hatte Premierminister William Pitt d. J. 1798/99 die Aufhebung aller Restriktionen in Aussicht gestellt, mit denen die Katholiken seit Ende des 17. Jahrhunderts im politischen, gesellschaftlichen und wirtschaftlichen Leben Irlands marginalisiert worden waren. Die Eröffnung dieser Perspektive sollte sich als geschickter Schachzug erweisen, denn es gelang ihm damit, die Mehrheit der irischen Katholiken für sein Unionsprojekt zu gewinnen.

Allerdings blieben die irischen Hoffnungen auf Beseitigung der vielfältigen Ausschließungsmechanismen zunächst unerfüllt, da König Georg III. nicht bereit war, das von seinem Premierminister gegebene Versprechen einzulösen. Vor diesem Hintergrund formierte sich der irische Katholizismus neu. Unter der Führung des Rechtsanwalts Daniel O'Connell wurde im Jahre 1823 die *Catholic Association* als erste katholische Massenbewegung auf irischem Boden gegründet. O'Connell wollte mit dieser Einrichtung eine Bewegung schaffen, die auch den bislang unorganisierten katholischen Klein- und Kleinstpächtern einen institutionellen Rahmen gab, in dem sie ihren Forderungen Gehör verschaffen konnten, ohne wie in der Vergangenheit gewalttätige Auseinandersetzungen mit staatlichen Sicherheitskräften riskieren zu müssen. Deshalb bestand er auf einer strikten Verfassungskonformität der *Catholic Association*. Die Gesetzestreue der organisierten irischen Katholiken sollte sich bald auszahlen. Denn Dank geschickten Organisationsmanagements und der grundsätzlichen Bereitschaft staatlicher Stellen zu Zugeständnissen in der Frage der Gleichberechtigung gelang es innerhalb von sechs Jahren, den *Catholic Emancipation Act* vom Unterhaus verabschieden zu lassen, der den Katholiken des Vereinigten Königreichs weitgehende Gleichberechtigung im politischen, sozialen und wirtschaftlichen System des Vereinigten Königreichs verschaffte.

Die außerparlamentarische Arbeit ließ die *Catholic Association* zum Sammelbekken für all jene Kräfte in Irland werden, die über die katholische Gleichberechtigung hinaus eine grundsätzliche Änderung des politischen Status quo, also die Auflösung der anglo-irischen Union wollten. So brauchte O'Connell nach dem Erfolg des organisierten Katholizismus in Irland nur den Namen der Bewegung in *Repeal Association* umzuändern, um ihr entsprechend erweitertes Zielgebiet zu umreißen. Demnach wurzelt der organisierte irische Nationalismus in der ersten großen irischen Massenbewegung, die für die Gleichberechtigung des Katholizismus eintrat, denn die *Repeal Association* hatte nicht nur den Namen, sondern auch die Organisationsstruktur einschließlich der konsequenten Beachtung des bestehenden rechtlichen Rahmens von ihrer Vorgängerbewegung übernommen.

Bei dem modernen organisierten irischen Nationalismus handelt es sich somit zunächst um einen konstitutionellen Nationalismus. Erst das Scheitern der *Repeal Association* angesichts der Weigerung der staatlichen Stellen, O'Connell auch in dieser Frage entgegenzukommen, sowie die Beeinflussung des irischen Nationalismus durch kontinentaleuropäische Nationalismuskonzepte Mazzinischer Prägung und schließlich die verheerenden Folgen der großen irischen Hungersnot Mitte des 19. Jahrhunderts führte zur Radikalisierung eines Teils der irischen Nationalbewegung. Dieser sammelte sich in den 1860er Jahren in der *Irish Republican Brotherhood*, eines Geheimbundes, der Ende der 1860er Jahre vergeblich einen gewaltsamen Umsturz des Status quo in Irland versuchte. Dem konstitutionellen Nationalismus blieben die größeren Erfolge vorbehalten. Er organisierte sich etwa zeitgleich in der *Home Rule Association*, trat für *Devolution*, also die Übertragung nationaler Selbstverwaltung an irische staatliche Instanzen ein und wurde so in wenigen Jahren zur dominierenden Kraft unter den Repräsentanten Irlands im britischen Parlament. Die *Home Rule*-Partei sorgte in enger Zusammenarbeit mit der Landarbeiterbewegung im britischen Unterhaus nicht nur für die legislativen Voraussetzungen einer grundlegenden Reform der Landbesitzverhältnisse in Irland, sondern es gelang ihr darüber hinaus, in Britannien ein Bewußtsein für die Existenz der „irischen Frage" einschließlich ihrer Komplexität zu wecken. Trotzdem dauerte es noch beinahe dreißig Jahre, bis das britische Parlament im dritten Anlauf 1912 ein *Home Rule*-Gesetz verabschiedete, das Irland dann in der Tat nationale Selbstverwaltung übertrug. Der Erste Weltkrieg verhinderte jedoch das Inkrafttreten dieses Gesetzes und damit die sofortige Auflösung der anglo-irischen Union. Dazu bedurfte es erst der vereinigten Anstrengungen des konstitutionellen und des gewaltbereiten Flügels der irischen Nationalbewegung, die seit dem gescheiterten Osteraufstand von 1916 unter dem Dach der *Sinn Féin*-Partei eine neue institutionelle Heimat gefunden hatten. *Sinn Féin* löste 1918 die *Home Rule*-Partei als Repräsentantin des irischen Nationalismus im britischen Parlament ab, ohne daß die *Sinn Féin*-Abgeordneten ihre Sitze in Westminster eingenommen hätten. Statt dessen konstituierten sie sich im Januar 1919 als *Dáil Eireann* (irisches Parlament) in Dublin und schufen damit einen Anlaß für den anglo-irischen Krieg, der 1921 mit der Schaffung des Freistaats Irland endete.

Die Voraussetzung für eine erfolgreiche Zusammenarbeit der beiden Flügel des irischen Nationalismus war in den letzten beiden Jahrzehnten des 19. Jahrhunderts gelegt worden, als sich mit der *Gaelic Athletic Association* (1884) und der *Gaelic League*

(1893) ein so in Irland bislang weitgehend unbekannter kultureller Nationalismus konstituierte (Grote 1994: 35-45). Die *Gaelic Athletic Association* hatte sich zum Ziel gesetzt, mittels Pflege, Förderung und Verbreitung traditioneller irischer Sportarten einen
neuen Kristallisationspunkt für den irischen Nationalismus zu schaffen. Die *Gaelic
League* verfolgte ein ähnliches Ziel durch die besondere Pflege der irischen Sprache
bzw. der anglo-irischen Literatur. Die Organisationen bildeten die beiden Grundpfeiler
des sogenannten *Gaelic Revival*, einer gezielten Wiederentdeckung der kulturellen Besonderheiten des keltisch-katholischen Elements der irischen Geschichte. Damit leisteten beide erhebliche Beiträge zu einer Verfestigung des Nationalismus im Bewußtsein einer breiten irischen Öffentlichkeit, für die sich die Gewährung zunächst der
nationalen Selbstverwaltung bzw. dann noch weitergehender Unabhängigkeit als eine
Art Naturrecht darstellte.

In dem Maße jedoch, in dem der irische Nationalismus im ausgehenden 19. und
frühen 20. Jahrhundert an Kontur und Breitenwirkung gewann, setzte auf der anderen
Seite des irischen politischen Spektrums, dort, wo der Erhalt der anglo-irischen Union
zum Mittelpunkt aller politischen Tätigkeit wurde, ein organisationsstruktureller Ver-
festigungsprozeß ein. Bis in die 1870er Jahre hatte sich hinter dem Wort „Unionismus"
ein unausgesprochener sozialer und nationaler Konsens einer Vielzahl sonst unterschiedlicher sozio-politischer Kräfte verborgen, der die irische protestantische Kirche
mit katholischen Tories in Dublin genauso verband wie liberale nordirische Großindu-
strielle mit Belfaster Werftarbeitern. Erst die frühen Erfolge der nationalistischen
Home Rule-Bewegung führte zu einer Verdichtung der unionistischen Organisationsstrukturen, als sich die irischen Tory-Abgeordneten als Unionisten im britischen Parlament zusammenschlossen. Zeitgleich gab es auch im außerparlamentarischen Raum
erste Ansätze zur Bildung eines institutionellen Rahmens mit der Gründung der gesamtirischen *Loyal Irish Union* bzw. etwas später mit der primär auf den irischen
Nordosten beschränkten *Ulster Loyalist Union* und der Gründung des *Ulster Unionist
Council* als erstem Dachverband eines spezifisch nordirischen Unionismus. Parallel
dazu erstarkte der Orangeismus als dessen außerparlamentarische Erscheinungsform.
Der *Orange Order* war in bewußter Erinnerung an die Erfolge des Protestanten Wilhelm von Oraniens gegründet worden, der als Wilhelm III. den politischen Katholizis-
mus in Großbritannien und Irland, vertreten durch Jakob II., 1689/90 besiegt hatte
(Elvert 1999: 384f.).

Der Verlauf der anglo-irischen Geschichte seit 1801, besonders jedoch seit der
Gründung des Freistaats Irland im Jahre 1921 erlaubt somit eine erste grobe Gliederung des heutigen irischen Verbändesystem in drei Sektoren. Der erste Sektor umfaßt
eine Reihe staatlicher, halbstaatlicher und privater Organisationen, Verbände und anderer Einrichtungen als Nachfolgeorganisationen von im Verlauf des 19. Jahrhunderts
entstandenen Einrichtungen, deren Genese nicht unmittelbar im Spannungsgeflecht
zwischen Nationalismus und Unionismus lag, auf die sich der junge Staat jedoch stützen und die er im weiteren Verlauf seiner Geschichte den eigenen Bedürfnissen anpassen konnte. Dazu gehören solche Einrichtungen, die auf Veranlassung bzw. mit Hilfe
staatlicher Stellen zwischen 1801 und 1921 in Irland geschaffen worden waren (als
Beispiele wären hier das nach britischem Muster geprägte Bankenwesen oder die
Struktur des irischen Gewerkschaftswesens zu nennen (Lee 1989: 88f.).

Neben den für Irland institutionell bedeutsamen Hinterlassenschaften des Vereinigten Königreiches prägten auch solche Einrichtungen die Geschicke des jungen
Staates, die man als Formen der Institutionalisierung des irischen Nationalismus bzw.

Unionismus bezeichnen könnte. In diesem Zusammenhang wäre in bezug auf den zweiten Sektor des irischen Verbändesystems, die aus dem Nationalismus erwachsenen Institutionen, neben den in der *Gaelic League* zusammengeschlossenen Körperschaften zum Beispiel auch *Sinn Féin* zu nennen. Die 1905 gegründete Partei entwickelte sich zwischen 1916 und 1921 zur mit Abstand größten und einflußreichsten politischen Organisationsform des irischen Nationalismus. Nach der Gründung des Freistaats diente sie den beiden auch heute noch bedeutendsten irischen Parteien, *Fine Gael* und *Fianna Fáil*, als Keimzelle. Diese Entwicklungslinie unterstreicht das konstitutiv bedeutsame Gewicht des traditionellen irischen Nationalismus auch für das heutige nationale Selbstverständnis der Iren. Im Gegensatz dazu spielte der organisierte Unionismus für das weitere Schicksal des irischen Freistaats und der Republik Irland keine wesentliche Rolle mehr, da er seinen unmittelbaren Wirkungsbereich weitestgehend auf Nordirland beschränkte, das in der anglo-irischen Union verblieb. Allerdings ist ihm als – in der Regel negative – Bezugsgröße für nationalistische Körperschaften bei der Ausbildung des heutigen irischen Verbändesystems eine von der Bedeutung her nicht zu unterschätzende mittelbare Rolle beizumessen (Elvert 2000: 224f.).

Die aus der anglo-irischen Union übernommenen und die aus dem irischen Nationalismus bzw. Unionismus erwachsenen Institutionen bilden im heutigen irischen Verbändesystem die traditionellen bzw. etablierten Organisationen. Sie entwickelten ihre institutionellen Eigenschaften in der noch stark britisch beeinflußten Entstehungs- und Wachstumsphase der Republik Irland. Mit dem Beitritt zur EG öffnete sich der irische sozio-politische Handlungsrahmen in wachsendem Maße Einflüssen aus Kontinentaleuropa und den USA. In dieser Phase entstand der dritte Sektor des irischen Verbändesystems. Er bietet all jenen Körperschaften Raum, die als Reaktion auf vermeintliche oder tatsächliche politische, ökonomische, ökologische oder soziale Mißstände in der zweiten Hälfte des 20. Jahrhunderts entstanden sind. So finden sich in ihm Bürgerrechts- und Umweltschutzbewegungen (unter ihnen viele irische Zweige weltweit agierender Organisationen) ebenso Verbände, die sich Konsumenteninteressen und Verbraucherschutzfragen widmen oder im weitesten Sinne lobbyistisch tätig sind.

Das irische Verbändesystem ist eingebettet in eine vergleichsweise stark korporativ gegliederte Gesellschaftsstruktur, die als ein Nachklang der Bedingungen zu verstehen ist, unter denen sich der irische Nationalismus im 19. Jahrhundert in einem unionistisch dominierten Umfeld formierte. Auch im heutigen Irland werden öfters als anderswo in der Europäischen Union private und öffentliche Interessen miteinander vermengt. Solange aber die Privatinteressen erkennbar auch nationalen Interessen dienen, wird eine derartige Verknüpfung von der irischen Öffentlichkeit nicht als unzulässig empfunden. So werden die großen gesellschaftlichen und ökonomischen Interessengruppen in der Regel als „Partner" der Regierung bezeichnet, die es Verbänden erlaubt, über eine Vielzahl von Institutionen und gemeinsamen Körperschaften Einfluß auf die Politik des Landes zu nehmen. Als ein Beispiel dafür sei der *National Economic and Social Council* angeführt, ein gemischtes Sachverständigengremium für ökonomische und soziale Fragen, dessen Empfehlungen und Ratschläge für jede irische Regierung auch heute noch von großer Bedeutung sind. 1987 legten die in ihm versammelten Experten aus Wirtschaft, Landwirtschaft, Gewerkschaften und Regierung ein *Programme for National Recovery* vor, dem 1991 das *Programme for Economic and Social Progress* (Elvert 1999b: 273), 1996 *Partnership 2000* und 2000 schließlich das *Programme for Prosperity and Fairness* folgten. Die ersten beiden Programme schufen die Voraussetzungen für eine geregelte und fruchtbare Zusammenarbeit von Arbeitgebern, Arbeitnehmern und Staat jenseits der sonst üblichen organisatorischen Eigeninteressen, ohne die die ökonomischen Erfolge der 1990er Jahre zweifellos nicht so beeindruckend ausgefallen wären, während die beiden daran anschließenden Programme bereits unter dem Eindruck der Wachstumsraten entstanden und sich bemühten, einen möglichst großen Teil der irischen Bevölkerung am ökonomischen Aufschwung partizipieren zu lassen.

2.   Verbände des Wirtschafts- und Arbeitssystems

Wenn das irische *Central Statistics Office* (www.cso.ie) seit nunmehr 10 Jahren ständig Wirtschaftswachstumsraten und sinkende Arbeitslosigkeit verzeichnen kann, so hängt das einmal zusammen mit den für Irland günstigen internationalen ökonomischen Rahmenbedingungen. Diese konnten in Irland jedoch nur deshalb eine solche Wirkung entfalten, weil durch grundlegende Strukturreformen seit Ende der 1950er Jahre die entsprechenden Voraussetzungen geschaffen worden waren. Die Beschäftigungszahlen in den Sektoren Landwirtschaft, Fertigung und Dienstleistungen zeigen deutlich die Veränderung, die der irische Arbeitsmarkt seit 1961 durchlaufen hat. 1961 waren 36,9 Prozent der Bevölkerung in der Landwirtschaft, 23,5 Prozent in der Fertigung und 39,6 Prozent im Dienstleistungsbereich tätig, 1971 betrugen die Zahlen 26,9 Prozent, 29,6 Prozent und 43,5 Prozent und 1984 16,7 Prozent, 28,7 Prozent und 54,6 Prozent (Elvert 1999a: 454f.).

Auch wenn sich in Folge besonderer staatlicher Vergünstigungen bis 1969 über 350 neue ausländische Industriebetriebe in der Republik Irland ansiedelten, stieg die Zahl der Arbeitsplätze in der Fertigung zwischen 1961 und 1984 lediglich um 5 Prozentpunkte. Das Gros all jener Personen, die weder in der Fertigung noch in der Landwirtschaft beschäftigt werden konnten, fand mit etwas Glück Beschäftigung im Dienstleistungssektor, die weniger Glücklichen blieben arbeitslos. Die Arbeitslosenstatistik seit den frühen 70er Jahren belegt diesen Trend deutlich, denn nach einem schnellen Anstieg von 8 Prozent auf etwa 15 Prozent in Folge der beiden Ölpreiskrisen der 70er Jahre stieg die Zahl Mitte der 80er Jahre auf 20 Prozent, woran auch zunehmende Emigration nichts ändern konnte. Erst ab 1987 machten sich die positiven internationalen Konjunkturdaten in Verbindung mit einer konsequenten, teilweise auch einschneidenden, letztlich aber notwendigen weiteren Strukturreform der irischen Industrie bemerkbar. Allein zwischen 1987 – dem Jahr der Verabschiedung des *Programme for National Recovery* – und 1990 konnten etwa 37.000 neue Arbeitsplätze geschaffen werden, davon 16.000 in der Industrie, und die Arbeitslosenquote sank entsprechend auf etwa 16 Prozent. Im selben Zeitraum stieg das irische Bruttosozialprodukt im Durchschnitt um 5 Prozent pro Jahr, seit 1991 jedoch gingen die Wachstumszahlen in Folge der internationalen Rezession wieder auf etwa 2 Prozent zurück. Da aber die Regierung auf den Aufschwung der zweiten Hälfte der 80er Jahre vorsichtiger als ein Vierteljahrhundert zuvor reagiert und sich zunächst einmal um einen Abbau der Staatsverschuldung bemüht hatte, konnte die Konjunkturdelle Anfang der 1990er Jahre schnell ausgeglichen werden. Mitte der 1990er Jahre lag das Wirtschaftswachstum bereits wieder bei etwa 10 Prozent, die Arbeitslosenquote sank entsprechend von 12 Prozent im Jahre 1996 auf 4,4 Prozent (Stand August 2000).

Für die Umsetzung ihrer ehrgeizigen Pläne hatte die irische Regierung bereits Anfang der 1950er Jahre mit der Einrichtung der *Industrial Development Agency* (IDA) eine erste strukturelle Voraussetzung geschaffen (www.idaireland.com). Heute unterhält die IDA in allen Teilen der Welt eigene Büros und bemüht sich in vielen Fällen erfolgreich darum, potentielle Investoren davon zu überzeugen, daß die Republik Irland der ideale Ort für die Errichtung neuer Produktionsstätten ist. Neben der IDA konnte sich in den zurückliegenden Jahren eine andere, regional auf den irischen Südwesten ausgerichtete Agentur, die *Shannon Development Agency*, gleichfalls erfolgreich als weltweit operierende Marketingagentur für irische Wirtschaftsinteressen etablieren (www.shanon-dev.ie). Die dritte in diesem Zusammenhang zu nennende Organisation wäre *Údarás na Gaeltachta* (www.udaras.ie), ein in der Grafschaft Galway ansässiger Interessenverband, der sich einmal der Pflege der keltisch-irischen Kultur in den irischsprachigen Teilen Irlands (in Donegal, Mayo, Kerry und Cork) widmet, zum anderen aber auch um eine gezielte Ansiedlung von Industriebetrieben zur Verbesserung der Lebensbedingungen im vergleichsweise strukturschwachen irischen Westen und Nordwesten bemüht. 117 Mitarbeiter arbeiteten 1998 für *Údarás na Gaeltachta* in folgenden Bereichen: Sprache und Kultur, Arbeitsvermittlung, Industrieförderung und Europa.

Dabei können sie ebenso wie die Mitarbeiter von *Shannon Development* und der IDA mit Recht auf eine unternehmerfreundliche Grundstimmung im Lande verweisen, die sich in zahlreichen steuerlichen und rechtlichen Vergünstigungen für Neuinvestoren spiegelt, auf immer noch günstige Rahmen- und Lohnkosten, auf einen hohen Ausbildungsstand der – im europäischen Vergleich – überdurchschnittlich jungen irischen Bevölkerung sowie auf einen nunmehr seit Jahrzehnten andauernden Arbeitsfrieden. 1998 wurde mit *Enterprise Ireland* (EI) noch eine weitere Dienstleistungseinrichtung geschaffen, die die Aktivitäten der ehemaligen irischen Handelskammmer und die internen Ausbildungsangebote der FAS (siehe unten) bündelt. Das Angebot von EI umfaßt vielerlei Dienstleistungs- und Serviceangebote für nationale und internationale Arbeitgeber, um einen möglichst reibungslosen Produktionsprozeß zu gewährleisten. Da sich die Aktivitäten von IDA, *Shannon Development* und EI in manchen Bereichen zu überschneiden drohen, wurde mit *Forfás* zusätzlich noch eine Agentur ins Leben gerufen, die sich der Förderung von Wirtschaft, Wissenschaft und Technologie als Voraussetzung für weiteren ökonomischen und sozialen Fortschritt in Irland zu widmen hat (so die Selbstdarstellung in: www.forfas.ie). Dabei handelt es sich um ein nach Maßgabe der *Industrial Development Bill* (1998) geschaffene Körperschaft, die als Schnittstelle zwischen Regierung, IDA und EI dient und so potentiellen (via IDA) bzw. tatsächlichen (via EI) Investoren als Kommunikationskanal zur Regierung dient. Im Vorstand von *Forfás* sind jedoch nicht nur Regierung, IDA, EI und FAS durch ihre jeweiligen Direktoren vertreten, sondern neben der Industrie noch die Nationalökonomie, Wirtschaftswissenschaften und Rechtswissenschaften durch renommierte Wissenschaftler. *Forfás* hat sich unter anderem dafür eingesetzt, die einschlägige Forschungsarbeit in Irland zu verbessern. Auf Regierungsbeschluß wurde daher im Jahr 2000 mit der *Science Foundation Ireland* (SFI, www.sfi.ie) eine Stiftung ins Leben gerufen, die für den Zeitraum 2000-2006 mit einem Stiftungsvolumen in Höhe von IR£ 500 Millionen ausgestattet wurde und dieses ausschließlich zur Förderung zukunftsorientierter Forschung verwenden soll.

Noch in den 1970er Jahren war das Verhältnis zwischen Arbeitgebern und Arbeitnehmern wie anderswo in Europa keineswegs frei von Spannungen. Ungenehmigte Arbeitsniederlegungen, Konflikte zwischen einzelnen Gewerkschaften und Arbeitskämpfe in Grundlagenbereichen wie der irischen Energiewirtschaft waren an der Tagesordnung. Zur Verbesserung des Arbeitsklimas schuf das Arbeitsministerium daher im Jahre 1978 einen Ausschuß, der sich mit der Frage der Verbesserung der irischen Arbeitsbeziehungen befassen sollte *(Commission of Inquiry on Industrial Relations,* CIR). 1981 legte dieser Ausschuß seinen Abschlußbericht vor und empfahl einige strukturelle und legislative Veränderungen ebenso wie gemeinsame Anstrengungen aller beteiligter Interessengruppen zur Stabilisierung der Beziehungen zwischen öffentlicher Hand, Arbeitgebern und Arbeitnehmern. Die Empfehlungen erhielten 1989 in der *Industrial Relations Bill* einen legislativen Rahmen, der unter anderem die Einrichtung einer Gremiums vorsah, das sich ausschließlich um die Sicherstellung des Arbeitsfriedens in Irland bemühen sollte: Am 21. Januar 1991 nahm die *Labour Relations Commission* ihre Arbeit auf, in der Arbeitgeber, Arbeitnehmer, Regierung und Wissenschaft vertreten sind, um gemeinsam das Feld der Arbeitsbeziehungen zu überwachen, in Problemfällen rechtzeitige Gegenmaßnahmen ergreifen zu können und durch gezielte Forschung problematische Situationen möglichst von vornherein zu vermeiden.

Die Verbesserung der Rahmenbedingungen für Investitionen war ein Ergebnis der seit Ende der 1980er Jahren spürbar gestiegenen irischen Anstrengungen zur Beseitigung der Arbeitslosigkeit, die sich im *Programme for National Recovery* spiegelten. Aus der Sicht der beteiligten Arbeitnehmervertreter galt es jedoch auch, eine Verbesserung der Arbeitsbedingungen in den Betrieben zu erreichen. Dazu wurde im Gesetz zur Arbeitssicherheit, -gesundheit und -fürsorge *(Safety, Health and Welfare at Work Act)* von 1989 die Einrichtung der *Health and Safety Authority* (HSA) beschlossen, einer Einrichtung, in der ebenfalls Regierungs-, Arbeitnehmer- und Arbeitgebervertreter gemeinsam die Einhaltung der gesetzlich festgelegten Arbeitsschutzbestimmungen überwachen bzw. diese gegebenenfalls verbessern sollten.

Die Einrichtung der *Foras Áiseanna Saothair* (FAS) oder *Training and Employment Authority* wurde im Arbeitsdienstleistungsgesetz *(Labour Services Act)* von 1987 beschlossen und nahm im Januar 1988 ihre Arbeit auf. Im Vorstand der FAS sind ebenfalls die einschlägigen Verbände und Regierungsbehörden vertreten. Sie regeln die Tätigkeit der knapp 2.000 festangestellten Ausbilder, die in 20 Ausbildungszentren und 49 Büros betriebliche bzw. betriebsorientierte Ausbildungsmaßnahmen durchführen, Firmen personalpolitisch beraten und bei der Auswahl geeigneter Arbeitskräfte behilflich sind. Die *FAS International Consulting Ltd.* wurde darüber hinaus als international operierende Marketingagentur zur Vermarktung von Fachwissen in ausbildungs- und beschäftigungspolitischen Angelegenheiten eingerichtet.

Die Rechte der einzelnen Arbeitnehmer regeln der *Employment Equality Act* (1998) und der *Equal Status Act* (2000). Die Gesetze sehen vor, daß keine Person wegen ihres Geschlechts oder aus Altersgründen, wegen des Familienstatus, aufgrund von Behinderung oder Rassenzugehörigkeit, wegen ihrer sexuellen Orientierung, ihres religiösen Bekenntnisses oder der Zugehörigkeit zum „Fahrenden Volk" *(Traveller Community)* am Arbeitsmarkt bzw. am Arbeitsplatz benachteiligt werden darf. Die Einhaltung der entsprechenden Vorschriften überwacht die *Equality Authority*, eine unabhängige Körperschaft, die im Oktober 1999 als Nachfolgerin der *Employment Equality Agency* ihre Arbeit aufnahm. In ihrem Vorstand sind wiederum die Arbeitgeber- und -nehmerorganisationen, die jeweiligen Interessenverbände sowie die Regierung vertreten. Kraft Amtes haben sie darüber zu wachen, daß die einschlägigen Gesetzesvorschriften eingehalten werden und daß die Wahrung von Minderheitenrechten im Arbeitsleben zu einem selbstverständlichen Bestandteil der Beschäftigungspolitik in Irland wird. Das jedoch setzt eine Verbreiterung des Bewußtseins um die Besonderheiten von Minderheitenfragen voraus, ebenso die Anerkennung der Pluralität der irischen Gesellschaft, zwei Aufgaben, deren Lösung gleichfalls der *Equality Authority* übertragen wurde.

Bereits 1960 wurde das Economic Research Institute mit Hilfe der New Yorker Ford-Stiftung als eine Nonprofit-Forschungseinrichtung ins Leben gerufen. Die Einrichtung des Instituts sollte dafür Sorge tragen, daß die irischen Wirtschaftswissenschaften stets auf dem neuesten Forschungsstand waren und daß diese Erkenntnisse unmittelbar zur Verbesserung der irischen Nationalökonomie genutzt wurden. Auf Empfehlung der UNO wurde 1966 der zunächst ausschließlich auf die Wirtschaftswissenschaften ausgerichtete Forschungsauftrag durch den Einbezug einer sozialwissenschaftlichen Komponente ergänzt und das Institut dementsprechend in *Economic and Social Research Institute* (ESRI) umbenannt. Heute sind 35 Ökonomen und Sozialwissenschaftler im ESRI mit Forschungsaufgaben befaßt, noch einmal so viele Personen im technischen Bereich und der Verwaltung tätig. Ihm steht ein 30-köpfiger Verwaltungsrat vor, in dem sowohl Mitarbeiter des Instituts als auch Repräsentanten der Wirtschaft, der Gewerkschaften, der Regierung, anderer einschlägiger staatlicher Organe, der Universitäten und der Wissenschaft vertreten sind. Ein vom Verwaltungsrat eingesetztes Exekutivkomitee nimmt die Aufgaben des geschäftsführenden Vorstands wahr.

2.1. Unternehmerverbände

Die 1993 aus dem Zusammenschluß der *Confederation of Irish Industries* (CII) und der *Federal Union of Employers* (FUE) hervorgegangene *Irish Business and Employers Confederation* (IBEC) vertritt etwa 7.000 Firmen und Organisationen aus allen Bereichen des irischen Wirtschaftslebens. Zu ihren zentralen Aufgaben zählt der Schutz und die Beförderung von Unternehmerinteressen durch den Erhalt günstiger ökonomischer Rahmenbedingungen (wie zuvor die CII), dabei vertritt sie die Interessen ihrer Mitglieder aber aktiv gegenüber Regierung, öffentlichen Einrichtungen, Gewerkschaften, anderen Verbänden und der Öffentlichkeit (wie vormals die FUE, deren Strukturen und Tätigkeitsfelder sich in vielerlei Hinsicht in der IBEC wiederfinden). Das trifft beispielsweise auch für die irischen Wirtschaftsinteressen in der Europäischen Union zu, dafür unterhält sie heute mit dem *Irish Business Bureau* eine eigene Repräsentanz in Brüssel. Darüber hinaus bietet die IBEC ihren Mitgliedern Hilfeleistungen in unternehmerrelevaten Fragen wie Beziehungen zu Arbeitnehmern, Beschäftigung, Steuerrecht, Wettbewerbsfragen, Umweltschutz, Handels- und Transportwesen an. Um eine möglichst flächendeckende Betreuung ihrer Mitglieder zu gewährleisten, unterhält die IBEC neben ihrer Dubliner Zentrale noch Regionalbüros in Cork, Waterford, Limerick, Galway und Donegal Town.

Während die IBEC grundsätzlich und uneingeschränkt für Unternehmen und Organisationen aus dem gesamten Geschäfts- und Industriesektor offen steht, hat sich die irische Bauwirtschaft mit der *Construction Industry Federation* (CIF) einen eigenen Dachverband geschaffen. Da sich der Auftragswert auf dem irischen Bausektor seit 1995 infolge des nachhaltigen Wirtschaftswachstums mehr als verdoppelt hat – 2000 betrug er IR£ 14 Mrd. –, kommt dem 1935 gegründeten und lange Zeit nicht sonderlich einflußreichen Verband heute eine Schlüsselrolle zu. In der Dubliner Zentrale werden die über 3.000 Mitglieder aus allen Bereichen des Hoch- und Tiefbauwesens verwaltet, 12 Regionalbüros nehmen die Interessen des Verbandes und seiner Mitglieder in allen

Teilen des Landes wahr. Darüber hinaus arbeitet die CIF über 37 Assoziationsabkommen mit verwandten Branchen eng zusammen. Angesichts dieser Schlüsselstellung kann es nicht überraschen, daß die CIF neben der IBEC bzw. deren Vorläuferorganisationen die irischen Arbeitgeberinteressen im Rahmen der vier Partnerschaftsprogramme seit 1987 vertreten hat. In diesem Zusammenhang wäre auch noch auf die Beteiligung zweier anderer Arbeitgeberorganisationen hinzuweisen, der *Small Firm's Association*, der Vereinigung der irischen Kleinunternehmer, sowie der *Irish Exporter's Association*, dem Dachverband der irischen Exportwirtschaft.

Die irische Finanzwirtschaft hat sich 1973 mit der *Irish Bankers' Federation* (IBF) einen eigenen Dachverband geschaffen, dem heute 56 Finanzdienstleistungsunternehmen angehören (www.ibf.ie). Die IBF dient als Schnittstelle zwischen dem irischen Bankenwesen, der darüber hinausgehenden Finanzwirtschaft und der Regierung. Auch soll es die Interessen der irischen Finanzwirtschaft angemessen im Ausland vertreten; besonderes Gewicht wird dabei dem eigenen IBF-Büro in Brüssel sowie der Mitgliedschaft in der *European Banking Federation* beigemessen. Mit dem *Institute of Bankers in Ireland* (www.institute-of-bankers.com) verfügt die irische Finanzwirtschaft darüber hinaus seit 1898 über eine traditionsreiche Einrichtung zur Schulung des in der Finanzwirtschaft tätigen Personals. Dabei wird das Institut ausschließlich auf private Initiative betrieben, ihm gehören heute über 18.000 Einzelmitglieder und 29 Körperschaften an.

2.2. Gewerkschaften

Wie angedeutet, ist die Geschichte des irischen Gewerkschaftswesens sowohl mit der Geschichte der anglo-irischen Union als auch mit dem Kampf um nationale Unabhängigkeit des Landes eng verknüpft. Zwischen der Mitte des 19. Jahrhunderts und der Teilung des Landes in Folge des anglo-irischen Vertrages hatte sich das irische Gewerkschaftswesen am britischen Vorbild orientiert. Gleichzeitig beteiligten sich irische Gewerkschaften mit einer eigenen paramilitärischen Einheit, der *Citizen Army*, am Kampf um die nationale Unabhängigkeit des Landes. Ihr Führer, der prominente irische Gewerkschaftler James Connolly, zählte zu den Erstunterzeichnern der Unabhängigkeitserklärung von 1916, deren Proklamation den Anfang vom Ende britischer Herrschaft über den größten Teil Irlands bedeutete. Da Connolly zudem nach dem Scheitern des Aufstandes zu dem Kreis der Anführer gehörte, die von der britischen Justiz wegen Hochverrats zum Tode verurteilt und hingerichtet wurden, ist sein Name untrennbar mit dem irischen Unabhängigkeitskampf verbunden. Dennoch stellte die irische Teilung nach 1921 für die auf gesamtirischer Basis organisierten Gewerkschaften ein großes Problem dar, zumal bei jenen, die als irische Dependencen britischer Verbände dienten. Aufgrund der engen Verflechtung mit dem irischen Nationalismus wurden die Führer aller irischen Gewerkschaften mit der Forderung konfrontiert, in Analogie zur staatlichen Unabhängigkeit auch genuin irische Gewerkschaften zu schaffen. Dagegen widersetzte sich die nordirisch-unionistische Arbeiterschaft entschlossen jeder offensichtlich nationalistischen Einflußnahme auf den Gewerkschaftsdachverband. In diesem Spannungsfeld divergierender politischer Interessen entstand in den Folgejahren eine Reihe von rein südirischen Gewerkschaften, die Mitte der 30er Jahre bereits die Hälfte der im *Irish Trades Union Congress* (ITUC) zusammengeschlossenen Einzelgewerkschaften ausmachten. 1944 trennten sich 18 gesamtirische organisierte Gewerkschaften vom ITUC und gründeten den *Irish Congress of Trade Unions* (ICTU).

Heute sind insgesamt 81 Einzelgewerkschaften in diesem gesamtirischen Gewerkschaftsdachverband organisiert, dazu gehören auch britische Gewerkschaften, die in Nordirland vertreten sind. Zusammen repräsentieren sie etwa 725.000 Arbeitnehmerinnen und Arbeitnehmer beiderseits der inneririschen Grenze. Der Anteil der weiblichen Mitglieder der im ICTU zusammengeschlossenen Gewerkschaften lag im Jahre 1999 bei 44 Prozent (www.ictu.ie). 48 Einzelgewerkschaften sind in der Republik Irland ansässig und zählen über 521.000 Mitglieder, 33 Gewerkschaften mit etwa 205.000 Mitgliedern haben ihren Sitz in Nordirland oder verfügen dort über regionale Büros. Aufgrund der grenzübergreifenden Tätigkeit hat der ICTU bis heute keine öffentliche Stellungnahme zur Frage der irischen Teilung abgegeben, auch vermeidet die ICTU-Führung im Gegensatz zum britischen TUC jede allzu offensichtliche Anlehnung an eine politische Partei. Allerdings spiegelt sich die irische Nationalgeschichte auch in der heutigen Gewerkschaftslandschaft insofern, als die aus dem republikanischen Flügel der *Sinn Féin* hervorgegangene *Fianna Fáil* aufgrund ihrer historischen Nähe zum Nationalismus Connolly'scher und Larkin'scher Prägung einen zahlenmäßig größeren Arbeiteranteil vertritt als die irische Labour-Partei. Manche Einzelgewerkschaften arbeiten heute allerdings ausdrücklich eng mit Labour zusammen.

Die Gewerkschaftsarbeit in Irland betrifft die klassischen Felder wie Schutz und Verbesserung der Arbeitsbedingungen sowie die Entlohnung. Dabei sind auch die Gewerkschaften in das korporative irische Politiksystem eingebunden. Dieses gewann zwischen 1959 und 1982 im *National Wage Agreement (NWA)*, einer irischen Sonderform der „konzertierten Aktion", geradezu institutionellen Charakter. Im NWA hatten sich Regierung, Arbeitgeber und Gewerkschaften zusammengefunden, um für alle Bereiche der irischen Ökonomie Tariffragen zu klären. Die Zugehörigkeit zum NWA erwies sich besonders in den Jahren 1979 und 1980 für die Gewerkschaften als vorteilhaft, da aufgrund der schwierigen Wirtschaftslage die Fianna Fáil-Regierung keinen Streik riskieren wollte und sich daher mit einer Ausweitung des NWA auf andere Bereiche wie Arbeitsplatzbeschaffung, Besteuerung der Landwirte und Verbesserung der Sozialfürsorge einverstanden erklärte. Allerdings sollte sich dieser Erfolg des ICTU nach nur kurzer Zeit als ein Pyrrhus-Sieg erweisen, da nach dem Regierungswechsel von 1982 das Koalitionskabinett das NWA aufkündigte und damit den Gewerkschaften eine schon klassische Aktionsplattform entzog. Daran konnte auch die gewerkschaftliche Beteiligung an den neuen Einrichtungen zum gesamtgesellschaftlichen Krisenmanagement wie dem *Programme for National Recovery* und seinen Nachfolgern bis hin zum *Programme for Prosperity and Fairness* nichts ändern, denn an der Ausarbeitung dieser nationalen Programme waren und sind deutlich mehr Organisationen und Institutionen beteiligt als seinerzeit am NWA. Dessen Lohnerhöhungsbeschlüsse konnten die Gewerkschaften regelmäßig beinahe exklusiv als Erfolge für sich reklamieren. Die Kehrseite solcher Erfolge lag freilich darin, daß die Haushaltsdefizite zwischen 1979 und 1982 regelmäßig die Regierungsschätzungen weit übertrafen (Lee 1989: 502).

Tabelle 1:   Übersicht über die im *Irish Congress of Trade Unions* organisierten
               Gewerkschaften

Branche	Republik Irland		Nordirland	
	Anzahl insg.	Mitglieder insg.	Anzahl insg.	Mitglieder insg.
Branchenübergreifend	2	208.704	3	53.991
Bildung und Offentlicher Dienst	11	110.395	10	87.610
Post- und Telekommunikation	1	19.600	1	6.688
Elektrizität, Ingenieurwesen	2	39.820	2	23.946
Bauwesen	4	23.612	1	2.840
Andere Industriebereiche	3	8.198	3	3.287
Transport, Verkehr und Handel	7	42.224	4	7.229
Angestellte, Dienstleistungsbereich	12	67.722	9	19.319
Andere	6	761	–	–
Gesamt	**48**	**521.036**	**33**	**204.910**

Quelle: Irish Congress of Trade Unions (www.ictu.ie) und eigene Berechnungen.

- Branchenübergreifende Gewerkschaften:[1] Die *Services, Industry, Professional, Technical Union* (SIPTU) vertritt als größte irische Einzelgewerkschaft allein über 200.000 Mitglieder. Sie ist 1990 aus einer Fusion der *Irish Transport and General Workers' Union* (ITGWU) und der *Federated Workers' Union of Ireland* (FWUI) hervorgegangen. Zusammen mit der irischen Dependence der britischen *Amalgamated Transport and General Workers' Union* (T&G) als der zweitgrößten irischen Einzelgewerkschaft repräsentiert die SIPTU etwa ein Drittel aller gewerkschaftlich organisierten irischen Arbeitnehmer. Dabei versteht sie sich als eine moderne Gewerkschaft, die einen Teil der irischen Gesellschaft repräsentiert, deren Strukturen den Mitgliedern zur demokratischen Entscheidungsfindung offen stehen, die zugleich das organisationsstrukturelle Gewicht zur Durchsetzung eigener Interessen im Rahmen eines demokratischen Entscheidungsfindungsprozesses nutzen können. Doch trotz ihres Bekenntnisses zur modernen Gewerkschaftsarbeit verleugnet die SIPTU ihre Wurzeln nicht, sondern stellt sich ausdrücklich in die Tradition der ITGWU einschließlich ihrer Beteiligung am irischen Unabhängigkeitskampf. Daß sich die ITGWU wie viele andere irische Körperschaften über die Haltung zum anglo-irischen Abkommen von 1921 spaltete, wird nicht verschwiegen – schließlich wurde von den Vertragsgegnern aus den Reihen der ITGWU im Jahre 1924 eine neue, dezidiert republikanische Gewerkschaft, die *Federated Workers' Union of Ireland* (Larkin 1989: 253-274) gegründet. Somit war die Schaffung der SIPTU im Jahre 1990 nichts anderes als eine Rückkehr zu den gemeinsamen Wurzeln. Das kann zugleich als Symbol dafür gewertet werden, daß die jahrzehntelang die irische politische Landschaft bestimmende Fragen nach der Haltung zum Vertrag von 1921 Ende des 20. Jahrhunderts zugunsten anderer, aktuellerer Probleme an Gewicht verloren hat.

- Bildung: Die *Irish National Teacher's Organisation* (INTO), 1868 als *Irish National Teachers' Association* aus dem Zusammenschluß von 71 lokalen Lehrerverbänden hervorgegangen, um den Forderungen ihrer Mitglieder nach besserer Aus-

---

1   Im weiteren sind nur die irischen oder in Irland tätigen Gewerkschaften aufgelistet, die dem ICTU angehören. Auf andere Gewerkschaften wird nicht eingegangen.

bildung und Bezahlung sowie einer Verbesserung des Kündigungsschutzes größeren Nachdruck zu verleihen, vertritt heute über 26.000 Mitglieder in ganz Irland (in der Republik ausschließlich aus dem Primar-, in Nordirland auch aus den Sekundarbereich). Damit ist INTO der größte Interessenverband in dieser Gruppe. Vornehmlich den Interessen der Sekundarstufenlehrer widmet sich die 1909 gegründete *Association of Secondary Teachers of Ireland* (ASTI, 16.000 Mitglieder), während die *Teachers' Union of Ireland* (TUI, 11.000 Mitglieder) neben dem Sekundarbereich auch dem tertiären Bildungssektor offen steht. Ausschließlich hochschulbezogen arbeitet die *Irish Federation of University Teachers* (IFUT, gesamtirisch), während die *National Association of Teachers of Further and Higher Education* (NATFHE) und die *Association of University Teachers* (AUT) ihre Wirkungsbereiche vorwiegend auf Nordirland beschränken.

- Öffentlicher Dienst: Unter den Gewerkschaften des öffentlichen Dienstes ist die 1991 aus einer Vereinigung von drei Einzelgewerkschaften hervorgegangene *Irish Municipal, Public, and Civil Trade Union* (IMPACT) mit über 37.000 Mitgliedern (nur Republik Irland) die größte. Sie vertritt Mitgliederinteressen aus dem gesamten öffentlichen Dienstbereich. Mit 7.000 Mitgliedern ist die 1890 gegründete *Public Service Executive Union* (PSEU) deutlich kleiner, allerdings auch exklusiver, da sie sich ausschließlich den Interessen von leitenden Angestellten im öffentlichen Dienst der Republik Irland widmet. Die anderen in dieser Rubrik genannten Gewerkschaften sind entweder bestimmten Berufsgruppen vorbehalten oder vornehmlich in Nordirland tätig (z.B. die britische UNISON).

- Post- und Telekommunikation: Bezogen auf die Republik Irland nimmt die *Communications Workers' Union of Ireland* (CWU) mit 20.000 Mitgliedern eine Exklusivstellung in diesem Bereich ein. Hauptsächlich gehören ihr Betriebsangehörige von *An Post* (der irischen Post) und *eircom* (Telekommunikation) an, wenngleich sie sich in den letzten Jahren auch für Mitarbeiter privater Dienstleistungsunternehmen aus diesem Sektor geöffnet hat (so z.B. UPS oder Interlink bzw. anderen Unternehmen aus dem Telekommunikations- und Internetbereich). Damit möchte sie den sich ständig veränderten Arbeitsbedingungen in diesem Tätigkeitsfeld Rechnung tragen und zukunftsweisende Handlungsstrategien entwickeln.

- Elektrizität, Ingenieurwesen, Bauwesen, andere Industriegewerkschaften: Ein Vergleich dieses Sektors mit den vorstehenden gewerkschaftlichen Tätigkeitsbereichen zeigt, daß die ihm angehörenden Gewerkschaften in einem deutlich größeren Maß grenzübergreifend tätig sind. Während sich im öffentlichen Dienst, der Bildungs- und in der Kommunikationsbranche die Mehrzahl der Gewerkschaften entweder auf die Republik Irland, auf Nordirland oder auf einzelne, eng umrissene Berufsfelder beschränken, handelt es sich bei der größten Gewerkschaft dieses Sektors, der *Amalgamated Engineering and Electrical Union* (AEEU), um den irischen Zweig einer britischen Gewerkschaft. Die ausschließlich irisch-republikanische *Technical Engineering and Electrical Union* (TEEU) folgt erst an zweiter Stelle, die *Building and Allied Trades Unions* (BATU) operiert wiederum gesamtirisch auf dem Bausektor, ebenso die *Union of Construction, Allied Trades and Technicians* (UCATT). Bei der größten der anderen Industriegewerkschaften, der *Graphical Paper and Media Union* (GPMU), handelt es sich um den irischen Zweig einer auf beiden britischen Inseln operierenden Gewerkschaft, die sich in Irland einer größeren Anhängerschaft erfreuen kann als das irische Äquivalent, die *Irish Print Union*. Die im Lebensmittel- und Textilbereich tätigen Gewerkschaften hingegen sind genuin irische Körperschaften, allerdings bietet die *Guinness Staff Union* auch Mitarbeitern in britischen Betriebsstätten der Firma ihre Dienste an.

• Transport, Verkehr und Handel: Die auf diesem Sektor führende Gewerkschaft ist
  MANDATE, die 1994 aus der Verschmelzung der IDATU und INUVGATA entstand. Sie vertritt primär die Angestellten der großen irisch-britischen Super-
  marktketten wie Superquinn, Tesco, Roches Stores oder Dunnes Stores.

• Angestellte, Dienstleistungsbereich: Bei den Gewerkschaften dieses Bereichs handelt es sich zumeist um Vertretungen klar definierter Berufsgruppen. Zu den tra-
  ditionsreichsten Organisationen dieser heterogenen Gruppe zählt die *Irish Medical Organisation* (IMO), deren längste historische Wurzeln bis zu der bereits 1839
  gegründeten *Irish Medical Association* (IMA) zurückreichen. 1936 ging die IMA
  in der *Irish Free State Medical Union* auf, der Vorläuferorganisation der 1950 gegründeten *Medical Association of Ireland* (MAI), von der sich 1957 vor dem Hintergrund eines berufsständischen Disputs mit der Regierung die *Irish Medical Union*
  (IMU) trennte. Eine Wiedervereinigung beider Zweige fand 1984 unter dem Dach
  der IMO statt. Bei der *National Union of Journalists* (NUJ) handelt es sich um den
  irischen Zweig der britischen Hauptgewerkschaft, die sich selber das Attribut
  „weltgrößte Journalistengewerkschaft" verliehen hat (25.000 Mitglieder in England, Schottland, Wales und Irland). Zu den wohl ungewöhnlichsten Mitglieder-
  gewerkschaften des ICTU zählt die *Institution of Professional Managers and Spe-
  cialists*, einer in London ansässigen „Managergewerkschaft", die ebenfalls über
  eine Dependance in Irland verfügt.

• Andere Gewerkschaften: Hier handelt es sich um Klein- und Kleinstgruppen aus
  den Bereichen Kunst und Unterhaltung. Alle sechs Gewerkschaften zusammenge-
  nommen verfügten zu Beginn des Jahres 1999 nur über 761 Mitglieder.

2.3. Landwirtschaft

Die Landwirtschaft verfügt seit der Existenz des unabhängigen irischen Staates über
einen der maßgeblichen Interessenverbände der Gesellschaft. Der ungewöhnlich große
Einfluß ist zurückzuführen auf die Bedeutung der Landwirtschaft im gesamtwirtschaftlichen Kontext des Landes. Bis weit in die 30er Jahre hinein hing das irische
Wirtschaftssystem fast ausschließlich von der Landwirtschaft ab, noch 1983 lag der
Anteil von Agrarerzeugnissen am irischen Export bei 19,8 Prozent. Bei einer Steigerung des Gesamtexportvolumens zwischen 1983 und 1995 um ca. 110 Prozent betrug
der Anteil von Agrarerzeugnissen Mitte der 1990er Jahre immer noch 10,6 Prozent.
Trotz der nach wie vor vorhandenen Bedeutung der Agrarwirtschaft für die irische Nationalökonomie ist ihr Stellenwert im Gesamtkontext in den zurückliegenden 25 Jahren
kontinuierlich gesunken. Das betrifft primär die Anzahl der in der irischen Landwirtschaft Beschäftigten, die von ca. 237.000 im Jahre 1975 auf 139.000 im Jahre 1995
sank, bei weiter fallender Tendenz. Im Vergleich dazu blieb der Gesamtumsatz der
Agrarwirtschaft relativ stabil, zwischen 1994 und 1998 ging er lediglich von 3,4 auf
3,3 Mrd. IR£ zurück. Hieran wird deutlich, daß dieser Wirtschaftszweig nach wie vor
einen wesentlichen Beitrag zum Wohlstand des Landes leistet. Unabhängig davon
wurde der verhältnismäßig starke Rückgang der im Agrarsektor Beschäftigten in den
einschlägigen Interessenverbänden im Sorge betrachtet.

Die irischen Landwirte sind im wesentlichen in zwei nationalen Dachverbänden
zusammengeschlossen:

Irish Creamery Milk Suppliers' Association (ICMSA)

Die ICMSA wurde 1950 als Interessenverband der irischen Milchproduzenten gegründet, nachdem der damalige Landwirtschaftsminister eine Senkung des Milchpreises angekündigt hatte. Innerhalb kurzer Zeit schlossen sich über 100.000 Milchbauern der Organisation an, die damit innerhalb weniger Monate zu einer einflußreichen Lobby wurde. Vor dem Hintergrund des Strukturwandels auch der irischen Landwirtschaft und wegen der Gründung konkurrierender Berufsverbände konnte die Mitgliederstärke des Gründungsjahres nicht lange beibehalten werden. Doch auch wenn sich das Tätigkeitsfeld der ICMSA auf verwandte Bereiche ausdehnte, zählt der Verband heute nur noch etwa 40.000 Mitglieder. Sie gehören einer als konservativ geltenden Organisation an, die sich auch weiterhin als Hüterin der Idee des Familienbetriebes fühlt und daher gegenüber den Modernisierungsprogrammen der Europäischen Union skeptisch eingestellt ist.

Schaubild 1: Die Organisationsstruktur der ICMSA

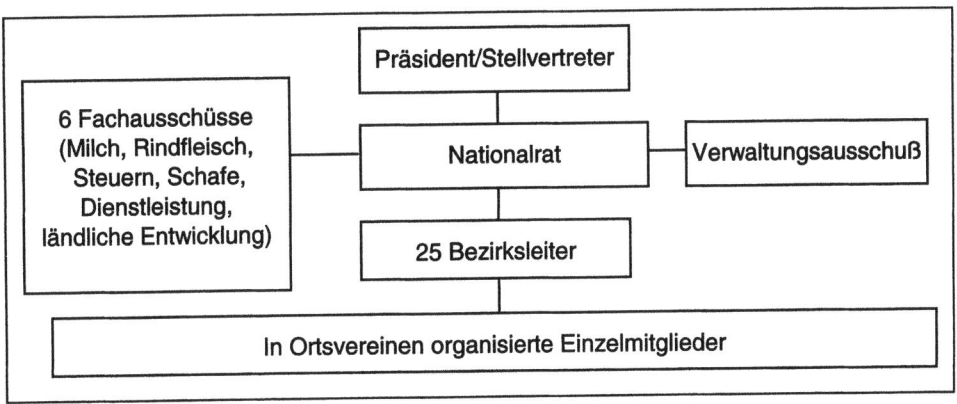

Die individuellen Mitglieder der ICMSA sind in Ortsvereinen organisiert, die ihrerseits in Bezirken (zumeist analog zu den Grafschaften der Republik) zusammengefaßt sind und von Bezirksvorsitzenden geleitet werden. Im Zentrum der ICMSA-Organisationsstruktur steht jedoch der Nationalrat mit seinen 61 Mitgliedern, der etwa achtmal jährlich zusammentritt, um über die Verbandspolitik zu beraten. Darüber hinaus ist er zuständig für die Wahl des Präsidenten und seines Stellvertreters. Der Präsident wiederum steht dem Verwaltungsausschuß vor, der für die Geschäftsführung des Verbandes zuständig ist und etwa monatlich tagt. Zu Schulungs- und Beratungszwecken für die Mitglieder hat der Nationalrat sechs Fachausschüsse eingerichtet.

Irish Farmers' Association (IFA)

Während sich die ICMSA vornehmlich für Mitglieder aus den Bereichen Milchproduktion und Viehzucht zuständig fühlt, bietet die *Irish Farmers' Association* (IFA) allen Landwirten Irlands, unabhängig davon, ob sie sich der Milchwirtschaft, Viehzucht oder Ackerbau widmen, ein institutionelles Dach. Der Verband, der sich heute auf etwa 85.000 Mitglieder stützen kann (Ende der 1980er Jahre betrug die Zahl noch 150.000), wird oft als Irlands effektivste Lobby bezeichnet. Er ist 1971 hervorgegangen aus der

Vereinigung der 1955 gegründeten *National Farmers' Association* (NFA), der *Irish Sugar Beet Growers' Association*, der *Leinster Milk Producers* und der *Cork Milk Producers*. Von vornherein war die NFA der Regierung mit größerer Entschiedenheit entgegengetreten als die ICMSA. Der NFA ging es dabei primär um das Recht des Verbandes, seine Mitglieder in direkten Verhandlungen mit der Regierung wie mit den Konsumenten zu vertreten. Darüber hinaus zählte die Forderung nach einer gerechteren Besteuerung der Landwirte zu den Grundforderungen des Verbandes, der sich zugleich um eine angemessene Schulung seiner Mitglieder bemühte. Bei der Durchsetzung dieser und anderer Forderungen scheute die NFA nicht vor einer Konfrontation mit der Regierung zurück, insbesondere in den 1960er Jahren kam es angesichts hoher Zinsen bei fallenden Einkommen über das Scheitern der Regierung bei der Einrichtung einer Vermarktungsagentur für irische Agrarerzeugnisse zu heftigen Auseinandersetzungen zwischen Landwirten und Polizei im Dubliner Regierungsviertel. Die Regierung gab dem Drängen der NFA nach und rief mit der *Irish Agriculture and Food Development Authority* (Teagasc) eine Einrichtung ins Leben, die sich seither gezielt um eine Verbesserung der Schulung von angehenden Landwirten, um gezielte Fachberatung und um eine Förderung agrarwissenschaftlicher Forschung bemüht.

Noch heute ist die IFA als Nachfolgerin der NFA davon überzeugt, durch ihre Lobby-, Beratungs- und Schulungsarbeit dazu beigetragen zu haben, daß die irische Landwirtschaft in den vergangenen 50 Jahren einen erheblichen Produktivitätszuwachs verzeichnen konnte. Die 1987 ausgesprochene Einladung der Regierung an die IFA, an den Verhandlungen zum *Programme of National Recovery* teilzunehmen, wurde vom Verband daher auch als Anerkennung für die zuvor geleistete Arbeit empfunden. Die Rolle als „armer Verwandter" der Arbeitgeber und Gewerkschaften sei damit beendet worden, seither habe die IFA als gleichberechtigter Sozialpartner an der Ausgestaltung der entsprechenden Folgeprogramme mitgewirkt (www.ifa.netc.net).

Schon vor dem irischen EG-Beitritt hatte die IFA die Zeichen der Zeit erkannt und ein eigenes Büro in Brüssel eröffnet. Im Gegensatz zur ICMSA gab es in der Führung der IFA niemals Einwände gegen eine marktorientierte Landwirtschaft im europäischen Maßstab, im Gegenteil lautete die mit Nachdruck vertretene These der IFA seit 1971, daß Irlands Zukunft in Europa liege. Aufgrund der frühen Hinwendung nach Europa profitierte die IFA in den ersten Jahren der irischen EG-Mitgliedschaft besonders von dem Boom, den die Landwirtschaft erlebte, und konnte ihre ohnehin schon starke Organisation weiter festigen. Dabei scheute die Verbandsführung nicht vor direkten Auseinandersetzungen mit Brüssel zurück, wie beispielsweise 1983, als sich die IFA der Brüsseler Quotenregelung widersetzte und unter dem Hinweis auf die besondere Rolle der irischen Milchwirtschaft deutlich höhere Milchquoten für Irland erreichen konnte. Nicht zuletzt deshalb gilt die IFA heute als eigentlicher Kommunikationskanal zwischen Landwirtschaft und Regierung bzw. den Gewerkschaften und anderen Verbänden.

Das zentrale Organ der IFA ist der Nationalrat. Ihm gehören Vertreter der 29 Bezirksvorstände ebenso an wie die Vorsitzenden der Bezirksvorstände, Delegierte der Bezirksausschüsse und -sektionen, des Nationalausschusses und des Vorstandes. Der Nationalrat tagt etwa zehnmal pro Jahr unter der Leitung des Präsidenten. Der Geschäftsführende Vorstand setzt sich zusammen aus dem Präsidenten, seinem unmittelbaren Vorgänger, seinem Stellvertreter, vier regionalen Vizepräsidenten, dem Generalsekretär, dem Schatzmeister und zwei weiteren hochrangigen Funktionären. Er steht dem Präsidenten beratend zur Seite. Der Nationalausschuß ist gebildet aus den Vorsitzenden der Bezirksausschüsse und –sektionen und dem Geschäftsführenden Vorstand. Alle IFA-Funktionäre werden grundsätzlich nur für einen Zeitraum von sechs Jahren gewählt, danach müssen sie zurücktreten. Eine direkte Wiederwahl ist nicht möglich.

Schaubild 2: Die Organisationsstruktur der IFA

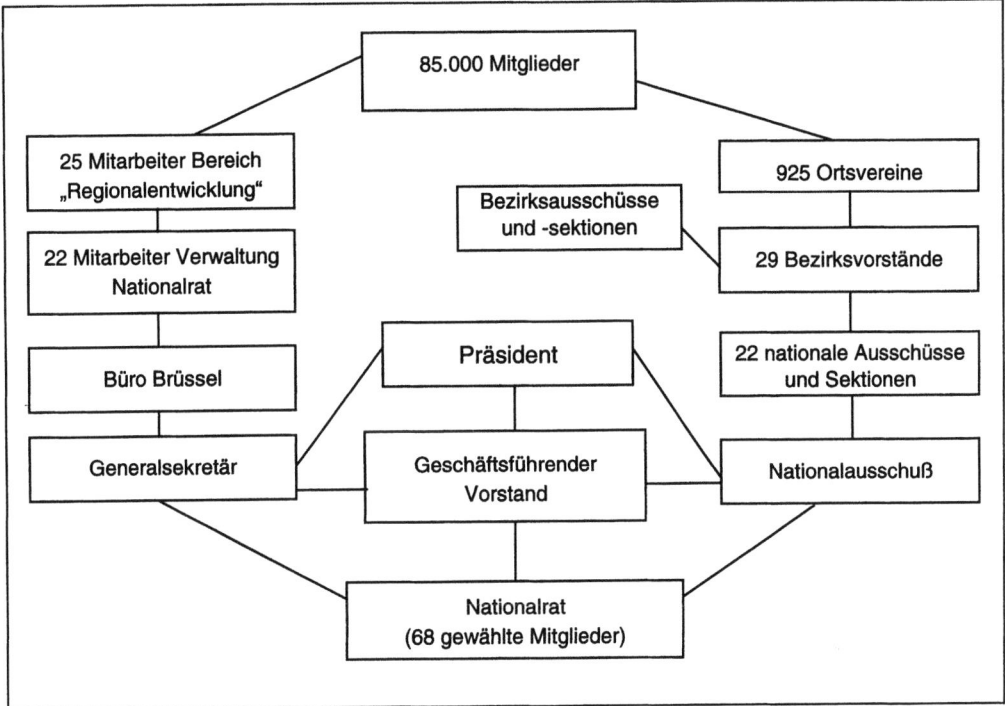

2.4. Tourismus

Der Tourismus zählt schon seit längerem zu den wichtigen irischen Wirtschaftszweigen. 1998 betrug die Summe des von Touristen in Irland ausgegebenen Geldes fast IR£ 2,3 Mrd., der Anteil des Tourismus am irischen Bruttosozialprodukt stieg zwischen 1988 und 1998 von 5,4 Prozent auf 6,4 Prozent. Knapp 130.000 Iren – und damit über 8 Prozent aller irischen Beschäftigten – waren 1998 in der Tourismusbranche vollzeit-, weitere 70.000 teilzeitbeschäftigt. Das Produkt „Irland" wird weltweit vom irischen Tourismusverband, dem bereits in den 1930er Jahren gegründeten *Bord Failté* oder *Irish Tourist Board* vermarktet (www.travel.ireland.ie). Der Verband mit seinem Hauptsitz in Dublin beschäftigt 239 Mitarbeiter und wird von der Regierung teilfinanziert. Gemeinsame Aktivitäten mit Partnern aus der einschlägigen Industrie bieten eine weitere Einkommensquelle. Um eine angemessene Betreuung der Irland-Reisenden zu gewährleisten, wurde 1963 mit CERT eine Agentur eingerichtet, die sich besonders um die Aus- und Weiterbildung des in der Tourismusbranche beschäftigten Personals kümmert. In sieben regionalen Ausbildungszentren werden jährlich etwa 11.000 Voll- und Teilzeitkräfte geschult, darüber hinaus verfügt CERT über eigene Hotelfachschulen und bietet in der Tourismusbranche tätigen Betrieben für interne Ausbildungsmaß-

nahmen eigens erstelltes Schulungsmaterial an. Die CERT-Schulungsmaßnahmen unterliegen der Kontrolle des *National Tourism Certification Board* (NTCB), das unter
der Ägide von CERT und dem Erziehungsministerium operiert und die Einhaltung bestimmter Standards bei den Ausbildungsmaßnahmen überwacht. Die dafür ausgestell-
ten Zertifikate werden national und international anerkannt.

2.5. Soziales

Im August 2000 war die irische Arbeitslosenquote auf 4,4 Prozent gesunken, damit besteht in der Republik Irland Vollbeschäftigung (www.cso.ie, Principal Statistics, Labour Force). Die Auswirkungen des seit nunmehr einem Jahrzehnt andauernden irischen Wirtschaftsbooms spiegeln sich nicht nur auf dem irischen Arbeitsmarkt, das
Land selber verzeichnet seit einigen Jahren einen bemerkenswerten Bevölkerungszu-
wachs, nachdem die Einwohnerzahl Irlands seit der großen Hungerkatastrophe Mitte
des 19. Jahrhunderts bis Anfang der 1960er Jahre konstant zurückgegangen war. Hatte
die geschätzte Zahl Anfang der 1840er Jahre bei knapp unter 10 Millionen (ganz Irland) gelegen, war sie als Folge von Tod und Emigration bis 1961 auf 2,8 Millionen
(Republik Irland) zurückgegangen. Seither steigt sie wieder an, der Zensus von 1996
ergab eine Einwohnerzahl von 3.626.087. Doch auch diese Zahl dürfte zwischenzeitlich überholt sein, denn aufgrund der bemerkenswerten wirtschaftlichen Wachstumsraten wird Irland heute mit einem gänzlich unbekannten Phänomen konfrontiert, dem
der Remigration von Iren, die vor dem Hintergrund der ökonomischen Krisenjahre der
1970er und 1980er Jahre ausgewandert waren und angesichts des üppigen Stellenan-
gebots heute wieder in ihre alte Heimat zurückkehren. Angesichts des Wirtschaftsbooms und seiner Folgen für die Bewohner Irlands verlieren jene Verbände zunehmend an Bedeutung, die vor dem Hintergrund deutlich schlechterer ökonomischer Rahmenbedingungen entstanden waren. Andere Organisationen aus diesem Spektrum sehen sich mit dem keineswegs einfach lösbaren Problem konfrontiert, die Rechte der
Armen in einer im Durchschnitt immer wohlhabenderen Gesellschaft zu vertreten.

Irish National Organisation of the Unemployed

Die *Irish National Organisation of the Unemployed* (INOU) wird von über 140 örtlichen Arbeitsloseninitiativen getragen, die in den zurückliegenden Jahrzehnten unter
dem Eindruck von Arbeitslosenquoten von teilweise 30 Prozent und mehr entstanden waren (Mitte der 1980er Jahre lag die Zahl landesweit noch bei ca. 20 Prozent)
(www.iol.ie/arena/webpages/inou). Das Ziel der INOU war ebenso einfach wie allum-
fassend: Elimination der Massenarbeitslosigkeit, bezahlte Vollbeschäftigung für jeden,
Verbesserung der staatlichen Fürsorgeleistungen einschließlich angemessener Lebens-
und Wohnverhältnisse sowie der medizinischen Versorgung. Darüber hinaus setzt sie
sich ein für eine Erhöhung der Mindestlöhne, eine Erhöhung der Steueruntergrenze
sowie einer angemessenen Kürzung staatlicher Miet- und Sozialbeihilfen nach Wieder-
eintritt in den Arbeitsmarkt. Sie vertritt die Interessen ihrer Klientel in den einschlägigen staatlichen Programmen wie dem *National Economic and Social Forum* (NESF)
oder dem *National Economic and Social Council* (NESC), einer 1973 von der Regierung als Nachfolgerin des 10 Jahre zuvor gegründeten *National Industrial and Economic Council* (NIEC) ins Leben gerufenen Korporation (Lee 1989: 365), in der sich Arbeitgeber, Arbeitnehmer, Landwirtschaft und andere soziale Interessenverbände ge-

meinsam mit der Regierung um eine Verbesserung der Lebens- und Arbeitsbedingungen in Irland bemühten und die als Vorläuferin des *Programme for National Recovery* und seiner Nachfolger zu sehen ist.

Combat Poverty Agency (CPA) und Focus Ireland

Die *Combat Poverty Agency* (CPA) wurde mit dem Armutsbekämpfungsgesetz (Combat Poverty Act, 1986) ins Leben gerufen. Heute bezeichnet sie sich in ihrer Selbstdarstellung als eine „kleine Organisation" mit 21 Mitarbeitern (www.cpa.ie). Ihre Vorstandsmitglieder werden vom Minister für Soziales, Gesellschafts- und Familienangelegenheiten für jeweils drei Jahre berufen, der Vorstand muß mindestens acht und darf höchstens 16 Mitglieder umfassen, die die einschlägigen privaten, kirchlichen und öffentlichen Einrichtungen und Organisationen repräsentieren. Da nach Ansicht der CPA Armut, besonders jedoch Kinderarmut trotz des wachsenden nationalen Wohlstandes immer noch ein ernstes Problem für Irland darstellt, bietet sie der Regierung und anderen Wohlfahrtseinrichtungen auf kommunaler oder regionaler Ebene kompetente Hilfe in allen Fragen an, die sich mit Aspekten der Armutsbekämpfung oder mit Maßnahmen befassen, die geeignet sind, die Lücke zwischen Arm und Reich durch eine Reform des Steuer- und Fürsorgewesens zu verkleinern.

Focus Ireland entstand aus einem 1983 durchgeführten Forschungsprojekt über nichtseßhafte Frauen in Dublin. In den Folgejahren entwickelten die Projektmitarbeiter unter Beteiligung ehemals nichtseßhafter Frauen Konzepte zur Überwindung dieser spezifischen Form der Armut und richteten ein Beratungsbüro für Betroffene ein. Daraus entwickelte sich ein Streetworker-Service, der sich vornehmlich an junge Nichtseßhafte in Dublin wendet und versucht, diesen durch die Bereitstellung einer Anlauf- und Beratungsstelle, die zugleich kostengünstige Mahlzeiten anbot, zu helfen. Darüber hinaus konnte *Focus Ireland* seit 1985 seinen Wirkungsbereich auf andere irische Städte erweitern.

2.6. Kirchen

Der sich in den Zahlen von Tabelle 2 spiegelnde Einfluß der katholische Kirche in der irischen Gesellschaft ist historisch gewachsen. Vor der irischen Unabhängigkeit bestimmten im wesentlichen Protestanten die Geschicke des Landes, während sich die Katholiken mehrheitlich für eine Unabhängigkeit des Landes einsetzten und sich dabei durchaus auch auf die Hilfe der Kirche berufen konnten. Darüber hinaus sorgte sich die Kirche um das soziale Wohlergehen der Gläubigen, indem sie die Insel mit einem dichten Netzwerk von sozialen, karitativen und Bildungseinrichtungen überzog. Noch heute wird das irische Erziehungswesen zu 95 Prozent direkt oder indirekt von der katholischen Kirche kontrolliert. Und dennoch widersprach zum Beispiel der Dubliner Politologe John Whyte stets mit Nachdruck der These, daß Irland aufgrund der prominenten Rolle der katholischen Kirche ein theokratischer Staat sei. Statt dessen vertrat er die Überzeugung, daß in einem katholischen Staat die Katholische Kirche über eine einzigartige Waffe verfüge: die Gewalt über das Gewissen der Menschen.

Tabelle 2: Religionszugehörigkeit der irischen Bevölkerung (1881 bis 1991)

Jahr	Einwohner	römisch-katholisch	Church of Ireland (Inkl. Protestanten)	andere[a)]	keine Religion	keine Angaben
	(abs.)	(in %)	(in %)	(in %)	(in %)	(in %)
1881	3.870.020	89,5	8,2	2,3	–	–
1891	3.468.694	89,3	8,3	2,4	–	–
1901	3.221.823	89,3	8,2	2,5	–	–
1911	3.139.688	89,6	7,9	2,5	–	–
1926	2.971.992	92,6	5,5	1,9	–	–
1936	2.968.420	93,4	4,9	1,7	–	–
1946	2.955.107	94,3	4,2	1,5	–	–
1961	2.818.341	94,9	3,7	1,2	0,0	0,2
1971	2.978.248	93,9	3,3	1,0	0,3	1,6
1981	3.443.405	93,1	2,8	1,0	1,1	2,1
1991	3.525.719	91,6	2,5	1,7	1,9	2,4

a)   Inkl. Presbyterianer, Methodisten, Juden und andere Religionen. Für den Zeitraum bis einschließlich 1946 schließt die Kategorie „Andere" die Kategorien „keine Religion" und „keine Angaben" ein.

Quelle: CSO.

Da die meisten Politiker der Katholischen Kirche angehören, akzeptieren sie den daraus abgeleiteten Alleinvertretungsanspruch des Klerus in moralischen und Glaubensangelegenheiten entweder aus innerer Überzeugung oder aus Rücksichtnahme auf die ebenfalls größtenteils katholische Wählerschaft (Whyte 1971: 368). Seit einigen Jahren jedoch ist, bedingt durch einen Wandel der Sozialstruktur, ein kontinuierlicher Rückgang des Einflusses der katholischen Kirche auf die irische Bevölkerung zu beobachten. Die Gründe dafür dürften primär im wachsenden Einfluß der jungen urbanen Gesellschaft des Landes liegen, die in engem Kontakt mit dem Ausland steht, die Verhältnisse daheim mit denen anderswo vergleichen kann und darüber hinaus noch über ein ausreichendes Einkommen verfügt, das eine zusätzliche Unabhängigkeit ermöglicht. Trotzdem ist die grundsätzliche Hinwendung der meisten Iren zum Katholizismus unverändert stark, allerdings ist diese Hinwendung an eine größere Kritikbereitschaft gekoppelt, die ihrerseits einen nicht zu unterschätzenden Modernisierungsdruck auf die irischen Kirchenführer ausübt (Elvert 1999b: 276).

2.7. Andere Sektoren

Noch in den 1980er Jahren spielten Umweltschutzfragen in der politischen Diskussion des Landes kaum eine Rolle. Im Gegenteil konnte man in Reisebeschreibungen aus Irland immer wieder die Verblüffung der jeweiligen Autoren über die Sorglosigkeit der Iren im Umgang mit ihrer Umwelt nachlesen. Doch die internationale Diskussion über globale Erscheinungsformen der Umweltverschmutzung machte auch vor Irland nicht halt. Im Jahre 1992 wurde ein erstes Umweltschutzgesetz (*Environmental Protection Agency Act*, 1992) verabschiedet, das unter anderem die Einrichtung einer Organisation vorsah, die sich ausschließlich mit Umweltschutzfragen befassen sollte. Im Sommer

1993 wurde die *Environmental Protection Agency* (EPA) als eine halbstaatliche Körperschaft ins Leben gerufen, in der heute 161 Personen (72 in der Dubliner Zentrale und der Rest in regionalen Außenstellen) tätig sind. Zwar ist die Umwelt in Irland im internationalen Vergleich nur gering belastet, doch besitzt der Faktor „saubere Umwelt" im irischen Wirtschaftsleben eine nicht zu unterschätzende Bedeutung. Über 150.000 Arbeitsplätze in der Land- und Forstwirtschaft sowie der Touristikbranche sind, so die Statistik der EPA (www.epa.ie), direkt abhängig von einer saubereren Umwelt, so daß schon rein ökonomische Überlegungen deren Existenz rechtfertigen. Die Arbeit der EPA wird geleitet von einem fünfköpfigen Vorstand – einem Generaldirektor und vier Direktoren, die von der Regierung als Vollzeitbeschäftigte eingesetzt werden und die für eine ordnungsgemäße Erledigung der verschiedenen Arbeitsaufträge der EPA auf den Feldern Umweltmanagement und -planung, Lizenzierung und Kontrolle, Umweltüberwachung und Labordienste sowie interne Angelegenheiten verantwortlich sind. Dazu unterhält die EPA Labors in allen Teilen des Landes, in denen nicht nur die Luft- und Wasserqualität kontrolliert, sondern (in urbanen Distrikten) auch der Lärmemission gebührende Aufmerksamkeit gewidmet wird. Darüber hinaus ist die EPA vor Ort zuständig für die Überwachung der ordnungsgemäßen Durchführung der Abfallentsorgung im Lande (geregelt durch das Abfallwirtschaftsgesetz von 1996) und kontrolliert dabei sowohl kommunale als auch private Unternehmen. Mit dem *National Hydrometric Programme* hat die Agentur zudem wissenschaftliches Neuland betreten, da hierin erstmals die verschiedenen Ebenen, das Volumen und die Fließgeschwindigkeiten und -richtungen des irischen Fluß-, See- und Grundwassers erfaßt, gemessen und ausgewertet wird.

Die Einrichtung der EPA wurde von den zuvor in Irland mit mehr oder weniger großer Öffentlichkeitswirkung tätigen Umwelt- und Naturschutzverbänden nachdrücklich begrüßt, da sie zum einen dem Umweltschutzgedanken insgesamt förderlich war und zum anderen durch das darin zum Ausdruck gebrachte staatliche Interesse an Umweltschutzfragen die jeweils eigene Existenzberechtigung unterstrichen wurde. Unter den Verbänden, die hier zu nennen sind, wären einmal die irischen Zweige weltweit operierender Organisationen wie *Greenpeace* oder *World Wide Fund for Nature* zu nennen, unter den genuin irischen Verbänden zählen *Irish Wildlife Trust, Irish Wildlife Federation, Irish Woodlands, Irish Blue Cross, Birdwatch Ireland, Irish Seal Sanctuary* und die *Irish Society for the Prevention of Cruelty to Animals* (ISPCA) als irische Weiterentwicklung der vormals *Royal Society for the Prevention of Cruelty to Animals* (RSPCA) zu den wichtigsten.

Wie auf dem Gebiet des Umwelt- und Naturschutzes sind auf dem Bürgerrechtssektor in Irland internationale, britisch-irische und genuin irische Verbände tätig. Unter den internationalen Organisationen ist die irische Sektion von *amnesty international* (ai) wohl die bedeutendste. Sie kann sich in 16 Grafschaften auf annähernd 40 Ortsgruppen stützen. In der Geschichte von ai spielt die irische Sektion eine durchaus herausgehobene Rolle. So stand der prominente irische Anwalt, Politiker und Schriftsteller Sean Mac Bride dem internationalen Vorstand über 15 Jahre lang vor, Kevin White, ein anderes Mitglied der Sektion Irland, war einer der frühen Schatzmeister des Weltverbandes. Die irische Sektion konzentriert ihre Arbeit im Rahmen des Weltverbandes auf Fragen der Rede- und Meinungsfreiheit, Menschenrechtsverletzungen in Indonesien und Ost-Timor, Kinder-, Jugend- und Frauenfragen. Auf dem letztgenannten Sektor ist auch der *National Women's Council of Ireland* (NWCI)/*Comhairle naisiunta na mBan in Eirinn* tätig. Der NWCI ist Anfang der 1990er Jahre aus einer Beschäftigungsinitiave der Europäischen Union hervorgegangen, die sich unter anderem um eine Verbesserung von Arbeitsmarktchancen für Frauen bemühte (www.nwci.ie). Bislang kann der Verband auf zwei mehrjährige Kampagnen zurückblicken. Zwischen 1991 und 1994 ging es um eine Verbesserung der Integration irischer Frauen in den Arbeitsmarkt, in diesem Zusammenhang wurden 33 konkrete Projekte vom NWCI betreut. Zwischen 1995 und 1999 zählten folgende Aspekte zum Aufgabenspektrum des Verbandes: stärkere Berücksichtigung von Fraueninteressen im Rahmen der staatlichen Berufsausbildung und Beschäftigung, Kampf gegen die Ausgrenzung von Frauen auf dem Arbeitsmarkt, Verbesserung der sozialen Einbindung von Frauen in benachteiligten Lebensumständen, Verbesserung von Möglichkeiten der Kinderbetreuung bei berufstätigen Frauen und Fragen der Gleichberechtigung am Arbeitsplatz.

3. Das Verbändesystem als Teil der irischen politischen Kultur

Ein Spezifikum des irischen Verbändesystems im übergeordneten Spektrum der politischen Kultur des Landes stellt seine auffällige Neigung zur Herausbildung korporativer Strukturen dar. Die Gründe dafür sind mehrschichtig. Zunächst wird dies begünstigt durch die Überschaubarkeit der irischen politischen Landschaft aufgrund der geringen Größe des Landes. Die Zahl der politisch einflußreichen Persönlichkeiten, die in der Regel in mehreren Organisationen und Verbänden tätig sind, liegt bei unter 500 (Collins/McCann 1991: 61). Das ermöglicht ein Ausmaß an personenbezogener Interaktion, das es in den größeren europäischen Staaten nicht geben kann. Zugleich verkürzt die Überschaubarkeit des Systems die notwendigen Entscheidungsfindungsprozesse erheblich, so daß manche anderswo selbstverständlichen und notwendigen Interessenverbände in Irland überflüssig sind. Statt dessen bildete sich hier eine spezifisch irische Form der politischen Kultur heraus, die ihrerseits das nationale Verbändesystem nachhaltig geprägt hat.

So sind die einzelnen Kandidaten auf regionaler und nationaler Ebene in ein Verhältniswahlsystem eingebunden, in dem sie in den Wahlkreisen nicht nur als Vertreter ihrer jeweiligen Partei gegeneinander antreten, sondern oft genug mit Konkurrenten aus dem eigenen politischen Lager konfrontiert werden (dazu: Elvert 1999b: 276ff.). Das System der „single transferable vote" lockert darüber hinaus das Verhältnis der Kandidaten zur eigenen Partei. Unabhängig davon, ob diese gewinnt oder verliert, sind die einzelnen Kandidaten direkt abhängig vom jeweiligen persönlichen Erfolg. Dabei hing das politische Überleben in den ersten Jahrzehnten irischer Unabhängigkeit unmittelbar ab von der Position, die der jeweilige Bewerber im Unabhängigkeitskampf bzw. dem anschließenden Bürgerkrieg vertreten hatte. Heute sind solche Maßstäbe nicht mehr anwendbar. Statt dessen gilt es, möglichst enge soziale Beziehungen zur eigenen potentiellen Wählerschaft auf kommunaler oder persönlicher Ebene herzustellen.

Dafür bietet die langjährige irische Tradition, sich nicht persönlich mit einem Anliegen an eine staatliche Einrichtung zu wenden, sondern mit diesem Auftrag eine politisch und gesellschaftlich einflußreiche Vertrauensperson einzuschalten, eine gute Voraussetzung. Die jeweiligen Kandidaten werden also in Wahlkampfzeiten nicht mehr länger in ihrer eigentlichen beruflichen Rolle gesehen, sondern gelten als Freunde, Freunde von Freunden, Verwandte von Freunden oder sonstwie verbundene Personen, von denen man einen Gefallen erwarten kann, da man selber bereit ist, dieser Person einen Gefallen zu erweisen (Collins/McCann 1991: 36f.). Daß von solcherart reziproker Gefälligkeit reger Gebrauch gemacht wird, stört in Irland niemanden, es gilt im Gegenteil als legitim. Der Bedarf an befähigten Unterhändlern wird noch verstärkt durch die in Irland relativ gering entwickelte bürgerliche Kompetenz. Aus diesem Kompetenzmangel hat sich im Laufe der Zeit ein Politikertypus entwickelt, der eher einem Makler als einem Gesetzgeber ähnelt und der seine Zeit zum großen Teil damit verbringt, einflußreichen Ministern, Beamten oder kommunalen Verwaltungschefs Eingaben in schriftlicher oder mündlicher Form vorzutragen (Elvert 1999b: 277f.).

Auch wenn sich die irische politische Kultur unter dem modernisierenden Einfluß der Europäischen Union in den letzten Jahren ein wenig verändert hat und sich zum Beispiel auf dem Gebiet des Minderheitenschutzes Verhaltensmuster herausbilden konnten, die denen Kontinentaleuropas oder Skandinaviens ähneln, hat das typisch irische Klientel- und Patronagesystem bislang überlebt. Damit unterscheidet sich die gesellschaftliche Organisation Irlands deutlich von den sonst üblichen westeuropäischen Organisationsmustern, besonders wenn man berücksichtigt, daß auf der Grünen Insel solche im übrigen Westeuropa üblichen alternativen Erscheinungsformen wie Bürgerinitiativen und andere soziale Bewegungen eine bislang eher untergeordnete Rolle im politischen Alltagsgeschäft gespielt haben. Statt dessen setzt man, wie das im Jahr 2000 aufgelegte *Programme for Prosperity and Fairness* zeigt, weiterhin auf die Wirkung korporativer Strukturen. Diese sind geprägt vom Versuch, die Vorstellungen eines möglichst großen Teils der Gesellschaft nicht nur zu berücksichtigen, sondern die aus dem Spannungsgeflecht zunächst divergierender Interessen erwachsenen Energien zu bündeln, um das Land so in einer sich ständig verändernden Welt wettbewerbsfähig zu halten.

Abkürzungsverzeichnis

AEEU	Amalgamated Engineering and Electrical Union
ai	amnesty international
ASTI	Association of Secondary Teachers of Ireland
AUT	Association of University Teachers
BATU	Building and Allied Trades Unions
CIF	Construction Industry Federation
CII	Confederation of Irish Industry
CIR	Commission of Inquiry on Industrial Relations
CPA	Combat Poverty Agency
CWU	Communications Workers' Union of Ireland
EI	Enterprise Ireland
ESRI	Economic and Social Research Institute
FAS	Foras Áiseanna Saothair
FUE	Federal Union of Employers
GPMU	Graphical Paper and Media Union
HSA	Health and Safety Authority
IBEC	Irish Business and Employers Confederation
IBF	Irish Bankers' Federation
ICMSU	Irish Creamery Milk Suppliers' Association
ICTU	Irish Congress of Trade Unions
IDA	Industrial Development Agency

IFA	Irish Farmers' Association
IFUT	Irish Federation of University Teachers
IMPACT	Irish Municipal, Public, and Civil Trade Union
INOU	Irish National Organisation of the Unemployed
INTO	Irish National Teacher's Organisation
ITGWU	Irish Transport and General Worker's Union
ITUC	Irish Trades Unions Congress
NATFHE	National Association of Teachers of Further and Higher Education
NFA	National Farmers' Association
NWA	National Wage Agreement
NWCI	National Women's Council of Ireland
PSEU	Public Service Executive Union
SIPTU	Services, Industry, Professional, Technical Union
T&G	Amalgamated Transport and General Workers' Union
TEEU	Technical Engineering and Electrical Union
TUC	Trades Unions Congress
TUI	Teachers' Union of Ireland
UCATT	Union of Construction, Allied Trades and Technicians

Literaturverzeichnis

Chubb, Basil, 1982: The Government and Politics of Ireland, London: Longman

Collins, Neill/Frank McCann, 1991: Irish Politics Today, 2. Aufl., Manchester, New York: Manchester University Press

Dooney, Roy, Paul Dunne, 1988: Das berufliche Bildungswesen in Irland, Luxemburg: Amt für amtliche Veröffentlichungen der Europäischen Gemeinschaften

Elvert, Jürgen, 1989: Vom Freistaat zur Republik. Der außenpolitische Faktor im irischen Unabhängigkeitsstreben zwischen 1921 und 1948 (Veröffentlichung Nr. 12 des Arbeitskreises Deutsche England-Forschung), Bochum: Studienverlag Brockmeyer

Elvert, Jürgen (Hrsg.), 1994: Nordirland in Geschichte und Gegenwart/Northern Ireland, Past and Present (Historische Mitteilungen, Beiheft 13), Stuttgart: Franz Steiner Verlag

Elvert, Jürgen, 1999a: Geschichte Irlands, 3. Aufl., München: Deutscher Taschenbuch Verlag

Elvert, Jürgen, 1999b: Das politische System Irlands, in: Wolfgang Ismayr (Hrsg.): Die politischen Systeme Westeuropas, 2., aktualisierte Aufl., Opladen: Verlag Leske + Budrich, S. 255-287

Elvert, Jürgen, 2000: Der „Kleine" im Schatten des „Großen". Fallstudie Irland, in; Birgit Aschmann/ Michael Salewski (Hrsg.): Das Bild „des Anderen". Politische Wahrnehmung im 19. und 20. Jahrhundert, Stuttgart: Franz Steiner Verlag, S. 218-225

Grote, Georg, 1994: Torn between Politics and Culture. The Gaelic League 1893-1993, Münster, New York: Waxmann

Hoppen, K. Theodore, 1989: Ireland Since 1800: Conflict and Conformity, London, New York: Longman

Larkin, Emmet, 1989: James Larkin. Irish Labour Leader 1876-1947, London: Pluto Press

Lee, Joseph J., 1989: Ireland 1912-1985. Politics and Society, Cambridge: Cambridge University Press

Maurer, Michael, 1998: Kleine Geschichte Irlands, Stuttgart: Philipp Reclam jun.

Weinz, Wolfgang, 1984: Gewerkschaften und Arbeitsbeziehungen in der Republik Irland (Beiträge zur Politikwissenschaft, Bd. 30), Frankfurt a.M.: Peter Lang Verlag

Whyte, John, 1971: Church and State in Modern Ireland, 1923-1979, Dublin: Gill and Macmillan

Italien

Verbände zwischen Abhängigkeit vom politischen System und Autonomiebestrebungen*

Marco Trentini, Massimo Angelo Zanetti

1. Einleitung

Das System funktionaler Interessenvermittlung in Italien zeichnet sich dadurch aus, daß zwischen den beiden wichtigsten politischen Subkulturen – der katholischen und der linken – und den Verbänden enge Verflechtungen existieren, die bei der Verbreitung und der Verfestigung der beiden politischen Identitäten eine zentrale Rolle spielten. Das aktuelle italienische Verbändesystem ist jedoch keineswegs ausschließlich aus seinen Bindungen an diese beiden Subkulturen zu erklären, sondern auch aus den politischen und kulturellen Umwälzungen der 60er und 70er Jahre, in denen die Friedens- und die Umweltschutzbewegung sowie neue kulturelle und Freizeitvereinigungen entstanden.

Historisch gesehen, lassen sich daher drei Faktorenbündel identifizieren, die Entstehung und Entwicklung der Verbände und des Verbändesystems in Italien bestimmten: erstens subkulturelle Identitäten (Pizzorno 1993) und hier insbesondere das katholische und das Arbeitermilieu; zweitens Solidaritätsbedürfnisse, die z.B. Grundlage waren für die um die Mitte des 19. Jahrhunderts entstandenen *Societá di mutuo soccorso*, die Hilfsvereine auf Gegenseitigkeit, und die heute noch Grundlage sind für Verbände des Dritten Sektors. Schließlich war die Entwicklung der Verbände in Italien mit der Herausbildung zivilgesellschaftlicher Einstellungen und Verhaltensweisen oder kurz: mit *civicness* verknüpft. Darauf verweist, daß vor allem in Phasen des politischen und sozialen Umbruchs in Italien neue Verbände entstanden sind wie während der ersten Industrialisierung des Landes (am Ende des 19. Jahrhunderts), nach dem Fall des Faschismus (in der zweiten Hälfte der 40er Jahre) und in den 70er Jahren. Im Gegensatz dazu führte der aufkommende Faschismus in den 20er Jahren zur Abschaffung der Vereinigungsfreiheit. Hinzu kommt die territorial unterschiedliche Verwurzelung der Verbände, und insbesondere der Unterschied zwischen Nord-/Mittelitalien einerseits und dem Süden andererseits kann als Folge der divergierenden gesellschaftlichen Entwicklung in den italienischen Regionen gewertet werden (Putnam 1993).

Von diesen Überlegungen ausgehend, konzentriert sich die weitere Analyse des italienischen Verbändesystems auf dessen zentrale Komponenten, d.h. auf Verbände mit katholischer oder linker subkultureller Basis. Komplettierend wird abschließend die Umweltschutzbewegung betrachtet.

---

* Auch wenn es sich um eine gemeinsame Arbeit handelt, hat Marco Trentini die Abschnitte 1, 3, 5, 6 und Massimo Angelo Zanetti die Abschnitte 2, 4 und 7 bearbeitet. Aus dem Italienischen übersetzt wurde der Beitrag von Claudia Frölich. Außerdem danken wir Elia Bosco für Hinweise und Kritik.

2. Rechtliche Rahmenbedingungen

Die Vereinigungsfreiheit, die Bestandteil der konstitutionell fixierten „Rechte und Pflichten der Bürger" ist, wird von der italienischen Verfassung aus dem Jahre 1948 anerkannt. Art. 18 garantiert den italienischen Bürgern das „Recht, sich zu Zwecken, die den einzelnen strafrechtlich nicht verboten sind, frei und ohne besondere Genehmigung zusammenzuschließen."

Grundsätzlich geregelt wird das Verbandswesen durch das Zivilrecht. Zur Gründung eines Vereins bedarf es lediglich eines Gründungsaktes, d.h. eines von den Gründern unterzeichneten Dokuments, das festlegt, wer Mitglied ist und unter welchen Bedingungen wer das Recht hat, den Verein zu vertreten (Art. 1-30 der „Ausführungsverordnung für das Zivilgesetz", der *Disposizioni di attuazione del Codice Civile*). Der Verein muß über eine demokratische Ordnung verfügen, auf deren Grundlage die Mitglieder ihre gesetzlichen Vertreter und Leitungsorgane wählen. Der Verband hat die Möglichkeit, durch die Eintragung ins öffentliche Vereinsregister den Status einer juristischen Person zu erhalten (Art. 22 ff. der „Ausführungsverordnung" und Art. 33 des Zivilgesetzes) oder aber in dem Status eines „nicht eingetragenen Vereins" zu verbleiben (Art. 36, 37 und 38 des Zivilgesetzes).

Der Dritte Sektor[1] ist vielleicht einer der am stärksten regulierten und verrechtlichten Verbandsbereiche in Italien. Kollektive Akteure, die sich im Bereich der sozialen Solidarität betätigen möchten, können verschiedene Rechtsformen annehmen. Die einfachsten Formen (Vereine und Stiftungen) werden grundsätzlich durch die allgemeinen Vorschriften des Zivilgesetzes geregelt, da sich diese Akteure von anderen Organisationen lediglich dadurch unterscheiden, daß sie soziale Zielsetzungen verfolgen. Erst seit 1997 hat der Gesetzgeber begonnen, spezifische Vorschriften für Verbände zu erlassen, die in Bereichen der (Selbst-)Hilfe, der Ausbildung, der Bürgerrechte und der kulturellen Förderung tätig sind. In diesen Vorschriften werden die genannten Verbände als *Organizzazioni non lucrative di utilità sociale* (nicht gewinnbringende, gemeinnützige Organisationen, *Onlus*) definiert, und es werden ihnen politische Förderung und Unterstützung zugestanden.

Bereits seit Beginn der 90er Jahre bestehen allerdings Vorschriften für die sogenannten *Associazioni di volontariato* (Gesetz Nr. 266 von 1991), für ehrenamtlich geführte, gemeinnützige Verbände. Ein solcher Verband kommt nur dann in den Genuß des besonderen Schutzes und der Förderung, wenn er in seiner Satzung oder in seiner Gründungsakte ausweist, daß er nicht gewinnbringend arbeitet, daß seine Struktur demokratisch ist, daß die Ämter im Verband ehrenamtlich ausgeübt werden, daß die entsprechenden Personen dazu gewählt wurden sowie nach welchen Kriterien die Zulassung und der Ausschluß von Mitgliedern erfolgt und welche Rechte und Pflichten sie haben.

Eine weitere Art von Verbänden, die die italienische Gesetzgebung regelt und schützt (Gesetz Nr. 381 von 1991), sind die speziell im Bereich der sozialen Unterstützung tätigen *Cooperative sociali*, d.h. die sozialen Kooperativen. Das Gesetz schreibt vor, daß die sozialen Kooperativen „im allgemeinen Interesse der Gemeinschaft das

---

1   Der Begriff des „Dritten Sektors" deckt sich hier nur teilweise mit der deutschen oder angelsächsischen Terminologie, die ja im wesentlichen alles Gemeinschaftshandeln einschließt, das nicht dem Staat oder dem Markt (oder dem privaten Teil der Gesellschaft) zugeordnet werden kann. Hier wird der Begriff spezifischer auf Wohlfahrts- und Fürsorgeeinrichtungen beschränkt.

Ziel der menschlichen Förderung und der sozialen Integration der Bürger verfolgen"
müssen. Dabei gibt es zwei Arten von sozialen Kooperativen: Anbieter von Sozial-,
Gesundheits- oder Ausbildungsdienstleistungen und Kooperativen, die landwirtschaftliche, industrielle, kommerzielle Güter oder Dienstleistungen anbieten und die die Integration von benachteiligten Personen[2] zum Ziel haben. In diesem Fall müssen die benachteiligten Personen mindestens 30 Prozent der arbeitenden Mitglieder der Kooperative stellen.

Die ehrenamtlichen Verbände und die sozialen Kooperativen sind also die beiden
Formen, die in Italien zu Beginn der 90er Jahre gesetzlich geregelt wurden – leider erst
im Nachhinein, wie es in Italien häufig geschieht. Es handelte sich hierbei genau um
den Bereich, der seit Beginn der 80er Jahre ständig expandierte, weil das direkte Engagement des Staates im Wohlfahrtssystem reduziert wurde. In diesem Bereich schon
länger tätig sind die sogenannten *Enti privati riconosciuti*, d.h. „anerkannte private
Körperschaften", private Wohlfahrtsverbände (Krankenhäuser, Altenheime usw.) mit
zum größten Teil katholischer Orientierung. Diesen wurde von der Gesetzgebung ein
Status zuerkannt, der dem von öffentlichen Körperschaften entspricht und der ihnen
eine direkte finanzielle staatliche Unterstützung garantiert, weil sie Tätigkeiten von öffentlichem Interesse zugunsten von nicht konfessionell gebunden Bürgern ausüben
(Ranci/Vanoli 1994). Die Gesetzgebung über die anerkannten privaten Körperschaften
reicht bis zur Gründung des Einheitsstaates zurück (Gesetz Nr. 6972 von 1890), erteilt
allen privaten oder religiösen Wohlfahrtsinstitutionen einen öffentlich-rechtlichen Status und ernennt sie zu *Istituzioni Pubbliche di Assistenza e Beneficenza* (Öffentliche
Fürsorge- und Wohlfahrtsinstitutionen, IPAB). Gleichfalls in neuerer Zeit, Ende der
80er, Anfang der 90er Jahre (Gesetz Nr. 49 von 1987), wurde der Bereich der privaten
Initiativen im Bereich der internationalen Zusammenarbeit durch die Definition der
Organizzazioni non governative (Nichtregierungsorganisationen, ONG) geregelt.

Völlig anders gelagert ist der Fall der industriellen Beziehungen. Besonderes
Kennzeichen des italienischen Systems der industriellen Beziehungen ist der geringe
Institutionalisierungsgrad (Cella 1989; Regalia/Regini 1998). Der italienische Gesetzgeber hat nur sehr beschränkt in die industriellen Beziehungen eingegriffen und den
Interessenverbänden eine weitgehende Autonomie zugestanden. Die verfassungsrechtliche Grundlage, Art. 39 der italienischen Verfassung, der die Koalitionsfreiheit garantiert, weist zwar die Möglichkeit der einfachgesetzlichen Konkretisierung auf (um beispielsweise die Kriterien für die Bestimmung der Repräsentativität festzulegen, die für
eine öffentliche Registrierung und die Erlangung der Rechtsfähigkeit notwendig ist).
Doch wurde ein entsprechendes Gesetz nie erlassen, weil sich die Gewerkschaften einigen Vorgaben des Art. 39 widersetzten. Sie vermuteten, daß auf diese Art der Staat
Kontrolle über die Gewerkschaften ausüben könnte. Im Vergleich mit diesen schwachen Reglementierungen bildet das *Statuto dei Lavoratori*, das Arbeitsgesetz, aus dem
Jahre 1970 eine Ausnahme; es definiert die Rechte der Arbeitnehmer und regelt die industriellen Beziehungen auf der Betriebsebene. Ein anderer Bereich, in den der Gesetzgeber, vor allem seit den 80er Jahren eingegriffen hat, ist die Regelung des Streikrechts,
was 1990 zur Verabschiedung eines Gesetzes für den öffentlichen Dienst führte.

---

2   Benachteiligte Personen sind körperlich, psychisch oder in der Sinnesempfindung behinderte Per-
    sonen, ehemalige Patienten von psychiatrischen Anstalten, Patienten in psychiatrischer Behand-
    lung, Drogen- oder Alkoholabhängige, arbeitsfähige Minderjährige aus Problemfamilien und zu
    Haftstrafen verurteilte Personen, denen Alternativen zur Haft zugestanden werden.

Im Laufe der 90er Jahre setzte sich in Italien also die Tendenz zu einer stärkeren Institutionalisierung des Systems der industriellen Beziehungen durch. Aber wichtiger als gesetzliche Regulierungen waren die Abkommen zwischen Regierung und Interessenvertretungen, auch wenn Ende der 90er Jahre einige Gesetzesvorschläge in der Diskussion waren – wie etwa der Vorschlag, die Repräsentativität von Gewerkschaften gesetzlich zu definieren. Eine der wichtigsten Etappen in der Institutionalisierung des Systems der industriellen Beziehungen war das dreigliedrige Abkommen vom 23. Juli 1993, in dem u.a. geregelt wurde, welche Gegenstände und Inhalte in Kollektivverhandlungen auf zentraler (national/Sektor) und auf betrieblicher Ebene behandelt werden können. Außerdem wurde eine neue Struktur der Arbeitnehmervertretung im Betrieb eingeführt und deren Aufgaben definiert: die *Rappresentanze sindacali unitarie* (Einheitliche Gewerkschaftliche Vertretungen, RSU).

3.   Die katholischen Verbände

Die katholischen Verbände nehmen in Italien auf sozialer und politischer Ebene eine zentrale Stellung ein. Abgesehen von den religiösen Gemeinschaften (Bruderschaften, Kongregationen) beschäftigt sich die katholische Bewegung traditionell mit der Wohlfahrtspflege. Seit der nationalen Einigung (1861) unterstützt sie vor allem im Norden Italiens lokale wirtschaftliche Initiativen und die Entwicklung insbesondere katholischer Genossenschaftsbanken, die auf das Modell der deutschen Raiffeisenbanken zurückgehen (Trigilia 1986). Schließlich engagieren sich katholische Organisationen in der kulturellen und Freizeitgestaltung: Oratorien, Berufsschulen, Sportvereine usw. sind grundlegend für die Herausbildung einer spezifischen katholischen kollektiven Identität und für die Verbreitung dieser religiösen Subkultur.

Die Bedeutung dieses sozial-moralischen Milieus zeigte sich vor allem in den 50er Jahren, als der ideologische Gegensatz zwischen der *Democrazia Cristiana* (Christdemokratische Partei, DC) und den linken Parteien am stärksten war und die katholischen Verbände eine hohe Dynamik und Vitalität entwickelten (Ginsborg 1989). Der Säkularisierungsprozeß allerdings, der in Italien Ende der 60er Jahre einsetzte, führte zu einer organisatorischen Schwächung einiger der wichtigsten katholischen Verbände. Die Probleme der katholischen Bewegung kommen durch die Niederlagen in den Referenden (1974 und 1981) gegen die Gesetze zur Legalisierung der Scheidung und der Abtreibung deutlich zum Ausdruck. Das bedeutete jedoch keineswegs die Marginalisierung der katholischen Verbände, sondern brachte viele Organisationen dazu, ihre Handlungsziele zu überdenken und sich mehr auf ein Engagement im sozialen Bereich hin zu orientieren. Außerdem wurden nach dem II. Vatikanischen Konzil von 1962 Verbände geschaffen, die in neuen Bereichen wie der internationalen Zusammenarbeit oder der Friedensbewegung aktiv sind. Vor allem in den 80er Jahren hat dann eine Bewegung wie *Comunione e Liberazione* (Kommunion und Befreiung, CL), die 1954 in Mailand gegründet worden war und sich schnell in ganz Italien ausbreitete, einen nennenswerten Zulauf erfahren; diese Organisation unterscheidet sich von anderen katholischen Gruppen durch ihren Integralismus.

Die Mitgliederbasis der katholischen Verbände ist heterogen, was – wie beispielsweise bei der *Azione Cattolica* (Katholische Aktion, AC), einem der wichtigsten katholischen Verbände in Italien – häufig zur Bildung gruppen- oder statusspezifischer

Substrukturen führte (wie etwa für Kinder, Jugendliche, Junioren und Senioren bzw. für Studenten oder Arbeiter). Besondere Aufmerksamkeit widmen katholische Verbände in Italien den Jugendlichen. Außer der AC sind in diesem Zusammenhang der in den 20er Jahren gegründete *Associazione degli Scout Cattolici Italiani* (Katholischer Pfadfinderverband Italiens, ASCI) und der Sportverband *Centro Sportivo Italiano* (Italienisches Sportzentrum, CSI) zu nennen, der 1944 aus einem Zusammenschluß mehrerer Sportvereine entstand, die bereits seit Anfang des Jahrhunderts existierten, und der das Ziel hat, die sportliche Betätigung von Jugendlichen zu fördern. Auch *Comunione e Liberazione* entstand in Schulen und Universitäten und fand danach sukzessive Anhänger unter Erwachsenen.

Das Bedürfnis, Arbeitnehmer zu vertreten, führte 1944 zur Gründung der *Associazione Cristiana dei Lavoratori Italiani* (Christlicher Verband der italienischen Arbeitnehmer, ACLI), die 1948, als es zum Bruch der gewerkschaftlichen Einheit kam, eine wichtige Rolle spielen sollte, weil sie die Gründung der *Confederazione Italiana dei Sindicati Lavoratori* (CISL) unterstützte.

Die Entwicklung der Beziehungen zwischen der katholischen Bewegung und dem politischen System von der Einigung Italiens bis zu den 90er Jahren des 20. Jahrhunderts läßt sich als Übergang vom Widerstand gegen den Staat zur „Kolonialisierung des Staates" durch die katholische Bewegung begreifen. Dem konfessionslosen Einheitsstaat begegnete die katholische Kirche mit einer starken politisch-kulturellen Reaktion: 1874 wurde die *Opera dei Congressi* gegründet, ein Verband, der sich das Ziel gesetzt hatte, den Katholizismus durch soziale und kulturelle Initiativen zu verbreiten. Gegen Ende des 19. Jahrhunderts wurde das Verhalten der katholischen Kirche gegenüber dem Staat entspannter, und die Gründung der politischen Partei *Partito Popolare* (Volkspartei, PP) 1919 markiert den Eintritt der katholischen Bewegung in die italienische Politik.

Nach dem Zweiten Weltkrieg nahm die DC, Nachfolgerin der *Partito Popolare*, die während des Faschismus aufgelöst worden war, eine zentrale Position im politischen System Italiens ein. Die Bindung zwischen der DC und den katholischen Verbänden war sehr stark. Die DC kann eine Partei der externen Legitimation genannt werden (Panebianco 1982), weil sie aus dem Willen der katholischen Kirche heraus entstanden ist. Die katholischen Verbände stellten also mit ihrer engmaschigen Struktur die fehlende gesellschaftliche Basis für die DC dar und lieferten den größten Teil der Mitglieder und des Führungspersonals der Partei. Dabei ist zu bedenken, daß die politische Einheit der Katholiken eines der Ziele war, das die katholische Kirche – vor allem in den 50er Jahren – verfolgte. In diesem Sinne ist die Entscheidung der ACLI wegweisend, sich Ende der 60er Jahre eine größere Unabhängigkeit von der DC zu verschaffen und ihrer Basis Wahlfreiheit zuzugestehen.

Aufgrund ihrer breiten gesellschaftlichen Basis agierten die katholischen Verbände als starke pressure group gegenüber dem politischen System, das ihnen Unterstützung in unterschiedlichster Form gewährte: politische Anerkennung, Einflußnahme bei Entscheidungsprozessen und wirtschaftliche sowie finanzielle Mittel.

Die Krise des politischen Systems Italiens zu Beginn der 90er Jahre betrifft auch das Verhältnis zwischen den katholischen Verbänden und dem politischen System. Sie tangierte damit auch diese Tauschbeziehung zwischen den katholischen Verbänden und der DC, die wichtigste Bezugspartei. Die Veränderung ist noch nicht abgeschlossen und ihre Interpretation daher schwierig. Im Gegensatz zur Vergangenheit scheinen sich die traditionell engen Verbindungen zwischen den katholischen Verbänden aufzulösen, und außerdem scheint deren Mitgliederbasis nicht mehr so fest an eine einzige Partei oder politische Richtung gekoppelt zu sein. Die zukünftige politisch-institutionelle Vertretung der katholischen Bewegung ist als offene Frage anzusehen.

4. Der Dritte Sektor

Die Geschichte Italiens ist gekennzeichnet durch die weite Verbreitung von Nonprofit-Organisationen; es handelt sich dabei vorwiegend um Wohltätigkeitseinrichtungen katholischen Ursprungs, deren Position sich im Laufe der Zeit durch die Tätigkeit der verschiedenen Träger festigte. Diese Institutionen haben meist die Form von juristischen Personen angenommen und werden unter dem Begriff *Opere Pie* (Fromme Werke) zusammengefaßt. Sie decken alle Bereiche der Wohltätigkeit ab von der Krankenpflege (Krankenhäuser, Sanatorien) über die Kinderbetreuung (Kindergärten, Waisenhäuser und Ferienheime), die Armenfürsorge, die Pflege von Geisteskranken, Behinderten, die Betreuung von Sträflingen und Alten bis hin zu erzieherischen Aufgaben auf allen Ebenen.

Die Bedeutung der katholischen Wohltätigkeitsorganisationen ist nicht zu überschätzen: Aus einer 1880 erstellten staatlichen Erhebung geht hervor, daß in Italien ca. 22.000 katholische Institutionen in 33 verschiedenen Sektoren tätig waren (Vittadini 1997). Ihre Auflistung, unterteilt nach Tätigkeitsbereichen, ergibt folgendes Bild:

Tabelle 1: Katholische Wohltätigkeitsorganisationen nach Tätigkeitsbereichen (1880)

Gesellschaftlicher Sektor	Zahl der Institutionen
Opere Pie für Almosen	4.109
Konfessionelle *Opere Pie* und Wohltätigkeit	3.533
Institute für die Unterstützung unverheirateter junger Frauen (Hilfe zur Familiengründung)	2.986
Schulen für Grund- und weiterführende Ausbildung	2.986
Katechistische und konfessionelle Institutionen	2.420
Wohlfahrtsverbände	2.022
Opere Pie für die Unterstützung von Bedürftigen zu Hause	2.021
Krankenhäuser	1.222
Kinderheime am Meer, Institute für Rachitiskranke, Waisenhäuser	907
Kindergärten	778
Institute für die Trägerschaft von Schulen und die Vergabe von Stipendien	800
Obdachlosenheime für Bettler	246

Quelle: Ergebnis der Untersuchung der Königlichen Kommission über die Opere Pie (1880), zitiert nach: Vittadini 1997.

Hatten die katholischen Hilfsstrukturen ihren Ursprung im Mittelalter oder gar direkt im antiken Christentum, so ging ein zweiter Zweig der Nonprofit-Organisationen in Italien, die von der Arbeiterbewegung geförderten, der Gründung des Einheitsstaates nur um wenige Jahre voraus. Ihr Entstehen läßt sich auf das Jahr 1854 datieren, als die *Società degli Operai di Torino* (Turiner Arbeitergesellschaft) ein sogenanntes *Ma-*

gazzino di previdenza (Fürsorgeinstitut) ins Leben rief, die erste italienische Organisation der Hilfe auf Gegenseitigkeit *(Società di mutuo soccorso).* Von diesem Zeitpunkt an entstanden in wenigen Jahren die freiwilligen Arbeiterverbände für Unterstützung und Fürsorge, die *Società di mutuo soccorso,* die sich zunächst in Piemont verbreiteten und 1860 in einer *Associazione generale,* einer Art Dachverband zusammenschlossen, um sich nach der politischen Einigung des Landes (1861) vor allem in den nördlichen und mittelitalienischen Regionen auszubreiten.

Die *Società di mutuo soccorso* sind der klarste Ausdruck der radikalen Veränderung, die durch die Arbeiterbewegung im Bereich des freiwilligen sozialen Engagements herbeigeführt wurde, das sich damit von der Geste der Mildtätigkeit der Wohlhabenden gegenüber den Bedürftigen zum emanzipativen Selbstschutz der konfessionsfreien, demokratischen, selbstbewußten und mit dem Willen zum sozialen Fortschritt ausgestatteten Arbeiterbewegung entwickelte.

Tabelle 2: Verbreitung der *Società di mutuo soccorso* in Italien im 19. Jahrhundert

	1862	1873	1878	1885	1895
Zahl der Mutuo Soccorso	445	1.447	2.091	4.896	6.725

Quelle: Paci 1989.

Die intensive Entwicklung der Solidaritätsorganisationen im Königreich Sardinien erfolgte im Rahmen einer Politik der liberalen Elite, die von den Prinzipien des *laissez faire* und des *self-government* inspiriert war und die auf Freiwilligkeit beruhende Verbände anstrebte (Paci 1989). Diese politische Richtung änderte sich auch mit der Bildung des Königreichs Italien nicht und dauerte ca. 20 Jahre an. Das politische Gesamtbild war damals gekennzeichnet durch: die Fortsetzung des Konflikts zwischen dem Königreich Italien und dem Kirchenstaat (der erst 1870 mit der Annexion von Latium und Rom zum Abschluß kam), durch die gesetzliche Abschaffung zahlreicher religiöser Orden und Verbände, wobei auch kirchliche Güter konfisziert wurden, durch einen starken Antiklerikalismus der liberalen Führungsklasse und durch die Enthaltung der Katholiken von jeglicher politischer Beteiligung. Trotzdem erkannte die Gesetzgebung des neuen Einheitsstaates (insbesondere mit dem Gesetz 753 aus dem Jahre 1862) die volle Autonomie der Fürsorge an (die zum größten Teil durch katholische Institutionen kontrolliert wurde) und beschränkte sich darauf, sie leicht zu reglementieren.

Die Arbeiterbewegung, die in diesen zwei Jahrzehnten den Grundstein ihrer Vertretung durch die *Società di mutuo soccorso* legte, behielt eine rein voluntaristische Linie bei und behinderte jeden direkten Eingriff des Staates in den Bereichen der Fürsorge und der Unterstützung (Ferrera 1984). Diese Situation änderte sich allerdings radikal gegen Ende der 70er Jahre des 19. Jahrhunderts: Die Initiativen des Staates wurden immer stärker und nahmen zentralisierenden Charakter an „... mit dem Ziel, die Führung bei den bürgerlichen Selbstschutzbestrebungen zu übernehmen und sie durch den Aufbau klientelistischer Beziehungen zu kontrollieren" (Paci 1989: 79). Diese Richtungsänderung der Regierungspolitik war eine Reaktion auf die sozialen Spannungen, die aus dem Prozeß der Industrialisierung und der wirtschaftlichen Entwicklung herrührten, der sich aber regional konzentrierte. Während im Norden und in Mittelitalien seit den 80er Jahren des 19. Jahrhunderts eine rasche Industrialisierung zu verzeichnen war, die auch die Proletarisierung breiter Bevölkerungsschichten und die politische Mobilisierung der Arbeiter und der landwirtschaftlichen Lohnarbeiter zur

Folge hatte, blieben diese Prozesse im Süden nur von geringer Bedeutung. Das führte dazu, daß die dortigen politischen Vertreter, und zwar sowohl Progressisten als auch Konservative, häufig direkte staatliche Unterstützungs- und Fürsorgemaßnahmen forderten.

Die politische Elite befürchtete, daß die wachsende Verschärfung des sozialen und wirtschaftlichen Ungleichgewichts und die aufkommende „soziale Frage" ihre Anerkennung und ihre Machtstellung gefährden könnte, die sie während des nationalen Einigungsprozesses erobert hatte. Der fehlende Konsens, die prekäre Konsolidierung der neuen institutionellen Strukturen und die ständig wachsenden sozialen Spannungen veranlaßten die gleichwohl liberale Führungsklasse, eine zentralisierende und dirigistische Rolle anzustreben. So wurde das Projekt eines „liberalen Systems der Sozialreform" (Paci 1989: 80) zurückgestellt, das die fortschrittlichsten Teile des liberalen Flügels gefordert hatten und das darauf abzielte, Initiativen des Staates mit der Entwicklung von Fürsorge- und genossenschaftlichen Institutionen, die durch die Initiative von Privatleuten entstanden waren, zu verknüpfen, was durch eine entsprechende Sozialgesetzgebung unterstützt werden sollte (Jocteau 1982: 292). Die Oberhand gewann eine mehr konservative Richtung, die in dirigistischen Maßnahmen des Staates im Fürsorgebereich das angemessenere Instrument sah, die soziale Kontrolle zu verstärken und den verlorenen Konsens wieder herzustellen (Ferrera 1984; Paci 1989).

Mit einer Reihe von gesetzlichen Maßnahmen (Einrichtung der *Cassa Nazionale contro gli Infortuni*, der Nationalen Unfallversicherungskasse im Jahre 1883, für die ab 1898 Versicherungspflicht bestand, Schaffung der *Cassa Nazionale di Previdenza*, der Nationalen Fürsorgekasse, mit der – wenn auch noch auf freiwilliger Basis – das erste öffentliche Alters- und Invaliditätsvorsorgesystem entstand) untergrub der Staat schrittweise den Handlungsspielraum der *Società di mutuo soccorso* und anderer Formen des Selbstschutzes, die damit ihre zentrale strategische Rolle in einer Arbeiterbewegung verloren, die sich immer mehr auf gewerkschaftliche (viele *Società di mutuo soccorso* verwandelten sich in gewerkschaftliche Verbände) und politische Aktionsformen konzentrierten: Der *Partito Socialista Italiano* (Italienische Sozialistische Partei, PSI) wurde gegründet, und die Arbeiterbewegung kämpfte für eine Arbeitsgesetzgebung (das Gesetz über die Jugendarbeit ist von 1886).

In diesem Kontext entstand auch das „Gesetz Crispi" über die „Reform des Wohlfahrtswesens und der Opere Pie", das 1890 verabschiedet wurde, ausgesprochen weitreichende Folgen für das Verhältnis zwischen Staat und Dritter-Sektor-Organisationen zeitigte und bis 1988 in Kraft bleiben sollte. Dem Gesetz lag das Ziel zugrunde, die Herausbildung nationaler, zentralisierter Verbände zu unterstützen und die staatliche Kontrolle über die privaten katholischen Wohltätigkeitsinstitutionen, die *Opere Pie*, auszuweiten. Diese bis dahin selbständigen juristischen Personen sollten jetzt den Status von öffentlichen Körperschaften (IPAB) annehmen. In dieser Gestalt wurden sie der Aufsicht der politischen Lokalverwaltungen unterstellt, und die Präfekten besaßen ihnen gegenüber das Recht zu Sanktionen und der Auflösung (Paci 1989).

Das Gesetz Crispi verwandelte zwar die katholische in eine öffentliche Wohlfahrt, garantierte den Verbänden aber gleichzeitig eine finanzielle staatliche Unterstützung und einen privilegierten Status gegenüber den privaten Fürsorgeinstituten. Außerdem ließ das Gesetz Crispi den IPAB, den ehemaligen *Opere Pie*, weitgehende Verwaltungs- und Gestaltungsfreiheit, indem es ihnen gestattete, sich wie private Körperschaften zu organisieren. Das Gesetz Crispi war somit der Auftakt zu einer „Kompromißlogik", zu strukturierten Austauschbeziehungen zwischen Staat und katholischer

Kirche, die das Wohlfahrtssystem bis heute kennzeichnen und die den religiös ausgerichteten Institutionen praktisch eine Monopolstellung in diesem Bereich verschafften (Barbetta/Ranci 1997).

Mit der gesetzlichen „Eingliederung" eines Teils des nichtwirtschaftlichen Sozialbereichs in das öffentliche Wohlfahrtswesen leitete Crispi außerdem eine Politik ein, die die Verflechtung der dualen Struktur von öffentlichen und privaten Trägern forcierte. Diese Politik gestand den Verbänden weitgehende Autonomie und viele Privilegien im Rahmen einer formal öffentlichen Gestaltung zu, unterstellte sie aber gleichzeitig den Entscheidungen lokaler Politiker und der Regierung. So wurde der Grundstein für ein „Abhängigkeitsverhältnis im Sinne der klientelistischen Politik" gelegt (Paci 1989: 82), die das italienische Wohlfahrtsmodell und das Verhältnis zwischen dem nichtwirtschaftlichen Sozialbereich und dem Staat lange Zeit prägte.

Die liberalen Regierungen von 1900 bis zum Beginn des Ersten Weltkrieges waren von der politischen Persönlichkeit Giovanni Giolittis geprägt und beschleunigten die Bildung eines öffentlichen sozialen Fürsorge- und Schutzsystems. Es ist auffallend, daß die Ausweitung der Schutzmaßnahmen stattfand, ohne den auf Freiwilligkeit beruhenden Organisationen, die im Rahmen der Arbeiterbewegung entstanden waren, irgendeine Rolle einzuräumen. Die umfassende Entwicklung der Sozialgesetzgebung (die 1919 zu einer Vorsorgeversicherung für alle Arbeitnehmer und zu einer Arbeitslosenversicherung für die Industriearbeiter führte) entsprach der Strategie einer schrittweisen politischen Integration der unteren Bevölkerungsschichten und der anwachsenden Arbeiterbewegung (1912 kam es zum allgemeinen Wahlrecht für Männer), deren politische und soziale Autonomie damit begrenzt werden sollte. Die Verwaltungsräte der öffentlichen Vorsorginstitute und Versicherungen waren zwar formal autonom, bestanden aber in Wirklichkeit aus Mitgliedern, die „moralisch von der Regierung abhingen" (Paci 1989: 82).

Mit dem Aufkommen des Faschismus führte die gewaltsame Unterdrückung der Arbeiterbewegung zur Auflösung der *Società di mutuo soccorso* (die zum Teil nach dem Fall des faschistischen Regimes wiedergegründet wurden) und zur Zerschlagung des größten Teils der Kooperativen. In einer ersten Phase bremste der Faschismus auch die Entwicklung des öffentlichen Sozialversicherungssystems stark ab, das sich aber nach 1927 mit der sich festigenden korporativen Ideologie der Zusammenarbeit zwischen Kapital und Arbeit wieder stabilisierte und ausgebaut wurde, um den sozialen Konsens zu festigen und die soziale Kontrolle zu verstärken (Ferrera 1984). Dieses Sozialsystem besaß eine ausgeprägt partikularistische Struktur, weil die Schutzleistungen differenziert für die verschiedenen Berufsstände ausgegeben wurden, während seine Bindung an die faschistische Partei auch formal seinen politisch-klientelistischen Charakter unterstrich. Das Ergebnis war eine unkoordinierte Ausbreitung von verschiedenen Instituten, wie *Casse Mutue* (Krankenkasse), *Enti Nazionali Autarchici di Assistenza e Previdenza* (Nationales Amt für Vor- und Fürsorge), *Enti Comunali di Assistenza* (kommunale Fürsorgeämter) (Ferrera 1984; Paci 1989). Vor Beginn des Zweiten Weltkrieges hatte sich damit ein Sozialsystem zu etablieren begonnen, das geprägt wurde durch eine Vermischung von öffentlichen und privaten (katholischen) Trägern, durch jeweils berufsgebundene Besonderheiten, durch eine fortgesetzte Praxis schwerwiegender Eingriffe der politischen Klasse in die Verwaltung und durch eine Feudalisierung durch Parteien und Parteiflügel (Ascoli 1984).

Wie in den meisten entwickelten Ländern wurde auch in Italien in der Nachkriegszeit bis Ende der 70er Jahre das öffentliche Wohlfahrtssystem stark ausgebaut. Auch

wenn der soziale Schutz erheblich ausgeweitet wurde – die Ausgaben für den Sozial-
haushalt stiegen zwischen 1960 und 1980 von 13,7 Prozent des Bruttoinlandsprodukts
auf 23,7 Prozent (Barbetta/Ranci 1997) –, blieb dies jedoch fragmentarisch und folgte
„einer Logik der inkrementalen und partikularistischen Ausweitung, die alles in allem
dem klientelistischen, korporativen Versicherungsmodell des Faschismus entsprach"
(Paci 1989: 87). Es handelte sich hierbei um eine Logik, die bis heute alle Versuche
einer umfassenden und kohärenten Reform des Systems scheitern ließ. Auf dieselbe
Weise stellte sich auch das Verhältnis zwischen Drittem Sektor und öffentlichem Sozialbereich dar. Wie ausgeführt, nahm der Staat zunehmend Einfluß auf den Dritten
Sektor und gliederte private Träger in das öffentliche Wohlfahrtssystem ein, die ihre
administrative und finanzielle Autonomie behielten und dennoch in den Genuß eines
öffentlichen Status kamen (Paci 1989).

Doch fehlte es – insbesondere in der sogenannten „Epoche der Reformen", die
1968/69 begonnen hatte und bis in die zweite Hälfte der 70er Jahre reichte – auch nicht
an Reformprojekten, die auf eine universalistische Ausdehnung des Sozialsystems ab-
zielten und gleichzeitig versuchten, die Arbeitsteilung zwischen öffentlichen und privaten Trägern klarer zu strukturieren. So wurden insbesondere mit dem Gesetz 132 aus
dem Jahre 1968 alle von den IPAB verwalteten Krankenhäuser verstaatlicht. Im Bereich der Fürsorge wurden verschiedene Körperschaften des Sozialschutzes, die das
Ziel hatten, die Interessen spezifischer Gruppen zu wahren, in private Hilfsorganisationen umgewandelt. Es existierten jedoch auch erhebliche Widerstände gegen diese Politik, was zeigt, wie sehr der Dualismus von öffentlichen und privaten Trägern das italienische Wohlfahrtssystem prägt. So gestand dasselbe Gesetz 132 von 1968 den von religiösen Kongregationen geführten Krankenhäusern (privaten Klinikgesellschaften also)
einen Sonderstatus zu, der sie in die öffentlichen Strukturen einreihte, ihnen aber die
Verwaltungs- und Finanzhoheit und den Charakter einer privaten Körperschaft beließ
(Barbetta/Ranci 1997).

Die „Epoche der Reformen" kam zum Abschluß, ohne das Verhältnis zwischen öffentlicher und privater Trägerschaft (und daher auch zwischen öffentlichem Bereich
und Drittem Sektor) nennenswert verändert zu haben. Seit Beginn der 80er Jahre begann sich diese Beziehung jedoch zu verändern aufgrund des Wandels des Dritten
Sektors selbst und aufgrund der sich verschärfenden Steuerkrise, was – wie auch in den
anderen entwickelten Ländern – dazu führte, daß der hundertjährige Entwicklungstrend
der öffentlichen Initiative im Sozialbereich zum Stillstand kam (Barbetta/Ranci 1997).
Der Dritte Sektor veränderte sich in den 80er Jahren sowohl unter dem Gesichtspunkt
der Menschen, die sich in ihm engagierten, als auch bezüglich der Aufgaben und sozialen Kompetenzen, die ihm übertragen wurden. Im Rahmen der kollektiven Mobilisierung der 70er Jahre engagierten sich im Dritten Sektor neue Gruppen, die – auch
wenn sie zumeist religiös inspiriert oder ideologisch linksgerichtet waren – unabhängiger von der katholischen Kirche und von den politischen Parteien waren. Gleichzeitig
wurden den Nonprofit-Organisationen wichtige Aufgaben in immer anspruchsvolleren
Bereichen übertragen (Barbetta/Ranci 1997).

Ein umfangreicheres Engagement des Dritten Sektors in der öffentlichen Sozialpolitik war hauptsächlich der Finanzkrise des italienischen Staates geschuldet und somit
der Notwendigkeit, die Ausgaben des öffentlichen Haushalts zu beschränken. Das hat
dazu geführt, daß die wirtschaftlichen oder nichtwirtschaftlichen Wohlfahrtsorganisa-
tionen staatliche Aufgaben ganz oder teilweise übernahmen, um die Kosten unter Beibehaltung des Dienstleistungsangebots zu dämpfen. Die anerkannte Priorität ökonomi-

scher Effizienz hat dazu beigetragen, daß sich das Verhältnis zwischen öffentlicher und privater Trägerschaft veränderte. Es erforderte eine klare Unterscheidung zwischen denjenigen, die die Kosten tragen (zumeist die öffentliche Hand, der Staat oder lokale Körperschaften, denen der Staat die Ausgabe von Sozialdienstleistungen übertragen hat), und den Dienstleistern selbst. Die Veränderungen im Dritten Sektor und dessen Rolle im gesamten Wohlfahrtssystem sowie die Modalitäten für die Gestaltung seines Verhältnisses zum Staat, die mehr an Wettbewerbs- und Effizienzkriterien orientiert waren, haben jedoch die alte Gefahr der Parteilichkeit und der klientelistischen Politik nicht gebannt. Es existiert sozusagen eine „versteckte Logik", die von konfessionellen oder parteipolitischen Bindungen oder der Korruption bestimmt wird und häufig der „offiziellen" Logik des Wettbewerbs widerspricht oder über diese sogar die Oberhand gewinnt. Außerdem führt die Übertragung der Gestaltung öffentlicher Dienstleistungen an private Träger zur Fragmentierung der Programme, wodurch die Einheitlichkeit der Behandlungen behindert und der universalistische Charakter des Schutzes in Frage gestellt wird.

Die Konsistenz des Privatisierungsprozesses der sozialen Dienstleistungen und der Druck der wichtigsten Nonprofit-Organisationen haben den nationalen und die regionalen Gesetzgeber in den 90er Jahren dazu gebracht, den juristischen Status dieser Träger zu klären und die Rolle des Dritten Sektors im Rahmen des Sozialsystems zu regeln (Barbetta/Ranci 1997). Die so entstandenen Normen werden jedoch von den Interessierten als unangemessen erachtet, weil sie die Bedeutung des wirtschaftlichen Aspektes für die Nonprofit-Organisationen nicht anerkennen und somit auch nicht wirksam regeln. Kritisiert wird nicht nur die konfuse Steuer- und Beitragsgesetzgebung, sondern auch die beiden Hauptvorschriften: die nationalen Rahmengesetze Nr. 266 über ehrenamtliche Hilfsorganisationen und Nr. 391 über die soziale Zusammenarbeit, beide aus dem Jahre 1991. Während auf der einen Seite zu viele Auflagen für Verbände und Stiftungen beim Ankauf und der Verwendung von Immobilien bestehen und nicht vorgesehen ist, daß sie als juristische Personen die Form einer Gesellschaft mit beschränkter Haftung annehmen können, wird auf der anderen Seite die Ausschüttung von Gewinnen an die Mitglieder von sozialen Kooperativen nicht verboten (Barbetta/Ranci 1997).

5. Gewerkschaften und Unternehmerverbände

Eine Besonderheit der Interessenvertretungen im Bereich Arbeit und Wirtschaft in Italien ist ihre große Aufsplitterung, die die verbandlichen Handlungsstrategien ebenso bestimmte wie die Beziehungen zwischen Gewerkschaften, Unternehmerverbänden und Staat sowie zwischen den Gewerkschaften selbst. Zurück geht diese ausgeprägte Fragmentierung auf die historischen Entwicklungen und die Ursprünge vor allem der Gewerkschaftsbewegung. Die Gewerkschaften sind in Italien mehr oder weniger in der Form, wie wir sie heute kennen, gegen Ende des 19. Jahrhunderts entstanden, d.h. als der Prozeß der Industrialisierung in Italien begann. Sie entwickelten sich parallel zu den *Società di mutuo soccorso* vor allem in der Form von Berufsgewerkschaften. Aber schon in den ersten Jahrzehnten entsprachen die wichtigsten Gewerkschaften dem Industrieverbandsprinzip, das auch heute noch dominiert (Alacevich 1996; Della Rocca 1998). Das Aufkommen des Faschismus veränderte die Situation für die sich in dieser

Phase konsolidierenden Gewerkschaften radikal. Die Gewerkschaften wurden aufgelöst, und es wurde ein korporatives System eingeführt. Das faschistische Regime schuf neue Interessenorganisationen, die Korporationen, die seiner Autorität untergeordnet wurden. So sahen sich die Gewerkschaften gezwungen, im Untergrund zu arbeiten, was ihre organisatorische Entwicklung stark hemmte.

Die Gewerkschaften wurden 1944 nach dem Fall des Faschismus als Einheitsorganisation wiedergegründet (Alacevich 1996; Della Rocca 1998). Das war eine Folge der politischen Situation in Italien. In der ersten Zeit nach Ende des Zweiten Weltkrieg bestand eine Koalition zwischen den antifaschistischen politischen Kräften, und diese förderte die Neubildung der Gewerkschaft. Allerdings wurden schon 1947 die Linksparteien von der *Democrazia Cristiana* von der Regierung ausgeschlossen, und 1948 verloren sie die Wahlen. Von diesem Zeitpunkt an zeichneten sich zwei der wichtigsten Merkmale des italienischen politischen Systems ab, die bis in die 90er Jahre Geltung haben sollten: eine Polarisierung zwischen der *Democrazia Cristiana* und der *Partito Comunista Italiano* (Italienische Kommunist Partei, PCI) einerseits und der fehlende Wechsel der Parteien in der Regierungsfunktion andererseits.

Auch die gewerkschaftliche Einheit brach 1948 auseinander, und es wurden drei Gewerkschaften mit unterschiedlicher politisch-ideologischer Ausrichtung gebildet: die kommunistisch-sozialistische *Confederazione Generale Italiana del Lavoro* (CGIL), die katholische *Confederazione Italiana dei Sindacati dei Lavoratori* (CISL) und die der *Partito Socialdemocratico Italiano* (Sozialdemokratischen Partei, PSDI), den Reformsozialisten und der *Partito Repubblicano Italiano* (Republikanischen Partei, PRI) nahestehende *Unione Italiana del Lavoro* (UIL). Während die CGIL als Klassengewerkschaft der Vertretung allgemeiner politischer Interessen den Vorrang gab, waren CISL und UIL stärker mitgliederorientiert.

In der Literatur wurde, um die organisatorische Besonderheit eines Verbandes zu beschreiben, die Unterscheidung zwischen horizontalen Strukturen (auf territorialer Ebene) und vertikalen Strukturen (auf der fachlichen/beruflichen Ebene) eingeführt (Accornero 1992; Della Rocca 1998). Historisch gesehen, hatten sich die italienischen Gewerkschaften in beiden Dimensionen entwickelt. Was sich in der Zwischenzeit verändert hat, ist die binnenorganisatorische Gewichtung der Strukturen auf den verschiedenen Ebenen. In der ersten Nachkriegszeit behauptete sich ein zentralistisches Organisationsmodell, in dem die Rolle des Gewerkschaftsbundes auf zentraler Ebene anwuchs. Zugleich wurden Vertragsverhandlungen in Italien hochgradig zentralisiert geführt (Cella/Treu 1998), während auf der Ebene der einzelnen Unternehmen keine anerkannten Vertretungsorgane der Arbeitnehmer existierten.

In diesen Jahren erlebten die italienischen Gewerkschaften eine Phase der organisatorischen Schwäche, die auf verschiedene Faktoren zurückzuführen ist: Einige waren wirtschaftlicher Natur (hohe Arbeitslosigkeit, der Wiederaufbau des Produktionssystems nach dem Krieg), andere hatten politisch-ideologische Gründe (die Zersplitterung), wieder andere waren institutioneller Art (die geringe Institutionalisierung des Systems der industriellen Beziehungen in Italien). Außerdem zeigten die Gewerkschaften eine starke Abhängigkeit von den politischen Parteien (Regalia/Regini 1998).

Tabelle 3: Mitgliederentwicklung (absolut) und gewerkschaftlicher Organisationsgrad (in Prozent) in Italien (1950 – 1999)

	CGIL	CISL	UIL	Organisationsgrad
1950	4.640.528	1.189.882	ohne Angabe	50,8
1955	4.194.235	1.342.204	ohne Angabe	43,9
1960	2.583.170	1.324.398	ohne Angabe	28,5
1965	2.542.933	1.467.990	ohne Angabe	28,5
1970	2.942.517	1.807.586	780.000	38,5
1975	4.081.399	2.593.545	1.032.605	48,5
1980	4.599.050	3.059.845	1.346.900	48,7
1985	4.592.014	2.953.095	1.306.250	42,1
1990	5.150.376	3.508.391	1.485.758	39,3
1995	5.235.386	3.772.938	1.579.097	37,5
1996	5.211.568	3.837.104	1.593.615	36,8
1997*	5.215.288	3.856.334	1.588.270	35,8
1998*	5.249.024	4.000.524	1.758.729	ohne Angabe
1999*	5.286.973	ohne Angabe	ohne Angabe	ohne Angabe

Quellen: Cella/Treu 1998: 107; * Angaben der Gewerkschaften.

Die Situation veränderte sich in den 60er Jahren. Zunächst waren das die Jahre des „Wirtschaftswunders", d.h. eines starken wirtschaftlichen Wachstums in Italien. Auch die Beschäftigungsrate stieg an, was die Arbeiter und ihre Organisationen bestärkte. Außerdem erlebte Italien gegen Ende der 60er Jahre eine Phase der sozialen Mobilisierung, die auch die Arbeitswelt erfaßte. Nach 1968 stieg nicht nur der gewerkschaftliche Organisationsgrad (Tabelle 3), sondern es verschärften sich auch die Auseinandersetzungen (Bordogna/Provasi 1998). Anfänglich taten sich die Gewerkschaften schwer, den Protest zu kontrollieren und die neuen Forderungen und Interessen zu vertreten, die aus der Welt der Arbeit kamen. Sie mußten daher ihre Handlungsstrategien ändern und sich mehr auf betriebsbezogene Aktionen orientieren. Eine der wichtigsten Veränderungen in diesem Kontext war die Schaffung von Arbeitnehmervertretungen in den Betrieben, was sowohl die Beteiligung der Arbeitnehmer an der gewerkschaftlichen Tätigkeit begünstigte als auch Verhandlungen auf betrieblicher Ebene ermöglichte (Accornero 1992). Außerdem gewannen die Gewerkschaften eine größere Unabhängigkeit von den politischen Parteien und begannen, Einheitsbündnisse zu bilden.

Die Phase der koordinierten Handlung endete in den 80er Jahren. Dieser Strategiewechsel hat konkurrierende Interpretationen hervorgerufen: Die einen unterstreichen die Krise der Gewerkschaft (Accornero 1992), andere dagegen betonen deren aktive Rolle in der industriellen Restrukturierung (Regalia/Regini 1998).

In den 80er Jahren entstanden viele sogenannte „autonome Gewerkschaften", die die Zersplitterung der Gewerkschaftsbewegung noch verstärkten. Es handelt sich hierbei um Organisationen, die auf das Modell der Berufsgewerkschaft zurückzuführen sind und die vor allem in Schulen, im öffentlichen Dienst und im Verkehrs- und Transportwesen zu finden sind (Carrieri 1995). Die autonomen Gewerkschaften entstanden in Opposition zu den großen Gewerkschaften, die wegen ihrer Unfähigkeit, bestimmte Gruppen von Arbeitnehmern zu vertreten, kritisiert wurden, sowie wegen deren Bescheidenheit in der Lohnpolitik seit Ende der 70er Jahre. Sie kamen zu den bereits existierenden autonomen Gewerkschaften hinzu (z.B. der *Federazione Auto-*

noma Bancari Italiani, FABI im Bankwesen). Im Gegensatz zu diesen sind die neuen Gewerkschaften weniger bereit, ihre Forderungen auszuhandeln, d.h. also, sie tendieren eher zur Verschärfung der Konflikte.

Das zweite herausragende Phänomen ist die Veränderung an der Basis der drei Gewerkschaftsbünde. Der Organisationsgrad der Gewerkschaften in Italien (Tabelle 3) sank zwar, aber nicht so stark wie in anderen europäischen Ländern. Es veränderte sich allerdings die Mitgliederzusammensetzung: Während die Zahl der eingeschriebenen Beschäftigten abnahm, stieg die Zahl der einer Gewerkschaft angeschlossenen Rentner; in den 90er Jahren überstieg deren Zahl der die in der CGIL organisierten Beschäftigten, und in der CISL stellten sie mehr als 40 Prozent der Mitglieder. Eine Folge dieser Veränderung der Mitgliederstruktur war, daß Dienstleistungen für die Mitglieder immer wichtiger wurden.

Auch die Unternehmerverbände entstanden in Italien wie die Gewerkschaften gegen Ende des 19. Jahrhunderts. Anfänglich wurden auf lokaler Ebene Verbände von Unternehmen gegründet. Zu Beginn des 20. Jahrhunderts erfolgte dann ein Integrationsprozeß (Lanzalaco 1990), der 1910 zur Gründung einer zentralen Organisation führte, der *Confederazione Generale dell'Industria Italiana (Confindustria)*, dem Unternehmerverband, der auch heute noch die wichtigste Arbeitgebervertretung ist. In Italien gibt es dabei die typische Unterscheidung zwischen Arbeitgeber- und Wirtschaftsverbänden nicht. Gleichwohl ist die Zersplitterung der Unternehmerorganisationen in Italien noch größer als die der Gewerkschaften (Lanzalaco 1998; Alacevich 1996; Maraffi 1994).

Ein erster Grund für die Zersplitterung ist die Aufteilung nach Branchen: So gibt es Organisationen, die nur Industriebetriebe vertreten, andere die Landwirtschaft *(Confagricoltura, Coldiretti, Confcoltivatori)*, andere den Handel *(Confcommercio, Confesercenti)*, andere das Handwerk *(Confartigianato, Confederazione Nazionale dell'Artigianato, CNA)* und wieder andere die Dienstleistungen *(Associazione Bancaria Italiana, ABI)*.

Ein zweiter Grund für die Zersplitterung ist die Differenzierung nach der Größe der Betriebe. In der Industrie, der Landwirtschaft und im Handel gibt es Organisationen, die ausschließlich kleine Unternehmen vertreten (jeweils die *Confederazione Italiana della Piccola e Media Industria, Confapi, Coldiretti, Confcoltivatori, Confesercenti)*. Auch die Organisationen, die Unternehmen aller Größen vertreten, haben intern Strukturen geschaffen, die speziell den kleinen Betrieben gewidmet sind.

Ein dritter Grund für die Zersplitterung ist die Art der Arbeitgeber. In dieser Hinsicht ist die Unterscheidung zwischen Privatunternehmen, staatlichen Unternehmen und Kooperativen relevant. Als Folge der Privatisierung staatlicher Unternehmen, die in Italien geringer ausfiel als in anderen europäischen Ländern, reduzierte sich auch die Rolle, die der Staat in der Wirtschaft spielte. Die beiden Verbände, die die staatlichen Unternehmen vertraten *(Associazione Sindacale delle Aziende Petrolchimiche*, ASAP, und *Intersind)* und die um 1960 gegründet worden waren, wurden aufgelöst und schlossen sich 1990 bzw. 1998 der *Confindustria* an. Historisch gesehen, besaßen die Arbeitgeberverbände der staatlichen Unternehmen eine innovative Rolle auf dem Gebiet der industriellen Beziehungen. Bereits im Laufe der 60er Jahre förderten sie die Entwicklung betrieblicher Kollektivverhandlungen, die Anerkennung der gewerkschaftlichen Vertretungen in den Unternehmen und orientierten sich auf ein Modell der industriellen Beziehungen, das die Zusammenarbeit mit den Gewerkschaften suchte, und zwar vor allem durch die Einführung des Rechts auf Information und Beratung.

Die vierte Ursache für die Zersplitterung schließlich ist die politisch-ideologische Orientierung. Vor allem in Bereichen wie der Landwirtschaft, dem Handwerk, dem Handel und den Kooperativen besteht eine Teilung zwischen den an die *Democrazia Cristiana* und den an die Linksparteien gebundenen Arbeitgeberverbänden (zu den ersten gehört u.a. *Confcommercio, Coldiretti, Confcooperative, Confartigianato*; zu den zweiten *Confcoltivatori, Confesercenti, CNA* und die *Lega delle Cooperative*). Diese ideologische Aufteilung besteht zwar noch, hat aber infolge der Veränderungen im politischen System zu Beginn der 90er Jahre an Bedeutung verloren.

Neben diesen organisationsbezogenen Aspekten prägten Merkmale des italienischen politischen Systems das Verhältnis zwischen Regierung und Interessenvertretungen in der Nachkriegszeit: zum einen die Tatsache, daß es (mit Ausnahme der 50er Jahre) in Italien nie eine *Anti-labour*-Regierung gegeben hat, aber die Regierungen waren auch nicht explizit *pro labour*. Des weiteren wechselten sich die Parteien bis Anfang der 90er Jahre nie in der Regierungs- und Oppositionsrolle ab, und schließlich war die hohe politische Instabilität, die in der Kurzlebigkeit der Koalitionsregierungen ihren adäquaten Ausdruck fand, von Bedeutung.

Die Gewerkschaften haben dabei ihre politische Isolation der 50er Jahre überwunden (Regalia/Regini 1998) und sich im Laufe der 60er und 70er Jahre zu wichtigen Akteuren im politischen System entwickelt. Es blieb jedoch ein von Konflikten und Spannungen gekennzeichneter Handlungsrahmen bestehen. Zur Wirtschaftskrise kamen der Terrorismus sowie die Reaktion der rechtsorientierten oder gar -extremistischen Bewegungen hinzu. In diesem Kontext wurde 1978 eine „nationale Solidaritätsregierung" geschaffen, in der zum ersten Mal in der Nachkriegszeit die *PCI* zur parlamentarischen Regierungsmehrheit gehörte. So ergab sich in diesen Jahren in Italien der erste ernstzunehmende Ansatz einer Konzertierung zwischen Regierung, Gewerkschaften und Arbeitgeberverbänden, die versuchten, eine bescheidene Lohnpolitik durchzusetzen. In einem anderen politischen Rahmen wurde 1983 ein dreigliedriges Abkommen zur Bekämpfung der Inflation unterzeichnet. Trotzdem blieb die tripartistische Konzertierung in Italien eine Episode, zumindest bis zum Beginn der 90er Jahre, weil die Ergebnisse der Konzertierung sowohl von 1978 als auch von 1983 im Grunde enttäuschend waren (Regini 1995).

Die Arbeitgeberverbände wiesen in den 50er Jahren eine starke Bindung an das politische System auf und entwickelten sukzessive divergierende Handlungsstrategien, die auf ihre wachsende Zersplitterung zurückzuführen sind und sie gleichzeitig verstärkten. Die Beziehungen zwischen Confindustria und der Regierung veränderten sich als Folge der Entwicklung der staatlichen Industrien in den 50er Jahren, als diese in Konkurrenz zur Privatindustrie traten. Außerdem war die Politik der *Democrazia Cristiana* auf eine Konsolidierung gerichtet, und dafür benötigte sie den Konsens anderer sozialer Gruppen. Einige Arbeitgeberverbände, insbesondere die aus der Landwirtschaft, dem Handwerk, dem Handel und dem Bereich der Kooperativen, wurden angesichts ihrer politisch-ideologischen Ausrichtung zu Nebenorganisationen der *Democrazia Cristiana*. Als Folge davon wurde im Laufe der 60er Jahre die Position der *Confindustria* geschwächt. Diese Phase dauerte bis in die 70er Jahre, als die Arbeitgeber gemeinsamen Aktionen eine größere Bedeutung zugestanden (Regini 1995).

Die 90er Jahre stellten eine Wende im Verhältnis zwischen der Regierung und den Interessenverbänden dar. Es kam zu einer verstärkten Konzertierung zwischen der Regierung und den Sozialpartnern. Die daraus resultierenden Abkommen bezogen sich vor allem auf den sozialen Bereich (1992, 1993, 1995 und 1997), die Einkommens-

(1993) und die Beschäftigungspolitik (1998). Die Einbeziehung der Sozialpartner in Entscheidungen über die Wirtschafts- und Sozialpolitik wurde in Italien zu einer immer weiter verbreiteten Praxis (Regini 1997), und das in einem Land, dessen Tradition der industriellen Beziehungen nicht auf dieses Modell zurückzuführen ist. Vor allem zwei Faktoren förderten die Entwicklung der Konzertierung in Italien: erstens die Veränderungen im Wirtschaftssystem aufgrund der Globalisierung und der Einführung der einheitlichen europäischen Währung, die zusammen dazu führten, daß Themen wie die Einkommenspolitik, die Reform des Sozialsystems und die Beschäftigungspolitik in den Vordergrund rückten. Zweitens geriet das politische System durch Korruptionsskandale in eine umfassende Krise. In dieser Phase übernahmen die Interessenvertretungen wichtige Legitimationsfunktionen für die politischen Akteure (Regini 1997).

6.   Umweltschutzorganisationen

Die ersten Umweltschutzorganisationen entstanden in Italien Ende des 19., Anfang des 20. Jahrhunderts durch die Initiative von relativ kleinen Personengruppen (Pedrotti 1998). Ihr Ziel war der Schutz einiger Tierarten oder geographischer Regionen durch die Schaffung von Reservaten oder Naturparks. Die Erhaltung der Natur ist nach wie vor das Grundmotiv derartiger Organisationen (z.B. *Italia Nostra* und *World Wide Fund For Nature*, WWF), die in den 50er und 60er Jahren des 20. Jahrhunderts entstanden (Biorcio/Lodi 1988; Diani 1988).

Auch wenn sie organisatorisch Unterschiede aufweisen, ist den Verbänden wie *WWF* und *Italia Nostra* eine territorial differenzierte Struktur gemeinsam, die nationale, regionale und lokale Untergliederungen umfaßt. Vor allem auf lokaler Ebene werden Aktionen zum Umweltschutz entschieden und durchgeführt. D.h., auch wenn diese Verbände über eine formalisierte Organisationsstruktur verfügen, hängen sie von der freiwilligen Beteiligung und der Mobilisierungsbereitschaft ihrer Mitglieder und ihrer Anhänger ab.

Obwohl seit den frühen 70er Jahren in Italien viele Umweltschutzverbände entstanden, blieben sie im politisch-sozialen Panorama lange marginalisiert. Es waren zwei äußere Anlässe, die ein größeres öffentliches Bewußtsein über die Wichtigkeit des Umweltschutzes schufen: zum einen der Unfall in einer chemischen Fabrik in Seveso, bei dem höchst schädliche Stoffe austraten (1976), sowie die Kampagne gegen die Atomkraft ab der zweiten Hälfte der 70er Jahre, die durch den Unfall von Tschernobyl verstärkt wurde. Im Gegensatz zu den historischen Umweltschutzbewegungen, die durch ihre Unparteilichkeit gekennzeichnet waren, stehen einige der neuen Verbände politischen Parteien (z.B. ist die *Amici della Terra* mit der *Partito Radicale*, der PR, verbündet) oder linken Verbänden (z.B. der *Lega per l'Ambiente*) nahe. Die 70er Jahre stellten also bei den Umweltschutzorganisationen eine Wende dar. Es wurden nicht nur neue Verbände ins Leben gerufen, sondern es setzte sich in diesen auch im Vergleich zu den älteren Naturschutzverbänden, die natürlich weiterbestehen, schrittweise eine andere Herangehensweise an die Problematik des Umweltschutzes durch. Die Umweltfrage wurde nicht mehr als Teil des Naturschutzes betrachtet, sondern in eine weitere Perspektive gestellt und von den neuen sozialen Bewegungen aufgegriffen. Umweltschutz erhielt dadurch eine politisch-ideologische Prägung (Biorcio/Lodi 1988; Diani 1988).

Die neuen Verbände besitzen eine weniger formale Struktur als *WWF* oder *Italia Nostra* und spiegeln die für die kollektiven Bewegungen der 70er Jahre typische Spontaneität wider. Die Beziehungen zwischen den historischen und den neueren Umweltschutzverbänden in Italien sind begrenzt. Eine größere Aktionseinheit entstand Mitte der 80er Jahre, als die wichtigsten Umweltschutzverbände mit Unterstützung einiger politischer Parteien Referenden für die Abschaffung der Jagd (mit negativem Ausgang) und für die Einstellung des Baus von Atomkraftwerken in Italien (mit positivem Ausgang) förderten. Es blieb aber bei diesen Episoden.

Ihr Verhältnis zum politischen System war je nach Verband und je nach Zeitraum unterschiedlich. Im allgemeinen ist das Element, das die historischen Umweltschutzorganisationen in Italien kennzeichnet, ihre Unparteilichkeit, auch weil der Naturschutz als eine allgemeingültige Frage betrachtet wird. Deshalb tendieren sie mehr dazu, stärkere Beziehungen zu Institutionen wie lokalen Verwaltungen, Ministerien usw. als zu politischen Parteien zu unterhalten (Biorcio/Lodi 1988; Diani 1988). Da sie die Aktivitäten auf lokaler Ebene für wesentlich erachten, sind ihre Beziehungen zu lokalen Regierungen besonders wichtig. Gegenüber dem zentralstaatlichen politischen System agieren die Umweltschutzverbände grundsätzlich als pressure group. Das politische System selbst ist für die Anträge der Umweltschutzverbände nur bedingt zugänglich. Eine Ausnahme stellte der Ausstieg aus der Atomkraft dar, wobei ein Referendum eine breite Legitimationsbasis geliefert hatte.

Wichtig für das Verhältnis zwischen Umweltschutzgruppen und politischem System in der ersten Hälfte der 80er Jahre war die Schaffung der *Liste Verdi* (Grünen Listen), die sich außer mit Umweltfragen auch mit anderen Themen wie z.B. der Verteidigung der Bürgerrechte und dem Pazifismus befassen. Die aktiven Vertreter der Grünen Listen kommen vor allem aus den neuen und in etwas geringerem Maße aus den älteren Umweltschutzverbänden. Darüber hinaus verfügen auch die Grünen Listen über eine stark dezentralisierte Struktur (Diani 1988). Ihre Kritik gegenüber den traditionellen, bürokratisierten Parteimodellen läßt sie einen föderativen Aufbau bevorzugen: Die nationale Ebene kann die lokalen Grünen Listen lediglich koordinieren. Die Schaffung der Grünen Listen hat daher dazu beigetragen, daß die Umweltfrage vor allem auf lokaler Ebene Fuß gefaßt hat, so daß in einigen Städten Fragen wie die Abfallentsorgung oder die Schließung der Innenstädte für den Autoverkehr behandelt werden.

Mitte der 90er Jahre schienen auch die Grünen Listen unter der Krise des politischen Systems Italiens zu leiden. Der kritischste Punkt schien ihre Schwierigkeit zu sein, eine eigene Identität zu behaupten. Auch innerhalb der Regierungskoalition, der sie seit 1996 angehören, sind die Grünen mit Ausnahme einiger Themen nicht in der Lage, sich gegen andere Parteien abzugrenzen. Gegenwärtig konzentrieren sich die Grünen wieder mehr auf reine Umweltfragen. Es bleibt abzuwarten, ob das eine Neudefinition ihres Verhältnisses zu den Umweltschutzverbänden mit sich bringt.

7. Zusammenfassung und Ausblick

Die Übersicht über die Entwicklung der Verbände in Italien hat gezeigt, daß – von der Solidarhilfe bis zur kollektiven Vertretung von wirtschaftlichen Interessen – deren Ursprung in den beiden historisch dominierenden Subkulturen des politischen und zivilen Lebens des Landes, in der katholischen und in der linken, liegt. Sehr viel weniger folgenreich für die Verbände hat sich die dritte Subkultur Italiens gezeigt, die liberale, die, auch wenn sie für die politische Einigung des Landes und seine Regierung bis zum Aufkommen des Faschismus mitentscheidend war, große Schwierigkeiten hatte, sich eine gesellschaftlich breite Basis zu schaffen und die engen Grenzen von kulturellen, politischen und wirtschaftlichen Eliten zu überschreiten.

Als weitere historische Konstante ergibt sich die enge Verbindung zwischen Verbänden und politischem System. Diese Beziehung geht, wie wir gesehen haben, auf denselben Ursprung zurück: die Bildung des Einheitsstaates. In dieser historischen Phase tendierte die liberale Elite wegen ihrer fehlenden Legitimation bei der breiten Bevölkerung zu einer Politik, die auf dem Austausch von politischem Konsens gegen wirtschaftliche Ressourcen und Anerkennung basierte (Ferrera 1984; Paci 1989). Daraus ergab sich eine Abhängigkeit der Zivilgesellschaft vom politischen System, die sich durch den Faschismus noch verstärkte und auch in der Nachkriegszeit mit dem sogenannten „Parteiensystem" weiter lebte. Dieses System war dadurch gekennzeichnet, daß die katholischen Verbände zu Nebenorganisationen der *DC* wurden und die *PCI* eine strenge Kontrolle über ihre „Vermittlungsorgane" zur Gesellschaft, d.h. die Gewerkschaften, die Kooperativen, die Freizeit- und Kulturverbände ausübte. Die Ausbreitung kollektiver Bewegungen Ende der 60er und Anfang der 70er Jahre brachte neue Organisationen auf den Plan, die der traditionellen Logik nicht mehr unterworfen waren und die bestehenden Verbände dazu zwangen, eine größere Unabhängigkeit von den jeweiligen politischen Parteien zu fordern. In den 80er Jahren konsolidierte sich diese Tendenz und ging mit einem starken Anwachsen von (Selbst-)Hilfeorganisationen einher, die den Bedürfnissen der Bürger eher entsprachen und einen geringen Institutionalisierungsgrad aufwiesen (Rossi 1997).

Zu Beginn der 90er Jahre erfuhr das Parteiensystem eine tiefe Krise seiner Glaubwürdigkeit – die wichtigsten Regierungsparteien, die *DC* und die *PSI*, waren in eine Reihe von Korruptionsskandalen verwickelt und rieben sich buchstäblich auf in den unzähligen Untersuchungsverfahren, die ihre Führer auf allen Ebenen betrafen. Die Krise der politischen Parteien förderte den Emanzipationsprozeß der zivilen Gesellschaft. Dieser Emanzipationsprozeß führte nicht so sehr zu einer größeren Unabhängigkeit der Verbände vom politischen System, sondern stellte vielmehr das Gleichgewicht in dem Tauschverhältnis mit den politischen Parteien wieder her und verschaffte den Verbänden eine größere Handlungsfreiheit in der Suche nach politischen Ansprechpartnern. Ihre Verhandlungsposition auf dem politischen Markt, auf dem Konsens gegen Ressourcen getauscht werden, ist also gestärkt.

Die Suche der Organisationen nach einem Verhältnis zum politischen System und somit zu den öffentlichen Akteuren hat in der Tat eine strukturelle Grundlage, die auf der einen Seite durch die Notwendigkeit bestimmt ist, wirtschaftliche Mittel zu beschaffen und Legitimierung zu finden und auf der anderen Seite durch das Beziehungsnetz zwischen Politikern und Verbänden, das sich im Laufe der Jahrzehnte im Rahmen der katholischen und der linken Subkultur konsolidiert hatte. Die Subkulturen also stellten noch in den 90er Jahren die „Schmelztiegel" der Verbandserfahrungen dar, auch wenn die Verbände weniger klar definierte und durchlässigere Umrisse als früher haben. Gleichzeitig konnten sie sich aus ihren parteipolitischen „Zwangsjacken" befreien und gegenüber dem Parteiensystem als gleichwertige Partner auftreten.

Abkürzungsverzeichnis

ABI Associazione Bancaria Italiana
AC Azione Cattolica
ACLI Associazione Cristiana dei Lavoratori Italiani
ASAP Associazione Sindacale delle Aziende Petrolchimiche
ASCI Associazione degli Scout Cattolici Italiani
CGIL Confederazione Generale Italiana del Lavoro
CISL Confederazione Italiana dei Sindacati dei Lavoratori
CL Comunione e Liberazione
CNA Confartigianato, Confederazione Nazionale dell'Artigianato
Confindustria Confederazione Generale dell'Industria Italiana
CSI Centro Sportivo Italiano
DC Democrazia Cristiana
IPAB Istituzioni Pubbliche di Assistenza e Beneficenza
ONG Organizzazioni non governative
Onlus Organizzazioni non lucrative di utilità sociale
PCI Partito Comunista Italiano
PP Partito Popolare
PR Partito Radicale
PRI Partito Repubblicano Italiano
PSDI Partito Socialdemocratico Italiano
RSU Rappresentanze sindacali unitarie
UIL Unione Italiana del Lavoro
WWF World Wide Fund For Nature

Literaturverzeichnis

Accornero, Aris, 1992: La parabola del sindacato, Bologna: il Mulino

Alacevich, Franca, 1996: Le relazioni industriali in Italia, Roma: La Nuova Italia Scientifica

Ascoli, Ugo (Hrsg.), 1984: Welfare state all'italiana, Bari: Laterza

Ascoli, Ugo, 1993: Il welfare mix: stato sociale e terzo settore, Milano: Franco Angeli

Barbetta, Gian Paolo (Hrsg.), 1996: Senza scopo di lucro, Bologna: Il Mulino

Barbetta, Gian Paolo/Costanzo Ranci, 1997: Terzo settore e nuove politiche sociali: il caso italiano, in: Rossi, Giovanna (Hrsg.): Terzo settore, stato e mercato nella trasformazione delle politiche sociali in Italia, Milano: Franco Angeli, S. 177-214

Bartocci, Enzo (Hrsg.), 1996: Lo stato sociale in Italia, Roma: Donzelli Editore

Biorcio, Roberto/Giovanni Lodi, (Hrsg.), 1988: La sfida verde. Il movimento ecologista in Italia, Padova: Liviana Editrice

Bordogna, Lorenzo/Gian Carlo Provasi, 1998: La conflittualità, in: Gian Primo Cella/ Tiziano Treu (Hrsg.): Le nuove relazioni industriali, Bologna: il Mulino, S. 331-360

Carrieri, Mimmo, 1995: L'incerta rappresentanza, Bologna: il Mulino

Cella, Gian Primo, 1989: Criteria of Regulation in Italian Industrial Relations: A Case of Weak Institutions, in: Peter Lange/Marino Regini (Hrsg.): State, Market and Social Regulation. New Perspectives on Italy, Cambridge: CUP, S. 167-185

Cella, Gian Primo/Tiziano Treu (Hrsg.), 1998: Le nuove relazioni industriali, Bologna: il Mulino

Della Rocca, Giuseppe, 1998: Il sindacato, in: Gian Primo Cella/Tiziano Treu (Hrsg.): Le nuove relazioni industriali, Bologna: il Mulino, S. 95-146

Diani, Mario, 1988: Isole nell'arcipelago, Bologna: il Mulino

Donati, Pierpaolo, 1978: Pubblico e privato. Fine di una alternativa?, Bologna: Cappelli Editore

Donati, Pierpaolo (Hrsg.), 1996: Sociologia del terzo settore, Roma: La Nuova Italia Scientifica

Ferrera, Maurizio, 1984: Il welfare state in Italia, Bologna: il Mulino

Ferrera, Maurizio, 1993: Modelli di solidarietà, Bologna: il Mulino
Garelli, Franco, 1992: Il volontariato in Italia. Una forza o una debolezza?, in: Il Mulino, Vol. XLI, S. 741-753
Ginsborg, Paul, 1989: Storia d'Italia dal dopoguerra a oggi, Torino: Einaudi
Jocteau, Gian Carlo, 1982: Le origini della legislazione sociale in Italia. Problemi e prospettive di ricerca, in: Movimento Operaio e Socialista, No. 2, S. 289-303
Lanzalaco, Luca, 1990: Dall'impresa all'associazione. Le organizzazioni degli imprenditori: la Confindustria in prospettiva comparata, Milano: Franco Angeli
Maraffi, Maraffi, 1994: L'organizzazione degli interessi industriali in Italia, 1870-1980, in: Martinelli, Alberto (Hrsg.): L'azione collettiva degli imprenditori italiani, Milano: Edizioni di Comunità, S. 137-196
Paci, Massimo, 1989: Pubblico e privato nei moderni sistemi di welfare, Napoli: Liguori
Panebiaco, Angelo, 1982: Modelli di partito, Bologna: il Mulino
Pedrotti, Franco, 1998: Il fervore dei pochi. Il movimento protezionistico italiano dal 1943 al 1971, Trento: Temi Editrice
Pizzorno, Alessandro, 1993: Le radici della politica assoluta, Milano: Feltrinelli
Pizzorno, Alessandro, 1996: Vecchio e nuovo nella transizione italiana, in: Nicola Negri/Loredana Sciolla (Hrsg.): Il paese dei paradossi, Roma: La Nuova Italia Scientifica, S. 253-285
Putnam, Robert, 1993: Making Democracy Work, Princeton: Princeton University Press
Ranci, Costanzo et al., 1991: Identità e servizio, Bologna: il Mulino
Ranci, Costanzo, 1999: Oltre il welfare state: terzo settore, nuove solidarieta e trasformazioni del welfare, Bologna: il Mulino
Ranci, Costanzo/Alessandra Vanoli, 1994: Beni pubblici e virtù private. Il settore nonprofit nelle politiche di welfare, Quaderni della Fondazione Adriano Olivetti, Città di Castello
Regalia, Ida/Marino Regini, 1998: Italy: The Dual Character of Industrial Relations, in: A. Ferner/Richard Hyman (Hrsg.): Changing Industrial Relations in Europe, Oxford: Blackwell Publishers, S. 459-503
Regini, Marino, 1995: Uncertain Boundaries. The Social and Political Construction of European Economies, Cambridge: CUP
Regini, Marino, 1997: Still Engaging in Corporatism? Recent Italian Experience in Comparative Perspective, in: European Journal of Industrial Relations, No. 3, S. 259-278
Rossi, Giovanna, 1997: Terzo settore, stato e mercato nella trasformazione delle politiche sociali in Europa, Milano: Franco Angeli
Rovelli, Cesare, 1988: I modelli organizzativi delle associazioni ambientaliste, in: Roberto Biorcio/Giovanni Lodi (Hrsg.): La sfida verde. Il movimento ecologista in Italia, Padova: Liviana Editrice, S. 73-98
Trigilia, Carlo, 1986: Grandi partiti e piccole imprese, Bologna: il Mulino
Vittadini, Giorgio (Hrsg.), 1997: Il non profit dimezzato, Milano: Etaslibri

Luxemburg

Interessenvermittlung in einem Kleinstaat

Michael Schroen

1. Einleitung

Struktur, Funktionsweise und Leistungsfähigkeit des Verbändesystems in Luxemburg sind geprägt von der relativen Kleinheit des Landes mit seinen 429.000 Einwohnern (1999), dem ökonomischen Wohlstand, der hohen Stabilität und Kontinuität des Regierungssystems und der starken Europäisierung der Politik. Der Wohlstand, der sich in einem hohen Einkommen und in einem dichten sozialen Netz niedergeschlagen hat, erleichtert die Befriedigung auch widerstreitender gesellschaftlicher Ansprüche. Das zwar durchaus zu Wandel fähige Parteiensystem weist dennoch deutlich kartellartige Züge auf (Schroen 2000), da – mit Ausnahme der kurzen Phase einer Allparteienregierung gleich nach dem Zweiten Weltkrieg – bisher nur die christlich-soziale, die sozialistische und die liberale Partei an der Regierung beteiligt waren. Die daraus resultierende Kontinuität wurde durch die *Christlich–Soziale Volkspartei (CSV)* noch verstärkt, die mit Ausnahme der sozial-liberalen Koalition zwischen 1974 und 1979 ständige Regierungspartei gewesen und aus allen Wahlen als stärkste politische Kraft hervorgegangen ist. Außerdem gibt es in der Europäischen Union kein Land mit einem auch nur annähernd so hohen Ausländeranteil wie Luxemburg – 1999 waren 35,6 Prozent der Einwohner Ausländer, die vorwiegend aus den traditionellen Einwandererländern Portugal und Italien stammen. Schließlich hat Luxemburg sehr früh die konstitutionellen Voraussetzungen für eine politische Union Europas geschaffen. Diese „Logik der Integration" (Hirsch 1974) blieb ebensowenig folgenlos für das Verbändesystem wie die anderen genannten Rahmenbedingungen.

2. Rechtliche Grundlagen der Verbände

Die meisten Verbände orientieren sich in ihren Statuten an dem Gesetz über Vereinigungen ohne Profitstreben vom 21. April 1928. Von diesen frei gegründeten Vereinigungen *(associations spontannées)* – die Mehrzahl der Verbände – sind die staatlich eingesetzten Organe *(associations imposées)* des beruflichen Verbandspluralismus, namentlich die Berufskammern, zu unterscheiden (Delvaux 1974: 91).

Die Vorläuferin der heutigen Luxemburger Berufskammern ist die Arbeiterkammer, deren Anfänge auf das Gesetz vom 28. Juni 1920 zurückreichen. Allerdings wurde dieses Gesetz zunächst nicht verwirklicht, obschon es als Modell für das gesamte berufliche Kammerwesen diente (Chambre de Travail Luxembourg 1999: 7). Fünf der sechs Berufskammern sind auf der Basis des Gesetzes vom 4. April 1924 gegründet worden. Die Statuten der Berufskammern haben zwar, vor allem nach 1945, zahlreiche, aber insgesamt nur marginale Änderungen erfahren (Les Chambres Professionelles 1993: 1-83).

Die rechtliche Basis der Luxemburger Gewerkschaften festigte sich 1928, als den Arbeitnehmern das Koalitionsrecht gewährt wurde. Mit dem Gesetz vom 11. Mai 1936, das im Zusammenhang mit den ersten Tarifverträgen in Kraft trat, wurde schließlich die Vereinigungsfreiheit endgültig akzeptiert. Doch erst die Verfassungsreform von 1948 garantierte in Art. 11, Abs. 5 die gewerkschaftlichen Freiheiten – eine längst überfällige Ergänzung des allgemeinen Vereinigungsrechts (Majerus 1959: 74ff.), was 1958 mit der Übernahme der ILO-Konventionen Nr. 87 und Nr. 98 befestigt wurde und 1965 zum Gesetz über „kollektive Arbeitsverträge" führte.

Auf der Ebene der einzelnen Unternehmen stärkten Betriebsverfassungsgesetze die Position der Gewerkschaften. Das Gesetz vom 6. Mai 1974 sieht beispielsweise in Unternehmen mit mehr als 150 Beschäftigten paritätisch besetzte Kommissionen zur Beratung in personalpolitischen Fragen vor; durch das Gesetz vom 18. Mai 1979 sind die Betriebsräte an wesentlichen sozialen und arbeitsrechtlichen Entscheidungen beteiligt. Am weitesten ging der gewerkschaftliche Einfluß im Rahmen tripartistischer Gremien, die die sozialliberale Regierung 1977 ins Leben rief. Die drittelparitätisch von Arbeit, Kapital und Regierung besetzten zentralen Gremien sollten in erster Linie dazu beitragen, die Stahlkrise zu überwinden. Es war aber unvermeidlich, daß diese hochrangigen Konsultativorgane in anderen wirtschafts- und sozialpolitischen Fragen Mitspracherechte beanspruchten (Die Tripartite 1981: 5).

3.   Verbände im Wirtschafts- und Arbeitssystem

3.1. Gewerkschaften

Wollte man den Beginn der Verbandsgeschichte Luxemburgs auf ein Datum festlegen, so dürfte dies der 1. Oktober 1841 gewesen sein, als die Handelskammer gegründet wurde. Dieses Datum steht am Anfang der Industrialisierungsphase zwischen der Mitte des 19. Jahrhunderts und dem Ausbruch des Ersten Weltkriegs. Der Agrarstaat entdeckte 1842 sein schwerindustrielles Potential im südlichen Kanton Esch-s.-Alzette (auch Minette genannt) und trat im selben Jahr dem Deutschen Zollverein bei, der dem Großherzogtum neue Absatzmärkte eröffnete. Daß die schwerindustrielle Entwicklung vor allem von ausländischen Arbeitern getragen wurde, kann die „verspätete" Entwicklung moderner Interessenorganisationen in Luxemburg erklären. Hinzu kommt, daß das Land nie unter den sozialen Spannungen einer Massenverelendung litt und auch ohne den Druck gefestigter Gewerkschaften zwischen 1901 und 1911 eine für die damalige Zeit vergleichsweise weitreichende Sozialgesetzgebung nach deutschem Muster durchgesetzt werden konnte.

Zwar kam es bereits in den 60er Jahren des 19. Jahrhunderts zur Gründung erster Berufsgewerkschaften – 1864 schlossen sich die Buchdrucker zusammen, 1865 folgten die Tabakarbeiter und 1867 die Schneider. Doch daß der Zollverein es deutschen Gewerkschaften ermöglichte, Luxemburger Arbeiter zu organisieren und ab 1903 Zahlstellen in diesem Land einzurichten, erwies sich als retardierendes Moment für eine eigenständige Organisationsbildung. Auf Grund der kriegsbedingten Verschlechterung der Lebensumstände und der Verletzung der Luxemburger Neutralität durch deutsche

Truppen bekam die nationale Arbeiterbewegung Auftrieb: Am 1. Juli 1917 riefen Arbeiterführer das erste Luxemburger Gewerkschaftskartell aus. Dies war der Beginn für eine Vereinigung aller Metallgewerkschafter im Minette, gefolgt vom Zusammenschluß der Industriegewerkschaften. Das nationalsozialistische Deutschland besetzte Luxemburg am 10. Mai 1940. Unter Gauleiter Simon wurden die Gewerkschaften aufgelöst und deren Vermögen konfisziert. Nach der Befreiung durch die Alliierten schloß sich ein Großteil der Arbeitervertretungen 1945 zum *Letzeburger Arbechterverband (Luxemburger Arbeiterverband, LAV)* zusammen.

Die christlichen Gewerkschaften in Luxemburg hatten ihre Wurzeln in den ab 1906 gegründeten katholischen Arbeitervereinen, die – gegliedert nach Berufsgruppen – in der Zeit vor dem Ersten Weltkrieg für bis zu 6.000 Mitglieder gewerkschaftsähnliche Funktionen ausübten. Die ursprünglich neutrale Berg- und Hüttengewerkschaft zog zunächst ebenfalls katholische Arbeiter an, bis die intern wachsenden antikatholischen Tendenzen zu deren Wiederaustritt und 1921 zur Gründung des *Letzeburger Chreschtleche Gewerkschaftsbond (LCGB)* führten. Die weltanschaulichen Differenzen zwischen den freien und den christlichen Gewerkschaften tat der pragmatischen Zusammenarbeit beider Strömungen im Nationalen Arbeiterrat *(Conseil National du Travail)* keinen Abbruch. Erwähnenswert ist noch die *Fédération Nationale des Syndicats*, die erst 1936 mit etwa 750 Mitgliedern aus einigen bereits existierenden kleinen liberalen Gewerkschafterkreisen entstand, nach 1945 jedoch keine Wiederauflage erfuhr. Vor dem Zweiten Weltkrieg waren die kommunistisch geprägten Gewerkschaftsgruppen ohne nennenswerten Einfluß, so mußten sie beispielsweise den 1933 errungenen einzigen Sitz in der Arbeiterkammer schon 1937 wieder an die liberale *Fédération* abgeben.

Obgleich es in der unmittelbaren Nachkriegszeit viele Befürworter einer pluralistischen Einheitsgewerkschaft gab, setzten sich erneut Richtungsgewerkschaften durch. In Affinität zu den vier damals im Parlament vertretenen Parteien bildeten sich der *Luxemburger Arbeiterverband (LAV)*, der Vorläufer des heutigen *Unabhängigen Gewerkschaftsbunds (OGB-L)*, der *Christliche Gewerkschaftsbund (LCGB)*, die liberale *Fédération des Employés Privés (FEP)* und der hauptsächlich Metall- und Minenarbeiter umfassende und der *Kommunistischen Partei Luxemburgs (KPL)* nahestehende *Freie Letzeburger Arbechterverband (FLA)* heraus, der allerdings weitgehend einflußlos blieb und sich 1966 in den der *Luxemburger Sozialistischen Arbeiterpartei (LSAP)* nahestehenden *LAV* eingliederte. Der LCGB hingegen spielt eine im internationalen Vergleich herausragende Rolle. Er kommt an Größe und Einfluß sehr nahe an den Unabhängigen Gewerkschaftsbund heran.

In Anbetracht dieser gewerkschaftlichen Vielfalt war es naheliegend, erneut über die Vor- und Nachteile einer alle politischen Strömungen umfassenden Organisationsform nachzudenken. Die drei damals wichtigsten Gruppierungen, der *LAV*, der *LCGB* und die *FEP* hatten 1970 den Nationalrat der Gewerkschaften gebildet, der allerdings längst außer Funktion ist. Die stärkste Anziehungskraft übte indes der *LAV* aus, der gemeinsam mit ihm nahestehenden Einzelgewerkschaften am 1. Januar 1979 in den *Onofhängege Gewerkschaftbond Letzeburg (Unabhängiger Gewerkschaftsbund Luxemburg, OGB-L)* aufging. Von diesem Sog wurde auch die *FEP* mitgerissen. Die Angestelltengewerkschaft war ideologisch und beruflich zu heterogen, um als handlungsfähige Organisation zu überleben. Dieser latente Konflikt trat während der Krise in der Stahlindustrie 1979 offen zu Tage, als die Angestellten des Bankensektors keinen Solidaritätsbeitrag für ihre Kollegen aus dem Minette leisten wollten. Aus dem 1960 gegründeten *Neutralen Handwerkerverband (NHV)* ging schließlich am 1. Februar 1984 noch die *Neutrale Gewerkschaft Luxemburg (NGL)* mit derzeit einem Sitz in der Arbeiterkammer hervor.

Der Unabhängige Gewerkschaftsbund Luxemburgs (OGB-L): Mit 48.500 Mitgliedern (OGB-L 2000) ist der *OGB-L* die größte Arbeitnehmerorganisation Luxemburgs. Die Statuten (Art. 1.3) weisen als allgemeines Gewerkschaftsziel die Schaffung einer Wirtschafts- und Sozialordnung aus, die auf das Gemeinwohl ausgerichtet ist und in deren Mittelpunkt der Mensch und sein Wohlbefinden stehen. Als Voraussetzung für eine erfolgreiche Gewerkschaftspolitik arbeitet der *OGB-L* auf eine in sich geschlossene Arbeitnehmerorganisation hin. Obwohl der *OBG-L* sich als weltanschaulich und parteipolitisch unabhängig definiert, stellt er die zeitgemäße Spielart einer sozialistischen Gewerkschaftsbewegung dar und hat historische Bindungen zur *Luxemburger Sozialistischen Arbeiterpartei (LSAP)*. Personalunionen zwischen führenden Ämtern in Partei und Gewerkschaft gibt es seit den 70er Jahren nicht mehr.

Das höchste Gremium des *OGB-L* ist der alle fünf Jahre tagende Nationalkongreß; er faßt Beschlüsse über die wichtigsten gewerkschaftspolitischen Angelegenheiten, wählt den National- und den geschäftsführenden Vorstand sowie eine Überwachungskommission, ein aus neun Mitgliedern bestehendes Kontrollorgan der gewerkschaftlichen Leitungsgremien. Die Logik der Verbandsstruktur des *OGB-L* entspricht dem dualistischen Industriegewerkschaftsprinzip, demzufolge das einzelne Mitglied sowohl am Arbeitsplatz als auch am Wohnort erfaßt wird. Am Arbeitsplatz gehört der Arbeitnehmer oder die Arbeitnehmerin einer Betriebssektion an, die sich innerhalb ihrer Branchen zu 15 Berufssyndikaten zusammenschließen. Am Wohnort hingegen sind die Mitglieder einer der 80 Lokalsektionen zugeordnet, die insgesamt sechs Regionalverbände bilden. Streng genommen sind die meisten Mitglieder auch noch über die sogenannten Abteilungen in den Organen des OBL-L repräsentiert, die besondere Gruppeninteressen auf überbetrieblicher Ebene wahrnehmen. Unterschieden wird dabei zwischen Arbeitern, Angestellten, Handwerkern, Staats- und Gemeindebeamten einerseits sowie zwischen jungen Mitgliedern bis zu 30 Jahren, Rentnern, Frauen, Immigranten und Arbeitslosen andererseits. Die zweite Gruppe von Abteilungen entsendet parallel zu den Syndikaten und Regionalverbänden ihrerseits Vertreter in den Nationalkongreß.

Binnendemokratische Strukturen sind Gewerkschaftstage, Landeskonferenzen und Syndikatskonferenzen, die zwischen den Nationalkongressen stattfinden. Die Gewerkschaftstage befassen sich entweder mit aktuellen wirtschaftlichen und sozialpolitischen Fragen oder mit innergewerkschaftlichen Problemen; die Landeskonferenzen haben demgegenüber die Funktion, über die großen Linien der überbetrieblichen Sozial- und Arbeitsrechtspolitik sowie über Organisationsinterna zu beraten. Schließlich obliegt den Syndikatskonferenzen auch die Willensbildung über grundsätzliche Fragen der Betriebs- und Tarifpolitik.

Zur Finanzierung seiner Arbeit ist der *OGB-L* auf Mitgliedsbeiträge angewiesen, die ein Prozent des jeweiligen Bruttoverdienstes betragen (OGB-L-Statuten, Art. 10.3.). Im Streikfall kann der Nationalvorstand die Beiträge aus Solidaritätsgründen erhöhen (Art. 10.2.). Einen hohen Stellenwert hat die grenzüberschreitende Zusammenarbeit mit anderen europäischen Arbeitnehmerverbänden. Es bestehen nicht nur bilaterale Beziehungen, vor allem zu italienischen, deutschen, portugiesischen, spanischen und belgischen Gewerkschaften, sondern der *OGB-L* gehört als eine der Gründerorganisationen auch dem *EGB (Europäischer Gewerkschaftsbund)* und dem *IBFG (Internationaler Bund Freier Gewerkschaften)* an. Supranationales Engagement zeigt der OGB-L darüber hinaus in den Gewerkschaftsräten der Euroregion Saarland-Lothringen-Luxemburg-Trier/Westpfalz (Saar-Lor-Lux) und im *PED (Pôle Européen de Développement)*.

Der Luxemburger Christliche Gewerkschaftsbund (LCGB): Der *LCGB* ist mit seinen 33.000 Mitgliedern der zweite große gewerkschaftliche Verband in Luxemburg (LCGB 2000a). Das sozialphilosophische Fundament des *LCGB*, die christliche Soziallehre, geht auf die Enzyklika Rerum Novarum von Papst Leo XIII. zurück (LCGB 2000b: 20). Starken Einfluß hatten der französische Sozialphilosoph Jacques Maritain und der in Trier geborene Oswald von Nell-Breuning. Unter den ideellen Impulsen der Gegenwart werden die Sozialenzykliken Sollicitudo Rei Socialis (1987) und Centesimus Annus (1991) von Papst Johannes Paul II. gewürdigt. Der *LCGB* strebt eine Gesellschaftsordnung an, „in welcher die Arbeit den Vorrang hat und welche sich richtet nach den Baugesetzen des hilfreichen Beistands (Subsidiaritätsprinzip), der gegenseitigen Verantwortung (Solidaritätsprinzip) und der partnerschaftlichen Mitbestimmung" (LCGB 1971: 2). Im Gegensatz zum *OGB-L* bekennt sich der *LCGB* ausdrücklich zum gewerkschaftlichen Pluralismus (LCGB 2000c: 2).

Ähnlich wie der *OGB-L* besitzt der *LCGB* lokale Sektionen, Berufsstrukturen und Fachorganisationen, die aus Betriebssektionen bestehen, wobei für Kleinbetriebe eine die gesamte Branche umfassende Sektion gebildet werden kann. Auch im LCGB ist der Nationalkongreß die höchste Entscheidungsinstanz. Eine besondere Rolle im Nationalvorstand spielt der sogenannte National- oder Generalaumônier. Er hat die Aufgabe, die Verbindung zur katholischen Kirche aufrechtzuerhalten und die gewerkschaftspolitischen Entscheidungen mit den Grundsätzen der christlichen Soziallehre abzustimmen (LCGB-Statuten, Art. 59, Abs. 13). Alle Generalaumôniers waren Geistliche. Der aus dem Zentralvorstand hervorgehende Exekutivvorstand hat 15 Mitglieder. Neben den fünf Leitungspositionen (Nationalpräsident, Generalsekretär und Stellvertreter, Generalkassierer und Sozialsekretär) gehören ihm zehn ehrenamtliche Mitglieder an, aus deren Reihen die beiden Vizepräsidenten gewählt werden. Der Generalaumônier und der Gewerkschaftssekretär für Öffentlichkeitsarbeit nehmen ex officio beratend an den Sitzungen des Zentralvorstandes teil. Zwischen den Nationalkongressen tagt lediglich ein Gewerkschaftsrat, ein erweitertes Leitungsgremium, das nur einmal alle vier Jahre einberufen werden muß (LCGB-Statuten, Art. 61, Abs. 1).

Die Statuten des *LCGB* widmen der innergewerkschaftlichen Demokratie ein eigenes Kapitel (LCGB 1971: 19). Vorrangiges Ziel ist, neue Mitglieder zu gewinnen und ihre Beteiligung an der innergewerkschaftlichen Willensbildung zu fördern. Die Mitglieder sollen dabei anstreben, sich und ihre Kollegen zur „unbedingten Beachtung der die westlichen Demokratien begründenden Prinzipien der persönlichen, zivilen, politischen, sozialen und religiösen Freiheiten und Rechte zu erziehen" (LCGB 1971: 19). Wichtigstes Medium der innergewerkschaftlichen Informationsarbeit ist die monatlich erscheinende Zeitschrift *Soziale Fortschrett* (Sozialer Fortschritt).

Die politischen Ziele des *LCGB* lesen sich wie das arbeits- und sozialpolitische Programm der *Christlich-Sozialen Volkspartei (CSV)* (LCGB 1971). In der Tat sind die Beziehungen zwischen Gewerkschaft und Partei programmatisch und personell sehr eng. Da die *CSV* mit Ausnahme der Legislaturperiode zwischen 1974 und 1979 permanente Regierungspartei und auf nationaler Ebene ausnahmslos die stärkste Partei ist, verfügen die christlichen Gewerkschafter über eine intensive Verbindung zu den Luxemburger Regierungen, wobei ihnen Koalitionen zwischen *CSV* und *LSAP* näherstehen als christlich-liberale Regierungsbündnisse (Soziale Fortschrett 4/2000: 3).

Der Beamtenverband (CGFP): Die *Confédération Générale de la Fonction Publique* wurde am 2. März 1967 als Nachfolgeorganisation der 1909 entstandenen *Association Générale des Fonctionnaires (AGF)* gegründet. Zu den Hauptzielen zählt die *CGFP* die Gewährleistung des sozialen Fortschritts der Luxemburger Beamten und die Förderung der Solidarität und Einheit unter den öffentlich Bediensteten. Mit seinen sozialpolitischen Erfolgen spielte der Beamtenverband oft eine Vorreiterrolle für die Arbeitnehmer in der privaten Wirtschaft. Beispielsweise setzte er 1921 die äußerst folgenreiche automatische Anpassung der Gehälter und Pensionen an die Preisentwicklung – kurz „Indexierung" genannt – durch, 1954 erreichte der Verband auch die über die Indexierung hinausgehende automatische Anpassung der Pensionsbezüge an den durchschnittlichen Gehaltszuwachs, 1979 erkämpfte die CGFP eine grundlegende Reform des Beamtenrechts, das von da an auch das Streikrecht gewährt.

Die Basis des Beamtenverbandes bilden 20.700 Mitglieder in 65 Fachverbänden und Einzelgewerkschaften. 70 Prozent der Mitglieder sind berufstätig, 25 Prozent befinden sich im Ruhestand und etwa 5 Prozent sind Hinterbliebene. Die Führungsgremien der Fachverbände sind in der Vorständekonferenz der *CGFP* vertreten, die daher bis zu 500 Mitglieder hat. Auch der Nationalvorstand ist mit 35 Mitgliedern groß genug, um die Pluralität wiederspiegeln zu können. Der geschäftsführende Vorstand ist mit 12 Personen bereits Ausdruck gebündelter Interessen, stärker noch drückt sich dies im fünfköpfigen geschäftsführenden Präsidium aus, das wiederum drei Rechnungsprüfern verantwortlich ist. Kurzum: Der mehrstufige pyramidale Aufbau der *CGFP* läßt viel Raum für innerverbandliche Teilhabe und Willensbildung.

Im Vergleich mit anderen Berufsverbänden hat die *CGFP* eine Sonderstellung, die man als „Verband im Staat" bezeichnen könnte. Ausdruck davon sind die engen und regelmäßigen Kontakte zum „Ministerium der öffentlichen Funktion", dessen paritätischem Dienstrechtsausschuß die CGFP angehört. Diese Position erlaubt es dem Verband, bei allen grundlegenden Entscheidungen mitzuwirken, die das Personal im öffentlichen Dienst und seine Arbeitsbedingungen betreffen. Auch ist die *CGFP* alleiniger Partner der Regierung bei der Aushandlung der sogenannten Besoldungsabkommen, die in der Regel für zwei Jahre abgeschlossen werden. Zwar hängt die Gültigkeit des Verhandlungsergebnisses formal vom Votum des Parlaments ab, doch ein Blick auf die berufliche Zusammensetzung der Luxemburger Deputiertenkammer weist derzeit (1999-2004) ein Drittel der 60 Abgeordneten als Beamte aus. Während man bei anderen Berufsverbänden von Kontakten zu den Parlamentsfraktionen sprechen muß, ist es bei der *CGFP* richtiger, von einer parlamentarischen Durchdringung zu sprechen; ihr politisches Gewicht ist dementsprechend groß. Allerdings besteht die *CGFP* auf der Unvereinbarkeit zwischen einem Funktionärsposten im Verbandsvorstand und einem Abgeordnetenmandat im Nationalparlament.

Die *CGFP* ist auf europäischer Ebene über den *Internationalen Beamtenbund (CIF)* dem *Europäischen Unabhängigen Gewerkschaftsbund (CESI)* angeschlossen und übernimmt in beiden Organisationen führende Funktionen. Über diesen Weg bestehen auch enge Verbindungen des Vorstands zu Schwesterorganisationen in den Nachbarländern und im übrigen Europa (CGFP: 2000).

3.2. Arbeitgeber- und Unternehmerverbände

Auch für die Arbeitgeberseite trifft die schon für die Gewerkschaftsentwicklung getroffene Feststellung verspäteter Koalitionsbildung zu. Erst die Kündigung des Zollvereins stellte Luxemburgs Industrielle vor die Aufgabe einer fundamentalen wirtschaftlichen Neuorientierung, woraus auch die Notwendigkeit resultierte, mit Unternehmervereinigungen der Nachbarländer institutionelle Beziehungen aufzubauen. Auf Initiative des Unternehmers Paul Wurth nahm 1918 die *Fédération des Industriels Luxembourgeois (FEDIL)* ihren Anfang. Ziel der rund sechzig innerhalb der *FEDIL* zusammengeschlossenen Industriellen war es, die ökonomischen Interessen der Luxemburger Industrie zu verteidigen, ohne dabei mit den Bestrebungen der Arbeiter und Angestellten zu kollidieren.

Der Industriellenverband (FEDIL): Die *Fédération des Industriels Luxembourgeois,* die auch die Funktionen eines Arbeitgeberverbandes wahrnimmt, umfaßt gegenwärtig 420 Mitgliedsunternehmen aus dem industriellen Sektor und einige aus dem Bereich industrieller Dienstleistungen. Der Dachverband ist die institutionelle Klammer für 13 sektorale Organisationen. Die Verbandsspitze besteht aus dem Präsidenten, zwei Vizepräsidenten sowie 20 Vorstandsmitgliedern. Auf der jährlichen Vollversammlung wird nicht nur der Vorstand entlastet, sondern auch die Arbeitsgruppen legen Rechenschaft ab. Die Mitgliedsunternehmen verfügen je nach Beschäftigtenzahl über degressiv gestaffelte Stimmenanteile, was auf eine von mittelständischen Unternehmen geprägte Verbandspolitik des *FEDIL* hinweist. Der Verband ist enger Partner der Handelskammer, über die er an der Begutachtung neuer Gesetze beteiligt ist. Direkte Verbindung unterhält *FEDIL* mit dem Wirtschafts-, Gesundheits-, Arbeits- und Umweltministerium, ebenso mit den Parlamentsfraktionen. Der Industriellenverband finanziert sich allein aus Mitgliedsbeiträgen. Wichtigstes internes Kommunikationsmittel ist die monatliche Verbandszeitung *Echo de l'Industrie,* zusätzlich erscheint noch das regelmäßige Informationsblatt *FEDIL Actuel.*

Die Verbandsziele der *FEDIL* könnten das Programm eines liberalen Wirtschaftsministers sein, egal ob es sich dabei um die Sicherung des gesamtwirtschaftlichen Gleichgewichts, um die Förderung technologischer Innovation, um den Ausbau wirtschaftlicher Diversifikation oder um die Exportförderung handelt. Die *FEDIL* hat denn auch anläßlich der Parlamentswahlen 1999 einen Ziel- und Maßnahmenkatalog veröffentlicht, der gewissermaßen eine wirtschaftspolitische Denkschrift für die neue Regierung darstellte (FEDIL 2000b: 3).

Die internationale Lobbyarbeit erstreckt sich auf den Internationalen Arbeitgeberverband (Organisation Internationale des Employeurs, OIE) und die Vereinigung der Europäischen Industrie- und Arbeitgeberverbände (Union des Confédérations de l'Industrie et des Employeurs d'Europe, UNICE). FEDIL arbeitet auch in der Internationalen Arbeitskonferenz in Genf mit.

Der Bankenverband (ABBL): Die *Association des Banques et Banquiers, Luxemburg* hat sich zum Ziel gesetzt, die beruflichen Interessen ihrer Mitgliedsbanken im weitesten Sinne zu vertreten und das Luxemburger Finanzzentrum zu fördern. Im Bereich der beruflichen Aus- und Weiterbildung sieht die *ABBL* einen weiteren Arbeitsschwerpunkt. Da Luxemburg keine vollwertige Universität hat – die Studenten gehen an die Hochschulen des benachbarten Auslands – ist die *ABBL* am Aufbau einer *Luxembourg School of Finance* interessiert, die in dreijährigen Kursen neben theoretischen Kenntnissen auch berufspraktische Fertigkeiten vermitteln soll (ABBL, Annual

Report 1998: 13). Die *ABBL* hat auch zur Währungsumstellung auf den Euro beigetragen. Insbesondere in der Gründungsphase der Europäischen Währungsunion war die *ABBL* ein wichtiger Ratgeber des Luxemburger Finanzministeriums, vor allem wenn es um Fragen der europäischen Wettbewerbsfähigkeit des Finanzplatzes Luxemburg ging.

Interessant ist, daß der Verband prinzipiell auch Banken aufnimmt, die keinen Sitz in Luxemburg haben, wozu es allerdings der Zustimmung der Generalversammlung bedarf (ABBL-Statuten, Art. 5). Mitglieder, deren Geschäftsgebaren gegen die Berufsethik verstößt, können von der Generalversammlung ausgeschlossen werden. Der Verbandsvorstand umfaßt 19 Mitglieder, die dem führenden Management angehören und mindestens fünf Jahre in Luxemburg wohnen müssen. Wer zum Präsidenten der *ABBL* gewählt worden ist, darf nach der zweijährigen Mandatszeit noch einmal kandidieren. Im Erfolgsfalle müssen danach vier weitere Jahre bis zu einer erneuten Wiederwahl vergehen. Falls der Präsident nicht die Luxemburger Staatsbürgerschaft besitzt, muß sein erster Stellvertreter Luxemburger sein.

Die Größenordnung der Mitgliedsbeiträge macht dem Berufsfeld Ehre: Das Limit benennt nicht nur den Mindest-, sondern auch den Höchstbetrag, nämlich fünf Millionen Luxemburger Franken, etwa 130.000 Euro. Sollte sich der Verband auflösen, fließt sein Vermögen beruflichen Fortbildungsmaßnahmen zu (Art.10).

Handelsverbände: Die Anfänge von Handelsverbänden gehen auf den 23. März 1906 zurück, als sich 40 Händler zu einer Union zusammenschlossen. 1911 kam es zur *Fédération des Commercants et des Artisans* (Vereinigung der Händler und Handwerker) und der Eröffnung eines zentralen Sekretariats. Hauptanliegen des Händlerverbandes war immer die Vermeidung illegaler Konkurrenz, insbesondere aufgrund von Monopolbildungen, außerdem eine Mitsprache in allen den freien Handel betreffenden juristischen Fragen wie die Registrierung von Firmen und Marken, Zahlungsusancen oder fiskalische Details. Ein regelrechtes Dauerthema sind die Ladenöffnungszeiten.

Die Grossisten hatten sich 1947 mit der *Fédération Luxembourgeoise des Négociants en Gros* (Vereinigung Luxemburger Großhändler) vorübergehend eine eigene Organisation gegeben. Die Schwesternverbände behielten aber ein gemeinsames Generalsekretariat und schlossen sich 1980 zur *Confédération du Commerce Luxembourgeois (CCL)* zusammen. Die *CCL* nimmt als Dachverband des Handels die Interessen des Groß- und Einzelhandels ferner des Dienstleistungsgewerbes und der Speditionen wahr. Dem Dachverband gehören 50 Fachverbände an, die je nach Mitgliederzahl zwei oder drei Vertreter in die Vollversammlung des *CCL* entsenden. Aus ihr wiederum rekrutieren sich die 21 Mitglieder des Vorstands. Der Dachverband verfügt über ständige Arbeitsausschüsse, die sich auf gesellschaftsrelevante Themen wie Umweltschutz, Steuerpolitik, soziale Sicherheit, Städteplanung, Beschäftigungspolitik sowie auf Aus- und Fortbildungsfragen spezialisiert haben. Das Serviceangebot an die Verbandsmitglieder ist weitgefaßt. Es reicht von der Beratung im Arbeits- oder Firmengründungsrecht über Finanzierungs- und Steuertips bis hin zur Hilfe bei der Organisation von Fortbildungsseminaren.

Der Verband wird regelmäßig seitens der Ministerialbürokratien bei der Vorbereitung von Gesetzen konsultiert. In der gegenwärtigen Legislaturperiode (1999-2004) ist kein Abgeordneter des Luxemburger Parlaments Mitglied des Handelsverbands. Dennoch trifft sich die CCL immer wieder mit den Parlamentsfraktionen, entweder auf eigene Initiative oder auf Einladung der Fraktionen beziehungsweise der parlamentarischen Arbeitskommissionen. Aus dem Jahresbericht der *CCL* 1999 geht deutlich hervor, daß es kaum ein Ministerium gibt, das die *CCL* nicht mit Stellungnahmen, Anfragen oder Appellen zu beeinflussen suchte. Besondere Affinität besteht zwischen der *CCL* und dem Ministerium für den Mittelstand *(Ministère des Classes Moyennes)* und auf verbandlicher Ebene mit der Mittelstandsvereinigung *(Confédération des Classes Moyennes)*, mit der die *CCL* 1998 das Aktionsprogramm „Eine Mittelstandspolitik für das 21. Jahrhundert" herausgegeben hat (CCL 1998). Ein anderes Indiz für die immense politische Breitenwirkung der *CCL* ist auch die Zahl der von ihr beschickten Kommissionen und Komitees. Zu den derzeit 55 institutionalisierten Verbindungen, dazu zählen die Luxemburger Gesellschaft für technische Kontrolle *(Société nationale de contrôle technique)*, *das Büro für die Einstellung und Umschulung behinderter Arbeitnehmer (Office de placement et de rééducation des travailleurs handicapés)* oder das Ständige Komitee für Beschäftigung *(Comité permanent de l'emploi)*.

Die Mitglieder werden über die zweimonatlich erscheinende Verbandszeitschrift *Handelsblat* und über Mailings informiert. Die *CCL* sieht sich als sektorale Dachorganisation, die enge Beziehungen zu Politik und Wirtschaft unterhält, allerdings weniger im Bewußtsein der breiten Bevölkerung verankert ist (CCL: 2000). Der Handelsverband unterhält regelmäßige Kontakte zu den Schwesterorganisationen in den Nachbarländern und ist Mitglied in der *EuroCommerce;* auch die Fachverbände der CCL sind mehrheitlich in entsprechenden internationalen Verbändestrukturen integriert.

Bauernverbände: Die Landwirte begannen bereits ab 1871, sich in *casinos agricoles* zu organisieren. Bis Anfang des 20. Jahrhunderts bildeten sich 397 lokale Interessengruppen, die sich 1909 zu einer Konföderation zusammenschlossen. Eine herausragende Rolle spielte die Beschaffung von günstigen Krediten, was ab 1920 zur Gründung von Raiffeisenbanken führte. Das Ende des Zweiten Weltkriegs leitete eine Phase der Professionalisierung der Interessenvertretung im Primärsektor ein. Da die landwirtschaftliche Berufskammer in der Vorkriegszeit versagt hatte und es keine andere demokratisch legitimierte Berufsorganisation oder Berufsvertretung gab, klaffte im Primärsektor des Luxemburger Wirtschaftssystems eine organisatorische Lücke (Krier 1995: 29).

Mit der Gründung der *Centrale Paysanne (Bauernzentrale, C.P.)* am 16. November 1944 stand den Landwirten endlich ein durchsetzungsfähiger Verbandsapparat zur Seite, der bald über genügend materielle Ressourcen und fachjuristische Kompetenz verfügte. Weil der Verband die Monopolagentur für die Interessen der Landwirte darstellte, waren *C.P.* und Landwirtschaftskammer identisch. Allerdings führte die nicht immer unproblematische Verquickung von privaten Interessen und öffentlichem Auftrag zum Gesetz vom 7. September 1987, das eine institutionelle Trennung der beiden Aufgabenbereiche vorschrieb. Vorangegangen war dem ein Konflikt zwischen der *C.P.* und der Molkereigenossenschaft *Luxlait*, der zu einer Protestbewegung sogenannter engagierter Landwirte und zur Gründung des *Freien Luxemburger Bauernverbands (FLB)* führte.

Die dritte und letzte Interessengruppe gründete sich schließlich 1988/89 unter dem Namen *Bauernallianz*. Diese neue verbandspolitische Fraktionierung im Primärsektor machte 1987 den Weg frei für Kammerwahlen und einen Kammerpluralismus, der mit der Vielfalt der anderen fünf Organe vergleichbar ist.

Seit Gründung der *C.P.* hat sich die Struktur des Primärsektors dramatisch verändert. Zwischen 1950 und 1992 ging die Zahl der Betriebe von 8.430 auf 3.025 zurück, begleitet von einem reziproken Wachstum der durchschnittlichen Betriebsgröße (Krier 1995: 35). Die immer produktiver arbeitende Landwirtschaft erzielte schon Ende der

40er Jahre Überschüsse, was die Preisstabilität für landwirtschaftliche Produkte und die Einkommensbasis der Landwirte gefährdete. Diese strukturellen Probleme veranlaßten die *C.P.*, Konzepte einer Wirtschaftsplanung zu entwerfen und auch umzusetzen, um den ökonomischen Wandel in ihrem Sektor steuernd zu begleiten. Einrichtungen zur sozialen Absicherung der Landwirte wurden geschaffen, und Marktstudien sollten einer realistischeren Planung und Organisation von Produktion und Absatz dienen. Schon ab 1949 errichtete die Bauernzentrale Kompensationskassen, um den Produzenten konjunkturunabhängige Preise zu garantieren. In zwei für die Luxemburger Landwirtschaft fundamentalen Bereichen hat die *C.P.* zur Einrichtung moderner und effizienter Unternehmen beigetragen: 1966 zur Gründung von *Vinsmoselle*, die den Luxemburger Weinbau europäisch wettbewerbsfähig machte, und 1978 zur Molkereigenossenschaft *LUXLAIT*. Als Ergebnis der seit 1948 unternommenen Getreidebevorratung wurde das *Agrocenter* in Mersch mit seinem 1959 in Betrieb genommenen riesigen Getreidesilo gegründet. Die Führung dieser Wirtschaftsunternehmen liegt zwar in den Händen von eigens hierfür gegründeten Betriebsgesellschaften, die rechtlich und wirtschaftlich autonom sind, aber doch der Kontrolle der Bauernzentrale und der von ihr gesetzten Rahmenbedingungen unterliegen. Mit dieser ziemlich komplexen Organisationsstruktur schuf die Bauernzentrale ein wirtschaftsdemokratisches Fundament innerhalb des Primärsektors.

Der Luxemburger Bauernverband hat zur Zeit etwa 3.800 Mitglieder, in der Mehrheit hauptberufliche Landwirte. Zu den Organen des Verbands gehört die Berufsvertretung unter dem Namen *Conseil National de L'Agriculture (C.N.A)*, die sich mit dem Genossenschaftswesen und mit wirtschaftspolitischen Fragen befaßt (C.P.-Statuten, Art. 10 und 15). Bemerkenswert ist, daß die Zugehörigkeit zum Vorstand der Bauernzentrale oder zum *C.N.A.* unvereinbar mit einem Abgeordnetenmandat ist (C.P.-Statuten, Art. 16). Um „Vetternwirtschaft" zu verhindern, verbietet Art. 19, daß in den Vorstand gleichzeitig Mitglieder gewählt werden, die in einem Verwandtschaftsverhältnis bis zum dritten Grad zueinander stehen. Zwei Einrichtungen mit lediglich konsultativem Charakter sind die Landwirtinnen- und die Jugendorganisationen *(Service Activités Féminines, SAF; Letzebuerger Bauerejugend)*.

Verbände der freien Berufe: In Luxemburg gibt es eine Reihe von Vereinigungen sogenannter freier Berufe. Angehörige juristischer Berufe sind u.a. in der *Chambre des Notaires*, Mediziner im *Collège Médical*, einem öffentlich-rechtlichen Organ, zusammengeschlossen. Eigene Verbände bilden – um nur zwei Berufsgruppen zu nennen – auch die Architekten und die Steuerberater. Aus den Zünften entstanden, schlossen sich 1905 die Luxemburger Handwerker in der *Fédération des Artisans* zusammen. Der Organisationsgrad war mit rund 4.000 eingeschriebenen Mitgliedern anfänglich sensationell hoch, im Laufe der darauffolgenden zehn Jahre blieben allerdings nur einige Hundert übrig. Gegenwärtig hat die *Fédération des Artisans* 47 Zweige, sein verlängerter politischer Arm ist die Luxemburger Handwerkskammer.

4. Ideelle und soziale Verbände

4.1. Verbände von Ausländern

Verbindungs- und Aktionskomitee der Ausländer (CLAE): Das *Comité de Liaison et d'Action des Étrangers (CLAE)* wurde 1985 gegründet. *CLAE* fördert die Teilnahme von Nicht-Luxemburgern am öffentlichen Leben sowie die Ausdehnung der Bürgerrechte auf Einwohner aus Nicht-EU-Ländern. Der Verband bekämpft Rassismus und Fremdenfeindlichkeit. Mehrere Mitglieder von *CLAE* nehmen am *Nationalrat für Ausländer* teil, der paritätisch von Ausländern und Luxemburgern besetzt ist und ein Gremium zur Meinungsbildung über Ausländerbelange darstellt. Neben *CLAE*, der als eine Art Dachverband für die luxemburgischen Ausländerverbände fungiert, hat sich noch der eigenständige Dienstleistungsverband *CLAE Services* gebildet, der finanziell vom Familienministerium unterstützt wird und sechs hauptamtliche Mitarbeiter beschäftigt.

Da *CLAE* die Unterscheidung zwischen EU- und Nicht-EU-Bürgern in der Luxemburger Innenpolitik zu überwinden versucht, tritt der Verband für einen leichteren Erwerb der Luxemburger Staatsbürgerschaft und für die Einführung der doppelten Staatsbürgerschaft ein. Im sozialen Leben geht es dem Verband darum, die Aufnahme-, Unterkunfts- und Arbeitsbedingungen von Nicht-Luxemburgern zu verbessern und das Prinzip der Chancengleichheit im Bildungssystem zu verwirklichen. Zu den Dienstleistungen für die Verbandsmitglieder zählen unter anderem eine monatliche Presseschau über ausländerrelevante Themen und Ereignisse sowie die Herausgabe des internen Mitteilungsblatts *Horizon*.

Von dem alle drei Jahre stattfindenden Kongreß der Ausländervereinigungen werden auch die Richtlinien für die künftige Verbandsarbeit festgelegt und die neuen Mitglieder des Komitees von *CLAE* gewählt. Dieses Komitee umfaßt derzeit 38 Mitglieder, die stellvertretend für insgesamt 111 Vereine wirken und als Leitung einen sechsköpfigen Vorstand ernennen (CLAE 2000: 1).

Während *CLAE* seinen Verbandsapparat 1999 ausschließlich mit Hilfe eigener Einnahmen aus Veranstaltungen und Festen in der Größenordnung von 140.000 Euro finanzierte, erhielt *CLAE Services* im Jahr 2000 eine staatliche Unterstützung von rund 320.000 Euro, die durch andere Einnahmen um etwa 43.000 Euro aufgestockt wurden.

Die Lobbyarbeit von *CLAE* richtet sich vor allem auf die Ministerien der Ressorts Arbeit, Familie und Justiz. Es gibt derzeit keine Abgeordneten, die Mitglieder im *CLAE* sind, wohl aber regelmäßige Kontakte zwischen dem Parlament und *CLAE*, übrigens auf Initiative beider Seiten. Zum einen besucht *CLAE* die Fraktionen zweimal pro Jahr und fordert die Parteien vor den Parlamentswahlen zu Stellungnahmen auf, andererseits hört das Parlament *CLAE* zu ausländerrelevanten Problemen an, wie beispielsweise zur Integration der Kinder aus Immigrantenfamilien (CLAE 2000: 3). In den Gesetzgebungsprozeß muß sich *CLAE* allerdings aus eigener Initiative einbringen; das liegt auch daran, daß die Ministerialbürokratien sich bei entsprechenden Gesetzesprojekten vor allem an den *Nationalen Ausländerrat (Conseil National des Étrangers, CNE)* wenden.

Verband zur Unterstützung immigrierter Arbeitnehmer (ASTI): Seit 1979 gibt es die *Association de Soutien aux Travailleurs Immigrés*. Sie spielt unter den von CLAE vertretenen Verbänden eine herausragende Rolle. Die Gründer von *ASTI* stammen aus sozial-katholischen Kreisen. Anfang der 80er Jahre war es das vorrangige Ziel, den

Widerspruch zwischen der Zwangsmitgliedschaft der ausländischen Arbeitnehmer in den Berufskammern einerseits und ihren Ausschluß vom Wahlrecht für die Kammerorgane sowie vom kommunalen Wahlrecht andererseits zu überwinden.

Die Ziele von ASTI liegen in der Unterstützung ausländischer Arbeitnehmer, in der gesellschaftlichen Hilfestellung für Flüchtlinge, Nicht-EU-Bürger und Menschen ohne Arbeits- oder Aufenthaltsgenehmigung sowie in Initiativen gegen Rassismus und für Wohnort- und Nachbarschaftshilfe. *ASTI* hat gegenwärtig rund 2.000 Mitglieder, von denen zwanzig in den Vorstand gewählt werden. Zu den Ministerien werden nur sporadische Kontakte gepflegt. Verbindungen zu den Parlamentsfraktionen bestehen und werden bei Projekten aktiviert; es gibt Abgeordnete, die Mitglieder von *ASTI* sind. Die Mitwirkung von *ASTI* an der Gesetzgebung charakterisiert das geschäftsführende Büro als „inoffiziell" (ASTI: 2000). Die verbandsinterne Zeitschrift heißt *ensemble*. Bis Dezember 1999 sind 54 Ausgaben, also im Durchschnitt etwa drei pro Jahr, erschienen. Etwa 20 Prozent der Mitglieder beteiligen sich aktiv an der Verbandsarbeit, dennoch wird das geschäftsführende Büro von hauptamtlichen Mitarbeitern geführt. An die Medien wendet sich *ASTI* vor allem in Form von Pressemitteilungen und Leserbriefen. Die Resonanz der Verbandsarbeit in Print- und Funkmedien ist nach eigenen Angaben positiv. Ebenso wird die europäische Integration positiv für die politischen Gestaltungschancen des Verbands eingeschätzt. Als vorrangiges Desiderat nennt *ASTI* die Einrichtung eines eigenen Ministeriums für Migrationsfragen.

4.2. Familien- und frauenpolitische Vereinigungen

Verband zur Förderung der Familie (AFP): Die *Action Familiale et Populaire* wurde am 12. Juli 1946 gegründet und hat die Verteidigung der geistigen, moralischen und materiellen Interessen der Familie zum Ziel. Der Verband setzt sich auch auf EU-Ebene für die Förderung der Familie auf der Grundlage der christlichen Moral und der sozialen Gerechtigkeit ein (AFP 2000: 1).

Im Dezember 1996 wurde für die immer umfangreicheren Dienstleistungen ein eigener Verband, der *AFP-Services,* gegründet. Dieser Doppelstruktur gemäß hat die *AFP* zwei Vorstände, einen 20-köpfigen für die *AFP* und einen sieben Mitglieder umfassenden für den Serviceverband. Insgesamt hat die *AFP* etwa 2.500 Mitglieder (AFP 2000: 3), die mit ihren Beiträgen über 95 Prozent des Verbandsbudgets aufbringen, im Geschäftsjahr 1999 knapp 20.000 Euro.

Eine sehr öffentlichkeitswirksame Veranstaltung ist der jährlich stattfindende *Nouveau Salon de l'Enfant*, eine nach den pädagogischen Kriterien von *AFP* ausgerichtete Kinderbuch- und Spielzeugausstellung. Zu den kontinuierlichen Angeboten gehört eine psychologische Erziehungs- und Familienberatung durch Fachpersonal, weiterhin die Ausbildung und Vermittlung von Tagesmüttern und Babysittern, die Förderung der Sexualerziehung in den Schulen, Ehevorbereitungskurse, Selbsthilfegruppen für eßgestörte Menschen, Eltern-Kind-Ateliers und juristische Beratung im Familienrecht.

Direkte Kontakte zu den Ministerien sind zwar eher sporadisch, finden dann allerdings in institutionalisierter Form statt. Man kann bei *AFP* durchaus von einer vielfältigen mittelbaren Interessenvertretung sprechen. Beispielsweise ist der Verband in der *Nationalen (Medien-)Programmkommission CNP* vertreten. Der Präsident des *Conseil Superieur de la Famille (Höherer Familienrat)* ist ein *AFP*-Vorstandsmitglied, ebenso der Präsident der *Luxemburger Verbraucherunion (Union Luxembourgoise des Con-*

sommateurs), und schließlich ist die *AFP* auch noch im *Höheren Erziehungsrat (Conseil Superieur de l'Education)* vertreten.

Foyer de la Femme: Das *Foyer de la Femme* begreift sich als Verband zur Wahrung der Interessen der Frauen und ihrer Familien. Das ursprüngliche Ziel, Frauen im privaten und gesellschaftlichen Leben zu mehr Selbstwertgefühl zu verhelfen, ist in neuerer Zeit um einige neue Initiativen in internationalen humanitären Bereichen ergänzt worden. Der Nationalkongreß beschloß am 4. Mai 1996 eine Änderung der Statuten, derzufolge auch die allgemeine Bildung auf allen Gebieten und die Gründung von sozialen Werken zu Verbandszwecken erklärt wurden.

Das *Foyer* hat 37 örtliche Organisationen mit eigenen autonomen Vorständen, die jeweils mindestens drei Mitglieder umfassen müssen, während das Leitungsgremium auf nationaler Ebene aus zwölf Vertretern besteht. Mit 16.000 Mitgliedern sind weit mehr als zehn Prozent der Luxemburger Frauen im *Foyer* organisiert. Um die Kontinuität des Verbandes zu sichern, wurde eine Jugendorganisation, das *Foyer des Jeunes*, gegründet.

Der Jahresbeitrag ist mit 200 Luxemburger Franken oder rund fünf Euro ausgesprochen moderat. 40 Prozent davon gehen an den nationalen Vorstand, 60 Prozent an die örtlichen Verbandskassen. Finanzielle Unterstützung kommt außerdem vom Familien- und Gesundheitsministerium sowie vom *Oevre Nationale de Secours Grande-Duchesse Charlotte*, einer Stiftung der großherzoglichen Familie. Weitere Einnahmen sind Spenden von Privatleuten und Erlöse eines Ferienheims an der belgischen Küste. Das *Foyer de la Femme* hat ständige Kontakte zu den erwähnten Ministerien und arbeitet in Kommissionen mit. Eine Reihe von Parlamentarierinnen und Gemeindevertreterinnen sind Mitglieder des Verbands. In Gesetzesprojekten, die die Interessen von Frauen berühren, wird das *Foyer* eigenen Angaben zufolge immer mit einbezogen (Foyer 2000: 4).

4.3. Katholische Kirche und sozialpolitische Verbände

Luxemburgs Bürger bekennen sich zu etwa 90 Prozent zum katholischen Glauben. Es liegt auf der Hand, daß die katholische Kirche eine herausragende ideelle Kraft auf Gesellschaft und Staat ausübt, auch wenn ihr politischer Einfluß nachläßt. Vor dem Zweiten Weltkrieg hatten viele katholische Geistliche politische Ämter und Mandate in der CSV inne, doch nach dem politischen Neubeginn drangen beide Seiten auf eine Trennung von Politik und Kirche.

Die Verbindung von christlichen Moralvorstellungen und gesellschaftlichem Engagement findet man bei einigen der bereits beschriebenen Verbände wie der *Action Familiale et Populaire* oder auch der *ASTI*. Dennoch sind sie von ihrem Selbstverständnis her keine religiösen Verbände. Dieses Charakteristikum trifft aber auf eine Vielzahl von Organisationen zu, von denen hier nur wenige kurz vorgestellt werden können. Die *Action Catholique de L'Enfance Luxembourgeoise (ACEL), des Femmes (ACFL)* und *des Hommes (KMA)* laden Kinder, Frauen und Männer zu Gruppentreffen ein, deren Ziel die Vermittlung christlicher Lebensgestaltung ist. Eine Art katholischer Studentenverband stellt die *Association Luxembourgeoise des Universitaires Catholiques (ALUC)* dar. Ihre Mitglieder organisieren unter anderem Hausaufgabenhilfen für schwache Schüler. Die Parallelorganisation zur *ALUC* für junge Leute im Schulalter ist die *Jeunesse Étudiante Catholique (JEC)*, die Freizeitaktivitäten, wie Ausflüge und

Zeltfahrten, anbietet. Die Landjugend findet sich in der *Jeunesse Rurale Catholique (JRC)* zusammen, und die schon erwähnten *Letzeburger Guiden a Scouten* ist die katholische Spielart der Pfadfinderbewegung. Im Niedergang begriffen ist die *Katholische Arbeiterjugend (Jeunesse Ouvrière Chrétienne, JOC)*, da es offensichtlich nicht mehr zeitgemäß ist, eine sich bereits weltanschaulich abgrenzende Jugendarbeit auch noch nach unterschiedlichen Milieus zu differenzieren. Zuspruch finden hingegen die *Equipes Notre-Dame (END)*, die eine bemerkenswerte Betreuung junger Ehepaare leisten. Der Schwesternorden *Mission de L'Immaculée (M.I.)* bietet Gebetsstunden in französischer Sprache an und die *Intellectuels Catholiques du Nord (ICN)* verstehen sich als akademischer Zirkel, der zu Vorträgen über Fragen der Zeit einlädt. Im Bereich der Ausländerbetreuung muß auf kirchlicher Seite auch noch *SESOPI (Service Social pour la Pastorale des Immigrés, Soziale Dienste für die Immigriertengemeinde)* hervorgehoben werden, ein Verband, der vom Bistum Luxemburg getragen wird und ein durchaus mit *ASTI* vergleichbares Engagement für die ausländischen Bürger Luxemburgs zeigt.

Als herausragender Wohlfahrtsverband unter insgesamt 230 (!) recherchierten karitativen Verbänden im Großherzogtum muß der Luxemburger Caritasverband *(Confédération Caritas Luxembourg)* genannt werden. Zu dem weit gefächerten Verbandspluralismus auf karitativem Gebiet gehören, um nur einige wenige zu nennen, die *Aktioun Human Schoul* (Aktion Humane Schule), die Selbsthilfegruppe *Anonyme Beziehungssüchtige Frauen*, die *Association Nationale des Victimes de la Route (Vereinigung für Opfer von Straßenunfällen)* und das *Luxemburger Rote Kreuz*.

1932 gegründet, ist die *Confédération Caritas* ein Dachverband für 14 Mitgliedsvereine, die in ihrer Rechtsform und Geschäftsführung autonom sind. Sie sind Träger sozialer Einrichtungen für benachteiligte gesellschaftliche Gruppen wie Obdachlose, Flüchtlinge und Drogenabhängige, aber auch für alte Menschen, Jugendliche und Kinder. Die Mitgliedsverbände entsenden jeweils einen Vertreter in den Verwaltungsrat, der alle fünf Jahre neu bestellt wird. Die Lobbyarbeit des Caritasverbands vollzieht sich über persönliche Kontakte zu Parlamentariern und Journalisten. Der Verband hält außerdem eine enge institutionalisierte Verbindung zur katholischen Kirche. Die 1996 erneuerten Statuten sehen in Art. 12 einen kirchlichen Berater *(assistant ecclésiastique)* vor, der vom Erzbistum ernannt wird. Auch die Wahl des Verbandspräsidenten muß vom Erzbischof gegengezeichnet werden (Caritas-Statuten 1996, Art. 9).

5. Institutionalisierte Formen von Interessenbündelung und Interessenausgleich

Die erste Vertreter von Kapital und Arbeit zusammenführende Organisation war der 1966 gegründete *Wirtschafts- und Sozialrat*. Dieses konsultative Organ hatte als Koordinationsinstanz der Berufskammern die Aufgabe, deren unterschiedliche Interessen zu bündeln und in wirtschafts-, finanz- und sozialpolitischen Gutachten zu artikulieren. Dem Rat gehörten auch Fachleute von Ministerien an, jedoch keine Regierungsmitglieder oder Parlamentarier, wodurch sich der *Wirtschafts- und Sozialrat* als mögliches Instrumentarium zur Bekämpfung von wirtschaftlichen Strukturproblemen, wie in den 70er Jahren die Stahlkrise, als zu schwerfällig und zu wenig handlungsfähig erwies (Tripartite 1981: 2).

Wesentlich erfolgreicher war da die 1977 ins Leben gerufene *Tripartite*, die aus Vertretern von Regierung, Kapital und Arbeit bestand. Als Instrument zur Krisenbekämpfung drängten die Gewerkschaften darauf, mehrere tripartistisch besetzte Organe zu schaffen. Zum einen wurde der *Wirtschafts- und Sozialrat* zu einem vollgültigen Dreiergremium erweitert, zum anderen schuf man mit dem *Konjunkturrat* eine Institution, die dem Meinungsaustausch im Sinne gesamtwirtschaftlicher Rahmenplanung dienen sollte und dessen Verdienst es war, mit Hilfe des sogenannten Notstandsgesetzes die Kurzarbeit legalisiert und Massenentlassungen verhindert zu haben. Ebenso gewann als Steuerungsgremium das *Comité de Coordination* an Gestalt. Speziell auf Krisensituationen zugeschnitten, aber nicht gesetzlich verankert, ist schließlich auch noch die *Conférence Tripartite* zu nennen, eine Art letzte Instanz in absoluten Notfällen (Tripartite 1981: 4). Die dem Namen nach ähnliche *Tripartite Sidérurgique* beschränkte sich hingegen allein auf Problemlösungen innerhalb der angeschlagenen Luxemburger Stahlindustrie.

Für die bevölkerungsstarke Gruppe ausländischer Bürger ist als Spitzenorgan der *Nationale Ausländerrat (Conseil National des Étrangers, CNE)* zuständig. Im legislativen Prozeß ist er der offizielle Gesprächspartner der Ministerialbürokratien bei ausländerrelevanten Gesetzesprojekten.

Für die Vertretung von Arbeitnehmern und Arbeitgebern kennt das Großherzogtum ein duales System: Einerseits gibt es als privatrechtliche Organisationen die Gewerkschaften und die Arbeitgeberverbände und andererseits als öffentlich-rechtliche Institutionen sechs Berufskammern. Die 1841 gegründete Handelskammer blieb viele Jahrzehnte lang Unikat. Erst 1924 wurden ihr per Gesetz vier weitere Berufskammern zur Seite gestellt, namentlich die Landwirtschafts-, die Handwerks-, die Arbeiter- und die Angestelltenkammer. Als sechstes und letztes Organ entstand 1964 die Kammer der Beamten und Angestellten des öffentlichen Dienstes.

Die Berufskammern sind wählbare öffentlich-rechtliche Körperschaften. Es ist ihre Aufgabe, die Interessen der verschiedenen Berufsgruppen als staatliche Organe der politischen Willensbildung wahrzunehmen. Alle Angehörigen der jeweiligen Berufsgruppen sind gezwungenermaßen beitragspflichtige Mitglieder. Das passive Wahlalter beträgt 21 Jahre (Les Chambres Profesionelles: 1993). Eine Wahlperiode beträgt fünf Jahre, eine Wiederwahl ist möglich. Die Kammerstatuten sehen die Unvereinbarkeit eines Mandats in einer Berufskammer mit einem Parlaments- oder Staatsratsmandat vor.

Die Sitzungen der Berufskammern werden entweder von den geschäftsführenden Büros oder aber auf Antrag von mindestens einem Drittel ihrer gewählten Mitglieder einberufen. Formal hat die Regierung das Recht, die Kammern wegen „schwerwiegender Gründe" *(pour motifs graves)* aufzulösen. Außerdem kann sie jederzeit einen Vertreter in die Kammersitzungen entsenden, in denen er (oder sie) uneingeschränktes Rederecht besitzt. Jedoch hat die Exekutive von beiden Rechten nie Gebrauch gemacht. Die prozeduralen Rechte und die damit verbundenen politischen Gestaltungschancen der Berufskammern umfassen Stellungnahmen sowohl zum Staatshaushalt als auch zu Gesetzesvorhaben. Darüber hinaus können die Berufskammern dem Parlament und der Regierung eigene Gesetzesvorschläge vorlegen. Die Beschlüsse der Vollversammlungen der Kammern erfordern dabei die absolute Mehrheit der Mitglieder. Diese institutionelle Einbindung der Berufskammern in den Gesetzgebungsprozeß ist im europäischen Vergleich einmalig (Daleiden 2000).

In der politischen Geschichtsschreibung des Landes können die Berufskammern als Versuch der damaligen Regierung charakterisiert werden, den nach 1918 unkalkulierbareren Gewerkschaften etatisierte Parallelstrukturen gegenüberzustellen, um die

Kommunikation zwischen Arbeitgebern, Arbeitnehmern und öffentlicher Herrschaft zu verbessern (Daleiden 2000). Doch sehr schnell entwickelte sich eine enge Symbiose zwischen Gewerkschaften und Arbeitnehmerkammern, zumal deren Mitglieder auf Gewerkschaftslisten gewählt werden. Die Folge hiervon waren zunächst Unsicherheiten im Hinblick auf Ziele, Arbeitsverfahren und Verhaltenskodizes, die Personalunionen in solch unterschiedlichen Institutionen wie einerseits freien Gewerkschaften und andererseits staatlich eingesetzten Berufskammern mit sich bringen. Erst nach 1945 spielte sich die Aufgabenteilung zwischen hier zukunftsorientierter, maximalistischer Gewerkschaftsarbeit und dort gegenwartsbezogenem, auf einen Minimalkonsens mit der Legislative und Exekutive bauenden Pragmatismus ein.

Gemessen an der Anzahl der Kammern stehen sich die Arbeitgeber- und die Arbeitnehmerseite heute paritätisch gegenüber. Der Konflikt zwischen den Sozialpartnern wird allerdings überlagert von einer vertikalen Konkurrenz zwischen den Kammern einerseits und den ihnen angehörenden Verbänden andererseits, die über einen unterschiedlich großen binnenorganisatorischen Einfluß verfügen. Den Berufskammern wird aufgrund des Rechts, im Gesetzgebungsprozeß mitzuwirken, ein eigenständiger politischer Gestaltungsraum zuteil. Die damit einhergehende Nähe zur Exekutive und Legislative verschafft den Kammern einen Informationsvorsprung gegenüber ihren Mitgliedern. Andererseits erhalten die Kammern von „ihren" Verbänden wichtige Fachinformationen und Marktdaten, die ihnen wiederum gegenüber den Fachministerien einen für ein reibungsloses legislatives Prozedere unverzichtbaren Expertenstatus einträgt. Die Berufskammern sind somit für die Substanz, Akzeptanz und Praktikabilität von Gesetzen nicht hoch genug einzuschätzende Kommunikatoren und Akteure im Gesetzgebungsprozeß.

Arbeiterkammer: Von den 32 Mitgliedern der Arbeiterkammer stammen fünf aus der Metallindustrie, sechs aus Bau- und Ingenieurfirmen, fünf aus landwirtschaftlichen und gastronomischen Betrieben und weitere fünf aus Dienstleistungsfirmen. Fünf Mitglieder sind Arbeiter, die im öffentlichen Sektor tätig sind. Die verbleibenden sechs Mitglieder rekrutieren sich aus anderen Industriesektoren. Diesem festgelegten Branchenproporz müssen die Wahllisten der konkurrierenden Gewerkschaften entsprechen. Derzeit (2000) entsendet der *OGB-L* neunzehn und der *LCGB* elf Vertreter; ein Mitglied stammt vom Neutralen Gewerkschaftsbund. Das Kammerplenum vertritt rund 110.000 Luxemburger Arbeiter. Seit der Einführung des (Kammer-)Wahlrechts für alle ausländischen Arbeiter (13.7.1993) hat diese Gruppe mittlerweile ein Viertel der Kammersitze inne. Die laufenden Arbeiten der Kammer übernimmt ein Verwaltungsbüro mit sieben Angestellten. Die Arbeiterkammer finanziert sich zu über 90 Prozent aus Arbeitnehmerbeiträgen, die, ähnlich wie Lohnsteuer oder Sozialversicherungsbeiträge, eine Zwangsabgabe sind.

Der Arbeiterkammer untersteht die Aufsicht über die Einhaltung der kollektiven und individuellen Arbeitsverträge, mit denen sich im Streitfall die Gewerbeinspektion und die Arbeitsgerichte befassen. Daneben zählt die Beteiligung an der Vorbereitung arbeitnehmerbezogener Gesetzgebungsverfahren zu den zentralen Aufgaben der Kammer, indem ihr von der Regierung Gesetzentwürfe *(projet de loi)* oder vom Parlament Gesetzesvorschläge *(proposition de loi)* zur Begutachtung zugewiesen werden. Die Arbeiterkammer ist bei den regelmäßigen Anhörungen über arbeitspolitische Themen die wichtigste Partnerin des Parlaments.

Regelmäßige Treffen gibt es mit den Parallelorganen in Österreich, im Saarland und in Bremen. Für die nächsten 20 Jahre nimmt sich die Arbeiterkammer vor, noch enger mit der Angestelltenkammer zusammenzuarbeiten. Um die gemeinsamen Interessen besser artikulieren und durchsetzen zu können, wird dabei auch die Möglichkeit einer Fusion nicht ausgeschlossen.

Privatangestelltenkammer: Die *Chambre des Employés Privés Luxembourg (CEP-L)* hat gegenwärtig rund 112.000 Mitglieder, die sich über sechs Berufsgruppen verteilen und alle fünf Jahre ihre Vertreter in die Vollversammlung wählen. Das sind derzeit 38 Mitglieder aus allen sechs Berufsgruppen. Aus ihren Reihen rekrutiert sich der achtköpfige Vorstand. Die vielfältigen Koordinations- und Informationsaufgaben der Kammer werden von einem hauptamtlichen Sekretariat wahrgenommen. Die wichtigste Finanzquelle der Kammer sind die Mitgliedsbeiträge. Außerdem sind einige der angebotenen Leistungen wie Weiterbildungskurse oder Bücher kostenpflichtig.

Die *CEP-L* war maßgeblich an der Ausarbeitung wichtiger sozial- und arbeitspolitischer Reformen beteiligt. Die wichtigsten waren: die Verbesserung des Angestelltenstatus in den Jahren 1937, 1962, 1971 sowie das Gesetz über die Arbeitsverträge zwischen Arbeitnehmern und -gebern vom 21. Mai 1989, außerdem die 1931 eingeführte Pensionsversicherung und die Krankenversicherung der Angestellten, die auf das Jahr 1951 zurückgeht. Darüber hinaus leistet die CEP-L eine umfassende Dokumentations- und Informationsarbeit und organisiert Weiterbildungskurse, um ihren Mitgliedern die Möglichkeit zu geben, ihre fachlichen Kenntnisse auf den neuesten Stand zu bringen und somit ihren Arbeitsplatz abzusichern.

Als eine sich selbstverwaltende öffentlich-rechtliche Institution unterliegt die *CEP-L* der Rechtsaufsicht des Arbeitsministeriums, mit dessen Beamten nach eigenen Angaben ein gutes Arbeitsverhältnis besteht. Als unabhängige Institution folgt die *CEP-L* dem Anspruch, mit allen parlamentarischen Fraktionen gut zusammenzuarbeiten (CEP-L 2000: 3). Internationale Kontakte bestehen – ähnlich wie bei der Arbeiterkammer – zu den entsprechenden Institutionen in Österreich, in Bremen und im Saarland. Erwähnenswert ist in diesem Zusammenhang auch der *Internationale Arbeitnehmerkammertag*, der regelmäßig in einem der drei Länder stattfindet.

Kammer der Staatsbeamten: Seit 1964/65 verfügen auch die Beamten und Angestellten des öffentlichen Dienstes über eine gesetzliche Interessenvertretung. Die obligatorische Kammerzugehörigkeit aller Angehörigen der von ihr betreuten Berufe schließt sogar die Ruheständler ein, so daß die Institution gegenwärtig rund 30.000 Mitglieder zählt. Die Organisationsstruktur verläuft parallel zu der der Angestelltenkammer. Die 27 Mitglieder umfassende Delegiertenversammlung setzt sich aus Staatsbeamten der drei Laufbahnen (17), aus Lehrern (2), Gemeindebeamten (5) und aus Angestellten des öffentlichen Dienstes (2) zusammen. Auch ein katholischer Geistlicher gehört zur Kammer, da Priester aufgrund des napoleonischen Konkordates Gehalt und Pension vom Staat beziehen. Die Vollversammlung legt jedes Jahr den Jahresbeitrag der Kammermitglieder fest, derzeit etwa 15 Euro.

Die Beamtenkammer nimmt jährlich zu rund 80 Gesetzes- oder Verordnungsvorlagen Stellung. Herausragende gesetzgeberische Mitarbeit leistete die Beamtenkammer beispielsweise bei der Einführung und der Reform der Vierzigstundenwoche, des Bildungsurlaubs, der Mitbestimmung der Arbeitnehmer, des Mutterschutzes und des Streikrechts. Diese Erfolge gehen vor allem auf die gewerkschaftliche Arbeit der *CGFP* zurück, die in den Kammerwahlen 21 der 22 auf die Gruppe der Staatsbeamten entfallenden Sitze einnimmt. Von großer Bedeutung ist auch der seitens der Kammer gewährte Rechtsschutz. Sollte es bei einem juristischen Konfliktfall um die Klärung grundsätzlicher Interessen oder um dezidierte Gruppeninteressen gehen, übernimmt die Kammer gegebenenfalls die Rechtsvertretung vor den Verwaltungsgerichten.

Landwirtschaftskammer: Das Gesetz über die Berufskammern sieht in Art. 29 vor, daß die Landwirtschaftskammer bei allen den wirtschaftlichen Primärsektor betreffenden Gesetzen sowie ministeriellen oder großherzoglichen Verfügungen konsultiert werden muß. Die einzige Ausnahme stellen Verfügungen dar, die in veterinärmedizinischen Notfällen unverzüglich in die Tat umgesetzt werden müssen. Die Zusammensetzung der Landwirtschaftskammer folgt seit dem Gesetz vom 7. September 1987 einem festen Branchenproporz. Von den 19 Mitgliedern sind 15 Landwirte, 3 Winzer und einer Gärtner. Der Bauernverband *C.P.* hält die Mandatsmehrheit innerhalb der Branchengruppe der Landwirte, im Jahr 2000 waren es 9 von 15 Sitzen.

Handelskammer: Die Zusammensetzung der Handelskammer ist durch das Gesetz vom 17. Dezember 1983 festgelegt. Die 23 Mitglieder setzen sich aus 11 verschiedenen Branchengruppen, vom Bankensektor bis zum Großhandel, zusammen, wobei der Einzelhandel mit fünf Mitgliedern die größte Gruppe darstellt und einen ständigen Ausschuß bildet (Art. 36). Die Mitgliedsbeiträge belaufen sich auf vier Promille der Einkünfte des jeweils vorletzten Geschäftsjahres (Art. 37 b).

Handwerkskammer: Am heterogensten ist die Handwerkskammer zusammengesetzt. Jeder der 26 gewählten Delegierten vertritt bis zu 25 verschiedene Hauptberufe! Die *Chambre des Métiers du Grand-Duché de Luxembourg* hat 4.300 Mitglieder, wovon 1.960 aus dem Bereich Bauen und Wohnen, 890 aus Mode- und Gesundheitsberufen, 600 aus technisch-mechanischen Berufszweigen und 460 aus dem Lebensmittelhandwerk kommen. Die Finanzierung der Kammer stammt zu 30 Prozent vom Staat, zu 50 Prozent aus Mitgliedsbeiträgen und zu einem Fünftel aus sonstigen Quellen. Zu den wichtigsten Adressaten auf Regierungsebene werden das Mittelstands-, Wirtschafts-, Bau-, aber auch das Erziehungsministerium genannt, letzteres vor allem wegen Aus- und Fortbildungsfragen. Grenzüberschreitende Kontakte gibt es zum *Interregionalen Rat der Handwerkskammern* in der Euro-Region Saar-Lor-Lux.

6.   Zusammenfassung und Ausblick

Gemessen an der Größe Luxemburgs ist sein Verbändesystem alles andere als rudimentär. Es steht denen seiner größeren Nachbarn weder im Hinblick auf den Grad funktionaler Differenzierung noch gemessen an seinem Beitrag zur politischen Willensbildung nach. Der enorme staatliche und private Reichtum des Landes hat dazu beigetragen, daß die Verbände einem großen Teil ihrer Ziele nahegekommen sind; verbandliche Aktivitäten werden gewissermaßen mit hohen politischen Erfolgsaussichten belohnt. Die starke ökonomische Basis des Großherzogtums hat Verteilungskämpfe abgemildert und den gesellschaftlichen Minimalkonsens verbreitert. Davon profitieren auch die Verbände, von denen viele sowohl eine breite Mitgliederbasis aufweisen als auch mittels sogenannter Konventionen *(conventions)* über offizielle Verbindungen zu den ihnen nahen Ministerien verfügen. Mit einer hochgradigen Institutionalisierung zur Interessenbündelung und zum Interessenausgleich zeigen die Verbände in Luxemburg ähnlich konkordante Verhaltensmuster wie die drei Luxemburger Volksparteien. Überraschenderweise räumen die allermeisten Verbände der „Staatspartei" *CSV* keine sichtbar hervorgehobene Adressatenrolle ein, vielmehr bewegen sie sich, mit Ausnahme der kirchlichen Verbände und der Richtungsgewerkschaften LCGB und OGB-L, in einer bemerkenswerten Äquidistanz – oder besser gesagt Äquisympathie – zu den großen politischen Parteien, ein Verhalten, das insbesondere in den beruflichen Organen innerverbandliche Konflikte einzuschränken hilft.

Die Berufskammern wiederum sind im Gesetzgebungsprozeß hochspezialisierte Akteure, die über eine außerordentlich hohe Legitimation verfügen, da sie nahezu alle in Luxemburg Beschäftigten repräsentieren. Von daher sind vor allem die in den Berufskammern vereinigten Verbände in ihrer Bedeutung für die Stabilität des politischen Systems kaum zu überschätzen. Ihre Differenzierung in sechs Organe macht sie zu einem hinreichend genauen Abbild der modernen arbeitsteiligen Gesellschaft Luxemburgs. Wären sie innerhalb einer einzigen institutionellen Klammer zusammengefaßt, so könnte man durchaus von einem Wirtschaftsparlament sprechen.

Einige Berufskammern verfügen mitunter über parastaatliche Machtbefugnisse. So besitzt beispielsweise die Handelskammer das Recht, Herkunftsnachweise und Zollbescheinigungen für Waren auszustellen. Die Handwerkerkammer wiederum hat die Oberaufsicht über die Meister- und Gesellenprüfungen. Das und die Tatsache ihrer weitgehenden Integration in den Gesetzgebungsprozeß legen es nahe, die in den Kammern repräsentierten Verbände als tendenziell etatisiert zu bezeichnen. Für die Ministerialbürokratien dienen die Berufskammern als „Resonanzböden für die Zumutbarkeit" (Steffani) von Gesetzesprojekten *(projets de loi)* sowie als Expertengremien, deren Gutachten entscheidend zur Praktikabilität von Gesetzen beitragen. Für das Parlament sind die Kammern hingegen Seismographen bei der Eruierung von politischem Handlungsbedarf *(propositions de loi)*; überdies kompensieren sie mit ihrem Sachverstand in Hearings und Fraktionstreffen zu einem guten Teil den sehr kleinen Apparat der Luxemburger Parlamentarier. Das Kammersystem luxemburgischer Prägung räumt daher der beruflichen Interessenvermittlung einen kaum einholbaren institutionellen Vorsprung vor anderen Verbänden ein.

Die vielgestaltige, besonders im Bereich karitativer und beruflicher Einrichtungen kaum noch zu überblickende Verbändelandschaft hatte es erforderlich gemacht, den Prozeß der Interessenartikulation und -aggregation auf die Ebene von Dachorganisationen zu verlagern. Doch ist darüber hinaus deutlich zu erkennen, daß auch der Meinungsaustausch mit der jeweils anderen Seite schon im vorparlamentarischen Raum gesucht wird. In wachsendem Maße wird dieser Interessenausgleich von einer kleinen Funktionselite wahrgenommen, die sich in kaum variierender Kombination in unterschiedlichen Institutionen zusammenfindet *(Tripartite, Wirtschafts- und Sozialrat, Nationaler Ausländerrat, Berufskammern)* (Die Tripartite 1981: 3; Delvaux 1974: 97).

In Luxemburg geben somit Parlament, Regierung, Staatsrat und Berufskammern in einem auf den ersten Blick ziemlich langwierig erscheinenden Prozedere jedem Gesetz den nötigen Feinschliff (Schroen 1999: 396-398). Politischer Wille, administrativer Pragmatismus, staatsrechtliche Expertise und kanalisierter Interessenpluralismus wirken hier zusammen. Natürlich sind die verfassungsrechtlich und gesetzlich verbürgten Sanktionsmittel der vier Organe im Dissensfall unterschiedlich wirksam. Das Parlament als Mandatar der Volkssouveränität ist der stärkste Akteur und hat ein alle anderen Partner ausstechendes letztes Vetorecht. Der Staatsrat hingegen verfügt lediglich über ein „veto de temporisation", mit dem er Gesetzesvorschläge und -projekte verzögern, nicht aber verhindern kann. Den Berufskammern steht das breite Instrumentarium politischer Partizipation – von der Mobilisierung der öffentlichen Meinung über Lobbying in Fraktions- und Regierungsrichtung bis hin zu Demonstrationen und Streiks – zur Verfügung. Interessanterweise ist die unter anderen Analyseperspektiven oft als sehr potent qualifizierte Exekutive – zum Beispiel im Hinblick auf ihren Informationsvorsprung in der legislativen Arbeit – hier der schwächste Partner, da sie lediglich über ein defensives Sanktionsmittel, und zwar die Rücktrittsdrohung, verfügt. Wie auch immer, fest steht jedenfalls, daß die Berufsverbände neben den politischen Parteien die stärksten Institutionen politischer Willensbildung geworden sind.

Abkürzungsverzeichnis

ABBL	Association des Banques et Banquiers, Luxembourg (Bankenverband)
ACEL	Action Catholique de L'Enfance Luxembourgeoise (Katholischer Verband für Kinder)
ACFL	Action Catholique des Femmes (Katholischer Verband für Frauen)
AFP	Action Familiale et Populaire (Verband zur Förderung der Familie)
AGF	Association Générale des Fonctionnaires (Dachverband für Beamte)
ALUC	Association Luxembourgeois des Universitaires Catholiques (Katholischer Hochschulverband)
ASTI	Association de Soutien aux Travailleurs Immigrés (Verband zur Unterstützung immigrierter Arbeitnehmer)
CCL	Confédération du Commerce Luxembourgeois (Dachverband für den Handel)
CEP-L	Chambre des Employés Privés Luxembourg (Angestelltenkammer)
CESI	Europäischer Unabhängiger Gewerkschaftsbund
CGFP	Confédération Générale de la Fonction Publique (Dachverband für Beamte)
CGT-L	Confédération du Travail (Dachverband auf Arbeitnehmerseite)
CIF	Internationaler Beamtenbund
CIT	Conférence Internationale du Travail
CLAE	Comité de Liaison et d'Action des Étrangers (Verbindungs- und Aktionskommitee für Ausländer)
C.N.A.	Conseil National de L'Agriculture (Nationalrat für Landwirtschaft)
CNE	Conseil National des Étrangers (Nationaler Ausländerrat)
CNP	Nationale (Medien-)Programmkommission
C.P.	Centrale Paysanne (Bauernzentrale)
CRJ	Junges Rotes Kreuz
CSV	Christlich-Soziale Volkspartei
EGB	Europäischer Gewerkschaftsbund
END	Equipes Notre-Dame (Katholische Vereinigung)
EWG	Europäische Wirtschaftsgemeinschaft
FEDIL	Fédération des Industriels Luxembourgeois (Dachverband der Industrie)
FEP	Fédération des Employés Privés (Angestelltengewerkschaft)
FLA	Freie Letzebuerger Arbechterverband (Freier Luxemburger Arbeiterverband)
FLB	Freier Luxemburger Bauernverband
IBFG	Internationaler Bund Freier Gewerkschaften
ICN	Intellectuels Catholiques du Nord (Vereinigung katholischer Akademiker)
JRC	Jeunesse Rurale Catholique (Vereinigung der katholischen Landjugend)
JEC	Jeunesse Étudiante Catholique (Katholischer Studentenverband)
JOC	Jeunesse Ouvrière Chrétienne (Katholische Arbeiterjugend)
KMA	Action Catholique des Hommes (Katholischer Verband für Männer)
KPL	Kommunistische Partei Luxemburgs
LAV	Letzebuerger Arbechterverband (Luxemburger Arbeiterverband)
LCGB	Letzebuerger Chreschtleche Gewerkschaftsbond (Luxemburger Christlicher Gewerkschaftsbund)
LSAP	Luxemburger Sozialistische Arbeiterpartei
LUXLAIT	Zentrale Molkereigenossenschaft in Luxemburg
M.I.	Mission de L'Immaculée (Katholische Ordenseinrichtung)
NAG	Neutrale Arbechtergewerkschaft Letzebuerg (Neutrale Arbeiter-Gewerkschaft Luxemburg)

NGL	Neutrale Gewerkschaft Luxemburg
NHV	Neutraler Handwerkerverband
OGB-L	Onofhängege Gewerkschaftsbond Letzebuerg (Unabhängiger Gewerkschaftsbund Luxemburg)
OIE	Organisation Internationale des Employeurs (Internationale Arbeitgeberorganisation)
PED	Pôle Européen de Développement (Europäischer Verband zur Wirtschaftsförderung)
SESOPI	Service Social pour la Pastorale des Immigrés (Soziale Dienste für die Immigriertengemeinde)
SAF	Service Activités Féminines (Dienstleistungseinrichtung für Frauen)
UJGIL	Union des Jeunes Gens Israélites de Luxembourg (Union junger Juden in Luxemburg)
UNICE	Union des Confédérations de L'Industrie et des Employeurs d'Europe (Europäischer Dachverband der Industrie- und Arbeitgeberverbände)

Literaturverzeichnis

Antworten der Verbands- beziehungsweise Kammervorstände auf den Fragebogen des Verfassers sind zitiert als: AFP 2000, Arbeiterkammer 2000, ASTI 2000, Caritas 2000, CCL 2000a, CEP-L 2000, Chambre des Métiers 2000, CGFP 2000, CGJL 2000, CLAE 2000, C.P. 2000, FEDIL 2000 a, Foyer 2000, LCGB 2000a, OGB-L 2000, Plein Emplois 2000

ABBL 1998: Annual Report 1998, Luxemburg

Ahlborn, Henri, 1989: Le rôle des organisations professionelles dans le décollage et l'évolution de l'économie; in: Martin Gerges (Hrsg.): Memorial 1989: La société luxembourgeoise de 1839 à 1989, Luxemburg 1989: Publications mosellanes, S. 809-823

C.P., 1995: Statuten der „Letzeburger Bauerenzentral", „Centrale Paysanne Luxembourgeoise", veröffentlicht im Memorial Nr. 36 vom 25. Juli 1946, geändert am 28. Dezember 1972 und am 3. Juli 1995, Luxemburg

CCL, 1998: Eine Mittelstandspolitik für das 21. Jahrhundert, Luxemburg 1998: CCL

CCL, 2000b: Rapport d'activités 1999, unveröffentlichtes Typoskript, Luxemburg

CGFP, 1980: Confédération Générale de la Fonction Publique (Hrsg.): 70ᵉ anniversaire du mouvement syndical de la fonction publique, Luxemburg: Impr. Saint-Paul

Chambre de Travail Luxembourg 1999: 75ᵉ anniversaire 1924-1999, Luxemburg: COMED

Daleiden, Jos., 2000: Telefoninterview mit dem Präsidenten der Luxemburger Beamtenkammer, Jos. Daleiden, am 30. Juni 2000

Delvaux, Henri, 1974: Le caméralisme dans le système politique luxembourgeois; in: 1924-1974 Chambre des employés privés. Cinquantième anniversaire, Luxemburg: Bourg-Bourger, S. 86-98

Europäische Kommission (Hrsg.), 1998: Ich, Rassist?, Luxemburg: Amt für amtliche Veröffentlichungen der Europäischen Gemeinschaften

FEDIL, 2000b: Les enjeux de la politique économique, sociale et écologique, Luxemburg: FEDIL

Grenzüberschreitender Hochschulkongreß Trier, 1991: Der Präsident der Universität Trier (Hrsg.): Saar-Lor-Lux-Trier-Westpfalz. Eine Region auf dem Weg nach Europa, Trier: Raab-Druck

Hirsch, Mario, 1974: Die Logik der Integration. Überlegungen zu den Außenbeziehungen westeuropäischer Kleinstaaten, in: Europa-Archiv, 29. Jg., S. 223-243

Krier, Emile, 1995: Zwischen Selbstverantwortung und Bevormundung. Tradition und Wandel in der Entwicklung der luxemburgischen Landwirtschaft seit 1945; in: Letzeburger Bauerekalenner, S. 28-36

LCGB, 1971: Grundsatzprogramm, Luxemburg: Eigendruck

LCGB (Hrsg.), 1999: Rapport d'activités. 56ᵉ congrès national, 20 et 21 novembre 1999, Luxemburg: Impr. Saint-Paul

LCGB, 1999: 75 Joer Chreschtlech Gewerkschaftsbewegung, hrsg. v. Robert Weber, Luxemburg

LCGB, o.J.: Statuten, Luxemburg, o.J.

Les Chambres Professionelles, 1993: Recueil de Législation. Textes coordonnés et jurisprudence, Luxemburg: Service Central de Législation

Luxemburger Wort 1999: Parlamentswahlen in Luxemburg; in: Luxemburger Wort vom 14. Juni 1999, S. 1

Majerus, Pierre, 1959: L´état luxembourgeois, Luxemburg: Bourg-Bourger

OGB-L–Statuten: www.ogb.l.lu

Schroen, Michael, 1986: Das Großherzogtum Luxemburg. Portrait einer kleinen Demokratie, Bochum: Brockmeyer

Schroen, Michael, 1999: Das politische System Luxemburgs; in: Wolfgang Ismayr (Hrsg.): Die politischen Systeme Westeuropas, 2. Aufl., Opladen: Leske + Budrich, S. 389-414

Schroen, Michael, 2000: Die Christlich-Soziale Volkspartei Luxemburgs; in: Hans-Joachim Veen (Hrsg.): Christlich-demokratische und konservative Parteien in Westeuropa 5, Paderborn: Schöningh Verlag (Studien zur Politik: 31), S. 337-404

STATEC, 2000: Service Central de la Statistique et des Études Économiques, www.statec.lu

Thill, Jean, 1978: Documents et textes relatifs aux constitutions et institutions politiques luxembourgeoises, Luxemburg 1978

Trausch, Gilbert, 1981: Le luxembourg à l'époque contemporaine, Luxemburg 1981

Tripartite, 1981: Die Tripartite. Ein Modell und seine Geschichte. Protokoll eines Rundtischgesprächs zwischen Castegnaro, von Kunitzki und Werner, in: d'Letzeburger Land, Nr. 53, Supplément, Luxemburg 1981, S. 1-8

Woyke, Wichard, 1984: Das „Zwischenland": Zur politischen Kultur Luxemburgs; in: Peter Reichel (Hrsg.): Politische Kultur in Westeuropa, Frankfurt a.M.: Campus, S. 261-269

Malta

Verbände als klientelistische Gefolgschaften*

Anita Bestler

Der maltesische Archipel besteht aus den drei bewohnten Inseln Malta, Gozo und Comino sowie den drei unbewohnten Eilanden Cominotto, Filfa und St. Paul's Islands. Verteilt über insgesamt 67 Städte und Dörfer leben rund 376.000 Personen (Clews 1999: 208) auf einer Fläche von nur 315,6 km^2. Der Großteil der Einwohner findet sich auf der Hauptinsel Malta (347.000). Seit der Erlangung der Unabhängigkeit von Großbritannien im Jahre 1964 regiert sich das Land selbst. Aufgrund der Größe des Kleinstaates kann es in Malta kein ausdifferenziertes Verbandswesen geben. Es haben sich dennoch in allen wichtigen gesellschaftlichen Bereichen Verbände herausgebildet.

1. Historische Entwicklung

1.1. Verbände in der Wirtschaft nach Sektoren

Noch bis Ende des 19. Jahrhunderts bildete der primäre Sektor den wichtigsten Wirtschaftszweig in Malta. Die seit der Johanniterzeit auf den Baumwollanbau spezialisierte Landwirtschaft geriet aber spätestens Mitte des 19. Jahrhunderts wegen der billigeren Konkurrenz aus Ägypten und den Vereinigten Staaten sowie des Verlusts wichtiger Absatzmärkte in Spanien und Frankreich in die Krise und mußte ihre führende Position an den sekundären Sektor abgeben (Price 1989: 4, 126, Vassallo 1998: 30). Für die Bauern, die den im Eigentum der Kolonialregierung, einheimischer Großgrundbesitzer oder der Kirche befindlichen Boden in Pacht bearbeitet hatten, verschlechterte sich die Lage drastisch. Emigration – zunächst vor allem in nordafrikanische Länder – oder das Absinken in die Armut waren die Folgen (Price 1989: 19). Die Stellung der Grundbesitzer hatte sich aufgrund des Bedeutungsverlusts der Landwirtschaft ebenfalls verschlechtert. Nicht zuletzt aus diesem Grunde organisierten sie sich bereits 1844 in der *Società Economico-Agraria* (später: *Agrarian Society*), die einen der ersten Verbände auf den maltesischen Inseln überhaupt darstellt. Zu den anfangs nur etwa 40 Mitgliedern der Landwirtschaftsvereinigung zählten neben einigen Aristokraten vor allem Ärzte, Notare, Richter und Anwälte sowie einige hohe Beamte der Kolonialregierung. Das wichtigste Ziel der Agrargesellschaft bestand in der Verbesse-

---

* Nicht durch Literatur belegte Angaben beruhen auf den Ergebnissen eines Feldaufenthalts, konkret auf Interviews mit Verbandsvertretern, im November/Dezember 1999. Für die Durchsicht des Manuskripts und Anregungen danke ich Dr. Georg Wiest.

rung der landwirtschaftlichen Anbaumethoden. 1854 führte die Gesellschaft erstmals eine Landwirtschaftsausstellung durch, die seither jedes Jahr im Rahmen der traditionellen *Imnarja*-Feierlichkeiten[1] im Buskett-Wald abgehalten wird. Die Landwirtschaftsgesellschaft florierte bis ins Jahr 1921. In diesem Jahr richtete die Regierung erstmalig ein Landwirtschaftsressort ein, das Aufgaben der Gesellschaft übernahm. Die *Agrarian Society* wurde zwar nicht aufgelöst, verlor aber enorm an Bedeutung. Gegenwärtig gehören ihr nur noch etwa 120 Amateurlandwirte an, und ihre Aufgabe beschränkt sich im wesentlichen auf die Durchführung der *Imnarja*-Ausstellung.

Der erste Bauernverband, die *National Farmers' Union*, wurde in den 30er Jahren ins Leben gerufen. In dieser Vereinigung waren durchschnittlich ca. 2.000 Bauern organisiert. Ziel der Organisation war vor allem die politische Vertretung des Standes gegenüber der Regierung. Dies war insofern zur Notwendigkeit geworden, als der Verkauf der für den heimischen Markt bestimmten landwirtschaftlichen Produkte seit den 20er Jahren durch das bis heute existente *Pitkali*-System reglementiert ist. D.h. die Bauern müssen ihre Produkte an einen *Pitkal*,[2] einen Zwischenhändler, verkaufen, der sich im Besitz einer staatlichen Lizenz für den Handel mit landwirtschaftlichen Produkten befindet (Azzopardi 1995: 162). Der Bauernverband löste sich in den 60er Jahren auf. In dieser Zeit begannen sich die Bauern verstärkt in Genossenschaften, die es seit 1947 gibt (Baldacchino 1994: 510), zu organisieren. So entstand in den 60er Jahren die *Farmers Agricultural Cooperative* mit Sitz in Zebbug, die heute die größte und erfolgreichste Landwirtschaftsgenossenschaft darstellt. Der später gegründeten *Farmers Central Cooperative*, einem Genossenschaftsdachverband, kommt als zweitgrößter Bauernorganisation ebenfalls große Bedeutung zu. Neben den Genossenschaften gibt es heute zwei Bauernverbände: die 376 Mitglieder zählende *Assocjazzjoni tal-Bdiewa* (Vereinigung der Bauern) und die 236 Personen umfassende *Ghaqda Bdiewa Progressivi* (Vereinigung der fortschrittlichen Bauern) (Department of Industrial & Employment Relations 1999).

Innerhalb des Handwerks, das seit dem Mittelalter in Zünften und religiösen Bruderschaften organisiert war, spielte traditionell die für den Export bestimmte Baumwollverarbeitung die bedeutendste Rolle. Der Niedergang der Baumwollproduktion führte Ende des 19. Jahrhunderts zum fast vollständigen Erliegen des von ihm abhängigen Textilhandwerks (Blouet 1984: 168). Übrig blieb nur das traditionell eher unbedeutende Kleinhandwerk, das die überschüssigen Arbeitskräfte aber nicht auffangen konnte. Einflußreiche unabhängige Handwerkerzusammenschlüsse entwickelten sich bis heute nicht. Erst mit dem Tourismusboom der 70er Jahre entstanden wieder Handwerksbetriebe in nennenswertem Umfang vor allem im Bereich des Kunsthandwerks. Die Kunsthandwerker sowie die für den lokalen Markt tätigen Bäcker, Konditoren, Fleischer, Schreiner, Maurer etc. sind, sofern sie überhaupt organisiert sind, dem seit 1948 bestehenden Verband der Einzelhändler und Selbständigen (GRTU) angeschlossen.

Von alters her spielt in der maltesischen Wirtschaft der Handel eine große Rolle. Die Ursache liegt darin, daß die einheimische Landwirtschaft schon seit der Johanniterzeit aufgrund ihrer Spezialisierung auf den Baumwollanbau nicht mehr dazu in der Lage gewesen war, den einheimischen Bedarf – v.a. an Getreide – zu decken, und viele Güter des täglichen Bedarfs importiert werden mußten. Britische Händler gründeten im Jahre 1808 mit der 250 Mitglieder zählenden *Society of British Merchants* den ersten Kaufmannsverband auf den Inseln (Vassallo 1998: 30ff.). Malteser wurden erst ab

---

1   Dabei handelt es sich um das traditionelle Patronatsfest für die Apostel Petrus und Paulus.
2   Malt. Mittelsmann.

1822 in die Organisation aufgenommen. Einige Einheimische traten dem britischen Verband bei, andere gründeten 1823 einen maltesischen Kaufmannsverband, das *Comitato dei negozianti maltesi*. Nicht zuletzt auf Anregung von Gouverneur Richard More O'Ferrall entschlossen sich die beiden Händlervereinigungen im Jahre 1848 zur Fusion und gründeten gemeinsam eine Handelskammer.[3] Bis sich kurz nach dem Zweiten Weltkrieg einige Organisationen von ihr abspalteten, war die Handelskammer der einzige Verband, der die Interessen der Wirtschaft auf den Inseln vertrat. Da gerade kleinere Geschäftsleute sich von der Kammer, ein Zusammenschluß der Kaufmannselite, der „pesci grossi" (Vassallo 1998: 44), nicht ausreichend vertreten sahen, gründeten sie im Jahre 1948 mit der *General Retailers Union* (später: *Association of General Retailers and Traders, GRTU*) einen Verband der Einzelhändler und Selbständigen, der seither ihre Interessen wahrnimmt. Auch die gegen Mitte der 30er Jahre auf Malta entstandenen kleinen Industriebetriebe organisierten sich zunächst in der Handelskammer (Vassallo 1986: 5, Vassallo 1998: 97). Doch aufgrund des Übergewichts der Importeure in der Kammer fühlten sie sich nicht ausreichend vertreten, weshalb 57 Unternehmer die *Federation of Industries* (FOI) initiierten, die ein Jahr nach ihrer Gründung bereits über 99 Mitglieder verfügte. Ein Versuch der Handelskammer im Jahre 1949, die Mitglieder des Industrieverbandes wieder in die eigenen Reihen zurückzuholen, scheiterte[4] (Vassallo 1998: 98f., 130). Blieb der Verband zunächst noch relativ unwirksam, konnte er seine Bedeutung nach der erfolgreich abgeschlossenen Industrialisierung Maltas deutlich steigern.

Im Unterschied zu anderen europäischen Ländern setzte in Malta keine Industrialisierung im üblichen Sinne ein. Die einzige Schwerindustrie, die ab Mitte des letzten Jahrhunderts entstand, waren britische Militärwerften. Darauf bezogen entwickelte sich die einheimische Wirtschaft innerhalb weniger Jahrzehnte zu einer auf Militärbedürfnisse ausgerichteten „Festungsökonomie", die fast vollständig von den britischen Zahlungen für die Kolonie abhängig war. Als Folge der Reduzierung kolonialer Präsenz nach dem Zweiten Weltkrieg wurde seit Ende der 50er Jahre eine Umstrukturierung der Wirtschaft eingeleitet. 1959 erließ und implementierte die Kolonialregierung die „Aids to Industry Ordinance", die ein umfangreiches Anreizpaket für die Industrie enthielt (Vassallo 1998: 114f.). Parallel wurde erfolgreich für die Ansiedlung ausländischer Unternehmen auf Malta geworben. Versuche der Mintoff-Regierung nach der Regierungsübernahme durch die sozialistische *Malta Labour Party* (MLP) im Jahre 1971, eine „mixed economy" zu etablieren, leitete einen Strukturwandel ein. Dessen markanter Ausdruck waren ein wachsender Staatsanteil und die Abnahme der Beschäftigten in der Privatwirtschaft (1972 noch 71 Prozent; 1977 nur mehr 49 Prozent; Vassallo 1998: 135). Nach dem Regierungswechsel 1987 wurde unter der christdemokratischen *Partit Nazzjonalista* (PN) die Verstaatlichungspolitik aufgegeben und eine Reprivatisierung eingeleitet.

Mit der Entwicklung der Werftindustrie zum größten Arbeitgeber auf den Inseln entstand zwangsläufig auch eine starke Arbeiterschicht, die bereits in der zweiten Hälf-

---

3 Der Name der Kammer erfuhr häufig Veränderungen. Entsprechend noch erhaltener Statuten hieß sie im Jahre 1853 Borsa per il commercio di Malta, 1857 nannte sie sich Borsa di Malta. In den Jahren 1864 und 1888 trug sie den Namen La Borsa; erst 1923/24 ging man zu der englischsprachigen Bezeichnung Chamber of Commerce of Malta über (Vassallo 1998: 158-159).

4 Der Industrieverbandspräsident lehnte einen Zusammenschluß mit der Begründung ab, die unterschiedlichen Interessen der beiden Organisationen seien nach wie vor „so acute that they cannot be reconciled and that the presence of the Federation will be a source of irritation to the Members of the Chamber and vice-versa" (Vassallo 1986: 14).

te des letzten Jahrhunderts erste vorsichtige Ansätze zur Bildung von Arbeiterorganisationen unternahm. Diese Versuche schlugen jedoch aufgrund massiven Widerstandes
der katholischen Kirche fehl (Agius 1991: 17ff.; Borg 1982a: 7). Die Kirche lehnte
Gewerkschaften zum einen aus Angst vor sozialistischen Tendenzen ab, zum anderen
weil dort auch britische Protestanten aktiv waren. Seitens der Kirche wurden nur katholische Arbeiterselbsthilfevereine wie etwa die *Società Operaia Cattolica San Giuseppe* geduldet, die Ende des 19. Jahrhunderts in relativ großer Zahl etabliert wurden
(Agius 1991: 18ff.). Es dauerte bis zum Jahre 1943, als mit der *General Workers' Union*
(GWU) ein wirklich mächtiger Arbeitnehmerverband entstand. Initiator war mit Regi-
nald Miller ein mit einem außergewöhnlichen Organisationstalent begabter maltesischer Angestellter der britischen Militärwerften (GWU 1990: 13f.; Pirotta 1987: 19ff.).
Nach der GWU und der bereits 1919 gegründeten Lehrergewerkschaft, *Malta Union of
Teachers* (MUT), entstanden allmählich auch andere kleine Arbeitnehmerorganisationen, die aber keine besondere Relevanz entfalten konnten. Um ihre Position zu
stärken, gründeten 23 dieser Gewerkschaften im Jahre 1959 mit der *Confederation of
Maltese Trade Unions* (CMTU) einen Dachverband. Die CMTU blieb aber unbedeutend, vor allem weil ihr die GWU nicht beitrat, die sich selbst als Dachverband versteht. Ernsthafte Konkurrenz bekam die GWU erst, als 1979 die *Union Haddiema
Maghqudin* (Vereinigte Arbeitergewerkschaft, UHM) ins Leben gerufen wurde. Sie
ging aus der 1966 gegründeten und zunächst auf Angestellte im öffentlichen Dienst beschränkten *Malta Government Clerical Union* hervor, die ab 1970 auch Arbeiter aus
dem öffentlichen Dienst aufnahm. 1979 schließlich konnten auch nicht beim Staat angestellte Arbeiter und Angestellte der sich nun UHM nennenden Gewerkschaft beitreten, was sie in der Folgezeit in großer Zahl taten (Stellato 1989). Heute stellt die UHM
die nach der GWU zweitstärkste Gewerkschaft dar.

Aufgrund der Aktivitäten und des Erfolgs der GWU sahen sich diverse Unterneh-
mer im Juni 1958 veranlaßt, mit der *Employers' Union* einen Arbeitgeberverband ins
Leben zu rufen, dessen Hauptziel im Schutz der Arbeitgeberinteressen im Falle von
Streiks bestand (Vassallo 1986: 29, Vassallo 1998: 130). Die Initiative ging von einigen führenden Industriellen, der Handelskammer und dem Einzelhändlerverband aus.
Der Industrieverband zeigte sich skeptisch und lehnte eine offizielle Mitarbeit ab. Der
Organisation gehörten in erster Linie maltesische Arbeitgeber an. Die britischen Arbeitgeber verfügten mit der *Malta Employers' Confederation* über einen eigenen Arbeitgeberverband. Beide Organisationen fusionierten jedoch im Jahre 1965 zur bis
heute bestehenden *Malta Employers' Association* (MEA).

Der tertiäre Sektor war bis zu den 70er Jahren stark unterentwickelt. Erst ab den
50er Jahren bemühte man sich im Rahmen der Wirtschaftsumgestaltung um den Aufbau einer Tourismusindustrie, die ab den 70er Jahren einen enormen Boom erlebte.
Entsprechend entwickelten sich auch Verbände, die die Interessen dieses Industrie-
zweigs bzw. seiner Beschäftigten wahrnehmen. So gibt es auf der Unternehmerseite
einen 152 Mitglieder zählenden Hotel- und Gaststättenverband *(Hotels and Restau-
rants Association)*, einen immerhin 508 Mitglieder umfassenden Reiseveranstalterver-
band *(Association of Travel Agents)*, einen 61 Personen zählenden Verband der privaten Busvermieter *(Association of Private Hire Bus Owners)* und die über 93 Mitglieder
verfügende Autoverleihergesellschaft *(Rent-A-Car Association)*. Auf der Arbeitnehmerseite sind die Touristenführer in einer 317 Mitglieder umfassenden Gewerkschaft
(Malta Union of Licenced Tourist Guides) organisiert. Ferner gibt es eine 237 Mitglieder starke Gewerkschaft der Musiker und Unterhaltungskünstler *(Musicians and Enter-*

tainers Union) (Department of Industrial & Employment Relations 1999). Alle diese Verbände spielen aber insofern nur eine untergeordnete Rolle, als die Mehrheit der Unternehmer wie auch der Beschäftigten in der Tourismusindustrie in den großen Wirtschaftsverbänden bzw. Gewerkschaften organisiert ist.

Neben den Verbänden der Tourismuswirtschaft lassen sich im tertiären Sektor auch Organisationen der freien Berufe, die allesamt über relativ wenige Mitglieder verfügen, finden. Acht von ihnen schlossen sich 1970 zur *Malta Federation of Professional Associations* (MFPA) zusammen, deren vorrangiges Ziel in der Aufrechterhaltung und Verbesserung der professionellen Standards besteht (MFPA o.J.). Konkret gehören dem Dachverband der Ärzte- *(Medical Association of Malta)*, der Zahnärzte- *(Dental Association of Malta)* und der Apothekerverband *(Malta Chamber of Pharmacists)* sowie die Architekten- und Ingenieurskammer *(Chamber of Architects & Civil Engineers)*, der Buchhalterverband *(Malta Institute of Accountants)* und in jüngster Zeit mit der Psychologen- *(Maltese Psychologists Association)* sowie der Sprachtherapeutenvereinigung *(Association of Speech-Language Pathologists)* zwei relativ neue berufsständische Organisationen an. Die prestigeträchtige Anwaltskammer *(Chamber of Advocates)*, die bereits seit dem letzten Jahrhundert besteht, schloß sich der Föderation nicht an.

1.2. Sozialer Wandel und die Entstehung von sozialen, ideellen und Freizeitverbänden

Während der gesamten Kolonialzeit waren die Bedingungen für die Entwicklung von Verbänden im sozialen, ideellen und Freizeitbereich schlecht. Die einzige Organisation von Bedeutung war die seit dem Mittelalter fest in Malta etablierte katholische Kirche (Bezzina 1994: 66). Sie unterhielt einige Verbände, die den Armen halfen, wie etwa das *Istituto Sacro Cuor* oder die *Azzjoni Kattolika Maltija* sowie diverse religiöse Gruppen wie *MUSEUM*, *Legion of Mary* oder *Apostleship of Prayer*, die sich um die Festigung der Bevölkerung im katholischen Glauben bemühten. Neben den kirchlichen Gruppierungen ist nur eine weitere Organisation erwähnenswert. Es handelt sich dabei um die 1920 gegründete *Ghaqda tal-Kittieba tal-Malti* (Gesellschaft maltesischer Schriftsteller), welche sich um die Entwicklung des nur oral überlieferten Lokalidioms der Bevölkerung, *Malti*, zur Schriftsprache bemühte (Clews 1999: 63; Hull 1993). Darüber hinaus müssen auch die zahlreichen, seit etwa Mitte des letzten Jahrhunderts bestehenden *Band Clubs* erwähnt werden, die eine Mischung von sozialen, religiösen und Freizeitverbänden darstellen (Boissevain 1993).

Nach dem Zweiten Weltkrieg setzten wichtige Wandlungsprozesse ein, die auch die Voraussetzungen für eine stärkere Partizipation in Verbänden schufen. Zu diesen Veränderungen zählt die allmähliche Erhöhung des Lebensstandards der unteren Bevölkerungsschichten. Ganz entscheidend zur Verbesserung der allgemeinen sozialen Lage trug der verstärkte Bau von Sozialwohnungen und die Etablierung eines Wohlfahrtssystems in den 70er Jahren bei (Kaim-Chaudle 1981). Der Rückgang der Geburtenrate ab den 60er Jahren führte nicht nur zu ökonomischen Erleichterungen für die Familien, sondern – vor allem für die Frauen – zu deutlich mehr Freizeit (Miceli 1994: 84). Durch die Einführung der Schulpflicht (1946) und die Abschaffung von Schul- (1956) sowie Studiengebühren (1971) begannen sich auch die bis dahin bestehenden enormen Bildungsdiskrepanzen aufzulösen (Zammit Mangion 1992). Darüber hinaus wurde die Gesellschaft, bedingt durch die Ausbreitung des Fernsehens und die durch den Tourismus immer stärkere Präsenz von Fremden, zunehmend mit anderen als den traditionellen Werten und Lebensstilen konfrontiert. Auch erhöhte sich die Mobilität der früher relativ isoliert in den Dörfern lebenden Menschen durch die Verbesserung des öffentlichen Nahverkehrs und des Individualverkehrs. Ferner wurde die Kommunikation untereinander durch die Verbreitung des Telefons wesentlich erleichtert. Erst jetzt, nachdem die grundlegenden materiellen Bedürfnisse befriedigt waren und die Gesellschaft sich modernisiert hatte, nahmen sowohl das soziale und ideelle Engagement als auch die Freizeitbedürfnisse zu. Im sozialen Bereich wurden alle nun entstehenden Organisationen von Priestern gegründet. Der mit Abstand wichtigste Wohlfahrtsverband war die 1968 in Malta gegründete Institution *Caritas*. In all diesen Verbänden begannen sich viele Freiwillige zu engagieren, und zwar aus allen Schichten. Karitatives Engagement wurde quasi zum Massenphänomen, wobei nun vor allem Frauen ihren Zuwachs an Freizeit auf diese Weise nutzten.

Die erste Organisation im Umweltbereich war die 1962 von einer kleinen Gruppe von Hobbyornithologen gegründete *Malta Ornithological Society* (MOS, seit 1996: *Birdlife*). Ebenfalls im Jahre 1962 entstand ein Naturschutzverband *(Society for the Study and Conservation of Nature in Malta*, heute: *Nature Trust)*. Beide Organisationen waren zunächst relativ bedeutungslos und verfügten über wenige Mitglieder. Eine Umweltbewegung im Sinne des Wortes entwickelte sich erst in den 80er Jahren. Beigetragen haben dazu wesentlich Einflüsse aus dem Ausland, es gab aber insofern auch in Malta einen konkreten Anlaß, als in den 80er Jahren immer mehr Natur relativ ungeplant, teilweise auch verbunden mit politischer Korruption, verbaut wurde, wogegen sich insbesondere innerhalb der jüngeren Generation Widerstand regte. So entstand in den frühen 80er Jahren die politische Gruppe *Zaghzagh-gall-Ambient* (Jugend für die Umwelt), die sich später in *Moviment ghall-Ambjent* (Bewegung für die Umwelt) umbenannte. Der politisch-militante Teil der Umweltbewegung existiert zwar in rudimentärer Form heute noch, die meisten Aktivisten wurden jedoch von der 1989 gegründeten grünen Partei *Alternattiva Demokratika* (AD) absorbiert. Dennoch kann konstatiert werden, daß es heute in Malta eine relativ große Umweltbewegung – aufgesplittert in viele Gruppen – gibt.

Eine starke Frauenbewegung entwickelte sich nicht, allerdings gibt es seit 1964 mit dem *National Council of Women* (NCW) einen Frauenverband. Die Initiative zur Gründung dieser Vereinigung ging von der amerikanischen Präsidentin des *International Council of Women*, Nora Deane, aus (Bestler 1989: 131-132). Der NCW konnte nie sehr viele Anhängerinnen für sich gewinnen und blieb ein eher elitärer Verband sozial bessergestellter, in der Regel kirchlich-konservativ orientierter Frauen. Später – beeinflußt durch die neue Frauenbewegung der 70er Jahre im Ausland – gab es einige Versuche, feministische Gruppen zu gründen, sie schlugen letztendlich aber fehl.

Aufgrund der politisch äußerst angespannten Situation in den 70er und 80er Jahren (Nationalist Party 1981: 21f.), in der es auch zu Menschenrechtsverletzungen kam, entstanden vorübergehend auch Menschenrechtsgruppen wie etwa *Ta-Numri* (Die Nummern) (Human Rights Group 1984, Human Rights Group 1986, International Helsinki Federation for Human Rights 1985). Die Gruppen prangerten gewalttätige Übergriffe von MLP-Aktivisten auf Andersdenkende und Diskriminierungen von Regierungsgegnern öffentlich an. Besonders *Ta-Numri*, eine Gruppe, die durch spektakuläre Aktionen wie Hungerstreiks und witziges Straßentheater auffiel, konnte – nicht zuletzt wegen des Charismas ihrer Führungspersönlichkeit Joe Azzopardi – viele Jugendliche organisieren. Nach Entspannung der politischen Situation Ende der 80er Jahre lösten sich die Menschenrechtsgruppen aber wieder auf.

2. Rechtliche Grundlagen für Vereinigungs- und Koalitionsfreiheit

In der Kolonialzeit existierten keine Gesetze, die das Verbandswesen regulierten. Die Kolonialregierungen konnten nach ihrem Ermessen Verbände anerkennen, ignorieren oder auch verbieten. Die erste Organisation, die offiziell Anerkennung fand, war die Handelskammer, die 1857 mit dem Erlaß des *Commercial Code* einen offiziellen Status erhielt. Andere Verbände wie 1943 die GWU oder 1946 die FOI folgten (Vassallo 1986: 10). 1945 sah sich die Kolonialregierung veranlaßt, mit der *Trade Unions and Trade Disputes Ordinance* sowie dem *Conciliation and Arbitration Act* im Jahre 1948 regelnd in die Arbeitgeber-Arbeitnehmer-Beziehungen einzugreifen, was nicht ohne Auswirkungen auf den Handlungsspielraum der entsprechenden Verbände blieb. Als Recht wurde die Vereinigungsfreiheit erst 1964 in die Unabhängigkeitsverfassung aufgenommen. Nach Artikel 42, Abs. 1 darf niemandem das Recht an der Teilnahme an friedlichen Versammlungen sowie der Zusammenschluß mit anderen Personen, insbesondere zu Gewerkschaften oder anderen Interessenverbänden, verwehrt werden (Department of Information 1992: 30). Darüber hinaus gibt es mit Ausnahme des 1976 erlassenen *Industrial Relations Act* keine spezifischen Verbandsgesetze. Im *Industrial Relations Act*, der eine Erweiterung der bereits in der Kolonialzeit erlassenen Gesetze darstellt, sind die Voraussetzungen für die Gründung von Arbeitgeber- bzw. Arbeitnehmerverbänden formuliert. Darüber hinaus sieht das Gesetz auf Arbeitnehmerseite das Recht auf Streik, auf Arbeitgeberseite das zur Aussperrung vor. Ferner enthält es Vorschriften zur Vorgehensweise im Konfliktfall (Act XXX 1976; Attard 1984: 51ff.). In einigen wenigen Gesetzen ist festgelegt, welche Voraussetzungen erfüllt sein müssen, um als Interessenverband staatliche Anerkennung zu erhalten. In der Regel liegt dies aber im Ermessen der Regierung. Mit der Anerkennung sind bestimmte Privilegien verbunden, die im Einzelfall variieren. Beispielsweise können Verbände von der Einkommensteuer befreit sein oder Subventionen erhalten. Darüber hinaus werden offiziell anerkannte Verbände häufig aufgefordert, Repräsentanten in staatliche Gremien zu entsenden. Die rechtliche Anerkennung wird deshalb so gut wie von allen Verbänden angestrebt.

3. Organisationsstrukturen der wichtigsten Verbände

Bedingt durch die geringe Größe des Landes weisen die meisten maltesischen Verbände keine differenzierten Organisationsstrukturen auf. Der größte Teil unterhält nur eine Zentrale, ist aber auf lokaler Ebene nicht präsent. Über einen föderativen Aufbau verfügen nur wenige Verbände. Nachfolgend wird auf die Struktur der wichtigsten Verbände eingegangen.

3.1. Handelskammer und Unternehmerverbände

Handelskammer

Die Handelskammer ist ein privater Zusammenschluß von auf Malta tätigen Geschäftsleuten. War sie bis zum Zweiten Weltkrieg eine wirtschaftliche Eliteorganisation, der durchschnittlich nur 100 bis 200 Großunternehmer bzw. -kaufleute angehörten (Vassallo 1998: 90), so hat sie sich inzwischen zu einem ca. 1.140 Mitglieder zählenden Großverband gewandelt. Der Organisationsgrad der Kammer ist mit ca. 70 Prozent aller Großfirmen sehr hoch. Der größte Teil der Mitglieder wird mit ca. 60 Prozent von Importeuren gestellt, denen mit ca. 25 Prozent Industrielle und mit ungefähr 15 Prozent Dienstleistungsanbieter folgen. Ausländer spielen keine Rolle mehr, ihr Anteil ist auf etwa zwei Prozent gesunken. Die Handelskammer beschäftigt in ihrer Zentrale in Valletta einen fünfzehnköpfigen hauptamtlichen Verwaltungsapparat, der die Tagesgeschäfte erledigt. Höchstes Beschlußorgan ist die jährlich stattfindende Mitgliederversammlung, die aktuelle Themen behandelt, die Politik des Verbandes festlegt und den Vorstand wählt. Traditionell ist die Jahreshauptversammlung schlecht besucht, außer wenn „bread and butter issues" auf der Tagesordnung stehen (Vassallo 1998: 158). Geführt wird der Verband vom Vorstand, dem neben den auf der Jahreshauptversammlung gewählten Mitgliedern die Vorsitzenden der Sektionen sowie ehemalige Kammerpräsidenten – letztere allerdings ohne Stimmrecht – angehören. Die wichtigste Rolle im Vorstand nimmt der Präsident ein.

Die bestimmte Wirtschaftsinteressen vertretenden Sektionen haben in der Geschichte der Kammer eine lange Tradition: 1849 wurden die ersten drei – eine Sektion für Schiffsversicherer, eine für Broker und eine weitere für Kapitäne und Schiffsreeder – ins Leben gerufen. Heute gibt es, nach mehreren Organisationsreformen, elf Sektionen. Die Sektionen erlangten jedoch nie besondere Bedeutung, was vor allem an der mangelnden Bereitschaft ihrer Mitglieder zur Mitarbeit liegt.

Neben den Sektionen verfügt die Kammer über diverse Ausschüsse, die den Vorstand beraten. In diesen Gruppen beschäftigen sich jeweils vier bis fünf Personen mit für den Verband relevanten allgemeinen Fragen (z.B. Anti-Dumping und Zölle, Europäische Union, Umweltschutz, Wirtschaftsethik, Konsumentenangelegenheiten, indirekte Steuern, Statutenfragen). Darüber hinaus bemüht sich die Juniorkammer *(Junior Chamber Malta)* um die Förderung von Jungunternehmern zwischen 18 und 40 Jahren. Im Rahmen ihres Lobbying für einen Beitritt Maltas zur EU unterhält die Handelskammer, zusammen mit dem Industrieverband, seit 1996 in Brüssel ein gemeinsames Büro, das *Malta Business Bureau.* Die Handelskammer ist hervorragend ausgestattet und bietet ihren Mitgliedern neben der allgemeinen politischen Interessenvertretung eine Vielzahl individueller Leistungen. Dazu zählen Wirtschafts- und Rechtsberatung, die Ausstellung von Herstellernachweisen, Lizenzen für Kommissionsagenten, Empfehlungsbriefe für das Ausland etc. Darüber hinaus versorgt die Kammer ihre Mitglieder über ihre verbandsinternen Publikationen mit aktuellen Wirtschaftsnachrichten. In diesem Kontext müssen vor allem die monatlich erscheinende Wirtschaftszeitschrift *Commercial Courier*, das Handelsnachschlagewerk *Trade Directory* sowie der Mitgliederrundbrief *Business News & Opportunities* genannt werden. Als freier Wirtschaftsverband finanziert sich die Kammer selbst, und zwar in erster Linie über Mitgliedsbeiträge, die für alle Mitglieder gleichermaßen bei LM 85 im Jahr liegen.

Industrieverband

Der Industrieverband zählt deutlich weniger Mitglieder als die Handelskammer. Von über 10.000 in Malta bestehenden Betrieben sind ca. 350 dem Verband angeschlossen. Die Bedeutung des Verbandes ist aber dennoch hoch, berücksichtigt man, daß er zwischen 70 und 80 Prozent aller Großunternehmen organisiert. Im Unterschied zur Handelskammer sind dem Industrieverband sehr viele auf Malta produzierende ausländische Unternehmen angeschlossen. Höchstes Beschlußorgan ist auch beim Industrieverband die Jahreshauptversammlung. Dort werden die Rechenschaftsberichte des

Vorstands verlesen, aktuelle Themen diskutiert und der fünfzehnköpfige erweiterte Vorstand gewählt (FOI 1994). Dieser tagt einmal im Monat und legt die politischen Richtlinien fest. Entscheidender jedoch ist der engere Vorstand, bestehend aus dem Präsidenten und fünf Vizepräsidenten, der zusammen mit dem fünfköpfigen hauptamtlichen Apparat die Tagesgeschäfte erledigt. Die Mitglieder des Verbandes können sich in einer der elf Industriesektionen sowie zwei Industrieassoziationen betätigen. Die beiden erst seit kurzem bestehenden Assoziationen – eine für Unternehmer in der Weinindustrie und eine für Müllabfuhrunternehmer – sind, im Unterschied zu den Sektionen, ausschließlich an Inhaber kleiner Unternehmen gerichtet. Daneben existieren noch sechs Arbeitsgruppen, die sich mit den Verband allgemein betreffenden Fragen (Sozialpolitik, Human Ressources, Ökonomie und Finanzen, Umweltpolitik, Wettbewerbspolitik, Industriegebiete) auseinandersetzen. Individuelle Leistungen bietet der Industrieverband seinen Mitgliedern, abgesehen von der Ausstellung von Herstellernachweisen für Exporteure und Weiterbildungsseminaren, nicht. Er versteht sich als reine Lobbyorganisation der Industrie. Die Mitglieder erhalten aber mit *Industry Today* eine monatlich erscheinende Mitgliederzeitschrift. Der Industrieverband finanziert sich hauptsächlich über Mitgliederbeiträge, die sich zwischen LM 100 und LM 350 im Jahr bewegen, abhängig von der Beschäftigtenzahl einer Firma.

Einzelhändler- und Selbständigenverband

Die wichtigste Selbständigenvereinigung stellt der Einzelhändler- und Selbständigenverband (GRTU) dar. 1999 waren dieser Organisation insgesamt 6.791 Personen angeschlossen (Department of Industrial & Employment Relations 1999). Bei den Mitgliedern handelt es sich vor allem um Besitzer von kleineren und mittelgroßen Geschäften, wie etwa Tankstellen, Krämerläden, Schreibwarengeschäften etc. Da dem Verband von insgesamt etwa 17.000 Geschäftsinhabern in Malta immerhin 12.000 angehören, weist er mit ungefähr 70 Prozent einen sehr hohen Organisationsgrad auf. Oberstes Beschlußorgan ist auch bei der GRTU die Jahreshauptversammlung. Sie diskutiert aktuelle Themen und wählt 16 Personen in den erweiterten Vorstand. Diesem monatlich tagenden Gremium gehören außerdem die Präsidenten der Handelssektionen an. Das eigentliche Führungsorgan bildet aber der aus sechs Personen bestehende engere Vorstand. Der geschäftsführende Vorstand ist zusammen mit dem siebenköpfigen hauptamtlichen Personal für das Tagesgeschäft zuständig. Innerhalb des hauptamtlichen Apparats (vier Vollzeit-, drei Halbzeitkräfte) nimmt der Generaldirektor die wichtigste Position ein. Die Mitglieder des Verbandes können in einer der 27 Handelssektionen, wie etwa der der Apothekenbesitzer, der Optiker, der Schreiner, der Bäcker, der Buchhändler, der Videoverleiher etc., mitarbeiten (GRTU o.J.). Die GRTU finanziert sich über Mitgliedsbeiträge, deren Höhe von der Anzahl der Verkaufsgeschäftsstellen der Mitglieder abhängt. Wer nur über ein Geschäft verfügt, bezahlt beispielsweise nur den Mindestbeitrag von LM 35 pro Jahr. Die GRTU gibt mit dem *Retailer* eine Monatsbroschüre und mit dem *Newstring* eine alle zwei Wochen erscheinende Mitgliederinformationsschrift heraus.

Arbeitgeberverband

Im Arbeitgeberverband sind etwa 260 Mitglieder und damit die Mehrheit der großen Unternehmen auf den Inseln organisiert. Oberstes Beschlußorgan ist auch hier die Jahreshauptversammlung, die zehn Personen in den Vorstand wählt. Dieser besteht neben den gewählten Mitgliedern aus den Präsidenten der Sektionen sowie den ehemaligen Arbeitgeberverbandspräsidenten (MEA 1995). Zu den monatlich stattfindenden Vorstandssitzungen werden aber auch Repräsentanten anderer Wirtschaftsverbände eingeladen. Die zehn Sektionen sind entsprechend der verschiedenen Wirtschaftszweige organisiert, faktisch aber nicht aktiv. Ähnlich verhält es sich mit den acht Ausschüssen (Verwaltung, Bildung, Finanzen, Medien, Publikationen, Internationales, Statutenfragen, öffentlicher Dienst). Der Arbeitgeberverband unterhält einen aus nur drei Personen bestehenden hauptamtlichen Apparat. Neben der allgemeinen Vertretung von Arbeitgeberinteressen bietet der Verband seinen Mitgliedern in erster Linie Rechtsberatung und im Falle von Konflikten mit den Gewerkschaften bzw. mit einzelnen Arbeitnehmern auch Vermittlungsdienste an. Die Haupttätigkeit der Organisation besteht in der telefonischen Mitgliederberatung. Darüber hinaus versendet der Verband etwa fünfmal im Jahr sein Mitgliedermagazin *The Employer*. Finanziert wird der Arbeitgeberverband ausschließlich über Mitgliederbeiträge, die je nach Beschäftigtenzahl der Mitgliedsfirmen zwischen LM 50 und LM 670 im Jahr betragen.

3.2. Gewerkschaften

Der Anteil von Gewerkschaftsmitgliedern an den Beschäftigten ist in Malta mit mehr als 60 Prozent außerordentlich hoch (Clews 1999: 211). Insgesamt existieren derzeit zwar 34 Gewerkschaften (Department of Industrial & Employment Relations 1999), bedeutend sind aber nur die GWU und die UHM, auf die sich – komplettiert durch den Dachverband CMTU – die weiteren Ausführungen beschränken werden.

Tabelle 1: Mitglieder der Gewerkschaften (Stand 1999)

Name der Gewerkschaft	Mitglieder insgesamt	Anteil an allen Gewerks. (in %)	Frauen absolut	Männer absolut
General Workers' Union	47.187	56,2	8.725	38.462
Union Haddiema Maghqudin	24.812	29,5	6.319	18.493
Lehrer	4.909	5,8	3.130	1.779
Bankangestellte	2.898	3,5	1.437	1.461
Hebammen und Krankenschwestern	1.456	1,7	836	620
Medizinische Berufe	660	0,8	unbekannt	unbekannt
Touristenführer	317	0,4	237	80
Musiker und Unterhaltungskünstler	237	0,3	27	210
Union of Cabin Crew	210	0,2	108	102
Arbeiter der Zentralbank	177	0,2	85	92
Lotterieverkäufer	175	0,2	72	103
Casino-Angestellte	157	0,2	30	127
Apothekerkammer	146	0,2	88	58
Airline Pilots Association Malta	122	0,1	7	115
Weitere Gewerkschaften mit je unter 100 Mitgliedern	570	0,7	139	431
Insgesamt	**84.033**	**100**	**21.240**	**62.133**

Quelle: Department of Industrial & Employment Relations 1999 und eigene Berechnungen.

General Workers' Union

Der GWU gehörten 1999 mit etwas über 47.000 Mitgliedern, darunter 38.462 Männer und 8.725 Frauen, weit mehr als die Hälfte aller maltesischen Gewerkschaftsmitglieder und ca. ein Drittel der maltesischen Erwerbstätigen an. Oberstes Beschlußorgan ist die jährlich stattfindende nationale Delegiertenversammlung. Alle vier Jahre wird der hauptamtliche geschäftsführende Vorstand gewählt, dem der Generalsekretär, sein Stellvertreter, der Präsident, der stellvertretende Präsident sowie der Sekretär für internationale Angelegenheiten angehören. Der Vorstand erledigt das Tagesgeschäft und ist das Gremium mit der größten Machtfülle innerhalb der GWU, wobei dem Generalsekretär die Schlüsselrolle zukommt. Daneben gibt es noch einen erweiterten Vorstand, der das zwischen den Delegiertenversammlungen wichtigste Entscheidungsgremium darstellt. Ihm gehören neben den Mitgliedern des geschäftsführenden Vorstandes verschiedene Vertreter der Sektionen, Repräsentanten der Pensionärsgruppe, Vertreter der Jugendorganisation sowie ein Bildungssekretär an. Während der Zeit der Fusion mit der MLP waren auch drei Parteirepräsentanten – in der Regel der MLP-Vorsitzende und seine zwei Stellvertreter – im erweiterten Vorstand vertreten. Neben der Delegiertenversammlung, dem erweiterten und dem geschäftsführenden Vorstand verfügt die GWU über neun nach Branchen organisierte Sektionen, die in etwa Einzelgewerkschaften entsprechen. Darüber hinaus hat die GWU 1987 eine Pensionärsgruppe (*Ghaqda Pensionjati*) ins Leben gerufen.

Tabelle 2: Mitglieder der GWU nach Sektionen (Stand: 1999)

Sektion für	Zahl der Mitglieder
Schiffbau und Reparaturwerften	3.717
Beschäftigte des öffentlichen Dienstes	9.876
Hotels, Restaurants und Nahrungsmittelsektor	4.606
Angestellte des tertiären Sektors (Banken etc.)	3.620
Hafen- und Transportarbeiter	3.924
Technologie- und Elektroindustrie	4.305
Chemische Industrie	4.112
Kommunikations- und Energieversorgungsunternehmen	3.893
Textil-, Bekleidungs- und Lederindustrie	3.814
Pensionärsgruppe	5.320
Insgesamt	**47.187**

Quelle: Department of Industrial & Employment Relations 1999.

Die einzelnen Sektionen halten Delegiertenversammlungen ab, auf denen sie die sie betreffenden Themen besprechen, die Sektionsvorstände bestimmen sowie deren Vertreter in den erweiterten nationalen Vorstand wählen. Innerhalb der Sektionen spielen die hauptamtlichen Sekretäre die entscheidende Rolle. Die Sektionsvorstände beraten die Angelegenheiten ihrer Branche, unterbreiten dem nationalen Vorstand Vorschläge und setzen dessen Direktiven um. Am Arbeitsplatz sind die GWU-Mitglieder in Betriebsgruppen organisiert. Letztere wählen Betriebsräte, einen Betriebsgruppenvorstand und die Delegierten für die Sektions- und die nationale Delegiertenversammlung. Während sich die Betriebsräte um individuelle Arbeitnehmerprobleme kümmern, haben die Betriebsgruppenvorstände die Aufgabe, mit den Unternehmensleitungen den jeweiligen Betrieb betreffende Tarifabkommen zu schließen. Ferner verfügt die GWU bereits seit 1944 über eine eigene Jugendorganisation, die sich um die Anliegen von jungen Gewerkschaftsmitgliedern im Alter bis zu 35 Jahren kümmert, vor allem aber Bildungs- und Freizeitaktivitäten organisiert. Darüber hinaus existieren noch verschiedene Ausschüsse, z. B. für Gesundheit und Sicherheit am Arbeitsplatz, Weiterbildung, Tarifabkommen, Wohlfahrt und Arbeitnehmermitbestimmung. Mit der *Guze Ellul Mercer Foundation* verfügt die GWU auch über eine eigene Gewerkschaftsstiftung, deren Aktivitäten sich weitgehend auf die Durchführung von Seminaren beschränken. Die GWU finanziert sich nicht nur über Mitgliedsbeiträge, die bei knapp LM 12 im Jahr liegen, sondern auch über eine ganze Reihe von eigenen Unternehmungen. Beispielsweise unterhält sie in ihrer Zentrale in Valletta ein eigenes Verlagshaus, das verschiedene Publikationen, Zeitschriften, die Sonntagszeitung *It-Torca* (Die Fackel) und vor allem mit *L-Orizzont* (Der Horizont) eine der wichtigsten Tageszeitungen herausgibt. Darüber hinaus besitzt die GWU mit *Untours* eine große Reiseagentur und ist außerdem an einer ganzen Reihe verschiedener Betriebe beteiligt (GWU 1990: 71-73).

Union Haddiema Maghqudin

Die UHM stellt nach der GWU die zweitwichtigste Gewerkschaft dar. Ihr gehörten 1999 ca. 25.000 Mitglieder, darunter 18.493 Männer und 6.319 Frauen, an (Department of Industrial & Employment Relations 1999). War sie früher eine Angestelltengewerkschaft, so hat sie sich seit ihrer Öffnung 1979 zu einer gemischten Gewerkschaft gewandelt, der heute mehrheitlich Arbeiter angehören. Oberstes Organ ist auch bei der UHM die alle zwei Jahre stattfindende Delegiertenversammlung, die Beschlüsse faßt und alle drei Jahre fünf Funktionäre in den nationalen Vorstand wählt. Dem insgesamt 33 Personen zählenden Vorstand gehören neben diesen Funktionären die Vertreter der Sektionen an. Der Vorstand trifft alle wichtigen Entscheidungen zwischen den Delegiertenversammlungen. Innerhalb des Gremiums nimmt der hauptamtliche Generalsekretär die Führungsrolle ein. Auch die UHM verfügt über nach Branchen gegliederte Sektionen und eine Pensionärsgruppe. Die jeweiligen Mitgliederzahlen zeigt Tabelle 3.

Tabelle 3: Mitglieder der UHM nach Sektionen (Stand: 1999)

Sektion	Anzahl
Halbstaatliche Industrie	5.026
Dienstleistungsbereich	2.986
Öffentlicher Dienst	3.862
Gesundheitswesen	2.589
Verarbeitende Industrie	6.335
Tourismus- und Nahrungsmittelindustrie	3.301
Pensionäre	713
Insgesamt	**24.812**

Quelle: Department of Industrial & Employment Relations 1999.

Abgesehen von den Werftarbeitern, die fast ausschließlich in der GWU organisiert sind, ist auch die UHM in allen Wirtschaftszweigen präsent. Die sieben Sektionen halten einmal im Jahr eine Delegiertenversammlung ab, bei der ihren Bereich betreffende Anträge diskutiert sowie alle zwei Jahre die Sektionssekretäre und -präsidenten gewählt werden. Jede Sektion wird von einem Vorstand geleitet, dem außer dem Sekretär und Präsidenten von den Betriebsgruppen entsandte Mitglieder angehören. Innerhalb der Sektionen nimmt der Sekretär die Führungsrolle wahr, zu dessen Aufgaben vor allem die Aushandlung von Tarifverträgen mit den einzelnen Unternehmensleitungen zählt. Am Arbeitsplatz sind die UHM-Mitglieder in Betriebsgruppen organisiert. Auch sie verfügen über Betriebsräte und Vorstände. Die UHM finanziert sich fast ausschließlich über Mitgliedsbeiträge, die im Jahr bei LM 9 liegen, weshalb sie organisatorisch bei weitem nicht so gut ausgestattet ist wie die GWU.

Confederation of Maltese Trade Unions

Bei der CMTU handelt es sich um einen Gewerkschaftsdachverband, dem heute zwölf Einzelgewerkschaften mit insgesamt ca. 31.000 Mitgliedern angeschlossen sind. Die mitgliederstärksten und einflußreichsten Organisationen sind die UHM, die Lehrergewerkschaft *(Malta Union of Teachers, MUT)* und die Bankangestelltengewerkschaft *(Malta Union of Bank Employees, MUBE)*. Oberstes Beschlußorgan ist der alle zwei Jahre tagende Kongreß, auf dem Anträge verabschiedet und sechs Funktionäre in den erweiterten Vorstand gewählt werden. Der erweiterte Vorstand besteht aus den auf dem Kongreß gewählten Funktionären sowie 41 Repräsentanten der Mitgliedsgewerkschaften, die entsprechend ihrer Stärke im Dachverband vertreten sind. Die Aufgabe des erweiterten Vorstands besteht in der Entscheidungsfindung zwischen den Kongressen. Bedeutender ist jedoch der geschäftsführende Vorstand, der aus dem Generalsekretär, dem Präsidenten und dem Schatzmeister der CMTU sowie den jeweiligen Generalsekretären und Präsidenten der Mitgliedsgewerkschaften besteht. Darüber hinaus verfügt die CMTU noch über diverse Komitees, z.B. für Bildung, Finanzen, Öffentlichkeitsarbeit, sowie über eine Jugend- und Pensionärsabteilung (CMTU o.J.). Der hauptamtliche Apparat, der seinen Sitz in der CMTU-Zentrale in Valletta hat, besteht nur aus dem bezahlten Generalsekretär sowie einem Angestellten. Die CMTU finanziert sich aus den Beiträgen der ihr angeschlossenen Einzelgewerkschaften.

3.3. Wohlfahrtsverbände

Der bei weitem größte Teil der Wohlfahrtsverbände wird von der Kirche bzw. religiös orientierten Laienorganisationen getragen. Dies verwundert nicht, da sich fast alle Malteser als überzeugte Katholiken verstehen und die Kirche in Malta traditionell die Wohlfahrtsarbeit trägt (Abela 1991: 156). Am wichtigsten ist die *Caritas*, eine Einrichtung, die als direkte kirchliche Organisation der Caritas-Kommission innerhalb des Kuriensekretariats für wohltätige Einrichtungen unterstellt ist. Die *Caritas* ist sowohl auf der nationalen Ebene mit wohltätigen Einrichtungen präsent als auch mit einer Reihe von Ortsgruppen innerhalb der 65 maltesischen und 17 gozitanischen Pfarrgemeinden. Neben der Caritas existieren noch diverse im sozialen Bereich tätige nationale Laienorganisationen. Zu ihnen zählt vor allem die *Azzjoni Kattolika Maltija*, die auf nationaler Ebene verschiedene die Wohlfahrtsarbeit koordinierende Sekretariate und Kommissionen unterhält. Ähnlich wie die Caritas unterhält auch die *Azzjoni Kattolika* auf der Ebene der Pfarrgemeinden lokale Gruppen, denen seitens der Kirche Räumlichkeiten zur Verfügung gestellt werden. Darüber hinaus gibt es noch ausschließlich auf nationaler Ebene tätige Laienorganisationen wie *Cana-Movement, Dar tal-Provvidenza, Dar it-Tama, Moviment Azzjoni Socjali* oder *SOS Albania*. Einige dieser Organisationen wie etwa *Cana Movement* oder die *Azzjoni Kattolika* haben ihre Geschäftsräume im kircheneigenen *Catholic Institute* in Floriana. Sowohl in den Einrichtungen auf nationaler wie auch in den Gruppen auf lokaler Ebene engagieren sich viele Menschen in freiwilliger Sozialarbeit.

3.4. Sonstige Verbände

Vogelschutzverband

Der Vogelschutzverband *Birdlife* ist traditionell die größte Organisation innerhalb der Umweltgruppen. Er konnte in den letzten 20 Jahren seine Mitgliederzahl, die Mitte der 80er Jahre noch bei ungefähr 2.000 lag, auf heute 3.600 steigern. Beim Großteil der Mitglieder handelt es sich allerdings um Kinder und Jugendliche im Alter zwischen acht und vierzehn Jahren. Der Verband wird von einem alle zwei Jahre auf der Mitgliederversammlung gewählten elfköpfigen Vorstand geführt und beschäftigt in seinem Büro in Ta' Xbiex mehrere Haupt- und Teilzeitkräfte. Darüber hinaus unterhält er zwei Vogelschutzreservate, seit 1980 das Ghadira-Reservat in der Mellieha-Bucht und seit 1993 das Simar-Reservat bei Xemxija, deren drei Aufseher vom Umweltministerium finanziert werden. Mit dem *Klabb Huttaf* (Klub Schwalbe) verfügt Birdlife außerdem über eine Kinderorganisation. Ferner existieren im Verband diverse Gruppen, die besonderen Aufgaben wie etwa der Vorbereitung von Kampagnen nachgehen. Birdlife ist organisatorisch gut ausgestattet und gibt eine Reihe von Publikationen und Magazinen heraus *(Bird's Eye View, Il-Merill, Il-Huttafa, BirdTalk)*. Der Verband finanziert sich über Mitgliedsbeiträge, Spenden und den Verkauf von Publikationen.

Frauenorganisation

Waren im Frauenverband *National Council of Women* 1989 noch ungefähr 500 Frauen organisiert, so mußte er in den letzten zehn Jahren einen enormen Mitgliederschwund hinnehmen (Bestler 1989: 135). 1999 gehörten der größten maltesischen Frauenorganisation nur noch 272 Frauen an. Neben den individuellen Mitgliedern sind der Frauenorganisation auch einige Verbände, hauptsächlich aus dem karitativen Bereich, angegliedert (NCW o.J.). Alle zwei Jahre findet eine Mitgliederversammlung statt, bei der ein sechzehnköpfiger geschäftsführender Vorstand gewählt sowie Resolutionen diskutiert und verabschiedet werden. Der Vorstand findet sich einmal im Monat in den Geschäftsräumen des Verbandes in Blata-l-Bajda zusammen und erledigt, unterstützt von einer Teilzeitsekretärin, die Tagesgeschäfte. Darüber hinaus gibt es noch einen erweiterten Vorstand, dem neben den Mitgliedern des geschäftsführenden Vorstandes auch je eine Vertreterin der angeschlossenen Verbände angehören. Dieser trifft sich ungefähr dreimal im Jahr, um zukünftige Aktivitäten zu planen. Vor einigen Jahren verfügte der Verband darüber hinaus noch über einige Ausschüsse, die zwischenzeitlich aber nicht mehr bestehen. Der Frauenverband finanziert sich in erster Linie über Mitgliedsbeiträge, die für individuelle Mitglieder bei LM 4, für Verbände bei LM 8 im Jahr liegen.

Jagdverband

Bei seiner Gründung zählte der Jagdverband im Jahr 1973 nur etwa 400 Mitglieder, konnte seine Anhänger unter den Jägern aber innerhalb weniger Jahre auf inzwischen 9.000 erhöhen. Die Organisation stellt damit den heute größten und bedeutendsten Freizeitverband in Malta überhaupt dar. Seine Mitglieder kommen hauptsächlich aus den unteren sozialen Schichten. Er wird von einem Vorstand geleitet und verfügt, seit einer Organisationsreform im Jahre 1983, in allen größeren Orten Maltas und Gozos über insgesamt 23 Unterverbände. Die aufgrund des Mitgliederanstiegs notwendig gewordene Reform drückt sich auch in der 1999, mit einiger Verspätung erfolgten Umbenennung von *Ghaqda* (Vereinigung) in *Federazzjoni* (Föderation) aus. Darüber hinaus existieren Ausschüsse für besondere Aufgaben. 1992 etablierte der Verband darüber hinaus eine Kommission für Öffentlichkeitsarbeit, eine Jugendorganisation sowie einen Kinderclub. Finanziell ist der Jagdverband, der seine Zentrale in Msida hat, schlecht ausgestattet. Er lebt hauptsächlich von den Mitgliedsbeiträgen, die im Jahr bei LM 7,50 liegen, wird aber auch seitens des Staates unterstützt. Über hauptamtliches Personal verfügt der Verband nicht, die Arbeit wird von ehrenamtlichen Kräften geleistet. Das verbandseigene Publikationsorgan mußte wegen finanzieller Schwierigkeiten eingestellt werden, dem Verband werden aber von einem Mitglied in dessen an Kaninchen- und Taubenzüchter gerichteten Monatszeitung *Passa* (Migration) einige Seiten kostenlos zur Verfügung gestellt. Von der Vogeljägervereinigung haben sich zwei Organisationen abgespalten, 1992 die rund 2.000 Mitglieder zählende *Ghaqda Senter u Gabjum* (Vereinigung der Senter und Gabjum-Jäger) und 1996 die ca. 800 Personen umfassende *Ghaqda Kaccaturi Nassaba Ambjentalisti* (Vereinigung für Jäger, Vogelfänger und Umweltschützer). Der zuerst genannte Verband spaltete sich ab, weil einige Personen im Jagdverband wollten, daß dieser bei Parlamentswahlen offen die MLP unterstützen solle, sich aber nicht durchsetzen konnten. Der zweite Verband trennte sich vom Jagdverband wegen persönlicher Querelen seines Vorsitzenden mit Mitgliedern des Jagdverbandvorstands ab.

4. Verbandstypen nach Handlungsfeldern

4.1. *Wirtschafts- und Arbeitssystem*

Die Unternehmer sind gegenwärtig in 22 Organisationen zusammengeschlossen, wobei die Handelskammer, der Industrie- sowie der Einzelhändler- und Selbständigenverband am wichtigsten sind (Department of Industrial & Employment Relations 1999). Alle drei Organisationen verstehen sich als Interessenverbände, die sich in erster Linie um die Verbesserung der Handlungsmöglichkeiten ihrer Klientel bemühen. So kämpfen Handelskammer- und Einzelhändlerverband traditionell um eine Liberalisierung des Handels, konkret um den Abbau von Importverboten bzw. -beschränkungen sowie Importzöllen. Der Industrieverband, der sich deshalb des öfteren in Konflikt mit der Handelskammer befand, bemühte sich in der Vergangenheit vor allem um Importbeschränkungen mit dem Ziel des Schutzes der einheimischen Betriebe. Heute hat sich seine Position in dieser Hinsicht gewandelt, da er – wie auch die Handelskammer – für einen Anschluß Maltas an die Europäische Union eintritt. Alle drei Organisationen fordern darüber hinaus eine Restrukturierung der Wirtschaft, v.a. den Abbau des enormen Staatsanteils durch Privatisierung, stärkere Zurückhaltung des Staates bei den Sozialleistungen sowie die Kontrolle des Anstiegs der Lohnnebenkosten. Die Bemühungen der Unternehmerverbände waren insofern erfolgreich, als die gegenwärtige Regierung dabei ist, viele ihrer Forderungen umzusetzen (Ministry of Finance 1999). Den übrigen Unternehmerverbänden kommt aufgrund ihrer geringen Größe deutlich weniger Bedeutung zu. Dies gilt auch für den Arbeitgeberverband, der aufgrund der Tatsache, daß die Gewerkschaften direkt mit den Unternehmensleitungen Tarifverträge abschließen, keine richtige Aufgabe hat. Erwähnt werden muß im Bereich der Unternehmerorganisationen die erst seit 1999 bestehende *Ghaqda Imprendituri Maltin (Vereinigung maltesischer Unternehmer, Ghima)*, in der etwa hundert kleine, für den einheimischen Markt produzierende Betriebe zusammengeschlossen sind. Die Organisation, die sich aus Protest gegen die Abschaffung der Importzölle (The Times 29.11.1999: 6), durch die viele einheimische Produkte nicht mehr konkurrenzfähig sind, formierte, könnte langfristig insofern Bedeutung erlangen, als sie auf Unternehmerseite bisher den einzigen „Anti-EU-Verband" darstellt.

Den beiden Großgewerkschaften gehören, wie dargestellt, zusammen über 85 Prozent aller organisierten Arbeitnehmer an. Bei den kleineren Gewerkschaften spielen nur einige, sich an besondere Berufsgruppen wendende Organisationen eine größere Rolle, vor allem die Lehrer-, die Bankangestellten- sowie die Hebammen- und Krankenschwesterngewerkschaft. Ihnen kommt insofern Bedeutung zu, als sie so gut wie alle gewerkschaftlich organisierten Arbeitnehmer ihrer Branche als Mitglieder gewinnen konnten. Bei dem Rest handelt es sich in der Regel um „Hausgewerkschaften", die Beschäftigte in einzelnen Betrieben organisieren. Die Gewerkschaften können in zwei Lager eingeteilt werden: sozialistisch ausgerichtete oder eher christlich orientierte Organisationen. In die erste Kategorie fällt nur die GWU, in die zweite fast alle anderen Gewerkschaften. In ihren Zielen unterscheiden sie sich aber insofern nicht, als sie alle die Verbesserung der ökonomischen und sozialen Situation ihrer Mitglieder anstreben. Die Gewerkschaften versuchen ihre Ziele auf zweierlei Weise zu erreichen: Einmal schließen sie – sofern sie mehr als 50 Prozent der Beschäftigten eines Betriebes organisieren – alle drei Jahre einen Tarifvertrag mit den entsprechenden Unternehmen ab, um Lohnsteigerungen bzw. eine Verbesserung der Arbeitsbedingungen zu erlangen. Die meisten Tarifverträge werden zwangsläufig von der GWU oder der UHM geschlossen, manche aber auch von Hausgewerkschaften. Daneben versuchen die Arbeitnehmerorganisationen, die allgemeine Lage der Bevölkerung zu verbessern. In diesem Zusammenhang ist ferner die *Consumers' Union*, die einzige Verbraucherschutzorganisation auf den Inseln zu nennen. Sie wurde erst 1981 als Gegengewicht zu den Vereinigungen der Geschäftsleute gegründet. Der Verband bemühte sich um die Einführung von Verbraucherschutzgesetzen, ein Ziel, das 1994 – mit der Verabschiedung des *Consumer Affairs Act* – erreicht wurde. Die *Consumers' Union* ist mit etwa 350 Mitgliedern allerdings kein mächtiger Verbraucherschutzverband.

4.2. Wohlfahrt

Die Caritas ist der wichtigste Verband im sozialen Bereich und trägt heute mit Abstand den größten Teil der Wohlfahrtsarbeit. Konkret engagiert sich die Caritas in der Behinderten-, Alten- und Drogenhilfe. Die Organisation unterhält 16 Altenheime und drei

Drogenrehabilitationszentren (in Floriana, Bahar ic-Caghaq und San Blas). Darüber hinaus hilft sie mit ihrem *Independent Living Advice Centre* Behinderten und Senioren, ein unabhängiges Leben außerhalb von Heimen zu führen. Die Caritas führt außerdem in den Schulen Drogenaufklärungskampagnen durch und hilft Personen in Schwierigkeiten mit verschiedenen Selbsthilfegruppen, z.B. für Spieler, Alkoholiker, Schuldner oder Witwen. *Cana Movement* hingegen bemüht sich um Probleme von Familien. So organisiert die Vereinigung Ehevorbereitungskurse für verlobte Paare[5], bietet Ehe- und Familienberatung, Hilfe für Separierte[6] sowie Kurse für werdende Mütter. *Cana* verfügt außerdem über eine Reihe von Selbsthilfegruppen, so etwa für einsame Menschen, Eltern mit zu früh geborenen Säuglingen und unfruchtbare Ehepaare. Die *Azzjoni Kattolika Maltija* mußte ihre führende Position in der Sozialarbeit zwar an die Caritas abgeben, ist aber nach wie vor bedeutend. Die Vereinigung betreibt ein Altenheim, organisiert Ausflüge und Treffen für Senioren, Behinderte und Witwen und unterhält einen Minibusdienst für Senioren (Caring Organizations Directory 1997: 16). Bei dem *Dar tal-Provvidenza* (Haus der göttlichen Vorsehung) handelt es sich um die größte Behinderteneinrichtung auf den Inseln. Die Organisation betreut in insgesamt drei Häusern ca. 130 Behinderte. Bei dem von dem Dominikanerpater Mark Montebello gegründeten *Dar-it-Tama* (Haus der Hoffnung) steht das Bemühen um gesellschaftliche Randgruppen im Vordergrund. In erster Linie soll armen Menschen in der Cottonera-Region geholfen werden. Darüber hinaus kümmert sich die Organisation um Strafgefangene und ihre Familien und leistet auch Wiedereingliederungshilfe nach der Strafentlassung. Das Ziel von *Moviment Azzjoni Socjali* besteht in der Verbesserung der Situation von Arbeitern, Bauern und Fischern. Mitte der 80er Jahre hatte die Organisation noch über 1.000 Mitglieder, heute spielt sie keine große Rolle mehr (Social Action Movement 1985). Die erst seit den 90er Jahren bestehende *Kerygma*-Bewegung unter Führung von Father Charles Fenech in Rabat bietet Kindern und Jugendlichen Sportveranstaltungen an, deren Ziel die Sammlung von Spendengeldern für die Behindertenarbeit des *Dar-tal-Provvidenza* ist. Daneben gibt es inzwischen noch eine ganze Reihe nichtkirchlicher Behindertenorganisationen, die auf die Situation der Betroffenen aufmerksam machen wollen und deren Lage zu verbessern suchen. Den genannten Verbänden kommt insofern große Bedeutung zu, als der Staat nicht dazu in der Lage ist, ihre Arbeit ohne weiteres zu übernehmen.

4.3. Ideelle Verbände

Der wichtigste Verband im Umweltbereich, *Birdlife*, setzt sich vor allem für eine schärfere Vogelschutzgesetzgebung sowie die Beachtung bestehender Gesetze ein. Letzteres ist notwendig, da Vogeljäger häufig nicht verfolgt werden. Darüber hinaus bemüht sich die Organisation hauptsächlich durch Aufklärungsarbeit eine Mentalitätsveränderung in bezug auf die Vogeljagd zu bewirken. Der Verband war insofern kurzfristig erfolgreich, als die Gesetzgebung gegen die Vogeljagd 1992 massiv verschärft wurde, was aber 1996 auf Druck des Jagdverbands wieder rückgängig gemacht wurde. Die nach *Birdlife* zweitgrößte Organisation im Umweltbereich, *Nature Trust*, arbeitet

---

5   Heiratswillige Paare müssen vor der kirchlichen Trauung einen Ehevorbereitungskurs absolvieren.

6   Die gesetzliche Ehescheidung ist in Malta nicht möglich. Als Äquivalent existiert die Separation, bei der eine Vermögenstrennung stattfindet, eine Wiederheirat aber nicht erlaubt ist.

auf ähnliche Weise wie *Birdlife*. Neben diesen beiden großen Organisationen gibt es noch eine Reihe kleinerer Gruppen, die sich mittels Öffentlichkeitskampagnen für besondere Anliegen einsetzen. Bei fast allen diesen Gruppen, mit Ausnahme von *Nature Trust*, der *Tree Foundation* und *Greenpeace*, handelt es sich um Abspaltungen von *Birdlife*. Die Umweltgruppen haben dazu beigetragen, daß das in Malta unterentwickelte Umweltweltbewußtsein sich allmählich erhöht. Letztendlich aber ist, besonders was die Vogeljagd betrifft, die Lobby der anderen Seite deutlich stärker.

Trotz aller Modernisierungsprozesse ist Malta, was das Geschlechterverhältnis betrifft, eine eher traditionelle Gesellschaft geblieben. Die meisten Frauen hinterfragen die ihnen zugeschriebene Rolle als Ehe-, Hausfrau und Mutter nicht, weshalb sich auch nie eine starke Frauenbewegung herausbilden konnte (O'Reilly Mizzi 1981: 88). Viele Frauen sehen sich in erster Linie für ihre Familie zuständig und beenden ihre Berufstätigkeit in dem Moment, in dem sie heiraten bzw. Kinder bekommen, weshalb die Frauenerwerbsrate auch nur bei etwa 26 Prozent liegt. In der Vergangenheit wurden die wenigen erwerbstätigen Frauen darüber hinaus deutlich schlechter entlohnt als Männer und mußten sich gar in den 70er Jahren – sofern sie im öffentlichen Dienst beschäftigt waren – damit einverstanden erklären, im Falle der Eheschließung zu kündigen und ihren Arbeitsplatz freizumachen. Im gesamten öffentlichen Bereich – sei es die Wirtschaft oder die Politik – sind Frauen wenig präsent und die Schlüsselpositionen weitgehend mit Männern besetzt. Der Frauenanteil im Parlament liegt gegenwärtig bei nur 9,2 Prozent (Waschkuhn/Bestler 1999: 678). Die rechtliche Benachteiligung erstreckte sich bis zur Verabschiedung des neuen Familienrechts im Jahre 1985 auch auf den privaten Bereich. So waren Frauen bis zu diesem Zeitpunkt nur beschränkt geschäftsfähig. Die wenigen Frauen, die sich um eine Veränderung der Situation bemühten, gehörten dem NCW an. Dieser forderte bereits Mitte der 60er Jahre gleichen Lohn für gleiche Arbeit, was zuerst 1967 für die Angestellten beim Staat, später für alle Beschäftigten erreicht wurde. Daneben beschäftigt sich der NCW mit allgemeinen sozialpolitischen Themen und Verbesserungen im sozialen Bereich, die nicht nur Frauen, sondern Familien insgesamt zugute kommen sollen. Der Schutz der Familie ist ein wichtiges Anliegen der Frauenorganisation, die sich deshalb explizit gegen die Einführung der Scheidung ausspricht. Ebenso negativ steht die Organisation der Zulassung der in Malta verbotenen Abtreibung gegenüber. Radikale Frauenrechtsgruppen, wie die inzwischen nicht mehr bestehenden Gruppen *Min-Naha-tan-Nisa* (Von der Seite der Frau) und *Mara Maltija* (Maltesische Frau) setzten sich für die Einführung der Scheidung, die Etablierung von Familienplanungskliniken, die Quotierung von Stellen im öffentlichen Dienst etc. ein. Diese Forderungen fanden in der Bevölkerung aber keinen Anklang.

4.4. Sonstige Verbände

Die sonstigen Verbände können in Sportverbände, Vereinigungen mit kulturellem Anspruch, religiöse Gruppen sowie Hobbyvereine unterteilt werden. Am bedeutendsten sind die Sportverbände, allen voran der Jagdverband. Der Jagdsport hat in Malta eine lange Tradition. Die Jäger blieben aber unorganisiert, bis sie Ende der 60er Jahre den Druck der lokalen und ausländischen Vogelschützer zu spüren bekamen, die von der Regierung die Einschränkung der Vogeljagd verlangten. Zur Abwehr neuer Gesetze, wie sie im Ausland bereits vielfach erlassen worden waren, entschlossen sich einige

Jäger 1973 zur Gründung der *Ghaqda Kaccaturi Nassaba,* der Vorläuferorganisation des heutigen Jagdverbandes (Federazzjoni Kaccaturi Nassaba Konservazzjonisti 1998). Die PN führte aufgrund des Drucks der inzwischen zahlreich gewordenen Umweltorganisationen sowie negativer Schlagzeilen in der internationalen Presse (Fenech 1992: 4) 1992 ein – in den Augen der Vogeljäger – extrem scharfes Jagdgesetz ein, durch das die Schonzeit ausgeweitet und die Liste der geschützten Vögel erhöht wurde. Der Jagdverband veranstaltete in der Folge eine Reihe spektakulärer Massendemonstrationen, von denen die im Januar 1993 in Rabat mit etwa 30.000 Teilnehmern die größte war. Auch gewalttätige Übergriffe auf Vogelschützer, Politiker der *Alternattiva Demokrattika,* Beschädigungen in den Vogelschutzreservaten von Birdlife sowie Schmierereien an öffentlichen Gebäuden seitens militanter Jäger blieben nicht aus (MOS, Spring 1994: 4f.). Die Proteste waren insofern erfolgreich, als die MLP, nur zwei Monate nach ihrem Wahlsieg, im Jahre 1996 die Jagdgesetze wieder zurücknahm.

Innerhalb der Sportvereinigungen müssen die zahlreichen Fußballclubs genannt werden, die in der Bedeutung unmittelbar dem Jagdverband folgen. Vereinigungen mit kulturellem Anspruch stellen die *Alliance Francaise,* der *Circolo Dante Alighieri* sowie der *German-Maltese Circle* dar. Daneben gibt es eine Vielzahl kleinerer Hobbyvereine so etwa den Blumenclub *(The Malta Floral Club),* die Gozo Amateurradiogesellschaft *(Gozo Amateur Radio Society)* oder den Amateurdramaclub *(Malta Amateur Dramatic Club;* Clews 1999: 403ff.).

5. Beziehungen zum politischen System: Verbände als „klientäre Gefolgschaften"

In Malta spielen die beiden großen politischen Parteien, die sozialistische MLP und die christdemokratische PN, eine überragende Rolle. Da sie sich seit dem Zweiten Weltkrieg regelmäßig an der Regierung ablösen, stellt immer eine der beiden Parteien die Regierung und kontrolliert – aufgrund des starken Fraktionszwangs – die Entscheidungen des Parlaments (Waschkuhn/Bestler 1999: 676ff.). Da die Schlüsselpositionen im öffentlichen Dienst grundsätzlich mit zuverlässigen Parteigängern besetzt werden, kann von einer Unabhängigkeit des Verwaltungsapparats keine Rede sein. Die Medien sind ebenfalls parteipolitisch polarisiert. So können die beiden bedeutendsten Tageszeitungen, die *Times of Malta* und *L-Horrizont,* relativ eindeutig der PN bzw. der MLP zugeordnet werden. Auch die Bevölkerung, deren Wahlberechtigte zu ca. 25 Prozent parteipolitisch organisiert sind, ist in zwei große Lager gespalten. Die Verbände sind von der politischen Polarisierung nicht ausgenommen. Die Ursache für die enorme Bedeutung der Parteien und die Polarisierung aller gesellschaftlichen Gruppen ist in einem sozialen Organisationsprinzip zu finden, welches Ethnologen als „Klientelismus" oder „Patronagesystem" bezeichnen (Gellner/Waterbury 1977). Danach kontrolliert eine kleine Gruppe von Patronen die Mehrheit der gesellschaftlich vitalen Ressourcen und verteilt sie gegen persönliche Unterstützung an ihre Klienten. In Malta nehmen heute Regierungspolitiker die Position der Patrone ein und verteilen die von ihnen kontrollierten Ressourcen wie etwa Arbeitsplätze im öffentlichen Dienst oder Lizenzen an ihre Parteigänger, die im Gegenzug persönliche Leistungen erbringen (Bestler 1996: 268ff.).

Mit Ausnahme der GWU erklären alle maltesischen Verbände, parteipolitisch unabhängig zu sein, können aber dennoch relativ eindeutig der einen oder der anderen großen Partei zugeordnet werden. Die meisten Verbände wären gerne unabhängig, haben sich in ihren Statuten auf parteipolitische Neutralität festgelegt und wählen keine Parteimitglieder in den Vorstand. Bei der Handelskammer wurde in der Vergangenheit sogar verboten, bei Treffen über politische Fragen zu sprechen oder politische Ansichten von Mitgliedern zu kritisieren. Alle diese Vorkehrungen scheinen aber in einem Land wie Malta nicht zu greifen. Schon allein aufgrund ihrer Interessen besteht bei einigen Verbänden automatisch eine größere Nähe zu der einen oder anderen Partei. So stimmen der Industrieverband, die Handelskammer und der Einzelhändler- und Selbständigenverband eher mit der PN überein. Gelang es diesen Organisationen noch in den ersten Jahrzehnten ihres Bestehens, einigermaßen neutral zu bleiben, so wurden sie jedoch spätestens in den 70er Jahren zur offenen Ablehnung der MLP gezwungen, als diese immer stärker direkt ins Wirtschaftsgeschehen eingriff, etwa mit der Einführung des Bulk-Buying-Systems, durch das der Staat selbst zum Importeur wurde und dadurch die Existenz vieler Mitglieder der Handelskammer gefährdete (MCC 1997). Andere Maßnahmen, wie etwa ein 1977 verabschiedetes Gesetz, das die Privatindustrie zwang, ihren Beschäftigten denselben Lebenshaltungskostenausgleich zu gewähren, den der Staat seinen Bediensteten einräumte (Vassallo 1986: 66), mußte den Widerstand des Industrieverbandes herausfordern, der sich gegenüber dieser zusätzlichen Bürde für die Industrie wehrte. Dementsprechend legten die Wirtschaftsverbände, konkret die Handelskammer, der Industrieverband und der Arbeitgeberverband, in den 80er Jahren ökonomische Aktionsprogramme vor, die eindeutig das Ziel hatten, die PN in die Regierungsverantwortung zu wählen (Vassallo 1998: 108, 128).

Bei den Gewerkschaften steht nur die GWU der MLP nahe und unterstützt sie seit ihrem Bestehen.[7] Von 1978 bis 1992 waren die beiden Organisationen sogar statutenmäßig fusioniert. Dabei verstand sich die MLP als politischer und die GWU als industrieller Arm der Arbeiterbewegung. Während der Regierungszeit der MLP nahmen Funktionäre der GWU sogar an Kabinettssitzungen teil. Die anderen Arbeitnehmerorganisationen verstehen sich als freie Gewerkschaften und stehen dementsprechend der MLP feindlich gegenüber (Baldacchino 1991: 67). Viele von ihnen, insbesondere die Lehrergewerkschaft, hatten in der Vergangenheit massive Konflikte mit der MLP (The Teacher 1994).

Die Wohlfahrtsverbände, nicht zuletzt aufgrund ihrer kirchlichen Orientierung, sind der PN zuordenbar. Einer der Gründe liegt darin, daß die MLP in den 60er Jahren versucht hat, die Macht der Kirche zu brechen und einen laizistischen Staat zu errichten, was zum sog. „politisch-religiösen Streit" führte, in dessen Verlauf die Kirche sehr heftig reagierte, beispielsweise mit der Exkommunikation des MLP-Vorstandes und dem Verlesen von Hirtenbriefen in den Kirchen, in denen das Wählen der MLP und sogar das Lesen ihrer Zeitungen zur Todsünde erklärt wurden (Koster 1984: 164-196).

Zeitweilig existierende Menschenrechtsgruppen wie *Tan-Numri* waren zwangsläufig der PN zurechenbar, weil sie sich gegen Menschenrechtsverletzungen gewandt hatten, die unter der Labour-Administration geschahen (Abela 1991: 156). Die Umweltgruppen, deren radikale Varianten ja aus Protest gegen die Labour-Baupolitik entstanden waren, stehen der MLP ebenfalls ablehnend gegenüber. Sie unterstützen heute aber durchaus nicht alle die grüne Partei Alternattiva Demokratika, vor allem weil de-

---

7   Viele ihrer Mitglieder sind gleichzeitig in der MLP organisiert. Bei einer Fragebogenerhebung, die ich 1990 bei Parteimitgliedern im Dorf Hal-Luqa durchgeführt habe, erklärten 67,5 Prozent der männlichen MLP-Mitglieder gleichzeitig der GWU anzugehören (Bestler 1996: 54).

ren Wahl im polarisierten Malta der MLP zugute käme. Auch der konservative Frauenverband NCW steht mehrheitlich der PN nahe. Die Verbraucherschutzorganisation hingegen wird mit der MLP assoziiert. Nur der Jägerverband stellt eine der wenigen wirklich unabhängigen Organisationen dar, was sein besonderes Kapital ausmacht. Keine der beiden großen politischen Parteien hat es bisher geschafft, den Verband zu infiltrieren, und da er parteipolitisch nicht zugeordnet werden kann, bemühen sich sowohl die PN als auch die MLP um die Jäger. Die Mehrheit der Mitglieder steht zwar der MLP nahe, die Partei kann aber auf keinerlei Unterstützung des Verbandes rechnen, wenn sie dessen Interessen zuwiderhandelt. Die Vogeljäger, die nach eigenen Angaben ca. 30.000 Stimmen organisieren können, sind dazu in der Lage, bei den Wahlen das „Zünglein an der Waage" zu spielen. Bei ihren Demonstrationen waren daher auch Spruchbänder mit Aufschriften wie „Elections will come" oder „No hunting no vote" zu lesen (MOS, Spring 1994: 4).

Wenn die „eigene" Partei an der Regierungsmacht ist, werden „ihre" Verbände so weit wie möglich „bedient", anderenfalls unter Umständen sogar schikaniert. Quasi alle Verbände sind deshalb in klientelistische Netzwerke eingebunden, um – wenigstens wenn die „eigene Partei" regiert – Gehör zu finden. Letztendlich bilden die Verbände „klientäre Gefolgschaften" von Patronen und agieren in deren Interesse, worunter die Durchsetzung der kollektiven Interessen leidet.

6. Resümee

Verbände stellen in Malta ein relativ neues Phänomen dar. In der Kolonialzeit waren die Bedingungen für ihr Entstehen denkbar schlecht, weshalb sich im Bereich der Wirtschaft mit der Handelskammer bis nach dem Zweiten Weltkrieg nur eine einzige Organisation entwickelte. Im sozialen Bereich dominierte die katholische Kirche, die von den Briten aufgrund ihrer enormen gesellschaftlichen Macht unangetastet blieb, alle Wohlfahrtsaktivitäten. Ideelle und Freizeitorganisationen entwickelten sich nicht, was zum einen mit der relativen Isolierung der Bevölkerung von äußeren Einflüssen durch die Insellage und zum anderen mit der extremen materiellen Not zusammenhing. Erst nach dem Zweiten Weltkrieg begann sich die Situation aufgrund nun einsetzender Modernisierungsprozesse zu verändern, und es begannen sich in allen Bereichen zahlreiche Verbände herauszubilden. Es fällt auf, daß sowohl die Gründung als auch der Erfolg vieler Organisationen stark von den jeweiligen Führungspersönlichkeiten abhängig waren, was mit der geringen Größe des Landes zusammenzuhängen scheint. In einem so kleinen Land wie Malta spielen die persönliche Integrität und das Organisationstalent von Verbandsführungspersönlichkeiten eine große Rolle (Vassallo 1998: 137). Die GWU etwa hätte sich vermutlich ohne Reggie Miller nicht so entwickelt, wie dies tatsächlich geschah. Entsprechend der großen Bedeutung von Führungspersönlichkeiten gehen auch viele Konflikte innerhalb von Verbänden häufig weniger auf unterschiedliche Interessen als vielmehr auf persönliche Animositäten zurück. Verbände sind im parteipolitisch stark polarisierten Malta in der Regel einer der beiden großen Parteien, der MLP oder der PN, zuzuordnen, weshalb ihnen insgesamt eine eher untergeordnete Bedeutung in der Gesellschaft zukommt.

Abkürzungsverzeichnis

AD   Alternattiva Demokratika
CMTU   Confederation of Maltese Trade Unions
ECO   Ecological Society
GHIMA   Ghaqda Imprendituri Maltin
GRTU   General Retailers and Traders Union
GWU   General Workers' Union
LM   Lira Maltin
MAS   Moviment Azzjoni Socjali
MCC   Malta Chamber of Commerce
MEA   Malta Employers' Association
MFPA   Malta Federation of Professional Bodies
MLP   Malta Labour Party
MOS   Malta Ornithological Society
MUBE   Malta Union of Bank Employees
MUT   Malta Union of Teachers
NCW   National Council of Women
PN   Partit Nazzjonalista (oder NP = Nationalist Party)
UHM   Union Haddiema Maghqudin

Literatur

Abela, Anthony M., 1991: Transmitting Values in European Malta, Valletta, Malta: Jesuit Publications

Act XXX, 1976: Industrial Relations Act, Malta: Government Printing Press

Agius, Emmanuel, 1991: Social Consciousness of the Church in Malta 1891-1921. The Impact of Rerum Novarum, Blata l-Bajda, Malta: Media Centre Point

Arcidjocesi ta' Malta/Djocesi ta' Ghawdex, 1997: Direttorju Ekklesjastiku, Malta: Media Centre

Attard, Joseph, 1984: Industrial Relations in Malta, Hamrun, Malta: Publishers Enterprises

Azzopardi, Antony, 1995: A New Geography of the Maltese islands, Malta: Progress Press

Baldacchino, Godfrey, 1991: A Review of Maltese Trade Unionism 1976-1989, in: Economic and Social Studies, Vol. 5, S. 64-82

Baldaccino, Godfrey, 1994: Worker Cooperatives in Malta. Between Self-Help and Subsidy, in: Ronald Sultana/ Godfrey Baldacchino (Hrsg.): Maltese Society. A Sociological Inquiry, Msida, Malta: Mireva Publications, S. 505-520

Bestler, Anita (1989): Soziale Bedingungen der politischen Partizipation von Frauen in Malta, ABAKUS 9, Augsburger Beiträge aus Kommunikationswissenschaft und Soziologie, hrsg. von Horst Reimann, Augsburg: Lehrstuhl für Soziologie

Bestler, Anita, 1996: Ohne Schutzpatrone kommt man nicht in den Himmel. Der parteipolitisch vermittelte Klientelismus in Malta, Weiden: Schuch-Verlag

Bezzina, Joseph, 1994: Church History Including an Account of the Church of Malta, Victoria, Gozo: Gaulitana

Blouet, Brian, 1984: The Story of Malta, Malta: Progress Press

Boissevain, Jeremy, 1993: Saints and Fireworks. Religion and Politics in Rural Malta, Valletta: Progress Press

Borg, Joseph, 1982a: Evolution of the Modern Trade Union, in: Civilization. An Encyclopedia on Maltese civilization. History and contemporary arts, Vol. 1, S. 6-9

Borg, Joseph, 1982b: Trade Unions and the Political Goal, in: Civilization. An Encyclopedia on Maltese civilization. History and contemporary arts, Vol. 2, S. 34-36

Busuttil, Salvino, 1993: Agriculture in Malta: A Historical Note, in: Centre International de Hautes Etudes Agronomiques Méditerranéennes (Hrsg.): Options méditerranéennes, Serie B: Etudes et techerches, No. 7, Institut Agronomique Méditerranéen de Montpellier, S. 9-26

Camilleri, Louis, 1983: The Cana Movement, in: Hilary A. Clews (Hrsg.): The Year Book 1983, Malta: De La Salle Brothers Publication, S. 341-342

Caring Organisations Directory, 1997: Volontarjat, Malta: Veritas Press

Clews, Stanley J.A. (Hrsg.), 1999: The Malta Year Book 1999, Valletta, Malta: De La Salle Brothers Publication

CMTU, o.J.: Statute & Standing Orders. Malta: unveröffentlicht

Department of Industrial & Employment Relations, 30.11.1999: Report by the Registrar of Trade Unions, Malta: unveröffentlicht

Department of Information, 1992: Constitution of Malta, Malta: Government Printing Press

Dobie, Edith, 1967: Malta's Road to Independence, Oklahoma: University of Oklahoma Press

Farrugia Randon, Stanley, 1995: The Fishing Industry in Malta. Past, Present, Future, Pietà, Malta: Independence Print

Federazzjoni Kaccaturi Nassaba Konservazzjonisti, 1998: 25 Sena. Malta: Publikazzjoni tal-Federazzjoni Kaccaturi Nassaba Konservazzjonisti

Fenech, Natalino, 1992: Fatal flight. The Maltese obsession with killing birds, London: Quiller Press

FOI, 1994: Malta Federation of Industry. Statute, Malta: unveröffentlicht

Frendo, Henry, 1979: Party Politics in a Fortress Colony. The Maltese Experience, Valletta, Malta: Midsea Publication

Gellner, Ernest/Waterbury, John (Hrsg.), 1977: Patrons and Clients in Mediterranean Societies, London: Duckworth

GRTU, o.J.: GRTU – The Voice of Private Initiative, Malta: unveröffentlicht

GWU, 1990: The General Workers' Union – Malta. Information Dossier, Valletta, Malta: Union Press

Hull, Geoffrey, 1993: The Malta Language Question. A Case Study in Cultural Imperialism, Malta: Said International

Human Rights' Group, 1984: Human Rights in Malta, Malta: unveröffentlicht

Human Rights' Group, 1985: Hielsa. Report on Human Rights 1985, Malta: unveröffentlicht

International Helsinki Federation of Human Rights, 1985: A Report from the International Federation of Human Rights. Human Rights in Malta, Wien: unveröffentlicht

Kaim-Chaudle, P.R., 1981: Malta 1972-1979: An Evaluation of Social Policy, University of Durham: unveröffentlicht

Koster, Adrianus, 1984: Prelates and Politicians in Malta. Changing Power-Balances between Church and State in a Mediterranean Island Fortress (1800-1976), Assen, Niederlande: Van Gorcum

Malta Society of Arts Manufactures & Commerce, 1999: Art Exhibition. 5.-17. September 1999, Malta: Malta Society of Arts Manufactures & Commerce

MAS, 1985: Social Action Movement, Malta: unveröffentlicht

MCC, 1977: Free Enterprise Must Survive, Valletta, Malta: Malta Chamber of Commerce

MCC, 1999: Malta Trade Directory, Valletta, Malta: Malta Chamber of Commerce

MEA, 1995: Malta Employers' Association. Statute, Malta: unveröffentlicht

MFPA, o.J.: Statute of the Malta Federation of Professional Associations, Malta: unveröffentlicht

Miceli, Pauline, 1994: The Visibility and Invisibility of Women, in: Ronald Sultana/ Godfrey Baldacchino (Hrsg.): Maltese Society. A Sociological Inquiry, Msida, Malta: Mireva Publications, S. 79-93

Ministry of Finance, 22.11.1999: Privatisation. A Strategy for the Future. White Paper, Malta: Government Printing Press

MOS, Spring 1994: Bird's Eye View, Malta: Malta Ornithological Society

Nationalist Party, 1981: Is Malta Burning?, Malta: Nationalist Party Information Office

NCW, o.J.: National Council of Women. Statute, Malta: unveröffentlicht

NCW, 1981: Malta's Women in Action 1974-1981, Malta: National Council of Women

O'Reilly Mizzi, Sibyl, 1981: Women in Senglea: The Changing Role of Urban, Working-Class Women in Malta, Ann Arbor, Michigan: University Microfilms International

Pirotta, Joseph M., 1987: Fortress Colony: The Final Act 1945-1954, Bd. 1, Valletta, Malta: Studia Editions

Price, Charles A., 1989: Malta and the Maltese. A Study in Nineteenth Ccentury Migration, Gozo, Malta: Gozo Press

Stellato, Antonietta, 1989: The Making of the Union Haddiema Maghqudin, Malta: unveröffentlichte
     B.A.-Arbeit
The Teacher, 1994: Special issue '94, Malta: MUT
The Times, 29.11.1999: Ghima Calls for Mechanism which Promote Exports, Malta, S. 6
Vassallo, Carmel, 1998: The Malta Chamber of Commerce 1848-1979. An Outline History of Maltese
     trade, Malta: Malta Chamber of Commerce
Vassallo, Mario, 1986: The FOI. Four Decades of Service and Industry to Malta, Malta: Federation of
     Industry
Waschkuhn, Arno/Anita Bestler, 1999: Das politische System Maltas, in: Wolfgang Ismayr (Hrsg.):
     Die politischen Systeme Westeuropas, 2. Aufl., Opladen: Leske + Budrich, S. 673-695
Zammit Mangion, Joseph, 1992: Education in Malta, Valletta, Malta: Studia Editions

Niederlande

Verbände, Konkordanzdemokratie und Versäulung

Ralf Kleinfeld

1. Historische und politische Rahmenbedingungen

Die Niederlande gehören zu jenen mitteleuropäischen Staaten, in denen Korporationen den Prozeß der modernen Staatsbildung und der Demokratisierung überlebt haben, was die spätere Herausbildung konkordanzdemokratischer und korporatistischer Strukturen entscheidend förderte (Lehmbruch 1996; Daalder 1989). Das Fehlen einer Staatskirche, ein religiöser Pluralismus, eine fast alle Politikfelder prägende „Versäulung" und die Tatsache, daß die Niederlande bis heute ein politisches „Mehrstromland" geblieben sind, in dem kein politisches Lager die Möglichkeit zur dauerhaften Hegemonie besitzt – diese Faktoren erklären, warum sich in den Niederlanden eine stark ausdifferenzierte, lange Zeit konfessionell geprägte Verbändelandschaft herausbilden konnte. Die geringe geographische Größe des Landes sowie die Konzentration des politischen Systems auf zwei Politikebenen (national, lokal) hielten überdies die Kosten für die Gründung freiwilliger Assoziationen niedrig, zumal deren Radius oft lokal oder sektoral begrenzt blieb.

Über Jahrhunderte stabile politische Institutionen und eine seit 1814 nur durch die deutsche Besatzung (1940-1945) unterbrochene Verfassungstradition schufen den politisch dauerhaften Rahmen für die Entwicklung eines pluralistischen Verbändesystems. Historisch angelegt und durch die „Versäulung" zementiert, entwickelte sich in den Niederlanden unter aktiver Mitwirkung einer Vielzahl von Verbänden eine politische Kultur des Ausgleichs und des Kompromisses. Hierfür steht der unübersetzbare Begriff *overleg* (Beratschlagung, Meinungsaustausch, Verhandlungen), der sowohl zur Kennzeichnung der Wirtschaftsordnung *(overleg-economie)* wie der parlamentarischen Demokratie *(overleg-democratie)* gebraucht wird. Hierbei handelt es nicht um ein „elitäres Ritual von Direktorenkonferenzen", sondern um ein „allgemeines Merkmal der Kommunikation" (Zahn 1993: 322), wobei allen Beteiligten das Gefühl vermittelt wird, an Entscheidungen beteiligt zu sein, Verhandlungen primär ergebnisorientiert geführt werden und Resultate nur durch einen hohen Zeitaufwand zustande kommen. Die sogenannte Erste Pazifikation von 1917 bildete eine entscheidende Weichenstellung, bei der die Versäulung als gesellschaftspolitisches Strukturprinzip staatlich anerkannt wurde und bei der zugleich in Form einer von Katholiken, Kalvinisten, Sozialisten und Liberalen ausgehandelten Paketlösung das künftige politische Konfliktlösungsprinzip der niederländischen Konkordanzdemokratie erfolgreich erprobt wurde (Lijphart 1975; konkret ging es um den Schulstreit, die Einführung des allgemeinen Wahlrechts und die grundsätzliche Verantwortung des Staates in sozialen Fragen).

Eingebettet in diese politischen Rahmenbedingungen vollzog sich die Entwicklung der niederländischen Verbände als soziale Bewegungsgeschichte, die sich in mehrere Etappen unterteilt: Zwischen 1880 und 1920 dominierten vier Emanzipationsbewegungen: die kalvinistisch-antirevolutionäre Bewegung, die römisch-katholische Bewegung, die sozialistische Arbeiterbewegung und die Frauenbewegung. In der Zeit zwischen 1920 und 1995 erreichten die ersten drei genannten Bewegungen, denen der Versäulungsprozeß gelang, eine gesellschaftspolitische Dominanz, die keine andere soziale Bewegung entstehen oder wachsen ließ. Nach 1965 entstanden in rascher Folge mehrere neue soziale Bewegungen (neue Frauen-, Umwelt-, Hausbesetzer- und Friedensbewegung). Während sich der Lebenszyklus der neuen sozialen Bewegungsorganisationen außerhalb der Umweltbewegung in weniger als 30 Jahren vollendete, gewannen die modernisierten Gewerkschaften und Arbeitgeberverbände durch die Erfolge des sogenannten Poldermodells (Kleinfeld 1997) – einer Kombination aus gemäßigter Lohnpolitik, arbeitszentrierten und marktorientierten Reformen des Sozialstaates sowie starkem Wachstum von Teilzeit- und flexiblen Arbeitsplätzen – einen Teil ihrer früheren Bedeutung im Rahmen der kompromißorientierten Zusammenarbeit zwischen Sozialpartnern und Regierung zurück.

Die langfristige Entwicklung des Verbändesystems in den Niederlanden kann analytisch am besten als Konkordanz- oder Verhandlungsdemokratie mit korporatistischen Politikmustern im Rahmen einer starken Zivilgesellschaft umschrieben werden. Das Konzept der Konkordanzdemokratie wurde von Lijphart (1975) und von Lehmbruch (1967) zeitgleich, aber unabhängig voneinander in die internationale politikwissenschaftliche Diskussion eingeführt. In der politischen Kultur der Niederlande schlägt sich die Konkordanzdemokratie in zahlreichen Verfahren und Gremien zur Beratschlagung, Konsultation und zur Kompromißfindung nieder. Alltäglich und in vielen Politikbereichen gesetzlich verankert sind Anhörungs- und Einspruchsverfahren unter Beteiligung von Verbänden, Vereinigungen und Kirchen sowie von wissenschaftlichen Experten. Elitenkooperation bedeutete gleichzeitig, daß unter den Bedingungen der Versäulung politische Beteiligung außerhalb der von den Säulen zur Verfügung gestellten Partizipationskanäle (Wahlbeteiligung und Organisationsmitgliedschaft) unterentwickelt blieb. Erst aus der Kombination von Entsäulung und Demokratisierung entstanden zahlreiche Einspruchsverfahren für individuelle Bürger, für Bürgerinitiativen und für nicht versäulte Organisationen.

Zur Bezeichnung der gesellschaftlichen Grundlagen dieser Konkordanzdemokratie haben niederländische Soziologen Ende der 50er Jahre den Begriff der „Versäulung" eingeführt. Die Versäulung hat dem niederländischen Verbändesystem ihren entscheidenden Stempel aufgedrückt. Bis Ende der sechziger Jahre des 20. Jahrhunderts haben konfessionell bzw. weltanschaulich definierte Bevölkerungsgruppen (Katholiken, Kalvinisten, Sozialisten und Liberale) in sogenannten „Säulen" friedlich nebeneinander gelebt. Jede Säule verfügte über starke regionale Hochburgen. Formen sozialer Interaktionen spielten sich für einen großen Teil der Bevölkerung überwiegend innerhalb der eigenen Säule ab. Außenkontakte blieben den Organisationseliten vorbehalten, die nach 1945 zu einer intensiven Zusammenarbeit fanden und beanspruchten, gemeinsam das „Dach" des niederländischen Staates zu tragen. Die Gliederung der niederländischen Gesellschaft in einen katholischen, protestantischen und einen laizistischen (liberalen) Block prägte schon die Staatsgründung. Organisatorisch verfestigte sich die Versäulung allerdings erst in der zweiten Hälfte des 19. Jahrhunderts. Sie stellte eine spezifische Variante der funktionalen Modernisierung von Staat und Gesellschaft unter der Dominanz konfessionell-ideologischer Gruppen bzw. Verbände dar, schloß aber auch die Emanzipation von gesellschaftlichen Gruppen ein, die sich Mitte des 19. Jahrhunderts gemeinsam in einer Minderheitsposition befanden. Versäulung kann schließlich auch interpretiert werden als spezifische Herrschaftsform dieser Eliten über die von ihnen vertretenen und in einem Zustand der sozialen Segregation gehaltenen Bevölkerungsteile.

Ähnlich wie im Falle von Versäulung und Konkordanz scheint die wissenschaftliche Analyse des Phänomens der Zivilgesellschaft in den Niederlanden erst zu einem Zeitpunkt in Gang gekommen zu sein, als die vorher selbstverständlichen Merkmale dieses Begriffes nicht mehr voraussetzungslos gegeben waren. Die für die Niederlande typische enge Verflechtung und Durchdringung von Staat und Gesellschaft hat dazu geführt, daß es im Einzelfall schwierig zu entscheiden ist, inwieweit eine Einrichtung oder Organisation privaten, freiwilligen und selbstverwalteten Charakter aufweist (so drei der fünf zentralen vom John-Hopkins-Projekt benutzten Kriterien für NPOs). Im Nonprofit-Bereich waren in den Niederlanden Ende der 90er Jahre fast 12 Prozent aller Berufstätigen beschäftigt (ohne ehrenamtliche Arbeit), das sind fünf Prozentpunkte mehr als der europäische Durchschnitt von 7 Prozent. Der geschätzte Anteil ehrenamtlicher Leistungen im Nonprofit-Bereich liegt ungefähr bei der Hälfte des NPO-Gesamtproduktes. Der übergroße Teil dieses ehrenamtlichen Engagements wird im Rahmen von Vereinen und Verbänden abgeleistet (Dekker 1999: 15ff.). Der Umfang dieses ehrenamtlichen Engagements in Vereinen und Verbänden ist in den Niederlanden höher als in den meisten Nachbarländern, aber niedriger als in den skandinavischen Ländern und den USA.

2.   Rechtliche Grundlagen für Vereinigungs- und Koalitionsfreiheit

Die niederländische Verfassung (*grondwet*) legt mit der Verankerung von Grundrechten wie der Versammlungs- und Redefreiheit die allgemeinen Grundlagen für die freie Betätigung von Verbänden und anderen freiwilligen Vereinigungen. Darüber hinaus regelt Artikel 87 der niederländischen Verfassung die Einrichtung von ständigen Beratungsorganen der Regierung, an denen in der Regel Verbände beteiligt sind, und schreibt vor, daß derartige Einrichtungen auf einem förmlichen Gesetz beruhen müssen. Dies legt die „Hürde" für derartige Gremien hoch, verhilft ihnen aber auch zu einer besonders hervorgehobenen Stellung innerhalb des parlamentarischen Regierungssystems.

Die beiden wichtigsten Rechtsformen für Verbände in den Niederlanden sind Stiftungen (*stichtingen*) und Vereinigungen (*verenigingen*). Eine gesetzlich verbindliche Registrierung von Vereinigungen mit Rechtspersönlichkeit und von Stiftungen ist in den Niederlanden nicht vorgesehen. Allerdings muß die Satzung notariell beglaubigt und bei der Industrie- und Handelskammer (*kamer van koophandel*; KvK) registriert werden. Im Mai 1999 waren dort 131.395 Stiftungen und 92.955 Vereinigungen eingetragen. Auch die meisten Kirchen und Glaubensgemeinschaften haben sich für eine dieser beiden Rechtsformen als Organisationsgrundlage entschieden. Das „Bürgerliche Gesetzbuch Zwei" von 1976 sieht vor, daß man als Interessenvereinigung nicht gezwungen ist, sich für eine bestimmte Rechtsform zu entscheiden. Informelle Vereinigungen ohne Rechtsfähigkeit unterliegen so lange keinen Einschränkungen, wie es von außen keine Beschwerde gegen sie gibt. Derartige Vereinigungen können ohne jedes weitere Registrierungsverfahren ihren Namen sofort öffentlich wirksam führen. Es gilt hier allerdings eine uneingeschränkte persönliche Haftung der Mitglieder.

Stiftungen sind in den Niederlanden gesellschaftlich und historisch fest verwurzelte Vereinigungen zur Verwaltung eines bestehenden Vermögens, das nach dem gesellschaftlich anerkannten Willen des Stifters einem nicht-kommerziellen Zweck zugeführt werden soll. Von den knapp 132.000 Stiftungen waren im Jahre 1999 30.606 im Gesundheitswesen und im Bereich der Sozialen Dienste tätig, 21.596 fallen in die Kategorie Kultur und Erholung, 4.670 Stiftungen sind im Bildungsbereich angesiedelt, 21.180 Stiftungen sind im kommerziellen Finanzsektor tätig.

Die Frage der Gemeinnützigkeit ist von der Gründung einer Stiftung getrennt und ausschließlich Sache des Steuerrechts. Die Stiftung kennt weder Mitglieder noch Mitgliedsbeiträge. Die Finanzmittel stammen aus dem Stiftungsvermögen oder aus anderen Zuwendungen. Normalerweise üben diejenigen, die einer Stiftung Zuwendungen geben, keinen Einfluß auf die Verwendung der Mittel oder auf die Arbeit der Stiftung aus. Einige niederländische Stiftungen haben zur Förderung ihres demokratischen Charakters in ihrer Satzung allerdings ausdrücklich die Bestimmung aufgenommen, daß die Zuwendungsgeber den Vorstand der Stiftung wählen (Moltke/Visser 1982: 14). Die staatlichen Kontrollmittel gegenüber Stiftungen sind gering (allgemeine richterliche Kontrolle im Rahmen der Gesetze; Rechenschaftsbericht ohne Veröffentlichungszwang; ausführlich Dekker 2000b: C-173f.). In den Niederlanden ist die Gründung einer Stiftung oft noch leichter als die eines Vereins oder einer Gesellschaft mit beschränkter Haftung. So verwundert es nicht, daß viele Verbände und Vereine sich für die Rechtsform einer Stiftung entschieden haben, da für die Gründung nur sehr geringe förmliche Hürden bestehen, der Unterschied zur Vereinigung klein ist und zudem bei der Gründung das Stiftungsvermögen nicht schon vorhanden sein muß. Als Folge kennen die Niederlande im europäischen Vergleich eine sehr große Zahl meist eher kleiner Stiftungen. Eine Ausnahme stellt z.B. die *Vereniging Natuurmonumenten (VNM, Vereinigung Naturschutzdenkmäler;* Ziel: Verwaltung von angekauften Naturschutzgebieten) dar. Sie ist die größte Umweltorganisation in den Niederlanden. Die VNM ist darüber hinaus ein Beispiel für eine Stiftung, deren Gründung ohne Vermögen erfolgte und die heute eines der bedeutendsten Stiftungsvermögen verwaltet.

Vereinigungen decken eine große Vielfalt von Aktivitäten ab, die von Sport und Musik, Hobbyaktivitäten, Frauenvereinigungen, Pfadfindern, Seniorengruppen bis hin zu reinen politischen *pressure groups* reichen können. Einige Verbände nutzen gleichzeitig die Rechtsform der Vereinigung und der Stiftung für ihre organisatorischen Zwecke. Die Gründung einer förmlichen Vereinigung, die in allen wesentlichen Punkten dem deutschen Verein entspricht und damit ähnlich flexibel gestaltbar ist, regelt Artikel 26-1 des Bürgerlichen Gesetzbuches. Die Mitgliederversammlung ist das höchste Gremium der Vereinigung. Sie ernennt den Vorstand, der einen Jahres- und einen Finanzbericht vorlegen muß. Der wichtigste Unterschied zur Stiftung liegt darin, daß in einer Vereinigung grundsätzlich jeder Mitglied werden und ebenso in Gremien der Vereinigung mitwirken kann. In der niederländischen Praxis sind diese Unterschiede zwischen Vereinigungen und Stiftungen wenig ausgeprägt, da viele Mitglieder von Vereinigungen kaum mehr als beitragzahlende Mitglieder sind, wohingegen einige niederländische Stiftungen ausgeprägt demokratische Beteiligungsstrukturen kennen.

Für die Wahl der Rechtsform sind meist haftungsrechtliche, wirtschaftliche oder verfahrensrechtliche Gründe maßgebend. Steuerrechtliche Unterschiede zwischen Vereinigungen und Stiftungen bestehen nicht, beide können im Rahmen ihrer Tätigkeit eine steuerfreie wirtschaftliche Tätigkeit ausüben und für bestimmte Aktivitäten und Zielsetzungen Steuerermäßigung – unabhängig von der Anerkennung der Gemeinnüt-

zigkeit – erhalten. Auch daraus resultierende Gewinne bleiben für beide Organisationsformen steuerfrei, sofern diese Gewinne den satzungsförmigen Zwecken der Stif-
tung/Vereinigung zugeführt werden. Nicht einmal die Eintragung ins Handelsregister
ist dafür notwendig, da die Kategorien von Organisationen, die von der Steuer befreit
werden oder Steuerermäßigung genießen können, in Listen beim Finanzamt vorab
festgelegt sind. Mitgliedsbeiträge und Spenden sind in bestimmten Grenzen steuerlich
abzugsfähig.

3. Korporatismus und Versäulung: Zum Zusammenhang von politischem System und Verbändesystem

„Obgleich das geschlossene Versäulungsmodell größtenteils verschwunden ist, bilden
die Versäulungsforschung und der niederländische Fall darin faktisch auch heute noch
einen wichtigen Referenzpunkt für die aktuelle internationale Forschung über Kom-
promiß- und Konsensbildung, Konfliktbeherrschung und Problemlösungsverfahren in
Politik und Gesellschaft" (Pennings 1998: B 1000-41; eigene Übersetzung). Als Säule
versteht man die Gesamtheit der vorrangig durch eine Konfession bzw. Weltanschauung geprägten, selbständigen, auf nationaler Ebene angesiedelten Einzelorganisationen
(Parteien, Verbände, Vereine) in unterschiedlichen gesellschaftspolitischen Handlungsfeldern (Parlament, Schulen, Wohlfahrtseinrichtungen, Krankenhäuser, Massenmedien,
Sparkassen, Handelsgenossenschaften, Sportvereine) und der von ihnen erfaßten Bevölkerungsgruppe (Pennings 1998: B 1000-4).

Katholiken und orthodoxe Kalvinisten strebten beide aktiv die Säulenbildung an.
Die Katholiken bildeten nach längeren Anlaufschwierigkeiten die Säule mit dem
größten inner- und interorganisatorischen Zusammenhalt. Die Versäulung ermöglichte
den Katholiken die gesellschaftspolitische Emanzipation in einem kalvinistisch-pro-
testantischen Staat, wobei auf dem Höhepunkt des Versäulungsprozesses in den 50er
Jahren die katholische Partei und katholischen Verbände die Zentrumsposition im nationalen politischen Machtzentrum innehatten. Ein erstes dichtes, hierarchisches und
zentralisiertes Organisationsnetzwerk schufen Ende des 19. Jahrhunderts die orthodoxen Kalvinisten der *Gereformeerde Kerken*: Nach der Gründung von zwei Verbänden,
die den Widerstand gegen die liberale Schulpolitik organisierten, gründeten sie eine eigene Kirche (1892), die erste moderne Partei *(Anti Revolutionaire Partij, 1879)*, eine
eigene Universität *(Vrije Universiteit Amsterdam)* und eine eigene Zeitung. Allerdings
besuchten die Kinder unterschiedlicher kalvinistisch-protestantischer Glaubensgemeinschaften meist die gleichen protestantischen Schulen. Weniger ausgeprägt verlief die
Säulenbildung entlang der *Hervormde Kerk*, der tonangebenden Kirchengemeinschaft
des liberalen Bürgertums und des Königshauses, deren „Säkularisierung" den Protest
und die Abspaltung orthodoxer Kalvinisten auslöste.

Das Lager der Sozialisten ging eher unfreiwillig zur Säulenbildung über, während
das liberale Bürgertum, das vor 1917 die politische Macht im Lande innehatte, nur ein
rudimentäres Organisationsnetzwerk schuf. Die sozialistische Säule wies dabei neben
den orthodoxen Kalvinisten am ehesten Merkmale einer sozialen Bewegung auf. Ihren
Mittelpunkt bildete die 1894 gegründete *Sociaal Democratische Arbeiderspartij*
(SDAP) und die 1906 gegründete Gewerkschaft *Nederlandse Verbond van Vakverenigingen* (NVV). Nach 1945 versuchte die sozialistische Säule durch die Gründung der

Partij van de Arbeid (PvdA) im Jahre 1946 sowie durch Abschwächung der Verflechtung zwischen den „roten" Organisationen den definitiven „Durchbruch", um ihre Strukturen zu „entsäulen". Dieses Ziel wurde nicht erreicht. Gleichwohl zählt die sozialdemokratische „Säule" nach 1945 zu den großen Gewinnern, insofern sie die Gestaltung des niederländischen Wohlfahrtsstaates entscheidend mitgestalten konnte.

Die versäulten Eliten wurden zunächst überrascht, als es Mitte der 60er Jahre zu innerverbandlicher Opposition der traditionell „folgebereiten" Basis oder gar zu Neugründungen von Verbänden und Parteien kam. Erosionsprozesse erschütterten sowohl die einzelnen Säulen wie auch die säulenübergreifende Zusammenarbeit. Der sich anschließende Normen- und Wertewandel, der auch das Verbändewesen transformierte und zu einer Entsäulung beitrug, fiel in den Niederlanden umfassender aus als in den meisten Nachbarländern (Inglehart/Andeweg 1993), obgleich einige Bereiche (bei Landwirtschaftsverbänden, Beamtenorganisationen und bei Verbänden des Handwerks und des Mittelstandes) noch länger versäult blieben und sich in anderen die Entsäulung langsamer und widersprüchlicher vollzog (wie im Schulsystem und im öffentlichen Rundfunk). Insgesamt wandelten sich die Verbände im Verlauf des Entsäulungsprozesses von ehrenamtlich geführten, auf weltanschaulich-konfessioneller Grundlage arbeitenden Verbänden zu demokratisch strukturierten, professionell geführten und stärker auf Interessenvertretung gerichteten Organisationen, die sich auf einem völlig veränderten politischen Markt behaupten mußten.

Nachdem viele Beobachter in der Phase der Entsäulung (1967-1982) angenommen hatten, daß damit auch das Ende der Konkordanz- und Verhandlungsdemokratie eingeleitet sei (van Schendelen (Hrsg.) 1984), wies man bereits Ende der 80er Jahre wieder auf ein unerwartet hohes Maß an Kontinuität in der niederländischen Politik hin (Daalder (Hrsg.) 1989). Diese Einschätzung hat durch die Betonung von Konsens und Korporatismus als Erfolgsfaktoren des niederländischen Modells seit Mitte der 90er Jahre neue Nahrung erhalten (Kleinfeld 1997; Visser/Hemerijk 1998). Dabei kamen nach einer fast fünfzehnjährigen Umbruchs- und Übergangsperiode (Entsäulung) Anfang der 80er Jahre (und damit zur Geburtsstunde des heutigen niederländischen Modells) wesentliche Elemente der niederländischen Konkordanz- und Verhandlungsdemokratie der 50er Jahre (allerdings ohne Versäulung) modifiziert wieder zur Geltung.

Für die großen Interessenverbände bedeutete das Ende der Konflikt- und Reformära ebenfalls eine Rückkehr zu einer sachorientierten Zusammenarbeit. Die Beziehungen zwischen Staat und Verbänden werden seither durch Versachlichung und Verhandlungen geprägt, wobei der Staat gleichzeitig versuchte, die gewachsene enge institutionelle Verflechtung zwischen Staat und Verbänden zugunsten einer größeren relativen Autonomie eines inzwischen ebenfalls modernisierten Staates abzulösen. Innerhalb der Beziehungen zwischen Verbänden untereinander gewannen Marktprinzipien an Boden. Schließlich erhielten auch die Beziehungen zwischen Mitgliedern und Verbänden einen stärker kommerziell geprägten „Kunden"-Charakter (Dekker 2000b: C-169). Allerdings blieb auch nach dem Ende der Versäulung der kulturelle Pluralismus, der sich in einer großen Organisationsvielfalt ausdrückt, wesentliches Merkmal der Niederlande.

Insgesamt kann man die Entwicklung der letzten Jahrzehnte dahingehend bilanzieren, daß die Revitalisierung einer modifizierten Konkordanzdemokratie ohne Versäulung in vielen Politikfeldern zu einer Pluralisierung der Akteursstrukturen geführt hat, in denen Verbände eine Gruppe unter mehreren Typen von Akteuren sind. Das hat sich zudem in einer Pluralisierung der Steuerungsformen und Netzwerkbeziehungen niedergeschlagen, so daß korporatistische Staat-Verbände-Beziehungen im engeren Sinne seltener geworden sind (Visser/Hemerijck 1998; Bekke/Hakvoort/Heer 1994).

4. Verbände in unterschiedlichen Handlungsfeldern

4.1. Mitgliederbeziehungen

Die Erfassung von Verbandsmitgliedschaften (einschl. Fördermitgliedschaften) erfolgt in den Niederlanden meist auf der Grundlage von Umfragen. Sie beziehen sich hier auf die Mitgliederzahlen bei rd. 80 freiwilligen Assoziationen mit mehr als 50.000 Mitgliedern/Förderern. Andere Zahlen basieren auf Umfragen nach der ehrenamtlichen Tätigkeit in Verbänden und Vereinigungen (SCP 1998: 749). Waren 1974 noch 43 Prozent der niederländischen Bevölkerung über 18 Jahre nicht vereinsförmig organisiert, so sank dieser Anteil bis 1994 auf 36 Prozent (SCP 1998: 750). Das Ende der Versäulung ist also mit Vereinsmüdigkeit keinesfalls gleichzusetzen.

Tabelle 1: Mitgliedschaft in Verbänden 1974-1997 (in Prozent der Bevölkerung über 18 Jahre)

Bereich	1974	1980	1986	1992	1995	1997
Sportvereinigung	20	26	29	32	30	34
Gewerkschaften/Unternehmerverbände	22	25	20	22	20	–
Hobbygruppen	6	7	8	11	9	11
Musik- und Theatergruppen	6	9	8	9	9	8
Frauenvereinigungen	7	7	7	5	8	11
Politische Parteien	8	12	8	5	7	–
Konfessionelle Vereinigungen	5	8	6	6	–	–
Jugendverbände	4	3	3	3	5	3
Übrige Vereinigungen	13	15	16	–	30	–
Anteil der in Vereinigungen organisierten Bevölkerung	57	65	64	62	64	–

Quelle: SCP 1998: 750.

Die stärksten Mitgliederzuwächse weisen Verbände und Vereinigungen auf, die sich mit moralischen Fragen beschäftigen (*public interest*-Verbände), wie z.B. mit Abtreibung und Euthanasie, mit internationaler Hilfe und Solidarität sowie mit dem Schutz von Umwelt und Natur. Hinter dem allgemeinen Mitgliederrückgang und dem sinkenden Organisationsgrad bei politischen Parteien, Frauenvereinigungen und Kirchengemeinschaften verbergen sich einige kleinere Organisationen mit durchaus steigenden Mitgliederzahlen (SCP 1998: 760).

4.2. Wirtschafts- und Arbeitssystem (Gewerkschaften und Unternehmerverbände)

Niederländische Gewerkschaften sind wie die Arbeitgeberorganisationen historisch ein Produkt der Versäulung. Konfessionelle und ideologische Trennungslinien haben die Organisationsstrukturen bestimmt und das Zustandekommen einer Einheitsgewerkschaft verhindert. Primär wirkten die versäulten Strukturen konfliktschlichtend. So vertraten die drei großen versäulten Gewerkschaftsverbände meist näher beieinander liegende Positionen als z.B. der katholische Arbeitgeberverband und die katholische Gewerkschaft. Die versäulten Arbeitgeberverbände stimmten in einem Gemein- schaftsorgan ihre strategischen Interessen ab. Versuche einer formalisierten Zusam- menarbeit auf Gewerkschaftsseite mißlangen. Die Zentrumsposition der konfessionel- len Parteien bewirkte, daß sie zur Sicherung dieser Position auf einen Ausgleich zwischen ihrem Arbeitgeber- und Arbeitnehmerflügel angewiesen waren und daher ei- ner sozialpartnerschaftlichen Politik meist aufgeschlossen blieben. Auf programmati- scher Ebene fällt auch heute noch die starke Gemeinwohlorientierung von niederländi- schen Gewerkschaften und Arbeitgeberverbänden ins Auge. Solidarität mit Arbeits- losen und Sozialleistungsempfängern nimmt im Rahmen der gewerkschaftlichen Inter- essenvertretung und Tarifpolitik einen relativ hohen Stellenwert ein. Insofern nehmen die großen Dachverbände der Sozialpartner regelmäßig eine deutlich politische Interes- senabwägung vor.

Übersicht 1: Gewerkschaften und Wirtschaftsverbände

Arbeitnehmerorganisationen		Wirtschaftsverbände		
Leitende Angestellte	Gewerkschaften	Industrie, Handel, Dienst- leistungen	Mittel- und Kleinbetriebe	Landwirtschaft
Vakcentrale voor Middelbaar en Hoger Personeel (MHP)	Federatie Nederlandse Vakbeweging (FNV)	Verbond van Nederlandse Ondernemingen (VNO)	Koninklijke Vereniging MKB-Nederland	Nederlandse Federatie van Land- en Tuin- bouworgani- saties (LTO)
	Christelijk Natio- naal Vakverbond (CNV)	Nederlands Christelijk Werk- geversverbond (NCW)		
	Algemene Vakcentrale (AVC)	Fusion VNO- NCW (seit 1995)		
		Raad van de Centrale Ondernemingsorganisaties (RCO)		
	Stichting van de Arbeid (SvdA)/Sociaal-Economische Raad (SER)			

Quelle: Bunk 1996, S. 158, Tab. 5.1.

Gewerkschaften

Ende der 90er Jahre existierten in den Niederlanden rd. 340 Einzelgewerkschaften. Etwa 40 von ihnen sind einem der drei großen Gewerkschaftsdachverbände ange- schlossen, die rund 93 Prozent der gewerkschaftlich organisierten Arbeitnehmer ver- treten. Die Dachverbände nehmen grundsätzlich alle Aufgaben oberhalb der Ebene der Einzelgewerkschaften wahr. Hierzu gehören neben internen Kommunikations- und Serviceaufgaben vor allem Lobbyfunktionen (Kontakte zu Parteien, Parlament und Regierung) und Repräsentationsaufgaben (Teilnahme in Konsultations-, Beratungs-, Koordinations- und Verhandlungsgremien).

Mit mehr als 1,2 Millionen Mitgliedern in 14 Einzelgewerkschaften ist die *Federatie Nederlandse Vakbeweging* (FNV) die mit Abstand größte niederländische Gewerkschaftsorganisation, die etwa 63 Prozent aller Gewerkschaftsmitglieder umfaßt resp. rund 20 Prozent aller niederländischen Arbeitnehmer. Die FNV entstand 1976 aus dem spektakulären Zusammenschluß des bisherigen sozialistischen und des katholischen Dachverbandes (schrittweise erst als Föderation, dann als Fusion). Der 1905 gegründete sozialistische Gewerkschaftsbund NVV *(Nederlands Verbond van Vakbewegingen)* hatte sich innerhalb der sozialistischen Säule rasch zu einer zentralisierten und disziplinierten Industriegewerkschaft entwickelt. Vor der Fusion mit dem katholischen Gewerkschaftsbund NKV *(Nederlands Katholieke Vakverbond)* umfaßte der NVV als mit Abstand größter Gewerkschaftsbund rd. 750.000 Mitglieder. Politisch ist diese Gewerkschaft auf die sozialdemokratische PvdA hin orientiert, so war der heutige Ministerpräsident Wim Kok erster FNV-Vorsitzender. Gleichzeitig hat die FNV während der langen Regierungszeit von Ministerpräsident Lubbers (1982-1994) einen Prozeß der parteipolitischen Abkoppelung eingeleitet. Der Aktionsradius der FNV erhält jedoch erst durch die Anwesenheit konkurrierender Arbeitnehmerorganisationen seine besondere Prägung. Anfang 1998 erfolgte eine Fusion der vier stärksten FNV-Einzelgewerkschaften, die in der Privatwirtschaft tätig sind (Industrie, Verkehr, Nahrung und Dienstleistungsgewerbe), zum neuen *FNV-Bondgenoten*. Damit dominieren im FNV zwei starke Einzelgewerkschaftsblöcke für Arbeitnehmer in der Privatwirtschaft (500.000 Mitglieder) und im öffentlichen Dienst (ABVA-KABO mit 350.000 Mitgliedern). Im übrigen gibt es in beiden großen Gewerkschaftsbünden keine Trennung zwischen *blue* und *white collar worker* mehr.

Im protestantischen Lager wurde 1909 ein eigener Dachverband, der *Christelijk Nationaal Vakverbond* (CNV) gegründet, der – im Gegensatz zur katholischen Gewerkschaftsbewegung – trotz enger Verflechtung von den protestantischen Kirchen weder abhängig war noch unmittelbar reglementiert wurde. Als Folge des Beitritts neuer Arbeitnehmerorganisationen, die auf katholischer Seite die Fusion zur FNV nicht mitmachten, erhielt der CNV in den letzten Jahren einen interkonfessionellen Charakter. Die Mitgliederzahl des CNV pendelte sich Ende der 90er Jahre auf rund 360.000 ein, das sind knapp 19 Prozent der organisierten Arbeitnehmer. Die Konjunktur einer kompromißorientierten Zusammenarbeit im Rahmen des sogenannten Poldermodells stellt den CNV vor neue Identitätsprobleme in Konkurrenz mit der FNV. Noch stärker als bei der FNV ist beim CNV das Gewicht des öffentlichen Dienstes spürbar, in dem deutlich mehr als 50 Prozent der Mitglieder tätig sind.

Tabelle 2: Mitgliederentwicklung der niederländischen Gewerkschaftsdachverbände (mit mehr als 50.000 Mitgliedern; in Tsd.)

	1989	1994	1999
Federatie Nederlandse Vakbeweging (FNV)	937	1.111	1.226
Christelijk Nationaal Vakverbond (CNV)	295	338	361
Vakcentrale Middelbaar en Hoher Personeel (MHP)	122	156	219
Ambtenarencentrum AVC (1993-1997)	–	111	–
Übrige Gewerkschaften	260	124	123
Gewerkschaftsmitglieder insgesamt*)	1.615	1.840	1.928

(*) Rundungsdifferenzen

Quelle: CBS 2001: http://statline.cbs.nl/statweb/index.stm/Tijdreeksen Overheid en politiek; abgerufen am 10.2.2001.

Der Druck, sich zu einem Dachverband zusammenzuschließen, um Zugang zu den privilegierten Formen der Interessenvermittlung auf nationaler Ebene zu finden, beschleunigte in den 70er Jahren die Gründung eines „nicht-versäulten" Dachverbandes für Gewerkschaften von leitenden Angestellten und höheren Beamten im *Raad voor Overleg Middelbaar en Hoger Personeel* (MHP). Das Verhältnis zu den beiden anderen Gewerkschaftszentralen blieb auch in der Folgezeit kühl. Heute organisiert der MHP mit knapp 220.000 Mitgliedern rd. 12 Prozent der organisierten Arbeitnehmer. Die erst 1993 entstandene *Algemene Vakcentrale*, die 1996 rund 110.000 Mitglieder besaß (6 Prozent der organisierten Arbeitnehmer), hat sich 1997 dem FNV angeschlossen.

Der besondere Stellenwert der gewerkschaftlichen Dachverbände liegt darin, daß sie nach 1945 exklusiv als Tarifparteien sowie als Teilnehmer in Konsultations-, Beratungs- und Verhandlungsgremien auf nationaler, regionaler und Branchenebene zugelassen wurden. So sind die Dachverbände durch den SER und die SvdA formell anerkannt als repräsentative Organisationen der Arbeitnehmer. Seit dem Übergang zu einer dezentraleren Tarifpolitik Anfang der 80er Jahre ist eine erneute Machtverlagerung zu den Einzelgewerkschaften unübersehbar.

Der gewerkschaftliche Organisationsgrad beträgt im Landesdurchschnitt heute knapp 28 Prozent. Am Ende der Versäulung waren fast 40 Prozent der niederländischen Arbeitnehmer gewerkschaftlich organisiert gewesen, in der Krisenphase während der 80er Jahre wurde ein historischer Tiefstwert von 25 Prozent erreicht. Im Gegensatz zu den belgischen Gewerkschaften sind seit 1945 die niederländischen Gewerkschaften nicht mehr an der Ausführung und Organisation der Arbeitslosenversicherung beteiligt und verfügen daher nicht über diesen starken Anreiz zur Mitgliederwerbung. Mehr als die Hälfte aller 1,93 Mio. Gewerkschaftsmitglieder sind im Staatsdienst oder im staatlich subventionierten sogenannten quartiären Sektor beschäftigt. Der gewerkschaftliche Organisationsgrad der rund 800.000 Beschäftigten im öffentlichen Dienst liegt bei knapp 60 Prozent. Der Abbau von Arbeitsplätzen in den 70er und 80er Jahren traf gerade gewerkschaftlich gut organisierte Branchen, während neue Arbeitsplätze vorwiegend in Sektoren mit niedrigem gewerkschaftlichen Organisationsgrad geschaffen wurden. Nimmt inzwischen aufgrund der gestiegenen Teilnahme im Arbeitsleben der Frauenanteil bei den Gewerkschaftsmitgliedern deutlich zu (FNV-Mitglieder 1999: 27,5 Prozent), so haben alle Gewerkschaften extreme Schwierigkeiten mit der Nachwuchsrekrutierung (FNV-Mitglieder 1999: 6 Prozent). Sowohl bei FNV und CNV sind rund ein Drittel der Mitglieder entweder pensioniert oder arbeitslos (alle Zahlen bei Akkermans 1999).

Die Gewerkschaften haben nach 1945 im Gegenzug für ihre Beteiligung an landesweiten Gremien der Wirtschafts- und Sozialpolitik auf eine institutionalisierte Präsenz in den Betrieben verzichtet. In der Praxis existiert inzwischen eine arbeitsteilige Kooperation zwischen Gewerkschaften und Betriebsräten, die so lange zu funktionieren scheint, wie die Gewerkschaften die eigenständige Funktion der Betriebsräte anerkennen und die Betriebsräte ihrerseits die Tarifkompetenz der Gewerkschaften akzeptieren. FNV und CNV zusammen stellen im übrigen die große Mehrheit aller Betriebsräte.

Die nach 1945 vorherrschende sozialpartnerschaftliche Gewerkschaftspolitik war Anfang der 70er Jahre personell und programmatisch in Richtung einer grundlegenden Gesellschaftsreform radikalisiert worden. Erst unter den gewandelten Umständen gewann Anfang der 80er Jahre der Pragmatismus in den niederländischen Gewerkschaften wieder die Oberhand. Der erneute Kurswechsel kostete zwar enormen Diskussionsbedarf, einen Teil der aktiven Kader und viele Mitglieder, er bildete aber zugleich den Grundstein für die relativ starke Stellung, die die modernisierte Gewerkschaftsbewegung innerhalb des Poldermodells einnimmt. Die neue Gewerkschaftsstrategie gab einer strikt innerhalb bestehender Verhandlungssysteme ausgetragenen Interessenpolitik den Vorzug und verzichtete auf jegliche Klassenkampfrituale. Auch löste sich die Gewerkschaftsbewegung aus den meisten ihrer Bindungen mit sozialen Bewegungen. Es fand eine Konzentration auf die Kernaufgaben und Kernkompetenzen von Gewerkschaften statt. Versachlichung und Engerführung der Zielvorstellungen prägen seither die gewerkschaftspolitische Agenda (van Noort 1999: B 1300-46).

Unternehmerverbände

Historisch sind die ersten niederländischen Arbeitgeberorganisationen zur Abwehr sozialpolitischer Forderungen gegenüber dem Staat entstanden. Der erste nationale Arbeitgeberverband wurde 1899 *(Vereniging van Nederlandse Werkgevers, VNW)* gegründet. Im Jahre 1920 entstand ein nationales Koordinationsgremium auf dem Gebiet der Arbeits- und Tarifpolitik *(Central Overleg)* sowie parallel dazu der *Centraal Industrieel Verbond* (CIV) zur Wahrnehmung von wirtschaftlichen Interessen (ab 1945: Centraal Sociaal Werkgevers Verbond, CSWV).

Im Gegensatz zu den Gewerkschaften haben die Unternehmerverbände weniger Probleme mit einem niedrigen Organisationsgrad und mit starker Mitgliederfluktuation. Dafür hatte die verbandlich organisierte Kapitalseite häufig mit einer geringen internen Verpflichtungsfähigkeit zu kämpfen. Erst Anfang der 70er Jahre begann das Unternehmerlager, gegenüber den Gewerkschaften geschlossener aufzutreten und sich stärker auf seine politische Lobbyfunktion zu besinnen. In Beratungs- und Verhandlungsgremien schlug das traditionell eher reaktive Verhalten der Unternehmer um in den Versuch, die Verhandlungsführerschaft zu erlangen. Aber auch im Unternehmerlager wird die niederländische Verhandlungsdemokratie von den zentralen Dachverbänden bis heute überwiegend als eine Eigenart hingenommen bzw. als Tradition geschätzt und nicht – wie im befreundeten liberalen politischen Lager – grundsätzlich in Frage gestellt.

Die Organisationsstruktur der Unternehmerverbände gliedert sich nach Branchen, lokalen und regionalen Vereinigungen sowie vereinzelt noch nach konfessionellen Unterscheidungsmerkmalen. Die Gesamtzahl aller Interessenorganisationen von Unternehmern (ohne die vielen lokalen Zusammenschlüsse) wird auf ca. 1.600 geschätzt. Die Unterscheidung zwischen Verbänden mit Arbeitgeberfunktionen und denen eines industriellen Fachverbands ist in den Niederlanden aufgehoben.

Insgesamt gibt es zur Zeit drei bzw. vier dem Unternehmerlager zurechenbare Dachverbände. Zu unterscheiden sind zunächst im privatwirtschaftlichen Bereich zwei große, Mitte der 90er Jahre nach langem Anlauf fusionierte Arbeitgeber-Spitzenorganisationen, die den gewerkschaftlichen Dachverbänden gegenüberstehen. Sie umfassen den industriellen Sektor, das Transport-, Banken- und Versicherungswesen, den Großhandel, das Druckgewerbe sowie die Fischerei. Eigene zentrale Arbeitgeberorganisationen haben die Gruppe der Klein- und Mittelbetriebe im Einzelhandel und Handwerk sowie die Landwirtschafts- und Gartenbaubetriebe. Der Organisationsgrad der Arbeitgeberverbände liegt bei rund 80 Prozent.

Im März 1995 fand die Vereinigung der beiden größten Arbeitgeberorganisationen zur VNO/NCW statt. Der *Verbond van Nederlandse Ondernemingen* (VNO) ist die

nicht konfessionell gebundene Organisation, die 1968 die bis dahin getrennten „allgemeinen" Organisationen zur Wahrnehmung von Arbeitgeber- und Unternehmerfunk-
tionen integrierte. Dem VNO angeschlossen sind Unternehmen und Branchenverbände. Er repräsentiert insgesamt etwa knapp 10.000 Unternehmen. Dem VNO sind rund
90 Branchenorganisationen angeschlossen, acht weitere industrielle Arbeitgebervereinigungen sind über ihre Mitgliedschaft in der *Algemene Werkgevers Vereniging*
(AWV), die ihrerseits als Branchenorganisation Mitglied ist, mit dem VNO verbunden.

Die zweite große industrielle Arbeitgeberorganisation bis Mitte der 90er Jahre ist
der *Nederlands Christelijk Werkgeververbond* (NCW) gewesen, der 1970 aus einer
Fusion der katholischen und protestantischen Arbeitgeberverbände hervorgegangen
war. Konfessionszugehörigkeit ist jedoch kein zwingendes Mitgliedschaftskriterium
gewesen. Der NCW umfaßte etwa 4.000 Mitglieder, die rund 9.000 Firmen repräsentierten. Aufgrund seiner auf die katholische Diözesanstruktur zurückgehende Organi-
sationsgliederung war im NCW die regionale Organisationsebene stärker entwickelt,
während VNO-Organisationen überwiegend funktional nach dem Branchenprinzip ab-
gegrenzt sind.

Schätzungen gehen davon aus, daß Mitte der 90er Jahre rd. 90 Prozent der größeren Unternehmen einem oder beiden Organisationen angehörten. Der Widerstand seitens des NCW gegen eine Fusion mit dem VNO war zunächst beträchtlich. Der Zusammenschluß erfolgte im Frühjahr 1995, nachdem vor allem Großunternehmen
deutlich gemacht hatten, daß sie vor dem Hintergrund der Verstärkung ihrer europäischen Aktivitäten an einem weiteren Profilierungswettbewerb der beiden Verbände
und dem Fortbestand separater Organisationen kein Interesse hätten.

Innerhalb der VNO-NCW nehmen die für die Tarifpolitik unmittelbar zuständigen
Branchenorganisationen, die selbst vielfach aus mehreren Fachverbänden bestehen, eine zentrale Rolle wahr. Hier hat sich in den letzten Jahrzehnten eine merkliche Konzentration vollzogen. Erster Höhepunkt bildete 1974 der Zusammenschluß von fünf
Branchenorganisationen der Metall- und Elektroindustrie zur *Federatie van werkgevers in de metalnijverheid en de electrotechnische industrie* (FME). Die FME war beiden Dachverbänden angeschlossen und nahm dort eine prominente Stellung ein. Die
FME tritt in Tarifverhandlungen als wichtiger Trendsetter für andere Branchen auf,
wobei multinationale Unternehmen zumeist eigene konzernbezogene Tarifverträge abschließen.

Tabelle 3: Mitglieder der niederländischen Verbände von Arbeitgebern und
Selbständigen (mit mehr als 50.000 Mitglieder; in Tsd.)

	1980	1994	1996/97
Algemene Werkgeversvereniging (VNO-NCW)	82	89	80
Koninklijke Vereniging Midden- en Kleinbedrijf Nederland (MKB)	100	142	130
Land- en Tuinbouworganisatie Nederland (LTO)	55	55	70

Quelle: SCP 1998: 758f.

Verbände und Staat in der Wirtschafts- und Sozialpolitik

Die Suche nach Kompromissen zwischen Ministerialbürokratie und Verbänden geschieht im Rahmen eines dichten und auch stark institutionalisierten Verhandlungs-
netzwerkes, das im *Hoge Raad van Arbeid*, in der *Stichting van de Arbeid* und im *Sociaal-Economische Raad* über institutionalisierte Koordinations- und Verhandlungs-

strukturen verfügt. Kurz nach dem Ersten Weltkrieg wurde ein „Hoher Rat der Arbeit" *(Hoge Raad van Arbeid)* als Beratungsorgan der Regierung auf dem Gebiet der Sozialgesetzgebung, des Arbeitsrechtes und der Tarifpolitik eingerichtet. Die Ernennung der Arbeitnehmer- und Arbeitgebervertreter erfolgte durch die Krone im Benehmen mit den Spitzenorganisationen, die hier zum ersten Mal auf nationaler Ebene und auf paritätischer Basis an der Gestaltung der Arbeits- und Sozialpolitik beteiligt wurden. Die Gründung des „Hohen Rates" hatte staatsrechtliche Konsequenzen. Aus Angst, daß der Einfluß des Parlamentes sich gegenüber derartigen „Vorparlamenten" verringern könnte, wurde auf Initiative der oppositionellen Sozialisten 1922 eine Verfassungsänderung angenommen. Gemäß Artikel 87 der niederländischen Verfassung ist danach die Einrichtung ständiger Beratungsgremien der Regierung an ein förmliches Gesetz gebunden. Damit ist eine starke staatsrechtliche Fundierung der Institutionen der niederländischen Verhandlungsdemokratie sichergestellt: Der Gesetzgebungsvorbehalt privilegiert die Gremien, die diese Hürde genommen haben; er sichert ihre Existenz unter den parteipolitischen Verhältnissen in den Niederlanden, insofern die für eine Auflösung erforderlichen politischen Mehrheiten nur schwer zu erbringen sind; schließlich werden durch die Anerkennung als repräsentative Organisationen die entsprechenden Verbände privilegiert und von Legitimationsansprüchen entlastet, insofern die Gremienteilnahme diesen Organisationen einen Status oberhalb der Existenz einer bloßen *pressure group* verleiht.

Die *Stichting van de Arbeid* (SvdA) geht auf die gemeinsame Initiative der Sozialpartner zurück, die im Widerstand gegen Nazideutschland zu einer bis dato unbekannten engen Zusammenarbeit gezwungen worden waren. Unmittelbar nach der Befreiung erfolgte die Gründung der SvdA auf privatrechtlicher Grundlage. Initiatoren waren die dem Versäulungssystem der Vorkriegszeit zugehörigen nationalen Dachorganisationen der Arbeitnehmer, der industriellen Arbeitgeber, des Mittelstandes und der Landwirtschaft. An dieser Zusammensetzung hat sich mit Ausnahme der 1968 zugelassenen Angestelltengewerkschaft MHP und den zuvor beschriebenen Fusionsprozessen im Arbeitnehmer- und Unternehmerlager nichts verändert.

Innerhalb der SvdA ist eine weitgehende Parität zwischen Arbeitnehmern und Arbeitgebern verankert worden. Sie gilt auch für die rund zwanzig Fachausschüsse und Arbeitsgruppen. Das Arbeitsgebiet der SvdA erstreckt sich satzungsgemäß auf die sozialen Aspekte des Wirtschaftslebens von der Lohnpolitik über die Sozialversicherung bis hin zu allen weiteren Aspekten der Regelung der Arbeitsbeziehungen im privatwirtschaftlichen Bereich. In der unmittelbaren Nachkriegszeit nahm die SvdA im Rahmen der national ausgehandelten und staatlich kontrollierten Lohn- und Tarifpolitik einen hervorstehenden Platz ein. Die Aufgaben der SvdA veränderten sich 1950 mit der Gründung des SER, der die offiziellen Beratungsaufgaben der SvdA übernahm. Zwischen beiden Institutionen – die im gleichen Gebäude untergebracht sind – gibt es heute eine Vielzahl von funktionalen, personellen und organisatorischen Verflechtungen.

Obwohl innerhalb dezentralisierter Arbeitsbeziehungen die Rolle der SvdA eigentlich anachronistisch erscheint, war die SvdA an den zentralen Verhandlungen zwischen Sozialpartnern und Regierung immer entscheidend beteiligt. Die öffentlich sichtbare Renaissance der SvdA fand ihren deutlichsten Ausdruck in dem Ende 1982 in enger Beratung von SvdA und Regierung zustande gekommenen „historischen" Abkommen von Wassenaar. Zu den bekanntesten neueren Zentralabkommen in der „Stiftung der Arbeit" zählt die 1993 abgeschlossene Vereinbarung „Ein neuer Kurs", worin Lohnmäßigung, Beschäftigungszuwachs und Mitbestimmung als zentrale Themen verknüpft worden sind.

Der *Sociaal-Economische Raad* (SER) umfaßt heute 30 Mitglieder (bis Ende der 80er Jahre: 45 Mitglieder), die formell von der Krone ernannt werden. Zwei Drittel der SER-Mitglieder werden paritätisch durch die gesetzlich als repräsentativ anerkannten Organisationen von Arbeitnehmern und Arbeitgebern zur Ernennung durch die Krone vorgeschlagen. Trotz immer wieder unternommener Anläufe ist die Zulassung von nicht bei einem Dachverband angeschlossenen Organisationen bzw. eine Vertretung der nicht organisierten Arbeitnehmer und Unternehmer (etwa durch eine Direktwahl der SER-Mitglieder) bislang von der Mehrheit der SER-Organisationen und von einer Mehrheit in Parlament und Regierung abgelehnt worden. Ein Drittel der SER-Mitglieder wird als unabhängige Sachverständige von der Krone ernannt. Der SER als tripartistisches Organ repräsentiert nicht die „klassischen" korporatistischen Faktoren Kapital, Arbeit und Staat, sondern Kapital, Arbeit und unabhängigen Sachverstand. Genau genommen gibt es eine doppelte Parität zwischen Arbeitnehmer- und Arbeitgebervertretern einerseits und den drei konstituierenden Teilgruppen (Kapital, Arbeit, Sachverständige) andererseits. Unmittelbare Verhandlungen zwischen Regierung und Sozialpartnern als im Prinzip gleichberechtigte Akteure finden primär nichtöffentlich über die SvdA statt. Sie ist der Ort für informelle und vertrauliche Beratungen.

Der SER nimmt laut Gesetz eine *Doppelfunktion* wahr als Spitzenorgan der öffentlich-rechtlichen Wirtschaftsorganisation (PBO) einerseits und als oberstes wirtschafts- und sozialpolitisches Beratungsorgan der niederländischen Regierung andererseits. Die erstgenannte Funktion als Verwaltungsorgan blieb in den meisten Wirtschaftszweigen von untergeordneter Bedeutung. Als Spitzenorgan der niederländischen Wirtschaft kommt dem SER ein eigenes Verordnungsrecht zu, von dem nur begrenzt Gebrauch gemacht worden ist. In seiner wichtigsten Funktion ist der SER als Beratungsorgan der Regierung nach Artikel 87 der niederländischen Verfassung tätig. Der SER wird in seltenen Fällen auch aus eigenem Antrieb gutachterlich tätig. Ziel der SER-Gutachten ist es, der Regierung die in offenen Verhandlungen *(overleg)* zwischen den Sozialpartnern sichtbar gewordenen Standpunkte zu verdeutlichen. Der SER ist keine Einrichtung wissenschaftlicher Politikberatung. Die Regierung war bis zu einer Gesetzesänderung im Jahre 1994 verpflichtet, bei allen Maßnahmen auf dem Gebiet der Sozial- und Wirtschaftspolitik ein Gutachten des SER einzuholen. Inhaltlich erstrecken sich die Gutachten und Empfehlungen des SER auf Fragen der mittelfristigen sozialwirtschaftlichen Entwicklung, der Industriepolitik, der sozialen Sicherheit, des Arbeitsschutzes und des Betriebsverfassungsgesetzes, der Mitbestimmung, der Wechselwirkung zwischen Arbeitsmarkt und Schulwesen oder der Europapolitik. Der Adressatenkreis der SER-Gutachten ist ebenso wie der Kreis der Auftraggeber gesetzlich auf einzelne Ministerien begrenzt worden. Eine Gutachterfunktion für das Parlament blieb bis in die jüngste Gegenwart mit Verweis auf Gewaltenteilungsaspekte ausdrücklich ausgeschlossen. Mehr als 60 Prozent aller Gutachten werden vom Ministerium für Soziales und Arbeit angefordert.

Obwohl gesetzlich verankert, ist der SER keine staatliche Institution. Die Kosten werden über Abgaben finanziert, die alle in den Handelskammern eingetragenen Unternehmen zu entrichten haben. Die SER-Gutachten werden durch ca. 100 Kommissionen und Unterkommissionen vorbereitet, an denen insgesamt rund 500 Vertreter von Interessenorganisationen teilnehmen. Vorbereitung und Ausführung der anfallenden Arbeiten übernimmt ein Sekretariat, das aus etwa 160 Mitarbeitern und einem Generalsekretär besteht.

In Ausübung seines Verordnungsrechtes tagt der SER prinzipiell öffentlich. Erst seit den 70er Jahren setzte sich das Öffentlichkeitsprinzip für alle Plenar- und Ausschußsitzungen durch. Unter den Bedingungen der Versäulung kamen bei kontroversen Abstimmungen bis Ende der 60er Jahre konfessionell bedingte Unterschiede innerhalb der Gruppen der Arbeitnehmer und Arbeitgeber zum Tragen, während später Gewerkschaften und Arbeitgeber sich als Blöcke gegenüberstanden. Anfang der 90er Jahre setzte eine Renaissance einheitlicher Gutachten von Gewerkschaften und Unternehmerlager im SER ein.

Auf Initiative eines rechtsliberalen Abgeordneten hob das niederländische Parlament 1994 die bisherige Verpflichtung der Regierung zur Einschaltung des SER bei wirtschafts- und sozialpolitisch relevanten Maßnahmen auf. Ende 1995 stimmte der SER überraschenderweise der Selbstauflösung der *Landbouwschap* als der mächtigsten Institution der niederländischen Landwirtschaft zu. Weitergehende Regierungspläne trafen auf deutlichen Widerstand im SER, der seinerseits ein Modernisierungskonzept für das System der öffentlich-rechtlichen Einrichtungen des Wirtschaftslebens vorschlug, das inzwischen vom Wirtschaftsministerium übernommen worden ist.

Der SER ist einerseits die Spitze eines ganzen Komplexes von weiteren spezialisierten Beratungsgremien, andererseits ist er über personelle Verflechtungen seiner Mitglieder mit anderen nationalen Beratungszirkeln verbunden. Auf Rotation und Verflechtung verweist das Personalkarussell an der Spitze der großen nationalen Beratungsorgane.

4.3. Interessenorganisationen in der Landwirtschaft

Bis in die 60er Jahre war die niederländische Landwirtschaft der Prototyp eines versäult organisierten und korporatistisch gesteuerten Politikbereichs. Schon 1893 erfolgte die Anerkennung des liberalen *Nederlandsche Landbouw-Comités* als Spitzenorgan der in den einzelnen Provinzen tätigen Verbände der Landwirte durch den Staat. Allerdings gelang es dieser Organisation nicht, als überzeugender Interessenverwalter der vielen Kleinbauern aufzutreten, zudem standen die Konfessionsgrenzen einer einheitlichen Organisationsbildung im Wege. Bis in die 30er Jahre des 20. Jahrhunderts verfügte jede Säule über einen eigenen landwirtschaftlichen Zentralverband. Zudem formierten sich in dieser Zeit auch erste organisatorischen Proteste gegen die etablierten Landwirtschaftsverbände, ein seither fast konstantes Phänomen. In der Illegalität der Besatzungszeit entwickelten katholische Bauernverbandsfunktionäre die Idee einer korporativen Ordnung des Agrarsektors, die den staatlichen Einfluß begrenzen sollte und eine Selbstregulierung durch die Zusammenarbeit von Landwirten und Landarbeitern vorsah. Nach 1945 gab es eine breite Unterstützung für den ordnungspolitischen Umbau der niederländische Landwirtschaft in Form von zunächst 24 öffentlich-rechtlichen Körperschaften (*bedrijfschappen* und *productschappen*), in denen Arbeitnehmer, Arbeitgeber und Vertreter des Staates zusammenarbeiteten. Grundfragen der niederländischen Landwirtschaftspolitik wurden in Kompromiß- und Konsensgesprächen zwischen Ministerium und anerkannten Spitzenverbänden in Landwirtschaft und Gartenbau entschieden. 1954 wurde dann die öffentlich-rechtliche Landwirtschaftskammer (*Landbouwschap*), in der jeder Bauer und Gärtner Pflichtmitglied war, als Spitzenorgan der 24 landwirtschaftlichen *bedrijfs-* und *productschappen* ins Leben gerufen. Die *Landbouwschap* erfüllte im Agrarbereich jene Funktionen, die der SER für die Arbeitsbeziehungen und die Industriepolitik spielte.

Anfang der 80er Jahre geriet die niederländische Landwirtschaft in eine tiefe Strukturkrise. Überproduktion, Umweltprobleme, nachlassende politische Bedeutung des Sektors und Delegitimierung der versäulten Strukturen führten 1995 zu einer weitreichenden Transformation des Verbändewesens der niederländischen Landwirtschaft. Die drei großen Verbände selbständiger Bauern und Gärtner fusionierten zur *Land- en Tuinbouworganisatie Nederland* (LTO), um eine schlagkräftigere Interessenvertretung zu erhalten. Unter dem Druck unzufriedener Bauern, die eigene kleine Vereinigungen und Komitees gründeten, rückte die LTO rasch von den tragenden Prinzipien der *Landbouwschap* ab. Verunsichert durch das Verhalten der LTO beantragten die Arbeitnehmervertreter in der *Landbouwschap*, repräsentiert durch die zwei großen Gewerkschaftsdachverbände FNV und CNV, die Auflösung des Pflichtorgans. Ohne größeren Protest stimmte das Präsidium der *Landbouwschap* der Selbstauflösung des bis dato mächtigsten Bollwerks der sog. Grünen Front zu. Dies wäre im übrigen wohl nicht möglich gewesen, ohne die Anfang der 90er Jahre geführte öffentliche Debatte über die Abschaffung der niederländischen Verhandlungsdemokratie. Während SER und SvdA durch internationale Anerkennung eine Renaissance erlebten und sich die übrigen öffentlich-rechtlichen Produkt- und Betriebschaften modernisierten, wurde die Auflösung der *Landbouwschap* Anfang 2000 nach fünfjähriger Vorbereitung durch eine allgemeine Verwaltungsverordnung beschlossen. Die Funktion eines Interessenvertretungsorgans der niederländischen Landwirte hat die LTO übernommen, in denen auch weiterhin Arbeitgeber und Gewerkschaften zusammenarbeiten. In den letzten Jahren haben auch in den Niederlanden unzufriedene Bauern durch spektakuläre Aktionen versucht, auf die Politik Einfluß zu nehmen. Insbesondere unzufriedene Ackerbauern gründeten eine Vielzahl von kleinen Bauernorganisationen mit radikalen Forderungen, die sich gegen die staatliche Landwirtschaftspolitik, aber auch gegen die eigenen Funktionäre und gegen die in ihren Augen bevorzugt behandelten Interessen der Milchviehbauern richteten. Sie gründeten im Frühjahr 1993 einen eigenen Verband *(Nederlandse Akkerbouw Verband)*. Konkurrenz und Pluralisierung sowie ein Abrücken von korporatistischen Strukturen und Politikmustern ist die Bilanz der Entwicklung landwirtschaftlicher Verbände in den 90er Jahren.

4.4. Kirchen und Religionsgemeinschaften

Die Geschichte der niederländischen Verbände und Nonprofit-Organisationen ist im 20. Jahrhundert stark durch die „versäulten" religiösen Verhältnisse geprägt worden. Die Kirchen stellten sich in den vorausgegangenen Jahrhunderten zunächst über den „Staat", mit dem sie lange um die Vorherrschaft kämpften, bis der Versäulungsprozeß um 1880 einsetzte, in dessen Verlauf es zu einer Strukturierung der niederländischen Gesellschaft in Form einer Koexistenz verschiedener, aber gleichberechtigter weltanschaulicher Gruppen kam. Im Gegensatz zu Deutschland verkörperten die Prinzipien von Demokratie und Modernisierung keine Antithese zu kirchlichen Organisationen und ihren Zielen. Im Gegensatz etwa zu Schweden, wo die Kirche im Staat aufging, erhielten die Niederlande ihre Prägung durch die bürgerlichen Traditionen autonomer Kirchengemeinschaften. Die Frage nach sozialer Gleichheit und Gleichberechtigung hatte Katholiken und orthodoxe Kalvinisten schon vor der Industrialisierung mobilisiert und zu sozialer Bewegungsbildung angeregt. Für die niederländische Religionsgeschichte prägend ist die hervorstechende Rolle selbstbewußter Laien und aktiver Kirchengemeinden, im Gegensatz dazu spielte die Kirchenfürstengeschichte nur eine untergeordnete Rolle (Zahn 1993: 53). Gleichzeitig verhinderte der Kalvinismus die Privatisierung der Religion und die Verbannung der Religion aus dem öffentlichen Raum.

In den Niederlanden setzte sich der Protestantismus immer schon aus einer Vielzahl von Glaubensrichtungen und Glaubensgemeinschaften zusammen, die sich durch Abspaltungen im Laufe der Zeit noch weiter vermehrten. Rund um die einzelnen Glaubensgemeinschaften entwickelte sich ein dichtes Netz von Vereinen oder Verbänden. Durch die weitreichenden Folgen der Säkularisierung haben sich inzwischen die Konfessionslosen zur stärksten Gruppe herausgebildet. Auch die Zahl der Angehörigen nicht-christlicher Religionen (vor allem Hindus und Islamisten) steigt weiter an. Seit 1980 nahmen die Mitgliederzahlen der großen Glaubensgemeinschaften hingegen um ca. 10 Prozent ab.

Tabelle 4: Mitgliederentwicklung der Kirchen und Religionsgemeinschaft (mit mehr als 50.000 Mitgliedern; in Tsd.)

	1980	1994	1996/97
Rooms-Katholieke Kerkgenootschaap Nederland	5.000	5.500	5.300
Nederlands-Hervormd Kerk	2.103	1.760	1.673
De Gereformeerde Kerken in Nederland (GKN)	870	750	700
Gereformeerde Kerken (vrijgemaakt)	99	–	120
Gereformeerde Kerken in Nederland en Noord-Amerika	84	–	94
Christelijk Gereformeerde Kerken	74	–	75
Pinkstergemeenten	30	–	74

Quelle: SCP 1998: 758f.

4.5. Verbände im Bereich Wohlfahrtspflege und Gesundheitswesen

Im Bereich der Sozialfürsorge und im Gesundheitswesen dominierten im Zeitalter der Versäulung konfessionelle Einrichtungen (Kreuzvereine), die begrifflich als *particulier initiatief* erfaßt wurden und einen der Hauptträger des sog. *maatschappelijk middenveld* bildeten. Sozialarbeit und kirchliche Armenfürsorge gingen lange Zeit Hand in Hand. Zur Herausbildung von zentralen Wohlfahrtsverbänden ist es im Gegensatz zu Deutschland nicht gekommen (Schmid 1996). Mehr als 15.000 Vereinigungen, die insgesamt 550.000 Personen beschäftigten, fungierten als Träger der meisten personenbezogenen sozialen Dienstleistungen, deren Arbeit überwiegend aus öffentlichen Mitteln finanziert wurde. Es waren die Kirchen und die große Zahl konfessioneller mildtätiger Organisationen, die als „erste Auffanglinie" des sozialpolitischen Netzes tätig wurden. Staatliche Sozialleistungen boten gemäß dem Subsidiaritätsprinzip der katholischen Soziallehre erst eine „zweite Auffanglinie". Die versäulten Verbände hatten zunächst kein genuines Eigeninteresse an einem Wachstum staatlicher Politik, da sie zur Mobilisierung, Legitimierung und Kontrolle ihres jeweiligen Lagers große Teile der wohlfahrtsstaatlichen Politik bevorzugt in Eigenregie übernahmen. Erst nach 1945 wurde die Subventionierung von privaten Organisationen zu einem allgemeinen Kennzeichen des niederländischen Wohlfahrtsstaates. Die Kostenexplosion im niederländischen Wohlfahrtsstaat beginnt allerdings erst Ende der 60er Jahre, als viele Verbände ihre „versäulten" Grundlagen verloren. Es kam zur Transformation eines bis dahin separatistischen in ein semi-korporatistisches Modell

(Nokielski 1989: 125). Die Vereinigungen selbst lösten sich während dieses Prozesses aus ihrem säulengebundenen und an lokale Initiativen gekoppeltes Umfeld und entwikkelten sich zu professionell arbeitenden, funktionsbezogen strukturierten Organisationen (Nokielski 1989: 6). Aus der Sicht staatlicher Steuerung bildete die historisch gewachsene Koexistenz von mehr als 200 Dach- und fast 2.000 Einzelverbänden, die in 450 Kuppelorganisationen (Facharbeitsgemeinschaften, Koordinierungsstellen etc.) zusammenarbeiten, ein erhebliches Planungs- und Koordinierungsproblem. Die Anreize zur Fusionierung und Konzentration reichten aber nicht aus, um das verbandliche Handeln entscheidend zu beeinflussen. Daher löste die Regierung später mehrere zentrale Beiräte und Kuppelorganisationen einfach auf.

Das Leitbild staatlicher Politik wechselte während der Amtszeit von Ministerpräsident Lubbers vom Subsidiaritätsprinzip *(particulier initiatief)* zu einem betriebswirtschaftlich ausgerichteten Modell eines „dezentralisierten Etatismus" (Nokielski 1989: 233). Kommunalisierung, Individualisierung und Wirtschaftlichkeit stellen zusammen genommen einen erheblichen Angriff auf die traditionell privilegierte Position der Verbände im Bereich Fürsorge und Sozialarbeit dar, die zusätzlich noch durch das Aufkommen der Selbsthilfebewegungen herausgefordert werden. Innerhalb der Verbände verloren die hauptberuflichen Sozialarbeiter, nachdem sie während der Entsäulungs- und Demokratisierungsphase die Macht von den ehrenamtlichen Vereinigungsvorsitzenden übernommen hatten, nunmehr ihrerseits die Kontrolle der Verbände zugunsten der Geschäftsführer, die als Knotenpunkt der neuen Staat-Verbände Beziehungen angesehen werden können, die sich auf der Basis der Philosophie des *New Public Management* entwickelten.

Tabelle 5: Mitgliederentwicklung der Gesundheits- und Patientenvereinigungen (mit mehr als 50.000 Mitgliedern; in Tsd.)

	1980	1994	1996/97
Nederlandse hartstichting (Herzkrankheiten)	550	1.503	1.153
Nederlandse kankerbestrijding (Krebserkrankungen)	695	1.053	1.010
Astmafonds (Astma)	24	533	745
De zoonebloem (Die Sonnenblume; Hilfe für chronisch Kranke, Körperbehinderte und hochbetagte Kranke)	295	414	550
Reumafonds (Rheuma)	80	165	184
Aidsfonds (Aids)	–	90	90
Nederlandse patientenvereniging (Allgemeine Patientenvereinigung)	–	58	65
Rode Kruis (eerste helft) (nationales Rotes Kreuz)	536	500	450

Quelle: SCP 1998: 758f.

4.6. Neue soziale Bewegungen und public interest-groups

Zu den Protestbewegungen der ersten Stunde gehörten Mitte der 60er Jahre die Amsterdamer Provos. In der gleichen Zeit traten u.a. mit der Studentenbewegung, der Anti-Vietnam-Bewegung, unzufriedenen Bauern eine ganze Palette neuer Protestgruppen auf den Plan. Ihr gemeinsames Kennzeichen war es, daß sie außerhalb und zum Teil im bewußten Gegensatz zu versäulten Verbänden handelten. Obwohl es sich eigentlich eher um organisations- und konfliktschwache Interessen handelte, erzielten sie aufgrund der minderheitsfreundlichen Traditionen der niederländischen Konkordanzdemokratie rasch größere öffentliche Aufmerksamkeit. Die Bedeutung der Protest- und sozialen Bewegungen nahm in den 90er Jahren jedoch stark ab. In den 80er Jahre verschwanden unter dem Druck der ökonomischen Krise und des veränderten politischen Klimas viele Themen der neuen sozialen Bewegungen von der politischen Tagesordnung, die Sozialdemokratie begann, sich allmählich von ihrer 68er-Vergangenheit zu lösen, und die Gewerkschaften richteten sich auf neue Kooperationsbeziehungen mit den Arbeitgebern ein. Die allein in den letzten Jahren reüssierende Umweltbewegung hat ihren Erfolg mit der weitgehenden Aufgabe ihres Bewegungscharakters erkauft (van Noort 1999: B 1300-28ff.).

Als bis dato größte Aktionsbewegung entwickelte sich die niederländische Friedensbewegung, die Ende der 70er und in den frühen 80er Jahren ihren Höhepunkt erreichte. Die neue Friedensbewegung vereinte ein weitgefächertes gesellschaftspolitisches Spektrum aus den verschiedensten politischen und konfessionellen Lagern. Erster Kristallisationspunkt der Bewegung war die von Linkskräften um die kommunistische CPN initiierte Kampagne gegen die Neutronenbombe. Der zweite Kernpunkt des Protests richtete sich gegen die Stationierung atomarer US-Mittelstreckenwaffen im Rahmen des NATO-Doppelbeschlusses. Als organisierte Kraft ist die Friedensbewegung in den Niederlanden – trotz eines kurzen Aufflackerns während des Golfkrieges und des Jugoslawienkonfliktes Ende der 90er Jahre – von der politischen Bildfläche jedoch weitgehend verschwunden.

Als Auftakt der neuen (oder zweiten) Frauenbewegung wird ein Artikel von Joke *Kool-Smit* angesehen, der 1967 in der Zeitschrift *De Gids* erschien und das Unbehagen von Hausfrauen thematisierte. 1968 wurde die Bürgerinitiative *Man-Vrouw-Maatschappij* gegründet, deren Ziel die gesetzliche Gleichberechtigung von Frauen und vor allem die Legalisierung von Abtreibungen war. Die *Dollen Minnas* veranstalteten spektakuläre Inszenierungen zur Abtreibungsfrage und erfanden den Spruch „Mein Bauch gehört mir *(Baas in eigen buik)*". In den 70er Jahren organisierte sich die Frauenbewegung in einem verästelten Netzwerk von Gruppen, Projekten und Einrichtungen. Das Emanzipationsziel löste die traditionelle Forderung nach Frauenbefreiung ab. Mindestens vier Typen von Interessenorganisationen der Frauenbewegung lassen sich seither unterscheiden: Allgemeine Frauenorganisationen *(Man-Vrouw-Maatschappij)*, auf bestimmte Themen spezialisierte Frauenorganisationen *(Vereniging van Vrouwen met een Academische Opleiding)*, Frauenvereinigungen in gemischt-geschlechtlichen Organisationen (Gewerkschaften, Parteien) sowie traditionelle Frauenorganisationen (Landfrauenvereinigung, Frauengewerkschaft FNV). Autonomie und Gleichstellung waren die beiden zentralen, aber nicht unbedingt kompatiblen Forderungen der Frauen. Die Eliten in Politik und Gesellschaft waren in den ersten Jahren der neuen Frauenbewegung für deren Zielsetzung relativ aufgeschlossen. Im Jahre 1974 richtete die Regierung eine Kommission ein, die später den Namen *Emancipatieraad* annahm. Innerhalb der linken und progressiven Parteien gehörten die Vertreterinnen der neuen Frauenbewegung zu den stärksten innerparteilichen Lobbys. Es waren derartige Erfolge, die nach allgemein durchgesetzter Quotierung feministische Gruppierungen dazu veranlaßten, sich formell aufzulösen, da die ursprünglichen Forderungen erreicht waren. Die niederländische Frauenbewegung stand Ende der 90er Jahre vor der generativen Herausforderung, daß sich die meisten jüngeren Niederländerinnen von den Zielsetzungen und Aktivitäten der Frauenbewegung der 70er und 80er Jahren nicht mehr angesprochen und vertreten fühlten.

Die Umweltbewegung unterscheidet sich in den Niederlanden in drei Zweige: die „graue" gegen Umweltverschmutzung *(Vereniging Milieudefensie)*, die „grüne" gegen

Naturantastung *(Vereniging tot Behoud van de Natuurmonumenten)* und die „blaue" gegen Umweltausbeutung. Heute sind die meisten Umweltverbände auf mindestens zwei dieser Gebiete aktiv, allerdings gibt es immer noch große Umweltschutzorganisationen, die sich in einem der drei Zweige spezialisiert haben. Neben allgemeinen Umweltverbänden (wie die VMD) existieren vor allem auf spezielle Themen beschränkte Verbände wie die einflußreiche *Vereniging tot Behoud van de Waddenzee* oder die *Vereniging Windenergie*. Umweltorganisationen sind auf internationaler, nationaler, regionaler und lokaler Ebene organisiert. Typisch für Umweltverbände, aber untypisch für niederländische Verbände im allgemeinen ist, daß fast alle nationalen Umweltschutzverbände über einen entlang der Verwaltungsgliederung organisierten provinzialen und lokalen Unterbau verfügen. Auch gibt es in diesem Verbändesegment eine hohe Anzahl tertiärer Organisationen, die als Kuppelorgane oder Koordinierungsstellen tätig sind. Die Mitgliederzahl bzw. Fördermitgliedschaften in den großen Umweltorganisationen stieg zwischen 1980 und 1996/97 um mehr als 500 Prozent.

Tabelle 6: Mitgliederentwicklung von Natur- und Umweltvereinigungen (mit mehr als 50.000 Mitgliedern; in Tsd.)

	1980	1994	1996/97
Natuurmonumenten	260	725	870
Wereld Natuur Fonds	65	700	705
Greenpeace	18	600	610
Dierenbescherming	60	180	185
Vogelbescherming	26	80	102
Waddenvereniging	29	56	45
International Fund For Animal Welfare	–	100	278

Quelle: SCP 1998: 758f.

Die niederländische Umweltbewegung entstand aus zahlreichen lokalen Initiativen, die sich in den siebziger Jahren landesweit und themenspezifisch bündelten, Bündnisse mit einzelnen Parteien oder Gruppen von Abgeordneten eingingen und im neu eingerichteten Umweltministerium einen potentiellen Bündnispartner fanden. Mitte der 70er Jahre radikalisierten sich Teile der Umweltbewegung unter dem Eindruck der öffentlich geführten Diskussion um die Zukunft niederländischer Kernkraftwerke. Die Umweltbewegung institutionalisierte sich in der zweiten Hälfte der 80er Jahre als einzige neue soziale Bewegung dauerhafte. Sie erhielt staatliche Fördermittel, ist seither in zahlreichen Gremien vertreten, an vielen Planverfahren beteiligt und prägt im Fach Umweltkunde die Lehrpläne des niederländischen Schulwesens mit. Die letzten Jahre waren allerdings von anhaltenden Diskussionen darüber geprägt, ob es in Analogie zur Lohn- und Sozialpolitik auch ein Grünes Poldermodell für Umweltfragen geben sollte. Derartige Kooperationsformen haben vor allem im Rijnmond-Gebiet um den Hafen Rotterdam bereits Erfolge erzielt, kürzlich erklärte jedoch die größte niederländische Arbeitgebervereinigung VNO, nicht länger an diesen Beratungsgesprächen teilnehmen zu wollen.

Der eigentliche Aufschwung der Umweltverbände erfolgte in den Niederlanden aber erst seit Ende der 80er Jahre. Typischerweise handelt es sich bei den meisten erfolgreichen Umweltorganisationen um Stiftungen: Greenpeace, Wereld Natuur Fonds kennen keine Mitglieder; die als Vereinigung organisierte Natuurmonumenten kennt faktisch nur den Status von Fördermitgliedern, denen eine Monatszeitschrift und freier

Zutritt zu den von Natuurmonumenten angekauften Naturschutzgebieten angeboten wird. Alle drei Verbände gehören mit jeweils Zehntausenden von Fördermitgliedern und Spendern zu den größten Verbänden in ihrem Bereich. Dabei kam den Umweltorganisationen zugute, daß sie wie kein anderes Verbändesegment die Bedeutung der Massenmedien für eine erfolgreiche Verbandsarbeit nicht nur erkannten, sondern auch konsequent nutzten. Organisationen wie Greenpeace setzten für Öffentlichkeitsarbeit, Spendenwerbung, Koordination und Planung von Anfang an hauptamtliche Kräfte ein. Die Umweltorganisationen erschlossen sich durch ihre symbiotische Zusammenarbeit mit einzelnen Spendervereinigungen eine profitable und von staatlichen Fördermitteln wie von Mitgliedsbeiträgen unabhängige Einnahmequelle. Umweltmagazine, Umweltlotterien und Umweltshows von Sendern wie TROS (World Nature Fonds), VARA (Vereniging tot Behoud van Natuurmonumenten) und Veronica 00 (Greenpeace) – die damit ihr Ansehen in der Öffentlichkeit stärkten und gute Einschaltquoten erzielten – erbrachten ein erhebliches Spendenaufkommen zugunsten von Natuurmonumenten, World Nature Fonds und Greenpeace.

4.7. Kommunale Spitzenverbände

Die Niederlande kennen nur einen kommunalen Spitzenverband *(Vereniging van Nederlandse Gemeenten; VNG)*, der alle derzeit 530 Gemeinden vertritt. Das ungeteilte Vertretungsmandat und die historisch gewachsene, politisch nicht angetastete starke Stellung der niederländischen Gemeinden in der öffentlichen Verwaltung und staatlichen Politik haben die VNG zu einem der politisch mächtigsten Lobbyisten in Den Haag gemacht. Das Innenministerium kann mit einem gewissen Recht als Hausministerium des Verbandes angesehen werden. Die VNG genießt in gemeindlichen Fragen eine privilegierte Position, die sich häufig in speziellen Verfahrensregelungen sowie in Mitgliedschaften für Beiräte und Kommissionen niederschlägt. In der Implementationsphase spielen die Modellverordnungen der VNG eine oft politikbestimmende Rolle. Die VNG gehört zu den Organisationen, die bei jeder Regierungsbildung angehört werden. Seit einigen Jahren schließt eine neu gewählte Regierung mit der VNG und analog mit dem Spitzenverband der Provinzen ein förmliches Verwaltungsabkommen *(convenanten)*, in dem alle wichtigen politischen Reformpunkte wie in einer Art Koalitionsvertrag aufgenommen werden. Innerhalb der niederländischen Delegation im „Ausschuß der Regionen" entsendet die VNG die Hälfte der niederländischen Vertreter. Er unterhält ein eigenes Büro in Brüssel. Obgleich es weder förmliche Austritte noch die Androhung von Konkurrenzverbänden gibt, scheint die interne Kohäsion der VNG geringer geworden zu sein. Dies hat unmittelbar mit den auseinanderdriftenden Interessen der angeschlossenen Gemeinden zu tun. Die vier Großstädte erreichten eigene Verhandlungsstrukturen, eigene Finanzierungsströme und eine privilegierte Behandlung im Rahmen von Reformvorhaben. Dieser Erfolg rief die übrigen Großstädte auf den Plan, die ebenfalls in eigene Planungs-, Programm- und Finanzierungsstrukturen aufgenommen wurden. Für die Großstädte ist seit den 90er Jahren im Kabinett ein eigener Staatssekretär zuständig, seit der Wahl 1998 verfügen die Großstädte sogar über einen eigenen Minister. Diese Privilegierung hat die VNG aus der Sicht der großen Städte als Lobbyorganisation entbehrlicher gemacht, bei den vielen kleineren Gemeinden wächst andererseits das Mißtrauen gegen die Rolle dieser großen Städte im eigenen Verband. Entsprechend der heterogener gewordenen Interessen ihrer Mitglieder fällt der VNG die Entscheidungsfindung deutlich schwerer. In den letzten Jahren hat die VNG auf die neue Situation mit einer Modernisierung ihrer Organisation reagiert, ohne diesen Prozeß bis Mitte 2000 bereits abgeschlossen zu haben.

5.   Zusammenfassung und Ausblick

Versäulung bildete lange Zeit das zentrale Strukturmerkmal des niederländischen Verbändesystems. Dies bedeutete, daß die Mitglieder durch Organisationsmitgliedschaft und normative Orientierungen an ihre Säule gebunden, die Eliten der Säulen hingegen durch gemeinsame Netzwerke und Kooperationsformen stark aufeinander bezogen waren (SCP 1998: 5). Durch die Entsäulung und den damit einhergehenden Wertewandel verloren die Verbände-Eliten die Verpflichtungsfähigkeit gegenüber ihren Mitgliedern und damit eine wichtige Legitimationsgrundlage für ihre Inkorporation in den Staatsapparat. Zugleich bedeutete die zunehmend staatlich erfolgte Organisation und Finanzierung wohlfahrtsstaatlicher Dienstleistungen und die sich daran anschließende Phase einer marktnahen Transformation derartiger Dienstleistungen, daß auch auf der Leistungsseite die Beziehungen zwischen Säuleneliten und Mitgliedern aufgeweicht wurden. Zwar blieb die kollektiv organisierte Solidarität im Wohlfahrtsstaat bestehen, ihr entspricht aber keine Fundierung mehr im Mikrobereich der Individuen und im Mesobereich der Verbände und Vereinigungen.

Die Mitarbeit in freiwilligen Organisationen ist in den Niederlanden im Laufe der beiden letzten Jahrzehnten noch einmal stark angestiegen. Viele *public-interest*-Organisationen weisen nach wie vor steigende Mitgliederzahlen und ein wachsendes Spendenaufkommen auf. Allerdings tragen Interessenvereinigungen und *pressure*-Gruppen nicht mehr den Charakter sozialer Bewegungen, insofern von einem inneren Zusammenhang, Zusammenhalt und einer Zusammenarbeit zwischen den einzelnen Organisationen kaum mehr die Rede sein kann. Pluralisierung und Segmentierung sind vielmehr sowohl in den Orientierungen der Bürger als auch in den Verbandsorganisationen angelegt und verstärken sich gegenseitig. Als Folge nehmen die Konkurrenz zwischen Interessenvereinigungen zu und die Bindung der meisten Bürger an Interessenvereinigungen ab. Prozesse der Individualisierung haben jene Verbandsbereiche gestärkt, in denen Formen und Themen individueller Selbstentfaltung am stärksten erlebt werden können (Freizeitvereinigungen, Selbsthilfe, soziale Dienstleistungen im näheren Umfeld). Gleichzeitig sind als Folge dieses Prozesses Interessenverbände von ehrenamtlich tätigen Mitgliedern unabhängig geworden und haben ihre Arbeitsformen professionalisiert. Dies schlägt sich bei vielen neu entstandenen Interessengruppen in einem Zentralisierungsprozeß nieder, in dessen Verlauf sich lokale und sektorale Initiativen in dachverbandsähnlichen Strukturen auf nationaler Ebene zusammenschließen – und damit einen Prozeß wiederholen, den vor rund achtzig Jahren die meisten versäulten Interessenverbände durchlaufen haben, ohne daß heute allerdings von einem Lager oder einer Säule gesprochen werden kann. Viele der in den 60er oder 70er Jahren entstandenen Vereinigungen haben sich nach van Noort (1999: B1300-30) von demokratisch-egalitären „Kooperativen" in flexibel reagierende, professionelle Organisationen verwandelt, was auch im Wechsel der bevorzugten Organisationsform von der Vereinigung zur Stiftung sichtbar wird (Greenpeace, WWF). Große Demonstrationen, die die eigenen Forderungen spektakulär unterstützen, wie die Blockaden der niederländischen LKW-Fahrer im September 2000, haben in den Niederlanden

Seltenheitswert bekommen. Im Instrumentenkasten der meisten Verbände findet sich heute vor allem der professionelle Einsatz von Netzwerk- und Lobbytechniken, die Einschaltung von Medien sowie die wissenschaftliche Unterfütterung der eigenen Forderungen. Somit ist auch an die Stelle der Protestbeziehung zwischen Verbänden und Politik eine modifizierte Form institutionalisierter Verhandlungsbeziehungen getreten, die auf die Erzielung von Kompromissen abstellt.

In den Staat-Verbände-Beziehungen werden in den Niederlanden reine Formen etatistischer Steuerung als unzureichend und vielfach kontraproduktiv erfahren. Von daher haben Verhandlungen, kooperative und interaktive Leitbilder und eine Anerkennung der gesellschaftlichen Zielgruppen als Partner staatlicher Politik deutlich an Bedeutung gewonnen. Davon sind nicht nur die unmittelbaren Kontakte zwischen Staat und Bürger betroffen, sondern vor allem die Interaktionen zwischen staatlichen Bürokratien und gesellschaftlichen Organisationen. Formen unmittelbarer Partizipation ergänzen und überlagern inzwischen die Formen repräsentativer Beteiligung, gleichzeitig tritt der Staat auf den einzelnen Politikebenen Unternehmen und Verbänden viel stärker als Gleicher unter Gleichen gegenüber, ohne auf den Primat staatlicher Politik zu insistieren. Aus der Sicht von Verbänden ist der Staat also in vielen Fällen und in vielen Politikfeldern längst nicht mehr als zentraler Akteur einzuschätzen. Vielmehr bestehen komplexe, von Politikfeld zu Politikfeld verschiedene Politiknetzwerke. Zudem haben innerhalb des staatlichen Bereichs betriebswirtschaftliche Orientierungen und marktförmige Prozesse eine stärkere Bedeutung gewonnen. Entsprechend relativiert sich die Bedeutung von Verbänden, da häufig andere gleichwertige Formen des Transport und der Artikulation von Interessen zu Verfügung stehen. Ziel einer selbstbewußten Gruppe neuer Verwaltungsmanager und Politiker war die Rückgewinnung staatlicher Handlungsspielräume gegenüber Klientelinteressen und ihren Verbänden. Das galt für die Landwirtschaftspolitik ebenso wie für die Bildungspolitik, für die Wirtschaftspolitik und für die Sozialpolitik.

Zusammenfassend kann man davon ausgehen, daß es von seiten der staatlichen Politik und des Parlamentes eine starke Strömung gegen die Fortsetzung tripartistischer Strukturen und gegen die Wahrnehmung öffentlicher Ausgaben durch die Sozialpartner gibt und gab. Demgegenüber stand in den 90er Jahren eine Art neuer Schulterschluß zwischen Gewerkschaften und Arbeitgebern, in der von ihnen paritätisch besetzten Stiftung der Arbeit und in dem von ihnen mehrheitlich dominierten Wirtschafts- und Sozialrat. Nie zuvor seit dem Ende der 60er Jahre gab es in so kurzer Zeit so viele Abkommen, die wesentliche Aspekte der Arbeitspolitik und der betrieblich bzw. tarifpolitisch beeinflußbaren Sozialpolitik betrafen. Die neue Einmütigkeit der Sozialpartner hat die Regierung unter Druck gesetzt, derartig einstimmig zustande gekommene Standpunkte in arbeits- und sozialpolitischen Fragen nicht einfach in den Wind schlagen zu können. Dies gilt um so mehr, als in der internationalen Wahrnehmung gerade der Konsens zwischen Regierung, Gewerkschaften und Arbeitgebern als zentraler Erfolgsfaktor gewürdigt worden ist.

Abkürzungsverzeichnis

AVC   Algemene Vakcentrale (Allgemeiner Gewerkschaftsbund)
CNV   Christelijk Nationaal Vakverbond (Christlicher Gewerkschaftsbund)
FME   Federatie van werkgevers in de metalnijverheid en de electrotechnische industrie (Arbeit-
         geberverband für Metall- und Elektroindustrie)
FNV   Federatie Nederlandse Vakbeweging (Niederländischer Gewerkschaftsbund)
KvK   Kamers van Koophandel (Industrie- und Handelskammern)
LTO   Land- en Tuinbouworganisatie Nederland (Bauern- und Gärtnerverband)
MHP   Vakcentrale voor Middelbaar en Hoger Personeel (Gewerkschaftsbund für höhere und
         leitende Angestellte)
NCW   Nederlands Christelijk Werkgeversbond (Christlicher Unternehmerverband)
NPO   Nonprofit-Organisation
NVV   Nederlandse Verbond van Vakverenigingen (Sozialistische Gewerkschaft)
PBO   Publiekrechtelijke Bedrijfsorganisatie (Öffentlich-rechtliche Wirtschaftsordnung)
PvdA   Partij van de Arbeid (sozialdemokratische Partei der Arbeit)
SCP   Sociaal-Cultureel Planbureau (Institut für sozial-kulturelle Forschung)
SDAP   Sociaal Democratische Arbeiderspartij (Sozialistische Arbeiterpartei)
SER   Sociaal-Economisch Raad (Wirtschafts- und Sozialrat)
SvdA   Stichting van de Arbeid (Stiftung der Arbeit/Arbeitsstiftung)
VMD   Vereniging Milieu Defensie (Vereinigung für Umweltschutz)
VNM   Vereniging Natuurmonumenten (Vereinigung Naturschutzdenkmäler)
VNG   Vereniging Nederlandse Gemeenten (Kommunaler Spitzenverband)
VNO   Verbond van Nederlandse Ondernemingen (Niederländischer Unternehmerverband)

Literaturverzeichnis

Akkermans, Tinie 1999: Redelijk bewogen, de koers van de FNV 76-99; van maatschappijkritiek tot
     zaakwaarneming, Amsterdam: FNV-pers
Andeweg, Ruud/Galen A. Irwin 1993: Dutch Government and Politics, Basingstroke
Becker, Uwe (Hrsg.), 1993: Nederlandse politiek in historisch en vergelijkend perspectief, Amsterdam
Becker, Uwe/Kees van Kersbergen, 1986: Der christliche Wohlfahrtsstaat der Niederlande. Ein kriti-
     scher Beitrag zur vergleichenden Politikforschung, in: Politische Vierteljahresschrift, 27. Jg.,
     Heft 1, S. 61-77
Berg, Annette van den, 1995: Trade Union Growth and Decline in the Netherlands. Amsterdam: The-
     sis Publ. (Tinbergen Institute research series 101)
Bunk, Hans, 1996: De Economie in Nederland, 4. Aufl., Groningen
Britannica Online: Stichwort „The Netherlands" (www.eb.com)
Bruggeman, Jan/Aart Campijn (Hrsg.), 1999: Ondernemers Verbonden – 100 Jaar Centrale Onderne-
     mingsorganisaties in Nederland, Den Haag: Immerc
Bruijn, J.G.M. de/L.D. Derksen/C.M.J. Hoeberichts (Hrsg.), 1993: The Women's Movement. History
     and Theory, Aldershot: Avebury
Compston, Hugh, 1994: Union participation in economic policy-making in Austria, Switzerland, The
     Netherlands, Belgium and Ireland: 1970-1992, in: West European Politics, 17. Jg., S. 123-145
Daalder, Hans 1971: On Building Consociational Nations: The Cases of the Netherlands and Switzer-
     land, in: International Social Science Journal, S. 355-370
Daalder, Hans, 1989: The Netherlands: Prototype of Consociationalism? Ancient and modern plural-
     ism in the Netherlands, Cambridge: CUP
Daalder, Hans/Irwin A. Galen (Hrsg.), 1989: Politics in the Netherlands. How much change? (= Spe-
     cial Issue of Western European Politics, 12. Jg., Heft 1), London: Frank Cass
Dekker, Paul (Hrsg.), 1999: Vrijwilligerswerk vergeleken. Civil society en vrijwilligerswerk III,
     Rijswijk/Den Haag: SCP/VUGA

Dekker, Paul, 2000: Nonprofit-Sektor und Stiftungswesen in den Niederlanden, in: Materialien zur Expertenkommission, 4. Ergänzungslieferung, März 2000 (Arbeitspapier)

Dekker, Paul/P. Ester, 1996: Depillarization, Deconfessionalization and De-Ideologization: Empirical Trends in Dutch Society 1958-1992, in: Review of Religious Research, Religious Values and Viewpoints, S. 325-341

Duyvendak, Jan Willem et al. (Hrsg.), 1992: Tussen verbeelding en macht. 25 Jaar nieuwe sociale bewegingen in Nederland, Amsterdam

Felling, Albert/Jan Peters/Osmund Schreuder, 1991: Dutch Religion: The Religious Consciousness of the Netherlands after the Revolution, Nijmegen: ITS

Felling, Albert/Jan Peters/Osmund Schreuder, 1987: Religion im Vergleich: Bundesrepublik Deutschland und Niederlande, Frankfurt a.M.: Peter Lang

Hemerijck, Anton C./Robert C. Kloosterman /Werner Toepperwien, 1995: Der postindustrielle Umbau des korporatistischen Sozialstaats in den Niederlanden, in: Jahrbuch Arbeit und Technik, S. 287-296

Hey, Christian/Uwe Brendle u.a., 1994: Umweltverbände und EG. Strategien, politische Kulturen und Organisationsformen, Opladen: Westdeutscher Verlag

Hoekstra, E.G./M.H. Ipenburg, 1995: Wegwijs in religieus en levensbeschouwelijk Nederland. Handboek religies, kerken, stromingen en organisaties, Kampen: Kok

Inglehart, Ronald/Rudy B. Andeweg, 1993: Change in Dutch Political Culture: A Silent or a Silenced Revolution?, in: West European Politics, 16. Jg., S. 345-361

Jolles, H.M. (Hrsg.), 1963 : Vereenigingsleven in Nederland. Bijdragen tot de sociologie van het verenigingsverschijnsel, Zeist/Arnhem: W. de Haan/Van Loghum Slaterus

Keman Hans/Paul Pennings, 1995: Managing Political and Societal Conflict in Democracies: Do Consenus and Corporatism Matter?, in: British Journal of Political Science, 25. Jg., S. 268-280

Keman, Hans, 1993: Politik der Mitte in den Niederlanden, in: Ralf Kleinfeld/Wolfgang Luthardt (Hrsg.): Westliche Demokratien und Interessenvermittlung, Marburg: Schüren, S. 144-159

Klamer, Arjo, 1990: Verzuilde dromen. 40 jaar SER, Amsterdam

Klandemans, P.G./J. Visser (Hrsg.), 1995: De vakbeweging na de welvaartstaat, Assen

Kleinfeld, Ralf, 1993: Organisationen und Institutionen der Interessenvermittlung in der niederländischen Verhandlungsdemokratie, in: Ralf Kleinfeld/Wolfgang Luthardt (Hrsg.): Westliche Demokratien und Interessenvermittlung, Marburg: Schüren, S. 223-260

Kleinfeld, Ralf, 1997: Das Niederländische Modell. Grundzüge und Perspektiven einer Modernisierung des Sozialstaats. Studie im Auftrag der Enquete-Kommission „Zukunft der Erwerbsarbeit" des Landtages Nordrhein-Westfalen, Düsseldorf: Landtag NRW Information Nr. 12/492

Kleinfeld, Ralf, 1998: Niederlande-Lexikon. Geschichte, Politik, Wirtschaft, Gesellschaft, in: Bernd Müller (Hrsg.): Vorbild Niederlande?, Münster: Agenda, S. 115-232

Kleinfeld, Ralf/Wolfgang Luthardt (Hrsg.), 1993: Westliche Demokratien und Interessenvermittlung. Zur aktuellen Entwicklung nationaler Parteien– und Verbändesysteme, Marburg: Schüren

Lademacher, Horst, 1983: Geschichte der Niederlande. Politik – Verfassung – Wirtschaft, Darmstadt: Wissenschaftliche Buchgesellschaft

Lehmbruch, Gerhard, 1967: Proporzdemokratie: Politisches System und politische Kultur in der Schweiz und in Österreich, Tübingen: J.C.B. Mohr

Lehmbruch, Gerhard, 1996: Die korporative Verhandlungsdemokratie in Westmitteleuropa, in: Schweizer Zeitschrift für Politische Wissenschaft, 2. Jg., Heft 4, S. 19-41

Lepszy, Norbert, 1979: Regierung, Parteien und Gewerkschaften in den Niederlanden, Entwicklungen und Strukturen, Düsseldorf: Droste

Lepszy, Norbert/Wichard Woyke, 1985: Belgien, Niederlande, Luxemburg. Politik, Gesellschaft, Wirtschaft, Leverkusen: Leske + Budrich

Lepszy, Norbert, 1997: Das politische System der Niederlande, in: Wolfgang Ismayr (Hrsg.): Die politischen Systeme Westeuropas. Opladen: Leske + Budrich, S. 321-354

Lijphart, Arend, 1975: The Politics of Accomodation. Pluralism and Democracy in the Netherlands, 2. Aufl., Berkeley: University of California Press

Lijphart, Arend, 1989: From the Politics of Accomodation to Adversial Politics: A Reassessment, in: West European Politics, 12. Jg., S. 139-153

Mair, Peter, 1994: The Correlates of Consensus Democracy and the Puzzle of Dutch Politics, in: West European Politics, 17.Jg., Heft 4, S. 97-123

Mierlo, Hans van, 1985: Depillarisation and the decline of consociationalism in the Netherlands 1970-1985, in: West European Politics, 8. Jg., S. 97-119

Mierlo, Hans van, 1988: Pressiegroepen in den Nederlandse Politiek. Den Haag: SMO

Moltke, Konrad von/Nico Visser, 1982: Die Rolle der Umweltschutzverbände im politischen Entscheidungsprozeß der Niederlande, Berlin: Erich Schmidt

Nokielski, Hans, 1989: Organisationswandel sozialer Arbeit in den Niederlanden, Essen, unveröff. Ms.

Noort, W.J. van, 1988: Bevlogen bewegingen. Een vergelijking van de anti-kernenergie-, kraak- en milieubeweging, Amsterdam

Noort, W.H. van, 1999: Sociale bewegingen, in: Hans Daalder (Hrsg.): Compendium politiek en samenleving, Teil B1300, Alphen a.d. Rjin, S. 1-86

Noort, W.J. van/L.W. Huberts/L. Rademakers, 1987: Protest en pressie. Een systematische analyse van collectieve actie, Assen

North, Michael, 1997: Geschichte der Niederlande, München: C.H. Beck

o.V., 1993: Partizipationschancen ethnischer Minderheiten. Ein Vergleich zwischen Großbritannien, den Niederlanden und der Bundesrepublik Deutschland, Reihe: Gesprächskreis Arbeit und Soziales Nr. 22, Bonn: Friedrich-Ebert-Stiftung

Pennings, Paul, 1998: Verzuiling en onzuiling, in: Hans Daalder (Hrsg.), Compendium politiek en samenleving, Teil B1000. Alphen a.d. Rjin, S. 1-43

Schendelen, M.C.P.M. van (Hrsg.), 1984: Consociationalism, Pillarization and Conflict-Management in the Low Countries, Sonderheft der Zeitschrift Acta Politica

Schendelen, M.P.C.M van/B.M.J. Pauw (Hrsg.), 1998: Lobbyen in Nederland. Professie en profijt. Den Haag: SDU

Schmid, Josef, 1995: Verbändewohlfahrt im modernen Wohlfahrtsstaat. Strukturbildende Effekte des Staat-Kirche-Konflikts, in: Historical Social Research, S. 88-118

Schmid, Josef, 1996: Wohlfahrtsverbände in modernen Wohlfahrtsstaaten. Soziale Dienste in historisch-vergleichender Perspektive, Opladen: Leske + Budrich

Schmid, Josef u.a., 1996: Wohlfahrtsstaaten im Vergleich. Soziale Sicherungssysteme in Europa. Organisation, Finanzierung, Leistungen und Probleme, Opladen: Leske + Budrich

Shetner, William Z., 1997: The Netherlands in Perspective. The Dutch Way of Organizing a Society and its Setting, Utrecht: Nederlands Centruum Buitenlanders

SCP – Sociaal Cultureel Planbureau (Hrsg.), 1998: Sociaal en Cultureel Rapport 1998. 25 jaar sociale verandering, Rijswijk/Den Haag: SCP

Visser, Jelle/Anton Hemerijck, 1998: Ein niederländisches Wunder? Reform des Sozialstaates und Beschäftigungswachstum in den Niederlanden, Frankfurt a.M.: Campus

Woldendorp, J.J. 1995: Neo-Corporatism as a Strategy for Conflict Regulation in the Netherlands (1970-1990), in: Acta Politica, S. 121-151

Zahn, Ernest, 1993: Das unbekannte Holland. Regenten, Rebellen und Reformatoren, München: Goldmann

Zimmermann, Erwin, 1986: Neokorporative Politikformen in den Niederlanden Industriepolitik. Kollektive Arbeitsbeziehungen und hegemoniale Strukturen seit 1918, Frankfurt a.M.: Campus

Norwegen

Korporatismus und die politische Kultur des Wohlfahrtsstaates

Walter Rothholz

1. Einleitung

Die Verbände sind in Norwegen konstitutiv für die Entstehung des Wohlfahrtsstaates. Heute leben wir in einer Zeit des Umbruchs, der Globalisierung, der EU-Integration, Erscheinungen, die bis auf die nationale und lokale Ebene durchschlagen (Thurow 1996; Beck 1997; Kaufmann 1997). Neue Probleme und Gefühle der Krise sowie Mangel an festen Orientierungspunkten lösen neue Konflikte aus. Das zeigt sich deutlich an den in letzter Zeit in Norwegen und ebenso in den übrigen skandinavischen Ländern geführten Diskussionen darüber, welche Aufgaben der Öffentlichkeit (sprich: dem Staat), den Verbänden und – in der Ära der Entstaatlichung und Entflechtung – vor allem den sogenannten freiwilligen Verbänden zukommen sollen (Klausen/Selle 1995; Nordby 1994). Eine Illustration dieses umfassenden und komplexen Umstellungsprozesses findet man im öffentlichen Sektor, der das gesamte 20. Jahrhundert hindurch als die wichtigste Regulationsinstanz und der wesentlichste Partner für Verbände aller Art und für das private Erwerbsleben angesehen worden ist. Dieser öffentliche Sektor wird heute mit der Krise des Wohlfahrtsstaates identifiziert, was bereits im Verlauf der 70er und 80er Jahre Initiativen motivierte, den öffentlichen Sektor zu dezentralisieren, zu deregulieren, zu modernisieren und zu privatisieren (Egeberg 1989). Zu diesen Lösungsmodellen gehören auch solche des sogenannten tertiären Sektors, der in Norwegen aufgrund der Potentiale der freiwilligen Verbände eine wachsende Aufmerksamkeit auf sich zog (NOU 1988).

Es ist in der Literatur üblich geworden (Klausen/Nielsen, 1989; Kuhnle/Selle 1992), zwischen den verschiedenen Sektoren wie Staat, Markt, dem Dritten und Vierten Sektor zu unterscheiden. Die Unterscheidung zwischen diesen Sektoren mag aus methodischen Gründen sinnvoll erscheinen, ob sie allerdings immer der norwegischen Situation gerecht wird, darf kritisch hinterfragt werden. Im norwegischen Fall läßt sich für viele Verbände und vor allem für freiwillige Interessenverbände, die aus sozialen Bewegungen des 19. Jahrhunderts entsprangen, feststellen, daß sie ihren oppositionellen Charakter verloren und zu einem Teil des politischen Systems wurden. Das gilt insbesondere für Gewerkschaften, aber nicht nur für sie. Die Verbände spielen in der politischen Repräsentation eine spezifische Rolle. Ihr Selbstverständnis ist anders als in Mittel- und Westeuropa. Das läßt sich zurückführen auf die Betrachtung des Staates als Partner und nicht als Gegner und kann als eine der entscheidenden Erfahrungen in der Geschichte der norwegischen Verbände angesehen werden. Daher liegt der Untersuchungsfokus der politikwissenschaftlichen Literatur Norwegens bezeichnenderweise auf der Rolle, die die Verbände allgemein, aber auch diejenigen des Dritten Sektors im öffentlichen Entscheidungsprozeß und innerhalb der öffentlichen Verwaltung eingenommen haben und einnehmen. Dabei wird die als prägend angesehene „Staatsfreundschaft" (Sternberger 1980) unhinterfragt vorausgesetzt. Charakteristischerweise wurden daher die freiwilligen Verbände vor allem innerhalb des großen, vom Staat initiierten Machtuntersuchungsprojektes *(maktutredningen)* lediglich im Zusammenhang mit der Pressure-group-Theorie und als zum Korporatismus und zur Verhandlungsökonomie *(forhandlingsøkonomi)* gehörende Erscheinungsformen analysiert (Hernes 1978, 1985; Egeberg 1981; Olsen 1978, 1983). Diese verständliche Reaktion auf eine langjährige sozialdemokratisch gesteuerte Machtausübung führte allerdings nur dazu, den sogenannten „segmentierten Staat" auszurufen – die Folgen davon waren Dezentralisierung und Verlagerung von staatlicher Souveränität auf die Kommunen.

2.   Geschichtlicher Überblick

Die Geschichte der Verbands- bzw. Organisationsgesellschaft *(organisasjonssamfunnet)* ist älter als die norwegische Verfassung von 1814. Diese historische Übersicht über das Verbandswesen orientiert sich an der in Norwegen gängigen „Wellentheorie" *(bølger)* (Try 1983; Krokann 1979; Nordby 1991). Es wird im Rahmen einer Modernisierungsthese von einer wellenartigen Entwicklung des Organisations- bzw. Verbandswesens gesprochen. Diese ist eng an den politischen Demokratisierungsprozeß geknüpft, d.h. die Entwicklung von Verbänden beschleunigt sich parallel zur Entwicklung der parlamentarischen Demokratie. Vielfach ging die Gründung von Verbänden Parteigründungen voraus. Um die Wende vom 19. zum 20. Jahrhundert sind die meisten Organisationstypen, wie wir sie heute kennen, bereits vorhanden. Danach ist ein kontinuierliches Anwachsen zu verzeichnen, wobei der Zweite Weltkrieg lediglich eine Unterbrechung darstellt, der ein kontinuierliches Wachstum des Verbandswesen bis in die 80er folgte (Heidar 1983; Hallenstvedt/Moren 1975).

Da sich die Darstellung naturgemäß auf die wichtigsten Zusammenhänge beschränken muß, wird besonderes Augenmerk auf solche Verbände gelegt, die öffentlich-politische Teilnahme, Engagement und Verantwortung initiiert und zu einer Verzahnung von freiwilligem und staatlichem Engagement geführt haben. Dieses Muster findet sich durchgängig im religiösen, sozialen und Gesundheitssektor im 19. und 20. Jahrhundert, aber auch auf kulturellem und sportlichem Gebiet und kann als Modell für die gesellschaftliche Rolle der Verbände gelten.

Die Zeit zwischen 1800 und 1840 wird allgemein, was das Verbandsleben betrifft, als schwache Periode bezeichnet. Aber spätestens nach der Einführung der Kommunalgesetzgebung von 1837 verschwanden die letzten, formal noch bestehenden Hindernisse für eine Verbandsbildung: Handwerksprivilegien der Zünfte wurden 1839 aufgehoben, 1842 die religiöse Versammlungsfreiheit garantiert, ebenfalls 1842 verschwand innerhalb der neuen Kriminalgesetzgebung die Aufruhrklausel, 1845 kam das „Dissentergesetz", das Recht religiöser Vereine sich zu organisieren – auch wenn die Meldepflicht bestehen blieb. Ein gewaltiges Anwachsen der Verbände nahm jedoch in den 40er Jahren seinen explosiven Anfang (Seip 1971). Allerdings blieb die Verbandsbildung nach Zweck und Inhalt begrenzt. Es gab nur wenige Interessen, die sich legitimerweise organisieren ließen. Rein ökonomisch motivierte Verbände waren in der Minderzahl.

Die dominierenden Verbände dieser Zeit waren die Abstinenzler- und die Missionsbewegungen *(avholds- og misjonsbevegelsen)*. Die norwegische Missionsgesellschaft

(Den norske misjonsselskap) wurde 1842 gegründet, und 1844 folgte die Gründung der norwegischen Abstinenzlergesellschaft *(Det norske Afholdenhedsselskab)*. Sie waren eine Fortsetzung älterer christlicher Organisationsformen, die ihre Wurzeln in den Erweckungsbewegungen des 19. Jahrhunderts hatten (Rothholz 1986). Auch die Abstinenzlerbewegung *(avholdsbevegelsen)* war durch den christlich geprägten Vereinigungsgeist *(assosiasjonsånden)* dieser Zeit geprägt, und als Produkt des niederkirchlichen Erweckungschristentums verfügte sie über eine breite soziale Basis (Fuglum 1972, 1995).

Daher mußte der Versuch des Arbeiterführers Marcus Thrane, 1848 eine Arbeitervereinigung zu gründen, also die Unterschicht zu organisieren, zunächst scheitern. Aber es kam, in einem längeren Zeitraum gesehen, nicht zu einem politisch-sozialen Bruch in der norwegischen Gesellschaft. Die Arbeiter wurden in die bürgerliche Gesellschaft integriert – dank der religiösen Traditionen, die zu demokratischen Verbandsgründungen führten. Dort wurde auch dem Prinzip der „Aufklärung durch Erziehung" gehuldigt.

In den 60er und 70er Jahren des 19. Jahrhunderts verbreitete sich die soziale Basis der Verbandtätigkeit, wobei entscheidende Anstöße von der kommunal-ländlichen Ebene ausgingen. Es bildeten sich in diesem Zusammenhang vor allem landesweite Zusammenschlüsse. Der wichtigste Zusammenschluß dieser Art ist die von dem Bauern und Parlamentsabgeordneten *(stortingsrepresentant)* Søren Jaabeck 1865 gegründete Vereinigung der Bauernfreunde *(bondevennforeninger)*, die die zweite Welle einleitete. Diese Bewegung war Teil eines Gründungsbooms von lokalen Volksvereinen, Wohlfahrtsvereinigungen, Nachbarschaftsvereinen *(grendelag)* sowie Missions- und Verbrauchervereinen. Søren Jaabecks beabsichtigte, eine schlagkräftige Wählergemeinschaft für bäuerliche Interessen zu bilden, die in der Lage war, die politische Macht der Beamten zu brechen. Erwähnt werden sollte in diesem Zusammenhang auch die Entstehung von Verbraucherverbänden *(forbrukerkooperasjonen)*, deren Gründung bereits Marcus Thrane gefordert hatte. Diese Verbände wurden auf dem Lande von Leuten gegründet, die der Volkshochschulbewegung nahestanden (Debes 1925-36). Ihre Gründung zeigt das Ende der Naturalhaushaltung ab 1870 in Norwegen an. Die Zeit zwischen 1860 und 1880 sah in Norwegen auch den Beginn des Breitensports. Der Zentralverband für Körperübungen und Waffengebrauch *(Centralforeningen for Legemøvelser og Vaabenbrug)* entstand 1861 als Reaktion auf schwedische Unionsbestrebungen.

Eines der Kennzeichen dieser Gründungswelle ist ihr überwiegend ländlicher, lokaler Charakter. Man könnte von einer bäuerlich kommunalistischen Tendenz bei diesen Gründungen sprechen. Vielfach führte das zu einer Demokratisierung der Führungsschichten in diesen Verbänden und Vereinigungen: Bauern, Lehrer und Küster sind zumeist ihre Leiter. Kein Priester – der ja Staatsbeamter war – oder ein sonstiger Beamter saß in deren Führungsgremien. Das Anwachsen der Verbandsgründungen wurde schon früh als politisches Phänomen erkannt, das in Reaktion auf den Liberalismus kompensatorisch in Erscheinung trat: Freiwillige Verbandtätigkeit ist ja die logische Fortsetzung minimalistischer Tendenzen des liberalen Staates. Der Historiker Sverre Steen hat Verbandsbildung einerseits als Reaktion auf die Auflösung der alten ständestaatlichen Strukturen gesehen. Mit den neu gegründeten Verbänden sollten alte Traditionen in die Moderne hinübergerettet werden, so daß der Bruch mit der Tradition nie vollständig war. Andererseits war dies gleichzeitig die Schule der modernen Demokratie (Steen 1946-48).

Eine dritte Welle von Verbandsgründungen wird ab 1880 datiert (Nordby 1991). Diese Linie führte u.a. direkt zur Bildung von Parteien der Linken *(Venstre)* und der Rechten *(Høyre)*. In den 80er und 90er Jahren erfolgte die Konsolidierung der Arbeiterbewegung, deren beginnende gewerkschaftliche und politische Organisierung; gleichzeitig versuchten die politischen Parteien, Kontrolle über die Verbände der Arbeiter zu erringen (Sejersted 1993). Gewerkschaften und Arbeitgeberverbände treten als Kontrahenten auf. Die Phase zwischen 1880 und 1900 sieht auf der einen Seite also die Vitalisierung von älteren Verbänden wie Mission und Abstinenzler, auf der anderen Seite werden neue Verbände für die Arbeiterschaft, die Sprachenpolitik *(målfolket)* und von Frauen gebildet.

In den 80er Jahren fangen vor allem Frauen an, sich in Verbänden zu organisieren. Die soziale und ökonomische Arbeit von Frauen in den Abstinenzler- und Missionsverbänden wird heute als ein unverzichtbarer Beitrag zur Entstehung des Wohlfahrtsstaates angesehen. Die politische Organisierung der Frauen, die zur selben Zeit erfolgte, bedeutete einen Bruch mit ihrer traditionellen Rolle. Sichtbarer Ausdruck dafür war die Gründung mehrerer Frauenverbände wie der Sanitätsvereinigung Norwegischer Frauen *(Norske Kvinners Sanitetsforening)*, des Verbands für die Wohlfahrt des Heims *(Husmorforbundet)*, des Verbands Norwegischer Frauenangelegenheiten *(Norges Kvinnessaksforening, NKF)*, des Verbands für das Frauenwahlrecht *(Kvinnestemmerettsforening, KSF)* oder des Nationalrats Norwegischer Frauen *(Norske Kvinners Nasjonalråd)*. In der gleichen Periode bildeten sich die Verbände für eine autochthone norwegische Sprache *(mållaget)*.

Mit den Gesundheitsorganisationen wie der Sanitätsvereinigung Norwegischer Frauen *(Norske Kvinners Sanitetsforening, NKS)* traten Verbände mit einer für norwegische Verhältnisse bezeichnenden Mischung aus Fürsorge- und politischen Zielen auf den Plan. Diese Mischung sollte insbesondere die sozialdemokratische Auffassung des Wohlfahrtsstaates nach dem Zweiten Weltkrieg kennzeichnen. Dazu gehörte der Nationalverband gegen Tuberkulose *(Nasjonalforeningen mot Tuberkulose)* von 1910 oder der norwegische Blindenverband *(Norges Blindeforbund)* von 1901. Hier und anderswo trat der Staat frühzeitig ins Bild, indem er sich mit den gesundheitspolitischen Zielen dieser Verbände identifizierte und damit eine Periode massiver sozialpolitischer Interventionen einleitete. Dieser Mischtyp kann jedoch auch für die Verbandsbildung derjenigen Gruppen gelten, die für die Einführung einer autochthonen norwegischen Sprache standen. Auch die Sportverbände, wie der 1860 gegründete Zentralverband, erlangten über ihre sportlichen Belange hinaus seit den 1860er Jahren politische Bedeutung.

Ab der Jahrhundertwende erfuhr das Verbandswesen ein kontinuierliches Wachstum, das begleitet war von einer funktionalen Differenzierung und einer sukzessiven, auch formalen Integration der Verbände in den politischen Willensbildungs- und Entscheidungsprozeß. So gab es 1910 110 landesweite Verbände, im Jahre 1940 bereits 211. Ein wesentliches Charakteristikum des Verbandswesens in der Zwischenkriegszeit war deren zunehmende Spezialisierung. Weiter läßt sich feststellen, daß das Verbandsleben sich relativ früh von seinen paternalistischen Anfängen emanzipierte und daß die Verbandsdemokratie, die bereits vor der Institutionalisierung des Parlamentarismus existierte, dadurch zum Durchbruch kam. Die Verbände bestanden „aus einem Unterholz demokratischer Führer" (Seip 1963) und waren eine Vorform des Parlamentarismus.

Tabelle 1: Anwachsen von Verbänden 1945-1983: landesweite Verbände

Verbandstyp	Bestand 1940	Zuwachs 1940-45	Zuwachs 1945-55	Zuwachs 1955-65	Zuwachs 1965-75	Zuwachs 1975-85	unspezifisch	Bestand 1985
Verbände des Gesundheits- und Sozialsektors und humanitäre Verbände	43	1	25	14	22	29	–	134
Frauenverbände	4	–	1	–	2	3	–	10
Sportverbände	28	–	9	2	5	2	10	56
Kulturelle Verbände	35	–	15	14	23	18	17	122
Wissenschaftliche Verbände	17	–	6	2	7	6	5	43
Naturschutzverbände, Freiluftleben, Tourismus	5	–	–	2	5	1	2	15
Freizeitverbände	17	–	6	6	11	9	11	60
Religiöse und weltanschauliche Verbände	53	4	4	8	10	5	6	90
Verbände mit internationaler Ausrichtung	5	–	11	5	9	9	3	42
Wohlfahrts- und Nachbarschaftsverbände	1	–	–	–	–	–	–	1
Andere	3	–	–	–	–	–	–	3
Zusammen	211	5	77	53	94	82	54	576
Sämtliche Verbände (inklusive der Verbände des Arbeits- und Ernährungssektors)	718	34	310	189	245	189	–	1.685

Quelle: NOU 1988:17: 303.

Dabei schälten sich zwei Typen von Beziehungen zwischen Staat und Verbänden heraus: ökonomische und politische. Die ökonomischen Verbindungen bildeten direkte und indirekte finanzielle Zuwendungen. Darüber hinaus griffen staatliche Institutionen schon seit Mitte des 19. Jahrhunderts auf verbandliche Sachkunde und Expertise in denjenigen Bereichen zurück, die sich schnell veränderten. In einigen Fällen konnten entsprechende Ausschüsse *(råd)* institutionalisiert und sogenannte Direktorate errichtet werden – z.B. der sog. Medizinalausschuß *(medicinalråd)*, ein Vorläufer des späteren Medizinaldirektorats (Nordby 1994). Während des Zweiten Weltkrieges bewährte sich die Substanz der demokratisch organisierten Verbände nach dem Verbot der Parteien 1940 im aktiven Widerstand gegen die deutsche Besatzungsmacht (Wyller 1958).

Nach dem Krieg wuchs die Zahl der Verbände explosionsartig an (NOU 1988). Gemessen an der Anzahl landesweiter Organisationen waren es die Sozial- und Gesundheitsverbände, die nach dem Zweiten Weltkrieg den stärksten Zuwachs zu verzeichnen hatten, was angesichts eines massiven Ausbaus des Wohlfahrtsstaates während der 50er und 60er Jahre nicht überrascht. Die vielen Verbände auf dem Sozial- und Gesundheitssektor, die nach 1945 entstanden, vertraten die Forderung, daß der Staat Verantwortung für alle Gesellschaftsmitglieder übernehmen und die Voraussetzungen für ein reiches und sinnerfülltes Leben zu schaffen habe. Daher sind diese Verbände als Interessengruppen für die Erreichung solcher Ziele vom Staat akzeptiert worden (Stort. Meld. Nr.88 for 1977-78). Gegen dieses als „Korporatismus auf Norwegisch" *(Korporatisme på norsk)* bezeichnete Selbstverständnis (Nordby 1994) hat sich jedoch seit den 80er Jahren zunehmend Skepsis breitgemacht.

3.   Rechtliche Grundlagen

Die Vereinigungs- und Koalitionsfreiheit sind in der Verfassung nicht verankert. Die Freiheit und das Recht, mit anderen zum Zwecke eines selbstgewählten Zieles zusammenzuarbeiten, werden als Gewohnheitsrecht mit konstitutionellem Status betrachtet, das sich aus der Praxis ergibt und nur durch das Strafrecht beschränkt ist. Für gemeinnützige Verbände gibt es keine spezifischen Rechtsregeln hinsichtlich ihrer Aktivitäten. Es ist nicht bekannt, daß der Staat nach 1814 Verbände verboten hätte, es sei denn, ein solcher Verband hätte sich als kriminell kategorisieren lassen. Nicht einmal die für den Staat nicht ungefährliche Thranebewegung von 1848 wurde als Ganzes verboten, sondern einzelne Mitglieder wurden aufgrund des Kriminalgesetzes von 1842 wegen antistaatlicher, revolutionärer Aktivitäten verurteilt. D.h. auch in diesem Falle wurde die Verbandsfreiheit respektiert, zumindest solange sie nicht zu etwas führte, das als antistaatliche Aktivität verstanden werden konnte.

Gleichwohl ist das norwegische System in hohem Maße von einer Tendenz zur „Vergesetzlichung" *(lovfesting)* geprägt: Bereits 1894 wurde eine Regierungskommission für die Behandlung der Frage gebildet, inwieweit öffentliche Maßnahmen gegen Tuberkulose ergriffen werden könnten, was zum Gesetz gegen Tuberkulose vom 8. Mai 1900 führte. Zum ersten Mal erkannte damit der Staat an, daß er die Hauptverantwortung für Gesundheitsprobleme trägt, die durch private Philanthropie alleine nicht gelöst werden konnten. D.h. Krankheit wurde nicht mehr als private Angelegenheit betrachtet. Diese Vergesetzlichung von sozial oder politisch erkannten Bedürfnissen führte später zur Bildung von Ausschüssen *(råd)*, die ausdrücklich in einem Gesetz erwähnt werden (Moren 1958: 90-96). Das Gesetz zeigt eine stärkere Vereinheitlichung des Aufbaus staatlicher Planung, gab aber auch diesen Ausschüssen eine sicherere Position. Es wurden Verwaltungsinstitutionen gegründet, die mit bestimmten Hoheitsrechten und entsprechenden Vollmachten ausgestattet wurden. Dieser Weg der gesetzlichen Absicherung der Vereinigungsfreiheit und der politischen Beteiligung von Verbänden wurde nach dem Zweiten Weltkrieg außerordentlich wichtig.

4. Verbandstypen und Handlungsfelder

Auch wenn die Verbände des Ernährungssektor und des Arbeitslebens rund zwei Drittel aller landesweiten Vereinigungen stellen, besteht ein dichtes Netzwerk häufig spezialisierter Organisationen. Zählt man die Lokalverbände, Unterabteilungen und Klubs innerhalb des norwegischen Verbandslebens zusammen, kommt man auf ca. 200.000 (Hallenstvedt/Moren 1975). Allein die religiösen Verbände weisen ca. 30.000 Lokalvereinigungen auf. Innerhalb der Landesorganisation der Gewerkschaften *(Landsorganisasjonen*, LO*)* kommt man auf ca. 6.000.

Versucht ein Verband, seine Forderungen primär gegenüber externe Adressaten durchzusetzen, besteht die Tendenz, landesweite Spitzenorganisationen zu gründen: So ist die LO eine Dachorganisation von 38 landesweiten Fachverbänden, der Arbeitgeberverband *(Norges Arbeidsgiverforening, NAF)* ist ein Zusammenschluß von 50 Branchenverbänden, der Norwegische Industrieverband *(Norges Industriforbund, NIF)* von 65 landesweiten Branchen innerhalb der Industrie, der Zentralverband der Landwirtschaft (LS) von 17 Umsetzungsorganisationen sowie der Verband des norwegischen Handels ein Bund von 59 landesweiten Handelsverbänden. Diese Spitzenverbände integrieren auf oberster Ebene funktional und sektoral divergierende Organisationen und reduzieren damit die lokal und regional komplexe Struktur.

Viele dieser landesweiten Dachverbände verfügen über technisch-wissenschaftliche Hilfsinstitute wie den Forschungsverbund der Industrie oder das norwegische Petroleumsinstitut. Ihre Aufgaben lassen sich in vier Punkten zusammenfassen: (1) Sie sollen den Verbandsmitgliedern Wissen und Informationen vermitteln; (2) sie verfolgen die öffentliche soziale und politische Debatte; (3) sie versorgen gewisse Gruppen mit Kapital durch Finanzierungsinstitutionen und (4) sie sind Schiedsgerichte für Konflikte innerhalb und außerhalb eines Verbandes. In Norwegen gibt es heute gut 100 solcher Institute, die die Position eines Verbandes gegenüber den Mitgliedern stabilisieren.

Was die Mitgliederzahlen der Verbände betrifft, so geht man von ca. 12 Millionen aus: Das ist ca. das Dreifache der Bevölkerungszahl (Hallensvedt/Moren 1975), was nichts über die wirkliche Mitgliederzahl aussagt, wohl aber über die außerordentliche Organisationsdichte. Der „statistische Durchschnittsnorweger" ist in mindestens drei Verbänden Mitglied. Die Neigung, Verbände zu bilden und sich zu organisieren, ist in Norwegen wahrscheinlich höher als in anderen Ländern Europas (Eckstein 1960).

Das Verhältnis zwischen Führern und Mitgliedern gehört zu den zentralen Gegenständen der Verbandssoziologie. Man spricht im allgemeinen in Norwegen davon, daß die Verbände eine Vorschule der Demokratie seien. Inwieweit das tatsächlich der Fall ist, hängt vom Demokratisierungsgrad der Verbände ab. Die Frage nach den Grenzen verbandlicher Macht sowohl hinsichtlich ihrer eigenen Mitglieder als auch in bezug auf die staatliche Verwaltung wurde besonders in der Zwischenkriegszeit diskutiert. Das führte zu ständigen Eingriffen des Staates, um Nichtorganisierte zu schützen. Das Arbeitskonfliktgesetz von 1927 und das Vereinsgesetz von 1934 waren Antworten auf solche Forderungen. Dieses Problem ist heute zu Gunsten von Selbstverwaltung und Kontrolle – in Übereinkunft mit der Öffentlichkeit – irrelevant geworden.

Verbände im Wirtschafts- und Arbeitssystem

Gewerkschaften werden allgemein zu den „Volksbewegungen" gerechnet (Fuglum 1972: 397). Die Vorbilder für die gewerkschaftliche Organisierung bildeten zum einen die alten Handwerkszünfte und zum anderen die Abstinenzlerbewegung insbesondere für die landesweite Organisierung der Arbeitnehmer. Die Arbeiterpartei wurde 1887 gegründet und fungierte bis 1899 als Bindeglied zum sozialdemokratischen Teil der Gewerkschaftsbewegung. Die Urbanisierung und eine neuerliche Industrialisierungswelle ab den 90er Jahren trugen zu einer wachsenden Radikalisierung der Gewerkschaftsmitglieder bei. Eine Folge davon war eine breiter werdende Kluft zwischen der Arbeiterpartei und der gemäßigteren Venstre-Partei sowie eine Radikalisierung ihrer Politik bis zum Ersten Weltkrieg. Die Mitgliederzahlen stiegen um die Jahre 1906-07 deutlich an, und 1913 waren bereits 64.000 Arbeitnehmer organisiert. Die Gewerkschaften gewannen auch Mitglieder in ländlichen Gebieten. Üblicherweise betrug der Beitrag ca. 1 Prozent des Lohnes, so daß die Gewerkschaften bald über ansehnliche Geldbeträge verfügten und eine steigende Anzahl von hauptamtlichen Funktionären beschäftigen konnten. Obgleich (oder gerade weil) die Zeit um die Jahrhunderte eine Periode der Hochkonjunktur war, war sie auch eine Phase heftiger Arbeitskonflikte, an denen sich die Gewerkschaftsbewegung beteiligte. Ihr Hauptziel waren zeitlich begrenzte Lohntarife, die die meisten Gewerkschaften bis 1905 auch durchsetzen konnten. Höhepunkt der Streikaktivitäten lag im Jahre 1911. Damals wurden die Gewerkschaften von Leuten wie Martin Tranmæl angeführt, denen es in erster Linie nicht um bloße ökonomische Vorteile ging, sondern um eine gesamtgesellschaftliche Umgestaltung.

Parallel zur gewerkschaftlichen Entwicklung muß die des norwegischen Arbeitgeberverbandes, NAF, gesehen werden, der ein Jahr nach dem Gewerkschaftsverband gegründet wurde. Die Radikalisierung der Arbeiter sowie die Arbeitskonflikte vor dem Ersten Weltkrieg trugen zur organisatorischen Stabilisierung und Disziplin des NAF bei. Dennoch veränderte sich das politische und soziale Klima zwischen diesen Verbänden in relativ kurzer Zeit. Anlaß war die gesetzliche Fixierung der sogenannten freien Partner auf dem Arbeitsmarkt durch das Arbeitskonfliktgesetz von 1915 *(tvistloven)* (Evju 1990: 229). Dieses Gesetz legte Regeln für eine obligatorische Schlichtung *(voldgift)* und für Tarifabkommen fest und sah die Errichtung eines dafür zuständigen Arbeitsgerichts vor. Hier liegt der Beginn späterer korporatistischer Praktiken, da die Sozialpartner Gerichtsmitglieder vorschlagen konnten. In seinen Grundbestimmungen ist das Gesetz noch heute gültig. Eine andere Voraussetzung für eine „sozialpartnerschaftliche" Lohnfestsetzung, wie sie bis heute üblich ist, war die gegenseitige Anerkennung als Tarifpartei. Der Höhepunkt dieser Entwicklung lag im Tarifabkommen von 1935 *(hovedavtalen)*, das zu dauerhaften, informellen Formen der Zusammenarbeit führte. Diese Absprache trug zur Machtkonzentration innerhalb der LO und des NAF bei, und sie bedeutete die endgültige Anerkennung der Arbeiterschaft als Teil der bürgerlichen Gesellschaft Norwegens. Der Korporatismus, der dabei entstand, war nicht geplant. Er nährte sich durch das Mißtrauen gegenüber dem Parlament in diesen Jahrzehnten. Nach dem Zweiten Weltkrieg waren LO und NAF im sogenannten ökonomischen Zusammenarbeitsausschuß präsent *(økonomisk sammarbeidsråd)*, der bis 1952 existierte. Die übrigen Mitglieder kamen aus dem Bankwesen, der Schiffahrt, dem Handwerk, dem Hausfrauenverband und den Bauernverbänden – ein „demokratischer Ersatz" für das Parlament (Bergh 1974).

Dieser Ausschuß ist der klassische Fall einer institutionalisierten Zusammenarbeit. Vor allem bildete sich bei den jeweils schwierigen Lohnverhandlungen nach dem Krieg eine enge Kooperation zwischen LO und Arbeitgeberverband heraus (Frøland 1992: 140f.), die zeigte, daß in beiden Verbänden eine Tendenz zu zentralisierten Entscheidungen seit langem vorhanden war. Das gleiche kann für die Repräsentation der LO und des NAF im sogenannten Kontaktausschuß *(Kontaktutvalg)* gelten, den die sozialdemokratische Regierung als Ersatz für den ökonomischen Zusammenarbeitsausschuß ins Leben rief.

Der Bauernverband als pressure group

Man kann insgesamt drei bauernpolitische Ziele ausmachen: zunächst das Bestreben, Bauern ins Parlament hineinzubekommen; dann gab es auch bei den Bauern ein Interesse für die Sprachenpolitik sowie schließlich das rein verbandliche Interesse an ökonomischen Problemen (Mjeldheim 1984). Im Verlaufe der Industrialisierung entwickelten sich die Bauern zu einer Klasse mit landesweiten gemeinsamen Interessen. Es ist bezeichnend, daß sie als Gegenbewegung zur Industrialisierung eine nationalistische Defensivideologie entwickelten, die zum Ziel hatte, die Industrialisierung zu bremsen. Nachdem die Marktintegration sich jedoch verdichtete, benutzten die Bauern den Staat, um ihre Interessen als Produzenten zu schützen. In den 30er Jahren spielten sie eine wichtige Rolle in der entstehenden Konsenspolitik mit der sozialdemokratischen Arbeiterregierung (Steen 1988). Um die Jahrhundertwende hatte die Idee einer nationalen Interessenvertretung neues Gewicht erhalten. Das gilt vor allem für die zahlreichen lokalen Bauernverbände, die sich 1896 zu einem landesweiten Verband zusammenschlossen[1]. 1913 bekam der Bauernverband *(Norsk Landmandsforbundet)* in Gestalt des Verbandes norwegischer Kleinbauern *(Norsk Bonde- og Småbrukarlag)* Konkurrenz, was nichts daran ändert, daß es sich bei ersterem um einen Verband handelte, der staatliche Entscheidungen zu beeinflussen suchte, um seine ökonomischen Interessen zu wahren und durchzusetzen. Das ging soweit, daß, nachdem er für die bürgerlichen Konservativen *(Høyre* und *Venstre)* an den Wahlen zwischen 1906 und 1918 teilgenommen hatte, seine Umwandlung in eine Partei *(Bondepartiet)* beschloß. Zugleich sollte der Verband jedoch weitergeführt werden. Er nannte sich ab diesem Zeitpunkt Norwegischer Bauernverband *(Norsk Bondelag)* (Aasland 1974), der sich aus mittelständischen und Großbauern zusammensetzte. Diese Umwandlung in eine Partei unter Beibehaltung des Verbandes verdeutlicht, daß zwischen Partei und pressure group notwendig und systematisch Spannungen auftreten.

Religiöse und Abstinenzlerverbände

Die ältesten Verbände mit gesamtgesellschaftlichem Einfluß waren die Missions- (vor allem die Innere Mission) und Abstinenzlerbewegungen. Sie bildeten in organisatori-

---

1 Vorbild war hier der deutsche Bund der Landwirte.

scher Hinsicht das Muster, an dem sich viele andere Verbände orientierten. Die norwegische Missionsgesellschaft *(Det norske misjonsselskap)* wurde 1842 gegründet und organisierte sich schnell landesweit. Obgleich die Thrane-Bewegung zur Organisierung der Arbeiterschaft in der Zeit zwischen 1848-1851 zeigte, daß die religiöse Grundsubstanz der Bevölkerung einer neuen sozialen Form bedurfte, bildete die Missionsgesellschaft durchaus keine Gegenbewegung zur aufkeimenden Industrialisierung. Im Gegenteil, sie hatte großen Anteil an der religiösen Sozialisierung der Industriearbeiterschaft. Die Missionsbewegung gründete 1868 einen landesweiten Verband, die Lutherstiftung *(Lutherstiftelsen)*, die zuerst eine auffallend autoritäre Struktur aufwies, die jedoch bald einer Demokratisierung unterworfen wurde (Rudwin 1967). Abgesehen von den rein religiösen Aktivitäten engagierte sich der Missionsverband in der allgemeinen Sozialarbeit wie in der Armenfürsorge, in Sonntagsschulen, in der Diakonie, in Kinderheimen, in Volkshochschulen, in Landwirtschaftsschulen und in Volksschulen. Sein Organisationsapparat ist heute noch von imponierender Effektivität.

In engem Zusammenhang mit der Missionsbewegung muß das Entstehen der Abstinenzlerverbände gesehen werden. Auch sie entsprangen einer christlichen Grundsubstanz, konnten aber von den neuen religiösen Entwicklungsmöglichkeiten jenseits der Staatskirche profitieren. Es kam 1844 zu jeweils regionalen Gründungen in West- und Ostnorwegen *(De norske Avholdenhedsselskab)*. Die ostnorwegische Gründung erhielt von Anfang an staatliche Unterstützung und konnte sich dadurch rascher ausbreiten als ihr westnorwegisches Pendant. Noch rascher wuchs die norwegische Vereinigung gegen Alkoholmißbrauch *(Den norske Forening mod Brændevinsdrik, DnFmB)*. Auch für sie bewilligte das Storting Geld für umherreisende Agenten (Fuglum 1972: 96).

Das explosionsartige Anwachsen der Abstinenzlerverbände nach 1870 – vor allem der Totalabstinenzler *(Den Norske Totalavholdsselskap, DNT)* – fällt nicht mit der sogenannten zweiten Welle der Verbandsbildungen zusammen, sondern korrespondiert mit der massiv einsetzenden Industrialisierung. Die Arbeiterschaft, die sich zu Beginn nicht an dem Kampf gegen den Alkoholismus beteiligte, weil sie der Ansicht war, daß sich das erst nach einer Revolution ändern ließe, wurde bald zum Objekt der Templer-Logen, die schnell zum größten norwegischen Abstinenzlerverband wurden *(Den norske Godtemplar Organisasjonen, DNGTO)*. Den Abstinenzlerverbänden ging es darum, auf die öffentliche Alkoholpolitik Einfluß zu nehmen. Bereits 1895 wurde zu diesem Zweck ein gemeinsames Komitee aller Abstinenzlerverbände in Norwegen gegründet. Auf diese Weise wurden die Abstinenzlerverbände bereits sehr früh zu einer pressure group in der norwegischen Politik, deren Höhepunkte in der Alkoholgesetzgebung in der Volksabstimmung von 1919 und im Gesetz von 1921 lagen, mit dem ein permanentes Ausschankverbot für Alkohol erlassen wurde (Fuglum 1995). Dieses Verbot wurde zwar 1925 auf Grund handelspolitischer Erwägungen wieder aufgehoben, nichtsdestoweniger zeigt die gesetzliche Einrichtung von „Ausschüssen zur Bekämpfung des Alkoholismus" in den Kommunen deren fortgesetzten Einfluß bis zum heutigen Tag.

Die Abstinenzlerbewegung gründete nach dem Zweiten Weltkrieg zwar kaum neue Verbände, aber sie paßte sich den veränderten Verhältnissen an: Ausdruck dafür ist das Arbeitslebenkomitee gegen Alkoholismus und Drogenabhängigkeit *(Arbeidslivetskommité mot alkoholisme og narkomani, AKAN)*, das von der gewerkschaftlichen Landesorganisation (LO) und dem Arbeitgeberverband (NAF) 1963 gegründet wurde. Dieser Verband ist wiederum angebunden an das staatliche „Direktorat gegen Alkoholkonsum" (1964). Diese Zusammenarbeit zwischen Staat und Abstinenzlerverbänden mündete in eine Reihe von organisatorischen Maßnahmen – wie z.B. der Bildung der sogenannten ALKO-KUTT, einem Dachverband von 44 in der Alkoholbekämpfung tätigen Verbänden.

Frauenverbände

Die Eigenorganisierung der Frauen erhält neben der sozialfürsorgerischen Komponente ab den 80er Jahren des 19. Jahrhunderts eine dezidiert politische Komponente. Es ging um die Durchsetzung des Wahlrechts für Frauen. Zu diesem Zweck wurde 1885 die Norwegische Frauenwahlrechtsvereinigung gegründet *(Norges Kvinnesaksforening, NKF)*, die allerdings einen Mann zum Vorsitzenden hatte. Eine rein weibliche Initiative war dann die Frauenstimmrechtsvereinigung *(Kvinnestemmerettsforening, KSF)*. Letztere betrieb eine intensive Agitationsarbeit, die zum Erfolg führte: 1901 wurde das Frauenwahlrecht auf kommunaler, 1913 auf nationaler Ebene eingeführt.

Aber die soziale Seite darf nicht übersehen werden: 1897 wurde u.a. der Verband der Hebammen gegründet und kurze Zeit später auch der Verband der Lehrerinnen revitalisiert. Diese gewerkschaftlichen Verbandsgründungen gingen später in der LO auf. Auch die Frauen gründeten ihren Nationalverband *(Norske Kvinners Nasjonalråd, NKR)*, dem sich alle 26 Frauenorganisationen anschlossen. Dieser Verband vertrat gegenüber der Regierung so gut wie alle Bereiche, die Frauen angingen. Vor 1914 konzentrierte sich naturgemäß der weibliche Dachverband auf das *Storting*. So wurde 1914 zum ersten Mal eine Frau in die skandinavische Familienrechtskommission gewählt, die 1909 ins Leben gerufen worden war. Aber auch bei der Vorbereitung des neuen Scheidungsgesetzes von 1935 wirkte der Verband mit.

Seit 1898 organisierten sich die Hausfrauen im Verband für die Wohlfahrt in den Heimen *(Hjemmenes Vel)*, der sich 1935 in den Verband norwegischer Hausfrauen *(Norges Husmorforbund)* umwandelte. Der Verband konzentrierte sich darauf, seine Mitglieder über neue Methoden der Hausarbeit aufzuklären und zu informieren. Da Frauen damals die bedeutendste Konsumtengruppe waren, entwickelte sich eine verbandspolitische Nähe zur Lebensmittelindustrie. In diesem Zusammenhang muß man auch auf die sozialdemokratische Familienpolitik in den 30er Jahren hinweisen, auf die der Verband Einfluß zu nehmen suchte ebenso wie auf ein Kindergartenprogramm, das sich vor allem nach dem Zweiten Weltkrieg auswirken sollte und das von dem Verband entworfen wurde (Wærnes 1998).

Kulturelle und Ideelle Verbände

Die Abstinenzler- und Missionsverbände bildeten das Modell für Massenorganisationen, deren dritte Säule aus Verbänden bestand, die für die Einführung einer autochthonen norwegischen Sprache eintraten. Vor der Einführung der parlamentarischen Demokratie 1884 war die Bewegung organisatorisch unbedeutend. Das änderte sich schlagartig mit der Bildung einer neuen parlamentarischen Regierung durch die *Venstre*-Partei. Da diese Partei die Sprachenangelegenheit *(målsaken)* zur offiziellen Regierungspolitik machte, war klar, daß sich auch die organisatorische Basis dieses Verbandes ändern mußte.

Rekrutierungsbasis für den 1906 gegründeten nationalen Sprachenverband bildete insbesondere die freisinnige Jugendbewegung *(Frilyndte undomsbevegelsen, Norges Mållag)*, die sich insbesondere deswegen landesweit organisiert hatte, weil sich die Venstre- Partei mit ihr identifizierte und sie unterstützte. Der Jugendverband von 1896

(Noregs Ungdomslag, UN) arbeitete für die „nationale Identität" *(nasjonale Sjølvkjensle)* in Norwegen und trat für eine national denkende Jugend ein. Von da aus war der Weg zum politischen Hauptanliegen, die Institutionalisierung der neunorwegischen Sprache in den geistigen und politischen Institutionen, nur kurz. Beide Verbände waren in ihrer Arbeit äußerst effektiv: Die Durchsetzung des Neunorwegischen innerhalb des Volksschullehrerexamens (1901), ein eigenes neunorwegisches Gesangbuch (1907) und ein vom Staat eingesetztes Rechtschreibkomitee (1934) zeugen von der politischen Durchsetzungskraft dieses Verbandes.

Soziale und Gesundheitsverbände

Im Sozial- und Gesundheitswesen sind im 20. Jahrhundert naturgemäß wichtige Verbände vorzufinden, da es sich um den zentralen Bereich innerhalb des Wohlfahrtsstaates handelt. Auch hier begann die Arbeit im 19. Jahrhundert auf religiöser oder humanitärer Basis. Vor allem bildete sich von vornherein eine enge Zusammenarbeit zwischen freiwilligen Verbänden und staatlichen bzw. kommunalen Institutionen heraus. So zwang z.B. das geringe staatliche Engagement die Abstinenzlerverbände vor dem Ersten Weltkrieg dazu, mehrere Alkoholentzugsanstalten eigenständig zu errichten. Erst danach kam der Staat immer stärker ins Bild und erließ 1985 eine gesetzliche Bestimmung, die den Kommunen die Verantwortung für Planung, Ausbau und Betrieb von entsprechenden Anstalten auferlegte. Das gleiche gilt für die Kinder- und Jugendfürsorge *(Lov om barnevern, 1953, §45)*. Entsprechende Engagements gibt es auch von Verbänden wie dem Roten Kreuz *(Røde Kors)*, der Norwegischen Volkshilfe *(Norsk folkehjelp)*, dem Norwegischen Frauensanitätsverband *(Norske Kvinners sanitetsforening)* oder dem Nationalverband für Volksgesundheit *(Nasjonalforeningen for folkehelsen)*. Sie alle haben sich nach 1945 am institutionellen Ausbau des sozialen und des Gesundheitssystems intensiv beteiligt. So bietet die häusliche Krankenpflege durch freiwillige Verbände ein gutes Beispiel für eine graduelle „Verstaatlichung solcher Bereiche": Von 1870 an bis 1972 zog sich die Lösung der Frage hin nach staatlicher Beteiligung und der teilweisen Übernahme der Institutionen durch die Kommunen. Danach wurden die Ausgaben für die häusliche Pflege von der öffentlichen Hand bis zu 75 Prozent ersetzt.

Der bereits erwähnte Nationalverband und der Frauensanitätsverband haben darüber hinaus von sich aus neue Verbände mit bestimmten abgegrenzten Zielsetzungen initiiert wie den Verband zur Krebsbekämpfung (1938) und die Tuberkulose-Hilfsorganisation (1943). Drei große Verbände haben sich in Norwegen allein der Tuberkulosebekämpfung verschrieben: Neben dem gerade erwähnten Sanitätsverband waren dies der Nationalverband gegen Tuberkulose *(Nasjonalforeningen mot Tuberkulose)* (1910) und das Norwegische Rote Kreuz *(Norges Røde Kors)*, die sich in diesem Gebiet seit 1926 engagieren. Wichtig in diesem Zusammenhang ist insbesondere, daß das Storting bereits 1894 finanzielle Mittel für die Tuberkulosebekämpfung bewilligte und daß im entsprechenden Gesetz von 1900 der Staat seine Verantwortung für Gesundheitsprobleme anerkannte. Ein ähnliches Muster bildete sich auch in der Behindertenfürsorge heraus. Der Norwegische Blindenverband *(Norges Blindeforbund, NBF)*, dessen Anfänge weit in das 19. Jahrhundert zurückreichen, konstituierte sich 1908; eine Rente für Blinde wurde 1936 eingeführt. Auch hier – wie bei allen anderen Organisationen dieser Art – gilt damit die Regel: von der Philanthropie zum Staat.

Gemessen an der Anzahl landesweiter Verbände, war der Zuwachs auf dem Gesundheits- und Sozialsektor sehr stark. Die Verbände auf diesem Sektor lassen sich in drei Typen unterteilen: (1) humanitäre Hilfsorganisationen, (2) Aufklärungsverbände, (3) Interessenverbände. Drei große Hilfsorganisationen wurden nach dem Zweiten Weltkrieg mit internationalem Ziel gegründet: Rettet Kinder *(Redd Barna, 1947),* die kirchliche Nothilfe *(Kirkens Nødhjelp, 1947)* sowie der Norwegische Flüchtlingsrat *(Det norske Flyktningerråd, 1952),* der 1981 einen halböffentlichen Status erhielt. Zwischen diesen Verbänden gibt es eine enge Zusammenarbeit.

Die zweite Gruppe von Verbänden auf diesem Gebiet sind die reinen Aufklärungsvereinigungen. Insbesondere sind dabei zu nennen: Norwegischer Ergonomieausschuß *(Norsk Ergonomiutvalg),* Frauenmaßnahmen für Sozial- und Kommunikationssicherheit *(Kvinnetiltak for ferdselsikkerhet)* und der Norwegische Verband für mentale Gesundheit *(Norsk forening for mental helse).* Diese Verbände sind wiederum in einem Koordinierungsverband zusammengeschlossen, der eng mit dem Direktorat für Gesundheit zusammenarbeitet *(Helsedirektoratet).* Die dritte Gruppe ist in ihren heutigen Erscheinungsformen im wesentlichen ein Nachkriegsphänomen. 1988 gab es 70 Verbände, die sich der Interessenvertretung im Gesundheits- und Sozialsektor widmeten, vor dem Zweiten Weltkrieg waren es nur der Blinden-, Tauben- und Behindertenverband (NOU, 1988: 310). Beinahe jede Patientengruppe hat heute ihren eigenen Interessenverband. Das gleiche gilt für die Gruppe der Benachteiligten bzw. Diskriminierten.

Das Ganze ist eine Folge des Ausbaus des Wohlfahrtsstaates mit dem Ziel der Herstellung von Gleichheit in der materiellen Wohlfahrt. Durch die wohlfahrtsstaatliche Verantwortung entsteht eine enge Verzahnung von privatem und öffentlichem Bereich, die sich vor allem in Zuwendungen seitens des Staates (Lorentzen 1982) sowie in engen Verflechtungen zwischen öffentlichen und freiwilligen Bereichen niederschlägt. Das sieht man z.B. in der Bildung eines Zentralausschusses für Berufswahlbehinderte *(Sentralrådet for yrkesvalghemmede)* im Jahr 1955, der 1969 zur Errichtung eines sozialmedizinischen Büros innerhalb des Gesundheitsdirektorats führte, einem permanenten Ausschuß zur Koordinierung der staatlichen Maßnahmen für Behinderte (Stortingsmeld. Nr. 23, 1977-78). Der Staat ist sich der Kapazitäten der sozialen Hilfsorganisationen bewußt und vermittelt viele seiner Maßnahmen auf diesem Gebiet durch sie. Das bildet die Grundlage für das korporative Gesamtsystem.

5. Beziehungen zum politischen System

Auffallend an der bisherigen Darstellung ist der Mangel an Parlamentsvertretern in diesem System. Zwar werden Parteien versuchen, Repräsentanten in das *Storting* zu schicken, die die Unterstützung von Verbänden haben. Doch ist eine politisch aktive Person oft Mitglied mehrerer Verbände – abgesehen davon, daß zwischen Verbänden und Parteien eine enge Verbindung existiert (Martinussen 1973). Dennoch spielt das *Storting* im Verbandsleben nur eine marginale Rolle (Valen 1992). Das heißt nicht, daß die Verbände an Parlamentswahlen uninteressiert wären. Sie vermeiden es aber, sich allzu eng an bestimmte Parteien zu binden. Verbände sind darauf angewiesen, von der Verwaltung unter wechselnden Regierungen akzeptiert zu werden, d.h. sie müssen zu allen Parteien Beziehungen unterhalten. Die staatliche Verwaltung liegt eindeutig im Fokus der Verbandskontakte (Hallenstvedt/ Moren 1975, 350).

Im folgenden wird zunächst eine kurze Übersicht über die wichtigsten Verbandsrepräsentanten gegeben, die im korporativen System tonangebend waren und sind. Institutionell gesehen handelt es sich vor allem um Ausschüsse *(råd)*, die keineswegs auf das sozioökonomische Gebiet beschränkt, sondern ebenso in kulturellen und sozialen Bereichen präsent sind. 1983 verfügten nationale Ausschüsse über 2.844 feste Mitglieder. Diese Zahl sank bis 1989 auf 2.005 (Nordby 1994). Während die Verbände ca. 57 Prozent der Sitze innehatten, fielen auf die staatlichen Institutionen ca. 43 Prozent. Die Zahl der Verbände, die in den damals 229 Ausschüssen aktiv waren, betrug 1989 ca. 300. Die Arbeitnehmerverbände waren in fast einem Drittel dieser Ausschüsse repräsentiert, dicht gefolgt von den Wirtschaftsverbänden. Die Zahlen weichen im wesentlichen nicht von denen der 70er Jahre ab (Brautaset/Dowland 1974: 60). Die Reduzierungen, die in den 80ern eintraten, bedeuten jedoch nicht, daß diese Struktur sich grundlegend geändert hat. Es wurden in diesen Jahren nur mehr Ausschüsse aufgelöst als neue hinzukamen.

Die wichtigsten Verbände waren: Norwegischer Bauernverband *(Norges Bondelag, NBL)*; Norwegischer Bauern- und Kleinbauernverband *(Norsk Bonde- og Småbrukarlag, NBS)*, Norwegischer Fischereiverband *(Norges Fiskarlag, NFL)*. Von der Arbeitnehmerseite kamen hinzu: der gewerkschaftliche Landesverband *(Landsorganisasjonen, LO)*, der berufsständische Zentralverband *(Yrkesorganisasjonenes Sentralforbund, YS)* sowie der Gemeinschaftsverband der Akademiker *(Akademikernes Fellesorganisasjon, AF)*. Von der Arbeitgeberseite sind zu nennen: der Hauptverband Ernährung *(Næringslivets Hovedorganisasjon, NHO)*, der Arbeitgeberverband *(Norsk arbeidgiverforening, NAF)*, der Norwegische Industrieverband *(Norges Industrieforbund, NIF)* und der Norwegische Handwerksverband *(Norsk Håndverkerforbund)*. Die Schiffahrt ist repräsentiert durch den Norwegischen Reederverband *(Norges Reederforbund, NRF)*, den Arbeitgeberverband der Schiffahrt *(Skipfartens Arbeidgiverforening, SAF)*, den Norwegischen Handelsverband *(Norges Handelsstands Forbund, NHF)*. Aus dem Gesundheitswesen stammen: der Norwegische Ärzteverband *(Norges Lægeforening, DNL)* und der Norwegische Krankenpflegerverband *(Norsk Sykepleierforbund, NSF)*.

Die LO nahm an ca. einem Viertel aller Ausschüsse teil. Nahezu gleichwertig waren die Verbände der Arbeitgeberseite vertreten. Die beiden Verbandsgruppen hatten insgesamt eine große Kontaktfläche: In 60 Prozent der Ausschüsse, in denen die Arbeitgeber vertreten waren, saßen auch Gewerkschaften *(LO)*. Wie erwartet, war auch die Teilnahme von Vertretern des primären Sektors umfassend, auch wenn der Bauern- und der Fischereiverband nur in halb so vielen Ausschüssen saß wie die Gewerkschaften. Allerdings müssen hier – ebenso wie bei den Gewerkschaften – verwandte Verbandstypen mit ins Kalkül gezogen werden, wie: der Zentralverband der Landwirtschaft *(Landbrukets Sentralforbund)* oder der Norwegische Fleisch- und Fettverband *(Norges Kjøtt- og Fleskesentral)*. Das gleiche gilt natürlich auch für die Fischerei. Dort handelte es sich u.a. um den Norwegischen Heringverkaufsverband *(Norges Silde Salgslag)*. Daß der Norwegische Krankenpflegerverband sowie der Ärzteverband nur in wenigen Ausschüssen mitwirkten, hängt damit zusammen, daß dieser Sektor lange Zeit durch Gesetze sowie durch entsprechende Verwaltungsorgane (Direktorat für Gesundheit – *helsedirektoratet)* verwaltet worden ist, also Teil des Staatsapparats war. Schließlich wird das Bild abgerundet durch die Tatsache, daß die hier aufgelisteten Verbände auch häufig an Ausschüssen teilnahmen, die außerhalb ihres Interessenbereichs lagen (Nordby 1994: 101). Im allgemeinen wird dieses System das Komitee-System genannt, an dem gut 40 Prozent der landesweiten Dachverbände regelmäßig teilnehmen (Hallenstvedt/Moren 1975). Die Zusammenarbeit zwischen Verbänden und

Staat ging und geht in Norwegen so weit, daß man den Eindruck einer Fusion von privatem und öffentlichem Bereich bekommen könnte. Verbände übernehmen in Norwegen öffentlich-rechtliche Aufgaben bzw. werden dazu formell ermächtigt und finanziell unterstützt.

Wenn bestimmte gesellschaftliche Gruppen aufgefordert werden, zu wichtigen Entscheidungen oder Gesetzesvorschlägen Stellung zu nehmen, nennt sich dieser Vorgang – wie noch ausgeführt wird – der „Remiss". Er ist im Verwaltungsgesetz verankert, stellt die legitime Partizipationsform von Verbänden an öffentlicher Politik dar, und die Verbände machen davon ausgiebig Gebrauch.

Diese Struktur, die zu permanenten beratenden Ausschüssen *(råd)* innerhalb der Ministerien geführt hat, besteht in Norwegen seit über 100 Jahren (Moren 1958). 1864 wurde eine zivile Ingenieurskommission ins Leben gerufen, die bis 1922 existierte. Die Zahl ähnlicher Expertenausschüsse stieg rasch, was im Zusammenhang mit dem Anwachsen der Aufgaben der staatlichen Verwaltung gesehen werden muß (Torstendahl 1991; Moren 1958: 33-65). Man sprach aber nicht von Korporatismus. Besonders der Typ des sogenannten Repräsentationsausschusses ist von Interesse, insofern die Repräsentanten von Verbänden als Experten betrachtet wurden. Die Kriegsjahre 1914-18 führten zur Bildung solcher Repräsentationsausschüsse im Bereich der Ernährung; sie wurden aber nach dem Krieg wieder abgewickelt. So wurden 1918 Pläne zur Errichtung eines Reichsversicherungsausschusses *(Rikstrygderåd)* wegen verfassungsrechtlicher Bedenken abgelehnt. Denn noch waren solche Ausschüsse lediglich durch die Krisenzeit des Ersten Weltkriegs legitimiert. Das war kein Einzelfall. Denn noch immer konkurrierte die klassische rechtsstaatliche Verwaltungsausübung mit dem sektoralen Spezialistentum *(fagstyret)*. Erst nach der Weltwirtschaftskrise in den 30er Jahren wurden diese Ausschüsse zu einem permanenten Teil der Verwaltung – erklärbar durch die eminenten Versorgungsschwierigkeiten dieser Zeit. Man nannte sie bezeichnenderweise zunächst Umsetzungsausschüsse *(omsetningsråd)*, die zumeist von den Verbänden dominiert wurden. Als aber der Landesverband Norwegischer Milchproduzenten *(Norske Melkeprodusenters landsforbund)* 1931 den Vorschlag machte, zugunsten des Umsetzungsausschusses Abgaben auf Milch zu erheben, die außerhalb der Umsetzungskanäle abgesetzt wurde, kam es zu heftigen Protesten. Denn das hätte diese Ausschüsse auf eine neue Legitimationsbasis gestellt. Dennoch wurde dieser Vorschlag Gesetz und bestand in auf die meisten Agrarprodukte ausgeweiteter Form bis in die 70er Jahre.

Von bloßen Expertengremien in Unternehmen entwickelten sich die Ausschüsse im Laufe der 30er Jahre mehr und mehr zu permanenten, repräsentativen Ausschüssen im Regierungssystem. Das war beispielsweise schon seit den 20er Jahren auf dem Sektor des Arbeitslebens der Fall. Aber erst nachdem die Sozialdemokraten an die Macht gekommen waren, wurde 1938 der staatliche Arbeitslosenausschuß *(Statens arbeidsløshets råd)* gegründet.

Man unterscheidet seither zwischen Verhandlungsausschüssen *(forhandlingsutvalg)*, Steuerungsgremien *(styrer)* und fakultativen Ausschüssen *(fakultative råd)* (Moren 1958). Diese Ausschüsse wurden eigentlich auf allen Gebieten zum natürlichen Bindeglied zwischen der Zentralverwaltung und den Verbänden. Durch die Arbeiterregierung erreichte das korporative System in Norwegen seine Klimax – es wurde augenfällig im ersten Tarifabkommen von 1935 *(hovedavtalen)*. Hier wurde zwischen den Gewerkschaften *(Landsorganisasjonen, LO)* und dem norwegischem Arbeitgeberverband *(Norges Arbeidsgiverforbundet, NAF)* – zunächst ohne den Staat – festgelegt, welche Maßnahmen bei Arbeitskonflikten als legitim gelten sollten. Das bedeutete den Schritt der endgültigen Integration der Arbeiterschaft in die bürgerliche Gesellschaft (Aubert 1989: 195f.). Die Gewerkschaften gewannen dadurch eine Art Gesetzgebungshoheit, denn erst, wenn die Verhandlungen gescheitert waren, konnte der Staat eingreifen. Von da aus war es nur noch ein kleiner Schritt zu einem voll ausgebildeten korporativen System (Lehmbruch/Schmitter (Hrsg.) 1982), das nach dem Zweiten Weltkrieg etabliert wurde, als der Staat in die Lohnverhandlungen mit dem Angebot von Steuererleichterungen und Subventionen eingriff.

Die Arbeiterbewegung begegnete dem Frieden von 1945 mit Plänen für eine reichere, sicherere und egalitärere Gesellschaft. Auch die Verbände wurden in die politischen Visionen einbezogen – ausgedrückt durch die Begriffe Plan, Professionalisierung und Koordination von Interessen und programmatisch formuliert im sogenannten Blaubuch *(blåboka)* von 1941 sowie im Gemeinschaftsprogramm *(Fellesprogrammet)* von 1945 (Bergh 1987, 1993). Das erklärt, warum nach dem Krieg Ausschüsse, die per Gesetz eingerichtet wurden, dominierten – wie der ökonomische Koordinierungsausschuß *(økonomisk samordningsråd)*, Branchenausschüsse für die Industrie *(bransjeråd)*, Exportausschuß für die Fischerei *(eksportutvalget for fiskerinæringen)* sowie der Importausschuß für den Handel *(importutvalget for handelsnæringene)*. Das Mandat dieser Ausschüsse entsprach den weitgehenden Vorstellungen der sozialdemokratischen Regierung hinsichtlich des Wiederaufbaus des Landes und der Effektivierung der Ökonomie. Es wurde dem Amt des Ministerpräsidenten unterstellt. Durch die Arbeiterregierung wurde das korporative System in einer Form installiert, die das Selbstverständnis einer regelgebundenen Bürokratie weithin durchbrach (Sejersted 1984). Dies hing vor allem zusammen mit dem Gewicht, das die Arbeiterregierung der Planung zuerkannte (Nordby 1993). Um langfristige Planungssicherheit zu erhalten, versuchte die Arbeiterregierung sogleich, durch Preis- und Rationalisierungsgesetze auf Regierung und Verwaltung Vollmachten *(fullmaktslovene)* zu übertragen, die verfassungsmäßig Teil des Parlaments waren. Die Folge war ein langjähriger prinzipieller Streit, der mit einer politischen Niederlage der Arbeiterregierung endete (Sejersted 1988). Auch wenn aus dieser Krise umfassende rechtspolitische Reformen erwuchsen – wie die Einsetzung eines Ombudsmannes und die Verwaltungsrechtsreform von 1967 – bedeutete es doch, daß man eine Kompetenzausweitung von Regierung und Verwaltung als gegeben erachtete. Daher kann diese Form von funktionaler Repräsentation weit mehr als eine Art Supplement zur territorialen Parteienrepräsentation im Parlament angesehen werden (Rokkan 1987). Vielmehr bedeutet der sogenannte korporative Pluralismus, daß die Entscheidungen immer stärker in den Bereich der Verwaltung und der organisierten Verbände verlegt werden. 1962 wurde schließlich der sogenannte Kontaktausschuß *(Kontaktutvalget)* gebildet, der Gewerkschaften, Arbeitgeberverband, Bauern, Fischer, den Ministerpräsidenten, den Finanzminister sowie den Minister für Verbraucherangelegenheiten umfaßte. Wenn er auch nicht die dominierende Stellung innehatte wie der Koordinierungsausschuß *(økonomisk samordningsråd)*, war er doch ein wichtiges informelles Netzwerk.

Allerdings sind diese Ausschüsse lediglich eine Form, in denen spezielle Interessengruppen politische Institutionen zu beeinflussen suchen: Wenn Regierungen Gesetzesvorhaben initiieren, beziehen sie die betroffenen Verbände im sogenannten „Remissverfahren" ein, indem sie diese auffordern, ihre Kommentare zur Sache abzugeben (Kvavik 1976). Dieses Verfahren ist seit 1967 im Verwaltungsgesetz festgelegt (forvaltningsloven av 1967, §37). So wurde die Preisregulierungspolitik der Regierung nach dem Zweiten Weltkrieg durch öffentliche Verhandlungen mit den Verbandsvertretern eingeleitet. Dies zeigt, daß die Verbände nicht nur Beziehungen mit der Ministerialverwaltung unterhalten, sondern auch zu nachgeordneten öffentlichen Behörden. Allmählich wurde die Teilnahme so formalisiert, daß von einem delegierten Recht gesprochen werden kann (Olsen 1983: 148).

Bis in die 80er Jahre stieg die Zahl solcher Ausschüsse oder Komitees kontinuierlich an (Moren 1958: 58-60; Nordby 1994). Die Zahl der Mitglieder in solchen Ausschüssen variiert für gewöhnlich zwischen 5 und 10. Zu den Repräsentanten der verschiedenen Verbände kommen noch 2-3 Repräsentanten der betroffenen Ministerien hinzu. Der formale Status solcher Ausschüsse variiert stark. Über die Hälfte hat konsultativen Status und gibt nur Antworten auf Fragen, die das Ministerium vorbereitet hat. Das bedeutet natürlich eine klare Kompetenzbegrenzung für derlei Ausschüsse. Es gibt aber auch Ausschüsse, die die letzte Entscheidungsbefugnis in einer Sache haben. Diese Befugnis ist dann meistens statutarisch festgeschrieben und formalisiert.

Die Motivationen für die Einrichtung solcher Ausschüsse sind unterschiedlich. Im allgemeinen ist es eine Antwort auf manifeste Funktionsprobleme. Ausschüsse erhöhen die Legitimität der Verwaltung. Gleichzeitig hängt die Entscheidungsfindung von Expertenwissen ab, das eine Regierung nicht haben kann und das häufig Ausgangspunkt für langwierige Auseinandersetzungen zwischen Verwaltung und Expertokratie ist. Politisch beugt eine solche Vorgehensweise der Kritik gegenüber einem Vorhaben vor. Von den Verbänden her gesehen, erscheint es rational, daß wichtige Vorhaben nur in engem Kontakt mit der Regierung realisiert werden. Es ist daher festgestellt worden, daß die Kooperation zwischen Verbänden und Regierung zu Lasten des Parlaments ging (Kvavik 1976; Nordby 1994).

Trotz aller Kooperation kann die Entscheidung aber dennoch gegen die Interessen der Verbände gefällt werden. Das jedoch ist in Norwegen selten der Fall. Der Einfluß der Ausschüsse hängt ohnehin vom oben beschriebenen Status ab. Dazu kommen noch einige Aspekte, die das Bild weiter differenzieren: Je klarer und begrenzter das Mandat eines Ausschusses ist, desto eher ist zu erwarten, daß die Regierung nach deren Empfehlungen entscheidet. Je mehr Expertise ein solcher Ausschuß hat, desto geringer ist die Wahrscheinlichkeit, daß seiner Expertise widersprochen wird. Das gilt vor allem für die Bereiche von Wissenschaft und Kunst. Empfehlungen jedoch, die den sozialen und ökonomischen Bereich betreffen, sind selten ohne Kontroversen diskutiert worden. Je mehr ein Ausschuß über Expertise verfügt, desto weniger wird ein Ministerium dagegen Widerstand leisten können, und je früher eine Sache einem Ausschuß vorgelegt wird, desto mehr Einfluß hat er auf die Entscheidung. Diese Ausschüsse können als diametraler Gegensatz zur klassischen Bürokratieauffassung von Max Weber betrachtet werden (Weber 1976). Sie befinden sich außerhalb der Hierarchie und sind daher von ihr nicht abhängig. Die Autorität der Mitglieder eines solchen Ausschusses beruht auf sozialen Verbindungen außerhalb der Hierarchie. Außerdem werden die Vorgänge mündlich gehalten. Durch solche Ausschüsse erhält die Exekutive ein Element der Interessenrepräsentation. In der klassischen Verfassungstheorie ist das nur innerhalb der Legislative vorgesehen. Dieses System der Zusammenarbeit in Norwegen fällt unter die Bezeichnung Korporatismus. Der funktionelle Aspekt innerhalb des Korporatismus birgt aber auch Zündstoff in sich: Denn durch die Integration von Eliten entstehen soziale Konflikte wieder von neuem. Eliten tendieren immer zur Gleichheit untereinander. Und nicht alle sind in diesen „kollegialen Verwaltungen" (Moren 1974) repräsentiert. Auch wenn in Norwegen sektorale Repräsentationsmonopole herrschen und dadurch die Rivalität um die Teilnahme in diesem System weitgehend wegfällt, kann daraus nicht geschlossen werden, daß es keinen Streit um die Teilnahme gäbe (Kvavik 1976). Innerhalb dieser Gruppen jedoch herrscht Sachlichkeit und ein gedämpfter Ton, keine Konflikte, von „pressure" kann keine Rede sein. Die Verbände besitzen daher im politischen Prozeß die Möglichkeit, Einfluß zu nehmen, sie stärken den funktionalen Einfluß, der durch die moderne Parteienrepräsentation geschwächt wurde.

Diese grundlegende Bedeutung von Verbänden hat in Norwegen dazu geführt, daß der Korporatismus unabhängig blieb von spezifischen parteipolitischen Konstellationen. Als die Sozialdemokratie 1965 durch eine bürgerliche Koalitionsregierung abgelöst wurden, zeigte sich, wie sehr die neue konservative Regierung auf diese institutionellen, korporativen Arrangements angewiesen blieb – zumal die Verbände Gefallen an diesen Formen der Willensbildung und Entscheidungsfindung gefunden hatten. Dies kam vor allem bei dem 1967 von der neuen Regierung eingerichteten Ausschuß für die Berechnung der Lohnverhandlungen *(Det tekniske beregningsutvalg for inntektsoppgjørene)* zutage. Es war in vieler Hinsicht eine Fortführung der Politik der Arbeiterregierung.

Dennoch gelten die 70er Jahre als die Periode, in der sich etablierte Ordnungen aufzulösen begannen. Auf Grund der gescheiterten Volksabstimmung zum EU-Beitritt Norwegens im Jahre 1972 verlor das Establishment erheblich an Vertrauen. Das bedeutete in vielerlei Hinsicht ein Aufbrechen der Monopolstellung der Sozialdemokraten innerhalb diverser Verbände. So erhielt der Gewerkschaftsverband 1977 Konkurrenz in Form eines berufsständischen Zentralverbandes *(yrkesorganisasjonenes sentralforbund, YS)*, der mit dem Anspruch auftrat, parteipolitisch unabhängig zu sein. Außerdem brachen die festen Wechselkurse von Bretton-Woods 1973/74 zusammen, die auf die Tarifpartner disziplinierend gewirkt hatten. Das und die Öleinnahmen öffneten die Schleusen für wohlfahrtsstaatliche Forderungen, was es der nun inzwischen wieder sozialdemokratischen Regierung ermöglichte, eine Politik der Globalsteuerung durchzuführen – streng nach keynesianischem Muster. Es zeigte sich aber, daß der benevolente Wohlfahrtsstaat, der mit der einen Hand reichlich austeilte und mit der anderen seinen Zugriff verstärkte, daß diese Abhängigkeit der professionellen Eliten vom Staat mit der aufkommenden Marktideologie kollidierte. Es zeigte sich, wie stark vor allem in den 70er Jahren das Parlament übergangen worden war.

Tonangebend waren in den 80er Jahren die Manager der großen multinationalen Unternehmen (Perkin 1989). Das bedeutete jedoch nicht unbedingt, daß diese Manager auf staatliche Absicherung von Verträgen oder etwa auf Steuererleichterungen verzichten wollten. Auch seitens der Forschung wurden nun Ideen vom „segmentierten Staat" propagiert (Egeberg et al. 1978). Überraschend schnell wurden diese Ansichten zur „Wahrheit" erhoben. Sie stimmten mit dem sozialdemokratischen Langzeitprogramm von 1981 überein, in dem von einem Schaden für die Gesellschaft als Ganzes die Rede war, den sie durch diese „Tripleallianz" von Verbänden, Ministerium und Parlamentskomitee *(stortingskommité)* genommen hätte (Goldthorpe 1984). Die nachfolgende bürgerliche Regierung war der gleichen Auffassung. Daher kam es zu zwei Parlamentsanfragen zu den Ausschüssen (Stortingsmelding nr.7, 1980-81: Utvalg, styrer og råd) – mit dem Ziel einer Vereinfachung und Effektivierung des korporativen Ausschußsystems.

6. Zusammenfassung

Norwegen ist eine außerordentlich dicht durchstrukturierte Gesellschaft *(organisasjonssamfunn)*. Sie wird darin nur noch von Schweden übertroffen. Wo der Sättigungsgrad erreicht sein könnte, läßt sich in einer eindeutigen Weise nicht sagen. Allerdings läßt sich eine starke Abhängigkeit der Verbände und ihrer Strukturen vom Selbstverständnis der Gesellschaft feststellen. Dieses ist dem geschichtlichen Wandlungsprozeß unterworfen. In verschiedenen Perioden dominierte jeweils ein Verbandstyp.

Die Entwicklung der europäischen Integration sowie die Entscheidung Norwegens gegen eine Mitgliedschaft in der EU haben freilich ihre Spuren hinterlassen – besonders auf dem Gebiet der Gewerkschaftsverbände (Dølvik et al. 1991). Die Internationalisierung von Verbänden wirft bereits jetzt eine Vielzahl von Problemen bezogen auf die politische Selbstwahrnehmung des Landes auf. Die Internationalisierung von Verbänden wird die Frage einer EU-Mitgliedschaft sicherlich von neuem auf die Tagesordnung setzen.

Abkürzungsverzeichnis

AF	Akademikernes Fellesorganisasjon
AKAN	Arbeidslivetskommité mot alkoholisme og narkomani
DnFmB	Den norske Forening mod Brændevinsdrik,
DNGTO	Den norske Godtemplar Organisasjonen
DNL	Norges Lægeforening
DNT	Den Norske Totalavholdsselskap,
KSF	Kvinnestemmerettsforening,
LO	Landsorganisasjonen
NAF	Norsk Arbeidgiverforening
NBF	Norges Blindeforbund
NBL	Norges Bondelag
NBS	Norsk Bonde-og Småbrukarlag,
NFL	Norges Fiskarlag
NHF	Norges Handelsstands Forbund
NHF	Norsk Håndverkerforbund
NHO	Næringslivets Hovedorganisasjon
NIF	Norges Industrieforbund
NKF	Norges Kvinnessaksforening,
NKR	Norske Kvinners Nasjonalråd
NKS	Norske Kvinners Sanitetsforening,
NOU	Norges offentlige utredninger
NRF	Norges Reederforbund
NSF	Norsk Sykepleierforbund
SAF	Skipfartens Arbeidgiverforening
UN	Noregs Ungdomslag
YS	Yrkesorganisasjonenes Sentralforbund

Literaturverzeichnis

Aasland, Tertil, 1974: Fra Landsmannsorganisasjon til bondeparti. Politisk debatt og taktikk i norsk Landsmannsforbund 1896-1920, Oslo: Universitetsforlaget

Anderson, Charles W., 1984: Politisk design og interesseorganisasjonene, in: Bernt Hagtvet og William Lafferty (Hrsg.): Demokrati og demoratisering, Oslo: Aschehoug, S. 101-121

Aubert, Vilhelm, 1989: Continuity and Development in: Law and Society, Oslo: Norwegian University Press

Baldersheim, Harald, 1981: Forvaltningsorganisasjon og samfunnstruktur. Ei orientering om teoriar og synsmåter, 2.utg., Bergen: Universitetsforlaget

Beck, Ulrich, 1997: Was ist Globalisierung?, Frankfurt a. M.: Suhrkamp

Benum, Edgeir, 1979: Sentraladministrasjonens historie, Bd. 1-3, Oslo: Universitetsforlaget

Bergh, Trond, 1974: Opprettelsen og utviklingen av bransjerådene, Oslo: Aschehoug

Bergh, Trond, 1987: Arbeiderpartiets styringsfilosofi etter krigen: økonomisk styring-et spørsmål om organisasjon, Bergen

Bergh, Trond, 1993: Fagbergelsen og organisasjonsformene, Oslo

Bergh, Trond/Tore J. Hanisch, 1984: Vitenskap og politikk. Linjer i norsk sosialøkonomi, Oslo: Aschehoug

Bergh, Trond/Hartwig Ø. Pharo (Hrsg.), 1974: Vekst og Velstand. Norsk politisk Historie 1945-65, Oslo: Universitetsforlaget

Brautaset, Harald O./Tor-Inge Dowland, 1974: Organisasjonenes formelle representasjon. Litt om omfang og forutsetninger, in: Jorolf Moren (Hrsg.): Den kollegiale forvaltning, Oslo: Universitetsforlaget, S. 201-221

Bull, Edvard et al. (Hrsg.), 1985ff.: Arbeiderbevegelsens historie i Norge, Bd.1-6, Oslo: Tiden

Castberg, Frede, 1955: Inledning til forvaltningsretten, Oslo: Akademisk Forlag

Christensen, Tom/Morten Egeberg, 1992: Noen trekk ved forholdet mellom organisasjonene og den offentlige forvaltning, in: dies.: Forvaltningskunnskap. Forvaltningen i sammfunnet, Oslo: Tano Aschehoug

Dahl, Ottar, 1986: Likhet, demokrati og makt, Oslo: Universitetsforlaget

Danielsen, Rolf et al., 1964: Det Norske Storting gjennom 150 år, Oslo: Gyldendal

Debes, Inge, 1925-36: Forbrukerkooperasjonen, Bd.1-3, Oslo: NKL

Dølvik, Jørgen E./Olberg, Dennis/Stockland, Gunnar, 1991: Fagbevegelsen og Europa. Internasjonaliseringen og europeisk integrasjon- utfordringer for fagbevegelsen, 2. utg., Oslo: Forskningsstiftelsen Fafo

Dølvik, Jørgen E. et al., 1999: Den Norske forhandlingsmodellen: et tilbakeblikk (= Fafo Rapport 306), Oslo: Forskningsstiftelsen Fafo

Eckhoff, Torstein, 1992: Forvaltningsrett, 4. utg., Oslo: Tanum

Eckstein, Harry, 1960: Pressure Group Politics, London: Allen & Unwin

Egeberg, Morten, 1981: Stat og organisasjoner. Flertallsstyre, partistyre og byråkrati i norsk politikk, Bergen: Universitetsforlaget

Egeberg, Morten (Hrsg.), 1989: Institusjonspolitikk og forvaltningsutviklng, Oslo: Universitetsforlaget

Egeberg, Morten et al., 1978: Organisasjonssamfunnet og den segmenterte stat, in: Johan P. Olsen (Hrsg.): Politisk Organisering, Bergen: Universitetsforlaget

Eriksen, Erik,O./Hans Kristian Hernes, 1989: Koporativisme og demokrati, in: Norsk statsvitenskaplig tidsskrift, Nr. 3, S. 43-64

Evju, Stein, 1990: Norge, in: Tore Sigeman et al. (Hrsg.): Arbeidsrätten i Norden, Stockholm: Nordisk Ministerråd, S. 245-267

Frøland, Hans O., 1993: Corporatism within Organised Capitalism. Norwegian Incomes Policy 1935-1965, in: Jahrbuch für Wirtschaftsgeschichte, Bd. 2, 1993

Furre, Berge, 1971: Mjølk, bønder og tingmenn, Oslo: Samlaget

Fuglum, Per, 1972: Kampen om Alkoholen i Norge 1816-1914, Oslo: Universitetsforlaget

Fuglum, Per, 1995: Brennevinsforbudet i Norge, Trondheim: Tapir

Goldthorpe, John H., 1984: The End of Convergence: Corporatist and Dualist Tendencies in Modern Western Societies, in: ders. (Hrsg.): Order and Conflict in Contemporary Capitalism. Studies in the Political Economy of Western European Nations, Oxford: Clarendon Press, S. 25-82

Hallenstvedt, Abraham/Jorolf Moren, 1975: Det organiserte sammfunn, in: Natilie Rogoff-Ramsøy/ Mariken Vaa (Hrsg.): Det norske samfunn, Bd.1, Oslo: Gyldendal

Heidar, Knut, 1983: Norske politiske Fakta, Oslo: Universitetsforlaget

Hernes, Gudmund (Hrsg.), 1978: Forhandlingsøkonomi og blandingsadministrasjon, Bergen: Universitetsforlaget

Hernes, Gudmund, 1985: Økonomisk Organisering, Bergen

Kaufmann, Franz X., 1997: Die Herausforderungen des Sozialstaates, Frankfurt a.M.: Suhrkamp

Kantorowicz, Ernst, 1991: Die zwei Körper des Königs, München: dtv

Klausen, Kurt K./T. Hviid Nielsen (Hrsg.), 1989: Stat og marked. Fra Leviathan og usynlig hånd til blandingsøkonomi, København: Jurist-og Økonomforlaget

Klausen, Kurt K./Per Selle (Hrsg.), 1995: Frivillig Organisering i Norden, Oslo: Tano

Kuhnle, Stein/Per Selle, 1992: Government and Voluntary Organizations: A Relational Perspective, in: dies. (Hrsg.): Government and Voluntary Organizations, Aldershot: Avebury, S. 187-209

Kvavik, Robert, 1976: Interest Groups in Norwegian politics, Oslo: Universitetsforlaget

Krokann, Inge, 1979: Det store hamnskifte i bondesamfunnet med „Etterord" av Tore Pryser, Oslo: Samlaget

Langholm, Sivert et al. (Hrsg.), 1994: Den kritiske analyse, Oslo: Universitetsforlaget

Lehmbruch, Gerhard/Philippe C. Schmitter (Hrsg.), 1982: Patterns of Corporatist Policy-Making, London: Sage

Lægreid, Per/Johan P. Olsen, 1979: Byråkrati og beslutninger. En studie av norsk departement, Bergen: Universitetsforlaget

Lorentzen, Hasle (Hrsg.), 1982: Forebyggende Sosialpolitikk, Oslo: Aschehoug

Martinussen, Willy, 1973: Fjerndemokratiet, Oslo: Gyldendal

Mjeldheim, Leiv, 1984: Folkerørsla som vart parti. Bergen: Universitetsforlaget

Moren, Jorolf, 1958: Organisasjonene og forvaltningen. En studie i bruken av permanente råd og utvalg med representasjon fra interessegrupper, in: Skrifter fra Norges Handelshøyskole i rekken almene emner, Nr.3, Bergen

Moren, Jorolf, 1974: Den kollegiale forvaltning: råd og utvalg i sentdraladministrasjonen, Oslo

Moren, Jorolf et al., 1976: Norske Organisasjoner, Oslo: Tanum

Mykland, Knut (Hrsg.), 1978: Norges Historie, Bd. 10-13, Oslo: Cappelen

Nagel, Anne-Hilde, 1998: Kjønn og velferdstat, Bergen: Alma mater

Nergaard, Kristine/Bjørn E. Rasch, 1988: Stortingets makt gjennom politikkutforming og politikkfortolkning, in: Tidsskrift for samfunnsforskning, Bd. 29, S. 123-154.

Nordby, Trond, 1991: Det moderne gjennombruddet i bondesamfunnet. Norge 1970-1920, Oslo: Universitetsforlaget

Nordby, Trond (Hrsg.), 1993: Arbeiderpartiet og Planstyret, 1945-1965, Oslo: Universitetsforlaget

Nordby, Trond, 1994: Korporatisme på norsk, Oslo: Universitetsforlaget

NOU 1988:17: Frivillige Organisasjoner. Norges Offentige Utredninger, Oslo

Olsen, Johan P. (Hrsg.), 1978: Politisk organisering, Bergen: Universitetsforlaget

Olsen, Johan P., 1983: Organized Democracy. Political Institutions in a Welfare State – the Case of Norway, Stavanger: Universitetsforlaget

Østerud, Øyvind, 1972: Samfunnsplanlegging og politisk system, Oslo: Gyldendal

Perkin, Harold, 1988: The Rise of Professional Society, London: Routledge

Rokkan, Stein, 1987: Stat, Nasjon, Klasse. Essays i politisk sosiologi. Oslo: Universitetsforlaget

Rothholz, Walter, 1986: Die politische Kultur Norwegens, Baden-Baden: Nomos

Rudwin, Olav, 1967: Indremisjonsselskapets historie, I-II, Oslo: Lutherstiftelsen

Seip, Annelise, 1984: Sosialhjelpstaten blir til. Norsk sosialpolitikk 1740-1920, Oslo: Gyldendal

Seip, Annelise, 1994: Veiene til Velferdsstaten, Oslo: Gyldendal

Seip, Jens Arup, 1963: Fra embedsstat til ettpartistat og andre essays, Oslo: Universitetsforlaget

Seip, Jens Arup, 1971: Utsikt over Norges historie, Oslo: Gyldendal

Sejersted, Francis (Hrsg.), 1984: Høyres Historie, Bd.1-3, Oslo: Cappelen

Sejersted, Francis, 1988: From Liberal Constitutionalism to Corporate Pluralism in Norway after the Second World War and the Subsequent Constitutional Development, in: Jon Elster/Rune Slagstad (Hrsg.): Constitutionalism and Democracy, Cambridge: Cambridge University Press, S. 90-166

Sejersted, Francis, 1993: Demokratisk Kapitalisme, Oslo: Universitetsforlaget

Slagstad, Rune, 1998: De nasjonale Strateger, Oslo: Pax

Smith, Eivind, 1979: Forvaltningsrett og Blandingsadministrasjon, Oslo: Tanum-Norli

Steen, Anton, 1988: Landbruket, staten og sosialdemokratene. En komparativ studie av interessekon-
flikter i landbrukspolitikken i Norge, Sverige og England 1945-1985, Oslo: Universitetsforlaget

Steen, Sverre, 1946-48: De frivillige Sammensluttningene og det norske Demokrati, in: Historisk
Tidsskrift, Bd. 34, S. 581-600

Sternberger, Dolf, 1980: Schriften IV, Frankfurt a.M.: Insel

Sørensen, Øystein, 1988: Martin Schweigaard, Oslo: Universitetsforlaget

Thurow, Lester C., 1996: Die Zukunft des Kapitalismus, Düsseldorf: Econ

Torgersen, Ulf, 1984: Interesseorganisasjonene – partifundamet eller partikonkurrent?, in: Nytt Norsk
Tidsskrift, Nr. 4, Oslo

Torstendahl, Rolf, 1991: Bureaucratisation in North-western Europe 1880-1985, London: Routledge

Try, Hans, 1983: Assosasjonane og det store hamnskifte, in: Dugnad, Nr. 8, S. 56-87

Valen, Henry, 1992: Valg og politikk, 2. Aufl., Oslo: NKS-forlaget

Williamson, Peter, J., 1989: Corporatism in Perspective. An Introductory Guide to Corporatist
Theory, London: Sage

Weber, Max, 1976: Wirtschaft und Gesellschaft, 5. Aufl., Tübingen: Moor-Siebeck

Wyller, Thomas Chr. 1958: Nyordning og motstand: en framstilling og en analyse av organisasjonenes
politiske funksjon under den tyske okkupasjonen 25.9.1940-29.9.1942, Oslo

Wyller, Thomas Chr., 1959-60: Utvidelsen av statens myndighetsområde i Norge under den første
verdenskrig, in: Historisk Tidsskrift, Bd. 39, S. 345-368

Wærnes, Kari, 1998: Kvinner og velferdstat – fellesinteresser og konflikter i årene som kommer, in:
Anne-Hilde Nagel (Hrsg.): Kjønn og velferdstat, Bergen: Alma mater, S. 320-365

Österreich

Zwischen Korporatismus und Zivilgesellschaft

Ferdinand Karlhofer

1. Historische Entwicklung

Bei einer historischen Betrachtung des österreichischen Verbändesystems ist eine Reihe von Zäsuren und politischen Systembrüchen zu beachten. Die Periodisierung für das neunzehnte und zwanzigste Jahrhundert ergibt das folgende Bild: (1) den Vielvölkerstaat der Habsburger-Monarchie mit einem Gebiet von 677.000 km^2, welches nach deren Zusammenbruch 1918 auf die Größe von 84.000 km^2 schrumpfte; (2) die demokratische Erste Republik (1918-1933); (3) den autoritären Ständestaat (1933-1938); (4) das nationalsozialistische Regime mit der Eingliederung Österreichs in das Deutsche Reich (1938-1945); schließlich (5) die Zweite Republik ab 1945. Jede dieser Perioden hatte unmittelbare Auswirkungen auf Reichweite und Rahmenbedingungen des Verbändesystems; gleichzeitig läßt der historische Längsschnitt – sieht man von der Gleichschaltung unter dem NS-Regime ab – auch evolutionäre Entwicklungen und teilweise auch Kontinuitäten mit einer sehr spezifisch österreichischen Ausrichtung erkennen.

Am Beginn des 19. Jahrhunderts, als sich von England aus die industrielle Revolution auf dem Kontinent ausbreitete, konnte Österreich trotz begrenzter Rohstoffvorkommen und eines inadäquaten Transportwesens zunächst noch Schritt halten mit der Entwicklung in Ländern wie Frankreich, Belgien und Deutschland. In den dreißiger Jahren fiel es dann immer mehr hinter das Entwicklungstempo dieser Länder zurück, und zwar aus mehreren Gründen: Die Habsburger-Monarchie war ein extrem heterogenes Gebilde unterschiedlicher Völker, die immer schwieriger durch die Zentralgewalt zusammengehalten werden konnten. Nationalistische Spannungen und Separationstendenzen wurden durch eine ungleiche ökonomische Entwicklung verschärft; das Wirtschaftswachstum im deutschsprachigen und im böhmischen Gebiet war deutlich höher als das der anderen Länder. Und schließlich behinderten die feudalistischen Strukturen in Verbindung mit einem ausgeprägten beamtenstaatlichen Selbstverständnis, letzteres als Erbe des aufgeklärten Absolutismus unter Joseph II., die Herausbildung einer unternehmerischen Klasse (Karlhofer/Pelinka 1992).

Was in der Zeit des Vormärz amtlich zugelassen wurde, beschränkte sich im wesentlichen auf elitäre Zirkel zu den verschiedensten Themen: Musik-, Kunst-, wissenschaftliche Vereine u.a.m. Gleichwohl dienten diese als Foren für die sich langsam herausbildende bürgerliche Öffentlichkeit (Hye 2000: 34). Ansätzen zur Bildung privater Vereinigungen für die Vertretung wirtschaftlicher Interessen stand die Monarchie dagegen reserviert gegenüber. Der Staatsanspruch ging so weit, auch den Zünften zahlreiche Befugnisse zu entziehen und schließlich mit dem Strafgesetz 1803 zunftähnliche Kartellabsprachen zu verbieten. Die Zulassung von Gewerbevereinen erfolgte restriktiv und nur mit großen Auflagen und stark eingeschränktem Tätigkeitsprofil.

Groß war dagegen das Interesse, die nach französischem Vorbild in der Region Lombardo-Venetien, das von 1811-1815 unter französischer Herrschaft gestanden hatte, eingerichteten Kammern für Handels- und Gewerbetreibende auch in anderen Gebieten der Monarchie zu verwirklichen; diesbezügliche Versuche schlugen zunächst aber fehl (Retter 1997: 58). Erst im Gefolge der (gescheiterten) bürgerlichen Revolution von 1848 wurde ein Gesetz zur Errichtung öffentlich-rechtlicher Handelskammern verabschiedet und damit gleichsam der Grundstein für das später auf praktisch alle sozioökonomischen Gruppen ausgeweitete Kammersystem gelegt.

Die für private Vereine geltenden Vorschriften wurden zwar 1852 gelockert, doch lag die Bewilligung eines Vereins weiterhin im Ermessen der Behörde. Dennoch wurden nun, auch mit Blick auf den gesellschaftlichen Bedeutungsgewinn des Bürgertums, in verstärktem Umfang Gründungen zugelassen, namentlich der 1862 konstituierte *Verein Österreichischer Industrieller* (Traxler 1997: 374). Vergleichbare Rechtsgrundlagen für die Arbeiterschaft wurden nicht geschaffen. Für sie galt weiterhin ein Koalitionsverbot, welches Absprachen zur Durchsetzung wirtschaftlicher Vorteile, zum Beispiel bei Lohnforderungen, unter Strafe stellte. Mit sogenannten Unterstützungskassen für in Not geratene Lohnarbeiter, die de facto einen Rahmen für organisiertes Handeln bildeten und vielfach als getarnte Gewerkschaften fungierten, wurde dieses Verbot unterlaufen, doch immer unter dem Risiko behördlicher Verfolgung (Traxler 1982: 34).

Nach der Niederlage im Krieg gegen Preußen 1866 sah sich die Regierung zu einer Reihe von Konzessionen zur Befriedung der Stimmung im Lande gezwungen. Im Rahmen des Staatsgrundgesetzes von 1867 trat das Vereins- und Versammlungsrecht in Kraft, das nun auch die Gründung von Arbeiterbildungsvereinen ermöglichte. Obwohl vom Vereinszweck als Bildungsvereine ausgewiesen, dienten diese von Beginn an als Instrumente der – sozialistisch orientierten – Arbeiterbewegung für politische Forderungen, unter anderem für die Einführung des allgemeinen Wahlrechts. Prioritäres Ziel war aber zunächst der Kampf gegen das Koalitionsverbot, das schließlich 1870 aufgehoben wurde. Damit war die Bildung von Gewerkschaften möglich, die sich in rascher Folge auf lokaler Ebene formierten und sich 1893, nachdem die Schwierigkeiten für die Bildung eines gemeinsamen Dachverbandes überwunden worden waren, in der *Gewerkschaftskommission* zusammenschlossen. Auf der Unternehmerseite, die bis dahin über Produzentenverbände, aber über keinen Arbeitgeberverband verfügt hatte, formierten sich parallel dazu der *Zentralverband der Industriellen Österreichs* (1892) sowie der *Bund österreichischer Industrieller* (1897).

Die erweiterten Rechte zur Bildung von Vereinen begünstigten das ebenfalls sehr rasch expandierende Genossenschaftswesen. Es handelte sich dabei um Selbsthilfeorganisationen im Konsumbereich, denen es um die Suche nach Alternativen zur Abhängigkeit von schlechter Qualität und überteuerten Preisen in der Lebensmittelversorgung ging. Diese Genossenschaften bildeten sich – anders als in Deutschland (Raiffeisen, Schulze-Delitzsch) – unabhängig und ohne Einfluß von außen. Nachgefragt und getragen wurden ihre Aktivitäten von einer sehr heterogenen Gruppe: Vertreter des Kleingewerbes in den Städten, niedrige Beamte, besser gestellte Arbeiter, Bauern. Parallel dazu entstanden sogenannte Konsumvereine mit eher karitativer Funktion, mit wohlhabenden Förderern und in der Regel passiven „Genossenschaftern". In der österreichischen Reichshälfte wurde der erste Konsumverein 1857 gegründet, die Zahl wuchs rasch auf 508 (1873) an. 1872 wurde der *Allgemeine Verband der auf Selbsthilfe beruhenden Erwerbs- und Wirtschaftsgenossenschaften in Österreich* gegründet, in dem sämtliche Genossenschaftssparten vertreten waren. Mit dem Genossenschaftsgesetz

von 1873 wurden diese Vereine auf eine eigene Rechtsbasis (keine staatliche Beauf-
sichtigung, dafür aber Haftpflicht für Mitglieder) gestellt, durch die im selben Jahr einsetzende Wirtschaftskrise erlitt die Bewegung aber schwere Einbußen (Blaich 1988: 6-10).

Ursprünglich ein eher konservativer Reflex gegen die Folgewirkungen der industriellen Revolution, erhielten die Konsumvereine ab etwa 1890 starken Zulauf durch
Arbeiter. Politisch wurden sie nun zu einem gesellschaftspolitischen Instrument der
1889 gegründeten *Sozialdemokratischen Arbeiterpartei*. Bis zur Jahrhundertwende
wurden sie weitgehend in die Parteistruktur integriert und 1908 zu einem gleichwertigen Kampfmittel der Arbeiterbewegung neben den Gewerkschaften und der politischen Partei (Drei-Säulen-Theorie) erklärt. 1905 wurde die *Großeinkaufsgesellschaft
Österreichischer Consumvereine* gegründet. Bis zu seinem endgültigen Scheitern 1985
blieb „der Konsum" fester Bestandteil der österreichischen Sozialdemokratie.

Im ausgehenden 19. Jahrhundert begannen sich spezifische Integrationsmilieus
herauszubilden, deren Besonderheit in der engen Bindung von Vereinen und Verbänden mit dem sich formierenden Parteiensystem lag. So wie die Sozialdemokratie ein
dichtes Netz von Organisationen knüpfte, traten mit vergleichbar umfassendem Vertretungsanspruch auch der politische Katholizismus sowie der Deutschnationalismus
auf. Mit zunehmender Konsolidierung entwickelten sich diese *Lager*, wie sie später
genannt wurden, zu einem bis in die jüngere Vergangenheit nachwirkenden Charakteristikum der österreichischen Gesellschaft und politischen Kultur. Der militärsprachli-
che Begriff Lager ist nicht zuletzt auch mit Blick auf die in der Ersten Republik aktiven paramilitärisch organisierten Wehrverbände quer durch das Parteienspektrum gerechtfertigt: *Heimwehr* (christlich-sozial), *Republikanischer Schutzbund* (sozialdemokratisch) und weitere Wehrverbände waren in zahlreiche politische Gewaltakte, einschließlich des Bürgerkrieges im Februar 1934, involviert (Botz 1983).

Wie weitreichend die von den politischen Lagern erbrachten sozialen Integrati-
onsleistungen waren, erschließt sich stellvertretend durch einen Blick auf das von der
Sozialdemokratie betreute Verbändespektrum: Es erstreckt sich von den *Kinderfreun-
den* und den *Roten Falken* über *Mietervereinigung* und *Naturfreunde* bis hin zum *Verband der Amateurmusikervereine* und dem *Verband der Arbeiter-Fischereivereine
Österreichs*. Die meisten der sogenannten Vorfeldorganisationen der Sozialdemokratischen Partei wurden in der Ersten Republik oder früher gegründet, sie umfaßten Kin-
derhorte ebenso wie Bestattungsvereine und zielten darauf, „von der Wiege bis zur
Bahre" möglichst alle Lebensphasen und -lagen gesellschaftspolitisch zu strukturieren.
Zum Teil sind diese Organisationen aufgelöst worden oder sie erfüllen ihren Zweck
nicht mehr, jedenfalls aber listet die Homepage der heutigen SPÖ immer noch 29 „befreundete Organisationen" auf (www.spoe.at). Das Verbandsleben des christlich-
sozialen Lagers der heutigen ÖVP läßt sich mit dieser Anschaulichkeit nicht doku-
mentieren, die Homepage listet lediglich sieben „befreundete Organisationen" auf
(www.oevp.at), bezieht man aber die zahlreichen katholischen Organisationen *(Landjugend, Katholische Arbeiterbewegung, Kolping-Verein, Katholische Frauenbewegung
usw.)* mit ein, steht es dem sozialdemokratischen kaum nach.

Ungeachtet des totalitären Systembruchs durch den Nationalsozialismus rekonsoli-
dierten sich die politischen Lager – mit Ausnahme des deutschnationalen – unmittelbar
nach 1945 mit erstaunlicher Kontinuität. Zwar ist in manchen Bereichen bereits sehr
früh eine Tendenz zur „Säkularisierung" festzustellen, bei den wirtschaftlichen Interessenverbänden nimmt der Einfluß der „Lagerparteien" aber, wie noch auszuführen sein
wird, sogar noch deutlich zu.

2. Rechtliche Grundlagen

Verbandliche Tätigkeit hat in Österreich entweder die Organisationsform einer Körperschaft öffentlichen Rechts (Kammer) oder einer Körperschaft privaten Rechts (Verein) – der Begriff Verband wird als juristischer Terminus nicht verwendet.

Die berufsständische Organisation von Interessen in der Gestalt von Kammern weist in Österreich eine rund hundertfünfzigjährige Geschichte auf. Als erste wurden, im Gefolge der Revolution von 1848, die Handelskammern eingerichtet; es folgten die Rechtsanwaltskammern und Notariatskammern, um die Jahrhundertwende dann die Ärztekammern, Apothekerkammern und Ingenieurkammern. Die Arbeiterkammern wurden 1920 gegründet, die erste Landwirtschaftskammer 1922, die Dentistenkammern 1924; einige wenige Kammern – die Kammern der Wirtschaftstreuhänder und der Tierärzte sowie die Patentanwaltskammer – entstanden erst in der Zweiten Republik.

Der Begriff „Kammer" wird in der österreichischen Bundesverfassung explizit verwendet (§ 10 B-VG). Der österreichische Verfassungsgerichtshof setzt ihn synonym mit dem an anderer Stelle verwendeten Begriff „gesetzliche berufliche Vertretung" (§ 20 B-VG) und definiert Kammern als „durch Gesetz im materiellen Sinne geschaffene organisatorische Einrichtungen zur Wahrung der Interessen von Personengruppen, die durch eine gleichgerichtete und gleichartige Berufsausübung zusammengeschlossen sind" (zit. n. Pernthaler 1994: 22).[1] Mit dieser Definition ist implizit festgelegt, daß durch das jeweilige Kammergesetz ausnahmslos alle Mitglieder der betreffenden Gruppe erfaßt werden, also Pflichtmitgliedschaft besteht. Damit sind Kammern mit freiwilliger Mitgliedschaft, wie in Großbritannien und den skandinavischen Ländern, aus verfassungsrechtlichen Gründen ausgeschlossen.

Den entsprechenden Gesetzen zu den einzelnen Kammern liegt der – korporatistisch ausgerichtete – Gedanke der beruflichen Selbstverwaltung zugrunde. Als Körperschaften öffentlichen Rechts sind alle Kammern nach dem Prinzip der Selbstverwaltung eingerichtet und jeweils mit einem selbständigen und einem übertragenen Wirkungsbereich ausgestattet. Bei den „kleinen" Kammern mit homogenen Klientelen bezieht sich dieses Organisationsmodell im engeren Sinn auf die berufliche Selbstverwaltung, die vielfach auch die Disziplinargewalt über die Mitglieder einschließt; bei den „großen" Kammern bezieht es sich weiter gefaßt auf die wirtschaftliche und soziale Selbstverwaltung „der für das Wirtschaftsleben bedeutsamen Gruppen" (Korinek 1970: 21). Letztere wird von Verfassungsrechtlern als spezifisch österreichische „Sozialautonomie" bezeichnet, „ein rechtlich außerordentlich differenziertes System autonomer Rechtsetzungsbefugnisse im Arbeitsrecht, das international gesehen einen durchaus eigenständigen Charakter aufweist" (Pernthaler 1994: 66). Die geltende Rechtsordnung sieht wesentliche Mitwirkungsrechte der Kammern vor und baut auf einem Gleichgewicht von freien Verbänden und Kammern auf.

Verbände mit freiwilliger Mitgliedschaft unterliegen grundsätzlich den Vorgaben des Vereinsgesetzes von 1951. Dieses geht zurück auf die mit dem Staatsgrundgesetz von 1867 gewährten Grund- und Freiheitsrechte (Art. 12 StGG), die mit der Bundesverfassung von 1920 übernommen wurden. Mit dem 1958 erfolgten Beitritt Österreichs zur Menschenrechtskonvention des Europarates wurde festgelegt, daß das Vereinigungsrecht allen Menschen gewährleistet wird (Art. 11 MRK) und lediglich nach

---

1   Eine weitere gesetzliche Vertretung, die *Österreichische Hochschülerschaft*, wird damit vom Kammerbegriff ausgenommen.

Maßgabe eines Gesetzesvorbehaltes ausgestaltet werden darf. Hinsichtlich der individuellen Grundrechtsansprüche hat die Vereinigungsfreiheit zwei unterschiedliche Komponenten: eine „positive", welche das Recht, Vereinigungen frei zu bilden und diesen frei beizutreten, umfaßt; und eine „negative", welche das Recht, einem Verein nicht beizutreten bzw. aus einem Verein auszutreten, schützt (Frowein/Peukert 1985: 242).

Der Aufwand für die Gründung ist gering: Es gibt, anders als beispielsweise in Deutschland, kein amtliches Vereinsregister, daher ist auch keine „Eintragung" eines Vereins vorgesehen. Es genügt die Hinterlegung der Statuten bei der Vereinsbehörde (Polizeidirektion). „Vereinsstatuten müssen grundsätzlich in deutscher Sprache abgefaßt sein. Sie müssen außerdem klar und ohne inneren Widerspruch sein. Und schließlich verlangt das Vereinsgesetz, daß sie zumindest den Vereinsnamen, den Vereinszweck, die für seine Verwirklichung vorgesehenen Tätigkeiten, den Erwerb und die Beendigung der Mitgliedschaft, die Rechte und Pflichten der Mitglieder, die Vereinsorgane, die Formerfordernisse für gültige Beschlußfassungen durch die Organe, die Vertretung des Vereins nach außen, die Art der Schlichtung von Streitigkeiten aus dem Vereinsverhältnis sowie die freiwillige Auflösung des Vereins und die für diesen Fall vorgesehene Verwertung des Vereinsvermögens regeln" (www.bmi.gv.at/Vereinswesen). Es gibt überdies keine finanziellen Hürden für die Gründung eines Vereins.

Als Verein gilt in Österreich jede freiwillige, auf längere Zeit geplante organisierte Verbindung von Personen, die durch gemeinsame Tätigkeit einen Zweck erreichen wollen. Ausgenommen sind auf Gewinn berechnete Vereinigungen, Genossenschaften, Religionsgemeinschaften und politische Parteien, deren Tätigkeit durch Sondergesetze geregelt ist. Organisationen mit höchst unterschiedlicher Größe und Zwecksetzung – der numismatische Verein in der Bezirksstadt mit einigen wenigen Mitgliedern ebenso wie der *Österreichische Gewerkschaftsbund* (ÖGB) mit eineinhalb Millionen Mitgliedern – haben damit die gleiche Rechtsbasis.

3. Strukturen

Die Zahl der Vereine lag 1999 bei 99.979, zehn Jahre davor waren es 78.835 (Statistisches Jahrbuch 2000). Bei einer Dichte von knapp 150 Organisationen je 10.000 Einwohner ab 15 Jahren sind rund drei Viertel (74 Prozent) der Österreicher Mitglied mindestens eines Vereins, 36 Prozent sind Aktivisten oder Funktionäre. Bei den meisten Organisationstypen, mit Ausnahme Bildung/Kultur und neuen sozialen Bewegungen, überwiegt die passive Mitgliedschaft gegenüber der aktiven. Die Aufschlüsselung nach soziodemographischen Kriterien ergibt, nicht überraschend, bei den aktiven Mitgliedern einen höheren Anteil bei Männern, höheren Bildungsschichten, qualifizierten Berufen, jüngeren und mittleren Jahrgängen (Ulram 2000: 145-147).

Nach territorialen Gesichtspunkten weisen alle großen Verbände eine mehrgliedrige Struktur mit den Ebenen Gemeinde – Bezirk – Bundesland – Bund auf. Hinsichtlich des Zentralisierungsgrades lassen sich drei Abstufungen unterscheiden:

- *föderalistische Verbände*: Auf lokaler Ebene existieren eigenständige Vereine, die sich zu Landesverbänden mit ihrerseits eigener Rechtspersönlichkeit zusammenschließen; die neun Landesverbände sind Mitglied der Bundesorganisation, die als Dachverband ebenfalls vereinsrechtlich erfaßt ist. Bei den föderalistisch ausgerichteten Verbänden ist die horizontale Dimension wichtiger als die vertikale, der

organisatorische Schwerpunkt, mit in der Regel sehr aktiver Mitgliedschaft, liegt
bei den lokalen Vereinen. „Verbändeverbände" dieser Art finden sich besonders
im Sportbereich;

• *zentralistische Verbände*: Hier sind zwar ebenfalls alle Ebenen für das Organisationsleben relevant, es besitzt aber nur die Bundesorganisation eine eigene Rechtspersönlichkeit. Die Landesorganisationen sind bei diesem Typus primär Verwaltungsstellen unter der Personal- und Finanzhoheit der Zentrale und nur sekundär Einheiten
mit autonomen Kompetenzen. Auch spielt hier der Bezirk als Verwaltungsebene, in
der die Ortsgruppen zusammengefaßt sind, eine vergleichsweise große Rolle. Ein
Beispiel für diese Organisationsform, bei der die vertikale Dimension klar Vorrang
vor der horizontalen Dimension hat, ist der *Österreichische Gewerkschaftsbund*;

• *Mischtypen*: Bei etlichen großen Verbänden sind föderalistische und zentralistische
Elemente ausbalanciert. Die Bundesorganisation besteht aus rechtlich autonomen
Landesverbänden, wesentliche Teile der Verwaltung sind aber zentral zusammengefaßt oder koordiniert. Auch ist die Mitgliedschaft bei Verbänden dieser Art stark
passiv akzentuiert. Ein Beispiel für diesen Typus sind die Automobilclubs.

Das österreichische Vereinsgesetz ist bezüglich der rechtlichen Vorgaben für die Willensbildung und die Leitung des Vereins auffallend zurückhaltend: Es werden weder
die Organe des Vereins benannt, noch die Regeln für gültige Beschlußfassungen durch
diese Organe explizit angeführt. In der Praxis haben sich aber bestimmte Mindeststandards eingebürgert, die sich im wesentlichen, ungeachtet der Größe, in den Statuten
aller Vereine finden: Vorgesehen ist die Möglichkeit einer periodischen Zusammen-
kunft der Mitglieder *(Generalversammlung)* in Abständen von ein bis zwei Jahren, bei
großen Verbänden als Landes- bzw. Bundeskongresse mit Delegierten (alle zwei bis
vier Jahre). Der Vorstand eines Vereins setzt sich zusammen aus Vorsitzendem (häufig: Präsident), Schriftführer und Kassierer sowie deren Stellvertreter. Weitere Organe
sind Rechnungsprüfer und (bei größeren Organisationen) Schiedsgericht.

Die aktive Teilnahme der Mitglieder am Vereinsleben hängt stark ab von der Ver-
einsgröße und vom Vereinszweck. Bei sehr kleinen Vereinen ist die Motivation zur Teilnahme am größten, und oft verschwimmen hier auch die Grenzen zwischen gewählten
Funktionären und Aktivisten. Augenfällig wird das besonders bei Bürgerinitiativen (auch
diese neigen wegen des geringen administrativen Aufwands zur Vereinsanmeldung), wo
Mitglieder und Aktivisten nahezu identisch sind. Anders bei großen Organisationen, namentlich jenen, bei denen die Serviceorientierung im Vordergrund steht. Generell rückt
bei den großen Verbänden die direkte Mitgliederbeteiligung gegenüber der repräsentativen Komponente in den Hintergrund. Der Vorstand (auch: Präsidium) gewinnt dadurch
zusätzliche Steuerungsfunktionen sowohl bei der Formulierung des Themen- und Ziele-
katalogs für Kongresse als auch bei der Rekrutierung der Verbandseliten. Parallel dazu
muß ein wachsender Teil der finanziellen Ressourcen für die „Mitgliedschaftspflege"
aufgewendet werden, insbesondere bei den traditionellen Interessenvertretungen (Kammern, Gewerkschaft), was wiederum die Professionalisierung der Verbände beschleunigt.
Die Heranziehung von Beratungsfirmen zur Erarbeitung von Organisationsanalysen und
Strategievorschlägen ist bei allen Großverbänden Standard geworden.

Die internationale Dimension spielt eine zunehmend wichtigere Rolle für das
österreichische Verbändesystem. Einerseits „importieren" international agierende Verbände neue Techniken der Mitgliederwerbung, der Spendenakquisition und Kampagnen-
führung *(Greenpeace, amnesty international* u.a.). Besonders im Umweltbereich wird
durch das Auseinanderdriften von Verursachungs- und Wirkungszusammenhängen die

Bildung von locker strukturierten Dachverbänden oder Netzwerken gefördert (etwa der Umweltdachverband *ÖGNU*). Andererseits sehen sich jene Verbände, die durch den Beitritt Österreichs zur Europäischen Union eine Einschränkung ihrer nationalen „Hoheitsgewalt" hinnehmen mußten, zur Eingliederung in supranationale Dachverbände veranlaßt. In besonderem Maße galt das für die Trägerverbände der Sozialpartnerschaft. In toto läßt sich feststellen, daß die drei großen sozioökonomischen Statusgruppen – Arbeitgeber, Arbeitnehmer, Landwirte – sich ohne größere Schwierigkeiten in die supranationalen Strukturen eingefügt haben. Die Monopolstellung der Verbände, das hohe Maß an Steuerungsgewalt der Spitzenverbände sowie die organisatorische Branchenkonzentration trugen wesentlich zu diesem relativ problemlosen Prozeß bei; keiner der österreichischen Sozialpartnerverbände mußte gegen Organisationsprobleme von der Art, wie sie in fragmentierten Verbändesystemen anzutreffen sind, ankämpfen.

4. Verbände nach Politikfeldern

4.1. Wirtschafts- und Arbeitssystem

Den Verbänden der großen sozioökonomischen Gruppen kommt traditionell eine gewichtige Rolle zu. Ihre Stärke und ihr gesellschaftlicher und politischer Einfluß gründen sich auf das gemischte Interessensystem aus freien Verbänden und Kammern. Die Kammern, in denen alle privatwirtschaftlich Erwerbstätigen erfaßt sind (es gibt keine Kammer für den öffentlichen Dienst), fungieren dabei als stabile Säule, um so mehr, als die freien Verbände, *ÖGB* und *Vereinigung der Österreichischen Industrie (VÖI*, auch: *Industriellenvereinigung, IV)* in den Kammern keine Konkurrenz sehen, sondern mit ihnen eng verflochten sind: Auf Arbeitnehmerseite gibt es fraktionelle Querverbindungen sowie eine Vielzahl von Personalunionen zwischen *ÖGB* und *Arbeiterkammern*; auf Arbeitgeberseite ist die *Industriellenvereinigung*, ebenfalls durch Personalunionen, mit der Sektion Industrie der *Wirtschaftskammer* verbunden. Auf beiden Seiten profitieren die freien Verbände vom Kammersystem, es bedeutet für sie eine spürbare finanzielle und personelle Entlastung der eigenen Verbandsressourcen. Insbesondere für den *ÖGB* eröffnet sich durch die *Arbeiterkammern* eine umfassende, weit über das Arbeitsleben im engeren Sinne hinausgehende Wahrnehmung von Arbeitnehmerinteressen. Die Gewerkschaft fungiert dabei als der politische Arm der Arbeitnehmerschaft, die Arbeiterkammer als der technisch-wissenschaftliche Stab (Klenner 1979: 2146). „Auf der gesicherten ökonomischen Basis der Kammerumlage" hat sich „die österreichische Arbeitnehmerbewegung einen weltweit wohl einmaligen Expertenstab geschaffen" (Klein 1996: 10).

Als freier Arbeitnehmerverband verfügt der *ÖGB* über das gewerkschaftliche Vertretungsmonopol.[2] Die Gewerkschaftsbewegung war in der Ersten Republik in mehrere richtungsgewerkschaftlich fragmentierte Bünde aufgesplittet gewesen, diese wiederum gliederten sich jeweils in zahlreiche Einzel- und Berufsgewerkschaften. Die Reorganisation 1945 bot die Chance, die politische Fragmentierung zugunsten einer parteienübergreifenden Einheitsgewerkschaft mit zunächst 16 (heute 14) Teilgewerkschaften

---

2   Ein Ansatz einer Konkurrenz formierte sich erst 1998 mit der von der FPÖ gegründeten Freien Gewerkschaft Österreichs, die bisher aber nicht über 10.000 Mitglieder hinausgekommen ist.

zu überwinden. Hervorzuheben ist, daß nur der *ÖGB*, nicht aber die ihm angehörenden Gewerkschaften, den Status einer juristischen Person im Sinne des Vereinsrechts genießt. Rein rechtlich ist der *ÖGB* somit kein Dachverband autonomer Fachgewerkschaften wie etwa der *Deutsche Gewerkschaftsbund*, sondern selbst *die* Gewerkschaft; die Finanz- und Personalhoheit ebenso wie die Autorität für die Bewilligung von Streiks liegen ausschließlich bei ihm, was zumindest formell eine stark zentralistische innerverbandliche Willensbildung impliziert. In dieser Hinsicht unterscheidet er sich von den Gewerkschaftsbünden der meisten anderen Länder.

Der Organisationsgrad des *ÖGB* lag Ende der sechziger Jahre noch bei mehr als 60 Prozent und ging in der Folge seither kontinuierlich zurück. Zunächst fiel die gewerkschaftliche Mitgliederrekrutierung hinter die stark ansteigende Beschäftigungszahl zurück, ab Mitte der achtziger Jahre geht dann die Schere zwischen Beschäftigten und Gewerkschaftsmitgliedern weit auseinander. Mit Stand 1999 liegt der Organisationsgrad bei knapp 40 Prozent. Gleichzeitig ändern sich vor dem Hintergrund des beschleunigten Strukturwandels und der Neugruppierung der Arbeitsmärkte die Stärkeverhältnisse zwischen den Einzelgewerkschaften: Die größte Arbeitergewerkschaft *Metall-Bergbau-Energie* ist nur mehr drittgrößte Einzelgewerkschaft im ÖGB (hinter der *Gewerkschaft der Privatangestellten* und der *Gewerkschaft Öffentlicher Dienst*); seit 1997 haben die acht Arbeitergewerkschaften des privaten Sektors zusammen weniger Mitglieder als die vier Gewerkschaften des öffentlichen Sektors. Den damit entstehenden innergewerkschaftlichen Konfliktquellen – Arbeiter vs. Angestellte, privater vs. öffentlicher Sektor, kleine vs. große Gewerkschaften – wird durch umfassende Bemühungen zur organisatorischen Anpassung zu begegnen versucht. Ein tragfähiges, zukunftsweisendes Organisationsmodell wurde bis jetzt aber nicht gefunden, vorerst bemüht man sich daher, ähnlich wie auch in anderen Ländern, um Verbundverträge zwischen den Einzelgewerkschaften und eine Koordinierung der *Kollektivvertragspolitik* (i.e. Tarifpolitik).

Der ÖGB zeichnet sich im internationalen Vergleich durch die am weitesten reichende Zentralisierung der Verbandsstrukturen aus. Partikularistische Gruppeninteressen werden durch ein ausdifferenziertes System der Interessenvermittlung gefiltert und zusammengefaßt (Traxler 1982).

Eine Wahl der Spitzenvertreter durch die Gewerkschaftsmitglieder war statutenmäßig lange Zeit nicht vorgesehen. Statt dessen dienen die Ergebnisse von Betriebsratswahlen (in der Privatwirtschaft) und Personalvertretungswahlen (im öffentlichen Dienst) als Verteilungsschlüssel für das innergewerkschaftliche Kräfteverhältnis. Möglichkeiten der Partizipation eröffneten sich für das Gewerkschaftsmitglied erst mit der Ausübung einer Funktion als gewählter Betriebsrat bzw. Personalvertreter. Erst mit dem Bundeskongreß 1995 wurden die Statuten dahingehend abgeändert, daß „jedes Mitglied (…) die Möglichkeit haben [muß], sich an der Wahl von Organen und Delegierten zu beteiligen".

Die zentralen Organe des *ÖGB* sind: der Bundeskongreß, das Präsidium und der Bundesvorstand. Der Bundeskongreß, das höchste Organ des *ÖGB*, tritt alle vier Jahre zusammen (zuletzt 1999); in seine Kompetenz fallen u.a. programmatische Beschlüsse, die Festsetzung der Höhe der Mitgliedsbeiträge sowie die Wahl der Spitzenfunktionäre. Das Präsidium setzt sich zusammen aus dem Präsidenten und seinen sechs Stellvertretern sowie zwei Leitenden Sekretären; es ist das exekutive Organ für die laufenden Geschäfte zwischen den Sitzungen des Bundesvorstands. Diesem obliegen u.a. Personalentscheidungen, die Vermögensverwaltung sowie die Beschlußfassung über Streiks. Als weiteres Spitzengremium ist die Vorständekonferenz zu nennen: Ursprünglich eingerichtet zur sporadischen Beratung wichtiger Fragen zwischen den Bundeskongressen, trat sie formell zuletzt 1957 zusammen (Zustimmung zur Schaffung der Paritätischen Kommission); als informelles Kriseninstrument wurde sie erst in jüngster Zeit wiederholt einberufen, mit durchaus großem Einfluß auf aktuelle Entscheidungen.

Der *ÖGB* finanziert sich fast zur Gänze aus Mitgliedsbeiträgen, die jährliche Ertragsrechnung weist nur etwas mehr als fünf Prozent der Einnahmen durch Subventionen und sonstige Erträge aus. Der Mitgliedsbeitrag beträgt zumeist 1 Prozent des Bruttolohnes.

Die *Kammern für Arbeiter und Angestellte (Arbeiterkammern, AK)*, 1945 auf Basis des Arbeiterkammergesetzes (AKG) von 1920 wiedererrichtet, sind Körperschaften öffentlichen Rechts mit gesetzlich definierter Zugehörigkeit (Pflichtmitgliedschaft) aller Arbeitnehmer mit Ausnahme der Mehrheit der öffentlich Bediensteten, jedoch unter Einschluß des Personals von Bahn und Post. Wie alle anderen Kammern sind sie nach dem Prinzip der Selbstverwaltung auf Länderebene eingerichtet, mit der *Bundesarbeitskammer* als Dachorganisation. Arbeiterkammern und Bundesarbeitskammer sind gesetzlich „berufen, die sozialen, wirtschaftlichen, beruflichen und kulturellen Interessen der Arbeitnehmer und Arbeitnehmerinnen zu vertreten und zu fördern" (§ 1 AKG).

Im Fall der Arbeiterkammern erfolgt die demokratische Willensbildung über die alle fünf Jahre abgehaltenen Kammerwahlen (zuletzt 1999/2000). Die AK-Zugehörigen wählen je nach Größe des Bundeslandes zwischen 50 und 180 auf Listen kandidierende VertreterInnen (KammerrätInnen) in die AK-Vollversammlung (in der Kammer-Diktion das „Parlament der Arbeitnehmer"). Über das aktive und passive Wahlrecht hinausreichende Mitbestimmungsrechte für die Mitglieder wurden mit der Kammerreform 1992 in das AKG eingebaut, insbesondere das Petitionsrecht, sofern es von mindestens 150, und das Antragsrecht, sofern es von mindestens 1.500 AK-Zugehörigen wahrgenommen wird.

Zentrale Organe der Länderkammern sind die Vollversammlung, der Vorstand und der/die Präsident/in. Das Kompetenzprofil der Vollversammlung umfaßt u.a. die Wahl und Abberufung des Präsidenten und des Vorstandes, die Beschlußfassung über den Jahresvoranschlag und die Erlassung einer Geschäftsordnung. In die Zuständigkeit des Kammervorstandes, dem auch der Präsident und seine Stellvertreter angehören, fallen u.a. die Einsetzung von Ausschüssen und Fachausschüssen, wichtige Personal- und Finanzangelegenheiten, die Bestellung und Abberufung des Kammerdirektors sowie die Beschlußfassung über Stellungnahmen und Gutachten zu Gesetzes- und Verordnungsentwürfen. Dem Präsidenten als gesetzlichem Vertreter der Kammer obliegt die Leitung der Arbeiterkammer und die Entscheidung in allen Angelegenheiten, soweit sie nicht einem anderen Organ oder dem Kammerbüro zugewiesen sind. Fakultativ sieht das AKG auch die Bildung eines Präsidiums, bestehend aus dem Präsidenten und seinen Stellvertretern, vor; seine Aufgaben sind u.a. die Vorberatung von Vorstandssitzungen sowie die Beschlußfassung in dringenden Angelegenheiten, für die die Einberufung einer Vorstandssitzung nicht fristgerecht möglich ist. Das AKG sieht die wechselseitige Kontrolle von politischer und administrativer Repräsentation vor, die sich darin ausdrückt, daß Geschäftsstücke der Kammer sowohl vom Präsidenten als auch vom Direktor gegengezeichnet werden müssen.

Die *Bundesarbeitskammer*, zuständig für Angelegenheiten, die das gesamte Bundesgebiet oder mehrere Bundesländer betreffen, wird beschickt von den Landeskammern. Ihre zentralen Organe sind die Hauptversammlung, der Vorstand sowie der Präsident; die Bürogeschäfte werden durch das Kammerbüro der AK Wien besorgt.

Die Finanzierung der Arbeiterkammern erfolgt über eine von den Mitgliedern eingehobene Kammerumlage. Die Beitragshöhe liegt bei 0,5 Prozent des Bruttolohnes, mit einer an die Höchstbemessungsgrundlage der Sozialversicherung angelehnten Obergrenze.

Die *Wirtschaftskammern*, mit dem Handelskammergesetz 1946 wiedererrichtet, organisieren nach dem Prinzip der Pflichtmitgliedschaft die rund 300.000 selbständig Erwerbstätigen. Die Wirtschaftskammern sind länderweise eingerichtet, mit der Wirtschaftskammer Österreich als Dachorganisation. Fachlich sind die Kammern in sechs Sektionen (Gewerbe und Handwerk, Industrie, Handel, Geld-, Kredit- und Versicherungswesen, Verkehr, Tourismus und Freizeitwirtschaft) untergliedert. Der Föderalismus ist stark ausgeprägt, die meisten Teilgruppen (z.B. auch die Landesinnungen) sind eigenständige Körperschaften öffentlichen Rechts und damit unabhängig von ihrer Länderkammer ebenso wie von der Bundeskammer. Diese Besonderheit findet ihren Niederschlag in der innerverbandlichen Willensbildung: Die jeweilige Kammerführung geht aus einem komplexen Geflecht unterschiedlicher Wahlgänge hervor, die insgesamt rund drei Monate in Anspruch nehmen.

Eine weitere Besonderheit der österreichischen Wirtschaftskammern ist, daß sie nicht nur Handelskammern sind, sondern auch die Industrie umfassen, das Spektrum der vertretenen Klientelen reicht von Ein-Personen-Betrieben bis zu großen Industrieunternehmen mit internationaler Aktivität. Auch hier hilft der sehr weitreichende Autonomiestatus der Sektionen, Probleme des internen Interessenausgleichs, wie sie bei einer so extremen Heterogenität zu erwarten sind, abzufedern. Gleichwohl waren die neunziger Jahre ein für die Wirtschaftskammern besonders schwieriges Jahrzehnt mit heftigen Attacken von Teilgruppen, die aus unterschiedlichsten Motiven – von der Senkung der Kammerumlage bis zur Abschaffung der Pflichtmitgliedschaft – Reformmaßnahmen verlangten. Gerade im Bereich der Tarifpolitik wurde die Interessenvereinheitlichung wiederholt durch partikulare Interessen unmöglich gemacht: Die österreichischen Wirtschaftskammern besitzen als einzige in Europa die Tarifkompetenz und führen für den gesamten privaten Sektor die Lohn- und Gehaltsverhandlungen. Mit der fortschreitenden Partikularisierung verlor der Flächentarifvertrag immer mehr an Prägekraft. Um einen weiteren Loyalitätsentzug wachsender Gruppen aufzufangen, wechselte die Kammer teilweise zu einem *Laisser-faire*, was zur Folge hatte, daß in verschiedenen Branchen kein Lohnabschluß zustande kam.

Die 1946 gegründete *Industriellenvereinigung* spielte vor dem Hintergrund, daß nach 1945 praktisch die gesamte Schwerindustrie verstaatlicht und parallel dazu das private Industriekapital schwach war, im Vergleich zur Kammer lange Zeit eher eine Randrolle. Der Bedeutungsgewinn der Industriellenvereinigung mit dem Niedergang der verstaatlichten Industrie, vor allem aber mit dem EU-Beitritt Österreichs, an dessen Wegbereitung sie federführend beteiligt gewesen war, hat nun auch ein verändertes Rollenbild zur Folge. Es kommt stärker als in der Vergangenheit, trotz der engen personellen Verflechtung, immer wieder zu Dissonanzen mit der Wirtschaftskammer, etwa wenn Exponenten der IV die Abschaffung der Pflichtmitgliedschaft in den Kammern in den Raum stellen.

Wie die meisten Verbände hat auch die *Industriellenvereinigung* eigene Landesverbände, allerdings firmiert sie als einzige als selbständiger Verein. Die *IV* hat rund 2.000 Mitglieder mit insgesamt rund 400.000 Beschäftigten.

Als Interessenvertretung der Bauern fungieren die *Landwirtschaftskammern*, die ausschließlich in den Bundesländern eingerichtet sind. Die neun Länderkammern sind, gemeinsam mit dem österreichischen *Raiffeisenverband*, in der *Präsidentenkonferenz der Landwirtschaftskammern Österreichs (Präko)* zusammengeschlossen. Die *Präko* ist keine Körperschaft öffentlichen Rechts, sondern ein Verein, wird aber dennoch in allen einschlägigen Rechtsvorschriften als die zentrale Interessenvertretung der Land- und Forstwirte anerkannt; in über 40 Bundesgesetzen werden ihr Begutachtungs-, Anhörungs-, Mitwirkungs- und Entsendungsrechte eingeräumt (Krammer 1997: 406).

Ausschließlich durch Landesgesetze geregelt, sind die Landwirtschaftskammern die am stärksten föderalistische Interessenvertretung. Der organisatorische Aufbau ist weitgehend einheitlich, hinsichtlich der Kammerzugehörigkeit, der Höhe der Kammerumlage und auch der territorialen Organisation gibt es aber Unterschiede: So sind zum Teil auch die Dienstnehmer von land- und forstwirtschaftlichen Betrieben kammerzugehörig; in manchen Bundesländern besitzen die Bezirksbauernkammern eigene Rechtspersönlichkeit, in anderen nicht.

Die enge organisatorische und politische Verflechtung mit dem *Raiffeisenverband*, ausgedrückt in zahlreichen Personalunionen, machte die Landwirtschaftskammern über die Zeit zu ungemein starken Verbänden, deren Einfluß sich – weit über die Interessenvertretung hinaus – von produktionslenkenden Maßnahmen über die Betriebsmittelbeherrschung bis zur Kontrolle der Betriebe durch die Kreditvergabe erstreckt. Das engagierte Eintreten der Landwirtschaftskammern für einen Beitritt Österreichs zur EU wurde damit erklärt, daß der Raiffeisen-Geldsektor sich davon den ungehinderten Zugang zu den europäischen Finanzmärkten versprach. Das ist dann erwartungsgemäß auch eingetreten, die Landwirtschaftskammern selbst mußten aber, als Interessenvertretung jenes Sektors, der am meisten der Vergemeinschaftung unterworfen ist, einen empfindlichen Einflußverlust hinnehmen (Krammer 1997: 413).

4.2. Soziale Verbände

Die Nonprofit-Organisationen (NPOs) im Bereich der freien Wohlfahrtspflege erfreuen sich in Österreich eines anhaltenden Wachstums. Fast 200.000 Arbeitnehmer, das sind 9,5 Prozent der im Dienstleistungsbereich bzw. 6,2 Prozent aller unselbständig Beschäftigten, arbeiten in diesem Sektor, dessen erwirtschafteter Produktionswert auf 93 Mrd. Schilling (fast 7 Mrd. Euro) geschätzt wird. Ohne die von NPOs erbrachten Leistungen, so muß angenommen werden, könnten die wohlfahrtsstaatlichen Einrichtungen nicht bestehen (Badelt 2000: 182).

Historisch ist die freie Wohlfahrtspflege bis in die Gegenwart eng mit politischen Parteien oder der katholischen Kirche verknüpft. Die größten Verbände dieser Art sind, neben der *Caritas*, die SPÖ-nahe *Volkshilfe Österreich* und das ÖVP-nahe *Österreichische Hilfswerk*. Die *Volkshilfe*, 1947 als Bundesorganisation mit neun Landesverbänden gegründet, beschäftigte 1998 bei einem Jahresumsatz von 1,23 Mrd. Schilling (90 Mio. Euro) knapp 4.000 Mitarbeiter und weitere 1.500 ehrenamtliche Helfer und Funktionäre. Das *Hilfswerk*, 1949 gegründet (bis 1989 *Österreichischer Wohlfahrtsdienst*), weist für das gleiche Jahr einen Umsatz von 1,20 Mrd. Schilling (87 Mio. Euro) und 6.300 Mitarbeiter sowie 2.500 Ehrenamtliche aus. Die Umsatzsteigerung gegenüber dem Vorjahr betrug 13 Prozent *(Volkshilfe)* bzw. 18 Prozent *(Hilfswerk)*. Die Aktivitäten der beiden Verbände umfassen die Bereiche Altenbetreuung, Pflege, therapeutische Betreuung, Tageseltern, Arbeits- und Wohnungslosenhilfe u.a.m. Teilweise überschneidet sich das Tätigkeitsprofil mit dem von *Caritas-Österreich*. Das Aufgabenfeld von *Caritas*, ursprünglich auf die „traditionelle" Armenfürsorge und Wohlfahrtspflege beschränkt, erfuhr in den 1990er Jahren, als der Zusammenbruch des

Ostblocks und der Zerfall Jugoslawiens große Flüchtlings- und Wanderungsbewegungen auslöste, eine Erweiterung. Gegenwärtig unterhält die *Caritas* 16 Flüchtlingshäuser und 24 Beratungsstellen für Flüchtlinge und „Gastarbeiter". Der Gesamtumsatz der neun Landesorganisationen belief sich 1998, bei ebenfalls zweistelliger Wachstumsrate, auf 3,03 Mrd. Schilling (220 Mio. Euro).

Das *Österreichische Rote Kreuz (ÖRK)* wurde 1880 gegründet, die meisten Landesverbände hatten bereits davor als freiwillige Hilfsverbände bestanden. Letzteres erklärt auch den föderalistischen Aufbau des *ÖRK:* Die Landesverbände sind mit eigener Rechtspersönlichkeit und Finanzhoheit ausgestattet. Das *ÖRK* beschäftigt 3.000 hauptberufliche und 33.000 freiwillige Mitarbeiter. Der Aufgabenbereich umfaßt unter anderem Rettungs- und Krankentransportdienste, Gesundheits- und Soziale Dienste, Blutspendedienst, Katastrophenhilfe und Flüchtlingshilfe. Das *ÖRK* finanziert sich aus leistungsbezogenen Entgelten, Mitgliedsbeiträgen (mehr als 630.000 Mitglieder) und Spenden.

Neben jenen Verbänden, die das breite Spektrum der Sozial- und Wohlfahrtspflege abdecken, existieren zahlreiche kleinere Organisationen mit spezieller Aufgabenstellung. Ein Beispiel sind die 88 Behindertenorganisationen, die in der *Österreichischen Arbeitsgemeinschaft für Rehabilitation (ÖAR)* zusammengefaßt sind. Sie repräsentieren 380.000 behinderte Menschen und widmen sich in ihrer Arbeit der Dokumentation, der Vorbereitung von Vorschlägen und Forderungen, der Mitarbeit in Kommissionen usw. Die *ÖAR* als Dachverband dient als Anlaufstelle und Koordinationsbüro für die Mitgliedsverbände.

Als gemeinsamer Dachverband der Spendenorganisationen wurde 1996 die *Interessenvertretung österreichischer gemeinnütziger Vereine (IÖGV)* gegründet. Aufgabe der *IÖGV* ist unter anderem die Verteidigung des Renommees etablierter Organisationen gegen „schwarze Schafe", durch die das Vertrauen in die seriöse Verwendung von Spendengeldern beeinträchtigt wird. Zuletzt, im April 2000, protestierte der Verband (mit Erfolg) gegen die geplante drastische Erhöhung der bislang günstigen Versandtarife für die Zeitungen und sonstigen Druckwerke der Spendenorganisationen. Mitglieder der *IÖGV* sind unter anderen *amnesty international, Greenpeace Österreich,* die *Österreichische Krebshilfe, SOS Kinderdorf* und der *WWF Österreich.*

Für die Vertretung ethnischer Minderheiten gibt es zahlreiche, meist auf die kleinen Sprachinseln beschränkte Vereine. So gibt es für die Kroaten im Burgenland sechs, für die Slowenen in Kärnten und in der Steiermark fünf, für die Ungarn (Burgenland, Wien) zwei, für Tschechen und Slowaken (Wien) drei und für Roma und Sinti (Burgenland, Wien) drei Vereine. Ethnisch übergreifend sind die *Initiative Minderheiten* und das *Österreichische Volksgruppenzentrum.* Die meisten dieser Organisationen sind zahlenmäßig sehr klein und werden über ihren lokalen Wirkungsraum hinaus kaum wahrgenommen. Zum Teil wesentlich größer sind beispielsweise die türkischen Kulturvereine und andere, von Zuwanderern gegründete Vereine.

Zunehmenden Wachstums erfreuen sich, vor allem dem demographischen Wandel zuzuschreiben, die Seniorenverbände. Ähnlich wie bei den Wohlfahrtsverbänden gibt es auch bei dieser spezifischen Bevölkerungsgruppe Organisationen mit Vorfeldfunktion für politische Parteien. Zu einer gemeinsamen, parteienübergreifenden Initiative der Seniorenverbände kam es im Gefolge der UNO-Konferenz zu Fragen des Alterns 1982, die schließlich 1994 zur Einrichtung eines *Österreichischen Seniorenrates* (bis 1997 *Bundesseniorenbeirat*) beim Bundeskanzleramt führte. 1998 wurde ein Bundes-Seniorengesetz beschlossen, mit dem diesem Gremium alle Rechte als Dachverband der Seniorenverbände, unter anderem die Abwicklung der Seniorenförderung „im Namen und für Rechnung des Bundes", zugestanden wurden. Der *Seniorenrat* hat die Rechtsform eines Vereins und wird von 11 Pensionistenverbänden (darunter auch von 6 Gewerkschaften des *ÖGB*) beschickt; den Vorsitz übernehmen im jährlichen Turnus die beiden größten Verbände (SPÖ, ÖVP). In der kurzen Geschichte seines Bestehens hat der *Seniorenrat* bereits mehrfach zu relevanten Themen Stellung genommen, unter anderem zu Fragen der Reform des Pensionssystems – hier vor allem als Lobby gegen die Anhebung des Pensionsantrittsalters.

Die meisten großen Verbände und die politischen Parteien bieten wie für Senioren auch für Jugendliche eigene Organisationen an. Daneben gibt es zahlreiche eigenständige Jugendorganisationen mit unterschiedlichster Zwecksetzung. Als Dachorganisation wurde 1954 der *Österreichische Bundesjugendring (ÖBJR)* ins Leben gerufen, dessen Aufgabe vor allem die Verteilung öffentlicher Förderungen nach einem in den Vereinsstatuten festgelegten Schlüssel ist. Der *ÖBJR* war vor allem in den 1950er und 1960er Jahren immer wieder auch Austragungsort ideologischer Kontroversen. Beispielsweise wurde der *Alpenvereinsjugend* wiederholt wegen deren (damals) rechtsextremen Gesinnung bis 1966 die Aufnahme verwehrt. Gegenwärtig umfaßt der *ÖBJR* 26 Kinder- und Jugendorganisationen, darunter die *Jungbauernschaft/Landjugend*, die *Katholische Jugend*, die *Pfadfinder*, die *Gewerkschaftsjugend* sowie Jugendverbände der im Parlament vertretenen Parteien.

4.3. Ideelle Verbände und neue soziale Bewegungen

Die Aktivitäten von Menschenrechtsorganisationen haben seit den frühen 1990er Jahren stark zugenommen, einerseits parallel zur Zuwanderung aus Osteuropa sowie dem starken Anstieg der Asylsuchenden, andererseits als Folge der gesellschaftlichen Zuspitzung durch rechtspopulistische, unverhohlen fremdenfeindliche Politik. Namentlich die *Caritas* schenkt in ihrer Arbeit dem Problemfeld Flüchtlinge und Asylsuchende breites Augenmerk. 1993 führte ein von der FPÖ getragenes Volksbegehren mit dem Titel „Österreich zuerst" zur Gründung der Plattform *SOS Mitmensch*, die als Gegenmaßnahme eine Großkundgebung am Wiener Heldenplatz mit rund 250.000 Teilnehmern organisierte.

Die Geschichte der neuen sozialen Bewegungen in Österreich ist mit zwei Jahreszahlen eng verknüpft: 1978 entschied sich in einer Volksabstimmung die Mehrheit der Österreicher gegen die Inbetriebnahme des Atomkraftwerkes Zwentendorf (westlich von Wien); 1984 wurde mit der spektakulären Besetzung der Hainburger Au (östlich von Wien) der Bau eines Wasserkraftwerkes verhindert. Diese Ereignisse können als Aufbruch einer Zivilgesellschaft, die sich von der Parteienstaatlichkeit zu lösen beginnt, gesehen werden. Obwohl es sich in beiden Fällen um Umweltkonflikte handelte, gingen von ihnen spürbare Impulse für andere Strömungen, die unter dem Begriff neue soziale Bewegungen subsumiert wurden, aus: Friedens-, Frauen-, Dritte-Welt-, Alternativbewegung. Insbesondere aber im Umweltbereich kam es zu einem *Mushrooming* von Initiativen in spezifischen Gebieten, vom ökologischem Landbau bis zu alternativen Verkehrsclubs. Mehrere Servicestellen (etwa das von *Greenpeace, WWF, Global 2000* und dem *Forum österreichischer Wissenschaftler* als Koordinationsstelle eingerichtete *ÖKOBÜRO*) bzw. Dachverbände (z.B. *Österreichische Gesellschaft für Natur- und Umweltschutz, ÖGNU*) stellen Angebote für die Vernetzung der verschiedenen Aktivitäten bereit (Gottweis 1997: 353).

Zahlreiche Gruppen formierten sich in der Auseinandersetzung um die Verkehrs-zunahme. Ein Beispiel dafür, daß ursprünglich mit kurzer Bestandsperspektive ge-gründete Bürgerinitiativen zu Institutionen werden und die politische Diskussion dau-erhaft mitbestimmen, ist das *Transitforum Austria* (ursprünglich *Tiroler Transitforum*), das bereits mit mehreren spektakulären Verkehrsblockaden am Brenner auf sein Kon-fliktthema aufmerksam gemacht hat.

Die neue Frauenbewegung entwickelte sich ab den siebziger Jahren in mehreren Phasen, zunächst als anti-hierarchische, später dann als institutionenkritische Bewe-gung, in den neunziger Jahren mehr und mehr mit einer Tendenz zur Professionalisie-rung und Vernetzung vordem isolierter Projekte und Initiativen. Die neue Frauenbe-wegung hat ihren Schwerpunkt im Bildungsbereich, besonders an den Universitäten (Gottweis 1997: 350), dies erklärt auch ihre relativ starke Präsenz im Internet *(Öster-reichisches Frauennetzwerk, Ceiberweiber).*

4.4. Sonstige Verbände

Zu den gesetzlich anerkannten Kirchen und Religionsgemeinschaften zählen die *Katholi-sche Kirche*, die *Evangelische Kirche* sowie zehn weitere Religionen, darunter *Islam* und *Israelitische Religionsgesellschaft*. Diese Religionen haben den Status einer Körperschaft öffentlichen Rechts und genießen unter anderem das Privileg eines staatlich finanzierten Religionsunterrichts in den Schulen. Daneben gibt es acht sogenannte „staatlich eingetra-gene religiöse Bekenntnisgemeinschaften" (*Jehovas Zeugen, Koptisch-Orthodoxe Kirche* u.a.). Prädominant unter den Kirchen in Österreich ist die *Katholische Kirche* mit einem Anteil von rund 75 Prozent der Bevölkerung (1950 lag der Wert bei 90 Prozent).

Auf den Turn- und Sportsektor entfällt der mit Abstand größte Anteil von Verei-nen. Insgesamt gibt es mehr als 22.000 (22 Prozent) Organisationen dieser Art, mehr als die Hälfte davon sind in drei annähernd gleich großen, föderalistisch strukturierten Dachverbänden zusammengefaßt: *Arbeitsgemeinschaft für Sport und Körperkultur* in Österreich (*ASKÖ* – 1,2 Mio. Mitglieder), *Allgemeiner Sportverband Österreichs* (*ASVÖ* – 1,0 Mio. Mitglieder), *Österreichische Turn- und Sportunion* (*Sportunion* – 1,1 Mio. Mitglieder). Daneben gibt es weitere Dachverbände für spezielle Sportarten sowie den *Österreichischen Behindertensportverband* (rund 6.000 Mitglieder). Von den drei gro-ßen Dachverbänden ist allein der *ASVÖ* parteiunabhängig, der *ASKÖ* steht in einem Näheverhältnis zur SPÖ, die *Sportunion* zur ÖVP. Die Dachverbände, eng in die *Bun-dessportorganisation (BSO)* unter Beteiligung der Bundesregierung eingebunden, sind durch ihre Größe (mehr als drei Mio. Mitglieder) und nicht zuletzt auch durch ihre parteipolitischen Affinitäten außerordentlich einflußreich.

Die Verflechtung zwischen Verbänden und politischen Parteien ist auch die Erklä-rung für die parallele Existenz von zwei Automobilverbänden: des *Österreichischen Auto Mobil Touring Club (ÖAMTC)* und des *Auto-, Motor- und Radfahrerbundes Österreich (ARBÖ)*. Der *ARBÖ*, 1899 von der sozialdemokratischen Partei als *Arbei-ter-Radfahrerbund* gegründet, 1962 dann umbenannt, organisiert 450.000 Mitglieder. Der der ÖVP nahestehende *ÖAMTC*, 1946 aus der Fusion des *Österreichischen Tou-ring Clubs* und des *Österreichischen Automobil Clubs* (1896 bzw. 1898 gegründet) hervorgegangen, ist mit 1,3 Mio. Mitgliedern deutlich größer. Beide Organisationen sind in Landesvereine mit zahlreichen Ortsklubs untergliedert. Ihre Tätigkeitsfelder sind Pannendienst, Versicherungsleistungen und „auf nationaler und europäischer Ebene gezieltes Lobbying zu allen Fragen rund um die individuelle Mobilität" *(ARBÖ)*. Beide verstehen sich auch als Konsumentenschutzorganisationen primär für den motorisierten Individualverkehr.

Als allgemeiner Verbraucherverband ist der *Verein für Konsumenteninformation (VKI)* zu erwähnen. Der *VKI* wird gemeinsam von den vier Verbänden der Sozialpartnerschaft *(ÖGB, AK, WKÖ, Präko)* getragen, die Republik Österreich ist außerordentliches Mitglied. Das Tätigkeitsfeld erstreckt sich auf Warentest, Preisvergleiche und die individuelle Beratung von Konsumenten. Neben dem Sitz in Wien ist der Verein in vier Landeshauptstädten (Linz, Innsbruck, Graz, Eisenstadt) vertreten.

Die Vertretung von Gemeinden und Städten obliegt dem *Österreichischen Gemeindebund* und dem *Österreichischen Städtebund*. Der *Städtebund* wurde 1915 gegründet, der *Gemeindebund* 1946. Beide Verbände sind vom Bund auf Basis der Bundesverfassung mit Aufgaben der Selbstverwaltung betraut, ihre Rechtsform ist aber die eines Vereins. Mitglieder sind die österreichischen Gemeinden bzw. Städte. Wichtigste Aufgabe ist der Finanzausgleich zwischen Bund und Kommunen, darüber hinaus die Mitwirkung am Gesetzesvorbereitungsprozeß sowie auch die Pflege internationaler Kontakte. Präsident des *Städtebunds* ist traditionsgemäß der Wiener Bürgermeister, der jährliche Städtetag findet in wechselnden Städten statt. Der *Gemeindebund* unterscheidet sich von diesem durch eine stärkere föderalistische Ausrichtung: eine Untergliederung in acht Landesverbände (ohne Wien) und einen wechselnden Vorsitz durch die Präsidenten der Landesverbände.

5. Verbände und politisches System

Vereine und Verbände besitzen formell wie auch informell eine ungewöhnlich große Prägekraft auf das Verhalten von Parteien und Institutionen. Anschaulich illustrieren läßt sich das mit einer Episode aus den späten neunziger Jahren: 1997 kam der österreichische Verwaltungsgerichtshof zu der Erkenntnis, daß das Veranstalten mehrtägiger Feste durch die Feuerwehr (und ebenso durch andere Vereine) nicht in Einklang mit der Gewerbeordnung stehe. Feste dieser Art, zumeist in großen Zelten abgehalten, erfreuen sich großer Beliebtheit nicht nur bei helfenden Vereinen (Feuerwehr, Rotes Kreuz usw.), sondern auch bei Vereinen, deren primärer Vereinszweck gerade die Organisation solcher Zeltfeste ist (etwa wenn der Vereinsname *Biervernichtungstrupp* oder ähnlich lautet). Gastronomische Betriebe protestieren vergeblich gegen diese Konkurrenz, die immer größer wird, zumal die Veranstalter weder Steuern abführen müssen noch an Hygiene- und Sicherheitsauflagen gebunden sind. Als mit der Erkenntnis des Verwaltungsgerichtshofs das Ende dieser Praxis drohte, formierte sich vor allem seitens der *Bundessportorganisation* eine mächtige Lobby mit der Forderung nach einer Ausnahmeregelung in der Gewerbeordnung. Auf diesen Druck hin beschloß der Nationalrat 1998 gegen den erbitterten Widerstand der Wirtschaftskammer eine Novelle der Gewerbeordnung, wonach Vereine und Körperschaften öffentlichen Rechts ohne besondere Auflagen an drei Tagen pro Jahr Zeltfeste veranstalten dürfen. Resultat dieser Regelung ist, daß Vereine diese lukrative Einnahmequelle weiter exzessiv nützen; namentlich in den Landgemeinden löst während der Sommerzeit ein Zeltfest das andere ab.

Ihren Erfolg verdankt die *Bundessportorganisation* ihrer Größe (mehr als drei Millionen Mitglieder) und zu einem Gutteil auch ihrer Nähe zur Politik. Präsident der

BSO war zu dieser Zeit ein erst kurz davor aus seinem Amt geschiedener ehemaliger Innenminister, der in dieser Frage mit der Begründung, daß solche Feste „Bestandteil der Volkskultur" seien, sein politisches Gewicht geltend machte. Überdies sind, wie oben beschrieben, zwei der in der BSO organisierten Sportdachverbände politischen Parteien eng verbunden. Selbst die ÖVP, als wichtigste Wirtschaftspartei des Landes, sah sich gezwungen, gegen den Willen der Wirtschaftskammer den Wünschen der Vereine zu entsprechen.

Die besondere Beziehung zwischen Verbänden und Politik hat ihre Wurzeln in der Formierungsphase der Parteien im späten neunzehnten und frühen zwanzigsten Jahrhundert. Verbände und Parteien entwickelten sich in einem ko-evolutionären Prozeß, in dem einmal die Verbände als Organisationshilfen für die Parteien dienten, ein andermal wieder umgekehrt. Die Christlichsoziale Partei, Vorläuferin der ÖVP, formierte sich im Netzwerk des Verbandskatholizismus und trug gleichzeitig zur Politisierung des Katholizismus bei. Einen Höhepunkt erreichte diese Verschmelzung in der Ersten Republik, personifiziert in dem Prälaten Ignaz Seipel, der als österreichischer Bundeskanzler (1926-29) den politischen Katholizismus konsequent praktizierte. Diesem „ständischen" Gesellschaftsverständnis Rechnung tragend, wurde die ÖVP 1945 als soziale Integrationspartei gegründet, die sich aus verschiedenen Bünden zusammensetzt: *Bauernbund, Wirtschaftsbund, Arbeiter- und Angestelltenbund.* Bis heute wird man Mitglied der ÖVP über den Beitritt zu einem dieser Bünde, die Zahl der Direktmitglieder liegt bei weniger als einem Prozent.

Die zweite große Lagerpartei, die SPÖ, ging ebenfalls aus Vereinen hervor, wurde in der Folge aber selbst zur Gründerin von Vereinen. Als Ausdruck eines Gegenentwurfs zur bürgerlichen Gesellschaft entstanden zahlreiche sogenannte Vorfeldorganisationen für möglichst alle Bereiche des sozialen Lebens (Dachs 2000: 106-107). Abgestützt wurde die damit verbundene soziale Schließung durch Unvereinbarkeitsregeln, wonach die Mitgliedschaft von Parteimitgliedern in „bürgerlichen" Sportvereinen nicht erwünscht, die Ausübung von Funktionen sogar untersagt war (Weidenholzer 1988: 166). Nach 1945, etwa bis in die siebziger Jahre, erlebten diese Vereine als Teil des sozialdemokratischen Arbeitermilieus einen neuen Aufschwung, die Mitgliederzahlen waren analog zu den ÖVP-orientierten Organisationen hoch.

Ab den siebziger Jahren vollzog sich in den Vorfeldorganisationen beider Lagerparteien ein kontinuierlicher Wandel in Richtung einer Verselbständigung von den Parteistrukturen. Ergebnis dieses Prozesses ist, daß etwa die großen Automobilverbände und Sportverbände immer noch Parteienvertreter in ihren Vorständen haben, in ihrer Praxis – und vor allem für das einfache Mitglied – als Vorfeldorganisationen kaum mehr erkennbar sind. Die Bindung zwischen Parteien und Verbänden geht dadurch zwar nicht zur Gänze verloren, die Distanz wird aber größer, zumal „die gesunkene Prägekraft der Parteien und deren schwindende Fähigkeit, Benefizien zu verteilen" (Nautz 2000: 84), das Fundament dieser Beziehung sukzessive erodiert haben. Am stärksten ist der Parteieneinfluß noch bei den beiden großen parteinahen Wohlfahrtsverbänden *Volkshilfe* und *Hilfswerk* (Dachs 2000: 111).

Nach wie vor außergewöhnlich eng – auch im internationalen Vergleich – ist die Verflechtung zwischen den Parteien und den Verbänden im Wirtschafts- und Arbeitssystem, und zwar sowohl bei den Kammern als auch bei den freien Verbänden. Die Erklärung findet sich in den Gründungsbedingungen der Zweiten Republik: Es waren Parteien, die 1945 die Unabhängigkeit ausriefen und die grundlegenden Regeln des politischen Entscheidungsprozesses aushandelten (Pelinka 1996). Und es waren Parteien, die die grundlegenden Verbände des Wirtschaftssystems (Kammern, Gewerkschaft) neu gründeten. Alle Maßnahmen waren von einem artikulierten Konsensstreben – und damit verbunden auch einem ausgeprägten Proporzgedanken bei allen Personalentscheidungen – getragen. Der *ÖGB* wurde, noch bevor mit der Mitgliederwerbung begonnen werden konnte, von den drei Gründungsparteien der Republik (SPÖ, ÖVP, KPÖ) ins Leben gerufen, und seither ist der überparteiliche *ÖGB* parteipolitisch untergliedert in eine *Fraktion Sozialdemokratischer Gewerkschafter*, eine *Fraktion Christlicher Gewerkschafter* sowie weitere, kleinere Fraktionen. Ebenso setzten (und setzen) sich die wieder errichteten Kammern aus entlang dem Parteienspektrum gebildeten Fraktionen zusammen. Die politische Deklaration der Fraktionen ist bei den Kammern offen und kommt bei den periodisch stattfindenden Wahlen zum Ausdruck. Beim *ÖGB* erfolgt sie – um die Einheitlichkeit und Überparteilichkeit zu betonen – eher verhalten und für „einfache" Mitglieder kaum erkennbar, wiewohl gerade hier dem politischen Kräfteverhältnis großer Stellenwert zukommt.

Umgekehrt hat die jeweilige Verbandsfraktion ihren festen Platz in der Parteistruktur: Bei der ÖVP sind die Bünde Teilorganisationen der Partei, jedoch mit eigener Rechtspersönlichkeit und direktem Zugriff auf die Mitgliedsbeiträge; bei der SPÖ ist der Gewerkschaftsflügel mit einer statutarisch verankerten Zahl von Delegierten auf Bundesparteitagen vertreten. Im Statut der FPÖ findet sich keine geregelte Verankerung der nahestehenden Verbände, ebensowenig bei den Grünen.

Die Verschränkung von Verbands- und Parteistrukturen und die damit verbundenen Interdependenzen finden ihren Niederschlag in der Zusammensetzung der gesetzgebenden Körperschaften, in welchen die Verbände traditionell ein Gutteil der politischen Mandatare stellen. Im österreichischen Nationalrat waren Ende der siebziger Jahre (1978) 56 Prozent der Abgeordneten zugleich haupt- oder nebenamtliche Funktionäre wirtschaftlicher Verbände. Der Anteil ging in der Folge kontinuierlich zurück, mit Stand 2000 beträgt er nur mehr rund 15 Prozent; nach wie vor aber bekleiden die Präsidenten der *WKÖ*, des *ÖGB* und der *Präko* ein Abgeordnetenmandat. Der mehr durch die Umstände erzwungene als freiwillige Rückzug der Verbände aus dem Parlament erklärt sich mit den zunehmenden Dysfunktionalitäten der Verbände-Parteien-Verflechtung seit den achtziger Jahren. Der Verlust der Prägekraft der beiden Lagerparteien, begleitet von einer Serie politischer Skandale – von Plasser/Ulram (1982) treffend mit den Metaphern „Erosion und Überdehnung" beschrieben –, übertrug sich immer häufiger auf die Verbände und umgekehrt. Nach einem dramatischen Rückgang der Wahlbeteiligung bei den AK-Wahlen 1994 (auf 30 Prozent gegenüber 48 Prozent 1989) und den WK-Wahlen 1995 (auf 52 Prozent gegenüber 62 Prozent 1990) geriet das gesamte Kammersystem in eine schwere Legitimationskrise, die erst nach umfassenden Reformen und einer Mitgliederbefragung über den Weiterbestand des Kammersystems überwunden wurde (Karlhofer 1999).

Festzuhalten ist, daß die Verflechtung ein geradezu konstitutiver Bestandteil des beispiellosen Erfolges der Sozialpartnerschaft in der Zweiten Republik gewesen ist. In der vergleichenden Korporatismusforschung wurde Österreich gemeinsam mit den skandinavischen Ländern zu den Ökonomien mit „starkem Korporatismus" gezählt. Auf fast allen Korporatismusskalen finden sich diese Länder, und in dieser Gruppe wieder Österreich an die Spitze der Rangliste gesetzt (vgl. die Übersicht bei Dell'Aringa/Lodovici 1994: 394).

Seit den neunziger Jahren geht der Einfluß der Sozialpartnerschaft auf die politische Willensbildung und Entscheidungsfindung kontinuierlich zurück. Ein Grund da-

für liegt darin, daß die Strukturen von Verbänden und Parteien nicht mehr in der ge-
wohnten Weise organisch ineinander greifen. Ein weiterer Grund sind die durch Europäisierung und wirtschaftlichen Strukturwandel gründlich veränderten Handlungsbe-
dingungen, die sich zum einen in einer deutlichen Verringerung des Einflußradius der
Sozialpartnerschaft niederschlagen, zum anderen in einer nachhaltigen Kräfteverschie-
bung zwischen Arbeit und Kapital. Von seiten der Unternehmerverbände *(Wirtschaftskammer, Industriellenvereinigung)* wird der „sozialpartnerschaftliche Stil" und die
„vertrauensvolle Zusammenarbeit" zunehmend hinter strategische Kalküle und Op-
portunitäten gestellt. Nach wie vor sind die Verbände durch Beiräte und Begutach-
tungsrechte formell eng in den legislativen und den exekutiven Prozeß eingebunden.
Mit der gesellschaftspolitischen Wende durch die Bildung einer Regierung zwischen der
ÖVP und der – prononciert anti-sozialpartnerschaftlichen – FPÖ im Februar 2000 werden
erstmals in der Geschichte der Zweiten Republik auch Eingriffe in die Rechte der Verbände, namentlich der Arbeitnehmerverbände, vorgenommen (Karlhofer/Tálos 2000).

6.   Ausblick

Vereine erfreuen sich in Österreich großer Beliebtheit, so sehr, daß bei Bedarf sogar
der Staat selbst – siehe die Beispiele *Gemeindebund* und *Städtebund* – Vereine grün-
det. Daß für die Aggregation von Interessen als Rechtsform der Verein gewählt wird,
hat, wie oben beschrieben, seinen Grund nicht zuletzt darin, daß es eben sehr unauf-
wendig ist, einen Verein zu gründen, und der Staat sogar dabei behilflich ist.[3] Erwartet
wird, so wie bisher, ein durchschnittliches jährliches Wachstum der Zahl der Vereine
um rund drei Prozent.[4]
    Die überwiegende Mehrzahl der Vereine ist im Freizeitbereich im weitesten Sinn
(Sportvereine, Geselligkeitsvereine usw.) angesiedelt, die meisten davon sind in großen Dachverbänden zusammengefaßt. Über die Zahl der zivilgesellschaftlichen Vereinen – also Organisationen, deren Vereinszweck die Bearbeitung gesellschaftlicher
bzw. politischer Themen ist – gibt die Vereinsstatistik keine Auskunft, da diese nicht in
einer eigenen Rubrik erfaßt werden. Seit den siebziger Jahren hat die Zahl solcher Vereine aber sprunghaft zugenommen: Die Themen Menschenrechte, Soziales und Umwelt werden von einer Vielzahl lokal, regional oder national tätiger Initiativen bearbeitet, und viele von diesen sind Teil von zumeist locker strukturierten Netzwerken.
Mit der Betonung der Eigenständigkeit und der Ablehnung eines Dirigismus durch politische Parteien hat sich eine eigene Organisationskultur herausgebildet, die mit der
von „traditionellen" Vereinen und Verbänden stark kontrastiert (Dachs 2000: 109-
112). Es ist anzunehmen, daß dieser Bereich weiter wachsen wird, zumal der Rückzug
der Parteien bei weitem noch nicht abgeschlossen ist und gerade mit diesem Rückzug
Tätigkeitsfelder für parteipolitisch nicht gebundene Initiativen frei werden.
    Auch der Staat legt eine erhöhte Neigung an den Tag, sich aus einzelnen Einfluß-
feldern zurückzuziehen, insbesondere aus dem Sozialbereich. Die Betreuung von
Randgruppen – Drogenabhängige, Obdachlose, Haftentlassene usw. – ist seit den sieb-

---

3   Vgl. dazu die Anleitungen zur Vereinsgründung auf der Homepage des Bundesministeriums für
     Inneres (www.bmi.gv.at).
4   Laut Auskunft der Abteilung II/5 des Bundesministeriums für Inneres vom 23.02.2000.

ziger Jahren sukzessive auf staatlich subventionierte Vereine übergegangen. Diese Entwicklung ist aber nicht frei von Ambivalenzen und Spannungselementen: Die Non-profit-Organisationen erbringen wohlfahrtsstaatliche Leistungen für eine rasant wachsende Klientel und sind dazu vermehrt auf öffentliche Zuschüsse angewiesen; der Staat wiederum versucht gerade in diesem wachsenden Dritten Sektor, die Mittel einzufrieren oder gar zu kürzen, was im Endeffekt einem Aushungern dieser Organisationen gleichkommen würde (Badelt 2000: 183).

Die Perspektiven der Sozialpartnerverbände – der freien Verbände ebenso wie der Kammern – sind oben schon ausführlich beschrieben worden. Für deren weitere Entwicklung ist, mit Blick auf das Kammersystem, von einem hohen Maß an Kontinuität und Stabilität auszugehen. Das Schicksal des von ihnen gemeinsam getragenen Verhandlungssystems, der Sozialpartnerschaft, dagegen ist vor dem Hintergrund der aktuellen politischen Veränderung des politischen Systems ungewiß. Es ist sowohl ein Szenario der Restabilisierung als auch ein Szenario des Zerfalls des österreichischen Konsensmodells denkbar.

Abkürzungsverzeichnis

AK   Arbeiterkammern (Kammern für Angestellte und Arbeiter)
AKG   Arbeiterkammergesetz
ARBÖ   Auto-, Motor- und Radfahrerbund Österreich
ASKÖ   Arbeitsgemeinschaft für Sport und Körperkultur in Österreich
ASVÖ   Allgemeiner Sportverband Österreichs
BSO   Bundessportorganisation
IÖGV   Interessenvertretung österreichischer gemeinnütziger Vereine
IV   Industriellenvereinigung (s.a. VÖI)
KPÖ   Kommunistische Partei Österreichs
NPO   Nonprofit-Organisation(en)
ÖAMTC   Österreichischer Auto Mobil Touring Club
ÖAR   Österreichische Arbeitsgemeinschaft für Rehabilitation
ÖBJR   Österreichischer Bundesjugendring
ÖGB   Österreichischer Gewerkschaftsbund
ÖGNU   Österreichische Gesellschaft für Natur- und Umweltschutz
ÖRK   Österreichisches Rotes Kreuz
ÖVP   Österreichische Volkspartei
Präko   Präsidentenkonferenz der Landwirtschaftskammern Österreichs
SPÖ   Sozialdemokratische Partei Österreichs
VKI   Verein für Konsumenteninformation
VÖI   Vereinigung der Österreichischen Industrie (s.a. IV)
WKÖ   Wirtschaftskammern Österreichs

Literaturverzeichnis

Badelt, Christoph, 2000: Nonprofit-Organisationen und der Wohlfahrtsstaat, in: Emil Brix/Rudolf Richter (Hrsg.): Organisierte Privatinteressen. Vereine in Österreich, Wien: Passagen, S. 179-188

Blaich, Robert, 1988: Die Entwicklung der Konsumgenossenschaften in Österreich, Institut für Betriebswirtschaftslehre der Universität Wien, Forschungsbericht Nr. 88-2

Botz, Gerhard, 1983: Gewalt in der Politik. Attentate, Zusammenstöße, Putschversuche, 2. Aufl., München: Fink

Dachs, Herbert, 2000: Politische Vereinsdialektik. Österreichs Vereine zwischen parteipolitischer Durchdringung und freier Konkurrenz, in: Emil Brix/Rudolf Richter (Hrsg.): Organisierte Privatinteressen. Vereine in Österreich, Wien: Passagen, S. 101-114

Dell'Aringa, Carlo/Manuela S. Lodovici, 1992: Industrial relations and economic performance, in: Tiziano Treu (Hrsg.): Participation and public policy-making, Berlin-New York: de Gruyter, S. 26-58

Frowein, Jochen/Wolfgang Peukert, 1985: Europäische Menschenrechtskonvention. EMRK-Kommentar, Kehl usw

Gottweis, Herbert, 1997: Neue soziale Bewegungen in Österreich, in: Handbuch des politischen Systems Österreichs. Die Zweite Republik, 3. erw. Aufl., Wien: Manz, S. 342-358

Hye, Hans Peter, 2000: Zum Vereinswesen in der Habsburgermonarchie, in: Emil Brix/Rudolf Richter (Hrsg.): Organisierte Privatinteressen. Vereine in Österreich, Wien: Passagen, S. 33-54

Karlhofer, Ferdinand, 1997: Arbeitnehmerverbände, in: Handbuch des politischen Systems Österreichs. Die Zweite Republik, 3. erw. Aufl., Wien: Manz, S. 389-404

Karlhofer, Ferdinand, 1999: Verbände: Organisation, Mitgliederintegration, Regierbarkeit, in: ders./Emmerich Tálos (Hrsg.): Zukunft der Sozialpartnerschaft. Veränderungsdynamik und Reformbedarf, Wien: Signum, S. 15-46.

Karlhofer, Ferdinand/Anton Pelinka, 1992: Austria, in: Joan Campbell (Hrsg.): European labor unions, Westport, Connecticut, S. 13-25

Karlhofer, Ferdinand/Emmerich Tálos, 2000: Sozialpartnerschaft: Trends und Szenarien, in: Anton Pelinka/Fritz Plasser (Hrsg.): Die Zukunft der österreichischen Demokratie, Wien: Signum

Klein, Christoph, 1996: Die Drei. Die Betriebsräte im Zusammenspiel mit Gewerkschaften und Arbeiterkammern, in: Arbeit & Wirtschaft, Nr. 1, S. 8-11

Klenner, Fritz, 1979: Die österreichischen Gewerkschaften. Vergangenheit und Gegenwartsprobleme, Bd. III, Wien: Verlag des ÖGB

Korinek, Karl, 1970: Wirtschaftliche Selbstverwaltung, Wien: Springer

Krammer, Josef, 1997: Interessenorganisation der Landwirtschaft: Landwirtschaftskammer, Präsidentenkonferenz und Raiffeisenverband, in: Handbuch des politischen Systems Österreichs. Die Zweite Republik, 3. erw. Aufl., Wien: Manz, S. 405-417

Nautz, Jürgen, 2000: Organisationskultur in Österreich am Beispiel der Vorfeldorganisationen, in: Emil Brix/Rudolf Richter (Hrsg.): Organisierte Privatinteressen. Vereine in Österreich, Wien: Passagen, S. 69-100

Pelinka, Anton, 1996, Kammer und Sozialpartnerschaft in Österreich, in: ders./Christian Smekal (Hrsg.): Kammern auf dem Prüfstand. Vergleichende Analysen institutioneller Funktionsbedingungen, Wien: Signum, S. 11-24

Pernthaler, Peter, 1994, Kammern und Pflichtmitgliedschaft in Österreich aus der Sicht des öffentlichen Rechts, in: ders. u.a., Kammern und Pflichtmitgliedschaft in Österreich, Arbeit-Recht-Gesellschaft 10, Wien, S. 19-91

Plasser, Fritz/Peter Ulram, 1982: Überdehnung, Erosion und rechtspopulistische Reaktion. Wandlungsfaktoren des österreichischen Parteiensystems im Vergleich, in: Österreichische Zeitschrift für Politikwissenschaft, Heft 2, S. 147-164

Retter, Kurt, 1997: Die Wirtschaftskammerorganisation, Wien: Österreichische Staatsdruckerei.

Traxler, Franz, 1982: Evolution gewerkschaftlicher Interessenvertretung. Entwicklungslogik und Organisationsdynamik gewerkschaftlichen Handelns am Beispiel Österreich, Wien: Braumüller

Traxler, Franz, 1997, Unternehmerverbände, in: Handbuch des politischen Systems Österreichs. Die Zweite Republik, 3. erw. Aufl., Wien: Manz, S. 371-388

Ulram, Peter, 2000, Soziodemographie und Motivation bürgergesellschaftlichen Engagements in Österreich, in: Emil Brix/Rudolf Richter (Hrsg.): Organisierte Privatinteressen. Vereine in Österreich, Wien: Passagen, S. 145-150

Weidenholzer, Josef, 1988: Das Endziel ist geschwunden. Zur Bedeutung des politischen Vorfelds der SPÖ nach 1945, in: Peter Pelinka/Gerhard Steger (Hrsg.): Auf dem Weg zur Staatspartei: Zur Geschichte und Politik der SPÖ seit 1945, Wien: Verlag für Gesellschaftskritik, S. 165-178

Portugal

Vom autoritären Korporatismus zum demokratischen Pluralismus

*Anja C. Baukloh**

Mitte der 70er Jahre leitete Portugal gleichzeitig mit Griechenland und Spanien die so-genannte dritte Demokratisierungswelle ein (Merkel 1999: 243). Portugal entwickelte sich in den folgenden Jahrzehnten zu einer konsolidierten Demokratie. Gekennzeichnet war diese Entwicklung gleichermaßen durch Elemente des abrupten Wandels wie durch Beharrungskräfte, was Beobachter von einem „Portugal der zwei Geschwindig-keiten" sprechen ließ (Guibentif 1993: 61). Die Verbände waren aktiv an der Gestal-tung der portugiesischen Demokratie beteiligt und in ihrer eigenen Entwicklung von den politischen und gesellschaftlichen Rahmenbedingungen beeinflußt. Die Analyse der portugiesischen Verbände wird sich daher im ersten Kapitel mit der Entwicklung Portugals im 20. Jahrhundert beschäftigen und danach fragen, wie sich politische Teil-habe im heutigen Portugal gestaltet. Im zweiten Kapitel werden die rechtlichen Rah-menbedingungen für Verbandstätigkeit dargestellt, bevor schließlich die Tätigkeit von Verbänden im Wirtschafts- und Arbeitssystem und im sozialen Bereich sowie die Umweltverbände als Teil der neuen sozialen Bewegungen analysiert werden.

1. Entwicklungsetappen der portugiesischen Demokratie

1.1. Vom Estado Novo zur Demokratie

Der *Estado Novo* („Neuer Staat") Antonio de Oliveira Salazars, der am 28. Mai 1932 Premierminister Portugals wurde und die stabilste Rechtsdiktatur Europas im 20. Jahr-hundert etablierte (Merkel 1999: 244), läßt sich als autoritär-korporatistisches Regime beschreiben. Das idealisierte Bild einer paternalistischen Familie wurde auf alle Berei-che des politischen, sozialen und ökonomischen Lebens übertragen (Magone 1997: 20). Ziel war, die traditionale, ständische und vorindustrielle Gesellschaftsstruktur zu erhalten (Merkel 1999: 245); als Mittel bediente sich das autoritäre Regime der Kon-trolle und Unterdrückung der politischen Opposition durch Zensur und Verfolgung. Staatliche Gewerkschaften *(sindicatos nacionais)* wurden zur alleinigen Vertretung der

---

* Mein Dank für Unterstützung gilt Michael Baum (Center for Portuguese Studies & Culture/Uni-versity of Massachusetts Dartmouth), Paula Corte-Real (portugiesische Umweltaktivistin), Bea-trix Holzer (Beobachtungsstelle für die Entwicklung der Sozialen Dienste in Europa), Charles S. Maier (Minda de Gunzberg Center for European Studies/Harvard University) und meinem Mann Giovanni Scotto. Die Verantwortung für den Inhalt des Textes liegt allein bei der Autorin.

Arbeiterschaft erhoben und die abhängig Beschäftigten zum Eintritt in diese Gewerkschaften gezwungen, während ihre Mitbestimmungsmöglichkeit durch eine Einschränkung des aktiven und passiven Wahlrechtes innerhalb der Gewerkschaften beschnitten wurde. Angehörigen des öffentlichen Dienstes, Landarbeitern und Hausangestellten war jede Form gewerkschaftlicher Organisation untersagt (Stoleroff 1999). Die traditionellen politischen Arbeiterparteien und ihre Organisationen wurden verboten, Streiks unterdrückt, eine unabhängige Vertretung professioneller und ökonomischer Interessen nicht geduldet. Den Arbeitgebern wurden sogenannte *Gremios (Gremien)* als Interessenvertretung zugewiesen. Zur Kontrolle der Körperschaften diente das *Conselho National das Corporações (Ministerium der Körperschaften)*. Für die Stabilität des Regimes spielte die politische Demobilisierung der Gesellschaft eine weitaus größere Rolle als die Zwangskorporationen, die nie ganz implementiert wurden und in denen nur eine Minderheit der Bevölkerung organisiert war (Merkel 1999: 245; Opello 1983: 199).

Protektionismus, begrenzte industrielle Entwicklung und korporatistische Organisation waren die Hauptmerkmale des sozioökonomischen Regimes unter Salazar. In der letzten Phase der Diktatur setzte eine zunehmende Industrialisierung ein, begleitet von einer erstarkenden Arbeiterbewegung und der machtvollen Finanz- und Industriebourgeoisie. Engagierte Gewerkschafter gründeten 1970 aus den staatlichen Gewerkschaften heraus ein Komitee zur Koordinierung ihrer Demokratisierungsbemühungen *(Intersindical)* und legten damit einen wichtigen Grundstein für die heutige portugiesische Gewerkschaftsbewegung. Durch die zunehmende Industrialisierung Portugals verstärkte sich die Kluft zwischen den überkommenen korporatistischen Strukturen des *Estado Novo* und den Herausforderungen der sozialen Realität (Magone 1997: 20). In der Opposition gegen das autoritäre Regime spielte die Arbeiterbewegung eine wichtige Rolle. Seit Mitte der 60er Jahre nahm die Zahl der Streiks kontinuierlich zu, und der Protest für eine Demokratisierung der gewerkschaftlichen Vertretung wurde zum politischen Kampf für die Demokratisierung der Gesellschaft. Insbesondere die kommunistische Partei verstand die Auseinandersetzung um mehr Rechte für die Arbeiterschaft als Bestandteil des Widerstandes gegen das Regime Salazars. Der kommunistischen Partei war es als einziger Organisation der Arbeiterbewegung gelungen, die Diktatur in der Illegalität zu überdauern und die staatlichen Gewerkschaften zu unterwandern. In der Phase des Systemzusammenbruchs erlangte die kommunistische Partei daher eine Vormachtstellung innerhalb der Gewerkschaften (Stoleroff 1999). Neben den Gewerkschaften entstand im Umfeld der Kirche sowie der Nachbarschaftsinitiativen oder kulturellen Vereinigungen ein Geflecht zunehmend artikulationsstarker kollektiver Interessen (Kraus 1996: 280).

Das Regime zu stürzen, vermochten allerdings weder die Arbeiterschaft noch andere zivilgesellschaftliche Kräfte. Diese Aufgabe blieb dem Militär vorbehalten. In Opposition zu den Kolonialkriegen, die das portugiesische Militär jahrelang erfolglos gegen Befreiungsbewegungen in Mozambique, Angola, Guinea-Bissau und Ost-Timor führte, hatten sich 1973 Offiziere zur *Bewegung der Streitkräfte (Movimento das Forças Armadas,* MFA*)* zusammengeschlossen und den Sturz des Regimes geplant. Sie putschten am 25. April 1974 gegen die Diktatur. Spontan solidarisierten sich viele Bürger Lissabons mit den Putschisten und trugen so maßgeblich zum unblutigen Verlauf der „Nelkenrevolution" bei (Stiehl/Merkel 1997: 84).[1]

---

1   Der Name "Nelkenrevolution" entstand, da die Soldaten ihre Gewehrläufe mit Nelken schmückten.

Waren zivilgesellschaftliche Akteure auch nicht Initiatoren des Machtwechsels, so wurden sie doch zu wichtigen gestaltenden Kräften der revolutionären Jahre und der demokratischen Konsolidierung. Die revolutionäre Mobilisierung der Massen ging dem Sturz des Regimes nicht voraus, sondern folgte dem Militärputsch (Maxwell 1995: 287): Nachbarschafts- und Arbeiterkomitees wurden gebildet und übernahmen die lokale Selbstverwaltung. Die kommunistische Partei und die Gewerkschaft *Inter-sindical* mobilisierten die Industriearbeiter und Angestellten Lissabons sowie die besitzlosen Landarbeiter zu zahlreichen Massendemonstrationen. Spontane Landbesetzungen, wilde Streiks und die Gründung von Landkooperativen und sogenannten Produktionskomitees prägten das Bild der ersten Jahre. Als höchste Führungsinstitution wurde ein „Revolutionsrat" gegründet, der von der *Bewegung der Streitkräfte* (MFA) kontrolliert wurde. Die Allianz der linksgerichteten Offizieren der Streitkräfte mit der kommunistischen Partei und die revolutionäre Mobilisierung der Bevölkerung führten dazu, daß sich der Regimewechsel in Portugal nicht nur auf die politische, sondern auch auf die wirtschaftliche Sphäre erstreckte. Parallel zur politischen Demokratisierung wurden Industrien und Banken verstaatlicht und eine Landreform mit der Kollektivierung der Latifundien begonnen (Merkel 1999: 255; Leao 1997: 123).

Mit den ersten freien Wahlen im April 1975 zur verfassungsgebenden Versammlung, der Niederschlagung eines Putschversuches des linksgerichteten Flügels der Streitkräfte im November 1975 und der Verabschiedung einer demokratischen Verfassung im April 1976 ging die Phase des revolutionären Umbruches zu Ende und der Prozeß einer Demokratisierung in konstitutionellen Bahnen begann (Merkel 1999: 262). Die sozialistischen sozioökonomischen Vorgaben der Verfassung blieben zunächst unangetastet. Allerdings wurden die formulierten Sozialismuspostulate in einer ersten Verfassungsrevision im Jahr 1982 abgeschwächt. Erst in der zweiten Verfassungsänderung im Jahr 1989 wurden alle sozialistischen Vorgaben und das Reprivatisierungsverbot gestrichen und die Verfassung an die sozioökonomische Realität Portugals und die konstitutionelle Normalität Westeuropas angepaßt (Merkel/Stiehl 1999: 592). Die nachhaltigen Verfassungsänderungen stützten sich auf eine große parlamentarische Mehrheit und entsprachen der allmählichen Umkehrung der politischen Kräfteverhältnisse seit der Revolution (Kraus 1996: 268). Banken, Versicherungen und einige Industriezweige wurden reprivatisiert, die Agrarreform durch eine weitgehende Landrückgabe an ehemalige Eigentümer aufgehoben, enteignete Fabrikbesitzer entschädigt, die Wirtschaftsstrukturen liberalisiert und der staatliche Interventionismus abgebaut. Diese Politik hatte in einer Zeit anhaltender Rezession eine Verhärtung des sozialen Klimas und die Konfrontation mit den Gewerkschaften zur Folge. Portugal hatte 1983 eine der höchsten Arbeitslosenquoten in Europa und eine jährliche Inflationsrate von 25 Prozent. Bei den Wahlen im Oktober 1985 erlitten die Sozialisten eine schwere Niederlage, und die Mitte-rechts-Partei PSD konnte unter Cavaco Silva alleine eine Minderheitsregierung führen. Die folgenden Jahre prägten die weitere Entwicklung Portugals maßgeblich. Der einsetzende konjunkturelle Aufschwung stärkte die Regierung und verhalf der PSD in den Neuwahlen 1987 zu einer absoluten Mehrheit. Die rechtsliberalen Sozialdemokraten standen für eine neoliberale Wirtschaftspolitik und setzten im Jahr 1989 eine zweite Verfassungsrevision durch, die endgültig das sozialistische Erbe strich und die Wirtschaftspolitik der Regierung absicherte. Der Ende der 80er Jahre eingeschlagene wirtschaftliche Stabilisierungskurs wurde auch in den 90er Jahren nach einer erneuten wirtschaftlichen Krise und dem Regierungswechsel 1995 zur Sozialistischen

Partei fortgesetzt, wobei sich die Regierung bemühte, die Gewerkschaften in ihr Projekt einer ökonomischen und industriellen Modernisierung einzubinden und ihre Spar- und Privatisierungspolitik durch Maßnahmen zur Unterstützung des in Armut lebenden unteren Fünftels der Bevölkerung und einen umfassenden Sozialpakt mit den Sozialpartnern abzufedern (German 1997: 877ff.).

Die portugiesische Demokratie hatte Ende der 80er Jahre sowohl ihre konstitutionelle als auch ihre repräsentative Konsolidierung abgeschlossen. Seit den ersten Wahlen 1975 hatte sich ein Vier-Parteiensystem entwickelt, in welchem die rechte (CDS) und die linke (PCP) Flügelpartei zwar relevant waren, aber die Parteien der linken (PS) und rechten (PSD) Mitte durchschnittlich zwischen 60 und 80 Prozent der Wählerstimmen auf sich vereinigten (Merkel 1999: 282, Braga da Cruz/Lobo Antunes 1990: 162). Auf der Ebene organisierter Interessen hatte sich eine pluralistische Verbändelandschaft entwickelt (Lijphart 1999: 175ff.). Nachdem mit dem Regierungs- und Parteiensystem und der Wirtschaft wichtige Teilbereiche bereits konsolidiert waren, sind in der zweiten Hälfte der 80er Jahre kooperative Arbeitsbeziehungen entstanden (Merkel 1999: 288). Der *Wirtschafts- und Sozialrat (Conselho Económico e Social, CPCS)* wurde als Koordinationsgremium für die Sozialpartner geschaffen, und auch in anderen Politikbereichen wie Erziehung, Ausbildung, Jugend oder Verbraucherschutz entstanden neokorporatistische Strukturen der Interessenvermittlung (Magone 1997: 118).

Der Einfluß von Verbänden und Interessengruppen auf den Gesetzgebungsprozeß läßt sich nicht präzise quantifizieren. In der Legislaturperiode 1987-91 waren 82 der 230 Abgeordneten Mitglieder in Verbänden und Interessengruppen. Umweltgruppen, Verbände der freien Berufe, Gewerkschaften, kirchliche und private Hilfsorganisationen, Gruppen für menschenwürdige Lebensbedingungen, Bauernverbände und Unternehmerverbände waren unter den Abgeordneten vertreten (Merkel/Stiehl 1999: 597). Die Einflußnahme der Interessengruppen sowie die gesamte außerinstitutionelle Konsensfindung erfolgt nach Ansicht von Beobachtern in den Spitzengremien der Parteien, nicht im Parlament; wichtige Gesetze waren jeweils Ergebnis eines parteiübergreifenden Konsenses, der außerhalb des Parlaments entstand (Merkel/Stiehl 1999: 601).

1.2. Die Entwicklung demokratischer Partizipations- und Organisationsformen

Die Demokratie wurde Anfang der 90er Jahre von mehr als 80 Prozent der Portugiesen als beste aller Staatsformen bezeichnet (Stiehl/Merkel 1997: 88). Die mehrheitliche Zustimmung zur Demokratie im Sinne einer *diffusen Legitimität* korrespondierte auf der Ebene des Vertrauens in zentrale Institutionen und Organisationen mit soliden Sympathiewerten. Die politischen Parteien standen allerdings am Ende der Sympathie- und Vertrauensskala der Bürger wie in nahezu allen Ländern West- und Osteuropas (Merkel 1999: 302f). Bemerkenswert ist, daß die Gewerkschaften innerhalb einer Skala von extremer Ablehnung (1 Punkt) bis zu höchster denkbarer Sympathie (10 Punkte) mit einem Sympathiewert von 4,5 nur knapp vor den politischen Parteien lagen, während sich Interessengruppen im allgemeinen mit 5,3 Punkten an vierter Stelle fanden. Das größte Vertrauen (7,0 Punkte) hatten die Befragten in die Kirche (Morlino/Montero 1995: 258). Kritisch zeigten sich die Bürger hinsichtlich der Performanz der Kerninstitutionen der repräsentativen Demokratie.

Eine repräsentative Befragung der Bürger Lissabons und Portos im Jahr 1994 wirft ein Licht darauf, worin diese Unzufriedenheit der Bürger begründet liegen könnte. Die Studie zu Bürgerrechten in Portugal kam zu dem Ergebnis, daß die Bürger eine starke Diskrepanz zwischen den ihnen in der Verfassung garantierten politischen und sozialen Rechten und der Realität empfinden (Benavente/Mendes/Schmidt 1997). Im Umgang mit der öffentlichen Verwaltung würden neben der Berechtigung des eigenen Anliegens noch immer persönliche Beziehungen den Ausschlag geben (Benavante/Mendes/Schmidt 1997: 96). Insbesondere die jüngeren Bürger erklärten allerdings, sich zu beschweren, wenn sie sich ungerecht behandelt fühlten. Diese Bereitschaft zur Intervention setzte sich jedoch nicht in organisierte, kollektive Formen um, wie beispielsweise die Gründung von Initiativen oder die Mitarbeit in Verbänden; 84 Prozent der Lissabonner und 87 Prozent der Bewohner Portos waren Mitte der 90 Jahre weder Mitglied einer Vereinigung noch an einer organisierten Protestbewegung beteiligt (Benavante/Mendes/ Schmidt 1997: 83).

Dieses Bild bestätigt sich auch auf nationaler Ebene. Die Entwicklung des öffentlichen politischen Engagements verlief in Portugal umgekehrt proportional zur Konsolidierung der jungen Demokratie. Die „Nelkenrevolution" hatte eine breite Mobilisierung der Bevölkerung ausgelöst, die sich sowohl in Massendemonstrationen, hitzigen öffentlichen Debatten, Haus-, Land- und Fabrikbesetzungen ausdrückte als auch in einer Wahlbeteiligung, die bei den ersten freien Wahlen im Jahr 1975 bei 91,7 Prozent lag und bis 1980 nicht unter 83 Prozent der Wahlberechtigten fiel (Baum/Freire 1999). Die konstitutionelle Konsolidierung der Demokratie beendete den „kurzen Sommer der Zivilgesellschaft". Die zivilgesellschaftlichen Akteure wurden von den politischen Parteien, Berufspolitikern, Funktionären und Verwaltungsbeamten in den Hintergrund gedrängt (Stiehl/Merkel 1997: 91). Die Parteien etablierten sich als Hauptakteure auf der politischen Bühne und die Gewerkschaften, die Medien und die öffentlichen Korporationen wurden zum Austragungsort des Parteienwettstreits (MacLeod 1990: 157). Die revolutionäre zivilgesellschaftliche Mobilisierung machte einer Entpolitisierung der Bevölkerung, Lethargie und wachsender Politikverdrossenheit Platz (Arenhövel 2000: 209; Vergopoulos 1990: 139).

Während sich die Wahlbeteiligung mit 66-75 Prozent auf westeuropäischem Standard bewegte, war das Interesse der portugiesischen Bevölkerung an politischen Fragen Anfang der 90er Jahre unterdurchschnittlich: 85 Prozent bekundeten „nicht sehr" bzw. „überhaupt nicht" an Politik interessiert zu sein, gleichlautend antworteten durchschnittlich lediglich 53 Prozent der EG-Bürger (Europäische Kommission 1990: A11). Eine Mitgliedschaft in einer oder mehreren politischen Organisationen gaben lediglich 11 Prozent der befragten Portugiesen an. Unterscheidet man die Mitgliedschaft nach Organisationstyp ergibt sich folgendes Bild: 10 Prozent der Portugiesen waren Mitglied in mindestens einer *traditionellen Organisation* (politische Partei, Gewerkschaft oder Berufsverband) und lediglich 2 Prozent in mindestens einer *neuen Organisation* (Umwelt- und Naturschutz-, Friedens- oder Tierschutzbewegung). In Spanien, Italien und Frankreich waren die Mitgliedschaften ähnlich verteilt, während in Westdeutschland 27 Prozent der Befragten Mitglied in mindestens einer traditionellen und 10 Prozent in einer neuen Organisation waren (Roller/Wessels 1996: 13).

Ende der 90er Jahre war die Zahl der Portugiesen, die Mitglied in einer traditionellen oder neuen politischen Organisation waren, auf 32 Prozent gestiegen. Nach der Legitimität bestimmter Protestformen befragt, überraschten die Bürger allerdings mit einer sehr hohen Ablehnung von Protestformen, die in anderen Ländern bereits zur

„normalen Protestroutine" gehörten.[2] Die Analyse der politischen Beteiligung in Verbindung mit sozioökonomischen Angaben zeigte, daß die Wahrnehmung der politischen Bürgerrechte negativ korreliert mit der Zugehörigkeit zum Personenkreis der Frauen, alten Menschen, Personen mit geringem Einkommen und geringer Schulbildung (Cabral 1999). Festgestellt wurde außerdem eine die sozialen Gruppen übergreifend charakterisierende Distanz zu den politischen Machthabern, denen lediglich 7 Prozent bescheinigten, im Sinne der Bürger zu handeln. Mehr als die Hälfte der befragten Bürger gab außerdem an, die Welt der Politik nicht zu verstehen und auf diese auch keinen Einfluß zu haben. Je mehr Verständnis die Bürger sich selbst attestierten, desto eher meinten sie auch Einfluß auf die politischen Geschicke des Landes nehmen zu können; ein Befund, der wiederum auf die Relevanz des Bildungsrückstandes in Portugal für die Entwicklung einer partizipativen Demokratie verweist (Cabral 2000). In Portugal hatten Ende der 80er Jahre 82,7 Prozent der werktätigen Bevölkerung nur die Grundschulausbildung, eine höhere Ausbildung hatten nur 4,0 Prozent der werktätigen Portugiesen, und 33,4 Prozent der Portugiesen waren Analphabeten (Martins 1997: 122f.).

Die portugiesische Gesellschaft wurde auch am Ende der 90er Jahre noch stark durch familiale Traditionen, paternalistische Strukturen und klientelistische Netzwerke bestimmt, welche die kollektive Artikulations-, Organisations- und Handlungsfähigkeit der Zivilgesellschaft beschränkten (Stiehl/Merkel 1997: 91). Während sich die öffentliche Politik verstärkt für die Partizipation zivilgesellschaftlicher Akteure geöffnet hatte, insbesondere im Zuge der europäischen Integration, blieben die soziale Exklusion weiter Teile der Bevölkerung, die Marginalisierung der peripheren Regionen und die Zentralisierung der politischen Entscheidungen bestehen und behinderten die in der portugiesischen Verfassung vorgesehene „Vertiefung einer partizipativen Demokratie" (Magone 1997: 145). Prämoderne, moderne und postmoderne Einstellungen und Werte bestimmten gleichzeitig die segmentierte politische Kultur des Landes (Magone 1997: 157).

2.   Rechtliche Grundlagen

Die Versammlungs- und Demonstrationsfreiheit sowie die Vereinigungsfreiheit sind in Artikel 45 und 46 der portugiesischen Verfassung garantiert. Einen Verweis auf die Erfahrung mit dem autoritären Korporatismus während der Diktatur Salazars kann man in der negativen Vereinigungsfreiheit erkennen (Abs. 3). Verboten sind bewaffnete Organisationen sowohl militärischer als auch paramilitärischer Art sowie rassistische und faschistische Vereinigungen (Abs. 4).

Hervorzuheben sind die in der Verfassung enthaltenen umfassenden Vorgaben zur Wirtschafts- und Sozialordnung: So ist ein Sozialversicherungssystem unter Mitwirkung von Verbänden der Leistungsberechtigten verfassungsrechtlich garantiert (Art. 63). Ein ganzer Abschnitt der Verfassung beschäftigt sich mit „Freiheit und Garantien der Arbeiter" (Art. 53 bis 57): Kündigungsschutz (Art. 53), das Recht zur Bildung von

---

2   70 Prozent der Befragten hielten das Kleben von Plakaten für illegitim und 82 Prozent die Blockade einer Straße. Straßendemonstration (59 Prozent) und Streik (56 Prozent) stießen ebenso auf Ablehnung wie das Kontaktieren eines Politikers (49 Prozent), das Schreiben eines Protestbriefes (47 Prozent), die Organisation einer Versammlung (46 Prozent) oder die Unterschrift unter eine Petition (38 Prozent) (Cabral 1999).

betrieblichen Arbeiterausschüssen (Art. 54), die Freiheit der Gewerkschaftsbildung und deren Vertretungsrechte (Art. 55 bis 56) sowie das Streikrecht und das Verbot der Aussperrung (Art. 57). Ebenfalls in der Verfassung abgesichert sind die Freiheit und die Unabhängigkeit der Arbeitgebervereinigungen (Art. 46). Außerdem werden die Zusammensetzung und die Aufgaben des Wirtschafts- und Sozialrates *(Conselho Económico e Social)* festgelegt (Art. 92), einem Gremium der Konsultation und Koordination im Bereich der Wirtschafts- und Sozialpolitik.

Eine große Bedeutung für die im Umweltschutz aktiven Verbände kommt dem im Jahr 1987 erlassenen Umweltschutzverbandsgesetz zu (Diário da República 1989: Gesetz No.10/87). In diesem Gesetz werden die Mitwirkungsrechte der Umweltverbände an der staatlichen Umweltschutzpolitik festgelegt. Als Umweltverbände anerkannt werden Verbände, die keine kommerziellen Ziele verfolgen und sich ausschließlich zum Schutz der Umwelt, des natürlichen und historischen Erbes, des Naturschutzes oder der Verbesserung der Lebensqualität gegründet haben. Je nach ihrer Mitgliederzahl und nach ihrem räumlichen Organisationsgebiet werden sie als Verbände mit nationalem, regionalem oder lokalem Tätigkeitsbereich registriert und gegen die Vorlage eines Rechenschaftsberichtes staatlich finanziert.

Die registrierten Umweltverbände erhalten das Recht, an der Formulierung der staatlichen Umweltpolitik und der entsprechenden Gesetzgebung mitzuwirken. Die staatlichen Organe haben eine Auskunfts- und Informationspflicht gegenüber den Verbänden, die ihrerseits das Recht erhalten, staatliche Maßnahmen bei eingetretenen Umweltschäden vorzuschlagen und Laboranalysen einzufordern und zu veröffentlichen. Die Umweltverbände werden außerdem an den Aktivitäten des Erziehungsministeriums zur Umwelterziehung der Jugend und an den Programmen der staatlichen Verwaltung zur Sensibilisierung der Bevölkerung – insbesondere der Kinder – für die Natur beteiligt.

3. Verbandstypen differenziert nach Handlungsfeldern

3.1. Gewerkschaften

Das Gewerkschaftssystem Portugals ist gekennzeichnet durch die Aufsplitterung in zahlreiche Betriebs- und Branchengewerkschaften, die einen hohen Autonomiegrad besitzen, und durch eine dezentrale betriebsbezogene Gewerkschaftsstruktur, die ihre Wurzeln im Zwangskorporatismus der Diktatur hat (Loos 1996: 150). Auf nationaler Ebene haben sich die Gewerkschaften zu Föderationen zusammengeschlossen. Zwei große Dachverbände bestimmen das Bild: die *Confederação Geral dos Trabalhadores Portugueses – Intersindical Nacional* (Allgemeiner Gewerkschaftsbund der portugiesischen Arbeiter – Nationale Intersindical, CGTP-IN) und die *União Geral dos Trabalhadores* (Allgemeiner Verband der Arbeiter, UGT). Die meisten Gewerkschaften sind einer dieser beiden Organisationen angeschlossen. Zu Beginn der 80er Jahre waren 348 Einzelgewerkschaften in der CGTP-IN und 207 in der UGT organisiert (Merkel 1999: 287). Die CGTP-IN steht in direkter Linie zu der 1970 gegründeten *Intersindical*, einem gewerkschaftlichen Zusammenschluß zum Kampf für mehr Demokratie während des autoritären Regimes Salazars. Die CGTP-IN spielte eine wichtige Rolle in der revolutionären Mobilisierung, die auf den Staatsstreich im April 1974 folgte, und ist eng mit der kommunistischen Partei verbunden. Der Wegfall der staatlichen Kontrolle über die industriellen Beziehungen ließ die Gewerkschaftsbewegung schlagartig aufblühen, und die Arbeiterschaft wurde zu einem wichtigen politischen Akteur in der durch Klassenkämpfe gekennzeichneten Transitionsperiode.

Nach den demokratischen Wahlen 1975 wurden die Monopolstellung der CGTP-IN und die Dominanz der kommunistischen Partei innerhalb dieses gewerkschaftlichen Dachverbandes zum Gegenstand von Kritik. Innerhalb der CGTP-IN formierte sich eine Gruppe, die sich für gewerkschaftlichen Pluralismus einsetzte. Aus diesem Kreis der mit der sozialistischen Partei (PS) bzw. der sozialdemokratischen Partei (heute: PSD) verbundenen Gewerkschafter wurde schließlich 1978 die UGT als rivalisierender gewerkschaftlicher Dachverband von zunächst 30 Einzelgewerkschaften gegründet (Optenhögel 1988: 402). Mit Ausnahme des Finanzsektors entstanden in allen Branchen parallele gewerkschaftliche Strukturen. Der Fokus der gewerkschaftlichen Politik lag dabei auf der richtungspolitischen und ideologischen Auseinandersetzung und nicht auf der konkreten Interessenvertretung im Betrieb. Die Konkurrenz der beiden Dachorganisationen vertiefte und verfestigte somit die Spaltung der Arbeiterbewegung (Stoleroff 1999).

Die Existenz zweier konkurrierender Dachverbände prägte in mehrfacher Hinsicht die gewerkschaftliche Interessenvertretung. Zum einen konnten Arbeitgeber die beiden Gewerkschaftsverbände gegeneinander ausspielen, zum anderen beeinflußte die enge parteipolitische Anbindung der beiden Dachverbände die gewerkschaftliche Taktik. Von der kommunistischen CGTP-IN wurden Arbeitskonflikte als Druckmittel auf das Parlament eingesetzt, während die UGT in Zeiten einer Regierungsbeteiligung der sozialistischen bzw. der sozialdemokratischen Partei bemüht war, durch Verhandlungsabschlüsse das arbeiterfreundliche Image der Regierung zu unterstützen. Die Gewerkschaftspolitik diente zu Beginn der 80er Jahre nicht mehr dem die Einheit der Arbeitnehmer fördernden Kampf für die Demokratie wie in der Zeit der Opposition gegen die Diktatur, sondern vertiefte die Spaltung in der Arbeiterschaft zwischen denjenigen, die eine Verbesserung ihrer Situation innerhalb des bestehenden Systems anstrebten, und denjenigen, die für eine sozialistische Gesellschaft kämpften (Stoleroff 1999).

Mitte der 80er Jahre erlebte Portugal eine starke wirtschaftliche Krise, die maßgeblichen Einfluß auf die weitere politische Entwicklung hatte. Der Einfluß der Arbeiterbewegung und der Gewerkschaften ging drastisch zurück, und die Leitidee des wirtschaftlichen Liberalismus gewann Anhänger. Während sich die UGT an Verhandlungen mit Regierung und Arbeitgebern im *Ständigen Konzertierungsrat* (CPCS) beteiligte, reagierte die kommunistische CGTP-IN auf die Wirtschaftskrise mit einer Mobilisierung ihrer Mitglieder im Sinne des Klassenkampfes. Die Streikaktivitäten nahmen von 1983 bis 1985 kontinuierlich zu – allerdings mit sinkender Teilnehmerzahl. Im Jahr 1986 vollzog die CGTP-IN einen Strategiewechsel und trat – mit Billigung der kommunistischen Partei – dem *Ständigen Konzertierungsrat* bei. Zum ersten Mal waren beide gewerkschaftlichen Dachverbände an den Verhandlungen mit Regierung und Arbeitgebern beteiligt und standen in direktem Kontakt mit den Unternehmerverbänden (Stoleroff 1999).

Der Beitritt Portugals zur Europäischen Union im Jahr 1986 und der Regierungsantritt einer mit überwältigender Mehrheit gewählten Mitte-rechts-Regierung 1987 markierte auch für die Gewerkschaften eine Zäsur. Die Gewerkschaften mobilisierten ihre Mitglieder gegen das neo-liberale Reformprogramm der Regierung – insbesondere gegen die Änderungen im Kündigungsschutz *(Pacote Laboral)*. Doch auch mit einem

Generalstreik im März 1988 ließ sich die Verabschiedung des Gesetzespaketes im Parlament nicht verhindern. Die politischen Kräfteverhältnisse zwischen Kapital und Arbeit hatten sich umgekehrt – im Vergleich zu den europäischen Nachbarstaaten eine „Normalisierung", die allerdings vor dem Hintergrund der revolutionären Jahre der frühen portugiesischen Demokratie Ausdruck eines tiefgehenden Wandels war (Stoleroff 1999).

Beobachter sprechen von einem relativen Rückgang gewerkschaftlicher Stärke in Portugal seit dem Jahr 1986, welcher sich in nachlassender Streikaktivität und geringeren Einflußmöglichkeiten am Arbeitsplatz sowie einem verringerten gewerkschaftlichen Organisationsgrad ausdrücke (Stoleroff 1999). Die Angaben zu den Mitgliederzahlen der Gewerkschaften schwanken allerdings je nach Quelle. Die International Labour Organization (ILO) spricht von einem Rückgang des gewerkschaftlichen Organisationsgrades in Portugal von 51,4 Prozent im Jahr 1986 auf 25,6 Prozent im Jahr 1995, und die CGTP-IN erklärte im Jahr 1993, in den vergangenen zehn Jahre 672.000 oder 43 Prozent ihrer Mitglieder verloren zu haben (Stoleroff 1999). Insgesamt lag der Organisationsgrad der Arbeitnehmer Ende der 80er Jahre zwischen 34 und 40 Prozent und entsprach damit dem Niveau von England, Italien oder Deutschland. Branchen mit einem besonders hohen Organisationsgrad sind Mitte der 90er Jahre Transport und Kommunikation (78 Prozent), die chemische Industrie (73 Prozent), die Metallindustrie (56 Prozent) und der öffentliche Dienst (45 Prozent), während im Baugewerbe (26 Prozent), im Handel (14 Prozent) und in der Textilindustrie (25 Prozent) die Arbeitnehmer unterdurchschnittlich organisiert sind (Stoleroff/Naumann 1993: 34ff). Mit fast 100 Prozent ist die gewerkschaftliche Mitgliederquote in mehreren großen Banken außergewöhnlich hoch, was auf Privilegien zurückzuführen ist, die aus der postrevolutionären sozialistischen Regierungszeit stammen (wie ein eigenes Gesundheitssystem, geringere Arbeitszeiten) und die noch heute die große Popularität der UGT und der CGTP-IN in diesem Sektor erklären (Loos 1996: 152).

Die CGTP-IN hat ihre soziale Basis in der Industriearbeiterschaft und hier insbesondere in den traditionellen Sektoren der Schwer-, Metall-, Papier-, Chemie- und Schiffsindustrie sowie in Teilen des Transportwesens (Sänger 1994: 467f.). Die Hälfte der CGTP-Mitglieder gehören den Industrie- und Bauarbeitergewerkschaften an, 25 Prozent dem öffentlichen Dienst und ca. 25 Prozent dem übrigen Dienstleistungssektor (Loos 1996: 157). Nach Angaben des Dachverbandes sind im Jahr 1998 95 Gewerkschaften Mitglied in der CGTP-IN. Der stetige Rückgang der Zahl der Mitgliedsgewerkschaften beruht nach Angaben der CGTP-IN auf der Fusion mehrerer Gewerkschaften. Die CGTP-IN unterhält außerdem mit einer Vielzahl von Gewerkschaften enge Kooperationen, die unter der Bezeichnung *Movimento Sindical Unitário* zusammengefaßt werden und Ende der 90er Jahre 170 Gewerkschaften umfaßten (www.cgtp.pt).

Während zu Beginn der 80er Jahre die CGTP-IN die Gewerkschaftsbewegung dominierte, etablierte sich in den späten 80er Jahren die gemäßigt-reformistische UGT als einflußreicher Dachverband und prägte mit ihrer sozialdemokratischen Konzeption der Kooperation und Sozialpartnerschaft die Verhandlungsstrategie der Gewerkschaften (Stiehl/Merkel 1997: 87). Die Mitgliedsbasis der UGT liegt vor allem im Dienstleistungssektor: 33 Prozent der Mitglieder gehören den Banken- und Versicherungsgewerkschaften an, 16 Prozent den Handels- und Büroangestelltengewerkschaften. In traditionellen Arbeiterberufen ist die UGT nur punktuell vertreten (Loos 1996: 152). Im Jahr 2000 umfaßte die UGT nach eigenen Angaben 58 Gewerkschaften und zwei Gewerkschaftszusammenschlüsse sowie weitere mit der UGT kooperierende Gewerkschaften (www.ugt.pt). Wenngleich beschäftigungspolitische Fragen im Mittelpunkt der gewerkschaftlichen Arbeit stehen, bleiben die gewerkschaftlichen Dachverbände UGT und CGTP-IN entlang politischer Trennlinien gespalten. Die teilweise militante Konkurrenz der beiden Dachverbände hat die Gründung kleiner unabhängiger Gewerkschaften insbesondere in den technischen Berufen gefördert, die zumeist einen einzelnen Berufszweig abdecken, beispielsweise der Piloten, der Flugzeugtechniker, der Apothekenhelfer oder der Journalisten (Castanheira 1985: 801). Auf internationaler Ebene sind sich UGT und CGTP-IN Mitte der 90er Jahre näher gekommen, als 1994 auch die CGTP-IN in den Europäischen Gewerkschaftsbund aufgenommen wurde, dem die UGT bereits angehörte. Die Kooperation auf europäischer Ebene wirkte positiv auf die obersten Hierarchie-Ebenen der beiden Dachverbände zurück, die sich verstärkt um Zusammenarbeit bemühten, während auf der betrieblichen Ebene weiterhin Mißtrauen und Konkurrenzkampf vorherrschten (Loos 1996: 156).

Ende der 80er Jahre waren 71 Prozent der gewerkschaftlich organisierten Arbeitnehmer Mitglied in einer CGTP-Gewerkschaft (inklusive der kooperierenden Gewerkschaften der *Movimento Sindical Unitário*). Auf die UGT entfielen 23 Prozent und 6 Prozent auf unabhängige Gewerkschaften (Stoleroff/Naumann 1993: 31). Die Auswertung staatlicher Quellen zeigt, daß der gewerkschaftliche Organisationsgrad mit der Größe des Unternehmens zunimmt und im öffentlichen Dienst deutlich höher ist als in den meisten privaten Unternehmen – eine Beobachtung, die auf die Relevanz der Privatisierungspolitik für die portugiesischen Gewerkschaften verweist (Stoleroff/Naumann 1993: 24). Die von den Gewerkschaften ausgehandelten Tarifverträge deckten Ende der 90er Jahre 62 Prozent der abhängig Beschäftigten ab (Stiehl/Merkel 1997: 87). Die im Vergleich zu den meisten EU-Staaten äußerst niedrige Entlohnung und die hohe Zahl an Wochenarbeitsstunden sind auch Ende der 90er Jahre Hauptthemen gewerkschaftlicher Kritik. Das durchschnittliche Reallohneinkommen liegt in Portugal weit unter dem EU-Durchschnitt und die schrittweise Einführung der 40-Stundenwoche wurde erst 1996 in einem trilateralen Abkommen zwischen UGT, Regierung und Unternehmerverbänden vereinbart (Loos 1996: 155).

3.2. Die Verbände der Unternehmer und der Landwirte

Die Interessenvertretung der portugiesischen Unternehmer ist regional (Lissabon, Porto) und sektoral (Industrie, Handel, Landwirtschaft) differenziert (Merkel 1999: 287). Während der Diktatur waren die Unternehmer im zwangskorporatistischen System des *Estado Novo* erfaßt, und sogenannte Gremien *(Grémios)* deckten die Sektoren Landwirtschaft, Industrie und Handel ab (Wirtschafts- und Sozialausschuß 1985: 19). Nach dem Ende der Diktatur wurde den Arbeitgebern per Verfassung eine freie und unabhängige Interessenvertretung garantiert. Das politische Klima der Revolution brachte es gleichwohl mit sich, daß sich die Interessenorganisationen der Unternehmer zunächst langsamer etablierten als die der Arbeitnehmer. Viele Unternehmer hatten Portugal verlassen, und ein Teil des privaten Sektors wurde verstaatlicht (Banken, Versicherungen sowie große Industrie- und Transportunternehmen). Im Zuge der weiteren politischen Entwicklung Portugals revidierte sich die Situation. Die Unternehmerverbände konsolidierten sich und gewannen an Einfluß.

Gegenwärtig ist der 1974 gegründete *Verband der Portugiesischen Industrie (Confederação da Indústria Portuguesa*, CIP) die größte Organisation industrieller Unternehmer in Portugal. Während die CIP angibt, drei Viertel aller privaten Unternehmen zu vertreten, die einem Verband angehören, gehen andere Quellen von 30 bis 60 Prozent aus (Magone 1997: 123). Eine zweite wichtige Unternehmervertretung, die insbesondere im Norden des Landes verankert ist, ist der Industrieverband der Region Porto *(Associação Industrial Portuense, AIP)*. Während diese beiden Organisationen Kooperationsbeziehungen unterhalten, grenzen sie sich scharf von der dritten Unternehmervertretung, der Vereinigung der Portugiesischen Industrie *(Associação da Indústria Portuguesa, AIP)*, ab, die außer privaten Unternehmen auch zahlreiche Staatsunternehmen vertritt (Sänger 1994: 486). Mitte der 80er Jahre gründete sich eine weitere Vereinigung, die Bewegung der Kleinen und Mittleren Händler und Industriellen *(Movimento dos Pequenos e Médios Comerciantes e Industriais, MPMCI)*. Diese Unternehmerorganisation ist mit der kommunistischen Partei verbunden und konnte kurzfristig einige Erfolge in den größeren Städten erzielen (Sänger 1994: 487).

Die Handelsunternehmen sind in der Portugiesischen Industrie- und Handelskammer *(Associação Comercial de Lisboa- Câmara de Comércio e Indústria Portuguesa,* ACL-CCIP) und in der Portugiesischen Handels- und Dienstleistungsvereinigung *(Confederação do Comércio e Serviços de Portugal, CCP)* organisiert. Die ACL-CCIP wurde 1976 gegründet und vereinigt die Zusammenschlüsse des Groß- und Einzelhandels, die sich wiederum aus den Handelsverbänden der einzelnen Sektoren zusammensetzen. Die CCP unterhält ein Netzwerk von Vertretungen im ganzen Land und hatte bereits Mitte der 80er Jahre eine Vertretung in Brüssel. Zu Beginn der 90er Jahre war die Hälfte der portugiesischen Handelsfirmen in der CCP organisiert (Magone 1997: 123f.).

In der Landwirtschaft gibt es eine Vielzahl von Verbänden. Einige sind mit der kommunistischen oder der sozialistischen Partei verbunden und auf die Vertretung der Interessen der kleinen und mittleren landwirtschaftlichen Betriebe sowie der Pächter und ehemaligen Landarbeiter spezialisiert, andere verstehen sich vornehmlich als Vertretung der landwirtschaftlichen Großbetriebe. Die einflußreichste Interessenvertretung landwirtschaftlicher Betriebe ist der 1975 gegründete Verband der portugiesischen Landwirte *(Confederação de Agricultores Portugueses, CAP)*, der föderal aufgebaut ist, Zusammenschlüsse von Landwirten auf Gemeindeebene vereinigt und zu Beginn der 90er Jahre mehr als hunderttausend Landwirte vertreten hat (Magone 1997: 124).

Die Vielzahl der sektoralen Vereinigungen, ihre regionale Differenzierung und ihre geringen Mitgliederzahlen haben zur Folge, daß eine geringe Repräsentativität, eine schwache Organisationsstruktur und eine geringe interne Verpflichtungsfähigkeit das Erscheinungsbild der Unternehmerverbände bestimmen (Pinto 1990: 254 nach Merkel/ Stiehl 1999: 623).

3.3. *Der Conselho Permanente da Concertação Social*

Der *Conselho Permanente da Concertação Social (Ständiger Konzertierungsrat,* CPCS)* wurde 1984 ins Leben gerufen. In einer Zeit der wirtschaftlichen Krise erhoffte sich die Regierung, daß der CPCS den Dialog zwischen den Sozialpartnern verbessern und die Akzeptanz der staatlichen Wirtschaftspolitik erhöhen würde (Sänger 1994: 481). Die Schaffung dieses tripartistischen Gremiums wurde außerdem vom Internationalen Währungsfonds im Rahmen der 1983 ausgehandelten Strukturanpassungsprogramme als Antiinflationsmaßnahme vorgesehen (Pitschas/Peters 1996: 104). In der

Verfassung wurde der *Ständige Konzertierungsrat* im Jahr 1989 verankert. Der CPCS ist paritätisch mit Vertretern von Regierung, Gewerkschaften und Unternehmerverbänden besetzt. Er hat sowohl beratende Funktionen für die Regierung beispielsweise durch die Erstellung von Gutachten zur sozioökonomischen Entwicklung als auch die Aufgabe, den Dialog zwischen den Sozialpartnern zu verbessern. Bis 1987 wurde diese Aufgabe allerdings dadurch erschwert, daß mit der UGT nur einer der beiden gewerkschaftlichen Dachverbände am CPCS teilnahm. Für die Arbeitgeber sind der *Verband der Portugiesischen Industrie* (CIP), die *Portugiesische Handels- und Dienstleistungsvereinigung* (CCP) und der *Verband der portugiesischen Landwirte* (CAP) vertreten. Lediglich vier Jahre nach seiner Gründung erlebte der *Ständige Konzertierungsrat* eine ernste Krise, als 1988 die neugewählte Regierung in dem sogenannten *Pacote Laboral* weitgehende Einschnitte in den bestehenden Kündigungsschutz für Arbeitnehmer vorsah, wogegen UGT und CGTP-IN gemeinsam ihre Mitglieder mobilisierten. Eine ähnlich konfrontative Zuspitzung wiederholte sich in den Jahren 1989 und 1992 im Zuge der Auseinandersetzungen um die Gesetzgebung zu Kündigungsschutz und Streikrecht (Magone 1997: 120).

Anfang der 90er Jahre wurde der *Ständige Konzertierungsrat* per Gesetz[3] in eine neue institutionelle Struktur überführt, den *Wirtschafts- und Sozialrat* (CES), der im Jahr 1997 in der Verfassung verankert wurde. Der *Wirtschafts- und Sozialrat* umfaßt neben den Vertretern von Regierung, Arbeitnehmern und Arbeitgebern auch Vertreter der Regionen, der Kooperativen, der Freien Berufe, der Wohlfahrtsverbände, der Universitäten sowie Abgesandte von Organisationen aus den Bereichen Jugend, Frauen, Familie, Umwelt- und Verbraucherschutz. Insgesamt hat der CES 63 Mitglieder. Die Aufgaben des *Wirtschafts- und Sozialrates* sind weit gesteckt. Die Vertreter ökonomischer und sozialer Interessen sollen sich in diesem Rahmen an der politischen Entscheidungsfindung zu sozio-ökonomischen Fragen beteiligen und mit anderen Vertretern der Zivilgesellschaft in einen Dialog treten. Außerdem ist der CES Forum der sozialen Konzertierung zwischen Regierung, Arbeitnehmern und Arbeitgebern. Diese Aufgabe nimmt weiterhin der *Ständige Konzertierungsrat* wahr, der als Untergliederung des *Wirtschafts- und Sozialrates* erhalten blieb. Die Sozialpartner hatten sich in einer Übereinkunft im Jahr 1990 mit der Regierung darauf verständigt, daß der *Ständige Konzertierungsrat* innerhalb des CES vollständige Autonomie genießen und seine Arbeit mit den gleichen Kompetenzen und der gleichen personellen Besetzung fortsetzen solle (Conselho Económico e Social 1993: 12f). Der *Wirtschafts- und Sozialrat* ist neben der Analyse der wirtschaftlichen und sozialen Situation des Landes und der Regionen an der Entwicklung von Normen, Programmen und Projekten für die ökonomische und soziale Entwicklung Portugals beteiligt sowie aufgefordert, zur Politikumsetzung und zur Verwendung der Mittel der Europäischen Union Stellung zu nehmen. Mit der Gründung des *Wirtschafts- und Sozialrates* wurden also die Partizipationsmöglichkeiten organisierter zivilgesellschaftlicher Akteure an der staatlichen Wirtschafts- und Sozialpolitik beträchtlich erweitert.

Die Bilanz der Tätigkeit des CPCS in den 80er und 90er Jahren ist gemischt: Der Rat trug einerseits zur Verabschiedung mehrerer Lohnabkommen bei und ermöglichte den direkten Dialog zwischen Regierung, Gewerkschaften und Arbeitgebern. Die Streikhäufigkeit lag in Portugal bis 1983 deutlich über dem westeuropäischen Durch-

---

3   Die folgenden Angaben zum Wirtschafts- und Sozialrat basieren, wenn nicht anderweitig belegt,
    auf dem Gesetz 108/91 und dem Dekret 90/92 (www.ces.pt).

schnitt, und inflationstreibend hohe Tarifabschlüsse bestimmten das Bild. Ab 1984 fiel die Streikhäufigkeit deutlich unter den westeuropäischen Durchschnitt, und die im Rahmen des Konzertierungsrates geschlossenen einkommenspolitischen Vereinbarungen führten zu moderaten, an die gesamtwirtschaftliche Entwicklung angepaßten Lohnabschlüssen (Merkel 1999: 288). Durch die Konzertierung entwickelten die industriellen Beziehungen darüber hinaus stabilere Strukturen und steigerten ihre Verläßlichkeit und Berechenbarkeit, womit sich die These vom Neokorporatismus in Portugal untermauern läßt (Merkel/Stiehl 1999: 625).

Die traditionelle Segmentierung der Arbeitsbeziehungen in Portugal wurde andererseits auch durch den *Ständigen Konzertierungsrat* nicht überwunden. Während die Spitzenverbände auf der Makroebene im CPCS verhandeln, findet die konkrete Tarifpolitik dezentral in branchenbezogenen Abkommen oder in Betriebsvereinbarungen oft zwischen Kleinstgewerkschaften und einzelnen Unternehmensführungen statt. Im Fall eines Konfliktes zwischen Abkommen, die auf unterschiedlichen Ebenen abgeschlossen wurden, genießen diese Vereinbarungen Vorrang (Pitschas/Peters 1996: 107). Außerdem kritisieren Beobachter, daß der *Ständige Konzertierungsrat* zeitweise zu einem lohnpolitischen Instrumentarium der Regierung degeneriert sei (Sänger 1994: 483). Zudem würden die Sozialpartner mangelnde Konsensbereitschaft zeigen und eine stark interessenorientierte, machtbewußte Politik der Maximalforderungen betreiben. Während die Beteiligten in Zeiten des ökonomischen Aufschwungs Übereinkünfte erzielten, nähme die Verhandlungsbereitschaft in Krisenphasen dramatisch ab (Magone 1997: 116).

An anderer Stelle wird der neokorporatistischen Zusammenarbeit der portugiesischen Sozialpartner allerdings gerade eine wichtige Rolle für die Entwicklung gesamtwirtschaftlicher Stabilität zugesprochen. Die portugiesischen Sozialpartner hätten danach gelernt, kurzfristige Tarifforderungen arbeits- und beschäftigungspolitischen Interessen unterzuordnen. Dies trage dazu bei, daß das strukturschwache Portugal bei der Arbeitslosenquote weit unter dem EU-Durchschnitt liege (Pitschas/Peters 1996: 121). Durch die Tätigkeit des *Ständigen Konzertierungsrates CPCS* seien die Gewerkschaften als politische Partner institutionalisiert und die Aufmerksamkeit der Öffentlichkeit gebündelt auf die Behandlung sozialer Fragen gerichtet worden (Guibentif 1993: 41). Die Regierung und die Sozialpartner weisen – mit Ausnahme des kommunistischen Gewerkschaftsverbandes CGTP-IN – in ihrem Abkommen zur Einkommens- und Gehaltsentwicklung von 1992 darauf hin, daß der *Ständige Konzertierungsrat* ihren Dialog gefördert, ihre Beziehungen stabilisiert und Konflikte vermindert habe (Conselho Económico e Social 1993: 187). In einer Stellungnahme zur aktuellen Situation der Gewerkschaften und den strategischen Herausforderungen für Portugal im Jahr 2000 erklärt die UGT, in den Jahren, in denen tripartistische Übereinkünfte erzielt worden seien, sei das Wirtschaftswachstum gestiegen, die Inflation gezügelt worden und die realen Löhne hätten sich dem Durchschnitt der europäischen Union angenähert (Proença 2000). Die CGTP-IN hingegen charakterisiert ihre Mitarbeit im Konzertierungsrat als ständigen Kampf gegen den zunehmenden Abbau von Arbeitnehmerrechten, den sie sowohl im Rat selbst als auch durch Proteste auf der Straße und im Betrieb und das demonstrative Verlassen des Gremiums geführt habe (CGTP-IN 2000).

In den 90er Jahren hat sich die Zielrichtung der Verhandlungen im CPCS von rein einkommenspolitischen Abkommen (1987, 1988 sowie 1992) auf Übereinkünfte in den Bereichen Wirtschafts- und Sozialpolitik (1990), Gesundheit (1991) und berufliche Aus- und Weiterbildung (1991) verbreitert. In der Folge dieser Abkommen wurden zusätzliche staatliche Gremien geschaffen, in denen die Sozialpartner beratende Funktionen wahrnehmen (Conselho Económico e Social 1993: 15). Diese Tendenz der Ausweitung der Themen hat sich fortgesetzt. Mitte der 90er Jahre wurden im *Ständigen Konzertierungsrat* Übereinkünfte mittlerer (1995) und kurzer (1996) Reichweite geschlossen, die sowohl die Einkommens- und Steuerpolitik betrafen als auch die soziale Sicherheit, Arbeit und Beschäftigung (www.ccp.pt). Und für das Jahr 2000 forderte der gewerkschaftliche Dachverband UGT ein neues Abkommen, das die Bereiche Beschäftigung, Erziehung und Ausbildung, Einkommen, soziale Sicherheit, Arbeits- und Lebensbedingungen, Partizipation und Soziales Europa umfassen sollte (www.ugt.pt). Die im sozioökonomischen Bereich erprobte Form neokorporatistischer Interessenvermittlung wurde von anderen Politikbereichen aufgenommen, was den demokratischen Dialog zwischen Vertretern unterschiedlicher Interessengruppen stärkte und zu einer Kultur der Politikformulierung und Kooperation auf nationaler Ebene beitrug (Magone 1997: 126).

Die europäische Integration brachte für die portugiesischen Verbände zusätzliche Herausforderungen. Bereits vor dem Beitritt Portugals zu den Europäischen Gemeinschaften wurden die Interessenorganisationen, die an dem *Ständigen Konzertierungsrat* teilnahmen, finanziell unterstützt, um auf europäischer Ebene Präsenz zeigen und in Brüssel Vertretungen eröffnen zu können. Die Erfahrungen der Kooperation auf europäischer Ebene mit Schwesterverbänden sowie der Dialog mit Vertretern anderer organisierter Interessen wirkte positiv auf die Kultur des portugiesischen Verbandswesens zurück. Dadurch wurde eine Kooperationskultur gefördert, welche die früher dominierenden klientelistischen und paternalistischen Beziehungsmuster sukzessive verdrängte (Magone 1997: 118).

3.4. Sozial- und Wohlfahrtsverbände

Die Entwicklung des portugiesischen Sozialstaates läßt sich in drei Abschnitte unterteilen: in eine vor-wohlfahrtsstaatliche bis Anfang des 20. Jahrhunderts, in eine autoritär korporatistische während der Diktatur Salazars und in eine wohlfahrtsstaatliche Periode, die nach der „Nelkenrevolution" begann. Während diese Abschnitte auf der verfassungsrechtlichen und gesetzgeberischen Ebene klar voneinander abzugrenzen sind, sind die Übergänge in der politischen Praxis und in der Verfassungswirklichkeit weniger deutlich zu markieren. Bereits zu Beginn des Jahrhunderts wurden in der ersten portugiesischen Republik Institutionen geschaffen, die in gewisser Weise das moderne Wohlfahrtsstaatskonzept vorwegnahmen. Das korporatistische Konzept des *Estado Novo* unter Salazar wiederum, das die soziale Vorsorge den einzelnen Wirtschaftszweigen übertrug, erwies sich als weitgehend unwirksam: Ein Netz von Vorsorgekassen und Bezirkskassen entwickelte sich erst in den 40er Jahren, als die Regierung entgegen der korporatistischen Grundidee selbst die Initiative übernahm. Im Agrarbereich hatte der *Estado Novo* von Beginn an selbst Einrichtungen zur sozialen Versorgung der Bauernschaft *(Casas do Povo)* geschaffen.

Im Zuge des Sturzes der Diktatur kam dem Thema der sozialen Sicherheit eine prominente Stellung zu, und das Programm der ersten Übergangsregierung führte die Schaffung eines einheitlichen Systems der sozialen Sicherheit auf. In der Verfassung von 1976 wurden die sozialen Grundrechte wieder aufgenommen. Das System der sozialen Sicherheit erfuhr damit einen zweiten Entwicklungsschub, indem es neu gegliedert, aufgewertet und den demokratischen und rechtsstaatlichen Verhältnissen angepaßt wurde.

Wie in den anderen westeuropäischen Ländern wird der Großteil der sozialen Dienste in Portugal von privaten, gemeinnützigen Einrichtungen erbracht. Eine hervorzuhebende Stellung nimmt dabei die katholische Kirche ein, die traditionell eine wichtige Stütze der sozialen Fürsorge in Portugal darstellt. Bereits lange bevor sich der portugiesische Sozialstaat entwickelte, waren private Einrichtungen der sozialen Fürsorge aktiv. In der Verfassung von 1976 wurde der Status der privaten Einrichtungen, die gemeinnützige soziale Dienste leisten, definiert, und die sogenannten *Instituições privadas de Solidaridade Social* (im folgenden: IPSS) wurden in das System der Sozialversicherung integriert. Spätere Ausführungsbestimmungen regelten Organisationsformen, Tätigkeitsbereiche und die zentrale Registrierung der IPSS, die dadurch den Status einer gemeinnützigen juristischen Person erhalten.

Die staatliche Sozialversicherung ist seit 1983 in beitragsfinanzierte und nichtbeitragsfinanzierte Bereiche sowie die Sozialaktion *(Acção Social)* unterteilt. Mit der *Acção Social* soll sozialer und wirtschaftlicher Not vorgebeugt, und besonders schwache und gefährdete Bevölkerungsgruppen sollen unterstützt werden. Der Großteil der Aktivitäten der IPSS wird durch die *Acção Social* finanziert, wobei die Höhe der Zahlungen von den einzelnen Verbänden mit den beteiligten Ministerien als Tarif pro Benutzer und sozialer Leistung ausgehandelt wird (Hufnagl 2000).

Im Jahr 1999 waren circa 2.700 Institutionen als IPSS anerkannt und in den unterschiedlichen sozialpolitischen Bereichen tätig. Im Jahr 1996 wurde zwischen Verbänden der freien Wohlfahrt, der Regierung und Vertretern von Städten und Gemeinden ein Kooperationsabkommen für die soziale Solidarität *(Pacto de Cooperação para a Solidariedade Social)* unterzeichnet, das die Tätigkeit der Beteiligten koordinieren und ihre Effektivität verbessern soll, wobei dem Prinzip der Subsidiarität eine zentrale Bedeutung zugeschrieben wurde (Melícias 2000: 40).

Die bekannteste und traditionsreichste Form der privaten Fürsorge sind die *Santa Casas de Misericórdias*, katholische Bruderschaften, die aus christlicher Nächstenliebe karitativ tätig werden wollten und sich in Portugal seit Ende des 15. Jahrhunderts verbreiteten. Am Anfang des 20. Jahrhunderts gab es in Portugal ca. 160 *Misericórdias* (Hufnagl 2000). Unmittelbar vor der Revolution 1974 verwalteten die *Misericórdias* 38 Prozent der portugiesischen Krankenhäuser. Die neue Regierung entzog die *Misericórdias* der Kontrolle der katholischen Kirche und verstaatlichte die von ihnen verwalteten Spitäler, eine Entscheidung, die in den folgenden Jahren der politischen Normalisierung teilweise wieder rückgängig gemacht wurde.[4] Zur wirksameren Verteidigung ihrer Interessen gründeten die *Misericórdias* 1976 einen Dachverband *(União das Misericórdias Portuguesas)*, dem zu Beginn der 90er Jahre annähernd 400 *Misericórdias* angehörten. Ihr hauptsächliches Tätigkeitsfeld ist heute die Verwaltung von Altersheimen, Kinderkrippen und Berufsschulen (Guibentif 1993: 43). Außerdem untersteht ihnen ein Großteil der privaten ohne Gewinnabsicht arbeitenden Krankenhäuser, welche 23 Prozent der portugiesischen Krankenhäuser im Jahr 1998 ausmachten (Hufnagl 2000).

Eine besondere Stellung nimmt die *Santa Casa de Misericórdia de Lisboa* ein. Sie besitzt die Rechtsform einer gemeinnützigen juristischen Person mit öffentlichem Cha-

---

4 Mitte der 80er Jahre wurden die *Misericórdias* für die Verstaatlichung der von ihnen verwalteten Spitäler entschädigt (Guibentif 1993: 43).

rakter und trägt – auf der Basis eines Abkommens mit dem Staat – die Verantwortung für jegliche soziale Tätigkeit in der portugiesischen Hauptstadt mit Ausnahme der Behindertenhilfe (Hufnagl 2000). Die *Misericórdia* verfügt über außerordentlich hohe Finanzmittel, von denen ca. 80 Prozent aus ihrer gesetzlich festgeschriebenen Beteiligung an den staatlichen Lotteriegewinnen stammen (Hufnagl 2000).

Die *Caritas Portugal* der 20 Diözesen ist im Rahmen ihrer Tätigkeit für die *Acção Social* ebenfalls als private Einrichtungen gemeinnütziger sozialer Tätigkeit anerkannt. Sie verfügt über eine geringe Anzahl von Einrichtungen und ist vor allen Dingen auf sozialpolitischem Gebiet tätig. Die soziale Arbeit der *Caritas* wird in der Regel von Freiwilligen außerhalb eines organisatorischen Rahmens geleistet und aus Spenden finanziert (Hufnagl 2000).

Eine traditionsreiche Einrichtung der privaten Fürsorge in Portugal sind die im Zuge der industriellen Revolution entstandenen *Vereine auf Gegenseitigkeit (Mutualidades)*. Diese Genossenschaftskassen sind in der Regel ausschließlich für ihre Mitglieder tätig, aus deren Beiträgen sie sich finanzieren. Im Jahr 1997 gab es in Portugal 79 *Mutualidades*, deren Tätigkeitsfelder der Verband der Vereine auf Gegenseitigkeit *(União das Mutualidades Portuguesas)* in den Bereichen der medizinischen Dienste und der finanziellen Unterstützung bei Tod, Invalidität und Krankheit benennt *(União das Mutualidades* nach: Hufnagl 2000*)*. Eine Sonderstellung nimmt der *Montepio Geral* ein, ein Verein auf Gegenseitigkeit, der heute hauptsächlich als Sparkasse tätig ist und in dieser Branche eines der großen portugiesischen Finanzinstitute darstellt (Guibentif 1993: 44).

Das *Cruz Vermelha Portuguesa* (Portugiesisches Rotes Kreuz) besitzt ebenso wie die *Santa Casa de Misericórdia de Lisboa* die Rechtsform einer gemeinnützigen juristischen Person mit öffentlich-rechtlichem Status. Es erhält vom Staat Subventionen und ist international tätig. Das *Portugiesische Rote Kreuz* unterhält medizinische Sprechstundendienste, Kliniken, Rehabilitationseinrichtungen sowie Rettungsdienste und ist in den Bereichen *Acção Social*, Erziehung und Ausbildung aktiv. Es ist in 28 Regional- und 147 Kreisverbände gegliedert. Im Jahr 1999 hatte das *Portugiesische Rote Kreuz* nach eigenen Angaben 1.700 hauptamtlich Beschäftigte und ca. 3.400 ehrenamtlich Tätige, die sich in Besuchsdiensten engagierten, Spendenakquisition und Werbung betrieben, die Kreisverbände verwalteten und Sachspenden im In- und Ausland verteilten (Hufnagl 2000).

Trotz dieser differenzierten verbandlichen Struktur spielen in Portugal nach wie vor informelle Solidaritätsbeziehungen wie der weitere Familienkreis und im Landesinneren die Nachbarschaft, eine zentrale Rolle in der sozialen Vor- und Fürsorge. Außerdem weist Portugal eine lebhafte Schattenwirtschaft auf, die den einzelnen und den Familien in bescheidenem Umfang Ersatz- bzw. Zusatzeinkommen sichert. Einige Beobachter sehen in solchen Strukturen die Ursachen dafür, daß der portugiesische Sozialstaat trotz des anerkannt niedrigen Leistungsniveaus bisher unter keinen größeren Druck gesetzt wurde. Ein schwacher Wohlfahrtsstaat ist danach in eine starke Wohlfahrtsgesellschaft eingebettet (Guibentif 1993: 45). Es bleibt allerdings zu fragen, was an die Stelle dieser informellen Solidaritätsbeziehungen treten soll, wenn sich die familiären und nachbarschaftlichen Beziehungen in Portugal lockern und nicht mehr zur Entschärfung sozialer Konflikte zur Verfügung stehen (Guibentif 1993: 60).

3.5. *Umweltverbände*

Schätzungen zufolge waren zu Beginn der 90er Jahre in Portugal ca. 3.000 lokale Umweltgruppen aktiv, die sich mit dem Schutz der Natur- und Umwelt sowie des natürlichen und kulturellen Erbes des Landes beschäftigten. Die Zahl der Umweltverbände wurde 1989 auf 300-400 geschätzt (Carius/Jörgens 1993: 76). Bei der staatlichen Umweltbehörde (IPAMB) registriert waren im Jahr 1998 allerdings lediglich 183 Organisationen (Nave 1999b: 97f.).

In der Entwicklung der Verbände lassen sich zwei Phasen unterscheiden: die Jahre 1974 bis 1984 und die Zeit ab Mitte der 80er Jahre (Nave 1999c). Der Großteil der portugiesischen Umweltverbände entstand seit Mitte der 70er Jahre, wobei in den ersten zehn Jahren der portugiesischen Demokratie 25 Prozent der 1998 registrierten Verbände gegründet wurden (Nave 1999b: 97). Der Sturz der Diktatur 1974 hatte eine breite Mobilisierung der Bevölkerung und die Gründung einer Vielzahl von Basisgruppen ausgelöst, die sich in ihrer überwiegenden Mehrzahl allerdings nicht mit Fragen des Umweltschutzes beschäftigten, sondern soziale, ökonomische und politische Rechte forderten. Die folgenden Jahre der Institutionalisierung des politischen System waren durch die drastische Beschränkung zivilgesellschaftlicher Einflußnahme und die Demobilisierung breiter Teile der Bevölkerung gekennzeichnet.

Während in den westeuropäischen Nachbarländern in den späten 70er und den 80er Jahren neue soziale Bewegungen das Bild der politischen Öffentlichkeit bestimmten, kam es in Portugal nicht zu einer entsprechenden Mobilisierungswelle (Nave 1999c). Kurzfristig erlebte Portugal Ende der 70er Jahre eine Anti-Atomkraftmobilisierung gegen die Pläne der Regierung, im Norden des Landes ein Kernkraftwerk zu bauen. Sowohl in den betroffenen Gebieten als auch in Lissabon gründeten sich Anti-Atomkraft-Gruppen, die mit ihrem Protest gegen die atomare Energiegewinnung auch Rückhalt in der lokalen Verwaltung und Politik fanden (Magone 1997: 153). Nach einem Jahr massiver Bürgerproteste gab die Regierung im Jahr 1977 nach. Die Aufgabe des Atomprogramms ließ die Bewegung abflauen, und lediglich einige lokale Umweltgruppen und die Naturschutzliga LPN blieben aktiv (Carius/Jörgens 1993: 78).

Mitte der 80er Jahre erfolgte ein Wandel sowohl in der staatlichen Umweltpolitik als auch in der Struktur der im Umweltschutz aktiven Gruppen: Der Beitritt Portugals zu den Europäischen Gemeinschaften löste einen Institutionalisierungsschub in der Umweltpolitik aus. Im Jahr 1987 wurden das Umweltschutzgesetz und das Umweltschutzverbandsgesetz erlassen, das den Verbänden finanzielle Unterstützung und Mitwirkungsrechte an der staatlichen Umweltpolitik garantierte. Das *Nationale Umweltamt* (INAMB, später IPAMB) und das Umweltministerium wurden gegründet (1989/1990) und umfangreiche Gesetze zu den Problemfeldern Luft, Wasser und Umweltverträglichkeitsprüfung verabschiedet (Carius/Jörgens 1993: 76). Die portugiesische EG-Präsidentschaft 1992 wirkte außerdem im Sinne einer Sensibilisierung für Umweltfragen auf die portugiesische Regierung und Bevölkerung zurück. Die umweltpolitischen Verpflichtungen im Rahmen der Agenda 21 wurden zum Gegenstand öffentlicher Diskussionen (Magone 1997: 137ff.).

Das europäische Jahr der Umwelt 1987/88 brachte den Umweltverbänden einen deutlichen Mitgliederzuwachs. Gleichzeitig verstärkten die portugiesischen Umweltverbände ihre Zusammenarbeit untereinander und ihre Kooperation auf europäischer Ebene. Die Finanzmittel der Europäischen Gemeinschaften zur Förderung zivilgesellschaftlichen Engagements zum Schutz der Umwelt führten zu einem „Aufblühen" bestehender Umweltverbände und zur Gründung neuer Initiativen. Von Mitte der 80er bis Mitte der 90er Jahre haben sich 59 Prozent der 1998 bei der Umweltbehörde IPAMB registrierten Gruppen gegründet (Nave 1999b: 97). Deutlich erhöhte sich außerdem der Organisationsgrad der Umweltverbände. Um in den Genuß staatlicher Unterstützung zu kommen, mußten sich die Umweltgruppen bei der neu geschaffenen Umweltbehörde INAMB registrieren lassen. Erforderlich waren hierzu u.a. die notarielle Registrierung als rechtsfähiger Verein ohne kommerziellen Zweck sowie die Offenlegung der Zielsetzung und der Mitgliederzahl. Das Gesetz sah außerdem die Mitwirkung von zwei Repräsentanten der Umweltverbände in der INAMB vor. Da die Umweltverbände bis zu diesem Zeitpunkt keine gemeinsame Vertretung hatten, organisierte die Behörde 1989 ein landesweites Treffen aller Umweltverbände zur Wahl ihrer Repräsentanten. Ungefähr siebzig Organisationen nahmen an diesem Treffen teil. Im Jahr 1991 gründeten 50 dieser Umweltverbände den Dachverband *Confederação Portuguesa das Associações de Defesa do Ambiente*, dessen Aufgabe es sein sollte, die Umweltverbände in den Verhandlungen mit Regierungsstellen und Vertretern anderer Interessen zu repräsentieren und die Kooperation zwischen den Umweltverbänden zu fördern (Nave 1999c).

Die Umweltschutzverbände und -initiativen wurden zu wichtigen Akteuren in der öffentlichen Diskussion über Umwelt- und Naturschutz und engagierten sich im Bereich der Umwelterziehung. Sie prangerten Verstöße gegen Gesetze und die mangelhafte Umsetzung staatlicher Umweltschutzmaßnahmen an, beteiligten sich an parlamentarischen Anhörungsverfahren, Gesetzesnovellen und Umweltverträglichkeitsprüfungen und wirkten schließlich auf lokale Verwaltungsstellen ein (Carius/Jörgens 1993: 79). Seit den späten achtziger Jahren wurden die Umweltverbände zu gefragten Ansprechpartnern für die Erstellung wissenschaftlicher Gutachten und Studien. So beauftragte das Umweltministerium im Frühjahr 1992 drei führende Umweltverbände, wissenschaftliche Gutachten zur Erarbeitung eines Abfallwirtschaftskonzeptes und einer nationalen Naturschutz-, Transport- und Energiepolitik zu erstellen (Carius/Jörgens 1993: 85).

Die Doppelstrategie, sich einerseits von staatlichen Umweltbehörden finanzieren zu lassen und mit Regierungsmitgliedern zu kooperieren und andererseits gegen Versäumnisse staatlicher Politik öffentlich zu protestieren, war allerdings umstritten. Insbesondere die radikaleren, aus den ökologischen Auseinandersetzungen der 70er Jahre hervorgegangenen Gruppen lehnten die Zusammenarbeit mit der Staatsmacht dezidiert ab (Nave 1999b: 35). Ebenfalls kontrovers diskutiert wurde die Frage, ob Umweltverbände nach dem Vorbild anderer westeuropäischer Länder eine Grüne Partei gründen sollten. Seit 1984 wurde über die Möglichkeit einer Parteigründung oder eines Dachverbandes gestritten. Der 1991 ins Leben gerufene Dachverband blieb hinter den Erwartungen zurück und entwickelte sich zu einer Vertretung lokaler Verbände mit sehr begrenzten Mitteln. Wichtige nationale Umweltverbände waren dem Zusammenschluß ferngeblieben, da sie sich durch das Prinzip „ein Verband, eine Stimme" nicht ausreichend repräsentiert sahen. Viele stärker politisch orientierte Verbände traten aus, nachdem ihre Bemühungen zur Vorbereitung einer grünen Parteigründung gescheitert waren (Nave 1999b: 39).

Mitte der 80er Jahre gab es drei kleinere Parteien, die den Titel einer Umweltpartei für sich in Anspruch nahmen, aber nicht aus der Umweltbewegung hervorgegangen waren: die PPM *(Monarchistische Volkspartei)*, die über einen starken ökologischen Flügel verfügte; die MDP *(Demokratische Volksbewegung)*, die bis Ende 1986 in Listenverbindungen mit der Kommunistischen Partei (PCP) kandidierte; und schließlich die PEV *(Portugiesische Umweltbewegung – Die Grüne Partei)*, die auf Initiative der

Kommunistischen Partei gegründet worden war. Die Umweltverbände hatten diese Parteigründung heftig kritisiert und jede Zusammenarbeit vermieden. Die Spannungen zwischen der PEV und den Umweltgruppen sowie Konflikte innerhalb der Partei führten im Jahr 1990 zur Spaltung der PEV und zum Austritt des ökologischen Flügels (Müller-Rommel 1993: 83f.). Die Sozialistische Partei versuchte zu Beginn der 90er Jahre mit der Gründung einer ökologischen Plattform, an der sich Mitglieder linker Gruppen und Aktivisten der Anti-Atomkraftbewegung beteiligten, ebenfalls einen erfolglosen Vorstoß zur Gründung einer Grünen Partei. Im Jahr 1993 schließlich rief eine Gruppe von Ökologen, die die *Monarchistische Volkspartei* verlassen hatten, zusammen mit Pionieren der Anti-AKW Bewegung der 70er Jahre die grüne Partei *Partido da Terra* ins Leben, die jedoch keine Unterstützung der etablierten Umweltverbände erhielt und wenig Anklang bei den Wählern fand (Nave 1999c).

Die Diskussionen um die Kooperation mit staatlichen Stellen und eine mögliche Parteigründung weisen bereits auf eine weitere Konfliktlinie hin: die Auseinandersetzung um die Frage, wie „(partei)politisch" Umweltaktivismus seien sollte. Die junge Generation der Umweltaktivisten der 80er Jahre sah sich größtenteils nicht in der Tradition der linken, ideologisch orientierten Debatten der 70er Jahre, sondern verstand sich explizit als „nicht-politisch". Sie wollten parteiunabhängig bleiben und für Mitglieder aller politischen Orientierungen offen sein. Nicht die Studentenbewegung oder andere linke Bewegungen waren die Vorbilder der jungen Umweltaktivisten; ihr Engagement ging vielmehr auf lokale Umweltkonflikte, den Besuch eines Naturschutzgebietes oder den Kontakt mit Umweltfragen in der Schule sowie in Universitäten zurück. Es kam daher auch nicht zu einer Verschmelzung dieser Umweltgruppen mit den Mitgliedern linker radikaler Gruppierungen, die sich Ende der 70er Jahre dem Umweltthema zuwandten (Nave 1999c).

Die Öffnung der staatlichen Umweltpolitik für Umweltverbände seit Mitte der 80er Jahre stärkte die Gruppen, die eine Form der Partizipation außerhalb der Parteien suchten und darauf setzten, Einfluß durch Expertise zu gewinnen. Die für eine staatliche Förderung gestellten Anforderungen an die Organisationsstruktur der Umweltverbände schufen außerdem einen Bedarf an qualifizierten Mitarbeitern. In den 90er Jahren bestand der Kern der Mitgliedschaft und der Führung der größten Umweltverbände aus „Umweltaktivisten mit naturwissenschaftlichen Universitätsabschlüssen", während sich viele Umweltaktivisten der Anti-Atomkampagnen der 70er Jahre in den Parteien fanden (Nave 1999c).

Ende der 90er Jahren waren typische Verbände der Umweltbewegung kleine, themenspezifische, nicht politisch orientierte Gruppen, die auf lokaler Ebene agierten. Ihre Tätigkeitsfelder waren insbesondere der Schutz des kulturellen, historischen und natürlichen Erbes, Freizeitaktivitäten für Jugendliche, Umwelterziehung und Naturschutz. Die finanzielle und technische Unterstützung durch nationale staatliche Umweltstellen erlaubte es diesen Verbänden, als kritische Opposition zum lokalen politischen Establishment zu fungieren. Auf nationaler Ebene gab es außerdem neben dem Dachverband der Umweltorganisationen einen kleinen Kreis bekannter, sehr gut organisierter und einflußreicher Verbände, die sich als Ansprechpartner für staatliche Akteure in Fragen der Umweltpolitik etablierten und zu einer „Avantgarde" der Bewegung entwickelten (Nave 1999b: 48).

Als größte nationale Umweltverbände Portugals sind die Naturschutzliga, LPN, die Nationale Vereinigung für Naturschutz, QUERCUS, die Studiengemeinschaft für Raumordnung und Umwelt, GEOTA, der portugiesische Zweig der Friends of the

Earth (Amigos da Terra) und die nationale Vereinigung der Umweltingenieure zu nennen (Carius/Jörgens 1993: 76f.).

- Die *Naturschutzliga* wurde 1948 von Naturwissenschaftlern gegründet und ist der älteste portugiesische Umweltverband. Die LPN leistete mit ihren Studien einen wichtigen Beitrag zur Gründung der ersten Naturschutzgebiete in den frühen 70er Jahren und hat eine lange Tradition der internationalen Kooperation im Naturschutz. Ende der 90er Jahre hatte die LPN ungefähr 6.000 Mitglieder, die in unterschiedlichen Arbeitsgruppen Feldforschung betrieben (Nave 1999c).
- Die *Studiengemeinschaft für Raumordnung und Umwelt*, GEOTA, wurde 1981 gegründet und spezialisierte sich auf die Bereiche Energieplanung, Umweltverträglichkeitsprüfungen, Lärmschutz, Transport, Raumplanung und Umweltgesetzgebung. Mitte der 80er Jahre wurden zwei Gründungsmitglieder von GEOTA Staatssekretäre in der sozialdemokratischen Regierung. GEOTA machte sich um die Einführung des Begriffes der nachhaltigen Entwicklung in Portugal verdient und setzte auf einen moderaten, technischen Diskurs und Lobbying (Nave 1999c).
- Die *Nationale Vereinigung für Naturschutz*, QUERCUS, entstand 1986 und war in den 90er Jahren mit mehr als 7.000 Mitgliedern der größte Umweltschutzverband Portugals (Magone 1997: 154).[5] QUERCUS stellt einen Zusammenschluß von Umweltaktivisten aus mehreren lokalen Gruppen dar, die sich vornehmlich mit Vogel- und Naturschutz beschäftigen. Die Organisation war in den 90er Jahren in allen Regionen vertreten und insbesondere durch spektakuläre, öffentlichkeitswirksame Protestaktionen bekannt geworden, die teilweise auch in Kooperation mit *Greenpeace* durchgeführt wurden (Nave 1999c).
- Die Gruppe *Os Amigos da Terra* schließlich hat ihre Wurzeln in den Anti-Atom- und politischen Gruppen der 70er Jahre. Ihr Aktionsrepertoire umfaßt daher vor allen Dingen Straßenproteste, Unterschriftensammlungen und politische Kampagnen. Seit Mitte der 80er Jahre erlebte die Gruppe einen stetigen Niedergang insbesondere durch interne Konflikte um die Kooperation mit staatlichen Stellen (Nave 1999c).

Die Daten des staatlichen Umweltamtes geben Aufschluß über einige Strukturmerkmale der registrierten Verbände. Geographisch zeigt sich eine Konzentration der Umweltgruppen in den industrialisierten, urbanisierten Regionen der Küste und insbesondere im Norden des Landes sowie in der Hauptstadt Lissabon (Nave 1999b: 98). Die Mitgliederzahlen lagen größtenteils unter 200 (40 Prozent) bzw. 500 (80 Prozent); lediglich sechs Verbände verfügten über mehr als 4.000 Mitglieder (Nave 1999b: 48).[6] Finanziert wurden die Verbände aus Mitgliedsbeiträgen und aus Mitteln der nationalen, lokalen und der regionalen Verwaltung sowie aus Programmen der Europäischen Union. Gering ausgeprägt war die Finanzierung durch Unternehmen, Stiftungen oder andere nicht-staatliche Organisationen (Nave 1999a). Die Mehrheit der Umweltverbände war finanziell stark von staatlichen Zuwendungen abhängig. Die Mitarbeiter der lokalen Gruppen arbeiteten vorwiegend ehrenamtlich, während die Vollzeitmitarbeiter großer Umweltverbände zu 50 Prozent bezahlt wurden (Nave 1999b: 122). Erwähnenswert ist außerdem die Führungsstruktur der Verbände: Bei 30 Prozent der registrierten

---

5 Internationale Anerkennung ihres Engagements im Umweltschutz wurde dem Verband 1992 durch die Auszeichnung mit dem Global 500 Award der *Vereinten Nationen* beim Weltumweltgipfel in Rio de Janeiro zuteil.

6 Zu bedenken ist dabei, daß eine passive Mitgliedschaft, die sich auf die Zahlung der Mitgliedsbeiträge beschränkt, in Portugal nicht üblich ist (Nave 1999b: 32).

Umweltgruppen hatten die drei leitenden Mitglieder durchschnittlich seit der Gründung der Organisation diese Funktion inne (Nave 1999b: 128).

In Portugal hatte sich bis Ende der 90er Jahre eine differenzierte Landschaft der Umweltverbände ausgebildet. In der Bevölkerung genossen die Umweltverbände hohe Sympathie, die sich jedoch nur selten in ein konkretes Engagement in solchen Organisation transformieren ließ.[7] Die Kooperation der Verbände mit staatlichen Stellen blieb in der Praxis hinter den Erwartungen zurück. Da die Gremien einen rein konsultativen Status hatten, dienten sie zumeist lediglich dem Informationsaustausch, und in den Entscheidungen der Verwaltung wurden die Empfehlungen der Umweltverbände selten berücksichtigt. In den öffentlichen Debatten um Themen des Umweltschutzes kam den Verbänden allerdings eine Schlüsselrolle zu. Während politische Parteien oder wissenschaftliche Stimmen in der Zeitungsberichterstattung zu Umweltthemen weitgehend abwesend waren, wurde das Thema den Umweltschutzverbänden und in einigen Fällen der lokalen Bevölkerung in Protestaktionen überlassen (Nave 1999a).

4. Zusammenfassung und Ausblick

Seit dem Ende des autoritären Korporatismus der Diktatur Mitte der 70er Jahre hat sich in Portugal ein pluralistisches Verbandswesen etabliert. Die Verbände sind in unterschiedliche öffentliche Gremien eingebunden, wobei die Teilnahme auf freiwilliger Basis erfolgt und die Bilanz je nach Politikbereich und (politischer) Akteursperspektive unterschiedlich gezogen wird. Gemeinsam ist den Gremien allerdings, daß sie von staatlicher Seite ins Leben gerufen und nicht von den Verbänden erstritten wurden. Der Staat gab den Rahmen für die Mitwirkungsmöglichkeiten der Verbände vor und übte teilweise durch die Finanzierung der verbandlichen Tätigkeit einen nicht unerheblichen Einfluß aus. Die wirtschaftlichen und politischen Veränderungen seit der „Nelkenrevolution" haben deutliche Spuren in der Entwicklung der Verbände hinterlassen. Abrupte Politikwechsel – von der Verstaatlichung zur Privatisierung, von staatlichem Interventionismus zur Liberalisierung der Wirtschaft – veränderten das Koordinatensystem für verbandliche Interessenvertretung. Für die Gewerkschaften brachte die stückweise Rücknahme des politischen Erbes der Revolution die Herausforderung, ihre Position in der Vertretung von Arbeitnehmerinteressen zu verteidigen bzw. neu zu definieren. Von herausragender Bedeutung waren der Beitritt Portugals zur Europäischen Union Mitte der 80er Jahre und die im Zuge der europäischen Harmonisierung angestoßenen Reformen. Die Einbindung der Verbände in europäische Zusammenhänge der Kooperation wirkte positiv auf die portugiesische Verbandskultur zurück. Für die im Umweltschutz engagierten Verbände folgte auf den EU-Beitritt ein Gründungsschub neuer Initiativen sowie deren staatliche Förderung und institutionelle Einbindung. Ende der 90er Jahre sind sie zu einer festen Konstante in der öffentlichen Debatte, der Aktion und der Politikberatung in Umweltfragen avanciert. Gleichzeitig blieben bestimmte Strukturen durch alle ideologischen Wechsel hindurch erhalten. Sie bilden sowohl eine Stütze der Gesellschaft (wie z.B. die Katholische Kirche im sozia-

---

7   In einer Befragung im Jahr 1997 erklärten 56 Prozent, mit den Umweltverbänden zu sympathisieren, aber lediglich 6 Prozent hatten eine solche Organisation einmal aktiv oder passiv durch Spenden unterstützt (Ferreira de Almeida 1998).

len Bereich) als auch eine Herausforderung für die weitere Entwicklung der portugiesischen Demokratie (z.B. Wohlstandsgefälle, Analphabetismus, Klientelismus, Patronage). Die Distanz der Bürger zu ihren politischen Repräsentanten und ihre Unzufriedenheit mit dem Funktionieren der demokratischen Institutionen ist sehr hoch. Gleichzeitig ist die Bereitschaft, sich aktiv am politischen Leben zu beteiligen, niedrig. Das portugiesische Verbandswesen ist sowohl Teil der gewachsenen „politikfernen" Strukturen von Solidarität und Problemlösung als auch ein Forum für die Bürger, die sich nicht mehr – wie die überwältigende Mehrheit der Portugiesen – als ohne Einfluß auf die Politik ihres Landes erleben, sondern ihre Bürgerrechte einfordern und Politik außerhalb von Parteizugehörigkeit mitgestalten wollen.

Abkürzungsverzeichnis

ACL-CCIP	Associação Comercial de Lisboa – Câmara de Comércio e Indústria Portuguesa (Handelsverband von Lissabon – Portugiesische Industrie- und Handelskammer)
AIP	Associação Industrial Portuense (Industrieverband Porto)
AIP	Associação Industrial Portuguesa (Vereinigung der Portugiesischen Industrie)
CAP	Confederação dos Agricultores Portugueses (Verband der Portugiesischen Landwirte)
CCP	Confederação do Comércio e Serviços de Portugal (Portugiesische Handels- und Dienstleistungsvereinigung)
CDS	Centro Democrático e Social (Demokratisches und Soziales Zentrum)
CES	Conselho Económico e Social (Wirtschafts- und Sozialrat)
CGTP-IN	Confederação Geral dos Trabalhadores Portugueses – Intersindical Nacional (Allgemeiner Gewerkschaftsbund der Portugiesischen Arbeiter – Nationale Intersindical)
CIP	Confederação da Indústria Portuguesa (Verband der Portugiesischen Industrie)
CPCS	Conselho Permanente da Concertação Social (Ständiger Konzertierungsrat)
FENACAM	Federação Nacional das Caixas de Crédito Agrícola Mútuo (Nationale Vereinigung der landwirtschaftlichen Darlehenskassen auf Gegenseitigkeit)
FNASM	Federação Nacional de Associações de Socorros Mútuos (Nationale Vereinigung der Hilfskassen auf Gegenseitigkeit)
GEOTA	Grupo de Estudos de Ordenamento do Território e Ambiente (Studiengemeinschaft für Raumordnung und Umwelt)
ILO	International Labour Organization
INAMB/IPAMB	Instituto Nacional do Ambiente (Nationales Umweltamt); umbenannt in: Instituto para a Promoção do Ambiente (Institut zur Förderung der Umwelt)
IPSS	Instituições Privadas de Solidaridade Social (Private Einrichtungen der sozialen Fürsorge)
LPN	Liga para a Protecção da Natureza (Naturschutzliga)
MDP	Movimento Democrático Popular (Demokratische Volksbewegung)
MPMCI	Movimento dos Pequenos e Médios Comerciantes e Industriais (Bewegung der Kleinen und Mittleren Händler und Industriellen)
PCP	Partido Comunista Português (Portugiesische Kommunistische Partei)
PEV	Movimento Ecologista Português – Partido „Os Verdes" (Portugiesische Umweltbewegung – Die Grüne Partei)
PPM	Partido Popular Monárquico (Monarchistische Volkspartei)
PPD/PSD	Partido Popular Democrático (Demokratische Volkspartei)/Partido Social Democrático (Sozialdemokratische Partei)
PS	Partido Socialista (Sozialistische Partei)
UGT	União Geral dos Trabalhadores (Allgemeiner Verband der Arbeiter)

Literaturverzeichnis

Arenhövel, Mark, 2000: Zivilgesellschaft und Demokratie in Südeuropa, in: Wolfgang Merkel (Hrsg.): Systemwechsel 5. Zivilgesellschaft und Transformation, Opladen: Leske + Budrich, S. 203-229

Barata, Pedro, 1999: A Nova Política de Ambiente e Indústria, Lissabon: OBSERVA

Baum, Michael/Andrè Freire, 1999: Single-Issue Citizen Interest Groups & Popular Referendums in Contemporary Portugal: An Examination of the 1998 Abortion & Regionalization Referendums, in: Michael Baum (Hrsg.): Contemporary Portugal: Reflections on 25 Years of Democracy, University of Massachusetts: North Dartmouth (i.E.)

Benavente, Ana/Helena Mendes/Luísa Schmidt, 1997: Direitos dos Cidadãos em Portugal: Conhecimentos e Opiniões, in: Sociologia – Problemas e Práticas, Nr. 24, S. 71-114

Braga da Cruz, Manuel/Miguel Lobo Antunes, 1990: Revolutionary Transition and Problems of Parliamentary Institutionalization: the Case of the Portuguese National Assembly, in: Ulrike Liebert/Maurizio Cotta (Hrsg.): Parliament and Democratic Consolidation in Southern Europe: Greece, Italy, Portugal, Spain and Turkey, London: Pinter Publishers, S. 154-183

Bruneau, Thomas/Alex McLeod, 1986: Politics in Contemporary Portugal, Boulder: Lynne Rienner

Cabral, Manuel Villaverde, 1999: O Exercício da Cidadania Politica em Portugal [engl.: The Exercise of Political Citizenship in Portugal], in: Michael Baum (Hrsg.): Contemporary Portugal: Reflections on 25 Years of Democracy, University of Massachusetts: North Dartmouth (i.E.)

Carius, Alexander/Helge Jörgens, 1993: Bürgerinitiativen und Parteien im Umweltschutz in Portugal, in: Forschungsjournal Neue Soziale Bewegungen: 6. Jg., Heft 1, S. 76-86

Castanheira, José Pedro, 1985: Os Sindicatos e a Vida Politica, in: Analise Social, Vol.XXI (87-88-89), S. 801-818

CGTP-IN, 2000: A Participação na CPCS: O Acordo de Concertação Social Estratégica, (www.cgtp.pt/acgtp/relatorioIX/cap002.htm)

Conselho Económico e Social (Hrsg.), 1993: Os Acordos de Concertação Social em Portugal, Band I (Estudos) und Band II (Textos), Lisboa

Diário da República, 1989: Lei das Associações de Defesa do Ambiente, Lei No.10/87, I Série, No.79-4-4-1987, Lissboa: Assembléia da República

Europäische Kommission, 1990: Eurobarometer. Die öffentliche Meinung in der Europäischen Union. Standard EUROBAROMETER-Meinungsumfrage 33, Bruxelles: Europäische Kommission

Ferreira de Almeida, Joao, 1998: Os Portugueses e o Ambiente. Primeiro Inquérito Nacional, Lissabon: OBSERVA

German, Christano, 1997: Portugal: Vom „revolutionären Laboratorium für Europa" in die Spitzengruppe der Euro-Kandidaten, in: Zeitschrift für Politikwissenschaft, Jg. 7, Heft 3, S. 863-884

Guibentif, Pierre, 1993: Die Entwicklung der sozialen Sicherheit in Portugal nach dem Beitritt zur EG. Verlauf und institutionelle Perspektiven, in: Detlef Merten/Rainer Pitschas (Hrsg.): Der europäische Sozialstaat und seine Institutionen, Berlin: Duncker & Humblot, S. 31-62

Hufnagel, Tobias, 2000: Instituições Particulares de Solidariedade Social in Portugal, unveröffentlichtes Manuskript, o.O.

Kraus, Peter A., 1996: Südeuropa: Die erfolgreiche Institutionalisierung der Demokratie und ihre gesellschaftlichen Voraussetzungen, in: Wolfgang Merkel/Eberhard Sandschneider/ Dieter Segert (Hrsg.): Systemwechsel 2. Die Institutionalisierung der Demokratie, Opladen: Leske + Budrich, S. 261-285

Leao, Emanuel, 1997: Portugals wirtschaftliche Entwicklung in der Demokratie, in: Fernando Rosas (Hrsg.): Vom Ständestaat zur Demokratie. Portugal im 20. Jahrhundert, München: Oldenbourg, S. 123-129

Lijphart, Arend, 1999: Patterns of Democracy. Government Forms and Performance in Thirty-Six Countries, New Haven: Yale University Press

Linz, Juan J., 1991: Autoritäre Regime, in: Dieter Nohlen (Hrsg.): Wörterbuch Staat und Politik, München: R.Piper, S. 35-38

Loos, Roland, 1996: Gewerkschaften und Arbeitsbeziehungen in Portugal 1975-1995, in: SWS – Rundschau, 36. Jg., Heft 2, S.149-160

Lucena, Manuel de, 1985: Neocorporativismo? – Conceito, Interesses e Aplicação ao Caso Português, in: Análise Social, Vol.XXI (87-88-89), S. 819-865

Lucena, Manuel de, 1976: A Evolução do Sistema Corporativo Português, Lisboa

MacLeod, Alex, 1990: The Parties and the Consolidation of Democracy in Portugal: The Emergence of a Dominant Two-Party System, in: Diane Ethier (Hrsg.): Democratic Transition and Consolidation in Southern Europe, Latin America and Southeast Asia, Houndmills: Macmillan, S. 155-172

Magone, Jose M., 1997: European Portugal. The Difficult Road to Sustainable Democracy, London: Macmillan

Martins, Antonio Maria, 1997: Sistema de Emprego e Novos Perfis Profissionais, in: Sociologia Problemas e Practicas, No. 24, S. 115-139

Maxwell Kenneth, 1995: Political Context of the Transition, in: Neil Kritz (Hrsg.): Transitional Justice. How Emerging Democracies Recon with Former Regimes. Vol.II, Country Studies, Washington: United States Institute for Peace, S. 287-291

Melicias, Vitor, 2000: The Role of Charitable Associations in Defending and Representing the Victims of Social Exclusion, in: Bundesministerium für Familie, Senioren, Frauen und Jugend (Hrsg.): Wertigkeit und Wandel von Wohlfahrtsverbänden in einem zusammenwachsenden Europa – ihr Beitrag zum Aufbau einer europäischen Zivilgesellschaft, Berlin, S. 39-41

Merkel, Wolfgang, 1999: Systemtransformation. Eine Einführung in die Theorie und Empirie der Transformationsforschung, Opladen: Leske + Budrich

Merkel, Wolfgang/Volker Stiehl, 1999: Das politische System Portugals, in: Wolfgang Ismayr (Hrsg.): Die politischen Systeme Westeuropas, Opladen: Leske + Budrich, S. 607-635

Morlino, Leonardo/José R. Montero, 1995: Legitimacy and Democracy in Southern Europe, in: Richard Gunther/P.Nikiforos Diamandouros/Hans-Jürgen Puhle (Hrsg.): The Politics of Democratic Consolidation, Baltimore: John Hopkins University Press, S. 231-260

Müller-Rommel, Ferdinand, 1993: Grüne Parteien in Westeuropa: Entwicklungsphasen und Erfolgsbedingungen, Opladen: Westdeutscher Verlag

Nave, Joaquim Gil et al., 1999a: Protagonistas e Contextos Institucionais da Política Ambiental e da Ação Coletiva da Defesa do Ambiente, Lissboa: OBSERVA

Nave, Joaquim Gil et al., 1999b: Contextos Institucionais de Acção Colectiva e Participação na Área das Políticas do Ambiente. Relatório Final, Lissboa: OBSERVA

Nave, Joaquim Gil, 1999c: Environmental Politics and Collective Action in Portugal: An Overview of Two Decades of Environmental Movement Politics, in: Michael Baum (Hrsg.): Contemporary Portugal: Reflections on 25 Years of Democracy, North Dartmouth: University of Massachusetts (i.E.)

Opello, Walter C., 1983: The Continuing Impact of the Old Regimes on Portuguese Political Culture, in: Lawrence S. Graham/Douglas L. Wheeler (Hrsg.): In Search of Modern Portugal. The Revolution and its Consequences, Madison: University of Wisconsin Press, S. 199-222

Optenhögel, Uwe, 1988: Die Arbeiterbewegung in Portugal im Prozeß gesellschaftlichen Umbruchs, Hamburg: Verlag Dr. Kovac

Papadopoulos, Yannis, 1997: Transformation of Party Clientelism in Southern Europe in a Phase of Democratic Consolidation, in: Schweizerische Zeitung für Politische Wissenschaft: Jg. 3, S. 81-89

Pinto, António Costa, 1992: O Salazarismo e o Fascismo Europeu, Lisboa: Estampa

Pinto, Mario, 1990: Trade Union Action and Industrial Relations in Portugal, in: Guido Baglioni/Colin Crouch (Hrsg.): European Industrial Relations. The Challenge of Flexibility, London/Newbury Park/New Dehli, S. 243-264

Pitschas, Rainer/Rosemarie Peters, 1996: Die Rolle der Sozialpartner im Europäischen Integrationsprozeß. Zur Rolle der Sozialpartner in den Bereichen soziale Sicherung und Beschäftigung unter besonderer Berücksichtigung der Entwicklung in Portugal, Speyer: Forschungsinstitut für Öffentliche Verwaltung

Proença, João, 2000: A Actual Situação Sindical e os Desafios Estratégicos para Portugal, in: UGT (Hrsg.): O Economista – Anuário da Economia Portuguesa, Vol. 13 (www.ugt.pt/13_volume_economista.htm)

Puhle, Hans-Jürgen, 1995: Autoritäre Regime in Spanien und Portugal. Zum Legitimationsbedarf der Herrschaft Francos und Salazars, in: Richard Saage (Hrsg.): Das Scheitern diktatorischer Legitimationsmuster und die Zukunftsfähigkeit der Demokratie, Berlin: Duncker & Humbolt, S. 191-205

Roller, Edeltraut/Bernhard Wessels, 1996: Contexts of Political Protest in Western Democracies: Political Organization and Modernity, discussion paper FS III 96-202, Berlin: Wissenschaftszentrum Berlin für Sozialforschung

Sänger, Ralf, 1994: Portugals langer Weg nach „Europa". Die Entwicklung von einem autoritär-korporativen Regime zu einer bürgerlich-parlamentarischen Demokratie, Frankfurt am Main: Peter Lang

Stiehl, Volker/Wolfgang Merkel, 1997: Zivilgesellschaft und Demokratie in Portugal und Spanien, in: Forschungsjournal Neue Soziale Bewegungen: 10. Jg., Heft 1, S. 81-94

Stoleroff, Alan, 1999: Trade Unionism, Industrial Relations, Politics and the State in Portugal: Between Democratization and European Integration, in: Michael Baum (Hrsg.): Contemporary Portugal: Reflections on 25 Years of Democracy, North Dartmouth: University of Massachusetts (i.E.)

Stoleroff, Alan/Reinhard Naumann, 1993: A Sindicalização em Portugal: A Sua Medida e a Sua Distribuição, in: Sociologia – Problemas e Prácticas, Nr. 14, S. 19-47

Vergopoulos, Kostas, 1990: The Political Economy of Democratic Consolidation in Southern Europe, in: Diane Ethier (Hrsg.): Democratic Transition and Consolidation in Southern Europe, Latin America and Southeast Asia, Houndmills: Macmillan, S. 139-154

Wirtschafts- und Sozialausschuß der Europäischen Gemeinschaften (Hrsg.), 1985: Portugiesische Verbände. Dokumentation, Baden-Baden: Nomos Verlagsgesellschaft

Schweden

Korporatismus und Netzwerkkultur

Norbert Götz

Obwohl oder gerade weil es im Schwedischen keine griffige Entsprechung des deutschen Begriffs Verband gibt – man behilft sich mit dem mehrdeutigen Wort *organisation*, gelegentlich wird auch von „Interessenorganisation", „(ideellem) Verein" oder „Zusammenschluß" gesprochen –, hat die Rede vom schwedischen Modellcharakter für den Bereich des Verbandswesens besondere Berechtigung. Schweden nahm in der Diskussion über (Neo-)Korporatismus einen herausgehobenen Platz ein und ist mehr als andere Länder durch die Tätigkeit von Verbänden geprägt. Auf begrifflicher Ebene spiegelt sich dieser Umstand in der verbreiteten Charakterisierung *Organisationssverige*, Verbandsschweden, in dem Verbände, Gesellschaft und Staat zu einer Einheit verschmolzen sind. Sozial manifestiert sich die Bedeutung der Verbände in ausgesprochen hohen Organisationsgraden und großer Vereinsdichte, keineswegs nur im gewerkschaftlichen Bereich. Und historisch kommt den Verbänden in Schweden als entscheidendes Verdienst zu, die moderne Demokratie nicht nur politisch mit erkämpft, sondern vor allem auch in der gesellschaftlichen Breite verankert zu haben. Auch wenn im vergangenen Jahrzehnt eine gewisse Aufweichung des korporatistischen Gesellschaftsmodells zugunsten netzwerkartiger Organisationsmuster und eines pluralistischen Verbandslobbyismus zu beobachten war, steht die grundsätzliche Bedeutung der Verbände im politischen System Schwedens außer Frage.

1. Historische Entwicklung

Trotz einer ungebrochenen Tradition ständischer Interessenvertretung im schwedischen Reichstag seit dem späten Mittelalter war die schwedische Gesellschaft zu Beginn des neunzehnten Jahrhunderts durch das Gegenüber einer starken Königsmacht in Verbindung mit einem durchgebildeten Beamtenstaat einerseits und atomistischen Landwirtschafts-, Handels- und Handwerkseinheiten andererseits geprägt. Bereits in der ersten Hälfte des 19. Jahrhunderts änderte sich dieser Zustand, wurde ein verstärkter „Assoziationsgeist" vermerkt, und in der zweiten Jahrhunderthälfte etablierten sich die Muster und Organisationen des Verbandswesens, die bis heute prägend geblieben sind (Bäck/Möller 1992: 151).

Seitens der Eliten wurden bereits im 19. Jahrhundert die meisten Formen der Kontaktpflege und Beeinflussung entwickelt, die immer noch von Bedeutung sind. Deren Zusammenschlüsse ergriffen politische und Gesetzesinitiativen, formulierten konkrete Vorschläge und setzten die betroffenen Behörden ins Bilde, drängten auf Teil-

nahme in bestimmten Komitees, übten auf vielerlei Weise Druck in den sie interessierenden Fragen aus (Back 1967: 216). Die offensive Vertretung partikularer Interessen
war eine Selbstverständlichkeit und ging so weit, daß von einer „Eroberung" des schwedischen Staatsapparats durch die Wirtschaft zu Beginn des zwanzigsten Jahrhunderts
gesprochen wird (Nybom 1986: 34-36).

„Von unten" meldete sich in den 1870er Jahren eine protestantische Erweckungsbewegung zu Wort, der sich bald darauf die Abstinenzlerbewegung – der erste reichsweite
Verband wurde mit *Svenska nykterhetssällskapet* (*Schwedische Abstinenzgesellschaft*) im
Jahre 1830 gebildet (Folkrörelseutredningen 1987: 30) – und später die Arbeiterbewegung zugesellten. Die Ziele dieser drei großen klassischen Volksbewegungen waren zwar
unterschiedlich; der emanzipatorischen Arbeiterbewegung stand eine bisweilen funda-
mentalistische Erweckungsbewegung gegenüber. Gemeinsam war ihnen aber die Mobilisierung, die Betonung von Eigenverantwortung und die intensive Bildungsanstrengung.
Diese Faktoren ließen die Volksbewegungen trotz zunächst teilweise antimodernistischer
Gehalte im Sinne einer alltagskulturellen Verankerung moderner, partizipativer Haltun-
gen wirksam werden. Die freikirchliche Bewegung wird, was die Praxis demokratischer
Formen betrifft, als Vorreiterin angesehen, an die die Abstinenzlerbewegung und auch
die Arbeiterbewegung anknüpfen konnten (Therborn 1988: 40-43).

Von herausragender Bedeutung für die Entwicklung der politischen Kultur Schwedens waren die vielfältigen Überschneidungen und Übergänge zwischen den klassischen Volksbewegungen. Vertreter der schwedischen Arbeiterbewegung konnten etwa
beim Engagement in der Abstinenzlerbewegung eigene und fremde Vorurteile abbauen
und über das eigene Milieu hinaus Anerkennung gewinnen (Therborn 1988: 39-44).
Unter der Oberfläche einer bis in die ersten Jahrzehnte des 20. Jahrhunderts undemo-
kratischen Staatsverfassung bewirkten die schwedischen Volksbewegungen somit die
Aufweichung sozialmoralischer Milieuschranken und die Herausbildung einer demokratischen Zivilgesellschaft.

Diese Tendenz wurde durch drei weitere, sehr unterschiedlich wirksame Faktoren
verstärkt: Zum einen wurden in Schweden Interessenverbände und andere gesellschaftliche Organisationen zu einem Zeitpunkt am Gesetzgebungsprozeß beteiligt, als
deren Mitglieder noch über keine politischen Rechte verfügten (Rothstein 1992: 82).
Zum zweiten waren das liberale Bürgertum und die sozialistische Arbeiterklasse durch
die undemokratische Wahlverfassung bis Anfang der 1920er Jahre zu einer den politischen Horizont prägenden Allianz für das allgemeine Wahlrecht zusammengeschmie-
det. Und zum dritten waren die engagierten Vertreter der Volksbewegungen im Parlament deutlich überrepräsentiert, so daß trotz dessen undemokratischer Zusammensetzung auch auf diese Weise ein zivilgesellschaftlicher Einfluß auf das politische System gegeben war. Die Abstinenzlerbewegung umfaßte zu ihrem Höhepunkt um 1910
etwa ein Zehntel der schwedischen Bevölkerung, stellte aber knapp zwei Drittel der
Abgeordneten in der Zweiten Kammer des Reichstags, was sich nicht nur auf die Alkoholpolitik auswirkte (Therborn 1988: 43).

Auch wenn zu Recht darauf hingewiesen wird, daß die Stilisierung der Volksbewegungen als „Schulen der Demokratie" eine Idealisierung darstellt, ist deren Bedeutung für den Prozeß der Demokratisierung Schwedens und für die vergleichsweise geringe Anfälligkeit gegenüber faschistischen Tendenzen in den dreißiger Jahren kaum
zu überschätzen. Die zivilgesellschaftliche Strukturbildung durch die schwedischen
Volksbewegungen war ein soziales und kulturelles Kapital, das im Verlauf der weiteren Entwicklung reiche Zinsen trug. Neben den genannten Bewegungen erlangten um

die Jahrhundertwende auch die Sportvereine, Bauernorganisationen und – als Gegengewicht zu der in erster Linie gewerkschaftlich organisierten Arbeiterbewegung – *Svenska arbetsgivarföreningen* (*Schwedischer Arbeitgeberverband, SAF*) Bedeutung.

Das Konfliktniveau insbesondere auf dem Arbeitsmarkt, aber auch beispielsweise in der Prohibitionsfrage oder zwischen bäuerlichen Protektions- und industriellen Freihandelsinteressen war bis Anfang der 1930er Jahre ausgesprochen hoch. Schwedens Statistik weist noch in den 1920er Jahren im internationalen Vergleich einzigartige Produktionsausfälle infolge von Arbeitskämpfen aus. Der fehlgeschlagene Generalstreik von 1909 und die Schüsse von *Ådalen* durch schwedische Militärs im Jahre 1931, denen fünf Arbeiter zum Opfer fielen, markieren Eck- beziehungsweise Wendepunkte dieses harten Konfrontationskurses.

Vor dem Hintergrund einer immer stärkeren politischen Stellung der einheimischen Sozialdemokratie als Folge pragmatischer politischer Sichtweisen, aber auch als Reaktion auf die autoritären Wege, die in vielen Ländern Europas beschritten wurden, setzte sich in den dreißiger Jahren eine wachsende Verhandlungsbereitschaft durch. Meilensteine wurden die beiden vielbeschworenen historischen Kompromisse Schwedens: der sogenannte Kuhhandel zwischen Sozialdemokratie und Bauernpartei vom Frühjahr 1933, in dem – auch infolge des Drucks von Gewerkschaften und Bauernverbänden – Arbeitsbeschaffung mit Protektionismus erkauft wurde, sowie das Abkommen von Saltsjöbaden zwischen *Landsorganisationen* (*Schwedischer Gewerkschaftsbund, LO*) und SAF im Dezember 1938. Der sogenannte „Geist von Saltsjöbaden" mit seiner einvernehmlichen und einheitlichen Regelung prägte die schwedischen Arbeitsbeziehungen bis Mitte der 1980er Jahre.

Es war dieser Zeitraum, in dem der schwedische Korporatismus, der jedoch nie mehr als eine Ergänzung des parlamentarischen Systems darstellte, seine Blütezeit erlebte. Landwirtschaftspolitik wurde im wesentlichen von Landwirten gemacht. Und die Regelung des Arbeitsmarktes blieb zwar weitgehend den Tarifparteien selbst überlassen, diese aber machten sich in hohem Maße gesamtwirtschaftliche Überlegungen zu eigen. Befördert wurde die gegenseitige Abstimmung von Regierung, Wirtschaft und Gewerkschaften durch einen regelmäßigen informellen Austausch. Für die Treffen auf dem Sommersitz des schwedischen Ministerpräsidenten Tage *Erlander* wurde in den 1950er und 1960er Jahren der Ausdruck *Harpsund-Demokratie* geprägt. Aufgrund zunehmend kritischer Stimmen wurden solche Gespräche später stärker formalisiert. Vor allem aber waren Verbandsvertreter auch im staatlichen Kommissionswesen eine feste Größe, und die offiziellen Stellungnahmen betroffener Verbände spielten im Vorfeld politischer Entscheidungen eine bedeutende Rolle. Verbandsvertreter wurden zudem gezielt in den ehrenamtlichen Vorständen öffentlicher Verwaltungen plaziert.

Vor dem Hintergrund der immer deutlicher werdenden Grenzen nationalstaatlicher Makrosteuerung, angesichts der Europäisierung und Globalisierung der Wirtschaftsräume und des Übergangs der tayloristischen Industriegesellschaft zu flexibleren dienstleistungs- und informationsbasierten Produktionsformen ist in Schweden inzwischen von Entkorporatisierung die Rede. Dieses Schlagwort ist gegenwärtig noch in erster Linie ein diskursives Phänomen (Hoefer 1996: 69), wenn es auch einige Belege für eine solche Entwicklung gibt. So hat sich der Arbeitgeberverband seit Mitte der 1980er Jahre aus den zentralen Lohnverhandlungen mit LO zurückgezogen; seit Anfang der 1990er Jahre werden die großen Verbände nicht mehr formell in öffentlichen Verwaltungsgremien repräsentiert; und Gewerkschaftsmitglieder werden heute nicht mehr automatisch Mitglieder der sozialdemokratischen Partei.

Allgemein scheint eine eher informelle Interessenvertretung durch Lobbyismus an Boden zu gewinnen, die die Verbände überwiegend selbst in die Hand nehmen, zunehmend aber auch durch beauftragte Beratungsfirmen erledigen lassen. Auch wenn über das Phänomen noch weitgehend Unklarheit besteht, ist immerhin sicher, daß das Lobbyconsulting, dessen Anfänge in Schweden auf das Jahr 1970 zurückgehen, derzeit hohe Wachstumsraten aufweist und vor allem seitens der Wirtschaft genutzt wird, die dadurch die eigene Lobbytätigkeit ergänzt. Die Zahl der in solchen Firmen tätigen Lobbyisten wurde für 1997 auf etwa 100 geschätzt, von denen etwa ein Viertel mit dieser Aufgabe vollzeit befaßt war (Bergström 1998: 125f.).

Während das Faktum des Outsourcing und die damit verbundene Professionalisierung eine neue Erscheinung ist, ist Lobbyismus doch als eine – durch korporatistische Arrangements nur zeitweise mehr als heute verdeckte beziehungsweise institutionell eingebundene – Konstante schwedischer Verbandstätigkeit anzusehen. Obwohl die Lobbyarbeit der großen Verbände heute als am effektivsten eingeschätzt wird, macht sich auch eine Individualisierungstendenz bemerkbar. Mehr denn je werden mittlerweile einzelne Unternehmen politisch aktiv, ohne den Weg über Verbandsorganisationen zu beschreiten (Bergström 1998: 117 und 120f.). Grundsätzlich eröffnet die Tendenz, die als Entkorporatisierung bezeichnet wird, bessere Möglichkeiten für kleinere Verbände und neue Interessen, sich politisch Gehör zu verschaffen. Dies allerdings um den Preis der herkömmlichen Berechenbarkeit politischer Entscheidungsbildung.

2.   Rechtliche Grundlagen

Abgesehen vom Teilbereich des Empfangs staatlicher Zuschüsse ist das Vereins- und Verbandswesen kaum Gegenstand von Regelungsbestrebungen des schwedischen Gesetzgebers gewesen. Gab es dennoch entsprechende Initiativen, wurde diesen seitens der Verbände entgegengearbeitet, so daß Gesetze nicht zustande kamen (Heckscher 1946: 23). Die Auffassung, daß auf dem Sektor des Verbandswesens dem Prinzip der autonomen Selbststeuerung der Vorrang vor staatlichen Normierungsversuchen eingeräumt werden sollte, ist weit verbreitet.

Gemeinsam mit anderen Bestandteilen der Meinungsfreiheit ist die Freiheit, sich mit anderen für allgemeine oder besondere Zwecke zusammenzuschließen, in § 1 des 2. Kapitels der schwedischen Verfassung von 1974 verankert. Begrenzt werden kann diese Koalitionsfreiheit nur bei militärischer oder vergleichbarer Ausrichtung oder wenn sich die Vereinigung gegen Volksgruppen einer bestimmten Rasse, Hautfarbe oder Ethnie richtet (§ 14). Das Recht der Arbeitsmarktorganisationen auf Arbeitskämpfe, die den Rahmen des gesetzlich Geregelten oder tariflich Vereinbarten nicht sprengen, wird im 2. Kapitel der Verfassung in § 17 gesondert festgehalten.

Das schwedische politische System, das in erster Linie durch allgemeine demokratische Wahlen geprägt wird, weist in seiner Verfaßtheit keine im engeren Sinne korporatistischen Elemente auf. In der Verfassung ist allerdings die Einholung von Stellungnahmen der Verbände bei Gesetzesvorhaben verfassungsrechtlich verankert (Kap. 7, § 2). Außerdem wird prinzipiell die Übertragung von Verwaltungsaufgaben auf Verbände ermöglicht (Kap. 11, § 6). Nach herrschender Meinung gilt dies gleichermaßen für die Provinzial- und kommunale Ebene, auch wenn dies nicht ausdrücklich aus dem Gesetzestext hervorgeht (Folkrörelseutredningen 1987: 110). Das prominenteste Beispiel für eine derartige Aufgabenübertragung wird im Gesetz über die Übertragung von Verwaltungsaufgaben auf den Schwedischen Reichssportverband (*Lag om överläm-nande av förvaltningsuppgifter till Sveriges Riksidrottsförbund*, in der Fassung SFS 1999: 1044) geregelt.

Über die Verfassungsbestimmungen hinaus gibt es eine Reihe einfachgesetzlicher Regelungen, die das Verbandswesen berühren. Hervorzuheben ist insbesondere das Gesetz über wirtschaftliche Vereinigungen (*Lag om ekonomiska föreningar*, SFS 1987: 667), nach dem sich wirtschaftlich tätige Vereine und Verbände beim staatlichen Patent- und Registeramt registrieren lassen und eine Reihe besonderer Bedingungen erfüllen müssen. Nach Auskunft des Amts waren 1998/1999 insgesamt 862 Vereinigungen nach diesem Gesetz registriert.

Für bestimmte gesellschaftliche Bereiche gibt es zudem Verordnungen, die die Vergabe staatlicher Zuschüsse regeln und diese an besondere Voraussetzungen knüpfen. Nach der Verordnung über staatliche Zuschüsse an bestimmte Organisationen auf dem sozialen Sektor (*Förordning om statsbidrag till vissa organisationer inom det sociala området*, SFS 1998: 1814) können beispielsweise Verbände, die im Bereich Alkohol- und Drogenbekämpfung, gefährdete Kinder und Familien oder Gewalt gegen Frauen aktiv sind, besondere Mittel erhalten, sofern sie über eine Satzung und eine demokratische Binnenstruktur verfügen. Entsprechende Verordnungen gibt es auch für eine Reihe anderer Bereiche.

Im Zuge der gegenwärtigen Tendenz zur Entkorporatisierung haben in den vergangenen Jahren neue oder vermeintlich neue Tätigkeitsfelder der Verbände die Aufmerksamkeit des Gesetzgebers auf sich gezogen. In den 1990er Jahren wurden mindestens sieben Anträge auf eine rechtliche Regelung lobbyistischer Tätigkeit in den Reichstag eingebracht, die unterschiedliche Absichten verfolgten und einen unterschiedlichen politischen Hintergrund aufwiesen (im einzelnen: Bergström 1998: 121f.). Bislang konnte sich das Parlament allerdings nicht dazu durchringen, Maßnahmen zu ergreifen. Die herrschende Meinung in Schweden läßt sich so zusammenfassen, daß die Offenheit des schwedischen politischen Systems und die leichte Zugänglichkeit relevanter politischer Informationen eine derartige Regelung weder notwendig noch wünschenswert erscheinen läßt (Ahlsson 1998: 187f.). Als die Frage einer rechtlichen Erfassung des Lobbyismus jüngst von einer großangelegten Sachverständigenkommission zu Demokratiefragen mitbehandelt wurde, wurde eine Registrierungspflicht von Lobbyisten vor allem mit dem Argument abgelehnt, dadurch würde „eine neue Form korporativer Exklusivität" geschaffen. Der Umstand, daß sich staatliche Behörden in (Lobby-)Verbänden engagierten und sich damit zu Verfechtern von Sonderinteressen machten, wurde von der Kommission scharf kritisiert, ohne daß sie dabei allerdings mehr als eine Aufforderung zur Selbstbeschränkung aussprechen mochte (Demokratiutredningen 2000: 91f.).

3. Dimensionen, Strukturen und Organisationsprinzipien

Das schwedische Verbändesystem zeichnet sich durch Vielfalt, hohe Mitgliederzahlen und ein hohes Maß an Zentralisierung aus. Nach einer Untersuchung zu den Volksbewegungen von Mitte der 1980er Jahre existierten in Schweden ungefähr 145.000 Lokalabteilungen, die einer von 577 landesweiten Organisation mit individueller Mitgliedschaft angehörten. Diese repräsentierten über 31 Millionen Mitglieder – je Einwohner bedeutete das rund 4 Mitgliedschaften in derartigen Vereinen und Verbänden. Hinzu kamen weitere 50.000 rein lokale Vereinigungen mit einer unbekannten Anzahl an Mitgliedern sowie 52 landesweite Organisationen, die nur andere Organisationen als Mitglieder führten (Folkrörelseutredningen 1987: 21).

Der Eindruck, daß Schweden ein Land der „Vereinsmeier" ist, wird auch von anderen Zahlen erhärtet. Nach Umfragen waren Ende der 1980er Jahre 94 Prozent der Bevölkerung über 16 Jahre Mitglied in mindestens einem Verein; 59 Prozent der Bevölkerung betätigten sich auch tatsächlich aktiv in mindestens einem Verein; 35 Prozent nahmen darüber hinaus eine Funktion in einem Verein wahr; und 30 Prozent waren sogar in mehreren Vereinen aktiv. Während die Arbeiter in den Bereichen Gewerkschaften und Kooperativen verbandsmäßig in gleichem Maße wie die Mittelschicht organisiert waren, hatte letztere insbesondere in den Freizeit- und Kulturverbänden ein deutliches Übergewicht (Maktutredningen 1990: 173-175).

Die Vielzahl mitgliederstarker, wohlorganisierter, mobilisierungs- und durchsetzungsfähiger Verbände wird häufig als die eigentliche Besonderheit der schwedischen Demokratie verstanden. Die allgemeine Vorstellung von Verbänden ist dabei aufs engste mit der sozialer Bewegungen verbunden (Jahn 1999: 111); die schwedische Demokratie wird auch als eine Graswurzeldemokratie der in Vereins- und Verbandsform organisierten Volksbewegungen verstanden (z.B. Folkrörelseutredningen 1987: 25).

Die meisten schwedischen Verbände verfügen über eine dreigliedrige Struktur, von der Ebene lokaler Vereine über ein mittleres Distriktsniveau hin zur landesweiten Organisation, die im allgemeinen in Stockholm ansässig ist. Die Distriktebene entspricht häufig, aber keineswegs immer, der administrativen Struktur des Landes, der Einteilung in 24 sogenannte *län* (Provinzen).

Die Grundeinheit der schwedischen Verbände sind im allgemeinen lokale Vereine mit einer Mitgliederversammlung oder einer gewählten Vertretung und einem Vorstand. Letzterer erledigt die laufende Arbeit und besteht zumeist aus Vorsitzendem, Stellvertreter, Schriftführer und Kassenwart (beziehungsweise den weiblichen Entsprechungen). Die Vorstandsarbeit wird von besonderen Revisorinnen (auch männlichen Geschlechts) überwacht; Wahlkomitees bereiten die Jahresversammlungen vor, auf denen die Vorstandsmitglieder gewählt werden. Große Vereine verfügen zudem über angestelltes Personal (Bäck/Möller 1992: 219). Die meisten schwedischen Vereine haben wenigstens eine Mitglieder- sowie eine Vorstandssitzung im Quartal. Diese Sitzungen, in denen idealerweise individuelles Artikulieren von Problemen, zwischenmenschlicher Austausch und gemeinschaftliches Handeln institutionalisiert sind, gelten in Schweden häufig als Keimzellen und eigentliche Träger der Demokratie des Landes, auf denen die Parteien und das politische System im engeren Sinne aufbauen (Folkrörelseutredningen 1987: 25).

In den Verbänden werden vor allem die Prinzipien der repräsentativen Demokratie gepflegt, nach der höhere Ebenen von niedrigeren gewählt werden. Insbesondere auf lokaler Ebene kommen auch Elemente direkter Demokratie zur Geltung (Bäck/Möller 1992: 220). Wie demokratisch die schwedischen Verbände wirklich sind, ist eine offene Frage, zu der es keine übergreifenden Untersuchungen gibt. Studien zur Gewerkschaftsbewegung lassen auf gewisse Defizite schließen. Zudem geht der hohe gewerkschaftliche Organisationsgrad in Schweden von durchschnittlich über 80 Prozent mit strukturellen Bedingungen einher, die Druck nicht nur nach außen, sondern auch nach innen deutlich werden lassen. In einer Umfrage von Mitte der siebziger Jahre gaben 18

Prozent der Befragten an, sie seien Gewerkschaftsmitglieder aufgrund von Zwang (Lewin 1977: 142). Wo sich in vielen Teilbereichen und Betrieben der gewerkschaftliche Organisationsgrad der Hundertprozentmarke annähert, sind die Grenzen zwischen Freiwilligkeit und Gruppendruck fließend.

Auf zentraler Ebene gehören zur schwedischen Verbandsdemokratie landesweite Kongresse, die alle ein bis fünf Jahre stattfinden. Hier werden im allgemeinen die großen Leitlinien und Handlungspläne der Verbände von Repräsentanten der Einzelvereine diskutiert und festgelegt. Diese Kongresse, auf denen auch die Satzungen beschlossen und angepaßt werden, werden oft durch besondere Beratungen, Studien und Anträge vorbereitet (Folkrörelseutredningen 1987: 25f.). Den landesweiten Organisationen kommt neben der Diskussion und Festlegung übergreifender Zielsetzungen die allgemeine Information sowie gemeinsam mit den Distriktorganisationen die Unterstützung der Ortsvereine und die Schulung ihrer Mitglieder zu (Folkrörelseutredningen 1987: 25f.).

Hinsichtlich der spätestens seit den 1960er Jahre beobachteten Tendenz zur Zentralisierung und Machtverschiebung hin zu den Verbandsspitzen, die insbesondere auch mit Blick auf die Gewerkschaftsbewegung diskutiert wurde, wird inzwischen eine Trendwende konstatiert (Elvander 1969: 70f.; Bäck/Möller 1992: 159). Allgemein läßt sich sagen, daß sich die Zentralverwaltungen der großen Verbände in den 1960er und 1970er Jahren professionalisierten und spezialisierten. Parallel dazu fand ein Ausbau der personellen Ausstattung der Verbandsverwaltungen statt, die sich in den 1980er Jahren auf hohem Niveau stabilisierten (Maktutredningen 1990: 192f.), in den 1990er Jahren wieder leicht rückläufig waren.

Von den Verbänden der Verbände war bereits eingangs in diesem Abschnitt die Rede. Ein Beispiel ist *Nationalföreningen för trafiksäkerhetens främjande* (*Nationalverein für Förderung der Verkehrssicherheit, NTF*), in dem neben den wichtigen Verkehrsverbänden auch die Rentnerverbände vertreten sind. Derartige Verbandsnetzwerke dienen der Kooperation von Verbänden in bestimmten, sie gemeinsam berührenden Sachfragen. Je nach Interessenlage der Teilnehmer und Umfang der Interessenaggregation können daraus mehr oder weniger enge Allianzen entstehen, die unter Umständen sehr viel stärkeren Einfluß ausüben als dies gewöhnlichen Verbänden möglich ist. Als auf ihrem Sektor besonders einflußreich gilt beispielsweise *Svenska Vägföreningen* (*Schwedischer Straßenverein*), der neben institutionellen Mitgliedern und Unternehmen auch Privatpersonen umfaßt (Hermansson et al. 1999: 248).

Hinsichtlich der Organisation des schwedischen Verbändesystems lassen sich derzeit zweierlei Entwicklungen beobachten. Zum einen wird eine Neigung zu temporären und weniger fest organisierten Gruppen festgestellt (Bäck/Möller 1992: 158). Wenn auch keine systematischen Daten vorliegen, die diese Tendenz belegen könnten, so deckt sich diese These immerhin mit Befunden der postmodernen Gesellschaftstheorie: dem Trend zu multiplen, kontextabhängigen Interessen und Identitäten wie auch zu entstrukturierten (beziehungsweise komplexer strukturierten) gesellschaftlichen Organisationsmustern.

Zum zweiten sind die schwedischen Verbände mit den zunehmenden Globalisierungserscheinungen und der immer stärkeren Betroffenheit des Landes von den Prozessen der europäischen Integration – insbesondere seit Beginn der EU-Mitgliedschaft im Jahre 1995 – vor die Herausforderung der internationalen Vernetzung ihrer Tätigkeit gestellt. Unter den vom Europaparlament registrierten Lobbyisten finden sich so auch schwedische Verbände, Unternehmen und Lobbyunternehmen (Ahlsson 1998:

164f.). Die drei großen Gewerkschaftsbünde sind Mitglied der *European Trade Union Confederation (Europäischer Gewerkschaftsbund, ETUC)*, SAF und *Sveriges Industriförbund (Schwedischer Industrieverband, SI)* sind in der *Union of Industrial and Employers' Confederations of Europe (Union der Industrie- und Arbeitgeberverbände in Europa, UNICE)* organisiert. Die europäische Dimension fördert nicht nur die internationale, sondern durchaus auch die nationale Vernetzung der Verbände. Die drei großen schwedischen Gewerkschaftsbünde unterhalten in Brüssel seit Ende der 1980er Jahre ebenso ein gemeinsames Büro wie SAF und SI. Beide Büros dienen sowohl der Beobachtung der europäischen Entwicklungen und der Informationsvermittlung nach innen als auch der Kontaktvermittlung und der Lobbyarbeit nach außen. Es läßt sich zumindest vermuten, daß diese technische Zusammenarbeit auf längere Sicht auch Rückwirkungen auf die innerschwedischen Verhältnisse haben wird.

4. Verbände nach Handlungsfeldern

Die von ihrer Mitgliederzahl her größten Verbandstypen sind in Schweden die Gewerkschaften, die Sportvereine, die Konsumkooperativen und Wohnbauvereinigungen. Insgesamt ergibt sich für die schwedische Verbandslandschaft folgendes Bild:[1]

4.1. Wirtschafts- und Arbeitssystem

Die Macht der schwedischen Gewerkschaften beruht neben den traditionell engen Verbindungen zur sozialdemokratischen Partei, die im vergangenen Dreivierteljahrhundert abgesehen von kurzen Unterbrechungen die Regierungen stellte, auf einem im internationalen Vergleich einzigartig hohen Organisationsgrad, der im Jahre 1986 mit über 85 Prozent der Arbeitnehmer seinen bisherigen Höhepunkt erreicht hat. Von einem gewissen Rückgang Ende der achtziger Jahre haben sich die schwedischen Gewerkschaften inzwischen – zumindest in ihrer Gesamtheit – erholt, derzeit liegt der Organisationsgrad wieder bei etwa 83 Prozent (Hermansson et al. 1999: 42). Hervorzuheben ist insbesondere auch, daß die schwedischen Angestellten in der gewerkschaftlichen Anbindung nicht hinter den Arbeitern zurückstehen.

Am bedeutendsten und einflußreichsten ist die bereits erwähnte LO, der Dachverband der Arbeitergewerkschaften, der 1898 als Zusammenschluß verschiedener sozialistischer Einzelgewerkschaften gegründet wurde. Nachdem in den 1970er Jahren der lange anvisierte Übergang vom Berufsverbandsprinzip zum Industrieverbandsprinzip vollzogen wurde, umfaßte LO 1998 insgesamt 19 Verbände mit 2.093.171 Mitgliedern, von denen 46 Prozent weiblichen Geschlechts und ungefähr 54 Prozent im öffentlichen Sektor beschäftigt waren. Die größten Mitgliedsverbände waren 1998 *Svenska Kommunalarbetareförbundet (Schwedischer Kummunalarbeiterverband)* mit 620.074 und *Svenska Metallindustriarbetareförbundet (Schwedischer Metallarbeiterverband)* mit 421.578 Mitgliedern. Die LO steht in hohem Maße für das Prinzip der Gleichheit und eine solidarische Lohnpolitik mit möglichst geringen Unterschieden.

---

1   Soweit nicht anders angegeben, entstammen die hier wiedergebenen Informationen einer Internet- und Telefonrecherche im Dezember 1999 (eine ausführliche Auflistung von Internet-Adressen schwedischer Verbände bietet: http://www.sunet.se/sweden/society_organizations-sv.html).

Tjänstemännens centralorganisation (Zentralorganisation der Angestellten und Beamten, TCO) wurde 1937 als der Gewerkschaftsbund der Angestellten des öffentlichen Sektors gegründet. Im Jahre 1944 fusionierte sie mit dem etwas älteren Gewerkschaftsbund der Angestellten aus der Privatwirtschaft. Nach einem gewissen Mitgliederrückgang in den 1990er Jahren verzeichnete die TCO 1998 erstmals wieder einen Zuwachs und zählte Ende des Jahres 1.233.488 Mitglieder, die in 18 Einzelgewerkschaften organisiert waren. Knapp zwei Drittel der Mitglieder waren weiblich, und die Beschäftigung verteilte sich in etwa zu gleichen Teilen auf den öffentlichen und den privaten Sektor. Die TCO ist der schwedische Gewerkschaftsbund, der den stärksten inneren und äußeren Spannungen ausgesetzt ist (Fenner 1998: 320f.). Die größten Mitgliedsverbände sind *Svenska industritjänstemannaförbundet (Verband der schwedischen Industrieangestellten, SIF)* und *Lärarförbundet (Lehrerverband)*.

Ein zweiter Gewerkschaftsbund für Angestellte ist *Sveriges akademikers centralorganisation (Zentralorganisation der schwedischen Akademiker, SACO)*, die im Jahre 1947 im wesentlichen als studentische Gründung aus der Taufe gehoben wurde. SACO, die 1975 mit dem Reichsverband der (höheren) Staatsangestellten fusionierte, ist heute der sich am dynamischsten entwickelnde Gewerkschaftsbund und umfaßte 1998 rund 462.000 Mitglieder, die zu 55 Prozent männlichen Geschlechts waren. Diese sind in 26 selbständigen Einzelgewerkschaften organisiert, die anders als in den beiden anderen großen Gewerkschaftsbünden durch das Berufs- und Examensprinzip und nicht anhand sektoraler Gesichtspunkte definiert sind. Die größten Mitgliedsverbände sind der *Civilingenjörsförbundet (Ingenieursverband, CF)* und der *Lärarnas Riksförbund (Zentralverband der Lehrer, LR)*. Auch wenn sich letzterer auf Gymnasiallehrer konzentriert, während der TCO-Verband alles von der Vorschule aufwärts vertritt, gibt es hier Überschneidungen. Anders als andere Gewerkschaftsbünde hat SACO auch einige Selbständigengruppen, beispielsweise Anwälte und Ärzte, aufgenommen.

Um die Interessen der Angestellten für die beiden Bereiche der öffentlich und privat beschäftigten Angestellten zu bündeln, haben die Mitgliedsverbände von TCO und SACO mit dem *Privattjänstemannakartellen (Interessengemeinschaft der Angestelltengewerkschaften, PTK)* und dem *Offentliganställdas förhandlingsråd (Verhandlungsrat der öffentlich Angestellten, OFR)* zwei Gemeinschaftsorganisationen für Tarifverhandlungen gebildet. In letzterem war allerdings Ende 1999 nur noch ein einziger SACO-Verband vertreten. Während des jahrzehntelangen Liebeswerbens der TCO, so läßt sich das Verhältnis der beiden Gewerkschaftsbünde umschreiben, hat die SACO immer nur die kalte Schulter gezeigt.

Über einen eigenen Gewerkschaftsbund verfügen in Schweden die syndikalistisch orientierten Arbeiter mit der *Sveriges arbetares centralorganisation (Zentralorganisation der schwedischen Arbeiter, SAC)*, die im Jahre 1910 nach französischem Vorbild gegründet wurde. Die Mitgliederzahl der SAC hat sich in den vergangenen Jahrzehnten bei etwa 20.000 eingependelt, vor allem aus den Bereichen der Wald- und Bauwirtschaft. Regionale Schwerpunkte der SAC sind die nordschwedischen Provinzen Dalarna und Härjedalen.

Als Reaktion auf die Gründung von LO wurde im Jahre 1902 die Organisation der schwedischen Arbeitgeber, SAF, ins Leben gerufen. Diese bestand Ende 1998 aus 39 Branchenverbänden, die 43.403 Unternehmen mit 1.306.011 Arbeitnehmern repräsentierten. Insgesamt 56 Prozent dieser Unternehmen hatten bis zu fünf, knapp ein Prozent über 500 Beschäftigte. Letztere standen für 46 Prozent der Beschäftigung, die Kleinunternehmen dagegen nur für drei Prozent. 54 Prozent der Beschäftigten waren Arbeiter. Die SAF koordiniert die Tarifverhandlungen der Arbeitgeber, fungiert als Versicherung bei Arbeitskonflikten und betrachtet es als ihre Aufgabe, für ein unternehmer- und wirtschaftsfreundliches Klima im Lande zu wirken.

Neben dem SAF gibt es eine Reihe eigenständiger Arbeitgeberorganisationen, insbesondere für die Bereiche Verbände und Kooperativen, Dienstleistungen, Handel, Presse und Kleinunternehmen. Der Staat tritt in Form einer eigenen Arbeitgeberorganisation auf, und auch die provinzialen und kommunalen Spitzenverbände nehmen entsprechende Aufgaben war.

Unter den Interessenverbänden der Wirtschaft ist insbesondere der SI hervorzuheben, der auch als eine Art Zwillingsorganisation des SAF bezeichnet wird (Bäck/Möller 1992: 168), allerdings nur 18 Mitgliedsverbände mit rund 7.000 Unternehmen umfaßt. Der SI befaßt sich nicht mit Arbeitsmarktfragen, sondern allgemein mit der Interessenvertretung gegenüber dem Staat. Die kleineren Unternehmen, Banken, Versicherungen, der Groß- und Einzelhandel sind in jeweils eigenständigen Verbänden mit vergleichbarer Zielsetzung zusammengeschlossen.

Die 1899 gegründete Zentralorganisation der Konsumkooperativen, *Kooperativa förbundet (Kooperativer Verband, KF)*, zählte Ende der 1990er Jahre 88 Mitgliedsvereine mit knapp 2,4 Mio. Mitgliedern. Die Vereine haben sich in den letzten Jahren zunehmend auf den Einzelhandel konzentriert und betreiben heute etwa 1.400 Geschäfte und Supermärkte, rund die Hälfte davon in KF-Regie. Die Kooperativen üben einen Spagat zwischen Volksbewegung und Wirtschaftsunternehmen und unterliegen der Spannung zwischen demokratischen und antikommerziellen Idealen einerseits und marktwirtschaftlichen Zwängen andererseits.

Die schwedische Landwirtschaft ist einheitlich im *Lantbrukarnas riksförbund (Zentralverband der Landwirte, LRF)* organisiert, der 1971 aus der Vereinigung eines eher großbäuerlichen und eines eher kleinbäuerlichen Verbands hervorging. Der ideelle Zweig des LRF konnte nach einigen Einbußen Ende der 1990er Jahre wieder Zuwächse verzeichnen und umfaßte Ende 1998 rund 127.148 persönliche Mitglieder von denen 70 Prozent landwirtschaftlich tätig und 71 Prozent männlichen Geschlechts waren. Der kooperative Zweig umfaßte 39 Wirtschaftsvereinigungen, die ihrerseits rund 300.000 Mitglieder repräsentierten. Da sich der LRF zu kooperativen Prinzipien bekennt, treten ihm gegenüber eher die Gewerkschaften als die Konsumkooperativen als Vertreter von Konsumenteninteressen auf. Am Ende eines Jahrhunderts, in dem die landwirtschaftliche Interessenvertretung in Schweden große Erfolge erzielen konnte und zumindest im eigenen Land sinnbildhaft für den schwedischen Korporatismus überhaupt stand (Hermansson et al. 1999: 24), ist der Einfluß der schwedischen Bauern trotz professioneller Verbandsarbeit im Rückgang begriffen.

4.2. Sozialer Bereich

Abgesehen vom Bereich der Arbeitslosenversicherung, in dem das Genter System weiterhin Bestand hat (danach bezuschußt der Staat gewerkschaftlich verwaltete Arbeitslosenkassen – einer der Gründe für deren außergewöhnlich hohen Organisationsgrad), hat der schwedische Staat die Wohlfahrt des Landes weitgehend in die eigenen Hände genommen. Seit Mitte der 1970er Jahre ist zwar eine Tendenz zu beobachten, vormals kommunale und provinziale Aufgaben auf Vereine zu übertragen. Mit der Bedeutung etwa der deutschen Wohlfahrtsverbände kann sich dennoch kein schwedischer

Verband messen, der auf dem sozialen Sektor tätig ist. Nichtsdestoweniger gibt es ein buntes Spektrum im sozialen Bereich engagierter Vereine und Verbände.

Svenska röda korset (Schwedisches Rote Kreuz) wurde 1865 gegründet und war einer der ersten reichsweit tätigen Verbände. Heute hat das Rote Kreuz etwa 360.000 Mitglieder und rund 40.000 aktive Freiwillige. Den Höhepunkt seiner Tätigkeit erlebte das Rote Kreuz in der Zwischenkriegszeit, in der es eine Vielzahl von Krankenhäusern, Gebär- und Kinderheimen, Rettungsflugzeugen betrieb und auch in der schulischen Gesundheits- und Zahnpflege aktiv war. Inzwischen hat sich der Staat dieser Aufgaben angenommen. Das Rote Kreuz betreibt in Schweden heute neben der Erste-Hilfe-Ausbildung insbesondere Sozialarbeit und unterstützt Flüchtlinge.

Insgesamt 33 schwedische Behindertenverbände sind im *Handikappförbundens samarbetsorgan (Zusammenarbeitsorgan der Behindertenverbände, HSO)* zusammengeschlossen. Er repräsentiert mit 400.000 Mitgliedschaften etwa vier Fünftel des Mitgliederbestands sämtlicher Behindertenorganisationen, bei zahlreichen Doppelmitgliedschaften. Der Dachverband wurde 1942 als *Zusammenarbeitskomitee für teilweise Arbeitsfähige* gegründet und befaßte sich ursprünglich vor allem mit Arbeitsmarktfragen, seit den 1960er Jahren dann auch allgemeiner mit der gesellschaftlichen Integration Behinderter. Die augenscheinliche Präsenz behindertenfreundlicher Einrichtungen im öffentlichen Raum Schwedens zeugt von der erfolgreichen Arbeit der Behindertenverbände. Obwohl oder gerade weil die Finanzkrise des Wohlfahrtsstaats seit Mitte der 1980er Jahre zunehmend Grenzen deutlich werden läßt, war die Zahl der Behindertenorganisationen in den 1990er Jahren in raschem Wachstum begriffen.

Durch die seit 1970 gemeinsam herausgegebene Zeitschrift *Pockettidningen R* haben insbesondere die sogenannten R-Verbände, überwiegend Selbsthilfeorganisationen verschiedener Problemgruppen, Einfluß auf die öffentliche Debatte nehmen können. Die Zeitung wird heute von *Riksförbundet för social och mental hälsa (Reichsverband für soziale und mentale Gesundheit, RSMH)*, von *Riksförbundet för hjälp åt narkotika- och läkemedelsberoende (Reichsverband für Hilfe für Narkotika- und Arzneimittelabhängige, RFHL)*, von *De handikappades riksförbund (Reichsverband der Behinderten, DHR)*, von *Reumatikerförbundet (Rheumatikerverband)*, sowie von *Verdandi*, der 1896 gegründeten Abstinenzorganisation der Arbeiter, getragen.

Die schwedischen Einwandererorganisationen, aber auch einzelne Mitglieder sind im 1973 gegründeten *Immigranternas Riksförbund (Reichsverband der Einwanderer, IRF)* organisiert, der sich der gemeinsamen Interessenvertretung verschrieben hat. Besondere Schwerpunkte sind Schul- und Ausbildungsfragen, Schwedischunterricht, Flüchtlingspolitik, die Weiterbildung von Verbandsfunktionären und die Vertretung der wirtschaftlichen Interessen der Mitgliedsverbände. Insbesondere die autochthonen und eingewanderten Finnländer, teilweise auch Angehörige der schwedischen Sprachgruppe in Finnland, verfügen in Schweden über eine reiche Organisationsflora. Insgesamt erscheinen die Organisation der schwedischen Einwanderer und die Zusammenarbeit ihrer Verbände jedoch noch deutlich ausbaufähig.

Der 1950 gegründete *Svenska samernas riksförbund (Sámiid Riikkasearvi, Zentralverband der schwedischen Samen, SSR)*, dem Samendörfer und Vereine angehören, ist einer von mehreren Dachverbänden, die die wirtschaftlichen, sozialen, rechtlichen, administrativen und kulturellen Interessen der samischen Urbevölkerung des nördlichen Schweden vertreten. Besonderes Augenmerk legt er auf die Erhaltung und Entwicklung der Rentierwirtschaft, die in den wirtschaftlichen Einheiten, die als Samendörfer bezeichnet werden, betrieben wird. Nur eine Minderheit der Samen ist heute allerdings in diese Form des Wirtschaftens einbezogen. Wie aus den konkurrierenden Verbänden, ist aus dem SSR inzwischen eine Partei hervorgegangen, die bei den Wahlen des schwedischen *Sametings*, das eine beratende Funktion hat, kandidiert. Die organisatorische Zersplitterung ist eine der Ursachen dafür, daß sich die samischen Interessen in Schweden bislang im Vergleich mit Norwegen als durchsetzungsschwach erwiesen haben.

Auch die schwedischen Staatsbürger oder ehemaligen Staatsbürger, die im Ausland leben, verfügen über eigene Verbände. Ein rasches Wachstum hat in den vergangenen Jahren die *Swedish Women's Educational Organization International (Internationale Bildungsorganisation schwedischer Frauen, SWEA)* erlebt, bei der aktuelle Bildungsinteressen und -veranstaltungen und nicht bloße Traditionspflege im Vordergrund stehen. Der Großteil der Mitglieder lebt zwar außerhalb Schwedens, aber auch für die Heimkehrerinnen gibt es ein eigenes Netzwerk.

Im 1921 gegründeten Verband *Sveriges Förenade Studentkårer (Vereinigte Schwedische Studentenschaften, SFS)*, sind heute rund 80 Mitgliedervereine organisiert, die mit insgesamt rund 240.000 Mitgliedern drei Viertel der schwedischen Studierenden repräsentieren. Neben der Informationsvermittlung nach innen betreibt der Verband Interessenvertretung gegenüber dem Reichstag, der Regierung, den Parteien, dem Hochschulamt und dem Amt für Studiendarlehn.

Ende der 1980er Jahre waren sieben Prozent der schwedischen Bevölkerung in Rentnerverbänden organisiert (Maktutredningen 1990: 170). Die 1942 gebildeten *Pensionärernas Riksorganisation (Reichsorganisation der Rentner, PRO)* verzeichnete Ende der 1990er Jahre rund 380.000 Mitglieder in 1.550 Vereinen. Der 1939 gegründete *Sveriges pensionärsförbund (Schwedens Rentnerverband, SPF)* konnte in den vergangenen zwei Jahrzehnten hohe Zuwachsraten verzeichnen und hatte 1999 rund 203.000 Mitglieder in 894 Vereinen. Neben der Bereitstellung von Weiterbildungs- und Freizeitaktivitäten betätigen sich diese Verbände als politische Lobbyorganisationen. Eine besondere Rolle im politischen Kampf spielten Rentenfragen in Schweden Ende der fünfziger Jahre. Mit knappen öffentlichen Kassen und dem steigenden Durchschnittsalter der schwedischen Bevölkerung wird die Alterssicherung heute wieder verstärkt diskutiert.

Zum sozialen Bereich im weiteren Sinne zählen auch die Wohnbauverbände, in denen Ende der 1980er Jahre 28 Prozent der schwedischen Bevölkerung organisiert waren. Zu nennen sind hier insbesondere der *Sveriges fastighetsägareförbund (Schwedischer Immobilienbesitzerverband)*, der auf einen Vorläufer im vorigen Jahrhundert zurückgeht, der *Hyresgästernas riksförbund (Zentralverband der Mieter)* und der *Sveriges villaägareförbund (Schwedens Hausbesitzerverein)*. Der *Hyresgästernas sparkasse- och byggnadsföreningarnas riksförbund (Reichsverband der Bausparkassen, HSB:s riksförbund)*, der zum kooperativen Wirtschaftssektor zählt, kontrolliert einen nicht unbedeutenden Teil des schwedischen Wohnungsmarktes.

Nur am Rande sei außerdem auf die verschiedenen Bildungsorganisationen hingewiesen, die meist mit einer der politischen Parteien und/oder einem Arbeitsmarktpartner verbunden sind. Beispiele dafür sind der traditionsreiche *Arbetarnas bildningsförbund (Bildungsverband der Arbeiter, ABF)* oder die konservative *Medborgarskolan (Bürgerschule)*.

4.3. Ideelle Verbände und Neue soziale Bewegungen

Der in gewisser Weise jüngste und größte der schwedischen Verbände ist die lutheri-
sche Kirche, die seit dem 1. Januar 2000 den Status einer Staatskirche eingebüßt hat
und nun als Religionsgemeinschaft bezeichnet wird. Die Kirche umfaßt mit ihren rund
7,5 Mio. Mitgliedern noch knapp 90 Prozent der Einwohner Schwedens. Die freikirchliche Bewegung, die ihren Höhepunkt Ende des vorigen Jahrhunderts zu verzeichnen
hatte, wird dagegen traditionell zu den schwedischen Verbänden und Vereinen gezählt.
Ende der 1980er Jahre waren fünf Prozent der schwedischen Bevölkerung Mitglieder
in freikirchlichen Gemeinden. Der Anteil der tatsächlich auch aktiven Mitglieder war
in den Freikirchen mit 83 Prozent der höchste sämtlicher Vereine (Maktutredningen
1990: 170). Die größten Freikirchen waren *Pingströrelsen* (*Pfingstbewegung*) mit 90.174
und *Svenska missionsförbundet* (*Schwedischer Missionsverband*) mit 68.148 Mitgliedern im Jahre 1998.

Auch die Abstinenzlerbewegung hat ihren Höhepunkt überschritten und ist weiter
im Schrumpfen begriffen. Die größten Organisationen auf diesem Gebiet sind der 1926
gegründete *Motorförarnas helnykterhetsförbund* (*Abstinenzverband der Kraftfahrer,
MHF*) mit 68.467 Mitgliedern und die IOGT-NTO, zu der sich der *International Order
of Good Templars* und der *Nationaltemplarorden* 1970 zusammengeschlossen haben.
Diese Organisation, die für gemeinschaftliche Aktivitäten unter Ausschluß von Drogen
jedweder Art und generell für eine drogenfreie Gesellschaft arbeitet, zählte im Jahre
1998 noch 60.731 Mitglieder. Der Einfluß der schwedischen Abstinenzlerbewegung
geht zwar zurück, ist aber nach wie vor nicht zu unterschätzen, auch aufgrund der fort-
bestehenden überdurchschnittlichen Repräsentation im Reichstag (Birgersson/Wester-
ståhl 1990: 71). Auf den eigenen Abstinenzlerverband der Arbeiterbewegung wurde
bereits im vorigen Abschnitt hingewiesen.

Die neuen sozialen Bewegungen sind in Schweden – sowohl in absoluten Zahlen
wie auch gemessen am Anteil der Aktivisten unter den Mitgliedern – nicht nur häufig
nicht ausgesprochen neu, sondern vor allem nicht sonderlich bewegt. Jedoch stehen gerade die Friedens- und Umweltbewegungen an der Spitze aller Bewegungen und Vereinigungen, was die durchschnittliche Zustimmung in der Bevölkerung betrifft. Neu an
den neuen sozialen Bewegungen ist in Schweden vor allem der Einfluß, der durch öffentliche Meinungsbildung auf politische Entscheidungen ausgeübt wird und nicht
durch eine breite Basis an Mitgliedern oder Aktivisten. Für diesen Sachverhalt steht die
traditionsreiche *Svenska freds- och skiljedomsförening* (*Schwedische Friedens- und
Schiedsgerichtsvereinigung, SFSF*) ebenso wie die internationale Umweltorganisation
Greenpeace (Maktutredningen 1990: 170-175).

Auch in der Frauenbewegung stehen sich traditionsreiche Vereinigungen wie der
Fredrika-Bremer-förbundet (*Fredrika-Bremer-Verband*) und neue Organisationen wie
beispielsweise die *Lesbisk front* (*Lesbische Front*) gegenüber. Insgesamt waren Ende
der achtziger Jahre 4 Prozent der weiblichen Bevölkerung in Frauenverbänden organisiert, von denen sich knapp die Hälfte aktiv engagierte (Maktutredningen 1990: 170).

Eine gewisse Bedeutung hatte in den 1990er Jahren auch die in Gestalt einer Reihe
unterschiedlicher Dachverbände und Mitgliederorganisationen auftretende Anti-EU-
Bewegung. Der Höhepunkt der Mobilisierung wurde zum Zeitpunkt der Volksabstimmung im November 1994 erreicht. Auch wenn sich immerhin 46,8 Prozent der Wahlberechtigten gegen eine Mitgliedschaft aussprachen, waren die schwedischen EU-
Gegner deutlich schwächer organisiert als die norwegischen. *Folkrörelsen mot EU*

(Volksbewegung gegen EU) umfaßte zum Zeitpunkt der Abstimmung zwar rund 30 Mitgliedsverbände, darunter auch einige Parteien oder Parteifraktionen, sie war aber mehr oder weniger ad hoc zur Entgegennahme und Verteilung staatlicher Unterstützungsgelder gegründet worden und löste sich nach dem Referendum praktisch auf. Die Organisation *Nej till EU* (heute *Folkrörelsen Nej till EU, Volksbewegung Nein zur EU),* in der der harte Kern der EU-Gegner organisiert ist, zählte zum Zeitpunkt des Referendums 13.581 individuelle Mitglieder, von denen Ende 1997 noch 4.660 verblieben waren. Die Bewegung, die sich gegen eine Parlamentarisierung auf europäischer Ebene im Stile der dänischen Schwesterorganisation entschieden hat, setzt sich inzwischen für eine neue Volksabstimmung ein, die den Austritt aus der EU beschließen soll. Unter Frauen, in der Umweltbewegung, auf dem Land und unter Linkssozialisten findet die Vereinigung der EU-Gegner besonderen Zuspruch.[2]

4.4. Sonstige

Neben dem Kraftfahrerverein der Abstinenzlerbewegung besteht der größere, 1922 gegründete *Motormännens riksförbund (Reichsverband der Kraftfahrer, M)*, der Ende 1999 knapp 118.000 Mitglieder hatte, die zu rund 89 Prozent männlichen Geschlechts waren. Trotz der ausgeprägten schwedischen Automobilkultur ist der Automobilclub politisch nicht in vergleichbarer Weise wie etwa der deutsche ADAC in Erscheinung getreten.

Ende der 1980er Jahre waren 36 Prozent der schwedischen Bevölkerung Mitglied eines Sportvereins. Da davon knapp 60 Prozent aktiv engagiert waren, überstieg das Aktivitätsniveau der Sportvereine noch das der mitgliederstärkeren Gewerkschaftsbewegung (Maktutredningen 1990: 170). Jugendliche zwischen 13 und 25 Jahre waren Ende der 1990er Jahre zu 49 Prozent Mitglieder von Sportvereinen. Die meisten Sportvereine sind im *Riksidrottsförbundet (Reichssportverband, RF)* zusammengeschlossen, der 67 Einzelverbände mit rund 22.000 Vereinen und 5,4 Mio. Mitgliedschaften (was wegen Mehrfachmitgliedschaften etwa 3 Mio. Mitgliedern entspricht) repräsentiert. Größter Einzelverband ist mit über 1 Mio. Mitgliedern der Fußballverband.

Der RF ist nicht zuletzt deshalb von erheblicher Bedeutung, weil ihm an Behördenstelle die Verteilung bedeutender staatlicher Zuschüsse übertragen ist. Diese Aufgabe, die der Verband bereits seit 1930 wahrnimmt, umfaßte im Jahre 1998 insgesamt 544 Mio. SEK. Nach der durch die bürgerliche Regierung Anfang der 1990er Jahre betriebenen Entkoppelung von Staat und Verband, was die staatliche Aufsicht, nicht aber die behördliche Funktion des Verbandes betrifft, wurde der RF inzwischen wieder einer stärkeren staatlichen Kontrolle unterworfen (Idrottsutredningen 1998: 230; vgl. das entsprechende Gesetz in SFS 1999: 1044). Nach einem Schlüssel aus dem Jahre 1997, der offensichtlich bereits Ausdruck dieser Kontrolle war, sollte der staatliche Zuschuß – der weder die umfangreicheren arbeitsmarktpolitisch motivierten Lohnzuschüsse noch die ebenfalls sehr viel umfangreichere kommunale Unterstützung von

---

2   Die Informationen zur schwedischen Anti-EU-Bewegung wurden mir freundlicherweise von Carsten Schymik von der *Forschungsgruppe Nordeuropäische Politik (FOR:N)* zur Verfügung gestellt, der derzeit an einer Dissertation mit dem Arbeitstitel *Die europäischen Anti-Föderalisten: Außerparlamentarische Oppositionsbewegungen gegen die Europäische Union in Skandinavien* arbeitet. Ich danke Carsten Schymik auch für Hinweise zur europäischen Dimension aktueller Entwicklungen im schwedischen Verbändesystem.

Einzelverbänden durch Geldmittel und Nutzungsgewährung umfaßte – zu einem Drittel der Unterstützung lokaler Jugendaktivitäten, zu 44 Prozent Einzelverbänden und olympischen Aktivitäten (1998 in der Praxis 206 und 17 Mio. SEK), zu zwei Prozent Verbänden, die nicht im RF organisiert waren, zu sechs Prozent Sportgymnasien und zu 15 Prozent der Bestreitung gemeinsamer Kosten zugute kommen. Insbesondere mitgliederschwächere und kommerziell weniger attraktive Einzelverbände profitierten von dieser staatlichen Unterstützung (Idrottsutredningen 1998: 128).

Die schwedischen Verbände, die auf dem Gebiet der sogenannten Totalverteidigung aktiv sind, nehmen unterschiedliche Aufgaben im Spektrum der freiwilligen Zivil- bis hin zur militärischen Verteidigung wahr. Sie zeichnen sich durch ihre nahe Zusammenarbeit mit den offiziellen Behörden aus, die für die schwedische Verteidigung verantwortlich zeichnen. Von dem runden Dutzend Verbänden sei hier der *Civilförsvarsförbundet (Zivilverteidigungsverband*, vormalig: Reichsluftschutzverband) erwähnt, der sich heute mit gesellschaftlichem Katastrophenschutz und Informationskampagnen aller Art beschäftigt. Gegen Ende des Zweiten Weltkriegs hatte der Verband 600.000 Mitglieder, nach einem dramatischen Schwund in der Nachkriegszeit sind heute wieder gut 35.000 Mitglieder zu verzeichnen. Die 1893 gegründete *Frivilliga Skytterörelse (Freiwillige Schützenbewegung, FSR)* konnte, als ein anderes Beispiel, ihre Mitglieder nach Kriegsende weitgehend halten; erst seit Ende der achtziger Jahre hat sich der Mitgliederstand auf 94.896 Mitglieder im Jahre 1997 mehr als halbiert.

Kommunaler Spitzenverband ist in Schweden der *Svenska kommunförbund (Verband schwedischer Kommunen, SK)*, in dem neben den 289 Kommunen auch regionale Zusammenschlüsse einzelner Kommunen organisiert sind. Der Verband dient der Zusammenarbeit, der Interessenvertretung gegenüber dem Zentralstaat und tritt gegenüber den kommunal Beschäftigten als Arbeitgeberverband auf. Angeregt durch gemeinsame Erfahrungen auf EU-Ebene arbeitet der Verband derzeit gemeinsam mit dem *Landstingsförbundet (Verband der Provinziallandtage)* auf eine enge Zusammenarbeit und die Einrichtung gemeinsamer Organe hin.

5. Beziehungen zum politischen System

Die schwedischen Verbände sind nach Exekutive, Legislative, Judikative und Presse zu Recht als „fünfte Staatsmacht" bezeichnet worden (Henningsen 1990); sie sind im Rahmen einer „sozialen Gewaltenteilung" (Gebhardt 1977) als ein Teil des politischen Systems anzusehen. Die Beziehungen der Verbände zu den anderen tragenden Pfeilern des politischen System sind eng, nicht selten wird von einer Symbiose gesprochen. Wie im historischen Überblick unter dem Stichwort Entkorporatisierung deutlich geworden ist, sind diese Beziehungen im Wandel begriffen, lockern sich gegenwärtig auf.[3] Dies gilt nicht zuletzt für die traditionell engen Beziehungen von LO zur sozialdemokratischen Partei, die aus dem anderweitig allgemein gültigen Muster zumindest rhetorischer parteipolitischer Neutralität der Verbände herausfallen.

---

3   Die traditionelle Beteiligung der schwedischen Verbände am Gesetzgebungsprozeß und ihre Verflechtung mit Legislative und Exekutive wird anschaulich dargestellt in einem Schaubild von Roland Czada (abgedruckt in Henningsen 1990: 102; vgl. auch die Schaubilder von Jann 1981: 381 und Jahn 1999: 102).

Einschränkend ist allerdings zu sagen, daß mit feststellbaren Tendenzen zu einer formalen Entkorporatisierung noch nichts über die reale Entwicklung ausgesagt ist. Für den Bereich der Sozialpolitik kann nach einer der wenigen empirischen Studien von Entkorporatisierung nicht die Rede sein (Hoefer 1996). Außerdem bezieht sich die Beobachtung der Entkorporatisierung grundsätzlich auf die nationale Ebene, während sich keine Anzeichen für eine entsprechende Entwicklung auf lokaler Ebene ausmachen lassen (Bäck/Möller 1992: 185, 240). Im Gegenteil sind die Jahre 1970 bis 1990, die auf nationaler Ebene bereits als Zeit eines sich lockernden Griffs korporatistischer Arrangements bezeichnet worden sind, durch eine Verstärkung des Korporatismus auf lokaler Ebene gekennzeichnet. Die Bedeutung der Verbände ist in den lokalen Entscheidungsprozessen deutlich angestiegen (Lewin 1992: 101, 106).

Viele Jahre gab es in Schweden auf nationaler, regionaler wie lokaler Ebene eine formale Repräsentation von Verbandsvertretern, insbesondere der Arbeitsmarktparteien, in den ehrenamtlichen Vorständen öffentlicher Verwaltungen. Nachdem die Arbeitgeberseite sich aus dieser Form der Zusammenarbeit zurückgezogen hatte, wurde sie von der damaligen bürgerlichen Regierung 1992 ganz abgeschafft. In der Praxis ist der Anteil der Verbandsvertreter allerdings bis 1997 gegenüber dem langjährigen Mittel von einem Fünftel nur geringfügig zurückgegangen. Auch wenn die Verbände kein offizielles Mandat mehr haben, sind sie also durch personelle Verflechtungen physisch weiterhin präsent. In Teilbereichen wurde die Repräsentation der Verbände auch in besonderen Räten fort- oder später sogar wieder offiziell eingeführt (Hermansson et al. 1999: 36f., 259, Anm. 48). Der sogenannte Durchführungskorporatismus besteht somit trotz nachlassender Formalisierung fort.

Auch im Hinblick auf die politische Entscheidungsfindung verfügen die Verbände weiterhin auf fast allen Ebenen über Möglichkeiten der Einflußnahme. Eine besondere Rolle spielt in diesem Zusammenhang das ausgeprägte schwedische Kommissionswesen. In ihm wird ein Großteil der staatlichen Politik vorbereitet, nicht selten werden die betroffenen Verbände direkt durch Repräsentanten, zumindest jedoch durch die Möglichkeit zur offiziellen Stellungnahme einbezogen. Zwar war der Anteil der Verbandsvertreter unter den Kommissionsmitgliedern in den vergangenen Jahrzehnten rückläufig, häufig wird diese Tendenz aber überschätzt, und sie ist keineswegs eindeutig. Teilweise ist sie auch dem Umstand geschuldet, daß die Kommissionsarbeit heutzutage allgemein sehr viel häufiger von einzelnen Personen – es handelt sich dabei fast ausschließlich entweder um Staatsbeamte oder um Politiker – wahrgenommen und schneller durchgeführt wird.

Nach wie vor sind die großen Organisationen des Arbeitsmarkts im Kommissionswesen präsent, während etwa der Bauernverband oder die Verkehrsverbände seit den 1960er Jahren deutliche Einbußen an Einfluß haben hinnehmen müssen. Der Anteil der Verbände, die um offizielle Stellungnahmen gebeten werden, ist seit Beginn der 1970er Jahre zwar mit durchschnittlich knapp zwei Fünfteln in allen drei Bereichen – die übrigens in besonderem Maße für den schwedischen Korporatismus stehen – konstant geblieben. Da sich die Gesamtzahl der um Stellungnahmen gebetenen Instanzen aber insgesamt deutlich erhöht hat, ist von einem sinkenden Einfluß bestimmter Einzelverbände auszugehen (Hermansson et al. 1999: 29-33).

Eine ähnliche Tendenz wie im Kommissionswesen läßt sich auch für die faktische – über die entsprechende Orientierung bestimmter Reichstagsabgeordneter hergestellte – Repräsentation der Verbände in den zuständigen Reichstagsausschüssen ausmachen. Im Arbeitsmarktausschuß schwankt der Anteil von Funktionären der Arbeismarktorga-

nisationen seit Beginn der 1970er Jahre um die vierzig Prozent. Der Anteil der Land-
wirtschaftsfunktionäre im entsprechenden Ausschuß, der lange Jahre noch darüber lag,
ist dagegen seit Ende der 1980er Jahre auf wenig mehr als zehn Prozent gesunken. Die
nachstehende Tabelle zeigt, wie sich der Anteil von Funktionären betroffener Standes-
organisationen in bestimmten Reichstagsausschüssen in den vergangenen dreißig Jahren entwickelt hat.

Tabelle 1: Anteil der Mitglieder in Reichstagsausschüssen mit
Funktionärshintergrund in betroffenen Verbänden (in Prozent)

	1970	1973	1976	1979	1982	1985	1988	1991	1994
Landwirtschaft	37	44	56	50	53	48	36	12	12
Arbeitsmarkt	31	–	48	48	45	32	44	47	32
Bildung	3	15	9	6	15	0	0	0	5
Verkehr	17	20	6	10	6	9	5	0	5

Quelle: nach Hermansson et al. 1999: 25.

Die Verbandsnähe des politischen Systems oder die Staatsnähe der Verbände läßt sich
auch mit Angaben zu den Kontakten der Mitarbeiter der schwedischen Regierungs-
kanzlei illustrieren, die Ende der 1980er Jahre erhoben wurden. Von den befragten Politikern und Beamten gaben 90 Prozent an, im Laufe des vergangenen Jahres mindestens zu einem Verband Kontakt unterhalten zu haben. Knapp ein Viertel der Befragten hatte derartige Kontakte mindestens einmal pro Woche. Die Verbände mit den
engsten Beziehungen zur Kanzlei der damaligen sozialdemokratischen Regierung
Carlsson waren LO, TCO und der Verband schwedischer Kommunen. Verbindungen
zu SACO, einzelnen Gewerkschaftsverbänden, dem Verband der Provinziallandtage
und SI waren ebenfalls verbreitet. Auch wenn die Intensität variierte, ergab sich ein
ähnliches Bild bei der Betrachtung der Verbandsbeziehungen der einzelnen Ministeri-
en. Über die genannten Bereiche hinaus bestanden hier wie dort vielfältige Kontakte,
in denen sämtliche Felder der Verbandstätigkeit eine Rolle spielten. Unter den Ministerien unterhielten das Landwirtschaftsministerium, das Arbeitsministerium und das
Kommunikationsministerium die engsten Beziehungen zu den Verbänden in ihrem
Kompetenzbereich. Gegenüber dem Finanzministerium, das selbst nur wenige direkte
Kontakte zu Verbänden unterhielt, fungierten die Fachministerien dann als „Botschaf-
ten der Einzelinteressen" (Maktutredningen 1990: 181f.).

Eine Momentaufnahme der Art und Weise der Kontaktpflege der Verbände mit
dem (übrigen) politischen System Schwedens wurde im Frühjahr 1999 erstellt. Von
den rund 900 nationalen und lokalen Verbänden aller Sparten, die sich an der Untersuchung beteiligten, hatten 310 eigene Abteilungen für Öffentlichkeitsarbeit, weitere 239
verfügten zumindest über entsprechend zuständiges Personal. Durchschnittlich nahm
jeder Verband jährlich sechs Kontakte in eigener Sache zu politischen Entscheidungsträgern auf. Auf allen Organisationsebenen waren lokale Kontakte von Bedeutung,
gleichzeitig gab es einen deutlichen Zusammenhang zwischen Organisationsebene und
Kontaktebene; auch Mitglieder des Reichstags und zentrale Verwaltungsangestellte
waren beliebte Ansprechpartner. Regierungs-, Partei- und EU-Vertreter waren in ab-
steigender Reihenfolge seltener vertreten. Deutliche Unterschiede der Kontaktnetze
waren zwischen den Arbeitnehmerorganisationen und denen der Wirtschaft zu verzeichnen: Erstere wandten sich eher an Politiker und an Vertreter der lokalen Ebene,

letztere eher an Verwaltungsbeamte und an Vertreter der nationalen oder der europäischen Ebenen (Hermansson et al. 1999: 61-86).

Die Entkorporatisierung geht in Schweden mit einer Zunahme direkter Kontakte von Verbänden mit Reichstagsabgeordneten einher. Es wird vermutet, daß diese Kontakte heute teilweise Funktionen erfüllen, die zuvor über formelle Positionen abgesichert waren. Diese Zunahme betrifft vor allem auch die Organisationen des Arbeitsmarkts und dort vor allem die Arbeitgeberorganisationen, die ihre Kontakte mit Reichstagsabgeordneten seit Mitte der 1980er Jahre annähernd verdoppelt haben. Hinter der Kontaktintensität der Gewerkschaften liegen die Arbeitgeber allerdings noch weit zurück. Allein mit LO unterhielten knapp vierzig Prozent der Reichstagsabgeordneten Ende der 1990er Jahre mindestens einmal im Monat Kontakt. Mit wenigstens einer Arbeitsmarktorganisation pflegten 55 Prozent der Reichstagsabgeordneten ein- oder mehrmals monatlich Kontakt, mit wenigstens einem anderen Verband lag der entsprechende Wert bei genau fünfzig Prozent (Hermansson et al. 1999: 52, 56).

Eine deutliche Tendenz in der Beziehung der Verbände zur öffentlichen Hand ist die wachsende finanzielle Abhängigkeit ersterer von letzterer (Bäck/Möller 1992: 228). Im Jahre 1992 nahmen die Verbände etwa drei Prozent des schwedischen Staatshaushalts in Anspruch (Utredningen 1999: 64). Ende der 1980er Jahre wurden die staatlichen Zuschüsse für Vereine und Verbände auf 3,5 Mrd. SEK geschätzt, zu denen etwa 1,6 Mrd. SEK für Auslagen im Zusammenhang mit staatlichen Aufträgen zu rechnen waren. In dem zugehörigen Finanzierungssystem waren sämtliche Ministerien und 65 unterschiedliche Behörden vertreten. Hinzu kam die Förderung durch die Provinzialregierungen in Höhe von 500 bis 600 Mio. SEK sowie eine Unterstützung durch die Kommunen von 5 bis 6 Mrd. SEK, in denen auch die kostenfreie Nutzung von Anlagen und Räumlichkeiten enthalten sind (Folkrörelseutredningen 1988: 7ff.). Manche schwedischen Verbände bestritten Ende der 1990er Jahre bis zu drei Viertel ihres Haushalts mit staatlichen Geldern (Demokratiutredningen 2000: 192).

Vor dem Hintergrund begrenzter öffentlicher Ressourcen, der wachsenden Bedeutung von Effizienzgesichtspunkten und einem zunehmenden Vertrauen in die Phantasie autonomer Akteure findet seit Mitte der 1990er Jahre eine Umformulierung der Finanzierungspolitik der Verbände statt. Diese Neuorientierung hat ihren Ausdruck bereits in einigen Kommissionsberichten und Verordnungen gefunden. Leitendes Prinzip soll jetzt, wie auch in anderen Bereichen öffentlicher Tätigkeit, die Steuerung über vorformulierte Ziele (*resultatstyrning*), nicht über bürokratische Detailregulierung (etwa der Mittelverwendung) werden. Auch wenn dieses Prinzip selbst noch in der Entwicklung begriffen ist, ist deutlich, daß damit einerseits die Einheitlichkeit, Zweckmäßigkeit und Evaluierung der Mittelvergabe, andererseits die Innovationsfähigkeit der Verbände beim Einsatz der Mittel und bei der Umsetzung der Ziele erhöht werden sollen.

Prinzipiell stehen die staatlichen Zielvorgaben allerdings – so verständlich und wohl auch notwendig sie für bestimmte Bereiche sein mögen – in einem Spannungsverhältnis zur Autonomie der Verbände. Besonders deutlich tritt dieses Problem dort zutage, wo, wie beim RF, Verbände Behördenfunktionen übernommen haben. Der Wunsch, „daß es die Zuschüsse zum Vereinsleben sind, die zielgesteuert sein sollen – nicht die Organisationen" (Statsbidragskommittén 1998: 28), kann wohl kaum – wie staatlicherseits behauptet – als originärer Ausgangspunkt des Prinzips der Zielsteuerung gelten. Es ist nur folgerichtig, wenn für Bereiche, in denen – wie bei den Behindertenverbänden – gesellschaftliche Ermächtigung und Teilhabe als die eigentlichen inhaltlichen Ziele der Verbandstätigkeit angesehen werden, vom Ziel der staatlichen Steuerung durch die Mittelvergabe wieder abgerückt wird (Utredningen 1999: 9). Wenn heute insbesondere auch mit Blick auf die in der freien Bildungsarbeit tätigen Verbände kritisch von „Behördisierung" und einer staatlichen *indirect rule* nach dem Muster des britischen Kolonialismus die Rede ist (Lindgren 1999: 216, 236), wenn die Übertragung des Prinzips der Zielsteuerung von staatlichen Behörden auf staatlich finanziell unterstützte Verbände auch von der Demokratiekommission scharf kritisiert wird (Demokratiutredningen 2000: 198), dann zeigt dies, daß die Neubestimmung des Verhältnisses von Staat und Verbänden in Schweden derzeit durchaus noch offen ist.

6. Zusammenfassung und Ausblick

Zu Recht wird das Königreich Schweden als „Verbandsschweden" bezeichnet. Die Bedeutung der schwedischen Verbände und der Verbände für Schweden hat tiefe Wurzeln in der politischen Kultur des Landes, in der sich eine „Politik des Einzelnen" (Henningsen) mit kollektiven Formen der Selbstermächtigung verbindet. Vertretern der Verbände und den mit ihnen sympathisierenden Politikern gelang es in der formativen Phase des politischen Systems Schwedens im ersten Drittel des zwanzigsten Jahrhunderts, den Beziehungen der Verbände zum Staat eine ausgesprochen kooperative und konstruktive Gestalt zu geben. Mit einer derart gekennzeichneten Institutionalisierung der Rolle der Verbände im politischen System wurde eine Weichenstellung für das vollzogen, was als eine „positive (...) Entwicklungsspirale" bezeichnet worden ist (Rothstein 1992: 19).

Staat und Verbände sind in Schweden als miteinander kommunizierende Röhren bezeichnet worden (Bergström 1998: 134). Aus der öffentlichen Debatte Schwedens sind die Verbände in der Tat nicht wegzudenken. Es besteht, im Gegenteil, die durchaus ambivalente Tendenz zum Verschmelzen von Öffentlichkeit und Verbänden. Die Verbände prägen die schwedische Bürgergesellschaft, sie sind effektive Kanäle ins Zentrum des politischen Systems und zurück in die breite Öffentlichkeit. Die Verbände wurden von Vertretern des schwedischen Staats von der lokalen bis hin zur nationalen Ebene immer als eine positive Ressource betrachtet, die wirtschaftliche, politische und moralische Unterstützung verdient (Bäck/Möller 1992: 160).

Mit einer ausgeprägten Marginalisierung nicht aggregationsfähiger Interessen hat die starke Stellung der Verbände in der schwedischen Gesellschaft allerdings ihre Kehrseite, die nicht Gegenstand der vorliegenden Darstellung sein konnte. Das zunehmende Abrücken von Ansätzen, die einen Sonderweg des Landes konstatieren, der häufig im Rahmen der mit dem Begriff des schwedischen Volksheims verbundenen wohlfahrtsstaatlichen Identitätsdebatte thematisiert wird (Götz 2001), deutet allerdings ebenso auf nachhaltige Wandlungsprozesse hin wie die immer stärkere Orientierung an individualistischen Werten. Demgegenüber ist festzuhalten, daß die Tradition der kollektiven demokratischen Selbstermächtigung im Rahmen von Vereinen und Verbänden einen gewissen Schutz gegen die Defizite politischer Kulturen bietet, die mit Blick auf individuelle Akteure nicht nur auf universellen Rechtsprinzipien aufbauen, sondern zuweilen auch in hohem Maße auf sozialen Ungleichheiten und Sonderpositionen.

In Schweden wird die beobachtbare Tendenz eines Übergangs von korporativen Arrangements hin zu einem pluralistischeren System nicht notwendigerweise als ein qualitativer Schritt nach vorne verstanden. Verbreitet ist eine Sichtweise, die die aktuelle Entwicklung nicht als Gewinn, sondern als Verlust thematisiert. Und dieser Verlust wird keineswegs nur für die technische Organisation des gesellschaftlichen Interessenausgleichs konstatiert, sondern auch für die demokratische Qualität der Gesellschaft. So wird beispielsweise der Schritt von einer in den Volksbewegungen gründenden partizipativen Demokratie zu einer gewöhnlichen passiven Zuschauerdemokratie beklagt. Wenn die demokratischen Voraussetzungen des Korporatismus auch deshalb in Frage gestellt sind, weil die großen Verbände die Gesellschaft und ihre einzelnen Mitglieder aufgrund einer zunehmenden gesellschaftlichen Heterogenisierung nicht mehr im selben Maße wie früher repräsentieren (Hermansson et al. 1999: 249-251), dann kann der alte Korporatismus allerdings keine wirkliche Option mehr sein. Zunehmende Vielfalt wird im übrigen keineswegs nur für das Verbändesystem allgemein, sondern auch für das Binnenleben der Verbände festgestellt (Maktutredningen 1990: 189)

Für sich genommen sagt die nachlassende Konjunktur der klassischen Volksbewegungen oder bestimmter Verbände noch nichts über die Entwicklung und die Stellung des Verbandswesens insgesamt. Was in den vergangenen beiden Jahrzehnten an unmittelbarer Nähe einzelner Verbände zum politischen System verloren gegangen sein mag, hat das Verbändesystem als Ganzes an Flexibilität, unterschiedlichen Interessen Gehör zu verschaffen, gewonnen. Das demokratische Potential dieser zunehmenden, den sich entfaltenden Bedürfnissen der einzelnen Gesellschaftsmitglieder angepaßten Vielfalt sollte nicht gering geschätzt werden. Ungleichheiten hinsichtlich der materiellen Ressourcen der Verbände sind dabei selbstverständlich von Bedeutung. In Gesellschaften, die wie die schwedische einen – mit dem Vorgang der Entkorporatisierung korrelierten – postmateriellen Wertewandel vollziehen (Inglehart 1977), wirkt dem aber eine zunehmende Bedeutung moralischer Ressourcen entgegen.

Um die hohe Relevanz, die die Verbände in der schwedischen Gesellschaft innehaben, zu erhalten, muß sich das Verbandswesen insgesamt, müssen sich dessen Kontaktflächen mit dem politischen System im engeren Sinne weiter ausdifferenzieren. Eine solche Entwicklung, die die Anpassungsfähigkeit des schwedischen Verbändesystems an veränderte Umweltbedingungen demonstriert, können wir gegenwärtig beobachten. Die staatliche Demokratiekommission spricht in ihrem Abschlußbericht positiv von einer spontanen und handlungsorientierten „Netzwerkkultur", die sich neben der traditionell eher repräsentativ organisierten Volksbewegungskultur etabliert habe. Sie erhebt in diesem Zusammenhang zwar auch ausdrücklich einen „warnenden Finger", mit dem sie eine Pflege binnendemokratischer Schulung anmahnt (Demokratiutredningen 2000: 196). Von Bedeutung erscheint hier aber vor allem die grundsätzliche Überwindung der Verlustperspektive, die veraltete Kategorien des Denkens spiegelte. Da die Stärke der schwedischen Verbände immer eine Stärke von innen heraus, von den Mitgliedern aus war, waren sie auf die institutionalisierte Teilnahme an gesellschaftlichen Entscheidungen, die als Korporatismus bezeichnet wurde, im Grunde genommen niemals wirklich angewiesen. Ein relativer Machtverlust der traditionellen Protagonisten des Korporatismus zugunsten anderer und neuer Interessen ist heute allerdings unvermeidbar.

Wenn in Schweden derzeit nicht nur der Einfluß, sondern auch die Bindekraft einzelner Verbände nachzulassen scheint, so deutet doch nichts auf ein sinkendes Engagement in Vereinen und Verbänden insgesamt hin. Bei Berücksichtigung unkonventionellen Vereinsengagements waren in den letzten Jahren sogar auf hohem Niveau gewisse Zuwächse zu verzeichnen. Im internationalen Vergleich beachtliche 52 Prozent der Schwedinnen und Schweden im Alter von 16 bis 74 Jahre hatten nach einer repräsentativen Befragung 1998 innerhalb des vergangenen Jahres freiwillige Arbeit geleistet (Jeppsson Grassman/Svedberg 1999: 132).

Der Manövrierraum des einzelnen innerhalb und außerhalb von Verbänden und dem Verbändesystem nimmt heute zu, die schwedische Gesellschaft wird vielstimmiger. Dabei erhält der Umgang mit den Verbänden ebenso einen spielerischeren Charakter wie deren politische Strategiewahl – sofern sie nicht von staatlichen Finanzspritzen abhängig sind – freier von institutionellen Einbindungen wird. Für die Verbände birgt diese Situation die Chance, sich wieder stärker als Organisationen zivilgesellschaftlichen Mitgliederengagements zu profilieren und eine größere Distanz zum Staat zurückzugewinnen. Dies läßt sich in gewisser Weise durchaus auch als ein Anknüpfen an teilweise verschüttete Traditionen der Volksbewegungen verstehen.

Die größte Herausforderung für das schwedische Verbändesystem liegt in der zunehmenden Europäisierung sämtlicher Politik- und Gesellschaftsbereiche, die ihrerseits zur abnehmenden Relevanz und zur zumindest formalen Abwicklung gewisser korporativer Strukturen in Schweden beigetragen hat. Als vierte Ebene der Interessenaggregation muß die erst ansatzweise entwickelte europäische Ebene ausgebaut werden, und zwar nicht nur organisatorisch, sondern vor allem auch identifikatorisch. Der Erfolg des politischen Projekts Europa wird längerfristig vor allem auch davon abhängen, ob es gelingt, eine europäische Zivilgesellschaft mit einer Verbandslandschaft herauszubilden, in der sich, um nur ein Beispiel zu nennen, der einzelne Schwede und die einzelne Schwedin als Europäer oder Europäerin wiederfinden. Schweden könnte in die Europäische Union nicht nur eine ausgeprägte gesellschaftliche Beteiligungskultur seiner Bürgerinnen und Bürger einbringen, sondern auch ein hohes Maß an Offenheit des politischen Systems für deren organisierte Belange. Ob dies tatsächlich auch – von beiden Richtungen aus – gewollt werden wird, bleibt abzuwarten.

Abkürzungsverzeichnis

ABF	Arbetarnas bildningsförbund (Bildungsverband der Arbeiter)
CF	Civilingenjörsförbundet (Ingenieursverband)
DHR	De handikappades riksförbund (Reichsverband der Behinderten)
ETUC	European Trade Union Confederation (Europäischer Gewerkschaftsbund)
FSR	Frivilliga Skytterörelse (Freiwillige Schützenbewegung)
HSB:s riksförbund	Hyresgästernas sparkasse- och byggnadsföreningarnas riksförbund (Reichsverband der Bausparkassen)
HSO	Handikappförbundens samarbetsorgan (Zusammenarbeitsorgan der Behindertenverbände)
IOGT-NTO	International Order of Good Templars-Nationaltemplarorden (Abstinenzlerverband)
IRF	Immigranternas Riksförbund (Reichsverband der Einwanderer)
KF	Kooperativa förbundet (Kooperativer Verband)
LO	Landsorganisationen i Sverige (Schwedischer Gewerkschaftsbund)
LR	Lärarnas Riksförbund (Zentralverband der Lehrer)
LRF	Lantbrukarnas riksförbund (Zentralverband der Landwirte)
M	Motormännens riksförbund (Reichsverband der Kraftfahrer)
MFH	Motorförarnas helnykterhetsförbund (Abstinenzverband der Kraftfahrer)

NTF	Nationalföreningen för trafiksäkerhetens främjande (Nationalverein für Förderung der Verkehrssicherheit)
OFR	Offentliganställdas förhandlingsråd (Verhandlungsrat der öffentlich Angestellten)
PRO	Pensionärernas Riksorganisation (Reichsorganisation der Rentner)
PTK	Privattjänstemannakartellen (Interessengemeinschaft der Angestelltengewerk-schaften)
RF	Riksidrottsförbundet (Reichssportverband)
RFHL	Riksförbundet för hjälp åt narkotika- och läkemedelsberoende (Reichsverband für Hilfe für Narkotika- und Arzneimittelabhängige)
RSMH	Riksförbundet för social och mental hälsa (Reichsverband für soziale und mentale Gesundheit)
SAC	Sveriges arbetares centralorganisation (Zentralorganisation der [syndikalistischen] schwedischen Arbeiter)
SACO	Sveriges akademikers centralorganisation (Zentralorganisation der schwedischen Akademiker)
SAF	Svenska arbetsgivarföreningen (Schwedischer Arbeitgeberverband)
SEK	schwedische Krone(n) (Währung)
SFS	Svensk författningssamling (Schwedische Gesesetzessammlung) bzw. Sveriges Förenade Studentkårer (Vereinigte Schwedische Studentenschaften)
SFSF	Svenska freds- och skiljedomsförening (Schwedische Friedens- und Schiedsge-richtsvereinigung)
SI	Sveriges Industriförbund (Schwedischer Industrieverband)
SIF	Svenska industritjänstemannaförbundet (Verband der schwedischen Industrieange-stellten)
SK	Svenska kommunförbund (Verband schwedischer Kommunen)
SPF	Sveriges pensionärsförbund (Schwedens Rentnerverband)
SSR	Sámiid Riikkasearvi (Zentralverband der schwedischen Samen)
SWEA	Swedish Women's Educational Organization International (Internationale Bil-dungsorganisation schwedischer Frauen)
TCO	Tjänstemännens centralorganisation (Zentralorganisation der Angestellten und Be-amten)
UNICE	Union of Industrial and Employers´ Confederations of Europe (Union der Indu-strie- und Arbeitgeberverbände in Europa)

Literaturverzeichnis

Ahlsson, Gustav, 1998: Rättslig reglering av lobbying inom EU, in: Gustav Ahlsson/J. Henrik Berg-ström/Annika Sundström/Dennis Pamlin: Lobbning, Statens offentliga utredningar 1998: 146, Stockholm: Fritzes, S. 147-194

Back, Pär-Erik, 1967: Sammanslutningarnas roll i politiken 1870-1910, Lund: Studentlitteratur

Bäck, Mats/Tommy Möller, 1992: Partier och organisationer, Stockholm: Publica

Bergström, J. Henrik, 1998: Från Magna charta till Motionerna – Om lobbning i USA, EU/Europa och Sverige, in: Gustav Ahlsson/J. Henrik Bergström/Annika Sundström/ Dennis Pamlin: Lobbning, Statens offentliga utredningar 1998:146, Stockholm: Fritzes, S. 69-146

Birgersson, Bengt Owe/Jörgen Westerståhl, 1990: Den svenska folkstyrelsen, 4. Aufl., Stockholm: Allmänna

Demokratiutredningen, 2000: En uthållig demokrati! Politik för folkstyrelse på 2000-talet, Statens offentliga utredningar 2000:1, Stockholm: Fritzes (hier verwendet: vorläufiges Manuskript http://justitie.regeringen.se/propositionermm/sou/pdf/sou2000_1.pdf)

Elvander, Nils, 1966: Intresseorganisationerna i dagens Sverige, Lund: Gleerup

Fenner, Christian, 1998: Parteiensystem und Politische Kultur. Schweden in vergleichender Perspekti-ve, Nordeuropäische Studien 12, Berlin: Spitz

Folkrörelseutredningen, 1987: Ju mer vi är tillsammans, Statens offentliga utredningar 1987:33, Stockholm: Allmänna

Folkrörelseutredningen, 1988: Mål och resultat. Nya principer för det statliga stödet till föreningslivet, Statens offentliga utredningar 1988:39, Stockholm: Allmänna

Gebhardt, Jürgen, 1977: Politische Demokratie und soziale Gewaltenteilung in Schweden, in: Civitas, Bd. 15, S. 51-91

Götz, Norbert, 2001: Ungleiche Geschwister. Die Konstruktion von nationalsozialistischer Volksgemeinschaft und schwedischem Volksheim, Baden-Baden: Nomos (i.E.)

Heckscher, Gunnar, 1946: Staten och organisationerna, Stockholm: Kooperativa Förbundet

Henningsen, Bernd, 1990: Die fünfte Staatsmacht in Schweden – Strukturen und Strategien organisierter Interessen, in: Kersten Krüger (Hrsg.): Schweden in Europa, Hamburg: Krämer, S. 97-111

Hermansson, Jörgen/Anna Lund/Torsten Svensson/Per Ola Öberg, 1999: Avkorporativisering och lobbyism – konturerna till en ny politisk modell, Statens offentliga utredningar 1999:121, Stockholm: Fakta info direkt

Hoefer, Richard, 1996: Swedish Corporatism in Social Welfare Policy, 1986-1994. An Empirical Examination, in: Scandinavian Political Studies, Bd. 19, S. 67-80

Idrottsutredningen, 1998: Idrott & Motion för livet. Statens stöd till idrottsrörelsen och friluftslivets organisationer, Statens offentliga utredningar 1998:76, Stockholm: Fritzes

Inglehart, Ronald, 1977: The Silent Revolution. Changing Values and Political Styles among Western publics, Princeton: University Press

Jahn, Detlef, 1999: Das politische System Schwedens, in: Wolfgang Ismayr (Hrsg.): Die politischen Systeme Westeuropas, 2. Aufl., Opladen: Leske + Budrich, S. 91-124

Jann, Werner, 1981: Die Vorbereitung von Gesetzen in Schweden, in: Zeitschrift für Parlamentsfragen, Bd. 12, S. 377-398

Jeppsson Grassman, Eva/Lars Svedberg, 1999: Medborgarskapets gestaltningar. Insatser i och utanför föreningslivet, in: Li Bennich-Björkman et al.: Civilsamhället, del 2, Statens offentliga utredningar 1999:84, Stockholm: Fakta info direkt, S. 121-180

Lewin, Leif, 1977: Hur styrs facket? Om demokratin inom fackföreningsrörelsen, Stockholm: Rabén & Sjögren (Engl. Übs. 1980: Governing trade unions in Sweden, Cambridge: Harvard U.P.)

Lewin, Leif, 1992: Samhället och de organiserade intrssena, Stockholm: Norstedts

Lindgren, Lena, 1999: Det idealiserade föreningslivet, in: Li Bennich-Björkman et al.: Civilsamhället, del 2, Statens offentliga utredningar 1999:84, Stockholm: Fakta info direkt, S. 213-241

Maktutredningen 1990: Demokrati och makt i Sverige. Maktutredningens huvudrapport, Statens offentliga utredningar 1990:44, Stockholm, Allmänna

Nybom, Torsten, 1986: Samhällsformation och samhällsorganisation i Sverige 1890-1975. En principskiss, in: Historisk Tidskrift, Bd. 106, S. 19-53

Rothstein, Bo, 1992: Den korporativa staten. Intresseorganisationer och statsförvaltning i svensk politik, Riksdagen och de organiserade intressena 2, Stockholm: Norstedt

Statsbidragskommittén, 1998: Vad får vi för pengarna? Resultatstyrning av statsbidrag till vissa organisationer inom det sociala området, Statens offentliga utredningar 1998:38, Stockholm: Fritzes

Therborn, Göran, 1988: Hur det hela började. När och varför det moderna Sverige blev vad det blev, in: Ulf Himmelstrand/Göran Svensson (Hg.): Sverige. Vardag och struktur, Stockholm: Norstedt, S. 23-53

Utredningen om statsbidrag till handikapporganisationer, 1999: Statsbidrag till handikapporganisationer, Statens offentliga utredningar 1999:89, Stockholm: Fakta info direkt

Schweiz

Das Zusammenspiel von langer demokratischer Tradition, direkter Demokratie, Föderalismus und Korporatismus*

Klaus Armingeon

1.   Historische Entwicklung und rechtliche Grundlagen

Die Schweiz ist jenes kontinentaleuropäische Land mit der längsten ununterbrochenen demokratischen Tradition – zumindest als Demokratie der Schweizer Männer[1]. Mit der Gründung des modernen Schweizer Staates und der Einführung der Demokratie 1848 war auch die Handels- und Gewerbefreiheit sowie die Koalitionsfreiheit verbunden. Die Koalitionsfreiheit wurde gewährt, bevor die Arbeiterschaft die ersten nationalen, gewerkschaftlichen Organisationsformen entwickelt hatte. Einschränkungen der Streikfreiheit existierten jedoch noch lange im Zivilrecht. Streikführer wurden bis in die 30er Jahre des 20. Jahrhunderts häufig strafrechtlich belangt. Erst anläßlich der Revision von 1999 wurde das Streikrecht explizit in die Verfassung aufgenommen und auch das Koalitionsrecht präziser gefaßt. Es gibt kein Verbandsrecht in der Schweiz. Rechtlich unterstehen Verbände dem Privatrecht.

Zwei historische Wendepunkte der Verbändeentwicklung nach 1848 sind unumstritten; die Dauerhaftigkeit und Bedeutung einer dritten Veränderung wird sich abschließend erst in einigen Jahren beurteilen lassen. Die erste Phase des Wandels war das letzte Viertel des 19. Jahrhunderts. Die damalige Wirtschaftskrise förderte staatliche Eingriffe in Ökonomie und Verwaltung und gab den Wirtschaftsverbänden in der Verhandlung der Schutzmaßnahmen für Gewerbe und Industrie eine offensichtliche Existenzbegründung. Die Spitzenverbände der Unternehmerseite seien fast alle Kinder des Schutzzolles, hat Erich Gruner in seinen nach wie vor grundlegenden Werken über die Geschichte schweizerischer Interessenverbände festgehalten (Gruner 1956, 1959, 1964). Der intervenierende Staat benötigte zunehmend Informationen über wirtschaftliche Prozesse. Die typisch schweizerische Lösung bestand nicht darin, den Staatsapparat auszubauen, sondern die Aufgaben zu delegieren. Eine Delegationsmaßnahme war der Aufbau eines Netzwerkes von Experten, die für die Beratung der staatlichen Politik herangezogen wurden. Eine zweite Maßnahme war die Subventionierung von Spitzenverbänden, damit diese die personellen Ressourcen zur Erhebung von statistischen Informationen erhielten (Gruner 1954: 107-113). Als erstes wurde 1878 das Sekretariat der Industriellen *(Schweizerischer Handels- und Industrie-Verein, SHIV oder „Vor-*

---

*   Dieser Bericht basiert weitgehend auf einem Forschungsprojekt, das dankenswerterweise vom Schweizerischen Nationalfonds zur Förderung der wissenschaftlichen Forschung (Sociopolitical orientations of employees) finanziert wurde. Ich bedanke mich bei M. Meyrat und dem Team von *Année politique* für die Überlassung von Daten zu den Abstimmungsparolen der Verbände.

1   Bis 1971 waren auf Bundesebene die Frauen von der politischen Teilhabe ausgeschlossen. Auch die zahlreichen, langjährig ansässigen Ausländer, deren Anteil etwa ein Fünftel der Wohnbevölkerung ausmacht, haben (mit Ausnahme einiger Kantone oder Orte, wie die Kantone Neuenburg und Jura oder die Gemeinde Wald im Kanton Appenzell–Ausserrhoden) keine politischen Rechte.

ort") staatlich finanziert, später erhielten die Gewerkschaften, Unternehmer- und Bauernverbände ebensolche Unterstützungen. Der kombinierte Effekt von substantiellen wirtschaftspolitischen Mitbestimmungschancen, einer zunehmenden Bedeutung verbandlicher, verbandlich benannter oder verbandlichen Interessen nahestehender Experten (Gruner 1964: 49) und der staatlichen Subvention privater Organisationen hat zur Stärkung und Zentralisierung der Schweizer Verbände wesentlich beigetragen.

Der zweite Wendepunkt der Verbändeentwicklung waren die Jahre zwischen 1937 und 1947. 1937 schloß der *Schweizer Metall- und Uhrenarbeiterverband* das Friedensabkommen mit den Arbeitgebern, in dem die Gewerkschaften auf Streikmaßnahmen verzichteten und dafür von den Arbeitgebern als Verhandlungspartner anerkannt wurden. Mit dieser Selbstorganisation des industriellen Sektors sollte auch eine drohende staatliche Intervention abgewehrt werden. Das Abkommen markierte den Abschied von der marxistischen Klassenkampftheorie der Arbeiterbewegung und den Beginn des Einbaus der Gewerkschaften und der Sozialdemokratie in die Entscheidungszentren der Schweizer Politik. 1947 wurden in einer Volksabstimmung die Wirtschaftsartikel beschlossen. Sie gehen auf wesentlich weitergehende Vorstellungen der Regierung – des Bundesrates – aus den 30er Jahren zurück (Schweizerischer Bundesrat 1937), die sich an korporativistische Modelle der Organisation von Staat und Gesellschaft anlehnten. Diese Verfassungsartikel waren für die Verbände deshalb besonders wichtig, weil sie und der bisherige Staatsinterventionismus über die Einbindung der Verbände anerkannt und gefestigt wurden. Zentral ist der Verfassungsartikel, nach dem die zuständigen Organisationen der Wirtschaft vor Erlaß von Ausführungsgesetzen für wirtschaftspolitische Maßnahmen anzuhören seien und sie bei Vollzug der Ausführungsvorschriften zur Mitwirkung herangezogen werden können (Art 32.3 alte Bundesverfassung, Art. 147 neue Bundesverfassung). Spätestens seit diesen Wirtschaftsartikeln haben die großen Interessenverbände einen institutionalisierten und verfassungsförmig abgesicherten Zugang zum politischen System. Ebenso wurde ihre Instrumentalisierung für öffentliche Aufgaben legitimiert.

Fraglich ist schließlich, ob es eine dritte Wende der Verbändeentwicklung gibt, die im letzten Viertel des 20. Jahrhunderts anzusiedeln wäre. In diesem Zeitraum wird das Repräsentationsmonopol der herkömmlichen Verbände in Frage gestellt. Drei Entwicklungen können in diesem Sinne interpretiert werden. Zum einen bilden sich im Bereich der Landwirtschaft Organisationen, die die Ziele des Bauernverbandes und die Legitimität dieser Ziele nachdrücklich bestreiten. Es handelt sich dabei um Verbände wie die *Producteurs suisses* oder die *Schweizerische Vereinigung zum Schutz der kleineren und mittleren Bauern*. Zum zweiten werden gesellschaftliche Interessen neben den Verbänden zunehmend auch im Rahmen der so genannten neuen sozialen Bewegungen vertreten (Kriesi 1995: 276-307). Zum dritten schreiben Bürgerinnen und Bürger den Verbänden nur eine geringe Wichtigkeit zu. Aufgrund fehlender Vergleichsdaten für frühere Zeiträume kann nicht angegeben werden, ob früher die Bürger Verbände wichtiger fanden. Die Zahlen in Tabelle 1 stützen auf jeden Fall nicht die Vermutung, die traditionellen Verbände hätten einen großen Stellenwert im Leben der Schweizerinnen und Schweizer. Dies trifft auch zu, wenn man nur – soweit dies möglich ist – die Klientel der jeweiligen Gruppen (Spalte 3) betrachtet. Lediglich der Bauernverband wird von der Gruppe der Landwirte als sehr wichtig betrachtet. Hingegen sind nur für 13 Prozent der Arbeitnehmer die Gewerkschaften die für sie wichtigste Organisation. Und selbst unter den Gewerkschaftsmitgliedern finden sich nur 20 Prozent, die den Arbeitnehmerverbänden eine erstrangige Bedeutung zuschreiben. Von jenen Befragten, die eine für sie wichtigste Gruppe benennen, sind nur 21 Prozent dort auch Mitglied.

Tabelle 1: Wichtigste Gruppe oder Institution (in Prozent)

	alle Befragte	Klientel
Keine	26	–
Sozialdemokratische Partei	12	–
Umweltschutzgruppen	12	–
Gewerkschaften/Angestelltenverbände	11	13
Freisinnig-demokratische Partei	6	–
Schweizerische Volkspartei	5	–
Christlich-demokratische Volkspartei	4	–
Frauengruppen	4	7
Grüne Partei	3	–
Partei der Arbeit	3	–
Arbeitgeberorganisationen	3	11
Katholische Kirche	3	5
Liberale Partei	2	–
Schweizerischer Bauernverband	2	29
Seniorengruppen	2	4
Reformierte Kirche	2	4
Verein zum Schutz der kleinen und mittleren Bauern	1	2

(Welche der genannten Gruppen und Institutionen ist für Sie persönlich am wichtigsten?)
Klientel: Gewerkschaften/Angestelltenverbände: Arbeitnehmer; Frauengruppen: Frauen; Arbeitgeber-organisationen: Selbständige, Freiberufliche; Katholische Kirche: Katholiken; Bauernverband, Verein zum Schutz der kleinen und mittleren Bauern: selbständige Bauern/Pächter, mithelfende Familienangehörige; Reformierte Kirche: Reformierte (Protestanten).
Quelle: Andreas Diekmann/Klaus Armingeon: Schweizer Arbeitsmarktsurvey 1998.

In der Schweiz stehen die Verbände der Bauern, Arbeitnehmer und Arbeitgeber im Mittelpunkt des politischen und wissenschaftlichen Interesses. Vereinigungen außerhalb dieser funktionalen Interessengruppen sind kaum erforscht (Mach 1999). In der folgenden Darstellung wird zwar versucht, die unterschiedlichen Verbände zu erfassen; aufgrund der Literaturlage wird jedoch eine Schwerpunktsetzung bei den Verbänden von Landwirtschaft, Kapital und Arbeit nicht zu vermeiden sein. Sie ist darüber hinaus sachlich aufgrund der Wichtigkeit dieser Verbände im wirtschaftlichen und politischen Leben gerechtfertigt.

2. Struktur des Verbändesystems

Vier Eigentümlichkeiten des politischen Systems der Schweiz prägen die Struktur des Verbändesystems: eine lange Phase demokratischer Herrschaft und der Assoziationsfreiheit, die direkte Demokratie, die kulturelle Heterogenität des Landes sowie der stark ausgebaute Föderalismus beziehungsweise der schwache Zentralstaat. Die lang existierende Demokratie und Assoziationsfreiheit schufen günstige Voraussetzungen für die Entstehung und Stabilität von Verbänden. Die direkte Demokratie gab den Interessenorganisationen eine zusätzliche, institutionell garantierte Einflußchance und politisch nutzbare Obstruktionsmacht. Die kulturelle Heterogenität des Landes führte zu fragmentierten Verbandsstrukturen sowohl auf der Ebene der Verbändesysteme als auch in innerorganisatorischer Hinsicht. Der starke Föderalismus bewirkte eine regionale Organisationsstruktur, und der schwache Zentralstaat hatte die häufige Indienstnahme der Verbände für öffentliche Aufgaben zur Folge.

2.1. Die Folgen einer langen Phase von Demokratie und Assoziationsfreiheit

Folgt man der These von Mancur Olson, so nimmt die Zahl der Interessenorganisationen mit der Dauer des demokratischen Regimes zu. Dies kann aus politökonomischer Sicht zu verkrusteten Entscheidungsstrukturen führen, weil sich eine Vielzahl von Verbänden gegenseitig lahmlegt. Eine Gemeinwohlorientierung des Verbandshandels könne nicht zustande kommen, weil nur die Interessen der eigenen Klientel verteidigt werden (Olson 1982). Ferner wird aus organisationssoziologischer Perspektive zu erwarten sein, daß die Strukturen des Verbändesystems hochgradig stabil sind, weil neue Verbände kaum soziale oder ökonomische Nischen finden können, die nicht schon von einer Organisation besetzt sind, und weil solche neuen Organisationen die *liability of newness* haben, also erheblich sensibler als herkömmliche Verbände auf krisenhafte Entwicklungen ihrer Umwelten und auf interne Funktionsdefizite reagieren (Hannan/Freeman 1984). Für diese These spricht die lange Geschichte der meisten großen Interessen- und Sportverbände (Tabelle 2). Sie sind meist am Ende des 19. Jahrhunderts gegründet worden. Seit den 1960er Jahren sind vor allem noch Verbände des Umweltschutzes, der Konsumenten, der Entwicklungshilfe und der Senioren zum Verbändesystem hinzugekommen. Aber keiner der besonders großen Verbände der Schweiz ist eine Neugründung nach dem Zweiten Weltkrieg.

Für die These von Olson spricht zudem die große Zahl der Interessengruppen. 1979 wurde letztmals vom Wirtschaftsministerium ein Register der wirtschaftlichen und berufspolitischen Interessenverbände veröffentlicht. Es nannte 1.116 Organisationen (Mach 1999: 301). Eine Forschergruppe[2] erhob in der fünftgrößten Stadt, Lausanne (120.000 Einwohner), die Zahl der am Ort vorhandenen und aktiven Verbände und kam auf die Zahl von über 700 (Baglioni/Kriesi 2000). In der zehntgrößten Stadt, Thun (40.000 Einwohner), listet die Stadtverwaltung etwa 320 Vereine und Verbände auf. Im etwas kleineren waadtländischen Yverdon-les-Bains (24.000 Einwohner) finden sich 129 Organisationen. Und selbst kleine Dörfer weisen eine Vielzahl von Verbänden und Vereinen auf. Im bernischen Dorf Blumenstein (1.200 Einwohner) wurden 19 und im waadtländischen Pendant Champagne (660 Einwohner) 13 Organisationen gezählt. Zur Behauptung, eine lange Phase der Demokratie gehe mit einer zunehmenden verbandlichen Durchdringung der Gesellschaft einher, paßt auch der hohe Organisationsgrad der Schweizer Bevölkerung. Nur knapp 30 Prozent sind in keinem Verein oder Verband; fast die Hälfte ist in zwei oder mehreren Verbandstypen (Tabelle 3)[3].

---

2 Ich bin Simone Baglioni und Hanspeter Kriesi für die Daten über die waadtländischen Gemeinden dankbar, die sie in einem laufenden Forschungsprojekt sammeln.

3 Ich bedanke mich bei Pascal Sciarini für die Überlassung der Daten aus dem Schweizer Teil des World Value Surveys.

Tabelle 2: Größe und Gründungsdatum wichtiger Schweizer Verbände

	Gründung	Mitglieder (in 1.000) (Mitte/Ende der 1990er Jahre)
Schweizerischer Schützenverband	1824	240
Schweizer Tierschutz	1861	120
Schweizer Alpen-Club	1863	90
Schweizerischer Handels- und Industrieverein (*Vorort*)	1870	(**)
Schweizerischer Turnverband	1872	480
Schweizerischer Gewerbeverband	1879	(**)
Schweizerischer Gewerkschaftsbund	1880	395
Schweizerischer Fußballverein	1895	208
Touring Club Schweiz (TCS)	1896	1.300
Schweizerischer Bauernverband	1897	(*)75
Automobil Club der Schweiz (ACS)	1898	110
Bund schweizerischer Frauenorganisationen	1899	400
Aero-Club der Schweiz	1901	21
Schweizerischer Arbeitgeberverband	1908	(**)
Christlichnationaler Gewerkschaftsbund	1907	93
Pro Natura – Schweizerischer Bund für Naturschutz	1909	100
Schweizerischer Verband für Frauenrechte	1909	4
Schweizerischer Olympischer Verband	1912/1922	3.200
Schweizerischer Hauseigentümerverband	1914	195
Vereinigung schweizerischer Angestelltenverbände	1918	120
Schweiz. Arbeitsgemeinschaft der Jugendverbände	1931	300
Schweizerische Flüchtlingshilfe	1936	(**)
Schweizerische Mietervereinigung	1942	170
Schweizerischer Straßenverkehrsverband	1944	(**)
Vereinigung zur Verteidigung der Rentner/Innen	1949	65
World Wide Fund for Nature	1961	180
Konsumentinnenforum der Schweiz	1961	(**)
amnesty international	1961	20
Schweizerischer Konsumentenbund	1964	(**)
Erklärung von Bern (Entwicklungspolitik)	1968	18
Greenpeace	1971	130
Arbeitsgemeinschaft Swissaid/Brot für alle/Fastenopfer/Helvetas/Caritas	1971	(**)
Verkehrs-Club der Schweiz (VCS)	1979	130
Schweizer Senioren- und Rentnerverband	1985	57
Aktion für eine unabhängige und neutrale Schweiz	1986	30
Fédération suisse des retraités, préretraités et rentiers	(**)	70

(*) Es kann davon ausgegangen werden, daß fast alle der 77.000 landwirtschaftlichen Betriebe im Bauernverband organisiert sind.

(**) Nicht angebbar oder Angabe wegen zahlreicher Doppelmitgliedschaften nicht sinnvoll.

Tabelle 3: Mitgliedschaft in Verbänden (1996)

Zahl	in % der erwachsenen Bevölkerung
Keinem	27
1 Verband	28
2 Verbänden	22
3 Verbänden	11
4 und mehr Verbänden	13

Erhoben wurde, ob der/die Befragte in einem der folgenden sieben Verbandstypen eine Mitgliedschaft erworben hat: Sport-/Freizeitverband; Kultur-, Musik-, Bildungsverein; Gewerkschaften; Umweltschutzverband; Berufsvereinigung; karitative Vereinigung; anderer Verband. Es wird bei dieser Standardfrage also die Anzahl der Mitgliedschaft in Verbandstypen und nicht in einzelnen Vereinen und Verbänden gemessen.

Quelle: World Value Survey 1996.

Freilich ist dieser Organisationsgrad im internationalen Vergleich auch nicht außerordentlich hoch. In Skandinavien überschreiten die Organisationsgrade die Marke von 90 Prozent. Dies geht zu einem beträchtlichen Teil auf die höhere gewerkschaftliche Organisationsdichte in den nordischen Ländern zurück (Goul Anderson 1996). Die Niederlande haben eine vergleichbare Zahl von organisatorisch eingebundenen Bürgerinnen und Bürgern, während in den großen Staaten (Deutschland, Großbritannien, Frankreich, Italien) und in Griechenland, Irland und Belgien der Anteil organisatorisch Nicht-Involvierter höher ist (Aarts 1995: 232).

Mit diesen Befunden ist die Behauptung schlecht vereinbar, in der Schweiz wie in einigen anderen westlichen Gesellschaften sei die Einbindung der Bürger in Vereine und Verbände rückläufig und mithin nehme das „soziale Kapital" dieser Gesellschaften ab (vgl. Putnam 1995). Zwar verzeichnen einige Verbände – wie beispielsweise die herkömmlichen Arbeitergewerkschaften – einen Mitgliederrückgang, andere jedoch weisen hohe Wachstumsraten auf. Dies sind keineswegs nur jene Organisationen, bei denen sich, wie Putnam argumentierte, die Beteiligung auf die Bezahlung der Mitgliedsbeiträge und der Lektüre des Verbandsblattes erschöpfen. So hatten beispielsweise der Fußballverband, der Golf-Verband oder der Gleitschirm- und Delta-Piloten-Verband steil nach oben weisende Mitgliederkurven. Von 1966 bis 2000 wuchs die Mitgliederzahl im Fußballverband um 250 Prozent. Die Golfer verzeichneten 2000 fünfmal mehr Mitglieder (34.000) als 1975. Der Hängegleiterverband wurde 1974 gegründet und besaß 25 Jahre später fast 20.000 Mitglieder. Dies hängt sicher zum Teil mit der steigenden Beliebtheit (Golf) oder der Neuheit einer Sportart (Gleitschirmfliegen) zusammen. Insgesamt findet man in einem Vergleich zweier Umfragen von 1975/76 und 1996 keinen empirischen Hinweis darauf, daß weniger Bürgerinnen und Bürger Verbänden und Vereinen angehören. Mitte der 70er Jahre waren 41 Prozent der Bevölkerung in keinem der untersuchten Verbände, 20 Jahre später war dieser Anteil auf 20 Prozent gesunken. Es spricht mithin – im Gegensatz zu vielen öffentlichen Spekulationen und häufigen Klagen von Verbandsfunktionären – mehr für die These einer wachsenden Organisationsbereitschaft der Bürger.[4]

---

4 Diese Zahlen stammen aus einem Vergleich der Political Action Studie 1975/76 und der World
    Value Study von 1996. Die Fragen, die sich auf die Organisationsmitgliedschaft bezogen, sind
    nicht unmittelbar vergleichbar. Aber selbst wenn man mögliche Verzerrungen in Betracht zieht,
    ist es äußerst unwahrscheinlich, daß zum früheren Zeitpunkt mehr Befragte verbandlich organi-

Die organisationssoziologische These der hohen Strukturstabilität des Verbändesystems wird schließlich durch die Reformresistenzen der alten Verbände bestätigt. Der Übergang zum Prinzip der Industriegewerkschaft findet in den 1980er Jahren statt; Gewerkschaftsfusionen und große Organisationsreformen wurden in den 1990er Jahren unternommen (Degen 2000). Der Versuch einer stärkeren Integration der drei Verbände auf Unternehmerseite (*Vorort* als politischer Repräsentant, „Arbeitgeberverband" als Verhandlungspartner der Gewerkschaften, „Wirtschaftsförderung" als Kommunikationsorgan) ist noch nicht weit gekommen und stößt auf starken Widerstand (Lippuner 1999). Auch andere Eigentümlichkeiten der Verbandsstrukturen werden in der Entwicklung kaum abgeschliffen: Die Lehrerverbände sind keiner anderen Gewerkschaft angeschlossen. Die Bankiervereinigung bleibt unabhängig und schließt sich nicht dem *Vorort* und dem Arbeitgeberverband an.

2.2. Die Auswirkungen der direkten Demokratie

Verbände in der schweizerischen Demokratie haben im Vergleich mit Interessenorganisationen in anderen westeuropäischen Ländern eine große zusätzliche Machtressource: Sie können in einer nationalen Volksabstimmung – auch gegen Parlament und Regierung – neue Artikel in die Verfassung einführen und sie können parlamentarisch beschlossene Gesetze und Verfassungsreformen in einer Abstimmung endgültig scheitern lassen. Beschließt das Parlament eine Verfassungsreform, so ist über diese obligatorisch eine Volksabstimmung durchzuführen (obligatorisches Verfassungsreferendum). 100.000 Bürger (dies entspricht etwa 2 Prozent der Stimmberechtigten) können eine Abstimmung über einen von ihnen vorgelegten Verfassungsartikel erzwingen (Verfassungsinitiative), und 50.000 Bürger, also ca. ein Prozent der Stimmberechtigten, vermögen eine Abstimmung über ein parlamentarisch beschlossenes Gesetz (fakultatives Referendum) herbeizuführen[5]. Auch auf der Ebene der Gliedstaaten (Kantone) und der Gemeinden gibt es umfangreiche Möglichkeiten der direktdemokratischen Entscheidung. Freilich wurde in der Zeit zwischen 1947 und 1995 gegen 94 Prozent der verabschiedeten Bundesgesetze kein Referendum erfolgreich ergriffen. Direktdemokratisch werden also nur etwa sechs Prozent aller Gesetze beschlossen (Sciarini/Trechsel 1996: 213). Dennoch haben die Verbände aufgrund der direktdemokratischen Rechte einen beträchtlichen Einfluß auch auf die Gestaltung solcher Gesetze, die nicht – wie der schweizerische Begriff lautet – „vors Volk kommen". Die politischen Eliten sind sich bewußt, daß ein großer Verband mit wenig Aufwand die notwendigen Stimmen für ein Referendum zusammenbringt, wenn ein Gesetz die Interessen dieser Organisation stark verletzt. Es ist deshalb naheliegend, bei wichtigen Gesetzen die Zustimmung dieser Verbände zu suchen, um das Risiko einer Volksabstimmung zu vermeiden. Auch aus

---

siert waren als 1996. Der Vergleich beruht auf der Mitgliedschaft in folgenden Organisationen: 1975/76: Freimaurer, Arbeitgeberverband, Berufsverband, Bauernverband, Kirche oder religiöse Gruppe, lokale Gruppen wie Schützen- oder Musikvereine, Freizeitvereinigungen wie Bridgeclubs, Sportvereine, Genossenschaften, politische Parteien, andere Organisationen oder Clubs. 1996: Kirche oder religiöse Gruppen, Sport- und Freizeitvereine, Kultur-, Musik- und Bildungsvereine, politische Parteien, Umweltschutzgruppen, Berufsverband, karitative Organisation, andere Verbände.

5   Eine ausführliche Darstellung des Systems der direkten Demokratie der Schweiz findet sich bei Linder 1999: 235–293.

diesem Grunde sind Verbandsvertreter in vielen außerparlamentarischen Expertenkommissionen vertreten. Sie werden darüber hinaus in einem „Vernehmlassungsverfahren" angehört, wenn Gesetze ausgearbeitet werden, die für sie von Belang sind. Ferner werden in wichtigen Fragen die Verbände informell konsultiert. So lud beispielsweise die Regierung die Verbandsvertreter zu Gesprächen ein, bevor die bilateralen Verträge mit der Europäischen Union in die entscheidende Verhandlungsphase kamen. Die direktdemokratischen Institutionen geben auf diese Weise den Verbänden eine institutionell garantierte Zugangschance zum politischen System und eine zusätzliche Machtressource. Sie strukturieren darüber hinaus in vielfältiger Weise deren Politik und Organisation, die sich auf den Gesetzgebungsprozeß im Schatten der Referendumsdrohung ausrichtet. Im Zuge der Organisationsreform der drei Unternehmerverbände (*Vorort*, Arbeitgeberverband, Wirtschaftsförderung) ist beispielsweise das Argument gefallen, ein Zusammenschluß der drei Verbände sei nicht sinnvoll, weil bislang die Unternehmer im Vernehmlassungsverfahren sich dreifach hätten äußern können. Ein weiteres Beispiel ist die Konzentration von Organisationsressourcen auf das Vernehmlassungsverfahren. Um sich entsprechend zur Geltung zu bringen, müssen die Interessengruppen Arbeitszeit und Personal für das Vernehmlassungsverfahren bereitstellen.

2.3. Kulturelle Heterogenität

Die Schweiz ist im westeuropäischen Vergleich eine kulturell stark fragmentierte Gesellschaft. Der Gegensatz zwischen kirchlich gebundenen Katholiken und säkularisierten oder protestantischen Bürgern führte bei den Gewerkschaften zur Bildung eines christlich-katholischen Arbeitnehmerverbandes (Christlichsozialer Gewerkschaftsbund 1907, heute *Christlichnationaler Gewerkschaftsbund der Schweiz, CNG*) neben der sozialdemokratisch orientierten Organisation *(Schweizerischer Gewerkschaftsbund, SGB,* 1880). Hinzu kamen eine säkular-liberal ausgerichtete Organisation *(Landesverband Freier Schweizer Arbeiter, LFSA,* 1919) und ein *Verband der evangelischen Arbeitnehmer (SVEA,* 1920). Der liberale und der evangelische Verband waren von der Mitgliederstärke immer dem CNG nachgeordnet, dem sie 1982 (SVEA) und 1998 (LFSA) beitraten. Damit verblieben im Jahr 2000 noch vier große Gewerkschaftsgruppierungen: Der offiziell parteipolitisch neutrale, aber der Sozialdemokratie nahestehende SGB, der offiziell überkonfessionelle, aber historisch katholisch geprägt CNG, die parteipolitisch neutralen und locker zusammengeschlossenen Angestelltenverbände *(Vereinigung schweizerischer Angestelltenverbände, VSA)* sowie die unabhängigen gewerkschaftlichen Berufsverbände. 1986 war etwa die Hälfte aller Gewerkschaftsmitglieder in den Verbänden des SGB, 11 Prozent waren in CNG-Organisationen, 16 Prozent im VSA und 22 Prozent befanden sich außerhalb dieser drei großen Gewerkschaften (Fluder et al. 1991: 49).

Die religiösen Konflikte haben nach wie vor – insbesondere bei den Gewerkschaften – nachweisbare Konsequenzen für das Organisationsverhalten. Für Politik und Praxis der Interessenverbände sind jedoch die linguistischen Spaltungen von weit größerer Bedeutung. 73 Prozent der Schweizer sind deutschsprachig, 21 Prozent sprechen Französisch und 4 Prozent Italienisch[6]. Ein Drittel der Deutschschweizer behauptet,

---

6 Die vierte Landessprache, das Rätoromanische, wird nur von einem weiteren Prozent der Bevölkerung gesprochen und hat verbandspolitisch keine Konsequenzen.

fließend Französisch zu sprechen, während ein Fünftel der Romands angibt, Deutsch fließend zu beherrschen (Kriesi et al. 1996: 15). Aus diesen Gründen steht die Organisation nationaler Verbände in der Schweiz vor einer Reihe von sprachlichen Schwierigkeiten. Eine Lösung dieses Problems besteht in der Parallelexistenz von sprachlich und regional beschränkten Partnerorganisationen, die in einem Dachverband zusammengeschlossen sind. Dies ist beispielsweise der Aufbau des Hauseigentümer- oder des Mieterverbandes. Eine zweite Lösung besteht in einem nationalen Verband ohne drei oder zwei sprachlich homogene Unterorganisationen, der jedoch sein Verbandsorgan in einer deutschen und französischen Version publiziert. So verfährt der *Schweizer Alpen-Club*. Kleinere Verbände wie der *Schweizerische Hängegleiterverband* sind ebenfalls national organisiert, ohne Unterorganisationen. Die Mitgliederzeitschrift ist zweisprachig, d.h. eine Spalte oder Seite auf Französisch, die andere auf Deutsch.

2.4. Schwacher Zentralstaat und starker Föderalismus

Geht man von der Zentralisierung der Staatseinnahmen und der Kompetenzen regionaler staatlicher Körperschaften aus, so ist die Schweiz ein schwacher Zentralstaat mit einem ausgeprägten Föderalismus (Linder 1999; Kriesi 1995; Armingeon 2000).

Die für viele Verbände wichtigen Entscheidungskompetenzen liegen auf der Ebene der 26 Kantone (d.h. der Gliedstaaten) und der knapp 3.000 Gemeinden. Deshalb haben schweizerische Verbände eine stark regionalisierte Struktur und – häufig – eine schwach ausgeprägte Zentrale. Dies gilt weniger für die Interessenverbände von Landwirtschaft, Kapital und Arbeit, bei denen die innerorganisatorische Entscheidungsmacht stärker zentralisiert ist. Ein Grund für diese Besonderheit könnte der frühe Gründungszeitpunkt und die Entscheidung des Zentralstaats am Ende des 19. Jahrhunderts gewesen sein, diese Verbände zu subventionieren, indem die Personalkosten der Stelle eines Zentralsekretärs von der Bundeskasse übernommen wurden. Diese Regel ist zwar in den 1960er Jahren wieder aufgehoben worden (Fluder et al. 1991: 150); sie prägte jedoch die Struktur dieser Organisationen, die sowohl auf der nationalen Ebene koordinationsfähig und auf der gliedstaatlichen Ebene autonom handlungsfähig sind (Kriesi 1995: 228-229).

Ein zweiter Aspekt der Schwäche des Zentralstaates ist dessen Bereitschaft, Verbände für staatliche Aufgabenerfüllung in Dienst zu nehmen[7]. Dies führte – zusammen mit den Beteiligungschancen der direkten Demokratie – zu einem starken Einfluß der Interessenorganisationen auf die staatliche Politik. Dabei gelang es den Verbänden der Unternehmerseite besonders gut, eine einflußreiche Position zu erringen (Kriesi 1980). In Fallstudien wurde zwischen drei Formen der Kooperation von Verbänden und Staat unterschieden (Farago/Kriesi 1986): *Mitsprache, Kooperation und Delegation*. Bei der *Mitsprache* handelt es sich insbesondere um die Meinungsäußerung im Vernehmlassungsverfahren. Im Vergleich zu vielen anderen westlichen Demokratien hat die verbandliche Meinungsäußerung in der Schweiz ein besonders großes Gewicht, weil das verfassungsmäßig geforderte Vernehmlassungsverfahren die Regierung zwingt, die Verbände anzuhören und sich mit deren Argumenten auseinanderzusetzen. Zudem ist

---

7   Diese Einbindung der Verbände wurde umfangreich in verschiedenen Forschungsprojekten untersucht: Kriesi 1980; Farago 1986; Farago/Kriesi 1986; Halbherr/Müdesacher 1985; Hotz 1979; Steinmann 1988; Linder 1988 und die dort zusammengefaßten Projekte sowie die von Ulrich Klöti in Zürich geleiteten Projekte von Erwin Rüegg und Kurt Nüssli Ende der 1980er Jahre.

bei großen und mobilisierungsfähigen Verbänden die Meinungsäußerung eine wichtige Information für die staatlichen Stellen, weil sie Hinweise auf ein vom Verband organisiertes Referendum geben kann. Mit dem Begriff der *Kooperation* wird bei Farago und Kriesi (1986) vor allem die Zusammenarbeit von Staat und Verbänden in Form von Kommissionen bezeichnet. Diese „Milizverwaltung des Bundes" ist umfangreich. 1977 wurden auf der Bundesebene 373 Expertenkommissionen mit insgesamt 5.306 Kommissionssitzen gezählt, die sich auf 3.866 Experten verteilten. Davon kamen etwa 1.500 Sachverständige aus dem Kreis der Interessenverbände (Germann 1984, 1981; Papadopoulos 1997: 69-78). *Delegation* bezeichnet die Auslagerung staatlicher Aufgaben auf die Verbände. Sie ist in der Schweiz aufgrund der ressourcenmäßigen Schwäche der staatlichen Verwaltung besonders ausgeprägt. Dazu gehören die Regelung oder Durchführung der Berufsausbildung durch die Verbände, die Implementierung der Landwirtschaftspolitik oder die Setzung faktisch rechtlich verbindlicher Normen, beispielsweise in der Maschinenindustrie (Farago 1986; Linder 1988; Farago/Ruf 1992).

Ein eindrückliches Beispiel für die Symbiose von schwachem Staat und starken Verbänden sind die Schützenvereine und die Armee. Die Schweiz hat ihr Verteidigungssystem milizförmig aufgebaut. Es gibt nur sehr wenige Berufssoldaten; Mannschaften und Offiziere rekrutieren sich aus der wehrpflichtigen, männlichen Bevölkerung, die regelmäßig, aber nur für kurze Zeiträume zur militärischen Aus- und Weiterbildung aufgeboten wird. Im Rahmen dieses Milizsystems ist jeder wehrpflichtige Schweizer verpflichtet, in festgelegten zeitlichen Abständen Schießübungen in geeigneten Anlagen durchzuführen. Diese Anlagen werden von den Schützenvereinen unterhalten. Ihre Benutzung – die für Wehrpflichtige nahezu unvermeidbar ist – setzte bis vor einigen Jahren die Mitgliedschaft in einem Schützenverein voraus. Diese Regelung ist inzwischen durch eine andere Form der staatlichen Stützung dieser Verbände ersetzt worden: Die Schützenvereine erhalten vom Staat eine Ausgleichszahlung für diejenigen Benutzer der Schießstände, die dort ihr obligatorisches Training absolviert haben.

Während korporatistische Strukturen und Verfahren auf der sektoralen Ebene sehr stark ausgeprägt und politisch-institutionell vielfach abgesichert sind (Armingeon 1997a), fehlt das prominenteste historische Beispiel für den europäischen Korporatismus, nämlich die freiwillige Einkommenspolitik im Rahmen einer keynesianisch informierten makroökonomischen Steuerung. Solche Steuerungsversuche wurden in der Schweiz nicht langfristig und umfassend unternommen, weil hierzu der Zentralstaat lange Zeit nicht die verfassungsmäßige Kompetenz hatte und es ihm zudem an einem Budget und an Implementationsstrukturen mangelte, die hierfür eine Voraussetzung sind (Armingeon 1999).

3.   Verbandstypen

Wie verteilt sich die hohe Zahl der Verbände und Vereine über die verschiedenen Organisationstypen? Die Studie von Baglioni und Kriesi (vgl. Fußnote 2) gibt darauf für vier Gemeinden im Kanton Waadt (Lausanne, Yverdon-les-Bains, Crissier, Champagne) Auskunft (Tabelle 4).

Tabelle 4: Verteilung von Verbänden über Organisationstypen in vier Gemeinden des Kantons Waadt*

Typ	Anteil (in %) an allen Verbänden
Sportvereine	43
Ausländervereine	18
Hilfs-/Wohltätige Vereine	7
Chöre/Musikvereine	6
Berufsverbände/Gewerkschaften	6
Kulturelle Vereine	5
Politische Gruppen (einschl. politischer Parteien)	3
Kirchliche/religiöse Gruppen	2
Sonstige (Frauen-, Jugend-, andere Verbände)	10

*) 887 Vereine/Verbände in den Gemeinden Lausanne, Yverdon-les-Bains, Crissier, Champagne.

Quelle: Unveröffentlichte Studie von Simone Baglioni und Hanspeter Kriesi, Genf 2000.

45 Prozent der knapp 3.000 Gemeinden der Schweiz zählen weniger als 500 Einwohner. Für die Verbandstypen solcher kleinen Gemeinden dürfte das Beispiel der bernischen Gemeinde Blumenstein (1.200 Einwohner) typisch sein:

- *Sportvereine:* BMX-Club, Feldschützen, Kegelklub, Kleinkaliberschützen, Platzger-Club[8], Ski-Club, Turnverein, Unihockey-Club;
- *Musik- und Brauchtumsvereine:* Frauenchor, Jodlerklub, Musikgesellschaft, Tambourenverein, Trachtengruppe, Treichler-Club;[9]
- *Wohltätige Vereinigungen:* Frauenverein, Samariterverein;
- *Verbände des Erwerbslebens:* Gewerbeverein, Obstbauverein, Verkehrsverein.

Auf gesamtschweizerischer Ebene können folgende Verbandstypen unterschieden werden (vgl. Hirter 1998, an den sich die folgende Darstellung sehr eng anlehnt):

Der *Schweizerische Bauernverband* faßt 25 kantonale Bauernverbände, 36 Verbände der Produktionszweige, neun regionale Verbände, Genossenschaften und 17 weitere Organisationen zusammen. Innerverbandliche Opposition wird durch die Mitgliedervereinigung „zum Schutz der kleinen und mittleren Bauern" artikuliert. Sie vertritt besonders die Interessen der ökologisch orientierten Landwirte. Die *Union Producteurs Suisse* ist ein sehr kleiner, aktionistischer Alternativverband zum Bauernverband.

Der *Schweizerische Gewerbeverband* vereinigt 25 kantonale Gewerbeverbände mit rund 120.000 Mitgliedern sowie 205 nationale Berufsverbände und 46 Selbsthilfeorganisationen des Gewerbes. Der Verband vertritt die Interessen des selbständigen Mittelstandes und betrachtet wirtschaftspolitische Öffnungen – wie beispielsweise den Beitritt der Schweiz zum Europäischen Wirtschaftsraum oder der Europäischen Union – mit beträchtlicher Skepsis.

Die Industrieunternehmen sind in drei Verbänden – *Vorort*, Arbeitgeber, Wirtschaftsförderung – zusammengefaßt. Der *Vorort* (eigentlich: *Schweizerischer Handels- und Industrie-Verein, SHIV*) ist der älteste Verband von 19 kantonalen bzw. regionalen Han-

---

8   „Platzgern" ist eine bernische Sportart, die am ehesten als Hufeisenwerfen beschrieben werden kann.
9   Beim „Treicheln" werden von den „Spielern" Kuhglocken geschwungen.

delskammern, die auf freiwilliger Mitgliedschaft basieren. Hinzu kommen mehr als 80 Fachverbände, die in der Regel Branchenorganisationen sind. Der *Vorort* erhielt seinen Namen, weil ursprünglich die Geschäftsleitung im Turnus von einer regionalen Handelskammer (dem *Vorort*) übernommen wurde. Auch nachdem 1883 ein System des festen Vorstandes eingerichtet wurde, behielt man den Begriff für den Vorstand und später für den gesamten Verband bei. Der *Vorort* ist der Vertreter der wirtschaftspolitischen Interessen der Industrie und insbesondere der Exportindustrie gegenüber der Politik. Der Arbeitgeberverband, in dem rund 1.000 Firmen mit über 1 Million Beschäftigten zusammengeschlossen sind, ist hingegen der Interessenvertreter gegenüber den Gewerkschaften. In der Regel gehören Industrieunternehmen sowohl dem *Vorort* wie dem Arbeitgeberverband an. Die *Gesellschaft zur Förderung der Schweizerischen Wirtschaft* wurde in den 1930er Jahren als public relations-Abteilung des Arbeitgeberverbands gegründet (Wehrli 1970: 100-101). Sie hat ein symbiotisches Verhältnis mit dem SHIV.

Gewerkschaften: Es gibt vier Gruppen von Arbeitnehmerorganisationen in der Schweiz: Die Verbände des sozialdemokratisch orientierten Schweizerischen Gewerkschaftsbundes, die der christlichen Soziallehre verpflichteten Verbände des Christlichnationalen Gewerkschaftsbundes, die Mitgliedsverbände der Vereinigung Schweizerischer Angestelltenverbände (die sich nicht Gewerkschaften nennen) sowie unabhängige Arbeitnehmergruppen. Im Vergleich zu Deutschland fällt die schwächere Position des sozialdemokratischen Gewerkschaftsbundes und der geringe gewerkschaftliche Organisationsgrad auf. Er beträgt Ende der 1990er Jahre 25 Prozent der abhängigen Erwerbstätigen. In der Auseinandersetzung mit den Arbeitgebern sind schweizerische Gewerkschaften schwächer als ihre deutschen Pendants: Der Organisationsgrad ist niedriger, Tarifverträge decken nur einen kleinen Teil der erwerbstätigen Bevölkerung ab, die betriebliche Präsenz der Gewerkschaften ist aufgrund eines fehlenden Betriebsratssystems und der fehlenden gesetzlich garantierten Mitbestimmung in Aktiengesellschaften schwächer, und das System der kollektiven Lohnfindung variiert von Branche zu Branche deutlich. In bezug auf die politische Vertretung sind die schweizerischen Arbeitnehmerverbände jedoch stärker: Sie haben mit der Referendumsdrohung eine wichtige Machtressource; sie sind in zahlreichen Expertenkommissionen vertreten; sie werden in sämtlichen Gesetzgebungsverfahren, die Arbeitnehmer betreffen könnten, vorgängig angehört. Zudem profitieren sie von der Einrichtung der Solidaritätsbeiträge in einigen Branchen. Dies sind tarifvertraglich vereinbarte Beiträge, die nicht organisierte Arbeitnehmer für die von Gewerkschaften produzierten kollektiven Güter zu entrichten haben (Fluder et al. 1991: 246).

Verkehrsverbände: Wie in Deutschland ist der größte Verkehrsverband der *Touring Club Schweiz (TCS)* mit 1,3 Mio. Mitgliedern eine Organisation, der vor allem aufgrund der Dienstleistungen (Verkehrsschutzbriefe etc.) beigetreten wird. Der kleinere *Automobil Club der Schweiz (ACS)* vertritt viel deutlicher die Interessen jener Autofahrer, die den Individualverkehr und den Motorsport stärker gefördert sehen möchten. Im Gegensatz hierzu ist der *Verkehrs-Club* der Schweiz ökologisch orientiert. Er bietet zwar vergleichbare Dienstleistungen wie der TCS, ist jedoch dem Individualverkehr gegenüber erheblich kritischer eingestellt als der TCS oder gar der ACS. ACS und TCS bilden mit den Verbänden des Straßentransport- und Garagengewerbes den *Schweizerischen Straßenverkehrsverband.*

Umweltverbände: Neben dem umweltschutzpolitisch engagierten Verkehrs-Club der Schweiz gibt es zwei Verbände mit lange zurückliegendem Gründungsdatum (*Schweizer Tierschutz*, 1861; *Pro Natura – Schweizerischer Bund für Naturschutz*, 1909) und zwei

Sektionen internationaler Verbände (*World Wildlife Fund*, 1961; *Greenpeace*, 1971). Neben der in anderen Ländern üblichen Öffentlichkeitsarbeit und Mitgliedermobilisierung nutzen diese Verbände insbesondere die Chancen der direkten Demokratie.

Mieter- und Hauseigentümer: Der Mieter- und der Hauseigentümerverband vertreten die Interessen ihrer Mitglieder in Politik und Gesellschaft. Sie bieten Beratungen in Fragen, die sich auf das Wohnen beziehen. Diese Dienstleistungen werden stark nachgefragt. Zwar gibt es in der Schweiz einen im Vergleich zu Deutschland schwächer ausgeprägten Mieterschutz, dafür unterliegt die Entwicklung der Mieten einem komplizierten System, das sich an der Entwicklung der Zinsen für Hypotheken orientiert. Mieter- und Hauseigentümerverband stellen auch gleichgewichtig die Beisitzer der von einem unabhängigen Richter präsidierten Mietämter der Gemeinde. Es handelt sich hier um vorgerichtliche Instanzen. Sie können von Mietern oder Hauseigentümern angerufen werden, und es wird sodann versucht, eine gütliche Einigung herbeizuführen. Neben diesen Verbänden existieren häufig in den größeren Gemeinden noch Interessenvereinigungen der einzelnen Wohnquartiere (im bernischen: Leist-Vereine).

Konsumentenvereine: Es konkurrieren drei Verbände: (a) Der *Schweizerische Konsumentenbund* (gegründet 1964), dem die Konsumentinnenverbände der französischen Schweiz und des Tessins sowie des *Christlichnationalen Gewerkschaftsbunds* angehören. (b) Die *Stiftung für den Konsumentenschutz* steht dem Schweizerischen Gewerkschaftsbund nahe. (c) Das *Konsumentinnenforum* der Schweiz ist eine Abspaltung des *Schweizerischen Konsumentenbundes* und geht auf eine Initiative aus der Frauenbewegung zurück.

Frauenorganisationen: Der 1899 gegründete *Bund schweizerischer Frauenorganisationen* vereinigt 48 nationale, 21 kantonale und mehr als 100 regionale Vereine (politische, berufliche, karitative usw.) mit insgesamt rund 400.000 Mitgliedern. Der *Schweizerische Verband für Frauenrechte* ist aus dem 1909 gegründeten Verein für Frauenstimmrecht hervorgegangen. Er setzt sich als Dachverband von rund 20 Vereinen mit 4.000 Mitgliedern für die politische und gesellschaftliche Gleichberechtigung der Frau ein.

Jungendorganisationen: 100 verschiedene Jugendorganisationen sind in der 1931 gegründeten *Schweizerischen Arbeitsgemeinschaft der Jugendverbände* vereint. Zu den Mitgliedsverbänden gehören beispielsweise die Pfadfinder oder die Jugendorganisationen der politischen Parteien.

Rentnerverbände: Es gibt drei Rentnerorganisationen. Die größte ist die *Fédération suisse des retraités, pré-retraités et rentiers*. Sie organisiert fast nur in der französischsprachigen Schweiz, steht kirchlichen Kreisen nahe und zählt 70.000 Mitglieder. Die *Association de Défense et de Détente de tous les Retraités (Vereinigung zur Verteidigung der Rentner/Innen, AVIVO)* ist die älteste Seniorenorganisation, die ebenfalls ihren Mitgliederschwerpunkt in der französischsprachigen Schweiz hat und den linken Parteien nahesteht. Sie hat rund 65.000 Mitglieder. Der *Schweizerische Senioren- und Rentnerverband* ist v.a. in der deutschsprachigen Schweiz vertreten und organisiert 57.000 Personen.

Außen- und Entwicklungspolitik: Es gibt zahlreiche Organisationen (z.B. amnesty international, Erklärung von Bern, Schweizerische Flüchtlingshilfe, Aktion für eine unabhängige und neutrale Schweiz), die außen- und entwicklungspolitische Ziele verfolgen.

Sportverbände: Der *Schweizerische Olympische Verband (SOV)* ist die Dachorganisation der Schweizer Sportverbände, die olympische und nichtolympische Sportarten vertreten. Er entstand 1997 als Zusammenschluß des Schweizerischen Landesverbands für Sport (gegründet 1922) und des Schweizerischen Olympischen Comités (gegründet 1912). Er zählt 80 Mitgliedsverbände mit über 27.000 Vereinen und 3,2 Mio. individuellen Mitgliedern (wobei jedoch zahlreiche Doppelmitgliedschaften in mehreren Sportvereinen vorliegen dürften).

4.   Beziehungen zum politischen System

Im Abschnitt 2 wurden bereits wichtige Merkmale der Verknüpfung von Verbänden und Politik dargestellt. Deshalb möchte ich mich im folgenden auf zwei Fragen konzentrieren: In welchem Ausmaß können Verbände ihre Mitglieder für politische Ziele mobilisieren und wieweit entsprechen die Programmatiken der Verbände den Ansichten der Mitglieder? Bei der Beantwortung dieser Frage konzentriere ich mich auf die Gewerkschaften, weil die Verfolgung politischer Ziele zu den Hauptaufgaben dieser Verbände zählt, weil Arbeitnehmerverbände zu den bestuntersuchten schweizerischen Interessenorganisationen gehören[10] und weil Befragungsdaten zu politischen Einstellungen von Gewerkschaftsmitgliedern vorliegen. Die zweite Frage betrifft die Verbindungen der Verbände zu den politischen Parteien. Im Zentrum der Analyse stehen aus schon genannten Gründen die Gewerkschaften. Soweit Daten zu anderen Organisationen vorhanden sind, werden diese auch ausgewertet.

Ausgeschlossen bleiben Fallstudien zum Verbändeeinfluß auf politische Projekte. Dazu gehört beispielsweise die wichtige Analyse von Pascal Sciarini über den Einfluß der Landwirtschaftsverbände auf die Europa-Politik der Schweiz (Sciarini 1994b). Ferner wird hier nicht auf den Einfluß der Verbände auf den Prozeß der Politikentwicklung (Kriesi 1980) oder auf das Resultat von eidgenössischen Abstimmungen eingegangen (Schneider 1985).

4.1. Parteien und Verbände

Die Darstellung des Gewerkschaftssystems hat deutlich gemacht, daß sich die für Westeuropa typischen Spaltungen zwischen sozialistischen und christlich-katholischen Arbeitergewerkschaften sowie politisch ungebundenen Angestelltengewerkschaften (Ebbinghaus 1995) auch und besonders ausgeprägt in der Schweiz finden. Zwar sind die Arbeitnehmerorganisationen offiziell parteipolitisch ungebunden. Dennoch sind auch heute noch die historischen Koalitionen zwischen Parteien und Verbänden gut auszumachen.

Tabelle 5 belegt die Verbindung zwischen der Sozialdemokratie und den SGB-Gewerkschaften. Sie macht aber auch deutlich, daß dieser Zusammenhang locker ist. Immerhin identifiziert sich die Hälfte der SGB-Gewerkschaftsmitglieder nicht mit der sozialdemokratischen Partei, und nur knapp die Hälfte der Mitglieder würde für diese Partei votieren.

---

10 Insbesondere ein Team um Robert Fluder hat eine Reihe wichtiger Arbeiten zu den Schweizer Gewerkschaften vorgelegt (Fluder et al. 1991; Fluder 1996, 1998).

Tabelle 5: Gewerkschaften und politische Parteien (in %)

Gewerkschaften	mit Partei- identifikation	die sich mit dieser Partei identifizieren				die angeben, welche Partei sie wählen würden, wären am nächsten Sonntag Wahlen			
		SP	FDP	CVP	SVP	SP	FDP	CVP	SVP
SGB-Mitglieder (n = 253)	46	50	8	10	9	55	10	15	8
CNG-Mitglieder (n = 36)	22	22	0	22	11				
VSA-Mitglieder (n = 109)	50	30	30	15	6	31	29	4	15
Mitglieder anderer Gewerkschaften (n = 207)	52	38	13	12	11	41	16	12	8
Nichtmitglieder (n = 1606)	37	34	17	13	16	36	19	12	16
Alle Arbeitnehmer (n = 2211)	40	36	16	13	14	39	18	12	14

Aufgrund niedriger Fallzahlen wurden die Prozentsätze zu den Wahlabsichten der CNG-Mitglieder nicht angegeben.

Gewerkschaftsmitglieder: derzeitige und frühere Mitglieder.

Quelle: Andreas Diekmann/Klaus Armingeon: Arbeitsmarktsurvey 1998. Die Angaben beziehen sich nur auf Arbeitnehmer.

Eine differenzierte Studie zu den politischen Bindungen der Gewerkschaftsmitglieder in der Schweiz stützt diesen Befund auch in einer zeitlichen Hinsicht: Die Unterschiede der politischen Einstellungen der SGB-Gewerkschaftsmitglieder zu anderen Arbeitnehmergruppen und der Gesamtbevölkerung sind deutlich, aber nicht dramatisch. In dieser Hinsicht hat sich jedoch in den letzten 25 Jahren wenig geändert. Auch Mitte der 70er Jahre waren Gewerkschaftsmitglieder und Nichtmitglieder kaum stärker parteipolitisch polarisiert (Geissbühler 2000; Armingeon 1997b).

Ein ähnliches Resultat ergab sich in einer Befragung von Parteieliten auf der kantonalen Ebene (vgl. auch Sciarini 1994a)[11]. Tabelle 6 zeigt, in wieviel Prozent aller Kantone die jeweilige Partei eng oder zumindest mäßig mit einem (im Kanton vorhandenen) Verband zusammenarbeitet.

Die Freisinnig-demokratische Partei ist besonders stark mit dem Arbeitgeberverband und den Gewerbeverbänden verknüpft. Die Christlich-demokratische Volkspartei arbeitet mit allen aufgeführten Verbänden zusammen; unter den großen Parteien ist sie diejenige, die die stärksten Kontakte mit den Kirchen hat. Die Schweizerische Volkspartei ging einst aus der Bauern-, Gewerbe- und Bürgerpartei hervor und hat nach wie vor starke Verbindungen mit den Interessenorganisationen der Bauern und des Gewerbes. Die Sozialdemokratie und die Gewerkschaften bilden eine Koalition, die sich auch in lokalen und regionalen Wahlbündnissen niederschlägt. Insgesamt haben Verbände der Arbeitgeber, des Gewerbes und der Bauern eine vorteilhafte Position. Sie arbeiten mit allen drei bürgerlichen Parteien zusammen. Die Gewerkschaften hingegen können

---

11 Ich bedanke mich bei Andreas Ladner für die Überlassung der Daten aus einem laufenden Forschungsprojekt.

nur mit der Sozialdemokratie und mit Einschränkungen mit der Christlich-demokratischen Volkspartei kooperieren. Diese Asymmetrie der Kontakte zwischen Interessenorganisationen und Parteien ist auch ein Grund für die große politische Durchsetzungsfähigkeit der Arbeitgeber im politischen System der Schweiz (Kriesi 1980).

Tabelle 6: Zusammenarbeit zwischen kantonalen Parteien und Verbänden

Verband/Partei	FDP	CVP	SVP	SP
Gewerkschaften	8	52	0	100
Arbeitgeberverband	100	68	79	9
Gewerbeverbände	96	71	90	13
Landwirtschaftl. Vereinigungen	54	68	90	27
Bürgerinitiativen	28	16	31	43
Vereine	36	42	47	65
Kirchen	9	44	21	32

(In Prozent der kantonalen Parteien, die eng oder mäßig mit dem jeweiligen Verband zusammenarbeiten.)
Quelle: Andreas Ladner: Befragung „Die Schweizer Kantonalparteien im Wandel" 1999.

4.2. Gewerkschaften und Mitglieder: Repräsentativität und Mobilisierung

Sind die Gewerkschaften in ihren Forderungen repräsentativ für die Mitglieder? Können die Mitglieder für Ziele der gewerkschaftlichen Elite mobilisiert werden? Diese zwei Fragen möchte ich im folgenden beantworten.

1998 wurde in der Schweiz eine international angelegte Befragung über die Rolle des Staates durchgeführt[12]. In bezug auf Fragen zur Wirtschafts- und Sozialpolitik unterschieden sich die Gewerkschaftsmitglieder nur wenig von ihren unorganisierten Kolleginnen und Kollegen (Tabelle 7).

Es sind zwar bei den meisten Fragen die erwarteten Einstellungsunterschiede zwischen Gewerkschaftsmitgliedern und Nichtmitgliedern vorhanden. Freilich sind diese Differenzen gering. Nur bei den Fragen nach den Steuern für Hochverdiener, der Arbeitszeitverkürzung zugunsten der Arbeitsplatzbeschaffung[13] und der Kürzung der Staatsausgaben sind die Kontraste stärker. Aber selbst dann noch bleibt festzuhalten, daß drei Viertel der Gewerkschaftsmitglieder generell eine Reduktion der Staatsausgaben wünschen. Die Befragungsergebnisse stützen nicht die Vermutung, die Schweizer Gewerkschaftsmitglieder würden sich – ebenso wie der dominierende Gewerkschaftsbund SGB – einem Abbau der Staatsintervention entschieden widersetzen und für eine Ausweitung des Sozialstaates und des wirtschaftspolitischen Interventionismus eintreten. Dies sollte jedoch nicht als Unterstützung für einen Abbau des Wohlfahrtsstaates interpretiert werden. Etwa vier Fünftel der Schweizer unterstützen den bestehenden Wohlfahrtsstaat in bezug auf die vier Kernsicherungsprogramme für Alter, Krankheit, Arbeitslosigkeit und Unfall.

---

12   ISSP Role of Government; Replikation im Rahmen des Schweizer Arbeitsmarktsurveys.
13   Freilich befürworten nur 26 Prozent der Gewerkschaftsmitglieder und 19 Prozent der Nichtmitglieder diese zentrale Forderung der sozialdemokratischen Gewerkschaften stark.

Tabelle 7: Politische Einstellungen von Gewerkschaftsmitgliedern und Nichtmitgliedern

	organisierte Arbeitnehmer (in %)	nichtorganisierte Arbeitnehmer (in %)
Für staatliche Verringerung der Einkommensunterschiede	54	50
Generell für Kürzung der Staatsausgaben	73	80
Für staatliche Finanzierung von Beschäftigungsprogrammen	79	79
Für weniger gesetzliche Vorschriften für die Wirtschaft	45	54
Für neue Arbeitsplätze durch kürzere Wochenarbeitszeit	63	55
Für mehr Staatsausgaben für Umweltschutz	37	36
Für mehr Staatsausgaben für Gesundheitswesen	33	36
Für mehr Staatsausgaben für Bildungswesen	52	51
Für mehr Staatsausgaben für Militär	3	3
Für mehr Staatsausgaben für Renten und Pensionen	38	38
Für mehr Staatsausgaben für Arbeitslosenunterstützung	25	24
Für mehr Staatsausgaben für Kultur und Kunst	19	17
Die Steuern für Leute mit hohem Einkommen sind zu niedrig	74	63

Gewerkschaftsmitglieder: derzeitige und frühere Mitglieder.
Quelle: Andreas Diekmann/Klaus Armingeon, Der Schweizer Arbeitsmarktsurvey 1998.

Ein weiterer Hinweis auf die schwache programmatische Repräsentativität der Gewerkschaften bildet das Abstimmungsverhalten der Mitglieder. Im Vorfeld von Volksabstimmungen in der Schweiz äußern sich Verbände und Parteien zu den Abstimmungsthemen und geben Abstimmungsempfehlungen, die sich besonders an ihre Mitglieder und Anhänger richten. Aufgrund der Nachbefragungen der Bürgerinnen und Bürger nach Abstimmungen läßt sich für den Zeitraum seit 1990 berechnen, ob die Gewerkschaftsmitglieder den Abstimmungsempfehlungen („Parolen") der Gewerkschaftsführung gefolgt sind. Ich habe hierzu nur jene Abstimmungen ausgewählt, bei denen zumindest der SGB eine konträre Empfehlung zu einer der beiden Unternehmerorganisationen gemacht hat. In Tabelle 8 finden sich Informationen zum Abstimmungsverhalten der Gewerkschaftsmitglieder (ohne Mitglieder der Angestelltenverbände) im Vergleich mit den Nichtmitgliedern. Ferner findet sich in der letzten Spalte das Verhältnis zwischen der Abstimmungsbeteiligung der Gewerkschaftsmitglieder (in Prozent) und dem nichtgewerkschaftlich organisierten Teil der Stimmberechtigten (in Prozent). Eine durchschnittliche Abstimmungsbeteiligung im letzten Viertel des 20. Jahrhunderts liegt bei etwa 40 Prozent. Mithin beruht der Verbandseinfluß darauf, - erstens - die eigenen Mitglieder zur Teilnahme zu mobilisieren und sie - zweitens - dazu zu bringen, den Abstimmungsparolen zu folgen. Die letzte Spalte kann folgendermaßen gelesen werden: Unterscheiden sich Gewerkschaftsmitglieder in bezug auf die Abstimmungspartizipation nicht vom Rest der Bevölkerung, beträgt der Koeffizient 1,00. Ist der Prozentsatz der teilnehmenden Gewerkschaftsmitglieder doppelt so hoch wie jener der anderen Bürger, nimmt die Kennzahl den Wert 2,00 an.

Tabelle 8: Abstimmungsverhalten von Gewerkschaftsmitgliedern und Nichtmitgliedern

Abstimmung	Empfehlung				Anteil der Abstimmenden, die der (SGB)-Gewerkschaftsparole folgten		
	SGB	CNG	ZSAO	SHIV	Gewerkschafts-mitglieder	Nichtmit-glieder	Partizipa-tionsko-effizient
1993							
40 Waffenplätze sind genug	ja	ja	nein	nein	45	45	1,18
Gegen neue Kampfflugzeuge	ja	keine	nein	nein	51	45	1,18
Für arbeitsfreien Bundesfeiertag	ja	ja	nein	keine	83	83	1,28
1994							
Alpeninitiative	ja	nein	nein	nein	77	52	1,14
Für eine gesunde Kranken-versicherung	ja	nein	nein	nein	23	18	1,03
Zwangsmaßnahmen im Auslän-derrecht	nein	nein	ja	ja	21	27	1,03
1995							
Bundesbeschluß Landwirtschaft	nein	nein	ja	ja	71	50	1,22
Milchwirtschaftsbeschluß	nein	nein	ja	ja	77	61	1,22
Landwirtschaftsgesetz	nein	nein	ja	ja	79	63	1,22
AHV-Revision	nein	nein	ja	ja	56	34	1,08
AHV-Initiative	ja	ja	nein	nein	40	20	1,08
1996							
Landwirtschaftsartikel	ja	keine	keine	nein	62	69	1,09
Regierungsreform	ja	ja	keine	nein	38	32	1,09
Arbeitsgesetz	nein	nein	ja	ja	69	60	1,31
Finanzierung Arbeitslosen-versicherung	nein	nein	ja	ja	59	45	1,10
1998							
Haushaltsausgleich	nein	nein	ja	ja	31	19	1,21
Initiative „Schweiz ohne Schnüffelpolizei"	ja	nein	nein	nein	29	21	1,21
Initiative 10. AHV-Revision	ja	ja	nein	nein	45	35	1,26
1999							
Raumplanung	nein	keine	keine	ja	43	30	1,12

Quelle: Vox-Analysen.

Die Daten dieser Tabelle stützen die Vermutung, daß die Parolen der Gewerkschafts-führung für das Verhalten der Mitglieder einen Unterschied machen. In 15 von den untersuchten 19 Abstimmungen haben die Gewerkschaftsmitglieder die Position der Führung stärker unterstützt als der Rest der Bevölkerung. Allerdings ist dieser Unter-schied gering. Interpretiert man nur jene Fälle, bei denen diese Differenzen mehr als 10 Prozentpunkte betrugen, so waren dies nur neun von 19 Abstimmungen. Dies wiegt um so schwerer, als die Gewerkschaftsführungen eine klar gegensätzliche Position zu jener der Arbeitgeber eingenommen haben. Auch die Größe des Anteils der Gewerkschaftsmitglieder, die der Empfehlung ihres Verbandes gefolgt sind, ist bescheiden. Alleine in neun von 19 Abstimmungen hatten die Verbandseliten keine Mehrheit unter den abstimmenden Mitgliedern! Ein ähnlicher Befund ergibt sich bei der Analyse des Partizipationskoeffizienten, der darüber informiert, wie gut es den Gewerkschaften gelungen ist, ihre Mitglieder für die Teilnahme an einer Abstimmung zu motivieren, bei der es um ein Thema ging, das zwischen Kapital und Arbeit auf der Elitenebene polarisiert. Insgesamt zeigt sich, daß Gewerkschafter häufiger zu solchen Abstimmungen gehen als der Rest der Bevölkerung. Dies ist nur teilweise ein Resultat des Konfliktes zwischen den Verbandsführungen. Mitglieder der Arbeitnehmerverbände sind generell politisch etwas aktiver. So lag beispielsweise bei der Abstimmung über die – zwischen den Arbeitsmarktparteien nicht konfliktuelle – neue Bundesverfassung von 1999 der Partizipationskoeffizient bei 1,05. Zieht man diese generell stärkere Partizipation in Betracht, erweist sich die Mobilisierungsfähigkeit der Gewerkschaften bei umstrittenen Vorlagen als höchst bescheiden.

Diese Resultate weisen nicht auf einen fundamentalen Konflikt zwischen Gewerkschaftsbasis und Gewerkschaftsführungen hin. Eher könnte man vermuten, die politischen Positionen der Verbände seien für die Mitglieder interessant und prinzipiell akzeptabel, aber nicht sonderlich wichtig. Dies deckt sich auch mit den oben zitierten Ergebnissen, wonach nur ein Fünftel der Gewerkschaftsmitglieder diese Organisationen als die für sie wichtigsten betrachten.

5. Gemeinsamkeiten und Unterschiede im internationalen Vergleich

Die Schweizer Verbände artikulieren die Interessen ihrer Mitglieder. Sie haben einen großen Einfluß in Politik und Gesellschaft. Dennoch wäre es übertrieben, wollte man die Schweiz als Verbändestaat charakterisieren, in dem demokratische Kontrolle ausgeschaltet wäre. Alleine schon die Beteiligung und Entscheidungen bei Volksabstimmungen sprechen gegen eine solche Vermutung, wie sie noch vor wenigen Jahren in Deutschland ebenso wie in der Schweiz (Tschäni 1983) geäußert wurde. Auf den ersten Blick unterscheidet sich das schweizerische Verbändesystem nicht von jenem in anderen Ländern. Viele staatliche Aufgaben werden nicht nur in der Eidgenossenschaft auf Verbände ausgelagert. So ist beispielsweise nicht nur der schweizerische Hängegleiterverband, sondern auch sein deutsches Pendant mit der Abnahme der Pilotenprüfungen betraut. Und nicht nur der *Schweizerische Bauernverband*, sondern auch der *Deutsche Bauernverband* implementieren agrarpolitische Entscheidungen.

Unterschiede finden sich dennoch. Der erste besteht in der langen Geschichte vieler wichtiger Verbände. Die Unterbrechungen von Traditionslinien, die Kriege und Systemumwälzungen in anderen Ländern hervorgebracht haben, fehlen in der Schweiz. Damit fehlten auch Möglichkeiten eines historisch wenig belasteten Neubeginns, wie dies beispielsweise in West-Deutschland nach 1945 der Fall gewesen ist. Dieser Mangel an günstigen Gelegenheiten für tiefgehende Reformen mag eine Erklärung sein, weshalb es den deutschen Gewerkschaften wesentlich früher als den schweizerischen Arbeitnehmerverbänden gelungen ist, das Berufsverbands- durch das Industriegewerkschaftsprinzip zu ersetzen. Ein zweiter Unterschied ist die starke Fragmentierung des Landes in regionaler und sprachlicher Hinsicht. Dies hat zwar nicht zu vollständig dezentralisierten Verbänden geführt, da der Staat durch seine Politik Anreize zur Zentralisierung zumindest der großen Verbände von Arbeit, Kapital und Landwirtschaft gesetzt hat. Aber dennoch weisen alle Verbände eine starke regionale und sprachkulturelle Untergliederung auf. Der dritte zentrale Unterschied liegt in den Opportunitätsstrukturen, die die direkte Demokratie schafft. Sobald Verbände die Möglichkeit haben, ein Referendum herbeizuführen, haben sie eine hohe Interessenberücksichtigungschance im politischen System. Damit sind institutionell garantierte Zugangswege zu den politischen Entscheidungszentren auf nationaler Ebene verbunden. Dieser Einbau der Interessenverbände in den Staat wird noch durch die ausgeprägte Neigung staatlicher Stellen verstärkt, Staatsaufgaben auf die Verbände auszulagern. Diese Betrauung der Interessenorganisationen mit staatlichen Aufgaben wird notwendig, weil der Zentralstaat im internationalen Vergleich über wenig eigene Ressourcen verfügt und durch die Voten des Volkes in der direkten Demokratie und die Interessenvertreter regionaler Regierungen und Parlamente daran gehindert wird, diese Schwäche zu vermindern. Die Folge dieser Besonderheiten ist eine stark korporatistische Form der Verknüpfung von Staat und Verbänden ohne Zentralisierung.

Abkürzungsverzeichnis

ACS	Automobil Club Schweiz
AHV	Alters- und Hinterbliebenenversicherung
AVIVO	Association de Défense et de Détente de tous les Retraités/Vereinigung zur Verteidigung der Rentner/Innen
CNG	Christlichnationaler Gewerkschaftsbund der Schweiz
CVP	Christlichdemokratische Volkspartei
FDP	Freisinnig-demokratische Partei
LFSA	Landesverband Freier Schweizer Arbeiter
SGB	Schweizerischer Gewerkschaftsbund
SHIV/"Vorort"	Schweizerischer Handels- und Industrie-Verein
SOV	Schweizerischer Olympischer Verband
SP	Sozialdemokratische Partei
SVEA	Schweizerischer Verband der evangelischen Arbeitnehmer
SVP	Schweizerische Volkspartei
TCS	Touring Club Schweiz
„Vorort"/SHIV	Schweizerischer Handels- und Industrie-Verein
VSA	Vereinigung schweizerischer Angestelltenverbände
ZSAO	Zentralverband Schweizerischer Arbeitgeber-Organisationen (seit 1999: Schweizerischer Arbeitgeberverband)

Literaturverzeichnis

Aarts, Kees, 1995: Intermediate Organizations and Interest Representation, in: Hans-Dieter Klingemann/Dieter Fuchs (Hrsg.): Citizens and the State. Beliefs in Government, Vol. 1, Oxford: Oxford University Press, S. 227-257
Armingeon, Klaus, 1997a: Swiss Corporatism in Comparative Perspective, in: West European Politics, Vol. 10, No. 4, S. 164-179
Armingeon, Klaus, 1997b: Trade Unionists and Politics, in: Transfer (Quarterly of the European Trade Union Institute), Vol. 3, No.3, S. 578-597

Armingeon, Klaus, 1999: Wirtschafts- und Finanzpolitik, in: Ulrich Klöti/Peter Knoepfel/ Hanspeter Kriesi/Wolf Linder/Yannis Papadopoulos (Hrsg.): Handbuch der Schweizer Politik, Zürich: NZZ-Verlag, S. 725-766

Armingeon, Klaus, 2000: Swiss Federalism in Comparative Perspective, in: Ute Wachendorfer-Schmidt (Hrsg.): Federalism and Political Performance, London: Routledge and Kegan Paul

Degen, Bernard, 2000: Starre Strukturen im wirtschaftlichen und sozialen Wandel, in: Klaus Armingeon/Simon Geissbühler (Hrsg.): Gewerkschaften in der Schweiz, Zürich: Seismo (i.E.)

Ebbinghaus, Bernhard, 1995: The Siamese Twins: Citizenship Rights, Cleavage Formation, and Party-Union Relations in Western Europe, in: International Review of Social History, Supplement 3, Vol. 40, S. 51-89

Farago, Peter (Hrsg.), 1986: Verbände als Träger öffentlicher Politik. Aufbau und Bedeutung privater Regierungen in der Schweiz, Grüsch: Rüegger

Farago, Peter/Hanspeter Kriesi (Hrsg.), 1986: Wirtschaftsverbände in der Schweiz. Organisation und Aktivitäten von Wirtschaftsverbänden in vier Sektoren der Industrie, Grüsch: Rüegger

Farago, Peter/Heinz Ruf, 1992: Verbände und öffentliche Politik – Staatstätigkeit außerhalb des Staates?, in: Heidrun Abromeit/Werner W. Pommerehne (Hrsg.): Staatstätigkeit in der Schweiz, Bern/Stuttgart/Wien: Haupt, S. 71-96

Fluder, Robert, 1996: Interessenorganisationen und kollektive Arbeitsbeziehungen im öffentlichen Dienst der Schweiz. Entstehung, Mitgliedschaft, Organisation und Politik seit 1940, Zürich: Seismo

Fluder, Robert, 1998: Politik und Strategien der schweizerischen Arbeitnehmerorganisationen. Orientierung, Konfliktverhalten und politische Einbindung, Chur/Zürich: Rüegger

Fluder, Robert/Heinz Ruf/Walter Schön/Martin Wicki, 1991: Gewerkschaften und Angestelltenverbände in der schweizerischen Privatwirtschaft. Entstehung, Organisation, Mitgliedschaft und Politik seit 1940, Zürich: Seismo

Geissbühler, Simon, 2000: Soziopolitische Einstellungen von Arbeitnehmern in der Schweiz im internationalen Vergleich (1971-1998): Einheit oder Vielfalt, Wandel oder Stabilität, „Normalfall" oder „Sonderfall"?, Diss., Bern: Universität Bern

Germann, Raimund E., 1981: Außerparlamentarische Kommissionen: Die Milizverwaltung des Bundes, Bern/Stuttgart: Haupt

Germann, Raimund E., 1984: Regierung und Verwaltung, in: Ulrich Klöti (Hrsg.): Handbuch Politisches System der Schweiz, Band 2, Strukturen und Prozesse, Bern/Stuttgart: Haupt, S. 45-76

Goul Anderson, Jorgen, 1996: Membership and Participation in Voluntary Associations in Scandinavia, in a Comparative Perspective, Aalborg: Aalborg University

Gruner, Erich, 1954: Wirtschaftsverbände und Staat. Das Problem der wirtschaftlichen Interessenvertretung in historischer Sicht, in: Schweizerische Zeitschrift für Volkswirtschaft und Statistik, Vol. 90, S. 1-27

Gruner, Erich, 1956: Die Wirtschaftsverbände in der Demokratie. Vom Wachstum der Wirtschaftsorganisationen im schweizerischen Staat, Erlenbach: Eugen Rentsch

Gruner, Erich, 1959: Der Einbau der organisierten Interessen in den Staat, in: Schweizerische Zeitschrift für Volkswirtschaft und Statistik, Vol. 95, S. 59-79

Gruner, Erich, 1964: 100 Jahre Wirtschaftspolitik. Etappen des Interventionismus in der Schweiz, in: Schweizerische Zeitschrift für Volkswirtschaft und Statistik, Vol. 100, S. 35-70

Halbherr, Philipp/Alfred Müdesacher, 1985: Agrarpolitik – Interessenpolitik? Eine Untersuchung der Zusammenhänge zwischen Politik und wirtschaftlichen Interessen in der schweizerischen Agrarpolitik, Bern/Stuttgart: Haupt

Hannan, Michael T./John Freeman, 1984: Structural Inertia and Organizational Change, in: American Sociological Review, Vol. 49, S. 149-164

Hirter, Hans, 1998: Verbände, in: Christian Sonderegger/Marc Stämpfli/Jürg Segesser (Hrsg.): Lexikon für Politik, Recht, Wirtschaft, Gesellschaft, Aarau/Zürich 1998: Sauerländer, S. 353-359

Hotz, Beat, 1979: Politik zwischen Staat und Wirtschaft. Verbandsmäßige Bearbeitung wirtschaftspolitischer Problem und die daraus resultierenden Konsequenzen für die Aktivitäten des Staates im Falle der Schweiz, Diessenhofen: Rüegger

Kriesi, Hanspeter, 1980: Entscheidungsstrukturen und Entscheidungsprozesse in der Schweizer Politik, Frankfurt a.M./New York: Campus

Kriesi, Hanspeter, 1995: Le Système Politique Suisse, Paris: Economica

Kriesi, Hanspeter/Boris Wernli/Pascal Sciarini/Matteo Gianni, 1996: Le clivage linguistique. Problèmes de compréhension entre les communautés linguistiques en Suisse (Statistique de la Suisse. 16. Culture, conditions de vie et sport), Bern: Bundesamt für Statistik

Linder, Wolf, 1988: Politische Entscheidung und Gesetzesvollzug in der Schweiz. Entscheidungsprozesse in der schweizerischen Demokratie, Bern/Stuttgart: Haupt

Linder, Wolf, 1999: Schweizerische Demokratie – Institutionen, Prozesse, Perspektiven, Bern: Haupt

Lippuner, Heini, 1999: Mit dem Status quo in die Zukunft? Wirtschafts-Spitzenverbände an einer Wegscheide, in: Neue Zürcher Zeitung, 19. Oktober 1999, S. 21

Mach, André, 1999: Associations d'intérêts, in: Ulrich Klöti/Peter Knoepfel/Hanspeter Kriesi/Wolf Linder/Yannis Papadopoulos (Hrsg.): Handbuch der Schweizer Politik, Zürich: Verlag Neue Zürcher Zeitung, S. 299-335

Olson, Mancur, 1982: The Rise and Decline of Nations. Economic Growth, Stagflation and Social Rigidities, New Haven/London: Yale University Press

Papadopoulos, Yannis, 1997: Les processus de décision fédéraux en Suisse, Paris/Montréal: L'Harmattan.

Putnam, Robert D., 1995: Bowling Alone: America's Declining Social Capital, in: Journal of Democracy, Vol. 6, Nr. 1, S. 65-78

Schneider, Friedrich, 1985: Der Einfluß von Interessengruppen auf die Wirtschaftspolitik, Bern/Stuttgart: Haupt

Schweizerischer Bundesrat, 1937: Botschaft des Bundesrates an die Bundesversammlung über eine Partialrevision der Wirtschaftsartikel der Bundesverfassung (3616), in: Bundesblatt, 10. Sept. 1937, Vol. 89, S. 833-900

Sciarini, Pascal, 1994a: Die Parteielite und die Verbände, in: Pascal Sciarini/Matthias Finger/Ural Ayberk/Carlos Garcia (Hrsg.): Die Kader der Schweizer Parteien, Zürich: Seismo, S. 83-98

Sciarini, Pascal, 1994b: La Suisse face à la Communauté Européenne et au GATT: Le cas test de la politique agricole, Genève: Éditions George

Sciarini, Pascal/Alexandre H. Trechsel, 1996: Démocratie directe en Suisse: l'élite politique victime des droits populaires?, in: Simon Hug/Pascal Sciarini (Hrsg.): Staatsreform, Sonderheft der Revue suisse de science politique, Vol. 2, Heft 2, Zürich: Seismo, S. 201-232

Steinmann, Walter, 1988: Zwischen Markt und Staat. Verflechtungsformen von Staat und Wirtschaft in der Schweiz, Konstanz: Wisslit

Tschäni, Hans, 1983: Wer regiert die Schweiz? Der Einfluß von Lobby und Verbänden, Zürich: Orell Füssli

Wehrli, Bernhard, 1970: Aus der Geschichte des schweizerischen Handels- und Industrie-Vereins 1870-1970. Zum hundertjährigen Bestehen des Vororts, Erlenbach-Zürich/Stuttgart: Eugen Rentsch Verlag

Spanien

Der lange Weg in die Zivilgesellschaft

Sören Brinkmann

1. Einleitung

Schon die Schwierigkeit, präzise spanische Äquivalente für die Schlüsselbegriffe dieses Bandes zu finden, verweist unwillkürlich auf die relativ geringe Bedeutung des Verbändewesens in der politischen Kultur Spaniens.[1] Zwar hat die Zahl registrierter Interessengruppen in den letzten Jahren deutlich zugenommen, doch nach Schätzungen war Mitte der 90er Jahre lediglich ein Drittel der Erwachsenen in derartigen Gruppierungen organisiert. Damit liegt die Organisationsdichte in Spanien weit hinter jener in den meisten mittel- und nordeuropäischen Ländern zurück (Alberich Nistral 1994: 73). Noch weitaus deutlicher rücken die nationalen Differenzen allerdings in einer historischen Perspektive in den Blick, und dies in zweierlei Hinsicht: Insofern nämlich einerseits die Herausbildung zivilgesellschaftlicher Organisationen integraler Bestandteil der allgemeinen Modernisierung ist, war deren Entstehung in Spanien durch den verspäteten Anschluß des Landes an die moderne Gesellschaftsentwicklung im 19. Jahrhundert behindert. Andererseits wurde die spanische Geschichte des 20. Jahrhunderts entscheidend geprägt von der fast vierzig Jahre währenden Diktatur General Francisco Francos (1892-1975), unter dessen Herrschaft jede Art von unabhängiger gesellschaftspolitischer Organisation massiver staatlicher Verfolgung ausgesetzt war. Erst der Tod des Diktators im November 1975 gab den Weg frei für die Selbstorganisation der Zivilgesellschaft, die zugleich als ein wichtiger Faktor beim friedlichen Übergang zur Demokratie *(transición)* an Bedeutung gewann. Dabei bietet die Verschränkung von politischer Demokratisierung und zivilgesellschaftlicher Neuordnung im postfranquistischen Spanien für den vorliegenden Beitrag zugleich einen geeigneten Analysehorizont. Seiner überragenden Bedeutung entsprechend wird hierbei allerdings der Bereich der Arbeitsbeziehungen gegenüber allen übrigen Sektoren verbandlicher Aktivität besondere Aufmerksamkeit erhalten.

2. Historische Entwicklung

Auch in einem historischen Rückblick auf das spanische Verbändesystem gebührt der vorderste Platz den Arbeiterorganisationen, wenngleich diese im Einklang mit dem relativ langsameren Industrialisierungsprozeß erst seit der Wende zum 20. Jahrhundert zu einem bedeutenden politischen Faktor avancierten. Die anfängliche Schwäche der

---

1 In zweisprachigen Wörterbüchern finden sich Begriffe wie *federación*, *unión* und *asociación*, die jedoch die zahlreichen Konnotationen des deutschen Terminus „Verein" verfehlen.

organisierten Arbeiterbewegung ist – von staatlicher Repression und mangelnden Ressourcen abgesehen – vor allem auf eine tiefgreifende ideologische Spaltung zurückzuführen, die zugleich in geographischer Hinsicht relevant wurde. Die 1888 gegründete sozialistische *Unión General de Trabajadores (Allgemeiner Arbeiterbund, UGT)* etwa fand ihre Massenanhängerschaft vor allem unter den baskischen und asturischen Industriearbeitern sowie den Arbeitern der Hauptstadt Madrid. In der katalanischen Textilindustrie sowie den agrarisch strukturierten Latifundienregionen Andalusiens dominierte dagegen die 1910 gegründete anarchosyndikalistische *Confederación Nacional del Trabajo (Nationale Vereinigung der Arbeit, CNT)*. Eine unverhohlene Feindschaft zwischen diesen beiden Organisationen verhinderte letztlich ein wirksames Vorgehen gegen den monarchischen Staat, der seinerseits wenig Raum für die Repräsentation proletarischer Interessen bot.

Erst die Ausrufung der Zweiten Republik im April 1931 beendete die politische Ausgrenzung der organisierten Arbeiterschaft,[2] wenngleich die CNT dem neuen Regime auch weiterhin unversöhnlich gegenüberstand. In umgekehrter Richtung wurden die organisierten Interessen der Arbeiterschaft schon aufgrund ihrer quantitativen Stärke zu einer bestimmenden Größe für die politische Orientierung des neuen Regimes,[3] so daß unter der Führung einer breiten Linkskoalition sofort ein umfangreiches Reform- und Modernisierungsprogramm in Angriff genommen wurde. Besonderen Zündstoff enthielt dabei das Projekt einer Agrarreform, das die große Zahl der in der CNT organisierten landlosen Tagelöhner in den Latifundienregionen des Südens und Südwestens betraf. Nur halbherzig in Gang gesetzt, stieß das Projekt unmittelbar nach seiner Inkraftsetzung auf massiven Widerstand seitens der Großgrundbesitzer, durch den das gesamte politische System der Zweiten Republik ins Wanken geriet. Wo die Bindekräfte der republikanischen Ordnung versagten, um eine friedliche Konfliktvermittlung herbeizuführen, blieb nur der Rückgriff auf Gewalt, der sich nach mehreren politisch äußerst turbulenten Jahren in dem Militärputsch vom Juli 1936 ankündigte.

Dem Sieg General Francos im anschließenden Bürgerkrieg folgte die gewaltsame Zerschlagung aller freien Gewerkschaften. An ihre Stelle traten Zwangssyndikate, die – nach Branchen geordnet und unter staatlicher Kontrolle – Arbeiter- und Unternehmerinteressen „vertikal" zu vermitteln hatten. Zwar gelang es dem franquistischen Staat auf diese Weise, den Konflikt zwischen Arbeit und Kapital eine Zeitlang zu unterdrücken, seit Anfang der 50er Jahre jedoch kam es in den Industrieregionen des Landes (Asturien, Katalonien) erneut zu Arbeitskämpfen, und selbst die Arbeitgeberseite zeigte sich aufgrund praktischer Erwägungen bald an direkten Verhandlungen mit der Arbeiterschaft interessiert. Während der Staat daraufhin seine bestimmende Rolle im Bereich der Lohnpolitik einschränkte, verstetigte sich die wiederauflebende Arbeiterbewegung ihrerseits in Gestalt der *Comisiones Obreras (Arbeiterkommissionen, CCOO)*, die im Hinblick auf Tradition und ideologische Orientierung in der Geschichte der spanischen Arbeiterbewegung zweifellos eine Neuerscheinung darstellten. Von kommunistischen und linkskatholischen Ideen inspiriert, verstanden sich die

---

2   Zu erwähnen ist, daß die Militärdiktatur unter General Miguel Primo de Rivera (1923–1930) noch kurz zuvor ganz bewußt die Zusammenarbeit mit der sozialistischen Arbeiterbewegung gesucht und etwa den UGT-Führer Francisco Largo Caballero als „Staatsrat" für Arbeitsfragen in das System integriert hatte. Die Anarchosyndikalisten dagegen blieben während dieser Zeit weiterhin staatlicher Verfolgung ausgesetzt.

3   Mitte der 30er Jahre verfügte die CNT über zwei Millionen Anhänger, während die UGT ihren traditionellen Rückstand aufgeholt hatte und auf 1,5 Millionen registrierte Mitglieder kam.

Kommissionen als eine lose organisierte Bewegung, die sich – ohne feste Mitglied-schaft – je nach Bedarf in Arbeiterräten konstituierte und dabei eine ideologieübergrei-fende Gesamtvertretung der Arbeiterschaft anstrebte. Neu war vor allem aber die den repressiven Herrschaftsmethoden des Franquismus geschuldete Kampfstrategie, die anstelle des Untergrundkampfes (wie ihn UGT und CNT erfolglos betrieben) auf die personelle Unterwanderung der offiziellen Syndikatsstrukturen abzielte. Der Erfolg dieser Strategie führte zu einer raschen Ausbreitung der Kommissionen seit Anfang der 60er Jahre, die – bestärkt durch den Wirtschaftsboom und die rasche Zunahme der Ar-beiterschaft – bald zu einem bedeutenden politischen Faktor avancierten (Bernecker 1985: 115ff.).

Um eine Entspannung der Arbeitsbeziehungen bemüht, duldete das franquistische Regime zunächst die illegale gewerkschaftliche Betätigung. Nachdem die CCOO sich allerdings auch überregional zu organisieren begannen und den ökonomischen Forde-rungen politische Ansprüche (Organisationsfreiheit, Streikrecht) zur Seite stellten, sah sich der Staat zum Eingreifen genötigt. Die auf das Verbot von 1967 folgende Repres-sion drängte die Anhänger der Kommissionen zwar in den Untergrund, doch auch von dort aus sollte die Bewegung weiter an Bedeutung gewinnen. Immer mehr verlor da-gegen das ursprüngliche Ziel einer Einheitsgewerkschaft an Realisierungschancen, was insbesondere auf den wachsenden Einfluß kommunistischer Tendenzen bzw. die zu-nehmende Verflechtung der Kommissionen mit der Kommunistischen Partei *(PCE)* zurückzuführen ist. Die faktische Entwicklung der CCOO zur Richtungsgewerkschaft provozierte bereits Mitte der 60er Jahre die Abkehr der sozialistisch orientierten *Unión Sindical Obrera (Arbeitergewerkschaftsbund, USO)*, die in enger Kooperation mit den Kommissionen entstanden war. Seit dem richtungweisenden Exilkongreß der UGT von 1971, in dessen Folge der Gewerkschaftsvorstand wieder nach Spanien verlagert wur-de, gewann außerdem die traditionsreiche Organisation der Sozialisten nach langen Jahren des Schattendaseins wieder deutlich an Profil. Als der Diktator im November 1975 starb, wurde das Spektrum gewerkschaftlicher Interessenvertretung somit von drei Organisationen dominiert, die sowohl ideologisch als auch programmatisch als Rivalinnen auftraten. Im Ergebnis hatte sich damit – wenn auch geographisch weniger polarisiert als zuvor – die historische Spaltung der Arbeiterbewegung unter ideologisch partiell veränderten Vorzeichen erneuert.

3. Rechtliche Grundlagen

Nach dem Tod Francos (20. November 1975) trat entsprechend der schon 1969 be-schlossenen Nachfolgeregelung Juan Carlos de Borbón als König von Spanien an die Spitze des Staates, während die Institutionen des alten Regimes zunächst fortbestan-den. Und anstelle der allenthalben erhobenen Forderung nach einem Bruch mit dem Franquismus *(ruptura)* setzte das neue Staatsoberhaupt auf einen allmählichen Wandel, auf einen ausgehandelten Übergang *(transición)*, für den bald auch die Kräfte der Op-position zu gewinnen waren. Wenngleich zunächst auch weiterhin außerhalb der be-stehenden Legalität, fungierten insbesondere die Gewerkschaften als eine der treiben-den Kräfte dieses Prozesses, insofern sie durch die massive Mobilisierung ihrer Anhängerschaft den allgemeinen Wunsch nach politischen Veränderungen durch eine gewaltige Streikbewegung unmißverständlich zum Ausdruck brachten. Ganz oben auf

dem politischen Forderungskatalog der Arbeiterbewegung standen die arbeitsrechtlichen Voraussetzungen für eine freie gewerkschaftliche Betätigung. Der Staat blieb
zunächst jedoch untätig. Zwar verzichteten die Behörden in den bewegten Winter-
naten 1975/76 im wesentlichen auf repressive Maßnahmen gegen die geradezu be-
drohliche Ausmaße annehmende Streikbewegung. Anstelle einer Legalisierung unabhängiger Gewerkschaften zielten die ersten Reaktionen des Regimes aber noch auf
eine behutsame Reform des schwerfälligen Staatssyndikalismus. Angesichts wachsenden Druckes lancierte die neue Regierung unter dem Reformer Adolfo Suárez dann seit
dem Sommer 1976 mehrere Gesetzesdekrete, die bis Anfang 1977 einen rechtlichen
Rahmen für freie Gewerkschaftsarbeit etablierten. Ungefähr zur selben Zeit billigte das
Parlament *(Cortes)* außerdem das Gesetz über die gewerkschaftliche Vereinigungsfreiheit, das – ergänzt durch eine Bestimmung über die obligatorische Hinterlegung der
Verbandsstatuten beim zuständigen Ministerium – allen gesellschaftspolitischen Verbänden nunmehr die umgehende Legalisierung ermöglichte. Parallel dazu vollzog sich
die Demontage der bisherigen Syndikatsorganisation, die im Juni 1977 in der Aufhebung der Zwangsmitgliedschaft gipfelte (Bernecker 1993: 54-56).

Die grundlegende juristische Neuordnung der Arbeitsbeziehungen sowie der Verbandsarbeit im allgemeinen regelte die im Dezember 1978 in Kraft gesetzte neue Verfassung. Was die Gewerkschaften betrifft, so räumte sie ihnen alle in westlichen Demokratien üblichen Rechte ein (vgl. Art. 28). Der Gesetzgeber wurde darüber hinaus in
die Pflicht genommen, ein neues Betriebsverfassungsgesetz zu erarbeiten, das in Gestalt des „Arbeitnehmerstatuts" im Jahr 1980 Gesetzeskraft erlangte. Das Statut regelt
neben arbeits- und tarifrechtlichen Fragen (Kündigungsschutz, Tarifautonomie) auch
die Repräsentationsrechte der Gewerkschaften auf Betriebs- und gesamtstaatlicher
Ebene. Eigene Gewerkschaftssektionen *(secciones sindicales)* in den Betrieben können
demnach als Institutionen nur dann Verhandlungskompetenz beanspruchen, wenn sie
zugleich auch die Hälfte der Betriebsratsmitglieder stellen. Für die Teilnahme der Gewerkschaften an überbetrieblichen Verhandlungen gilt das Kriterium der Repräsentativität, über das in den gesamtstaatlichen Betriebsratswahlen eine Zehn-Prozent-Hürde,
bei regional verankerten Gewerkschaften eine 15-Prozent-Hürde entscheidet. Die Bevorzugung der großen Arbeitnehmerorganisationen wurde außerdem durch das Organ-
gesetz über die Gewerkschaftsfreiheit *(Ley Orgánica de Libertad Sindical)* von 1984
verstärkt. Seither verfügen die „meistrepräsentativen Gewerkschaften" auf gesamtstaatlicher Ebene auch in jenen Bereichen über Verhandlungskompetenz, in denen sie
unterrepräsentiert sind (Nohlen/Hildenbrand 1992: 224f.).

Den juristischen Rahmen für alle übrigen Verbände und Vereinigungen stellte bis
1978 das Vereinsgesetz *(Ley de Asociaciones)* vom Dezember 1964 dar, das Vereins-
bildung freilich nur innerhalb der bestehenden Ordnung zuließ. Die neue Verfassung
etablierte dann mit Artikel 22 das Grundrecht auf Vereinigungsfreiheit, das nur im
Falle krimineller sowie „paramilitärischer" und „geheimer" Vereinigungen nicht zur
Anwendung gelangt. Im Zuge der politischen Dezentralisierung des spanischen Staates
seit 1977 haben sich außerdem sechs der 17 neu entstandenen Autonomen Gemeinschaften *(Comunidades Autónomas)* von der Zentralregierung die Richtlinienkompe-
tenz in der Vereinsgesetzgebung übertragen lassen. Von diesen haben jedoch bislang
nur zwei (das Baskenland und die Kanarischen Inseln) von ihrem Recht Gebrauch gemacht und eigene Normen verabschiedet (Azua 1995). Eine besondere Regelung hält
die Verfassung von 1978 außerdem für das traditionell sehr enge Verhältnis zwischen
Staat und Katholischer Kirche bereit. Zwar gelten grundsätzlich Religionsfreiheit und

das Prinzip des laizistischen Staates, die Behörden sind aber verpflichtet, gemäß dem religiösen Bekenntnis der spanischen Gesellschaft, „entsprechende Beziehungen zur Zusammenarbeit mit der Katholischen Kirche und anderen Konfessionen zu unterhalten" (Art. 16, 3). Angesichts der überwältigenden Dominanz des Katholizismus – zu Beginn der 90er Jahre waren (nach eigenen Angaben) 99,3 Prozent aller Spanier im Sinne des katholischen Bekenntnisses getauft – verfügt die Kirche über eine privilegierte Stellung, die beispielsweise in der seit 1988 bestehenden Beteiligung an der Einkommensteuer (0,52 Prozent) zum Ausdruck kommt.

4. Rekonstruktion der Zivilgesellschaft

Unmittelbar nach dem Tod Francos machten sich die in der Bevölkerung verbreiteten Veränderungswünsche in einer gewaltigen Welle sozialer Mobilisierung Luft, die sich in der Neugründung von zahlreichen zivilgesellschaftlichen Organisationen manifestierte. So offenbaren die Statistiken des staatlichen Verbandsregisters für die Zeit nach 1975 einen steilen Aufwärtstrend, der auch noch Anfang der 90er Jahre einen jährlichen Zuwachs von knapp 7.000 Verbänden aufwies. Viele Neugründungen waren jedoch nur von kurzer Dauer, während die große Mehrheit der Organisationen in ihrem Aktionsradius auf kleine geographische Räume beschränkt blieb. 1990 etwa operierten lediglich 7,5 Prozent aller neugegründeten Verbände auf gesamtstaatlicher Ebene. Die Ursachen hierfür sind vielfältig und liegen wohl in erster Linie in Ziel und Ausrichtung der jeweiligen Interessengruppen selbst begründet. Darüber hinaus ist aber auch ein wichtiger politischer Faktor zu nennen, der die Bedeutung lokaler bzw. regionaler Räume nach dem Ende der franquistischen Diktatur in erheblichem Maße gefördert hat. Die Rede ist von der bereits erwähnten politischen Dezentralisierung des spanischen Staates, als deren Folge in den Jahren 1979 bis 1983 17 autonome Gebietskörperschaften *(Comunidades Autónomas)* entstanden. Die damit einhergehende Mobilisierung regionaler Interessen und Loyalitäten förderte zweifellos die Attraktivität der Regionen als Bezugsrahmen zivilgesellschaftlicher Selbstorganisation. Umgekehrt reagierten die gesamtstaatlich organisierten Verbände mit organisatorischer Umstrukturierung bzw. einer institutionellen Stärkung ihrer regionalen Unterverbände. Repräsentativ für die Entwicklung des spanischen Verbandswesens ist in vielerlei Hinsicht die Entwicklung der Gewerkschaften, auf die im folgenden eingegangen werden soll.

4.1. Arbeitnehmerverbände

An der Spitze der gesellschaftlichen Mobilisierung nach dem Tod Francos standen (noch vor den Parteien) die Gewerkschaften. Mit ihrem raschen Bedeutungsgewinn einher ging die Notwendigkeit zu struktureller Neuordnung nach innen und gesellschaftlicher Positionierung nach außen. Auf seiten der CCOO, der zu Beginn der Transition führenden Bewegung, orientierte man sich weiterhin an dem ursprünglichen Leitbild einer direktdemokratischen Einheitsgewerkschaft, die durch einen konstituierenden Kongreß der drei größten Organisationen herbeigeführt werden sollte. Die reale Entwicklung lief diesen Plänen jedoch zuwider, insofern vor allem die UGT einen raschen Mitgliederzuwachs erlebte, so daß eine Zukunft als eigenständige Richtungsgewerkschaft an der Seite der Sozialistischen Partei (*Partido Socialista Obrero Español, PSOE*) äußerst attraktiv erschien. Nach eigenen Angaben erreichte die UGT vor allem durch die Eintrittswelle nach der Legalisierung 1977 bis zum Mai 1978 eine Stärke von über zwei Millionen Mitgliedern und überrundete damit sogar ihre große Rivalin.[4] Eine klare Absage an das von den CCOO angestrebte Einheitsmodell erfolgte bereits auf dem ersten Inlandskongreß der UGT, der trotz formaler Illegalität im Frühjahr 1976 mit Duldung der Behörden abgehalten wurde. Wenig später folgte die General-versammlung der Arbeiterkommissionen, auf der – als Zugeständnis an die veränderte Situation – nach langwierigen Debatten ebenfalls der Umbau zur kommunistischen Richtungsgewerkschaft mit festem Mitgliederbestand beschlossen wurde (Führer-Ries 1991: 62-68).

Trotz stark differierender Ausgangslage haben sich die Organisationsstrukturen beider Gruppierungen in der Folgezeit einander deutlich angeglichen, wenngleich in-nerhalb der CCOO auch weiterhin eine stärkere Basisorientierung vorherrscht. So kommen etwa Betriebsversammlungen und lokalen Verbänden bei ihnen eine relativ größere Bedeutung zu als in der eher zentralistisch organisierten UGT. Für diese Diffe-renzen verantwortlich zeichnet nicht zuletzt die in beiden Organisationen sehr ungleich verlaufene Aufbauphase. Während die CCOO aufgrund ihrer langjährigen Mitarbeit in den franquistischen Syndikaten bereits auf eine organisatorische Grundstruktur zu-rückgreifen konnte, waren die UGT und alle übrigen Gewerkschaften gezwungen, ihre Organisationsstruktur von oben herab neu zu schaffen (Führer-Ries 1991: 140ff.). Ge-meinsam ist beiden Gewerkschaften dagegen die organisatorische Doppelstruktur aus Industrie- und Regionalverbänden, die unter einem Dachverband vereinigt sind. Nach Maßgabe der Anzahl der Autonomen Gemeinschaften, in die sich der spanische Staat heute untergliedert, verfügen die Organisationen jeweils über 17 Regionalverbände. Dieser institutionellen Föderalisierung steht bisher allerdings die Weigerung der Ge-werkschaften entgegen, auch den Tarifbereich zu dezentralisieren und entsprechend der politischen Realität des Landes regionalen Tarifverhandlungen gegenüber gesamt-staatlichen den Vorzug zu geben. Was dagegen die Branchenverbände betrifft, so ha-ben beide Organisationen deren Anzahl im Laufe der Jahre deutlich reduziert. Dennoch ist auf seiten der UGT diese Tendenz offenbar stärker ausgeprägt – dort sank die Zahl der *federaciones* von ursprünglich 21 auf neun – als bei den CCOO, die die Zahl der Industriegewerkschaften von anfänglich 25 auf nunmehr 13 reduzierten. Traditionell verfügt der Dachverband dabei im Gegensatz zum nordeuropäischen Gewerkschafts-modell über eine ungleich stärkere Position gegenüber den Industrieverbänden, deren Politik er etwa durch den Abschluß branchenübergreifender Rahmentarifverträge maß-geblich beeinflussen kann. Das anhaltende Bestreben zu Fusion und Konzentration der Branchenverbände allerdings geschieht offenbar mit dem Ziel, deren Position gegen-über dem Dachverband entscheidend zu stärken (Köhler 1998: 275).

Der plötzliche Mitgliederzuwachs, den die Gewerkschaften zu Beginn der Transi-tionsphase verzeichneten, war indessen nur von kurzer Dauer. Trotz wenig zuverlässi-gen Datenmaterials wird der Organisationsgrad der Arbeiterschaft für das Jahr 1978 häufig auf über 50 Prozent geschätzt, während sechs Jahre später lediglich 17 bis 25

---

4 Allem Anschein nach ist diese Zahl jedoch zu hoch gegriffen, da einerseits zunächst nicht zwischen eingetragenen und zahlenden Mitgliedern unterschieden wurde, andererseits alle Gewerkschaften in der Aufbauphase bewußt auf die Werbewirkung spektakulärer Mitgliederzahlen setzten.

Prozent der Arbeitnehmer gewerkschaftlich organisiert waren (Pérez Díaz 1993: 243). Dieser gewaltige Einbruch ging in erster Linie zu Lasten jener kleinen, häufig radikaleren Gewerkschaften, die im „Selektionsprozeß" der Transition unterlagen. So verschwand die anarchosyndikalistische Traditionsgewerkschaft CNT nach einer kurzen, auf ihre historische Hochburg Katalonien beschränkten Renaissance fast vollständig von der Bildfläche, und auch die USO konnte sich gegenüber ihrer sozialistischen Konkurrentin, der UGT, letztlich nur auf lokaler bzw. betrieblicher Ebene behaupten. Aber auch die beiden großen Gewerkschaften verloren in wenigen Monaten einen Großteil der im ersten Sturm der Begeisterung beigetretenen Mitglieder. In der Konsolidierungsphase zählten beide Organisationen daher weit weniger als eine halbe Million Anhänger. Als Ursache für diese plötzliche Schrumpfung wird vor allem der allgemeine *desencanto* der Transition angeführt, d.h. die Enttäuschung über die geringen Gestaltungsmöglichkeiten gesellschaftlicher Kräfte in einem Prozeß, der von Beginn an wesentlich von politischen Eliten bestimmt wurde. Abgesehen von diesem stimmungsbedingten Konjunktureinbruch, unter dem in unterschiedlichem Maße auch alle übrigen Verbände zu leiden hatten, ist der Mitgliederschwund der Gewerkschaften außerdem auf einige, dem Arbeitssektor spezifische Ursachen zurückzuführen. So erlebten die 80er Jahre einen steilen Anstieg der Arbeitslosigkeit auf über 20 Prozent, während zugleich der Verlust von Arbeitsplätzen gerade jene Branchen betraf, die traditionell den höchsten gewerkschaftlichen Organisationsgrad aufwiesen. Hinzu kam die Praxis kollektiver Tarifverhandlungen, von deren Ergebnissen auch die nicht organisierten Arbeitnehmer profitierten, so daß die Motivation zum Beitritt weiter sank. Eine deutliche Trendwende in der Mitgliederentwicklung ist erst seit Mitte der 80er Jahre zu verzeichnen. Seither erleben beide Gewerkschaften einen moderaten, aber stabilen Aufwärtstrend, der ihnen Mitte der 90er Jahre zu einem Mitgliederstamm von jeweils weit über einer halben Million verhalf (Miguélez 1996; Köhler 1998: 276).

Tabelle 1: Mitgliederentwicklung der wichtigsten Gewerkschaften (1978 bis 1994)

Jahr	CCOO	UGT
1978	ca. 1.8 Mio	ca. 2,0 Mio
1980	389.237	357.022
1982	377.576	315.092
1984	357.959	317.731
1986	332.019	368.523
1988	405.032	442.644
1990	508.428	544.784
1992	634.793	728.283
1994	656.167	684.040

Quelle: Köhler 1998: 276; Führer-Ries 1991: 109.

Die relative Mitgliederschwäche der spanischen Gewerkschaften spiegelt sich in ihrer schwachen Verankerung auf betrieblicher Ebene wider, wo nur in wenigen Großbetrieben handlungsfähige Gewerkschaftsabteilungen *(secciones sindicales)* existieren. Zwar dominieren die beiden großen Organisationen seit den ersten freien Wahlen von 1978 landesweit die Betriebsräte, womit sie sich als wichtigste Verhandlungsführer für kollektive Abkommen mit der Arbeitgeberseite qualifiziert haben. Bei allen Vereinbarungen auf betrieblicher Ebene, für die allein die Betriebsräte zuständig sind, geben trotz eindeutiger Mehrheitsverhältnisse regelmäßig betriebsinterne Gesichtspunkte den Ausschlag, während viele der durch die Betriebssektionen repräsentierten Gewerkschaftsinteressen auf der Strecke bleiben. Ein weiteres Defizit im Vergleich zum nordeuropäischen Gewerkschaftsmodell besteht außerdem in der schlechten Finanzausstattung der spanischen Gewerkschaften, denen es bisher nicht gelang, Streikkassen zur Zahlung von Überbrückungsgeldern einzurichten. Hierfür verantwortlich sind in erster Linie die geringen Beitragssätze sowie die niedrige Zahlungsmoral der Mitglieder. Um die vergleichsweise kleinen Verwaltungsapparate der jeweiligen Organisation zu unterhalten, sind die Gewerkschaften gezwungen, sich aus anderweitigen, d.h. vor allem aus staatlichen Zuschüssen zu finanzieren. Diese flossen in der Vergangenheit einerseits aus dem durch den franquistischen Staat nach Ende des Bürgerkrieges konfiszierten Vermögen der historischen Gewerkschaften, andererseits aus den durch Zwangsabgaben angehäuften Guthaben der ehemaligen Staatssyndikate aus der Franco-Ära. Aufgrund dieser Subventionen gelang es beiden Gewerkschaften, ein bescheidenes Vermögen anzusparen. Der Versuch allerdings, selbst als Unternehmer aufzutreten, um so die ökonomische Basis zu erweitern, scheiterte weitgehend, wie etwa das Beispiel der zu Anfang der 90er Jahre im Korruptionssumpf versunkenen UGT-Wohnungsbaukooperative zeigt. So ist die Finanzbasis der beiden Organisationen auch weiterhin schmal, wodurch freilich auch das Angebot an sozialen Diensten und Service-Leistungen gering bleibt. Verstärkte Anstrengungen beider Verbände sind in jüngerer Zeit allerdings im Bereich der Kultur- und Bildungsförderung zu beobachten, zu deren Zweck eigene Institutionen geschaffen wurden (Führer-Ries 1991: 151ff.; Casado 1995: 47).

4.2. Regionale Gewerkschaften

Wie bereits angedeutet, fand parallel zur Demokratisierung in Spanien ein radikaler Umbau der Staatsstruktur statt, in dessen Folge 17 Autonome Gemeinschaften *(Comunidades Autónomas)* entstanden, die heute als unabhängige Gebietskörperschaften innerhalb des spanischen Staates sowohl administrative als auch legislative Kompetenzen ausüben. Die treibende Kraft dieser Dezentralisierung bildeten die Autonomieansprüche der sogenannten historischen Nationalitäten (Katalonien, Baskenland, Galicien), die freilich in erster Linie parteipolitisch organisiert sind (Hildenbrand/Nohlen 1993). Eine (in diesem Sinne) nationalistische Ausrichtung weisen aber auch zahlreiche zivilgesellschaftliche Gruppierungen in diesen Regionen auf. An führender Stelle rangieren auch hier die regionalen Arbeitnehmerverbände, deren Prototyp zweifellos die baskische Gewerkschaft *Euzco Langillen Alkartasuna-Solidaridad de Trabajadores Vascos (Solidarität der Baskischen Arbeiter, ELA-STV)* darstellt. In den Betriebsratswahlen seit Anfang der 80er Jahre repräsentierte sie rund 30 Prozent der baskischen Arbeitnehmerschaft und konnte damit in ihrer Region vor UGT und CCOO den ersten Platz erobern. Historisch zur nationalistischen Regierungspartei, der *Baskisch Nationalistischen Partei (Partido Nacionalista Vasco, PNV)* gehörend, hat sich die ELA-STV nach dem Ende der Diktatur nominell als parteipolitisch unabhängige baskische Klassengewerkschaft neukonstituiert. Im Vergleich zu den beiden gesamtstaatlichen Gewerkschaften weist die ELA-STV allerdings eine stärkere Verankerung im Angestelltenlager auf, während sie auch weiterhin ideelle Bande mit der Regierungspartei

PNV verbinden. Ihre baskisch-nationalistische Orientierung kam insbesondere in der ablehnenden Haltung gegenüber allen gesamtstaatlichen Vereinbarungen der Sozialpartner, insbesondere aber gegenüber der in der Transition praktizierten konzertierten Politik zum Ausdruck. Erklärtes Ziel der ELA-STV ist statt dessen die Schaffung einer regional autonomen Sphäre von Arbeitsbeziehungen, die korporative Verhandlungen allerdings ausdrücklich einschließt (Köhler 1993: 206ff.; Führer-Ries 1991: 261ff.).

An zweiter Stelle der regionalen Gewerkschaftsbewegung stand bis zu ihrer Spaltung 1985 die galicische *Intersindical Nacional de Traballadores Galegos (Nationale Gewerkschaftszentrale der Galicischen Arbeiter, INTG)*. Ähnlich der baskischen ELA verfolgte auch die INTG die Schaffung einer eigenständig regionalen Sphäre industrieller Beziehungen, was ihr bei der galicischen Arbeiterschaft allerdings nur zu einem dritten Platz hinter den beiden großen gesamtstaatlichen Gewerkschaften verhalf. Nach ihrer Spaltung, die sich parallel zur Spaltung der mit ihr verbundenen Regionalpartei, des *National-Galicischen Volksblocks (BNPG)* vollzog, scheiterte die INTG an der im Arbeiterstatut von 1980 festgelegten Repräsentativitätshürde von 15 Prozent, wodurch sich ihre Position zusätzlich schwächte. Um diesem Bedeutungsverlust zu begegnen, vereinbarte die INTG mit ihrer Abspaltung, der *Allgemeinen Vereinigung der Galicischen Arbeiter (Confederación Xeral de Traballadores Galegos, CXTG)*, eine gemeinsame Wahlliste, die seit 1990 unter dem Namen *Confederación Intersindical Galega (Galicischer Gewerkschaftsdachverband, CIG)* kandidiert (Köhler 1998: 279).

Eine regionale Sonderrolle nehmen darüber hinaus die in den Latifundienregionen des südlichen Spanien verwurzelten Landarbeiterorganisationen ein. Deren Klientel besteht in erster Linie aus jener Schicht landloser Tagelöhner *(jornaleros)*, die aufgrund ihrer zahlenmäßigen Stärke einst das soziale Problem Spaniens schlechthin darstellten. Heute bilden die andalusischen *jornaleros* allerdings eine relativ kleine soziale Randgruppe, die in quantitativer Hinsicht weiterhin im Rückgang begriffen ist – so schrumpfte die Anzahl der Tagelöhner seit Beginn der Transition bis Anfang der 90er Jahre von schätzungsweise 450.000 auf weniger als 300.000. Indes hat sich die soziopolitische Struktur in den betreffenden Gegenden seit dem Scheitern der Zweiten Republik praktisch nicht verändert, so daß auch die Organisations- und Kampfformen der Landarbeiter starke Ähnlichkeiten zur agrar-anarchistischen Tradition der historischen CNT auf dem andalusischen Land aufweisen. Institutioneller Ausdruck dieser spezifischen Situation ist das 1977 gegründete *Sindicato de Obreros del Campo (Gewerkschaft der Landarbeiter, SOC)*, das auch weiterhin für das traditionelle Ziel einer radikalen Landumverteilung zum Zwecke kollektiver bzw. kooperativer Bewirtschaftung eintritt. Wichtigste Kampfformen sind dabei Landbesetzungen, Einschließungen in Ämter und Ministerien sowie Hungerstreiks und Protestmärsche. Darüber hinaus unterscheidet sich der SOC von anderen Gewerkschaften durch einen minimalen Verwaltungsapparat, lose Mitgliedschaft und einfache direktdemokratische Entscheidungsstrukturen. Als gesellschaftspolitische Kraft ist der SOC – nicht zuletzt auch aufgrund dieser äußerst losen Organisationsstruktur – weitgehend einflußlos geblieben, und angesichts der auch künftig weiter sinkenden Zahl von Tagelöhnern ist das Schicksal der Bewegung langfristig vorgezeichnet (Bernecker et al. 1990; Köhler 1993).

4.3. Arbeitgeberverbände

Als lange Zeit durch den franquistischen Staat relativ geschützter Sektor fiel es der Arbeitgeberseite ungleich schwerer, sich unter den gewandelten Bedingungen in einem gemeinsamen Interessenverband zu konstituieren. Der rasche Aufschwung der Gewerkschaftsbewegung, die steigende Zahl von Arbeitskonflikten sowie die anhaltende Wirtschaftskrise offenbarten jedoch die Dringlichkeit eines solchen Schrittes. Bereits 1976 waren daher Bestrebungen im Gange, die aus dem franquistischen Korporatismus ererbten Verbandsstrukturen zu reformieren und verschiedene Branchenverbände landesweit zu fusionieren. Im Juni 1977 gipfelten diese Bemühungen in der Gründung der *Confederación Española de Organizaciones Empresariales (Spanischer Dachverband der Arbeitgeberorganisationen, CEOE)*, die historisch den ersten Versuch zu einer gemeinsamen Interessenvertretung des Arbeitgeberlagers darstellte. Das von der CEOE als Dachverband der Arbeitgeberverbände repräsentierte Interessenspektrum wies jedoch eine große Heterogenität auf, die es erforderlich machte, ihre Organisationsstruktur flexibel zu gestalten und den Unterorganisationen eine relativ große Autonomie zu gewähren. In diesem Sinne bestand die größte Herausforderung für die vornehmlich im großindustriellen Milieu verankerte CEOE auch zunächst darin, das Vertretungsmonopol im Arbeitgeberlager zu erkämpfen und insbesondere die große Zahl klein- und mittelständischer Unternehmen zu integrieren. Durch den 1980 erfolgten Beitritt der *Confederación Española de la Pequeña y Mediana Empresa (Verband der Kleinen und Mittleren Unternehmen, CEPYME)*, der rund 98 Prozent der in der CEOE repräsentierten Unternehmen angehören, konnte dieses Ziel schließlich erreicht werden. Innerhalb des Gesamtverbandes allerdings beansprucht die CEPYME auch weiterhin einen Sonderstatus, der sie als unabhängige Alleinvertreterin des Mittelstandes ausweist (Pardo Avellaneda/Fernández Castro 1991: 158ff.).

Weitaus stärker als die beiden großen Gewerkschaften UGT und CCOO ist die CEOE organisatorisch sowohl in regionaler als auch in sektoraler Hinsicht untergliedert. Ende der 80er Jahre vereinte der Dachverband über 130 Branchenverbände sowie 51 Regionalverbände. Die Kehrseite dieser Vielfalt, die immer wieder auch zu internen Konflikten führte, ist die offensichtliche Schwäche des Dachverbandes, dem es kaum möglich ist, einen einheitlichen wirtschaftspolitischen Kurs zu formulieren. Um desintegrativen Tendenzen zu begegnen, sieht die CEOE eine Doppelmitgliedschaft aller Unternehmen in Branchen- und Regionalverbänden vor. Da die Einflußmöglichkeiten innerhalb des Verbandes jedoch nach Betriebsgröße verteilt werden, nahmen die wenigen schwerindustriellen Branchen (Metall, Automobilbau, Chemie) traditionell eine dominierende Stellung in der Führungsstruktur des Dachverbandes ein. Im Gefolge der politisch-administrativen Untergliederung des spanischen Staates in 17 Autonome Gemeinschaften haben aber auch die Regionalverbände innerhalb des CEOE an Bedeutung gewonnen. Allerdings ist auch die Regionalstruktur der CEOE ungleichmäßig akzentuiert, insofern etwa der traditionsreiche katalanische Unternehmerverband *Fomento del Trabajo Nacional (Förderung der Nationalen Arbeit, FTN)* aufgrund eines hohen Organisationsgrades und überproportionaler Mitgliederstärke im Gegensatz zu allen übrigen Regionalverbänden über ein besonderes Gewicht verfügt. Die Vermittlungsaufgabe der CEOE richtet sich daher *grosso modo* auf den Interessenausgleich zwischen einzelnen dominanten Großunternehmen und regionalen Interessen. Von großer Bedeutung ist außerdem der Bankensektor, der zwar keinen eigenen Unterverband bildet, als wichtiger Kapitaleigner aber hinter vielen im Verband organisierten Großunternehmen steht (Pardo Avellaneda/Fernández Castro 1991; Führer-Ries 1991: 195ff.).

5. Die Verbände in der Gesellschaft

5.1. *Konzertierte Aktion und Demokratisierung*

Die große Bedeutung der Gewerkschaften in der Anfangsphase der Transition resultierte in erster Linie aus ihrer Fähigkeit, den in der spanischen Gesellschaft weit verbreiteten Wunsch nach Veränderung des politischen Systems zu kanalisieren und so den „von oben" begonnenen Demokratisierungsprozeß entscheidend zu dynamisieren. Nach dem inhaltlichen Bruch mit dem Franquismus, der durch die Legalisierung von Parteien und Verbänden sowie insbesondere durch die ersten freien Parlamentswahlen vom Juni 1977 zum Ausdruck kam, richtete sich die Aufmerksamkeit der Gewerkschaften wieder vermehrt auf die sozioökonomischen Belange der Arbeitnehmerschaft. Die spanische Volkswirtschaft durchlebte zu dieser Zeit eine schwere konjunkturelle Krise, die vor allem in Form von Inflation und wachsender Arbeitslosigkeit in Erscheinung trat. Zugleich hatte das Konfliktniveau in den Unternehmen (mit 3,6 Millionen Streikenden im Jahr 1976) ein bislang unbekanntes Ausmaß erreicht, während gleichzeitig die aus dem Franquismus ererbten Arbeitsbeziehungen insgesamt einer grundlegenden Strukturreform bedurften. Um den Demokratisierungsprozeß nicht zu gefährden, kam es zu einem Zusammenrücken der gesellschaftlichen Kräfte, die unter dem Stichwort der sozialen Konzertierung *(concertación)* eine Reihe von Sozialpakten zur Stabilisierung der Wirtschaft schlossen. Das erste dieser Abkommen, der Anfang Oktober 1977 für die Laufzeit von einem Jahr geschlossene „Pakt von Moncloa", enthielt in diesem Sinne sowohl einige Sofortmaßnahmen zur Bekämpfung von Inflation und Erwerbslosigkeit als auch Strukturreformen von längerfristiger Relevanz. Die Bedeutung dieses ersten Paktes lag jedoch weniger in seinen ökonomischen Effekten – im Gegensatz zur Inflation konnte etwa die Arbeitslosigkeit nicht wesentlich verringert werden – als vielmehr in seiner Vorbildfunktion für ein künftiges konzertiertes Vorgehen. Zwar hatte die Regierung lediglich die im Parlament vertretenen Parteien mit an den Verhandlungstisch geholt, sowohl die beiden Gewerkschaften (CCOO, UGT) als auch der Unternehmerverband CEOE stimmten den Vereinbarungen jedoch nachträglich zu (Bernecker 1993: 56ff.).

Von der gegenseitigen Akzeptanz der beteiligten Verbände abgesehen, bedeutete der Moncloa-Pakt freilich auch die Anerkennung der kapitalistischen Wirtschaftsordnung seitens der Gewerkschaften, die angesichts der Klassenkampf-Rhetorik zu Beginn der Transition keineswegs selbstverständlich erschien. Was der Sozialpakt von Moncloa indessen nicht zu überwinden vermochte, war die Rivalität zwischen den beiden Arbeiterorganisationen, die unmittelbar nach dessen Auslaufen erneut zutage trat. Begleitet von der lautstarken Kritik seitens der Kommissionen trat die UGT in bilaterale Verhandlungen mit der CEOE, aus denen mehrere Abkommen hervorgingen, die die Grundlage für eine Neuordnung der industriellen Beziehungen schufen. So legte der *Acuerdo Básico Interconfederal (ABI)* von 1979 die Leitlinien für künftige Tarifverhandlungen fest, während der *Acuerdo Marco Interconfederal (AMI)* unter dem Stichwort der Repräsentativität institutionelle Mindestanforderungen an die an Verhandlungen beteiligten Vertretungsorgane stellte.

Unter dem Eindruck des gescheiterten Putschversuches von Oberstleutnant Antonio Tejero (23. Februar 1981) kam dann auf breitester Basis, d.h. unter Einschluß von Regierung und CCOO das „Nationale Beschäftigungsabkommen" *(Acuerdo Nacional de Empleo, ANE)* zustande, das neben der Reform von Arbeitslosen- und Sozialversicherung auch auf eine Flexibilisierung des Arbeitsmarktes abzielte. Auch nach dem Wahlsieg der Sozialistischen Partei im Oktober 1982 hielt man an korporatistischen Praktiken fest, wenngleich sich nun aufgrund der privilegierten Position der UGT das Verhältnis zwischen den beiden großen Gewerkschaften noch weiter verschlechterte. Zwar wurden für das Jahr 1983 noch gemeinsame Tarifverhandlungen durchgeführt, die der Arbeiterschaft u.a. die 40-Stunden-Woche und 30 Tage Jahresurlaub einbrachten. Der letzte und zugleich wohl wichtigste Sozialpakt der Transitionsphase, das „Wirtschafts- und Sozialabkommen" *(Acuerdo Económico y Social, AES)* von 1984, das vor allem die Bekämpfung der hohen Arbeitslosigkeit zum Ziel hatte, kam jedoch erneut ohne die Beteiligung der Arbeiterkommissionen zustande. Im Ergebnis hat die Politik der Konzertierung aufgrund ihrer negativen Folgen für die Wirtschaft (mangelnde Flexibilität bei der Anpassung an die Wirtschaftskrise) zwar starke Kritik erfahren, ihr positiver Einfluß auf die Konsolidierung der Demokratie kann aber kaum bezweifelt werden. Der entscheidende Faktor hierfür war sicherlich die erfolgreiche Reduzierung der Konflikte im Arbeitssektor, die durch einen drastischen Rückgang der Streikaktivitäten seit 1980 zum Ausdruck kam. De facto legitimierte der Neokorporatismus auf diese Weise die gesamte politische und wirtschaftliche Ordnung und leistete so einen entscheidenden Beitrag zur Integration der spanischen Gesellschaft (Bernekker 1993).

5.2. Katholische Kirche und Wohlfahrtsverbände

Der traditionell bedeutendste Träger im Bereich der nichtstaatlichen Sozialfürsorge war zweifellos die katholische Kirche, und auch heute unterhält sie ein enges Netz von in diesem Bereich tätigen Organisationen. Ihre gegenwärtige zivilgesellschaftliche Funktion geht dabei im wesentlichen auf die späten Jahre der Franco-Diktatur zurück. Inspiriert von den Beschlüssen des II. Vatikanischen Konzils (1962-1965) hatten sich bereits im Laufe der 60er Jahre große Teile des spanischen Klerus von der franquistischen Diktatur abgewandt und sich bisweilen sogar öffentlich zu Regimegegnern erklärt. Und obgleich nach außen die enge Allianz zwischen Staat und Kirche weiter fortbestand, hatte die regimekritische Reformpartei innerhalb der Kirchenhierarchie wenige Jahre vor dem Tod des Diktators die Oberhand gewonnen. Seinen deutlichsten Ausdruck gewann der kirchliche Reformwille durch die Wahl des liberalen Erzbischofs von Toledo, Vicente Enrique y Tarancón, zum Vorsitzenden der spanischen Bischofskonferenz im Jahr 1972. Ganz im Gegensatz zu den Jahren nach 1931[5] wurde die Katholische Kirche nun zu einem stabilisierenden Faktor und konstruktiven Mitgestalter des Überganges zur Demokratie (Payne 1993).

Wohl nicht zuletzt aufgrund dieser glücklichen Rolle übertrifft die Verankerung der Katholischen Kirche in der spanischen Gesellschaft die aller anderen zivilgesellschaftlichen Organisationen. Denn trotz eines tiefgreifenden Wandels der religiösen

---

5   Die Ausrufung der Republik im April 1931 traf auf den entschlossenen Widerstand der Kirche, die sich ihrerseits in den folgenden Monaten und Jahren immer wieder gewalttsamen Übergriffen antiklerikaler Kreise ausgesetzt sah.

Einstellungen in der Bevölkerung – die große Mehrheit der spanischen Katholiken bezeichnet sich heute als „nicht praktizierend" – erfreut sich die Kirche (vor Parteien und Gewerkschaften) eines außergewöhnlich hohen sozialen Ansehens. Zum Ausdruck kommt ihre gesellschaftliche Verankerung in Gestalt einer kaum zu übersehenden Zahl kirchlicher Verbände und Interessengruppen. Zu Beginn der 90er Jahre waren in Spanien rund 10.000 katholische Organisationen registriert, die in quantitativer Hinsicht von den Familienorganisationen angeführt wurden. Als mit rund drei Millionen Anhängern mitgliederstärkste Organisation verfügte dabei die *Confederación Católica de Padres de Alumnos (Katholische Eltern-Vereinigung, CONCAPA)* über großes Gewicht. Öffentlich in Erscheinung trat die CONCAPA insbesondere im Kampf gegen die liberalen Bildungsgesetze der sozialistischen Regierungen während der 80er Jahre. Darüber hinaus existiert eine Vielzahl von kleineren, häufig nur informell existierenden Gruppierungen, die im wesentlichen auf Gemeindeebene aktiv sind. Nach Umfragen waren Anfang der 90er Jahre rund 14 Prozent der Katholiken an derartigen Aktivitäten beteiligt (Díaz Salazar 1993: 291ff.). Im Kontext der Renaissance einer tief in der Tradition verwurzelten Volksreligiosität haben in jüngeren Jahren außerdem lokale Bruderschaften *(cofradías)* starken Zulauf erfahren. Derartige Gruppierungen entstanden als Laienvereinigungen, die sich speziell um Verehrung und Pflege eines bestimmten Schutzheiligen von lokaler Bedeutung kümmern. Unter der spirituellen Führung eines Priesters organisieren die Bruderschaften eigene Prozessionen am Rande der offiziellen Liturgie und fördern dadurch zugleich die Verbreitung kirchlicher Vorschriften und katholischer Religiosität in der Bevölkerung. Nach einem deutlichen Mitgliederzuwachs während der letzten Jahre verfügt etwa die Madrider Bruderschaft *Cristo de Medinaceli* derzeit über rund 4.000 Anhänger (Collado Seidel 1998: 330-337).

Über ein bedeutendes Gewicht verfügt die Katholische Kirche freilich auch im Bereich der karitativen Dienste. Hier beansprucht die 1946 aus der Tradition der katholischen Sozialfürsorge hervorgegangene *Cáritas Española* zweifellos den ersten Rang in Spanien. Ursprünglich als nationale Koordinationsstelle der verschiedenen kirchlichen Hilfsaktivitäten auf Gemeindeebene gedacht, entwickelte sich die *Cáritas* seit den 50er Jahren zu einer eigenständigen Organisation mit entsprechendem Rechtsstatus. Richtungweisend für ihre langfristige Entwicklung wurde dann der tiefgreifende sozialökonomische Wandel, den Spanien seit Beginn der 60er Jahre erlebte. Angesichts völlig neuer, durch die industrielle Moderne bedingter Herausforderungen sah sich die *Cáritas* bald genötigt, Ziele und Methoden ihrer eigenen Arbeit neu auszurichten bzw. zu modernisieren. Deutlichster Ausdruck dieses ebenfalls von linkskatholischen Ideen inspirierten Perspektivenwandels ist ihr Engagement in der sozialwissenschaftlichen Forschung, die in erster Linie von der 1965 gegründeten Forschungsstiftung *FOESSA (Fomento de Estudios Sociales y de Sociología Aplicada, Förderung der Sozialstudien und der angewandten Soziologie)* geleistet wird. Orientiert an den Bedingungen der entwickelten Industriegesellschaft erwarb sich die FOESSA große Verdienste als Pionierin der empirischen Sozialforschung in Spanien und avancierte in den folgenden Jahren zu einem Zentrum der kritischen Intelligenz in der Franco-Zeit. Neben der Forschungsarbeit der FOESSA publiziert die *Cáritas* in Form der *Documentación Social* aber auch eine eigene Zeitschrift, die zu einer der angesehensten Publikationen im Bereich der empirischen Soziologie avancierte (Gutiérrez Resa 1995).

Wenngleich in vielerlei Hinsicht eigenständig, bildet die *Cáritas* einen integralen Bestandteil im Institutionengefüge der Katholischen Kirche. In letzter Instanz untersteht sie der Spanischen Bischofskonferenz, die ihre Leitungsfunktion mittels einer speziellen Kommission ausübt. Zu deren Kernkompetenzen zählt u.a. die personelle Besetzung der beiden Spitzenpositionen des Verbandes, das Präsidentenamt sowie der Posten des Generalsekretärs. Beteiligt an der internen Verwaltung der Organisation sind, von diesen beiden institutionellen Spitzen abgesehen, zwei Gremien – der Rat *(consejo)* sowie der ständige Ausschuß *(comisión permanente)* –, die ihrerseits von der Vollversammlung *(asamblea)* bestellt werden. Letztere setzt sich zusammen aus den Delegierten und Direktoren der *Cáritas*-Verbände auf diözesaner Ebene und bildet gleichsam das demokratische Herzstück der Organisation. Die Vollversammlung tritt regelmäßig zum Jahresende zusammen und verfügt über ein breites Mitspracherecht bei der programmatischen Ausrichtung der *Cáritas*-Arbeit. Letztere umfaßt ein breit gefächertes Spektrum an sozialen Diensten, für die die Organisation – abgesehen von einem festen Mitarbeiterstamm von kaum mehr als 2.800 Personen – auf über 45.000 freiwillige Kräfte zurückgreifen kann. Neben klassischen Aufgaben wie der Armenfürsorge oder der Betreuung von Alten und Behinderten, die im Budget der Organisation auch weiterhin den größten Anteil einnehmen, bietet die *Cáritas* außerdem zahlreiche Beratungsdienste (etwa für Familien, Drogenabhängige etc.) sowie psychologische Betreuungsprogramme. Angesichts der wachsenden Zahl von Erwerbslosen forderte die spanische Bischofskonferenz 1981 außerdem ein verstärktes Engagement im Kampf gegen die Arbeitslosigkeit, dem die *Cáritas* zuletzt durch verschiedene Selbsthilfeinitiativen nachzukommen versucht (Gutiérrez Resa 1995).

Einen der *Cáritas* ebenbürtigen Rang mit differierender Zielsetzung besetzt im Bereich der öffentlichen Wohlfahrt die spanische Sektion des Roten Kreuzes, die bereits 1864 durch königliche Weisung geschaffene *Cruz Roja Española*. Zwar stets unter staatlicher Ägide, die seit 1987 durch das Sozialministerium *(Ministerio de Asuntos Sociales)* ausgeübt wird, ist das Rote Kreuz satzungsgemäß eine unabhängige humanitäre Organisation, die zur Zusammenarbeit mit der öffentlichen Verwaltung verpflichtet ist. Die *Cruz Roja* unterhält 17 Geschäftsstellen auf der Ebene der Autonomen Gemeinschaften sowie 52 Provinzbüros und über 800 lokale Einrichtungen. Ihr Hilfsangebot beruht weit mehr als jenes der *Cáritas* auf der Grundlage freiwilliger bzw. ehrenamtlicher Mitarbeit. So verfügt die *Cruz Roja* über rund 600.000 assoziierte Mitglieder *(socios suscriptores)*, mehr als 90.000 Blutspender und etwa 65.000 freiwillige Mitarbeiter. Darüber hinaus beschäftigte sie zur Mitte der 90er Jahre rund 6.700 Zivildienstleistende *(Voluntarios del Servicio Social Obligatorio)*, während für die *Cáritas* zur selben Zeit lediglich 180 Wehrdienstverweigerer arbeiteten. Im Gegensatz zu den hauptsächlich stationären Diensten der *Cáritas* sind die Einsatzfelder des Roten Kreuzes häufig mobiler Art. So kommt die *Cruz Roja* vornehmlich im Sanitäts- und Rettungsdienst sowie in der nationalen und internationalen Katastrophenhilfe zum Einsatz (Casado 1995: 51f.).

5.3. Selbsthilfeorganisationen

Gemessen an den Mitgliederzahlen verfügen die Selbsthilfeorganisationen über ein beträchtliches Gewicht innerhalb des spanischen Verbandswesens. An erster Stelle rangieren dabei die Nachbarschaftsvereine *(asociaciones de vecinos)*, von denen Mitte der 90er Jahre nach offiziellen Angaben landesweit rund 11.800 existierten. Die Mehrzahl dieser Gruppierungen entbehrt jedoch einer festen Organisationsstruktur, während ihr Aktionsradius zugleich in der Regel auf lokale Räume beschränkt ist. Eine einflußreiche Ausnahme bildet die 1988 gegründete *Confederación de Asociaciones de Vecinos de España (Dachverband der Nachbarschaftsvereine Spaniens, CAVE),* die durch ihre 2.000 Mitgliedsverbände insgesamt über 1,5 Millionen Personen vereinigt. Weitere 1,1 Millionen Anhänger werden den verschiedenen Verbraucherverbänden *(asociaciones de consumidores)* zugeschrieben, deren Anzahl nach Inkraftsetzen des Verbraucherschutzgesetzes *(Ley General para la Defensa de los Consumidores y Usuarios)* im Juli 1984 sprunghaft angestiegen ist. Im Gegensatz zu den Nachbarschaftsvereinen hat sich die Konsumentenbewegung nicht zuletzt auch dank beträchtlicher staatlicher Subventionen in weitaus größerer Zahl auch auf nationaler Ebene konstituiert. Beispielhaft hierfür ist etwa die Spanische Hausfrauen- und Konsumentenvereinigung, die *Federación Española de Amas de Casa, Consumidores y Usuarios, FEACU,* deren Wurzeln in den 60er Jahren liegen. Mitte der 80er Jahre umfaßte sie 50 Einzelverbände mit insgesamt 162.900 Mitgliedern (Álvarez 1987: 12). Gesamtstaatlich verankert ist darüber hinaus auch die Rentnervereinigung *Unión Democrática de Pensionistas (Demokratische Vereinigung der Rentner, UDP),* die mit ihren (nach eigenen Angaben) 800.000 Mitgliedern einen der wenigen Großverbände bildet. Einen deutlich kleineren Bereich nehmen dagegen die Selbsthilfeorganisationen bestimmter gesellschaftlicher Minderheiten ein. Der Dachverband geistig Behinderter, die *Confederación Española de Federaciones y Asociaciones pro Personas Deficientes Mentales (Spanische Vereinigung der Verbände für Geistig Behinderte, FEAPS),* vereinigt landesweit zwar immerhin 488 Einzelverbände, denen aber insgesamt nur 66.900 Mitglieder angehören (Casado 1996: 269).

Erwähnenswert als Sonderfall im Bereich der Selbsthilfeorganisationen ist außerdem die Vereinsbewegung der spanischen Zigeunerbevölkerung *(gitanos).* Zwar bilden die *gitanos* mit einem Anteil von lediglich 0,85 Prozent an der Gesamtbevölkerung – etwa 250.000 bis 300.000 Personen – nur eine sehr kleine, zumal auf verschiedene Regionen des Landes verteilte Gruppe. Seit Anfang der 70er Jahre indes waren verstärkte Anstrengungen zu verbandlicher Selbstorganisation zu beobachten, die allerdings häufig von außen (Wohlfahrtsverbände, Staat) angestoßen wurden. Derzeit existieren etwa 150 Organisationen mit einer geschätzten Anhängerschaft von bis zu 25.000 Personen. Anlaß hierfür war stets der Wunsch, die nicht zuletzt durch die traditionelle Lebensweise dieser Gruppe begründete Sonderform sozialer Marginalisierung zu durchbrechen, um legitime Ansprüche innerhalb der spanischen Gesellschaft zu artikulieren. Die Mehrzahl der vor allem in den 80er und 90er Jahren gegründeten *gitano*-Organisationen besitzt allerdings nur einen begrenzten, d.h. lokalen oder regionalen Aktionsradius, weshalb eine wirksame politische Vertretung der *gitanos* als ethnische Gruppe letztlich nicht erreicht wurde. Ursache hierfür ist vor allem die regionale Verwurzelung der *gitano*-Bevölkerung – für gewöhnlich wird zwischen mehreren Hauptgruppen, den andalusischen, katalanischen und kastilischen *gitanos (béticos, catalans, castellanos)* unterschieden. Dennoch gab es immer wieder den – häufig von außen betriebenen – Versuch, die begrenzten Kräfte auf nationaler Ebene zu bündeln. So wurde etwa 1980 auf Initiative der *Cáritas* die *Federación de Asociaciones Gitanas Españolas (Vereinigung der Spanischen Zigeunerverbände, FAGE)* gegründet. Diese und viele andere Initiativen, wie etwa die 1986 geschaffene *Unión Romaní,* scheiterten als gesamtstaatliche *gitano*-Verbände jedoch regelmäßig an den zahlreichen Interessengegensätzen innerhalb der *gitano*-Bevölkerung. Als relativ erfolgreicher erwies sich statt dessen das Bestreben, verschiedene *gitano*-Gruppierungen auf regionaler Ebene zu vereinigen. Ein Ergebnis dieser (ebenfalls von außen) angestoßenen Bemühungen ist die 1988 in

Andalusien gegründete *Federación de Asociaciones Romaníes Andaluzas (Vereinigung der andalusischen Roma-Verbände, FARA)*, die mittlerweile 44 Interessengruppen repräsentiert (Cortés Tirado/García González 1999).

Eine Besonderheit unter den Selbsthilfegruppen repräsentiert die bereits 1938 zur Versorgung Kriegsblinder von General Franco per Dekret ins Leben gerufene *Organización Nacional de Ciegos Españoles* (Nationaler Spanischer Blindenverband, ONCE). Von einer Selbsthilforganisation für vornehmlich regimetreue Personen hat sich die ONCE während des Franquismus zu einem finanzkräftigen Großunternehmen entwickelt, das im Bereich der Blindenselbsthilfe weltweit an erster Stelle steht. Zu verdanken war dieser Aufstieg in erster Linie dem ihr zugewiesenen Monopol über den Betrieb einer landesweiten Lotterie, die sich schon bald als äußerst lukrative Einkommensquelle erwies. Im Straßenbild Spaniens ist die ONCE seit vielen Jahren geradezu allgegenwärtig, insofern ihre (heute) rund 32.000 Mitglieder – neben Sehbehinderten gehören ihr zunehmend auch schwer Körperbehinderte an – im ganzen Land an Straßenecken und in kleinen Verkaufsständen als Losverkäufer tätig sind. Die strukturelle Anpassung der staatsnahen Organisation an die Bedingungen des demokratischen Rechtsstaates erfolgte parallel zum politischen Demokratisierungsprozeß nach 1975. So wurden 1981 per Dekret die Führungsgremien der ONCE demokratisiert, während man zugleich die Bindung der Organisation an den Staat lockerte. Abgeschafft wurde außerdem die Zwangsmitgliedschaft sowie das Monopol auf die Vertretung Sehbehinderter, während der gesellschaftliche Auftrag der ONCE, ihre Zielgruppe sozial umfassend zu versorgen, erhalten blieb.

Aufgrund der allgemeinen Liberalisierung des Glücksspiels, die attraktive Alternativen zur Lotterie auf den Markt brachte, geriet die ONCE allerdings sehr rasch in wirtschaftliche Bedrängnis. Die Demokratisierung ihrer Leitungsgremien ermöglichte jedoch den Aufstieg junger, innovativer Kräfte, denen es mittels einschneidender Reformen im Management gelang, den Lotteriebetrieb den veränderten Bedingungen anzupassen. Aufgrund der erfolgreichen Umstrukturierung entwickelte sich die ONCE in der Folgezeit zu einem der größten Wirtschaftsunternehmen des Landes. Der durch den Losverkauf erzielte Umsatz betrug 1994 366.420 Millionen Peseten, womit die ONCE rund 30 Prozent der im offiziellen Glücksspiel insgesamt umgesetzten Summe auf sich vereinigte. Spektakuläre Aktienkäufe, wie etwa die Beteiligung am TV-Sender *Canal Plus* und an der größten Bank des Landes, dem *Banco Bilbao-Vizcaya*, stärkten die Position des Unternehmens zusätzlich, riefen zugleich aber auch zahlreiche Kritiker auf den Plan, die eine Entfernung der ONCE von ihrem sozialen Auftrag diagnostizierten. Unbestritten ist allerdings, daß die Organisation für ihre Mitglieder im Laufe der Jahre ein bemerkenswertes Angebot an sozialen Diensten aufgebaut hat. Dazu zählen in erster Linie medizinische Leistungen sowie Aus- und Weiterbildungsprogramme, die in mehreren betriebseigenen Schulungszentren durchgeführt werden. Wohl an erster Stelle aber steht die Funktion der ONCE als exklusiver Arbeitgeber für ihren Mitgliederstamm. 1990 beschäftigte der Verband rund 28.000 Personen, von denen schätzungsweise 22.000 aufgrund ihrer Behinderung als Losverkäufer tätig waren. Waren diese ursprünglich am untersten Ende der gesellschaftlichen Stufenleiter angesiedelt, so ist die soziale Situation der Losverkäufer dank ansehnlicher Gehälter heute als durchaus privilegiert zu betrachten (Bernecker et al. 1990: 304f.; Casado 1995: 36ff.).

5.4. Ideelle Verbände und Freizeitbereich

Dem staatlichen Verbänderegister zufolge bestand das spanische Verbändewesen 1990 etwa zur Hälfte aus Kultur-, Sport- und Freizeitvereinen. Die wenigen Daten allerdings, die die einschlägige Literatur für diesen Bereich auf nationaler Ebene zur Verfügung stellt, lassen eine angemessene Behandlung kaum zu. Dennoch sei vermerkt, daß sich der allgemein niedrige Organisationsgrad der spanischen Gesellschaft auch in diesem Bereich widerspiegelt. Was die Sportverbände betrifft, so finden diese ihre größte Anhängerschaft seit jeher unter den Jugendlichen. Von allen sporttreibenden Jugendlichen aber ist lediglich ein Viertel verbandlich organisiert, was auf die Dominanz von Freizeitsportarten zurückgeführt wird, die kaum einer verbandlichen Organisation bedürfen (Santos Vázquez/Montalvo de Lamo 1995: 34-37). Mit großem Abstand zum Sport-, Freizeit- und Kulturbereich folgen die Verbände des Arbeitssektors sowie die Wohlfahrtsverbände und Selbsthilfegruppen, die sich gemeinsam rund ein Viertel der insgesamt als Verbandsmitglieder registrierten Personen teilen. Ideellen Verbänden etwa aus dem Bereich der Friedens- und Ökologiebewegung fällt im spanischen Verbandswesen dagegen eine unbedeutende Randstellung zu (Prieto-Lacaci o.J.; Alberich Nistral 1994). Diese relativ schwache soziale Verankerung des ideellen Sektors muß allerdings nicht notwendigerweise der politische Bedeutung dieser Gruppierungen als *pressure groups* entsprechen. So erlebte etwa die Friedensbewegung als Initiatorin der Anti-NATO-Kampagnen in den 80er Jahren einen gewaltigen Bedeutungsaufschwung, der keineswegs mit ihrer Mitgliederentwicklung korrespondierte. Ursache hierfür war, daß die Massenmobilisierungen in der Regel von bestimmten Aktionsplattformen ausgingen, an denen sich viele andere Gruppierungen sowie Parteien und Gewerkschaften beteiligten. Ursprünglich hatte sogar der PSOE als mit Abstand größte Oppositionspartei den außerparlamentarischen Protest gegen den NATO-Beitritt Spaniens 1982 angeführt. Nach der Regierungsübernahme im selben Jahr aber sah sich die Partei freilich gezwungen, von dieser Haltung Abstand zu nehmen, wenngleich sie die Durchführung der zuvor eingeklagten Volksabstimmung nun nicht mehr verhindern konnte.

Unter dem Eindruck des expliziten Kurswechsels von Regierungschef Felipe González im Frühjahr 1984 begann die Friedensbewegung, im Kampf um die öffentliche Meinung alle Ressourcen zu mobilisieren. So kam es im selben Jahr zur Gründung der *Coordinadora Estatal de Organizaciones Pacifistas (Gesamtstaatliche Koordinierungsstelle Pazifistischer Organisationen, CEOP)*, die eine Vielzahl kleiner Gruppierungen sehr unterschiedlicher politischer Couleur zusammenfaßte. Daneben gründeten die CCOO gemeinsam mit der Kommunistischen Partei und mehreren anderen parteipolitischen Kräften ein Aktionsbündnis, das kurz vor Abhaltung des Referendums im Januar 1986 den Namen *Plataforma Cívica por la Salida de España de la OTAN (Zivile Plattform für den NATO-Austritt Spaniens)* annahm. Wohl nicht zuletzt aufgrund des persönlichen Einsatzes von Regierungschef González, der seine politische Zukunft in die Waagschale legte, stimmten am 12. März 1986 53,5 Prozent für den Verbleib Spaniens im Nordatlantischen Bündnis. Über die unerwartete Niederlage zerfielen sowohl die verschiedenen Aktionsbündnisse als auch die Einheit der Friedensbewegung selbst, denn nicht alle Gruppierungen waren bereit, das Ergebnis des Referendums zu akzeptieren. Der Pazifismus als breite Massenbewegung hatte damit seinen Zenit offensichtlich überschritten, und auch der Golfkrieg 1991 eignete sich trotz vielfältiger Proteste nicht, um größere Teile der Bevölkerung für pazifistische Ziele zu mobilisieren (Pastor 1993: 57ff.).

Im Gegensatz zur Friedensbewegung ist es den verschiedenen Gruppen der spanischen Umweltbewegung bisher nicht gelungen, ein Thema zu finden, das einen Weg aus ihrem gesellschaftlichen Randdasein hätte weisen können. Zwar erlebte auch die Ökologie-Bewegung mit dem Ende der Franco-Diktatur einen starken Mobilisierungsschub, und seit Beginn der 90er Jahre diente die Kritik an der zivilen Nutzung der Atomkraft zuweilen als Grundlage für gemeinsame Aktivitäten. Die Mehrzahl der Gruppierungen hatte sich ursprünglich jedoch unter dem Eindruck spezifisch lokaler und regionaler Probleme gegründet und konnte in diesem Rahmen letztlich auch ihre größten Erfolge verbuchen. Verstärkte Bemühungen zu einer Konföderation auf gesamtstaatlicher Ebene, für die sich anfangs insbesondere die 1976 in Madrid gegründete *Asociación Española de Protección y Defensa de la Naturaleza (Spanischer Verband zum Schutz und zur Verteidigung der Natur, AEPDEN)* einsetzte, stießen dagegen auf kaum zu überwindende Widerstände. Anstelle einer auf nationaler Ebene aktiven Gesamtorganisation koexistieren daher heute verschiedene Verbände mit zum Teil unterschiedlicher Zielsetzung. An der Spitze der „politischen" Ökologie-Bewegung steht die 1985 in Madrid gegründete Sektion von *Greenpeace*, die Mitte der 90er Jahre 65.000 Mitglieder zählte. Ein Überbleibsel der frühen Föderationsversuche ist des weiteren die 1978 gegründete *Coordinadora de Organizaciones de Defensa Ambiental (Koordinationsstelle der Umweltschutzverbände, CODA)*, die Anfang der 90er Jahre rund 70 Gruppierungen mit insgesamt 40.000 Mitgliedern umfaßte. Zwar verfügt die CODA in Form mehrerer Mitbestimmungsgremien über eine feste Organisationsstruktur, die Mitgliedschaft der einzelnen Gruppen beinhaltet jedoch keinerlei Verpflichtungen gegenüber dem Gesamtverband, so daß der Schlagkraft der Organisation zusätzliche Grenzen gesetzt sind. An dritter Stelle schließlich rangiert die *Federación de Amigos de la Tierra (Bund der Freunde der Erde, FAT)*, deren Mitgliedsorganisationen insgesamt etwa 14.000 Personen repräsentieren. Bisweilen in Konkurrenz hierzu steht die mehr auf aktiven Naturschutz denn auf „Öko-Aktivismus" ausgerichtete spanische Sektion des *World Wide Fund for Nature (WWF)*, die bereits 1968 unter dem Namen *Asociación de la Defensa de la Naturaleza (Verband zum Schutz der Natur, ADENA)* gegründet worden ist. Ihr gehörten Mitte der 90er Jahre rund 30.000 Mitglieder an (Woischnik 1992; Alberich Nistral 1994: 67).

6.   Die Verbände und das politische System

6.1. Verbände und Parteien

Fragt man nach dem Verhältnis von Staat und Zivilgesellschaft im Übergang zur Demokratie, so fällt auf, daß trotz einer gewaltigen Welle sozialer Mobilisierung die entscheidenden Schritte stets von politischen Eliten initiiert und getragen worden sind. Organisierte Interessen außerhalb des politischen Systems, allen voran die Arbeiterbewegung, fungierten dagegen weniger in aktiv gestaltender als vielmehr in nachträglich korrigierender Weise, so daß die von dem ehemaligen UGT-Chef Nicolás Redondo stammende Beurteilung der Gewerkschaften als „arme Verwandte der Transition" nicht ganz verfehlt scheint. Daß dieses Urteil zugleich auch für viele andere Verbände gilt, zeigt insbesondere das Beispiel der Bürgerbewegung *(asociacionismo ciudadano)*, die in den letzten Jahren der Diktatur zu einem wichtigen Faktor der Regimeopposition avancierte. Mit Beginn der Transition indes verlor die Bürgerbewegung in kürzester

Zeit einen Großteil ihres politischen Führungspersonals an die entstehenden Parteien, die ihrerseits seit 1979 in die demokratischen Rathäuser einzogen. Diese Abflüsse stürzten die Bürgerbewegung mit dem Übergang zur Demokratie freilich in eine Krise, die ihr jede Handlungsfähigkeit nahm und den Vorrang der Politik zusätzlich unterstrich (Murillo Díaz 1987).

Derart drastische Auswirkungen hatte der Übergang zur Demokratie für die beiden Gewerkschaften UGT und CCOO nicht. Ihre offenkundige Bereitschaft, sich der politischen Führung ihrer Mutterparteien (PSOE, PCE) zu unterwerfen, zeugt jedoch ebenso unverkennbar vom Primat der Politik. Mehr noch, die parteipolitische Anbindung und Unterordnung erscheint angesichts des Niederganges aller übrigen Arbeiterorganisationen geradezu als Bedingung für das Überleben der Gewerkschaften in der Transition. Allerdings sollte sich auch die allzu enge Parteitreue, die zugleich immer Konfrontation mit der Konkurrenzgewerkschaft bedeutete, für beide Organisationen bald als problematisch erweisen. Vor dem Hintergrund des großen Erfolges des PSOE in den Parlamentswahlen von 1982 fand sich die UGT gegenüber den CCOO zunächst in einer deutlich privilegierten Position. Erstmals gelang es ihr, in den kurz darauf durchgeführten Betriebsratswahlen eine Delegiertenmehrheit zu erreichen, und die Gelegenheit schien günstig, die große Rivalin nun gänzlich an den Rand zu drängen. Die letztlich gescheiterte Blockadestrategie der CCOO gegenüber der Sozialpaktpolitik sowie der Auflösungsprozeß des PCE hatten diese zusätzlich in eine schwere Krise gestürzt. Doch schon bald sollte sich die Vorstellung der UGT, an der Seite der sozialistischen Regierung nun die Vorherrschaft im Gewerkschaftslager zu übernehmen, als illusorisch erweisen, da der PSOE unter Regierungschef Felipe González (1982-1996) im Bereich der Wirtschaftspolitik einen zunehmend neoliberalen bzw. arbeitgeberfreundlichen Kurs steuerte (Köhler 1993: 135ff.).

Die Interessengegensätze zwischen Regierung und organisierter Arbeiterbewegung kristallierten sich in der ersten Hälfte der 80er Jahre wesentlich um die Restrukturierung der großen Staatsunternehmen, die zu massivem Arbeitsplatzabbau führte und – wie im Falle des Stahlwerkes Sagunto – auch vor Schließungen nicht haltmachte. Auf wachsendes Unverständnis seitens der Arbeiterschaft stieß dabei die Weigerung der UGT, sich an den Massenprotesten gegen die Sanierungspolitik des PSOE zu beteiligen. Dagegen gelang es den Arbeiterkommissionen aufgrund ihrer klaren Oppositionshaltung, verlorenen Boden wieder gut zu machen. Statt aber eine entscheidende Mäßigung der Regierungspolitik zu erreichen, trat die Ohnmacht der organisierten Arbeiterbewegung nur um so offener zutage. Im Spannungsfeld zwischen neoliberaler Regierungspolitik einerseits und heftigen Anschuldigungen seitens der CCOO andererseits blieb der UGT langfristig nur die Loslösung von der Mutterpartei. Ein Ende der über ein Jahrhundert währenden Verbindung zwischen Partei und Gewerkschaft kündigte sich spätestens mit dem Abbruch der Sozialpaktpolitik 1987 an. Sowohl die CCOO als auch die UGT lehnten die von Regierungsseite zu diesem Zeitpunkt vorgeschlagenen Lohnleitlinien rundherum ab, und auch ein Jahr später war eine Neuauflage der Konzertierung nicht zu erreichen. Als zusätzlichen Konfliktpunkt brachte die PSOE-Regierung statt dessen einen aus Sicht der Gewerkschaften kaum akzeptablen Plan zur Bekämpfung der Jugendarbeitslosigkeit ein. Die Reaktion beider Arbeiterorganisationen bestand im Aufruf zum Generalstreik für den 14. Dezember 1988, dem rund 95 Prozent der spanischen Arbeitnehmer folgten. Den gemeinsamen Erfolg beider Gewerkschaften nahm die UGT schließlich zum Anlaß, auf ihrem 35. Bundeskongreß im April 1990 die vollständige Unabhängigkeit vom PSOE zu erklären. Zwar ist man in

beiden Gewerkschaftsorganisationen bis heute trotz aller Übereinstimmungen nicht
wesentlich über das Bekenntnis zur Aktionseinheit *(unidad de acción)* hinausgelangt.
Das Konzept der Richtungsgewerkschaft mit enger parteipolitischer Anbindung, wie es
sich im Laufe der Transition herausbildete, hat sich für beide großen Gewerkschaften
langfristig jedoch als nicht praktikabel erwiesen (Loos 1995: 81ff.).

Was dagegen die Arbeitgeberseite betrifft, so schwankten deren parteipolitische
Sympathien je nach politischer Konjunktur. In der Anfangsphase der Transition orientierte sich die CEOE in Richtung der ultrakonservativen *Alianza Popular (AL)*, die als
Sammelbecken regimetreuer Kräfte allerdings nur sehr begrenzten politischen Einfluß
gewinnen konnte. Zu den Reformkräften, die sich unter Führung von Regierungschef
Suárez (1976-1981) zur Union des Demokratischen Zentrums *(Unión del Centro Democrático, UCD)* vereint hatten, waren die Beziehungen dagegen äußerst distanziert,
und gegenüber der Sozialistischen Partei entfaltete die CEOE gar eine äußerst diffa-
mierende Propaganda-Kampagne. Nach dem Wahlsieg der Sozialisten 1982 bewies die
Arbeitgeberorganisation allerdings Flexibilität, indem sie von weiteren Kampagnen ab-
sah und sofort den Dialog mit der neuen, ungeliebten Exekutive suchte (Pardo Avel-
laneda/Fernández Castro 1991: 169ff.).

Im Gegensatz zu den Interessengruppen aus dem Bereich der Arbeitsbeziehungen
verfügt die Mehrzahl der übrigen Verbände häufig nur über sehr geringe Bindungen zu
den etablierten Parteien. Besonders deutlich wird dies etwa am Beispiel der Umweltbewegung, der in Spanien eine parteipolitische Vertretung oberhalb der Splitterpartei
fehlt – dem Wahlbündnis *Los Verdes (Die Grünen)* etwa gelang es bisher nicht, sich
als parlamentarische Kraft zu etablieren. Umweltpolitische Aspekte werden statt dessen von dem 1986 entstandenen Linksbündnis *Izquierda Unida (Vereinigte Linke, IU)*
mit vertreten. Die Distanz zwischen Politik und Öko-Verbänden hat sich hierdurch allerdings eher vergrößert (Nohlen/Hildenbrand 1992). Dennoch bleibt die Entwicklung
des Verbandswesens insgesamt von den politischen Kräfteverhältnissen im Land nicht
unberührt. Mit der Regierungsübernahme durch den sozialistischen PSOE 1982 etwa
stieg nach einer Phase der Enttäuschung *(desencanto)* zumindest vorübergehend die
Motivation in der Bevölkerung, sich gesellschaftspolitisch zu engagieren. Umgekehrt
förderte die neue Regierungspartei sowohl auf zentralstaatlicher als auch auf regionaler
Ebene mit finanzieller und technischer Unterstützung die verbandliche Organisation
der Gesellschaft. Deutlich wurde dieses Bemühen etwa bei den (letztlich vergeblichen)
Versuchen, die *gitano*-Bewegung auf nationaler Ebene zu etablieren. Ebenfalls auf In-
itiative des PSOE beruhte Mitte der 80er Jahre der Aufbau der *Unión de Consumidores
(Verbraucherunion, UCE)*, der unter den nationalen Verbraucherverbänden an zweiter
Stelle rangiert. Die paternalistisch anmutende Förderung von zivilgesellschaftlichen
Organisationen durch Zuwendungen von seiten der Parteien oder des Staates bleibt
damit auch weiterhin ein Kennzeichen des spanischen Verbandswesens (Alberich Nistral 1996; Álvarez 1987: 13).

6.2. *Der politische Einfluß der Verbände*

Zwar fungieren zivilgesellschaftliche Verbände in erster Linie als Wahrer von speziellen, im parteipolitischen Spektrum nicht oder nur schwach vertretenen Minderheiten-
interessen. Dennoch gibt es mehrere Beispiele für eine überverbandliche Zusammenarbeit im Namen allgemeiner Interessen, die es den Verbänden erlaubt, zumindest

vorübergehend zu einem wichtigen Faktor des politischen Prozesses zu avancieren. Den rechtlichen Rahmen setzt dabei Artikel 87 der Verfassung, der für die parlamentarische Behandlung von Bürgerbegehren *(iniciativas legislativas populares)* auf nationaler Ebene die Vorlage von mindestens 500.000 während eines bestimmten Zeitraumes gesammelter Unterschriften verlangt. Zweifellos kann das Schicksal derartiger Initiativen Auskunft über Stärke, Eigenständigkeit und Mobilisierungspotential der Verbände sowie letztlich über die Dynamik der Zivilgesellschaft insgesamt geben. Auf nationaler Ebene fällt die Bilanz hierbei jedoch eher enttäuschend aus, da von den insgesamt 14 Bürgerinitiativen, die bis Ende 1998 auf den Weg gebracht worden waren, nur zwei die gesetzlichen Hürden überwinden konnten. Die mit beträchtlichem Aufwand betriebene Initiative zur Abschaffung der Atomkraft – *vivir sin nucleares* (Leben ohne Atomkraftwerke) – hingegen scheiterte 1991 knapp an rund 30.000 fehlenden Unterschriften.

Ein etwas anderes Bild ergibt sich allerdings auf der Ebene der Autonomen Gemeinschaften, wo derartigen Initiativen stets größerer Erfolg beschieden war. Als herausragendes Beispiel kann hier das 1996 im Baskenland auf den Weg gebrachte Projekt einer Sozialcharta gelten. Für den Sektor soziale Gerechtigkeit nämlich hat die entsprechende Kampagne einen zivilgesellschaftlichen Konsens breitesten Ausmaßes hervorgebracht. So wurde den Organisatoren neben den großen Gewerkschaften (ELA-STV, UGT, CCOO, USO) auch die Unterstützung vieler anderer Gruppen – darunter feministische und pazifistische Organisationen, Nachbarschaftsvereine und zahlreiche kirchliche Gruppierungen – zuteil. Der Schlüssel zum Erfolg derartiger Initiativen ist demnach fraglos die Kooperation zwischen den Verbänden, die – gemessen an der Zahl der Bürgerbegehren – vom Anfang der 80er Jahre an kontinuierlich zugenommen hat (Pastor 1999: 130f.).

7. Zusammenfassung und Ausblick

Im Gegensatz zu vielen nord- und mitteleuropäischen Ländern ist die verbandliche Vernetzung der spanischen Gesellschaft auch an der Wende zum neuen Jahrhundert deutlich schwächer ausgeprägt. So liegt die Verbandsdichte pro Kopf im Nachbarland Frankreich etwa um das 1½-fache höher als in Spanien. Die Ursachen für diese relative Passivität sind allerdings nicht einfach zu erfassen. Allgemeine Faktoren, wie etwa die paralysierende Wirkung der langen Diktatur oder der Mangel an politischem Bewußtsein aufgrund der relativ kurzen Phase liberal-demokratischer Verfaßtheit stehen als Erklärungsparameter letztlich im Widerspruch zu den starken konjunkturellen Schwankungen in der kurzfristigen Entwicklung des spanischen Verbandswesens, die ihrerseits auf ein hohes Maß an sozialer Dynamik verweisen. So erlebte das Land in den ersten Jahren der Transition einen gewaltigen gesellschaftlichen Mobilisierungsschub, der bereits zu Beginn der 80er Jahre einer allgemeinen Enttäuschung wich, die vielfach mit dem Rückzug in die Privatsphäre einherging. Der Regierungsantritt der Sozialisten, die mit dem Anspruch der definitiven Modernisierung der spanischen Gesellschaft auftraten, nährte dann neue Hoffnungen, die sich nicht zuletzt auch in verstärkter Verbandsaktivität niederschlugen. Wohl auch unter dem Eindruck der vielfach als unsozial empfundenen Industriepolitik des PSOE erlebte die Entwicklung des Verbandswesens jedoch schon kurz darauf erneut einen Einbruch. Für die 90er Jahre ist in der Literatur dann allerdings ganz allgemein von einer grundlegenden Neuorientierung vieler Verbände und Bewegungen die Rede. Und damit einher ging – so die Diagnose – ein wenn auch moderates, so doch kontinuierliches Mitgliederwachstum, für das die Gewerkschaften einmal mehr als Beispiel herhalten können.

Darüber hinaus ist zu bemerken, daß der relativ niedrige Organisationsgrad der spanischen Bevölkerung nicht notwendigerweise Ausdruck politischer Passivität ist. Als Beispiel können hierfür wiederum die beiden großen Gewerkschaften UGT und CCOO dienen, die zusammen nicht einmal 20 Prozent der spanischen Arbeitnehmer als Mitglieder gewinnen konnten. Trotz dieser geringen Verankerung in der Arbeiterschaft gelang es beiden Organisationen von Anfang an, sich mit einem Anteil von mittlerweile etwa 80 Prozent der Delegierten als landesweit dominierende Kräfte in den Betriebsräten zu etablieren. Als noch weitaus erfolgreicher erwiesen sich gemeinsame Streikaufrufe, denen – wie im Falle der Generalstreiks von 1988 und 1994 – die große Mehrheit der nichtorganisierten Erwerbstätigen folgte. Eine derart hohe Streikbereitschaft kann freilich als Indiz für die Akzeptanz der organisierten Arbeiterbewegung gelten, selbst wenn die große Mehrheit der Arbeiterschaft ein persönliches Engagement in der Gewerkschaft nicht für erforderlich hält. Der Einsatz für die eigenen Interessen muß sich also keineswegs zwangsläufig in einer kontinuierlichen Betätigung verbandlichen Charakters niederschlagen. Vielmehr bedarf es zu letzterem einer partizipatorischen politischen Kultur, die sich in Spanien nach den langen Jahren der franquistischen Diktatur offenbar erst ganz allmählich entfaltet. Die anhaltende Aktivität im Bereich der Bürgerbegehren auf nationaler und regionaler Ebene sowie die hierfür unerläßliche Zusammenarbeit ganz verschiedener Gruppierungen, die das Netz zwischen den Verbänden immer enger knüpft, kann dennoch als Indiz für die fortschreitende Verallgemeinerung einer spezifischen Verbandskultur gelten (Pastor 1999).

Eine zentrale Stelle innerhalb des Verbändegeflechts kommt seit jüngerer Zeit den Arbeitnehmerverbänden zu, insofern diese für bestimmte soziale Randgruppen und gesellschaftspolitische Bewegungen gleichsam zu einem Kristallisationspunkt geworden sind. Dieser soziale Bedeutungsaufschwung beruht sicherlich zu einem Gutteil auf ihrer inneren Konsolidierung, die sich spätestens seit Beginn der 90er Jahre abzeichnet. Denn trotz des in den 80er Jahren begonnenen sozialökonomischen Strukturwandels, der besonders jene Sektoren mit einer starken Gewerkschaftstradition traf, erlebten UGT und CCOO etwa seit Mitte der 80er Jahre einen steten Aufwärtstrend in der Mitgliederentwicklung. Eine wichtige Voraussetzung hierfür war die Aufgabe der Konfrontationsstrategie, die Ende der 80er Jahre verschiedenen Formen der strategischen Zusammenarbeit zwischen den beiden Organisationen den Weg geöffnet hatte. An die Stelle kraftzehrender Wahlkämpfe im Vorfeld von Betriebsratswahlen rückte nun etwa die Suche nach tragfähigen Mehrheiten zur Durchsetzung gemeinsamer Forderungen, und auch zu kollektiven Tarifverhandlungen auf gesamtstaatlicher Ebene traten beide Organisationen seither gemeinsam an. Diese neue Kooperationsstrategie hat das Ansehen der Gewerkschaften in der Arbeiterschaft zweifellos erhöht und sicherlich auch zur erfolgreichen Werbung neuer Mitglieder beigetragen. Dabei gelang es den Gewerkschaften allerdings nur sehr unzureichend, in den neuen dynamischen Branchen des Dienstleistungsbereichs Fuß zu fassen. Statt dessen stammt ein Großteil der neuen Mitglieder aus den verschiedenen Sektoren des öffentlichen Dienstes, wo das Wirken der Gewerkschaften bislang am erfolgreichsten gewesen ist. Freilich stehen die spanischen Arbeitnehmerverbände damit vor ähnlichen strukturellen Problemen, wie die Gewerkschaftsbewegung im übrigen Europa, so daß ihrem künftigen Wachstum und ihrer Rolle innerhalb der Zivilgesellschaft schon mittelfristig enge Grenzen gesetzt sein dürften (Miguélez 1996; Köhler 1998).

Abkürzungsverzeichnis

ABI	Acuerdo Básico Interconfederal
ADENA/WWF	Asociación de la Defensa de la Naturaleza/World Wide Fund for Nature (Verband zum Schutz der Natur/World Wide Fund for Nature)
AES	Acuerdo Económico y Social
AL	Alianza Popular (Volksallianz)
AMI	Acuerdo Marco Interconfederal
ANE	Acuerdo Nacional de Empleo
BNPG	Bloque Nacional Popular Galego (National-Galicischer Volksblock)
CAVE	Confederación de Asociaciones de Vecinos de España (Dachverband der Nachbarschaftshilfeorganisationen Spaniens)
CCOO	Comisiones Obreras (Arbeiterkommissionen)
CEOE	Confederación Española de Organizaciones Empresariales (Spanischer Dachverband der Arbeitgeberorganisationen)
CEOP	Coordinadora Estatal de Organizaciones Pacifistas (Gesamtstaatliche Koordinierungsstelle Pazifistischer Organisationen)
CEPYME	Confederación Española de la Pequeña y Mediana Empresa (Verband der Kleinen und Mittleren Unternehmen)
CEV	Centro de Empresarios Vascos (Baskisches Unternehmerzentrum)
CGEV	Confederación General de Empresarios de Vizcaya (Generalverband der Unternehmer von Vizcaya)
CIG	Confederación Intersindical Galega (Galicischer Allgewerkschaftsverband)
CNT	Confederación Nacional del Trabajo (Nationale Vereinigung der Arbeit)
CODA	Coordinadora de Organizaciones de Defensa Ambiental (Koordinationsstelle der Umweltschutzverbände)
CXTG	Confederación Xeral de Traballadores Galegos (Allgemeine Vereinigung der Galicischen Arbeiter)
ELA-STV	Euzco Langillen Alkartasuna-Solidaridad de Trabajadores Vascos (Solidarität der Baskischen Arbeiter)
FAGE	Federación de Asociaciones Gitanas Españolas (Vereinigung der Spanischen Zigeunerverbände)
FARA	Federación de Asociaciones Romaníes Andaluzas (Vereinigung der Andalusischen Roma-Verbände)
FAT	Federación de Amigos de la Tierra (Bund der Freunde der Erde)
FEACU	Federación Española de Amas de Casa, Consumidores y Usuarios (Spanische Hausfrauen- und Konsumentenvereinigung)
FOESSA	Fomento de Estudios Sociales y de Sociología Aplicada (Förderung der Sozialstudien und der angewandten Soziologie)
FTN	Fomento del Trabajo Nacional (Förderung der Nationalen Arbeit)
INTG	Intersindical Nacional de Traballadores Galegos (Nationale Gewerkschaftszentrale der Galicischen Arbeiter)
IU	Izquierda Unida (Vereinigte Linke)
ONCE	Organización Nacional de Ciegos Españoles (Nationaler Spanischer Blindenverband)
PNV	Partido Nacionalista Vasco (Baskisch Nationalistische Partei)
PSOE	Partido Socialista Obrero Español (Spanische Sozialistische Arbeiterpartei)
SOC	Sindicato de Obreros del Campo (Gewerkschaft der Landarbeiter)
UCD	Unión del Centro Democrático (Union des Demokratischen Zentrums)
UCE	Unión de Consumidores (Verbraucherunion)
UGT	Unión General de Trabajadores (Allgemeiner Arbeiterbund)
USO	Unión Sindical Obrera (Arbeitergewerkschaftsbund)

Literaturverzeichnis

Alberich Nistral, Tomás, 1993: La crisis de los movimientos sociales y el asociacionismo de los años noventa, in: Documentación Social, Nr. 90, S. 101-113

Alberich Nistral, Tomás, 1994: Aspectos cuantitativos del asociacionismo en España, in: Documentación Social, Nr. 94, S. 53-74

Alberich Nistral, Tomás, 1996: Las asociaciones y el Tercer Sector, in: Documentación Social, Nr. 103, S. 243-262

Álvarez, Albino, 1987: Situación actual del movimiento consumerista en España, in: Ramón Suárez Clúa (Hrsg.): Espacio político del movimiento vecinal y del consumerista en la España actual, Madrid: Fundación de Investigaciones Marxistas, S. 9-23

Azua, Paulino, 1995: Informe sobre asociaciones de objeto social en España, in: Organizaciones voluntarias en España, Barcelona: Editorial Hacer, S. 115-170

Bernecker, Walther L., 1985: Gewerkschaftsbewegung und Staatssyndikalismus in Spanien, Frankfurt a.M./New York: Campus Verlag

Bernecker, Walther L., 1990: Sozialgeschichte Spaniens im 19. und 20. Jahrhundert, Frankfurt a.M.: Suhrkamp Verlag

Bernecker, Walther L., 1993: Gewerkschaftsbewegung und Arbeitsbeziehungen, in: ders./Carlos Collado Seidel (Hrsg.): Spanien nach Franco. Der Übergang von der Diktatur zur Demokratie 1975-1982, München: Oldenbourg Verlag, S. 44-68

Bernecker, Walther L./Hans-Jürgen Fuchs/Bert Hofmann/Bernhardt Schmidt/Michael Scotti-Rosin/ Rafael de la Vega et al., 1990: Spanien-Lexikon. Wirtschaft, Politik, Kultur, Gesellschaft, München: Verlag C.H. Beck

Casado, Demetrio, 1995: Informe sobre las organizaciones voluntarias en España, in: ders. (Hrsg.): Organizaciones voluntarias en España, Barcelona: Editorial Hacer, S. 13-55

Casado, Demetrio, 1996: Visión panorámica de las organizaciones voluntarias en el ámbito social, in: Documentación Social, Nr. 103, S. 263-280

Collado Seidel, Carlos, 1998: Kirche und Religiosität, in: Walther L. Bernecker/Klaus Dirscherl (Hrsg.): Spanien heute. Politik – Wirtschaft – Kultur, Frankfurt a.M.: Vervuert Verlag, S. 321-351

Cortés Tirado, Luis/Humberto García González, 1999: El movimiento asociativo gitano: retos de futuro, in: Demófilo. Revista de cultura tradicional de Andalucía, Nr. 30, S. 207-219

Díaz-Salazar, Rafael, 1993: La institución eclesial en la sociedad civil española, in: ders./Salvador Giner (Hrsg.): Religión y sociedad en España, Madrid: Centro de Investigaciones Sociológicas, S. 283-331

Führer-Ries, Ilse Marie, 1991: Gewerkschaften in Spanien. Vom Klassenkampf zu kooperativen Strategien, Frankfurt a.M.: Lang Verlag

Gutiérrez Resa, Antonio, 1995: Estudio-informe sobre Cáritas Española, in: Demetrio Casado (Hrsg.): Organizaciones voluntarias en España, Barcelona: Editorial Hacer, S. 291-325

Hildenbrand, Andreas/Dieter Nohlen, 1993: Regionalismus und politische Dezentralisierung in Spanien nach Franco, in: Walther L. Bernecker/Josef Oehrlein (Hrsg.): Spanien heute. Politik – Wirtschaft – Kultur, Frankfurt a.M.: Vervuert Verlag, S. 41-75

Köhler, Holm-Detlev, 1993: Spaniens Gewerkschaftsbewegung. Demokratischer Übergang – Regionalismus – Ökonomische Modernisierung, Münster: Westfälisches Dampfboot

Köhler, Holm-Detlev, 1998: Gewerkschaften und Arbeitsbeziehungen in der Demokratie, in: Walther L. Bernecker/Klaus Dirscherl (Hrsg.): Spanien heute. Politik – Wirtschaft – Kultur, Frankfurt a.M.: Vervuert Verlag, S. 267-293

Linz, Juan José, 1986: A Century of Politics and Interests in Spain, in: Suzanne Berger (Hrsg.): Organizing Interests in Western Europe, Cambridge: University Press, S. 365-415

Loos, Roland, 1995: Gewerkschaftsorganisationen und Gewerkschaftspolitik in Spanien in den Jahren 1975-94, Frankfurt a.M.: Peter Lang

Miguélez, Faustino, 1996: Spanien: Verteidigung der Minimalgarantien, in: Ulrich Mückenberger/ Cornelia Stroh/Rainer Zoll (Hrsg.): Die Modernisierung der Gewerkschaften in Europa, Münster: Westfälisches Dampfboot, S. 198-219

Murillo Díaz, Antonio, 1987: El movimiento vecinal en la consolidación del sistema democrático, in: Ramón Suárez Clúa (Hrsg.): Espacio político del movimiento vecinal y del consumerista en la España actual, Madrid: Fundación de Investigaciones Marxistas, S. 63-66

Nohlen, Dieter/Andreas Hildenbrand (Hrsg.), 1992: Spanien. Wirtschaft – Gesellschaft – Politik, Opladen: Leske + Budrich

Pardo Avellaneda, Rafael/Joaquín Fernández Castro, 1991: Las organizaciones empresariales y la configuración del sistema de relaciones industriales de la España democrática, 1977-1990, in: Faustino Miguélez/Carlos Prieto (Hrsg.): Las relaciones laborales en España, Madrid: Siglo XXI Editores

Pastor, Jaime, 1993: Minorías críticas e identidades colectivas: evolución y crisis de los „nuevos" movimientos sociales en España, in: Papeles para la Paz, Nr. 49, S. 51-68

Pastor, Jaime, 1999: El „déficit social" de la participación política no electoral. Iniciativas ciudadanas y movimientos sociales, in: Documentación Social, Nr. 144, S. 125-141

Payne, Stanley G., 1993: Die Kirche und der Übergangsprozeß, in: Walther L. Bernecker/Josef Oehrlein (Hrsg.): Spanien heute. Politik – Wirtschaft – Kultur, Frankfurt a.M.: Vervuert Verlag, S. 105-120

Pérez Díaz, Víctor, 1993: The Return of Civil Society. The Emergence of Democratic Spain, Cambridge/London: Harvard University Press

Pérez Díaz, Víctor, 1994: La primacía de la sociedad civil. El proceso de formación de la España democrática, Madrid: Alianza Editorial

Prieto-Lacaci, Rafael, o.J.: Asociaciones voluntarias, in: Salustiano del Campo (Hrsg.): Tendencias Sociales en España (1960-1990), Bd. 1, Bilbao: Fundación BBV, S. 197-217

Santos Vázquez, Francisco/Antonio Montalvo de Lamo, 1995: El asociacionismo deportivo, o.O.: Consejo Superior de Deportes

Woischnik, Alwine, 1992: Die spanische Ökologiebewegung, Frankfurt a.M.: Verlag Peter Lang

Interessenvermittlung in der Europäischen Union

Rainer Eising

1. Das Institutionengefüge der EU und die Regulierung der Interessenvermittlung

1.1. Die Institutionen der Europäischen Union

Die EU-Institutionen unterscheiden sich in hohem Maße von den politischen Systemen der Mitgliedstaaten (Eising/Kohler-Koch 1999). Sie sind erst zwischen 1951 und 1957 ins Leben gerufen worden und zeichnen sich durch eine äußerst *dynamische Entwicklung* aus. Dies belegen die Aufnahme neuer Mitglieder seit den 70er Jahren, der graduelle Aufgabenzuwachs der EU und auch die Vertragsrevisionen seit Mitte der 80er Jahre. Diese Entwicklungen haben zu einer Ausweitung der territorialen Reichweite von EU-Regeln und der Befugnisse der europäischen Institutionen geführt. Mit dem Maastrichter Unionsvertrag von 1991 ist die Europäische Union ins Leben gerufen worden, die sich aus drei Pfeilern zusammensetzt: der auf den drei Gründungsverträgen basierenden Europäischen Gemeinschaft, dem Pfeiler Inneres und Justiz sowie der Gemeinsamen Außen- und Sicherheitspolitik. Für die Mehrzahl der Interessenorganisationen ist vor allem der erste Pfeiler der EU von Belang, in den mit dem Amsterdamer Vertrag von 1997 auch Teile der Innen- und Justizpolitik integriert worden sind. Im folgenden wird daher im wesentlichen das Institutionengefüge der Europäischen Gemeinschaft beschrieben.[1]

Dieses Institutionengefüge ist durch seinen *Mehrebenencharakter* geprägt. Die europäischen und die nationalen politischen Institutionen sind in einer Vielzahl von Politikfeldern in jeweils unterschiedlich hohem Maße miteinander verflochten, ohne daß sich eine Ebene einseitig aus diesen Bindungen lösen kann, um autonom Regeln zu verfassen. Das EU-Entscheidungsgefüge kombiniert supranationale mit intergouvernementalen Elementen und räumt der rechtlichen Kontrolle eine große Bedeutung ein. Die Phasen des politischen Prozesses sind auf der EU-Ebene in hohem Maße auf die Politikformulierung und die Entscheidungsfindung begrenzt, während die Umsetzung von EU-Recht weitgehend den Mitgliedstaaten vorbehalten ist. Aus diesem Grund und weil die politischen, die gesellschaftlichen und die wirtschaftlichen Akteure mittlerweile aus 15 Mitgliedstaaten kommen, sind die EU-Politiknetzwerke vielfach fluider und heterogener als auf der nationalen Ebene. Die Befugnisse der EU-Organe variieren nicht nur in den verschiedenen Phasen des Entscheidungsprozesses, sondern auch in

---

[1] Der Aufsatz verwendet aus Gründen der Vereinfachung dafür weitgehend die Bezeichnung Europäische Union. Wenn einzelne Pfeiler der EU oder auch einzelne Dimensionen der *Europäischen Gemeinschaft (EG)*, nämlich die *Europäische Wirtschaftsgemeinschaft (EWG)*, die *Europäische Gemeinschaft für Kohle und Stahl (EGKS)* oder die *Europäische Atomgemeinschaft (EURATOM)* gemeint sind, wird dies im Text ausdrücklich genannt. Die Organe der EU werden mit den durch den Maastrichter Vertrag eingeführten Bezeichnungen benannt. Für die Generaldirektionen der Europäischen Kommission werden nicht die erst während der Präsidentschaft Prodis eingeführten neuen Benennungen verwendet.

unterschiedlichen Verfahren, so daß keiner der politischen Akteure eine vollständige Kontrolle über den Verlauf oder den Inhalt der Entscheidungsprozesse besitzt. Informelle Verhandlungen und Konsultationen überlagern deshalb oft die formalen Kompetenzen.

Politische Parteien spielen im Verhältnis zu den nationalen Systemen nur eine sehr begrenzte Rolle, die zudem auf das Europäische Parlament beschränkt ist. Die ideologische Kohärenz der EU-Politik ist aber nicht unbedingt geringer als auf der nationalen Ebene. Die Schaffung eines gemeinsamen Marktes als wichtigste „Maxime der Handlungsorientierung" (Lepsius 1991: 314) trägt dazu bei, die Erwartungen und Sichtweisen der Akteure zu vereinheitlichen. Infolge der Binnendifferenzierung der einzelnen Organe haben sich unterhalb dieses vereinheitlichenden Elements allerdings sektor-, politikfeld- und selbst problemspezifische Politiknetzwerke mit je eigenen Entscheidungskriterien herausgebildet.

Die Struktur des EU-Systems bestimmt mit ihren vielfältigen Zugangspunkten die konkreten Adressaten der Interessenorganisationen. Die *Europäische Kommission* ist auf der europäischen Ebene die zentrale Ansprechpartnerin für Interessengruppen, weil sie das alleinige Recht hat, politische Maßnahmen zu initiieren, und als „Hüterin der Verträge" (neben dem EuGH) auch die Einhaltung der EU-Regeln kontrolliert. Sie bezieht die Interessenorganisationen in die Politikformulierung ein und fördert in einzelnen Fällen die Entstehung europäischer Verbandsföderationen, um nicht vereinzelten nationalen Positionen gegenüberzustehen (Lindberg 1963: 70-71). Die Konsultationen sollen den Informationsbedarf der Kommission decken und gesellschaftliche Akzeptanz für ihre Vorschläge erzeugen. In den Konsultationsprozessen stehen die Expertise und die Repräsentativität der Interessengruppen als Bedingungen für die politische Partizipation im Vordergrund. Im *Europäischen Parlament (EP)* sind parteipolitische und ideologische Spannungslinien als Entscheidungskriterien natürlich von größerer Bedeutung als in der Kommission. Allerdings ist der Parteienwettbewerb im EP nicht so stark ausgeprägt wie in Konkurrenzdemokratien und wird oft durch nationale Interessenlagen oder durch institutionelle Eigeninteressen des Parlaments überlagert. Das Europäische Parlament ist durch die Einführung der Direktwahl 1979 und durch die Veränderung der Entscheidungsregeln im Zuge der Einheitlichen Europäischen Akte und der nachfolgenden Vertragsrevisionen erheblich aufgewertet worden. Daher betrachten nicht mehr nur soziale und gesellschaftliche, sondern zunehmend auch wirtschaftliche Interessengruppen das EP als wichtigen Ansprechpartner. Vor allem die Vorsitzenden der ständigen Ausschüsse und die für die einzelnen Dossiers zuständigen Berichterstatter in den Ausschüssen sind wichtige Adressaten der Lobbying-Aktivitäten.

Infolge der „entscheidenden" Position des aus den jeweils zuständigen nationalen Fachministern zusammengesetzten *Rates der Europäischen Union* sind die nationalen Regierungen und Ministerialverwaltungen in EU-Entscheidungsprozessen überaus wichtige Adressaten der Lobbying-Aktivitäten. Bis zur Verabschiedung der *Einheitlichen Europäischen Akte (EEA)* konnte jede negativ betroffene nationale Interessengruppe, die ihre Regierung von ihrem Gesichtspunkt überzeugte, sogar den europäischen Rechtssetzungsprozeß zum Scheitern bringen. Durch die dann und auch in den späteren Vertragsrevisionen erfolgte Stärkung der qualifizierten Mehrheitsentscheidungen im Rat ist es nun für die nationalen Interessengruppen notwendig geworden, Koalitionspartner in anderen Mitgliedstaaten zu finden und den EU-Politikformulierungsprozeß in einem frühen Stadium zu verfolgen und zu beeinflussen.

Der aus den Staats- oder Regierungschefs der Mitgliedstaaten und dem Präsidenten der Kommission zusammengesetzte *Europäische Rat*, dessen Funktionen in den Verträgen nicht genau definiert sind und der sich seit der Mitte der 1970er Jahre halbjährlich trifft, ist für eine politikfeldübergreifende Perspektive zuständig. Seine Schlußfolgerungen in den halbjährlichen Treffen zeichnen sich durch eine größere strategische Relevanz für die EU-Entwicklung aus als die Beschlüsse des „Ministerrates" und seines administrativen Unterbaus (Wessels 1991: 143). Der *Europäische Gerichtshof (EuGH)* hat infolge seines Monopols über die Auslegung des EU-Rechts eine zentrale Rolle bei dessen Weiterentwicklung eingenommen und sowohl das konstitutionelle als auch das politikfeldspezifische Recht der Gemeinschaft mit beeinflußt (Weiler 1991). Das die nationalen Gerichte involvierende Vorabentscheidungsverfahren trägt dabei nicht nur zur effektiven Implementation des Gemeinschaftsrechts bei, sondern ermöglicht es nationalen Akteuren auch, die Vereinbarkeit nationaler Regeln mit dem EU-Recht überprüfen zu lassen. Die europäische Integration kann so „durch die Hintertür" (Lovecy 1999) auf solche Bereiche ausgeweitet werden, die die politischen – d.h. die staatlichen und parlamentarischen – Akteure nicht thematisiert oder zu denen sie ihre Zustimmung verweigert haben.

1.2. Die Regulierung der Interessenvermittlung in der Europäischen Union

Die Kontakte zwischen der Kommission und den Interessengruppen reichen von Ad-hoc-Treffen bis zu stärker formalisierten Arrangements. Da es bislang keine einheitliche Kommissionspolitik und keine einheitlichen Verfahrensregeln für den Umgang mit Interessengruppen gibt, variiert deren Einbindung mit den Praktiken der verschiedenen Generaldirektionen. Aufgrund ihrer begrenzten internen Ressourcen sind die europäischen Institutionen in hohem Maße offen für den Input von Interessengruppen. Die Kommission hat dies in ihrer Mitteilung über einen „offenen und strukturierten Dialog" mit Interessengruppen zu Beginn der 1990er Jahre klar formuliert: „Die Kommission ist gegenüber Anregungen von außen stets aufgeschlossen gewesen. Diese Haltung ist für sie ganz wesentlich bei der Ausarbeitung ihrer Politiken. Der Dialog hat sich für alle Beteiligten als wertvoll erwiesen. Die Beamten der Kommission anerkennen seine Notwendigkeit und begrüßen ihn" (Kommission 1993: 2). Die allgemeinen Bemühungen der EU-Institutionen, die Aktivitäten von Interessenorganisationen zu regulieren, zielen darum auch nicht darauf ab, deren Zugang zu begrenzen, sondern minimale Verhaltens- und Qualitätsstandards sicherzustellen.

Die Europäische Kommission und das Europäische Parlament zeigen dabei aufgrund ihrer unterschiedlichen Aufgaben und Funktionen durchaus divergierende Herangehensweisen an dieses Problem. Das EP mißt ihm eine weitaus größere Bedeutung bei als die Kommission. Besorgnis um eine mangelnde Transparenz der Interessenvermittlung und um ein Fehlverhalten von Interessengruppen und Parlamentariern leiteten am Ende der 80er Jahre Bemühungen um eine Regulierung des Lobbyings im Parlament ein (Schaber 1997; Greenwood 1997: 80-99).

Das Europäische Parlament hat nach einer durch nationale und parteipolitische Differenzen geprägten Debatte 1996 auf der Basis der Vorarbeiten des zuständigen Berichterstatters Glyn Ford beschlossen, ein Register von Interessenorganisationen einzuführen. In dieses Register tragen sich alle Personen ein, „die ein Interesse am ständigen

Zugang zum Parlament haben" (Schaber 1997: 274) und nicht täglich für einen Besucherpaß anstehen wollen. Mit dem Eintrag in das Register und der Anerkennung von noch im Detail auszuarbeitenden Verhaltensregeln erhalten die Interessenvertreter einen Ausweis, der ihren Zugang zum Parlament erleichtert und für ein Jahr gilt.[2] Dieser Paß verleiht ihnen allerdings nicht mehr Rechte als anderen Unionsbürgern und gewährt ihnen keinen privilegierten Zugang zu den Parlamentariern. Mit dem Ford-Bericht wurde auch der Nordmann-Bericht angenommen, der die europäischen Parlamentarier dazu verpflichtet, Angaben über ihre bezahlten Aktivitäten und Zuwendungen von Dritten zu machen.

Im Gegensatz zum Europäischen Parlament setzt die Europäische Kommission stärker auf die Selbstregulierung der Aktivitäten von Interessenorganisationen. Sie hat vor allem die professionellen Beratungsfirmen, die im Auftrag Dritter tätig sind, dazu bewegt, Verhaltenskodizes anzunehmen,[3] die von ihr vorgegebenen Mindestanforderungen (Kommission 1993: Anhang II) genügen. Darüber hinaus hat sie ein Verbändeverzeichnis angelegt, das im November 1999 887 europäische Interessenorganisationen mitsamt ihren nationalen Mitgliedsorganisationen erfaßt hat. Im Gegensatz zum Europäischen Parlament lehnt sie allerdings eine Registrierung und „Akkreditierung" von Interessenorganisationen ab, weil dies ihrer Ansicht nach den offenen Zugang aller Interessenorganisationen beeinträchtigen kann. Insgesamt prägen jedoch weder die Regulierung durch das EP noch die Aufforderungen zur Selbstregulierung durch die Kommission nennenswert die Verbändelandschaft oder das Verhalten der Interessenorganisationen.

2.   Die Interessenvertretung auf der EU-Ebene

2.1. Einleitung

Den politischen Institutionen steht eine Vielzahl verschiedenartiger Interessenorganisationen mit unterschiedlichen Einflußstrategien gegenüber.[4] Über die Zahl der Interessengruppen auf EU-Ebene besteht dabei keine Klarheit, sie differiert nach unterschiedlichen Quellen. Nach der Art des vertretenen Interesses lassen sich generell zwei unterschiedliche Arten von Gruppen unterscheiden. „Öffentliche" Interessengruppen repräsentieren eher diffuse öffentliche Anliegen und ideelle Ziele oder sie versuchen, den Status unterprivilegierter Bevölkerungsgruppen zu verbessern, während wirtschaftliche Interessengruppen stärker die Eigeninteressen ihrer Mitglieder wahren. Infolge des Mehrebenencharakters der EU sind die Praktiken der Interessenvermittlung

---

2   Im Frühjahr 1998 waren 1.734 Vertreter von Interessenorganisationen und 345 im Umfeld des
    Europäischen Parlaments beschäftigte Berater eingetragen (European Level Interest Representation Newsletter, Bd. 4, Nr. 1 (Mai 1998)).
3   Solche Verhaltenskodizes sind formuliert worden von der Society of European Affairs Practicioners und den Public Affairs Practicioners.
4   Ausführliche Darstellungen über die Struktur der Interessengruppen auf EU-Ebene finden sich in
    Greenwood (1997); Mazey/Richardson (1993). Greenwood (1995) und Pedler/van Schendelen
    (1994) beinhalten eine Reihe von Fallstudien. Die Konsequenzen für die Interessenvermittlung in
    den Mitgliedstaaten untersuchen die Aufsätze in van Schendelen (1993) und Eichener/ Voelzkow
    (1994), letztere mit dem Fokus auf die Bundesrepublik.

auf der EU- und auf der nationalen Ebene in hohem Maße miteinander verflochten.[5] So vertritt mittlerweile die Mehrzahl der nationalen Wirtschaftsverbände aus den großen Mitgliedstaaten – aus Deutschland 71,7 Prozent (N = 230), aus Großbritannien 61,0 Prozent (N = 122) und aus Frankreich 68,1 Prozent (N = 77) – sowie der EU Verbände (64,2 Prozent; N = 104) ihre Interessen sowohl gegenüber den europäischen als auch gegenüber nationalen politischen Institutionen. Nationalen Akteuren stehen im Prinzip drei verschiedene, sich nicht gegenseitig ausschließende Strategien zur Verfügung, um ihre Interessen in der EU zu vertreten: Sie *organisieren* sich gemeinsam mit anderen Akteuren, sie *koalieren* mit anderen Akteuren oder sie vertreten ihre Interessen jeweils *einzeln.* Dies kann auf der nationalen oder der europäischen Ebene wie auch transnational zwischen Akteuren in verschiedenen EU-Staaten (und auch Nicht-EU-Staaten) erfolgen. Im Rahmen dieser Grundformen gibt es vielfältige Variationen und Mischformen etwa in der Dauerhaftigkeit oder in der Formalisierung der Zusammenarbeit.

Gerade neue Anläufe zur Vertiefung der europäischen Integration – wie die Gipfelkonferenz von Den Haag (1969), der Plan zur Errichtung einer europäischen Wirtschafts- und Währungsunion (1972), die Lancierung des Europäischen Währungssystems (1979), die Einheitliche Europäische Akte oder der Maastrichter Vertrag – waren immer von einer Verstärkung europäischer Verbändeaktivitäten begleitet.[6] Die konkrete Praxis, die solchen politischen Integrationsschüben folgte, klärte das jeweilige Kosten-Nutzen-Verhältnis für die Beteiligten und führte zu einer Verfestigung von Repräsentationsstrukturen. Die Interaktionsmuster blieben gleichwohl sehr fließend, und dies ist angesichts des „evolutionären" Charakters der EU auch für die absehbare Zukunft zu erwarten.

Vergleicht man nun die Mittel und Wege der Interessenvertretung, so schlagen die nationalen und die EU-Organisationen durchaus unterschiedliche Strategien ein, um ihre Interessen zu verfolgen. Die Euroverbände folgen i.d.R. einer fachlichen Logik und pflegen Kontakte mit den zuständigen Generaldirektionen der Kommission und den relevanten Ausschüssen des Europäischen Parlaments. Von ihnen wird in erster Linie fachliche Expertise und sachliche Überzeugungsarbeit erwartet. Dagegen liegt der Strategie der nationalen Verbände in höherem Maße eine territoriale Dimension zugrunde. Sie richten die Vertretung ihrer Interessen zwar ebenfalls nach der Aufgabenverteilung in den EU-Institutionen aus, vertreten sie aber wesentlich stärker zusätzlich gegenüber Landsleuten in der Kommission, nationalen Mitgliedern des Europäischen Parlaments und den Ständigen Vertretungen der Mitgliedstaaten, um genuine „territoriale" Interessen geltend zu machen.

Die Funktionen der EU-Verbände sind vielfach enger gefaßt als die ihrer Mitgliedsverbände, und ihre Ressourcenausstattung ist oftmals geringer als die der nationalen Verbände. Die Euroverbände dienen in unterschiedlicher Weise der Informati-

---

5   Die Daten im Text entstammen dem Projekt „Lobbying in der Europäischen Union" (EUROLOB), das ich unter der Leitung von Professorin Beate Kohler-Koch und unter Mitarbeit von Christine Quittkat am Mannheimer Zentrum für Europäische Sozialforschung durchgeführt habe. Es hat mittels einer Vollerhebung das Lobbying-Verhalten deutscher, britischer, französischer und europäischer Wirtschaftsverbände sowie einer Reihe von europäischen Großunternehmen untersucht. Der Gesamtrücklauf betrug 860 von 2.066 Fragebögen (41,6 Prozent). Da keine systematische non-response Studie unternommen wurde, können die im Text angegebenen Daten von den Verteilungen in der Gesamtheit abweichen.

6   Dies läßt sich auch an der Zunahme von Neugründungen von EU-Verbänden ablesen, vgl. Kohler-Koch 1992: 93.

onsbeschaffung, der Einflußnahme auf die EU-Politik und der Kontaktvermittlung zu anderen Organisationen. Dadurch ist ihre Fähigkeit, die Ansprüche ihrer Mitglieder zu disziplinieren und Interessendivergenzen zu überbrücken geringer als die der nationalen Verbände, die mehr selektive Anreize zu offerieren haben. Ihre Fähigkeit, die Interessen ihrer nationalen Mitglieder zu bündeln, wurde auch aus diesem Grund bereits frühzeitig sehr skeptisch eingeschätzt. Schon Ernst Haas stellte in bezug auf die Verbände der nur sechs Mitgliedstaaten umfassenden Europäischen Gemeinschaft für Kohle und Stahl fest, daß sich deren Vereinbarungen kaum einmal auf eine gemeinsame Ideologie oder gemeinsame Werte bezogen, sondern eher die Eigeninteressen der Mitglieder reflektierten (1958: 352-353). Formell sichern Einstimmigkeits- oder qualifizierte Mehrheitsregeln den Mitgliedern auch heute noch die Berücksichtigung der nationalen Interessen.

Schaubild 1: Die Zahl europäischer Interessenorganisationen nach der Art des Interesses

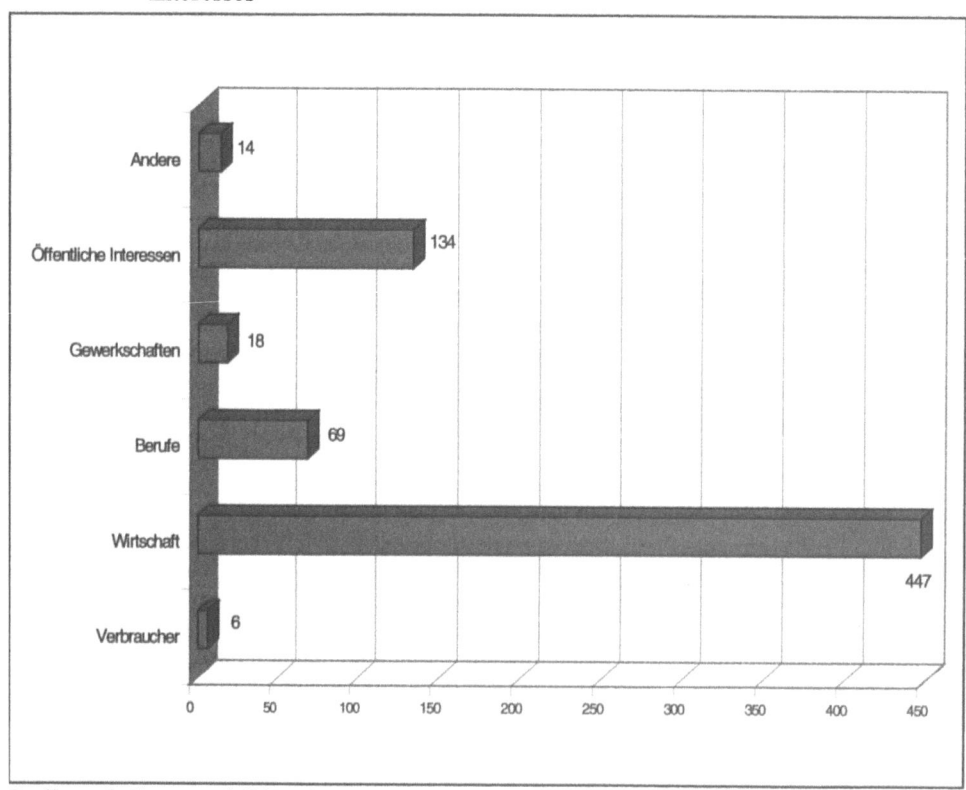

Quelle: nach Greenwood 1997: 49.

2.2. Wirtschaftliche Interessengruppen

2.2.1. Arbeitgeber- und Produzentenverbände

Der Schwerpunkt der wirtschaftlichen Integration hat dazu geführt, daß die meisten EU-Organisationen dem Wirtschaftsbereich entstammen, selbst wenn der Erwerb von Kompetenzen in anderen Bereichen wie der Umwelt-, der Sozial- oder der Innenpolitik dies etwas relativiert (Schaubild 1). Den wirtschaftlichen Interessengruppen bieten sich aufgrund des sektoralen Aufbaus der Europäischen Kommission eine Vielzahl von Anlaufstellen in der supranationalen Bürokratie. Sie haben in zahlenmäßiger Hinsicht ein deutliches Übergewicht und sind besser mit personellen, finanziellen und organisatorischen Ressourcen ausgestattet als die Verbände, die öffentliche Anliegen repräsentieren, wobei auch unter den Wirtschaftsverbänden große Unterschiede zu registrieren sind.[7] Sie organisieren als Verbandsföderationen i.d.R. nationale Verbände, vertreten aber zunehmend auch Unternehmen als direkte Mitglieder. Im EUROLOB-Sample haben 35,8 Prozent von 162 EU-Wirtschaftsverbänden ausschließlich Verbände als Mitglieder, 29,6 Prozent organisieren Verbände und Unternehmen, 13,6 Prozent vertreten ausschließlich Unternehmen und 9,9 Prozent vertreten sowohl Unternehmen, Verbände als auch andere Organisationen. Die restlichen 11,1 Prozent entfallen auf verschiedene Mischformen. Da sie in höherem Maße Verbände organisieren, als das auf der nationalen Ebene der Fall ist, haben die EU-Verbände verhältnismäßig wenige Mitglieder. 75,6 Prozent (N = 113) von ihnen haben nur bis zu 50 Mitglieder. Sie erreichen recht hohe Organisationsgrade, weil ihre potentielle Mitgliedschaft relativ klein ist: 72,4 Prozent der EU-Wirtschaftsverbände organisieren zwischen drei Viertel und der Gesamtheit ihrer potentiellen Mitglieder. In den drei großen Mitgliedstaaten ist diese Quote deutlich niedriger. Sie liegt zwischen 42,5 Prozent der Verbände in Großbritannien (N = 74) und 57,8 Prozent in Deutschland (N = 177). Im Vergleich zu nationalen Wirtschaftsverbänden konzentrieren sich die EU-Wirtschaftsverbände stärker auf die politische Interessenvertretung als auf die Erbringung von Dienstleistungen für die Mitglieder oder die Koordination von Märkten.[8]

Von den Verbänden der Arbeitgeber und Produzenten wurden über 100 bereits in den ersten beiden Jahren des Bestehens der Europäischen Wirtschaftsgemeinschaft ins Leben gerufen. Als Beispiele kann man die branchenübergreifenden Verbände nennen: Bereits 1958 wurde UNICE *(Union of Industrial and Employers' Confederations of Europe)* als europäischer Dachverband der privaten Industrie- und Arbeitgeberverbände gegründet. Der Verband vereinigt 35 Industrie- und Arbeitgeberverbände aus 27

---

7   Die Mehrzahl der EU-Wirtschaftsverbände ist in personeller Hinsicht moderat ausgestattet: Im EUROLOB-Sample beschäftigen 64,6 Prozent von 163 EU-Verbänden zwischen einem und fünf Mitarbeitern. 27,3 Prozent haben zwischen 6 und 25 Mitarbeiter und nur acht Prozent beschäftigen mehr als 25 Mitarbeiter.

8   Im EUROLOB-Sample haben 65,5 Prozent (N = 205) der deutschen Verbände zwischen vier und maximal sechs Dienstleistungsfunktionen. Dies traf auf 54,1 Prozent (N = 105) der britischen Verbände und 83,1 Prozent (N = 89) der französischen Verbände, aber nur auf 24,9 Prozent (N = 39) der EU-Verbände zu. Die Mehrzahl der EU-Verbände stellte weniger Dienstleistungen für ihre Mitglieder bereit. Im Bereich der Marktkoordination war der Unterschied zwischen nationalen und EU-Verbänden nicht so stark ausgeprägt, aber immer noch vorhanden: 27,3 Prozent (N = 83) der deutschen Verbände; 35,0 Prozent (N = 67) der britischen Verbände und 31,4 Prozent (N = 34) der französischen, aber nur 17,3 Prozent (N = 27) der EU-Verbände waren in wenigstens vier und maximal sechs Bereichen der Marktkoordination tätig.

Ländern, d.h. seine ordentliche Mitgliedschaft reicht über die Grenzen der Europäischen Union hinaus.[9] 19 seiner Mitglieder fungieren sowohl als Arbeitgeber- als auch als Industriedachverbände, während diese Funktionen sich in acht Ländern auf jeweils zwei Mitgliedsorganisationen verteilen. UNICE beschäftigt etwa 30 Mitarbeiter und zählt damit zu den größten EU-Verbänden. Die oft sehr begrenzte Zahl der hauptamtlichen Mitarbeiter der EU-Wirtschaftsverbände hat allerdings nur eine begrenzte Aussagekraft über die personellen Ressourcen, die diese Verbände mobilisieren können. So sind in den 60 Arbeitsgruppen von UNICE über 1.500 Experten aus den nationalen Mitgliedsorganisationen und aus den ihnen angeschlossenen Unternehmen tätig.

Während UNICE über einige seiner nationalen Mitgliedsverbände auch öffentliche Unternehmen vertritt, haben sich die Unternehmen mit öffentlicher Beteiligung ebenfalls frühzeitig, nämlich 1961, im CEEP *(Centre Européen des Entreprises à Participation Publique et des Entreprises d'Intérêt Economique General)* zusammengeschlossen. CEEP hat ebenso wie UNICE den Status eines Sozialpartners der Gemeinschaft erhalten. Seine ordentlichen Mitglieder sind die 13 nationalen Sektionen[10] der EU-Mitgliedstaaten und wenige Einzelorganisationen. Anders als in UNICE können Organisationen, die nicht einem EU-Mitgliedsland entstammen, lediglich assoziierte Mitglieder werden. Die Vereinigung der Industrie- und Handelskammern EUROCHAMBRES *(The Association of European Chambers of Commerce and Industry)* wurde schon 1958 ins Leben gerufen und vertritt 33 nationale Verbände der Industrie- und Handelskammern aus europäischen Staaten und aus Israel. Damit repräsentiert EUROCHAMBRES über 1.300 Industrie- und Handelskammern, denen über vierzehn Millionen zumeist kleine und mittlere Unternehmen angeschlossen sind. Unter den branchenübergreifenden Organisationen befinden sich auch acht Verbände, die ausschließlich solche Unternehmen organisieren.

Aufgrund ihrer überaus breiten Interessendomäne, ihrer vielfältigen Mitgliedschaft und der Tatsache, daß sie auch Mitglieder von außerhalb der EU organisieren, werden die branchenübergreifenden Wirtschaftsverbände regelmäßig nur als Verhandlungsarenen oder Kommunikationsforen betrachtet. Trotz ihrer teilweise sehr guten organisatorischen und personellen Ausstattung ist die Autonomie der Geschäftsstellen nach allgemeiner Einschätzung stark begrenzt (Eising/Kohler-Koch 1994). Die heterogenen Interessen der angeschlossenen Mitgliedsorganisationen behindern regelmäßig die Fähigkeit, sich auf gemeinsame Positionen zu einigen.

Neben diesen Verbandsföderationen gibt es mittlerweile eine Reihe von sektorübergreifenden Organisationen, die Unternehmen bzw. Unternehmer direkt auf der europäischen Ebene organisieren. Darunter fällt z.B. die *American Chamber of Commerce in Belgium*, der etwa 1.000 US-amerikanische, belgische und weitere ausländische Firmen angeschlossen sind.[11] Von besonderer Relevanz ist der 1983 gegründete *European Roundtable of Industrialists*, der sich mittlerweile aus 47 Vorstandsvorsitzenden europäischer Großunternehmen zusammensetzt. Seine Arbeit ist nicht so sehr auf einen hauptamtlichen Apparat gestützt, vielmehr nutzen seine Mitglieder die Ressourcen ihrer Unternehmen für seine Arbeit. Er hat einen wesentlichen Beitrag zur Akzeptanz des

---

9   Soweit im Text nicht anders angegeben, ist der Stand der Informationen über die Verbandsorganisationen und deren Mitglieder der 31.01.2000.
10 Belgien, die Niederlande und Luxemburg haben eine gemeinsame Benelux-Sektion.
11 54 Prozent der Mitglieder von Amcham Belgium sind US-Unternehmen, 27 Prozent sind belgische Unternehmen und 19 Prozent sind andere ausländische Unternehmen.

Binnenmarktprogramms in den Mitgliedstaaten geleistet und versteht sich als eine strategische Organisation, die vornehmlich im Bereich der Agendagestaltung tätig ist (Green Cowles 1997).

Die Zusammenarbeit von Großunternehmen in Organisationen mit direkter Unternehmensmitgliedschaft kann die Rolle von umfassenden Verbänden in der Bündelung der Interessen ihrer Mitglieder unterminieren. Die europäischen Institutionen bevorzugen in vielen Fragen die Zusammenarbeit mit Organisationen, die eine Direktmitgliedschaft vorsehen, weil diese manchmal eher als die umfassenden EU-Verbandsföderationen in der Lage sind, eine einheitliche Position festzulegen, zu deren Einhaltung sich ihre Mitglieder verpflichten. Die zunehmende Bedeutung von Großunternehmen zeigt sich auch darin, daß sie in einer Reihe von Verbänden seit Ende der 80er Jahre eine größere Rolle in den Entscheidungsverfahren spielen. Beispielsweise haben sie sich in UNICE im Zuge einer Reorganisation des Ausschußwesens den Vorsitz in den wichtigen ständigen Ausschüssen gesichert und den Aufbau gemeinsamer Positionen durch Vorkonzertierungen erleichtert. Die Aufwertung ihrer Position wurde dann 1990 mit der alleine aus Unternehmensvertretern bestehenden UNICE *Support and Advisory Group* noch stärker institutionalisiert (Green Cowles 1997), auch wenn die Firmen keine formalen Stimmrechte in den UNICE-Gremien haben.

Eine Reihe von Untersuchungen belegt, daß branchenspezifische Verbände im Vergleich zu den branchenübergreifenden Zusammenschlüssen vielfach über eine größere Handlungsfähigkeit verfügen. So wird dem 1978 gegründeten Verband der pharmazeutischen Industrie EFPIA *(European Federation of Pharmaceutical Industry Associations)* eine große Handlungsfähigkeit bescheinigt. EFPIA vereint multinationale Unternehmen aus 16 Ländern über ihre nationalen Verbände. Diese Unternehmen und Verbände agieren in verschiedenen nationalen Märkten mit ähnlichen Problemlagen und verfügen über Erfahrungen in der transnationalen Verbandskooperation. EFPIAs Tätigkeit konnte somit auf der langjährigen Zusammenarbeit zwischen nationalen Verwaltungen und den Verbänden des Pharmasektors aufbauen. Diese Beziehungen sind durch die Bevorzugung von Verhandlungslösungen und die Delegierung von Selbstregelungsbefugnissen an die Verbände gekennzeichnet. Die oben erwähnte Begrenzung der verbandlichen Autonomie trifft aber auch die branchenspezifischen Verbände. In Branchen wie der Auto-, der Chemie- und der biotechnologischen Industrie haben sich Großunternehmen größere Einflußmöglichkeiten im Verhältnis zu den nationalen Verbänden und den hauptamtlichen Mitarbeitern gesichert.[12] Mittlerweile ist auch das direkte Lobbying von Einzelunternehmen in Brüssel üblich. Großunternehmen verfügen dabei oft über einen deutlich besseren Zugang zu den EU-Institutionen als europäische oder nationale Verbände.[13]

Der Einfluß der wirtschaftlichen Interessenorganisationen hängt allerdings nicht alleine von der ökonomischen Relevanz ihrer Mitglieder, ihrem Organisationsgrad oder der Internationalisierung eines Sektors ab, wie oft unterstellt wurde (McLaughlin

---

12 Zur Automobilindustrie vgl. McLaughlin et al. 1993, zur Chemieindustrie vgl. Grant/Paterson 1994, zur Biotechnologie und zum Pharmasektor vgl. Greenwood/Ronit 1992.

13 In unserem Sample haben 17 von 32 deutschen, französischen und britischen *Groß*unternehmen (59,4 Prozent) wenigstens wöchentlichen Kontakt mit der Europäischen Kommission. Die Anteile der europäischen und der nationalen Verbände sind deutlich geringer. Immerhin 41,9 Prozent der EU-Verbände (N = 67), aber nur 9,3 Prozent der deutschen Verbände (N = 29), 4,6 Prozent der britischen Verbände (N = 9), und 4,7 Prozent der französischen Verbände (N = 5) haben so häufig Kontakte mit der supranationalen Administration.

et al. 1993). Angesichts der Komplexität des Entscheidungsgefüges und ihrer mangelnden Kontrolle über Entscheidungsprozesse suchen die EU-Organe bevorzugt den Umgang mit potentiellen Bündnispartnern, selbst wenn sie i.d.R. alle betroffenen gesellschaftlichen und wirtschaftlichen Akteure konsultieren. Die so entstehenden Koalitionen basieren vielfach auf gemeinsamen normativen Orientierungen und inhaltlichen Positionen. Dies kann selbst die Bedeutung von kleinen und relativ unrepräsentativen Verbänden steigern, die in den Prozessen der Interessenvermittlung selektiv aufgewertet werden (Eising 2000).

Insgesamt stärkt der Integrationsprozeß also nicht nur aufgrund der selektiven Koalitionsbildungen, sondern auch aufgrund der Komplexität des Mehrebenengefüges in einigen Politikfeldern die öffentlichen Akteure (Grande 1994), weil diese sich aus klientelistischen Beziehungen zu nationalen Unternehmen und Verbänden lösen können. Die Einvernahme einer Regierung auf nationaler Ebene sichert somit nicht mehr die Durchsetzung des Verbandsinteresses in der EU-Politik. Auf der EU-Ebene stößt die Durchsetzung einzelverbandlicher Interessen auf Grenzen und fällt in verschiedenen Bereichen und Phasen der EU-Politik unterschiedlich aus. Weiterhin müssen die politischen Forderungen der Interessengruppen ideelle Vorstellungen der EU-Organe berücksichtigen. Letztere können durch die Einbindung der Interessengruppen überdies an Steuerungskapazität gewinnen.

2.2.2. Die Rückwirkungen auf nationale Verbändesysteme

Die Mehrebenenverflechtung entfaltet dabei erhebliche Rückwirkungen auf die nationalen Verbände und Verbändesysteme (zum folgenden vgl. Eising 2000). Infolge der neuen Optionen, die die EU eröffnet, können sich die Beziehungen zu den nationalen staatlichen Stellen ändern. Auch die etablierten Muster der Interessenvermittlung zwischen Interessenorganisationen werden neuen Anforderungen ausgesetzt. Die Mehrebenenverflechtung stellt große Anforderungen an die Informationsverarbeitung und die Interessenvermittlung zwischen den nationalen Akteuren. Die simultane Präsenz auf beiden staatlichen Ebenen und die Abstimmung mit den EU-Verbänden wollen organisiert und koordiniert sein. Die Interessenvertretung im EU-System ist überaus zeit- und kostenintensiv. Selbst ressourcenstarke deutsche Verbände erachten sprachliche Schwierigkeiten und den hohen Zeitdruck von EU-Vorgaben als gravierende Probleme, so daß sie teilweise gemeinsame Sprach- und Übersetzungsdienste eingerichtet haben.

Neben der Tatsache, daß einzelne Firmen oder sub-sektorale Verbände die umfassenden nationalen und europäischen Verbände umgehen und Direktkontakte mit den staatlichen Akteuren suchen, bildet die Kontrolle der nationalen Delegierten auf der europäischen Ebene das zentrale Problem der verbandlichen Mehrebenenverflechtung. Den Vertretern der nationalen Verbände müssen auf der EU-Ebene Verhandlungsspielräume eingeräumt werden, um Einigungsmöglichkeiten nicht vollständig zu blockieren. Damit besteht die Gefahr, daß nationale Konsenspositionen auf der EU-Ebene unterlaufen werden, was den nationalen und den EU-Verbandsmitarbeitern durchaus bewußt ist. Die Exit-Option der Verbandsmitglieder zieht der Unterminierung eines nationalen Konsenses auf der europäischen Ebene zwar eine strukturelle Grenze. Dieser Option stehen aber die Kosten einer Aufgabe der verbandlichen Kooperation gegenüber, so daß die Stärkung von Kontrollmechanismen und die Begrenzung des verbandlichen Verhandlungsmandats zunächst wahrscheinlichere Reaktionen negativ betroffener Verbandsmitglieder sind. Eine solche Eindämmung des Verhandlungsmandats oder auch das eigenständige Vorgehen einzelner Unternehmen oder sub-sektoraler Verbände unterminiert allerdings die Einheitlichkeit, Glaubwürdigkeit und Relevanz verbandlicher Interessenvertretung gegenüber politischen Akteuren.

Die nationalen Verbände versuchen, diese Probleme meist durch angestammte Organisationsroutinen und Kontrollmechanismen aufzufangen. Die Neutralität und die Vermittlungsleistungen der hauptamtlichen Verbandsmitarbeiter und der von den Unternehmen gewählten Ausschußvorsitzenden sind wichtige Elemente der verbandsinternen Kooperation. Die repräsentative Vertretung verschiedener Unternehmensgruppen in den verbandlichen Gremien und in den EU-Verbänden sollen eine Orientierung an gesamtsektoralen Belangen gewährleisten. Einige britische Verbände stellen Unternehmensvertretern in den Verhandlungen des EU-Verbandes sogar zeitweise einen hauptamtlichen Verbandsmitarbeiter zur Seite, um sicher zu gehen, daß auf der EU-Ebene auch wirklich gesamtsektorale Interessen vertreten werden. Schließlich suchen die nationalen Verbände Einigungskonzepte, die *allen* Mitgliedern angemessen erscheinen und die einvernehmlich verabschiedet werden.

Die Einbindung in die EU-Politik bringt für die nationalen Verbände nicht nur bedeutende interne Verhandlungsprobleme, sondern auch einen allgemeinen Statusverlust mit sich, weil ihr relatives politisches Gewicht und ihre Repräsentativität auf der EU-Ebene abnehmen. Dennoch kann sich die Einbindung in EU-Entscheidungsprozesse aufgrund ihrer unterschiedlichen Einbettung in die nationalen Strukturen sehr verschieden auf sie auswirken. Dies war beispielsweise ein Effekt der Liberalisierung der Elektrizitätsversorgung in der EU: Diese Reform hat die Stellung der *Electricity Association* im britischen Sektor und ihre Bedeutung für die nationalen politischen Akteure *gestärkt*, während sie die Position der *Vereinigung Deutscher Elektrizitätswerke (VDEW)* geschwächt hat. Dafür gibt es drei Gründe: Erstens hingen diese differierenden Entwicklungen von der unterschiedlichen Homogenität der Mitgliederpositionen ab. Während der britische Sektor eine einheitliche Position einnahm und die Liberalisierung unterstützte, konnten sich die deutschen Versorgungsgruppen lediglich auf eine Minimalposition einigen, die zudem durch die großen Verbundunternehmen und mit ihnen verflochtenen Regionalversorgern unterhöhlt wurde. Zweitens deckten sich die verbandlichen Orientierungen in unterschiedlichem Maße mit denen der staatlichen Akteure, und damit unterschied sich auch ihre Funktion als deren Bündnispartner. Die Electricity Association unterstützte die Position der Europäischen Kommission und des britischen *Department of Trade and Industry*. Sie bildete gerade für erstere einen wichtigen sektoralen Koalitionspartner. Dagegen nahm die VDEW eine defensive Position gegen die Liberalisierung ein, die von der Kommission und dem deutschen *Bundesministerium für Wirtschaft* nur in weitaus geringerem Maße berücksichtigt wurde. Schließlich lagen diesen Entwicklungen unterschiedliche Ausgangssituationen der nationalen Verbände zugrunde. Während die Rolle der VDEW in der sektoralen Interessenvermittlung von Unternehmen und staatlichen Akteuren lange anerkannt war und die sub-sektorale Interessenvertretung nur subsidiär erfolgte, wurde die Electricity Association nach ihrer Gründung zunächst kaum in die britischen Entscheidungsprozesse einbezogen, weil die britischen Großunternehmen vielfach außerhalb des Verbandsrahmens agierten.

2.2.3. *Der Europäische Gewerkschaftsbund und der soziale Dialog*

Der vorangegangene Abschnitt hat gezeigt, daß die Arbeitgeberorganisationen auf europäischer Ebene bemerkenswert zentralisiert sind und daß der Aufbau der Produzenteninteressen stark nach funktionalen Kriterien und nach einzelnen Produkten erfolgt. Es gibt zwar einige Verbände, die unmittelbar miteinander konkurrieren, und eine Reihe von Verbänden, deren Vertretungsdomänen überlappen. Aber insgesamt ist der Aufbau der Unternehmer- und Arbeitgeberverbände auf europäischer Ebene stark integriert.

Der europäischen Integration von Arbeitnehmerinteressen steht dagegen die ausgeprägte Heterogenität der nationalen Strukturen entgegen (Visser/Ebbinghaus 1992). Die nationalen Gewerkschaftsbewegungen unterscheiden sich durch stark divergierende Ressourcen, Organisationsgrade, ideologische Ausrichtungen und ihre Einbettung in die nationalen Systeme der Arbeitsbeziehungen und wohlfahrtsstaatlichen Institutionen. Die Verwurzelung der Gewerkschaften in der Entwicklung ihrer jeweils nationalen Gesellschaft und die Bindung dieser Massenorganisationen an den Wahrnehmungshorizont breiter Bevölkerungsschichten ziehen ihrer Europäisierung enge Grenzen (Kohler-Koch 1990: 232). Als besonders hinderlich für die europäische Kooperation erwies sich die parteipolitische Orientierung, als deren Folge sich zunächst drei konkurrierende Gewerkschaftsverbindungen auf der europäischen Ebene bildeten. Erst im Laufe der 1970er Jahre konnte die gewerkschaftliche Zusammenarbeit im *Europäischen Gewerkschaftsbund* (EGB) konsolidiert und die parteipolitische Zersplitterung weitgehend überwunden werden. Die Heterogenität der Mitgliedsorganisationen des EGB ist besonders ausgeprägt, da dieser sich als europaweite und nicht nur als EU-Organisation versteht. Der EGB vereint gegenwärtig 67 ordentliche nationale Mitgliedsorganisationen aus 29 Ländern und sechs Mitglieder mit Beobachterstatus aus vier Ländern. Zu den nationalen Dach- oder Einzelgewerkschaften gesellen sich 15 europäische Branchengewerkschaftsverbände. Das Arbeitnehmerlager zeichnet sich also durch eine weitaus fragmentiertere Mitgliedschaft aus als die Arbeitgeberorganisationen, was die Handlungsfähigkeit der Gewerkschaftsföderation in erheblichem Maße behindert.

Während sich in einigen Mitgliedstaaten makrokorporatistische Praktiken herausbildeten, waren die Tätigkeiten der europäischen Arbeitgeberverbände UNICE und CEEP sowie des Europäischen Gewerkschaftsbundes im Bereich der Arbeitsbeziehungen bis zur Verabschiedung des Sozialprotokolls zum Maastrichter Unionsvertrag von 1991 lediglich von begrenzter Bedeutung. Versuche zur Einführung eines tripartistischen Dialoges zwischen Arbeitgebern, Gewerkschaften und Kommission in den 70er Jahren scheiterten. Erst mit der Redynamisierung des Binnenmarktprogramms in den 80er Jahren gelang es der Kommission, die Aufmerksamkeit auch auf dessen „soziale Dimension" zu lenken. Das Sozialprotokoll leitete dann erstmals Ansätze zu korporatistischen Entscheidungsmustern im *sozialen Dialog* zwischen Arbeitgebern und Gewerkschaften ein (Falkner 1999). Während der EGB sich schon zuvor für eine stärkere Regelung der Arbeitsbeziehungen auf europäischer Ebene einsetzte, bestand für die Unternehmerseite kein Anreiz, die Gewerkschaften aufzuwerten, und sich die eigenen Handlungsmöglichkeiten durch EU-weite Vereinbarungen einschränken zu lassen. Erst angesichts der prospektiven Einführung qualifizierter Mehrheitsentscheidungen in der Sozialpolitik und in Folge der Drohung der Kommission mit einer Reihe von legislativen Initiativen (Martin/Ross 1999: 329) legte UNICE gemeinsam mit dem EGB und dem CEEP Vorschläge für die Schaffung quasi-korporatistischer Entscheidungsmuster vor, die auch (ohne Großbritannien) weitgehend umgesetzt worden sind. Die Arbeitgeber wollten sich damit ein höheres Maß an Einfluß auf die Formulierung von für sie gültigen Regeln sichern, statt einseitige Entscheidungen der politischen Institutionen in Kauf nehmen zu müssen. Nach diesem Protokoll, das durch den Amsterdamer Vertrag in das Gemeinschaftsrecht aufgenommen worden ist, muß die Kommission nun beide Sozialpartner konsultieren, bevor sie selbst sozialpolitische Vorschläge vorlegt. Bei dieser Gelegenheit können Arbeitgeber und Gewerkschaften der Kommission mitteilen, daß sie selbst im Zuge von Verhandlungen zu einer Einigung gelangen wollen, die in Gemeinschaftsrecht umgesetzt werden kann. Weiterhin können die Mitgliedstaaten die Sozialpartner auf deren gemeinsame Anfrage hin mit der Implementation von Richtlinien, die unter das Sozialprotokoll fallen, betreuen.

Wesentliche Elemente der „sozialen Dimension des Binnenmarktes" wie die Fiskalpolitik und das Tarifrecht liegen allerdings immer noch außerhalb der EU-Sozialpolitik, so daß der Kommission zentrale Steuerungsmöglichkeiten gegenüber den Verbänden fehlen. In anderen Bereichen ist die Einstimmigkeit des Ministerrates erforderlich. Sowohl den Arbeitgeberorganisationen als auch dem EGB fehlen weiterhin einige institutionelle Voraussetzungen für einen europäischen Makrokorporatismus. Ihre Mitgliedsverbände gewähren teilweise weder die notwendigen Ressourcen noch die erforderliche Verhandlungsautonomie, auch wenn der EGB gegenüber seinen Mitgliedern in begrenztem Maße an Autonomie gewinnen konnte.[14] Die ersten Anwendungen des sozialen Dialogs zeigen denn auch eine gemischte Erfolgsbilanz: Die Sozialpartner konnten sich auf Regelungen für den Elternschaftsurlaub, zur Teilzeitarbeit und zu Festverträgen einigen. Ihre Verhandlungen scheiterten bei der Einführung europäischer Betriebsräte, bei der Beweislastumkehr im Falle geschlechtsspezifischer Diskriminierung, bei der Regelung von Fällen sexueller Belästigung und bei der Regelung von Informations- und Konsultationsrechten auf nationaler Ebene (Branch 1999: 5). Die Verhandlungen zur Beweislastumkehr scheiterten an technischen und rechtlichen Problemen, während in den anderen Fällen die UNICE-Mitglieder eine Einigung verhinderten. So übte die Confederation of British Industry ein effektives Veto gegen die Einführung europäischer Betriebsräte aus. Die vorgesehene Regelung wurde allerdings auf dem Wege einer konventionellen Richtlinie vom Rat verabschiedet. Für die Zustimmung von UNICE in den anderen Fällen war jeweils die Regulierungsdrohung durch die Kommission erforderlich, die den sozialen Dialog zu einer „negotiate or we will legislate" Strategie nutzte (Martin/Ross 1999: 331). Die Verhandlungsmacht des EGB gegenüber UNICE hängt damit über die Regeln des sozialen Dialogs hinaus von einer problemspezifischen Unterstützung durch die Kommission ab.

---

14 Innerhalb des EGB gab es eine Reihe von Organisationsreformen im Zusammenhang mit dem Sozialprotokoll. 1993 stimmten seine Mitglieder einem begrenzten Verhandlungsmandat des EGB zu, das aber auf den Kontext des Sozialprotokolls und auf intersektorale Verhandlungen beschränkt wurde. Es ist weiterhin an explizite Mandate der Mitgliedsorganisationen geknüpft und deren kontinuierlicher und strikter Kontrolle unterworfen (Martin/Ross 1999: 338).

2.3. Die Repräsentation öffentlicher Interessen in der EU

2.3.1. Die Verbände und die Rolle öffentlicher Interessengruppen in der EU

Im Verhältnis zur umfassenden Präsenz der wirtschaftlichen Interessen sind öffentliche Interessen immer noch unterrepräsentiert, auch wenn sie mittlerweile etwa 20 Prozent der EU-spezifischen Interessengruppen ausmachen. Dies liegt im wesentlichen an zwei Gründen. Zum einen ist die Organisationsfähigkeit dieser Interessen gemäß Olsons Logik des kollektiven Handelns (1968) nur schwach ausgeprägt. Mit zunehmender Gruppengröße und abnehmender sozialer Kontrolle steigt „die Verlockung, als ‚Trittbrettfahrer' von den vereinten Anstrengungen anderer zu profitieren, ohne zu deren Erfolg selbst beizutragen" (Kohler-Koch 1996: 195). Die geringe Intensität des Interesses an öffentlichen Gütern bietet keine große Motivation, sich zu organisieren. Zum anderen liegt ihr Partizipationsdefizit darin begründet, daß die von ihnen vertretenen politischen Inhalte erst spät durch die europäischen Institutionen abgedeckt wurden. Die Mehrheit der internationalen Nichtregierungsorganisationen (NGOs) konzentrierte ihre Aktivitäten daher in den 1960er Jahren auf den Europarat und die Vereinten Nationen, und wohlfahrts- und sozialpolitische Gruppen fielen noch in den 1970er Jahren vornehmlich durch ihre Abwesenheit auf europäischer Ebene auf (Harvey 1993: 189-190).

Eine Ausnahme bilden die nationalen Verbraucherverbände, die sich bereits 1962 als Reaktion auf die Marktintegration und mit Unterstützung der Kommission im BEUC *(Bureau Européen des Unions de Consommateurs)* zusammenschlossen (Young 1997: 157-58). BEUC vereint 30 Mitgliedsverbände aus 21 Ländern. Bei den Umweltgruppen folgte die Gründung des Europäischen Umweltbüros *(European Environmental Bureau*, EEB*)* 1974 dem Aufleben der Umweltschutzbewegung in den Mitgliedstaaten und dem ersten Umweltaktionsprogramm der Gemeinschaft. Das EEB ist die umfassendste Interessenorganisation im Umweltbereich. Während es bei seiner Gründung gerade 25 Mitglieder zählte, vereint es nunmehr über 130 Mitgliedsorganisationen aus 24 Ländern. Der Verband verfügt über fünf Vollzeit- und fünf Teilzeitmitarbeiter. Die Etablierung weiterer europäischer Umweltverbände seit der zweiten Hälfte der 80er Jahre war ebenfalls das Resultat einer zunehmenden Relevanz der europäischen Umweltpolitik. Auf der EU-Ebene waren Mitte der 90er Jahre dreizehn europäische Umweltverbände oder -netzwerke aktiv (Hey/Brendle 1994: 389), von denen vier die allgemeine Interessenvertretung für diesen Bereich dominieren: das *Europäische Umweltbüro*, der *World Wide Fund for Nature*, *Greenpeace* und *Friends of the Earth*. Die anderen Umweltorganisationen haben einen spezialisierteren Fokus. Die Ressourcenknappheit der Umweltverbände, die ja relativ einheitliche Ziele verfolgen, hat teilweise zu einer pragmatischen Arbeitsteilung und Spezialisierung der einzelnen Organisationen und ihrer nationalen Mitglieder entlang der organisatorischen Prioritäten geführt (Hey/Brendle 1994). So nehmen in der Friends of the Earth Gruppe diejenigen nationalen Mitgliedsorganisationen eine führende Rolle in den Kampagnen ein, die über die meiste Expertise zu einem Thema verfügen und die am stärksten daran interessiert sind. Die Arbeitsweise der Umweltorganisationen ist durch eine wachsende Professionalisierung gekennzeichnet. Die Mehrzahl der Organisationen konzentriert sich auf ihre Teilhabe im politischen Prozeß der Europäischen Union und nicht auf die Mobilisierung von öffentlichen Protesten oder der Medien.

Die Zahl der Menschenrechts-, sozial- und wohlfahrtspolitischen Organisationen auf der europäischen Ebene hat erst seit Mitte der 80er Jahre als Reaktion auf die europäischen Programme zugenommen. Beispielsweise richtete *amnesty international* (ai) 1985 ein Verbindungsbüro in Brüssel ein, das die Aktivitäten seiner EU-Mitgliedsorganisationen koordinieren und deren Interessen gegenüber den EU-Institutionen vertreten soll (van der Klaauw 1994: 261). Die Entstehung von Anti-Armutsnetzwerken auf europäischer Ebene in der zweiten Hälfte der 80er Jahre war eine Folge des zweiten EG-Programms zur Armutsbekämpfung (Harvey 1993: 190). Den Zusammenschluß verschiedener Frauenverbände zur *European Women's Lobby* hat die Kommission ausdrücklich gefördert.

Die öffentlichen Interessengruppen haben häufig keine umfassende Verbandsdomäne und bis auf die europäischen Verbandsföderationen auch keinen hohen Organisationsgrad. Ihre netzwerkartige Organisation zeichnet sich vielfach durch eine losere Kopplung als die der EU-Wirtschaftsverbände aus. Aufgrund ideologischer Differenzen, unterschiedlicher Anbindungen an die nationalen Mitgliedsorganisationen und überlappender Vertretungsdomänen gibt es durchaus Konkurrenzbeziehungen zwischen einzelnen Organisationen. Der europäische Verbraucherverband BEUC versuchte beispielsweise, die Verbraucherorganisationen des EGB (EURO-C) von der Europäischen Kommission aus dem beratenden Verbraucherausschuß ausschließen und den Status der genossenschaftlichen Verbraucher (EURO-COOP) revidieren zu lassen. BEUC begründete dieses Vorgehen damit, daß keine der beiden Organisationen wirklich als Verbraucherorganisation einzustufen sei (Young 1997: 166). Adrian Favell nennt das Beispiel von Organisationen, die sich für Flüchtlinge, Asylbewerber und Immigranten einsetzen. In diesem Feld haben transnationale Gruppierungen wie die Anti-Rassismus-Koalition sich massiv gegen die Aktivitäten des EU Migrantenforums eingesetzt (Favell 1998: 11), eines Netzwerkes von über 110 nationalen Migrantenverbänden (Eder et al. 1998: 331), das von der Kommission und dem Europäischen Parlament unterstützt wird.

Die sozialen und umweltpolitischen Verbände sind sicherlich nicht ohnmächtig, ihr Einfluß ist aber begrenzter als derjenige der wirtschaftlichen Interessengruppen. Ihre Einflußmöglichkeiten werden generell in der Agendagestaltung und in der Sensibilisierung der gesellschaftspolitischen und sozialen Fragen der EG-Politik gesehen. Ihr Einfluß hängt nicht nur von ihrer Fähigkeit ab, ihr jeweiliges Themengebiet öffentlich – in einigen oder allen Mitgliedstaaten – zu politisieren und sachgemäße Expertise zu präsentieren. Auch die Struktur des politischen Institutionengefüges und der einzelnen Institutionen wirkt sich auf ihre Zugangs- und Einflußmöglichkeiten aus. Ihr Zugang zu Informationen ist in den intergouvernementalen Pfeilern der Europäischen Union besonders schwierig. Während der Formulierung der Reformen des Asylrechts auf europäischer Ebene hat selbst das vergleichsweise gut ausgestattete *amnesty international* (ai) diese Erfahrung machen müssen. ai konnte eigene Positionspapiere meist erst in letzter Minute vorlegen, weil die Menschenrechtsorganisation immer erst sehr spät Informationen der staatlichen Akteure über die geplanten Regelungen erhielt. „One of the main obstacles to a successful lobbying campaign has been the absence of effective access to the decision making process for the public, media, non-governmental organisations and parliamentarians. Virtually all agreements and policy proposals have been drafted behind closed doors in meetings of government officials" (van der Klaauw 1994: 279). Die teilweise Verlagerung der intergouvernementalen Beratungen in Kontexte außerhalb der EU vertiefte solche Probleme noch: „Examples are the so-called intergovernmental consultations in Geneva, the Vienna Conference on East-West Migration, or the Council of Europe for migration and asylum. (...) Because of the often rather informal character of these consultations government delegations are less restrained by national interests and they can bring forward proposals of a more controversial nature. Elements of EU policies for harmonisation [of asylum and refugee policies, R.E.] are considered to have been first tested in these fora" (van der Klaauw 1994: 279).

Die Integration dieser Politikbereiche in den ersten Pfeiler der EU – die Europäische Gemeinschaft – verbessert zwar die Zugangsmöglichkeiten der öffentlichen Interessengruppen. Aber zum einen erfolgt bislang eine nur partielle Vergemeinschaftung der Innen- und Justizpolitik mit einer erheblich beschränkten Rechtskontrolle. Und zum anderen gibt es auch im ersten EU-Pfeiler strukturelle Hindernisse, diffuse Interessen zu vertreten. In der Kommission beschäftigen sich nur drei Generaldirektionen schwerpunktmäßig mit eher öffentlichen und diffusen Anliegen, während sich dreizehn GDs überwiegend mit rein wirtschaftlichen Problemen befassen. Die GD XI, XXIV und V bieten Umweltgruppen, Verbraucherverbänden und sozialen Gruppen Anlaufpunkte. Die öffentlichen Interessengruppen sind somit eher auf die Unterstützung einer einzigen Generaldirektion in der Kommission angewiesen, und ihr Einfluß ist stark von deren Bedeutung im EU-System abhängig. Über diese Anlaufstellen hinaus bietet das Europäische Parlament mit seinem Anspruch, das Gemeinwohl in der Gemeinschaft zu wahren, den stärker diffuse Interessen repräsentierenden Gruppen bereits seit langem einen Anschlußpunkt für ihre Belange. Dies reflektiert auch seine Ausschußstruktur, die stärker nach sektorübergreifenden Themen strukturiert ist als der sektoralisierte Aufbau der Kommission. Selbst wenn die Partizipationsrechte des Europäischen Parlamentes in den beiden vergangenen Dekaden stark zugenommen haben, variiert sein Einfluß immer noch stark je nach dem jeweils gültigen Entscheidungsverfahren. Nach Beate Kohler-Koch sind Koalitionen öffentlicher Interessengruppen mit den Mitgliedern, Fraktionen, Berichterstattern und Ausschußmitgliedern des Europäischen Parlaments deshalb häufig genug eine „Koalition der Schwachen", weil sich schwache Interessenorganisationen mit politischen Institutionen, die ein relativ geringes organisatorisches Gewicht haben, zusammentun (Kohler-Koch 1997: 6, 7).

Schließlich können alleine die Dauer und die institutionelle Differenzierung der Entscheidungsverfahren dazu führen, daß die Opposition von Interessengruppen gegen Positionen der nationalen Regierungen oder der Kommission ins Leere läuft. Während die Europäische Kommission in der Phase der Politikformulierung und das Europäische Parlament während der parlamentarischen Beratung noch relativ einfach erreichbar sind, ist es schwierig, in der Entscheidungsphase im Rat die Interessenvermittlung in allen Mitgliedstaaten zu koordinieren und die nationalen Medien zu bedienen. Diese Punkte sollen anhand einer Fallstudie zur Regulierung von Tierversuchen in der Kosmetikherstellung illustriert werden (Fisher 1994).

Ende der 80er Jahre beabsichtigte die Kommission im Rahmen des Binnenmarktprogrammes, die Produktinformation zur Zusammensetzung von Kosmetikartikeln zu verbessern. Ihre Anfang 1991 vorgelegten Vorschläge hatten allerdings das Potential, die Zahl von Tierversuchen in der Kosmetikherstellung zu vergrößern. Die Schwierigkeiten von öffentliche Anliegen vertretenden Gruppen, sich auf europäischer Ebene zu organisieren und Widerstand gegen die beabsichtigten Regelungen zu mobilisieren, wurden in diesem Falle dadurch überwunden, daß ein nationaler Verband, der über erhebliche organisatorische Ressourcen verfügte, die Führung in der Koalitionsbildung auf europäischer Ebene und in der Mobilisierung in den Mitgliedstaaten übernahm. Die *British Union for the Abolition of Vivisection* (BUAV), die durch Kontakte zu einigen

Kosmetikfirmen von der geplanten Richtlinie erfuhr, mobilisierte auf der EG-Ebene eine Koalition von Organisationen aus anderen Mitgliedstaaten und initiierte eine EG-weite Unterschriftenkampagne zum Verbot von Tierversuchen für Kosmetikartikel, die in der EG vertrieben werden. Die Interessenvertretung auf der EG-Ebene konzentrierte sich in erster Linie auf das Europäische Parlament und erst in zweiter Linie auf die Kommission. Eine Demonstration mit 4.000 Teilnehmern in Brüssel und die 2,5 Millionen Unterschriften trugen dazu bei, daß das EP Anfang 1992 ein absolutes Verbot von Tierversuchen in der Kosmetikherstellung forderte, das 1995 in Kraft treten sollte. In Verhandlungen mit dem Europäischen Parlament schloß sich die Kommission dann ebenfalls den Anliegen der Tierschutzverbände an, auch wenn die beiden Institutionen sich auf eine längere Frist bis zum *unbedingten* Verbot von Tierversuchen einigten. Allerdings war das „Waffenarsenal der Koalition damit erschöpft, und sie begann an Schwung zu verlieren" (Fisher 1994: 236). Die Vertreter der Mitgliedstaaten im Rat der EU stimmten Ende 1992 zwar einem Verbot von Tierversuchen ab dem Jahr 1998 zu, integrierten allerdings eine Vielzahl von „Schlupflöchern" in die Richtlinie (ebd.). Obwohl das Parlament in seiner zweiten Lesung nach weiteren intensiven Lobbying-Aktivitäten der Tierschützer noch erhebliche Modifikationen der Ratsposition verlangte, lehnte der Rat diese Forderungen rundweg ab.

Die Schwierigkeiten der „public interest groups", Zugang zu den EU-Institutionen zu erhalten und ihre Positionen in die Entscheidungsprozesse einzubringen, müssen allerdings in Relation zu den Praktiken der Interessenvermittlung auf nationaler Ebene gesetzt werden. Hier hatte gerade die *British Union for the Abolition of Vivisection* kaum Zugang zur britischen Regierung und war „erstaunt von der Zugänglichkeit des Europäischen Parlaments und der Kommission und der Offenheit ihrer Beamten im Vergleich zum Vereinigten Königreich" (Fisher 1994: 232). Die EU-Institutionen können somit gerade für solche Organisationen, die auf nationaler Ebene nur sehr schwer Zugang zu den politischen Akteuren haben, eine wichtige Alternative für die Interessenvertretung bilden.

2.3.2. Finanzielle Förderung und prozedurale Einbindung öffentlicher Interessen

Die Kommission und auch das Europäische Parlament sind in vielen Fällen darum bemüht, die Unterlegenheit von öffentlichen Interessengruppen aufzufangen, um deren Repräsentationschancen zu verbessern. Sie fördern daher eine Reihe von Sozial-, Umwelt- und Verbraucherverbänden finanziell in Form von organisatorischen Basismitteln und von projektbezogenen Mitteln im Rahmen der EU-Programme. Diese Fördermittel machen zwar regelmäßig nur einen geringen Teil der EU-Haushaltsmittel aus, sind aber für einzelne Organisationen von großer Bedeutung (Pollack 1997: 581). In einer Umfrage europäischer Verbände haben 59 Prozent der diffuse Interessen repräsentierenden Verbände angegeben, daß sie finanzielle Mittel von den EU-Institutionen erhalten (Aspinwall/Greenwood 1997). Die GD XI hat die europäischen Umweltgruppen 1994 mit insgesamt sieben Mio. ECU an Basis- und Projektmitteln gefördert. Der Verbraucherverband BEUC erhielt im selben Jahr etwa 300.000 ECU an Basisfinanzierung, und weitere Verbraucherverbände erhielten jeweils 200.000 ECU (Young 1997: 165). Die Finanzmittel der EU sind auch eine wichtige Einnahmequelle des Europäischen Gewerkschaftsbundes, der Mitte der 90er Jahre etwa vier Mio. ECU jährlich erhielt (Greenwood 1997: 60, 186). Zudem unterstützen die Kommission und das Parlament die Tätigkeit verschiedener sozialer Gruppen durch die Förderung von Projekten im Rahmen der EU-Programme – z. B. in den Bereichen Frauenarmut und Alleinerziehung.

Für eine Reihe von Verbänden machen diese Zuwendungen einen erheblichen Teil ihrer Finanzierung aus. Das Europäische Umweltbüro erhielt anfänglich den Großteil seiner Mittel und seit Beginn der 90er Jahre immer noch etwa die Hälfte seiner finanziellen Ressourcen von der Kommission (Hey/Brendle 1994). Die europäischen Konsumentenverbände erhalten etwa ein Drittel ihrer Basismittel von der EU (Young 1997: 165). Die Organisation und die Programme der *European Women's Lobby* werden zu 90 Prozent von der EU finanziert (Cullen 1999: 20). Die finanzielle Förderung verbessert nicht nur die Sachmittel- und Personalausstattung der Verbände, sondern auch ihren Informationszugang. Ein Teil der Fördermittel für den EGB z.B. fließt in das gewerkschaftliche Forschungsinstitut und in das Technische Gewerkschaftsbüro, das ihn bei der Teilnahme in den EU-Standardisierungsgremien berät (Martin/Ross 1999: 325).

Die Förderung der Sozialorganisationen erfolgte allerdings zum Teil selektiv nach intransparenten Kriterien und Ad-hoc-Mechanismen sowie am Rande einer legalen Haushaltsführung. Großbritannien erhob daher vor dem Europäischen Gerichtshof Klage gegen die auf den Haushalt von 1995 gestützte EU-Finanzierung von 86 Aktionen, die die Basis- und die Projektfinanzierung einer Vielzahl von NGOs betrafen, weil es für diese Ausgaben keine angemessene Rechtsgrundlage gab. Der Europäische Gerichtshof gab dieser Klage 1998 statt. Die Kommission hat daraufhin für die Phase einer zweimonatigen internen Überprüfung eine Reihe der betroffenen Budgetlinien teilweise oder sogar ganz eingefroren. Im Zuge der Revision beschloß der Rat dann im Juli 1998 eine absolute Deckelung und einen klaren Zeitrahmen für solche Ausgaben.[15] Als Ergebnis der Überprüfung hat die Kommission nach Konsultation der öffentlichen Interessengruppen ferner ein Vademekum erstellt, das eine einheitliche Praxis in allen Generaldirektionen sicherstellen und den NGOs transparentere Vergabekriterien garantieren soll. Diese Finanzierungskrise hat in Reihen der NGOs große Besorgnis und weitreichende Opposition gegen das Einfrieren der Budgetlinien ausgelöst. Die anschließenden, sehr begrenzten Reformen der Finanzierungsmodalitäten schufen allerdings nur partielle Abhilfe. Vor allem jene Organisationen, die keine Basisfinanzierung erhalten und in hohem Maße von der Projektfinanzierung durch die EU abhängen, sind weiterhin großen Unwägbarkeiten ausgesetzt. Ferner schaffen Verzögerungen bei den Auszahlungen zusätzliche Unsicherheit und machen eine Zwischenfinanzierung über Bankkredite erforderlich, so daß die Mitglieder der Plattform sozialer NGOs transparentere Vergabekriterien und weitergehende Finanzreformen fordern (Platform of European Social NGOs 1998).

Angesichts der Vielfalt der öffentlichen Interessengruppen ist die Europäische Kommission neben der Finanzierung einzelner Organisationen oder ihrer Programme darum bemüht, die Prozesse der Interessenvermittlung stärker zu strukturieren und innergesellschaftliche Kommunikationsprozesse in Gang zu setzen, um einen Überblick über das gesellschaftliche Feld zu gewinnen und eine stärkere Bündelung von Argumenten und Sichtweisen zu erreichen. Dadurch will sie außerdem gesellschaftliche

---

15 Pilotaktionen dürfen nicht länger als zwei Jahre dauern und 16 Mio. ECU pro Jahr für neue Aktionen verwenden. Vorbereitende Aktionen sind auf maximal drei Jahre begrenzt und dürfen sich insgesamt auf nicht mehr als 75 Mio. ECU beziffern.

Kooperationsprozesse initiieren und umfassendere Debatten über politische Maßnahmen anstoßen.

Die *Plattform der Europäischen Sozialen Nichtregierungsorganisationen* ist ein gutes Beispiel für solche Steuerungsbemühungen. Sie ist ein von der EU gefördertes Netzwerk, dem die 25 größten europäischen öffentlichen Interessenorganisationen und Netzwerke aus dem Sozialbereich angehören, die sich für die Belange und die Rechte von Kindern, Jugendlichen, älteren Menschen, Frauen, Eltern, Arbeitslosen, Armen, Homosexuellen, Migranten und Flüchtlingen einsetzen.[16] Die Entstehung dieses Netzwerkes im September 1995 erfolgte als Reaktion auf die wachsenden sozialregulativen Programme der EU. Die Gründung wurde von der Kommission mitbetrieben, um einen semi-institutionalisierten Dialog dieser Gruppen zu ermöglichen und um regelmäßige Kontakte zwischen den NGOs und den EU-Institutionen wie auch mit den Wirtschaftsverbänden und dem EGB zu erleichtern. Nach Pauline P. Cullen erleichtert diese Koalition die Entstehung von Allianzen zwischen den vormals oft oppositionellen Gruppen, auch wenn die Zusammenarbeit in der Plattform natürlich nicht alle Konfliktlinien bereinigt: „Organizations, occupying contrary ideological positions, differing in organizational structure, which had often been in conflict with one another are now communicating, exchanging information, and signing common policy positions" (Cullen 1999: 2).

In der Kommission unterstützt vornehmlich die Generaldirektion V die Plattform und bildet auch die Hauptanlaufstelle der einzelnen Organisationen. Sie hat 1998 überdies einen Beratungsausschuß für „Co-operatives, Mutual Societies, Associations and Foundations" eingerichtet, um den Dialog mit den Nichtregierungsorganisationen stärker zu strukturieren. Die geregelten Konsultationen verbessern nun zumindest für einige der Organisationen auch den Zugang zu den europäischen Institutionen. Für die nur mit begrenzten Mitteln ausgestattete GD bedeutet die Strukturierung des Zugangs und der unübersichtlichen Verbändelandschaft eine erhebliche Vereinfachung ihrer Aufgaben. Als Folge der Entstehung von Beziehungen zur NGO-Plattform stellte sie sogar etablierte bilaterale Kontakte zu einzelnen Mitgliedsorganisationen ein (Cullen 1999: 12). Ihre „Sponsorship"-Rolle ermöglicht es ihr auch, Einfluß auf die Struktur und die Abstimmungsprozesse der Plattform zu nehmen. Angesichts von Schwierigkeiten in der internen Meinungsbildung und der gemeinsamen Positionsbildung der sozialen NGOs drohte die Kommission damit, ihre Unterstützung zurückzuziehen und forcierte damit organisatorische und prozedurale Veränderungen in der Plattform (Cullen 1999: 14).

Die finanzielle und die prozedurale Förderung durch die Kommission bergen die Gefahr, daß die Interessengruppen damit in ein Abhängigkeitsverhältnis geraten, das sich auf die Inhalte ihrer politischen Arbeit auswirken könnte. Aus diesem Grund lehnen einige Verbände, etwa Greenpeace, eine solche Förderung auch vehement ab.

---

16 Die Mitglieder sind: CECODHAS; Confederation of Family Organisations in the EC; Eurolink Age; European Anti Poverty Network; European Association of Organisations for Home Care and Help at Home; European Disability Forum; European Federation of National Organisations Working with Homeless; European Forum for Child Welfare; European Migrants Forum; European Network of Unemployed; European Public Health Alliance; European Round Table of Charitable Social Welfare Associations; European Social Action; European Women's Lobby; International League of Societies for Persons with Mental Handicap; International Planned Parenthood Federation; International Council on Social Welfare; International ATD Fourth World; International Save the Children Alliance; Mobility International; Red Cross/EU Liaison Bureau; Solidar; Youth Forum; ILGA-Europe; EURAG.

Auch einige Mitglieder von sozialen NGOs befürchten, die Förderung sei lediglich eine billige Methode, soziale Besorgnis auszudrücken und dem Binnenmarkt ein menschliches Antlitz zu verleihen. Überdies stelle sie ein subtiles Mittel dar, die Netzwerke zu kooptieren und deren Rolle einzuschränken. Brian Harvey sieht allerdings „keine Evidenz für Versuche der Kommission, diese Netzwerke zu bestimmten politischen Positionen zu bewegen oder sie davon abzubringen" (Harvey 1993: 191). Wichtiger scheint es zu sein, daß die finanzielle Unterstützung partizipationsschwachen Gruppen die Teilhabe an politischen Entscheidungsverfahren ermöglicht und so die Entfaltung eines politischen Pluralismus und deliberativer Entscheidungsverfahren auf der EU-Ebene stärkt. Die Kommission verfügt damit über eine breitere gesellschaftliche Legitimationsbasis für ihre Initiativen. Sie erhält zudem einen besseren Überblick über unterschiedliche Argumente und Standpunkte. Will sie sich aber nicht dem Vorwurf aussetzen, durch die Förderung der öffentlichen Interessengruppen Legitimität und Unterstützung zu „kaufen", sind erheblich transparentere Fördermodalitäten und eine Abkehr von selektiven Unterstützungsleistungen notwendig.

Die geregelte Einbindung der öffentlichen Interessengruppen in die Formulierung von EU-Politik ist ein wichtiges Element in den Beziehungen zwischen diesen Interessengruppen und den politischen Institutionen. Allerdings erlaubt die zunehmende Dichte der Interessenverbände auf der europäischen Ebene der Kommission, verschiedene Verbände mit ähnlichen Domänen selektiv in die Politikformulierung einzubeziehen, was eine umfassende Organisation von Interessenverbänden und vorhandene Repräsentationsmonopole konterkarieren kann. Die Umweltpolitik bildet dafür ein ausgezeichnetes Beispiel.

Bis Ende der 80er Jahre hatte das Europäische Umweltbüro nahezu ein Repräsentationsmonopol auf diesem Gebiet. Seit der Zunahme von Umweltorganisationen auf der EU-Ebene hat „die Kommission ihre Kontakte auch zu anderen Umwelt- und Dachverbänden intensiviert" und das EEB damit seine privilegierte Position „als Ansprech- und manchmal Kooperationspartner der Kommission verloren" (Hey/Brendle 1994: 406). Als Reaktion darauf nahm das EEB nicht nur interne Umstrukturierungen vor, um die Vertretung seiner Interessen zu effektivieren, sondern intensivierte auch die Bemühungen zur informellen Abstimmung mit den anderen Umweltverbänden und richtete 1992 eine Liaison-Gruppe mit den anderen großen Umweltverbänden ein. Mittlerweile gibt es ein informelles Kommunikationsforum in der „Group of Eight", die die wichtigsten europäischen Umweltverbände umfaßt und die zweimal jährlich von der GD XI konsultiert wird.[17] Dieses lose strukturierte, aber relativ stabile Koordinationsgremium wird zudem um problemspezifische Koalitionen erweitert, die über die Umweltgruppen hinausreichen können. Ruth Webster (1997) nennt das Beispiel der Europäischen Kampagne für reine Luft. In dieser Kampagne hat die *European Citizen Action Service* (ECAS) eine Koalition aus im Kern sechs europäischen Umwelt-, Verbraucher- und Sozialorganisationen geschmiedet, die sich für striktere Standards für die Luftreinhaltung eingesetzt haben.[18]

---

17 Der Gruppe gehören folgende Organisationen an: *Birdlife International, Climate Network Europe, European Environmental Bureau, European Federation for Transport and the Environment, Friends of the Earth, Greenpeace, World Wildlife Fund, The World Conservation Union.*

18 Außer ECAS waren folgende Organisationen beteiligt: *Bureau Européen des Unions de Consommateurs, Confederation of Family Organisations in the European Community, European Public Health Alliance, European Environmental Bureau, European Federation for Transport and Environment.*

3. Schluß

Mit der dynamischen Entwicklung der europäischen Institutionen hat die Zahl der Interessenorganisationen auf europäischer Ebene erheblich zugenommen. Mittlerweile sind nicht mehr nur wirtschaftliche Organisationen präsent, sondern auch eine Vielzahl von öffentlichen Interessengruppen, die allerdings vielfach loser strukturiert und gekoppelt sind als die Wirtschaftsverbände. Die Mitgliedschaft der EU-Interessenorganisationen ist häufig heterogener als die nationaler Organisationen mit ähnlichen Verbandsdomänen. Ihre Aktitivitäten sind stark auf die Politikformulierung und Entscheidungsfindung der EU ausgerichtet, auch wenn es mittlerweile gerade im Bereich der EU-Sozialpolitik und Entwicklungshilfe eine Reihe von Organisationen gibt, die unmittelbar in die Umsetzung von EU-Politik eingebunden sind.

Die Europäische Kommission ist dabei i.d.R. wesentlich aktiver als nationale Regierungen, wenn es darum geht, Interessenorganisationen an der Politikformulierung zu beteiligen. Sie bindet wesentlich mehr und häufiger Verbände von sich aus in diese Prozesse ein als dies in Großbritannien, Frankreich oder Deutschland der Fall ist. Dabei versucht sie auch, die Repräsentationschancen öffentlicher Interessengruppen durch finanzielle Leistungen und besondere Verfahren der Beteiligung zu verbessern, um einen politischen Pluralismus und deliberative Beratungsverfahren auf europäischer Ebene zu ermöglichen. Die politische Gestaltung von Partizipationschancen ist allerdings in zweierlei Hinsicht durchaus selektiv. Zum einen hat die Kommission bislang noch keine klaren und transparenten Kriterien für die Rechtfertigung der Förderung einzelner Interessenorganisationen entwickelt. Zum anderen nutzt sie die Dichte und Vielfalt der europäischen Interessenorganisationen zu gezielten Koalitionsbildungen.

Die dynamische Entwicklung der EU-Ebene hat erhebliche Rückwirkungen auf die nationalen Systeme der Interessenvermittlung. Nationalen Akteuren eröffnen sich neue Gelegenheiten, ihre Interessen zu vertreten, so daß etablierte Muster der Interessenvermittlung auf nationaler Ebene unterminiert werden können. Auch das Problem der Kontrolle des Verhaltens nationaler Delegierter in den Verhandlungen auf EU-Ebene setzt die etablierten Praktiken neuen Anforderungen aus. Die nationalen Verbände begegnen diesen Herausforderungen mit der Weiterentwicklung etablierter organisatorischer Praktiken, zu denen die loyalitätsbasierte Ämtervergabe, die Formulierung einvernehmlicher Positionen und Vermittlungsleistungen von hauptamtlichen Verbandsmitarbeitern und von Ausschußvorsitzenden gehören. Auch die Beziehungen der nationalen Verbände zu den nationalen staatlichen Akteuren müssen als Resultat der Europäisierung nicht unbedingt desintegrieren, selbst wenn sie erheblichen Anforderungen ausgesetzt werden. In einigen Ländern haben die Interaktionen zwischen Verbänden und Staat zugenommen (für Dänemark siehe Sidenius 1999) und die Bedeutung der mitgliedstaatlichen Institutionen für die nationalen Verbände ist in einigen Ländern ebenfalls gestiegen (für Großbritannien siehe Eising 2000).

Üblicherweise enden Textbuchartikel mit einigen Erwartungen über zukünftige Trends und mit Vorbehalten zu diesen Aussagen. Angesichts des emergenten Charakters der EU läßt sich statt dessen an dieser Stelle ein Nils Bohr zugeschriebener Einzeiler variieren: „Prediction is very difficult, especially if it's about the future."

Abkürzungsverzeichnis

Amcham	American Chamber of Commerce in Belgium
ai	amnesty international
BEUC	Bureau Européen des Unions de Consommateurs
BUAV	British Union for the Abolition of Vivisection
CEEP	Centre Européen des Entreprises à Participation Publique et des Entreprises d'Intérêt Economique General
ECAS	European Citizen Action Service
EEA	Einheitliche Europäische Akte
EEB	Europäisches Umweltbüro
EFPIA	European Federation of Pharmaceutical Industry Associations
EG	Europäische Gemeinschaft
EGB	Europäischer Gewerkschaftsbund
EGKS	Europäische Gemeinschaft für Kohle und Stahl
EP	Europäisches Parlament
EU	Europäische Union
EuGH	Europäischer Gerichtshof
EURATOM	Europäische Atomgemeinschaft
EUROCHAMBRES	The Association of European Chambers of Commerce and Industry
GD	Generaldirektion
NGO	Nichtregierungsorganisation
UNICE	Union of Industrial and Employers' Confederations of Europe

Literaturverzeichnis

Aspinwall, Mark/Justin Greenwood, 1997: Conceptualising Collective Action in the European Union: An Introduction, in: Justin Greenwood/Mark Aspinwall (Hrsg.): Collective Action in the European Union. Interests and the New Politics of Associability, London/New York: Routledge, S. 1-30

Branch, Ann, 1999: The Impact of the European Union on National Trade Unions, Paper presented to the Conference „Organised Interests in the European Union: Lobbying, Mobilisation and European Public Area", Oxford, Nuffield College, 1-2 October 1999

Cullen, Pauline P., 1999: Pan-European Non-Governmental Organizations: European Union Sponsored Mobilization and Activism for Social Rights. Paper presented to the 6th Biennial Conference of the European Communities Studies Association, Pittsburgh, 2.-5. Juni 1999

Eder, Klaus/Kai-Uwe Hellmann/Hans-Jörg Trenz, 1998: Regieren in Europa jenseits öffentlicher Legitimation? Eine Untersuchung zur Rolle von politischer Öffentlichkeit in Europa, in: Beate Kohler-Koch (Hrsg.): Regieren in entgrenzten Räumen, Opladen: Westdeutscher Verlag, S. 321-344

Eichener, Volker/Helmut Voelzkow (Hrsg.), 1994: Europäische Integration und verbandliche Interessenvermittlung, Marburg: Metropolis-Verlag

Eising, Rainer, 2000: Liberalisierung und Europäisierung. Die regulative Reform der Elektrizitätsversorgung in Großbritannien, der Europäischen Gemeinschaft und der Bundesrepublik Deutschland, Opladen: Leske + Budrich (i.E.)

Eising, Rainer/Beate Kohler-Koch, 1994: Inflation und Zerfaserung. Trends der Interessenvermittlung in der Europäischen Gemeinschaft, in: Wolfgang Streeck (Hrsg.): Staat und Verbände, Opladen: Westdeutscher Verlag, S. 175-206

Eising, Rainer/Beate Kohler-Koch, 1999: Governance in the European Union. A Comparative Assessment, in: Beate Kohler-Koch/Rainer Eising (Hrsg.): The Transformation of Governance in the European Union, London/New York: Routledge, S. 267-285

European Commission, 1999: The Commission and Non-Governmental Organisations: Building a stronger Partnership, Bruxelles

Falkner, Gerda, 1999: European Social Policy: Towards Multi-Level and Multi-Actor Governance, in: Beate Kohler-Koch/Rainer Eising (Hrsg.): The Transformation of Governance in the European Union, London/New York: Routledge, S. 83-97

Favell, Adrian, 1998: The Europeanisation of Immigration Politics, European Integration Online Papers, 2 (10)

Fisher, Chris, 1994: The Lobby to Stop Testing Cosmetics on Animals, in: R. H. Pedler/ M. P. C. M. van Schendelen (Hrsg.): Lobbying the European Union. Companies, Trade Associations and Issue Groups, Aldershot: Dartmouth, S. 227-241

Grande, Edgar, 1994: Vom Nationalstaat zur europäischen Politikverflechtung. Expansion und Transformation moderner Staatlichkeit – untersucht am Beispiel der Forschungs- und Technologiepolitik, unveröffentlichtes Manuskript, Universität Konstanz

Grant, Wyn/William Paterson, 1994: The Chemical Industry: A Study in Internationalization, in: J. Rogers Hollingsworth/Philippe C. Schmitter/Wolfgang Streeck (Hrsg.): Governing Capitalist Economies. Performance and Control of Economic Sectors, New York/Oxford, Oxford University Press, S. 129-155

Green Cowles, Maria, 1997: Organizing Industrial Coalitions: A Challenge for the Future?, in: Helen Wallace/Alasdair R. Young (Hrsg.): Participation and Policy-Making in the European Union, Oxford, Clarendon Press, S. 116-140

Greenwood, Justin, 1997: Representing Interests in the European Union, New York: St. Martin's Press

Greenwood, Justin (Hrsg.), 1995: European Casebook on Business Alliances, Hemel Hempstead, Hertfordshire: Prentice Hall

Greenwood, Justin/Karsten Ronit, 1992: Established and Emergent Sectors: Organized Interests and the European Level in the Pharmaceutical Industry and the New Biotechnologies, in: Justin Greenwood/Jürgen R. Grote/Karsten Ronit (Hrsg.): Organized Interests and the European Community, London: Sage, S. 69-98

Haas, Ernst B., 1958: The Uniting of Europe. Political, Social and Economic Forces, 1950-1957, Stanford: Stanford University Press

Harvey, Brian, 1993: Lobbying in Europe: The Experience of Voluntary Organizations, in: Sonia Mazey/Jeremy Richardson (Hrsg.): Lobbying in the European Community, Oxford, S. 188-200

Hey, Christian/Uwe Brendle, 1994: Umweltverbände und EG: Strategien, politische Kulturen und Organisationsformen, Opladen: Westdeutscher Verlag

van der Klaauw, J., 1994: Amnesty Lobbies for Refugees, in: Robin H. Pedler/Marinus P.C.M. van Schendelen (Hrsg.): Lobbying the European Union. Companies, Trade Associations and Issue Groups, Aldershot: Dartmouth, S. 259-283

Kohler-Koch, Beate, 1990: Vertikale Machtverteilung und organisierte Wirtschaftsinteressen in der Europäischen Gemeinschaft, in: Ulrich von Alemann/Rolf G. Heinze/Bodo Hombach (Hrsg.): Die Kraft der Region: Nordrhein-Westfalen in Europa, Bonn: J.H.W. Dietz Nachf., S. 221-235

Kohler-Koch, Beate, 1992: Interessen und Integration. Die Rolle organisierter Interessen im westeuropäischen Integrationsprozeß, in: Michael Kreile (Hrsg.): Die Integration Europas, Opladen: Westdeutscher Verlag, S. 81-119

Kohler-Koch, Beate, 1996: Die Gestaltungsmacht organisierter Interessen, in: Markus Jachtenfuchs/ Beate Kohler-Koch (Hrsg.): Europäische Integration, Opladen: Leske + Budrich, S. 193-224

Kohler-Koch, Beate, 1997: Organized Interests in the EC and the European Parliament, European Integration Online Papers, 1 (9)

Kommission der Europäischen Gemeinschaften, 1993: Ein offener und strukturierter Dialog zwischen der Kommission und den Interessengruppen, Amtsblatt der EG, Nr. C 63 vom 5.3.93, 2-7

Lepsius, Rainer, 1991: Nationalstaat oder Nationalitätenstaat als Modell für die Weiterentwicklung der Europäischen Gemeinschaft, in: Rudolf Wildenmann (Hrsg.): Staatswerdung Europas? Optionen für eine Europäische Union, Baden-Baden: Nomos, S. 19-40

Lindberg, Leon N., 1963: The Political Dynamics of European Economic Integration, Stanford/London: Stanford University Press/Oxford University Press

Lovecy, Jill, 1999: Governance Transformation in the Professional Services Sector: A Case of Market Integration ,By the Back Door'?, in: Beate Kohler-Koch/Rainer Eising (Hrsg.): The Transformation of Governance in the European Union, London/New York: Routledge, S. 135-152

Martin, Andrew/George Ross, 1999: In the Line of Fire. The Europeanization of Labor Representation, in: Andrew Martin/George Ross (Hrsg.): Brave New World of European Labor, Oxford/New York: Berghahn Books, S. 312-367

Mazey, Sonia/Jeremy Richardson (Hrsg.), 1993: Lobbying in the European Community, Oxford

McLaughlin, Andrew/Grant Jordan/William A. Maloney, 1993: Corporate Lobbying in the European Community, in: Journal of Common Market Studies, Vol. 31, No. 2, S. 191-212

Olson, Mancur, 1968: Die Logik des kollektiven Handelns, Tübingen: Mohr

Pedler, Robin. H./Marinus P.C.M. van Schendelen (Hrsg.), 1994: Lobbying the European Union. Companies, Trade Associations and Issue Groups, Aldershot, Dartmouth

Platform of European Social NGOs, 1998: Budget Lines Crisis, Brussels

Pollack, Mark A., 1997: Representing Diffuse Interests in EC Policy-Making, in: Journal of European Public Policy, Vol. 4, No. 4, S. 572-590

Schaber, Thomas, 1997: Transparenz und Lobbying in der Europäischen Union. Geschichte und Folgen der Neuregelung von 1996, in: Zeitschrift für Parlamentsfragen, 28. Jg., Nr. 2, S. 266-278

Schmitter, Philippe C./Wolfgang Streeck, 1981: The Organization of Business Interests. A Resarch Design to Study the Associative Action of Business in the Advanced Industrial Societies of Western Europe, Discussion Paper, Berlin: Wissenschaftszentrum Berlin

Sidenius, Niels, 1999: Business, Governance Structures and the EU: The Case of Denmark, in: Beate Kohler-Koch/Rainer Eising (Hrsg.): The Transformation of Governance in the European Union, London/New York: Routledge, S. 173-188

van Schendelen, Marinus P. C. M. (Hrsg.), 1993: National Public and Private EC Lobbying, Aldershot: Dartmouth

Visser, Jelle/Bernhard Ebbinghaus, 1992: Making the Most of Diversity? European Integration and Transnational Organization of Labour, in: Justin Greenwood/Jürgen Grote/ Karsten Ronit (Hrsg.): Organized Interests and the European Community, London: Sage, S. 206-37

Webster, Ruth, 1997: Environmental Collective Action: Stable Patterns of Cooperation and Issue Alliances at the European Level, in: Justin Greenwood/Mark Aspinwall (Hrsg.): Collective Action in the European Union. Interests and the New Politics of Associability, London/New York: Routledge, S. 176-195

Weiler J.H.H., 1991: The Transformation of Europe, in: The Yale Law Journal, 100, S. 2403-2483

Wessels, Wolfgang, 1991: The EC Council: The Community's Decisionmaking Center, in: Robert O. Keohane/Stanley Hoffmann (Hrsg.): The New European Commnunity. Decisionmaking and Institutional Change, Boulder CO, S. 133-154

Young, Alasdair R., 1997: European Consumer Groups: Multiple Levels of Governance and Multiple Logics of Collective Action, in: Justin Greenwood/Mark Aspinwall (Hrsg.): Collective Action in the European Union. Interests and the New Politics of Associability, London/New York: Routledge, S. 149-175

Herausgeber und Autoren

Armingeon, Klaus, geb. 1954 in Stuttgart, Dr. rer. soc., Professor an der Universität Bern und Direktor am Institut für Politikwissenschaft. Zahlreiche Veröffentlichungen zu Arbeitsbeziehungen: z.B. Staat und Arbeitsbeziehungen, Opladen 1994; Die Entwicklung der westdeutschen Gewerkschaften 1950-1985, Frankfurt/M 1988; Gewerkschaften in der Schweiz (Hrsg.), 2000; zum politischen System der Schweiz im internationalen Vergleich: z.B. Wirtschafts- und Finanzpolitik, in: Ulrich Klöti/Peter Knoepfel/Hanspeter Kriesi/Wolf Linder/Yannis Papadopoulos (Hrsg.): Handbuch der Schweizer Politik, Zürich 1999, S. 725-766; und zur Wirtschafts- und Sozialpolitik: z.B. in: Busch/Plümper (Hrsg.): Nationaler Staat und internationale Wirtschaft, 1999.

Baukloh, Anja C., geb. 1967, Dipl. pol., wissenschaftliche Mitarbeiterin im Lehrbereich Innenpolitik der Humboldt-Universität zu Berlin; Veröffentlichungen: „Die janze politische Laufbahn kommt mit dieser Rassejeschichte immer so durcheinander." Eine Neuköllner Lebensgeschichte im Spannungsfeld zwischen sozialistischer Überzeugung und ‚Mischlingserfahrung',, (zusammen mit Christian Haase), in: Detlef Schmiechen-Ackermann/Ute Stiepani/Claudia Toelle (Hrsg.): Alltag und Politik in einem Berliner Arbeiterbezirk. Neukölln von 1945 bis 1989, Bielefeld, 1998, S. 213-248; „Nie wieder Faschismus!" Antinationalsozialistische Proteste in der Bundesrepublik der 50er Jahre im Spiegel ausgewählter Tageszeitungen, in: Dieter Rucht (Hrsg.): Protest in der Bundesrepublik, Opladen (i.E.); The Environmental Movement and Environmental Concern in Contemporary Germany (zusammen mit Jochen Roose), in: Axel Goodbody (Hrsg.): Environmentalism in Contemporary German Culture, Oxford (i.E.); Was geschah mit den oppositionellen Gruppen und ihren Mitgliedern nach der friedlichen Revolution? (zusammen mit Susanne Lippert und Steven Pfaff), in: Wolfgang Schluchter/Peter Quint (Hrsg.): Der Vereinigungsschock – Zehn Jahre danach. Eine vergleichende Betrachtung, Velbrück Wissenschaft (i.E.).

Bestler, Anita, geb. 1962, Dr., Studium der Soziologie, Politikwissenschaft und Psychologie an der Universität Augsburg. 1990-95 wissenschaftliche Mitarbeiterin an der Universität Augsburg, Mai bis Juni 1997 Forschungsaufenthalt an der Sam Houston State University in Huntsville, USA. Postgraduiertenstipendiatin an der Universität Regensburg. Veröffentlichungen u.a.: Klientelismus versus Universalismus: Transformation und Persistenz eines partikularen Kulturmusters am Beispiel Maltas, in: Helga Reimann (Hrsg.): Weltkultur und Weltgesellschaft, Opladen 1996; „Ohne Schutzpatrone kommt man nicht in den Himmel." Der parteipolitisch vermittelte Klientelismus in Malta, Weiden 1996; Gender Inequality in the Political Sphere: Female Honour and Female Political Behaviour in Malta, in: Schweizer Zeitschrift für Soziologie: 24. Jg., 1998, Heft 3; Das politische System Maltas (zusammen mit Arno Waschkuhn), in: Wolfgang Ismayr (Hrsg.): Die politischen Systeme Westeuropas, Opladen 1999.

Brinkmann, Sören, geb. 1970, M.A., Studium der Geschichte, Hispanistik, der Auslandswissenschaften und der wirtschaftlichen Staatswissenschaften in Freiburg/Br., Madrid und Nürnberg-Erlangen, gegenwärtig Stipendiat der Hans-Böckler-Stiftung im Rahmen des Promotionskollegs „Verfassungswirklichkeiten im historischen Vergleich" an der Fernuniversität Hagen. Veröffentlichungen: Für Freiheit, Gott und König, in: Monika Flacke (Hrsg.): Mythen der Nationen. Ein europäisches Panorama, Berlin (Deutsches Historisches Museum) 1998, S. 476-501; Aufstieg und Niedergang Spaniens. Zum Dekadenzproblem in der spanischen Geschichtsschreibung von der Aufklärung bis 1898, Saarbrücken 1999.

Christiansen, Peter Munk, geb. 1956, cand. scient. pol., Ph.D., Professor für Public Administration, Department of Economics, Politics, and Administration, University of Aalborg. Zahlreiche Veröffentlichungen über Public policy, public expenditures und die Rolle von Interessenverbänden in politischen und administrativen Entscheidungsprozessen.

Eising, Rainer, geb. 1964, Dr., wissenschaftlicher Assistent an der FernUniversität Hagen. Veröffentlichungen: Liberalisierung und Europäisierung. Die regulative Reform der Elekrizitätsversorgung in Großbritannien, der Europäischen Gemeinschaft und der Bundesrepublik Deutschland, Opladen 2000; The Transformation of Governance in the European Union, London und New York: Routledge 1999 (Hrsg. zusammen mit Beate Kohler-Koch).

Elvert, Jürgen, Prof. Dr. phil., Seminar für Geschichte und für Philosophie, Universität zu Köln, Gronewaldstraße 2, 50931 Köln; Publikationen: Vom Freistaat zur Republik. Der Faktor Außenpolitik im irischen Unabhängigkeitsstreben 1921-1948, Bochum 1989; (Hrsg.) Nordirland in Geschichte und Gegenwart/Northern Ireland. Past and Present, Stuttgart (Steiner) 1994; Geschichte Irlands. 3. Aufl. München (dtv) 1999; Mitteleuropa! Deutsche Pläne zur europäischen Neuordnung (1918-1945), Stuttgart 1999.

Götz, Norbert, geb. 1965, Dr. (des.), Dipl. pol., Assistent am Lehrstuhl für Nordische Geschichte der Universität Greifswald. Wichtigste Veröffentlichungen: Ungleiche Geschwister. Die Konstruktion von nationalsozialistischer Volksgemeinschaft und schwedischem Volksheim, Baden-Baden 2000 (i.E.); The Swedish Folkgemenskap: Democratic vs. Fascist Conceptions of National Community in the 1930s, in: Theodor Barth/Magnus Enzell (Hrsg.): Collective Identity and Citizenship in Europe. Fields of Access and Exclusion, Oslo: 1999, S. 49-62; Die Modernisierungstheorien schlagen zurück. Diskussionsstand, kulturwissenschaftliche Anwendung und das Beispiel des Nationalismus, in: Bernd Henningsen/Stephan M. Schröder (Hrsg.): Vom Ende der Humboldt-Kosmen. Konturen von Kulturwissenschaft, Baden-Baden 1997, S. 151-173; Modernisierungsverlierer oder Gegner der reflexiven Moderne? Rechtsextreme Einstellungen in Berlin, in: Zeitschrift für Soziologie, Bd. 26, 1997, S. 393-413.

Hooghe, Marc, geb. 1964, Ph.D. in Politikwissenschaft; Studium der Neuen und der Zeitgeschichte an der Freien Universität Brüssel, Research Fellow am Belgian Fund for Scientific Research und Visiting Professor in Brüssel und Rotterdam; letzte Veröffentlichungen: (Hrsg.), Sociaal kapitaal en democratie, Leuven 2000, La Belgique dans les années soixante, Gent/Paris 1999; The Rebuke of Thersites. Deliberative Democracy and Inequality, in: Acta Politica, No. 4, 1999.

Jansen, Peter, geb. 1948, Dr. rer. pol., Ing. grad., freiberuflicher Forscher und Consultant; Arbeitsschwerpunkte: vergleichende Forschung Deutschland-Frankreich, Arbeitsbeziehungen, Unternehmensorganisation, Qualifikation, Automobilindustrie. Letzte Veröffentlichungen: Pay structure and competitiveness in: Clarke/de Gijsel/Janssen (Hrsg.): The Dynamics of Wage Relations in the New Europe, Boston 2000; Arbeitsorganisation und Arbeitsindividuen in: R. Busch (Hrsg.): Autonomie und Gesundheit, München [zusammen mit Ulrich Jürgens].

Karlhofer, Ferdinand, geb. 1956, Dr. phil., Professor für Politikwissenschaft an der Universität Innsbruck, Vorsitzender der Österreichischen Gesellschaft für Politikwissenschaft (2000/01), Publikationen: Kammern und Pflichtmitgliedschaft in Österreich, Wien 1994 (zusammen mit P. Pernthaler u.a.); Sozialpartnerschaft und EU, Wien 1996 (zusammen mit E. Tálos); Zukunft der Sozialpartnerschaft, Wien 1999 (Hrsg. zusammen mit E. Tálos); The Vranitzky Era in Austria, New Brunswick 1999 (Hrsg. zusammen mit G. Bischof u. A. Pelinka).

Kleinfeld, Ralf, geb. 1952, Dr. rer. pol., Professor für Vergleichende Politikwissenschaft an der Universität Osnabrück, Veröffentlichungen: Mesokorporatismus in den Niederlanden, Frankfurt a.M. 1990; Organisierte Interessen in Ostdeutschland, 2 Bände (Mitherausgeber), Marburg 1992; Kommunalpolitik. Eine problemorientierte Einführung, Opladen 1996; Kommunale Demokratie im Wandel (Mitherausgeber), Osnabrück 2000.

Lappalainen, Pertty, geb. 1955, Ph.D., Senior Assistant Professor, Universitätsdozent. Letzte Veröffentlichungen: Realization of Politics. Acta Universitatis Tamperensis, vol. 348, Tampere 1992; The Horizon of Power, in: Tiede ja Edistys, 1/1995; Datacentered Research Process of Political Science, in: Pertti Lappalainen (Hrsg.): Spaces of Politics. Studia Politica Tamperensis, vol. 1, Tampere 1997; Changing Finnish Nation State and Changing Civic Activity, unveröffentlichtes Manuskript, Tampere 2000.

Lavdas, Kostas A., geb. 1964, Dr., Professor für Politikwissenschaft an der Universität Griechenland, wissenschaftlicher Mitarbeiter am Hellenic Center for Political Research, Panteion-Universität Athen, Griechenland. Studium der Politikwissenschaft, Politischen Soziologie und Public Policy am Massachusetts Institute of Technology (MIT), der London School of Economics (LSE) und der University of Manchester. Veröffentlichungen u.a.: The Europeanization of Greece: Interest Politics and the Crises of Integration, London/New York 1997; Politics, Subsidies and Competition: The New Politics of State Intervention in the European Union, London 1999; und diverse Artikel u.a. in: Encyclopedia of Greece and the Hellenic Tradition, vols. I-II, hrsgg. von G. Speake, London 2000; European Journal of Political Research und Journal of Political and Military Sociology.

Nørgaard, Asbjørn Sonne, geb. 1966, cand. scient. pol., Ph.D., Associate Professor für Public Administration, Department of Political Science, University of Aarhus. Zahlreiche Veröffentlichungen über Arbeitsmarktpolitik, industrielle Beziehungen und den Wohlfahrtsstaat.

Plöhn, Jürgen, geb. 1957, Dr. phil., Dipl.-Pol., Mag. rer. publ., M.A. (Washington Univ.); Lehrbeauftragter am Forschungsinstitut für Politische Wissenschaft und Europäische Fragen der Universität zu Köln. Veröffentlichungen unter anderem: Untersuchungsausschüsse der Landesparlamente als Instrumente der Politik, Opladen 1991; Parlamentarische Verweigerungsmacht in einem präsidentiellen Regierungssystem: Die Bestätigung der Richter des Supreme Court durch den US-Senat, in: Pluralismus und Parlamentarismus in Theorie und Praxis, Festschrift zum 65. Geburtstag von Winfried Steffani, hrsg. von Jürgen Hartmann und Uwe Thaysen, Opladen 1992; Mehrheitswechsel in Sachsen-Anhalt. Modellfall oder Sackgasse? Frankfurt am Main 1996; Die Gerichtsbarkeit, in: Handbuch politisches System der Bundesrepublik Deutschland, hrsg. von Oscar W. Gabriel/Everhard Holtmann, 2. Aufl., München/Wien 1999

Reutter, Werner, geb. 1958, Privatdozent, Dr.phil., Dipl.pol., Dipl.Verww. (FH), Studium der Politik-, Verwaltungs- und Rechtswissenschaft in Kehl/Rhein, Berlin und London, u.a. Gastprofessor an der Humboldt-Universität zu Berlin (1998-2000) und an der Rheinischen Friedrich-Wilhelms-Universität Bonn (2000/01). Veröffentlichungen u.a.: Evolution récente du rôle des syndicats en Allemagne, in: La Revue Tocqueville, Vol. XX, 1999, n°2, S. 141-161; Deutsche Asylpolitik, in: Staatswissenschaften und Staatspraxis: 9. Jg., 1998, Nr. 1, S. 85-101; Trade Unions and Politics in Eastern and Central Europe: Tripartism without Corporatism, in: Patrick Pasture/Johan Verberckmoes/Hans De Witte (Hrsg.): The Lost Perspective? Trade Unions between Ideology and Social Action in the New Europe. Vol. 2: Significance of Ideology in European Trade Unionism, Aldershot: Avebury 1996, S. 138-158; Verfassungswandel und Verfassungspolitik in Deutschland und in Großbritannien (Hrsg. zusammen mit Gert-Joachim Glaeßner und Charles Jeffery), Opladen 2001 (i.E.).

Rothholz, Walter, geb. 1943, Prof. Dr., Fachgebiete: Politische Theorie (politische Kultur), Religionswissenschaft, Islamwissenschaft; FU-Berlin; Wissenschaftlicher Mitarbeiter am Institut für Politikwissenschaft der Universität Greifswald; Universitätsdozent an der Universität Örebro/Schweden; arbeitet z.Z. an der Herausgabe eines Buches über die politische Kultur des Ostseeraumes und Osteuropas; wichtigste Veröffentlichungen: Die politische Kultur Norwegens, Baden-Baden 1986; Studien zur islamischen Ziviltheologie, Essen 1994; (zusammen mit Bernd Henningsen) Hrsg, Aspekte der politischen Kultur Nordeuropas, Berlin 1999.

Rütters, Peter, geb. 1952, Dr. phil, Privatdozent und wissenschaftlicher Assistent am Otto-Suhr-Institut für Politikwissenschaft der FU Berlin. Veröffentlichungen u.a. zu Themen nationaler und internationaler Gewerkschaftsgeschichte und -politik: Chancen internationaler Gewerkschaftspolitik. Struktur und Einfluß der IUL (1945-1985), Köln 1989; Der Internationale Bergarbeiterverband (1890-1993), Köln 1995; Gegen Apartheid und für Gewerkschaftsfreiheit. Die Südafrikapolitik der IUL, Frankfurt a.M. 1996; diverse Aufsätze, u.a.: Internationale Gewerkschaftsbewegung: Tendenzen in Mittel- und Osteuropa, in: M. Kittner (Hrsg.): Gewerkschaften heute. Jahrbuch für Arbeitnehmerfragen 1994, Köln 1994, S. 568-603; Die Bauhütten im Konfliktfeld zwischen DAF-Aufbau und NS-Mittelstandspolitik, in: IWK, 36. Jg., 2000, H. 2, S. 175-199.

Schroen, Michael, M.A., geb. 1958, Studium der Politikwissenschaft und Germanistik an der Universität Trier und an der Georgetown University in Washington, D.C.; seit 1989 Dozent am Goethe-Institut, zwischen 1993 und 1999 Referent für Pädagogische Verbindungsarbeit in Mailand, zur Zeit Leiter der Spracharbeit für Kroatien und Slowenien am Goethe-Institut Zagreb. Wichtigste Veröffentlichungen: Das Großherzogtum Luxemburg. Portrait einer kleinen Demokratie, Bochum 1986; Das politische System Luxemburgs, in: Wolfgang Ismayr (Hrsg.): Die politischen Systeme Westeuropas, 2. Aufl., Opladen 1999, S.389-414; Die Christlich-Soziale Volkspartei Luxemburgs, in: Hans-Joachim Veen (Hrsg.): Christlich-demokratische und konservative Parteien in Westeuropa, Bd. 5, Paderborn 2000, S. 337-404.

Sidenius, Niels Chr., geb. 1948, cand. mag., Associate Professor of Public Policy, Department of Political Science, University of Aarhus. Zahlreiche Veröffentlichungen über Industriepolitik und die Rolle von Interessenverbänden im administrativen und politischen Entscheidungsprozeß.

Siisiäinen, Martti, geb. 1948, Professor für Soziologie, Direktor des Instituts für Sozialwissenschaften und Philosophie der Universität Jyväskylä. Zahlreiche Publikationen einschließlich mehrerer Bücher und Aufsätze über soziale Bewegungen, freiwillige Organisationen, politische Systeme, soziales Kapital und Dritten Sektor.

Trentini, Marco, geb. 1965, Dr. phil. in Soziologie, Mitarbeiter der Universität Bologna. Wichtigste Veröffentlichungen: La formazione nel sistema bancario, in: il Mulino, no. 6/94; Le trasformazioni del lavoro nel settore bancario: il caso di Italia e Germania, in: A. Nardi (Hrsg.): Lavoro d'Europa, Milano 1995; Industrial relations in SMEs, (zusammen mit M.Caprile, C.Llorens), in: Eirobserver: no. 3/1999; Institutional Innovation and Market Challenges. Changing Employment Relations in the Italian Banking Sector, (zusammen mit M. Regini, S. Carpo, A. Colombo) in: M. Regini/J. Kitay/M. Baethge (Hrsg.): From Tellers to Sellers. Changing Employment Relations in Banks, Cambridge 1999.

Zanetti, Massimo Angelo, geb. 1966, Magister in Philosopie, schreibt derzeit an einer Doktorarbeit im Fach „ökonomische Soziologie" an der Universität von Brescia, Italien; Mitarbeiter am Ires (Lombardia-Istituto di ricerche economico-sociali). Wichtigste Veröffentlichungen: Modalità partecipative nel feltrificio Nuova Crumiére, in: Quaderni della partecipazione: 1998, no. 2; L'iperbole di un sindacato. Breve storia organizzativa del Sindacato Pensionati Italiani: la realtà piemontese nel contesto nazionale (zusammen mit D. Piacentini), in: Istituto Piemontese Antonio Gramsci, Sindacato Pensionati Cgil Piemonte, La vita inizia a 50 anni. Storia, documenti, testimonianze e immagini del Sindacato pensionati piemontese, Torino 1998; La riforma infinita. Impresa, lavoro, sindacati nelle Ferrovie dello stato (mit I. Regalia), Rom 2000.

MIX
Papier aus verantwortungsvollen Quellen
Paper from responsible sources
FSC® C105338

If you have any concerns about our products,
you can contact us on
ProductSafety@springernature.com

In case Publisher is established outside the EU,
the EU authorized representative is:
Springer Nature Customer Service Center GmbH
Europaplatz 3, 69115 Heidelberg, Germany

Printed by Libri Plureos GmbH
in Hamburg, Germany